纪检监察法规
一本通

第三版

本书编写组◎编著

法律出版社
LAW PRESS·CHINA
北京

图书在版编目(CIP)数据

纪检监察法规一本通／《纪检监察法规一本通》编写组编著. --3版. --北京：法律出版社，2023
ISBN 978-7-5197-7634-3

Ⅰ.①纪… Ⅱ.①纪… Ⅲ.①中国共产党－纪律检查－法规－汇编②行政监察法－汇编－中国 Ⅳ.①D262.6②D922.114.9

中国国家版本馆CIP数据核字(2023)第036529号

纪检监察法规一本通
JIJIAN JIANCHA FAGUI YIBENTONG

本书编写组 编著

责任编辑 董 昱
装帧设计 汪奇峰

出版发行 法律出版社
编辑统筹 法规出版分社
责任校对 张红蕊
责任印制 耿润瑜
经　　销 新华书店

开本 787毫米×960毫米 1/16
印张 56 **字数** 1046千
版本 2023年4月第3版
印次 2023年4月第1次印刷
印刷 固安华明印业有限公司

地址：北京市丰台区莲花池西里7号(100073)
网址：www.lawpress.com.cn
投稿邮箱：info@lawpress.com.cn
举报盗版邮箱：jbwq@lawpress.com.cn

销售电话：010-83938349
客服电话：010-83938350
咨询电话：010-63939796

书号：ISBN 978-7-5197-7634-3
定价：160.00元

凡购买本社图书，如有印装错误，我社负责退换。电话：010-83938349

好学才能上进。中国共产党人依靠学习走到今天，也必然要依靠学习走向未来。我们的干部要上进，我们的党要上进，我们的国家要上进，我们的民族要上进，就必须大兴学习之风，坚持学习、学习、再学习，坚持实践、实践、再实践。全党同志特别是各级领导干部都要有加强学习的紧迫感，都要一刻不停地增强本领。

——习近平总书记2013年3月1日在中共中央党校建校80周年庆祝大会暨2013年春季学期开学典礼上的讲话

学习的最大敌人是自我满足，要学有所成，就必须永不自满。现在，有的党员、干部对理论学习不重视，把自学变不学；有的想起来就学一学，三天打鱼、两天晒网；有的拿学习来装门面，浅尝辄止、不求甚解；有的学习碎片化、随意化，感兴趣的就学、不感兴趣的就不学；不少年轻干部理论功底还不扎实、理想信念还不够坚定。要做到真学真懂真信真用，还需要下更大气力。

——习近平总书记2020年1月8日在“不忘初心、牢记使命”主题教育总结大会上的讲话

我们处在前所未有的变革时代，干着前无古人的伟大事业，如果知识不够、眼界不宽、能力不强，就会耽误事。年轻干部精力充沛、思维活跃、接受能力强，正处在长本事、长才干的大好时期，一定要珍惜光阴、不负韶华，如饥似渴学习，一刻不停提高。要发扬“挤”和“钻”的精神，多读书、读好书，从书本中汲取智慧和营养。要结合工作需要学习，做到干什么学什么、缺什么补什么。学习同做好本职工作相关的新知识新技能，不断完善履职尽责必备的知识体系。

——习近平总书记2021年9月1日在中央党校（国家行政学院）中青年干部培训班开班式上的讲话

年轻干部要胜任领导工作，需要掌握的本领是很多的。最根本的本领是理论素养。马克思主义立场、观点、方法是做好工作的看家本领，是指导我们认识世界、改造世界的强大思想武器。党员干部一定要加强理论学习、厚实理论功底，自觉用新时代党的创新理论观察新形势、研究新情况、解决新问题，使各项工作朝着正确方向、按照客观规律推进。要坚持理论和实践相结合，注重在实践中学真知、悟真谛，加强磨练、增长本领。关键是要虚心用心，甘当“小学生”，不懂就问、不耻下问，切忌主观臆断、不懂装懂。

——习近平总书记2022年3月1日在中央党校（国家行政学院）中青年干部培训班开班式上的讲话

推进中国式现代化，是一项前无古人的开创性事业，必然会遇到各种可以预料和难以预料的风险挑战、艰难险阻甚至惊涛骇浪，必须增强忧患意识，坚持底线思维，居安思危、未雨绸缪，敢于斗争、善于斗争，通过顽强斗争打开事业发展新天地。要保持战略清醒，对各种风险挑战做到胸中有数；保持战略自信，增强斗争的底气；保持战略主动，增强斗争本领。要加强能力提升，让领导干部特别是年轻干部经受严格的思想淬炼、政治历练、实践锻炼、专业训练，在复杂严峻的斗争中经风雨、见世面、壮筋骨、长才干。

——习近平总书记2023年2月7日在学习贯彻党的二十大精神研讨班开班式上的讲话

第三版修订说明

本书在编排体例和结构上，按照各法规文件之间的内在关系和颁布施行时间的双重原则进行分类整合、梳理汇编，具有体例清晰、查阅便捷的优点。本着更加突出实用、更加突出讲解的理念，本书第三次修订，修订字数12万字左右。编者用“六个关键词”概括本次修订的特点。

增添。一是增添新规，如2022年2月25日，中共中央、国务院发布的《信访工作条例》①；2022年6月22日，中共中央办公厅发布的《纪检监察机关派驻机构工作规则》；2022年9月22日，中共中央发布的《中国共产党处分违纪党员批准权限和程序规定》；2022年10月22日，中国共产党第二十次全国代表大会修改通过的《中国共产党章程》等。此外，还新收录了《中国共产党纪律检查机关控告申诉工作条例》《中共中央纪律检查委员会关于所要作出的处分决定和所依据的事实材料同犯错误党员见面的具体办法》《纪检监察机关案件档案管理办法》等常用规定。二是增添新的注解。对《中国共产党纪律处分条例》《中国共产党纪律检查委员会工作条例》《中国共产党纪律检查机关监督执纪工作规则》《纪检监察机关处理检举控告工作规则》《监察法》《监察法实施条例》《公职人员政务处分法》等法规作了近千处注解②。注解遵循三个原则：一是对标习近平关于全面从严治党的重要论述；二是突出问题导向；三是突出通俗易懂，让读者一看就明白、一学就会。

删减。基于篇幅限制，本次修订删除了《中国共产党中央委员会工作条例》《中共中央关于加强党的政治建设的意见》《干部选拔任用工作监督检查和责任追究办法》《宪法》《刑事诉讼法》《人民检察院刑事诉讼规则》《关于办

---

① 2022年颁布的《信访工作条例》适用于纪检监察机关信访工作，故本书予以收录。

② 2022年法律出版社出版的《监察官考试知识点测试与解析》可帮助读者检验学习效果。

理职务犯罪案件严格适用缓刑、免予刑事处罚若干问题的意见》《中共中央办公厅、国务院办公厅关于加快推进失信被执行人信用监督、警示和惩戒机制建设的意见》等纪检监察工作实践中运用频率较低的规定以及下篇相关知识点梳理①。

调序。《中国共产党廉洁自律准则》从原来的"廉洁纪律"类挪至"准则及政治建设"类;《中国共产党问责条例》从原来的"问责类规定"挪至"条例"类;《司法机关内部人员过问案件的记录和责任追究规定》从原来的"工作纪律"类挪至"对人民警察、司法工作人员的监督惩戒规定"类;《监狱和劳动教养机关人民警察违法违纪行为处分规定》与《公安机关人民警察纪律条令》前后顺序互换等。

案例。条规是枯燥的、呆板的,而案例却是生动的。本次修订,将中央纪委国家监委网站公开发布的鲜活案例与相关条规有机结合起来,实现法规生动化、故事化、案例化,可读性大大增强。比如,某省政府原党组成员、副省长,公安厅原党委书记、厅长王某伟为掩盖"裸官"问题,搞假结婚欺骗组织,被认定为对党不忠诚、不老实,这生动诠释了《中国共产党纪律处分条例》第 51 条的规定。

问题。本书始终突出问题导向。比如,全面从严治党与党风廉政建设和反腐败斗争,是何关系?诫勉是否属于组织处理?信访举报与问题线索、案件线索,违纪问题与违纪行为,党纪责任与党纪处分,是何关系?《中国共产党纪律处分条例》规定了对党不忠诚不老实、对抗组织审查,两者逻辑关系如何界定?初核过程中,核查人员能否翻阅核查对象的微信聊天记录?《公务员法》第 61 条规定了纪律责任,《中国共产党纪律检查机关监督执纪工作规则》第 30 条第 1 款第 2 项也规定了纪律责任,这两个"纪律责任"含义是否相同?《监察法》第 65 条第 3 项、《监察法实施条例》第 278 条第 5 项"违法窃取、泄露调查工作信息",《公职人员政务处分法》仅表述为"窃取、泄露调查工作信息",在表述"窃取、泄露调查工作信息"时是否需要加"违法"二字呢?

---

① 纪检监察重要知识点梳理,请见《纪检监察重点一本通(第二版)》(法律出版社 2022 年版)。该书将纪检监察工作实践中常见的核心知识点以表格形式清晰展示,简明实用。

需要说明的是，基于保密要求，《纪检监察机关问题线索管理办法》《监察机关留置场所管理办法(试行)》《纪检监察机关案件监督管理工作规则》《纪检监察机关监督检查审查调查措施使用规定》《纪检监察机关涉案财物管理规定》《关于做好失实检举控告澄清工作的意见》《中央纪委国家监委关于为受到失实检举控告纪检监察干部予以澄清正名的实施意见》《关于办理国有企业管理人员渎职犯罪案件适用法律若干问题的意见》等文件未能收录，请读者自行查找并认真学习。

重视对党纪国法的学习是纪检监察干部做好工作的前提。面对新形势新任务，知识恐慌、本领恐慌现象普遍存在。新规定出台后，要及时跟进学、带着问题学、联系实践学，做到学思践悟、读懂弄通。学习贵在坚持，只有坚持别人无法坚持的坚持，才能拥有别人无法拥有的拥有。成功源于持续的自律，所有的优秀，背后往往是苦行憎般的自律。很多时候，不是优秀才自律，而是自律了才变得优秀。期待本书能为选择坚持和自律的人赋能。

编者能力水平有限，一如既往地热忱欢迎读者提出宝贵的修改完善意见建议。

编　者

2023 年 2 月 1 日

目　　录

上篇　党规党纪

① 2003年和2015年《中国共产党纪律处分条例》虽已被修改,但实践中的一些违纪案件发生在党的十八大以前,可能需要适用当时的法规,故本书予以收录。

中篇　法律法规及司法解释

下篇　纪检监察基础知识及重点难点梳理

上篇　党规党纪

纪检监察干部·手记

一、纪检监察常用基础党规党纪

1.党　　章

中国共产党章程[①]

（中国共产党第二十次全国代表大会部分修改[②]，2022年10月22日通过）

总　　纲

中国共产党是中国工人阶级的先锋队，同时是中国人民和中华民族的先锋队，是中国特色社会主义事业的领导核心，代表中国先进生产力的发展要求，代表中国先进文化的前进方向，代表中国最广大人民的根本利益。党的最高理想和最终目标是实现共产主义。

中国共产党以马克思列宁主义、毛泽东思想、邓小平理论、“三个代表”重要思想、科学发展观、习近平新时代中国特色社会主义思想作为自己的行动指南。

马克思列宁主义揭示了人类社会历史发展的规律，它的基本原理是正确的，具有强大的生命力。中国共产党人追求的共产主义最高理想，只有在社会主义社会充分发展和高度发达的基础上才能实现。社会主义制度的发展和完善是一个长期的历史过程。坚持马克思列宁主义的基本原理，走中国人民自愿选择的适合中国国情的道路，中国的社会主义事业必将取得最终的胜利。

以毛泽东同志为主要代表的中国共产党人，把马克思列宁主义的基本原理同中国革命的具体实践结合起来，创立了毛泽东思想。毛泽东思想是马克思列宁主义在中国的运用和发展，是被实践证明了的关于中国革命和建设的正确的理论原则和经验总结，是中国共产党集体智慧的结晶。在毛泽东思想指引下，中国共产党领导全国各族人民，经过长期的反对帝国主义、封建主义、官僚资本主义的革命斗争，取得了新民主主义革命的胜利，建立了人民民主专政的中华人民共和国；新中国成立以后，顺利地进行了社会主义改造，完成了从新民主主义到社会主义的过

① 习近平总书记强调：党章是党的总章程，集中体现了党的性质和宗旨、党的理论和路线方针政策、党的重要主张，规定了党的重要制度和体制机制，是全党必须共同遵守的根本行为规范。没有规矩，不成方圆。党章就是党的根本大法，是全党必须遵循的总规矩。在各级党组织的全部活动中，都要坚持引导广大党员、干部特别是领导干部自觉学习党章、遵守党章、贯彻党章、维护党章，自觉加强党性修养，增强党的意识、宗旨意识、执政意识、大局意识、责任意识，切实做到为党分忧、为国尽责、为民奉献……全党要牢固树立党章意识，真正把党章作为加强党性修养的根本标准，作为指导党的工作、党内活动、党的建设的根本依据，把党章各项规定落实到行动上、落实到各项事业中。建立健全党内制度

渡，确立了社会主义基本制度，发展了社会主义的经济、政治和文化。

十一届三中全会以来，以邓小平同志为主要代表的中国共产党人，总结新中国成立以来正反两方面的经验，解放思想，实事求是，实现全党工作中心向经济建设的转移，实行改革开放，开辟了社会主义事业发展的新时期，逐步形成了建设中国特色社会主义的路线、方针、政策，阐明了在中国建设社会主义、巩固和发展社会主义的基本问题，创立了邓小平理论。邓小平理论是马克思列宁主义的基本原理同当代中国实践和时代特征相结合的产物，是毛泽东思想在新的历史条件下的继承和发展，是马克思主义在中国发展的新阶段，是当代中国的马克思主义，是中国共产党集体智慧的结晶，引导着我国社会主义现代化事业不断前进。

十三届四中全会以来，以江泽民同志为主要代表的中国共产党人，在建设中国特色社会主义的实践中，加深了对什么是社会主义、怎样建设社会主义和建设什么样的党、怎样建设党的认识，积累了治党治国新的宝贵经验，形成了"三个代表"重要思想。"三个代表"重要思想是对马克思列宁主义、毛泽东思想、邓小平理论的继承和发展，反映了当代世界和中国的发展变化对党和国家工作的新要求，是加强和改进党的建设、推进我国社会主义自我完善和发展的强大理论武器，是中国共产党集体智慧的结晶，是党必须长期坚持的指导思想。始终做到"三个代表"，是我们党的立党之本、执政之基、力量之源。

十六大以来，以胡锦涛同志为主要代表的中国共产党人，坚持以邓小平理论和"三个代表"重要思想为指导，根据新的发展要求，深刻认识和回答了新形势下实现什么样的发展、怎样发展等重大问题，形成了以人为本、全面协调可持续发展的科学发展观。科学发展观是同马克思列宁主义、毛泽东思想、邓小平理论、"三个代表"重要思想既一脉相承又与时俱进的科学理论，是马克思主义关于发展的世界观和方法论的集中体现，是马克思主义中国化重大成果，是中国共产党集体智慧的结晶，是发展中国特色社会主义必须长期坚持的指导思想。

十八大以来，以习近平同志为主要代表的中国共产党人，坚持把马克思主义基本原理同中国具体实际相结合、同中华优秀传统文化相结合，科学回答了新时代坚持和发展什么样的中国特色社会主义、怎样坚持和发展中国特色社会主义等重大时代课题，创立了习近平新时代中国特色社会主义思想。习近平新时代中国特色社会主义思想是对马克思列宁主义、毛泽东思想、邓小平理论、"三个代表"重要思想、科学发展观的继承和发展，是当代中国马克思主义、二十一世纪马克思主义，是中华文化和中国精神的时代精华，是党和人民实践经验和集体智慧的结晶，是中国特色社会主义理论体系的重要组成部分，是全党全国人民为实现中华民族伟大复兴而奋斗的行动指南，必须长期坚持并不断发展。在习近平新时代中国特色社会

体系，要以党章为根本依据；判断各级党组织和党员、干部的表现，要以党章为基本标准；解决党内矛盾，要以党章为根本规则。要加强对遵守党章、执行党章情况的督促检查，对党章意识不强、不按党章规定办事的要及时提醒，对严重违反党章规定的行为要坚决纠正，全党共同来维护党章的权威性和严肃性。

② 现行党章是党的十二大制定的。四十年来，党章的基本内容保持稳定，在党的生活中发挥着重要作用。同时，根据党的实践发展和理论创新，党的十三大、十四大、十五大、十六大、十七大、十八大、十九大、二十大都对党章作了适当修改。党的二十大对党章总纲部分修改的主要内容有：充实完善习近平新时代中国特色社会主义思想的科学内涵和历史地位，增写党百年奋斗的重大成就和历

主义思想指导下，中国共产党领导全国各族人民，统揽伟大斗争、伟大工程、伟大事业、伟大梦想，推动中国特色社会主义进入了新时代，实现第一个百年奋斗目标，开启了实现第二个百年奋斗目标新征程。

改革开放以来我们取得一切成绩和进步的根本原因，归结起来就是：开辟了中国特色社会主义道路，形成了中国特色社会主义理论体系，确立了中国特色社会主义制度，发展了中国特色社会主义文化。全党同志要倍加珍惜、长期坚持和不断发展党历经艰辛开创的这条道路、这个理论体系、这个制度、这个文化，高举中国特色社会主义伟大旗帜，坚定道路自信、理论自信、制度自信、文化自信，发扬斗争精神，增强斗争本领，贯彻党的基本理论、基本路线、基本方略，为实现推进现代化建设、完成祖国统一、维护世界和平与促进共同发展这三大历史任务，实现第二个百年奋斗目标、实现中华民族伟大复兴的中国梦而奋斗。

中国共产党自成立以来，始终把为中国人民谋幸福、为中华民族谋复兴作为自己的初心使命，历经百年奋斗，从根本上改变了中国人民的前途命运，开辟了实现中华民族伟大复兴的正确道路，展示了马克思主义的强大生命力，深刻影响了世界历史进程，锻造了走在时代前列的中国共产党。经过长期实践，积累了坚持党的领导、坚持人民至上、坚持理论创新、坚持独立自主、坚持中国道路、坚持胸怀天下、坚持开拓创新、坚持敢于斗争、坚持统一战线、坚持自我革命③的宝贵历史经验，这是党和人民共同创造的精神财富，必须倍加珍惜、长期坚持，并在实践中不断丰富和发展。

我国正处于并将长期处于社会主义初级阶段。这是在原本经济文化落后的中国建设社会主义现代化不可逾越的历史阶段，需要上百年的时间。我国的社会主义建设，必须从我国的国情出发，走中国特色社会主义道路，以中国式现代化全面推进中华民族伟大复兴。在现阶段，我国社会的主要矛盾是人民日益增长的美好生活需要和不平衡不充分的发展之间的矛盾。由于国内的因素和国际的影响，阶级斗争还在一定范围内长期存在，在某种条件下还有可能激化，但已经不是主要矛盾。我国社会主义建设的根本任务，是进一步解放生产力，发展生产力，逐步实现社会主义现代化，并且为此而改革生产关系和上层建筑中不适应生产力发展的方面和环节。必须坚持和完善公有制为主体、多种所有制经济共同发展，按劳分配为主体、多种分配方式并存，社会主义市场经济体制等基本经济制度，鼓励一部分地区和一部分人先富起来，逐步实现全体人民共同富裕，在生产发展和社会财富增长的基础上不断满足人民日益增长的美好生活需要，促进人的全面发展。发展是我们党执政兴国的第一要务。必须坚持以人民为中心的发展思想，把握新发展阶段，贯彻创新、协调、绿色、开放、共享的新发展理念④，加快构建以国内大循环为主体、国

史经验，调整完善党的奋斗目标的表述，调整完善社会主义初级阶段方面的内容，充实“五位一体”总体布局、国防和军队建设、统一战线、外交方面的内容，调整充实党的建设总体要求，充实完善坚持党的全面领导的内容。条文部分修改的主要内容有：(1)充实党员义务的相关内容，增写学习党的历史，增强“四个意识”、坚定“四个自信”、做到“两个维护”的内容。(2)充实党的基层组织部分的相关内容，比如，在第33条第2款充实国有企业党委（党组）加强党组织自身建设的职责任务，增写领导统一战线和妇女组织的内容。(3)充实领导干部基本条件的内容，如在第36条第5项增写反对特权思想和特权现象的内容。(4)充实党的纪律、纪律检查机关部分的相关内容。将第40条第2款中修改为按照错误性质和情节轻

内国际双循环相互促进的新发展格局，推动高质量发展。各项工作都要把有利于发展社会主义社会的生产力，有利于增强社会主义国家的综合国力，有利于提高人民的生活水平，作为总的出发点和检验标准，尊重劳动、尊重知识、尊重人才、尊重创造，做到发展为了人民、发展依靠人民、发展成果由人民共享。必须按照中国特色社会主义事业“五位一体”总体布局和“四个全面”战略布局，统筹推进经济建设、政治建设、文化建设、社会建设、生态文明建设[5]，协调推进全面建设社会主义现代化国家、全面深化改革、全面依法治国[6]、全面从严治党。新时代新征程，经济和社会发展的战略目标是，到二〇三五年基本实现社会主义现代化，到本世纪中叶把我国建成社会主义现代化强国。

中国共产党在社会主义初级阶段的基本路线是：领导和团结全国各族人民，以经济建设为中心，坚持四项基本原则，坚持改革开放，自力更生，艰苦创业，为把我国建设成为富强民主文明和谐美丽的社会主义现代化强国而奋斗。

中国共产党在领导社会主义事业中，必须坚持以经济建设为中心，其他各项工作都服从和服务于这个中心。要实施科教兴国战略、人才强国战略、创新驱动发展战略、乡村振兴战略、区域协调发展战略、可持续发展战略、军民融合发展战略，充分发挥科学技术作为第一生产力的作用，充分发挥人才作为第一资源的作用，充分发挥创新作为引领发展第一动力的作用，依靠科技进步，提高劳动者素质，促进国民经济更高质量、更有效率、更加公平、更可持续、更为安全发展。

坚持社会主义道路、坚持人民民主专政、坚持中国共产党的领导、坚持马克思列宁主义毛泽东思想这四项基本原则，是我们的立国之本。在社会主义现代化建设的整个过程中，必须坚持四项基本原则，反对资产阶级自由化。

坚持改革开放，是我们的强国之路。只有改革开放，才能发展中国、发展社会主义、发展马克思主义。要全面深化改革，完善和发展中国特色社会主义制度，推进国家治理体系和治理能力现代化。要从根本上改革束缚生产力发展的经济体制，坚持和完善社会主义市场经济体制；与此相适应，要进行政治体制改革和其他领域的改革。要坚持对外开放的基本国策，吸收和借鉴人类社会创造的一切文明成果。改革开放应当大胆探索，勇于开拓，提高改革决策的科学性，更加注重改革的系统性、整体性、协同性，在实践中开创新路。

中国共产党领导人民发展社会主义市场经济。毫不动摇地巩固和发展公有制经济，毫不动摇地鼓励、支持、引导非公有制经济发展。发挥市场在资源配置中的决定性作用，更好发挥政府作用，建立完善的宏观调控体系。统筹城乡发展、区域发展、经济社会发展、人与自然和谐发展、国内发展和对外开放，调整经济结构，转变经济发展方式，推进供给侧结构性改革。促进新型工业化、信息化、城镇化、农业现代

重，给以批评教育、“责令检查、诫勉”直至纪律处分。进一步明确派驻纪律检查组的范围，第45条第4款增写按照规定向有关国有企业、事业单位派驻党的纪律检查组的内容。进一步充实党的各级纪律检查委员会的主要任务，第46条第1款增写推动完善党和国家监督体系的内容。(5)充实党组的职责定位等内容。第48条中党组的职责定位调整表述为：党组发挥领导作用；第50条明确建立党组性质党委的范围，表述为：在对下属单位实行集中统一领导的国家工作部门“和有关单位的领导机关中”，可以建立党委。

③ 2021年11月，习近平总书记在党的十九届六中全会第二次全体会议上指出：“我们党历史这么长、规模这么大、执政这么久，如何跳出治乱兴衰的历史周期率？毛泽东同志在

化同步发展，建设社会主义新农村，走中国特色新型工业化道路，建设创新型国家和世界科技强国。

中国共产党领导人民发展社会主义民主政治。坚持党的领导、人民当家作主、依法治国有机统一，走中国特色社会主义政治发展道路、中国特色社会主义法治道路，扩大社会主义民主，建设中国特色社会主义法治体系，建设社会主义法治国家，巩固人民民主专政，建设社会主义政治文明。坚持和完善人民代表大会制度、中国共产党领导的多党合作和政治协商制度、民族区域自治制度以及基层群众自治制度。发展更加广泛、更加充分、更加健全的全过程人民民主，推进协商民主广泛多层制度化发展，切实保障人民管理国家事务和社会事务、管理经济和文化事业的权利。尊重和保障人权。广开言路，建立健全民主选举、民主协商、民主决策、民主管理、民主监督的制度和程序。完善中国特色社会主义法律体系，加强法律实施工作，实现国家各项工作法治化。

中国共产党领导人民发展社会主义先进文化。建设社会主义精神文明，实行依法治国和以德治国相结合，提高全民族的思想道德素质和科学文化素质，为改革开放和社会主义现代化建设提供强大的思想保证、精神动力和智力支持，建设社会主义文化强国。加强社会主义核心价值体系建设，坚持马克思主义指导思想，树立中国特色社会主义共同理想，弘扬以爱国主义为核心的民族精神和以改革创新为核心的时代精神，培育和践行社会主义核心价值观，倡导社会主义荣辱观，增强民族自尊、自信和自强精神，抵御资本主义和封建主义腐朽思想的侵蚀，扫除各种社会丑恶现象，努力使我国人民成为有理想、有道德、有文化、有纪律的人民。对党员要进行共产主义远大理想教育。大力发展教育、科学、文化事业，推动中华优秀传统文化创造性转化、创新性发展，继承革命文化，发展社会主义先进文化，提高国家文化软实力。牢牢掌握意识形态工作领导权，不断巩固马克思主义在意识形态领域的指导地位，巩固全党全国人民团结奋斗的共同思想基础。

中国共产党领导人民构建社会主义和谐社会。按照民主法治、公平正义、诚信友爱、充满活力、安定有序、人与自然和谐相处的总要求和共同建设、共同享有的原则，以保障和改善民生为重点，解决好人民最关心、最直接、最现实的利益问题，使发展成果更多更公平惠及全体人民，不断增强人民群众获得感，努力形成全体人民各尽其能、各得其所而又和谐相处的局面。加强和创新社会治理。严格区分和正确处理敌我矛盾和人民内部矛盾这两类不同性质的矛盾。加强社会治安综合治理，依法坚决打击各种危害国家安全和利益、危害社会稳定和经济发展的犯罪活动和犯罪分子，保持社会长期稳定。坚持总体国家安全观，统筹发展和安全，坚决维护国家主权、安全、发展利益。

延安的窑洞里给出了第一个答案，这就是‘只有让人民来监督政府，政府才不敢松懈’。经过百年奋斗特别是党的十八大以来新的实践，我们党又给出了第二个答案，这就是自我革命。”

④ 【学党史】2015年10月，习近平总书记在党的十八届五中全会上提出了创新、协调、绿色、开放、共享的发展理念，强调创新发展注重的是解决发展动力问题，协调发展注重的是解决发展不平衡问题，绿色发展注重的是解决人与自然和谐问题，开放发展注重的是解决发展内外联动问题，共享发展注重的是解决社会公平正义问题，强调坚持新发展理念是关系我国发展全局的一场深刻变革。

⑤ 习近平总书记指出：“绿水青山就是金山银山，保护生态环境就是保护生产力，改善生态环境就是发展生产力。”“良

好生态环境是最公平的公共产品，是最普惠的民生福祉。”“发展经济是为了民生，保护生态环境同样也是为了民生。”

⑥ 【学党史】党的十八届四中全会专门进行研究，作出《中共中央关于全面推进依法治国若干重大问题的决定》。

⑦ 《党政领导干部生态环境损害责任追究办法（试行）》规定，地方各级党委和政府对本地区生态环境和资源保护负总责，党委和政府主要领导成员承担主要责任，其他有关领导成员在职责范围内承担相应责任。中央和国家机关有关工作部门、地方各级党委和政府的有关工作部门及其有关机构领导人员按照职责分别承担相应责任。

⑧ 2023年1月，习近平总书记在二十届中央纪委二次全会上对健全全面从严治党体系作出重要部署，强调要坚持内容上全涵盖、对象

中国共产党领导人民建设社会主义生态文明。树立尊重自然、顺应自然、保护自然的生态文明理念，增强绿水青山就是金山银山的意识，坚持节约资源和保护环境的基本国策，坚持节约优先、保护优先、自然恢复为主的方针，坚持生产发展、生活富裕、生态良好的文明发展道路。着力建设资源节约型、环境友好型社会，实行最严格的生态环境保护制度⑦，形成节约资源和保护环境的空间格局、产业结构、生产方式、生活方式，为人民创造良好生产生活环境，实现中华民族永续发展。

中国共产党坚持对人民解放军和其他人民武装力量的绝对领导，贯彻习近平强军思想，加强人民解放军的建设，坚持政治建军、改革强军、科技强军、人才强军、依法治军，建设一支听党指挥、能打胜仗、作风优良的人民军队，把人民军队建设成为世界一流军队，切实保证人民解放军有效履行新时代军队使命任务，充分发挥人民解放军在巩固国防、保卫祖国和参加社会主义现代化建设中的作用。

中国共产党维护和发展平等团结互助和谐的社会主义民族关系，积极培养、选拔少数民族干部，帮助少数民族和民族地区发展经济、文化和社会事业，铸牢中华民族共同体意识，实现各民族共同团结奋斗、共同繁荣发展。全面贯彻党的宗教工作基本方针，团结信教群众为经济社会发展作贡献。

中国共产党同全国各民族工人、农民、知识分子团结在一起，同各民主党派、无党派人士、各民族的爱国力量团结在一起，进一步发展和壮大由全体社会主义劳动者、社会主义事业的建设者、拥护社会主义的爱国者、拥护祖国统一和致力于中华民族伟大复兴的爱国者组成的最广泛的爱国统一战线。不断加强全国人民包括香港特别行政区同胞、澳门特别行政区同胞、台湾同胞和海外侨胞的团结。全面准确、坚定不移贯彻“一个国家、两种制度”的方针，促进香港、澳门长期繁荣稳定，坚决反对和遏制“台独”，完成祖国统一大业。

中国共产党坚持独立自主的和平外交政策，坚持和平发展道路，坚持互利共赢的开放战略，统筹国内国际两个大局，积极发展对外关系，努力为我国的改革开放和现代化建设争取有利的国际环境。在国际事务中，弘扬和平、发展、公平、正义、民主、自由的全人类共同价值，坚持正确义利观，维护我国的独立和主权，反对霸权主义和强权政治，维护世界和平，促进人类进步，推动构建人类命运共同体，推动建设持久和平、普遍安全、共同繁荣、开放包容、清洁美丽的世界。在互相尊重主权和领土完整、互不侵犯、互不干涉内政、平等互利、和平共处五项原则的基础上，发展我国同世界各国的关系。不断发展我国同周边国家的睦邻友好关系，加强同发展中国家的团结与合作。遵循共商共建共享原则，推进“一带一路”建设。按照独立自主、完全平等、互相尊重、互不干涉内部事务的原则，发展我党同各国共产党和其他政党的关系。

中国共产党要领导全国各族人民实现第二个百年奋斗目标、实现中华民族伟大复兴的中国梦，必须紧密围绕党的基本路线，坚持和加强党的全面领导，坚持党要管党、全面从严治党[⑧]，弘扬坚持真理、坚守理想，践行初心、担当使命，不怕牺牲、英勇斗争，对党忠诚、不负人民的伟大建党精神，加强党的长期执政能力建设、先进性和纯洁性建设，以改革创新精神全面推进党的建设新的伟大工程，以党的政治建设为统领，全面推进党的政治建设、思想建设、组织建设、作风建设[⑨]、纪律建设，把制度建设贯穿其中，深入推进反腐败斗争，全面提高党的建设科学化水平，以伟大自我革命引领伟大社会革命。坚持立党为公、执政为民，发扬党的优良传统和作风，不断提高党的领导水平和执政水平，提高拒腐防变和抵御风险的能力，不断增强自我净化、自我完善、自我革新、自我提高能力，不断增强党的阶级基础和扩大党的群众基础，不断提高党的创造力、凝聚力、战斗力，建设学习型、服务型、创新型的马克思主义执政党，使我们党始终走在时代前列，成为领导全国人民沿着中国特色社会主义道路不断前进的坚强核心。党的建设必须坚决实现以下六项基本要求：

第一，坚持党的基本路线。全党要用邓小平理论、“三个代表”重要思想、科学发展观、习近平新时代中国特色社会主义思想和党的基本路线统一思想，统一行动，并且毫不动摇地长期坚持下去。必须把改革开放同四项基本原则统一起来，全面落实党的基本路线，反对一切“左”的和右的错误倾向，要警惕右，但主要是防止“左”。必须提高政治判断力、政治领悟力、政治执行力，增强贯彻落实党的理论和路线方针政策的自觉性和坚定性。

第二，坚持解放思想，实事求是，与时俱进，求真务实。党的思想路线是一切从实际出发，理论联系实际，实事求是，在实践中检验真理和发展真理。全党必须坚持这条思想路线，积极探索，大胆试验，开拓创新，创造性地开展工作，不断研究新情况，总结新经验，解决新问题，在实践中丰富和发展马克思主义，推进马克思主义中国化时代化。

第三，坚持新时代党的组织路线。全面贯彻习近平新时代中国特色社会主义思想，以组织体系建设为重点，着力培养忠诚干净担当的高素质干部，着力集聚爱国奉献的各方面优秀人才，坚持德才兼备、以德为先、任人唯贤，为坚持和加强党的全面领导、坚持和发展中国特色社会主义提供坚强组织保证。全党必须增强党组织的政治功能和组织功能，培养选拔党和人民需要的好干部，培养和造就大批堪当时代重任的社会主义事业接班人，聚天下英才而用之，从组织上保证党的基本理论、基本路线、基本方略的贯彻落实。

第四，坚持全心全意为人民服务。党除了工人阶级和最广大人民群众的利益，没有自己特殊的利益。党在任何时候都把群众利益放在第一位，同群众同甘共苦，

上全覆盖、责任上全链条、制度上全贯通，进一步健全全面从严治党体系，使全面从严治党各项工作更好体现时代性、把握规律性、富于创造性。

⑨ 习近平总书记指出，“党的作风是党的形象，是观察党群干群关系、人心向背的晴雨表”。

⑩ 【学党史】1990年3月12日，《中共中央关于加强党同人民群众联系的决定》通过。该规定至今有效，共9条内容，请注意学习。

⑪ 2016年1月12日，习近平总书记在十八届中央纪委六次全会上的讲话中指出：批评和自我批评存在的普遍性问题是，自我批评难，相互批评更难。难就难在为人情所困、为利益所惑，怕结怨树敌、怕引火烧身，说到底还是私心杂念作怪，缺乏党性和担当。“反听之谓聪，内视之谓明，自胜之谓强。”对自己的缺点错误，要敢于正视、主动改

保持最密切的联系，坚持权为民所用、情为民所系、利为民所谋，不允许任何党员脱离群众，凌驾于群众之上。我们党的最大政治优势是密切联系群众，党执政后的最大危险是脱离群众。党风问题、党同人民群众联系问题是关系党生死存亡的问题[⑩]。党在自己的工作中实行群众路线，一切为了群众，一切依靠群众，从群众中来，到群众中去，把党的正确主张变为群众的自觉行动。

第五，坚持民主集中制。民主集中制是民主基础上的集中和集中指导下的民主相结合。它既是党的根本组织原则，也是群众路线在党的生活中的运用。必须充分发扬党内民主，尊重党员主体地位，保障党员民主权利，发挥各级党组织和广大党员的积极性创造性。必须实行正确的集中，牢固树立政治意识、大局意识、核心意识、看齐意识，坚定维护以习近平同志为核心的党中央权威和集中统一领导，保证全党的团结统一和行动一致，保证党的决定得到迅速有效的贯彻执行。加强和规范党内政治生活，增强党内政治生活的政治性、时代性、原则性、战斗性，发展积极健康的党内政治文化，营造风清气正的良好政治生态。党在自己的政治生活中正确地开展批评和自我批评[⑪]，在原则问题上进行思想斗争，坚持真理，修正错误。努力造成又有集中又有民主，又有纪律又有自由，又有统一意志又有个人心情舒畅生动活泼的政治局面。

第六，坚持从严管党治党。全面从严治党永远在路上，党的自我革命永远在路上。新形势下，党面临的执政考验、改革开放考验、市场经济考验、外部环境考验是长期的、复杂的、严峻的，精神懈怠危险、能力不足危险、脱离群众危险、消极腐败危险更加尖锐地摆在全党面前。要把严的标准、严的措施贯穿于管党治党全过程和各方面。坚持依规治党、标本兼治，不断健全党内法规体系[⑫]，坚持把纪律挺在前面，加强组织性纪律性，在党的纪律面前人人平等[⑬]。强化全面从严治党主体责任和监督责任，加强对党的领导机关和党员领导干部特别是主要领导干部的监督，不断完善党内监督体系。深入推进党风廉政建设和反腐败斗争[⑭]，以零容忍态度惩治腐败，一体推进不敢腐、不能腐、不想腐。

中国共产党的领导是中国特色社会主义最本质的特征，是中国特色社会主义制度的最大优势，党是最高政治领导力量。党政军民学，东西南北中，党是领导一切的。党要适应改革开放和社会主义现代化建设的要求，坚持科学执政、民主执政、依法执政，加强和改善党的领导。党必须按照总揽全局、协调各方的原则，在同级各种组织中发挥领导核心作用。党必须集中精力领导经济建设，组织、协调各方面的力量，同心协力，围绕经济建设开展工作，促进经济社会全面发展。党必须实行民主的科学的决策，制定和执行正确的路线、方针、政策，做好党的组织工作和宣传教育工作，发挥全体党员的先锋模范作用。党必须在宪法和法律的范围内活动[⑮]。党必须

正。对别人的缺点错误，要敢于指出、帮助改进。对同志的提醒批评，要闻过则喜、虚心接受。自我批评要一日三省，相互批评要随时随地，不要等小毛病发展成大问题再提。要让批评和自我批评成为党内生活的常态，成为每个党员、干部的必修课。

⑫ 2021年7月1日，习近平总书记在庆祝中国共产党成立100周年大会上宣布，我们党已经“形成比较完善的党内法规体系”。经过长期实践探索，我们党逐步形成了一整套层次清晰、运行有效的党内法规制度体系，包括党章、准则、条例、规则、规定、办法、细则7种类型。

⑬ 党员义务中重要的一条就是，“自觉遵守党的纪律，首先是党的政治纪律和政治规矩，模范遵守国家的法律法规”。《关于新形势下党内政治生活的若干准则》强调：“坚持纪律面前一律平等，

保证国家的立法、司法、行政、监察机关,经济、文化组织和人民团体积极主动地、独立负责地、协调一致地工作。党必须加强对工会、共产主义青年团、妇女联合会等群团组织的领导,使它们保持和增强政治性、先进性、群众性,充分发挥作用。党必须适应形势的发展和情况的变化,完善领导体制,改进领导方式,增强执政能力。共产党员必须同党外群众亲密合作,共同为建设中国特色社会主义而奋斗。

第一章　党　　员

第一条　年满十八岁的中国工人、农民、军人、知识分子和其他社会阶层的先进分子,承认党的纲领和章程,愿意参加党的一个组织并在其中积极工作、执行党的决议和按期交纳党费的,可以申请加入中国共产党。

第二条　中国共产党党员是中国工人阶级的有共产主义觉悟的先锋战士。

中国共产党党员必须全心全意为人民服务,不惜牺牲个人的一切,为实现共产主义奋斗终身。

中国共产党党员永远是劳动人民的普通一员。除了法律和政策规定范围内的个人利益和工作职权以外,所有共产党员都不得谋求任何私利和特权。

第三条　党员必须履行下列义务[16]:

(一)认真学习马克思列宁主义、毛泽东思想、邓小平理论、"三个代表"重要思想、科学发展观、习近平新时代中国特色社会主义思想,学习党的路线、方针、政策和决议,学习党的基本知识和党的历史[17],学习科学、文化、法律和业务知识,努力提高为人民服务的本领。

(二)增强"四个意识"、坚定"四个自信"、做到"两个维护"[18],贯彻执行党的基本路线和各项方针、政策,带头参加改革开放和社会主义现代化建设,带动群众为经济发展和社会进步艰苦奋斗,在生产、工作、学习和社会生活中起先锋模范作用。

(三)坚持党和人民的利益高于一切,个人利益服从党和人民的利益,吃苦在前,享受在后,克己奉公,多做贡献。

(四)自觉遵守党的纪律,首先是党的政治纪律和政治规矩,模范遵守国家的法律法规[19],严格保守党和国家的秘密,执行党的决定,服从组织分配,积极完成党的任务。

(五)维护党的团结和统一,对党忠诚老实,言行一致,坚决反对一切派别组织和小集团活动,反对阳奉阴违的两面派行为和一切阴谋诡计。

(六)切实开展批评和自我批评,勇于揭露和纠正违反党的原则的言行和工作中的缺点、错误,坚决同消极腐败现象作斗争。

(七)密切联系群众,向群众宣传党的主张,遇事同群众商量,及时向党反映群

遵守纪律没有特权,执行纪律没有例外,党内决不允许存在不受纪律约束的特殊组织和特殊党员。"

⑭ 不能把党风廉政建设和反腐败斗争与全面从严治党画等号,前者仅仅是后者的一部分。全面从严治党要贯穿改革开放和现代化建设全过程,贯穿党的建设和党内生活各方面,真正做到要求严、措施严,对上严、对下严,对事严、对人严。

⑮ 【知识点:党纪国法关系】1978年12月13日,邓小平同志在中共中央工作会议闭幕会上的讲话中指出:国要有国法,党要有党规党法。党章是最根本的党规党法。没有党规党法,国法就很难保障。各级纪律检查委员会和组织部门的任务不只是处理案件,更重要的是维护党规党法,切实把我们的党风搞好。对于违反党纪的,不管是什么人,都要执行纪律,做到功过分明,赏罚分明,伸张正气,打击邪气。

众的意见和要求,维护群众的正当利益。

(八)发扬社会主义新风尚,带头实践社会主义核心价值观和社会主义荣辱观,提倡共产主义道德,弘扬中华民族传统美德,为了保护国家和人民的利益,在一切困难和危险的时刻挺身而出,英勇斗争,不怕牺牲。

第四条 党员享有下列权利:

(一)参加党的有关会议,阅读党的有关文件,接受党的教育和培训。

(二)在党的会议上和党报党刊上,参加关于党的政策问题的讨论。

(三)对党的工作提出建议和倡议。

(四)在党的会议上有根据地批评党的任何组织和任何党员,向党负责地揭发、检举党的任何组织和任何党员违法乱纪的事实,要求处分违法乱纪的党员,要求罢免或撤换不称职的干部。

(五)行使表决权、选举权,有被选举权。

(六)在党组织讨论决定对党员的党纪处分或作出鉴定时,本人有权参加和进行申辩,其他党员可以为他作证和辩护。

(七)对党的决议和政策如有不同意见,在坚决执行的前提下,可以声明保留,并且可以把自己的意见向党的上级组织直至中央提出。

(八)向党的上级组织直至中央提出请求、申诉和控告,并要求有关组织给以负责的答复。

党的任何一级组织直至中央都无权剥夺党员的上述权利。

第五条 发展党员,必须把政治标准放在首位,经过党的支部,坚持个别吸收的原则。

申请入党的人,要填写入党志愿书,要有两名正式党员作介绍人,要经过支部大会通过和上级党组织批准,并且经过预备期的考察,才能成为正式党员。

介绍人要认真了解申请人的思想、品质、经历和工作表现,向他解释党的纲领和党的章程,说明党员的条件、义务和权利,并向党组织作出负责的报告。

党的支部委员会对申请入党的人,要注意征求党内外有关群众的意见,进行严格的审查,认为合格后再提交支部大会讨论。

上级党组织在批准申请人入党以前,要派人同他谈话,作进一步的了解,并帮助他提高对党的认识。

在特殊情况下,党的中央和省、自治区、直辖市委员会可以直接接收党员。

第六条 预备党员必须面向党旗进行入党宣誓。誓词如下:我志愿加入中国共产党,拥护党的纲领,遵守党的章程,履行党员义务,执行党的决定,严守党的纪律,保守党的秘密,对党忠诚,积极工作,为共产主义奋斗终身,随时准备为党和人民

十八届四中全会决定指出,党内法规既是管党治党的重要依据,也是建设社会主义法治国家的有力保障。党纪与法律均是从严治党、反腐倡廉的重要依据和保证。习近平总书记强调,“要把纪律建设摆在更加突出位置,坚持纪严于法、纪在法前”。只有坚持纪在法前、纪严于法,才能突出党员干部区别于普通公民的政治责任,唤醒党员干部的党规党纪意识,从而促使其以更高标准、更严要求履行职责,抵御权力被滥用、法律被践踏的危险。纪严于法,法为后盾,发挥法律是纪律的保障和后盾作用。

⑯ 党章关于党员义务的规定顺序排在党员权利之前,党员应当把履行义务、担当责任、遵守纪律放在第一位,切实履行党章规定的义务。党员的义务和权利是辩

牺牲一切，永不叛党。

第七条　预备党员的预备期为一年。党组织对预备党员应当认真教育和考察。

预备党员的义务同正式党员一样。预备党员的权利，除了没有表决权、选举权和被选举权以外，也同正式党员一样。

预备党员预备期满，党的支部应当及时讨论他能否转为正式党员。认真履行党员义务，具备党员条件的，应当按期转为正式党员；需要继续考察和教育的，可以延长预备期，但不能超过一年；不履行党员义务，不具备党员条件的，应当取消预备党员资格。预备党员转为正式党员，或延长预备期，或取消预备党员资格，都应当经支部大会讨论通过和上级党组织批准。

预备党员的预备期，从支部大会通过他为预备党员之日算起。党员的党龄，从预备期满转为正式党员之日算起。

第八条　每个党员，不论职务高低，都必须编入党的一个支部、小组或其他特定组织，参加党的组织生活，接受党内外群众的监督。党员领导干部还必须参加党委、党组的民主生活会[20]。不允许有任何不参加党的组织生活、不接受党内外群众监督的特殊党员。

第九条　党员有退党的自由。党员要求退党，应当经支部大会讨论后宣布除名，并报上级党组织备案。

党员缺乏革命意志，不履行党员义务，不符合党员条件，党的支部应当对他进行教育，要求他限期改正；经教育仍无转变的，应当劝他退党。劝党员退党，应当经支部大会讨论决定，并报上级党组织批准。如被劝告退党的党员坚持不退，应当提交支部大会讨论，决定把他除名，并报上级党组织批准。

党员如果没有正当理由，连续六个月不参加党的组织生活，或不交纳党费，或不做党所分配的工作，就被认为是自行脱党。支部大会应当决定把这样的党员除名[21]，并报上级党组织批准。

第二章　党的组织制度

第十条　党是根据自己的纲领和章程，按照民主集中制组织起来的统一整体。党的民主集中制的基本原则是[22]：

（一）党员个人服从党的组织，少数服从多数，下级组织服从上级组织，全党各个组织和全体党员服从党的全国代表大会和中央委员会。

（二）党的各级领导机关，除它们派出的代表机关和在非党组织中的党组外，都由选举产生。

证统一关系。党员应当正确行使权利。党员若违反党员义务，或者不正确行使党员权利，党组织可以视情节轻重根据《中国共产党纪律处分条例》等法规给予违纪党员相应党纪处分。比如，针对对党不忠诚、不老实的党员，可根据《中国共产党纪律处分条例》第51条的规定进行处分。如果党员有干扰巡视巡察或者对抗组织审查行为，可根据《中国共产党纪律处分条例》第55、56条的规定进行处分。再比如，党章规定党员在困难和危险来临时应该挺身而出，英勇斗争，不怕牺牲，如果党员在遇到国家财产和群众生命财产受到严重威胁时，能救而不救，情节较重的，可根据《中国共产党纪律处分条例》第118条的规定进行处分。

⑰　学习“党的历史”系新表述，也是新增的党员义务。

（三）党的最高领导机关，是党的全国代表大会和它所产生的中央委员会。党的地方各级领导机关，是党的地方各级代表大会和它们所产生的委员会。党的各级委员会向同级的代表大会负责并报告工作。

（四）党的上级组织要经常听取下级组织和党员群众的意见，及时解决他们提出的问题。党的下级组织既要向上级组织请示和报告工作，又要独立负责地解决自己职责范围内的问题。上下级组织之间要互通情报、互相支持和互相监督。党的各级组织要按规定实行党务公开，使党员对党内事务有更多的了解和参与。

（五）党的各级委员会实行集体领导和个人分工负责相结合的制度。凡属重大问题都要按照集体领导、民主集中、个别酝酿、会议决定的原则，由党的委员会集体讨论，作出决定；委员会成员要根据集体的决定和分工，切实履行自己的职责。

（六）党禁止任何形式的个人崇拜。要保证党的领导人的活动处于党和人民的监督之下，同时维护一切代表党和人民利益的领导人的威信。

第十一条 党的各级代表大会的代表和委员会的产生，要体现选举人的意志。选举采用无记名投票的方式。候选人名单要由党组织和选举人充分酝酿讨论。可以直接采用候选人数多于应选人数的差额选举办法进行正式选举。也可以先采用差额选举办法进行预选，产生候选人名单，然后进行正式选举。选举人有了解候选人情况、要求改变候选人、不选任何一个候选人和另选他人的权利。任何组织和个人不得以任何方式强迫选举人选举或不选举某个人。

党的地方各级代表大会和基层代表大会的选举，如果发生违反党章的情况，上一级党的委员会在调查核实后，应作出选举无效和采取相应措施的决定，并报再上一级党的委员会审查批准，正式宣布执行。

党的各级代表大会代表实行任期制。

第十二条 党的中央和地方各级委员会在必要时召集代表会议，讨论和决定需要及时解决的重大问题。代表会议代表的名额和产生办法，由召集代表会议的委员会决定。

第十三条 凡是成立党的新组织，或是撤销党的原有组织，必须由上级党组织决定。

在党的地方各级代表大会和基层代表大会闭会期间，上级党的组织认为有必要时，可以调动或者指派下级党组织的负责人。

党的中央和地方各级委员会可以派出代表机关。

第十四条 党的中央和省、自治区、直辖市委员会实行巡视制度，在一届任期内，对所管理的地方、部门、企事业单位党组织实现巡视全覆盖。

中央有关部委和国家机关部门党组（党委）根据工作需要，开展巡视工作。

⑱ 执纪执法实践中，要善于用理想信念、“四个意识”、“两个维护”为严重违纪违法的党员干部画像。

⑲ “模范遵守国家的法律法规”是党章规定党员应当履行的义务，也是一条十分重要的纪律。党员若有违反法律法规的行为，可以视情节轻重决定是否追究其纪律责任，对情节较轻的，比如违反道路交通安全法规的规定逆行或者闯红灯，可以给予其谈话提醒、批评教育、责令写出深刻检查、诫勉等。如果需要给予党纪处分，可以引用《中国共产党纪律处分条例》第28条的规定进行处分。

⑳ 2016年1月12日，习近平总书记在十八届中央纪委六次全会上指出：民主生活会要及时开，遇到重要问题或普遍性问题，需要集体批评和自我批评的，就要召开民主生活会，把事

党的市(地、州、盟)和县(市、区、旗)委员会建立巡察制度。

第十五条　党的各级领导机关,对同下级组织有关的重要问题作出决定时,在通常情况下,要征求下级组织的意见。要保证下级组织能够正常行使他们的职权。凡属应由下级组织处理的问题,如无特殊情况,上级领导机关不要干预。

第十六条　有关全国性的重大政策问题,只有党中央有权作出决定,各部门、各地方的党组织可以向中央提出建议,但不得擅自作出决定和对外发表主张。

党的下级组织必须坚决执行上级组织的决定。下级组织如果认为上级组织的决定不符合本地区、本部门的实际情况,可以请求改变;如果上级组织坚持原决定,下级组织必须执行,并不得公开发表不同意见,但有权向再上一级组织报告。

党的各级组织的报刊和其他宣传工具,必须宣传党的路线、方针、政策和决议[23]。

第十七条　党组织讨论决定问题,必须执行少数服从多数的原则。决定重要问题,要进行表决。对于少数人的不同意见,应当认真考虑。如对重要问题发生争论,双方人数接近,除了在紧急情况下必须按多数意见执行外,应当暂缓作出决定,进一步调查研究,交换意见,下次再表决;在特殊情况下,也可将争论情况向上级组织报告,请求裁决。

党员个人代表党组织发表重要主张,如果超出党组织已有决定的范围,必须提交所在的党组织讨论决定,或向上级党组织请示。任何党员不论职务高低,都不能个人决定重大问题;如遇紧急情况,必须由个人作出决定时,事后要迅速向党组织报告。不允许任何领导人实行个人专断和把个人凌驾于组织之上。

第十八条　党的中央、地方和基层组织,都必须重视党的建设,经常讨论和检查党的宣传工作、教育工作、组织工作、纪律检查工作、群众工作、统一战线工作等,注意研究党内外的思想政治状况。

第三章　党的中央组织

第十九条　党的全国代表大会每五年举行一次,由中央委员会召集。中央委员会认为有必要,或者有三分之一以上的省一级组织提出要求,全国代表大会可以提前举行;如无非常情况,不得延期举行。

全国代表大会代表的名额和选举办法,由中央委员会决定。

第二十条　党的全国代表大会的职权是:

(一)听取和审查中央委员会的报告;

(二)审查中央纪律检查委员会的报告;

(三)讨论并决定党的重大问题;

情说清楚、谈透彻。有了群众反映,接到揭发检举,经过查核确有轻微违规违纪行为,就要让犯错误的同志在民主生活会上自我检讨,大家批评帮助,共同敲响警钟。对巡视反馈的领导干部“四风”问题和违反廉洁纪律问题,要在民主生活会上进行剖析批评,提出整改措施。上级党组织要加强对下级领导班子民主生活会的督促指导,提高民主生活会质量和水平。

㉑ 开除党籍和除名存在区别:开除党籍是对党员作出的一种纪律处分,根据《中国共产党纪律处分条例》第13条的规定,受到开除党籍处分的党员,5年内不得重新入党。除名是取消党员资格和党籍,是党内一种组织措施,不是纪律处分。根据党章第9条的规定,对有以下三种情况的党员,应予除

(四)修改党的章程;

(五)选举中央委员会;

(六)选举中央纪律检查委员会。

第二十一条 党的全国代表会议的职权是:讨论和决定重大问题;调整和增选中央委员会、中央纪律检查委员会的部分成员。调整和增选中央委员及候补中央委员的数额,不得超过党的全国代表大会选出的中央委员及候补中央委员各自总数的五分之一。

第二十二条 党的中央委员会每届任期五年。全国代表大会如提前或延期举行,它的任期相应地改变。中央委员会委员和候补委员必须有五年以上的党龄。中央委员会委员和候补委员的名额,由全国代表大会决定。中央委员会委员出缺,由中央委员会候补委员按照得票多少依次递补。

中央委员会全体会议由中央政治局召集,每年至少举行一次。中央政治局向中央委员会全体会议报告工作,接受监督。

在全国代表大会闭会期间,中央委员会执行全国代表大会的决议,领导党的全部工作,对外代表中国共产党。

第二十三条 党的中央政治局、中央政治局常务委员会和中央委员会总书记,由中央委员会全体会议选举。中央委员会总书记必须从中央政治局常务委员会委员中产生。

中央政治局和它的常务委员会在中央委员会全体会议闭会期间,行使中央委员会的职权。

中央书记处是中央政治局和它的常务委员会的办事机构;成员由中央政治局常务委员会提名,中央委员会全体会议通过。

中央委员会总书记负责召集中央政治局会议和中央政治局常务委员会会议,并主持中央书记处的工作。

党的中央军事委员会组成人员由中央委员会决定,中央军事委员会实行主席负责制。

每届中央委员会产生的中央领导机构和中央领导人,在下届全国代表大会开会期间,继续主持党的经常工作,直到下届中央委员会产生新的中央领导机构和中央领导人为止。

第二十四条 中国人民解放军的党组织,根据中央委员会的指示进行工作。中央军事委员会负责军队中党的工作和政治工作,对军队中党的组织体制和机构作出规定。

名:一是要求退党的党员,经支部大会讨论后宣布除名,并报上级党组织备案。二是如被劝告退党的党员坚持不退,应当提交支部大会讨论,决定把他除名,并报上级党组织批准。三是对没有正当理由连续6个月不参加党的组织生活,不交纳党费,或不做党所分配的工作的党员,应作为自行脱党处理。支部大会应当决定把这样的党员除名,并报上级党组织批准。

㉒【学党史】1927年民主集中制正式写入党章,此后逐步成为党的根本组织原则。现行党章明确规定了民主集中制的6条基本原则,每一条原则都蕴含着处理各种复杂问题的智慧。——参见李忠杰:《组织的力量和智慧》,载《中国纪检监察报》2021年1月12日,第5版。

第四章　党的地方组织

第二十五条　党的省、自治区、直辖市的代表大会，设区的市和自治州的代表大会，县（旗）、自治县、不设区的市和市辖区的代表大会，每五年举行一次。

党的地方各级代表大会由同级党的委员会召集。在特殊情况下，经上一级委员会批准，可以提前或延期举行。

党的地方各级代表大会代表的名额和选举办法，由同级党的委员会决定，并报上一级党的委员会批准。

第二十六条　党的地方各级代表大会的职权是：

（一）听取和审查同级委员会的报告；

（二）审查同级纪律检查委员会的报告；

（三）讨论本地区范围内的重大问题并作出决议；

（四）选举同级党的委员会，选举同级党的纪律检查委员会。

第二十七条　党的省、自治区、直辖市、设区的市和自治州的委员会，每届任期五年。这些委员会的委员和候补委员必须有五年以上的党龄。

党的县（旗）、自治县、不设区的市和市辖区的委员会，每届任期五年。这些委员会的委员和候补委员必须有三年以上的党龄。

党的地方各级代表大会如提前或延期举行，由它选举的委员会的任期相应地改变。

党的地方各级委员会的委员和候补委员的名额，分别由上一级委员会决定。党的地方各级委员会委员出缺，由候补委员按照得票多少依次递补。

党的地方各级委员会全体会议，每年至少召开两次。

党的地方各级委员会在代表大会闭会期间，执行上级党组织的指示和同级党代表大会的决议，领导本地方的工作，定期向上级党的委员会报告工作。

第二十八条　党的地方各级委员会全体会议，选举常务委员会和书记、副书记，并报上级党的委员会批准。党的地方各级委员会的常务委员会，在委员会全体会议闭会期间，行使委员会职权；在下届代表大会开会期间，继续主持经常工作，直到新的常务委员会产生为止。

党的地方各级委员会的常务委员会定期向委员会全体会议报告工作，接受监督。

第二十九条　党的地区委员会和相当于地区委员会的组织，是党的省、自治区委员会在几个县、自治县、市范围内派出的代表机关。它根据省、自治区委员会的授权，领导本地区的工作。

㉓《中国共产党宣传工作条例》对宣传工作作了全面系统的规定。该条例规定了党委的7项主要职责，中央纪委国家监委和地方各级纪委监委，党的工作机关、党委直属事业单位等，参照党委履行相应宣传工作职责，党委宣传部承担16项工作职责。

㉔ 习近平总书记强调："树立和践行正确政绩观，起决定性作用的是党性。"党性是党员干部立身、立业、立言、立德的基石。只有党性坚强、摒弃私心杂念，才能保证政绩观不出偏差。

㉕ 2013年9月，习近平总书记在指导河北省委常委班子专题民主生活会时强调："批评和自我批评是一剂良药，是对同志、对自己的真正爱护。开展批评和自我批评需要勇气和党性，不能把我们防身治病的武器给丢掉了。"

第五章　党的基层组织

第三十条　企业、农村、机关、学校、医院、科研院所、街道社区、社会组织、人民解放军连队和其他基层单位，凡是有正式党员三人以上的，都应当成立党的基层组织。

党的基层组织，根据工作需要和党员人数，经上级党组织批准，分别设立党的基层委员会、总支部委员会、支部委员会。基层委员会由党员大会或代表大会选举产生，总支部委员会和支部委员会由党员大会选举产生，提出委员候选人要广泛征求党员和群众的意见。

第三十一条　党的基层委员会、总支部委员会、支部委员会每届任期三年至五年。基层委员会、总支部委员会、支部委员会的书记、副书记选举产生后，应报上级党组织批准。

第三十二条　党的基层组织是党在社会基层组织中的战斗堡垒，是党的全部工作和战斗力的基础。它的基本任务是：

（一）宣传和执行党的路线、方针、政策，宣传和执行党中央、上级组织和本组织的决议，充分发挥党员的先锋模范作用，积极创先争优，团结、组织党内外的干部和群众，努力完成本单位所担负的任务。

（二）组织党员认真学习马克思列宁主义、毛泽东思想、邓小平理论、“三个代表”重要思想、科学发展观、习近平新时代中国特色社会主义思想，推进“两学一做”学习教育、党史学习教育常态化制度化，学习党的路线、方针、政策和决议，学习党的基本知识，学习科学、文化、法律和业务知识。

（三）对党员进行教育、管理、监督和服务，提高党员素质，坚定理想信念，增强党性[24]，严格党的组织生活，开展批评和自我批评[25]，维护和执行党的纪律，监督党员切实履行义务，保障党员的权利不受侵犯。加强和改进流动党员管理。

（四）密切联系群众，经常了解群众对党员、党的工作的批评和意见，维护群众的正当权利和利益，做好群众的思想政治工作。

（五）充分发挥党员和群众的积极性创造性，发现、培养和推荐他们中间的优秀人才，鼓励和支持他们在改革开放和社会主义现代化建设中贡献自己的聪明才智。

（六）对要求入党的积极分子进行教育和培养，做好经常性的发展党员工作，重视在生产、工作第一线和青年中发展党员。

（七）监督党员干部和其他任何工作人员严格遵守国家法律法规，严格遵守国家的财政经济法规和人事制度，不得侵占国家、集体和群众的利益。

（八）教育党员和群众自觉抵制不良倾向，坚决同各种违纪违法行为作斗争。

忠言逆耳，良药苦口。作为共产党人，有话要放到桌面上来讲。批评要出以公心、态度诚恳、讲究方法，要实事求是、分清是非、辨别真假，切忌从个人恩怨、得失、利害、亲疏出发看事待人。”

㉖【学党史】党的四大将支部确立为党的基本组织，规定凡有党员3人以上均得成立支部。

㉗ 此处规定了遵守党的纪律的行为主体是党的各级组织和全体党员。就是说，不仅全体党员要遵守党的纪律，而且党的各级组织也必须严格遵守党的纪律。1941年9月10日，毛泽东同志在《反对主观主义和宗派主义》文章中指出：“路线是王道，纪律是霸道，这两者都不可少。”

㉘ 党的纪律，主要包括六大纪律，但不能理解为党的纪律只有这六大纪律。

第三十三条 街道、乡、镇党的基层委员会和村、社区党组织，统一领导本地区基层各类组织和各项工作，加强基层社会治理，支持和保证行政组织、经济组织和群众性自治组织充分行使职权。

国有企业党委（党组）发挥领导作用，把方向、管大局、保落实，依照规定讨论和决定企业重大事项。国有企业和集体企业中党的基层组织，围绕企业生产经营开展工作。保证监督党和国家的方针、政策在本企业的贯彻执行；支持股东会、董事会、监事会和经理（厂长）依法行使职权；全心全意依靠职工群众，支持职工代表大会开展工作；参与企业重大问题的决策；加强党组织的自身建设，领导思想政治工作、精神文明建设、统一战线工作和工会、共青团、妇女组织等群团组织。

非公有制经济组织中党的基层组织，贯彻党的方针政策，引导和监督企业遵守国家的法律法规，领导工会、共青团等群团组织，团结凝聚职工群众，维护各方的合法权益，促进企业健康发展。

社会组织中党的基层组织，宣传和执行党的路线、方针、政策，领导工会、共青团等群团组织，教育管理党员，引领服务群众，推动事业发展。

实行行政领导人负责制的事业单位中党的基层组织，发挥战斗堡垒作用。实行党委领导下的行政领导人负责制的事业单位中党的基层组织，对重大问题进行讨论和作出决定，同时保证行政领导人充分行使自己的职权。

各级党和国家机关中党的基层组织，协助行政负责人完成任务，改进工作，对包括行政负责人在内的每个党员进行教育、管理、监督，不领导本单位的业务工作。

第三十四条 党支部是党的基础组织，担负直接教育党员、管理党员、监督党员和组织群众、宣传群众、凝聚群众、服务群众的职责[20]。

第六章 党的干部

第三十五条 党的干部是党的事业的骨干，是人民的公仆，要做到忠诚干净担当。党按照德才兼备、以德为先的原则选拔干部，坚持五湖四海、任人唯贤，坚持事业为上、公道正派，反对任人唯亲，努力实现干部队伍的革命化、年轻化、知识化、专业化。

党重视教育、培训、选拔、考核和监督干部，特别是培养、选拔优秀年轻干部。积极推进干部制度改革。

党重视培养、选拔女干部和少数民族干部。

第三十六条 党的各级领导干部必须信念坚定、为民服务、勤政务实、敢于担当、清正廉洁，模范地履行本章程第三条所规定的党员的各项义务，并且必须具备以下的基本条件：

㉙《中国共产党处分违纪党员批准权限和程序规定》第51条规定，严重触犯刑律是指因犯罪被人民法院判处刑罚。

㉚【学党史】监督执纪“四种形态”首次被写入党章是党的十九大，党的二十大将责令检查、诫勉也写入党章。值得注意的是，《中国共产党党内监督条例》第7条、《中国共产党纪律处分条例》第5条在规定监督执纪“四种形态”时，个别措辞比如“重大职务调整”“涉嫌”等表述，与党章规定不完全一致。由于党章效力高于条例，因此监督执纪“四种形态”的表述应当以党章为准。

㉛【学党史】党的五大通过的党章详细规定了党组织和党员违纪处分的形式和程序，对违纪党组织要给予警告、改组、解散组织等处罚，对违纪党员给予警告、取消工作、留党察看及开除党籍等处罚。转引自

（一）具有履行职责所需要的马克思列宁主义、毛泽东思想、邓小平理论、"三个代表"重要思想、科学发展观的水平，带头贯彻落实习近平新时代中国特色社会主义思想，努力用马克思主义的立场、观点、方法分析和解决实际问题，坚持讲学习、讲政治、讲正气，经得起各种风浪的考验。

（二）具有共产主义远大理想和中国特色社会主义坚定信念，坚决执行党的基本路线和各项方针、政策，立志改革开放，献身现代化事业，在社会主义建设中艰苦创业，树立正确政绩观，做出经得起实践、人民、历史检验的实绩。

（三）坚持解放思想，实事求是，与时俱进，开拓创新，认真调查研究，能够把党的方针、政策同本地区、本部门的实际相结合，卓有成效地开展工作，讲实话，办实事，求实效。

（四）有强烈的革命事业心和政治责任感，有实践经验，有胜任领导工作的组织能力、文化水平和专业知识。

（五）正确行使人民赋予的权力，坚持原则，依法办事，清正廉洁，勤政为民，以身作则，艰苦朴素，密切联系群众，坚持党的群众路线，自觉地接受党和群众的批评和监督，加强道德修养，讲党性、重品行、作表率，做到自重、自省、自警、自励，反对形式主义、官僚主义、享乐主义和奢靡之风，反对特权思想和特权现象，反对任何滥用职权、谋求私利的行为。

（六）坚持和维护党的民主集中制，有民主作风，有全局观念，善于团结同志，包括团结同自己有不同意见的同志一道工作。

第三十七条 党员干部要善于同党外干部合作共事，尊重他们，虚心学习他们的长处。

党的各级组织要善于发现和推荐有真才实学的党外干部担任领导工作，保证他们有职有权，充分发挥他们的作用。

第三十八条 党的各级领导干部，无论是由民主选举产生的，或是由领导机关任命的，他们的职务都不是终身的，都可以变动或解除。

年龄和健康状况不适宜于继续担任工作的干部，应当按照国家的规定退、离休。

第七章 党的纪律

第三十九条 党的纪律是党的各级组织和全体党员必须遵守的行为规则，是维护党的团结统一、完成党的任务的保证。党组织必须严格执行和维护党的纪律，共产党员必须自觉接受党的纪律的约束[27]。

第四十条 党的纪律主要包括政治纪律、组织纪律、廉洁纪律、群众纪律、工作

金民卿：《纪律建设的百年历程和经验启示》，载《中国纪检监察报》2021年6月24日，第6版。

㉜《中国共产党处分违纪党员批准权限和程序规定》第21、22条对恢复党员权利的主体、程序、延长1年留党察看期限等予以规定。

㉝《中国共产党处分违纪党员批准权限和程序规定》第13条第3款规定："被审查人所在党支部党员大会讨论给予其党纪处分时，实际到会有表决权的党员人数必须超过全部应到会有表决权的党员的半数，且表决时必须经过全部应到会有表决权的党员过半数赞成，方可形成决议；被审查人有权参加和进行申辩。被审查人应当在党支部党员大会决议上签写意见；拒不签写意见或者因其他原因不能签写意见的，支部委员会（含未设支部委员会的支部书记）应当在

纪律、生活纪律[28]。

坚持惩前毖后、治病救人，执纪必严、违纪必究，抓早抓小、防微杜渐，按照错误性质和情节轻重，给以批评教育、责令检查、诫勉直至纪律处分。运用监督执纪“四种形态”，让“红红脸、出出汗”成为常态，党纪处分、组织调整成为管党治党的重要手段，严重违纪、严重触犯刑律[29]的党员必须开除党籍[30]。

党内严格禁止用违反党章和国家法律的手段对待党员，严格禁止打击报复和诬告陷害。违反这些规定的组织或个人必须受到党的纪律和国家法律的追究。

第四十一条　对党员的纪律处分有五种：警告、严重警告、撤销党内职务、留党察看、开除党籍[31]。

留党察看最长不超过两年。党员在留党察看期间没有表决权、选举权和被选举权。党员经过留党察看，确已改正错误的，应当恢复其党员的权利；坚持错误不改的，应当开除党籍[32]。

开除党籍是党内的最高处分。各级党组织在决定或批准开除党员党籍的时候，应当全面研究有关的材料和意见，采取十分慎重的态度。

第四十二条　对党员的纪律处分，必须经过支部大会讨论决定，报党的基层委员会批准[33]；如果涉及的问题比较重要或复杂，或给党员以开除党籍的处分，应分别不同情况，报县级或县级以上党的纪律检查委员会审查批准。在特殊情况下，县级和县级以上各级党的委员会和纪律检查委员会有权直接决定给党员以纪律处分[34]。

对党的中央委员会委员、候补委员，给以警告、严重警告处分，由中央纪律检查委员会常务委员会审议后，报党中央批准。对地方各级党的委员会委员、候补委员，给以警告、严重警告处分，应由上一级纪律检查委员会批准，并报它的同级党的委员会备案[35]。

对党的中央委员会和地方各级委员会的委员、候补委员，给以撤销党内职务、留党察看或开除党籍的处分，必须由本人所在的委员会全体会议三分之二以上的多数决定。在全体会议闭会期间，可以先由中央政治局和地方各级委员会常务委员会作出处理决定，待召开委员会全体会议时予以追认。对地方各级委员会委员和候补委员的上述处分，必须经过上级纪律检查委员会常务委员会审议，由这一级纪律检查委员会报同级党的委员会批准。

严重触犯刑律的中央委员会委员、候补委员，由中央政治局决定开除其党籍；严重触犯刑律的地方各级委员会委员、候补委员，由同级委员会常务委员会决定开除其党籍[36]。

第四十三条　党组织对党员作出处分决定，应当实事求是地查清事实。处分决定所依据的事实材料和处分决定必须同本人见面，听取本人说明情况和申辩。

决议上注明。”需要说明的是，由支部大会形成决议，但不是由支部大会审议并独立作出处分决定。如，某县税务分局副局长违纪，需要被给予党内警告处分。程序上，需要征求本人所在党支部意见，但并不是由其所在党支部作出党纪处分决定，而需要遵循干部管理权限，由市税务局党组审议后作出，并以市税务局党组名义下达党纪处分决定。又如，某乡镇纪委决定对某违纪党员立案审查，支部大会讨论后形成的对受审查党员的处分意见，是以支部大会决议形式经乡镇纪委呈报乡镇党委审批，受审查党员应在支部大会决议上签署意见；乡镇党委批准后，乡镇纪委以自己名义制作处分决定，并将处分决定送达受处分人及其所在支部，并按规定在一定范围内宣布。

㉞《中国共产党纪律检查委员会

如果本人对处分决定不服，可以提出申诉，有关党组织必须负责处理或者迅速转递，不得扣压。对于确属坚持错误意见和无理要求的人，要给以批评教育。

第四十四条 党组织如果在维护党的纪律方面失职，必须问责。

对于严重违犯党的纪律、本身又不能纠正的党组织，上一级党的委员会在查明核实后，应根据情节严重的程度，作出进行改组或予以解散的决定，并报再上一级党的委员会审查批准，正式宣布执行。

第八章 党的纪律检查机关[37]

第四十五条 党的中央纪律检查委员会在党的中央委员会领导下进行工作。党的地方各级纪律检查委员会和基层纪律检查委员会在同级党的委员会和上级纪律检查委员会双重领导下进行工作。上级党的纪律检查委员会加强对下级纪律检查委员会的领导。

党的各级纪律检查委员会每届任期和同级党的委员会相同。

党的中央纪律检查委员会全体会议，选举常务委员会和书记、副书记，并报党的中央委员会批准。党的地方各级纪律检查委员会全体会议，选举常务委员会和书记、副书记，并由同级党的委员会通过，报上级党的委员会批准。党的基层委员会是设立纪律检查委员会，还是设立纪律检查委员，由它的上一级党组织根据具体情况决定。党的总支部委员会和支部委员会设纪律检查委员。

党的中央和地方纪律检查委员会向同级党和国家机关全面派驻党的纪律检查组，按照规定向有关国有企业、事业单位派驻党的纪律检查组。纪律检查组组长参加驻在单位党的领导组织的有关会议。他们的工作必须受到该单位党的领导组织的支持。

第四十六条 党的各级纪律检查委员会是党内监督专责机关[38]，主要任务是：维护党的章程和其他党内法规，检查党的路线、方针、政策和决议的执行情况，协助党的委员会推进全面从严治党、加强党风建设和组织协调反腐败工作，推动完善党和国家监督体系。

党的各级纪律检查委员会的职责是监督、执纪、问责，要经常对党员进行遵守纪律的教育，作出关于维护党纪的决定[39]；对党的组织和党员领导干部履行职责、行使权力进行监督，受理处置党员群众检举举报，开展谈话提醒、约谈函询；检查和处理党的组织和党员违反党的章程和其他党内法规的比较重要或复杂的案件，决定或取消对这些案件中的党员的处分；进行问责或提出责任追究的建议；受理党员的控告[40]和申诉；保障党员的权利。

各级纪律检查委员会要把处理特别重要或复杂的案件中的问题和处理的结

工作条例》第37条第2款规定，特殊情况下，县级和县级以上各级纪委有权直接决定给予党员纪律处分，主要包括：案情涉密、敏感；违纪案件跨地区跨部门跨单位；违纪党员所在的基层党组织无法正常履行职责、不正确履行职责或者其负责人同违纪问题有关联；违纪党员为县级或者县级以上各级党委管理的党员干部；党章和其他党内法规明确规定的相关情况。《中国共产党处分违纪党员批准权限和程序规定》第14条第1款第5、6项，新增了两种情形：违纪党员所在党支部党员大会经讨论无法及时形成决议，或者因可到会有表决权的党员人数未超过全部应到会有表决权的党员半数，不能及时召开党支部党员大会讨论表决的；县级以上纪委提级审查果，向同级党的委员会报告。党的地方各级纪律检查委员会和基层纪律检查委员会要同时向上级纪律检查委员会报告。

各级纪律检查委员会发现同级党的委员会委员有违犯党的纪律的行为，可以先进行初步核实，如果需要立案检查的，应当在向同级党的委员会报告的同时向上一级纪律检查委员会报告；涉及常务委员的，报告上一级纪律检查委员会，由上一级纪律检查委员会进行初步核实，需要审查的，由上一级纪律检查委员会报它的同级党的委员会批准。

第四十七条　上级纪律检查委员会有权检查下级纪律检查委员会的工作，并且有权批准和改变下级纪律检查委员会对于案件所作的决定。如果所要改变的该下级纪律检查委员会的决定，已经得到它的同级党的委员会的批准，这种改变必须经过它的上一级党的委员会批准。

党的地方各级纪律检查委员会和基层纪律检查委员会如果对同级党的委员会处理案件的决定有不同意见，可以请求上一级纪律检查委员会予以复查；如果发现同级党的委员会或它的成员有违犯党的纪律的情况，在同级党的委员会不给予解决或不给予正确解决的时候，有权向上级纪律检查委员会提出申诉，请求协助处理。

第九章　党　　组

第四十八条　在中央和地方国家机关、人民团体、经济组织、文化组织和其他非党组织的领导机关中，可以成立党组。党组发挥领导作用。党组的任务，主要是负责贯彻执行党的路线、方针、政策；加强对本单位党的建设的领导，履行全面从严治党责任；讨论和决定本单位的重大问题，做好干部管理工作；讨论和决定基层党组织设置调整和发展党员、处分党员等重要事项；团结党外干部和群众，完成党和国家交给的任务；领导机关和直属单位党组织的工作。

第四十九条　党组的成员，由批准成立党组的党组织决定。党组设书记，必要时还可以设副书记。

党组必须服从批准它成立的党组织领导。

第五十条　在对下属单位实行集中统一领导的国家工作部门和有关单位的领导机关中，可以建立党委，党委的产生办法、职权和工作任务，由中央另行规定。

第十章　党和共产主义青年团的关系

第五十一条　中国共产主义青年团是中国共产党领导的先进青年的群团组织，是广大青年在实践中学习中国特色社会主义和共产主义的学校，是党的助手和后备军。共青团中央委员会受党中央委员会领导。共青团的地方各级组织受同级

下级党委（党组）管理的党员的。

㉟《中国共产党处分违纪党员批准权限和程序规定》第7条第2款规定，地方党委委员、候补委员或者地方纪委委员在接受审查期间，其所在的地方党委不得免去其上述职务，也不得接受其辞去上述职务的请求。

㊱《中国共产党处分违纪党员批准权限和程序规定》第18条第5款规定，中央政治局、地方党委常委会分别作出的给予严重触犯刑律的中央委员会委员、候补委员和地方党委委员、候补委员开除党籍处分的处理决定，无须履行追认程序。

㊲【学党史】1927年，党的五大选举产生了党历史上第一个中央纪检监察机构、中央纪委的前身——中央监察委员会。

㊳2003年，十六届中央纪委二次全会明确各级纪委是“党内监督的专门机关”；十九大党章明确各级纪委是“党内监督专责机关”。

党的委员会领导,同时受共青团上级组织领导。

第五十二条 党的各级委员会要加强对共青团的领导,注意团的干部的选拔和培训。党要坚决支持共青团根据广大青年的特点和需要,生动活泼地、富于创造性地进行工作,充分发挥团的突击队作用和联系广大青年的桥梁作用。

团的县级和县级以下各级委员会书记,企业事业单位的团委员会书记,是党员的,可以列席同级党的委员会和常务委员会的会议。

第十一章 党徽党旗

第五十三条 中国共产党党徽为镰刀和锤头组成的图案。

第五十四条 中国共产党党旗为旗面缀有金黄色党徽图案的红旗。

第五十五条 中国共产党的党徽党旗是中国共产党的象征和标志。党的各级组织和每一个党员都要维护党徽党旗的尊严。要按照规定制作和使用党徽党旗[41]。

2. 准则及政治建设

中国共产党廉洁自律准则

(2015年10月18日中共中央印发)

中国共产党全体党员和各级党员领导干部必须坚定共产主义理想和中国特色社会主义信念,必须坚持全心全意为人民服务根本宗旨,必须继承发扬党的优良传统和作风,必须自觉培养高尚道德情操,努力弘扬中华民族传统美德,廉洁自律,接受监督,永葆党的先进性和纯洁性。

党员廉洁自律规范

第一条 坚持公私分明,先公后私,克己奉公。

第二条 坚持崇廉拒腐,清白做人,干净做事。

第三条 坚持尚俭戒奢,艰苦朴素,勤俭节约。

第四条 坚持吃苦在前,享受在后,甘于奉献。

党员领导干部廉洁自律规范

第五条 廉洁从政,自觉保持人民公仆本色。

㊴ 纪委作出关于维护党纪的决定程序、步骤,请见《中国共产党纪律检查委员会工作条例》第37条第2款和《中国共产党处分违纪党员批准权限和程序规定》第13条第1款。

㊵ 《纪检监察机关处理检举控告工作规则》对受理党员的控告专门作出规定。

㊶ 《中国共产党党徽党旗条例》对制作和使用党徽党旗作了具体规定。如,第9条规定:举行新党员入党宣誓仪式,组织党员重温入党誓词,党内举行重大庆祝、纪念活动,党的中央和地方委员会及其工作部门、党的中央和地方委员会在特定地域派出的代表机关及其工作部门、党的纪律检查机关、党组的会议室,应当使用党旗。

第六条　廉洁用权，自觉维护人民根本利益。

第七条　廉洁修身，自觉提升思想道德境界。

第八条　廉洁齐家，自觉带头树立良好家风。

关于新形势下党内政治生活的若干准则①

（2016 年 10 月 27 日中国共产党第十八届中央委员会
第六次全体会议通过）

办好中国的事情，关键在党，关键在党要管党、从严治党。党要管党必须从党内政治生活管起，从严治党必须从党内政治生活严起。

开展严肃认真的党内政治生活，是我们党的优良传统和政治优势。在长期实践中，我们党坚持把开展严肃认真的党内政治生活作为党的建设重要任务来抓，形成了以实事求是、理论联系实际、密切联系群众、批评和自我批评、民主集中制、严明党的纪律等为主要内容的党内政治生活基本规范，为巩固党的团结和集中统一、保持党的先进性和纯洁性、增强党的生机活力积累了丰富经验，为保证完成党在各个历史时期中心任务发挥了重要作用。

一九八〇年，党的十一届五中全会深刻总结历史经验特别是“文化大革命”的教训，制定了《关于党内政治生活的若干准则》，为拨乱反正、恢复和健全党内政治生活、推进党的建设发挥了重要作用，其主要原则和规定今天依然适用，要继续坚持。

新形势下，党内政治生活状况总体是好的。同时，一个时期以来，党内政治生活中也出现了一些突出问题，主要是：在一些党员、干部包括高级干部中，理想信念不坚定、对党不忠诚、纪律松弛、脱离群众、独断专行、弄虚作假、庸懒无为，个人主义、分散主义、自由主义、好人主义、宗派主义、山头主义、拜金主义不同程度存在，形式主义、官僚主义、享乐主义和奢靡之风问题突出，任人唯亲、跑官要官、买官卖官、拉票贿选现象屡禁不止，滥用权力、贪污受贿、腐化堕落、违法乱纪等现象滋生蔓延。特别是高级干部中极少数人政治野心膨胀、权欲熏心，搞阳奉阴违、结党营私、团团伙伙、拉帮结派、谋取权位等政治阴谋活动②。这些问题，严重侵蚀党的思想道德基础，严重破坏党的团结和集中统一，严重损害党内政治生态和党的形象，严重影响党和人民事业发展。这就要求我们必须继续以改革创新精神加强党的建设，加强和规范党内政治生活，全面提高党的建设科学化水平。

党的十八大以来，以习近平同志为核心的党中央身体力行、率先垂范，坚定推

① 1980 年颁布的《关于党内政治生活的若干准则》，对于严肃和规范党内政治生活、弘扬党的优良传统和作风仍具有重要现实指导意义。由于本书篇幅有限未予收录，请读者注意学习。

② 典型案例如公安部原党委委员、副部长孙某某从未真正树立理想信念，背弃“两个维护”，毫无“四个意识”，政治野心极度膨胀，政治品质极为恶劣，权力观、政绩观极度扭曲，妄议党中央大政方针，制造散布政治谣言，阳奉阴违，欺上瞒下，捞取政治资本；为实现个人政治目的，不择手段，操弄权术，在党内大搞团团伙伙、拉帮结派、培植个人势力，形成利益集团，成伙作势控制要害部门，严重破坏党的团结统一，严重危害政治安全。

进全面从严治党,坚持思想建党和制度治党紧密结合,集中整饬党风,严厉惩治腐败,净化党内政治生态,党内政治生活展现新气象,赢得了党心民心,为开创党和国家事业新局面提供了重要保证。

历史经验表明,我们党作为马克思主义政党,必须旗帜鲜明讲政治,严肃认真开展党内政治生活。为更好进行具有许多新的历史特点的伟大斗争、推进党的建设新的伟大工程、推进中国特色社会主义伟大事业,经受"四大考验"、克服"四种危险",有必要制定一部新形势下党内政治生活的准则。

新形势下加强和规范党内政治生活,必须以党章为根本遵循,坚持党的政治路线、思想路线、组织路线、群众路线,着力增强党内政治生活的政治性、时代性、原则性、战斗性,着力增强党自我净化、自我完善、自我革新、自我提高能力,着力提高党的领导水平和执政水平、增强拒腐防变和抵御风险能力,着力维护党中央权威、保证党的团结统一、保持党的先进性和纯洁性,努力在全党形成又有集中又有民主、又有纪律又有自由、又有统一意志又有个人心情舒畅生动活泼的政治局面。

新形势下加强和规范党内政治生活,重点是各级领导机关和领导干部,关键是高级干部特别是中央委员会、中央政治局、中央政治局常务委员会的组成人员。高级干部特别是中央领导层组成人员必须以身作则,模范遵守党章党规,严守党的政治纪律和政治规矩,坚持不忘初心、继续前进,坚持率先垂范、以上率下,为全党全社会作出示范。

一、坚定理想信念③

共产主义远大理想和中国特色社会主义共同理想,是中国共产党人的精神支柱和政治灵魂,也是保持党的团结统一的思想基础。必须高度重视思想政治建设,把坚定理想信念作为开展党内政治生活的首要任务。

理想信念动摇是最危险的动摇,理想信念滑坡是最危险的滑坡。全党同志必须把对马克思主义的信仰、对社会主义和共产主义的信念作为毕生追求,在改造客观世界的同时不断改造主观世界,解决好世界观、人生观、价值观这个"总开关"问题,不断增强政治定力,自觉成为共产主义远大理想和中国特色社会主义共同理想的坚定信仰者和忠实实践者;必须坚定对中国特色社会主义的道路自信、理论自信、制度自信、文化自信④。领导干部特别是高级干部要以实际行动让党员和群众感受到理想信念的强大力量。

全体党员必须永远保持建党时中国共产党人的奋斗精神,把理想信念的坚定性体现在做好本职工作的过程中,自觉为推进中国特色社会主义事业而苦干实干,在胜利时和顺境中不骄傲不自满,在困难时和逆境中不消沉不动摇,经受住各种赞誉和诱惑考验,经受住各种风险和挑战考验,永葆共产党人政治本色。

③ 习近平总书记指出,理想信念是共产党人的政治灵魂,是共产党人初心的本质要求。共产党人只有树立了崇高而坚定的理想信念,才能做到不忘初心、牢记使命。要始终把不忘初心、牢记使命作为必修课、常修课,时常叩问和守护初心,及时修枝剪叶、补钙壮骨,把牢理想信念"总开关",在大是大非面前旗帜鲜明,在风浪考验面前无所畏惧,在各种诱惑面前立场坚定,在关键时刻让党信得过、靠得住、能放心。

④ 请注意,道路自信排在首位。

坚定理想信念，必须加强学习。思想理论上的坚定清醒是政治上坚定的前提。全党必须毫不动摇坚持马克思主义指导思想，党的各级组织必须坚持不懈抓好理论武装，广大党员、干部特别是高级干部必须自觉抓好学习、增强党性修养。把马克思主义理论作为必修课，认真学习马克思列宁主义、毛泽东思想、邓小平理论、“三个代表”重要思想、科学发展观，认真学习习近平总书记系列重要讲话精神，认真学习党章党规，不断提高马克思主义思想觉悟和理论水平。系统掌握马克思主义基本原理，学会用马克思主义立场、观点、方法观察问题、分析问题、解决问题，特别是要聚焦现实问题，不断深化对共产党执政规律、社会主义建设规律、人类社会发展规律的认识。适应时代进步和事业发展要求，广泛学习经济、政治、文化、社会、生态文明以及哲学、历史、法律、科技、国防、国际等各方面知识，提高战略思维、创新思维、辩证思维、法治思维⑤、底线思维⑥能力，提高领导能力专业化水平。

坚持和创新党内学习制度。以党委（党组）中心组学习等制度为主要抓手，各级党组织要定期开展集体学习⑦。党员、干部每年要完成规定的学习任务，领导干部要定期参加党校学习。坚持开展党内集中学习教育。各级党组织要加强督促检查，把学习情况作为领导班子和领导干部考核的重要内容。坚持中央领导同志作专题报告制度。健全党内重大思想理论问题分析研究和情况通报制度，强化互联网思想理论引导，把深层次思想理论问题讲清楚，帮助党员、干部站稳政治立场，分清是非界限，坚决抵制错误思想侵蚀。

二、坚持党的基本路线

党在社会主义初级阶段的基本路线是党和国家的生命线、人民的幸福线，也是党内政治生活正常开展的根本保证。必须全面贯彻执行党的基本路线，把以经济建设为中心同坚持四项基本原则、坚持改革开放这两个基本点统一于中国特色社会主义伟大实践，任何时候都不能有丝毫偏离和动摇。

全党必须毫不动摇坚持以经济建设为中心，聚精会神抓好发展这个党执政兴国的第一要务，坚持以人民为中心的发展思想，统筹推进“五位一体”总体布局和协调推进“四个全面”战略布局，坚持创新、协调、绿色、开放、共享的发展理念，努力提高发展质量和效益，不断提高人民生活水平，为实现“两个一百年”奋斗目标、实现中华民族伟大复兴的中国梦打下坚实物质基础。

全党必须毫不动摇坚持四项基本原则，根本是坚持党的领导，坚持中国特色社会主义道路、中国特色社会主义理论体系、中国特色社会主义制度、中国特色社会主义文化，做到头脑清醒、立场坚定，矢志不移坚持和发展中国特色社会主义。

全党必须毫不动摇坚持改革开放，发挥群众首创精神，勇于自我革命，勇于推进理论创新、实践创新、制度创新、文化创新以及其他各方面创新，坚定不移实施对

⑤ 领导干部要牢记法律红线不可逾越、法律底线不可触碰，带头遵守法律、执行法律，带头营造办事依法、遇事找法、解决问题用法、化解矛盾靠法的法治环境。谋划工作要运用法治思维，处理问题要运用法治方式，说话做事要先考虑一下是不是合法。——2015年2月2日，习近平总书记在省部级主要领导干部学习贯彻十八届四中全会精神全面推进依法治国专题研讨班开班式上的讲话。领导干部提高法治思维和依法办事能力，关键是要做到以下几点。一是要守法律、重程序，这是法治的第一位要求。二是要牢记职权法定，明白权力来自哪里、界线划在哪里，做到法定职责必须为、法无授权不可为。三是要保护人民权益，这是法治的根本目的。四是要受监督，这既是对领导干部行使权力的监督，也是对领导干部正确行使权力的制度保护。

外开放基本国策,决不能安于现状、墨守成规。新形势下,党领导人民全面深化改革,是为了推动中国特色社会主义制度自我完善和发展,推进国家治理体系和治理能力现代化,既不走封闭僵化的老路、也不走改旗易帜的邪路。

全党必须把坚持党的思想路线贯穿于执行党的基本路线全过程,坚持解放思想、实事求是、与时俱进、求真务实,坚持理论联系实际,一切从实际出发,在实践中检验真理和发展真理,既反对各种否定马克思主义的错误倾向,又破除对马克思主义的教条式理解。坚持从我国仍处于并将长期处于社会主义初级阶段这个基本国情出发,不断研究新情况、总结新经验、解决新问题,不断推进马克思主义中国化。

全党必须坚决捍卫党的基本路线,对否定党的领导、否定我国社会主义制度、否定改革开放的言行,对歪曲、丑化、否定中国特色社会主义的言行,对歪曲、丑化、否定党的历史、中华人民共和国历史、人民军队历史的言行,对歪曲、丑化、否定党的领袖和英雄模范的言行,对一切违背、歪曲、否定党的基本路线的言行,必须旗帜鲜明反对和抵制。

考察识别干部特别是高级干部必须首先看是否坚定不移贯彻党的基本路线。党员、干部特别是高级干部在大是大非面前不能态度暧昧,不能动摇基本政治立场,不能被错误言论所左右。当人民利益受到损害、党和国家形象受到破坏、党的执政地位受到威胁时,要挺身而出、亮明态度,主动坚决开展斗争⑧。对在大是大非问题上没有立场、没有态度、无动于衷、置身事外,在错误言行面前不抵制、不斗争,明哲保身、当老好人等政治不合格的坚决不用,已在领导岗位的要坚决调整,情节严重的要严肃处理。

三、坚决维护党中央权威

坚决维护党中央权威、保证全党令行禁止,是党和国家前途命运所系,是全国各族人民根本利益所在,也是加强和规范党内政治生活的重要目的。必须坚持党员个人服从党的组织,少数服从多数,下级组织服从上级组织,全党各个组织和全体党员服从党的全国代表大会和中央委员会,核心是全党各个组织和全体党员服从党的全国代表大会和中央委员会。

坚持党的领导,首先是坚持党中央的集中统一领导。一个国家、一个政党,领导核心至关重要。全党必须牢固树立政治意识、大局意识、核心意识、看齐意识,自觉在思想上政治上行动上同党中央保持高度一致。党的各级组织、全体党员特别是高级干部都要向党中央看齐,向党的理论和路线方针政策看齐,向党中央决策部署看齐⑨,做到党中央提倡的坚决响应、党中央决定的坚决执行、党中央禁止的坚决不做。

涉及全党全国性的重大方针政策问题,只有党中央有权作出决定和解释。各

⑥ 习近平总书记指出:“要善于运用底线思维的方法,凡事从坏处准备,努力争取最好的结果,做到有备无患、遇事不慌,牢牢把握主动权。”

⑦ 习近平总书记指出:“中国共产党人依靠学习走到今天,也必然要依靠学习走向未来。我们的干部要上进,我们的党要上进,我们的国家要上进,我们的民族要上进,就必须大兴学习之风,坚持学习、学习、再学习,实践、实践、再实践。”

⑧ 要善斗争、会斗争,提升见微知著的能力,透过现象看本质,准确识变、科学应变、主动求变,洞察先机、趋利避害。要加强战略谋划,把握大势大局,抓住主要矛盾和矛盾的主要方面,分清轻重缓急,科学排兵布阵,牢牢掌握斗争主动权。要增强底线思维,定期对风险因素进行全面排查。要善于经一事长一智,由此及彼、举一反三,

部门各地方党组织和党员领导干部可以向党中央提出建议，但不得擅自作出决定和对外发表主张。对党中央作出的决议和制定的政策如有不同意见，在坚决执行的前提下，可以向党组织提出保留意见，也可以按组织程序把自己的意见向党的上级组织直至党中央提出。

全党必须自觉服从党中央领导。全国人大、国务院、全国政协，中央纪律检查委员会，最高人民法院、最高人民检察院，中央和国家机关各部门，人民军队，各人民团体，各地方，各企事业单位、社会组织，其党组织都要不折不扣执行党中央决策部署。

全党必须严格执行重大问题请示报告制度。全国人大常委会、国务院、全国政协，中央纪律检查委员会，最高人民法院、最高人民检察院，中央和国家机关各部门，各人民团体，各省、自治区、直辖市，其党组织要定期向党中央报告工作。研究涉及全局的重大事项或作出重大决定要及时向党中央请示报告，执行党中央重要决定的情况要专题报告。遇有突发性重大问题和工作中重大问题要及时向党中央请示报告，情况紧急必须临机处置的，要尽职尽力做好工作，并迅速报告。

省、自治区、直辖市党委在党中央领导下开展工作，同级各个组织中的党组织和领导干部要自觉接受同级党委领导、向同级党委负责，重大事项和重要情况及时向同级党委请示报告。

全党必须自觉防止和反对个人主义、分散主义、自由主义、本位主义。对党中央决策部署，任何党组织和任何党员都不准合意的执行、不合意的不执行，不准先斩后奏，更不准口是心非、阳奉阴违。属于部门和地方职权范围内的工作部署，要以贯彻党中央决策部署为前提，发挥积极性、主动性、创造性，但决不允许自行其是、各自为政，决不允许有令不行、有禁不止，决不允许搞上有政策、下有对策。

四、严明党的政治纪律

纪律严明是全党统一意志、统一行动、步调一致前进的重要保障，是党内政治生活的重要内容。必须严明党的纪律，把纪律挺在前面，用铁的纪律从严治党。

坚持纪律面前一律平等，遵守纪律没有特权，执行纪律没有例外，党内决不允许存在不受纪律约束的特殊组织和特殊党员。每一个党员对党的纪律都要心存敬畏、严格遵守，任何时候任何情况下都不能违反党的纪律[10]。党的各级组织和全体党员要坚决同一切违反党的纪律的行为作斗争。

政治纪律是党最根本、最重要的纪律，遵守党的政治纪律是遵守党的全部纪律的基础。全党特别是高级干部必须严格遵守党的政治纪律和政治规矩。党员不准散布违背党的理论和路线方针政策的言论，不准公开发表违背党中央决定的言论，不准泄露党和国家秘密，不准参与非法组织和非法活动，不准制造、传播政治谣言及丑化党和国家形象的言论。党员不准搞封建迷信，不准信仰宗教，不准参与邪教，

练就斗争的真本领、真功夫。——2021年3月1日，习近平总书记在中央党校（国家行政学院）中青年干部培训班开班式上的讲话。

⑨ “看齐”包含三层含义：向党中央看齐，向党的理论和路线方针政策看齐，向党中央决策部署看齐。

⑩ 2016年1月12日，习近平总书记在第十八届中央纪律检查委员会第六次全体会议上的讲话中指出，无数案例证明，党员“破法”，无不始于“破纪”。只有把纪律挺在前面，坚持纪严于法、纪在法前，才能克服“违纪只是小节、违法才去处理”的不正常状况，用纪律管住全体党员。2018年8月24日，习近平总书记在中央全面依法治国委员会第 次会议上讲话时指出：绝大多数落马官员忏悔时都说自己不懂党纪国法。为什么党内这么多高级干部走上犯罪的道路？

根本原因在于理想信念动摇了，但对党纪国法没有敬畏之心也是一个重要原因。

不准纵容和支持宗教极端势力、民族分裂势力、暴力恐怖势力及其活动。

党员、干部特别是高级干部不准在党内搞小山头、小圈子、小团伙，严禁在党内拉私人关系、培植个人势力、结成利益集团。对那些投机取巧、拉帮结派、搞团团伙伙的人，要严格防范，依纪依规处理。坚决防止野心家、阴谋家窃取党和国家权力。

党的各级组织和全体党员必须对党忠诚老实、光明磊落，说老实话、办老实事、做老实人，如实向党反映和报告情况，反对搞两面派、做"两面人"，反对弄虚作假、虚报浮夸，反对隐瞒实情、报喜不报忧。领导机关和领导干部不准以任何理由和名义纵容、唆使、暗示或强迫下级说假话。凡因弄虚作假、隐瞒实情给党和人民事业造成重大损失的，凡因弄虚作假、隐瞒实情骗取荣誉、地位、奖励或其他利益的，凡因纵容、唆使、暗示或强迫下级弄虚作假、隐瞒实情的，都要依纪依规严肃问责追责。对坚持原则、敢于说真话的同志，要给予支持、保护、鼓励。

党内不准搞拉拉扯扯、吹吹拍拍、阿谀奉承。对领导人的宣传要实事求是，禁止吹捧，禁止给领导人祝寿、送礼、发致敬函电，禁止在领导干部国内考察工作时组织迎送、张贴标语、敲锣打鼓、铺红地毯、举行宴会等[11]。

⑪ 负面清单有："禁止给领导人祝寿、送礼、发致敬函电，禁止在领导干部国内考察工作时组织迎送、张贴标语、敲锣打鼓、铺红地毯、举行宴会等。"

党的各级组织必须担负起执行和维护政治纪律和政治规矩的责任，对违反政治纪律的行为要坚决批评制止，不能听之任之。党的各级组织和纪律检查机关要加强纪律执行情况的监督和检查，坚决防止和纠正执行纪律宽松软的问题。

五、保持党同人民群众的血肉联系

人民立场是党的根本政治立场，人民群众是党的力量源泉。我们党来自人民，失去人民拥护和支持，党就会失去根基。必须把坚持全心全意为人民服务的根本宗旨、保持党同人民群众的血肉联系作为加强和规范党内政治生活的根本要求。

全党必须牢固树立人民群众是历史创造者的历史唯物主义观点，站稳群众立场，增进群众感情。党的各级组织、全体党员特别是各级领导机关和领导干部要贯彻党的群众路线，做到一切为了群众，一切依靠群众，从群众中来，到群众中去，为群众办实事、解难事，当好人民公仆。坚持问政于民、问需于民、问计于民，决不允许在群众面前自以为是、盛气凌人，决不允许当官做老爷、漠视群众疾苦，更不允许欺压群众、损害和侵占群众利益。改进和创新联系群众方法，建立和完善民意调查等制度，利用传统媒体和互联网等各种渠道了解社情民意，倾听群众呼声，密切党群干群关系，把对上负责和对下负责一致起来，着力实现好、维护好、发展好最广大人民根本利益。

全党必须坚决反对形式主义、官僚主义、享乐主义和奢靡之风，领导干部特别是高级干部要以身作则。反对形式主义，重在解决作风飘浮、工作不实，文山会海、表面文章，贪图虚名、弄虚作假等问题。反对官僚主义，重在解决脱离实际、脱离群众，消极应付、推诿扯皮，作风霸道、迷恋特权等问题。反对享乐主义，重在解决追名逐利、贪图享受，讲究排场、玩物丧志等问题。反对奢靡之风，重在解决铺张浪费、挥霍无度，骄奢淫逸、腐化堕落等问题。坚持抓常、抓细、抓长，特别是要防范和查处各种隐性、变异的“四风”问题，把落实中央八项规定精神常态化、长效化。[12]

党的各级组织、全体党员特别是领导干部必须提高做群众工作能力，既服务群众又带领群众坚定不移贯彻落实党的理论和路线方针政策，把党的主张变为群众的自觉行动，引领群众听党话、跟党走。坚决反对命令主义，坚决反对“尾巴主义”，不允许为了个人政绩、选票和形象脱离实际随意决策、随便许愿。

坚持领导干部调查研究、定期接待群众来访、同干部群众谈心、群众满意度测评等制度。各级领导干部必须深入实际、深入基层、深入群众，多到条件艰苦、情况复杂、矛盾突出的地方解决问题，千方百计为群众排忧解难。领导干部下基层要接地气，轻车简从，了解实情，督查落实，解决问题，坚决反对作秀、哗众取宠。对一切搞劳民伤财的“形象工程”和“政绩工程”的行为，要严肃问责追责，依纪依法处理。在应对重大安全事件、重大突发事件、重大自然灾害事件等事件中，领导干部必须深入一线、靠前指挥，及时协调解决突出问题，及时回应社会关切。

党员、干部必须顾全大局，自觉维护社会和谐稳定，遇到涉及自身利益和局部利益的问题应该通过正常渠道向上级反映[13]，积极主动做好化解社会矛盾、防控社会风险工作，不准组织、参与、纵容扰乱社会秩序的非法活动。

六、坚持民主集中制原则

民主集中制是党的根本组织原则，是党内政治生活正常开展的重要制度保障。坚持集体领导制度，实行集体领导和个人分工负责相结合，是民主集中制的重要组成部分，必须始终坚持，任何组织和个人在任何情况下都不允许以任何理由违反这项制度。

各级党委（党组）必须坚持集体领导制度。凡属重大问题，要按照集体领导、民主集中、个别酝酿、会议决定的原则，由集体讨论、按少数服从多数作出决定，不允许用其他形式取代党委及其常委会（或党组）的领导。落实党委常委会（或党组）议事规则和决策程序，健全常委会向全委会定期报告工作并接受监督制度，坚决反对和防止独断专行或各自为政，坚决反对和防止议而不决、决而不行、行而不实，坚决反对和防止以党委集体决策名义集体违规。各级党委（党组）要善于观大势、抓大事、管全局，及时发现和解决矛盾和难题，不上推下卸，不留后遗症。建立上级组织在作出同下级组织有关重要决策前征求下级组织意见的制度。

领导班子成员必须增强全局观念和责任意识，在研究工作时充分发表意见，决策形成后一抓到底，不得违背集体决定自作主张、自行其是。坚决反对和纠正当面

⑫ “四风”问题是否全部归类为违反中央八项规定精神？2019年，钟纪晟答复如下：习近平总书记强调，党的十八大以来，我们直面党内存在的种种问题和弊端，从制定和执行中央八项规定破题，解决了新形势下作风建设抓什么、怎么抓的问题，推动了全面从严治党，推动了党风、政风、社风好转。查处违反中央八项规定精神问题正是纠正和整治形式主义、官僚主义、享乐主义和奢靡之风等“四风”问题的具体抓手。当前，整治形式主义、官僚主义是党中央确定的重大政治任务，也是人民群众的迫切要求，十九届中央纪委三次全会已将集中整治形式主义、官僚主义作为工作重点予以明确。应当认识到，中央八项规定精神的核心要义是反“四风”，反对形式主义、官僚主义也是中央八项规定精神的应有之义，在整治形式主义、官僚主义过程中，必须同贯彻落实中央

不说、背后乱说，会上不说、会后乱说，当面一套、背后一套等错误言行。坚持讲原则、讲规矩，共同维护坚持党性原则基础上的团结。

党委（党组）主要负责同志必须发扬民主、善于集中、敢于担责。在研究讨论问题时要把自己当成班子中平等的一员，充分发扬民主，严格按程序决策、按规矩办事，注意听取不同意见，正确对待少数人意见，不能搞一言堂甚至家长制。支持班子成员在职责范围内独立负责开展工作，坚决防止和克服名为集体领导、实际上个人或少数人说了算，坚决防止和克服名为集体负责、实际上无人负责。

领导班子成员必须坚决执行党组织决定，如有不同意见，可以保留或向上一级党组织提出，但在上级或本级党组织改变决定以前，除执行决定会立即引起严重后果等紧急情况外，必须无条件执行已作出的决定。

领导班子成员分工按规定向上级党委报备，无正当理由、未向上级党委报备不得调整[14]。领导干部要自觉服从组织分工安排，任何人都不能向组织讨价还价、不服从组织安排。领导干部不准把分管工作、分管领域和地方当作“私人领地”，不准搞独断专行。

在党的工作和活动中，该以组织名义出面不能以个人名义出面，该由集体研究不能个人擅自表态，不允许用个人主张代替党组织的主张、用个人决定代替党组织的决定[15]。

七、发扬党内民主和保障党员权利

党内民主是党的生命，是党内政治生活积极健康的重要基础。要坚持和完善党内民主各项制度，提高党内民主质量，党内决策、执行、监督等工作必须执行党章党规确定的民主原则和程序，任何党组织和个人都不得压制党内民主、破坏党内民主。

中央委员会、中央政治局、中央政治局常务委员会和党的各级委员会作出重大决策部署，必须深入开展调查研究，广泛听取各方面意见和建议，凝聚智慧和力量，做到科学决策、民主决策、依法决策。

必须尊重党员主体地位、保障党员民主权利，落实党员知情权、参与权、选举权、监督权[16]，保障全体党员平等享有党章规定的党员权利、履行党章规定的党员义务，坚持党内民主平等的同志关系，党内一律称同志。任何党组织和党员不得侵害党员民主权利。

畅通党员参与讨论党内事务的途径，拓宽党员表达意见渠道，营造党内民主讨论的政治氛围。健全党内重大决策论证评估和征求意见等制度。党的各级组织对重大决策和重大问题应该采取多种方式征求党员意见，党员有权在党的会议上发表不同意见，对党的决议和政策如有不同意见，在坚决执行的前提下，可以声明保

八项规定精神联系在一起，并作为查处违反中央八项规定精神问题的重点，在实践中准确把握、仔细甄别，并不断巩固拓展作风建设成果。

⑬ 这个知识点很重要：党员、干部必须顾全大局，遇到涉及自身利益和局部利益的问题应该通过正常渠道向上级反映，不准组织、参与、纵容扰乱社会秩序的非法活动。

⑭ 这个知识点很重要。

⑮ 典型案例如贵州省黔东南州原副州长、凯里市原市长洪某某每次开会都首先定调，对其他同志说：“我先说我的意见。”一开始也有人“不识相”，等他说完后提出不同看法，结果被他“教育”一番，久而久之，再没有人敢提不同意见。

⑯ 党员的核心权利有：知情权、参与权、选举权、监督权。

留，并且可以把自己的意见向党的上级组织直至党中央提出。推进党务公开，发展和用好党务公开新形式，使党员更好了解和参与党内事务。

党内选举必须体现选举人意志，规范和完善选举制度规则。党的任何组织和个人不得以任何方式妨碍选举人依照规定自主行使选举权，坚决反对和防止侵犯党员选举权和被选举权的现象，坚决防止和查处拉票贿选等行为。

坚持党的代表大会制度。未经批准不得提前或延期召开党的代表大会。落实党代表大会代表任期制，实行代表提案制，健全代表参与重大决策、参加重要干部推荐和民主评议、列席党委有关会议、联系党员群众等制度。更好发挥党的地方各级委员会及委员作用。健全党内情况通报制度、情况反映制度，畅通党员表达意见、要求撤换不称职基层党组织领导班子成员的渠道。按期进行党的基层委员会、总支部和支部委员会换届。

党员有权向党负责地揭发、检举党的任何组织和任何党员违纪违法的事实，提倡实名举报。党员有权在党的会议上有根据地批评党的任何组织和任何党员。党组织既要严肃处理对举报者的歧视、刁难、压制行为特别是打击报复行为，又要严肃追查处理诬告陷害行为。对受到诽谤、诬告、严重失实举报的党员，党组织要及时为其澄清和正名[17]。要保障党员申辩、申诉等权利。对执纪中的过错或违纪行为，要依规及时纠正、消除影响并追究有关组织和人员的责任。

⑰ 对受到诽谤、诬告、严重失实举报的党员，党组织有义务及时为其澄清和正名。

八、坚持正确选人用人导向

坚持正确选人用人导向，是严肃党内政治生活的组织保证。必须严格标准、健全制度、完善政策、规范程序，使选出来的干部组织放心、群众满意、干部服气。

选拔任用干部必须坚持党章规定的干部条件，坚持德才兼备、以德为先，坚持五湖四海、任人唯贤，坚持信念坚定、为民服务、勤政务实、敢于担当、清正廉洁的好干部标准。把公道正派作为干部工作核心理念贯穿选人用人全过程，做到公道对待干部、公平评价干部、公正使用干部。

选人用人必须强化党组织的领导和把关作用，落实干部选拔任用工作纪实制度，确保每个环节都规范操作。组织部门要严格按政策、原则、制度办事，实事求是考察评价干部，敢于为干部说公道话，敢于抵制选人用人中的违规行为，形成能者上、庸者下、劣者汰的选人用人导向。加强选人用人监督问责，对用人失察失误的严肃追究责任。

党的各级组织必须自觉防范和纠正用人上的不正之风和种种偏向。坚决禁止跑官要官、买官卖官、拉票贿选等行为，坚决禁止向党伸手要职务、要名誉、要待遇行为，坚决禁止向党组织讨价还价、不服从组织决定的行为。坚决纠正唯票、唯分、唯生产总值、唯年龄等取人偏向，坚决克服由少数人在少数人中选人的倾向。领导干部要带头执行党的干部政策，不准任人唯亲、搞亲亲疏疏，不准封官许愿、跑风漏气、收买人心，不准个人为干部提拔任用打招呼、递条子。领导干部不得干预曾经工作生活过的地方、曾经工作过的单位和不属于自己分管领域的干部选拔任用工作，有关地方和单位党组织要抵制这种违反党的组织原则的行为。

任何人都不准把党的干部当作私有财产，党内不准搞人身依附关系。领导干部特别是高级干部不能搞家长制，要求别人唯命是从，特别是不能要求下级办违反党纪国法的事情；下级应该抵制上级领导干部的这种要求并向更上级党组织直至党中央报告，不应该对上级领导干部无原则服从[18]。规范和纯洁党内同志交往，领导干部对党员不能颐指气使，党员对领导干部不能阿谀奉承。

干部是党的宝贵财富，必须既严格教育、严格管理、严格监督，又在政治上、思想上、工作上、生活上真诚关爱，鼓励干部干事创业、大胆作为。

建立容错纠错机制，宽容干部在工作中特别是改革创新中的失误[19]。坚持惩前毖后、治病救人，正确对待犯错误的干部，帮助其认识和改正错误。不得混淆干部所犯错误性质或夸大错误程度对干部作出不适当的处理，不得利用干部所犯错误泄私愤、打击报复。

党的各级组织和领导干部必须牢记空谈误国、实干兴邦，践行正确政绩观，发扬钉钉子精神，力戒空谈，察实情、出实招、办实事、求实效，做到守土尽责。各级领导干部要无私无畏，做到面对矛盾敢于迎难而上，面对危险敢于挺身而出，面对失误敢于承担责任。党的各级组织要旗帜鲜明为敢于担当的干部担当，为敢于负责的干部负责。对不担当、不作为、敷衍塞责的干部要严肃批评，必要时给予组织处理或党纪处分；对失职渎职的要严肃问责，造成严重后果的要严肃追责，依纪依法处理。

九、严格党的组织生活制度

党的组织生活是党内政治生活的重要内容和载体，是党组织对党员进行教育管理监督的重要形式。必须坚持党的组织生活各项制度，创新方式方法，增强党的组织生活活力。

全体党员、干部特别是高级干部必须增强党的意识，时刻牢记自己第一身份是党员[20]。任何党员都不能游离于党的组织之外，更不能凌驾于党的组织之上。每个党员无论职务高低，都要参加党的组织生活。党组织要严格执行组织生活制度，确保党的组织生活经常、认真、严肃。

坚持“三会一课”制度。党员必须参加党员大会、党小组会和上党课，党支部要定期召开支部委员会会议[21]。“三会一课”要突出政治学习和教育，突出党性锻炼，坚决防止表面化、形式化、娱乐化、庸俗化。领导干部要以普通党员身份参加所在党

⑱ 切记知识点：下级不应该对上级领导干部无原则服从。

⑲ 此处需注意“三个区分开来”：把干部在推进改革中因缺乏经验、先行先试出现的失误和错误，同明知故犯的违纪违法行为区分开来；把上级尚无明确限制的探索性实验中的失误和错误，同上级明令禁止后依然我行我素的违纪违法行为区分开来；把为推动改革的无意过失与为谋取私利的故意行为区分开来。“三个区分开来”为干事创业划定了“三条底线”，这三条底线既是容错的边界，也是干事创业的“负面清单”。只要守住底线，推动改革发展就有广阔的舞台和空间。

⑳ 这个知识点很重要：全体党员、干部特别是高级干部必须增强党的意识，时刻牢记自己的第一身份是党员。

㉑ “三会一课”是指：党员大会、党小组会、党支部委员会会议，上党课。

支部或党小组的组织生活，坚持党员领导干部讲党课制度。每个党员都要按规定自觉交纳党费，党费使用和管理要公开透明。

坚持民主生活会和组织生活会制度。会前要广泛听取意见、深入谈心交心，会上要认真查摆问题、深刻剖析根源、明确整改方向，会后要逐一整改落实[22]。上级党组织领导班子成员定期、随机参加下级党组织领导班子民主生活会和组织生活会，发现问题及时纠正。中央政治局带头开好民主生活会。

坚持谈心谈话制度。党组织领导班子成员之间、班子成员和党员之间、党员和党员之间要开展经常性的谈心谈话，坦诚相见，交流思想，交换意见。领导干部要带头谈，也要接受党员、干部约谈。

坚持对党员进行民主评议。督促党员对照党章规定的党员标准、对照入党誓词、联系个人实际进行党性分析，强化党员意识、增强党的观念、提高党性修养。对党性不强的党员，及时进行批评教育，限期改正；经教育仍无转变的，应劝其退党或除名。

领导干部必须强化组织观念，工作中重大问题和个人有关事项必须按规定按程序向组织请示报告，离开岗位或工作所在地要事先向组织请示报告[23]。对无正当理由不按时报告、不如实报告或隐瞒不报的，要严肃处理。

十、开展批评和自我批评

批评和自我批评是我们党强身治病、保持肌体健康的锐利武器，也是加强和规范党内政治生活的重要手段。必须坚持不懈把批评和自我批评这个武器用好。

批评和自我批评必须坚持实事求是，讲党性不讲私情、讲真理不讲面子，坚持“团结——批评——团结”，按照“照镜子、正衣冠、洗洗澡、治治病”的要求，严肃认真提意见，满腔热情帮同志，决不能把自我批评变成自我表扬、把相互批评变成相互吹捧。

党员、干部必须严于自我解剖，对发现的问题要深入剖析原因，认真整改。对待批评要有则改之、无则加勉，不能搞无原则的纷争。

批评必须出于公心，不主观武断，不发泄私愤。坚决反对事不关己、高高挂起，明知不对、少说为佳的庸俗哲学和好人主义，坚决克服文过饰非、知错不改等错误倾向。

党的领导机关和领导干部对各种不同意见都必须听取，鼓励下级反映真实情况。党内工作会议的报告、讲话以及各类工作总结，上级机关和领导干部检查指导工作，既要讲成绩和经验，又要讲问题和不足；既要注重解决问题，又要从问题中反思自身工作和领导责任。

领导干部特别是高级干部必须带头从谏如流、敢于直言，以批评和自我批评的

㉒ 会前、会上、会后有关要求，请注意。

㉓ 这个知识点十分重要：领导干部离开岗位或工作所在地要事先向组织请示报告。

㉔ 2020年11月，习近平主席在中央全面依法治国工作会议上讲话时指出，全党同志都必须清醒认识到，全面依法治国决不是要削弱党的领导，而是要加强和改善党的领导。要健全党领导全面依法治国的制度和工作机制，推进党的领导制度化、法治化，通过法治保障党的路线方针政策有效实施。要坚持依法治国和依规治党有机统一，确保党既依据宪法法律治国理政，又依据党内法规管党治党、从严治党。“党大还是法大”是一个政治陷阱，是一个伪命题；对这个问题，我们不能含糊其辞、语焉不详，要明确予以回答。党的领导和依法治国不是对立的，而是统一的。

示范行动引导党员、干部打消自我批评怕丢面子、批评上级怕穿小鞋、批评同级怕伤和气、批评下级怕丢选票等思想顾虑。把发现和解决自身问题的能力作为考核评价领导班子的重要依据。

十一、加强对权力运行的制约和监督

监督是权力正确运行的根本保证,是加强和规范党内政治生活的重要举措。必须加强对领导干部的监督,党内不允许有不受制约的权力,也不允许有不受监督的特殊党员。

完善权力运行制约和监督机制,形成有权必有责、用权必担责、滥权必追责的制度安排。实行权力清单制度,公开权力运行过程和结果,健全不当用权问责机制,把权力关进制度笼子,让权力在阳光下运行。

党的各级组织和领导干部必须在宪法法律范围内活动,增强法治意识、弘扬法治精神,自觉按法定权限、规则、程序办事,决不能以言代法、以权压法、徇私枉法,决不能违规干预司法。[24]

营造党内民主监督环境,畅通党内民主监督渠道。党的各级组织和全体党员要增强监督意识,既履行监督责任,又接受各方面监督。

党内监督必须突出党的领导机关和领导干部特别是主要领导干部。领导干部要正确对待监督,主动接受监督,习惯在监督下开展工作,决不能拒绝监督、逃避监督。

领导干部特别是高级干部必须加强自律、慎独慎微,自觉检查和及时纠正在行使权力、廉政勤政方面存在的问题,做到可以行使的权力按规则正确行使,该由上级组织行使的权力下级组织不能行使,该由领导班子集体行使的权力班子成员个人不能擅自行使,不该由自己行使的权力决不能行使。

对涉及违纪违法行为的举报,对党员反映的问题,任何党组织和领导干部都不准隐瞒不报、拖延不办。涉及所反映问题的领导干部应该回避,不准干预或插手组织调查。

党员、干部反映他人的问题,应该出于党性,通过党内正常渠道实名进行,不准散布小道消息,不准散发匿名信[25],不准诬告陷害等。对通过正常渠道反映问题的党员,任何组织和个人都不准打击报复,不准擅自进行追查,不准采取调离工作岗位、降格使用等惩罚措施。

坚持授权者要负责监督,发现问题要及时处置。强化上级组织对下级组织特别是主要领导干部行使权力的监督,防止权力失控和滥用。

对党组织和党员、干部行使权力进行监督,必须依纪依法进行。纪检监察、司法机关严格依纪依法按程序对涉嫌严重违纪违法行为进行调查。任何组织和个人不

我国法律充分体现了党和人民意志,我们党依法办事,这个关系是相互统一的关系。全党同志必须牢记,党的领导是我国社会主义法治之魂,是我国法治同西方资本主义国家法治最大的区别。离开了党的领导,全面依法治国就难以有效推进,社会主义法治国家就建不起来。当然,我们说不存在"党大还是法大"的问题,是把党作为一个执政整体、就党的执政地位和领导地位而言的,具体到每个党政组织、每个领导干部,就必须服从和遵守宪法法律。有些事情要提交党委把握,但这种把握不是私情插手,不是包庇性的干预,而是一种政治性、程序性、职责性的把握。这个界线一定要划分清楚。

[25] 这个知识点十分重要:党员、干部不准散布小道消息,不准散发匿名信。

得自行决定或受指使对党员、干部采取非法调查手段[26]。对违反规定的，要严肃追究纪律和法律责任。

十二、保持清正廉洁的政治本色

建设廉洁政治，坚决反对腐败，是加强和规范党内政治生活的重要任务。必须筑牢拒腐防变的思想防线和制度防线，着力构建不敢腐、不能腐、不想腐的体制机制，保持党的肌体健康和队伍纯洁。

各级领导干部必须严以修身、严以用权、严以律己，谋事要实、创业要实、做人要实，经得起权力、金钱、美色考验，用党和人民赋予的权力为人民服务。

领导干部特别是高级干部必须带头践行社会主义核心价值观，继承和发扬党的优良传统和作风，弘扬中华民族传统美德，讲修养、讲道德、讲诚信、讲廉耻，养成共产党人的高风亮节，自觉远离低级趣味。

各级领导干部是人民公仆，没有搞特殊化的权利。中央政治局要带头执行中央八项规定。各级领导干部特别是高级干部要坚持立党为公、执政为民，坚持公私分明、先公后私、克己奉公，带头保持谦虚、谨慎、不骄、不躁的作风，保持艰苦奋斗的作风，带头执行廉洁自律准则，自觉同特权思想和特权现象作斗争，不准利用权力为自己和他人谋取私利，禁止违反财经制度批钱批物批项目，禁止用各种借口或巧立名目侵占、挥霍国家和集体财物，禁止违反规定提高干部待遇标准。

领导干部特别是高级干部必须注重家庭、家教、家风，教育管理好亲属和身边工作人员。严格执行领导干部个人有关事项报告制度，进一步规范领导干部配偶子女从业行为。禁止利用职权或影响力为家属亲友谋求特殊照顾，禁止领导干部家属亲友插手领导干部职权范围内的工作、插手人事安排。各级领导班子和领导干部对来自领导干部家属亲友的违规干预行为要坚决抵制，并将有关情况报告党组织。

全体党员、干部特别是高级干部必须拒腐蚀、永不沾，坚决同消极腐败现象作斗争，坚决抵制潜规则，自觉净化社交圈、生活圈、朋友圈[27]，决不能把商品交换那一套搬到党内政治生活和工作中来。党的各级组织要担负起反腐倡廉政治责任，坚持有腐必反、有贪必肃，坚持“老虎”、“苍蝇”一起打，坚持无禁区、全覆盖、零容忍，党内决不允许有腐败分子藏身之地。

加强和规范党内政治生活是全党的共同任务，必须全党一起动手。各级党委（党组）要全面履行加强和规范党内政治生活的领导责任，着力解决突出问题，建立健全党内政治生活制度体系，把加强和规范党内政治生活各项任务落到实处。深入开展党内政治生活准则宣传教育，把党内政治生活准则列为党员、干部教育培训的必修内容。

落实党委主体责任和纪委监督责任，强化责任追究。党委（党组）主要负责人

㉖ 请牢记：任何组织和个人不得自行决定或受指使对党员、干部采取非法调查手段。

㉗ 2013年，习近平主席在参加十二届全国人大一次会议江苏代表团审议时强调：“官”“商”交往要有道，相敬如宾，而不要勾肩搭背、不分彼此，要划出公私分明的界限。2016年，习近平主席在民建、工商联委员联组会上的讲话中指出：新型政商关系，概括起来说就是“亲”“清”两个字。对领导干部而言，所谓“亲”，就是要坦荡真诚同民营企业接触交往，特别是在民营企业遇到困难和问题情况下更要积极作为、靠前服务，对非公有制经济人士多关注、多谈心、多引导，帮助解决实际困难。所谓“清”，就是同民营企业家的关系要清白、纯洁，不能有贪心私心，不能以权谋私，不能搞权钱交易。对民营企业家而言，所谓“亲”，就是积极主动同各级党委和政府及部门多沟通多交

流,讲真话,说实情,建诤言,满腔热情支持地方发展。所谓"清",就是要洁身自好、走正道,做到遵纪守法办企业、光明正大搞经营。

要认真履行第一责任人责任。党的各级组织要强化对党内政治生活准则落实情况的督促检查,建立健全问责机制,上级党组织要加强对下级党组织的指导监督检查,各级组织部门和机关党组织要加强日常管理,各级纪律检查机关要严肃查处违反党内政治生活准则的各种行为。

加强和规范党内政治生活,要从中央委员会、中央政治局、中央政治局常务委员会做起。高级干部要清醒认识自己岗位对党和国家的特殊重要性,职位越高越要自觉按照党提出的标准严格要求自己,越要做到党性坚强、党纪严明,做到对党始终忠诚、永不叛党。制定高级干部贯彻落实本准则的实施意见,指导和督促高级干部在遵守和执行党内政治生活准则上作全党表率。

全面从严治党永远在路上。全党要坚持不懈努力,共同营造风清气正的政治生态,确保党始终成为中国特色社会主义事业的坚强领导核心。

县以上党和国家机关党员领导干部民主生活会若干规定

(2016 年 12 月 23 日中共中央印发)

第一条 为了落实全面从严治党要求,坚持和完善县以上党和国家机关党员领导干部民主生活会制度,根据《中国共产党章程》和《关于新形势下党内政治生活的若干准则》、《中国共产党党内监督条例》等有关党内法规,制定本规定。

第二条 本规定所称县以上党和国家机关党员领导干部,是指县以上党的各级委员会、纪律检查委员会的常务委员会委员,工作委员会委员,党组(党委)成员,以及县以上党和国家机关各部门(含人民团体)的党员领导干部。

经济组织、文化组织、社会组织和其他组织的党组(党委)成员,执行本规定。

第三条 民主生活会是党内政治生活的重要内容,是发扬党内民主、加强党内监督、依靠领导班子自身力量解决矛盾和问题的重要方式。坚持和完善民主生活会制度,对于新形势下加强和规范党内政治生活,增强党自我净化、自我完善、自我革新、自我提高能力,实现党的正确领导,维护党的团结和集中统一,引导党员领导干部牢固树立政治意识、大局意识、核心意识、看齐意识,自觉践行"三严三实"要求,始终做到忠诚干净担当,具有重要作用。

党员领导干部还应当以普通党员身份参加所在党支部(党小组)组织生活会,过好双重组织生活。①

① "民主生活会"和"组织生活会"的开展方法都是批评和自我批评,主要区别有:(1)参加人员不同。民主生活会由党员领导干部参加,普通党员可以列席,列席人员可以发言,对领导班子及其成员提出批评或者建议;组织生活会由党支部全体党员参加。(2)召开会议的次数和时间不同。民主生活会每年召开一次,一般安排在第四季度;组织生活会每

第四条 民主生活会应当遵循"团结——批评——团结"的方针,贯彻整风精

神，充分发扬民主，开展积极健康的思想斗争，增强党内政治生活的政治性、时代性、原则性、战斗性。参加民主生活会的党员领导干部应当严肃认真开展批评和自我批评，坚持实事求是，讲党性不讲私情、讲真理不讲面子，按照"照镜子、正衣冠、洗洗澡、治治病"的要求，严肃认真提意见，满腔热情帮同志，达到统一思想、增进团结、互相监督、共同提高的目的。

第五条　民主生活会应当确定主题，一般由上级党组织统一确定，或者由领导班子根据自身建设实际确定，并报上级党组织同意。

第六条　民主生活会应当围绕主题，就以下基本内容进行对照检查，开展批评和自我批评：

（一）遵守党章，坚定理想信念，贯彻党的理论路线方针政策和决议，执行党的政治纪律和政治规矩，维护党中央权威的情况。

（二）加强领导班子自身建设，实行民主集中制，维护领导班子团结，严格党的组织生活制度，坚持正确用人导向，开展批评和自我批评的情况。

（三）正确行使权力，履职尽责、积极作为，坚持科学决策、民主决策、依法决策，反对特权、秉公用权的情况。

（四）带头践行社会主义核心价值观，艰苦奋斗，清正廉洁，遵纪守法，注重家庭、家教、家风，教育管理好亲属和身边工作人员的情况。

（五）执行党的群众路线，站稳人民立场，改进领导作风，深入调查研究，密切联系群众的情况。

（六）履行全面从严治党主体责任和监督责任，加强党风廉洁建设和反腐败工作的情况。

受到诫勉谈话的，应当说明整改情况。

第七条　民主生活会每年召开1次，一般安排在第四季度。因特殊情况需要提前或者延期召开的，应当报上级党组织同意。

民主生活会到会人数必须达到应到会人数的三分之二以上。

第八条[②]　领导班子遇到重要或者普遍性问题，出现重大决策失误或者对突发事件处置失当，经纪律检查、巡视和审计发现重要问题，以及发生违纪违法案件等情况的，应当专门召开民主生活会，及时剖析整改。

第九条　召开民主生活会应当制定会议方案，提前10日报上级党组织审核，并做好以下准备工作：

（一）领导班子成员认真学习党章党规和党的创新理论以及有关文件，提高思想认识，把握标准要求。

（二）由党委（党组）或者委托组织部门、机关党组织征求党员、干部和群众的意

季度或半年召开一次。(3)作用不同。民主生活会是为了在领导班子内部分清是非，增进团结，克服缺点，改进工作，促进领导班子思想作风建设；组织生活会是为了统一支部全体党员的思想，增强党性和组织观念，加强支部的自身建设，充分发挥支部的战斗堡垒作用。

② 请注意这里未强调必须是严重违纪违法案件，换言之，即便是轻处分、诫勉处理等，也需要专门召开专题民主生活会。《中国共产党党内监督条例》第20条规定，严格党的组织生活制度，民主生活会应当经常化，遇到重要或者普遍性问题应当及时召开。民主生活会重在解决突出问题，领导干部应当在会上把群众反映、巡视反馈、组织约谈函询的问题说清楚、谈透彻，开展批评和自我批评，提出整改措施，接受组织监督。

见建议,并如实向领导班子及其成员反馈。领导班子成员应当就反映本人的有关问题,向组织作出说明。

(三)领导班子成员之间互相谈心谈话,交流思想,交换意见,并与分管单位主要负责人谈心,也应当接受党员、干部约谈。

(四)撰写领导班子对照检查材料和个人发言提纲,查摆问题,进行党性分析,提出整改措施。个人发言提纲应当自己动手撰写,并按规定说明个人有关事项。

第十条 民主生活会由领导班子主要负责人主持,一般按以下程序进行:

(一)通报上一次民主生活会整改措施落实情况和本次民主生活会征求意见情况。

(二)主要负责人代表领导班子作对照检查。

(三)领导班子成员逐一进行对照检查,作自我批评,其他成员对其提出批评意见。

(四)主要负责人总结会议情况,提出整改工作要求。

因故缺席的人员应当提交书面发言材料。会后,将会议情况和批评意见转告缺席人。

第十一条 民主生活会应当直面问题,领导干部应当在会上把自身存在的突出问题说清楚、谈透彻,开展批评和自我批评,明确整改方向。自我批评应当联系实际、针对问题、触及思想。相互批评应当开诚布公指出问题,防止以工作建议代替批评意见[③]。对待批评应当有则改之、无则加勉,不搞无原则纷争,也不搞一团和气。

批评和自我批评的具体意见,不得随意散布[④]。

第十二条 民主生活会列席人员,根据有关规定和会议内容确定。列席人员可以发言,对领导班子及其成员提出批评或者建议。

第十三条 民主生活会应当切实解决问题,对检查和反映出来的问题,领导班子及其成员应当制定整改措施,确定整改目标和完成时限。对群众反映强烈的突出问题进行专项整治[⑤]。需要上级党组织帮助解决的,应当及时向上级党组织报告。反映领导班子成员的违纪问题,由党的纪律检查机关处理[⑥]。

第十四条 在民主生活会上提出的重要问题,党组织没有及时研究解决和向上级党组织报告的,应当追究主要负责人责任[⑦];造成严重后果的,依纪依规严肃处理。

第十五条 民主生活会结束后15日内,应当将会议情况报告和会议记录报上级党组织,并报送上级纪委和党委组织部门。报告的主要内容是征求意见的情况、开展批评和自我批评的情况、检查和反映出来的主要问题及整改措施。省部级单位召开民主生活会的情况,由中央组织部会同中央纪委机关形成综合报告,报党中央。

民主生活会召开情况应当向下级党组织或者本单位通报。对于群众普遍关心问题的整改措施,以适当方式公布。

③ 这个知识点需要注意。

④ 这个知识点十分重要。

⑤ 相关案例可检索《精准亮剑 雷霆问责——湖北强力整治形式主义官僚主义突出问题》,载《中国纪检监察报》2017年5月1日,第1版。

⑥ 这个知识点需要注意。

⑦ 这个知识点需要注意。

第十六条 中央政治局带头开好民主生活会。各级党委(党组)履行组织开好民主生活会的领导责任。上级党组织应当通过派出督导组、派人列席等方式,对下级单位召开的民主生活会进行督促检查和指导,具体工作由组织部门会同纪律检查机关负责。对问题突出的领导班子,上级党组织主要负责人应当亲自过问,派出得力的负责人列席民主生活会,严肃指出问题、深入分析原因、切实帮助解决。党的机关工作委员会参与对同级直属机关召开的民主生活会的督促检查和指导。党中央主要负责督促检查和指导省部级单位召开的民主生活会。

第十七条 上级党组织负责人,纪律检查机关、组织部门负责人每年应当随机参加一定数量的下级单位召开的民主生活会,了解情况,进行指导,发现问题及时纠正。纪律检查机关、组织部门派人列席下一级各单位召开的民主生活会。

第十八条 执行民主生活会制度情况,纳入领导班子及其成员履行全面从严治党责任考核内容,作为考核评价领导班子的重要依据。对不按规定召开民主生活会的应当严肃指出、限期整改,对走过场的责令重新召开,并在一定范围通报批评,情节严重的追究主要负责人责任[⑧]。对无正当理由不参加民主生活会的党员领导干部,给予严肃批评教育。

⑧ "对不按规定召开民主生活会的处理"这个知识点很重要,请牢记。

第十九条 国有企业党组织、高等学校党组织、乡镇党委等基层党组织领导干部民主生活会,参照本规定执行。

第二十条 中国人民解放军和中国人民武装警察部队党组织的民主生活会制度,由中央军委参照本规定作出规定。

第二十一条 本规定由中央组织部负责解释。

第二十二条 本规定自2016年12月23日起施行。1990年5月25日中共中央印发的《关于县以上党和国家机关党员领导干部民主生活会的若干规定》同时废止。

中共中央关于加强对"一把手"和领导班子监督的意见[①]

(2021年3月27日)

① 该意见是我们党针对"一把手"和领导班子监督制定的首个倡导性规范性文件,通篇都贯穿着"讲政治"的要求。

加强对主要领导干部和领导班子的监督,是新时代坚持和加强党的全面领导,提高党的建设质量,推动全面从严治党向纵深发展的必然要求。为深入贯彻党的十九大和十九届二中、三中、四中、五中全会精神,落实全面从严治党主体责任和监督责任,现就加强对"一把手"和领导班子监督提出如下意见。

一、充分认识加强对“一把手”和领导班子监督的重要性紧迫性

习近平总书记指出,党的委员会是党执政兴国的指挥部,“一把手”是党的事业发展的领头雁,在增强“四个意识”、坚定“四个自信”、做到“两个维护”上必须作表率、打头阵;强调对各级“一把手”来说,自上而下的监督最有效,党中央要加强对高级干部的监督,各级党委(党组)要加强对所管理的领导干部特别是主要领导干部的监督,上级“一把手”必须抓好下级“一把手”;强调破解同级监督难题,关键在党委常委会,要用好批评和自我批评武器,增强主动监督、相互监督的自觉。开启全面建设社会主义现代化国家新征程,向第二个百年奋斗目标进军,面临前所未有的复杂环境和风险挑战,只有毫不动摇坚持党中央集中统一领导,一以贯之推进党的伟大自我革命,以有效监督把“关键少数”管住用好,充分发挥党员领导干部的先锋模范作用和表率引领作用,才能团结带领广大干部群众战胜前进道路上的各种艰难险阻,不断取得中国特色社会主义事业新胜利。

党的十八大以来,以习近平同志为核心的党中央坚定不移推进全面从严治党,推动落实党委(党组)主体责任、书记第一责任人职责、领导班子其他成员“一岗双责”、纪检机关监督专责,形成了许多有效做法和经验。同时,必须清醒看到,对“一把手”监督仍是薄弱环节,完善党内监督体系、落实监督责任的任务依然十分紧迫。领导干部责任越重大、岗位越重要,越要加强监督。破解对“一把手”监督和同级监督难题,必须明确监督重点,压实监督责任,细化监督措施,健全制度机制。各级党委(党组)要充分认识加强对“一把手”和领导班子监督的极端重要性和现实紧迫性,强化上级党组织监督,做实做细同级监督,推动党员领导干部增强政治意识,不断提高政治判断力、政治领悟力、政治执行力,自觉践行忠诚干净担当,带头维护党中央权威和集中统一领导,确保全党步调一致向前进。

加强对“一把手”和领导班子监督,必须坚持以习近平新时代中国特色社会主义思想为指导,坚持和加强党的全面领导,落实管党治党政治责任,完善党和国家监督体系,促进主动开展监督、自觉接受监督,形成一级抓一级、层层抓落实的监督工作格局,不断增强党的自我净化、自我完善、自我革新、自我提高能力,推动中国特色监督制度优势更好转化为治理效能。

加强对“一把手”和领导班子监督,要全面落实党内监督制度,突出政治监督,重点强化对“一把手”和领导班子对党忠诚,践行党的性质宗旨情况的监督;强化对贯彻落实党的路线方针政策和党中央重大决策部署,践行“两个维护”情况的监督;强化对立足新发展阶段、贯彻新发展理念、构建新发展格局,推动高质量发展情况的监督;强化对落实全面从严治党主体责任和监督责任情况的监督;强化对贯彻执行民主集中制、依规依法履职用权、担当作为、廉洁自律等情况的监督,做到真管真严、敢管敢严、长管长严。

各级领导干部要从政治上认识领导职责中包含监督职责，增强监督意识，履行监督责任；正确对待党组织和群众的监督，勇于纠正错误，切实改进工作；习惯在受监督和约束的环境中工作生活，主动接受监督，决不能拒绝监督、逃避监督。“一把手”要自觉置身党组织和群众监督之下，强化责任担当，加强对领导班子其他成员和下级领导干部的监督。

二、加强对“一把手”的监督

（一）把对“一把手”的监督作为重中之重，强化监督检查。“一把手”被赋予重要权力，担负着管党治党重要政治责任，必须以强有力的监督促使其做到位高不擅权、权重不谋私。党委（党组）、纪检机关、党的工作机关要突出对“一把手”的监督，将“一把手”作为开展日常监督、专项督查等的重点，让“一把手”时刻感受到用权受监督。

（二）“一把手”要以身作则，自觉接受监督。“一把手”必须旗帜鲜明讲政治，带头做到“两个维护”，带头落实党内监督各项制度，在履行管党治党责任、严格自律上当标杆、作表率，既要自觉接受监督，又要敢于担当作为。各级领导干部特别是高级干部要带头遵守政治纪律和政治规矩，主动向党组织请示报告工作，严格落实中央八项规定及其实施细则精神，廉洁治家，自觉反对特权思想、特权现象，始终保持共产党人清正廉洁的政治本色。

（三）加强党组织自上而下的监督，上级“一把手”必须抓好下级“一把手”。中央政治局委员要注重了解分管部门、地方、领域党组织党风廉政建设情况，督促有关地方和部门“一把手”履行全面从严治党责任、做到廉洁自律，发现问题及时教育提醒。中央纪委、中央组织部应当加强对省级党委、中央单位“一把手”的监督，督促省级党委加强对下级“一把手”的管理。上级“一把手”要将监督下级“一把手”情况作为每年述职的重点内容；对下级新任职“一把手”应当开展任职谈话；同下级“一把手”定期开展监督谈话，对存在苗头性、倾向性问题的进行批评教育，对存在轻微违纪问题的及时予以诫勉。

（四）严格执行全面从严治党责任制度，落实“一把手”第一责任人职责。党委（党组）要加强对全面从严治党责任制度执行情况的监督检查，对下级“一把手”落实责任不到位、问题比较突出的及时约谈。纪检机关应当通过抓好组织实施和督促检查、提出整改建议等方式，推动第一责任人切实履行职责。健全落实全面从严治党主体责任考核制度，考核结果作为对“一把手”选拔任用、实绩评价、激励约束的重要依据。对履行第一责任人职责不担当、不作为的，依规依纪追究责任。

（五）贯彻执行民主集中制，完善“三重一大”决策监督机制。党委（党组）、纪检机关、组织部门要加强对下级党委(党组)"一把手"贯彻执行民主集中制情况的监督检查,防止出现搞一言堂甚至家长制问题。中央组织部应当对省级党委、中央单位"一把手"贯彻执行民主集中制情况进行重点监督。把"三重一大"决策制度执行情况作为巡视巡察、审计监督、专项督查的重要内容。纪委书记、派驻纪检监察组组长发现"一把手"违反决策程序的问题,应当及时提出意见,对纠正不力的要向上级纪委、派出机关反映。

(六)巡视巡察工作要紧盯"一把手",及时发现问题。党委(党组)要坚持"发现问题、形成震慑,推动改革、促进发展"的巡视工作方针,坚守政治巡视定位,查找纠正政治偏差。巡视巡察组应当把被巡视巡察党组织"一把手"作为监督重点,进驻前向纪检机关、组织部门深入了解情况。巡视巡察谈话应当将"一把手"工作、生活情况作为必谈内容,对反映的重要问题深入了解。巡视巡察报告应当将"一把手"履行第一责任人职责和廉洁自律情况单独列出,提出明确意见和整改要求。

(七)及时掌握对"一把手"的反映,建立健全述责述廉制度。党委(党组)、纪检机关、组织部门要加强对下级党委(党组)"一把手"的日常监督,通过驻点调研、专项督查等方式,全面掌握其思想、工作、作风、生活状况。落实纪检机关、组织部门负责人同下级"一把手"谈话制度,发现一般性问题及时向本人提出,发现严重违纪违法问题向同级党委主要负责人报告。开展下级"一把手"在上级党委常委会(党组)扩大会议上述责述廉、接受评议工作,述责述廉报告在一定范围内公开。

三、加强同级领导班子监督

(八)加强领导班子成员相互监督,认真开展批评和自我批评。中央委员会成员必须严守政治纪律和政治规矩,发现其他成员有违反党章、破坏党的纪律、危害党的团结统一的行为,应当及时向党中央报告或者实名向中央纪委常委会反映。党委(党组)"一把手"要管好班子、带好队伍,经常开展谈心谈话,切实履行好教育、管理、监督责任;对领导班子其他成员所作的函询说明签署意见时,要进行教育提醒,不能"一签了之"。领导班子成员之间应当经常交换意见,发现问题坦诚向对方提出,发现"一把手"存在重要问题的可直接向上级党组织报告。坚持民主生活会和组织生活会制度,"一把手"要带头开展批评和自我批评,领导班子成员按规定对个人有关事项以及群众反映、巡视巡察反馈、组织约谈函询的问题实事求是作出说明。

(九)发挥领导班子近距离常态化监督优势,提高发现和解决自身问题的能力。党委(党组)要全面履行加强和规范党内政治生活的领导责任,建立健全相关制度。领导班子成员应当本着对自己、对同志、对班子、对党高度负责的态度,相互提醒、相互督促,把加强和规范党内政治生活各项任务落到实处,增强领导班子战斗力;发现领导班子其他成员有违纪违法问题的,应当及时如实按程序向党组织反映和报告,对隐瞒不报、当“老好人”的要连带追究责任。

(十)坚持集体领导制度,严格按规则和程序办事。健全党委(党组)领导班子权力运行制约机制,合理分解、科学配置权力。坚决防止以专题会议代替常委会会议作出决策,坚决防止以党委集体决策名义集体违规,决不允许领导班子成员将分管工作、分管领域变成不受集体领导和监督的“私人领地”。完善领导班子议事规则,重要事项须提交领导班子会议讨论,领导班子成员应当充分发表意见,意见分歧较大时应当暂缓表决,对会议表决情况和不同意见应当如实记录、存档备查。

(十一)督促领导班子其他成员履行“一岗双责”,抓好职责范围内管党治党工作。党委(党组)要制定落实全面从严治党主体责任年度计划,分解工作任务。“一把手”要定期听取领导班子其他成员履行管党治党责任的情况汇报,发现责任落实不到位的及时约谈。纪委应当向同级党委领导班子其他成员通报其分管部门和单位领导干部遵守党章党规、廉洁自律等情况,推动领导班子其他成员抓好分管部门和单位的党风廉政建设工作。

(十二)严格执行领导干部插手干预重大事项记录制度,发现问题及时报告。党委(党组)要完善落实领导干部插手干预重大事项记录制度的具体举措。对领导班子成员存在违规干预干部选拔任用、工程建设、执法司法等问题的,受请托人应当及时向所在部门和单位党组织报告。领导班子和领导干部对来自其他领导干部家属亲友的违规干预行为应当坚决抵制,及时向党组织报告。不按要求报告的,依规依纪严肃追究责任。

(十三)建立健全政治生态分析研判机制,分领域形成党风廉政建设情况报告。党委(党组)要定期分析本地区本部门本单位政治生态状况,经常听取纪检机关、党的工作机关相关报告,认真查找领导班子自身存在的突出问题,采取有力措施加以解决。纪检机关应当加强对审批监管、工程建设、资源开发、金融信贷等领域党风廉政建设情况的分析,注重发现普遍性问题,形成专题报告,促进同级党委领导班子加强对关键岗位的管理监督。

(十四)完善纪委书记谈话提醒制度,如实报告领导班子成员履职尽责和廉洁自律情况。纪委书记应当牢固树立报告问题是本职、该报告不报告是失职的意识。发现领导班子成员有苗头性、倾向性问题的,及时进行提醒。发现存在重要问题的,向上级纪委和同级党委主要负责人报告,全面准确反映情况。不报告或者不如实报告的,依规依纪严肃追究责任。

四、加强对下级领导班子的监督

(十五)落实上级党组织对下级党组织的监督责任,把管理和监督寓于实施领导的全过程。党委(党组)要切实管好自己的“责任田”,综合运用检查抽查、指导民主生活会、受理信访举报、督促问题整改等方式，加强对下级领导班子及其成员特别是“一把手”的监督，做到责任清晰、主体明确、措施管用、行之有效。

（十六）把制度的笼子扎得更紧更牢，推进监督工作规范化。党委（党组）要坚持用制度管权管事管人，健全任职回避、定期轮岗、干部交流制度，对“一把手”制定更严格的管理制度。坚持和完善领导干部报告个人有关事项制度，推进“一把手”个人有关事项在领导班子中公开工作。健全干部双重管理制度，明确主管方、协管方对双重管理干部的监督职责。

（十七）规范领导干部家属从业行为，推动构建亲清政商关系。高级干部要带头执行规范领导干部配偶、子女及其配偶经商办企业行为规定，为全党作出示范。党委（党组）要抓好相关规定落实，营造风清气正的政治生态。领导干部与企业家交往必须守住底线、把好分寸，“一把手”要带头落实“亲”、“清”要求，不得以权谋私，搞暗箱操作和利益输送；管住管好自己的家属亲友，决不允许他们利用本人职权敛财谋利，防止居心不良者对家庭成员进行“围猎”。党委（党组）、纪检机关要加强对构建亲清政商关系情况的监督检查，及时处置投诉举报，发现问题依规依纪严肃处理。

（十八）加强上级党组织对下级单位领导班子民主生活会的指导，提高民主生活会质量。党委（党组）要履行组织开好民主生活会的领导责任，统一确定或者批准下级单位领导班子民主生活会主题，上级党组织领导班子成员有计划地参加下级单位领导班子民主生活会。组织部门应当会同纪检机关对下级单位领导班子民主生活会进行督促检查和指导，重点检查“一把手”开展批评和自我批评是否态度鲜明，民主生活会是否真正红脸出汗。对不按规定召开的严肃指出并纠正，对走过场的责令重新召开。对下级党组织所辖地区、部门、单位发生重大问题的，督促下级领导班子及时召开专题民主生活会。

（十九）强化选人用人的组织把关，落实干部考察考核制度。党委（党组）要加强对干部选拔任用工作全过程监督，强化对下级领导班子成员特别是“一把手”拟任人选的把关，压实分析研判和动议、民主推荐、考察、讨论决定等各环节的领导责任。组织部门应当按照好干部标准，严格“凡提四必”程序，全面考察干部。纪检机关应当动态更新领导干部廉政档案，严把党风廉政意见回复关。党委（党组）要对下级领导班子及其成员实行分级分类考核，同巡视巡察、经济责任审计、工作督查、相关业务部门考核发现的问题相结合，进行全面客观评价。每年可以选定部分“一把手”和领导班子进行重点考核，对问题反映较多的进行专项考核。

（二十）定期分析研判信访举报情况，对群众反映多的领导干部及时敲响警钟。党委（党组）要重视信访举报工作，了解掌握群众对领导干部特别是“一把手”的反映。领导干部要倾听群众呼声，严肃认真地对待群众的意见、批评。纪检机关、组织部门应当对信访举报情况定期开展分析研判，对反映的问题提出有针对性的处置意见，督促信访举报比较集中的地方、部门、单位党组织查找分析原因。对涉及下级"一把手"及领导班子其他成员的信访举报问题进行专题分析，对社会反映突出、群众评价较差的领导干部情况及时报告，对一般性问题开展谈心谈话。

（二十一）推动问题整改常态化，完善纪检监察建议制度。党委（党组）、纪检监察机关、组织部门要加强对问题整改情况的监督检查，通过审核整改报告、督办重点问题等方式，压实主体责任，督促整改落实到位。针对查处严重违纪违法案件暴露出的问题开展警示教育。完善纪检监察建议提出、督办、反馈和回访监督机制。对整改问题不及时不到位甚至拒不整改的，依规依纪严肃处理，对典型问题通报曝光。

五、切实加强党对监督工作的领导

（二十二）加强党委（党组）对监督工作的领导，完善党内监督体系。各级党委（党组）必须坚决落实党中央关于全面从严治党的决策部署，领导好本地区本部门本单位党内监督工作，抓好督促检查。把对"一把手"和领导班子监督摆在管党治党突出位置，通过抓好"关键少数"带动"绝大多数"。统筹党内各项监督，支持和监督纪检机关履行监督责任，督促党的工作机关加强职责范围内职能监督工作，注重发挥基层党组织日常监督和党员民主监督作用。

（二十三）以党内监督为主导，贯通各类监督。各级党委要切实发挥党内监督带动作用，推动人大监督、民主监督、行政监督、司法监督、审计监督、财会监督、统计监督、群众监督、舆论监督贯通协调、形成合力。加大统筹力度，整合各类监督信息资源，有效运用大数据，建立健全重大监督事项会商研判、违纪违法问题线索移送机制，定期听取工作情况汇报，使各类监督更加协同有效。

（二十四）发挥纪委监委专责机关作用，增强监督实效。纪委监委要强化政治监督，做实日常监督，督促各级"一把手"和领导班子履行好管党治党责任、落实好党中央重大决策部署。精准有效运用"四种形态"，以严格的执纪执法增强制度刚性，对滥用职权、以权谋私的坚决查处，对不抓不管、失职失责的严肃问责。加强对下级纪委监委的领导，大力支持下级纪委监委履行监督职责，推进纪律监督、监察监督、派驻监督、巡视监督统筹衔接，完善全覆盖的监督机制。加强纪检监察机关自身建设，健全内控机制，自觉接受监督，确保权力受到严格约束。

（二十五）积极探索创新，增强针对性、有效性。各级党组织和领导干部要切实抓好本意见的贯彻落实，对各项监督制度不折不扣执行到位。加强分类指导，细化监督举措。坚持顶层设计和基层创新相结合，鼓励地方、部门和单位探索强化监督的有效办法，及时总结经验，不断增强监督实效。

3. 条　　例

中国共产党纪律处分条例[①]

（2018年8月18日中共中央印发）

第一编　总　　则

第一章　指导思想、原则和适用范围

第一条　为了维护党章和其他党内法规，严肃党的纪律，纯洁党的组织，保障党员民主权利，教育党员遵纪守法，维护党的团结统一，保证党的路线、方针、政策、决议和国家法律法规的贯彻执行，根据《中国共产党章程》，制定本条例。

【解读】本条例从全面梳理党章开始，把党章和其他主要党内法规对党组织和党员的纪律要求细化，明确规定违反党章就要依规给予相应党纪处分。将原来以破坏社会主义市场经济秩序等为主的10类违纪行为，整合规范为政治纪律、组织纪律、廉洁纪律、群众纪律、工作纪律和生活纪律等6类，使本条例的内容真正回归党的纪律，为广大党员开列了一份“负面清单”。

新修订的本条例坚持纪严于法、纪在法前，实现纪法分开。凡是国家法律已有的内容，就不再重复规定，共去除70余条与《刑法》《治安管理处罚法》等法律法规重复的内容。在总则中重申党组织和党员必须自觉接受党的纪律约束，模范遵守国家法律法规；在分则中规定，凡是党员被依法逮捕的，都应中止其表决权、选举权和被选举权等党员权利，凡是党员干部违法犯罪，除过失犯罪外，一律要受到党纪处分，从而实现党纪与国法的衔接。

第二条　党的纪律建设必须坚持以马克思列宁主义、毛泽东思想、邓小平理论、“三个代表”重要思想、科学发展观、习近平新时代中国特色社会主义思想为指导，坚持和加强党的全面领导，坚决维护习近平总书记党中央的核心、全党的核心地位，坚决维护党中央权威和集中统一领导，落实新时代党的建设总要求和全面从严治党战略部署，全面加强党的纪律建设[②]。

第三条　党章是最根本的党内法规，是管党治党的总规矩。党的纪律是党的各级组织和全体党员必须遵守的行为规则。党组织和党员必须牢固树立政治意识、大局意识、核心意识、看齐意识，自觉遵守党章，严格执行和维护党的纪律，自觉

① 本条例十分重要，请反复精读，需要与2015年《中国共产党纪律处分条例》（以下简称2015年条例）、2003年《中国共产党纪律处分条例》（以下简称2003年条例）进行对比学习，读懂弄通。党的十九大将纪律建设纳入新时代党的建设总体布局，在党章中充实完善了纪律建设相关内容。党中央决定根据新的形势、任务和要求，对条例予以修订完善。新条例全面贯彻习近平新时代中国特色社会主义思想和党的十九大精神，以党章为根本遵循，将党的纪律建设的理论、实践和制度创新成果，以党规党纪形式固定下来，着力提高纪律建设的政治性、时代性、针对性。严明政治纪律和政治规矩，把坚决维护习近平总书记党中央的核心、全党的核心地位，坚决维护党中央权威和集中统一领导作为出发点和落脚点，

接受党的纪律约束,模范遵守国家法律法规。

第四条[3] 党的纪律处分工作应当坚持以下原则:

(一)坚持党要管党、全面从严治党。加强对党的各级组织和全体党员的教育、管理和监督,把纪律挺在前面,注重抓早抓小、防微杜渐。

(二)党纪面前一律平等。对违犯党纪的党组织和党员必须严肃、公正执行纪律,党内不允许有任何不受纪律约束的党组织和党员。

(三)实事求是。对党组织和党员违犯党纪的行为,应当以事实为依据,以党章、其他党内法规和国家法律法规为准绳,准确认定违纪性质,区别不同情况,恰当予以处理。

(四)民主集中制。实施党纪处分,应当按照规定程序经党组织集体讨论决定,不允许任何个人或者少数人擅自决定和批准。上级党组织对违犯党纪的党组织和党员作出的处理决定,下级党组织必须执行。

(五)惩前毖后、治病救人。处理违犯党纪的党组织和党员,应当实行惩戒与教育相结合,做到宽严相济。

第五条[4] 运用监督执纪"四种形态",经常开展批评和自我批评、约谈函询,让"红红脸、出出汗"成为常态;党纪轻处分、组织调整成为违纪处理的大多数;党纪重处分、重大职务调整的成为少数;严重违纪涉嫌违法立案审查的成为极少数。

【解读】本条例贯彻党章要求,与《中国共产党党内监督条例》相衔接,在总则部分增写运用监督执纪"四种形态"。这既有利于各级党组织综合运用批评教育、组织调整、组织处理、党纪处分等手段,用纪律管住"大多数",也明确了对严重违纪违法的"极少数"必须用法律严惩的鲜明态度,为纪法贯通提供了制度保证和实施路径。

第六条 本条例适用于违犯党纪应当受到党纪责任追究的党组织和党员。

第二章 违纪与纪律处分

第七条 党组织和党员违反党章和其他党内法规,违反国家法律法规,违反党和国家政策,违反社会主义道德,危害党、国家和人民利益的行为,依照规定应当给予纪律处理[5]或者处分的,都必须受到追究。

重点查处党的十八大以来不收敛、不收手,问题线索反映集中、群众反映强烈,政治问题和经济问题交织的腐败案件,违反中央八项规定精神的问题[6]。

第八条 对党员的纪律处分种类[7]:

(一)警告;

(二)严重警告;

将党章和《关于新形势下党内政治生活的若干准则》等党内法规的要求细化具体化。坚持问题导向,针对管党治党存在的突出问题扎紧笼子,实现制度的与时俱进,使全面从严治党的思路举措更加科学、更加严密、更加有效。

② "坚持和加强党的全面领导,坚决维护习近平总书记党中央的核心、全党的核心地位,坚决维护党中央权威和集中统一领导,落实新时代党的建设总要求和全面从严治党战略部署,全面加强党的纪律建设"系新增表述。

③ 在实施纪律处分时,要按照与党纪处分批准权限、干部人事管理权限基本对应的原则,匹配相应的政务处分,确保执纪执法贯通衔接。

④ 本条系新增内容,请熟记。

⑤ 纪律处理系新增内容。对违纪党员的纪律处理的措施包括:谈话提醒、诫勉、批评教育、责令检查、

（三）撤销党内职务；

（四）留党察看；

（五）开除党籍[8]。

第九条 对于违犯党的纪律的党组织，上级党组织应当责令其作出检查或者进行通报批评[9]。对于严重违犯党的纪律、本身又不能纠正的党组织，上一级党的委员会在查明核实后，根据情节严重的程度，可以予以：

（一）改组；

（二）解散[10]。

【解读】党组织违反党的纪律，性质、情节较轻的，由其上级党组织责令其作出检查或者进行通报批评。通报批评、责令检查，均属于非党纪处分的方式进行责任追究。这里的上级党组织不仅包括上级党委，也包括有权监督执纪问责的纪委。通报批评方式取决于工作需要和内容是否涉密。如涉密或者不宜公开，可发内部通报；如重大自然灾害预警发出后，某些党组织不组织传达，不采取有效应对措施等，也可公开通报；如某县纪委对巡察反馈的有关问题未按时按要求完成整改的乡党委，公开通报批评。结合《中国共产党章程》第44条、《中国共产党问责条例》第8条第1款学习。

第十条 党员受到警告处分一年内、受到严重警告处分一年半内[11]，不得在党内提升职务和向党外组织推荐担任高于其原任职务的党外职务。

第十一条 撤销党内职务处分，是指撤销受处分党员由党内选举或者组织任命的党内职务。对于在党内担任两个以上职务的，党组织在作处分决定时，应当明确是撤销其一切职务还是一个或者几个职务。如果决定撤销其一个职务，必须撤销其担任的最高职务。如果决定撤销其两个以上职务，则必须从其担任的最高职务开始依次撤销。对于在党外组织担任职务的，应当建议党外组织依照规定作出相应处理。

对于应当受到撤销党内职务处分，但是本人没有担任党内职务的，应当给予其严重警告处分。同时，在党外组织担任职务的，应当建议党外组织撤销其党外职务。

党员受到撤销党内职务处分，或者依照前款规定受到严重警告处分的，二年内不得在党内担任和向党外组织推荐担任与其原任职务相当或者高于其原任职务的职务。

【解读】党员干部被免职后，是否给予其撤销党内职务处分？2001年4月26日中共中央纪委答复如下：党组织对违纪党员领导干部进行调查期间，如果该党员领导干部因查处其问题被免去职务，案件查清后，该党员领导干部确实犯有严重错误，依照《中国共产党纪律处分条例（试行）》的规定应当给予撤销党内职务处分的，

责令公开检讨、延长预备期、取消预备党员资格、党内除名等；对违纪的党组织的纪律处理措施有：责令检查、通报批评、改组、解散。

⑥ 本款系新增内容。

⑦ 请牢记此常识。诫勉和免予纪律处分，都不属于对党员的纪律处分种类，但属于追究纪律责任的方式。

⑧ 开除党籍处分是党内最高处分，必须采取十分慎重的态度。请结合《中国共产党章程》第41、42条来理解此知识点。

⑨ 此处体现了对党组织也要抓早抓小的监督执纪理念。

⑩ 改组、解散，性质上属于纪律处理，不是纪律处分。

⑪ 有关党组织在下达党内严重警告处分决定时，如果引用2003年条例，需要注明影响期（1年），便于组织人事部门正确执行。关于“一年”内、“一年半”内的起算时间，是从有批准权限的党组织作出的处分决定生效之日起算。

仍然应当按其原任职务给予撤销党内职务处分，而不应给予严重警告处分。根据违纪事实，应当给予违纪党员撤销党内职务处分，但在党组织查处其问题前，该党员领导干部因其他原因被免去党内职务的，若其还有行政职务，可给予其严重警告处分，同时建议撤销其行政职务；如果在查处其问题前，该党员领导干部因其他原因被免去党内职务且没有行政职务，可给予其严重警告处分，同时应当作出降低其职级的决定。

对在职党员干部撤销党内职务处分决定作出时，一般要匹配政务撤职处分，且通常要降低一个职务层次。如，某省纪委原副书记、省监委副主任杨某怀被撤销党内职务、政务撤职，降为副厅级非领导职务，收缴其违纪违法所得。第十九届中央候补委员，某省政协原党组书记、主席李某被给予撤销党内职务处分；由国家监委给予其政务撤职处分，降为副省部级。

如果是已退休的党员干部被给予撤销党内职务处分，政务上还需要作出降低或者调整退休待遇的处理决定。

对于应当受到撤销党内职务处分，但是本人没有担任党内职务的违纪党员，应当给予其严重警告处分，并按照给予其撤销党内职务处分的批准权限履行处分审批程序。

结合《中国共产党处分违纪党员批准权限和程序规定》第7条学习。

第十二条 留党察看处分，分为留党察看一年、留党察看二年。对于受到留党察看处分一年的党员，期满后仍不符合恢复党员权利条件的，应当延长一年留党察看期限。留党察看期限最长不得超过二年。

党员受留党察看处分期间，没有表决权、选举权和被选举权。留党察看期间，确有悔改表现的，期满后恢复其党员权利；坚持不改或者又发现其他应当受到党纪处分的违纪行为的，应当开除党籍。

党员受到留党察看处分，其党内职务自然撤销。对于担任党外职务的，应当建议党外组织撤销其党外职务。受到留党察看处分的党员，恢复党员权利后二年内，不得在党内担任和向党外组织推荐担任与其原任职务相当或者高于其原任职务的职务。

【解读】在职党员干部受到留党察看处分的，一般要匹配政务撤职处分，如果是已退休的党员干部，则应作出降低或者调整退休待遇的处理决定。如某省高级人民法院原院长赵某杰同志受到留党察看1年处分，按二级巡视员确定其退休待遇。留党察看处分作出后，降低1个、2个还是3个及以上职务层次，暂未有明确的规定；通常是由违纪性质、违纪情节轻重决定，违纪性质、违纪情节越重，需要降低的职务层次就越多。

请读者注意，下达留党察看处分决定时，可在处分决定标题或正文中加“同志”。

党员经过留党察看，恢复党员权利后，又发现其在留党察看期间实施了新的应当受到党纪处分的违纪行为，或者发现其在受到留党察看处分前没有交代的其他应当受到党纪处分的违纪行为的，应当由作出恢复党员权利决定的党组织撤销原决定，由有监督执纪权限的纪律检查机关按照程序给予其开除党籍处分，并抄告原作出党纪处分决定的党组织。

【知识点:关于恢复党员权利】关于恢复党员权利的程序，要把握以下三点:

1. 做好启动恢复党员权利程序，及时进行考察、公示。一般情况下，受处分人应提出恢复党员权利的申请，党支部应结合受处分人日常表现，对其在留党察看期间的表现进行全面考察，形成考察材料，如考察认为符合恢复党员权利条件，应当起草形成《关于拟恢复××同志党员权利的公示》，在所在单位、支部公示。同时，受处分人所在党组织也可以依职权启动恢复党员权利程序。

2. 基层党组织讨论、审议。一是召开支部党员大会讨论。依据《中国共产党支部工作条例(试行)》第11条规定，所在支部召开党员大会通报受处分人留党察看期间表现，讨论通过后形成《关于恢复××同志党员权利的决议》。依据《中国共产党支部工作条例(试行)》第11条第4款规定，有半数以上有表决权的党员到会方可进行，赞成恢复党员权利的人数超过应到会有表决权的党员的半数即通过。依据《中国共产党党员权利保障条例》第15条规定，受处分人无正当理由应当参加讨论并申辩，由于其在留党察看期间没有表决权，在表决时应回避。需要说明的是，具有案情敏感、支部负责人同违纪问题有关联、党员大会经讨论无法及时形成决议等特殊情形，可不再召开支部会，可直接提交机关党委会议研究。二是召开基层党委会议审议。依据《中国共产党党和国家机关基层组织工作条例》第10条等规定，基层党委应当审议党支部作出的恢复党员权利的决议。

3. 党委(党组)会议审议。基层党委审议通过受处分人恢复党员权利后，应当及时层报原作出处分决定的党组织的下一级党委(党组)审议。依据《中国共产党党组工作条例》第18条第5项规定，有关党委(党组)在征求有关纪检机关意见并召开会议审议通过后，以党委(党组)名义作出恢复党员权利决定。恢复党员权利决定应当抄告原作出处分决定的党组织。参见自许展、王阳明:《留党察看处分期满后恢复党员权利有关问题探析》，载《中国纪检监察报》2022年11月30日，第7版。

第十三条 党员受到开除党籍处分，五年内不得重新入党，也不得推荐担任与其原任职务相当或者高于其原任职务的党外职务。另有规定不准重新入党的，依照规定[12]。

[12] 党员被开除党籍后，又发现有遗漏违纪行为的，一般不再追究其党纪责任，但遗漏违纪行为涉嫌违法犯罪的，应当及时移送有关国家机关依法处理；有违纪所得的，应当依照《中国共产党纪律处分条例》第40条的规定收缴或者责令退赔，党组织也可以单独作出收缴或者责令退赔的处理决定。

【解读】在职党员领导干部受到开除党籍处分的，可根据案件的具体情况作出降低多个职务层次的决定；若有从轻减轻处分情节，仍应客观表述。比如，某省人大常委会原党组副书记、副主任王某违反政治纪律和政治规矩、组织纪律，在省委换届前搞拉票活动，不按规定报告个人有关事项；违反廉洁纪律，利用职权和职务影响为亲属经营活动等提供帮助，违规收受礼品礼金；违反生活纪律。王某身为党的高级领导干部，丧失党性原则，把公权力变为谋取私利的工具，其行为已违反党的纪律并构成职务违法，应予严肃处理。王某自动投案，主动交代违纪违法问题，主动全额上交违纪违法所得，真诚认错悔错，可予从轻、减轻处理。依据《中国共产党纪律处分条例》《监察法》等有关规定，经中央纪委常委会会议研究并报中共中央批准，决定给予王某开除党籍处分；由国家监委给予其政务撤职处分，降为副处级非领导职务，办理退休手续；终止其某省第十次党代会代表资格；收缴其违纪违法所得。

需要注意的是，下达开除党籍决定时，处分决定中不能有"同志"称呼表述。

虽然都是开除党籍处分，但由于不同人违纪性质、违纪情节不同，因此开除党籍处分后受处分人的职级降低情况可能也不相同。

第十四条　党的各级代表大会的代表受到留党察看以上(含留党察看)处分的，党组织应当终止其代表资格。

【解读】党代表不仅是荣誉，也是党内职务。

1992年11月16日，《中央纪委办公厅关于党员违纪案件有关部门正在审理尚未作出处分决定前该党员可否作为党代表候选人问题的答复》指出，根据党章第4条第5项：党员享有"行使表决权、选举权，有被选举权"的权利，党章第41条第2款"党员在留党察看期间没有表决权、选举权和被选举权"的规定，我们认为，除党员受留党察看处分，在留党察看期间没有被选举权外，其他情况(包括受到其他处分和正在接受党组织审查的党员)均应享有被选举权。但对于正在受审查的党员，如果其主要错误事实已经查清，准备予以留党察看以上处分的，虽有被选举权，也不宜作为党代会代表候选人。不过，是否能当党代表候选人的问题属于组织部门的工作范围，因此，这个问题具体如何解决，请与你区组织部门研究。

第十五条　对于受到改组处理的党组织领导机构成员，除应当受到撤销党内职务以上(含撤销党内职务)处分的外，均自然免职。

【解读】根据党章和《中国共产党纪律检查机关监督执纪工作规则》等规定，对党组织严重违犯党纪问题，由上一级纪检机关报请同级党委批准立案，或者由上一级纪委在征求同级党委意见后直接决定立案；对违纪党组织立案，应由有立案权的党委、纪委常委会议研究决定。改组由上一级党的委员会在查明核实情况后决定，并报再上一级党的委员会审查批准后，正式宣布执行。如北京农产品中央批发市场管委会党委严重违纪，其改组程序是：北京市委经中央纪委审核并报中共中央批准，决定对管委会党委予以改组。

第十六条 对于受到解散处理的党组织中的党员，应当逐个审查。其中，符合党员条件的，应当重新登记，并参加新的组织过党的生活；不符合党员条件的，应当对其进行教育、限期改正，经教育仍无转变的，予以劝退或者除名；有违纪行为的，依照规定予以追究。

第三章 纪律处分运用规则

第十七条 有下列情形之一的，可以从轻或者减轻处分[⑬]：

（一）主动交代本人应当受到党纪处分的问题的；

（二）在组织核实[⑭]、立案审查过程中，能够配合核实审查工作，如实说明本人违纪违法事实的；

（三）检举同案人或者其他人应当受到党纪处分或者法律追究的问题，经查证属实的；

（四）主动挽回损失、消除不良影响或者有效阻止危害结果发生的；

（五）主动上交违纪所得的；

（六）有其他立功表现的。

【典型案例：从轻减轻处分】某省政府原党组成员、副省长彭某行毫无“四个意识”和党性原则，丧失了一名党的高级干部的政治忠诚和政治觉悟；违反中央八项规定精神，违反规定拆分团组出国并借机旅游，违规组织、参加用公款支付的宴请和住宿接待，接受可能影响公正执行公务的宴请，超标准乘坐交通工具；以权谋私，收受他人财物，侵吞公共财物；违规干预项目立项评审活动；道德败坏，追求低级趣味，大搞权色、钱色交易。

彭某行的行为已违反党的纪律并构成职务违法，且在党的十八大后不收敛、不收手，应予严肃处理。同时，鉴于彭某行能够如实交代违纪违法问题且部分问题组织之前不掌握，积极上交违纪违法所得，认错悔错态度较好，可予从轻、减轻处理。依据《中国共产党纪律处分条例》《监察法》等有关规定，经中央纪委常委会会议研究并报中共中央批准，决定给予彭某行开除党籍处分；由国家监委给予其政务撤职处分，降为四级调研员；免去其第十一届某省委委员职务；终止其党的十九大代表、某省第十一次党代会代表资格；收缴其违纪违法所得。虽然彭某行存在严重违纪违法行为，但鉴于其相信组织，如实交代违纪违法问题且部分问题组织之前不掌

⑬ 适用《中国共产党纪律处分条例》中以撤销党内职务处分起档的条款时，有减轻处分情节的，可否直接减轻处分？依照《中国共产党纪律处分条例》第22条第3款关于“本条例规定的只有开除党籍处分一个档次的违纪行为，不适用第一款减轻处分的规定”的规定，第50条第1款等以撤销党内职务起档的条款，虽然只规定了一个处分幅度，但处分幅度内规定了一个以上处分档次，不属于不适用减轻处分的情形，可以适用减轻处分条款，且不需要依据《中国共产党纪律处分条例》第18条关于“处分幅度以外减轻处分”的规定报批。但是否给予减轻处分必须综合判断全案情况，慎重决定，不宜简单依据被审查调查人在审查调查期间如实说明即一律给予减轻处分。

⑭ 组织核实，主要是指在立案审查前，党组织对反映的问题线索采取的调查、

握,积极上交违纪违法所得,认错悔错态度较好,故对其进行断崖式处理。

核对、确认等工作,既包括初核核实工作,也包括巡视巡察、谈话函询中的抽查核实等工作。

第十八条　根据案件的特殊情况,由中央纪委决定或者经省(部)级纪委(不含副省级市纪委)决定并呈报中央纪委批准,对违纪党员也可以在本条例规定的处分幅度以外减轻处分。

第十九条　对于党员违犯党纪应当给予警告或者严重警告处分,但是具有本条例第十七条规定的情形之一或者本条例分则中另有规定的,可以给予批评教育、责令检查、诫勉或者组织处理[15],免予党纪处分。对违纪党员免予处分,应当作出书面结论。

[15] "批评教育、责令检查、诫勉或者组织处理"系新增表述。

【解读】免予党纪处分的场合,不需要撤案,只要立案审查时涉嫌违纪的证据确实充分。免予党纪处分与不予处分,存在本质不同。不予处分,是不构成违纪或者违纪情节轻微不需要给予处分。而免予党纪处分则是已经构成违纪,且需要给予纪律处分,鉴于其有法定的从轻、减轻处分情节,因而免予党纪处分。值得注意的是,《中国共产党处分违纪党员批准权限和程序规定》第11条规定:"对违纪党员免予党纪处分的,按照给予其警告处分的批准权限履行处分审批程序。"

【知识点:批评教育、责令检查、诫勉对当事人有哪些影响?】

通常情况下,党员受到党组织给予的批评教育、责令检查,不会影响其评先评优、提拔使用、职称评定等。但是,如果是领导班子和领导干部受到上级党委和政府通报批评、责令检查,根据《党政领导干部考核工作条例》第33条的规定,领导班子和领导干部年度考核结果不得确定为优秀等次。

诫勉,相当于拟定的轻处分,存在影响期,对当事人影响较大。如《中央组织部关于组织人事部门对领导干部进行提醒、函询和诫勉的实施细则》第19条规定,受到诫勉的领导干部,取消当年年度考核、本任期考核评优和评选各类先进的资格,6个月内不得提拔或者重用。《领导干部个人有关事项报告查核结果处理办法》第6条规定,领导干部因违反报告个人有关事项规定受到诫勉处理的,半年内不得提拔或者进一步使用。《公务员职务与职级并行规定》第21条规定,公务员受到诫勉、组织处理或者处分等影响期未满或者期满影响使用的,不得晋升职级。

【知识点:免予党纪处分】免予党纪处分的适用前提是党员的行为已构成违纪,按照条例的规定应当给予警告或者严重警告处分,但由于违纪党员具备法定的从轻、减轻处分情节,因此可以免予党纪处分。比如山东省滨州生态环境监测中心宋某某在主持工作期间,监测中心存在坐支财政资金20万余元等问题。经查,该资金系历史遗留且无法退还的结余资金,经监测中心班子会议集体研究决定后,用于购置监测中心设备及药品试剂,推动提升了环境监测工作。经分析研判,认为符合山东省纪委机关和省委组织部联合出台的《关于激励干部担当作为实施容错纠错的办法》中,对干部在改革创新、干事创业、履职尽责中出现失误错误,依规依纪依法从轻、减轻、免予处理或者不予追究责任的情形,大胆适用容错纠错,向组织提出对宋某某免予党纪处分建议,得到批示同意。参见山东省纪委监委:《山东滨州:容错纠错送上干事创业"安心丸"》,载中央纪委国家监委网站,https://www.ccdi.gov.cn/gzdtn/dfzf/202212/t20221209_235734.html。

【知识点:诫勉】根据《中国共产党纪律处分条例》第19条、《中国共产党问责条例》第8条、《关于对党员领导干部进行诫勉谈话和函询的暂行办法》第2条、《中国共产党纪律检查机关监督执纪工作规则》第15条、《监察法》第45条、《公职人员政务处分法》第12条第1款、《监察机关监督执法工作规定》第9条等规定,纪检监察机关按照管理权限对党员、干部以及监察对象存在以下三种情形的,可以对其诫勉谈话或书面诫勉:一是存在轻微的违纪违法问题,不需要追究纪律、法律责任的;二是因不履行或者不正确履行职责须对党员领导干部问责,危害较轻的;三是存在违纪行为,本应给予党内警告、严重警告处分或者公职人员违法行为情节轻微,但具备从轻或者减轻情形,免予党纪(政务)处分并予以诫勉的。参见黑龙江省纪委监委法规室:《诫勉的主要依据及适用》,载《中国纪检监察报》2021年7月21日,第6版。

【知识点:诫勉是否属于组织处理?】《中国共产党组织处理规定(试行)》第7条规定,领导干部有苗头性、倾向性问题或者轻微问题,以批评教育、责令检查、诫勉为主,问题严重的,应当受到组织处理。由此可知,诫勉适用于问题轻微。而组织处理,适用于问题严重。因此,诫勉的性质不属于组织处理。如果诫勉的性质属于组织处理,则其适用于问题严重的。但事实上,诫勉不适用于问题严重者,只能适用于问题轻微的。因此,诫勉的性质不属于组织处理。《中国共产党问责条例》第8条第2款第2、3项分别将诫勉与组织处理单独规定,也表明诫勉不属于组织处理。

【知识点:组织处理的种类、影响期及决定主体】一是组织处理的种类有哪些?《纪检监察机关监督执纪"四种形态"统计指标体系(试行)》将组织处理措施纳入"四种形态"统计指标,将停职检查、责令辞职、免职、办理提前退休、平职调整作为第二种形态指标。《中国共产党组织处理规定(试行)》第11条规定组织处理的种类有:停职检查、调整职务、责令辞职、免职、降职。《中国共产党纪律检查委员会工作条例》第31条第2款第2项列举了停职检查、调整职务、责令辞职、免职等处理方式。值得注意的是《中国共产党问责条例》第8条第2款第3项,将组织调整与组织处理并列表述,在很大程度上表明调整职务不属于组织处理。需要说明的是,《中国共产党章程》第40条第2款、《中国共产党纪律处分条例》第5条在规定监督执纪"四种形态"时,分别采用的表述是"组织调整""组织调整、重大职务调整"。

二是组织处理的影响期。组织处理一般对被处理人的提任职务和评先评优有一定的影响,在影响期内不得提拔职务、晋升职级或者进一步使用,并且当年不得评选各类先进。详见《中国共产党组织处理规定(试行)》第11条规定。

三是纪检监察机关对不属于自己直接管理的党员干部,能否直接作出组织处理的决定?比如县纪委监委能否对违纪违法的村党支部书记作出免职的处理决定?纪委监委对不属于自己管理的党员干部,不宜直接行使党委(党组)的任免权,可向有关党组织提出组织处理的建议。对属于同级党委管理的党员干部,在向同级党委请示报告的同时,应加强与同级党委组织部门的协作配合,综合工作环节、行为性质、处分种类等因素,适时提出组织处理建议,再由组织部门依据相关规定履行程序。

根据《中国共产党处分违纪党员批准权限和程序规定》第11条规定,对违纪党员免予党纪处分的,按照给予其警告处分的批准权限履行处分审批程序。

【知识点:诫勉谈话与纪律处分、组织处理是什么关系?】中央纪委法规室回复:纪律处分包括警告、严重警告、撤销党内职务、留党察看、开除党籍等五种。组织处理包括调离岗位、引咎辞职、责令辞职、免职、降职等方式。诫勉谈话与纪律处分、组织处理各司其职,都是党组织对有问题的党员进行教育、管理、监督的措施。党的十八大以来,党中央强调全面从严治党,对从严监督管理干部提出了更高要求。习近平总书记多次强调,对苗头性倾向性问题必须抓早抓小,防止小错酿成大错、违纪走向违法。因此,综合运用纪律处分、组织处理、诫勉谈话等措施,发现问题该提醒的提醒,该教育的教育,该处理的处理,能够更好地教育、管理、监督党员,从而严肃党的纪律,维护党的形象。参见《中央纪委法规室回复:诫勉谈话与纪律处分、组织处理是什么关系?》,载中央纪委国家监委网站,https://www.ccdi.gov.cn/hdjln/hfxd/201510/t20151019_18720.html。

第二十条 有下列情形之一的,应当从重或者加重处分[16]:

(一)强迫、唆使他人违纪的;

(二)拒不上交或者退赔违纪所得的[17];

(三)违纪受处分后又因故意违纪应当受到党纪处分的[18];

(四)违纪受到党纪处分后,又被发现其受处分前的违纪行为应当受到党纪处分的[19];

(五)本条例另有规定的[20]。

【解读】本条例第17条从轻或者减轻处分情形、本条从重或者加重处分情形,均属于量纪情节。量纪情节是根据违纪主体的量纪事实,确定处理的轻重,这些情

⑯ 2015年条例第19条中的"在纪律集中整饬过程中,不收敛、不收手"不再作为从重或加重处分的情形之一。

⑰ "拒不上交或者退赔违纪所得的"从重或加重处分,系新增情形。

⑱ 2015年条例第20条第1款规定:"故意违纪受处分后又因故意违纪应当受到党纪处分的,应当从重处分。"现规定为:"应当从重或者加重处分。"

⑲ 党员受党纪处分后又发现此前没有交代的违纪行为,说明其在前次组织审查期间,对党不忠诚、不老实,没有如实向组织交代自己存在的应当受到党纪处分的违纪问题,故应当从重或者加重处分。如果又受到新的党纪处分,其影响期为新处分的影响期与尚未执行完毕的处分影响期之和,并从新处分作出之日起计算。

⑳ 另有规定的情形,如本条例第91条、第112条第2款、第121条第2款、第125条第2款等。

节更多存在于违纪行为实施前和实施后,如主动交代、主动挽回损失、消除不良影响等从轻或减轻情形,拒不上交或者退赔违纪所得等。量纪情节不同于定性情节,定性情节是根据违纪主体的违纪事实,确定违纪性质。一般而言,定性情节更多存在于违纪过程中,如主观故意、违纪行为、手段、造成影响等。参见王亚玲、王多:《如何判断党纪处分条例中违纪行为的情节轻重和不良影响》,载《中国纪检监察》2022年第24期。

【典型案例:处分期内再次违纪】某县委统战部原常务副部长、县工商联原党组书记朱某华2021年10月曾因酒驾受到党内警告处分;2022年7月接受某私营企业主安排的吃请,并在饮酒后驾驶机动车被公安机关查获。2022年11月,朱某华受到撤销党内职务、政务撤职处分,降为四级主任科员。

第二十一条 从轻处分,是指在本条例规定的违纪行为应当受到的处分幅度以内,给予较轻的处分。

从重处分,是指在本条例规定的违纪行为应当受到的处分幅度以内,给予较重的处分。

第二十二条 减轻处分,是指在本条例规定的违纪行为应当受到的处分幅度以外,减轻一档给予处分。

加重处分,是指在本条例规定的违纪行为应当受到的处分幅度以外,加重一档给予处分。

本条例规定的只有开除党籍处分一个档次的违纪行为,不适用第一款减轻处分的规定。

第二十三条 一人有本条例规定的两种以上(含两种)应当受到党纪处分的违纪行为,应当合并处理[21],按其数种违纪行为中应当受到的最高处分加重一档给予处分;其中一种违纪行为应当受到开除党籍处分的,应当给予开除党籍处分。

第二十四条 一个违纪行为同时触犯本条例两个以上(含两个)条款的,依照处分较重的条款定性处理。

一个条款规定的违纪构成要件全部包含在另一个条款规定的违纪构成要件中,特别规定与一般规定不一致的,适用特别规定。

【解读】当隐瞒(个人有关事项)行为是其他违纪行为的构成要件之一或必然结果时,一般不再单独作违纪认定。如行为人违规收受他人现金、股票等财物,收受行为本身是违规的,而占有是收受财物的必需要件,否则不能认定为收受。既然是违规或非法占有,对所收受的财物隐瞒不报则是必然的后续行为。综合比较本条例第73条与第27、88条量纪轻重,应以违规受礼或受贿定性,不再就隐瞒不报行为单

[21] 在实践中,合并处理主要有两种情况:一是在对同一个违纪党员的两种以上(含两种)应当受到党纪处分的违纪行为依照规定分别量纪的基础上,以其中给予最重的党纪处分为准再加重一档给予处分。比如,某违纪党员有两个违纪行为:一个是违规收受礼金5000元、应给予党内严重警告处分,另一个是受贿2万元、应给予撤销党内职务处分。那么按照限制加重处分的原则,最终应当给予其留党察看处分。二是同一个违纪党员的两种以上(含两种)应当受到党纪处分的违纪行为,其中一个违纪行为依照规定应当给予开除党籍处分的,选择开除党籍处分作为合并执行的处分,其余较轻的处分被开除党籍处分所吸收。

独定性。但若是收受他人财物后将财物用于购买房产，在个人有关事项申报时瞒报该房产，必须同时对其隐瞒不报行为按照违反组织纪律行为进行认定。隐瞒个人境外存款不报告，数额较大的，还涉嫌隐瞒境外存款罪。所报收支明显超过合法收入，差额巨大，个人不能说明来源的，还涉嫌巨额财产来源不明罪。参见常青华：《未报告个人有关事项的定性与处理》，载《中国纪检监察报》2021 年 7 月 21 日，第 6 版。

第二十五条　二人以上（含二人）共同故意违纪的，对为首者，从重处分，本条例另有规定的除外；对其他成员，按照其在共同违纪中所起的作用和应负的责任，分别给予处分。

对于经济方面共同违纪的，按照个人所得数额及其所起作用，分别给予处分。对违纪集团的首要分子，按照集团违纪的总数额处分；对其他共同违纪的为首者，情节严重的，按照共同违纪的总数额处分。

教唆他人违纪的，应当按照其在共同违纪中所起的作用追究党纪责任。

第二十六条　党组织领导机构集体作出违犯党纪的决定或者实施其他违犯党纪的行为，对具有共同故意的成员，按共同违纪处理；对过失违纪的成员，按照各自在集体违纪中所起的作用和应负的责任分别给予处分。

第四章　对违法犯罪党员的纪律处分[22]

第二十七条　党组织在纪律审查中发现党员有贪污贿赂、滥用职权、玩忽职守、权力寻租、利益输送、徇私舞弊、浪费国家资财[23]等违反法律涉嫌犯罪行为的，应当给予撤销党内职务、留党察看或者开除党籍处分。

【解读】本条是关于党员有违法并涉嫌犯罪行为给予处分的规定（涉刑犯罪类违纪行为）。适用条件是违反了刑法规定应当追究刑事责任的行为，该行为不仅符合刑法规定的构成要件，而且必须达到刑事立案标准，应当追究刑事责任。构成犯罪但过了追诉时效的，也适用本条规定。

第二十八条　党组织在纪律审查中发现党员有刑法规定的行为，虽不构成犯罪但须追究党纪责任的，或者有其他违法行为，损害党、国家和人民利益的，应当视具体情节给予警告直至开除党籍处分[24]。

【解读】本条是关于党员有刑法规定的行为，虽不构成犯罪但须追究党纪责任，或者有其他违法行为，须给予处分的规定（涉刑非犯罪和违法类违纪行为）。本条中"刑法规定的行为""不构成犯罪"实质上是涉刑非犯罪类违纪行为，而不能误认为达到刑事立案标准的行为才是刑法规定的行为。

2018 年条例的最大特色就是坚持纪严于法、纪在法前，实现纪法分开。在全面

㉒ 理解本章知识点，请检索钟纪晟：《对违法犯罪党员给予纪律处分应注意的几个问题》，载《中国纪检监察》2017 年第 11 期。

㉓ "滥用职权、玩忽职守、权力寻租、利益输送、徇私舞弊、浪费国家资财"系新增表述，来源于《监察法》。

㉔ "其他违法行为"，如赌博、嫖娼等。纪检监察机关认定赌博、嫖娼等行为构成违纪，不是必须以行政执法机关认定（行政处罚）为前提的。

依法治国、依规治党条件下,2003 年条例最突出的问题就是纪法不分,仅这一点就凸显了修规的紧迫性和必要性。2015 年条例、2018 年条例均坚持问题导向,做到纪法分开。

对轻微交通违法、赌博行为一般可以运用第一种形态“红脸出汗”;赌博、交通违法行为不涉及犯罪但受到较重行政处罚的,应当给予党纪处分;赌博、交通违法行为涉嫌犯罪的,应当区分情形给予相应的党纪处分。

第二十九条 党组织在纪律审查中发现党员严重违纪涉嫌违法犯罪的,原则上先作出党纪处分决定,并按照规定给予政务处分后,再移送有关国家机关依法处理。

【解读】本条首次在纪律处分条例中明确先行党纪政务处理,也是关于纪法衔接的规定,十分重要。《中国共产党党内监督条例》第 37 条第 2 款规定:“在纪律审查中发现党的领导干部严重违纪涉嫌违法犯罪的,应当先作出党纪处分决定,再移送行政机关、司法机关处理。执法机关和司法机关依法立案查处涉及党的领导干部案件,应当向同级党委、纪委通报;该干部所在党组织应当根据有关规定,中止其相关党员权利;依法受到刑事责任追究,或者虽不构成犯罪但涉嫌违纪的,应当移送纪委依纪处理。”在监督执纪工作中,应当做到先处分后移送,避免出现党员带着“党籍”蹲监狱问题。

这里的“有关国家机关”,既包括司法机关也包括有关行政机关。如果行为人涉嫌职务犯罪,监察机关经调查认为犯罪事实清楚,证据确实、充分的,制作起诉意见书,连同案卷材料、证据以及涉案财物等一并移送人民检察院依法审查、提起公诉;如果行为人涉嫌不属于监察机关管辖的其他刑事犯罪,应当移送相应的国家机关管辖,比如公安机关、检察机关等;如果行为人只是涉嫌行政违法,则应当移送有相应管辖权的行政机关。结合《中国共产党处分违纪党员批准权限和程序规定》第 17 条第 2 款学习。

第三十条 党员被依法留置、逮捕的,党组织应当按照管理权限中止其表决权、选举权和被选举权等党员权利。根据监察机关、司法机关处理结果,可以恢复其党员权利的,应当及时予以恢复。

【解读】本条首次明确被留置的党员也需要中止党员权利。中止党员权利,不影响党员义务的履行,仍需履行党章规定的义务,如交纳党费。中止党员权利,不适用于党员被司法机关采取拘传、拘留、取保候审、监视居住等其他刑事强制措施的情况。

关于中止和恢复党员权利这个知识点,请检索钟纪晟:《纪律审查中如何中止和恢复党员权利》,载《中国纪检监察》2016 年第 19 期。

第三十一条　党员犯罪情节轻微，人民检察院依法作出不起诉决定的，或者人民法院依法作出有罪判决并免予刑事处罚的，应当给予撤销党内职务、留党察看或者开除党籍处分。

党员犯罪，被单处罚金的，依照前款规定处理。

【解读】党员犯罪情节轻微，检察院相对不起诉、人民法院作出定罪免刑判决，量纪最低处分是撤销党内职务处分，最重处分可以给予开除党籍。2003 年条例对党员犯罪情节轻微，检察院相对不起诉、人民法院作出定罪免刑判决，如何量纪，没有作出明确的规定。如果发现党员在 2015 年条例生效前被相对不起诉、定罪免刑的情形，根据从旧兼从轻的原则，原则上适用 2003 年条例第 174 条给予其相应的党纪处分。

第三十二条　党员犯罪，有下列情形之一的，应当给予开除党籍处分：

（一）因故意犯罪被依法判处刑法规定的主刑（含宣告缓刑）的；

（二）被单处或者附加剥夺政治权利的；

（三）因过失犯罪，被依法判处三年以上（不含三年）有期徒刑的。

因过失犯罪被判处三年以下（含三年）有期徒刑或者被判处管制、拘役的，一般应当开除党籍。对于个别可以不开除党籍的，应当对照处分党员批准权限的规定，报请再上一级党组织批准。

第三十三条　党员依法受到刑事责任追究的，党组织应当根据司法机关的生效判决、裁定、决定及其认定的事实、性质和情节，依照本条例规定给予党纪处分，是公职人员的由监察机关给予相应政务处分[25]。

党员依法受到政务处分、行政处罚，应当追究党纪责任的，党组织可以根据生效的政务处分、行政处罚决定认定的事实、性质和情节，经核实后依照规定给予党纪处分或者组织处理。

党员违反国家法律法规，违反企事业单位或者其他社会组织的规章制度受到其他纪律处分，应当追究党纪责任的，党组织在对有关方面认定的事实、性质和情节进行核实后，依照规定给予党纪处分或者组织处理。

党组织作出党纪处分或者组织处理决定后，司法机关、行政机关等依法改变原生效判决、裁定、决定等，对原党纪处分或者组织处理决定产生影响的，党组织应当根据改变后的生效判决、裁定、决定等重新作出相应处理。

【解读】司法机关依法作出生效判决、裁定和决定的案件，已经对侦查、调查过程收集、调取的证据材料进行综合审查判断，并通过法律程序予以确认，其采用的是法定最高标准，纪检机关没有必要再对这些证据材料进行审核。即因犯罪事实清楚、证据确凿充分，故原则上不再履行立案程序，由相关的监督检查室依据司法

[25] “是公职人员的由监察机关给予相应政务处分”系新增表述。其实，按干部管理权限规定，也可以由其所在单位或者主管部门，作出相应的处分。基于生效刑事判决对审理对象给予党纪处分，鉴于相关违纪事实已被司法机关认定，因此不需要进行违纪事实见面。但如果还有其他违纪问题，则需要进行违纪事实见面。

机关生效法律文书提出处分建议(意见),移送审理室办理。可由相应的党组织按照管理权限给予相应的党纪处分。如果受到刑事责任追究的党员、监察对象还有生效法律文书尚未确认的违纪违法问题线索,可由相关的监督检查室办理初核、立案手续。

本条第2款中的“可以”意味着纪委不是必须依据行政处罚认定的情况进行违纪认定。由于行政机关与司法机关、监察机关在调查措施、执法目的上存在不同,从保护党员合法权益角度出发,对于行政处罚决定认定的事实和情节,纪检机关应当履行立案审查程序,对行政机关移送的相关材料进行认真审核,不能不经核实,直接照搬行政机关的认定,对党员作出党纪处分。实践中,也有经过核实,不采信行政处罚认定的事实的情况。比如,在一起案件中,党员董某某驾车在北京市某区与李某所驾电动车发生剐蹭,李某的丈夫刘某某及其朋友吴某某等人闻讯后赶到现场,董某某随即报警。在等待警方处理该事故过程中,双方争执并互殴。次日,北京市某公安分局对董某某作出行政拘留10日,并处罚款500元的处罚决定。在考虑对董某某是否进行党纪处分时,北京市某区纪委监委认真审核在案证据发现,案卷中证据不够完整,不能还原案件事实。某区纪委监委又及时调取相关证据材料,证据综合显示当时的真实状况为:董某某主动报警,但在等待过程中被醉酒的刘某某殴打,并被与刘某某同行的几名男子围住,在此情况董某某下予以还击。通过认真分析,某区纪委监委认为董某某并无打架的主观故意,因此最终决定对董某某只进行组织处理,予以批评教育。参见张永久:《对受到行政处罚的党员进行党纪处分应注意什么》,《中国纪检监察》2019年第6期。

第五章 其他规定

第三十四条 预备党员违犯党纪,情节较轻,可以保留预备党员资格的,党组织应当对其批评教育或者延长预备期;情节较重的,应当取消其预备党员资格。

【解读】党章第7条第2款规定,预备党员的义务同正式党员一样。预备党员的权利,除了没有表决权、选举权和被选举权以外,也同正式党员一样。党章第7条第3款规定,预备党员转为正式党员,或延长预备期,或取消预备党员资格,都应当经支部大会讨论通过和上级党组织批准。《中国共产党发展党员工作细则》第32条规定,预备党员转为正式党员、延长预备期或取消预备党员资格,应当经支部大会讨论通过和上级党组织批准。综上,取消预备党员资格,应当经支部大会讨论通过和上级党组织批准。而不是由纪委直接取消预备党员资格。

《中国共产党处分违纪党员批准权限和程序规定》第48条规定:“有监督执纪

权限的纪律检查机关审查认为预备党员违犯党纪，情节较轻，可以保留预备党员资格的，可以直接给予其批评教育或者按照程序延长一次预备期；情节较重的，应当按照程序取消其预备党员资格。延长预备期、取消预备党员资格，由有监督执纪权限的纪律检查机关向预备党员所在党组织提出书面建议，预备党员所在党组织无正当理由应当采纳并交由预备党员所在党支部党员大会讨论形成决议，呈报有审批预备党员权限的基层党委批准后作出处理决定。预备党员组织关系隶属于党的工作委员会的，参照前款规定执行。”

【知识点：党员预备期违纪，转正后被发现，该如何处理？】根据党章第 7 条规定，预备党员的义务同正式党员一样，必须遵守党的各项纪律。党员转正后发现预备期违纪，党组织可以给以批评教育直至纪律处分。参见《中央纪委法规室回复：党员转正后发现预备期违纪如何处理？》，载中央纪委国家监委网站，https://www.ccdi.gov.cn/hdjln/hfxd/201702/t20170216_18762.html。

【知识点：对预备党员能进行立案调查吗？】党的纪律是党的各级组织和全体党员必须遵守的行为规则。根据党章第 7 条规定，预备党员的义务同正式党员一样，也必须遵守党的纪律。党组织发现预备党员有违纪行为需要追究党纪责任的，可以按照执纪审查相关规定进行立案审查，并依据《中国共产党纪律处分条例》第 35 条规定视情作出“批评教育”、“延长预备期”或者“取消预备党员资格”等处理。参见《中央纪委法规室回复：对预备党员能进行立案调查吗？》，载中央纪委国家监委网站，https://www.ccdi.gov.cn/hdjln/nwwd/201702/t20170216_18578.html。

第三十五条　对违纪后下落不明的党员，应当区别情况作出处理：

（一）对有严重违纪行为，应当给予开除党籍处分的，党组织应当作出决定，开除其党籍；

（二）除前项规定的情况外，下落不明时间超过六个月的，党组织应当按照党章规定对其予以除名。

第三十六条　违纪党员在党组织作出处分决定前死亡，或者在死亡之后发现其曾有严重违纪行为，对于应当给予开除党籍处分的，开除其党籍；对于应当给予留党察看以下（含留党察看）处分的，作出违犯党纪的书面结论和相应处理。

【解读】2015 年 4 月，经中共中央批准，中共中央纪委对山西省原副省长任某某严重违纪违法问题进行了立案审查。任某某身为党的高级领导干部，严重违纪违法，性质恶劣、情节严重。鉴于其在党内纪律审查期间因病死亡，依据《中国共产党纪律处分条例》等有关规定，经中央纪委审议并报中共中央批准，决定给予任某某开除党籍处分，收缴其违纪所得；依据《刑事诉讼法》有关规定，将其涉嫌违法所得移送司法机关依法处理。2021 年 6 月，甘肃省召开发布会，公布白银市景泰县“5 · 22”公共安全责任事件追责问责情况：对事件中违纪、职务违法、涉嫌职务犯罪的 27 名公职人员严肃追责问责。其中白银市政协原副主席、景泰县委原书记李某某对事件负有主要领导责任，因李某某在事件发生后已死亡，依据《中国共产党纪律处分条例》第 36 条的规定，对其违纪问题作出书面结论，不再给予处分。

第三十七条 违纪行为有关责任人员的区分：

（一）直接责任者，是指在其职责范围内，不履行或者不正确履行自己的职责，对造成的损失或者后果起决定性作用的党员或者党员领导干部[26]。

（二）主要领导责任者，是指在其职责范围内，对直接主管的工作不履行或者不正确履行职责，对造成的损失或者后果负直接领导责任的党员领导干部。

（三）重要领导责任者，是指在其职责范围内，对应管的工作或者参与决定的工作不履行或者不正确履行职责，对造成的损失或者后果负次要领导责任的党员领导干部。

本条例所称领导责任者，包括主要领导责任者和重要领导责任者。

【解读】实践中，区分主要领导责任者与重要领导责任者，要结合岗位职责、在违纪违法行为发生过程中的主观方面（故意还是过失）及所实施的行为对危害结果起的作用大小综合判断。如果违纪违法行为是由部门负责人决定实施的，那么部门负责人就是直接责任人，分管该部门的领导，通常情况下要承担主要领导责任，单位的主要负责人承担重要领导责任。如果违纪违法行为的决策者是由单位的主要负责人拍板决策，这种情况下，主要领导责任者和直接责任者竞合，直接责任者是单位的主要负责人。比如 2020 年 3 月，为垄断烟花爆竹批发市场，某县仅有的 2 家实际经营的烟花爆竹批发公司约定，将全县划分为 2 个供货配送区域，相互不能向对方负责区域零售点配送供货。某县应急管理局违反相关规定，明确要求烟花爆竹零售商从负责本地区域供货的批发公司处进货，否则将认定为“走私走黑”予以查处，此举导致某县烟花爆竹批发价格明显高于周边县市，严重扰乱当地烟花爆竹市场秩序，损害众多烟花爆竹零售商的利益。2022 年 7 月，该局党委书记、局长杨某礼受到党内严重警告处分；党委委员、副局长田某龙，二级主任科员罗某弟，工会主席、执法大队大队长祝某，烟花爆竹安全监督管理股股长王某等 4 人分别受到党内警告处分。本案例中，杨某礼实际上承担主要领导责任，田某龙、罗某弟承担重要领导责任。

第三十八条 本条例所称主动交代，是指涉嫌违纪的党员在组织初核前向有关组织交代自己的问题，或者在初核和立案审查其问题期间交代组织未掌握的问题。

[26] 对由党员领导干部直接决定某一具体问题或具体事项的，或者由党员领导干部授意、指令承办人员违规办理（或者应当办理而不办理）有关事项的，或者具体实施人员在实施中提出过纠正意见、未被党员领导干部采纳而造成经济损失或者不良影响的，对党员领导干部可认定为直接责任。

第三十九条　计算经济损失主要计算直接经济损失。直接经济损失，是指与违纪行为有直接因果关系而造成财产损失的实际价值。

【解读】一般而言，损失数额的多少、影响的严重程度与危害后果的大小通常是一致的。实践中，需要注意的是地区差异。在广东，造成30万元的经济损失，可能不算太大，而在深度贫困地区，造成同样的损失，后果却是不一样的，因此在判断损失是否重大时，还要综合考虑案件发生的具体时间、地点、环境等因素。

第四十条　对于违纪行为所获得的经济利益，应当收缴或者责令退赔。[27]

对于违纪行为所获得的职务、职称、学历、学位、奖励、资格等其他利益，应当由承办案件的纪检机关或者由其上级纪检机关建议有关组织、部门、单位按照规定予以纠正。

对于依照本条例第三十五条、第三十六条规定处理的党员，经调查确属其实施违纪行为获得的利益，依照本条规定处理。

【知识点：责令退赔】"责令退赔"通常针对的是违反规定挥霍浪费国有资产，如公款吃喝、公款旅游以及违反规定乱罚款、乱收费获得的财物等，责令违纪行为人将违纪违法所得的财物予以归还，财物已经被消耗、毁损的，应当用与之价值相当的财物予以赔偿；责令退赔的财物直接退赔原所有人或原持有人（无法退赔的上缴国库）。结合《公职人员政务处分法》第25条第1款学习。

对于党员干部接受相关单位公款宴请的，对其应由个人支付的用餐费用，应当责令向付款单位退赔；对于党员干部利用职务上的影响多吃多占、侵害群众利益的，对其应由个人支付的用餐费用，也应责令其向被害方退赔；对于党员干部违规接受私营企业主宴请的，考虑到私营企业主自愿支付宴请费用是为了与党员干部拉拢关系或者谋取利益，具有不正当的使用目的，因此对党员干部应由个人支付的用餐费用应予收缴，而不应退赔支付方。此外，在实践中，党员干部违规接受宴请的情况往往较为复杂，如违纪行为发生时间久远、具体宴请费用难以查证等，仅能认定违规接受宴请的事实，无法准确认定个人应承担的具体费用，从案件处理的总体效果考虑，可视情采取个人主动登记上交的方式处理。参见王腾：《从3组典型案例看"舌尖上的腐败"行为的定性及处理》，载《中国纪检监察》2020年第19期。

第四十一条　党纪处分决定作出后，应当在一个月内向受处分党员所在党的基层组织中的全体党员及其本人[28]宣布，是领导班子成员的还应当向所在党组织领导班子宣布[29]，并按照干部管理权限和组织关系将处分决定材料归入受处分者档案[30]；对于受到撤销党内职务以上（含撤销党内职务）处分的，还应当在一个月内办理职务、工资、工作及其他有关待遇[31]等相应变更手续；涉及撤销或者调整其党外职

㉗ 收缴违纪违法财物应遵循五大原则：合法性原则、禁止非法获利原则、返还原财产权人原则、人道主义原则、保护第三人善意取得原则。

㉘ 处分决定向被处分人本人宣布后，还应要求被处分人在处分决定书上签署对处分决定的意见并签名；被处分人拒绝签名或者签署意见的，处分决定宣布人员应在处分决定书上注明。因受处分人失踪、死亡、出走等原因，无法宣布的，应作出备注说明。

㉙ 条例首次明确处分决定宣布的范围：不仅向基层党组织和本人宣布，是领导班子成员的还向领导班子宣布。在宣布处分决定时，可以和受处分人撰写的检查（忏悔书）结合起来，分层分类开展警示教育，以案明纪、以案释法，把处分执行"一张纸"变成以案促改"一堂课"。

㉚ 此处是关于处分决定宣布和

务的，应当建议党外组织及时撤销或者调整其党外职务。特殊情况下，经作出或者批准作出处分决定的组织批准，可以适当延长办理期限。办理期限最长不得超过六个月。

第四十二条 执行党纪处分决定的机关或者受处分党员所在单位，应当在六个月内将处分决定的执行情况向作出或者批准处分决定的机关报告。[32]

党员对所受党纪处分不服的，可以依照党章及有关规定提出申诉。

第四十三条 本条例总则适用于有党纪处分规定的其他党内法规，但是中共中央发布或者批准发布的其他党内法规有特别规定的除外。

第二编 分 则

第六章 对违反政治纪律行为的处分[33]

【解读】认定违纪行为是否违反政治纪律、政治规矩，千万不能只限于违纪本身，一定要善于透过现象看本质，重点是看违纪行为造成的危害（有形和无形的危害），善于从政治上考量，又不无限拔高。如新中国成立70周年国庆期间的安全保卫工作十分重要，如果某省公安厅厅长擅离职守、贻误工作，表面上看是违反工作纪律，但事实上其行为隐藏着巨大的政治风险，应考虑定性为违反政治纪律、政治规矩。

第四十四条[34] 在重大原则问题上不同党中央保持一致且有实际言论、行为或者造成不良后果的，给予警告或者严重警告处分；情节较重的，给予撤销党内职务或者留党察看处分；情节严重的，给予开除党籍处分。

【解读】党的纪律建设的首要内容，就是维护党中央权威和集中统一领导。党员必须增强“四个意识”、坚定“四个自信”、做到“两个维护”，严守党的政治纪律和政治规矩，对党忠诚老实，言行一致，尤其是在重大问题上同中央保持高度一致。《关于新形势下党内政治生活的若干准则》指出，全党必须牢固树立政治意识、大局意识、核心意识、看齐意识，自觉在思想上政治上行动上同党中央保持高度一致。党的各级组织、全体党员特别是高级干部都要向党中央看齐，向党的理论和路线方针政策看齐，向党中央决策部署看齐，做到党中央提倡的坚决响应、党中央决定的坚决执行、党中央禁止的坚决不做。

第四十五条 通过网络、广播、电视、报刊、传单、书籍等，或者利用讲座、论坛、报告会、座谈会等方式，公开发表坚持资产阶级自由化立场、反对四项基本原则，反对党的改革开放决策的文章、演说、宣言、声明等的，给予开除党籍处分。

发布、播出、刊登、出版前款所列文章、演说、宣言、声明等或者为上述行为提供方便条件的，对直接责任者和领导责任者，给予严重警告或者撤销党内职务处分；

执行的具体规定，十分重要。注意把握要点：一是宣布时间，二是宣布范围，三是宣布主体，四是装入本人档案（义务主体是执行处分决定的机关）。

㉛ “工作及其他有关待遇”系新增表述。

㉜ 结合《中国共产党处分违纪党员批准权限和程序规定》第19条理解：“各级纪委依照本规定呈报同级党委或者上级党组织批准后作出党纪处分决定的，处分决定执行完毕后，应当按照程序于每季度首月15日前将上一季度的处分决定执行（含处分宣布）情况汇总呈报同级党委或者上级党组织。”

㉝ 在党的纪律中，政治纪律排在首位，是管总的，是最重要、最根本、最关键的纪律。不论违反哪方面纪律，任其发展，最终都会侵蚀党的执政基础，破坏的都是党的政治纪律。大量案例表明，一些人之所以

情节严重的，给予留党察看或者开除党籍处分。

第四十六条　通过网络、广播、电视、报刊、传单、书籍等，或者利用讲座、论坛、报告会、座谈会等方式，有下列行为之一，情节较轻的，给予警告或者严重警告处分；情节较重的，给予撤销党内职务或者留党察看处分；情节严重的，给予开除党籍处分：

（一）公开发表违背四项基本原则，违背、歪曲党的改革开放决策，或者其他有严重政治问题的文章、演说、宣言、声明等的；

（二）妄议党中央大政方针，破坏党的集中统一的；

（三）丑化党和国家形象，或者诋毁、诬蔑党和国家领导人、英雄模范，或者歪曲党的历史、中华人民共和国历史、人民军队历史的[35]。

发布、播出、刊登、出版前款所列内容或者为上述行为提供方便条件的，对直接责任者和领导责任者，给予严重警告或者撤销党内职务处分；情节严重的，给予留党察看或者开除党籍处分。

【知识点：情节较重、情节严重】《中国共产党纪律处分条例》中大量违纪行为都需要对情节轻重进行判断，有的违纪行为还将情节较轻、情节较重等作为违纪构成要件。这些情节类、影响类概念较难进行具体量化，容易出现执纪尺度不一问题。结合实践，可从以下几方面综合判断。一是从主观故意判断，包括是明知故犯还是疏忽过失，是多次违纪还是单次违纪，是徇私情私利还是为党和国家的利益，在共同违纪中是起主要作用还是次要作用，是否对党忠诚等因素。二是从违纪行为手段方式判断，包括行为的时间、地点、方法、手段，是否具有公开性；是不明真相被裹挟参加还是经批评教育后仍不悔改继续实施。三是从违纪后果判断，包括对集体、国家和人民造成的影响、损失、损害等因素。四是从主体身份判断，包括是否为纪检监察干部、组织人事干部、司法工作人员等因素。五是从同类案件统筹把握判断，在全面掌握本地区、本部门政治生态和党风廉政建设情况的基础上，对案件的情节轻重情况要在同类案件中比较、综合平衡。参见王亚玲、王多：《如何判断党纪处分条例中违纪行为的情节轻重和不良影响》，载《中国纪检监察》2022 年第 24 期。

【典型案例：妄议党中央大政方针】2016 年 1 月 5 日，北京市委原副书记吕某文被开除党籍和公职，中央纪委通报称其“严重违反政治纪律，妄议中央大政方针，长期搞团团伙伙”。民主集中制是党的根本组织原则，要求必须实行正确的集中，保证全党的团结统一和行动一致，保证党的决定得到迅速而有效的贯彻执行。党中央在制定重大方针政策时，通过不同的渠道和方式，充分听取有关党组织和党员的意见建议，但是有些人“当面不说、背后乱说”“会上不说、会后乱说”“台上不说、台下乱说”，实际上不仅扰乱了人们的思想，还破坏了党的集中统一，妨碍中央大政方

违纪违法甚至滑向腐败犯罪的深渊，最根本的原因就在于漠视政治纪律和政治规矩，理想信念动摇、宗旨意识淡忘。全面从严治党，必须把严守政治纪律和政治规矩永远排在首要位置，把严肃其他纪律带起来。

㉞ 本条系新增内容。

㉟ “英雄模范”“党的历史、中华人民共和国历史、人民军队历史”系新增表述。

针的贯彻落实,应当受到党纪处分。参见中共中央纪律检查委员会中华人民共和国国家监察委员会法规室编写:《〈中国共产党纪律处分条例〉释义》,中国方正出版社 2018 年版,第 155 页。

第四十七条 制作、贩卖、传播第四十五条、第四十六条所列内容之一的书刊、音像制品、电子读物、网络音视频资料等,情节较轻的,给予警告或者严重警告处分;情节较重的,给予撤销党内职务或者留党察看处分;情节严重的,给予开除党籍处分。

私自携带、寄递第四十五条、第四十六条所列内容之一的书刊、音像制品、电子读物等入出境,情节较重的,给予警告或者严重警告处分;情节严重的,给予撤销党内职务、留党察看或者开除党籍处分。

第四十八条 在党内组织秘密集团[36]或者组织其他分裂党的活动的,给予开除党籍处分。

参加秘密集团或者参加其他分裂党的活动的,给予留党察看或者开除党籍处分。

第四十九条 在党内搞团团伙伙、结党营私、拉帮结派、培植个人势力等非组织活动,或者通过搞利益交换、为自己营造声势等活动捞取政治资本的,给予严重警告或者撤销党内职务处分;导致本地区、本部门、本单位政治生态恶化的[37],给予留党察看或者开除党籍处分。

【解读】所谓"在党内搞团团伙伙"实质上针对的是背离组织,为了个人和小集团的利益,相互勾结,搞亲亲疏疏,破坏党的团结和统一的行为,并不以是否有共同的"纲领性"目标以及组织章程为必要条件。主观方面,主要是为了小集团在政治上的私利,相互提携。参见《清廉锦囊——党规党纪常见疑惑问题解答》,中国方正出版社 2019 年版,第 8 页。

【典型案例:搞团团伙伙】中央纪委国家监委驻国家安全部纪检监察组原组长、国家安全部原党委委员刘某平政治上彻底蜕变,参加孙力军政治团伙,大搞政治利益交换,投机攀附、操弄权术,其还涉及其他严重违反党的政治纪律、组织纪律和廉洁纪律的行为,构成严重职务违法并涉嫌受贿犯罪,且在党的十八大后不收敛、不收手,性质特别恶劣,情节特别严重,应予严肃处理。经中央纪委常委会会议研究并报中共中央批准,决定给予刘某平开除党籍处分;由国家监委给予其开除公职处分;收缴其违纪违法所得;将其涉嫌犯罪问题移送检察机关依法审查起诉,所涉财物一并移送。

【典型案例:搞政治攀附、为自己营造声势】某市人民政府原副市长强某安信奉"有德有才不如有后台"的官场扭曲价值观,投机钻营,竭力攀附。2010 年,强某安

㊱ 秘密集团,一般是指党内少数人以秘密勾结、阴谋串联的方式建立的,从事反对党的路线、方针、政策、决议和分裂党的活动的组织。

㊲ "导致本地区、本部门、本单位政治生态恶化的"系新增表述。

与时任某省政府副秘书长陈某强相识后，通过一起打网球、探讨书法等途径与其拉近关系，并于2013年向陈某强赠送多幅名人书法作品，进而通过陈某强进入了某省委原书记赵某永的小圈子。2010年至2016年，强某安为得到赵某永的关注和重视，投其所好，经常陪同赵某永打网球，并索要和收藏赵某永亲笔签名的网球，借机讨好攀附赵某永，为自己营造声势，谋求职务晋升。经查，强某安严重违反党的政治纪律、中央八项规定精神、组织纪律、廉洁纪律，涉嫌受贿犯罪。经某省纪委监委研究并报省委批准，决定给予强某安开除党籍、开除公职处分，将其涉嫌犯罪问题移送检察机关审查起诉。

第五十条[38]　党员领导干部[39]在本人主政的地方或者分管的部门自行其是，搞山头主义，拒不执行党中央确定的大政方针，甚至背着党中央另搞一套的，给予撤销党内职务、留党察看或者开除党籍处分。

落实党中央决策部署不坚决，打折扣、搞变通，在政治上造成不良影响或者严重后果的，给予警告或者严重警告处分；情节严重的，给予撤销党内职务、留党察看或者开除党籍处分。

【知识点：搞山头主义与搞团团伙伙的区别】搞山头主义主要表现为党员领导干部在自己主政的某一地方、部门、单位，拉拢一帮所谓的嫡系、亲信，听命于自己，大搞人身依附关系，当家长式的领导，严重破坏了所在地方、部门、单位的政治生态。搞团团伙伙则表现为党员领导干部相互拉帮结派，结成相互利用的利益集团，相互搞利益输送，相互提携。搞团团伙伙的领导干部并不局限于某一地方、某一部门或者某一单位，而是以校友、老乡、战友、同事等联系纽带，可能辐射各个地方、部门、单位。参见《清廉锦囊——党规党纪常见疑惑问题解答》，中国方正出版社2019年版，第10页。

【典型案例：打折扣、搞变通】某地在出台意识形态工作责任制规定时，违反《党委（党组）意识形态工作责任制实施办法》的规定，将各级党委（党组）"每半年向上级党委专题汇报一次意识形态工作"更改为"每年向上级党委专题汇报一次意识形态工作"。再比如，某党员领导干部以党政联席会议代替党委会议，致使党的领导弱化、虚化，这都属于落实党中央决策部署打折扣、搞变通。

第五十一条[40]　对党不忠诚不老实，表里不一，阳奉阴违，欺上瞒下，搞两面派，做两面人，情节较轻的，给予警告或者严重警告处分；情节较重的，给予撤销党内职务或者留党察看处分；情节严重的，给予开除党籍处分。

【解读】请注意本条与第55、56条的逻辑关系。干扰巡视巡察、对抗组织审查，本质上都是对党不忠诚、不老实的表现，本条规定的"不忠诚、不老实"的表现形式不包括干扰巡视巡察、对抗组织审查。比如，某省政府原党组成员、副省长，公安厅

[38] 本条系新增内容。

[39] 分则中以"党员领导干部"为主体的条文说明该条针对的是党员领导干部，一般党员不适用该条。

[40] 本条系新增内容。

原党委书记、厅长王某伟为掩盖“裸官”问题，搞假结婚欺骗组织，被认定为对党不忠诚、不老实。

第五十二条 制造、散布、传播政治谣言，破坏党的团结统一的，给予警告或者严重警告处分；情节较重的，给予撤销党内职务或者留党察看处分；情节严重的，给予开除党籍处分。

政治品行恶劣，匿名诬告，有意陷害或者制造其他谣言，造成损害或者不良影响的，依照前款规定处理[41]。

第五十三条 擅自对应当由党中央决定的重大政策问题作出决定、对外发表主张的，对直接责任者和领导责任者，给予严重警告或者撤销党内职务处分；情节严重的，给予留党察看或者开除党籍处分。

【解读】理解本条请结合党章第16条第1款规定：“有关全国性的重大政策问题，只有党中央有权作出决定，各部门、各地方的党组织可以向中央提出建议，但不得擅自作出决定和对外发表主张。”

第五十四条 不按照有关规定向组织请示、报告重大事项，情节较重的，给予警告或者严重警告处分[42]；情节严重的，给予撤销党内职务或者留党察看处分。

【解读】某党员领导干部的弟弟涉嫌严重犯罪。根据《中国共产党重大事项请示报告条例》第38条第8项的规定，领导干部有向党组织报告有关事项的义务。若党员领导干部瞒报其弟严重犯罪线索，就属于不按规定报告重大事项。

第五十五条[43] 干扰巡视巡察工作或者不落实巡视巡察整改要求，情节较轻的，给予警告或者严重警告处分；情节较重的，给予撤销党内职务或者留党察看处分；情节严重的，给予开除党籍处分。

【典型案例：干扰巡视巡察】2019年，某市委巡察组巡察该市行政审批局期间，市行政审批局组织人事处原处长沈某阳作为该单位配合巡察工作的重要人员，在巡察组明确要求其不要外出的情况下，其擅自于8月5日至16日以休假名义赴外地自驾游，严重影响巡察工作正常开展。沈某阳受到党内警告处分，并被免职。又如，2020年，某市医保局党组成员、副局长周某某在接受省委第一巡视组谈话期间，党员意识淡薄，政治站位不高，拒不如实反映情况和提供有关材料，还为有关人员庇护，态度极不端正，其行为严重干扰了巡视工作的正常开展，后被给予党内严重警告处分，同时免去其党组成员、副局长职务。

第五十六条 对抗组织审查，有下列行为之一的，给予警告或者严重警告处分；情节较重的，给予撤销党内职务或者留党察看处分；情节严重的，给予开除党籍处分[44]：

（一）串供或者伪造、销毁、转移、隐匿证据的；

㊶ 2015年条例第69条规定：“诬告陷害他人意在使他人受纪律追究的，给予警告或者严重警告处分；情节较重的，给予撤销党内职务或者留党察看处分；情节严重的，给予开除党籍处分。”现分为两种情形加以表述。

㊷ 系2015年条例第66条第1款调整至此，此前不按规定请示报告重大事项被认定为违反组织纪律，如今不按规定请示报告重大事项被认定为违反政治纪律。

㊸ 本条系新增内容。

（二）阻止他人揭发检举、提供证据材料的；

（三）包庇同案人员的；

（四）向组织提供虚假情况，掩盖事实的；

（五）有其他对抗组织审查行为的[45]。

【解读】注意避免过度扩大解释。对组织谈话初期，不承认违纪问题，后经思想教育，后期能积极配合、如实交代问题的，一般不按对抗组织审查认定，而是作为本人对待组织审查的态度在审查报告、审理报告中写明。对抗组织审查的时间节点，不要局限于组织初核和立案审查。对抗组织审查，既可以发生在组织审查后，也可以发生在组织审查前，甚至是行为发生时（如受贿时让行贿人出具虚假收条）。干扰巡视巡察的行为，也可认定为对抗组织审查。

【知识点：帮助他人对抗组织审查行为是否构成违纪？】要结合证据状况具体分析，精准认定。一是在案证据证实，行为人明知他人具有对抗组织审查的意图，仍实施参与帮助对抗组织审查的行为，应当认定其行为构成对抗组织审查，并视具体情节作出相应处理。二是在案证据证实，行为人对被审查人的真实意图并不知情或者不能证实其知情，则不能认定其行为构成对抗组织审查行为。三是在案证据证实，行为人虽然对被审查人的真实意图知情，但系受上下级职务关系等因素影响而被迫参与的，可以认定其行为构成对抗组织审查行为，但应当视参与程度、造成后果等具体情节减轻或者免予处分，给予批评教育、责令检查、诫勉或者组织处理。参见邓丽：《如何理解和把握党纪处分条例中对抗组织审查行为的主体》，载《中国纪检监察》2022 年第 8 期。

【知识点：兜底条款的界定】适用“有其他对抗组织审查行为的”兜底条款，应坚持主观与客观相结合，牢牢抓住“对抗性”本质，作出精准认定。一方面，判断行为人主观上是否存在对抗故意，主要是直接故意，即明知自己的行为侵害了对党忠诚老实的基本义务却仍然积极实施，达到掩盖问题、逃避查处的目的。另一方面，从客体方面看，行为人的行为是否客观上违反了对党忠诚老实的义务，是否对纪检监察机关的审查工作造成干扰、妨碍。认定对抗组织审查行为应从严把握，依据在案证据进行分析，精准区分对抗组织审查行为与被审查人的正常表现，不宜随意扩大范围，避免认定泛化。被审查人接受审查时，对违纪事实、行为性质等提出的合理辩解，不属于对抗组织审查行为；由于存在思想顾虑或畏惧心理，谈话初期避重就轻、拒不交代，但经思想教育后能够积极配合调查、如实交代问题的，也不宜认定为对抗组织审查行为。被审查人经过思想教育仍顽固不化，对证据确凿的违纪事实仍拒不交代，综合其他证据足以认定其拒绝履行对党忠诚老实的基本义务时，方能认定为对抗组织审查行为。参见刘文光：《如何理解和把握〈条例〉有关对抗组织审查

[44] 2003 年条例第 24 条将“干扰、妨碍组织审查行为”作为可从重或加重处分的情节在总则中予以规定。因此，干扰、妨碍组织审查行为全部发生在 2016 年 1 月 1 日前，可作为从重或加重处分的情节予以认定；如果对抗组织的行为发生或延续到 2016 年 1 月 1 日之后，则单独予以认定为违反政治纪律的行为，并与其他违纪行为合并处理。对抗组织审查行为可以发生在组织决定审查后，也可以在违纪行为发生后、组织决定审查前。此外，执纪应当慎重把握好对抗组织审查行为与申辩、申诉等正常权利或反映的界限：（1）被审查人在接受组织审查时，对违纪事实、行为性质提出的合理辩解不属于对抗组织审查行为；（2）对存在思想顾虑或畏惧心理，谈话初期避重就轻、拒不交代，但经思想教育后能够

行为的规定?》,载《中国纪检监察》2020 年第 15 期。

【典型案例:对抗组织审查】中国工商银行某省分行原党委委员、副行长周某通过转移证据、变卖赃物、串供、安排配偶潜逃出境等方式对抗组织审查。

第五十七条 组织、参加反对党的基本理论、基本路线、基本方略或者重大方针政策的集会、游行、示威等活动的,或者以组织讲座、论坛、报告会、座谈会等方式,反对党的基本理论、基本路线、基本方略[46]或者重大方针政策,造成严重不良影响的,对策划者、组织者和骨干分子,给予开除党籍处分。

对其他参加人员或者以提供信息、资料、财物、场地等方式支持上述活动者,情节较轻的,给予警告或者严重警告处分;情节较重的,给予撤销党内职务或者留党察看处分;情节严重的,给予开除党籍处分。

对不明真相被裹挟参加,经批评教育后确有悔改表现的,可以免予处分或者不予处分。

未经组织批准参加其他集会、游行、示威等活动,情节较轻的,给予警告或者严重警告处分;情节较重的,给予撤销党内职务或者留党察看处分;情节严重的,给予开除党籍处分。

第五十八条 组织、参加旨在反对党的领导、反对社会主义制度或者敌视政府等组织的,对策划者、组织者和骨干分子,给予开除党籍处分。

对其他参加人员,情节较轻的,给予警告或者严重警告处分;情节较重的,给予撤销党内职务或者留党察看处分;情节严重的,给予开除党籍处分。

第五十九条 组织、参加会道门或者邪教组织的,对策划者、组织者和骨干分子,给予开除党籍处分。

对其他参加人员,情节较轻的,给予警告或者严重警告处分;情节较重的,给予撤销党内职务或者留党察看处分;情节严重的,给予开除党籍处分。

对不明真相的参加人员,经批评教育后确有悔改表现的,可以免予处分或者不予处分。

第六十条 从事、参与挑拨破坏民族关系制造事端或者参加民族分裂活动的,对策划者、组织者和骨干分子,给予开除党籍处分。

对其他参加人员,情节较轻的,给予警告或者严重警告处分;情节较重的,给予撤销党内职务或者留党察看处分;情节严重的,给予开除党籍处分。

对不明真相被裹挟参加,经批评教育后确有悔改表现的,可以免予处分或者不予处分。

有其他违反党和国家民族政策的行为,情节较轻的,给予警告或者严重警告处分;情节较重的,给予撤销党内职务或者留党察看处分;情节严重的,给予开除党籍

配合组织审查、如实交代问题的,也不宜认定为对抗组织审查行为。

㊺ 如:借故长期不接受组织审查,自己或组织相关涉案人外逃,打探组织审查、巡视消息,提供虚假材料,指使、强令有关单位或者人员干扰巡视工作,甚至用模拟巡视、审查谈话等方式干扰巡视、审查调查工作。

㊻ “基本方略”系新增内容。

处分。

第六十一条　组织、利用宗教活动反对党的路线、方针、政策和决议，破坏民族团结的，对策划者、组织者和骨干分子，给予开除党籍处分。

对其他参加人员，给予撤销党内职务或者留党察看处分；情节严重的，给予开除党籍处分。

对不明真相被裹挟参加，经批评教育后确有悔改表现的，可以免予处分或者不予处分。

有其他违反党和国家宗教政策的行为，情节较轻的，给予警告或者严重警告处分；情节较重的，给予撤销党内职务或者留党察看处分；情节严重的，给予开除党籍处分。

第六十二条[47]　对信仰宗教的党员，应当加强思想教育，经党组织帮助教育仍没有转变的，应当劝其退党；劝而不退的，予以除名；参与利用宗教搞煽动活动的，给予开除党籍处分。

[47] 本条是新增内容。

第六十三条　组织迷信活动的，给予撤销党内职务或者留党察看处分；情节严重的，给予开除党籍处分。

参加迷信活动[48]，造成不良影响的，给予警告或者严重警告处分；情节较重的，给予撤销党内职务或者留党察看处分；情节严重的，给予开除党籍处分。

[48] 请注意，组织、参加迷信活动，应认定为违反政治纪律，而不是违反生活纪律。

对不明真相的参加人员，经批评教育后确有悔改表现的，可以免予处分或者不予处分。

第六十四条　组织、利用宗族势力对抗党和政府，妨碍党和国家的方针政策以及决策部署的实施，或者破坏党的基层组织建设的，对策划者、组织者和骨干分子，给予开除党籍处分。

对其他参加人员，给予撤销党内职务或者留党察看处分；情节严重的，给予开除党籍处分。

对不明真相被裹挟参加，经批评教育后确有悔改表现的，可以免予处分或者不予处分。

第六十五条　在国（境）外、外国驻华使（领）馆申请政治避难，或者违纪后逃往国（境）外、外国驻华使（领）馆的，给予开除党籍处分。

在国（境）外公开发表反对党和政府的文章、演说、宣言、声明等的，依照前款规定处理。

故意为上述行为提供方便条件的，给予留党察看或者开除党籍处分。

第六十六条　在涉外活动中，其言行在政治上造成恶劣影响，损害党和国家尊严、利益的，给予撤销党内职务或者留党察看处分；情节严重的，给予开除党籍处分。

第六十七条 不履行全面从严治党主体责任、监督责任或者履行全面从严治党主体责任、监督责任不力[49]，给党组织造成严重损害或者严重不良影响的，对直接责任者和领导责任者，给予警告或者严重警告处分；情节严重的，给予撤销党内职务或者留党察看处分。

⑲ 请注意，"不履行全面从严治党主体责任、监督责任或者履行全面从严治党主体责任、监督责任不力"被定性为违反政治纪律，2015年条例将其定性为违反工作纪律。

【解读】对于失职失责行为发生在2016年1月1日(2015年印发的《中国共产党纪律处分条例》实施之日)之前的，虽党内法规没有"落实全面从严治党主体责任不力"等明文表述，但关于相关失职失责行为已有明确规定，可依据2010年《关于实行党风廉政建设责任制的规定》第6、19条以及2003年《中国共产党纪律处分条例》第128条等规定处理。在认定责任时，按照权责一致原则，坚持客观的立场。从行为、情节、后果、影响等客观事实出发，结合责任人的职责领域和职务要求，根据党纪条规，作出准确认定。坚持客观立场，并非客观归错，仍应按照主客观相一致原则，依规依纪认定处理。实践中，我们坚持一方面应根据责任人的职责领域划定范围，其对管辖范围内具有直接隶属、制约关系的党员干部负有教育、监督、管理责任，如主要负责人应是对其领导班子成员或者直接管辖的下属及下级单位领导班子负有监督职责，监督管理范围不宜无限扩大。如果某县政府工作部门的多名中层党员干部发生收受礼品礼金、违规接受宴请等违纪问题，则应当追究该工作部门党组及负责人落实全面从严治党主体责任失职责任，而不能将全县党员干部的教育、监督、管理责任都直接归于县委及其负责人。另一方面根据常识常情常理判断责任人的失职失责与危害后果之间的因果联系。如果确系难以预见的意外因素造成的，则不能不分"青红皂白"地一律追究失职责任。参见孟祥璟：《如何准确认定和处理落实全面从严治党主体责任失职失责行为》，载《中国纪检监察》2021年第10期。

第六十八条 党员领导干部对违反政治纪律和政治规矩等错误思想和行为不报告、不抵制、不斗争[50]，放任不管，搞无原则一团和气，造成不良影响的，给予警告或者严重警告处分；情节严重的，给予撤销党内职务或者留党察看处分。

⑳ "不报告、不抵制、不斗争"系新增表述。

第六十九条 违反党的优良传统和工作惯例等党的规矩，在政治上造成不良影响的，给予警告或者严重警告处分；情节较重的，给予撤销党内职务或者留党察看处分；情节严重的，给予开除党籍处分。

第七章 对违反组织纪律行为的处分[51]

㉑ 请注意，违反组织纪律章节没有设兜底条款。

第七十条 违反民主集中制原则，有下列行为之一的，给予警告或者严重警告处分；情节严重的，给予撤销党内职务或者留党察看处分：

（一）拒不执行或者擅自改变党组织作出的重大决定的[52]；

（二）违反议事规则，个人或者少数人决定重大问题的；

（三）故意规避集体决策，决定重大事项[53]、重要干部任免、重要项目安排和大额资金使用的[54]；

（四）借集体决策名义集体违规的。

【知识点：民主集中制】民主基础上的集中和集中指导下的民主有机结合，是民主集中制的基本含义，也是我们党团结统一的重要法宝。一般来说，党内共识来源于民主，形成于集中。民主要充分，但绝不是"和稀泥"、当"老好人"。有的上级领导一味"讲和气""搞平衡"，对下级只鼓励不批评、只包容不纠错，吸取意见一大堆，到头来工作却停滞不前；有的下级一味讲服从，搞明哲保身、"爱惜羽毛"那一套，不善或不敢提出和坚持自己的见解，事不关己高高挂起，使党内民主流于形式，走了过场。集中要果断，但绝不是搞"一言堂"，也不是简单的"多数暴力"。某市原市长洪某某每次开会先定调，"我先说我的意见"。市委作出的决定，凡是与他想法一致的就执行，凡不一致的就搞"拖字诀"。集中是科学的集中，不是集中少数领导人的意见，也不是简单集中多数人的意见，而是在充分酝酿讨论、反复分析比较中集中大家的正确意见。那种以集中为名、行霸道之实的行为，应坚决反对。参见吴传毅：《用好用活民主集中制"法宝"》，载共产党员网，https://news.12371.cn/2017/05/02/ARTI1493676729890858.shtml。

【典型案例：违反议事规则】2018年5月，某市某公共汽车有限公司原党委书记、董事长冷某违反企业国有资产监督管理相关规定，在明知上级主管单位持反对意见的情况下，擅自签字同意在股权变更文件上加盖公章，并让公司法定代表人孙某伶配合办理工商变更登记。冷某违反规定程序乱决策、乱拍板、乱作为，事前不请示、事后不报告，削弱了国有资本对公司的控制力，使国有资产面临监管漏洞和重大风险。冷某还存在违反议事规则个人决定其他重大事项问题，受到撤销党内职务、政务撤职处分。孙某伶还存在违反招投标法律法规规定问题，受到党内严重警告处分。参见《中央纪委国家监委通报八起形式主义官僚主义典型问题》，载中央纪委国家监委网站，https://www.ccdi.gov.cn/toutiaon/202004/t20200426_97292.html。

第七十一条　下级党组织拒不执行或者擅自改变上级党组织决定的，对直接责任者和领导责任者，给予警告或者严重警告处分；情节严重的，给予撤销党内职务或者留党察看处分。

第七十二条　拒不执行党组织的分配、调动、交流等决定的，给予警告、严重警告或者撤销党内职务处分。

[52] 如果是拒绝执行党中央重大决策部署，可定性为违反政治纪律。

[53] 何为重大事项？请结合《中国共产党重大事项请示报告条例》第13条学习把握。

[54] 请结合2010年6月5日中共中央办公厅、国务院办公厅印发的《关于进一步推进国有企业贯彻落实"三重一大"决策制度的意见》学习。

在特殊时期或者紧急状况下，拒不执行党组织决定的，给予留党察看或者开除党籍处分。

【解读】云南省昭通市绥江县两名党员干部因拒绝组织提拔而被严肃处理。基本案情为：2018 年 8 月，绥江县委启动了干部考察工作，经考察调研，该县某镇财政所科员 A 和县财政局企业统评股股长 B 在被考察干部中分列第一、二名，县委拟将二人提拔为乡科级副职领导干部。在组织谈话过程中，A 和 B 竟先后拒绝接受组织工作安排。经绥江县纪委常委会会议研究，决定给予 A 党内警告处分，给予 B 全县通报问责，并建议县政府将其调离县财政局。

习近平总书记指出："全党同志要强化组织意识，时刻想到自己是党的人，是组织的一员，时刻不忘自己应尽的义务和责任，相信组织、依靠组织、服从组织，自觉接受组织安排和纪律约束，自觉维护党的团结统一。"

第七十三条 有下列行为之一，情节较重的，给予警告或者严重警告处分：

（一）违反个人有关事项报告规定，隐瞒不报[55]的；

（二）在组织进行谈话、函询时，不如实向组织说明问题的[56]；

（三）不按要求报告或者不如实报告个人去向的[57]；

（四）不如实填报个人档案资料的。

篡改、伪造个人档案资料的，给予严重警告处分；情节严重的，给予撤销党内职务或者留党察看处分[58]。

隐瞒入党前[59]严重错误的，一般应当予以除名[60]；对入党后表现尚好的，给予严重警告、撤销党内职务或者留党察看处分[61]。

【知识点：不按规定报告个人有关事项】是否如实向党组织报告个人事项，看似是党员干部个人之事、家庭之事，实际上关乎是否对党忠诚，能否从讲政治的高度对待此事，能否忠实履行党员义务。按照规定如实报告个人有关事项，其中也包含了如何处理个人与组织关系的问题，亦是一项重要的组织纪律。堂堂正正、光明磊落，不仅要体现在贯彻执行党中央路线方针政策上，也要在日常工作生活和言行举止上慎终如始。参见韩思宁：《报告个人事项决非小事小节》，载中央纪委国家监委网站，https://www.ccdi.gov.cn/pln/202212/t20221229_238700.html。

本条第 1 款第 1 项规定情节较重属于该违纪行为的构成要件之一。具体而言，从主观故意来看，违反个人有关事项报告规定，隐瞒不报的事项内容越多、涉及类型越多，其情节就更为严重。如隐瞒不报房产数量是 2 套还是多套；如除隐瞒不报房产，是否还隐瞒不报持有股票、基金或存在其他隐瞒不报情形。从行为手段来看，采取各种方式变通，恶意规避填报内容的，属于情节较重。又如，因为考虑漏报行为发现后处理较瞒报行为更轻，填报了 3 只市值较少的股票，对其他 5 只市值较多的

[55] 实践中，有的党员领导干部为规避报告制度，故意把个人所有的房产、股票、车辆等登记到他人名下，在填报领导干部个人有关事项报告表时不予填写。对这类行为，在认定时应坚持"实质性判断"标准，即只要有证据证明上述财产系领导干部本人所有，而没有如实报告，可认定为隐瞒不报。利用职务之便收受房产、股票、车辆后，没有如实申报的，通常不评价为违反组织纪律（不具有期待可能性）。但是在收受金钱的场合，用金钱购买房产，未如实申报房产的，则应认定为违反组织纪律。

[56] 谈话、函询一般是从违反组织纪律角度认定，但对那些经组织多次谈话函询，仍隐瞒真相，欺骗组织的恶劣行为，可考虑转化为违反政治纪律。值得注意的是，"在组织进行谈话、函询时，不如实向组织说

股票不予填报；将实际为本人所有的房屋、持有的股票故意变更到他人名下；此前有过瞒报行为又瞒报的情形的，这些属于情节较重。从案件后果来看，是否因瞒报造成职务职级调整明显不公，引起他人举报；或是因瞒报造成恶劣社会影响，损害党和政府形象。如有上述情形，可以认定为违反组织纪律、给予党纪处分。参见王亚玲、王多：《如何判断党纪处分条例中违纪行为的情节轻重和不良影响》，载《中国纪检监察》2022 年第 24 期。

瞒报未必都构成违纪。隐瞒不报，只有达到情节较重才给予处分，因此情节较轻的不构成本违纪行为。对构成违纪的瞒报行为，若符合本条例第 19 条规定情形，可以免予党纪处分，同时给予批评教育、责令检查、诫勉或组织处理。对构成违纪的瞒报行为，若具有加重处分情节，也可以给予撤销党内职务处分并匹配相应的政务处分。参见常青华：《未报告个人有关事项的定性与处理》，载《中国纪检监察报》2021 年 7 月 21 日，第 6 版。

实践中需要注意两点：一是领导干部隐瞒不报违规收受的房产、股权等情况的，如果该违规收受行为本身已构成违纪违法行为，考虑到对同一事实不宜重复认定为违纪，可不再认定为不按规定报告个人有关事项行为。二是领导干部用收受的赃款投资股票、购买住房等情形，如果该投资行为本身不构成违纪，可以认定为不按规定报告个人有关事项行为。参见邓丽：《如何认定不按规定报告个人有关事项行为》，载《中国纪检监察》2019 年第 22 期。

【典型案例：隐瞒入党前错误案例】2007 年 5 月至 2009 年 6 月，某社区党支部原书记杨某某在被组织确定为入党积极分子、发展为预备党员、转为正式党员期间，对组织隐瞒其在 1996 年 9 月 8 日因犯抢劫罪被人民法院判处有期徒刑 2 年的事实。2018 年 12 月，杨某某受到撤销党内职务处分。

第七十四条[62]　**党员领导干部违反有关规定组织、参加自发成立的老乡会、校友会、战友会等，情节严重的，给予警告、严重警告或者撤销党内职务处分。**

【解读】正确理解本条需要把握三点：一是本条规定的主体仅是“党员领导干部”，体现了对党员领导干部的高要求。二是本条所称的“有关规定”是指 2002 年中央纪委、中央组织部、总政治部联合下发的《关于领导干部不得参加自发成立的“老乡会”“校友会”“战友会”组织的通知》。即组织、参加自发成立的老乡会、校友会、战友会等行为构成违纪的前提是违反该规定。该通知明确要求，领导干部不得参加自发成立的老乡、校友、战友之间的各种联谊会之类的组织，不得担当这类联谊会的发起人和组织者，不得在这类联谊会中担任相应职务；不得借机编织“关系网”，搞亲亲疏疏，团团伙伙，更不得有“结盟”“金兰结义”等行为。三是本条所称的自发成立的老乡会、校友会、战友会，是指未经登记注册的老乡会、校友会、战友会。

明问题”，与“向组织提供虚假情况、掩盖事实”之间，在行为发生的时间节点、主观目的、违纪性质类别等方面存在不同。前者发生在组织谈话函询阶段，属于“被动”地说明问题，否认或者隐瞒违纪事实，且谈话函询所涉及的问题一般性质较轻，具有模糊性或者比较笼统；而后者则是组织启动核查程序，被核查对象“主动”向组织提供虚假内容，混淆是非，干扰组织审查。

[57]《中国共产党重大事项请示报告条例》第 36 条规定：“党员应当向党组织报告下列事项：（一）贯彻执行党组织决议以及完成党组织交办工作任务情况；（二）对党的工作和领导干部的意见建议；（三）发现党员、领导干部违纪违法线索情况；（四）流动外出情况；（五）其他应当向党组织报告的事项。”请注意学习《领导干部报

因此，党员包括领导干部在正常范围内的老乡、校友、战友聚会并不违反党的纪律。要注意区分该违纪行为与组织参加老乡、校友、战友之间的正常聚会活动，只有违反规定组织参加自发成立的老乡会、校友会、战友会等才是违纪。参见《中央纪委法规室回复：中学、大学都有同学会，参加这样同学会的活动是否都视作违纪?》，载中央纪委国家监委网站，https://www.ccdi.gov.cn/hdjl/hfxd/201511/t20151126_115733.html。

第七十五条[63] 有下列行为之一的，给予警告或者严重警告处分；情节较重的，给予撤销党内职务或者留党察看处分；情节严重的，给予开除党籍处分：

（一）在民主推荐、民主测评、组织考察和党内选举中搞拉票、助选等非组织活动的；

（二）在法律规定的投票、选举活动中违背组织原则搞非组织活动，组织、怂恿、诱使他人投票、表决的；

（三）在选举中进行其他违反党章、其他党内法规和有关章程活动的。

搞有组织的拉票贿选，或者用公款拉票贿选的，从重或者加重处分[64]。

第七十六条 在干部选拔任用工作中，有任人唯亲、排斥异己、封官许愿、说情干预、跑官要官、突击提拔或者调整干部等[65]违反干部选拔任用规定行为，对直接责任者和领导责任者，情节较轻的，给予警告或者严重警告处分；情节较重的，给予撤销党内职务或者留党察看处分；情节严重的，给予开除党籍处分。

用人失察失误造成严重后果的，对直接责任者和领导责任者，依照前款规定处理。

【典型案例：违规选人用人】2013年至2017年，某县教育局违规选拔任用全县各级中小学校中层领导干部及幼儿园园长19人次，均未按照工作程序向县政府请示，也未按照组织程序对拟提任干部进行考察和公示；违规调整教职工工作岗位28人次，均未办理相关手续；全县各级学校有7名教职工长期占编不在岗，影响恶劣。2017年12月，因落实主体责任和监督责任不力，县教育局原党委书记、局长葛某林受到党内严重警告处分，纪检组组长达某受到党内警告处分。

第七十七条 在干部、职工的录用、考核、职务晋升、职称评定和征兵、安置复转军人等工作中，隐瞒、歪曲事实真相，或者利用职权或者职务上的影响违反有关规定为本人或者其他人谋取利益的，给予警告或者严重警告处分；情节较重的，给予撤销党内职务或者留党察看处分；情节严重的，给予开除党籍处分。

弄虚作假，骗取职务、职级、职称、待遇、资格、学历、学位、荣誉或者其他利益的，依照前款规定处理。

第七十八条 侵犯党员的表决权、选举权和被选举权，情节较重的，给予警告

告个人有关事项规定》《领导干部个人有关事项报告查核结果处理办法》。

58 不如实填报个人档案资料，重在强调“不如实填报”原始的、首次登记填报的个人档案资料；而篡改、伪造档案资料，则强调“篡改、伪造”现有的、已经存在的个人档案资料。

59 指的是成为预备党员前，而不是成为正式党员前。党员预备期违纪转正后被发现，该如何处理？中央纪委法规室答复：根据党章第7条规定，预备党员的义务同正式党员一样，必须遵守党的各项纪律。党员转正后发现预备期违纪，党组织可以给以批评教育直至纪律处分。

60 此规定来源于中央纪委、中组部《关于党员隐瞒入党前的错误行为如何处理问题的答复》：党员向党组织隐瞒的入党前的错误行为，如属重大问题，一般应对该

或者严重警告处分；情节严重的，给予撤销党内职务处分。

以强迫、威胁、欺骗、拉拢等手段，妨害党员自主行使表决权、选举权和被选举权的，给予撤销党内职务、留党察看或者开除党籍处分。

第七十九条　有下列行为之一的，给予警告或者严重警告处分；情节较重的，给予撤销党内职务或者留党察看处分；情节严重的，给予开除党籍处分：

（一）对批评、检举、控告进行阻挠、压制，或者将批评、检举、控告材料私自扣压、销毁，或者故意将其泄露给他人的；

（二）对党员的申辩、辩护、作证等进行压制，造成不良后果的；

（三）压制党员申诉，造成不良后果的，或者不按照有关规定处理党员申诉的；

（四）有其他侵犯党员权利行为，造成不良后果的。

对批评人、检举人、控告人、证人及其他人员打击报复的，从重或者加重处分。

党组织有上述行为的，对直接责任者和领导责任者，依照第一款规定处理。

第八十条　违反党章和其他党内法规的规定，采取弄虚作假或者其他手段把不符合党员条件的人发展为党员，或者为非党员出具党员身份证明的，对直接责任者和领导责任者，给予警告或者严重警告处分；情节严重的，给予撤销党内职务处分。

违反有关规定程序发展党员的，对直接责任者和领导责任者，依照前款规定处理。

【解读】在发展党员上搞猫腻，不但违反了党的政治纪律、组织纪律，损害一地一域党员发展工作的严肃性，更重要的是，一旦蔓延成风，就会给党员队伍的先进性纯洁性、党组织的凝聚力战斗力带来巨大的杀伤力。对那些采取弄虚作假或者其他手段把不符合党员条件的人发展为党员，或者为非党员出具党员身份证明的党员干部，要依据《中国共产党纪律处分条例》等给予相应处分和处理，而对那些培养考察失职、审查把关不严的党组织及其负责人，应依据《中国共产党问责条例》《中国共产党发展党员工作细则》等问责追责。违规发展党员，最重处分是撤销党内职务。若某村支书违规发展党员7人，被某县纪委开除党籍，则系执纪错误，应予纠正。

第八十一条　违反有关规定[66]取得外国国籍或者获取国（境）外永久居留资格、长期居留许可的，给予撤销党内职务、留党察看或者开除党籍处分。

第八十二条　违反有关规定办理因私出国（境）证件、前往港澳通行证，或者未经批准出入国（边）境，情节较轻的，给予警告或者严重警告处分；情节较重的，给予撤销党内职务处分；情节严重的，给予留党察看处分。

党员予以党内除名；对于个别入党多年且一贯表现好或在工作中做出了突出贡献，可留在党内的，以向党组织隐瞒严重错误论，酌情给予党纪处分。

61　此规定十分重要。注意，此处没有开除的规定。

62　请学习《关于领导干部不得参加自发成立的“老乡会”、“校友会”、“战友会”组织的通知》。本条针对的是“党员领导干部”，体现了对党员领导干部的高要求。一般说来，在正常范围内的老乡、校友、战友聚会并不违反纪律，只有违反规定组织参加自发成立的、没有登记在册的老乡会、校友会、战友会等才有可能构成处分。

63　在干部考核中向组织提供虚假情况，可认定为违反组织纪律，而不是认定为违反政治纪律。

64　本款系新增内容。

65　“任人唯亲、排斥异己、封官许

愿、说情干预、跑官要官、突击提拔或者调整干部”系新增表述。

⑯ 本条例第81、82条所指的“有关规定”主要是指《关于进一步加强党员干部出国（境）管理的通知》等规定。

【解读】一些党员干部出国境私自不归的情况时有发生，如某市委原常委、市纪委原书记、市监委原主任邓某波违背组织原则，违规办理港澳通行证并未经批准出入境。甚至个别党员干部携带赃款外逃，给党和国家在政治上造成恶劣影响。党员干部需要出境的，必须按照干部管理权限逐级审批。《关于加强国家工作人员因私事出国（境）管理的暂行规定》第4条规定，国家工作人员申请因私事出国（境），须向户口所在地的公安机关出入境管理部门提交所在工作单位对申请人出国（境）的意见。

第八十三条 驻外机构或者临时出国（境）团（组）中的党员擅自脱离组织，或者从事外事、机要、军事等工作的党员违反有关规定同国（境）外机构、人员联系和交往的，给予警告、严重警告或者撤销党内职务处分。

第八十四条 驻外机构或者临时出国（境）团（组）中的党员，脱离组织出走时间不满六个月又自动回归的，给予撤销党内职务或者留党察看处分；脱离组织出走时间超过六个月的，按照自行脱党处理，党内予以除名。

故意为他人脱离组织出走提供方便条件的，给予警告、严重警告或者撤销党内职务处分。

第八章 对违反廉洁纪律行为的处分[67]

第八十五条 党员干部必须正确行使人民赋予的权力，清正廉洁，反对任何滥用职权、谋求私利的行为[68]。

利用职权或者职务上的影响为他人谋取利益，本人的配偶、子女及其配偶等亲属和其他特定关系人收受对方财物，情节较重的，给予警告或者严重警告处分；情节严重的，给予撤销党内职务、留党察看或者开除党籍处分。

【知识点：亲属收受财物违纪行为与不重视家风建设违纪行为的区别】构成该违纪行为的前提是领导干部对亲属收受他人财物行为不知情，或者没有充分证据证明其知情。亲属收受财物违纪行为与不重视家风建设违纪行为（本条例第136条）区别有三：一是从是否存在谋利行为看，亲属收受财物行为要求领导干部利用职权或职务影响为他人谋利，而不重视家风建设行为一般不存在领导干部本人为他人谋利的行为。二是从表现形式看，亲属收受财物行为表现形式比较单一，不重视家风建设行为不限于亲属收受财物，还包括亲属品行不端、捞取非经济利益等，表现形式更为多样。三是从违纪后果看，亲属收受财物行为要求情节较重的才能构成违纪，要综合考量收受财物数额、持续时间、谋利情节、性质等因素；不重视家风建设构成违纪的，一般要求造成不良影响或严重后果，更多侧重于不良社会影响和群众的否定性评价。参见许展：《不重视家风建设违纪行为辨析》，载《中国纪检监

⑰ 贪污、受贿本质上属于违反刑法规定的行为，不属于违反廉洁纪律的行为。

⑱ 本款属于新增内容，且需要注意，六项纪律中只有廉洁纪律采取此立法技术，即增设义务清单。义务主体是党员干部，而不是党员领导干部；义务内容是：正确行使人民赋予的权力，清正廉洁，反对任何滥用职权、谋求私利的行为。

察报》2019 年 7 月 17 日，第 8 版。

第八十六条　相互利用职权或者职务上的影响为对方及其配偶、子女及其配偶等亲属、身边工作人员和其他特定关系人谋取利益搞权权交易的，给予警告或者严重警告处分；情节较重的，给予撤销党内职务或者留党察看处分；情节严重的，给予开除党籍处分。

第八十七条　纵容、默许配偶、子女及其配偶等亲属、身边工作人员和其他特定关系人[69]利用党员干部本人职权或者职务上的影响谋取私利，情节较轻的，给予警告或者严重警告处分；情节较重的，给予撤销党内职务或者留党察看处分；情节严重的，给予开除党籍处分。

党员干部的配偶、子女及其配偶等亲属和其他特定关系人[70]不实际工作而获取薪酬或者虽实际工作但领取明显超出同职级标准薪酬，党员干部知情未予纠正的，依照前款规定处理。

【解读】2022 年，中共中央办公厅印发的《领导干部配偶、子女及其配偶经商办企业管理规定》明确，领导干部配偶、子女及其配偶经商办企业管理的适用对象，主要是党政机关、群团组织、企事业单位厅局级及相当职务层次以上领导干部；经商办企业情形，主要是投资开办企业、担任私营企业或外资企业等高级职务、私募股权基金投资及从业、从事有偿社会中介和法律服务等行为。该规定对不同层级、不同类别领导干部配偶、子女及其配偶经商办企业分别提出了禁业要求，领导干部职务层次越高要求越严，综合部门严于其他部门。《最高人民法院、最高人民检察院关于办理受贿刑事案件适用法律若干问题的意见》规定："国家工作人员利用职务上的便利为请托人谋取利益，要求或者接受请托人以给特定关系人安排工作为名，使特定关系人不实际工作却获取所谓薪酬的，以受贿论处。"

【知识点：纵容、默许亲属谋取私利违纪与不重视家风建设行为的区别】纵容、默许亲属谋取私利违纪与不重视家风建设行为（本条例第 136 条）有以下区别：一是主观方面不同。前者主观状态是纵容、默许，系故意状态，包括心知肚明的知情行为；不重视家风建设行为更多表现为过失，领导干部对子女的行为一般不知情，或者知情度有限，尚不能达到及时制止的程度。二是对后果要求不同，前者情节较轻即构成违纪，后者要求造成不良影响或者严重后果，如舆情关注、群众反映强烈等负面影响才构成违纪。参见许展：《不重视家风建设违纪行为辨析》，载《中国纪检监察报》2019 年 7 月 17 日，第 8 版。

【知识点：党员干部要求或者接受他人给特定关系人安排工作领取薪酬，能否认定为受贿】实践中，这种情况较为复杂，能否认定为受贿，应从两方面判断：一是取酬依据，要看特定关系人接受请托人安排工作并取酬是否与党员干部利用职权

[69] "和其他特定关系人"系新增表述。根据《中共中央纪委关于严格禁止利用职务上的便利谋取不正当利益的若干规定》第 6 条第 2 款规定：特定关系人，是指与国家工作人员有近亲属、情妇（夫）以及其他共同利益关系的人。《最高人民法院、最高人民检察院关于办理受贿刑事案件适用法律若干问题的意见》也沿袭此界定。

[70] "亲属和其他特定关系人"系新增表述。

为请托人谋利相关联。如果与具体的请托事项有关,可认定为受贿。若与具体的请托事项无关,则不作刑法上的评价,但如果违反相关党规党纪,应给予相应纪律处分。二是取酬正当性,特定关系人是否实际参与了工作或实际工作但所获薪酬明显高于其劳动所得。如果特定关系人虽然实际参与工作,但领取的薪酬明显高于同职位正常薪酬水平,应当认定为受贿。受贿数额为特定关系人实际领取的薪酬与正常薪酬的差额。参见李文峰:《从4个案例看特定关系人挂名取酬行为的认定》,载中央纪委国家监委网站,https://www.ccdi.gov.cn/yaowenn/202011/t20201103_82905.html。

第八十八条 收受可能影响公正执行公务的礼品、礼金、消费卡和有价证券、股权、其他金融产品等财物,情节较轻的,给予警告或者严重警告处分;情节较重的,给予撤销党内职务或者留党察看处分;情节严重的,给予开除党籍处分。

收受其他明显超出正常礼尚往来的财物的,依照前款规定处理。

【解读】"有价证券、股权、其他金融产品等财物"系新增表述。

注意学习《关于对党和国家机关工作人员在国内交往中收受的礼品实行登记制度的规定》。

如果收受的具有上下级关系的下属或者具有行政管理关系的被管理人员的财物价值达到3万元,则有可能涉嫌受贿,适用纪法衔接条款处理。对于可能影响公正执行公务的礼品、礼金、消费卡等一律不准收受,收受其他明显超出正常礼尚往来的礼品、礼金、消费卡等的,要予以纪律处分。这是新规定。即日常生活中收受同事、同学、老乡、朋友等赠送的礼品、礼金、消费卡等,虽与公正执行公务无关,但如果"明显超出正常礼尚往来",要予以处分。

请上级机关领导来单位指导工作,一般来说都是从事公务活动。之所以禁止在公务活动中接受礼品、礼金、消费卡和有价证券、股权、其他金融产品等财物,是因为这些行为可能与党员干部的公职发生关系,可能会影响其公正执行公务。当然,如果请上级机关的领导同志来授课,根据有关培训费管理的规定,可以按规定给予讲课费,不属于公款送礼的范畴。参见《清廉锦囊——党规党纪常见疑惑问题解答》,中国方正出版社2019年版,第54页。

【知识点:"明显超出正常礼尚往来"的界定】从近年来的办案实践看,从事公务的党员干部收受礼品、礼金、消费卡问题比较突出,严重影响了党员干部形象,破坏了党群干群关系,是产生腐败行为的温床,有必要对这类行为予以纪律规范。《中国共产党纪律处分条例》没有对收受礼品、礼金、消费卡等行为搞简单的"一刀切",而是区别不同情况分别作出了规定。一是收受可能影响公正执行公务的礼品、礼金、消费卡等,要视情节轻重给予处分,也就是说,对于可能影响公正执行公务的礼品、礼金、消费卡等一律不准收受。二是收受其他明显超出正常礼尚往来的礼品、礼金、消费卡等的，要予以纪律处分。这是新的规定，即日常生活中收受同事、同学、老乡、朋友等赠送的礼品、礼金、消费卡等，虽与公正执行公务无关，但如果"明显超出正常礼尚往来"的，要予以处分。所谓"明显超出正常礼尚往来"，一是指在礼节上讲究有来有往，换句话说就是你对我怎么样，我也对你怎么样，不能只来不往。二是指明显超出了当地正常经济水平、风俗习惯、个人经济能力的礼品、礼金价值。具体给予处分时应根据各种因素综合考虑酌情处理。参见《中央纪委法规室回复：对于"明显超出正常礼尚往来"的标准怎么认定?》，载中央纪委国家监委网站，https://www.ccdi.gov.cn/hdjl/hfxd/201511/t20151126_115734.html。

【知识点：如何区分收受礼金与受贿】收受礼金红包违纪行为，是指党和国家工作人员或者其他从事公务的人员，接受可能影响公正执行公务的礼品馈赠，不登记交公；或者接受其他礼品，按照规定应当登记交公而不登记交公的行为。受贿违纪行为，是指党和国家工作人员或者其他从事公务的人员，利用职务上的便利，索取他人财物，或者非法收受他人财物为他人谋取利益的行为。一般来说，正确区分接受礼金违纪与受贿违纪并不困难。但是，实践中存在"明礼暗贿""形礼实贿""以礼代贿"的案件，如某些行贿人将贿赂行为冠以馈赠之名，以致礼金馈赠与行贿、收受礼金与受贿的界限模糊。正确区分收受礼金违纪与受贿违纪，应当结合以下要素进行综合判断。一是看财物给付人给付财物时是否提出了具体请托事项、给付财物行为与国家工作人员职务行为之间有何关系、国家工作人员收受财物时是否承诺为他人谋取利益以及是否为他人谋取了利益，这是区分收受礼金违纪与受贿违纪的关键因素。根据上述标准，国家工作人员虽收受他人财物，但对方未提出具体请托事项且国家工作人员没有为其谋取利益的，一般按收受礼金违纪处理。反之，如果国家工作人员明知他人有具体请托事项而收受财物，或收受财物时承诺为他人谋取利益以及事后为他人谋取了利益，则一般按受贿违纪处理。值得注意的是，他人给付财物时虽未提出具体请托事项，但如果国家工作人员多次收受其财物，且日后利用职务之便为其谋取了利益，则应将多次收受财物的数额累计，以受贿违纪论处。二是看收受财物的时间、方式、价值大小以及当事人关系的亲疏等情况，这是区分收受礼金违纪与受贿违纪的重要因素。一般来说，国家工作人员收受礼金行为多发生在节日、生病住院、婚丧嫁娶期间，且礼金的数额有一定的限度，一般不会太高。同时，与贿赂相比，礼金馈赠的方式相对公开，且当事人之间的关系相对亲密。而贿赂丑恶一般见不得光，且其中所谓的朋友关系，多是建立在权钱交易基础之上的权力寻租关系。值得注意的是，在区分收受礼金违纪和受贿违纪时，也要正确区分收受礼金违纪与正常的人情往来。如果双方之间存在长期交往，所送礼金数额较小,且通常是相互赠送、有来有往,则一般视为正常人情往来,不宜按违纪处理。

【知识点:感情投资在哪些情况下转化为贿赂犯罪】纯粹的感情投资不能以行受贿犯罪处理。但是,对于日常意义上的"感情投资",有必要作进一步区分:一种是与行为人的职务无关的感情投资;另一种是与行为人职务行为有着具体关联的所谓的"感情投资"。对于后者,由于双方在职务活动中日常而紧密的关系,谋利事项要么已经通过具体的职务行为得以实现,要么给付金钱有对对方职务行为施加影响的意图,这种情况下只要能够排除正常人情往来,同样应认定为受贿。根据相关司法解释,明知他人有具体请托事项而收受其财物的,视为承诺为他人谋取利益。然而,一般情况下,"围猎"者在送礼时对具体问题往往避而不谈,而是笼统地说请多关照等。所以,我们不应囿于请托事项的表达形式,而应考察具体请托事项是否存在。关于具体请托事项是否存在,不能简单机械地以外部行为或当事人陈述为准,要利用常识、经验等推定是否有请托事项。还可以根据赠送财物的时间节点、对话语境、双方身份等推断出赠礼者的真实意图,比如当案件正处在诉讼进程之中,当事人向主审法官赠送财物显然是希望通过收买法官获得胜诉判决,而非单纯为赚得法官好感为将来铺路,此时请客送礼的意义就从长期的拉拢腐蚀演变为即时的利益交换,受财的性质也随之变为受贿。参见曹静静:《感情投资在哪些情况下转化为贿赂犯罪》,载中央纪委国家监委网站,https://www.ccdi.gov.cn/hdjln/nwwd/202212/t20221219_237263.html。

第八十九条 向从事公务的人员及其配偶、子女及其配偶等亲属和其他特定关系人赠送明显超出正常礼尚往来的礼品、礼金、消费卡和有价证券、股权、其他金融产品等财物[71],情节较重的,给予警告或者严重警告处分;情节严重的,给予撤销党内职务或者留党察看处分。

【解读】本条例中的亲属范围涵盖法律层面对近亲属的最大范围界定,将配偶、父母、子女、兄弟姐妹、祖父母、外祖父母、孙子女、外孙子女和其他具有扶养、赡养关系的亲属纳入,同时还要将其他直系血亲、三代以内旁系血亲以及近姻亲关系纳入。

所谓"明显超出正常礼尚往来",一是指在礼节上讲究有来有往,换句话说就是你对我怎么样,我也对你怎么样,不能只来不往。二是指明显超出了当地正常经济水平、风俗习惯、个人经济能力的礼品、礼金价值。具体给予处分时应根据各种因素综合考虑、酌情处理。

请注意送礼的最重处分档次是留党察看。

第九十条 借用管理和服务对象的钱款、住房、车辆等,影响公正执行公务,情节较重的[72],给予警告或者严重警告处分;情节严重的,给予撤销党内职务、留党察

[71] "有价证券、股权、其他金融产品等财物"系新增表述。

[72] 注意两点:一是此条系新增内容;二是构成要件上要求情节较重才认定为违纪,情节较轻的不认定为违纪。比如,向管理和服务对象临时借钱三五百元应急后及时归还的,就很难认定为违纪。

看或者开除党籍处分。

通过民间借贷等金融活动获取大额回报，影响公正执行公务的，依照前款规定处理。

【解读】通常情况下，党员领导干部利用职务上便利为他人谋取利益，收受他人所送汽车，可认定为受贿。如果没有证据证明党员领导干部利用职务为他人谋取利益，也有可能将高级领导干部违规收受大额财物如汽车等，认定为违反中央八项规定精神和廉洁纪律。比如，中央巡视组原副部级巡视专员张某某违反中央八项规定精神和廉洁纪律，违规接受可能影响公正执行公务的宴请，收受他人出资购买的汽车。

第九十一条　利用职权或者职务上的影响操办婚丧喜庆事宜，在社会上造成不良影响的，给予警告或者严重警告处分；情节严重的，给予撤销党内职务处分；借机敛财或者有其他侵犯国家、集体和人民利益行为的，从重或者加重处分，直至开除党籍。

【解读】实践中，《中国共产党纪律处分条例》《公职人员政务处分法》并没有"一刀切"地禁止党员干部操办婚丧喜庆事宜，但一些党员干部却利用职权或者职务上的影响违规操办婚丧喜庆事宜。在认定和处理此类问题时，既要依据相关规定认定是否存在"利用职权或者职务上的影响"和"在社会上造成不良影响"，并依纪依法对违纪违法所得作出精准处置；又要注意把握执纪执法尺度，明确释放"越往后越严"的强烈信号；还要注意参照当地经济发展水平、民众风俗习惯以及单位同事、周边群众的认知和评价等因素，作出综合分析判断。党员干部操办婚丧喜庆常见违纪手法有：化整为零、多次操办，阴阳报备、瞒天过海，异地操办、掩人耳目，他人出面、暗中收礼，只收不记、规避检查。

【知识点：怎样操办婚丧喜庆事宜才不算违规？】本条是对党员操办婚丧喜庆事宜中违纪行为的处分规定。首先，本条是在2003年《中国共产党纪律处分条例》第81条基础上修改而成的，将原第81条第1款"利用职务上的便利"修改为"利用职权或者职务上的影响"，重在强调除利用职权以外，利用职务所形成的影响操办婚丧喜庆事宜也是禁止的，以体现全面从严治党要求；对原第2款未作修改。

其次，本条对党员操办婚丧喜庆事宜中的三类违纪行为作出了处分规定。一是利用职权或职务影响操办婚丧喜庆事宜，在社会上造成不良影响的。此类行为无论是否大操大办，也无论是否收送礼金，只要该婚丧喜庆事宜是党员利用职权或职务影响操办的，如：使用管理服务对象的人力、物力，并且在社会上造成不良影响。二是借操办婚丧喜庆事宜之机敛财的。其主要表现形式是行为人通过较大规模或者多次请客等形式，在操办婚丧喜庆事宜中收取较大数额礼金。三是在操办婚丧喜庆事宜中，有其他侵犯国家、集体和人民利益行为的，如因操办婚丧喜庆事宜，干扰和妨碍正常的生产、生活、工作、营业、教学、科研、交通秩序和其他正常秩序的，或者有造成人员伤亡或者其他重大事故的等。

应当指出，禁止党员利用职权或者职务上的影响操办婚丧喜庆事宜，或借机敛财或者有其他侵犯国家、集体和人民利益的行为，并不是禁止传统民俗。要注意党员，特别是党员领导干部形象，注意可能在群众中造成的不良影响，搞简朴、正常的婚丧喜庆事宜，一样体现传统民俗。参见《中央纪委法规室回复：怎样操办婚丧喜庆事宜才不算违规？》，载中央纪委国家监委网站，https://www.ccdi.gov.cn/hdjl/hfxd/201602/t20160218_115740.html。

【典型案例：大操大办】某市中级人民法院执行局原局长王某某分别通过打电话、发短信和到市中级人民法院各处室告知等形式，邀请其同事、朋友参加其女婚礼答谢宴，并于2017年5月10日(周三)中午和晚上两次设宴，共13桌130余人参加。其中市中级人民法院和基层法院党员干部共80人。在操办婚宴中还安排其下属人员负责现场的组织、接待等事宜。王某某在报备其女举办婚宴事项时，未如实报告其女已于5月1日完婚的事实，并以举办答谢宴为名违规收受礼金共4.34万元。王某某受到党内严重警告处分，被免去市中级人民法院党组成员、审委会委员、执行局局长职务，其违规收受的礼金被收缴。参见《中央纪委公开曝光八起违反中央八项规定精神问题》，载中华人民共和国商务部网站，http://www.mofcom.gov.cn/article/zt_topic19/bldjh/201712/20171202691819.shtml。

第九十二条　接受、提供可能影响公正执行公务的宴请或者旅游、健身、娱乐等活动安排[73]，情节较重的，给予警告或者严重警告处分；情节严重的，给予撤销党内职务或者留党察看处分。

[73] "提供"系新增。2015年条例第86条只明确规定处罚接受方。换言之，2015年条例中未明确规定"提供"行为违纪。

【解读】近年来，随着中央八项规定精神的贯彻落实，违规宴请行为更趋狡猾、隐蔽，出现诸如"一桌餐"等宴请新形式。"一桌餐"的主要特点是宴请地点避开了饭店餐厅、私人会所等传统场所，而是躲藏在居民住宅等其他场所内，这类居民住宅并不用于日常居住，而是专门用于宴请招待，同时宴请规模更小，一般现场仅设一张餐桌，有的是酒水自备、菜肴外购、不设服务人员等。"一桌餐"的伪装程度接近"家庭聚餐"，但实质上仍属于可能影响公正执行公务的宴请。比如某市某局局长张某(中共党员)，接受该局干部吴某(中共党员)安排的宴请，宴请地点在吴某为组织宴请而租用的某居民小区住宅内，宴请提供了高档白酒和名贵菜肴，宴请费用由吴某个人承担。据双方陈述，吴某宴请张某的目的是求得张某对其工作上的关照。张某接受下属吴某安排的宴请，宴请地点在吴某为组织宴请而租用的居民小区住宅内，具有“一桌餐”的特征。虽然宴请费用由吴某个人承担，但考虑到张某与吴某之间具有上下级关系，吴某的宴请目的是求得张某对其工作上的关照，该宴请行为已明显超出正常聚餐的范畴，可能影响公正执行公务。因此，对张某的行为，应当按照接受可能影响公正执行公务的宴请定性处理；对吴某的行为，应按照提供可能影响公正执行公务的宴请定性处理。参见王腾：《从3组典型案例看“舌尖上的腐败”行为的定性及处理》，载《中国纪检监察》2020年第19期。

第九十三条　违反有关规定取得、持有、实际使用运动健身卡、会所和俱乐部会员卡、高尔夫球卡等各种消费卡，或者违反有关规定出入私人会所，情节较重的，给予警告或者严重警告处分；情节严重的，给予撤销党内职务或者留党察看处分。

【解读】本条所指的“有关规定”，是指2014年5月，中央党的群众路线教育实践活动领导小组印发的《关于进一步整治“会所中的歪风”的通知》等。该通知指出“党员领导干部不出入私人会所是指，党员领导干部不得出入实行会员制、只有会员才能出入的会所或不向公众开放、只对少数人开放的餐饮服务、休闲娱乐、美容健身等场所”。2014年10月，中共中央办公厅、国务院办公厅转发住房城乡建设部等部门《关于严禁在历史建筑、公园等公共资源中设立私人会所的暂行规定》。该规定所称私人会所，是指改变历史建筑、公园等公共资源属性设立的高档餐饮、休闲、健身、美容、娱乐、住宿、接待等场所，包括实行会员制的场所、只对少数人开放的场所、违规出租经营的场所。

【典型案例：违规取得、持有、实际使用高尔夫球卡】某省政协原党组书记、主席王某玉长期痴迷打高尔夫球，中央八项规定出台后，仍多次接受私营企业主等人安排，在海南、贵州、云南等地打高尔夫球，费用均由私营企业主支付。同时，王某玉违规持有高尔夫球会员卡，且未按规定报告和清退。

第九十四条　违反有关规定从事营利活动[74]，有下列行为之一，情节较轻的，给予警告或者严重警告处分；情节较重的，给予撤销党内职务或者留党察看处分；情节严重的，给予开除党籍处分：

（一）经商办企业的；

（二）拥有非上市公司（企业）的股份或者证券的；

（三）买卖股票或者进行其他证券投资的；

（四）从事有偿中介活动的；

（五）在国（境）外注册公司或者投资入股的；

（六）有其他违反有关规定从事营利活动的。

利用参与企业重组改制、定向增发、兼并投资、土地使用权出让等决策、审批过

[74] 推荐阅读刘飞：《从两方面把握“违规从事营利活动”的认定》，载《中国纪检监察报》2019年3月13日，第8版。

程中掌握的信息买卖股票,利用职权或者职务上的影响通过购买信托产品、基金等方式非正常获利的,依照前款规定处理[75]。

[75] 本款系新增内容。

违反有关规定在经济组织、社会组织等单位中兼职,或者经批准兼职但获取薪酬、奖金、津贴等额外利益的,依照第一款规定处理。

【解读】本条第1款第3项关于买卖股票问题,是一个从一律禁止到逐步放宽的过程。1993年10月,党中央、国务院作出了关于党政机关县(处)级以上领导干部不准买卖股票的规定。在当时国家证券市场监管机制不够健全的历史条件下,这一规定对于促进党政机关领导干部廉洁自律,保证证券市场健康发展起到了重要作用。随着我国证券业监管制度的逐步健全,特别是《证券法》的颁布实施,证券市场的管理越来越规范。因此,2001年4月,党中央、国务院决定有限制地放宽对党政机关县(处)级以上领导干部买卖股票的规定,并出台了《关于党政机关工作人员个人证券投资行为若干规定》。根据这一规定,主要有以下几类人员不得买卖股票:

(1)上市公司的主管部门以及上市公司的国有控股单位的主管部门中掌握内幕信息的人员及其父母、配偶、子女及其配偶,不准买卖上述主管部门所管理的上市公司的股票。

(2)国务院证券监督管理机构及其派出机构、证券交易所和期货交易所的工作人员及其父母、配偶、子女及其配偶,不准买卖股票。

(3)本人的父母、配偶、子女及其配偶在证券公司、基金管理公司任职的,或者在由国务院证券监督管理机构授予证券期货从业资格的会计(审计)师事务所、律师事务所、投资咨询机构、资产评估机构、资信评估机构任职的,该党政机关工作人员不得买卖与上述机构有业务关系的上市公司的股票。

(4)掌握内幕信息的党政机关工作人员,在离开岗位3个月内,继续受该规定的约束。由于新任职务而掌握内幕信息的党政机关工作人员,在任职前已持有的股票和证券投资基金必须在任职后1个月内作出处理,不得继续持有。

注意学习2001年2月8日中共中央纪委印发的《关于省、地两级党委、政府主要领导干部配偶、子女个人经商办企业的具体规定(试行)》。

【知识点:有偿中介】所谓"从事有偿中介活动",是指通过为市场各类主体提供信息、介绍业务、开展咨询等而收取钱财的一种经济活动。在这种有偿中介活动中,构成违纪行为的主体是党员干部,其违纪行为在客观方面必须具备两个条件:一是进行了中介活动,二是收取了钱财。如果行为人进行了中介活动,但未收取钱财,不构成违纪行为。近年来,各级纪委查处通报的一些典型案例,有不少涉及"违规从事有偿中介活动"这一违纪行为。如某县某粮库和军供站原联合党支部书记、某粮库主任符某某违规入股相关粮食企业、违规从事涉粮有偿中介活动、违规在涉粮企业兼职取酬，获取巨额利益等。这些案例均指向了党员领导干部从事有偿中介的违规行为，连带其他严重违纪违法问题，均受到开除党籍和公职的处分，涉嫌犯罪问题被移送司法机关依法处理。违规参与有偿中介活动虽然不是受贿，但是，如果不加以党纪的严格约束与坚决惩处，从违规参与有偿中介活动到受贿犯罪，其实也不过是一步之遥。这也是党中央坚持纪在法前、纪严于法的道理所在。参见储霞：《党员干部不能做“有偿中介”》，载《学习时报》2022 年 9 月 16 日，第 3 版。

【知识点：禁止党政机关干部经商办企业是否与鼓励非公经济人士入党存在矛盾？】本条是关于违反有关规定从事营利活动行为的处分规定。其中，第 1 项将“经商办企业”作为违纪情形之一列出。这里规定的从事营利活动具体行为是否构成违纪要以是否违反了有关规定为前提条件。这些规定主要是指现行有效的相关党内法规和规范性文件。以第 1 项“经商办企业”为例，“有关规定”是指《中共中央、国务院关于进一步制止党政机关和党政干部经商、办企业的规定》等规定，这些规定禁止党和国家机关、人民团体及这些机关、团体中的党政干部经商办企业。边做“官”、边经商，难免公私不分，以权谋私，至少会使广大群众、其他没有“官”商背景的“经济人士”产生“合理怀疑”。因此，第 88 条规定与在非公经济组织中发展党员并不矛盾。参见《中央纪委法规室回复：禁止党政机关干部经商办企业是否与鼓励非公经济人士入党存在矛盾？》，载中央纪委国家监委网站，https://www.ccdi.gov.cn/hdjln/hfxd/201604/t20160414_18737.html。

【知识点：事业单位工作人员可否在企业兼职？】《事业单位工作人员处分暂行规定》第 18 条第 1 款第 6 项中的“违反国家规定”，是指违反国家有关事业单位工作人员从事、参与营利性活动或者兼任职务领取报酬方面的法律、法规、规章、规范性文件等规定。事业单位工作人员是否可以在企业中兼职，除了看其本身是否属于参公管理人员、行政机关任命人员等之外，还要看其所在地区、行业领域、系统、单位等是否对其在企业中兼职有相关规定，不能一概以编制、级别和是否为党员来划分。比如，卫生部《医师定期考核管理办法》规定，医师在考核周期内未经所在机构或者卫生行政部门批准，擅自在注册地点以外的医疗、预防、保健机构进行执业活动的，考核机构应当认定为考核不合格。此外，事业单位工作人员即使只是兼任职务而不领取报酬，或者在其单位投资或者出资的企业中兼职，也要看其所在地区、行业领域、系统、单位等是否有相关的禁止性规定。关于事业单位工作人员兼职取酬方面的其他具体问题，可以咨询人力资源社会保障部门或者其他相关主管部门。参见《中央纪委法规室回复：事业单位工作人员可否在企业兼职？》，载中央纪委国家监委网站2015年2月4日,https://www.ccdi.gov.cn/hdjl/hfxd/201501/t20150123_115706.html。

【知识点:人民团体、事业单位科级及以下人员可否兼职?】《公务员法》第44条规定,“公务员因工作需要在机关外兼职,应当经有关机关批准,并不得领取兼职报酬”;第59条规定,公务员必须遵纪守法,不得“从事或者参与营利性活动,在企业或者其他营利性组织中兼任职务”。《事业单位工作人员处分暂行规定》第18条规定,事业单位工作人员不得“违反国家规定,从事、参与营利性活动或者兼任职务领取报酬”。根据这些规定,人民团体、事业单位中的科级及以下人员(包括专业技术人员)能否在经济实体、社会团体等单位中兼职或者兼职取酬,以及从事有偿中介活动,需要区分不同情况。

1.《关于印发〈工会、共青团、妇联等人民团体和群众团体机关参照《中华人民共和国公务员法》管理的意见〉的通知》规定,工会、共青团、妇联等21个人民团体和群众团体机关中,除工勤人员以外的机关工作人员,列入参照《公务员法》管理的范围。这部分人员,应当遵守《公务员法》中关于兼职问题的规定。

2.法律、法规授权的具有公共事务管理职能的事业单位中经批准参照《公务员法》管理的工作人员,应当遵守《公务员法》中关于兼职问题的规定。

3.其他事业单位中的科级及以下人员,应当遵守《事业单位工作人员处分暂行规定》中关于兼职问题的规定。参见《中央纪委法规室回复:人民团体、事业单位科级及以下人员可否兼职?》,载中央纪委国家监委网站2015年2月4日,https://www.ccdi.gov.cn/hdjl/hfxd/201501/t20150123_115705.html。

《国有企业领导人员廉洁从业若干规定》虽然对国有企业领导人员作出了具体规定,但是未对国有企业的一般员工作出上述类似的禁止性规定。国有企业的一般员工可否兼职,还需要结合本单位、本系统、本行业规章制度及相关具体情况予以认定。

【知识点:高校领导干部可以向后勤服务企业投资入股吗?】2000年11月20日《中共中央纪律检查委员会办公厅对浙江省纪委〈关于高校创办社会化后勤服务企业有关领导干部入股问题的请示〉的答复》指出:“高校领导干部投资入股创办社会化后勤服务企业,是一种个人经商办企业的行为。当前在推动高校后勤社会化改革的过程中,由于高校与后勤服务企业之间的产权关系尚未界定清楚,且后勤服务企业的服务对象又以高校学生和教职员工为主,因此,我们认为,高校领导干部向后勤服务企业投资入股不利于高校后勤社会化改革,容易产生利益冲突,是不适宜的。”

第九十五条[76] 利用职权或者职务上的影响,为配偶、子女及其配偶等亲属和

[76] 本条新增违纪行为类型。

其他特定关系人在审批监管、资源开发、金融信贷、大宗采购、土地使用权出让、房地产开发、工程招投标以及公共财政支出等方面谋取利益，情节较轻的，给予警告或者严重警告处分；情节较重的，给予撤销党内职务或者留党察看处分；情节严重的，给予开除党籍处分。

利用职权或者职务上的影响，为配偶、子女及其配偶等亲属和其他特定关系人吸收存款、推销金融产品等提供帮助谋取利益的，依照前款规定处理。

第九十六条 党员领导干部离职或者退（离）休后违反有关规定接受原任职务管辖的地区和业务范围内的企业和中介机构的聘任，或者个人从事与原任职务管辖业务相关的营利活动，情节较轻的，给予警告或者严重警告处分；情节较重的，给予撤销党内职务处分；情节严重的，给予留党察看处分。

党员领导干部离职或者退（离）休后违反有关规定担任上市公司、基金管理公司独立董事、独立监事等职务，情节较轻的，给予警告或者严重警告处分；情节较重的，给予撤销党内职务处分；情节严重的，给予留党察看处分。

【解读】关于“违反有关规定”，中央纪委关于对《行政机关刚退休干部能否接受下级行政机关聘请领取报酬的请示》的答复中规定：上级行政机关刚退休的干部私自接受下级行政机关的聘请，担任“信息顾问”并领取报酬，是不适宜的；下级行政机关擅自聘请上级行政机关退（离）休领导干部担任工作，也是违反现行干部管理制度的。这种行为可能与公共利益发生冲突，容易产生腐败，应当予以纠正。

对离职或者退（离）休的党员领导干部到企业兼职（任职），应当按照干部管理权限，从严掌握、从严把关。具体要求可以分为以下几个方面：一是兼职（任职）的限制范围，主要包括“原任职务管辖的地区和业务范围内的企业和中介机构”“原工作业务直接相关的上市公司、基金管理公司”等。既指经营地区、范围与原任职务的职权行使、职务上的影响有关的企业，也指与该企业属同一实际控制人的其他公司。“原任职务”或“原工作业务”，一般应包括退（离）休、辞去公职等前3年内担任过的职务或从事过的工作业务。二是时限要求，《公务员法》等规定了3年的兼职（任职）禁止期限，即党员领导干部在离职或者退（离）休3年内不得到本人原任职务管辖的地区和业务范围内的企业等营利性组织中兼职（任职）。对于3年后或者在限制范围之外的企业，退（离）休党员领导干部经批准可以兼职，但所兼任职务实行任期制的，连任不得超过两届，同时其兼职年龄界限为70周岁。三是审批程序，对于离职或者退（离）休后3年内，拟到原任职务管辖的地区和业务范围外的企业兼职（任职），或者3年后到企业兼职（任职）的，应当由本人事先向其原所在单位党委（党组）报告，由该企业出具兼职（任职）理由说明材料，所在单位党委（党组）按规定审批，并按照干部管理权限征得相应组织（人事）部门同意或进行备案。对担任上市公司、基金管理公司独立董事、独立监事的，还应报相应纪检监察机关同意或备案。四是领取薪酬，按规定经批准在企业兼职的退（离）休党员领导干部，不得在企业领取薪酬、奖金、津贴等报酬，不得获取股权和其他额外利益，包括以顾问费、咨询费或者通信补贴、交通补贴等名义获取的额外利益，但可以按照有关规定，报销其工作费用。对经批准离职后到企业任职的党员领导干部，可以领取相应报酬。根据本条例等有关规定，认定离职或者退（离）休后兼职（任职）违纪违法行为的关键要看是否影响原任职务的廉洁性、是否经过组织批准、是否谋取非法利益等，做到精准界定、依规处理。主要违纪违法情形有三种：一是在禁止期限内违规兼职（任职）。二是在禁止期限或者限制范围之外，未经审批兼职（任职）。三是经批准兼职（任职），但违规领取薪酬。参见吴轶男：《如何把握党纪处分条例关于领导干部退休后到企业任职的相关规定》，载《中国纪检监察》2022 年第 22 期。

第九十七条 党员领导干部的配偶、子女及其配偶，违反有关规定在该党员领导干部管辖的地区和业务范围内从事可能影响其公正执行公务的经营活动，或者在该党员领导干部管辖的地区和业务范围内的外商独资企业、中外合资企业中担任由外方委派、聘任的高级职务或者违规任职、兼职取酬[77]的，该党员领导干部应当按照规定予以纠正；拒不纠正的，其本人应当辞去现任职务或者由组织予以调整职务；不辞去现任职务或者不服从组织调整职务的，给予撤销党内职务处分。

[77] "或者违规任职、兼职取酬"系新增表述。

第九十八条 党和国家机关违反有关规定经商办企业的，对直接责任者和领导责任者，给予警告或者严重警告处分；情节严重的，给予撤销党内职务处分。

第九十九条 党员领导干部违反工作、生活保障制度，在交通、医疗、警卫等方面为本人、配偶、子女及其配偶等亲属和其他特定关系人谋求特殊待遇，情节较重的，给予警告或者严重警告处分；情节严重的，给予撤销党内职务或者留党察看处分。

【典型案例：谋求特殊待遇】党章在第 1 章中即规定："除了法律和政策规定范围内的个人利益和工作职权以外，所有共产党员都不得谋求任何私利和特权。"第十九届中央委员、全国政协社会和法制委员会原副主任傅某华长期违规占用多套住房、办公用房和多辆公车供个人及家庭享受，长期安排多名公职、现役人员为个人及家人提供服务。参见《全国政协社会和法制委员会原副主任傅某华严重违纪违法被开除党籍、开除公职》，载中央纪委国家监委网站，https://www.ccdi.gov.cn/scdcn/zggb/djcf/202203/t20220331_183521.html。

第一百条 在分配、购买住房中侵犯国家、集体利益，情节较轻的，给予警告或者严重警告处分；情节较重的，给予撤销党内职务或者留党察看处分；情节严重的，给予开除党籍处分。

第一百零一条　利用职权或者职务上的影响，侵占非本人经管[78]的公私财物，或者以象征性地支付钱款等方式侵占公私财物，或者无偿、象征性地支付报酬接受服务、使用劳务，情节较轻的，给予警告或者严重警告处分；情节较重的，给予撤销党内职务或者留党察看处分；情节严重的，给予开除党籍处分。

利用职权或者职务上的影响，将本人、配偶、子女及其配偶等亲属应当由个人支付的费用，由下属单位、其他单位或者他人支付、报销的，依照前款规定处理。

【知识点：单位能否为员工投保个人保险产品】2010 年 3 月 30 日《中国保险监督管理委员会关于单位能否为员工投保个人保险产品的复函》指出："依据《关于规范人身保险经营行为有关问题的通知》（保监发〔2000〕133 号）第六条规定了'个人人身保险只能由个人投保，保险公司不得接受机关、社会团体、企事业单位做为投保人，用个人人身保险条款为个人投保。'新《保险法》的施行并不影响该条效力。"

第一百零二条　利用职权或者职务上的影响，违反有关规定[79]占用公物归个人使用，时间超过六个月，情节较重的，给予警告或者严重警告处分；情节严重的，给予撤销党内职务处分。

占用公物进行营利活动的，给予警告或者严重警告处分；情节较重的，给予撤销党内职务或者留党察看处分；情节严重的，给予开除党籍处分。

将公物借给他人进行营利活动的，依照前款规定处理。

第一百零三条　违反有关规定[80]组织、参加用公款支付的宴请、高消费娱乐、健身活动，或者用公款购买赠送或者发放礼品、消费卡（券）[81]等，对直接责任者和领导责任者，情节较轻的，给予警告或者严重警告处分；情节较重的，给予撤销党内职务或者留党察看处分；情节严重的，给予开除党籍处分。

【解读】对以私人请客名义组织聚餐，但实际以公款报销餐费的行为，组织者、参加者均违反中央八项规定精神，属于违规公款吃喝。要注意区分以私人请客名义公款吃喝与使用公款处理个人餐费行为，科学精准定性。参见中央纪委国家监委驻交通银行纪检监察组：《精准定性以私人聚餐名义违规组织公款宴请问题》，载《中国纪检监察报》2022 年 11 月 16 日，第 6 版。

违规组织、参加公款宴请与超标准接待在客观方面均存在用公款支付的宴请行为，在表现形式上有相似之处，实践中可从以下两个方面把握二者的区别：一是发生情形不同，超标准接待行为一般发生在确需公务接待的场合，应依据相关规定判断是否具备进行公务接待的规定情形；但违规组织、参加公款宴请不受此限制。二是认定依据和判断标准不同，超标准接待行为一般以公务接待管理规定作为认定依据，并以这些规定列明的接待情形、接待标准、接待范围等作为判断标准；而违规组织、参加公款宴请以公款用餐的各方面规定作为认定依据，需要根据具体的情

[78] 区分该行为与贪污行为的界限。本行为中，党员侵占的是非本人经管的公私财物，而贪污行为的行为人占有的是本人主管、管理和经手的公共财物。

[79] 违反有关规定主要是指违反关于公物管理和使用方面的规定，如 2013 年 11 月 18 日印发的《党政机关厉行节约反对浪费条例》等。需要补充的是，这里的"占用"侵犯的是公共财物的使用权，而非所有权。

[80] 违反有关规定是指违反党中央、国务院和中央纪委、中央有关部门出台的一系列厉行节约反对浪费等相关规定，如《关于落实中央八项规定精神坚决刹住中秋国庆期间公款送礼等不正之风的通知》《关于严禁元旦春节期间公款购买赠送烟花爆竹等年货节礼的通知》等。

[81] "消费卡（券）"系新增表述。

形和事由综合把握,没有单一的标准和范围,如经查证确有违反规定的公款宴请行为且达到《中国共产党纪律处分条例》规定的情节,可考虑按照违规组织或参加用公款支付的宴请予以认定。参见王腾:《从3组典型案例看"舌尖上的腐败"行为的定性及处理》,载《中国纪检监察》2020年第19期。

第一百零四条 违反有关规定自定薪酬或者滥发津贴、补贴、奖金等,对直接责任者和领导责任者,情节较轻的,给予警告或者严重警告处分;情节较重的,给予撤销党内职务或者留党察看处分;情节严重的,给予开除党籍处分。

第一百零五条 有下列行为之一,对直接责任者和领导责任者,情节较轻的,给予警告或者严重警告处分;情节较重的,给予撤销党内职务或者留党察看处分;情节严重的,给予开除党籍处分:

(一)公款旅游或者以学习培训、考察调研、职工疗养等为名[82]变相公款旅游的;

(二)改变公务行程,借机旅游的[83];

(三)参加所管理企业、下属单位组织的考察活动,借机旅游的[84]。

以考察、学习、培训、研讨、招商、参展等名义变相用公款出国(境)旅游的,依照前款规定处理。

【解读】公职人员在出差中自费旅游是否构成违纪,要综合考虑有无故意放宽期限为旅游创造便利、有无因旅游活动影响执行公务的效果、有无利用职权享受优待等进行评判,如有上述情形,则可认定为违纪。

【知识点:如何对审批公款出国(境)旅游的单位负责人进行问责?】本单位党政一把手是因公临时出国管理工作第一责任人,其在审批多个出国团组的过程中,违反中央八项规定精神,对出访目的、团组人数、出访时间、活动安排等内容审核把关不严,且对本单位出国人员缺乏必要的教育、管理、监督,暴露出其在管党治党方面存在"宽、松、软"的问题,按"履行全面从严治党主体责任不力,违反中央八项规定精神,违规审批本单位人员变相公款出国旅游"认定,更能反映其违纪行为的实质和严重性。此外,对于出国团组组织、审批环节涉及的该单位其他负责人,以及参与公款出国旅游的其他党员,需追究党纪责任的,一般可按"挥霍浪费公共财产"定性处理;对于在国外存在违规违纪行为的团组成员,需追究党纪责任的,可按其行为性质分别处理。参见钟纪晟:《如何对审批公款出国(境)旅游的单位负责人进行问责?》,载中央纪委国家监委网站,https://www.ccdi.gov.cn/hdjl/hfxd/201611/t20161124_115760.html。

第一百零六条 违反公务接待管理规定,超标准、超范围接待或者借机大吃大喝,对直接责任者和领导责任者,情节较重的,给予警告或者严重警告处分;情节严重的,给予撤销党内职务处分。

---

[82] "以学习培训、考察调研、职工疗养等为名"系新增表述。

[83] 本项系新增表述。

[84] 本项系新增表述。

【解读】直接涉及吃喝违纪行为的主要有第92、103、106条。实践中，在判断某一吃喝违纪行为具体适用哪个条款时，可以先看是否发生在真实的公务活动中，再看经费来源，同时结合违纪行为侵害的具体客体来综合判断，决定适用哪个条款。值得注意的是，有时也可能发生竞合的情况，即一个违纪行为同时违反两条及以上具体规定。

【典型案例：超标准接待】2017年1月7日至10日，由某省水利厅移民迁建办公室主任、时任省脱贫成效核查验收评估工作第九组常务副组长李某某带队一行7人对某县脱贫成效进行核查验收期间，接受某县委办公室确定的258元/人/天用餐标准的公务接待，超过了当地100元/人/天的接待用餐标准。其间，每餐均由5至10名县领导和县直单位负责人轮流陪同用餐，超过了规定的陪餐人数。餐中还存在提供香烟和高档菜肴问题。李某某受到党内严重警告处分，县委书记张某某受到党内警告处分，县委办公室常务副主任袁某某受到党内严重警告处分，其他参与超标准接待人员受到相应处理。有关人员退赔了超标准费用。参见《中央纪委公开曝光八起违反中央八项规定精神问题》，载中华人民共和国商务部网站，http://www.mofcom.gov.cn/article/zt_topic19/bldjh/201712/20171202691819.shtml。

第一百零七条　违反有关规定[85]配备、购买、更换、装饰、使用公务交通工具或者有其他违反公务交通工具管理规定的行为，对直接责任者和领导责任者，情节较重的，给予警告或者严重警告处分；情节严重的，给予撤销党内职务或者留党察看处分。

第一百零八条　违反会议活动管理规定[86]，有下列行为之一，对直接责任者和领导责任者，情节较重的，给予警告或者严重警告处分；情节严重的，给予撤销党内职务处分：

（一）到禁止召开会议的风景名胜区开会的；

（二）决定或者批准举办各类节会、庆典活动的。

擅自举办评比达标表彰活动或者借评比达标表彰活动收取费用的，依照前款规定处理。

【解读】本条第2款关于评比达标表彰活动，应当依据《评比达标表彰活动管理办法》及其实施细则执行。《评比达标表彰活动管理办法》规定："主办单位应当承担开展评比达标表彰项目的全部费用，不得以任何形式向参评单位和个人收取费用。"

第一百零九条　违反办公用房管理等规定，有下列行为之一，对直接责任者和领导责任者，情节较重的，给予警告或者严重警告处分；情节严重的，给予撤销党内职务处分：

（一）决定或者批准兴建、装修办公楼、培训中心等楼堂馆所的；

[85] 违反有关规定主要是违反《党政机关公务用车管理办法》《党政机关厉行节约反对浪费条例》《关于全面推进公务用车制度改革的指导意见》等。

[86] 会议活动管理规定主要是指《党政机关厉行节约反对浪费条例》《关于严禁党政机关到风景名胜区开会的通知》《中央和国家机关会议费管理办法》等。

（二）超标准[87]配备、使用办公用房的；

（三）用公款包租、占用客房或者其他场所供个人使用的。

第一百一十条 搞权色交易或者给予财物搞钱色交易的[88]，给予警告或者严重警告处分；情节较重的，给予撤销党内职务或者留党察看处分；情节严重的，给予开除党籍处分。

【解读】嫖娼是《治安管理处罚法》规定的违法行为，是行为人与不特定对象发生的以金钱为发生两性关系为对价的交易行为。权色交易、钱色交易是行为人与特定对象发生的交易行为，均违反了党的廉洁纪律。

权色交易行为是指违纪行为人利用职权或职务影响为对方谋利，而与之发生两性关系，即一方想获取美色，另一方通过权力实现自己的目的，比如，某县公安局副局长（女）为得到提拔，与县委书记发生两性关系后被提拔为该局常务副局长。需要说明的是，领导干部在权色交易过程中，如果滥用职权为对方谋利，滥用职权可以视情节单独评价（涉嫌构成《刑法》规定的滥用职权罪）。

钱色交易是指行为人利用大额金钱（一般情况下，钱色交易给予的财物都是价值较大的财产性利益，如房产、车辆、大额现金、黄金首饰等）与特定关系人进行性交易，比如某市公安局局长（女）与男下属发生两性关系后，随手拿给下属5万元现金。实践中，应当注意收缴违纪违法所得。钱色交易与嫖娼的主要区分点在于前者是特定对象之间的性行为，后者是不特定对象之间的性行为。党员有嫖娼行为的，通常情况下，给予开除党籍处分。权色交易、钱色交易，情节严重的，给予开除党籍处分。

第一百一十一条 有其他违反廉洁纪律规定行为的，应当视具体情节给予警告直至开除党籍处分。

【解读】适用兜底条款可综合违规性、危害性、主观性（违规性是前提与基础，作用最大；危害性是条件，体现违规性、印证主观性；主观性是重要补充，影响违规性和危害性），具体标准为违纪评价必要性的大小，如经综合考量，违纪评价的必要性明显大于不作违纪评价的，则可适用兜底条款处理。如退休党员领导干部违规接受宴请、收受礼品礼金行为，可适用本条规定。参见许展、杨跃宏：《兜底条款理解与适用有关问题探析》，载《中国纪检监察报》2023年2月22日，第6版。

2018年10月1日实施的修订后的2018年《中国共产党纪律处分条例》第90条规定，借用管理和服务对象的钱款、住房、车辆等，影响公正执行公务，情节较重的，认定为违纪。对在2018年10月1日之前的党员干部从管理服务对象处低息借出资金，然后高息借给另一个管理服务对象，转贷牟利的行为，适用的是2015年《中国共产党纪律处分条例》第104条兜底条款（即本条）进行处分。

[87] 超标准主要是指超过《党政机关办公用房建设标准》及相关具体规定所规定的办公用房建筑面积、装饰装修、建筑设备等标准。

[88] 权色交易或者给予财物搞钱色交易的，被认定为违反廉洁纪律，而不是生活纪律。权色交易、钱色交易强调的是利益交换，如果双方是基于感情而发生不正当性关系，没有给予、获得不正当利益，应当适用本条例第135条的规定。

第九章　对违反群众纪律行为的处分

第一百一十二条　有下列行为之一，对直接责任者和领导责任者，情节较轻的，给予警告或者严重警告处分；情节较重的，给予撤销党内职务或者留党察看处分；情节严重的，给予开除党籍处分：

（一）超标准、超范围向群众筹资筹劳、摊派费用，加重群众负担的；

（二）违反有关规定扣留、收缴群众款物或者处罚群众的；

（三）克扣群众财物，或者违反有关规定拖欠群众钱款的；

（四）在管理、服务活动中违反有关规定收取费用的；

（五）在办理涉及群众事务时刁难群众、吃拿卡要的；

（六）有其他侵害群众利益行为的。

在扶贫领域有上述行为的，从重或者加重处分[89]。

[89] 本款系新增表述。

【解读】如果党员实施的“扣留、收缴群众款物或者处罚群众”，“克扣群众财物、拖欠群众钱款”，“违反有关规定收取费用”等行为违反了国家法律法规的规定，则属于涉嫌违法的行为，需要追究党纪责任的，应当适用总则中纪法衔接条款处理。“吃拿卡要”的财物一般数额较小，如果索要的财物数额较大，则同时违反了廉洁纪律，甚至涉嫌受贿犯罪。参见中共中央纪律检查委员会中华人民共和国国家监察委员会法规室编写：《〈中国共产党纪律处分条例〉释义》，中国方正出版社 2018 年版，第 297 页。

第一百一十三条　干涉生产经营自主权，致使群众财产遭受较大损失的，对直接责任者和领导责任者，给予警告或者严重警告处分；情节严重的，给予撤销党内职务或者留党察看处分。

第一百一十四条　在社会保障、政策扶持、扶贫脱贫[90]、救灾救济款物分配等事项中优亲厚友、明显有失公平的，给予警告或者严重警告处分；情节较重的，给予撤销党内职务或者留党察看处分；情节严重的，给予开除党籍处分。

[90] “扶贫脱贫”系新增表述。

【解读】请注意本条量纪档次的变化，2015 年条例中“情节严重”对应的纪律处分是“撤销党内职务或者留党察看处分”，本条例规定：“情节较重”的给予“撤销党内职务或者留党察看”处分，“情节严重”的给予“开除党籍”处分。

第一百一十五条[91]　利用宗族或者黑恶势力等欺压群众，或者纵容涉黑涉恶活动、为黑恶势力充当“保护伞”的，给予撤销党内职务或者留党察看处分；情节严重的，给予开除党籍处分。

[91] 本条系新增内容。

第一百一十六条　有下列行为之一，对直接责任者和领导责任者，情节较重的，给予警告或者严重警告处分；情节严重的，给予撤销党内职务或者留党察看处分：

⑨② “庸懒无为、效率低下”系新增表述。

（一）对涉及群众生产、生活等切身利益的问题依照政策或者有关规定能解决而不及时解决，庸懒无为、效率低下[92]，造成不良影响的；

（二）对符合政策的群众诉求消极应付、推诿扯皮，损害党群、干群关系的；

（三）对待群众态度恶劣、简单粗暴，造成不良影响的；

（四）弄虚作假，欺上瞒下，损害群众利益的；

（五）有其他不作为、乱作为等损害群众利益行为的。

【典型案例：侵害群众利益】某县房产住宅局行政审批窗口违规为房地产中介等优先办理业务问题。2020年4月，某县房产住宅局在新冠肺炎疫情缓解后恢复开放房产登记、抵押、交易等窗口，该局领导班子没有充分考虑受疫情影响业务大量积压的实际，未认真研究即决定先期每天发放18个业务号、后期每天48个号，导致群众早起排队、一号难求。该局主持工作的副局长付某某通过打招呼、批条子等方式，优先为多家房屋中介、房地产开发企业等办理了400余笔业务，群众反映强烈。该局相关工作人员也存在优先为亲戚朋友办理业务的问题。付某某受到党内严重警告处分，其他相关责任人分别受到相应处理。参见《中央纪委国家监委公开通报十起违反中央八项规定精神典型问题》，载中央纪委国家监委网站2021年9月16日，https://www.ccdi.gov.cn/jdjbnew/jdjbyw/202203/t20220330_183133.html。

【典型案例：不作为】2020年3月，某省国资委考核分配处收到国务院国资委、财政部《国有企业商务招待管理规定》后，在文件明确要求各地结合本地区实际完善所监管企业商务招待管理制度的情况下，未认真履行职责，既没有向省管国有企业、市州国资部门传达文件精神，也没有会商财政部门研究出台规范省各级国有企业商务招待管理的相应文件，致使全省2年多时间没有落实国家部委规范国有企业商务招待管理的要求。2022年10月，时任考核分配处处长、副处长分别受到谈话诫勉、书面诫勉处理；其他相关责任人均受到相应处理。参见湖南省纪委监委：《湖南通报4起违反中央八项规定精神问题》，载中央纪委国家监委网站，https://www.ccdi.gov.cn/yaowenn/202211/t20221125_233091.html。

【典型案例：敷衍、消极应付】2022年2月，某县某街道社会公共服务中心主任武某某主管街道物业办工作期间，在未与职能部门沟通协调和调查了解的情况下，对群众屡次反映居民楼存在质量问题的12345热线工单，授意工作人员使用无实质性内容的“官话”“套话”敷衍塞责；街道热线办主任洪某对热线工单回复内容把关不严、督办不力，致使工单被市、县两级热线办连续9次发回重办，造成不良影响。武某某受到党内严重警告处分，洪某受到政务记过处分。参见山东省纪委监委：《山东通报5起违反中央八项规定精神典型问题》，载中央纪委国家监委网站，

https://www.ccdi.gov.cn/yaowenn/202212/t20221227_238471.html。

第一百一十七条　盲目举债、铺摊子、上项目，搞劳民伤财的“形象工程”、“政绩工程”[93]，致使国家、集体或者群众财产和利益遭受较大损失的，对直接责任者和领导责任者，给予警告或者严重警告处分；情节严重的，给予撤销党内职务、留党察看或者开除党籍处分[94]。

【典型案例：搞形象工程】2017年至2020年，某市某区委原书记、一级巡视员王某某盲目追求财政收入“过百亿”目标，要求职能部门虚增财政收入、编造虚假数据，造成严重不良影响；为追求政绩，未经可行性研究论证，要求多家国企举债投资，强行推进某建设项目，造成大量建筑空置浪费。王某某还存在其他严重违纪违法问题。2022年1月，王某某被开除党籍、开除公职，其涉嫌犯罪问题被移送检察机关依法审查起诉。参见《中央纪委国家监委公开通报十起违反中央八项规定精神典型问题》，载中央纪委国家监委网站，https://www.ccdi.gov.cn/toutiaon/202209/t20220905_215850.html。

第一百一十八条　遇到国家财产和群众生命财产受到严重威胁时，能救而不救，情节较重的，给予警告、严重警告或者撤销党内职务处分；情节严重的，给予留党察看或者开除党籍处分。

第一百一十九条　不按照规定公开党务、政务、厂务、村（居）务等，侵犯群众知情权，对直接责任者和领导责任者，情节较重的，给予警告或者严重警告处分；情节严重的，给予撤销党内职务或者留党察看处分。

第一百二十条　有其他违反群众纪律规定行为的，应当视具体情节给予警告直至开除党籍处分。

第十章　对违反工作纪律行为的处分

第一百二十一条　工作中不负责任或者疏于管理，贯彻执行、检查督促落实上级决策部署不力，给党、国家和人民利益以及公共财产造成较大损失的，对直接责任者和领导责任者，给予警告或者严重警告处分；造成重大损失的，给予撤销党内职务、留党察看或者开除党籍处分。

贯彻创新、协调、绿色、开放、共享的发展理念不力，对职责范围内的问题失察失责，造成较大损失或者重大损失的，从重或者加重处分[95]。

第一百二十二条[96]　有下列行为之一，造成严重不良影响，对直接责任者和领导责任者，情节较轻的，给予警告或者严重警告处分；情节较重的，给予撤销党内职务或者留党察看处分；情节严重的，给予开除党籍处分：

（一）贯彻党中央决策部署只表态不落实的[97]；

[93] “盲目举债、铺摊子、上项目，搞劳民伤财的‘形象工程’、‘政绩工程’”系新增表述。2016年至2019年，甘肃省兰州市某县不顾实际，耗资5300余万元在县城北出口修建两座仿古城门、两个小广场和一座雕塑，没有将有限的财力优先用于改善民生，而是将本应服务群众的城市基础设施建成了华而不实的形象工程，造成不良影响。时任县委书记王某某受到党内严重警告、政务记大过处分，时任县长王某受到党内警告、政务记过处分。

[94] 此处删去2015年条例第109条“不顾群众意愿”要件，且“开除党籍处分”系新增表述。

[95] 本款系新增内容。

[96] 本条系新增内容。习近平总书记指出：“形式主义背后是功利主义、实用主义作祟，政绩观错位、责任心缺失，只想当官不想干事，只想出彩不

(二)热衷于搞舆论造势、浮在表面的;

(三)单纯以会议贯彻会议、以文件落实文件,在实际工作中不见诸行动的;

(四)工作中有其他形式主义、官僚主义行为的。

【解读】形式主义、官僚主义与党的优良传统、优良作风背道而驰,为广大干部群众所深恶痛绝。2019年6月,中央纪委国家监委案件审理室专门发出通知,要求在审理报告、处分决定等审理文书中,将形式主义、官僚主义问题在"违反中央八项规定精神"问题中单列表述并处理到位;2021年1月,十九届中央纪委五次全会再次明确提出,要"深化整治形式主义、官僚主义顽瘴痼疾,让求真务实、清正廉洁的新风正气不断充盈"。工作中,对于已经造成不良影响和严重后果的形式主义、官僚主义问题,《中国共产党纪律处分条例》和《公职人员政务处分法》均作出了明确的惩戒性规定;对于虽未造成不良影响和严重后果的其他各种形式主义、官僚主义问题,也必须站在讲政治的高度,运用"第一种形态",做到抓早抓小、防微杜渐。

第一百二十三条 党组织有下列行为之一,对直接责任者和领导责任者,情节较重的,给予警告或者严重警告处分;情节严重的,给予撤销党内职务或者留党察看处分:

(一)党员被依法判处刑罚后,不按照规定给予党纪处分,或者对违反国家法律法规的行为,应当给予党纪处分而不处分的;

(二)党纪处分决定或者申诉复查决定作出后,不按照规定落实决定中关于被处分人党籍、职务、职级、待遇等事项的;

(三)党员受到党纪处分后,不按照干部管理权限和组织关系对受处分党员开展日常教育、管理和监督工作的。

第一百二十四条 因工作不负责任致使所管理的人员叛逃的,对直接责任者和领导责任者,给予警告或者严重警告处分;情节严重的,给予撤销党内职务处分。

因工作不负责任致使所管理的人员出走,对直接责任者和领导责任者,情节较重的,给予警告或者严重警告处分;情节严重的,给予撤销党内职务处分。

第一百二十五条 在上级检查、视察工作或者向上级汇报、报告工作时对应当报告的事项不报告或者不如实报告,造成严重损害或者严重不良影响的,对直接责任者和领导责任者,给予警告或者严重警告处分;情节严重的,给予撤销党内职务或者留党察看处分。

在上级检查、视察工作或者向上级汇报、报告工作时纵容、唆使、暗示、强迫下级说假话、报假情的,从重或者加重处分[98]。

【解读】本条第1款行为与第54条规定的"不按照有关规定向组织请示、报告重大事项"的行为存在不同。本条第1款强调的是具体工作层面、工作内容上的报

想担责,满足于做表面文章,重显绩不重潜绩,重包装不重实效。官僚主义背后是官本位思想,价值观走偏、权力观扭曲,盲目依赖个人经验和主观判断,严重脱离实际、脱离群众。"一般情况下,如果将违反群众纪律、工作纪律等问题认定为形式主义、官僚主义,应在纪检监察文书的"违反中央八项规定精神"问题中予以单列表述。但如果依照《中国共产党纪律处分条例》第50条的规定,将某一问题认定为违反政治纪律,则不宜重复认定为"违反中央八项规定精神",但在汇总"查处违反中央八项规定精神问题"统计数据时,仍应纳入形式主义、官僚主义问题予以统计。

[97] 此处注意与第50条第2款的区别。第50条第2款"落实党中央决策部署不坚决,打折扣、搞变通,在政治上造成不良影响或者严

告；而第54条不请示报告的是重大事项，具有特定的内涵，是指超出党员、领导干部自身职权范围，或者虽然在自身职权范围内但关乎全局、影响广泛的重要事情和重要情况，具体内容按照《中国共产党重大事项请示报告条例》等党内法规和党中央、省部级党委（党组）有关规定确定，其中《中国共产党重大事项请示报告条例》第6章"党员、领导干部请示报告"中对党员、领导干部应当向党组织请示、报告的重大事项作出明确规定。

第一百二十六条　党员领导干部违反有关规定干预和插手市场经济活动，有下列行为之一，造成不良影响的，给予警告或者严重警告处分；情节较重的，给予撤销党内职务或者留党察看处分；情节严重的，给予开除党籍处分：

（一）干预和插手建设工程项目承发包、土地使用权出让、政府采购、房地产开发与经营、矿产资源开发利用、中介机构服务等活动的；

（二）干预和插手国有企业重组改制、兼并、破产、产权交易、清产核资、资产评估、资产转让、重大项目投资以及其他重大经营活动等事项的；

（三）干预和插手批办各类行政许可和资金借贷等事项的；

（四）干预和插手经济纠纷的；

（五）干预和插手集体资金、资产和资源的使用、分配、承包、租赁等事项的。

【知识点："插手干预"的界定】《违反规定插手干预工程建设领域行为处分规定》第3条规定，"违反规定插手干预工程建设领域行为，是指行政机关公务员违反法律、法规、规章或者行政机关的决定、命令，利用职权或者职务上的影响，向相关部门、单位或者有关人员以指定、授意、暗示等方式提出要求，影响工程建设正常开展或者干扰正常监管、执法活动的行为"。对"插手干预"的界定，可参照此规定进行。

第一百二十七条　党员领导干部违反有关规定[99]干预和插手司法活动、执纪执法活动，向有关地方或者部门打听案情[100]、打招呼、说情，或者以其他方式对司法活动、执纪执法活动施加影响，情节较轻的，给予严重警告处分；情节较重的，给予撤销党内职务或者留党察看处分；情节严重的，给予开除党籍处分。

党员领导干部违反有关规定干预和插手公共财政资金分配、项目立项评审、政府奖励表彰等活动，造成重大损失或者不良影响的，依照前款规定处理。

第一百二十八条　泄露、扩散或者打探[101]、窃取党组织关于干部选拔任用、纪律审查、巡视巡察[102]等尚未公开事项或者其他应当保密的内容的，给予警告或者严重警告处分；情节较重的，给予撤销党内职务或者留党察看处分；情节严重的，给予开除党籍处分。

私自留存涉及党组织关于干部选拔任用、纪律审查、巡视巡察等方面资料，情节较重的，给予警告或者严重警告处分；情节严重的，给予撤销党内职务处分。

重后果的，给予警告或者严重警告处分；情节严重的，给予撤销党内职务、留党察看或者开除党籍处分"，属于违反政治纪律。

⑱ 本款系新增内容。

⑲ 是指《领导干部干预司法活动、插手具体案件处理的记录、通报和责任追究规定》《司法机关内部人员过问案件的记录和责任追究规定》《人民法院落实〈领导干部干预司法活动、插手具体案件处理的记录、通报和责任追究规定〉的实施办法》《最高人民检察院关于检察机关贯彻执行〈领导干部干预司法活动、插手具体案件处理的记录、通报和责任追究规定〉和〈司法机关内部人员过问案件的记录和责任追究规定〉的实施办法（试行）》等。

⑳ "打听案情"系新增内容。如果是高级党员领导干部打听本人案情，有可能被认定为违反政治纪律。

⑩ "打探"系新增内容。
⑩ "巡视巡察"系新增内容。

【解读】请注意本条第1款与第79条第1款第1项的区分,都存在"泄露",两者区别主要体现在侵犯的对象上。前者侵犯的对象主要是关于干部选拔任用、纪律审查、巡视巡察等尚未公开事项或者其他应当保密的内容,这里的纪律审查不包括信访举报(检举控告),主要是指初核、审查调查;后者侵犯的对象主要是批评、检举、控告材料。

党员干部要严守保密纪律,不该说的不说、不该问的不问、不该看的不看。谋成于密而败于泄,对纪检监察干部来说,是确保执纪审查调查安全最基本的纪律保障,把保密纪律作为钢规铁纪来遵守。有的党员干部为私情私利所惑,泄露、扩散、打探、窃取党组织关于干部选拔任用、纪律审查、巡视巡察等尚未公开事项或者其他应当保密的内容。需要注意违纪行为人的主体身份,如果是党的高级领导干部实施的,有可能定性为违反政治纪律、政治规矩。如,某省原省委常委、组织部部长贺某某在担任中央巡视组副组长期间,泄露巡视工作秘密,被认定为严重违反政治纪律和政治规矩。

第一百二十九条 在考试、录取工作中,有泄露试题、考场舞弊、涂改考卷、违规录取等违反有关规定行为的,给予警告或者严重警告处分;情节较重的,给予撤销党内职务或者留党察看处分;情节严重的,给予开除党籍处分。

第一百三十条 以不正当方式谋求本人或者其他人用公款出国(境),情节较轻的,给予警告处分;情节较重的,给予严重警告处分;情节严重的,给予撤销党内职务处分。

【解读】2003年《中国共产党纪律处分条例》将"以不正当方式谋求本人或者其他人用公款出国(境),情节较轻的,给予警告处分;情节较重的,给予严重警告处分;情节严重的,给予撤销党内职务处分"归入违反组织纪律,2015年、2018年《中国共产党纪律处分条例》将其归为违反工作纪律。

第一百三十一条 临时出国(境)团(组)或者人员中的党员,擅自延长在国(境)外期限,或者擅自变更路线的,对直接责任者和领导责任者,给予警告或者严重警告处分;情节严重的,给予撤销党内职务处分。

第一百三十二条 驻外机构或者临时出国(境)团(组)中的党员,触犯驻在国家、地区的法律、法令或者不尊重驻在国家、地区的宗教习俗,情节较重的,给予警告或者严重警告处分;情节严重的,给予撤销党内职务、留党察看或者开除党籍处分。

第一百三十三条 在党的纪律检查、组织、宣传、统一战线工作以及机关工作等其他工作中,不履行或者不正确履行职责,造成损失或者不良影响的,应当视具体情节给予警告直至开除党籍处分。

【知识点:造成不良影响、严重后果的判断】一是从舆论反响判断,包括是否引起社会负面舆情、是否引起他人不满或举报、舆论知晓范围和严重程度等因素。二是从人员伤亡、经济损失判断，包括造成死亡人数、重伤人数、轻伤人数，是否造成国家经济损失及损失数额大小等因素。三是从违纪背景判断，包括是否处于战时状态（如抗洪、防疫期间）、集中整治期间，是党的十八大后还是党的十九大后所犯错误等因素。四是从社会影响判断，包括是否造成单位管理混乱、影响正常秩序，是否危害公共安全，是否受到上级单位通报、批评等因素。五是从执政基础判断，是否严重影响党的执政基础，影响国家、政府公信力等因素。如，某区副区长兼任该区防汛指挥部副指挥长时，不认真履行防汛排涝应急响应期间领导24小时轮岗值班工作要求，擅离职守，值班当晚在家中饮酒致脱岗。根据本条例第10章"对违反工作纪律行为的处分"第133条的规定，"在党的纪律检查、组织、宣传、统一战线工作以及机关工作等其他工作中，不履行或者不正确履行职责，造成损失或者不良影响的，应当视具体情节给予警告直至开除党籍处分"。该副区长行为是否违反工作纪律，就要判断其行为是否造成损失或者不良影响。从违纪背景来看，当时是防汛排涝应急响应期，是涉及党和人民群众利益的关键时刻、特殊时期。从舆论反响来看，其行为在当地和网络上引起了负面舆情。从对社会影响、执政基础的影响来看，其行为让干部群众对全省防汛各项部署产生负面解读，对公职人员的形象、政府的执行力和公信力造成严重破坏。综合上述因素，可以认定该副区长的行为属于造成不良影响，应认定为违反工作纪律。参见王亚玲、王多：《如何判断党纪处分条例中违纪行为的情节轻重和不良影响》，载《中国纪检监察》2022年第24期。

第十一章　对违反生活纪律行为的处分

第一百三十四条[103]　生活奢靡、贪图享乐、追求低级趣味，造成不良影响的，给予警告或者严重警告处分；情节严重的，给予撤销党内职务处分。

【知识点：党员用自己家庭的合法收入买豪车、名表等，是否会受到处分？】《中国共产党纪律处分条例》第126条是关于党员在生活中陷入奢靡、贪图享乐、追求低级趣味，并造成不良影响的行为给予纪律处分的规定。其中，"生活奢靡、贪图享乐"主要是指党员背离了党章要求的"吃苦在前，享受在后"的义务和《中国共产党廉洁自律准则》"尚俭戒奢"的要求，在日常生活中，讲排场，比阔气，动辄挥金如土，恰如群众批评的那种土豪气。他们的行为，明显超过当地正常生活消费水平和群众对党员应当是社会主义新风尚和社会主义荣辱观带头践行者的要求。所谓"不良影响"，应当根据当地经济发展水平、风俗习惯和群众的反映等因素综合考虑。随着我国经济社会不断发展，人民生活水平日益提高，党员、干部靠自己的劳动，生活过得好一点，群众完全理解；但过分奢靡，群众会认为他们没有体现出先进分子

[103] 党员给孩子过生日、给父母祝寿摆酒席等，场面特别宏大，大操大办，铺张浪费，造成不良影响的，可以适用此条规定。

的本色,不像一名共产党员的所作所为。参见《中央纪委法规室回复:党员用自己家庭的合法收入买豪车、名表等,是否会受到处分?》,载中央纪委国家监委网站,https://www.ccdi.gov.cn/hdjl/hfxd/201512/t20151221_115736.html。

如果党员领导干部在接受管理服务对象提供的服务时生活奢靡或者挥霍浪费公款,则有可能构成违反生活纪律与违反廉洁纪律的竞合,在这种情况下,可以优先评价为违反廉洁纪律(违反中央八项规定精神)。

【典型案例:生活奢靡】第十九届中央委员、全国政协社会和法制委员会原副主任傅某华无视中央八项规定精神,特权思想极为严重,生活奢靡享乐,长期违规占用多套住房、办公用房和多辆公车供个人及家庭享受,长期安排多名公职、现役人员为个人及家人提供服务,频繁接受高档宴请和旅游安排。参见《全国政协社会和法制委员会原副主任傅某华严重违纪违法被开除党籍、开除公职》,载中央纪委国家监委网站,https://www.ccdi.gov.cn/scdcn/zggb/djcf/202203/t20220331_183521.html。

第一百三十五条 与他人发生不正当性关系[104],造成不良影响的,给予警告或者严重警告处分;情节较重的,给予撤销党内职务或者留党察看处分;情节严重的,给予开除党籍处分[105]。

利用职权、教养关系、从属关系或者其他相类似关系与他人发生性关系的,从重处分。

【知识点:与他人发生不正当性关系】与他人发生不正当性关系违纪行为,一般要求具备三个条件:一是一方或者双方有配偶,且发生了不正当性关系;二是不正当性关系必须是双方基于自愿发生的,发生两性关系的目的不是获取财产性利益;三是造成了不良影响。如果双方均无配偶,则不构成本条规定的违纪。在表现形式上包括:双方均有配偶或者一方有配偶而自愿发生不正当性关系;以玩弄对方为目的,通过诱骗或其他手段与对方自愿发生性关系;同时交往多名对象,并分别与其保持不正当性关系等。如果行为人有配偶而与他人形成事实婚姻,或者明知他人有配偶而与之结婚,则有可能构成重婚罪;如果行为人明知是现役军人的配偶而与之同居或者结婚,则有可能构成破坏军婚罪。

第一百三十六条 党员领导干部不重视家风建设,对配偶、子女及其配偶失管失教,造成不良影响或者严重后果的,给予警告或者严重警告处分;情节严重的,给予撤销党内职务处分[106]。

【解读】《关于新形势下党内政治生活的若干准则》规定:领导干部特别是高级干部必须注重家庭、家教、家风,教育管理好亲属和身边工作人员。从近年查处的案件看,一些领导干部虽然自身没有经济问题,但对亲属要求不严、管教不力,导致个

[104] 请注意,卖淫嫖娼不属于违反生活纪律,而属于违反治安管理处罚法的行为。

[105] 请注意,本款规定的违纪行为与权色交易、钱色交易行为存在本质不同,根本区别在于是否存在利益交换。权色交易、钱色交易行为存在利益交换,往往是通过本人职权或者职务上的影响为对方或者对方的亲友、特定关系人谋取一定的地位、职位或者是给物质上的利益。而本款则以感情为基础,不以利益交换作为发生两性关系的条件。

[106] 本条系新增内容。注意:一是义务主体是党员领导干部,而不是党员干部;二是量纪最重处分是撤销党内职务。

别亲属"靠树乘凉"、借势谋利，有的甚至危害一方、败坏风气，群众反映十分强烈。家风问题不仅仅是领导干部私人问题，不仅关系自己的家庭还关系党风政风，影响社风民风。实践也反复证明，不重视家风建设的干部，大多也难以做到独善其身，很多人被击中"亲情不可违"软肋，最终走上违纪违法甚至犯罪道路。本违纪行为系2018年《中国共产党纪律处分条例》新增内容，故发生在2018年10月1日之前且未持续到10月1日后的行为，不宜作违纪评价，但可作情节考量。认定不重视家风建设违纪行为，既要主客观相一致，也要综合考虑以下因素：领导干部平时对亲属是严格要求、经常提醒还是溺爱过度、约束无方；领导干部与家属是同居一地、来往密切还是长期分居、无暇顾及，等等。上述因素对领导干部主观状况及违纪行为的性质、情节及后果都会产生较大影响，需要结合个案具体把握，不搞"客观归错""一刀切"。参见许展：《不重视家风建设违纪行为辨析》，载《中国纪检监察报》2019年7月17日，第8版。

第一百三十七条　违背社会公序良俗，在公共场所有不当行为，造成不良影响的，给予警告或者严重警告处分；情节较重的，给予撤销党内职务或者留党察看处分；情节严重的，给予开除党籍处分。

第一百三十八条　有其他严重违反社会公德、家庭美德行为的，应当视具体情节给予警告直至开除党籍处分。

第三编　附　　则

第一百三十九条　各省、自治区、直辖市党委可以根据本条例，结合各自工作的实际情况，制定单项实施规定。

第一百四十条　中央军事委员会可以根据本条例，结合中国人民解放军和中国人民武装警察部队的实际情况，制定补充规定或者单项规定。

第一百四十一条　本条例由中央纪律检查委员会负责解释。

第一百四十二条　本条例自2018年10月1日起施行。

本条例施行前，已结案的案件如需进行复查复议，适用当时的规定或者政策。尚未结案的案件，如果行为发生时的规定或者政策不认为是违纪，而本条例认为是违纪的，依照当时的规定或者政策处理；如果行为发生时的规定或者政策认为是违纪的，依照当时的规定或者政策处理，但是如果本条例不认为是违纪或者处理较轻的，依照本条例规定处理。

中国共产党纪律处分条例(节录)[①]

(2015 年 10 月 18 日中共中央印发)

第四章 对违法犯罪党员的纪律处分

第二十七条 党组织在纪律审查中发现党员有贪污贿赂、失职渎职等刑法规定的行为涉嫌犯罪的,应当给予撤销党内职务、留党察看或者开除党籍处分。

第二十八条 党组织在纪律审查中发现党员有刑法规定的行为,虽不涉及犯罪但须追究党纪责任的,应当视具体情节给予警告直至开除党籍处分。

第二十九条 党组织在纪律审查中发现党员有其他违法行为,影响党的形象,损害党、国家和人民利益的,应当视情节轻重给予党纪处分。

对有丧失党员条件,严重败坏党的形象行为的,应当给予开除党籍处分。

第三十条 党员受到党纪追究,涉嫌违法犯罪的,应当及时移送有关国家机关依法处理。需要给予行政处分或者其他纪律处分的,应当向有关机关或者组织提出建议。

第三十一条 党员被依法逮捕的,党组织应当按照管理权限中止其表决权、选举权和被选举权等党员权利。根据司法机关处理结果,可以恢复其党员权利的,应当及时予以恢复。

第三十二条 党员犯罪情节轻微,人民检察院依法作出不起诉决定的,或者人民法院依法作出有罪判决并免予刑事处罚的,应当给予撤销党内职务、留党察看或者开除党籍处分。

党员犯罪,被单处罚金的,依照前款规定处理。

第三十三条 党员犯罪,有下列情形之一的,应当给予开除党籍处分:

(一)因故意犯罪被依法判处刑法规定的主刑(含宣告缓刑)的;

(二)被单处或者附加剥夺政治权利的;

(三)因过失犯罪,被依法判处三年以上(不含三年)有期徒刑的。

因过失犯罪被判处三年以下(含三年)有期徒刑或者被判处管制、拘役的,一般应当开除党籍。对于个别可以不开除党籍的,应当对照处分党员批准权限的规定,报请再上一级党组织批准。

第三十四条 党员依法受到刑事责任追究的,党组织应当根据司法机关的生效判决、裁定、决定及其认定的事实、性质和情节,依照本条例规定给予党纪处分或

① 2015 年条例和 2003 年条例虽已被修改,但实践中发现的大量违纪案件,发生在党的十八大以前,适用当时的法规,故本书予以收录。2015 年条例贯彻党的十八大和十八届三中、四中全会精神,坚持依规治党与以德治党相结合,围绕党纪戒尺要求,开列负面清单,重在立规,是对党章规定的具体化,划出了党组织和党员不可触碰的底线,对于贯彻全面从严治党要求,把纪律和规矩挺在前面,切实维护党章和其他党内法规的权威性、严肃性,保证党的路线、方针、政策、决议和国家法律法规的贯彻执行,深入推进党风廉政建设和反腐败斗争具有十分重要的意义。

者组织处理。

党员依法受到行政处罚、行政处分，应当追究党纪责任的，党组织可以根据生效的行政处罚、行政处分决定认定的事实、性质和情节，经核实后依照本条例规定给予党纪处分或者组织处理。

党员违反国家法律法规，违反企事业单位或者其他社会组织的规章制度受到其他纪律处分，应当追究党纪责任的，党组织在对有关方面认定的事实、性质和情节进行核实后，依照本条例规定给予党纪处分或者组织处理。

党组织作出党纪处分或者组织处理决定后，司法机关、行政机关等依法改变原生效判决、裁定、决定等，对原党纪处分或者组织处理决定产生影响的，党组织应当根据改变后的生效判决、裁定、决定等重新作出相应处理。

第五章　其 他 规 定

第三十五条　预备党员违犯党纪，情节较轻，可以保留预备党员资格的，党组织应当对其批评教育或者延长预备期；情节较重的，应当取消其预备党员资格。

第三十六条　对违纪后下落不明的党员，应当区别情况作出处理：

（一）对有严重违纪行为，应当给予开除党籍处分的，党组织应当作出决定，开除其党籍；

（二）除前项规定的情况外，下落不明时间超过六个月的，党组织应当按照党章规定对其予以除名。

第三十七条　违纪党员在党组织作出处分决定前死亡，或者在死亡之后发现其曾有严重违纪行为，对于应当给予开除党籍处分的，开除其党籍；对于应当给予留党察看以下（含留党察看）处分的，作出书面结论，不再给予党纪处分。

第三十八条　违纪行为有关责任人员的区分：

（一）直接责任者，是指在其职责范围内，不履行或者不正确履行自己的职责，对造成的损失或者后果起决定性作用的党员或者党员领导干部。

（二）主要领导责任者，是指在其职责范围内，对直接主管的工作不履行或者不正确履行职责，对造成的损失或者后果负直接领导责任的党员领导干部。

（三）重要领导责任者，是指在其职责范围内，对应管的工作或者参与决定的工作不履行或者不正确履行职责，对造成的损失或者后果负次要领导责任的党员领导干部。

本条例所称领导责任者，包括主要领导责任者和重要领导责任者。

第三十九条　本条例所称主动交代，是指涉嫌违纪的党员在组织初核前向有关组织交代自己的问题，或者在初核和立案调查其问题期间交代组织未掌握的问题。

在初核、立案调查过程中，涉嫌违纪的党员能够配合调查工作，如实坦白组织已掌握的其本人主要违纪事实的，可以从轻处分。

第四十条 计算经济损失主要计算直接经济损失。直接经济损失，是指与违纪行为有直接因果关系而造成财产损毁的实际价值。

第四十一条 对于违纪行为所获得的经济利益，应当收缴或者责令退赔。

对于违纪行为所获得的职务、职称、学历、学位、奖励、资格等其他利益，应当由承办案件的纪检机关或者由其上级纪检机关建议有关组织、部门、单位按照规定予以纠正。

对于依照本条例第三十六条、第三十七条规定处理的党员，经调查确属其实施违纪行为获得的利益，依照本条规定处理。

第四十二条 党纪处分决定作出后，应当在一个月内向受处分党员所在党的基层组织中的全体党员及其本人宣布，并按照干部管理权限和组织关系将处分决定材料归入受处分者档案；对于受到撤销党内职务以上（含撤销党内职务）处分的，还应当在一个月内办理职务、工资等相应变更手续；涉及撤销或者调整其党外职务的，应当建议党外组织及时撤销或者调整其党外职务。特殊情况下，经作出或者批准作出处分决定的组织批准，可以适当延长办理期限。办理期限最长不得超过六个月。

第四十三条 执行党纪处分决定的机关或者受处分党员所在单位，应当在六个月内将处分决定的执行情况向作出或者批准处分决定的机关报告。

第四十四条 本条例总则适用于有党纪处分规定的其他党内法规，但是中共中央发布或者批准发布的其他党内法规有特别规定的除外。

第二编　分　　则

第六章　对违反政治纪律行为的处分

第四十五条 通过信息网络、广播、电视、报刊、书籍、讲座、论坛、报告会、座谈会等方式，公开发表坚持资产阶级自由化立场、反对四项基本原则，反对党的改革开放决策的文章、演说、宣言、声明等的，给予开除党籍处分。

发布、播出、刊登、出版前款所列文章、演说、宣言、声明等或者为上述行为提供方便条件的，对直接责任者和领导责任者，给予严重警告或者撤销党内职务处分；情节严重的，给予留党察看或者开除党籍处分。

第四十六条 通过信息网络、广播、电视、报刊、书籍、讲座、论坛、报告会、座谈会等方式，有下列行为之一，情节较轻的，给予警告或者严重警告处分；情节较重的，

给予撤销党内职务或者留党察看处分;情节严重的,给予开除党籍处分:

（一）公开发表违背四项基本原则,违背、歪曲党的改革开放决策,或者其他有严重政治问题的文章、演说、宣言、声明等的;

（二）妄议中央大政方针,破坏党的集中统一的;

（三）丑化党和国家形象,或者诋毁、诬蔑党和国家领导人,或者歪曲党史、军史的。

发布、播出、刊登、出版前款所列内容或者为上述行为提供方便条件的,对直接责任者和领导责任者,给予严重警告或者撤销党内职务处分;情节严重的,给予留党察看或者开除党籍处分。

第四十七条　制作、贩卖、传播第四十五条、第四十六条所列内容之一的书刊、音像制品、电子读物、网络音视频资料等,情节较轻的,给予警告或者严重警告处分;情节较重的,给予撤销党内职务或者留党察看处分;情节严重的,给予开除党籍处分。

私自携带、寄递第四十五条、第四十六条所列内容之一的书刊、音像制品、电子读物等入出境,情节较重的,给予警告或者严重警告处分;情节严重的,给予撤销党内职务、留党察看或者开除党籍处分。

第四十八条　组织、参加反对党的基本理论、基本路线、基本纲领、基本经验、基本要求或者重大方针政策的集会、游行、示威等活动的,或者以组织讲座、论坛、报告会、座谈会等方式,反对党的基本理论、基本路线、基本纲领、基本经验、基本要求或者重大方针政策,造成严重不良影响的,对策划者、组织者和骨干分子,给予开除党籍处分。

对其他参加人员或者以提供信息、资料、财物、场地等方式支持上述活动者,情节较轻的,给予警告或者严重警告处分;情节较重的,给予撤销党内职务或者留党察看处分;情节严重的,给予开除党籍处分。

对不明真相被裹挟参加,经批评教育后确有悔改表现的,可以免予处分或者不予处分。

未经组织批准参加其他集会、游行、示威等活动,情节较轻的,给予警告或者严重警告处分;情节较重的,给予撤销党内职务或者留党察看处分;情节严重的,给予开除党籍处分。

第四十九条　组织、参加旨在反对党的领导、反对社会主义制度或者敌视政府等组织的,对策划者、组织者和骨干分子,给予开除党籍处分。

对其他参加人员,情节较轻的,给予警告或者严重警告处分;情节较重的,给予撤销党内职务或者留党察看处分;情节严重的,给予开除党籍处分。

第五十条 组织、参加会道门或者邪教组织的，对策划者、组织者和骨干分子，给予开除党籍处分。

对其他参加人员，情节较轻的，给予警告或者严重警告处分；情节较重的，给予撤销党内职务或者留党察看处分；情节严重的，给予开除党籍处分。

对不明真相的参加人员，经批评教育后确有悔改表现的，可以免予处分或者不予处分。

第五十一条 在党内组织秘密集团或者组织其他分裂党的活动的，给予开除党籍处分。

参加秘密集团或者参加其他分裂党的活动的，给予留党察看或者开除党籍处分。

第五十二条 在党内搞团团伙伙、结党营私、拉帮结派、培植私人势力或者通过搞利益交换、为自己营造声势等活动捞取政治资本的，给予严重警告或者撤销党内职务处分；情节严重的，给予留党察看或者开除党籍处分。

第五十三条 有下列行为之一的，对直接责任者和领导责任者，给予严重警告或者撤销党内职务处分；情节严重的，给予留党察看或者开除党籍处分：

（一）拒不执行党和国家的方针政策以及决策部署的；

（二）故意作出与党和国家的方针政策以及决策部署相违背的决定的；

（三）擅自对应当由中央决定的重大政策问题作出决定和对外发表主张的。

第五十四条 挑拨民族关系制造事端或者参加民族分裂活动的，对策划者、组织者和骨干分子，给予开除党籍处分。

对其他参加人员，情节较轻的，给予警告或者严重警告处分；情节较重的，给予撤销党内职务或者留党察看处分；情节严重的，给予开除党籍处分。

对不明真相被裹挟参加，经批评教育后确有悔改表现的，可以免予处分或者不予处分。

有其他违反党和国家民族政策的行为，情节较轻的，给予警告或者严重警告处分；情节较重的，给予撤销党内职务或者留党察看处分；情节严重的，给予开除党籍处分。

第五十五条 组织、利用宗教活动反对党的路线、方针、政策和决议，破坏民族团结的，对策划者、组织者和骨干分子，给予留党察看或者开除党籍处分。

对其他参加人员，情节较轻的，给予警告或者严重警告处分；情节较重的，给予撤销党内职务或者留党察看处分；情节严重的，给予开除党籍处分。

对不明真相被裹挟参加，经批评教育后确有悔改表现的，可以免予处分或者不予处分。

有其他违反党和国家宗教政策的行为，情节较轻的，给予警告或者严重警告处分；情节较重的，给予撤销党内职务或者留党察看处分；情节严重的，给予开除党籍处分。

第五十六条　组织、利用宗族势力对抗党和政府，妨碍党和国家的方针政策以及决策部署的实施，或者破坏党的基层组织建设的，对策划者、组织者和骨干分子，给予留党察看或者开除党籍处分。

对其他参加人员，情节较轻的，给予警告或者严重警告处分；情节较重的，给予撤销党内职务或者留党察看处分；情节严重的，给予开除党籍处分。

对不明真相被裹挟参加，经批评教育后确有悔改表现的，可以免予处分或者不予处分。

第五十七条　对抗组织审查，有下列行为之一的，给予警告或者严重警告处分；情节较重的，给予撤销党内职务或者留党察看处分；情节严重的，给予开除党籍处分：

（一）串供或者伪造、销毁、转移、隐匿证据的；

（二）阻止他人揭发检举、提供证据材料的；

（三）包庇同案人员的；

（四）向组织提供虚假情况，掩盖事实的；

（五）有其他对抗组织审查行为的。

第五十八条　组织迷信活动的，给予撤销党内职务或者留党察看处分；情节严重的，给予开除党籍处分。

参加迷信活动，造成不良影响的，给予警告或者严重警告处分；情节较重的，给予撤销党内职务或者留党察看处分；情节严重的，给予开除党籍处分。

对不明真相的参加人员，经批评教育后确有悔改表现的，可以免予处分或者不予处分。

第五十九条　在国（境）外、外国驻华使（领）馆申请政治避难，或者违纪后逃往国（境）外、外国驻华使（领）馆的，给予开除党籍处分。

在国（境）外公开发表反对党和政府的文章、演说、宣言、声明等的，依照前款规定处理。

故意为上述行为提供方便条件的，给予留党察看或者开除党籍处分。

第六十条　在涉外活动中，其言行在政治上造成恶劣影响，损害党和国家尊严、利益的，给予撤销党内职务或者留党察看处分；情节严重的，给予开除党籍处分。

第六十一条　党员领导干部对违反政治纪律和政治规矩等错误思想和行为放任不管，搞无原则一团和气，造成不良影响的，给予警告或者严重警告处分；情节严重的,给予撤销党内职务或者留党察看处分。

第六十二条 违反党的优良传统和工作惯例等党的规矩,在政治上造成不良影响的,给予警告或者严重警告处分;情节较重的,给予撤销党内职务或者留党察看处分;情节严重的,给予开除党籍处分。

第七章 对违反组织纪律行为的处分

第六十三条 违反民主集中制原则,拒不执行或者擅自改变党组织作出的重大决定,或者违反议事规则,个人或者少数人决定重大问题的,给予警告或者严重警告处分;情节严重的,给予撤销党内职务或者留党察看处分。

第六十四条 下级党组织拒不执行或者擅自改变上级党组织决定的,对直接责任者和领导责任者,给予警告或者严重警告处分;情节严重的,给予撤销党内职务或者留党察看处分。

第六十五条 拒不执行党组织的分配、调动、交流等决定的,给予警告、严重警告或者撤销党内职务处分。

在特殊时期或者紧急状况下,拒不执行党组织决定的,给予留党察看或者开除党籍处分。

第六十六条 不按照有关规定或者工作要求,向组织请示报告重大问题、重要事项的,给予警告或者严重警告处分;情节严重的,给予撤销党内职务或者留党察看处分。

不按要求报告或者不如实报告个人去向,情节较重的,给予警告或者严重警告处分。

第六十七条 有下列行为之一,情节较重的,给予警告或者严重警告处分:

(一)违反个人有关事项报告规定,不报告、不如实报告的;

(二)在组织进行谈话、函询时,不如实向组织说明问题的;

(三)不如实填报个人档案资料的。

篡改、伪造个人档案资料的,给予严重警告处分;情节严重的,给予撤销党内职务或者留党察看处分。

隐瞒入党前严重错误的,一般应当予以除名;对入党后表现尚好的,给予严重警告、撤销党内职务或者留党察看处分。

第六十八条 党员领导干部违反有关规定组织、参加自发成立的老乡会、校友会、战友会等,情节严重的,给予警告、严重警告或者撤销党内职务处分。

第六十九条 诬告陷害他人意在使他人受纪律追究的,给予警告或者严重警告处分;情节较重的,给予撤销党内职务或者留党察看处分;情节严重的,给予开除党籍处分。

第七十条　侵犯党员的表决权、选举权和被选举权，情节较重的，给予警告或者严重警告处分；情节严重的，给予撤销党内职务处分。

以强迫、威胁、欺骗、拉拢等手段，妨害党员自主行使表决权、选举权和被选举权的，给予撤销党内职务、留党察看或者开除党籍处分。

第七十一条　有下列行为之一的，给予警告或者严重警告处分；情节较重的，给予撤销党内职务或者留党察看处分；情节严重的，给予开除党籍处分：

（一）对批评、检举、控告进行阻挠、压制，或者将批评、检举、控告材料私自扣压、销毁，或者故意将其泄露给他人的；

（二）对党员的申辩、辩护、作证等进行压制，造成不良后果的；

（三）压制党员申诉，造成不良后果的，或者不按照有关规定处理党员申诉的；

（四）有其他侵犯党员权利行为，造成不良后果的。

对批评人、检举人、控告人、证人及其他人员打击报复的，依照前款规定从重或者加重处分。

党组织有上述行为的，对直接责任者和领导责任者，依照第一款规定处理。

第七十二条　有下列行为之一的，给予警告或者严重警告处分；情节较重的，给予撤销党内职务或者留党察看处分；情节严重的，给予开除党籍处分：

（一）在民主推荐、民主测评、组织考察和党内选举中搞拉票、助选等非组织活动的；

（二）在法律规定的投票、选举活动中违背组织原则搞非组织活动，组织、怂恿、诱使他人投票、表决的；

（三）在选举中进行其他违反党章、其他党内法规和有关章程活动的。

第七十三条　在干部选拔任用工作中，违反干部选拔任用规定，对直接责任者和领导责任者，情节较轻的，给予警告或者严重警告处分；情节较重的，给予撤销党内职务或者留党察看处分；情节严重的，给予开除党籍处分。

用人失察失误造成严重后果的，对直接责任者和领导责任者，依照前款规定处理。

第七十四条　在干部、职工的录用、考核、职务晋升、职称评定和征兵、安置复转军人等工作中，隐瞒、歪曲事实真相，或者利用职权或者职务上的影响违反有关规定为本人或者其他人谋取利益的，给予警告或者严重警告处分；情节较重的，给予撤销党内职务或者留党察看处分；情节严重的，给予开除党籍处分。

弄虚作假，骗取职务、职级、职称、待遇、资格、学历、学位、荣誉或者其他利益的，依照前款规定处理。

第七十五条 违反党章和其他党内法规的规定,采取弄虚作假或者其他手段把不符合党员条件的人发展为党员,或者为非党员出具党员身份证明的,对直接责任者和领导责任者,给予警告或者严重警告处分;情节严重的,给予撤销党内职务处分。

违反有关规定程序发展党员的,对直接责任者和领导责任者,依照前款规定处理。

第七十六条 违反有关规定取得外国国籍或者获取国(境)外永久居留资格、长期居留许可的,给予撤销党内职务、留党察看或者开除党籍处分。

第七十七条 违反有关规定办理因私出国(境)证件、前往港澳通行证,或者未经批准出入国(边)境,情节较轻的,给予警告或者严重警告处分;情节较重的,给予撤销党内职务处分;情节严重的,给予留党察看处分。

第七十八条 驻外机构或者临时出国(境)团(组)中的党员擅自脱离组织,或者从事外事、机要、军事等工作的党员违反有关规定同国(境)外机构、人员联系和交往的,给予警告、严重警告或者撤销党内职务处分。

第七十九条 驻外机构或者临时出国(境)团(组)中的党员,脱离组织出走时间不满六个月又自动回归的,给予撤销党内职务或者留党察看处分;脱离组织出走时间超过六个月的,按照自行脱党处理,党内予以除名。

故意为他人脱离组织出走提供方便条件的,给予警告、严重警告或者撤销党内职务处分。

第八章 对违反廉洁纪律行为的处分

第八十条 利用职权或者职务上的影响为他人谋取利益,本人的配偶、子女及其配偶等亲属和其他特定关系人收受对方财物,情节较重的,给予警告或者严重警告处分;情节严重的,给予撤销党内职务、留党察看或者开除党籍处分。

第八十一条 相互利用职权或者职务上的影响为对方及其配偶、子女及其配偶等亲属、身边工作人员和其他特定关系人谋取利益搞权权交易的,给予警告或者严重警告处分;情节较重的,给予撤销党内职务或者留党察看处分;情节严重的,给予开除党籍处分。

第八十二条 纵容、默许配偶、子女及其配偶等亲属和身边工作人员利用党员干部本人职权或者职务上的影响谋取私利,情节较轻的,给予警告或者严重警告处分;情节较重的,给予撤销党内职务或者留党察看处分;情节严重的,给予开除党籍处分。

党员干部的配偶、子女及其配偶不实际工作而获取薪酬或者虽实际工作但领取明显超出同职级标准薪酬，党员干部知情未予纠正的，依照前款规定处理。

第八十三条　收受可能影响公正执行公务的礼品、礼金、消费卡等，情节较轻的，给予警告或者严重警告处分；情节较重的，给予撤销党内职务或者留党察看处分；情节严重的，给予开除党籍处分。

收受其他明显超出正常礼尚往来的礼品、礼金、消费卡等的，依照前款规定处理。

第八十四条　向从事公务的人员及其配偶、子女及其配偶等亲属和其他特定关系人赠送明显超出正常礼尚往来的礼品、礼金、消费卡等，情节较重的，给予警告或者严重警告处分；情节严重的，给予撤销党内职务或者留党察看处分。

第八十五条　利用职权或者职务上的影响操办婚丧喜庆事宜，在社会上造成不良影响的，给予警告或者严重警告处分；情节严重的，给予撤销党内职务处分。

在操办婚丧喜庆事宜中，借机敛财或者有其他侵犯国家、集体和人民利益行为的，依照前款规定从重或者加重处分，直至开除党籍。

第八十六条　接受可能影响公正执行公务的宴请或者旅游、健身、娱乐等活动安排，情节较重的，给予警告或者严重警告处分；情节严重的，给予撤销党内职务或者留党察看处分。

第八十七条　违反有关规定取得、持有、实际使用运动健身卡、会所和俱乐部会员卡、高尔夫球卡等各种消费卡，或者违反有关规定出入私人会所，情节较重的，给予警告或者严重警告处分；情节严重的，给予撤销党内职务或者留党察看处分。

第八十八条　违反有关规定从事营利活动，有下列行为之一，情节较轻的，给予警告或者严重警告处分；情节较重的，给予撤销党内职务或者留党察看处分；情节严重的，给予开除党籍处分：

（一）经商办企业的；

（二）拥有非上市公司（企业）的股份或者证券的；

（三）买卖股票或者进行其他证券投资的；

（四）从事有偿中介活动的；

（五）在国（境）外注册公司或者投资入股的；

（六）有其他违反有关规定从事营利活动的。

利用职权或者职务上的影响，为本人配偶、子女及其配偶等亲属和其他特定关系人的经营活动谋取利益的，依照前款规定处理。

违反有关规定在经济实体、社会团体等单位中兼职，或者经批准兼职但获取薪酬、奖金、津贴等额外利益的，依照第一款规定处理。

第八十九条　党员领导干部离职或者退（离）休后违反有关规定接受原任职务

管辖的地区和业务范围内的企业和中介机构的聘任，或者个人从事与原任职务管辖业务相关的营利活动，情节较轻的，给予警告或者严重警告处分；情节较重的，给予撤销党内职务处分；情节严重的，给予留党察看处分。

党员领导干部离职或者退（离）休后违反有关规定担任上市公司、基金管理公司独立董事、独立监事等职务，情节较轻的，给予警告或者严重警告处分；情节较重的，给予撤销党内职务处分；情节严重的，给予留党察看处分。

第九十条 党员领导干部的配偶、子女及其配偶，违反有关规定在该党员领导干部管辖的区域或者业务范围内从事可能影响其公正执行公务的经营活动，或者在该党员领导干部管辖的区域或者业务范围内的外商独资企业、中外合资企业中担任由外方委派、聘任的高级职务的，该党员领导干部应当按照规定予以纠正；拒不纠正的，其本人应当辞去现任职务或者由组织予以调整职务；不辞去现任职务或者不服从组织调整职务的，给予撤销党内职务处分。

第九十一条 党和国家机关违反有关规定经商办企业的，对直接责任者和领导责任者，给予警告或者严重警告处分；情节严重的，给予撤销党内职务处分。

第九十二条 党员领导干部违反工作、生活保障制度，在交通、医疗、警卫等方面为本人、配偶、子女及其配偶等亲属和其他特定关系人谋求特殊待遇，情节较重的，给予警告或者严重警告处分；情节严重的，给予撤销党内职务或者留党察看处分。

第九十三条 在分配、购买住房中侵犯国家、集体利益，情节较轻的，给予警告或者严重警告处分；情节较重的，给予撤销党内职务或者留党察看处分；情节严重的，给予开除党籍处分。

第九十四条 利用职权或者职务上的影响，侵占非本人经管的公私财物，或者以象征性地支付钱款等方式侵占公私财物，或者无偿、象征性地支付报酬接受服务、使用劳务，情节较轻的，给予警告或者严重警告处分；情节较重的，给予撤销党内职务或者留党察看处分；情节严重的，给予开除党籍处分。

利用职权或者职务上的影响，将本人、配偶、子女及其配偶等亲属应当由个人支付的费用，由下属单位、其他单位或者他人支付、报销的，依照前款规定处理。

第九十五条 利用职权或者职务上的影响，违反有关规定占用公物归个人使用，时间超过六个月，情节较重的，给予警告或者严重警告处分；情节严重的，给予撤销党内职务处分。

占用公物进行营利活动的，给予警告或者严重警告处分；情节较重的，给予撤销党内职务或者留党察看处分；情节严重的，给予开除党籍处分。

将公物借给他人进行营利活动的，依照前款规定处理。

第九十六条 违反有关规定组织、参加用公款支付的宴请、高消费娱乐、健身活动，或者用公款购买赠送、发放礼品，对直接责任者和领导责任者，情节较轻的，给予警告或者严重警告处分；情节较重的，给予撤销党内职务或者留党察看处分；情节严重的，给予开除党籍处分。

第九十七条 违反有关规定自定薪酬或者滥发津贴、补贴、奖金等，对直接责任者和领导责任者，情节较轻的，给予警告或者严重警告处分；情节较重的，给予撤销党内职务或者留党察看处分；情节严重的，给予开除党籍处分。

第九十八条 有下列行为之一，对直接责任者和领导责任者，情节较轻的，给予警告或者严重警告处分；情节较重的，给予撤销党内职务或者留党察看处分；情节严重的，给予开除党籍处分：

（一）用公款旅游、借公务差旅之机旅游或者以公务差旅为名变相旅游的；

（二）以考察、学习、培训、研讨、招商、参展等名义变相用公款出国（境）旅游的。

第九十九条 违反公务接待管理规定，超标准、超范围接待或者借机大吃大喝，对直接责任者和领导责任者，情节较重的，给予警告或者严重警告处分；情节严重的，给予撤销党内职务处分。

第一百条 违反有关规定配备、购买、更换、装饰、使用公务用车或者有其他违反公务用车管理规定的行为，对直接责任者和领导责任者，情节较重的，给予警告或者严重警告处分；情节严重的，给予撤销党内职务或者留党察看处分。

第一百零一条 违反会议活动管理规定，有下列行为之一，对直接责任者和领导责任者，情节较重的，给予警告或者严重警告处分；情节严重的，给予撤销党内职务处分：

（一）到禁止召开会议的风景名胜区开会的；

（二）决定或者批准举办各类节会、庆典活动的。

擅自举办评比达标表彰活动或者借评比达标表彰活动收取费用的，依照前款规定处理。

第一百零二条 违反办公用房管理规定，有下列行为之一，对直接责任者和领导责任者，情节较重的，给予警告或者严重警告处分；情节严重的，给予撤销党内职务处分：

（一）决定或者批准兴建、装修办公楼、培训中心等楼堂馆所，超标准配备、使用办公用房的；

（二）用公款包租、占用客房或者其他场所供个人使用的。

第一百零三条 搞权色交易或者给予财物搞钱色交易的，给予警告或者严重警告处分；情节较重的，给予撤销党内职务或者留党察看处分；情节严重的，给予开除党籍处分。

第一百零四条 有其他违反廉洁纪律规定行为的，应当视具体情节给予警告直至开除党籍处分。

第九章 对违反群众纪律行为的处分

第一百零五条 有下列行为之一，对直接责任者和领导责任者，情节较轻的，给予警告或者严重警告处分；情节较重的，给予撤销党内职务或者留党察看处分；情节严重的，给予开除党籍处分：

（一）超标准、超范围向群众筹资筹劳、摊派费用，加重群众负担的；

（二）违反有关规定扣留、收缴群众款物或者处罚群众的；

（三）克扣群众财物，或者违反有关规定拖欠群众钱款的；

（四）在管理、服务活动中违反有关规定收取费用的；

（五）在办理涉及群众事务时刁难群众、吃拿卡要的；

（六）有其他侵害群众利益行为的。

第一百零六条 干涉群众生产经营自主权，致使群众财产遭受较大损失的，对直接责任者和领导责任者，给予警告或者严重警告处分；情节严重的，给予撤销党内职务或者留党察看处分。

第一百零七条 在社会保障、政策扶持、救灾救济款物分配等事项中优亲厚友、明显有失公平的，给予警告或者严重警告处分；情节严重的，给予撤销党内职务或者留党察看处分。

第一百零八条 有下列行为之一，对直接责任者和领导责任者，情节较重的，给予警告或者严重警告处分；情节严重的，给予撤销党内职务或者留党察看处分：

（一）对涉及群众生产、生活等切身利益的问题依照政策或者有关规定能解决而不及时解决，造成不良影响的；

（二）对符合政策的群众诉求消极应付、推诿扯皮，损害党群、干群关系的；

（三）对待群众态度恶劣、简单粗暴，造成不良影响的；

（四）弄虚作假，欺上瞒下，损害群众利益的。

第一百零九条 不顾群众意愿，盲目铺摊子、上项目，致使国家、集体或者群众财产和利益遭受较大损失的，对直接责任者和领导责任者，给予警告或者严重警告处分；情节严重的，给予撤销党内职务或者留党察看处分。

第一百一十条 遇到国家财产和群众生命财产受到严重威胁时，能救而不救，情节较重的，给予警告、严重警告或者撤销党内职务处分；情节严重的，给予留党察看或者开除党籍处分。

第一百一十一条　不按照规定公开党务、政务、厂务、村(居)务等,侵犯群众知情权,对直接责任者和领导责任者,情节较重的,给予警告或者严重警告处分;情节严重的,给予撤销党内职务或者留党察看处分。

第一百一十二条　有其他违反群众纪律规定行为的,应当视具体情节给予警告直至开除党籍处分。

第十章　对违反工作纪律行为的处分

第一百一十三条　党组织负责人在工作中不负责任或者疏于管理,有下列情形之一,给党、国家和人民利益以及公共财产造成较大损失的,对直接责任者和领导责任者,给予警告或者严重警告处分;造成重大损失的,给予撤销党内职务、留党察看或者开除党籍处分:

(一)不传达贯彻、不检查督促落实党和国家的方针政策以及决策部署,或者作出违背党和国家方针政策以及决策部署的错误决策的;

(二)本地区、本部门、本系统和本单位发生公开反对党的基本理论、基本路线、基本纲领、基本经验、基本要求或者党和国家方针政策以及决策部署行为的。

第一百一十四条　党组织不履行全面从严治党主体责任或者履行全面从严治党主体责任不力,造成严重损害或者严重不良影响的,对直接责任者和领导责任者,给予警告或者严重警告处分;情节严重的,给予撤销党内职务或者留党察看处分。

第一百一十五条　党组织有下列行为之一,对直接责任者和领导责任者,情节较重的,给予警告或者严重警告处分;情节严重的,给予撤销党内职务或者留党察看处分:

(一)党员被依法判处刑罚后,不按照规定给予党纪处分,或者对违反国家法律法规的行为,应当给予党纪处分而不处分的;

(二)党纪处分决定或者申诉复查决定作出后,不按照规定落实决定中关于被处分人党籍、职务、职级、待遇等事项的;

(三)党员受到党纪处分后,不按照干部管理权限和组织关系对受处分党员开展日常教育、管理和监督工作的。

第一百一十六条　因工作不负责任致使所管理的人员叛逃的,对直接责任者和领导责任者,给予警告或者严重警告处分;情节严重的,给予撤销党内职务处分。

因工作不负责任致使所管理的人员出走,对直接责任者和领导责任者,情节较重的,给予警告或者严重警告处分;情节严重的,给予撤销党内职务处分。

第一百一十七条　在上级单位检查、视察工作或者向上级单位汇报、报告工作时对应当报告的事项不报告或者不如实报告，造成严重损害或者严重不良影响的，对直接责任者和领导责任者，给予警告或者严重警告处分；情节严重的，给予撤销党内职务或者留党察看处分。

第一百一十八条 党员领导干部违反有关规定干预和插手市场经济活动，有下列行为之一，造成不良影响的，给予警告或者严重警告处分；情节较重的，给予撤销党内职务或者留党察看处分；情节严重的，给予开除党籍处分：

（一）干预和插手建设工程项目承发包、土地使用权出让、政府采购、房地产开发与经营、矿产资源开发利用、中介机构服务等活动的；

（二）干预和插手国有企业重组改制、兼并、破产、产权交易、清产核资、资产评估、资产转让、重大项目投资以及其他重大经营活动等事项的；

（三）干预和插手批办各类行政许可和资金借贷等事项的；

（四）干预和插手经济纠纷的；

（五）干预和插手集体资金、资产和资源的使用、分配、承包、租赁等事项的。

第一百一十九条 党员领导干部违反有关规定干预和插手司法活动、执纪执法活动，向有关地方或者部门打招呼、说情，或者以其他方式对司法活动、执纪执法活动施加影响，情节较轻的，给予严重警告处分；情节较重的，给予撤销党内职务或者留党察看处分；情节严重的，给予开除党籍处分。

党员领导干部违反有关规定干预和插手公共财政资金分配、项目立项评审、政府奖励表彰等活动，造成重大损失或者不良影响的，依照前款规定处理。

第一百二十条 泄露、扩散或者窃取党组织关于干部选拔任用、纪律审查等尚未公开事项或者其他应当保密的内容的，给予警告或者严重警告处分；情节较重的，给予撤销党内职务或者留党察看处分；情节严重的，给予开除党籍处分。

私自留存涉及党组织关于干部选拔任用、纪律审查等方面资料，情节较重的，给予警告或者严重警告处分；情节严重的，给予撤销党内职务处分。

第一百二十一条 在考试、录取工作中，有泄露试题、考场舞弊、涂改考卷、违规录取等违反有关规定行为的，给予警告或者严重警告处分；情节较重的，给予撤销党内职务或者留党察看处分；情节严重的，给予开除党籍处分。

第一百二十二条 以不正当方式谋求本人或者其他人用公款出国（境），情节较轻的，给予警告处分；情节较重的，给予严重警告处分；情节严重的，给予撤销党内职务处分。

第一百二十三条 临时出国（境）团（组）或者人员中的党员，擅自延长在国（境）外期限，或者擅自变更路线的，对直接责任者和领导责任者，给予警告或者严重警告处分；情节严重的，给予撤销党内职务处分。

第一百二十四条　驻外机构或者临时出国(境)团(组)中的党员,触犯驻在国家、地区的法律、法令或者不尊重驻在国家、地区的宗教习俗,情节较重的,给予警告或者严重警告处分;情节严重的,给予撤销党内职务、留党察看或者开除党籍处分。

第一百二十五条　在党的纪律检查、组织、宣传、统一战线工作以及机关工作等其他工作中,不履行或者不正确履行职责,造成损失或者不良影响的,应当视具体情节给予警告直至开除党籍处分。

第十一章　对违反生活纪律行为的处分

第一百二十六条　生活奢靡、贪图享乐、追求低级趣味,造成不良影响的,给予警告或者严重警告处分;情节严重的,给予撤销党内职务处分。

第一百二十七条　与他人发生不正当性关系,造成不良影响的,给予警告或者严重警告处分;情节较重的,给予撤销党内职务或者留党察看处分;情节严重的,给予开除党籍处分。

利用职权、教养关系、从属关系或者其他相类似关系与他人发生性关系的,依照前款规定从重处分。

第一百二十八条　违背社会公序良俗,在公共场所有不当行为,造成不良影响的,给予警告或者严重警告处分;情节较重的,给予撤销党内职务或者留党察看处分;情节严重的,给予开除党籍处分。

第一百二十九条　有其他严重违反社会公德、家庭美德行为的,应当视具体情节给予警告直至开除党籍处分。

第三编　附　　则

第一百三十条　各省、自治区、直辖市党委可以根据本条例,结合各自工作的实际情况,制定单项实施规定。

第一百三十一条　中央军事委员会可以根据本条例,结合中国人民解放军和中国人民武装警察部队的实际情况,制定补充规定或者单项规定。

第一百三十二条　本条例由中央纪律检查委员会负责解释。

第一百三十三条　本条例自2016年1月1日起施行。

本条例施行前,已结案的案件如需进行复查复议,适用当时的规定或者政策。尚未结案的案件,如果行为发生时的规定或者政策不认为是违纪,而本条例认为是违纪的,依照当时的规定或者政策处理;如果行为发生时的规定或者政策认为是违纪的,依照当时的规定或者政策处理,但是如果本条例不认为是违纪或者处理较轻的,依照本条例规定处理。

中国共产党纪律处分条例(节录)

(2003年12月31日中共中央印发)

第二编　分　　则

第六章　违反政治纪律的行为

第四十五条　组织、参加反对党的基本理论、基本路线、基本纲领、基本经验或者重大方针政策的集会、游行、示威等活动的,对策划者、组织者和骨干分子,给予开除党籍处分。

对其他参加人员或者以提供信息、资料、财物、场地等方式支持上述活动者,情节较轻的,给予警告或者严重警告处分;情节较重的,给予撤销党内职务或者留党察看处分;情节严重的,给予开除党籍处分。

对不明真相被裹挟参加,经批评教育后确有悔改表现的,可以免予处分或者不予处分。

第四十六条　坚持资产阶级自由化立场,公开发表反对四项基本原则,或者反对改革开放的文章、演说、宣言、声明等的,给予开除党籍处分。

公开发表违背四项基本原则、违背改革开放或者其他有严重政治问题的文章、演说、宣言、声明等的,给予批评教育;情节较重的,给予警告或者严重警告处分;情节严重的,给予撤销党内职务、留党察看或者开除党籍处分。

违反党和国家有关规定,播出、刊登、出版第一款、第二款所列文章、演说、宣言、声明等的,对主要责任者和其他直接责任人员,给予严重警告或者撤销党内职务处分;情节严重的,给予留党察看或者开除党籍处分。

第四十七条　从国(境)外携带反动书刊、音像制品、电子读物等入境的,给予批评教育;情节较重的,给予警告或者严重警告处分;情节严重的,给予撤销党内职务、留党察看或者开除党籍处分。

第四十八条　组织、领导旨在反对党的领导、反对社会主义制度、敌视政府或者危害国家安全的非法组织的,对策划者、组织者和骨干分子,给予开除党籍处分。

对其他参加人员,情节较轻的,给予警告或者严重警告处分;情节较重的,给予撤销党内职务或者留党察看处分;情节严重的,给予开除党籍处分。

第四十九条　组织、领导会道门或者邪教组织的,对策划者、组织者和骨干分子,给予开除党籍处分。

对其他参加人员，情节较轻的，给予警告或者严重警告处分；情节较重的，给予撤销党内职务或者留党察看处分；情节严重的，给予开除党籍处分。

对不明真相的参加人员，经批评教育后确有悔改表现的，可以免予处分或者不予处分。

第五十条　拒不执行党和国家的方针政策和重大工作部署、决定，或者故意作出与党和国家的方针政策和重大工作部署、决定相违背决定的，对直接责任者，给予严重警告或者撤销党内职务处分；情节严重的，给予留党察看或者开除党籍处分。

第五十一条　在党内以组织秘密集团等方式进行分裂党的活动的，给予开除党籍处分。

参加秘密集团或者其他分裂党的活动的，给予留党察看或者开除党籍处分。

第五十二条　参加国（境）外情报组织或者向国（境）外机构、组织、人员非法提供情报的，给予开除党籍处分。

第五十三条　投敌叛变的，给予开除党籍处分。

向敌人自首的，给予开除党籍处分。

第五十四条　在国（境）外、外国驻华使（领）馆申请政治避难，或者违纪违法后逃往国（境）外、外国驻华使（领）馆的，给予开除党籍处分。

在国（境）外公开发表反对党和政府的言论的，依照前款规定处理。

故意为上述行为提供方便条件的，给予留党察看或者开除党籍处分。

第五十五条　挑拨民族关系制造事端或者参加民族分裂活动的，对策划者、组织者和骨干分子，给予开除党籍处分。

对其他参加人员，情节较轻的，给予警告或者严重警告处分；情节较重的，给予撤销党内职务或者留党察看处分；情节严重的，给予开除党籍处分。

对不明真相被裹挟参加，经批评教育后确有悔改表现的，可以免予处分或者不予处分。

有其他违反党和国家民族政策的行为，情节较轻的，给予警告或者严重警告处分；情节较重的，给予撤销党内职务或者留党察看处分；情节严重的，给予开除党籍处分。

第五十六条　组织、利用宗教活动反对党的路线、方针、政策，煽动骚乱闹事，破坏国家统一和民族团结的，对策划者、组织者和骨干分子，给予开除党籍处分。

对其他参加人员，情节较轻的，给予警告或者严重警告处分；情节较重的，给予撤销党内职务或者留党察看处分；情节严重的，给予开除党籍处分。

对不明真相被裹挟参加，经批评教育后确有悔改表现的，可以免予处分或者不予处分。

有其他违反党和国家宗教政策的行为，情节较轻的，给予警告或者严重警告处分；情节较重的，给予撤销党内职务或者留党察看处分；情节严重的，给予开除党籍处分。

第五十七条 组织、利用宗族势力对抗党和政府，妨碍党和国家的方针政策以及法律、法规的贯彻实施，或者制造宗族矛盾破坏社会稳定的，对策划者、组织者和骨干分子，情节较重的，给予开除党籍或者留党察看处分；情节较轻，能够认真检讨并有悔改表现的，给予撤销党内职务或者严重警告处分。

第五十八条 编造谣言丑化党和国家形象，情节较轻的，给予警告或者严重警告处分；情节较重的，给予撤销党内职务或者留党察看处分；情节严重的，给予开除党籍处分。

传播谣言丑化党和国家形象，情节较重的，给予警告或者严重警告处分；情节严重的，给予撤销党内职务处分。

第五十九条 在涉外活动中，其行为在政治上造成恶劣影响，损害党和国家尊严、利益的，给予撤销党内职务或者留党察看处分；情节严重的，给予开除党籍处分。

第七章 违反组织、人事纪律的行为

第六十条 违反党章和其他党内法规的规定，采取弄虚作假或者其他手段把不符合党员条件的人发展为党员，或者为非党员出具党员身份证明的，对主要责任者，给予警告或者严重警告处分；情节严重的，给予撤销党内职务处分。

违反有关规定程序发展党员的，对主要责任者，依照前款规定处理。

第六十一条 违反民主集中制原则，拒不执行或者擅自改变党组织作出的重大决定，或者违反议事规则，个人或者少数人决定重大事项的，给予警告或者严重警告处分；情节严重的，给予撤销党内职务或者留党察看处分。

第六十二条 下级党组织拒不执行上级党组织决定的，对主要责任者，给予警告或者严重警告处分；情节严重的，给予撤销党内职务或者留党察看处分。

第六十三条 在党内搞非组织活动，破坏党的团结统一的，给予严重警告或者撤销党内职务处分；情节严重的，给予留党察看或者开除党籍处分。

第六十四条 在干部选拔任用工作中，违反干部选拔任用规定的，追究主要责任者和其他直接责任人员的责任，情节较轻的，给予警告或者严重警告处分；情节较重的，给予撤销党内职务或者留党察看处分；情节严重的，给予开除党籍处分。

在选举中，进行违反党章、其他党内法规和国家法律、法规以及其他有关章程活动的，对主要责任者和其他直接责任人员，依照前款规定处理。

用人失察失误造成严重后果的，对主要责任者和其他直接责任人员，依照第一款规定处理。

第六十五条　拒不执行组织的分配、调动、交流决定的，给予警告、严重警告或者撤销党内职务处分。

第六十六条　在干部、职工的录用、考核、职务晋升、职称评定和征兵、安置复转军人等工作中，隐瞒、歪曲事实真相或者利用职务上的便利违反规定为本人或者其他人谋取利益的，给予警告或者严重警告处分；情节严重的，给予撤销党内职务或者留党察看处分。

第六十七条　在考试、录取工作中，有泄露试题、考场舞弊、涂改考卷等违反有关规定行为的，给予警告或者严重警告处分；情节较重的，给予撤销党内职务或者留党察看处分；情节严重的，给予开除党籍处分。

第六十八条　以不正当方式谋求本人或者其他人用公款出国（境），情节较轻的，给予警告处分；情节较重的，给予严重警告处分；情节严重的，给予撤销党内职务处分。

第六十九条　临时出国（境）团（组）或者人员中的党员，擅自延长在国（境）外期限，或者擅自变更路线，造成不良影响或者经济损失的，对主要责任者，给予警告或者严重警告处分；情节严重的，给予撤销党内职务处分。

第七十条　驻外机构或者临时出国（境）团（组）中的党员擅自脱离组织，或者从事外事、机要、军事等工作的党员违反有关规定同国（境）外机构、人员联系和交往的，给予警告、严重警告或者撤销党内职务处分。

第七十一条　驻外机构或者临时出国（境）团（组）中的党员，脱离组织出走时间不满六个月又自动回归的，给予严重警告、撤销党内职务或者留党察看处分；脱离组织出走时间超过六个月的，按照自行脱党处理，党内予以除名。

故意为他人脱离组织出走提供方便条件的，给予警告、严重警告或者撤销党内职务处分；情节较轻并认真检讨的，可以免予处分。

第八章　违反廉洁自律规定的行为

第七十二条　利用职务上的便利，非法占有非本人经管的国家、集体和个人财物，或者以购买物品时象征性地支付钱款等方式非法占有国家、集体和个人财物，或者无偿、象征性地支付报酬接受服务、使用劳务，情节较轻的，给予警告或者严重警告处分；情节较重的，给予撤销党内职务或者留党察看处分；情节严重的，给予开除党籍处分。

利用职务上的便利，将本人或者亲属应当由个人支付的费用，由下属单位或者其他单位支付、报销的，依照前款规定处理。

利用职务上的便利，将配偶、子女及其配偶应当由个人支付的出国（境）留学费用，由他人支付、报销的，依照第一款规定处理。

第七十三条 利用职务上的便利，占用公物归个人使用，时间超过六个月，情节较重的，给予警告或者严重警告处分；情节严重的，给予撤销党内职务处分。

占用公物进行营利活动或者非法活动的，给予警告或者严重警告处分；情节较重的，给予撤销党内职务或者留党察看处分；情节严重的，给予开除党籍处分。

第七十四条 党和国家工作人员或者其他从事公务的人员，接受可能影响公正执行公务的礼品馈赠，不登记交公，情节较轻的，给予警告或者严重警告处分；情节较重的，给予撤销党内职务或者留党察看处分；情节严重的，给予开除党籍处分。

前款所列人员接受其他礼品，按照规定应当登记交公而不登记交公，情节较轻的，给予警告或者严重警告处分；情节较重的，给予撤销党内职务或者留党察看处分；情节严重的，给予开除党籍处分。

在国内公务活动或者对外交往中接受礼品，按照规定应当交公而不交公的，依照本条例第八十三条规定处理。

第七十五条 党和国家工作人员或者其他从事公务的人员利用职务上的便利，为他人谋取利益，其父母、配偶、子女及其配偶以及其他共同生活的家庭成员收受对方财物的，应当追究该人员的责任，情节较重的，给予警告或者严重警告处分；情节严重的，给予撤销党内职务或者留党察看处分。

前款所列人员利用职务上的便利，为他人谋取利益，并指定其他第三人从中收受财物的，依照前款规定从重或者加重处分。

有第一款规定情形，查实本人知道的，依照本条例第八十五条规定处理。

第七十六条 党员领导干部的配偶、子女及其配偶，违反有关规定在该党员领导干部管辖的区域或者业务范围内从事可能影响其公正执行公务的经营活动，或者在该党员领导干部管辖的区域或者业务范围内的外商独资企业、中外合资企业中担任由外方委派、聘任的高级职务的，该党员领导干部应当按照规定予以纠正；拒不纠正的，其本人应当辞去现任职务或者由组织予以调整职务；不辞去现任职务或者不服从组织调整职务的，给予撤销党内职务处分。

第七十七条 违反有关规定从事营利活动，有下列行为之一，情节较轻的，给予警告或者严重警告处分；情节较重的，给予撤销党内职务或者留党察看处分；情节严重的，给予开除党籍处分：

（一）经商办企业的；

（二）个人违反规定买卖股票或者进行其他证券投资的；

（三）从事有偿中介活动的；

（四）在国（境）外注册公司或者投资入股的；

（五）有其他违反有关规定从事营利活动行为的。

利用职务上的便利，为其亲友的经营活动谋取利益的，依照前款规定处理。

违反有关规定兼职或者兼职取酬的，依照第一款规定处理。

第七十八条　挥霍浪费公共财产，有下列行为之一，情节较轻的，给予警告或者严重警告处分；情节较重的，给予撤销党内职务或者留党察看处分；情节严重的，给予开除党籍处分：

（一）用公款旅游或者以考察、学习、培训、研讨、招商、参展等名义用公款出国（境）旅游的；

（二）违反规定参与用公款支付的高消费娱乐、健身活动的；

（三）购买、更换超过规定标准的小轿车或者对所乘坐的小轿车进行豪华装修的；

（四）有其他挥霍浪费公共财产行为的。

第七十九条　在分配、购买住房中侵犯国家、集体利益，情节较轻的，给予警告或者严重警告处分；情节较重的，给予撤销党内职务或者留党察看处分；情节严重的，给予开除党籍处分。

利用职务上的便利，用公款购买住房归个人所有的，依照本条例第八十三条规定处理。

第八十条　接受可能影响公正执行公务的宴请，情节较重的，给予警告或者严重警告处分；情节严重的，给予撤销党内职务或者留党察看处分。

第八十一条　利用职务上的便利操办婚丧喜庆事宜，在社会上造成不良影响的，给予警告或者严重警告处分；情节严重的，给予撤销党内职务处分。

在操办婚丧喜庆事宜中，借机敛财或者有其他侵犯国家、集体和人民利益行为的，依照前款规定从重或者加重处分，直至开除党籍。

第八十二条　有其他违反廉洁自律规定的行为，情节较轻的，给予警告或者严重警告处分；情节较重的，给予撤销党内职务或者留党察看处分；情节严重的，给予开除党籍处分。

第九章　贪污贿赂行为

第八十三条　党和国家工作人员或者受委托管理、经营国有财产的人员，利用职务上的便利，侵吞、窃取、骗取或者以其他手段非法占有公共财物，情节较轻的，给予警告或者严重警告处分；情节较重的，给予撤销党内职务或者留党察看处分；情节严重的,给予开除党籍处分。

贪污党费、社保基金和救灾、抢险、防汛、优抚、扶贫、移民、救济、防疫款物的,依照前款规定从重或者加重处分,直至开除党籍。

第八十四条 党和国家机关、国有企业(公司)、事业单位、人民团体,违反有关规定以单位名义将国有资产集体私分给个人的,追究主要责任者和其他直接责任人员的责任,情节较轻的,给予警告或者严重警告处分;情节较重的,给予撤销党内职务或者留党察看处分;情节严重的,给予开除党籍处分。

执纪机关、行政执法机关、司法机关违反有关规定将应当上缴国家的罚没财物以单位名义集体私分给个人的,对主要责任者和其他直接责任人员,依照前款规定处理。

第八十五条 党和国家工作人员或者其他从事公务的人员,利用职务上的便利,索取他人财物,或者非法收受他人财物为他人谋取利益,情节较轻的,给予警告或者严重警告处分;情节较重的,给予撤销党内职务或者留党察看处分;情节严重的,给予开除党籍处分。

前款所列人员利用职务上的便利,变相非法收受他人财物为他人谋取利益,情节较重的,给予警告或者严重警告处分;情节严重的,给予撤销党内职务、留党察看或者开除党籍处分。

因受贿给国家、集体和人民利益造成重大损失的,从重或者加重处分,直至开除党籍。

因索取财物未遂而刁难报复对方,给对方造成损失的,给予警告或者严重警告处分;情节较重的,给予撤销党内职务或者留党察看处分;情节严重的,给予开除党籍处分。

第八十六条 党和国家工作人员或者其他从事公务的人员,在经济往来中违反有关规定收受财物或者各种名义的回扣、手续费,归个人所有的,以受贿论,依照本条例第八十五条规定处理。

第八十七条 党和国家工作人员或者其他从事公务的人员,利用本人职务上的便利,通过其他党和国家工作人员职务上的行为,为请托人谋取不正当利益,索取请托人财物,或者收受、变相非法收受请托人财物的,依照本条例第八十五条规定处理。

第八十八条 党和国家工作人员退(离)休后,利用本人原有职权或者地位形成的便利条件,通过在职党和国家工作人员职务上的行为为请托人谋取利益,而本人索取或者非法收受、变相非法收受请托人财物的,依照本条例第八十五条规定处理。

第八十九条　党和国家机关、国有企业(公司)、事业单位、人民团体,索取或者非法收受、变相非法收受他人财物,为他人谋取利益的,追究主要责任者和其他直接责任人员的责任,情节较重的,给予警告、严重警告或者撤销党内职务处分;情节严重的,给予留党察看或者开除党籍处分。

前款所列单位,在经济往来中,在账外暗中收受各种名义的回扣、手续费的,以受贿论,对主要责任者和其他直接责任人员,依照前款规定处理。

因索取财物未遂而对下属单位、客户刁难报复,给对方造成损失的,对主要责任者和其他直接责任人员,给予警告或者严重警告处分;造成较大损失的,给予撤销党内职务或者留党察看处分;造成重大损失的,给予开除党籍处分。

将索取或者非法收受、变相非法收受的财物合伙私分的,以受贿论,根据个人所得数额和所起作用,依照本条例第八十五条规定处理。

第九十条　为谋取不正当利益,给予党和国家工作人员或者其他从事公务的人员以财物,情节较轻的,给予警告或者严重警告处分;情节较重的,给予撤销党内职务或者留党察看处分;情节严重的,给予开除党籍处分。

在经济往来中违反有关规定,给予党和国家工作人员或者其他从事公务的人员以财物或者各种名义的回扣、手续费的,依照前款规定处理。

因行贿给国家、集体和人民利益造成重大损失的,依照本条规定从重或者加重处分,直至开除党籍。

第九十一条　为谋取不正当利益,给予党和国家机关、国有企业(公司)、事业单位、人民团体以财物,或者在经济往来中违反有关规定给予各种名义的回扣、手续费,情节较轻的,给予警告或者严重警告处分;情节较重的,给予撤销党内职务或者留党察看处分;情节严重的,给予开除党籍处分。

单位有前款所列行为的,对主要责任者和其他直接责任人员,依照前款规定处理。

第九十二条　向党和国家工作人员或者其他从事公务的人员介绍贿赂,情节较轻的,给予警告或者严重警告处分;情节较重的,给予撤销党内职务或者留党察看处分;情节严重的,给予开除党籍处分。

第九十三条　单位为谋取不正当利益而行贿,或者违反有关规定给予党和国家工作人员或者其他从事公务的人员以财物或者各种名义的回扣、手续费的,追究主要责任者和其他直接责任人员的责任,情节较重的,给予警告、严重警告或者撤销党内职务处分;情节严重的,给予留党察看或者开除党籍处分。因行贿取得的违纪违法所得归个人所有的,依照本条例第九十条规定处理。

第九十四条　党和国家工作人员或者受委托管理、经营国有财产的人员,利用职务上的便利,挪用公款归个人使用,进行非法活动,或者进行营利活动,或者超过三个月未还,情节较轻的,给予警告或者严重警告处分;情节较重的,给予撤销党内职务或者留党察看处分;情节严重的,给予开除党籍处分。

挪用党费、社保基金和救灾、抢险、防汛、优抚、扶贫、移民、救济、防疫款物的,依照前款规定从重或者加重处分,直至开除党籍。

挪用公款归个人使用时间不足三个月,但数额较大的,依照本条规定处理。

第九十五条 农村党组织、社区党组织和村民委员会、社区居民委员会等基层组织中的党员从事下列公务,利用职务上的便利,非法占有公共财物,挪用公款,索取他人财物或者非法收受、变相非法收受他人财物为他人谋取利益的,分别依照本条例第八十三条、第九十四条、第八十五条规定处理:

(一)党费、社保基金和救灾、抢险、防汛、优抚、扶贫、移民、救济、防疫款物的管理;

(二)社会捐助公益事业款物的管理;

(三)国有土地的经营和管理;

(四)土地征用补偿费的管理;

(五)代征、代缴税款;

(六)有关计划生育、户籍、征兵工作;

(七)协助人民政府从事的其他行政管理工作;

(八)依照党内法规从事党的纪检、组织(人事)、宣传等工作。

第九十六条 党和国家工作人员或者其他从事公务的人员,其财产或者支出明显超过合法收入,差额较大的,可以责令其说明来源,本人不能说明其来源是合法的,差额部分以非法所得论,给予严重警告或者撤销党内职务处分;情节严重的,给予留党察看或者开除党籍处分。

党和国家工作人员违反有关规定隐瞒境外存款的,依照前款规定处理。

第十章 破坏社会主义经济秩序的行为

第九十七条 进行走私,情节较轻的,给予警告或者严重警告处分;情节较重的,给予撤销党内职务或者留党察看处分;情节严重的,给予开除党籍处分。利用职务上的便利进行走私的,从重处分。

单位走私的,对主要责任者和其他直接责任人员,依照前款规定处理。

第九十八条 企业(公司)或者其他单位中的非国家工作人员,利用职务上的便利,将本单位财物非法占为己有,情节较轻的,给予警告或者严重警告处分;情节较重的,给予撤销党内职务或者留党察看处分;情节严重的,给予开除党籍处分。

第九十九条　企业（公司）或者其他单位中的非国家工作人员，利用职务上的便利，挪用本单位资金归个人使用或者借贷给他人，超过三个月未还，或者进行营利活动，或者进行非法活动，情节较轻的，给予警告或者严重警告处分；情节较重的，给予撤销党内职务或者留党察看处分；情节严重的，给予开除党籍处分。

挪用本单位资金不退还的，依照前款规定从重或者加重处分。

挪用本单位资金归个人使用时间不足三个月，但数额较大的，依照本条规定处理。

第一百条　国家机关、国家拨给经费的团体和事业单位，挪用财政资金或者科研、教育、卫生、军工等专项资金的，追究主要责任者和其他直接责任人员的责任，情节较轻的，给予警告或者严重警告处分；情节较重的，给予撤销党内职务或者留党察看处分；情节严重的，给予开除党籍处分。

挪用党费、社保基金和救灾、抢险、防汛、优抚、扶贫、移民、救济、防疫款物的，依照前款规定从重或者加重处分，直至开除党籍。

第一百零一条　企业（公司）或者其他单位中的非国家工作人员，利用职务上的便利，索取他人财物，或者非法收受、变相非法收受他人财物为他人谋取利益，情节较轻的，给予警告或者严重警告处分；情节较重的，给予撤销党内职务或者留党察看处分；情节严重的，给予开除党籍处分。

前款所列人员，在经济往来中违反有关规定收受各种名义的回扣、手续费，归个人所有的，依照前款规定处理。

第一百零二条　为谋取不正当利益，给予企业（公司）中的非国家工作人员以财物，情节较轻的，给予警告或者严重警告处分；情节较重的，给予撤销党内职务或者留党察看处分；情节严重的，给予开除党籍处分。

单位有前款所列行为的，对主要责任者和其他直接责任人员，依照前款规定处理。

第一百零三条　国有企业（公司）的管理人员，利用职务上的便利，自己经营或者为他人经营与其所任职企业（公司）同类的业务，谋取非法利益的，给予警告或者严重警告处分；情节较重的，给予撤销党内职务或者留党察看处分；情节严重的，给予开除党籍处分。

前款所列人员以他人名义登记注册企业（公司），实则本人经营的，依照前款规定处理。

第一百零四条　国有企业（公司）、事业单位和集体所有制企业（公司）中的党员，利用职务上的便利，有下列行为之一，损害国家、集体和人民利益的，给予警告或者严重警告处分；情节较重的，给予撤销党内职务或者留党察看处分；情节严重的，给予开除党籍处分：

（一）将本单位的盈利业务交由其亲友经营的；

（二）以明显高于市场的价格向其亲友经营管理的单位采购商品或者以明显低于市场的价格向其亲友经营管理的单位销售商品的；

（三）向其亲友经营管理的单位采购不合格商品的。

第一百零五条 党和国家机关违反有关规定经商办企业的，对主要责任者和其他直接责任人员，给予警告或者严重警告处分；情节严重的，给予撤销党内职务处分。

第一百零六条 金融从业人员违反金融法律、法规，情节较轻的，给予警告或者严重警告处分；情节较重的，给予撤销党内职务或者留党察看处分；情节严重的，给予开除党籍处分。

强迫金融企业或者国家金融监管机构违纪违法的，对主要责任者和其他直接责任人员，依照前款规定处理。

由于党和国家机关非法干预致使金融从业人员违反金融法律、法规的，对金融从业人员可以依照第一款规定从轻或者减轻处分。其中，金融从业人员进行了抵制的，不予处分。

第一百零七条 不履行法定纳税义务，情节较轻的，给予警告或者严重警告处分；情节较重的，给予撤销党内职务或者留党察看处分；情节严重的，给予开除党籍处分。

单位不履行法定纳税义务的，对主要责任者和其他直接责任人员，依照前款规定处理。

第一百零八条 虚开、伪造、非法出售、非法购买、擅自制造或者出售伪造、擅自制造的增值税专用发票或者可用于骗税、抵扣税款的其他票据的，给予撤销党内职务或者留党察看处分；情节严重的，给予开除党籍处分。

单位有前款所列行为的，对主要责任者和其他直接责任人员，依照前款规定处理。

第一百零九条 非法占用、买卖或者以其他形式非法出让、转让土地使用权，情节较轻的，给予警告或者严重警告处分；情节较重的，给予撤销党内职务或者留党察看处分；情节严重的，给予开除党籍处分。

单位有前款所列行为的，对主要责任者和其他直接责任人员，依照前款规定处理。

第一百一十条 从事资产评估、验资（证）、会计、审计、法律服务等工作的社会中介组织，出具虚假评估、虚假资信证明、虚假鉴证等文件的，追究主要责任者和其他直接责任人员的责任,情节较轻的,给予警告或者严重警告处分;情节较重的,给予撤销党内职务或者留党察看处分;情节严重的,给予开除党籍处分。

第一百一十一条 在市场经济活动中,有下列行为之一的,追究主要责任者和其他直接责任人员的责任,情节较轻的,给予警告或者严重警告处分;情节较重的,给予撤销党内职务或者留党察看处分;情节严重的,给予开除党籍处分:

(一)生产、销售假冒伪劣商品的;

(二)知悉或者非法获取内幕信息,进行证券、期货交易的;

(三)捏造并散布虚假事实,损害他人的商业信誉、商品声誉或者对商品和服务作虚假宣传的;

(四)侵犯他人知识产权或者商业秘密的;

(五)利用行政垄断或者行业垄断地位,实施或者变相实施妨碍公平竞争行为的;

(六)限制外地商品和服务进入本地市场或者限制本地商品和服务流向外地市场的。

第一百一十二条 有其他破坏社会主义经济秩序的行为,情节较轻的,给予警告或者严重警告处分;情节较重的,给予撤销党内职务或者留党察看处分;情节严重的,给予开除党籍处分。

第十一章 违反财经纪律的行为

第一百一十三条 隐瞒、截留、坐支应当上交国家的财政收入的,对主要责任者和其他直接责任人员,给予严重警告处分;情节较重的,给予撤销党内职务或者留党察看处分;情节严重的,给予开除党籍处分。

将隐瞒、截留款合伙私分的,对主要责任者和其他直接责任人员,依照前款规定从重或者加重处分,直至开除党籍。

第一百一十四条 党和国家机关、国有企业(公司)、事业单位、人民团体,以虚报、冒领等手段骗取国家财政拨款、退税款或者补贴的,对主要责任者和其他直接责任人员,给予警告或者严重警告处分;情节较重的,给予撤销党内职务或者留党察看处分;情节严重的,给予开除党籍处分。

将以虚报、冒领等手段骗取的钱款合伙私分的,对主要责任者和其他直接责任人员,依照前款规定从重或者加重处分,直至开除党籍。

第一百一十五条 不按照预算或者用款计划核拨国家财政经费、资金的,对主要责任者和其他直接责任人员,给予警告或者严重警告处分;情节较重的,给予撤销党内职务或者留党察看处分;情节严重的,给予开除党籍处分。

擅自动用国库款项或者财政专户资金的，对主要责任者和其他直接责任人员，依照前款规定处理。

第一百一十六条 个人借用公款超过六个月不还的，追还所欠公款，情节较重的，给予警告或者严重警告处分；情节严重的，给予撤销党内职务处分。但确因生活困难到期无力归还的除外。

个人借用公款进行营利活动，情节较轻的，给予警告或者严重警告处分；情节较重的，给予撤销党内职务或者留党察看处分。个人借用公款进行非法活动的，从重或者加重处分。

违反有关规定将公款借给他人，情节较重的，给予警告或者严重警告处分；情节严重的，给予撤销党内职务处分。

第一百一十七条 以个人名义存储公款的，追究主要责任者和其他直接责任人员的责任，情节较轻的，给予警告处分；情节较重的，给予严重警告处分；情节严重的，给予撤销党内职务处分。

第一百一十八条 党和国家机关违反有关规定，在对内对外活动中接受礼品应当上交而不上交的，追究主要责任者和其他直接责任人员的责任，情节较重的，给予警告或者严重警告处分；情节严重的，给予撤销党内职务处分。

将接受的礼品集体私分的，以私分国有资产论，根据个人所得数额和所起作用，依照本条例第八十四条规定处理。

第一百一十九条 违反有关规定擅自开设银行账户的，对主要责任者和其他直接责任人员，给予严重警告处分；情节较重的，给予撤销党内职务或者留党察看处分；情节严重的，给予开除党籍处分。

第一百二十条 擅自使用、调换、变卖或者损毁被查封、扣押、冻结、划拨、收缴的财物，或者擅自处理应当委托拍卖的物品的，追究主要责任者和其他直接责任人员的责任，情节较轻的，给予警告或者严重警告处分；情节较重的，给予撤销党内职务或者留党察看处分；情节严重的，给予开除党籍处分。

第一百二十一条 违反有关规定为他人提供担保的，追究主要责任者和其他直接责任人员的责任，情节较轻的，给予警告或者严重警告处分；情节较重的，给予撤销党内职务或者留党察看处分；情节严重的，给予开除党籍处分。

第一百二十二条 违反国有资产管理规定，造成国有资产流失的，对主要责任者和其他直接责任人员，给予警告或者严重警告处分；情节较重的，给予撤销党内职务或者留党察看处分；情节严重的，给予开除党籍处分。

第一百二十三条 违反“收支两条线”规定和国库集中收付制度，将应当纳入法定账簿的资产未纳入法定账簿或者转为账外的，追究主要责任者和其他直接责任任人员的责任,情节较轻的,给予警告或者严重警告处分;情节较重的,给予撤销党内职务或者留党察看处分;情节严重的,给予开除党籍处分。

第一百二十四条　党和国家机关、国有企业(公司)、事业单位、人民团体,违反政府采购和招投标法律、法规的,追究主要责任者和其他直接责任人员的责任,情节较轻的,给予警告或者严重警告处分;情节较重的,给予撤销党内职务或者留党察看处分;情节严重的,给予开除党籍处分。

第一百二十五条　党和国家机关、国有企业(公司)、事业单位、人民团体,在财务管理活动中违反会计法律、法规的,追究主要责任者和其他直接责任人员的责任,情节较轻的,给予警告或者严重警告处分;情节较重的,给予撤销党内职务或者留党察看处分;情节严重的,给予开除党籍处分。

伪造、变造会计凭证、会计账簿,或者编制虚假财务会计报告,或者隐匿、故意销毁依法应当保存的会计凭证、会计账簿、财务会计报告的,对主要责任者和其他直接责任人员,依照前款规定从重或者加重处分。

第一百二十六条　在财经方面有其他违纪违法行为,情节较轻的,给予警告或者严重警告处分;情节较重的,给予撤销党内职务或者留党察看处分;情节严重的,给予开除党籍处分。

第十二章　失职、渎职行为

第一百二十七条　党和国家工作人员或者其他从事公务的人员,在工作中不履行或者不正确履行职责,给党、国家和人民利益以及公共财产造成较大损失的,给予警告或者严重警告处分;造成重大损失的,给予撤销党内职务、留党察看或者开除党籍处分。本条例另有规定的,依照规定。

前款所列人员,在工作中滥用职权或者玩忽职守,给党、国家和人民利益以及公共财产造成较大损失的,给予严重警告处分;造成重大损失的,给予撤销党内职务、留党察看或者开除党籍处分。在工作中徇私舞弊的,从重或者加重处分。本条例另有规定的,依照规定。

第一百二十八条　党组织负责人在工作中违反有关规定或者不负责任,有下列情形之一,给党、国家和人民利益以及公共财产造成较大损失的,对负有直接责任者,给予警告或者严重警告处分。造成重大损失的,对负有直接责任者,给予撤销党内职务、留党察看或者开除党籍处分;负有主要领导责任者,给予严重警告、撤销党内职务或者留党察看处分;负有重要领导责任者,给予警告、严重警告或者撤销党内职务处分:

(一)不传达贯彻、不检查督促落实党和国家的方针政策,或者作出违背党和国家方针政策的错误决策的；

（二）本地区、本部门、本系统和本单位发生公开反对党的基本理论、基本路线、基本纲领、基本经验或者党和国家方针政策行为的；

（三）不制止、不查处本地区、本部门、本系统和本单位发生的严重违纪违法行为的；

（四）在党的思想、组织、作风建设以及党风廉政建设方面有其他违反有关规定或者不负责任行为的。

有上述情形之一，造成巨大损失或者恶劣影响的，对有关责任者，依照前款规定加重处分。

第一百二十九条 国家行政机关或者法律、法规授权的部门、单位工作人员，在履行经济调节、市场监管、社会管理和公共服务职责中失职、渎职，情节较轻的，给予警告或者严重警告处分；情节较重的，给予撤销党内职务或者留党察看处分；情节严重的，给予开除党籍处分。

第一百三十条 国有企业（公司）和集体所有制企业（公司）工作人员，在生产、经营、管理等活动中有下列情形之一，给党、国家和人民利益以及公共财产造成较大损失的，对负有直接责任者，给予警告或者严重警告处分。造成重大损失的，对负有直接责任者，给予撤销党内职务、留党察看或者开除党籍处分；负有主要领导责任者，给予严重警告、撤销党内职务或者留党察看处分；负有重要领导责任者，给予警告、严重警告或者撤销党内职务处分：

（一）在签订、履行合同过程中违反有关规定或者不负责任的；

（二）对本单位、下属单位生产、销售假冒伪劣商品和其他危害公共安全、人身健康、生命财产安全的产品发现后不采取措施处理或者措施不力，或者因工作严重不负责任购进假冒伪劣商品的；

（三）对本单位、下属单位发生的破坏国家自然资源的行为，发现后不采取措施处理或者措施不力的；

（四）对本单位、下属单位违反财政、金融、工商管理、海关、会计、统计等方面法律、法规的行为长期失察或者发现后不予纠正的；

（五）因工作不负责任，致使公共财物被贪污、挪用、盗窃、诈骗或者物资丢失、损坏、变质的。

有上述情形之一，造成巨大损失或者恶劣影响的，对有关责任者，依照前款规定加重处分。

第一百三十一条 在工作中违反有关规定或者不负责任，有下列情形之一，给党、国家和人民利益以及公共财产造成较大损失的，对负有直接责任者，给予严重警告或者撤销党内职务处分。造成重大损失的，对负有直接责任者，给予留党察看或者开除党籍处分；负有主要领导责任者，给予严重警告、撤销党内职务或者留党察看处分；负有重要领导责任者，给予警告、严重警告或者撤销党内职务处分：

（一）在决定基本建设项目的立项、设计、施工、投产等工作中造成重大失误的；

（二）在文教卫生、邮电通信、环境保护、社会福利等社会管理和服务方面发生严重事故的；

（三）在灾害、事故面前未采取必要和可能的措施，贻误时机，使本可以避免或者减少的损失未能避免或者减少的；

（四）对突发事件、重大事故和其他重要情况瞒报、谎报、缓报、漏报的；

（五）对涉及人民群众生产、生活等切身利益的问题能解决而不解决的。

有上述情形之一，造成巨大损失或者恶劣影响的，对有关责任者，依照前款规定加重处分。

第一百三十二条　在管辖范围内，有下列情形之一，给党、国家和人民利益以及公共财产造成较大损失的，对负有直接责任者，给予警告或者严重警告处分。造成重大损失的，对负有直接责任者，给予撤销党内职务或者留党察看处分；负有主要领导责任者，给予严重警告或者撤销党内职务处分；负有重要领导责任者，给予警告或者严重警告处分：

（一）对发生的反对党的基本路线的集会、游行等活动放任不管，致使本单位多数党员、群众参加集会、游行等活动的；

（二）对存在的问题不认真解决，致使矛盾激化，造成闹事、罢工、罢课或者其他重大事件，严重影响生产、工作、教学和社会正常秩序的；

（三）对发生的明令禁止的不正之风不制止、不查处的；

（四）对发生的重大事件不及时采取措施进行处理的。

有上述情形之一，造成巨大损失或者恶劣影响的，对有关责任者，依照前款规定加重处分。

第一百三十三条　在安全工作方面，有下列情形之一，造成较大损失的，对负有直接责任者，给予严重警告或者撤销党内职务处分。造成重大损失的，对负有直接责任者，给予留党察看或者开除党籍处分；负有主要领导责任者，给予撤销党内职务或者留党察看处分；负有重要领导责任者，给予警告、严重警告或者撤销党内职务处分：

（一）不认真执行劳动保护、安全生产和消防等方面的法律、法规，发生爆炸、火灾、交通安全、建筑质量安全、矿山安全以及其他事故的；

（二）在组织群众性活动时，对可能发生的问题未采取有效的防范措施，发生责任事故的；

（三）因工作不负责任致使学校、幼儿园或者公共场所发生人身伤亡事故的；

（四）生产、销售假劣药品、有害食品，发生危害人身健康的事故的。

有上述情形之一，造成巨大损失或者恶劣影响的，对有关责任者，依照前款规定加重处分。

第一百三十四条 在执纪、行政执法和司法工作中违反有关规定或者不负责任，有下列情形之一的，对负有直接责任者，给予警告或者严重警告处分。情节较重的，对负有直接责任者，给予撤销党内职务或者留党察看处分；负有主要领导责任者，给予警告或者严重警告处分。情节严重的，对负有直接责任者，给予开除党籍处分；负有主要领导责任者，给予撤销党内职务或者留党察看处分：

（一）在查处违纪违法案件中，瞒案不报、压案不办的；

（二）对他人要求保护合法权益的申请，无正当理由不予答复和办理的；

（三）违法采取保全措施或者不履行法定执行职责的；

（四）对依照规定应当移交其他机关或者组织的案件不移交的；

（五）在办案工作中因违反有关规定或者不负责任导致有关人员伤亡等事件的。

在行政裁决或者案件侦查、起诉、审理、审判活动中徇私舞弊或者枉法裁判的，或者刑讯逼供、暴力取证的，或者经查证确属冤假错案而不予纠正的，对负有直接责任者，给予严重警告或者撤销党内职务处分；负有主要领导责任者，给予警告或者严重警告处分。情节严重的，对负有直接责任者，给予留党察看或者开除党籍处分；负有主要领导责任者，给予撤销党内职务或者留党察看处分。

第一百三十五条 违反有关规定，强令他人履行非法定义务，有下列情形之一，情节较轻的，给予警告或者严重警告处分；情节较重的，给予撤销党内职务或者留党察看处分；情节严重的，给予开除党籍处分：

（一）以各种方式乱收费、乱摊派的；

（二）擅自向他人征收、征用财物的；

（三）有其他强令他人履行非法定义务情形的。

第一百三十六条 利用职务上的便利，强令党和国家工作人员或者其他从事公务的人员违反有关规定行使职权，情节较重的，给予严重警告或者撤销党内职务处分；情节严重的，给予留党察看或者开除党籍处分。

强令公民、法人或者其他组织实施违反法律规定行为的，依照前款规定处理。

第一百三十七条 因工作不负责任致使所属人员叛逃的，给予警告或者严重警告处分；情节严重的，给予撤销党内职务处分。

因工作不负责任致使所属人员出走，情节较重的，给予警告或者严重警告处分；情节严重的，给予撤销党内职务处分。

第一百三十八条　丢失秘密文件资料或者泄露党和国家秘密，情节较轻的，给予警告或者严重警告处分；情节较重的，给予撤销党内职务或者留党察看处分；情节严重的，给予开除党籍处分。

在保密工作方面不负责任，致使发生重大失密泄密事故，造成或者可能造成较大损失的，对负有主要领导责任者，给予警告或者严重警告处分；造成或者可能造成重大损失的，对负有主要领导责任者，给予撤销党内职务处分。

第一百三十九条　对因工作失职、渎职，所造成的后果虽不够较大损失的标准，但给本地区、本单位造成严重不良影响的直接责任者，以及所造成的后果虽不够重大损失的标准，但给本地区、本单位造成严重不良影响的主要领导责任者，根据损失的数额及影响程度，给予警告、严重警告或者撤销党内职务处分。

第十三章　侵犯党员权利、公民权利的行为

第一百四十条　对批评、检举、控告进行阻挠、压制，或者将批评、检举、控告、申诉材料私自扣押、销毁，或者故意将其泄露给被批评人、被检举人、被控告人的，给予警告或者严重警告处分；情节较重的，给予撤销党内职务或者留党察看处分；情节严重的，给予开除党籍处分。

对批评人、检举人、控告人、证人及其他人员打击报复的，依照前款规定从重或者加重处分。

第一百四十一条　对党员或者公民的申辩、辩护、申诉、作证等，进行压制，造成不良后果的，给予警告或者严重警告处分；情节严重的，给予撤销党内职务处分。

第一百四十二条　侵犯党员或者公民的选举权、被选举权、表决权，情节较重的，给予警告或者严重警告处分；情节严重的，给予撤销党内职务处分。

伪造选举文件、篡改选举结果或者以威胁、贿赂、欺骗等手段，妨害选民或者代表自由行使选举权、被选举权和表决权的，给予撤销党内职务、留党察看或者开除党籍处分。

第一百四十三条　侵犯他人人身权利，有下列行为之一，情节较轻的，给予警告或者严重警告处分；情节较重的，给予撤销党内职务或者留党察看处分；情节严重的，给予开除党籍处分：

（一）侮辱、诽谤他人的；

（二）对他人进行殴打、体罚、非法拘禁、非法搜查的；

（三）非法侵入或者非法搜查他人住宅的；

(四)有其他侵犯他人人身权利行为的。

第一百四十四条 违反劳动管理法律、法规侵犯他人权利，情节较重的，给予警告或者严重警告处分；情节严重的，给予撤销党内职务、留党察看或者开除党籍处分。

第一百四十五条 隐匿、毁弃或者非法开拆他人邮件、信件，侵犯他人通信自由，情节较重的，给予警告或者严重警告处分；情节严重的，给予撤销党内职务、留党察看或者开除党籍处分。

利用职务上的便利侵犯他人通信自由的，依照前款规定加重处分。

第一百四十六条 干涉他人婚姻自由，情节较重的，给予警告或者严重警告处分；情节严重的，给予撤销党内职务、留党察看或者开除党籍处分。

第一百四十七条 诬告陷害他人的，给予警告或者严重警告处分；情节较重的，给予撤销党内职务或者留党察看处分；情节严重的，给予开除党籍处分。

第一百四十八条 有其他侵犯党员权利、公民权利的行为，情节较重的，给予警告或者严重警告处分；情节严重的，给予撤销党内职务、留党察看或者开除党籍处分。

第十四章　严重违反社会主义道德的行为

第一百四十九条 弄虚作假，骗取荣誉的，给予警告或者严重警告处分；情节较重的，给予撤销党内职务或者留党察看处分；情节严重的，给予开除党籍处分。

第一百五十条 与他人通奸，造成不良影响的，给予警告或者严重警告处分；情节较重的，给予撤销党内职务或者留党察看处分；情节严重的，给予开除党籍处分。

与现役军人的配偶通奸的，依照前款规定从重或者加重处分。

重婚或者包养情妇(夫)的，给予开除党籍处分。

第一百五十一条 利用职权、教养关系、从属关系或者其他相类似关系与他人发生性关系的，给予撤销党内职务处分；情节严重的，给予留党察看或者开除党籍处分。

第一百五十二条 拒不承担抚养教育义务或者赡养义务，情节较重的，给予警告或者严重警告处分；情节严重的，给予撤销党内职务处分。

虐待家庭成员情节较重或者遗弃家庭成员的，给予撤销党内职务或者留党察看处分；情节严重的，给予开除党籍处分。

第一百五十三条 遇到国家财产和人民群众生命财产受到严重威胁时，能救而不救，情节较重的，给予警告、严重警告或者撤销党内职务处分；情节严重的，给予留党察看或者开除党籍处分。

第一百五十四条　有其他严重违反社会主义道德的行为，情节较重的，给予警告或者严重警告处分；情节严重的，给予撤销党内职务、留党察看或者开除党籍处分。

第十五章　妨害社会管理秩序的行为

第一百五十五条　进行色情活动的，给予严重警告或者撤销党内职务处分；情节严重的，给予留党察看或者开除党籍处分。本条例另有规定的，依照规定。

第一百五十六条　嫖娼、卖淫，或者组织、强迫、介绍、教唆、引诱、容留他人嫖娼、卖淫，或者故意为嫖娼、卖淫提供方便条件的，给予开除党籍处分。

第一百五十七条　制作、复制、出售、出租、传播淫秽影视书画或者其他淫秽物品，情节较轻的，给予严重警告处分；情节较重的，给予撤销党内职务或者留党察看处分；情节严重的，给予开除党籍处分。

第一百五十八条　观看淫秽影视书画，情节较重的，给予警告或者严重警告处分；情节严重的，给予撤销党内职务处分。

观看淫秽表演的，给予严重警告或者撤销党内职务处分；情节严重的，给予留党察看或者开除党籍处分。

组织进行淫秽表演的，给予开除党籍处分。

第一百五十九条　进行淫乱活动的，给予严重警告或者撤销党内职务处分；情节严重的，给予留党察看或者开除党籍处分。

猥亵、侮辱妇女的，依照前款规定处理。

第一百六十条　违反有关规定吸食、注射毒品、精神药品或者其他违禁品的，给予撤销党内职务处分；情节严重的，给予留党察看或者开除党籍处分。

以牟利为目的，违反有关规定种植毒品原植物或者制造、运输、贩卖毒品、精神药品和其他违禁品的，给予开除党籍处分。

单位有前款所列行为的，对主要责任者和其他直接责任人员，依照前款规定处理。

第一百六十一条　侵犯公私财产，有下列行为之一，情节较轻的，给予警告或者严重警告处分；情节较重的，给予撤销党内职务或者留党察看处分；情节严重的，给予开除党籍处分：

（一）盗窃公私财物的；

（二）诈骗公私财物的；

（三）抢夺公私财物的；

（四）破坏或者哄抢公私财物的；

（五）有其他侵犯公私财产行为的。

敲诈勒索公私财物的，给予开除党籍处分；情节较轻的，给予留党察看处分。

第一百六十二条 以营利为目的聚众赌博或者以赌博为业的，给予开除党籍处分。

参加赌博屡教屡犯，或者赌资较大，或者在工作时间赌博，或者在国（境）外赌博的，给予警告、严重警告或者撤销党内职务处分；情节严重的，给予留党察看或者开除党籍处分。党员领导干部参加赌博的，从重或者加重处分。

故意为赌博活动提供场所或者其他方便条件，情节较重的，给予警告、严重警告或者撤销党内职务处分；情节严重的，给予留党察看或者开除党籍处分。

第一百六十三条 妨碍党和国家工作人员或者其他从事公务的人员依纪依法执行公务，情节较轻的，给予警告或者严重警告处分；情节较重的，给予撤销党内职务或者留党察看处分；情节严重的，给予开除党籍处分。

第一百六十四条 扰乱和破坏生产、交通、工作等公共秩序的，给予警告或者严重警告处分；情节较重的，给予撤销党内职务或者留党察看处分；情节严重的，给予开除党籍处分。

搞封建迷信活动，扰乱生产、工作、社会生活秩序的，依照前款规定从重或者加重处分。

第一百六十五条 伪造、变造或者买卖、使用伪造的党和国家机关、企业（公司）、事业单位、人民团体的公文、证件、印章的，给予严重警告处分；情节较重的，给予撤销党内职务或者留党察看处分；情节严重的，给予开除党籍处分。

抢夺党和国家机关、企业（公司）、事业单位、人民团体的公文、证件、印章的，依照前款规定从重或者加重处分。

伪造、变造或者买卖、使用伪造的学历、文凭的，依照第一款规定处理。

第一百六十六条 违反人口与计划生育法律、法规超计划生育的，给予严重警告或者撤销党内职务处分；情节严重的，给予留党察看或者开除党籍处分。

破坏人口与计划生育法律、法规实施的，给予撤销党内职务或者留党察看处分；情节严重的，给予开除党籍处分。

第一百六十七条 违反国家关于保护环境、自然资源和文物古迹等方面的法律、法规，情节较轻的，给予警告或者严重警告处分；情节较重的，给予撤销党内职务或者留党察看处分；情节严重的，给予开除党籍处分。

单位有前款所列行为的，对主要责任者和其他直接责任人员，依照前款规定处理。

第一百六十八条 编造、散播虚假信息或者其他对社会有害的信息，情节较重的，给予警告或者严重警告处分；情节严重的，给予撤销党内职务、留党察看或者开除党籍处分。

第一百六十九条 违反有关规定，侵入、破坏计算机信息系统，损害党、国家和人民利益，情节较轻的，给予警告或者严重警告处分；情节较重的，给予撤销党内职务或者留党察看处分；情节严重的，给予开除党籍处分。

第一百七十条 包庇犯罪分子，情节较轻的，给予严重警告或者撤销党内职务处分；情节较重的，给予留党察看处分；情节严重的，给予开除党籍处分。

包庇恐怖组织、黑社会性质组织及其主要成员的，给予开除党籍处分。

包庇有严重违纪行为应受纪律处分人员的，给予警告或者严重警告处分；情节严重的，给予撤销党内职务处分。

第一百七十一条 被犯罪分子蒙骗而为其犯罪活动提供方便条件的，给予警告或者严重警告处分；情节严重的，给予撤销党内职务或者留党察看处分。

第一百七十二条 驻外机构或者临时出国（境）团（组）中的党员，触犯驻在国家、地区的法律、法令或者不尊重驻在国家、地区的宗教习俗，情节较重的，给予警告或者严重警告处分；情节严重的，给予撤销党内职务、留党察看或者开除党籍处分。

第一百七十三条 违反国（边）境管理法律、法规，偷越国（边）境的，给予开除党籍处分。

第一百七十四条 有其他妨害社会管理秩序的行为，情节较重的，给予警告或者严重警告处分；情节严重的，给予撤销党内职务、留党察看或者开除党籍处分。

第三编　附　　则

第一百七十五条 本条例由中共中央纪律检查委员会负责解释。

第一百七十六条 中央军委可以根据本条例，结合中国人民解放军和中国人民武装警察部队的实际情况，制定补充规定或者单项规定。

第一百七十七条 各省、自治区、直辖市党委，中央直属机关工委、中央国家机关工委，国务院国有资产监督管理委员会党委，中国银行业监督管理委员会、中国证券监督管理委员会、中国保险监督管理委员会以及其他实行垂直管理部门的党委（党组），可以根据本条例，结合各自工作的实际情况，制定单项实施规定，报中共中央纪律检查委员会备案。

第一百七十八条 本条例自发布之日起施行。

本条例发布前，已结案的案件如需进行复查复议，适用当时的规定或者政策。尚未结案的案件，如果行为发生时的规定或者政策不认为是违纪，而本条例认为是违纪的,依照当时的规定或者政策处理;如果行为发生时的规定或者政策认为是违纪的,依照当时的规定或者政策处理,但是如果本条例不认为是违纪或者处理较轻的,依照本条例规定处理。

中国共产党党内监督条例[①]

(2016年10月27日中国共产党第十八届中央委员会第六次全体会议通过)

第一章 总 则

第一条 为坚持党的领导,加强党的建设,全面从严治党,强化党内监督,保持党的先进性和纯洁性,根据《中国共产党章程》,制定本条例。

第二条 党内监督以马克思列宁主义、毛泽东思想、邓小平理论、“三个代表”重要思想、科学发展观为指导,深入贯彻习近平总书记系列重要讲话精神,围绕统筹推进“五位一体”总体布局和协调推进“四个全面”战略布局,尊崇党章,依规治党,坚持党内监督和人民群众监督相结合,增强党在长期执政条件下自我净化、自我完善、自我革新、自我提高能力,确保党始终成为中国特色社会主义事业的坚强领导核心。

第三条 党内监督没有禁区、没有例外。信任不能代替监督。各级党组织应当把信任激励同严格监督结合起来,促使党的领导干部做到有权必有责、有责要担当,用权受监督、失责必追究。

第四条 党内监督必须贯彻民主集中制,依规依纪进行,强化自上而下的组织监督,改进自下而上的民主监督,发挥同级相互监督作用。坚持惩前毖后、治病救人,抓早抓小、防微杜渐。

【解读】“惩前毖后、治病救人”最早是由1942年毛泽东同志在《整顿党的作风》中提出的,目的是弄清思想、团结同志,这是对党内生活的思想方法和组织手段的重大创新。1945年党的七大将“惩前毖后、治病救人”作为纪律建设方针写入党章。2015年和2018年党中央两次修订《中国共产党纪律处分条例》,都把“惩前毖后、治病救人”作为党的纪律处分工作应当坚持的原则,规定处理违反党纪的党组织和党员,应当实行惩戒与教育相结合。本条例将“惩前毖后、治病救人”作为党内监督的原则完整进行表述,从制度层面丰富和拓展了“惩前毖后、治病救人”的精神内涵。明确“惩前毖后”就是对以前的错误一定要不讲情面地指出来,并以科学的态度来

① 本条例的第2章至第5章是条例的主体部分,分别就四类监督主体的监督职责以及相应监督制度作出规定,形成了党中央集中统一领导,党委(党组)全面监督,纪律检查机关专责监督,党的工作部门职能监督,党的基层组织日常监督,党员民主监督的党内监督体系。其中,将党的中央组织的监督单设一章,是对条例的突破,体现党中央以身作则、以上率下。

第6章至第8章列了11条,分别就党内监督和外部监督相结合、整改和保障、附则等作出规定。条例没有对中央部委和地方党委制定实施细则作出授权规定,体现全党必须一体执行,防止搞变通、打折扣。

分析批判其中不好的因素，以便使今后的工作做得更好；"治病救人"就是指出错误、批判缺点，不是为了把人整死，而是要像医生治病一样，把"病人"治好，以关心挽救同志。

第五条　党内监督的任务是确保党章党规党纪在全党有效执行，维护党的团结统一，重点解决党的领导弱化、党的建设缺失、全面从严治党不力，党的观念淡漠、组织涣散、纪律松弛，管党治党宽松软问题，保证党的组织充分履行职能、发挥核心作用，保证全体党员发挥先锋模范作用，保证党的领导干部忠诚干净担当②。

党内监督的主要内容是：

（一）遵守党章党规，坚定理想信念，践行党的宗旨，模范遵守宪法法律情况；

（二）维护党中央集中统一领导，牢固树立政治意识、大局意识、核心意识、看齐意识，贯彻落实党的理论和路线方针政策，确保全党令行禁止情况；

（三）坚持民主集中制，严肃党内政治生活，贯彻党员个人服从党的组织，少数服从多数，下级组织服从上级组织，全党各个组织和全体党员服从党的全国代表大会和中央委员会原则情况；

（四）落实全面从严治党责任，严明党的纪律特别是政治纪律和政治规矩，推进党风廉政建设和反腐败工作情况；

（五）落实中央八项规定精神，加强作风建设，密切联系群众，巩固党的执政基础情况；

（六）坚持党的干部标准，树立正确选人用人导向，执行干部选拔任用工作规定情况；

（七）廉洁自律、秉公用权情况；

（八）完成党中央和上级党组织部署的任务情况。

第六条　党内监督的重点对象是党的领导机关和领导干部特别是主要领导干部。

第七条③　党内监督必须把纪律挺在前面，运用监督执纪"四种形态"，经常开展批评和自我批评、约谈函询，让"红红脸、出出汗"成为常态；党纪轻处分、组织调整成为违纪处理的大多数；党纪重处分、重大职务调整的成为少数；严重违纪涉嫌违法立案审查的成为极少数。

第八条　党的领导干部应当强化自我约束，经常对照党章检查自己的言行，自觉遵守党内政治生活准则、廉洁自律准则，加强党性修养，陶冶道德情操，永葆共产党人政治本色。

第九条　建立健全党中央统一领导，党委（党组）全面监督，纪律检查机关专责监督，党的工作部门职能监督，党的基层组织日常监督，党员民主监督的党内监督体系。

② 党内监督的任务，建议熟记。

③ 实践中，监督执纪遵循"七看"：看违纪情节、看危害程度、看时间节点、看动机原因、看认错态度、看一贯表现、看群众口碑（通过看违纪情节、危害程度、时间节点把"事"看实，看一贯表现、群众口碑把"人"看实，看动机原因、认错态度把"思想"看实）。监督执纪"四种形态"首次被写入党内法规就是《中国共产党党内监督条例》，此后被写入《中国共产党纪律处分条例》《中国共产党纪律检查机关监督执纪工作规则》《中国共产党章程》《中国共产党纪律检查委员会工作条例》等党内法规。需要说明的是，监督执纪"四种形态"的表述，上述法规的规定存在细微的差别，党章是最根本的党内法规，是管党治党的总规矩，故当以党章的表述为准。

第二章　党的中央组织的监督

第十条　党的中央委员会、中央政治局、中央政治局常务委员会全面领导党内监督工作。中央委员会全体会议每年听取中央政治局工作报告，监督中央政治局工作，部署加强党内监督的重大任务。

第十一条　中央政治局、中央政治局常务委员会定期研究部署在全党开展学习教育，以整风精神查找问题、纠正偏差；听取和审议全党落实中央八项规定精神情况汇报，加强作风建设情况监督检查；听取中央纪律检查委员会常务委员会工作汇报；听取中央巡视情况汇报，在一届任期内实现中央巡视全覆盖。中央政治局每年召开民主生活会，进行对照检查和党性分析，研究加强自身建设措施。

第十二条　中央委员会成员必须严格遵守党的政治纪律和政治规矩，发现其他成员有违反党章、破坏党的纪律、危害党的团结统一的行为应当坚决抵制，并及时向党中央报告。对中央政治局委员的意见，署真实姓名以书面形式或者其他形式向中央政治局常务委员会或者中央纪律检查委员会常务委员会反映。

第十三条　中央政治局委员应当加强对直接分管部门、地方、领域党组织和领导班子成员的监督，定期同有关地方和部门主要负责人就其履行全面从严治党责任、廉洁自律等情况进行谈话。

第十四条　中央政治局委员应当严格执行中央八项规定，自觉参加双重组织生活，如实向党中央报告个人重要事项。带头树立良好家风，加强对亲属和身边工作人员的教育和约束，严格要求配偶、子女及其配偶不得违规经商办企业，不得违规任职、兼职取酬。

第三章　党委（党组）的监督

第十五条　党委（党组）在党内监督中负主体责任，书记是第一责任人，党委常委会委员（党组成员）和党委委员在职责范围内履行监督职责[④]。党委（党组）履行以下监督职责：

（一）领导本地区本部门本单位党内监督工作，组织实施各项监督制度，抓好督促检查；

（二）加强对同级纪委和所辖范围内纪律检查工作的领导，检查其监督执纪问责工作情况；

（三）对党委常委会委员（党组成员）、党委委员，同级纪委、党的工作部门和直接领导的党组织领导班子及其成员进行监督；

（四）对上级党委、纪委工作提出意见和建议，开展监督。

④ 这是对党委书记、党组成员履职不力问责的依据。

第十六条　党的工作部门应当严格执行各项监督制度，加强职责范围内党内监督工作，既加强对本部门本单位的内部监督，又强化对本系统的日常监督⑤。

第十七条　党内监督必须加强对党组织主要负责人和关键岗位领导干部的监督，重点监督其政治立场、加强党的建设、从严治党，执行党的决议，公道正派选人用人，责任担当、廉洁自律，落实意识形态工作责任制情况。

上级党组织特别是其主要负责人，对下级党组织主要负责人应当平时多过问、多提醒，发现问题及时纠正。领导班子成员发现班子主要负责人存在问题，应当及时向其提出，必要时可以直接向上级党组织报告。

党组织主要负责人个人有关事项应当在党内一定范围公开，主动接受监督。

第十八条　党委（党组）应当加强对领导干部的日常管理监督，掌握其思想、工作、作风、生活状况。党的领导干部应当经常开展批评和自我批评，敢于正视、深刻剖析、主动改正自己的缺点错误；对同志的缺点错误应当敢于指出，帮助改进。

第十九条　巡视是党内监督的重要方式。中央和省、自治区、直辖市党委一届任期内，对所管理的地方、部门、企事业单位党组织全面巡视。巡视党的组织和党的领导干部尊崇党章、党的领导、党的建设和党的路线方针政策落实情况，履行全面从严治党责任、执行党的纪律、落实中央八项规定精神、党风廉政建设和反腐败工作以及选人用人情况。发现问题、形成震慑，推动改革、促进发展，发挥从严治党利剑作用。

中央巡视工作领导小组应当加强对省、自治区、直辖市党委，中央有关部委，中央国家机关部门党组（党委）巡视工作的领导。省、自治区、直辖市党委应当推动党的市（地、州、盟）和县（市、区、旗）委员会建立巡察制度，使从严治党向基层延伸。

第二十条　严格党的组织生活制度，民主生活会应当经常化，遇到重要或者普遍性问题应当及时召开。民主生活会重在解决突出问题，领导干部应当在会上把群众反映、巡视反馈、组织约谈函询的问题说清楚、谈透彻，开展批评和自我批评，提出整改措施，接受组织监督⑥。上级党组织应当加强对下级领导班子民主生活会的指导和监督，提高民主生活会质量。

【解读】《中央和国家机关严格党的组织生活制度的若干规定（试行）》第11条第1款规定，召开民主生活会和组织生活会之前，应当组织理论学习，广泛听取意见，深入谈心交心。会上，积极开展批评和自我批评，认真查摆问题，深刻剖析根源，明确整改方向，党员干部应当把群众反映、巡视反馈、组织约谈函询、个人须报告的重大事项和有关问题说清楚，提出整改措施。会后，应当逐一整改落实。

民主生活会重在解决突出问题，领导干部应当在会上把群众反映、巡视反馈、

⑤ 党的工作部门既要加强对本部门本单位的内部监督，又要强化对本系统的日常监督。如果疏于对本系统的日常监督，造成一定后果或产生不良影响，党的工作部门负责人可能承担一定的纪律责任。

⑥ 需要思考的是：被谈话函询的党员干部在民主生活会、组织生活会上如何作说明？此处不但包括党组织经谈话函询发现存在违纪问题的党员干部，而且包括党组织对谈话函询的说明情况予以采信了结的党员干部。对党组织予以采信了结的，要讲清楚党组织予以采信了结的情况；对存在违纪问题的，应当进行自我批评，作出检讨。

组织约谈函询的问题说清楚、谈透彻，开展批评和自我批评，提出整改措施，接受组织监督。结合《县以上党和国家机关党员领导干部民主生活会若干规定》第6条第2款、第8条学习。

【知识点：领导干部被纪检监察机关初核后给予批评教育处理，是否应当在民主生活会上把问题说清楚？】相比组织约谈函询的严厉程度，组织核查要求更高、更严厉，根据举轻以明重的解释原理，轻的问题应当向组织说清楚、谈透彻，那么相对重的问题更应该向组织说清楚、谈透彻。故领导干部应当在民主生活会上把组织核查的问题说清楚、谈透彻，开展批评和自我批评，提出整改措施，接受组织监督。

第二十一条 坚持党内谈话制度，认真开展提醒谈话、诫勉谈话。发现领导干部有思想、作风、纪律等方面苗头性、倾向性问题的，有关党组织负责人应当及时对其提醒谈话；发现轻微违纪问题的，上级党组织负责人应当对其诫勉谈话，并由本人作出说明或者检讨，经所在党组织主要负责人签字后报上级纪委和组织部门。

【解读】在适用诫勉谈话时，应当注意，《中国共产党党内监督条例（试行）》（已废止）规定诫勉谈话适用条件是领导干部在政治思想等方面存在苗头性问题；《中国共产党党内监督条例》规定的适用条件是党员干部存在轻微违纪问题，这里的轻微违纪问题，在证据要求上相对于"苗头性问题"较高，即有证据证明党员干部的行为构成轻微违纪，不能将轻微违纪问题混同于苗头性问题。

《中央和国家机关严格党的组织生活制度的若干规定（试行）》第14条规定："坚持严管和厚爱相结合，认真开展提醒谈话、诫勉谈话，注意利用重要节点开展谈心谈话，做到岗位变动必谈、组织处理必谈、发生家庭变故必谈、发现苗头性问题必谈，及时做好心理疏导和思想政治工作，重要情况及时向党组织报告。"

第二十二条 严格执行干部考察考核制度，全面考察德、能、勤、绩、廉表现，既重政绩又重政德，重点考察贯彻执行党中央和上级党组织决策部署的表现，履行管党治党责任，在重大原则问题上的立场，对待人民群众的态度，完成急难险重任务的情况。考察考核中党组织主要负责人应当对班子成员实事求是作出评价。考核评语在同本人见面后载入干部档案。落实党组织主要负责人在干部选任、考察、决策等各个环节的责任，对失察失责的应当严肃追究责任。

第二十三条 党的领导干部应当每年在党委常委会（或党组）扩大会议上述责述廉，接受评议。述责述廉重点是执行政治纪律和政治规矩、履行管党治党责任、推进党风廉政建设和反腐败工作以及执行廉洁纪律情况。述责述廉报告应当载入廉洁档案，并在一定范围内公开。

第二十四条　坚持和完善领导干部个人有关事项报告制度，领导干部应当按规定如实报告个人有关事项，及时报告个人及家庭重大情况，事先请示报告离开岗位或者工作所在地等。有关部门应当加强抽查核实。对故意虚报瞒报个人重大事项、篡改伪造个人档案资料的，一律严肃查处。

第二十五条　建立健全党的领导干部插手干预重大事项记录制度，发现利用职务便利违规干预干部选拔任用、工程建设、执纪执法、司法活动等问题，应当及时向上级党组织报告。

第四章　党的纪律检查委员会的监督

第二十六条　党的各级纪律检查委员会是党内监督的专责机关⑦，履行监督执纪问责职责，加强对所辖范围内党组织和领导干部遵守党章党规党纪、贯彻执行党的路线方针政策情况的监督检查，承担下列具体任务：

（一）加强对同级党委特别是常委会委员、党的工作部门和直接领导的党组织、党的领导干部履行职责、行使权力情况的监督；

（二）落实纪律检查工作双重领导体制，执纪审查工作以上级纪委领导为主，线索处置和执纪审查情况在向同级党委报告的同时向上级纪委报告，各级纪委书记、副书记的提名和考察以上级纪委会同组织部门为主；

（三）强化上级纪委对下级纪委的领导，纪委发现同级党委主要领导干部的问题，可以直接向上级纪委报告⑧；下级纪委至少每半年向上级纪委报告1次工作，每年向上级纪委进行述职。

第二十七条　纪律检查机关必须把维护党的政治纪律和政治规矩放在首位，坚决纠正和查处上有政策、下有对策，有令不行、有禁不止，口是心非、阳奉阴违，搞团团伙伙、拉帮结派，欺骗组织、对抗组织等行为。

第二十八条　纪委派驻纪检组对派出机关负责，加强对被监督单位领导班子及其成员、其他领导干部的监督，发现问题应当及时向派出机关和被监督单位党组织报告，认真负责调查处置，对需要问责的提出建议。⑨

派出机关应当加强对派驻纪检组工作的领导，定期约谈被监督单位党组织主要负责人、派驻纪检组组长，督促其落实管党治党责任。⑩

派驻纪检组应当带着实际情况和具体问题，定期向派出机关汇报工作，至少每半年会同被监督单位党组织专题研究1次党风廉政建设和反腐败工作。对能发现的问题没有发现是失职，发现问题不报告、不处置是渎职，都必须严肃问责。

第二十九条　认真处理信访举报，做好问题线索分类处置，早发现早报告，对

⑦ 党的各级纪委是党内监督的专责机关，而非专门机关。关于"党的各级纪律检查委员会是党内监督专责机关"随后写入党的十九大党章第46条。

⑧ 此处阐明了下级纪委的监督方式。

⑨ 派驻监督发现问题的主要渠道有10种：信访举报、专项监督、审查调查、巡视巡察、日常了解、参加会议、文件把关、调查研究、审计移交、媒体舆情。

⑩ 纪委监委派驻机构与驻在单位党组（党委）的关系：派驻机构作为派出机关的重要组成部分，代表派出机关开展工作，对派出机关负责，不受驻在单位党组（党委）领导。派驻机构与驻在单位党组（党委）是监督与被监督的关系。派驻监督是党和国家自我监督的制度设计，是纪委监委监督全覆盖的重要方式，归根到底体现的是党中央领导、上级纪委

社会反映突出、群众评价较差的领导干部情况及时报告，对重要检举事项应当集体研究。定期分析研判信访举报情况，对信访反映的典型性、普遍性问题提出有针对性的处置意见，督促信访举报比较集中的地方和部门查找分析原因并认真整改。

第三十条 严把干部选拔任用“党风廉洁意见回复”关，综合日常工作中掌握的情况，加强分析研判，实事求是评价干部廉洁情况，防止“带病提拔”、“带病上岗”。

第三十一条 接到对干部一般性违纪问题的反映，应当及时找本人核实，谈话提醒、约谈函询，让干部把问题讲清楚[11]。约谈被反映人，可以与其所在党组织主要负责人一同进行；被反映人对函询问题的说明，应当由其所在党组织主要负责人签字后报上级纪委。谈话记录和函询回复应当认真核实，存档备查。没有发现问题的应当了结澄清，对不如实说明情况的给予严肃处理。

第三十二条 依规依纪进行执纪审查，重点审查不收敛不收手，问题线索反映集中、群众反映强烈，现在重要岗位且可能还要提拔使用的领导干部，三类情况同时具备的是重中之重。执纪审查应当查清违纪事实，让审查对象从学习党章入手，从理想信念宗旨、党性原则、作风纪律等方面检查剖析自己，审理报告应当事实清楚、定性准确，反映审查对象思想认识情况。

第三十三条 对违反中央八项规定精神的，严重违纪被立案审查开除党籍的，严重失职失责被问责的，以及发生在群众身边、影响恶劣的不正之风和腐败问题，应当点名道姓通报曝光。

第三十四条 加强对纪律检查机关的监督。发现纪律检查机关及其工作人员有违反纪律问题的，必须严肃处理。各级纪律检查机关必须加强自身建设，健全内控机制，自觉接受党内监督、社会监督、群众监督，确保权力受到严格约束。

第五章 党的基层组织和党员的监督

第三十五条 党的基层组织应当发挥战斗堡垒作用，履行下列监督职责[12]：

（一）严格党的组织生活，开展批评和自我批评，监督党员切实履行义务，保障党员权利不受侵犯；

（二）了解党员、群众对党的工作和党的领导干部的批评和意见，定期向上级党组织反映情况，提出意见和建议；

（三）维护和执行党的纪律，发现党员、干部违反纪律问题及时教育或者处理，问题严重的应当向上级党组织报告。

第三十六条 党员应当本着对党和人民事业高度负责的态度，积极行使党员

监委的监督；首要任务是监督驻在单位领导班子及其成员和驻在单位党组（党委）管理的干部，及时准确发现问题，有效发挥探头作用。

⑪ 此规定最能体现抓早抓小的监督理念。

⑫ 修订后的党章和《中国共产党支部工作条例（试行）》作了更多规定。

⑬ 《执法机关和司法机关向纪检监察机关移送问题线索工作办法》明确，执法机关、司法机关在工作中，发现下列问题线索，应当及时移送纪检监察机关，由纪检监察机关依规依纪依法处理：党员涉嫌违犯党纪，依照纪律处分条例、监督执纪工作规则等有关规定，应当由纪检机关处置的；监察对象涉嫌职务违法，依照监察法和政务处分有关规定，应当由监察机关调查处置的；监察对象涉嫌职务犯罪，依照监察法、刑法以及监察机关管辖的有关规定，应当由监察机关调查处置

权利，履行下列监督义务：

（一）加强对党的领导干部的民主监督，及时向党组织反映群众意见和诉求；

（二）在党的会议上有根据地批评党的任何组织和任何党员，揭露和纠正工作中存在的缺点和问题；

（三）参加党组织开展的评议领导干部活动，勇于触及矛盾问题、指出缺点错误，对错误言行敢于较真、敢于斗争；

（四）向党负责地揭发、检举党的任何组织和任何党员违纪违法的事实，坚决反对一切派别活动和小集团活动，同腐败现象作坚决斗争。

第六章 党内监督和外部监督相结合

第三十七条 各级党委应当支持和保证同级人大、政府、监察机关、司法机关等对国家机关及公职人员依法进行监督，人民政协依章程进行民主监督，审计机关依法进行审计监督。有关国家机关发现党的领导干部违反党规党纪、需要党组织处理的，应当及时向有关党组织报告。审计机关发现党的领导干部涉嫌违纪的问题线索，应当向同级党组织报告，必要时向上级党组织报告，并按照规定将问题线索移送相关纪律检查机关处理[13]。

在纪律审查中发现党的领导干部严重违纪涉嫌违法犯罪的，应当先作出党纪处分决定，再移送行政机关、司法机关处理。执法机关和司法机关依法立案查处涉及党的领导干部案件，应当向同级党委、纪委通报[14]；该干部所在党组织应当根据有关规定，中止其相关党员权利；依法受到刑事责任追究，或者虽不构成犯罪但涉嫌违纪的，应当移送纪委依纪处理[15]。

第三十八条 中国共产党同各民主党派长期共存、互相监督、肝胆相照、荣辱与共。各级党组织应当支持民主党派履行监督职能，重视民主党派和无党派人士提出的意见、批评、建议，完善知情、沟通、反馈、落实等机制。

第三十九条 各级党组织和党的领导干部应当认真对待、自觉接受社会监督，利用互联网技术和信息化手段，推动党务公开、拓宽监督渠道，虚心接受群众批评。新闻媒体应当坚持党性和人民性相统一，坚持正确导向，加强舆论监督，对典型案例进行剖析，发挥警示作用[16]。

第七章 整改和保障

第四十条 党组织应当如实记录、集中管理党内监督中发现的问题和线索，及时了解核实，作出相应处理；不属于本级办理范围的应当移送有权限的党组织处理。

的。该办法明确由纪检监察机关案件监督管理部门负责统一接收移送的问题线索。纪检监察机关收到移送的问题线索后，应当及时进行审核，并按照以下方式办理：本单位有管辖权的，应当及时研究提出处置意见；本单位没有管辖权但其他纪检监察机关有管辖权的，应当及时转送有管辖权的纪检监察机关；本单位对部分问题线索有管辖权的，应当对有管辖权的部分提出处置意见，并及时将其他问题线索转送有管辖权的机关；纪检监察机关没有管辖权的，应当及时退回移送机关。

⑭ 此处规定了执法机关和司法机关的通报义务，如果怠于通报，可依据此规定对有关责任人进行追责问责。

⑮ 对于涉嫌职务犯罪，但又无法确定是否会被判处刑罚的，是否必须在移送起诉前作出党纪、政务处理？依据《中国共产党纪律处分条例》第29条、

第四十一条 党组织对监督中发现的问题应当做到条条要整改、件件有着落。整改结果应当及时报告上级党组织，必要时可以向下级党组织和党员通报，并向社会公开。

对于上级党组织交办以及巡视等移交的违纪问题线索，应当及时处理，并在3个月内反馈办理情况[17]。

第四十二条 党委（党组）、纪委（纪检组）应当加强对履行党内监督责任和问题整改落实情况的监督检查，对不履行或者不正确履行党内监督职责，以及纠错、整改不力的，依照《中国共产党纪律处分条例》、《中国共产党问责条例》等规定处理。

第四十三条 党组织应当保障党员知情权和监督权，鼓励和支持党员在党内监督中发挥积极作用。提倡署真实姓名反映违纪事实，党组织应当为检举控告者严格保密，并以适当方式向其反馈办理情况。对干扰妨碍监督、打击报复监督者的，依纪严肃处理。

第四十四条 党组织应当保障监督对象的申辩权、申诉权等相关权利。经调查，监督对象没有不当行为的，应当予以澄清和正名。对以监督为名侮辱、诽谤、诬陷他人的，依纪严肃处理；涉嫌犯罪的移送司法机关处理。监督对象对处理决定不服的，可以依照党章规定提出申诉。有关党组织应当认真复议复查，并作出结论。

第八章 附 则

第四十五条 中央军事委员会可以根据本条例，制定相关规定。

第四十六条 本条例由中央纪律检查委员会负责解释。

第四十七条 本条例自发布之日起施行。

《中国共产党党内监督条例》第37条，以及《关于在查办党员和国家工作人员涉嫌违纪违法犯罪案件中加强协作配合的意见》和《关于进一步规范对涉嫌违法犯罪党员作出纪律处分工作的意见》的规定，纪检机关在纪律审查中，发现被审查党员涉嫌犯罪的，原则上应当在案件移送司法机关前作出纪律处分。对案件事实、行为定性有重大争议，难以在移送司法机关前作出纪律处分决定等特殊情况的，可以在移送后作出处分。对于需要上级党委、纪委审批的案件，考虑到审批需要一定时间等实际情况，为防止留置时限超期，可在同级党委讨论通过后，先行将案件移送司法机关。待上级批复后，及时下达党纪处分决定。

⑯ 此规定体现了治本的理念，很有意义。

⑰ “3个月”是一个重要知识点，建议牢记。

中国共产党巡视工作条例[①]

（2015年6月26日中共中央政治局会议审议批准 2015年8月3日中共中央发布 2017年5月26日中共中央政治局会议修订 2017年7月1日中共中央发布）

第一章 总 则

第一条 为落实全面从严治党要求，严肃党内政治生活，净化党内政治生态，加强党内监督，规范巡视工作，根据《中国共产党章程》，制定本条例。

第二条 党的中央和省、自治区、直辖市委员会实行巡视制度，建立专职巡视机构，在一届任期内对所管理的地方、部门、企事业单位党组织全面巡视。

中央有关部委、中央国家机关部门党组（党委）可以实行巡视制度，设立巡视机构，对所管理的党组织进行巡视监督。

党的市（地、州、盟）和县（市、区、旗）委员会建立巡察制度，设立巡察机构，对所管理的党组织进行巡察监督。

开展巡视巡察工作的党组织承担巡视巡察工作的主体责任。

第三条 巡视工作以马克思列宁主义、毛泽东思想、邓小平理论、"三个代表"重要思想、科学发展观为指导，深入贯彻习近平总书记系列重要讲话精神和治国理政新理念新思想新战略，牢固树立政治意识、大局意识、核心意识、看齐意识，坚定不移维护以习近平同志为核心的党中央权威和集中统一领导，统筹推进"五位一体"总体布局和协调推进"四个全面"战略布局，贯彻新发展理念，坚定对中国特色社会主义的道路自信、理论自信、制度自信、文化自信，尊崇党章，依规治党，落实中央巡视工作方针，深化政治巡视，聚焦坚持党的领导、加强党的建设、全面从严治党，发现问题、形成震慑，推动改革、促进发展，确保党始终成为中国特色社会主义事业的坚强领导核心。

第四条 巡视工作坚持中央统一领导、分级负责；坚持实事求是、依法依规；坚持群众路线、发扬民主。

第二章 机构和人员

第五条 党的中央和省、自治区、直辖市委员会成立巡视工作领导小组，分别向党中央和省、自治区、直辖市党委负责并报告工作。

① 注意学习2020年12月中共中央办公厅印发的《关于加强巡视巡察上下联动的意见》。

② 此处属于常识性规定。

巡视工作领导小组组长由同级党的纪律检查委员会书记担任，副组长一般由同级党委组织部部长担任[②]。巡视工作领导小组组长为组织实施巡视工作的主要责任人。

中央巡视工作领导小组应当加强对省、自治区、直辖市党委，中央有关部委，中央国家机关部门党组（党委）巡视工作的领导。

第六条 巡视工作领导小组的职责是：

（一）贯彻党的中央委员会和同级党的委员会有关决议、决定；

（二）研究提出巡视工作规划、年度计划和阶段任务安排；

（三）听取巡视工作汇报；

（四）研究巡视成果的运用，分类处置，提出相关意见和建议；

（五）向同级党组织报告巡视工作情况；

（六）对巡视组进行管理和监督；

（七）研究处理巡视工作中的其他重要事项。

第七条 巡视工作领导小组下设办公室，为其日常办事机构。

中央巡视工作领导小组办公室设在中央纪律检查委员会。

省、自治区、直辖市党委巡视工作领导小组办公室为党委工作部门，设在同级党的纪律检查委员会。

第八条 巡视工作领导小组办公室的职责是：

（一）向巡视工作领导小组报告工作情况，传达贯彻巡视工作领导小组的决策和部署；

（二）统筹、协调、指导巡视组开展工作；

（三）承担政策研究、制度建设等工作；

（四）对派出巡视组的党组织、巡视工作领导小组决定的事项进行督办；

（五）配合有关部门对巡视工作人员进行培训、考核、监督和管理；

（六）办理巡视工作领导小组交办的其他事项。

第九条 党的中央和省、自治区、直辖市委员会设立巡视组，承担巡视任务。巡视组向巡视工作领导小组负责并报告工作。

第十条 巡视组设组长、副组长、巡视专员和其他职位。巡视组实行组长负责制，副组长协助组长开展工作。

巡视组组长根据每次巡视任务确定并授权。

第十一条 巡视工作人员应当具备下列条件：

（一）理想信念坚定，对党忠诚，在思想上政治上行动上同党中央保持高度一致；

（二）坚持原则，敢于担当，依法办事，公道正派，清正廉洁；

（三）遵守党的纪律，严守党的秘密；

（四）熟悉党务工作和相关政策法规，具有较强的发现问题、沟通协调、文字综合等能力；

（五）身体健康，能胜任工作要求。

第十二条　选配巡视工作人员应当严格标准条件，对不适合从事巡视工作的人员，应当及时予以调整。

巡视工作人员应当按照规定进行轮岗交流。

巡视工作人员实行任职回避、地域回避、公务回避。

第三章　巡视范围和内容

第十三条　中央巡视组的巡视对象和范围是：

（一）省、自治区、直辖市党委和人大常委会、政府、政协党组领导班子及其成员，省、自治区、直辖市高级人民法院、人民检察院党组主要负责人，副省级城市党委和人大常委会、政府、政协党组主要负责人；

（二）中央部委领导班子及其成员，中央国家机关部委、人民团体党组（党委）领导班子及其成员；

（三）中央管理的国有重要骨干企业、金融企业、事业单位党委（党组）领导班子及其成员；

（四）中央要求巡视的其他单位的党组织领导班子及其成员。

第十四条　省、自治区、直辖市党委巡视组的巡视对象和范围是：

（一）市（地、州、盟）、县（市、区、旗）党委和人大常委会、政府、政协党组领导班子及其成员，市（地、州、盟）中级人民法院、人民检察院和县（市、区、旗）人民法院、人民检察院党组主要负责人；

（二）省、自治区、直辖市党委工作部门领导班子及其成员，政府部门、人民团体党组（党委、党工委）领导班子及其成员；

（二）省、自治区、直辖市管理的国有企业、事业单位党委（党组）领导班子及其成员；

（四）省、自治区、直辖市党委要求巡视的其他单位的党组织领导班子及其成员。

第十五条[③]　巡视组对巡视对象执行《中国共产党章程》和其他党内法规，遵守党的纪律，落实全面从严治党主体责任和监督责任等情况进行监督，着力发现党的领导弱化、党的建设缺失、全面从严治党不力，党的观念淡漠、组织涣散、纪

③ 中央巡视组代表党中央去巡视，是政治巡视不是业务巡视，是从政治上看问题，聚焦党的领导、党的建设、全面从严治党、党风廉政建设和反腐败以及选人用人，看看被巡视党组织的领导核心作用发挥得够不够、领导班子凝聚力强不强，是不是坚定地与党中央保持高度一致，是不是在管党治党上体现“严”的要求。巡视报告、谈话情况报告、问题线索报告，都集中反映被巡视党组织在坚持党的领导、加强党的建设、贯彻执行党的路线方针政策方面的情况。

律松弛，管党治党宽松软问题：

（一）违反政治纪律和政治规矩，存在违背党的路线方针政策的言行，有令不行、有禁不止，阳奉阴违、结党营私、团团伙伙、拉帮结派，以及落实意识形态工作责任制不到位等问题；

（二）违反廉洁纪律，以权谋私、贪污贿赂、腐化堕落等问题；

（三）违反组织纪律，违规用人、任人唯亲、跑官要官、买官卖官、拉票贿选，以及独断专行、软弱涣散、严重不团结等问题；

（四）违反群众纪律、工作纪律、生活纪律，落实中央八项规定精神不力，搞形式主义、官僚主义、享乐主义和奢靡之风等问题；

（五）派出巡视组的党组织要求了解的其他问题。

第十六条 派出巡视组的党组织可以根据工作需要，针对所辖地方、部门、企事业单位的重点人、重点事、重点问题或者巡视整改情况，开展机动灵活的专项巡视。

第四章 工作方式和权限

第十七条[④] 巡视组可以采取以下方式开展工作：

（一）听取被巡视党组织的工作汇报和有关部门的专题汇报；

（二）与被巡视党组织领导班子成员和其他干部群众进行个别谈话[⑤]；

（三）受理反映被巡视党组织领导班子及其成员和下一级党组织领导班子主要负责人问题的来信、来电、来访等；

（四）抽查核实领导干部报告个人有关事项的情况；

（五）向有关知情人询问情况；

（六）调阅、复制有关文件、档案、会议记录等资料；

（七）召开座谈会；

（八）列席被巡视地区（单位）的有关会议；

（九）进行民主测评、问卷调查；

（十）以适当方式到被巡视地区（单位）的下属地方、单位或者部门了解情况；

（十一）开展专项检查；

（十二）提请有关单位予以协助；

（十三）派出巡视组的党组织批准的其他方式。[⑥]

第十八条 巡视组依靠被巡视党组织开展工作，不干预被巡视地区（单位）的正常工作，不履行执纪审查的职责[⑦]。

第十九条 巡视组应当严格执行请示报告制度，对巡视工作中的重要情况和

④ 本条十分重要，请牢记。

⑤ 巡视巡察谈话内容特殊、针对性强、政治站位高，不同于纪律审查的讯问、询问谈话，也不同于一般拉家常式的谈心谈话。巡视巡察谈话总体要求：站位高、定位准、态度诚、内容精、思维活。谈话准备：针对被巡察单位制定简要谈话方案，包括谈话对象范围、谈话时间、谈话人分组等；认真分析被巡察单位业务特点和重要岗位廉政风险点，做到谈话有的放矢；对已掌握的有价值的信访件、审计报告等资料进行研判，明确谈话重点；建立谈话问题库。谈话方法与技巧：单刀直入法、主动宣讲法、循循善诱法、突然转折法、穷追不舍法等。

⑥ 浙江省天台县委巡察办积极开拓“组办”会商新思路，联合巡察组、巡察办和有关单位、技术支撑机构，适时进行集中“会诊”，深化

重大问题及时向巡视工作领导小组请示报告。

特殊情况下，中央巡视组可以直接向中央巡视工作领导小组组长报告，省、自治区、直辖市党委巡视组可以直接向省、自治区、直辖市党委书记报告。

第二十条　巡视期间，经巡视工作领导小组批准，巡视组可以将被巡视党组织管理的干部涉嫌违纪违法的具体问题线索，移交有关纪律检查机关或者政法机关处理；对群众反映强烈、明显违反规定并且能够及时解决的问题，向被巡视党组织提出处理建议。

第五章　工 作 程 序

第二十一条　巡视组开展巡视前，应当向同级纪检监察机关、政法机关和组织、审计、信访等部门和单位了解被巡视党组织领导班子及其成员的有关情况。

第二十二条　巡视组进驻被巡视地区（单位）后，应当向被巡视党组织通报巡视任务，按照规定的工作方式和权限，开展巡视了解工作。

巡视组对反映被巡视党组织领导班子及其成员的重要问题和线索，可以进行深入了解[8]。

第二十三条　巡视了解工作结束后，巡视组应当形成巡视报告，如实报告了解的重要情况和问题，并提出处理建议。

对党风廉政建设等方面存在的普遍性、倾向性问题和其他重大问题，应当形成专题报告，分析原因，提出建议。

第二十四条　巡视工作领导小组应当及时听取巡视组的巡视情况汇报，研究提出处理意见，报派出巡视组的党组织决定。

第二十五条　派出巡视组的党组织应当及时听取巡视工作领导小组有关情况汇报，研究并决定巡视成果的运用。

第二十六条　经派出巡视组的党组织同意后，巡视组应当及时向被巡视党组织领导班子及其主要负责人分别反馈相关巡视情况，指出问题，有针对性地提出整改意见。

根据巡视工作领导小组要求，巡视组将巡视的有关情况通报同级党委和政府有关领导及其职能部门。

第二十七条　被巡视党组织收到巡视组反馈意见后，应当认真整改落实，并于2个月内将整改情况报告和主要负责人组织落实情况报告[9]，报送巡视工作领导小组办公室。

被巡视党组织主要负责人为落实整改工作的第一责任人。

【实践样本：做实巡察整改后半篇文章】为扎实做好巡察发现问题整改工作，重

形成“组办＋X”会商机制，有效提升巡察工作质量。巡察进驻前，巡察办要根据被巡察对象特点，多方协调相关职能部门和乡镇（街道）进行会商并收集相关材料，确保巡察进驻后做到“有的放矢”。巡察中期，巡察办分派人员走访了解各巡察组的工作进展情况，适时与派驻纪检监察组、纪检监察室、乡镇纪委等进行联合会商，在问题定性、线索处置等方面加强联动力度，做到早发现、早移交、早处理。同时有侧重地邀请第三方技术部门提供协助。巡察撤点后，通过会商，组办对于巡察报告进行修改完善。整改过程中，巡察机构联合相关监督单位围绕整改方案、整改进展情况等不定期进行集中会商，并适时组织开展联合回访检查，确保整改“见人

见事见效"，推动巡察整改和巡察成果运用落地生根。参见《浙江天台：完善联动会商机制 提升巡察工作质量》，载中央纪委国家监委网站，https://www.ccdi.gov.cn/xsxcn/202212/t20221230_238937.html。

⑦ 请牢记：巡视组不干预被巡视地区（单位）的正常工作，不履行执纪审查的职责。

⑧ 注意"深入了解"的适用对象和适用条件，并且注意划清与执纪审查的界限。

⑨ 注意整改落实时限：2个月。

庆市江津区委巡察办建立"红黄绿"三色预警机制，对整改工作实行动态管理。针对巡察发现的问题，制定任务清单、责任清单和整改清单，同时录入巡察问题整改"三色"预警平台，对整改工作采取红黄绿三色预警警示。对办理期限剩余20天的，提出首次预警，下发绿色预警函至问题整改主办人；对办理期限剩余10天的，提出二次预警，下发黄色预警函至问题整改主办人和分管领导；对办理时间已超规定期限，下发红色预警函至问题整改主办单位和单位党组织主要负责人。江津区委巡察工作领导小组还出台了《江津区巡察整改成效群众评判暂行办法》，明确将接受区委巡察的区管党组织和村（社区）党组织作为评估对象，提出充分发动群众开展评价。对综合评估等次为"差"的单位，当年党风廉政建设考核实行"一票否决"，并由巡察工作领导小组对被巡察党组织主要负责人进行约谈，纳入巡察"回头看"重点对象范畴。参见《重庆江津："三色"预警机制压紧压实巡察整改责任》，载中央纪委国家监委网站，https://www.ccdi.gov.cn/xsxcn/202206/t20220608_197862.html。

第二十八条 对巡视发现的问题和线索，派出巡视组的党组织作出分类处置的决定后，依据干部管理权限和职责分工，按照以下途径进行移交：

（一）对领导干部涉嫌违纪的线索和作风方面的突出问题，移交有关纪律检查机关；

（二）对执行民主集中制、干部选拔任用等方面存在的问题，移交有关组织部门；

（三）其他问题移交相关单位。

第二十九条 有关纪律检查机关、组织部门收到巡视移交的问题或者线索后，应当及时研究提出谈话函询、初核、立案或者组织处理等意见，并于3个月内将办理情况反馈巡视工作领导小组办公室。

第三十条 派出巡视组的党组织及其组织部门应当把巡视结果作为干部考核评价、选拔任用的重要依据。

第三十一条 巡视工作领导小组办公室应当会同巡视组采取适当方式，了解和督促被巡视地区（单位）整改落实工作并向巡视工作领导小组报告。

巡视工作领导小组可以直接听取被巡视党组织有关整改情况的汇报。

第三十二条 巡视进驻、反馈、整改等情况，应当以适当方式公开，接受党员、干部和人民群众监督。

第六章 纪律与责任

第三十三条 派出巡视组的党组织和巡视工作领导小组应当加强对巡视工作

的领导。对领导巡视工作不力,发生严重问题的,依据有关规定追究相关责任人员的责任。

第三十四条　纪检监察机关、审计机关、政法机关和组织、信访等部门及其他有关单位,应当支持配合巡视工作。对违反规定不支持配合巡视工作,造成严重后果的,依据有关规定追究相关责任人员的责任。

第三十五条　巡视工作人员应当严格遵守巡视工作纪律。巡视工作人员有下列情形之一的,视情节轻重,给予批评教育、组织处理或者纪律处分;涉嫌犯罪的,移送司法机关依法处理:

(一)对应当发现的重要问题没有发现的;

(二)不如实报告巡视情况,隐瞒、歪曲、捏造事实的;

(三)泄露巡视工作秘密的;

(四)工作中超越权限,造成不良后果的;

(五)利用巡视工作的便利谋取私利或者为他人谋取不正当利益的;[10]

(六)有违反巡视工作纪律的其他行为的。

第三十六条　被巡视党组织领导班子及其成员应当自觉接受巡视监督,积极配合巡视组开展工作。

党员有义务向巡视组如实反映情况。

第三十七条　被巡视地区(单位)及其工作人员有下列情形之一的,视情节轻重,对该地区(单位)领导班子主要负责人或者其他有关责任人员,给予批评教育、组织处理或者纪律处分;涉嫌犯罪的,移送司法机关依法处理:

(一)隐瞒不报或者故意向巡视组提供虚假情况的;

(二)拒绝或者不按照要求向巡视组提供相关文件材料的;

(三)指使、强令有关单位或者人员干扰、阻挠巡视工作,或者诬告、陷害他人的;

(四)无正当理由拒不纠正存在的问题或者不按照要求整改的;

(五)对反映问题的干部群众进行打击、报复、陷害的;

(六)其他干扰巡视工作的情形。

第三十八条　被巡视地区(单位)的干部群众发现巡视工作人员有本条例第三十五条所列行为的,可以向巡视工作领导小组或者巡视工作领导小组办公室反映,也可以依照规定直接向有关部门、组织反映。

第七章　附　　则

第三十九条　各省、自治区、直辖市党委可以根据本条例,结合各自实际,制定

⑩ 张某某利用其担任中央纪委、中央组织部巡视组副部级巡视专员、中央巡视组副部级巡视专员、中央第一企业金融巡视组副组长等职务上的便利,为他人谋取利益;利用本人职权、地位形成的便利条件,通过其他国家工作人员职务上的行为,为他人谋取不正当利益,非法收受他人巨额财物,依法应当以受贿罪追究其刑事责任。参见《河北、福建、北京检察机关依法对姚某、陈某某、张某某提起公诉》,载新华社,https://www.ccdi.gov.cn/yaowen/201807/t20180705_175155.html。

实施办法。

第四十条 中国人民解放军和中国人民武装警察部队的党组织实行巡视制度的规定，由中央军委参照本条例制定。

第四十一条 本条例由中央纪委会同中央组织部解释。

第四十二条 本条例自 2015 年 8 月 3 日起施行。2009 年 7 月 2 日中共中央印发的《中国共产党巡视工作条例（试行）》同时废止。

中国共产党重大事项请示报告条例[①]

（2019 年 1 月 31 日中共中央印发）

第一章 总 则

第一条 为了加强和规范重大事项请示报告工作，严明党的政治纪律、组织纪律和工作纪律，保证全党全国服从党中央、政令畅通，根据《中国共产党章程》、《关于新形势下党内政治生活的若干准则》等党内法规，制定本条例。

第二条 重大事项请示报告工作以习近平新时代中国特色社会主义思想为指导，坚持和加强党的全面领导，坚持党要管党、全面从严治党，贯彻民主集中制，坚决维护习近平总书记党中央的核心、全党的核心地位，坚决维护党中央权威和集中统一领导，保证全党团结统一和行动一致，确保党始终总揽全局、协调各方。

第三条 本条例适用于下级党组织向上级党组织，以及党员、领导干部向党组织请示报告重大事项相关活动。

本条例所称重大事项，是指超出党组织和党员、领导干部自身职权范围，或者虽在自身职权范围内但关乎全局、影响广泛的重要事情和重要情况，包括党组织贯彻执行党中央决策部署和上级党组织决定、领导经济社会发展事务、落实全面从严治党责任，党员履行义务、行使权利，领导干部行使权力、担负责任的重要事情和重要情况。

本条例所称请示，是指下级党组织向上级党组织，党员、领导干部向党组织就重大事项请求指示或者批准；所称报告，是指下级党组织向上级党组织，党员、领导干部向党组织呈报重要事情和重要情况。

第四条 开展重大事项请示报告工作应当遵循以下原则：

（一）坚持政治导向。树牢“四个意识”，落实“四个服从”，把请示报告作为重要政治纪律和政治规矩，把讲政治要求贯彻到请示报告工作全过程和各方面。

① 请示报告制度是我们党的一项重要政治纪律、组织纪律、工作纪律，是执行民主集中制的有效工作机制，对于坚决维护习近平总书记党中央的核心、全党的核心地位，坚决维护党中央权威和集中统一领导，保证全党团结统一和行动一致，具有重要意义。需要准确把握重大事项请示报告的重要意义、基本原则、主要内容和工作要求。

（二）坚持权责明晰。既牢记授权有限，该请示的必须请示，该报告的必须报告；又牢记守土有责，该负责的必须负责，该担当的必须担当。

（三）坚持客观真实。全面如实请示报告工作、反映情况、分析问题、提出建议，既报喜又报忧、既报功又报过、既报结果又报过程。

（四）坚持规范有序。落实依规治党要求，严格按照党章党规规定的主体、范围、程序和方式开展重大事项请示报告工作。

第五条　各地区各部门党组织承担重大事项请示报告工作主体责任，党组织主要负责同志为第一责任人，对请示报告工作负总责。

中央办公厅负责接受办理向党中央请示报告的重大事项，并统筹协调和督促指导各地区各部门向党中央的请示报告工作。地方党委办公厅（室）负责接受办理向本级党委请示报告的重大事项，并统筹协调和督促指导本地区的请示报告工作。

第二章　党组织请示报告主体

第六条　党组织请示报告工作一般应当以组织名义进行，向负有领导或者监督指导职责的上级党组织请示报告。特殊情况下，可以根据工作需要以党组织负责同志名义代表党组织请示报告。

请示报告应当逐级进行，一般不得越级请示报告。特殊情况下，可以按照有关规定直接向更高层级党组织请示报告。

第七条　接受双重领导的单位党组织，应当根据事项性质和内容向负有主要领导职责的上级党组织请示报告，同时抄送另一个上级党组织。特殊情况下，可以不抄送另一个上级党组织。

第八条　接受归口领导、管理的单位党组织，必须服从批准其设立的党组织的领导，向其请示报告工作，并按照有关规定向归口领导、管理单位党组织请示报告。

第九条　接受归口指导、协调或者监督的单位党组织，向上级党组织请示报告一般应当抄送负有指导、协调或者监督职责的单位党组织。

负有指导、协调或者监督职责的单位党组织应当统筹所负责区域、领域、行业、系统内各单位党组织的请示报告工作，归口统一向上级党组织请示报告总体情况、牵头事项完成情况等。

第十条　涉及跨区域、跨领域、跨行业、跨系统的重大事项，应当由有关党组织向共同上级党组织联合请示报告。联合请示报告应当明确牵头党组织。

党政机关联合请示报告的，一般应当将上级党政机关同时列为请示报告对象。

第十一条 根据党内法规制度规定，党的决策议事协调机构和党的工作机关可以在其职权范围内接受下级党组织的请示报告并作出处理。

党组织主要负责同志可以就全面工作或者某些方面工作接受下级党组织请示报告；有关负责同志可以就分管领域工作接受下级党组织请示报告，也可以受党组织或者党组织主要负责同志委托，就全面工作接受下级党组织请示报告。

第三章　党组织请示报告事项

第十二条 涉及党和国家工作全局的重大方针政策，经济、政治、文化、社会、生态文明建设和党的建设中的重大原则和问题，国家安全、港澳台侨、外交、国防、军队等党中央集中统一管理的事项，以及其他只能由党中央领导和决策的重大事项，必须向党中央请示报告。

第十三条 党组织应当向上级党组织请示下列事项：

（一）贯彻落实党中央决策部署和上级党组织决定中的重要情况和问题，需要作出调整的政策措施，需要支持解决的特殊困难；

（二）重大改革措施、重大立法事项、重大体制变动、重大项目推进、重大突发事件、重大机构调整、重要干部任免、重要表彰奖励、重大违纪违法和复杂敏感案件处理等；

（三）明确规定需要请示的重要会议、重要活动、重要文件等；

（四）重大活动、重要政策的宣传报道口径，新闻宣传和意识形态工作中的全局性问题和不易把握的问题；

（五）出台重大创新举措，特别是遇到新情况新问题且无明文规定、需要先行先试，或者创新举措可能与现行规定相冲突、需经授权才能实施的情况；

（六）属于自身职权范围内但事关重大或者特殊敏感的事项；

（七）重大决策时存在较大意见分歧的情况；

（八）跨区域、跨领域、跨行业、跨系统工作中需要上级党组织统筹推进的重大事项；

（九）调整上级党组织文件、会议精神的传达知悉范围，使用上级党组织负责同志未公开的讲话、音像资料等；

（十）其他应当请示的重大事项。

下列事项不必向上级党组织请示：属于自身职权范围内的日常工作；上级党组织就有关问题已经作出明确批复的；事后报告即可的事项等。

第十四条[②] 党组织应当向上级党组织报告下列事项：

（一）学习贯彻习近平新时代中国特色社会主义思想，统筹推进“五位一体”总

② 本条内容十分重要。

体布局和协调推进“四个全面”战略布局的重要情况；

（二）党中央以及上级党组织重要会议、重要文件、重大决策部署贯彻落实情况，习近平总书记重要指示批示贯彻落实情况，上级党组织负责同志交办事项的研究办理情况；

（三）加强党的建设，履行全面从严治党责任，包括集中学习教育活动、意识形态工作、党组织设置及隶属关系调整、民主生活会、党风廉政建设、落实中央八项规定精神、党员干部直接联系群众、巡视巡察整改、发现重大违纪违法问题等情况；

（四）全面工作总结和计划；

（五）重大专项工作开展情况；

（六）重大敏感事件、突发事件和群体性事件应对处置情况；

（七）经济社会发展中出现的重要情况和重大舆情；

（八）本地区、本部门、本单位工作中具有在更大范围推广价值的经验做法和意见建议；

（九）其他应当报告的重大事项。

下列事项不必向上级党组织报告：具体事务性工作；没有实质性内容的表态和情况反映等。

第十五条　党组织应当按照有关规定向上级党组织报备下列事项：

（一）党内法规和规范性文件；

（二）领导班子成员分工；

（三）有关干部任免；

（四）党委委员、候补委员职务的辞去、免去或者自动终止；

（五）其他应当报备的重大事项。

第十六条　中央各决策议事协调机构、中央各部门、有关中央国家机关党组（党委）应当对本领域、行业、系统内请示报告的具体事项提出明确要求、加强工作指导。[3]

上级党组织应当从实际出发，对下级党组织请示报告中主题相近、内容关联的同类事项归并整合提出要求，促使请示报告精简务实。

第十七条　党组织应当根据本条例规定的请示报告事项范围和内容，结合上级要求和自身实际，制定请示报告事项清单。

第四章　党组织请示报告程序

第十八条　重大事项请示报告一般应当经党组织领导班子集体研究或者传批

③ 中央决策议事协调机构如中央全面依法治国委员会、中央审计委员会、中央教育工作领导小组等，排在中央各部门之前。还应注意，在地方，只能表述为地方（如某市、某县）议事协调机构，不能表述为地方（如某市、某县）决策议事协调机构，换言之，不宜加“决策”二字。

审定,由主要负责同志签发或者作出。必要时应当事先报上级党组织分管负责同志同意。

两个以上党组织联合请示报告的,应当协商一致后呈报。未取得一致意见的,应当对有关情况作出说明。

④ 本条内容十分重要。

第十九条[④] 向上级党组织请示重大事项,必须事前请示,给上级党组织以充足研判和决策时间。情况紧急来不及请示必须临机处置的,应当按照规定履职尽责,并及时进行后续请示报告。

定期报告按照规定的时间进行。专题报告根据工作进展情况适时进行,学习贯彻上级党组织重要会议和文件精神的专题报告应当注重反映落实见效情况,不得一味求快。对上级党组织交办的重大事项,应当按照时限要求报告。突发性重大事件应当及时报告,并根据事件发展处置情况做好续报工作。

第二十条 提出请示应当阐明请求事项及相关理由。报送请示应当一文一事,不得在报告等非请示性公文中夹带请示事项。

对下级党组织请示的重大事项,受理党组织如需以其名义再向上级党组织请示的,应当认真研究并负责任地提出处理建议,不得只将原文转请示上级党组织。

第二十一条 上级党组织收到请示后,一般由综合部门提出拟办意见报党组织负责同志按照规定批办。

党政机关联合提出的请示,由上级党组织牵头办理。

第二十二条 上级党组织对受理的紧急请示事项应当尽快办理。有明确办理时限要求的应当在规定期限内办理完毕,确有特殊情况无法在规定期限内办理完毕的,应当主动向下级党组织说明情况。

第二十三条 请示的答复一般应当坚持向谁请示由谁答复,特殊情况下受理请示的党组织可以授权党组织有关部门代为答复。

第二十四条 报告应当具有实质性内容和参考价值,有助于上级党组织了解情况、科学决策,力戒空洞无物、评功摆好、搞形式主义。报告应当简明扼要、文风质朴,呈报党中央的综合报告一般在5000字以内,专项报告一般在3000字以内,情况复杂、确有必要详细报告的有关内容可以通过附件反映。

第二十五条 上级党组织收到报告后,应当由综合部门根据工作需要报送党组织负责同志阅示。综合部门可以将主题相同、内容相近的报告统一集中报送,或者摘要形成综合材料后报送。

党组织负责同志对报告作出批示指示的,综合部门应当及时按照要求办理。

第二十六条 上级党组织应当加强对报告的综合分析利用。对于有推广价值的典型经验做法,可以通过适当形式进行宣传;对于共性问题,应当予以重视并研究解决；对于有价值的意见建议，应当认真研究吸收、推动改进工作。

第二十七条 重大事项请示报告工作存在可能影响公正办理情形的，有关人员应当回避。

第五章 党组织请示报告方式

第二十八条 党组织应当根据重大事项类型和缓急程度采用口头、书面方式进行请示报告。

第二十九条 重大事项请示报告适宜简便进行的，可以采用口头方式。对于情况紧急或者重大事项处理尚处于初步酝酿阶段的，可以采用口头方式先行请示报告，后续再以书面方式补充请示报告。

第三十条 口头请示报告视情采用通话、当面、会议等方式。内容较为简单或者情况十分紧急的，可以采用通话方式；内容较为复杂或者情况敏感特殊的，可以采用当面方式；内容较为正式或者涉及主体较多的，可以采用会议方式。

口头请示报告应当做好记录和资料留存，确保有据可查。

第三十一条 非紧急情况、重大事项处理处于相对成熟阶段或者不适宜简便进行的请示报告，应当采用书面方式。

第三十二条 书面报告视情采用正式报告、信息、简报等方式。信息侧重于报告重大突发事件，需要注意的问题、现象和情况等，应当做到及时高效、权威准确。简报侧重于报告某方面工作简要情况。

党组织应当统筹用好书面报告方式，坚持"一事不二报"，一般不得就同一内容使用多种方式重复报告。上级党组织明确要求正式报告的，不得以其他方式代替。

第三十三条 党组织可以利用电话、文件、传真、电报、网络等载体开展请示报告工作。涉密事项应当按照有关保密规定执行。

基层党组织开展请示报告工作可以更加灵活便捷、突出实效。

第六章 党员、领导干部请示报告

第三十四条 党员一般应当向所在党组织请示报告重大事项。领导干部一般应当向所属党组织请示报告重要工作。

党员、领导干部向党组织请示报告个人有关事项，按照有关规定执行。

第三十五条[⑤] 党员应当向党组织请示下列事项：

（一）从事党组织所分配的工作中的重要问题；

（二）代表党组织发表主张或者作出决定；

⑤ 本条内容十分重要。

（三）按照规定需要请示的涉外工作交往活动；

（四）转移党的组织关系；

（五）其他应当向党组织请示的事项。

第三十六条 党员应当向党组织报告下列事项：

（一）贯彻执行党组织决议以及完成党组织交办工作任务情况；

（二）对党的工作和领导干部的意见建议；

（三）发现党员、领导干部违纪违法线索情况；

（四）流动外出情况；

（五）其他应当向党组织报告的事项。

第三十七条 领导干部应当向党组织请示下列事项：

（一）超出自身职权范围，应当由所在党组织或者上级党组织作出决定的重大事项；

（二）属于自身职权范围但事关重大的问题和情况；

（三）代表党组织对外发表重要意见；

（四）因故无法履职或者离开工作所在地；

（五）其他应当向党组织请示的事项。

第三十八条 领导干部应当向党组织报告下列事项：

（一）学习贯彻习近平新时代中国特色社会主义思想，贯彻落实党中央决策部署和党组织决定中的重要情况和问题；

（二）遵守政治纪律和政治规矩，坚决维护习近平总书记党中央的核心、全党的核心地位，坚决维护党中央权威和集中统一领导情况；

（三）坚持民主集中制，发扬党内民主，正确行使权力，参与集体领导情况；

（四）参加领导班子民主生活会和所在党支部（党小组）组织生活会情况；

（五）履行管党治党责任，加强党风廉政建设和反腐败工作以及遵守廉洁纪律情况；

（六）重大决策失误或者应对突发事件处置失当，纪检监察、巡视巡察和审计中发现重要问题，以及违纪违法情况；

（七）可能影响正常履职的重大疾病等情况；

（八）其他应当向党组织报告的事项。

第三十九条 党员、领导干部按照规定采用口头、书面方式进行请示报告。党组织应当及时办理党员、领导干部的请示事项，必要时可以对报告事项作出研究处理。

第七章　监督与追责

第四十条　党组织应当将重大事项请示报告工作开展情况纳入向上一级党组织报告工作的重要内容。

第四十一条　党组织应当建立健全重大事项请示报告工作督查机制，并将执行请示报告制度情况纳入日常监督和巡视巡察范围。

第四十二条　党组织应当将重大事项请示报告工作情况作为履行全面从严治党政治责任的重要内容，对下级党组织及其主要负责同志进行考核评价。考核评价可以与党风廉政建设责任制检查考核、党建工作考核等相结合，结果应当以适当方式通报。

第四十三条　建立健全纠错机制，对于重大事项请示报告工作中出现的主体不适当、内容不准确、程序不规范、方式不合理等问题，上级党组织应当及时提醒纠正，并将有关情况体现到考评通报中⑥。

⑥ 上级党组织的正确做法："应当及时提醒纠正，并将有关情况体现到考评通报中。"

第四十四条　实行重大事项请示报告责任追究制度，有下列情形之一的，应当依规依纪追究有关党组织和党员、领导干部以及工作人员的责任，涉嫌违法犯罪的，按照有关法律规定处理：

（一）违反政治纪律和政治规矩，擅自决定应当由党中央决定的重大事项，损害党中央权威和集中统一领导的；

（二）履行领导责任不到位，对重大事项请示报告不重视不部署，工作开展不力的；

（三）违反组织原则，该请示不请示，该报告不报告的；

（四）缺乏责任担当，推诿塞责、上交矛盾、消极作为的；

（五）搞形式主义、官僚主义，请示报告内容不实、信息不准，造成严重后果的；

（六）违反工作要求，不按规定程序和方式请示报告，造成严重后果的；

（七）其他应当追究责任的情形。

第八章　附　　则

第四十五条　各省、自治区、直辖市党委，中央各决策议事协调机构，中央各部门，中央国家机关各部委党组（党委），应当紧密结合工作实际制定具体落实措施。

第四十六条　中央军事委员会可以根据本条例，结合中国人民解放军和中国人民武装警察部队的实际情况，制定相关规定。

第四十七条　本条例由中央办公厅负责解释。

第四十八条　本条例自2019年1月31日起施行。

中国共产党问责条例

（2019年7月30日中共中央政治局会议审议批准
2019年8月25日中共中央发布）

第一条 为了坚持党的领导，加强党的建设，全面从严治党，保证党的路线方针政策和党中央重大决策部署贯彻落实[①]，规范和强化党的问责工作，根据《中国共产党章程》，制定本条例。

第二条 党的问责工作坚持以马克思列宁主义、毛泽东思想、邓小平理论、"三个代表"重要思想、科学发展观、习近平新时代中国特色社会主义思想为指导，增强"四个意识"，坚定"四个自信"，坚决维护习近平总书记党中央的核心、全党的核心地位，坚决维护党中央权威和集中统一领导[②]，围绕统筹推进"五位一体"总体布局[③]和协调推进"四个全面"战略布局，落实管党治党政治责任，督促各级党组织[④]、党的领导干部负责守责尽责[⑤]，践行忠诚干净担当。

第三条 党的问责工作应当坚持以下原则[⑥]：

（一）依规依纪、实事求是；

（二）失责必问、问责必严；

（三）权责一致、错责相当；

（四）严管和厚爱结合、激励和约束并重；

（五）惩前毖后、治病救人；

（六）集体决定、分清责任。

第四条 党委（党组）应当履行全面从严治党主体责任，加强对本地区本部门本单位问责工作的领导，追究在党的建设、党的事业中失职失责党组织和党的领导干部的主体责任、监督责任、领导责任。

纪委应当履行监督专责，协助同级党委开展问责工作。纪委派驻（派出）机构按照职责权限开展问责工作。

党的工作机关应当依据职能履行监督职责，实施本机关本系统本领域的问责工作。

第五条 问责对象是党组织、党的领导干部[⑦]，重点是党委（党组）、党的工作机关及其领导成员，纪委、纪委派驻（派出）机构[⑧]及其领导成员。

第六条 问责应当分清责任。党组织领导班子在职责范围内负有全面领导责任，领导班子主要负责人和直接主管的班子成员在职责范围内承担主要领导责任，参与决策和工作的班子成员在职责范围内承担重要领导责任[⑨]。

① 立法目的增加两个：一是为了坚持党的领导、加强党的建设，二是保证党的路线方针政策和党中央重大决策部署贯彻落实。

② 用"习近平新时代中国特色社会主义思想"取代此前表述"习近平总书记系列重要讲话精神"。增强"四个意识"、坚定"四个自信"、"两个维护"系新增内容。

③ "'五位一体'总体布局"系新增表述。

④ "各级党组织"系新增表述。

⑤ "负责守责尽责"系新增表述。

⑥ 此处变化较大，删除了"分级负责、层层落实责任"原则，新增权责一致、错责相当，激励和约束并重，集体决定、分清责任等三个原则，针对性强，意义重大。

⑦ "党的领导干部"既包括党员干部，也包括党外干部。对于党外干部失职失责造成严重后果或者恶劣影响的，应适用《关于实行党政领导干部问责的暂行规定》《监察法》等进行问责。

对党组织问责的，应当同时对该党组织中负有责任的领导班子成员进行问责[⑩]。

党组织和党的领导干部应当坚持把自己摆进去、把职责摆进去、把工作摆进去，注重从自身找问题、查原因，勇于担当、敢于负责，不得向下级党组织和干部推卸责任[⑪]。

第七条 党组织、党的领导干部违反党章和其他党内法规，不履行或者不正确履行职责，有下列情形之一，应当予以问责[⑫]：

（一）党的领导弱化，"四个意识"不强，"两个维护"不力，党的基本理论、基本路线、基本方略没有得到有效贯彻执行，在贯彻新发展理念，推进经济建设、政治建设、文化建设、社会建设、生态文明建设中，出现重大偏差和失误，给党的事业和人民利益造成严重损失，产生恶劣影响的；

（二）党的政治建设抓得不实，在重大原则问题上未能同党中央保持一致，贯彻落实党的路线方针政策和执行党中央重大决策部署不力，不遵守重大事项请示报告制度，有令不行、有禁不止，阳奉阴违、欺上瞒下，团团伙伙、拉帮结派问题突出，党内政治生活不严肃不健康，党的政治建设工作责任制落实不到位，造成严重后果或者恶劣影响的；

（三）党的思想建设缺失，党性教育特别是理想信念宗旨教育流于形式，意识形态工作责任制落实不到位，造成严重后果或者恶劣影响的；

（四）党的组织建设薄弱，党建工作责任制不落实，严重违反民主集中制原则，不执行领导班子议事决策规则，民主生活会、"三会一课"等党的组织生活制度不执行，领导干部报告个人有关事项制度执行不力，党组织软弱涣散，违规选拔任用干部等问题突出，造成恶劣影响的；

（五）党的作风建设松懈，落实中央八项规定及其实施细则精神不力，"四风"问题得不到有效整治，形式主义、官僚主义问题突出，执行党中央决策部署表态多调门高、行动少落实差，脱离实际、脱离群众，拖沓敷衍、推诿扯皮，造成严重后果的；

（六）党的纪律建设抓得不严[⑬]，维护党的政治纪律、组织纪律、廉洁纪律、群众纪律、工作纪律、生活纪律不力，导致违规违纪行为多发，造成恶劣影响的；

（七）推进党风廉政建设和反腐败斗争不坚决、不扎实，削减存量、遏制增量不力[⑭]，特别是对不收敛、不收手，问题线索反映集中、群众反映强烈，政治问题和经济问题交织的腐败案件放任不管，造成恶劣影响的；

（八）全面从严治党主体责任、监督责任落实不到位，对公权力的监督制约不力[⑮]，好人主义盛行，不负责不担当，党内监督乏力，该发现的问题没有发现，发现问题不报告不处置，领导巡视巡察工作不力，落实巡视巡察整改要求走过场、不到位，

⑧ "纪委派驻（派出）机构"系新增表述。

⑨ "在职责范围内"系新增表述，旨在强调权责一致。

⑩ 本款系新增内容。

⑪ 本款系新增内容。

⑫ 此处变化较大：修订前共列举6种情形，修订后共有11种情形。

⑬ "党的纪律建设抓得不严"系新增表述。

⑭ "削减存量、遏制增量不力"及后面的表述，均系新增表述。

⑮ "对公权力的监督制约不力"系新增表述。

该问责不问责[16]，造成严重后果的；

（九）履行管理、监督职责不力，职责范围内发生重特大生产安全事故、群体性事件、公共安全事件，或者发生其他严重事故、事件，造成重大损失或者恶劣影响的；

（十）在教育医疗、生态环境保护、食品药品安全、扶贫脱贫、社会保障等涉及人民群众最关心最直接最现实的利益问题上不作为、乱作为、慢作为、假作为，损害和侵占群众利益问题得不到整治，以言代法、以权压法、徇私枉法问题突出，群众身边腐败和作风问题严重，造成恶劣影响的；

（十一）其他应当问责的失职失责情形。

第八条 对党组织的问责，根据危害程度以及具体情况[17]，可以采取以下方式：

（一）检查。责令作出书面检查并切实整改[18]。

（二）通报。责令整改，并在一定范围内通报[19]。

（三）改组。对失职失责，严重违犯[20]党的纪律、本身又不能纠正的，应当予以改组。

对党的领导干部的问责，根据危害程度以及具体情况[21]，可以采取以下方式：

（一）通报。进行严肃批评，责令作出书面检查、切实整改，并在一定范围内通报。

（二）诫勉。以谈话或者书面方式进行诫勉[22]。

（三）组织调整或者组织处理。对失职失责、危害较重，不适宜担任现职的，应当根据情况采取停职检查、调整职务、责令辞职、免职、降职等措施。

（四）纪律处分。对失职失责、危害严重[23]，应当给予纪律处分的，依照《中国共产党纪律处分条例》追究纪律责任。

上述问责方式，可以单独使用，也可以依据规定合并使用。问责方式有影响期的，按照有关规定执行[24]。

【典型案例：改组】某市某区委原书记苏某某等人落实管党治党责任不力致使该区连续发生多名党员领导干部违规吃喝问题。2019 年，某市某区接连发生 4 起多名党员领导干部违反中央八项规定精神，接受可能影响公正执行公务的宴请问题，造成恶劣影响。其中：2019 年 4 月 4 日中午，区原国土资源局局长王某某，与新任区自然资源和规划分局局长崔某某及该局其他 9 名班子成员等在辖区内企业聚餐；4 月 18 日，省委第九巡视组进驻某区召开巡视动员会，当晚该区 28 名领导干部分两批在辖区内企业聚餐，包括副区长马某某等 2 名县级干部，10 名乡镇党委书记、镇长以及 14 名科级干部等；5 月 6 日晚，区委副书记周某某、副区长李某某等 9 人到辖区内一民营医院聚餐。以上聚餐发生的费用均由相关企业或医院负担。事发后，该区共有 32 名领导干部受到党纪政务处分，区自然资源和规划分局党组被改

⑯ “领导巡视巡察工作不力，落实巡视巡察整改要求走过场、不到位，该问责不问责”系新增表述。

⑰ “根据危害程度以及具体情况”系新增表述。

⑱ 此处删除了“对履行职责不力、情节较轻的”表述。

⑲ 此处删除了“对履行职责不力、情节较重的”表述。

⑳ 此前表述是“违反”，现改为“违犯”。

㉑ “根据危害程度以及具体情况”系新增表述。

㉒ 此处删除了“对失职失责、情节较轻的”表述。

㉓ 此前表述为“情节较重”，现改为“危害严重”。

㉔ “问责方式有影响期的，按照有关规定执行”系新增内容。

组。2019年6月,因落实全面从严治党主体责任不力,区委、区政府被责令作出深刻检查;苏某某及区委副书记、区长李某某,分别受到党内严重警告处分,苏某某被免去区委书记职务;因落实监督责任不力,原区纪委书记、区监委主任张某受到党内警告处分。参见《中央纪委国家监委公开曝光在"不忘初心、牢记使命"主题教育期间查处的8起典型案例》,载中央纪委国家监委网站,https://www.ccdi.gov.cn/specialn/jdbg3/qb_bgt/sffbwt_jdbg3/201912/t20191201_156724.html。

第九条[25]　发现有本条例第七条所列问责情形,需要进行问责调查的,有管理权限的党委(党组)、纪委、党的工作机关应当经主要负责人审批,及时启动问责调查程序。其中,纪委、党的工作机关对同级党委直接领导的党组织及其主要负责人启动问责调查,应当报同级党委主要负责人批准。

应当启动问责调查未及时启动的,上级党组织应当责令有管理权限的党组织启动。根据问题性质或者工作需要,上级党组织可以直接启动问责调查,也可以指定其他党组织启动。

对被立案审查的党组织、党的领导干部问责的,不再另行启动问责调查程序。

第十条　启动问责调查后,应当组成调查组,依规依纪依法开展调查,查明党组织、党的领导干部失职失责问题,综合考虑主客观因素,正确区分贯彻执行党中央或者上级决策部署过程中出现的执行不当、执行不力、不执行等不同情况,精准[26]提出处理意见,做到事实清楚、证据确凿、依据充分、责任分明、程序合规、处理恰当,防止问责不力或者问责泛化、简单化。

第十一条　查明调查对象失职失责问题后,调查组应当撰写事实材料,与调查对象见面,听取其陈述和申辩,并记录在案;对合理意见,应当予以采纳。调查对象应当在事实材料上签署意见,对签署不同意见或者拒不签署意见的,调查组应当作出说明或者注明情况。

调查工作结束后,调查组应当集体讨论,形成调查报告,列明调查对象基本情况、调查依据、调查过程,问责事实,调查对象的态度、认识及其申辩,处理意见以及依据,由调查组组长以及有关人员签名后,履行审批手续。

第十二条　问责决定应当由有管理权限的党组织作出。

对同级党委直接领导的党组织,纪委和党的工作机关[27]报经同级党委或者其主要负责人批准,可以采取检查、通报方式进行问责。采取改组方式问责的,按照党章和有关党内法规规定的权限、程序执行[28]。

对同级党委管理的领导干部,纪委和党的工作机关报经同级党委或者其主要负责人批准[29],可以采取通报、诫勉方式进行问责;提出组织调整或者组织处理的建议。采取纪律处分方式问责的,按照党章和有关党内法规规定的权限、程序执行。

[25] 第9～11条系新增内容。

[26] 请注意关键词——精准,既要防止问责不力,又要防止问责泛化、简单化。

[27] 请注意此处表述——"纪委和党的工作机关",根据党章第46条第1款规定,纪委是党内监督专责机关,组织部、宣传部、统战部、政法委、办公厅(室)等均属于党的工作机关,请结合《中国共产党工作机关条例(试行)》学习。

[28] 本款系新增内容。

[29] "报经同级党委或者其主要负责人批准"系新增表述。

第十三条 问责决定作出后，应当及时向被问责党组织、被问责领导干部及其所在党组织宣布并督促执行。有关问责情况应当向纪委[30]和组织部门通报，纪委应当将问责决定材料归入被问责领导干部廉政档案，组织部门应当将问责决定材料归入被问责领导干部的人事[31]档案，并报上一级组织部门备案；涉及组织调整或者组织处理的，相应手续应当在1个月内办理完毕。

被问责领导干部应当向作出问责决定的党组织写出书面检讨，并在民主生活会、组织生活会[32]或者党的其他会议上作出深刻检查。建立健全问责典型问题通报曝光制度，采取组织调整或者组织处理、纪律处分方式问责的，应当以适当方式公开[33]。

第十四条[34] 被问责党组织、被问责领导干部及其所在党组织应当深刻汲取教训，明确整改措施。作出问责决定的党组织应当加强督促检查，推动以案促改[35]。

第十五条[36] 需要对问责对象作出政务处分或者其他处理的，作出问责决定的党组织应当通报相关单位，相关单位应当及时处理并将结果通报或者报告作出问责决定的党组织。

第十六条 实行终身问责，对失职失责性质恶劣、后果严重的，不论其责任人是否调离转岗、提拔或者退休等，都应当严肃问责。

第十七条[37] 有下列情形之一的，可以不予问责或者免予问责：

（一）在推进改革中因缺乏经验、先行先试出现的失误，尚无明确限制的探索性试验中的失误，为推动发展的无意过失；

（二）在集体决策中对错误决策提出明确反对意见或者保留意见的[38]；

（三）在决策实施中已经履职尽责，但因不可抗力、难以预见等因素造成损失的。

对上级错误决定提出改正或者撤销意见未被采纳，而出现本条例第七条所列问责情形的，依照前款规定处理。上级错误决定明显违法违规的，应当承担相应的责任[39]。

第十八条 有下列情形之一，可以从轻或者减轻问责：

（一）及时采取补救措施，有效挽回损失或者消除不良影响的；

（二）积极配合问责调查工作，主动承担责任的；

（三）党内法规规定的其他从轻、减轻情形[40]。

第十九条[41] 有下列情形之一，应当从重或者加重问责：

（一）对党中央、上级党组织三令五申的指示要求，不执行或者执行不力的；

（二）在接受问责调查和处理中，不如实报告情况，敷衍塞责、推卸责任，或者唆使、默许有关部门和人员弄虚作假，阻扰问责工作的；

㉚ “纪委”系新增内容，“纪委应当将问责决定材料归入被问责领导干部廉政档案”系新增内容。

㉛ 此前表述是“档案”，现改为“人事档案”。

㉜ “组织生活会”系新增内容。

㉝ 此前表述是“一般应当向社会公开”。

㉞ 本条系新增内容。

㉟ 以案促改通常要进行“六查”：一查对党是否忠诚，二查主体责任是否缺失，三查监督责任是否落实，四查内控机制是否健全，五查以案促改是否扎实，六查清正廉洁是否到位。

㊱ 本条系新增内容，意义十分重大，主要是为防止问责泛化、简单化。

㊲ 本条系新增内容。

㊳ 该规定与《中国共产党党组工作条例》第41条第4款规定“党组（党委）成员在讨论和决定有关事项时，对重大失误决策明确持不赞成态度或者保留意见的，应当免除或者减轻责任”一脉相承。

㊴ 此规定与《公务员法》第60条规定一脉相承。

㊵ 比如《中国共产党纪律处分条例》第17条规定。

（三）党内法规规定的其他从重、加重情形[42]。

第二十条[43]　问责对象对问责决定不服的，可以自收到问责决定之日起1个月内，向作出问责决定的党组织提出书面申诉[44]。作出问责决定的党组织接到书面申诉后，应当在1个月内作出申诉处理决定，并以书面形式告知提出申诉的党组织、领导干部及其所在党组织。

申诉期间，不停止问责决定的执行。

第二十一条[45]　问责决定作出后，发现问责事实认定不清楚、证据不确凿、依据不充分、责任不清晰、程序不合规、处理不恰当，或者存在其他不应当问责、不精准问责情况的，应当及时予以纠正[46]。必要时，上级党组织可以直接纠正或者责令作出问责决定的党组织予以纠正。

党组织、党的领导干部滥用问责，或者在问责工作中严重不负责任，造成不良影响的，应当严肃追究责任。

第二十二条[47]　正确对待被问责干部，对影响期满、表现好的干部，符合条件的，按照干部选拔任用有关规定正常使用。

第二十三条[48]　本条例所涉及的审批权限均指最低审批权限，工作中根据需要可以按照更高层级的审批权限报批。

第二十四条[49]　纪委派驻（派出）机构除执行本条例外，还应当执行党中央以及中央纪委相关规定。

第二十五条　中央军事委员会[50]可以根据本条例制定相关规定。

第二十六条　本条例由中央纪律检查委员会负责解释。

第二十七条　本条例自2019年9月1日起施行。2016年7月8日中共中央印发的《中国共产党问责条例》同时废止。此前发布的有关问责的规定，凡与本条例不一致的，按照本条例执行。

㊶ 本条系新增内容。

㊷ 比如《中国共产党纪律处分条例》第20条规定。

㊸ 本条系新增内容。

㊹ 本款赋予问责对象以申诉权、申诉期限、申诉路径等权利救济。

㊺ 本条系新增内容。

㊻ 这里的纠正权力主体通常是作出问责决定的主体，由其自我纠正。

㊼ 本条系新增内容，意义重大，有利于调动问责对象工作积极性，避免“一棍子打死”。适用本条时注意两个要点：一是注意把握影响期，须是影响期满；二是表现好。符合这两个条件，才可以根据有关规定正常使用。

㊽ 本条系新增内容。

㊾ 本条系新增内容。

㊿ 此处删除了“各省、自治区、直辖市党委，中央各部委，中央国家机关各部委党组（党委），可以根据本条例制定实施办法”表述。

中国共产党纪律检查委员会工作条例[①]

（2021 年 12 月 6 日中共中央政治局会议审议批准
2021 年 12 月 24 日中共中央发布）

第一章　总　　则

第一条　为了加强和规范新时代党的纪律检查委员会工作，根据《中国共产党章程》[②]，制定本条例。

第二条　党的各级纪律检查委员会高举中国特色社会主义伟大旗帜，以马克思列宁主义、毛泽东思想、邓小平理论、“三个代表”重要思想、科学发展观、习近平新时代中国特色社会主义思想为指导，增强“四个意识”、坚定“四个自信”、做到“两个维护”，不忘初心、牢记使命，深入贯彻全面从严治党战略方针，坚定不移推进党风廉政建设和反腐败斗争，构建一体推进不敢腐、不能腐、不想腐体制机制[③]，从严从实加强自身建设，自觉接受监督，充分发挥监督保障执行、促进完善发展作用[④]。

第三条　党的各级纪律检查委员会是党内监督专责机关[⑤]，是党推进全面从严治党、开展党风廉政建设和反腐败斗争的专门力量。

党的各级纪律检查委员会的主要任务是：维护党的章程和其他党内法规，检查党的理论和路线方针政策、党中央决策部署执行情况，协助党的委员会推进全面从严治党、加强党风建设和组织协调反腐败工作。

党的各级纪律检查委员会把坚决维护习近平总书记党中央的核心、全党的核心地位，维护党中央权威和集中统一领导作为最高政治原则和根本政治责任[⑥]。

第四条　党的各级纪律检查委员会遵循以下原则开展工作：

（一）坚持党的全面领导，坚持党中央集中统一领导。

（二）坚持以人民为中心，践行党的根本宗旨和群众路线。

（三）坚持民主集中制，实行集体领导和个人分工负责相结合的制度。

（四）坚持严的主基调，全面从严、一严到底。

（五）坚持实事求是，依规依纪依法履行职责。

（六）坚持惩前毖后、治病救人，实现政治效果、纪法效果、社会效果有机统一。

第二章　领 导 体 制

第五条　党的中央纪律检查委员会（国家监察委员会）在党中央领导下进行工

① 本条例以习近平新时代中国特色社会主义思想为指导，深入贯彻党的十九大和十九届历次全会精神，以党章为根本遵循，充分运用党的十八大以来全面从严治党、推进党风廉政建设和反腐败斗争、深化纪检监察体制改革的理论成果、实践成果、制度成果，把这些理念和要求，上升到党内法规制度的高度，实质是对纪检监察机关贯彻落实提出了更高要求，对纪检监察工作高质量发展提出了更高要求。

② 虽然条例的制定根据只有《中国共产党章程》，但是在学习贯彻条例时，应注意把条例与《监察法》《公职人员政务处分法》《监察官法》《监察法实施条例》《监察机关监督执法工作规定》等其他法规制度贯通起来学习，一体理解把握、一体执行运用。

③ 关键词“一体推进”。党章总纲规定，一体推进

作，履行党的最高纪律检查机关（国家最高监察机关）职责。

党的中央纪律检查委员会严格执行加强和维护党中央集中统一领导的各项制度要求，及时向中央政治局、中央政治局常务委员会请示汇报工作，研究重大事项、重要问题以及作出立案审查决定、给予党纪处分等事项向党中央请示报告。执行党中央重要决定的情况应当专题报告。

第六条　党的地方各级纪律检查委员会和基层纪律检查委员会在同级党的委员会和上级纪律检查委员会双重领导下进行工作。

党的地方各级纪律检查委员会和基层纪律检查委员会应当落实同级党的委员会推进全面从严治党、加强党风廉政建设和反腐败工作的部署，执行同级党委作出的决定，及时向同级党委汇报工作，按照规定请示报告重大事项。

上级党的纪律检查委员会加强对下级纪律检查委员会的领导，对下级纪委的工作作出部署、提出要求；督促指导和支持下级纪委开展同级监督，检查下级纪委的工作，定期听取工作汇报，开展政治和业务培训；坚持查办腐败案件以上级纪委领导为主，按照规定审议和批准下级纪委关于线索处置、立案审查、纪律处分等的请示报告，按照程序改变下级纪委作出的错误或者不当的决定⑦，必要时直接审查或者组织、指挥审查下级纪委管辖范围内有重大影响或者复杂的案件⑧。

第七条　党的中央纪律检查委员会与国家监察委员会合署办公，党的地方各级纪律检查委员会与地方各级监察委员会合署办公，实行一套工作机构、两个机关名称，履行党的纪律检查和国家监察两项职责，实现纪委监委领导体制和工作机制的统一融合，集中决策、一体运行，坚持纪严于法，执纪执法贯通。

第三章　产生和运行

第八条　党的中央纪律检查委员会由党的全国代表大会选举产生，每届任期和党的中央委员会任期相同。

党的中央纪律检查委员会全体会议，选举常务委员会和书记、副书记，并报党的中央委员会批准。

第九条　中央纪律检查委员会委员应当政治坚定、对党忠诚、敢于斗争、担当作为、清正廉洁，具备组织领导纪律检查工作、推进党风廉政建设和反腐败斗争的能力。

中央纪律检查委员会委员应当认真履行以下职责：

（一）参加中央纪委全体会议，积极发表意见、提出建议。

（二）在纪律检查机关担负具体工作的委员，应当模范履行岗位职责，高质量完成所承担的纪律检查工作。

（三）未在纪律检查机关担负具体工作的委员，应当支持和帮助本地区、本部

不敢腐、不能腐、不想腐。

④　发挥监督治理效能，就是要发挥监督的发现问题、防范风险、推动改革、促进治理作用，在治理中发挥监督作用，在监督中提升治理效能。

⑤　“党的各级纪律检查委员会是党内监督专责机关”重申了党章第46条第1款的规定。

⑥　2017年10月27日，十九届中共中央政治局会议指出，党中央集中统一领导是党的领导的最高原则，从根本上关乎党和国家前途命运、关乎人民根本利益。加强和维护党中央集中统一领导是全党共同的政治责任，首先是中央领导层的政治责任。

⑦　按照程序是指按照党章第47条第1款的规定。

⑧　对下级纪委职责职权范围内的一般违纪案件，上级纪委应严格遵循分级负责规定，不宜轻易介入。

门、本单位纪律检查机关开展工作;了解所在地区、部门、单位党组织和党员领导干部遵守党章党规党纪、贯彻落实党中央决策部署等情况,提出意见建议,重要问题及时向中央纪委常委会反映。

(四)对中央纪委的工作,以及中央纪委常委、其他中央纪委委员进行监督。

(五)承担中央纪委安排的其他任务。

第十条 党的中央纪律检查委员会通过召开全体会议的方式行使以下职权:

(一)制定贯彻落实党的全国代表大会和党中央决议决定的重大部署、重大措施。

(二)听取和审议常务委员会工作报告。

(三)选举常务委员会和书记、副书记。

(四)讨论和决定纪检监察工作的重大问题、重大事项。

(五)按照权限审议重要党内法规或者规范性文件。

(六)决定或者追认给予中央纪委委员撤销党内职务以上处分。

(七)研究决定常务委员会提请决定的事项,或者应当由全体会议决定的其他重要事项。

第十一条 党的中央纪律检查委员会全体会议每年至少召开一次,由中央纪律检查委员会常务委员会召集并主持。

党的中央纪律检查委员会全体会议应当有三分之二以上委员到会方可召开[⑨]。委员因故不能参加会议的应当在会前请假,其意见可以用书面形式表达。根据需要,可以安排有关人员列席会议。

根据讨论和决定事项的不同,采用举手、无记名投票等方式进行表决,赞成票超过应到会委员半数的为通过。

对中央纪律检查委员会委员给予撤销党内职务以上处分,必须由应到会委员三分之二以上的多数决定[⑩],报党中央批准。

第十二条 中央纪律检查委员会常务委员会贯彻落实党中央决策部署,以及中央纪律检查委员会全体会议的决定和部署,向全体会议报告工作,接受监督。在全体会议闭会期间,行使中央纪律检查委员会职权,主要包括[⑪]:

(一)讨论向党的全国代表大会的工作报告,向党中央请示报告工作,学习贯彻党中央决策部署。

(二)召集全体会议,对拟提交全体会议讨论和决定的事项先行审议、提出意见。

(三)讨论和决定纪检监察工作的重要问题、重要事项。

(四)按照权限[⑫]审议党内法规或者规范性文件。

(五)听取以中央纪委名义立案审查的有关案件情况通报。

(六)按照权限讨论和决定对违犯党纪的党组织、党员处理、处分等事项。

⑨ 注意数量限制:“三分之二”。

⑩ 注意:对中央纪律检查委员会委员给予撤销党内职务、留党察看、开除党籍处分,必须由应到会委员2/3以上的多数决定,而不是过半数决定。

⑪ 中央纪委常委会在全体会议闭会期间行使中央纪律检查委员会的职权共有9类。

⑫ 请注意限定词:“按照权限”。

（七）决定给予中央纪委委员撤销党内职务以上处分，并报党中央批准，待召开全体会议时予以追认。

（八）按照干部管理权限审议干部任免事项。

（九）研究决定应当由常务委员会决定的其他重要事项。

第十三条　中央纪律检查委员会常务委员会会议一般定期召开，遇有重要情况可以随时召开。

中央纪律检查委员会常务委员会会议由中央纪委书记召集并主持，会议议题由书记确定。

中央纪律检查委员会常务委员会会议应当有半数以上常委会委员到会方可召开。审议干部任免事项必须有三分之二以上常委会委员到会。根据需要，可以安排有关人员列席会议。

讨论和决定重要问题，应当进行表决。涉及多个事项的，应当逐项表决。表决可以根据讨论和决定事项的不同，采用口头、举手、无记名投票或者记名投票等方式进行，赞成票超过应到会常委会委员半数的为通过。

第十四条　中央纪律检查委员会办公会议一般定期召开，遇有重要情况可以随时召开。办公会议由中央纪委书记召集并主持，会议议题由书记确定，驻委的副书记、常委会委员及有关负责同志参加。办公会议研究或者决定以下事项⑬：

（一）学习贯彻党中央决策部署。

（二）机关日常工作中需要研究、决定或者通报的重要事项。

（三）按照权限讨论和决定对违犯党纪的党的组织、党员处理、处分等事项。

（四）按照干部管理权限讨论和决定有关干部任免事项。

（五）其他需要提交办公会议讨论的重要事项。

第十五条　中央纪律检查委员会机关根据工作需要，设立必要的内设机构，依照有关规定配置机构职能和权限。

第十六条　党的地方各级纪律检查委员会由同级党的代表大会选举产生，每届任期和同级党的委员会任期相同。

党的地方各级纪律检查委员会全体会议，选举常务委员会和书记、副书记，并由同级党的委员会通过，报上级党的委员会批准。

上级党的委员会可以根据工作需要，在下级党的代表大会闭会期间，调动、任免下级纪律检查委员会书记、副书记。

第十七条　党的地方各级纪律检查委员会通过召开全体会议的方式行使以下职权：

（一）制定贯彻落实党中央决策部署以及中央纪委工作部署，同级党的代表大会和党委决议决定、上级纪委工作要求的重大措施。

⑬　办公会议研究或者决定的事项有 5 类。请注意办公会议的参加人员范围。

（二）听取和审议常务委员会工作报告。

（三）选举常务委员会和书记、副书记。

（四）讨论和决定管辖范围内纪检监察工作的重大问题、重大事项。

（五）按照权限审议规范性文件。

（六）决定或者追认给予本级纪委委员撤销党内职务以上处分。

（七）研究决定常务委员会提请决定的事项，或者应当由全体会议决定的其他重要事项。

第十八条 地方各级纪律检查委员会常务委员会贯彻落实党中央决策部署以及中央纪委工作部署，落实同级党委、上级纪委、本级纪委全体会议的工作部署，向全体会议报告工作，接受监督。在全体会议闭会期间，行使本级纪律检查委员会职权，主要包括：

（一）讨论向同级党的代表大会的工作报告，向同级党委和上级纪委请示报告工作。

（二）召集全体会议，对拟提交全体会议讨论和决定的事项先行审议、提出意见。

（三）讨论和决定管辖范围内纪检监察工作的重要问题、重要事项。

（四）按照权限审议规范性文件。

（五）听取以本级纪委名义立案审查的有关案件情况通报。

（六）按照权限讨论和决定对违犯党纪的党组织、党员处理、处分等事项。

（七）决定给予本级纪委委员撤销党内职务以上处分，并报同级党委批准后，按照规定报上一级纪委备案或者批准，待召开本级纪委全体会议时予以追认。

（八）按照干部管理权限审议干部任免事项。

（九）研究决定应当由常务委员会决定的其他重要事项。

第十九条 地方各级纪律检查委员会委员的任职条件、履职要求，全体会议和常务委员会会议的召开、表决，以及机关机构设置等事项，参照本条例第九条、第十一条、第十三条、第十五条的规定执行。

第二十条 党的基层委员会是设立纪律检查委员会，还是设立纪律检查委员，由它的上一级党组织根据有关规定和具体情况决定。

党的基层纪律检查委员会由党员大会或者党员代表大会选举产生，每届任期和同级党的委员会任期相同。

党的基层纪律检查委员会选出的书记、副书记，经同级党的委员会通过后，报上级党组织批准。

基层纪律检查委员会委员的任职条件、履职要求等事项，按照有关规定执行。

第二十一条 党的基层纪律检查委员会根据需要及时召开全体会议，传达学习党中央决策部署以及中央纪委工作部署，传达学习同级党委和上级纪委的工作部署，提出贯彻落实的具体措施，研究讨论管辖范围内纪律检查工作的重要问题、重要事项，按照权限讨论或者决定对违犯党纪的党组织、党员处理、处分等事项。

第二十二条　乡镇和企业、机关、高校等单位中的党的基层纪律检查委员会应当按照党章、本条例和其他党内法规的有关规定，结合实际建立健全议事规则、工作制度，注重发挥纪委委员在监督执纪、议事决策方面的作用，根据工作需要可以组织纪委委员参与监督执纪有关事项。

党的基层纪律检查委员会可以按照有关规定，设立必要的工作机构，配备专职工作人员。

党的基层纪律检查委员会应当指导和督促同级党的委员会所属基层党组织纪律检查委员履行职责、发挥作用。

第二十三条　因调离本地区、辞去公职、退休等原因不适宜继续担任纪律检查委员会委员职务的，应当辞去或者按照程序免去其纪委委员职务。死亡、丧失国籍、被追究刑事责任、被停止党籍、受到撤销党内职务以上处分的，其纪委委员职务自动终止。辞去、免去或者自动终止地方纪委委员、基层纪委委员职务的，应当报上一级党的委员会备案⑭。

第四章　主要任务

第二十四条　党的各级纪律检查委员会坚定维护党章⑮，促进党组织和党员牢固树立党章意识、严格遵守党章规定，发挥党章作为管党治党总章程的作用，以严明的纪律巩固党的团结统一。切实维护各项党内法规，有规必依、执规必严、违规必究，保证党内法规得到有效执行，促进依规治党。

第二十五条　党的各级纪律检查委员会检查党的理论和路线方针政策的执行情况，坚持服务党和国家工作大局⑯，坚决维护党中央权威和集中统一领导，推动党组织和党员统一意志、统一行动。加强对党中央决策部署落实情况的监督检查，坚持跟进监督、精准监督、全程监督，督促党组织和党员履职尽责、担当作为，确保党中央政令畅通、令行禁止。

第二十六条　党的各级纪律检查委员会协助同级党的委员会推进全面从严治党：

（一）协助同级党委制定全面从严治党规划、计划，推动各项工作落实。

（二）推动全面从严治党主体责任制度执行，检查同级党委领导班子成员包括"一把手"管党治党责任落实情况，监督下级党组织落实主体责任情况。

（三）加强对同级党委领导班子监督，发现班子成员包括"一把手"履职尽责、廉洁自律等方面重要问题，按照规定如实报告。

（四）协助同级党委加强对本地区本单位政治生态、党风廉政等情况分析，有关

⑭　此处规定了地方纪委委员、基层纪委委员辞去、免去或者自动终止职务的法定情形及程序。

⑮　维护党章权威是党章赋予党的纪律检查机关的重要职责和光荣使命，且是纪委的首要任务。要坚决维护党章党规党纪的严肃性和权威性，把严的标准、严的措施贯穿管党治党全过程和各方面，用纪律规矩衡量党员干部言行，让党员干部知敬畏、存戒惧、守底线，习惯在受监督和约束的环境中工作生活。

⑯　2020年4月，习近平主席在陕西考察时强调，要自觉讲政治，对国之大者要心中有数，关注党中央在关心什么、强调什么，深刻领会什么是党和国家最重要的利益、什么是最需要坚定维护的立场，切实把增强"四个意识"、坚定"四个自信"、做到"两个维护"落到行动上，不能只停留在口号上。

问题向同级党委报告并提出意见建议。

（五）协助同级党委开展巡视巡察工作。

（六）对日常监督、巡视巡察、审计监督⑰等发现问题整改情况开展检查，通过加强监督推动整改常态化。

（七）协助起草相关党内法规和规范性文件。

（八）参与党委组织的管党治党有关专项工作。

坚持履行协助职责和监督责任有机结合，促进全面从严治党党委主体责任和纪委监督责任贯通协同。

【实践样本：推动主体责任落实】成都市纪委监委将涉农涉粮案件复盘中发现的问题函告分管农业农村工作的市领导。收到“提醒函”后，相关市领导认真履责，跟进督促市规划和自然资源局、市农业农村局集中开展专项治理，相关派驻纪检监察组做实做细驻点监督，对违法违规用地保持高压严管态势。成都市纪委监委按照市委《以“九责工作法”促进落实党风廉政建设主体责任的意见》要求，持续发力落实函告机制，将监督检查、信访举报、巡视巡察、审计移送等方面发现的问题梳理形成《党风廉政建设问题清单》，以市委市政府党风廉政建设领导小组办公室名义向相关市领导点对点函告。参见成都市纪委监委：《成都：用好函告制度夯实主体责任》，载中央纪委国家监委网站，https://www.ccdi.gov.cn/yaowenn/202212/t20221208_235562.html。

第二十七条 党的各级纪律检查委员会协助同级党的委员会加强党风建设，锲而不舍落实中央八项规定精神，大力弘扬党的光荣传统和优良作风，驰而不息纠治形式主义、官僚主义、享乐主义和奢靡之风，坚决纠正损害群众利益的不正之风⑱，保持党同人民群众的血肉联系。

第二十八条 党的各级纪律检查委员会协助同级党的委员会组织协调反腐败工作，坚定不移推进反腐败斗争，坚持和完善党中央集中统一领导、各级党委统筹指挥、纪委监委组织协调、职能部门高效协同、人民群众支持参与的反腐败工作体制机制。

发挥党委反腐败协调机构的统筹协调作用，开展反腐败国际追逃追赃等工作，加强相关部门协作配合，增强反腐败整体合力。

第二十九条 党的纪律检查工作坚持把一体推进不敢腐、不能腐、不想腐作为反腐败斗争的基本方针、新时代全面从严治党的重要方略，惩治震慑、制度约束、提高觉悟一体发力，系统施治、标本兼治，努力取得更多制度性成果和更大治理成效⑲：

（一）坚持无禁区、全覆盖、零容忍，坚持重遏制、强高压、长震慑，坚持受贿行贿

⑰ 审计监督已成为反腐利器。

⑱ 要深刻认识到不正之风与腐败现象相互交织、互为表里。坚定不移推进正风肃纪反腐，要把纠治“四风”与惩治腐败紧密结合、一体推进，坚持纠“四风”树新风并举，既保持高压态势、确保后墙不倒，又加强教育引导、弘扬新风正气。

⑲ 2021年4月，习近平总书记在广西考察时强调，信仰、信念、信心是最好的防腐剂。要始终抓好党风廉政建设，使不敢腐、不能腐、不想腐一体化推进有更多的制度性成果和更大的治理成效。

一起查,巩固不敢腐。

（二）坚持将惩治腐败与深化改革、促进治理贯通起来,深入查找制度和体制机制存在的问题,推动补齐制度短板、堵塞监管漏洞、规范权力运行,强化不能腐。

（三）坚持教育党员、干部坚定理想信念宗旨,提高党性觉悟,提升道德修养,涵养廉洁文化,筑牢思想上拒腐防变的堤坝,自觉不想腐。

第三十条　发挥党的纪律检查工作在党和国家监督体系中的重要作用,强化对权力运行的制约和监督,重点加强对领导干部特别是主要领导干部的监督[20],提升监督全覆盖质量,增强监督的政治性、严肃性、协同性、有效性[21]。

深化纪检监察体制改革,推进纪律监督、监察监督、派驻监督、巡视监督统筹衔接,整合运用监督力量,构建系统集成、协同高效的监督机制。坚持以党内监督为主导,促进人大监督、民主监督、行政监督、司法监督、审计监督、财会监督、统计监督、群众监督、舆论监督等各类监督有机贯通、相互协调,健全信息沟通、线索移交、措施配合、成果共享等机制,形成常态长效的监督合力。

第五章　工 作 职 责

第三十一条　党的各级纪律检查委员会围绕实现党章赋予的任务,坚持聚焦主责主业,履行监督、执纪、问责职责。

坚持把监督作为基本职责,抓早抓小、防微杜渐,综合考虑错误性质、情节后果、主观态度等因素,依规依纪依法、精准有效运用监督执纪"四种形态"[22]:

（一）党员、干部有作风纪律方面的苗头性、倾向性问题或者轻微违纪问题[23],或者有一般违纪问题但具备免予处分情形的[24],运用监督执纪第一种形态,按照规定进行谈话提醒、批评教育、责令检查等,或者予以诫勉。

（二）党员、干部有一般违纪问题,或者违纪问题严重但具有主动交代等从轻减轻处分情形的,运用监督执纪第二种形态,按照规定给予警告、严重警告处分,或者建议单处、并处停职检查、调整职务、责令辞职、免职等处理。

（三）党员、干部有严重违纪问题,或者严重违纪并构成严重职务违法的,运用监督执纪第三种形态,按照规定给予撤销党内职务、留党察看、开除党籍处分,同时建议给予降职或者依法给予撤职、开除公职、调整其享受的待遇等处理。

（四）党员、干部严重违纪、涉嫌犯罪的,运用监督执纪第四种形态,按照规定给予开除党籍处分,同时依法给予开除公职、调整或者取消其享受的待遇等处理,再移送司法机关依法追究刑事责任。

【知识点:监督】在履行监督职责时,应注意把握好分寸。各级纪委监委不要冲

⑳ 2021年《中共中央关于加强对"一把手"和领导班子监督的意见》将对"一把手"的监督作为重中之重,提供了一系列操作性和针对性都很强的实招,为破解"一把手"监督难题提供了重要指引。上级一把手必须抓好下级一把手,领导班子成员发现一把手存在重要问题的可直接向上级党组织报告,巡视巡察工作要紧盯一把手,严格执行领导干部插手干预重大事项记录制度。

㉑ 2019年11月召开的党的十九届四中全会提出,必须健全党统一领导、全面覆盖、权威高效的监督体系,增强监督严肃性、协同性、有效性。此处加"政治性"表述。

㉒ 此处强调精准有效运用监督执纪"四种形态"要重点考虑错误性质、情节后果、主观态度三个因素。实践中,还要考虑违纪违法所得,检举揭发立功以及违纪行为人是初犯还是再犯、是故意还是过失等因素。

到一线，代替业务部门进行直接监督，而是明确监督外延，在推进全覆盖过程中坚守“监督的监督”定位，协助不包揽、推动不代替、到位不越位。现实中也有一些基层纪委监委把所有的监督都揽过来，“监督变牵头、牵头变主抓、主抓变负责”，出现了“三转”回头转问题。因此，要准确把握监督外延，区分好专责监督与业务监督的关系，站稳立场，聚焦“再监督”，精准发力，不越俎代庖、代替业务部门进行业务监管，也不干涉被监督对象公权力的具体运行。

第三十二条 党的各级纪律检查委员会应当把自觉遵守纪律的教育作为基础性工作，经常开展党章党规教育，强化党的政治纪律、组织纪律、廉洁纪律、群众纪律、工作纪律、生活纪律教育，深入开展警示教育，以案明纪、以案说法㉕。

开展廉政教育，加强全面从严治党、党风廉政建设和反腐败工作的形势任务以及家风家教等宣传教育，推进廉洁文化建设，营造崇廉拒腐氛围。

根据形势需要，着眼保障党的中心工作，作出维护党纪的决定，制定相关法规文件，严明纪律要求，教育、引导和规范党组织、党员行为。

第三十三条 党的纪律检查委员会应当强化政治监督，重点监督党组织、党员特别是领导干部以下情况：

（一）对党忠诚，坚持党的领导，贯彻落实党的理论和路线方针政策、党中央决策部署，践行“两个维护”的情况㉖。

（二）坚定理想信念宗旨，牢记初心使命，践行入党誓词，坚持中国特色社会主义制度的情况。

（三）落实全面从严治党主体责任和监督责任的情况。

（四）贯彻执行民主集中制，公正用权、依法用权、廉洁用权、担当作为的情况。

政治监督应当突出“关键少数”，重点加强对“一把手”、同级党委特别是常委会委员的监督。

【知识点：政治监督】习近平总书记指出，政治监督是督促全党坚持党中央集中统一领导的有力举措，要在具体化、精准化、常态化上下更大功夫。要推动党的二十大精神、党中央决策部署同部门、行业、领域实际紧密结合，看党的二十大关于全面贯彻新发展理念、着力推动高质量发展、主动构建新发展格局等战略部署落实了没有、落实得好不好；看党中央提出的重点任务、重点举措、重要政策、重要要求贯彻得怎么样；看属于本地区本部门本单位的职责有没有担当起来。要及时准确发现有令不行、有禁不止，做选择、搞变通、打折扣，不顾大局、搞部门和地方保护主义，照搬照抄、上下一般粗等突出问题，切实打通贯彻执行中的堵点淤点难点。参见《习近平在二十届中央纪委二次全会上发表重要讲话强调 一刻不停推进全面从严治党

㉓ 此处将苗头性、倾向性问题或者轻微违纪问题并列表述。请注意将其他法规结合起来理解，如《中国共产党党内监督条例》第21条，《中国共产党纪律检查机关监督执纪工作规则》第15条、第30条第1款第2项。一般来说，苗头性、倾向性问题，处置方式是提醒谈话，也可以是批评教育，但不宜诫勉。

㉔ 《中国共产党纪律处分条例》第19条规定：“对于党员违犯党纪应当给予警告或者严重警告处分，但是具有本条例第十七条规定的情形之一或者本条例分则中另有规定的，可以给予批评教育、责令检查、诫勉或者组织处理，免予党纪处分。对违纪党员免予处分，应当作出书面结论。”

㉕ 深入开展警示教育，以案明纪、以案说法，再次被写入党内法规。要求纪检机关对党员开展警示教育，是一体推进“三不”基本方针重要方略的体现。结合《监察法实施条例》第16条学习。

保障党的二十大决策部署贯彻落实》，载新华社，https://www.ccdi.gov.cn/toutiaon/202301/t20230109_240724.html。

政治监督要重点监督检查所辖范围内党组织、党员领导干部和行使公权力的公职人员遵守党章党规党纪和宪法法律，贯彻执行党的基本理论、基本路线、基本方略的情况，根本目的是切实增强党的自我净化能力。监督手段以参加民主生活会、核实个人有关事项、组织述责述廉、回复党风廉政意见、实地考察调研、谈话诫勉、调阅审查文件资料、开展民主测评、进行警示教育提醒、监督检查等政策性手段为主，以审计、技术侦查等技术性手段为辅；监督方式坚持问题导向，以人民为中心，依靠群众发现问题，而不只是被动地受理信访举报、处理问题线索；监督程序要严格执行请示报告制度，既报告过程又报告结果，切实维护党对纪检监察监督工作的全面领导。参见姜林：《真正把监督职责履行到位》，载《中国纪检监察报》2018年10月25日，第6版。

【实践样本：省纪委监委强化政治监督】吉林省纪委监委印发《关于做好政治监督"一报告、一分析、一档案"工作指导意见（试行）》，用制度形式规范政治监督情况报告、省管领导班子廉政情况分析、省管领导干部廉政档案，使之成为做实监督职责、推动政治监督日常监督具体化常态化的重要抓手。把推动落实习近平总书记考察吉林重要讲话和重要指示批示精神，作为政治监督的首要任务。按照省委制定的贯彻落实总施工图，该省纪委监委对照166项任务制定监督清单，挂图作战、全程监督、对账销号，确保有效落实。参见李灵娜：《吉林围绕党中央重大决策部署靶向发力做实政治监督》，载《中国纪检监察报》2021年8月13日，第1版。

第三十四条　党的纪律检查委员会应当加强日常监督，监督方式主要包括：座谈，召集、参加或者列席会议，了解党内同志和社会群众反映；查阅查询相关资料和信息数据；[27]现场调查，驻点监督；督促巡视巡察整改；谈心谈话，听取工作汇报，听取述责述廉；建立健全党员领导干部廉政档案，开展党风廉政意见回复[28]等工作[29]。

开展专项监督，针对落实党中央决策部署中的突出问题，行业性、系统性、区域性的管党治党重点问题，形式主义、官僚主义、享乐主义和奢靡之风问题，群众反映强烈、损害群众利益的突出问题加强监督检查[30]。必要时，可以组织、参加或者督促开展集中整治、专项治理。

加强基层监督，促进基层监督资源和力量整合，发挥纪检监察、巡察等作用，有效衔接村（居）务监督，建立监督信息网络平台，扩大群众参与，及时发现、处理群众身边的腐败问题和不正之风。

【实践样本：蹲点调研】江西省会昌县纪委监委对县属国企集团开展"嵌入式"

㉖ 背离两个维护的典型案例：2020年，福建省委原常委、省政府原副省长张某某因丧失"四个意识"，背离"两个维护"要求，在新冠肺炎疫情大考关头贯彻落实党中央重大决策部署不力，敷衍应付、作风漂浮，搞形式主义等严重违纪违法行为，被开除党籍和公职。

㉗ 要善于依托大数据进行监督。如河南省商丘市某区纪委监委大数据监察平台收到一条"红灯"预警，提示该区某村某低保户实际收入不符合低保政策要求。经区纪委监委查实，该村村委委员袁某优亲厚友，违规为亲属办理低保。

㉘ 注意学习中共中央纪委办公厅《关于进一步规范纪检监察机关党风廉政意见回复工作的通知》。

㉙ 本款规定的日常监督方式比《监察法实施条例》第17条规定的日常监督方式更为丰富。后者规定，监察机关应当结合公职人员的职

蹲点调研，综合运用政治家访、个别谈话、查阅会议记录、调阅内部管理和项目资料等多种方式，深入被监督单位内部开展“嵌入式”蹲点调研工作。调研组对14名集团领导班子成员进行政治家访，挑选了36名中层和关键岗位职工开展政治谈话，对集团建设项目进行抽查，深入了解集团公司的政治生态、党风廉政建设工作、项目廉政风险防控等多方面的情况，排查出集团公司在重大事项决策工程项目管理、人事和财务管理等5个方面存在的21项管理漏洞和风险隐患。参见江西省纪委监委：《江西会昌：探索“嵌入式”蹲点调研　提升派驻监督效能》，载中央纪委国家监委网站，https://www.ccdi.gov.cn/gzdtn/jdjc/202212/t20221214_236447.html。

【实践样本：专项整治】在问题线索处置过程中，中海油纪检监察组坚持从政治和全局角度看问题，坚持查清问题、纠偏止损、防范风险、修复生态一体推进，通过开展谈话函询、提醒警示、专项整治、体制机制改革、调整领导班子、查办案件等多种方式系统施治，推动系统内政治生态不断向好。针对发现的违反中央八项规定精神、违规选人用人、违规采办招投标、违规结算等重点领域的共性问题，推动党组部署开展违反中央八项规定精神、选人用人和采办招投标领域等专项整治，对在整治工作中敷衍应付、浮于表面，工作不深入、措施不细不实等问题严肃纠治，确保专项整治有力有效。如，整治采办招投标领域问题时，推动集团公司成立物资装备采购中心，强化其采办监督职能，建立起采办招投标管理决策与操作执行相对独立、相互制约的体制机制，推行阳光采办。参见陶平：《中海油：推动问题线索处置提质增效》，载中央纪委国家监委网站，https://www.ccdi.gov.cn/yaowenn/202211/t20221130_233898.html。

【实践样本：专项监督】为有效破解基层专项监督队伍散、人员少、业务混难题，华容县纪委监委立足整合监督资源、聚合人员力量，探索创建1个固定专班负责N个专项治理的“1+N”监督模式，以监督有力保障专项整治有效。固定专班从18个部室组抽调精锐40余人组成，由县纪委监委常务副书记牵头统筹，党风政风监督室居中协调，监督专班全面主攻，相关职能单位灵活参战，确保实现专项监督人员进退同步、督查交叉错峰、结果集中汇总。监督专班结合上级交办任务和县域治理实际，聚焦洞庭清波、国家公职人员打牌赌博和违规吃喝、违规收受红包礼金、疫情防控、一卡通、浮泛拖推整治等30余项专项治理内容，梳理绘制作战图，明确靶向目标、监督主线。参见湖南省纪委监委：《湖南华容：“1+N”模式整合聚力　破解专项监督难题》，载中央纪委国家监委网站，https://www.ccdi.gov.cn/gzdtn/jdjc/202212/t20221202_234386.html。

第三十五条　党的各级纪律检查委员会应当畅通信访举报渠道，依规依纪受理党员群众的信访举报，健全分办、交办、督办、反馈等工作机制。

责加强日常监督，通过收集群众反映、座谈走访、查阅资料、召集或者列席会议、听取工作汇报和述责述廉、开展监督检查等方式，促进公职人员依法用权、秉公用权、廉洁用权。

㉚ 此处规定的开展专项监督情形比《监察法实施条例》第19条规定的情形多。后者规定，监察机关对于发现的系统性、行业性的突出问题以及群众反映强烈的问题，可以通过专项检查进行深入了解，督促有关机关、单位强化治理，促进公职人员履职尽责。专项监督如2021年中央纪委国家监委开展粮食购销领域腐败问题专项整治。

对信访举报情况应当定期分析研判，对反映的典型性、普遍性、苗头性问题提出有针对性的工作建议，形成综合分析或者专题分析材料，向同级党委、上级纪委报告或者向有关党组织通报。

对于信访举报反映、监督执纪中发现以及巡视巡察机构和其他单位移交的问题线索，应当实行集中管理，采取谈话函询、初步核实、暂存待查、予以了结等方式分类处置，做到件件有着落。

第三十六条　党的各级纪律检查委员会对反映党组织、党员的问题线索经过初步核实，对于涉嫌违纪、需要追究党纪责任的，应当按照规定予以立案审查。㉛

各级纪律检查委员会按照管理权限，审查违反党章和其他党内法规的比较重要或者复杂的案件，主要包括：同级党委委员、候补委员，同级纪委委员，同级党委管理的党员干部，以及同级党委工作部门，同级党委批准设立的党组（党委），下一级党委、纪委等涉嫌违纪案件；案情重大复杂，需要采取重要审查措施的案件；同级党委、上级纪委交办的其他案件。

地方各级纪律检查委员会和基层纪律检查委员会对于处理涉及同级党委委员、候补委员，同级党委管理的正职领导干部，同级纪委常委、监委委员等人员的案件㉜，以及涉及政治问题、国家安全等特别重要或者复杂案件中的问题和处理的结果，在向同级党委报告的同时，即向上级纪委一并报告㉝。

纪律审查工作应当依规依纪采取谈话、查询、调取、暂扣、封存、勘验检查、鉴定等措施㉞，以及通过要求相关组织作出说明㉟等方式，收集证据，查明事实，处置违纪所得。

第三十七条　党的各级纪律检查委员会根据纪律审查结果，依据相关党内法规，对应当追究党纪责任的党组织和党员进行纪律处理㊱、处分。

对于各级纪律检查委员会立案审查的党员，需要给予纪律处分的，一般由负责审查的纪委提出处分意见，经被审查人所在党支部的党员大会讨论形成决议，并按照规定报党的基层委员会批准或者有权处分的党组织审批。在特殊情况下，县级和县级以上各级纪委有权直接决定给予党员纪律处分，主要包括：案情涉密、敏感；违纪案件跨地区跨部门跨单位；违纪党员所在的基层党组织无法正常履行职责、不正确履行职责或者其负责人同违纪问题有关联；违纪党员为县级或者县级以上各级党委管理的党员干部；党章和其他党内法规明确规定的相关情况。

地方各级纪律检查委员会和基层纪律检查委员会对同级党的委员会处理案件的决定有不同意见的，可以请求上一级纪委予以复查。

建立健全处分决定执行公示、回访教育㊲、情况报告和专项检查等制度，加强与相关党组织及职能部门的协作沟通，确保处分决定得到严格执行。

㉛　此处对于党组织涉嫌违纪、需要追究党纪责任的立案，作了明确的规定，弥补了《中国共产党纪律检查机关监督执纪工作规则》第37条第1款（遗漏党组织涉嫌违纪、需要追究党纪责任的立案）的不足。

㉜　此规定与党章第46条第3款一致。

㉝　涉及政治问题、国家安全等特别重要或者复杂案件在向同级党委报告的同时，即向上级纪委一并报告，系新增规定。

㉞　纪检机关不可以采取只有监察机关才能依法使用的讯问、搜查、留置、通缉等调查措施。

㉟　"要求相关组织作出说明"意味着纪检机关可以函询有关党组织。

㊱　纪律处理适用于违纪的党组织。见《中国共产党纪律处分条例》第9条。

㊲　此处将党纪处分决定执行公示、对受党纪处分的党员进行回访教育写入党规。

【解读】在特殊情况下，县级和县级以上各级纪委有权直接决定给予党员纪律处分，本条第2款规定了五种情形；而《中国共产党处分违纪党员批准权限和程序规定》第14条第1款规定的县级以上各级党委和纪委可以直接决定给予违纪党员党纪处分的情形有七种。请注意把握。

第三十八条 党的纪律检查委员会发现党组织、党的领导干部在党的建设、党的事业中失职失责的，应当依据相关党内法规开展问责调查，查明失职失责问题，向党的委员会提出责任追究的建议，或者按照规定的权限和程序作出问责决定。

第三十九条 党的纪律检查委员会对于党员因合法权益受到党组织或者其他党员侵害提出的控告，按照规定予以受理，及时恰当进行处理。通过办理党员的控告发现的违纪违法问题，按照本章规定进行检查和处理。

对于党员因不服纪委或者其他党组织给予本人的处理、处分而提出的申诉，按照规定予以受理，进行复议复查。

第四十条 党的各级纪律检查委员会应当依据相关党内法规，加强对党组织和领导干部履行保障党员权利工作职责的监督检查，依规依纪查处侵犯党员权利的行为。开展监督执纪工作，应当落实保障党员权利的规定和要求。

第四十一条 在监督检查、纪律审查等过程中，应当注意查找分析监督对象所在党组织党风廉政建设、管理监督等方面存在的突出问题，采取制发纪律检查建议书或者其他适当方式[38]，提出有关强化管党治党、净化政治生态、健全制度、整改纠正等意见建议，督促指导和推动有关地区、部门、单位党组织举一反三、切实整改。

对于涉及党的建设、党的事业的普遍性、倾向性问题，应当进行深入调研，形成专题报告[39]，报送同级党委、上级纪委或者通报相关党组织，推动解决问题、规范决策、完善政策、健全制度。

第六章 派驻、派出机构

第四十二条 党的中央纪律检查委员会国家监察委员会、地方各级纪律检查委员会监察委员会向同级党和国家机关全面派驻纪检监察组，按照规定可以向国有企业、事业单位等其他组织和单位派驻纪检监察组。

党的中央和地方各级委员会派出党的机关工作委员会、街道工作委员会等代表机关的，党的中央纪律检查委员会国家监察委员会、地方各级纪律检查委员会监察委员会可以相应派出纪检监察工作委员会。

第四十三条 派驻机构是派出它的党的纪律检查委员会监察委员会的组成部

[38] 此处规定了纪律检查建议的适用条件，即监督对象所在党组织党风廉政建设、管理监督等方面存在的突出问题。

[39] 注意专题报告的适用条件“涉及党的建设、党的事业的普遍性、倾向性问题”。《中国共产党纪律检查机关监督执纪工作规则》第51条中规定：“对审查调查过程中发现的重要问题和意见建议，应当形成专题报告。”《监察法实施条例》第188条中规定：“对调查过程中发现的重要问题和形成的意见建议，应当形成专题报告。”

分，由派出机关直接领导、统一管理。

派出机构在派出它的党的纪律检查委员会监察委员会和本级党的工作委员会双重领导下进行工作[40]。派出机构按照规定开展纪律检查工作，领导管辖范围内机关纪委等纪检机构的工作。

第四十四条　派驻机构根据派出机关授权[41]开展监督执纪问责工作：

（一）加强对驻在单位（含综合监督单位）的监督，重点对驻在单位领导班子及其成员、党组（党委）管理的领导班子及其成员等进行监督[42]。

（二）监督促进驻在单位领导班子贯彻落实党的理论和路线方针政策、党中央决策部署，履行全面从严治党主体责任。

（三）经常、及时地向派出机关报告情况和问题。

（四）加强对驻在单位纪检机构的业务指导和监督检查，促进其履行监督责任。

（五）认真处理信访举报，对问题线索进行集中管理和处置。

（六）依规依纪开展纪律审查，严肃查处违纪问题。

（七）按照管理权限作出问责决定或者提出问责建议。

（八）协助驻在单位党组（党委）做好巡视巡察工作。

（九）完成派出机关交办的其他任务。

【实践样本：派驻纪检监察组强化政治监督】2021 年，重庆市江北区某单位一个涉及千万元的公开招标项目，应乙方解决资金紧张的要求，该单位拟通过办公会议研究提前预付相关工程款。在议题预审中，派驻该单位纪检监察组认为此事即使经过集体研究通过，表面上符合“三重一大”决策程序，但根据相关法规规定，中标后对招标文件重大条款进行变更应重新招标确定中标公司，提前预付工程款明显违反了国家相关法律法规。对此，派驻该单位纪检监察组提出了否定性意见。同时，派驻纪检监察组认为项目建设可能存在违约风险，后续对该项目持续跟踪监督，最终保障了该项目按期落实。参见李张光：《紧盯“三重一大”　做实派驻监督》，载中央纪委国家监委网站，https://www.ccdi.gov.cn/yaowenn/202208/t20220823_213036.html。

第四十五条　健全派驻监督工作机制，统筹协调派出机关内设监督检查室、派驻纪检监察组、地方纪检监察机关、巡视巡察机构等力量，通过“室组”联动监督、“室组地”联合办案等方式，提高派驻监督质量。

县（市、区）纪律检查委员会监察委员会开展派驻监督工作，应当保证派驻机构人员力量，推动监督工作向基层延伸，采取综合派驻、工作协作等方式，提升监督效能。

[40] 注意派驻机构、派出机构之间存在一定的差别。派出机构接受双重领导（本级纪委监委和本级党工委），且领导管辖范围内机关纪委等纪检机构的工作。

[41] 注意限定词“根据派出机关授权”，派驻机构的首要职责是监督。

[42] 此处明确了监督的范围和重点。

第七章 队伍建设和监督

第四十六条 党的各级纪律检查委员会必须坚持以习近平新时代中国特色社会主义思想武装头脑、指导实践、推动工作，突出抓好党的政治建设，教育引导纪检干部不断提高政治判断力、政治领悟力、政治执行力，带头践行“两个维护”，敢于善于斗争[43]，做到忠诚干净担当。

[43] 敢于监督的典型实例较多，比如有理有据叫停流于形式的民主生活会。

第四十七条 贯彻新时代党的组织路线，坚持党管干部，严把干部准入关，加强思想淬炼、政治历练、实践锻炼、专业训练，加强理论研究和学科建设，提高把握政策、监督执纪、做思想政治工作等能力，建设高素质专业化干部队伍。

第四十八条 加强作风建设和纪律建设，保证纪检干部严守政治纪律和政治规矩，模范遵守党的纪律和国家法律，坚持实事求是，深入开展调查研究，密切联系群众，树立纪律严明、作风深入、工作扎实、谦虚谨慎、秉公执纪的良好形象。

第四十九条 加强监督执纪规范化建设，健全法规制度，规范工作流程，牢固树立法治意识、程序意识、证据意识[44]，依规依纪依法行使纪律检查权。

[44] 习近平总书记在十九届中央纪委四次全会上强调，“纪检监察机关要在强化自我监督、自我约束上作表率，牢固树立法治意识、程序意识、证据意识，严格按照权限、规则、程序开展工作”。

第五十条 党的纪律检查委员会必须接受最严格的约束和监督，在同级党委和上级纪委的领导、监督下强化自我监督，自觉接受党的组织和党员的监督。建立完善监督检查、审查调查、案件监督管理、案件审理相互协调、相互制约的工作机制，发挥内设干部监督机构、机关纪委等作用，加大监管和自我净化力度，坚决防治“灯下黑”。

党的纪律检查委员会应当自觉接受民主监督、群众监督、舆论监督等各方面监督。任何单位和个人对纪检机关、纪检干部的违纪违法行为，有权提出检举、控告。

第五十一条 严格执行纪检干部打听案情、过问案件、说情干预问题报告制度，有关情况应当登记备案。

纪检干部发现审查组工作人员未经批准接触被审查人、涉案人员及其特定关系人，或者存在交往情形的，应当及时报告并登记备案。

第五十二条 办理纪检事项的纪检干部存在可能影响事项公正处理情形的，应当主动申请回避，被审查人、检举控告人以及其他有关人员也有权要求其回避。

第五十三条 纪检干部应当严格执行保密制度，不准私自留存、隐匿、查阅、摘抄、复制、携带问题线索和涉案资料，严禁泄露审查工作情况。

纪检干部离职的，应当严格遵守有关离职后从业限制的规定，三年内不得从事与纪律检查工作相关的职业。

第五十四条　建立健全安全责任制，严格防范发生审查安全事故。组织开展经常性检查和不定期抽查，发现问题及时督促整改。

第五十五条　纪检干部有以案谋私、跑风漏气、滥用职权以及其他违规违纪违法行为的，必须严肃查处；构成犯罪的，依法追究刑事责任。

纪检机关及其领导干部履行职责过程中失职失责造成严重后果或者恶劣影响的，应当严肃问责。

第八章　附　　则

第五十六条　新疆生产建设兵团党的各级纪律检查委员会，党的地区纪律检查委员会和相当于地区纪委的其他纪律检查委员会，党组（党委）纪检组（纪委），纪律检查委员，参照执行本条例。

第五十七条　中央军事委员会可以根据本条例，制定相关规定。

第五十八条　本条例由中央纪律检查委员会负责解释。

第五十九条　本条例自发布之日起施行。

中国共产党地方委员会工作条例[①]

（2015年12月25日中共中央印发）

第一章　总　　则

第一条　为了落实全面从严治党要求，加强和改进党的地方委员会工作，提高党的执政能力和领导水平，促进党的执政目标的实现，根据《中国共产党章程》，制定本条例。

第二条　本条例适用于党的省、自治区、直辖市，设区的市和自治州，县（旗）、自治县、不设区的市和市辖区委员会及其常务委员会。

第三条　党的地方委员会在本地区发挥总揽全局、协调各方的领导核心作用，按照协调推进"四个全面"战略布局，对本地区经济建设、政治建设、文化建设、社会建设、生态文明建设实行全面领导，对本地区党的建设全面负责。

第四条　党的地方委员会工作必须遵循以下原则：

（一）坚持高举中国特色社会主义伟大旗帜，坚决贯彻党的理论和路线方针政策。

（二）坚持立党为公、执政为民，认真践行党的宗旨和群众路线。

① 与《中国共产党地方委员会工作条例（试行）》相比，《中国共产党地方委员会工作条例》内容创新主要体现在以下5个方面：突出了地方党委全面从严治党的政治责任；健全了地方党委发挥领导核心作用的制度基础；规范了地方党委组织架构和成员配备；强化了全会的决策和监督作用；完善了地方党委运行机制。

(三)坚持解放思想、实事求是、与时俱进、求真务实,结合本地区实际创造性开展工作。

(四)坚持民主集中制,增强党的地方委员会领导集体活力和党的团结统一。

(五)坚持党要管党、从严治党,始终保持党的先进性和纯洁性。

(六)坚持在宪法和法律范围内活动,依据党章和其他党内法规履职尽责。

第五条 党的地方委员会主要实行政治、思想和组织领导,把方向、管大局、作决策、保落实[②]:

(一)对本地区重大问题作出决策。

(二)通过法定程序使党组织的主张成为地方性法规、地方政府规章或者其他政令。

(三)加强对本地区宣传思想文化工作的领导,牢牢掌握意识形态工作领导权、话语权。

(四)按照干部管理权限任免和管理干部,向地方国家机关、政协组织、人民团体、国有企事业单位等推荐重要干部。

(五)支持和保证人大、政府、政协、法院、检察院、人民团体等依法依章程独立负责、协调一致地开展工作,发挥这些组织中党组的领导核心作用。

(六)加强对本地区群团工作和统一战线工作的领导。

(七)动员、组织所属党组织和广大党员,团结带领群众实现党的目标任务。

第二章　组织和成员[③]

第六条 党的地方委员会由同级党代表大会选举产生,由委员、候补委员组成,每届任期5年。

党的地方委员会的常务委员会(简称常委会)由党的地方委员会全体会议(简称全会)选举产生,由党的地方委员会书记、副书记和常委会其他委员组成。

【解读】党的地方委员会的常务委员会,简称"常委会",它是一个组织,由书记、副书记、其他常委组成。常委会召开的会议,则出现了两种表述:"常委会会议"和"常委会议"。"常委会会议"是常委会这一组织依法召开的、有着严格程序和规定的一种会议。在本条例中,13次用到"常委会会议"一词;在第5章中,明确了常委会会议的召开、议题、出席、表决、记录等相关规定。而"常委会议",是对党委常委会会议的不规范简称,口语中用得比较多。

第七条 党的地方委员会委员、候补委员配备应当具有代表性,符合党龄、年龄、性别、专业等方面要求。人选应当包括书记、副书记和常委会其他委员,一般还应当包括同级政府领导班子成员,同级人大常委会、政协、法院、检察院主要负责

② 本条例强调地方党委在本地区发挥总揽全局、协调各方的领导核心作用;规定地方党委主要实行政治、思想和组织领导,明确了实施领导的7个方面内容;完善了地方党委领导经济社会发展工作机制;要求地方党委加强对同级人大、政府、政协等的领导。

③ 本章系新增内容。

④《中国共产党地方委员会工作条例(试行)》对地方党委委员、候补委员配备没有明确规定。在实践中,每次地方党委换届前,中央发布文件对省级党委成员配备提出要求,省级党委根据中央精神再对市、县两级党委成员配备作出规定,每次换届后配备往往不一致,各地区配备也不统一。另外,一些地方党委委员、候补委员配备结构也不够合理,特别是基层党员所占比例较少,存在整体功能不强等问题。这些都影响了地方党委领导作用的有效发挥。针对这一情况,本条例第7条明确了地方党委委员、候补委员的配备要求

人[④],同级党委和政府有关部门主要负责人,同级工会、共青团、妇联主要负责人,下一级党委和政府主要负责人,以及适当比例的基层党员。

党的地方委员会任期内,委员出缺的由候补委员按照得票多少依次递补,递补后仍有空缺的可以召开党代表大会或者党代表会议[⑤]补选。

因调离本地区、辞去公职、退休等原因不适宜继续担任党委委员、候补委员的,应当辞去或者由所在的党的地方委员会按程序免去其党委委员、候补委员职务。死亡、丧失国籍、被追究刑事责任[⑥]、被停止党籍、受到留党察看以上党纪处分的,委员、候补委员职务自动终止[⑦]。辞去、免去或者自动终止委员、候补委员职务的,应当报上一级党委备案[⑧]。确有必要时,上一级党委可以任免下级党委委员、候补委员职务[⑨]。

第八条　常委会委员配备,由上级党委根据工作需要,按照有利于贯彻执行民主集中制、提高议事决策水平的原则决定。常委会委员名额,省级为 11 至 13 人,市、县两级为 9 至 11 人,个别地方需要适当增减的,由党中央决定或者省级党委根据中央精神审批。

党的地方委员会设书记 1 名、副书记 2 名,个别民族自治地方需要适当增加副书记职数的,由党中央决定或者省级党委根据中央精神审批。

党的地方委员会换届时,书记、副书记和常委会其他委员由全会选举产生,并报上一级党委审批。新当选的书记、副书记和常委会其他委员一般应当任满一届。在党代表大会闭会期间,上级党委可以根据工作需要,调动、任免下级党委书记、副书记和常委会其他委员,其数额在任期内一般不得超过常委会委员职数的二分之一。

【解读】本条例对地方党委组成和党委委员、候补委员及常委会委员配备作出了明确规定,规范了地方党委组织架构和成员配备。

第三章　职　　责

第九条　党的地方委员会在党代表大会闭会期间,执行上级党组织的指示和同级党代表大会的决议、决定,领导本地区的工作。

党的地方委员会应当通过召开全会的方式履行以下职责[⑩]:

(一)制定贯彻执行党中央和上级党组织决策部署以及同级党代表大会决议、决定的重大措施。

(二)讨论和决定本地区经济社会发展战略、重大改革事项、重大民生保障等经济社会发展重大问题。

(三)讨论和决定本地区党的建设方面的重大问题,审议通过重要党内法规或

和配备结构,并规定同级人大常委会、政协、法院、检察院主要负责人等也应在此范围之内。

⑤ “党代表大会”和“党代表会议”是两个不同的概念。首先,两者的含义不同。党代表大会既是同级党组织的领导机关,表示一种组织,同时又可以表示一种会议;而党代表会议只能代表一种会议。其次,两者的召开期限也不同。党代表大会每五年举行一次;而党代表会议,中央和地方各级委员会在必要时可以临时召集。最后,两者的参会人员也不同。党代表大会的代表,由同级党的委员会决定,并报上一级党的委员会批准;而党代表会议,其代表的名额和产生办法,由召集代表会议的委员会决定。

⑥ 给予被追究刑事责任的地方党委委员撤销党内职务以上处分是否仍需履行报批程序? 应区别不同情况履行办理程

者规范性文件。

（四）决定召开同级党代表大会或者党代表会议，并对提议事项先行审议、提出意见。

（五）听取和审议常委会工作报告或者专项工作报告。

（六）选举书记、副书记和常委会其他委员；通过同级党的纪律检查委员会全体会议选举产生的书记、副书记和常委会其他委员。

（七）决定递补党委委员；批准辞去或者决定免去党委委员、候补委员；决定改组或者解散下一级党组织；决定或者追认给予党委委员、候补委员撤销党内职务以上党纪处分[11]。

（八）研究讨论本地区行政区划调整以及有关党政群机构设立、变更和撤销方案。

（九）对常委会提请决定的事项或者应当由全会决定的其他重要事项作出决策。

第十条 常委会在全会闭会期间行使党的地方委员会职权，主持经常工作。其主要职责是：

（一）召集全会，向全会报告工作并接受监督；对拟提交全会讨论和决定的事项先行审议、提出意见。

（二）组织实施上级党组织决策部署和全会决议、决定。

（三）向上级党组织请示报告工作，讨论和决定下级党组织请示报告的重要事项。

（四）对本地区经济社会发展和宣传思想文化工作、组织工作、纪律检查工作、群众工作、统一战线工作、政法工作等方面经常性工作中的重要问题作出决定。

（五）按照有关规定推荐、提名、任免干部，必要时对重要干部的任免可以征求党委委员意见；教育、管理、监督干部；研究决定党员干部纪律处分有关事项。

（六）对应当由常委会决定的其他重要事项作出决定。

第十一条 党委书记主持党的地方委员会全面工作，组织常委会活动，协调常委会委员的工作，对党委工作负主要责任。

担任政府正职的党委副书记主持政府全面工作，组织政府党组活动。不担任政府职务的党委副书记主要协助书记抓党的建设工作，同时可以根据需要协调和负责其他方面工作。

常委会其他委员根据分工负责有关工作，履行分管领域从严治党责任。

【解读】本条明确了“专职副书记”的专责，即不担任政府职务的党委副书记主

序：(1)由纪检机关立案审查并移送司法机关的，按照纪在法前、纪法分开的原则，一般应在移送司法机关前作出党纪处分。此类情况中，由于被审查人尚未被追究刑事责任，不存在委员、候补委员职务自动终止的问题，给予其撤销党内职务以上处分，应依据党章规定呈报上一级党委批准。(2)由司法机关直接立案侦查、作出生效判决后交由纪检机关作出党纪处理的，应按照本条例的有关规定，由地方党委将被追究刑事责任的委员、候补委员职务自动终止的情况报上一级党委备案。备案后，可视为不再具有地方党委委员、候补委员职务，给予其处分可不再呈报上一级党委批准。

⑦ 根据党章规定，党的地方各级委员会委员出缺，由候补委员按得票多少依次递补。但在实践中，一方面，由于候补委员较少，一些地方干部交流比较频繁，导

要协助书记抓党的建设工作。

第十二条　党的地方委员会应当建立职责清单制度，明确常委会及其成员职责，并在一定范围内公开。

第十三条　党的地方委员会必须认真履行全面从严治党主体责任，书记必须履行抓党建第一责任人职责[⑫]。常委会应当定期研究党建工作，每年至少向全会和上一级党委专题报告1次抓党建工作情况[⑬]。充分发挥党的建设工作领导小组职能作用。加强基层党组织建设，实行市、县两级党委书记抓基层党建工作述职评议考核制度，完善党建工作考核综合评价体系，确保党建各项部署落到实处。

党的地方委员会应当认真履行党风廉政建设主体责任，领导和支持纪律检查机关履行监督责任，坚持纪在法前、纪严于法，严格执行和维护党的纪律，推动形成不敢腐、不能腐、不想腐的廉洁从政环境。

第十四条　党的地方委员会及其成员应当加强思想政治建设，坚持用马克思列宁主义、毛泽东思想、中国特色社会主义理论体系武装头脑，深入学习贯彻习近平总书记系列重要讲话精神，坚定理想信念，严守政治纪律和政治规矩。严肃党内政治生活，按照规定参加民主生活会和组织生活会。严格落实中央关于改进工作作风、密切联系群众的各项规定，坚决反对形式主义、官僚主义、享乐主义和奢靡之风。切实增强践行"三严三实"要求的思想自觉和行动自觉，带头营造良好政治生态。严格遵守《中国共产党廉洁自律准则》等有关规定，切实做到为民、务实、清廉。

第四章　组织原则

第十五条　党的地方委员会必须始终在思想上政治上行动上同党中央保持高度一致，坚决贯彻执行党中央决策部署和上级党组织决定，坚决维护党中央权威，任何地方工作部署都必须以贯彻中央精神为前提[⑭]。

党的地方委员会应当每年向上一级党委作1次全面工作情况报告，执行党中央和上级党组织某项重要决定的情况应当专题报告。遇有重大突发事件、重大问题应当及时请示报告。

第十六条　党的地方委员会应当支持和保证下级党组织依法依规正常履职。凡属下级党组织职责范围内的事项，如无特殊情况，应当由下级党组织处理。

党的地方委员会作出同下级党组织有关的重要决定，一般应当事前征求下级党组织意见。需要同级党代表大会代表、下级党组织和党员了解的重要情况和重大问题，应当及时通报。

致候补委员递补完后仍有空缺，同时，其他地区交流到本地区担任人大、政府、政协领导班子成员或法检部门主要负责人等，由于缺少补选机制进不了党委委员队伍。为此，本条例完善了委员递补、补选制度。另一方面，有的党委委员、候补委员因调离本地区、辞去公职、退休等原因不适宜继续担任委员、候补委员，但由于缺乏退出机制，其资格依然保留；有的党委委员、候补委员死亡、丧失国籍、被追究刑事责任等，因缺乏自动终止程序，依然保留资格。对此，本条例创新的一大亮点就是创设了党委委员、候补委员辞职、免职和自动终止制度。

⑧ 为深入理解此知识点，请检索钟纪晟：《关于新修订的〈中国共产党地方委员会工作条例〉施行后涉及执纪审理有关问题的理解与适用》，载《中国纪检监察》2016年第10期。

⑨ 本款十分重要。"由所在的党的地方委员会按程

第十七条 党的地方委员会应当坚持民主集中制，实行集体领导和个人分工负责相结合的制度。凡属应当由全会或者常委会会议讨论和决定的事项，必须由集体研究决定，任何个人或者少数人无权擅自决定。在集体讨论和决定问题时，个人应当充分发表意见。个人对集体作出的决定必须坚决执行，有不同意见的可以保留，也可以向上级党组织报告。

常委会委员应当根据分工和集体决定，勇于担当、敢于负责，切实履行职责；对不属于自己分管的工作，也应当从全局出发关心支持，加强研究，积极提出意见和建议。

第十八条 党委书记应当带头执行民主集中制，充分发扬党内民主，善于集中正确意见，自觉接受常委会其他委员监督，不得凌驾于组织之上、班子之上，不得搞独断专行。

常委会其他委员应当支持书记开展工作，自觉接受书记对其工作的督促检查。

常委会委员应当在党性原则基础上维护团结，互相信任、互相谅解、互相支持、互相监督。

【解读】互相监督是义务，若发现问题不报告，造成一定后果，可能要视情节承担一定的纪律责任。

第十九条 常委会委员代表党委的讲话和报告，署名发表或者出版同工作有关的文章、著作、言论，应当事先经过常委会审定或者党委书记批准。

常委会委员在调查研究、检查指导工作或者参加其他公务活动时发表的个人意见，应当符合党委集体决定精神。

第五章 议事和决策

第二十条 党的地方委员会及其常委会议事决策应当坚持集体领导、民主集中、个别酝酿、会议决定，实行科学决策、民主决策、依法决策。

第二十一条 党的地方委员会及其常委会应当健全决策咨询机制[15]，重大决策一般应当在调查研究基础上提出方案，充分听取各方面意见，进行风险评估和合法合规性审查，经过全会或者常委会会议讨论和决定。

第二十二条 全会每年至少召开2次，遇有重要情况可以随时召开。全会由常委会召集并主持，议题一般由常委会征询党委委员、候补委员意见后确定。

全会应当有三分之二以上党委委员到会方可召开。党委委员、候补委员因故不能参加会议的应当在会前请假，其意见可以用书面形式表达。根据工作需要，常委会可以确定有关人员列席全会。

序免去其党委委员、候补委员职务”，通常只限于调离本地区、辞去公职、退休等原因不适宜继续担任党委委员、候补委员的场合。一般认为，党委委员、候补委员被追究刑事责任、被停止党籍、受到留党察看以上党纪处分的，只有上级党委才有权作出。给予已被追究刑事责任的地方党委委员撤销党内职务以上处分，鉴于其地方党委委员职务已自动终止，故不需要上级纪委、党委批准，只需要报上一级党委备案。

⑩ 过去，对全会决策监督和常委会职责界限不够明确，常委会容易代替全会作出决定，从而造成全会作用弱化。本条例对全会和常委会决策事项范围作了细化，特别是明确了必须通过召开全会讨论和决定的9项重大事项，并规定全会听取和审议常委会工作报告或专项工作报告。

⑪ 该规定十分重要，“党委委员、候补委员”被给予撤销党内职务以上党纪处分需要全会追认。

表决可以根据讨论和决定事项的不同，采用举手、无记名投票或者记名投票等方式进行，赞成票超过应到会党委委员半数为通过。未到会党委委员的意见不得计入票数。候补委员没有表决权。

对党委委员、候补委员作出撤销党内职务以上党纪处分决定，必须由全会三分之二以上多数决定。在特殊情况下，可以先由常委会作出处理决定，待召开全会时予以追认。对党委委员、候补委员的上述处分，必须经上级党委批准。[16]

第二十三条　常委会会议一般每月召开2次，遇有重要情况可以随时召开。

常委会会议由党委书记召集并主持。书记不能参加会议的，可以委托副书记召集并主持。会议议题由书记提出，或者由常委会其他委员提出建议、书记综合考虑后确定。

常委会会议应当有半数以上常委会委员到会方可召开。讨论和决定干部任免事项必须有三分之二以上常委会委员到会。常委会委员因故不能参加会议的应当在会前请假，其意见可以用书面形式表达。根据工作需要，会议召集人可以确定有关人员列席会议。

表决可以根据讨论和决定事项的不同，采用口头、举手、无记名投票或者记名投票等方式进行，赞成票超过应到会常委会委员半数为通过。未到会常委会委员的意见不得计入票数。会议讨论和决定多个事项，应当逐项表决。

常委会会议由专门人员如实记录，决定事项应当编发会议纪要。经常委会会议讨论通过、以党委名义上报或者下发的文件，由书记签发。

遇重大突发事件、抢险救灾等紧急情况，不能及时召开常委会会议决策的，书记、副书记或者常委会其他委员可以临机处置，事后应当及时向常委会报告。

第二十四条　党的地方委员会及其常委会可以根据工作需要召开扩大会议，但不得代替全会、常委会会议作出决策。

第二十五条　需要提交常委会会议审议的重要事项，可以先召开书记专题会议[17]进行酝酿。书记专题会议由书记主持，副书记和其他有关常委会委员等参加。书记专题会议不得代替常委会会议作出决策。

常委会委员可以根据工作需要，在其职责范围内主持召开议事协调会议，研究解决有关问题，但不得超越权限作出决策。

党的地方委员会应当加强对同级人大、政府、政协等的领导，建立健全沟通协调机制，及时通报重要情况。注重通过国家机关、政协组织、民主党派、人民团体、基层单位等渠道，就经济社会发展重大问题和涉及群众切身利益实际问题，广泛协商、广集民智、增进共识、增强合力。

第二十六条　党的地方委员会通过全会作出的决策，由常委会负责组织实施；

⑫　这也是主体责任履职不力问责的条规依据。

⑬　注意：地方党委必须认真履行全面从严治党主体责任，书记必须履行抓党建第一责任人职责，专职副书记职责主要是协助书记抓党建，常委会其他委员履行分管领域从严治党责任；常委会应当定期研究党建工作，每年至少向全会和上一级党委专题报告1次抓党建工作情况。

⑭　此规定十分重要。

⑮　本条例还完善了地方党委决策程序，提出要健全地方党委决策咨询机制，提高了决策的科学性和有效性；强调地方党委应坚持民主集中制，实行集体领导和个人分工负责制度，将有效防止书记“一言堂”现象。

⑯　请结合党章第42条第3款和《中国共产党纪律检查机关监督执纪工作规则》有关规定理解本款。

⑰　“书记专题会议”系新增规定。这一制度的创设在地方比较受欢迎，书记办公会

常委会作出的决策，由常委会委员分工负责组织实施。

党的地方委员会应当建立有效的督查、评估和反馈机制，确保决策落实。决策执行过程中需作重大调整的，应当按照谁决策、谁调整的原则通过召开全会或者常委会会议决定。

第六章　监督和追责

第二十七条　党的地方委员会向同级党代表大会负责并报告工作，应当自觉接受上级党委领导和工作监督，并接受上级和同级纪律检查机关监督[18]，接受下级党组织和党员群众的监督，接受各民主党派和无党派人士的民主监督。

党的地方委员会应当有计划地邀请同级党代表大会代表列席全会或者常委会会议等重要会议，适当增加列席的人员数量和频次。定期组织党代表大会代表进行专题调研，组织党代表大会代表开展提案提议，充分听取意见建议。

第二十八条　上级党委应当定期对下一级党委常委会及其成员履行职责情况进行考核，建立健全奖惩机制。考核具体工作由上级党委组织部门牵头，纪律检查机关、党委有关部门参与。

第二十九条　违反本条例有关规定的，根据情节轻重，给予批评教育、责令作出检查、诫勉谈话、通报批评或者调离岗位、责令辞职、免职、降职等处理；应当追究党纪政纪责任的，依照《中国共产党纪律处分条例》、《行政机关公务员处分条例》等有关规定给予相应处分；涉嫌违法犯罪的，按照国家有关法律规定处理。

第七章　附　　则

第三十条　党的地区委员会和相当于地区委员会的组织，可以参照执行本条例。

第三十一条　党的地方各级委员会应当根据本条例，结合各自实际制定和完善工作规则。

第三十二条　本条例由中央办公厅商中央组织部解释。

第三十三条　本条例自2015年12月25日起施行。1996年4月5日中共中央印发的《中国共产党地方委员会工作条例（试行）》同时废止。

议取消后，各地对拟提请常委会会议审议的重大事项酝酿环节做法不一。比如“五人小组会议”主要是酝酿干部问题，但还有很多其他议题缺乏有效酝酿机制，书记专题会议为此提供了平台，这也是对民主集中制的贯彻。

⑱ 此处明确规定了同级纪律检查机关可以监督同级党委。请结合《中国共产党纪律检查机关监督执纪工作规则》第7条第2款理解。

中国共产党党组工作条例

（2019 年 3 月 29 日中共中央政治局会议审议批准
2019 年 4 月 6 日中共中央发布）

第一章　总　　则

第一条　为了进一步规范和改进党组工作，坚持和加强党的全面领导，提高党的长期[①]执政能力和领导水平，更好发挥党总揽全局、协调各方的领导核心作用，根据《中国共产党章程》，制定本条例。

第二条　党组是党在中央和地方国家机关、人民团体、经济组织、文化组织和其他非党组织的领导机关中设立的领导机构，在本单位发挥领导作用，是党对非党组织实施领导的重要组织形式[②]。

第三条[③]　党组工作必须坚持以马克思列宁主义、毛泽东思想、邓小平理论、"三个代表"重要思想、科学发展观、习近平新时代中国特色社会主义思想为指导，坚决维护习近平总书记核心地位，坚决维护党中央权威和集中统一领导，切实履行领导职责，充分发挥领导作用，不断提高领导水平，确保本单位全面贯彻党的基本理论、基本路线、基本方略，确保党始终成为中国特色社会主义事业的坚强领导核心。

第四条　党组工作应当遵循以下原则：

（一）坚持旗帜鲜明讲政治，加强党的领导，增强"四个意识"、坚定"四个自信"、做到"两个维护"，坚决贯彻落实党的理论和路线方针政策，坚决贯彻落实党中央重大决策部署，在思想上政治上行动上同以习近平同志为核心的党中央保持高度一致[④]；

（二）坚持全面从严治党，担当管党治党主体责任，贯彻新时代党的建设总要求，贯彻新时代党的组织路线，推动全面从严治党向纵深发展[⑤]；

（三）坚持民主集中制，确保党组活力和坚强有力，推动形成良好政治局面；

（四）坚持依据党章党规开展工作，在宪法法律范围内活动；

（五）坚持正确领导方式[⑥]，实现党组发挥领导作用与本单位领导班子依法依章程履行职责相统一。

第五条　党中央和地方各级党委加强对党组工作的领导。党组必须服从批准其设立的党组织领导。

党委组织部门负责党组设立审核、日常管理等方面的具体工作，纪检监察机关、党的机关工委和其他工作机关根据职责做好相关工作[⑦]。

① "长期"系新增表述。

② "是党对非党组织实施领导的重要组织形式"系新增表述。

③ 本条系新增内容。

④ 本项系新增表述，将原来的"坚持党的领导"改为"加强党的领导"。

⑤ "担当管党治党主体责任，贯彻新时代党的建设总要求，贯彻新时代党的组织路线，推动全面从严治党向纵深发展"系新增内容。

⑥ "坚持正确领导方式"系新增表述。

⑦ 此前，《中国共产党党组工作条例（试行）》表述是：纪律检查机关、党委其他工作部门和有关派出机构根据职责分工做好相关工作。

第二章　设　　立

第六条　中央和地方国家机关、人民团体、经济组织、文化组织和其他非党组织的领导机关中，有党员领导成员3人以上的，经批准可以设立党组。

第七条　下列单位一般应当设立党组⑧：

（一）县级以上人大常委会、政府、政协、法院、检察院；

（二）县级以上政府工作部门、派出机关（街道办事处除外）、直属事业单位；

（三）县级以上工会、妇联等人民团体；

（四）中管企业；

（五）县级以上政府设立的有关管委会的工作部门；

（六）其他有必要设立党组的单位。

⑧　请注意用语"应当"。此前，《中国共产党党组工作条例（试行）》第5条第2款表述是：县级以上人大常委会、政府及其工作部门、政协、法院、检察院和工会、妇联等人民团体，一般应当设立党组。县级以上人大常委会机关、政府机关、政协机关，经本级党的委员会批准，可以设立机关党组。

第八条　下列单位经党中央批准，可以设立党组：

（一）全国性的重要文化组织、社会组织；

（二）其他需要设立党组的单位。

第九条　下列单位一般不设立党组：

（一）领导机关中的党员领导成员不足3人的；

（二）与党的机关合并设立或者合署办公的；

（三）由党的机关代管或者管理等并纳入党的机关序列的；

（四）县级以上政府直属事业单位以外的其他事业单位；

（五）共青团组织；

（六）中管企业的下属企业，地方国有企业；

（七）地方文化组织、社会组织。

第十条　市级以上人大常委会、政府、政协，应当设立机关党组。

县级人大常委会、政府、政协根据工作需要，可以设立机关党组。

人大常委会、政府、政协设立机关党组的，其办公厅（室）不再设立党组。

第十一条　下列单位经批准，可以设立分党组⑨：

（一）国务院有关部门的派出机构；

（二）具有行业、系统管理需要的国务院有关直属事业单位、中央一级有关人民团体的下属单位；

（三）省级以上人大、政协的专门委员会；

（四）市级以上法院、检察院的派出机构。

设立分党组的单位，其下属单位不再设立分党组。

⑨　"分党组"系新增表述。

第十二条　党组的设立，应当由党中央或者本级地方党委审批。有关管委会的工作部门设立党组，由本级党委授权管委会党工委审批[⑩]。党组不得审批设立党组。

分党组的设立，由党组报本级党委组织部门审批。

新成立的有关单位符合设立党组条件的，党中央或者本级地方党委可以根据需要作出设立党组的决定，也可以由需要设立党组的单位或者其上级主管部门党组织提出设立申请，由党中央或者本级地方党委审批。

变更、撤销党组的，由批准其设立的党组织作出决定。

第十三条[⑪]　国家机关、人民团体党组一般不设立工作机构，确需设立的经批准可以在本单位有关内设机构加挂党组办公室牌子。

第十四条　党组设书记，必要时可以设副书记。

党组书记一般由本单位领导班子主要负责人担任，主要负责人不是中共党员或者由上级领导兼任以及因其他情况不宜担任党组书记的，党组书记、主要负责人可以分设。党组其他成员一般由本单位领导班子成员中的党员干部、派驻本单位的纪检监察组组长担任，必要时也可以由本单位重要职能部门或者下属单位党员主要负责人担任。

国有企业党组书记根据企业内部治理结构形式确定，建立董事会的一般由董事长担任，未建立董事会的一般由总经理担任。党组其他成员一般由进入董事会、监事会、经理层的党员领导人员和纪检监察组组长（派驻本企业的纪检监察组组长）根据工作需要担任。

党组成员一般设 3 至 7 人。副省部级以上单位、中管企业党组成员一般不超过 9 人，个别单位确需增加的，由党中央决定[⑫]。市县两级政府及县级以上地方政府个别工作部门确需增加的，按程序报请省级党委批准，但总数不得超过 9 人。

第十五条　党组成员除应当具备党章和《党政领导干部选拔任用工作条例》规定的党员领导干部的基本条件外，还应当有 3 年以上党龄，其中厅局级以上单位的党组成员应当有 5 年以上党龄。

党组成员的任免一般由批准设立党组的党组织决定。实行双重领导[⑬]的单位设立党组的，其党组成员的任免按照干部管理权限执行。分党组成员的任免由上级单位党组决定。企业党组成员的任免，按照干部管理权限执行。

第三章　职　　责

第十六条　党组发挥把方向、管大局、保落实的领导作用，全面履行领导责任，加强对本单位业务工作和党的建设的领导，推动党的主张和重大决策转化为法律

⑩ “有关管委会的工作部门设立党组，由本级党委授权管委会党工委审批”系新增表述。

⑪ 本条系新增内容。

⑫ “个别单位确需增加的，由党中央决定”系新增表述。

⑬ 《中国共产党党组工作条例（试行）》表述还包括垂直管理。《中国共产党党组工作条例》表述删除了“垂直管理”。

法规、政策政令和社会共识,确保党的理论和路线方针政策的贯彻落实。

第十七条 党组讨论和决定本单位下列重大问题[14]:

(一)贯彻落实党中央以及上级党组织决策部署的重大举措;

(二)制定拟订法律法规规章和重要规范性文件中的重大事项;

(三)业务工作发展战略、重大部署和重大事项;

(四)重大改革事项;

(五)重要人事任免等事项;

(六)重大项目安排;

(七)大额资金使用、大额资产处置、预算安排;

(八)职能配置、机构设置、人员编制事项;

(九)审计、巡视巡察、督查检查、考核奖惩等重大事项;

(十)重大思想动态的政治引导;

(十一)党的建设方面的重大事项;

(十二)其他应当由党组讨论和决定的重大问题。

党组应当紧密结合本单位实际,对前款规定的重大问题进行明确细化、列出具体清单。清单内容根据需要动态调整。

第十八条 党组必须坚持党建工作与业务工作同谋划、同部署、同推进、同考核,加强对本单位党的建设的领导,落实新时代党的建设总要求,履行全面从严治党责任,提高党的建设质量。具体包括:

(一)把党的政治建设摆在首位,增强"四个意识"、坚定"四个自信"、做到"两个维护",提高政治站位,彰显政治属性,强化政治引领,切实增强政治能力,始终在政治立场、政治方向、政治原则、政治道路上同以习近平同志为核心的党中央保持高度一致;

(二)强化理论武装,组织学习习近平新时代中国特色社会主义思想,推进"两学一做"学习教育常态化制度化,引导党员、干部坚定理想信念宗旨,自觉加强党性锻炼;

(三)落实意识形态工作责任制,确保业务工作体现意识形态工作要求、维护意识形态安全;

(四)按照党管干部、党管人才原则,加强高素质专业化干部队伍建设,做好人才工作;

(五)加强党的基层组织建设和党员队伍建设,讨论和决定基层党组织设置调整和发展党员、处分党员等重要事项;

(六)加强和改进作风,密切联系群众,严格落实中央八项规定精神,坚决反对

⑭《中国共产党党组工作条例(试行)》第10条规定党组讨论和决定本单位的重大问题一共有7项,现增加为12项。

"四风"特别是形式主义、官僚主义；

（七）加强党的纪律建设，履行党风廉政建设主体责任，支持纪检监察机关履行监督责任；

（八）推进建章立制，建立健全体现党中央要求、符合本单位特点、比较完备、务实管用的党建工作制度，并抓好落实[15]。

党组领导机关和直属单位党组织的工作，支持配合党的机关工委对本单位党的工作的统一领导，自觉接受党的机关工委对其履行机关党建主体责任的指导督促[16]。

党组书记必须认真履行抓党建第一责任人职责，党组其他成员按照"一岗双责"要求抓好职责范围内党的建设工作。

第十九条　党组应当加强对本单位统战工作和工会、共青团、妇联等群团工作的领导，重视对党外干部、人才的培养使用，更好团结带领党外干部和群众，凝聚各方面智慧力量，完成党中央以及上级党组织交给的任务。

第二十条　实行双重领导并以上级单位领导为主的单位党组[17]，可以讨论和决定本系统工作规划部署、机构设置、干部队伍管理、党的建设等重要事项。

国有企业党组讨论和决定重大事项时，应当与《中华人民共和国公司法》、《中华人民共和国企业国有资产法》等法律法规相符合，并与公司章程相衔接。重大经营管理事项必须经党组研究讨论后，再由董事会或者经理层作出决定[18]。

第二十一条　党组书记主持党组全面工作，负责召集和主持党组会议，组织党组活动，签发党组文件。

党组副书记和党组其他成员根据党组决定，按照授权负责有关工作，行使相关职权。

党组书记空缺时，上级党组织可以指定党组副书记或者党组其他成员主持党组日常工作。

第二十二条[19]　党组及其成员应当自觉加强自身建设，坚定政治信仰，增强"四个意识"、坚定"四个自信"、做到"两个维护"，严肃党内政治生活，严守党的纪律规矩，弘扬党的优良传统作风，不断提高领导本领，敢于担当负责，自觉接受监督，在深入学习贯彻习近平新时代中国特色社会主义思想上作表率，在始终同以习近平同志为核心的党中央保持高度一致上作表率，在坚决贯彻落实党中央决策部署上作表率。

第四章　组 织 原 则

第二十三条[20]　党组及其成员必须始终在政治立场、政治方向、政治原则、政治

[15] 本款系新增内容。

[16] 此处表述有变化。《中国共产党党组工作条例（试行）》第13条第2款规定："党组应当加强对本机关和直属单位党组织工作的指导，支持党的机关工作委员会履行对机关和直属单位党组织工作的领导职责。"

[17] 此处删除了《中国共产党党组工作条例（试行）》第15条"垂直管理"的表述。

[18]《中国共产党党组工作条例（试行）》的表述是："重大经营管理事项应当经党组研究讨论后，再由董事会或者经理层作出决定。"

[19] 本条系新增内容。

[20] 本条多数内容系新增表述。

道路上同以习近平同志为核心的党中央保持高度一致，坚决执行党中央决策部署以及上级党组织决定，党组任何工作部署都必须以贯彻党中央精神为前提，坚决维护习近平总书记核心地位，坚决维护党中央权威和集中统一领导。

第二十四条[21] 下列党组在履行职责过程中，除必须服从批准其设立的党组织领导外，还应当按照规定接受有关党组的领导或者指导：

（一）人大常委会机关党组、政府机关党组、政协机关党组，分别接受人大常委会党组、政府党组、政协党组的领导；

（二）政府工作部门党组、政府派出机关党组、政府直属事业单位党组，接受政府党组的指导督促；

（三）政府工作部门管理的单位党组，接受部门党组的指导督促；

（四）实行双重领导的单位党组，接受上级单位党组的领导。

中央组织部负责全国国有企业党建工作的宏观指导，会同国务院国资委党委履行对中管企业党建工作的具体指导职能，国务院国资委党委履行对中管企业党建工作的日常管理职责。

第二十五条[22] 分党组应当接受上级单位党组的领导，上级单位设立机关党组的，还应当接受机关党组的指导。

第二十六条[23] 党组应当按照《中国共产党重大事项请示报告条例》等有关规定，向批准其设立的党组织和其他有关党组织请示报告工作。

县级以上人大常委会党组、政府党组、政协党组、法院党组、检察院党组应当按照规定，向本级党委请示报告工作。

第二十七条 党组对有关重要问题作出决定时，应当根据需要充分征求机关和直属单位党组织以及本单位党员群众的意见，重要情况应当及时进行通报。党组应当按照规定实行党务公开[24]。

第二十八条 党组实行集体领导制度。凡属党组职责范围内的事项，必须执行少数服从多数的原则，由党组成员集体讨论和决定，任何个人或者少数人无权擅自决定。

党组书记应当带头执行民主集中制，不得凌驾于组织之上，不得独断专行。党组其他成员应当对党组讨论和决定的事项积极提出意见和建议[25]。

党组成员必须坚决服从党组集体决定，有不同意见的，在坚决执行的前提下，可以声明保留，也可以向上级党组织反映，但不得在其他场合发表不同意见[26]。

第二十九条 以党组名义发布或者上报的文件、发表的文章，党组成员代表党组的讲话和报告，应当事先经党组集体讨论或者传批审定。党组成员署名发表或者出版同工作有关的文章、著作、言论，应当事先经党组审定或者党组书记批准。

㉑ 本条系新增内容。

㉒ 本条系新增内容。

㉓ 本条系新增内容。

㉔ “党组应当按照规定实行党务公开”系新增表述。

㉕ “党组其他成员应当对党组讨论和决定的事项积极提出意见和建议”系新增表述。

㉖ “不得在其他场合发表不同意见”系新增表述。

党组成员在调查研究、检查指导工作或者参加其他公务活动时发表的个人意见，应当符合党中央以及上级党组织、党组的有关精神[27]。

第五章　决策与执行

第三十条　党组应当按照集体领导、民主集中、个别酝酿、会议决定的原则作出决策，实行科学决策、民主决策、依法决策。

第三十一条　党组作出重大决策，一般应当经过调查研究、征求意见、充分酝酿等程序，按照规则由集体讨论和决定[28]。

党组讨论和决定人事任免事项，应当严格按照《党政领导干部选拔任用工作条例》等有关规定执行。

党组讨论和决定基层党组织设置调整和发展党员、处分党员重要事项，应当严格按照党章党规和党中央有关规定执行[29]。

第三十二条　党组决策一般采用党组会议形式。党组会议一般每月召开1次，遇有重要情况可以随时召开。

党组会议议题由党组书记提出，或者由党组其他成员提出建议、党组书记综合考虑后确定。会议议题应当提前书面通知党组成员[30]。

第三十三条　党组会议应当有半数以上党组成员到会方可召开，讨论和决定干部任免、处分党员事项必须有三分之二以上党组成员到会。党组成员因故不能参加会议的应当在会前请假，其意见可以用书面形式表达。党组会议议题涉及本人或者其亲属以及存在其他需要回避情形的，有关党组成员应当回避。

根据工作需要，召开党组会议可以请不是党组成员的本单位领导班子成员列席。会议召集人可以根据议题指定有关人员列席会议。批准其设立的党组织等可以派员列席党组会议。

第三十四条　党组会议议题提交表决前，应当进行充分讨论。

表决可以采用口头、举手、无记名投票或者记名投票等方式进行，赞成票超过应到会党组成员半数为通过。未到会党组成员的书面意见不得计入票数。表决实行会议主持人末位表态制。会议研究决定多个事项的，应当逐项进行表决。

党组会议由专门人员如实记录，决定事项应当编发会议纪要[31]，并按照规定存档备查。

第三十五条　党组决策一经作出，应当坚决执行。党组应当督促推动本单位领导班子依法依章程及时全面落实党组决策。党组成员应当在职责范围内认真抓好党组决策贯彻落实[32]。

党组应当建立有效的督查、评估和反馈机制，确保党组决策落实。

[27] 《中国共产党党组工作条例（试行）》第22条第3款的表述是：应当符合党组决定精神。现表述为：应当符合党中央以及上级党组织、党组的有关精神。

[28] 《中国共产党党组工作条例（试行）》第24条第1款的表述是：党组作出重大决策，一般应当在调查研究基础上提出方案，充分听取各方面意见，进行风险评估和合法合规性审查，经过集体讨论决定。

[29] 本款系新增表述。

[30] "会议议题应当提前书面通知党组成员"系新增表述。

[31] "决定事项应当编发会议纪要"系新增表述。

[32] "党组应当督促推动本单位领导班子依法依章程及时全面落实党组决策。党组成员应当在职责范围内认真抓好党组决策贯彻落实"系新增表述。

第六章 党组性质党委[33]

第三十六条 党组性质党委，是指党在对下属单位实行集中统一领导的国家工作部门和有关单位的领导机关中设立的领导机构，在本单位、本系统发挥领导作用。

党组性质党委，由上级党组织直接批准设立，不同于由选举产生的地方党委和基层党委。

第三十七条 下列国家工作部门和单位经批准，可以设立党组性质党委：

（一）对下属单位实行集中统一领导的国家工作部门；

（二）根据中央授权对有关单位实行集中统一领导的国家工作部门；

（三）政治要求高、工作性质特殊、系统规模大的国家工作部门[34]；

（四）对下级单位实行垂直管理的国家工作部门[35]；

（五）金融监管机构；

（六）中管金融企业[36]。

地方国家机关设立党组性质党委，一般应当同中央国家机关对应。

第三十八条 党组性质党委的设立、变更和撤销，一般应当由党中央或者本级地方党委审批。

对下属单位实行集中统一领导的国家工作部门和单位党组性质党委，根据党中央授权可以负责审批下属单位党组性质党委的设立、变更和撤销。

党组性质党委根据需要并按照规定权限和程序审批后，可以设立工作机构。

第三十九条 党组性质党委除履行本条例第三章规定的党组相关职责外，还领导或者指导本系统党组织的工作，讨论和决定下属单位工作规划部署、机构设置、干部队伍管理、党的建设等重要事项。

第七章 监督与追责[37]

第四十条 建立党组（党委）书记述责述廉制度[38]。批准设立党组（党委）的党组织根据需要可以听取党组（党委）书记报告履职情况，加强对权力运行的监督制约。

建立党组（党委）及其成员履职考核制度，一般由批准设立党组（党委）的党组织负责考核，纪检监察机关、党的有关工作机关、党的机关工委参与。

实行双重领导且以上级单位领导为主的单位党组（党委）及其成员，可以由上级单位党组（党委）会同地方党委组织开展考核。具体考核工作按照党中央有关规定执行[39]。

实行垂直管理单位的党组性质党委及其成员，由上级单位党组性质党委组织

㉝《中国共产党党组工作条例（试行）》第7章的表述是“国家工作部门党委”。

㉞ 本项系新增表述。

㉟ 本项系新增表述。

㊱ 本项系新增表述。

㊲《中国共产党党组工作条例（试行）》第6章的表述是“责任追究”，现改为“监督与追责”，突出监督，把监督放在前面。

㊳《中国共产党党组工作条例（试行）》第29条的表述是：建立党组书记述职制度。

㊴ 本款系新增表述。

开展考核，如有需要，可以按照规定征求地方党委意见[40]。

党组（党委）及其成员执行本条例情况，应当自觉接受纪检监察机关、本单位基层党组织和党员群众的监督，纳入巡视巡察范围和党员民主评议内容。

第四十一条　党组（党委）及其成员、有关党组织及其工作人员应当严格按照本条例履行职责。违反本条例的，根据情节轻重，给予批评教育、责令作出检查、诫勉、通报批评或者调离岗位、责令辞职、免职、降职等处理，或者依规依纪依法给予处分；涉嫌犯罪的，依法追究刑事责任。

对发生集体违反本条例行为的，或者在其他党组（党委）成员出现严重违反本条例行为上存在重大过失的，还应当追究党组（党委）书记的相关责任。

党组（党委）重大决策失误的，对参与决策的党组（党委）成员实行终身责任追究。

党组（党委）成员在讨论和决定有关事项时，对重大失误决策明确持不赞成态度或者保留意见的，应当免除或者减轻责任。

第八章　附　　则

第四十二条　党组性质党委、机关党组、分党组的设立和运行等，除本条例有专门规定外，适用党组有关规定。

第四十三条　党组（党委）应当根据本条例，结合实际制定和完善工作规则。

第四十四条　本条例由中央组织部会同中央办公厅解释。

第四十五条　本条例自2019年4月6日起施行。2015年6月11日中共中央印发的《中国共产党党组工作条例（试行）》同时废止。其他有关党组（党委）规定，凡与本条例不一致的，按照本条例执行。

中国共产党党员教育管理工作条例（节录）

（2019年3月29日中共中央政治局会议审议批准
2019年5月6日中共中央发布）

第四章　党员日常教育管理主要方式

第十六条　党支部应当运用“三会一课”制度，对党员进行经常性的教育管理。党员应当按期参加党员大会、党小组会和上党课，进行学习交流，汇报思想、工作等情况。党员领导干部应当参加双重组织生活。

党支部应当每月开展1次主题党日，贴近党员思想和工作实际，组织党员集中

[40] 本款系新增表述。

学习、过组织生活、进行民主议事和开展志愿服务等。

党员应当按期交纳党费。党组织应当做好党费收缴、使用和管理工作。

第十七条 党支部每年至少召开1次组织生活会[①]，也可以根据工作需要随时召开，一般以党员大会、党支部委员会会议或者党小组会形式进行。

① 这是数量上的要求，也是常识性知识，需要熟练掌握。

第十八条 党支部一般每年开展1次民主评议党员。党支部召开党员大会，按照个人自评、党员互评、民主测评的程序，组织党员进行评议。党支部委员会会议或者党员大会根据评议情况和党员日常表现情况，提出评定意见。

民主评议党员可以结合组织生活会一并进行。

第十九条 基层党组织应当注重分析党员思想状况和心理状态，党组织负责人应当经常同党员谈心谈话，有针对性地做好思想政治工作。

第二十条 市、县党委或者基层党委每年应当组织党员集中轮训，主要依托县级党校（行政学校）、基层党校等进行。根据事业发展和党的建设重点任务，结合本地区本部门本单位中心工作和党员实际，确定培训内容和方式。党员每年集中学习培训时间一般不少于32学时。

第二十一条 党组织应当按照党中央部署要求，组织党员认真参加党内集中学习教育，引导党员围绕学习教育主题，深入学习党的创新理论，查找解决自身存在的突出问题。

省级党委、行业系统党组织可以根据党员思想状况和党的建设需要，适时开展专题学习教育。

第二十二条 党组织应当充分发挥党员的先锋模范作用，结合不同群体党员实际，通过树立、学习身边的榜样，设立党员示范岗、党员责任区，开展设岗定责、承诺践诺等，引导党员做好本职工作，干在实处、走在前列，创先争优，在联系服务群众、完成重大任务中勇于担当作为，做到平常时候看得出来、关键时刻站得出来、危急关头豁得出来。

鼓励和引导党员参与志愿服务。党员应当积极参加党组织开展的志愿服务活动，也可以自行开展志愿服务活动。

第二十三条 党组织应当坚持从严教育管理和热情关心爱护相统一，从政治、思想、工作、生活上激励关怀帮扶党员[②]。

② "从政治、思想、工作、生活上激励关怀帮扶党员"，充满人文关怀。

针对老党员的身体、居住和家庭等实际情况，采取灵活方式，进行教育管理服务，组织他们参加党的组织生活，发挥力所能及的作用。对年老体弱、行动不便、身患重病甚至失能的党员，组织活动和开展学习教育不作硬性要求，党组织通过送学上门、走访慰问等方式，给予更多关心照顾。

第五章　党籍和党员组织关系管理

③ 本条内容十分重要，需要熟练掌握。

第二十四条[③] 经党支部党员大会通过、基层党委审批接收的预备党员，自通过之日起,即取得党籍。

对因私出国并在国外长期定居的党员,出国学习研究超过 5 年仍未返回的党员,一般予以停止党籍。停止党籍的决定由保留其组织关系的党组织按照有关规定作出。

对与党组织失去联系 6 个月以上、通过各种方式查找仍然没有取得联系的党员,予以停止党籍。停止党籍的决定由所在党支部或者上级党组织按照有关规定作出。停止党籍 2 年后确实无法取得联系的,按照自行脱党予以除名。

对停止党籍的党员,符合条件的,可以按照规定程序恢复党籍。对劝其退党、劝而不退除名、自行脱党除名、退党除名、开除党籍的,原则上不能恢复党籍,符合条件的可以重新入党。

第二十五条　党员组织关系是指党员对党的基层组织的隶属关系。

每个党员都必须编入党的一个支部、小组或者其他特定组织。有固定工作单位并且单位已经建立党组织的党员,一般编入其所在单位党组织。没有固定工作单位,或者单位未建立党组织的党员,一般编入其经常居住地或者公共就业和人才服务机构、园区、楼宇等党组织。

党员工作单位、经常居住地发生变动的,或者外出学习、工作、生活 6 个月以上并且地点相对固定的,应当转移组织关系。具有审批预备党员权限的基层党委,可以在全国范围直接相互转移和接收党员组织关系。党组织接收党员组织关系时,如有必要,可以采取适当方式查核党员档案。对组织关系转出但尚未被接收的党员,原所在党组织仍然负有管理责任[④]。党组织不得无故拒转拒接党员组织关系。

第二十六条　对没有人事档案的党员,应当由具有审批预备党员权限的基层党委建立党员档案,由所在党委或者县级以上党委组织部门保存。

有条件的地方,实行党员档案电子化管理。

第六章　党员监督和组织处置

第二十七条　党组织应当通过严格组织生活、听取群众意见、检查党员工作等多种方式[⑤],监督党员遵守党章党规党纪特别是政治纪律和政治规矩情况,遵守宪法法律法规和道德规范情况,参加组织生活情况,履行党员义务、联系服务群众、发挥先锋模范作用情况等。

第二十八条　发现党员有思想、工作、生活、作风和纪律方面苗头性倾向性问题的,以及群众对其有不良反映的,党组织负责人应当及时进行提醒谈话[⑥],抓早抓小、防微杜渐。

第二十九条　对党员不按照规定参加党的组织生活、不按时交纳党费、流动到外

④　请牢记:“对组织关系转出但尚未被接收的党员,原所在党组织仍然负有管理责任。”

⑤　这里仅列举了 3 种最常用的监督方式:严格组织生活、听取群众意见、检查党员工作。

⑥　此规定体现了监督执纪“抓早抓小”的理念。对存在苗头性倾向性问题的监督方式是提醒谈话,而不是谈话提醒。

地工作生活不与党组织主动保持联系的，以及存在其他与党的要求不相符合的行为、情节较轻的，党组织应当采取适当方式及时进行批评教育[7]，帮助其改进提高。

⑦ 处置方式：批评教育，责令改正。

第三十条 对缺乏革命意志，不履行党员义务，不符合党员条件，但本人能够正确认识错误、愿意接受教育管理并且决心改正的党员，党组织应当作出限期改正处置，限期改正时间不超过1年[8]。对给予限期改正处置的党员应当采取帮助教育措施。

⑧ “限期改正时间不超过1年”，是知识点。

第三十一条 党员具有下列情形之一的，按照规定程序给予除名处置[9]：

⑨ 本条规定的除名情形，十分重要，需要熟练掌握。

（一）理想信念缺失，政治立场动摇，已经丧失党员条件的，予以除名；

（二）信仰宗教，经党组织帮助教育仍没有转变的，劝其退党，劝而不退的予以除名；

（三）因思想蜕化提出退党，经教育后仍然坚持退党的，予以除名；

（四）为了达到个人目的以退党相要挟，经教育不改的，劝其退党，劝而不退的予以除名；

（五）限期改正期满后仍无转变的，劝其退党，劝而不退的予以除名；

（六）没有正当理由，连续6个月[10]不参加党的组织生活，或者不交纳党费，或者不做党所分配的工作，按照自行脱党予以除名。

⑩ 学习要点：一是没有正当理由，二是连续6个月。请注意限定语：连续。时间限制：6个月。

对违犯党纪的党员，按照《中国共产党纪律处分条例》规定给予党纪处分。

第七章 流动党员管理

第三十二条 基层党组织应当加强流动党员管理，对外出6个月以上并且没有转移组织关系的流动党员，应当保持经常联系，跟进做好教育培训、管理服务等工作。在流动党员相对集中的地方，流出地党组织可以依托园区、商会、行业协会、驻外地办事机构等成立流动党员党组织。

流入地党组织应当协助做好流动党员日常管理。按照组织关系一方隶属、参加多重组织生活的方式，组织流动党员就近就便参加组织生活。乡镇、街道、村、社区、园区等党群服务中心应当向流动党员开放。流动党员可以在流入地党组织或者流动党员党组织参加民主评议。

对具备转移组织关系条件的流动党员，流出地和流入地党组织应当衔接做好转接工作。

第三十三条 农村党支部应当明确专人负责同流动党员保持联系。乡镇党委应当掌握流动党员基本情况，指导督促党支部加强日常教育管理。利用流动党员集中返乡等时机，组织其参加组织生活或者教育培训。对政治素质较好、有致富带富能力的流动党员，应当及时纳入村后备力量培养。

城市社区党组织对异地居住的流动党员，引导其向居住地党组织报到，自觉参加居住地党组织的活动，接受党组织管理。对在异地定居的党员，引导和帮助其及时转移组织关系。

公共就业和人才服务机构党组织应当建立健全流动人才党员党组织，理顺流动人才党员组织关系，加强和改进流动人才党员日常教育管理。

第三十四条　高校党组织对组织关系保留在学校的高校毕业生流动党员，应当继续履行管理职责。党员组织关系保留时间一般不超过2年，对符合转出组织关系条件的及时转出。

对出国（境）学习研究党员，由原就读高校或者工作单位党组织保留其组织关系，每半年至少与其联系1次。出国（境）学习研究党员返回后按照规定恢复组织生活。

第九章　组织领导和工作保障

第三十九条　在党中央领导下，由中央组织部牵头，中央纪委国家监委机关、中央宣传部、中央党校（国家行政学院）、中央和国家机关工委、教育部党组、国务院国资委党委等参加，建立全国党员教育管理工作协调小组，负责全国党员教育管理工作的规划部署、组织协调和检查指导，协调小组办公室设在中央组织部。省、自治区、直辖市党委应当建立党员教育管理工作协调机构。建立健全党员教育管理工作协调机构运行机制，充分发挥职能作用。

中央组织部主要负责党员教育管理工作统筹协调，抓好党员集中教育和经常性教育的组织安排，加强对党员教育管理工作的具体指导。

中央纪委国家监委机关主要负责党员纪律作风教育，指导开展党员监督，查处党员违犯党的纪律和职务违法、职务犯罪行为。

中央宣传部主要负责党员政治理论教育、形势政策教育，指导协调编写党员教育教材，组织党员先进典型的学习宣传。

中央党校（国家行政学院）主要负责党员领导干部培训，指导地方党校（行政学院）将党员教育培训列入教学计划，保证课时和教学质量。

中央和国家机关工委主要负责指导中央和国家机关各级党组织做好党员教育管理工作。

教育部党组主要负责宏观指导高等学校党员教育管理工作。

国务院国资委党委主要负责所监管企业党员教育管理工作。

地方各级党委组织部和纪检监察机关、党委宣传部、党校（行政学院）、机关工委、教育工委、国资委党委等，分别按照职能职责，承担党员教育管理工作任务。

第四十条　地方各级党委和部门单位党组（党委）领导本地区本部门本单位党员教育管理工作，贯彻执行党中央关于党员教育管理工作的方针政策和部署要求，定期研究党员教育管理工作，分析党员队伍状况，有针对性地提出工作措施。

基层党委履行抓党员教育管理的基本职责，推动落实上级党组织工作安排，组织做好党员集中培训、组织关系管理、表彰激励、关怀帮扶、组织处置、纪律处分等工作，指导所辖党支部做好党员日常教育管理工作。党支部按照党章和党内有关规定，履行相关工作职责。党小组应当落实党支部关于党员教育管理工作的要求和任务。

第四十一条 乡镇、街道、国有企业、高等学校等基层党委，按照规定配备一定数量的专兼职组织员，由县级以上党委组织部门进行业务指导和管理，承担指导督促发展党员和党员教育管理等工作。

实行党员教育讲师聘任制，县级以上党委从优秀党校教师、基层党组织书记、先进模范人物、党务工作者、专家学者、实用技术人才、离退休干部等人员中选聘党员教育讲师。

加强县级党校（行政学校）和基层党校建设。县级党校（行政学校）应当将党员集中培训作为重要任务。有计划地组织安排党员教育讲师到基层授课。注重发挥党群服务中心、党员干部教育培训基地、新时代文明实践中心的作用。

加强全国党员教育培训教材建设规划，组织编写全国党员教育基本教材。各地区各部门各单位可以结合实际，开发各具特色、务实管用的党员教育教材。

第四十二条 党员教育管理工作经费应当列入地方各级财政预算，结合实际按照党员数量划拨，重点保障农村、社区、非公有制经济组织和社会组织、公共就业和人才服务机构等基层党组织开展党员教育管理，形成稳定的经费保障机制。各级党委留存的党费主要用于教育培训党员、支持基层党组织开展组织生活。加强对革命老区、民族地区、边疆地区、贫困地区党员教育管理工作经费支持。

第四十三条 各级党委各党组应当加强对党员教育管理工作的检查考核。基层党委每年把党员教育管理工作情况作为向上级党组织报告工作的重要内容。在基层党建工作述职评议考核中，对党组织负责人抓党员教育管理工作情况作出评价。上级党组织在开展年度考核和任期考核中，应当考核检查下级党组织党员教育管理工作情况。

对在党员教育管理工作中失职失责的，按照有关规定予以问责追责。

第十章　附　　则

第四十四条 中国人民解放军和中国人民武装警察部队党员教育管理工作规定，由中央军事委员会根据本条例制定。

第四十五条 本条例由中央组织部负责解释。

第四十六条 本条例自2019年5月6日起施行。

中国共产党党员权利保障条例

（2004 年 9 月 9 日中共中央政治局常委会会议审议批准
2004 年 9 月 22 日中共中央发布　2020 年 11 月 30 日
中共中央政治局会议修订　2020 年 12 月 25 日中共中央发布）

第一章　总　　则

第一条　为了坚持党的领导，加强党的建设[①]，发扬党内民主，保障党员权利，增强党的生机活力[②]，根据《中国共产党章程》，制定本条例。

第二条[③]　党员权利保障坚持以马克思列宁主义、毛泽东思想、邓小平理论、"三个代表"重要思想、科学发展观、习近平新时代中国特色社会主义思想为指导，增强"四个意识"、坚定"四个自信"、做到"两个维护"，不忘初心、牢记使命，坚定不移全面从严治党，推动各级党组织落实和保障党员权利，激发广大党员的积极性、主动性、创造性，增强党的创造力、凝聚力、战斗力，永葆党的先进性和纯洁性，为全面建设社会主义现代化国家、实现中华民族伟大复兴作出贡献。

第三条　党员权利保障应当遵循以下原则[④]：

（一）坚持民主和集中相结合，既激发党员参与党内事务的热情，又要求党员按照党性原则行使权利[⑤]；

（二）坚持义务和权利相统一[⑥]，切实履行党章规定的义务，正确行使各项权利，在宪法和法律的范围内活动[⑦]；

（三）坚持在党的纪律面前人人平等，不允许任何党员享有特权；

（四）坚持充分全面保障党员权利，完善权利保障措施，畅通权利行使渠道，增强工作实效。

第四条[⑧]　党组织必须尊重党员主体地位，强化管党治党政治责任，将党员权利保障融入新时代党的建设，严格按照党章和其他党内法规保障党员各项权利、完善党员权利保障制度机制。

党员应当增强党的观念和主体意识，将行使党章规定的权利作为对党应尽的责任，向党组织讲真话、讲实话、讲心里话，敢于担当、敢于负责，遵守纪律规矩，正确行使权利。

第五条　任何侵犯党员权利的行为必须受到追究。党组织应当以事实为根据、以党章党规党纪为准绳，对侵犯党员权利行为作出认定和处理。

① "为了坚持党的领导，加强党的建设"系新增表述。

② 加强对党员权利保障的监督，促进党员发挥主体作用，是新时代纪检监察工作的重要任务。

③ 本条系新增内容。

④ 四个原则中，（一）（四）系新增内容。

⑤ 要求党员按照党性原则行使权利，具有现实针对性。现实中，一些党员由于不正确行使权利或者越过权利边界，给党内政治生态带来了严重危害。有的公开发表违背中央决定的言论，制造、传播政治谣言，丑化党和国家形象；有的为了达到蓄意报复、争权夺利等不可告人之目的，诬告陷害、恶意诽谤。

⑥ 此前表述是"坚持权利与义务相统一"。党员的义务和权利是辩证统一关系。党员应当把履行义务、担当责任、遵守纪律放在第一位，切实履行党章规定的义务，正确行使权利，在

第二章 党员权利的行使[⑨]

第六条 党员享有的党章规定的各项权利必须受到尊重和保护，党的任何一级组织、任何党员都无权剥夺。预备党员除了没有表决权、选举权和被选举权以外，享有同正式党员一样的权利。

党员行使权利时不得侵犯其他党员的权利。

第七条 党员有党内知情权，有权按照规定参加党的有关会议、阅读党的有关文件，了解党的路线方针政策和决议，本人所在党组织贯彻党中央决策部署以及上级党组织决定、落实全面从严治党主体责任、开展重点工作情况以及其他党内事务。

第八条 党员有接受党的教育培训权，有权提出教育培训要求，参加党组织安排的集中学习教育、专题学习教育、集中轮训、脱产培训、网络培训。

第九条 党员有党内参加讨论权，有权在党的会议上和党报党刊上参加关于党的理论、政策的学习讨论，并充分发表意见；有权按照规定在党内参加有关重要决策和重要问题的讨论，参加党组织开展的征求意见等活动，反映真实情况，积极建言献策。

党员在讨论党的基本理论、基本路线、基本方略的过程中，应当自觉同党中央保持高度一致。

第十条 党员有党内建议和倡议权，有权以口头或者书面方式对本人所在党组织、上级党组织直至中央的各方面工作提出建议和倡议，有权按照规定在干部选拔任用中推荐优秀干部，在党组织巡视巡察、检查督查中对党的工作提出建议[⑩]。

第十一条 党员有党内监督权，有权在党的会议上以口头或者书面方式有根据地批评党的任何组织和任何党员，揭露、要求纠正工作中存在的缺点和问题，在民主评议中指出领导干部和其他党员的缺点错误；有权向党组织反映对本人所在党组织、领导干部、其他党员的意见[⑪]。党员以书面方式提出的批评意见应当按照规定送被批评者或者有关党组织。

党员有权向党组织负责地揭发、检举党的任何组织和任何党员的违纪违法事实，提出处理、处分有违纪违法行为党组织和党员的要求。

党员进行批评、揭发、检举以及提出处理、处分要求，应当通过组织渠道，不得随意扩散传播、网络散布[⑫]，不得夸大和歪曲事实，更不得捏造事实、诬告陷害。

第十二条 党员有党内提出罢免撤换要求权，有权向所在党组织或者上级党组织反映领导干部不称职的情况，负责地提出罢免或者撤换不称职领导干部的要求。

党员提出罢免或者撤换要求应当严肃负责，按照组织原则，符合有关程序。

第十三条 党员有党内表决权，有权按照规定在党组织讨论决定问题时参加

向第二个百年奋斗目标进军的新征程中发挥好先锋模范作用。

⑦ 党员行使权利不是随意和无限制的。修订后的条例在明确细化党员权利的同时，也划出了权利行使的边界，要求党员行使权利应当通过组织渠道，按照组织原则，符合有关程序等。

⑧ 本条系新增内容。

⑨ 原标题是“党员权利”，现变更为“党员权利的行使”，强调的是党员要本着对党高度负责的政治责任感，积极主动行使权利，充分发挥党员主体作用。

⑩ “有权按照规定在干部选拔任用中推荐优秀干部，在党组织巡视巡察、检查督查中对党的工作提出建议”系新增内容。

⑪ “揭露、要求纠正工作中存在的缺点和问题，在民主评议中指出领导干部和其他党员的缺点错误；有权向党组织反映对本人所在党组织、领导干部、其他党员的意见”系新增内容。

表决，在表决前了解情况，在讨论中充分发表意见。表决时可以表示赞成、不赞成或者弃权。

第十四条　党员有党内选举权，有权参加党内选举，了解候选人情况、要求改变候选人、不选任何一个候选人和另选他人。

党员有党内被选举权，有权经过规定程序成为候选人和当选。

第十五条　党员有党内申辩权，有权实事求是地对被反映的本人问题向党组织作出说明、解释[13]；在基层党组织讨论决定对自身处分或者作出鉴定时，有权参加和进行申辩，其他党员可以为其作证和辩护。

第十六条　党员有党内提出不同意见权，对党的决议和政策如有不同意见，在坚决执行的前提下[14]，有权向党组织声明保留，并且可以把自己的意见向党的上级组织直至中央反映；有权按照规定在党组织讨论决定“三重一大”事项或者征求意见、干部选拔任用以及公示等过程中提出不同意见[15]。

党员不得公开发表同中央决定不一致的意见。

第十七条　党员有党内请求权，遇到重要问题需要党组织帮助解决的，有权按照规定程序逐级向本人所在党组织、上级党组织直至中央提出请求，并要求有关党组织给予负责的答复。

第十八条　党员有党内申诉权，对于党组织给予本人的处理[16]、处分或者作出的鉴定、审查结论不服的，有权按照规定程序逐级[17]向本人所在党组织、上级党组织直至中央提出申诉。

党员认为党组织给予其他党员的处理、处分或者作出的鉴定、审查结论不当的，有权按照规定程序逐级向党组织直至中央提出意见。

第十九条　党员有党内控告权，合法权益受到党组织或者其他党员侵害的，有权向本人所在党组织、上级党组织直至中央提出控告，要求对侵害其合法权益的行为依规依纪进行处理[18]。

第三章　保 障 措 施

第二十条　党组织应当按照规定确定党务公开的内容、方式和范围，保障党员及时了解党内事务[19]。

党的代表大会、代表会议和党的委员会全体会议以及其他重要会议召开后，党组织应当按照规定将会议内容和精神向党员传达。党组织作出的决议决定应当按照规定及时向党员通报。

党组织应当按照规定为党员提供阅读党内有关文件的必要条件。党员因缺乏阅读能力或者其他原因无法直接阅读文件的，党组织应当按照规定向其传达文件

⑫ “网络散布”系新增表述。理解第11条第1、2款时，要结合第3款规定的义务。

⑬ “实事求是”是立法强调的重点所在。

⑭ 党员有党内提出不同意见权，但这一权利的实现是“在坚决执行的前提下”。

⑮ “有权按照规定在党组织讨论决定‘三重一大’事项或者征求意见、干部选拔任用以及公示等过程中提出不同意见”系新增内容。

⑯ “处理”系新增内容。

⑰ “按照规定程序逐级”系新增内容。

⑱ “要求对侵害其合法权益的行为依规依纪进行处理”系新增内容。

⑲ 本款系新增内容，党务公开是保障党员行使权利的重要措施。

精神。

第二十一条 党组织应当按照规定召开党员大会、党小组会、支部委员会会议和组织生活会，开展谈心谈话，组织民主评议[20]，保障党员参加学习讨论、议事决策，进行批评和自我批评。

[20] “支部委员会会议和组织生活会，开展谈心谈话，组织民主评议”系新增内容。

第二十二条 党组织应当按照规定、有计划地对党员进行教育和培训，深入开展党的创新理论教育，加强党性教育和理想信念教育，注重了解和掌握党员的学习需求，创新教育培训方式，有针对性地开展政策、科技、管理、法规等培训，保证党员接受教育培训的学时和质量。

第二十三条 党组织作出重要决议决定前，应当通过调研、论证、咨询等方式，充分征求党员意见，在党内凝聚共识、汇集智慧。党的路线方针政策和党中央重大决策部署、重要党内法规研究制定过程中，应当在一定范围内征求党员意见。党的地方组织、基层组织研究作出重要决议决定，应当在本级组织管辖的一定范围内征求党员意见。一般情况下，对于存在重大分歧的，应当在进一步调查研究、交换意见后再启动决策程序。

第二十四条 党组织应当积极利用党的会议、报刊、网站，为党员参加党的理论和政策讨论、发表认识体会、提出意见建议提供条件。注重汇总研究党员意见，用以加强和改进党的工作。下级党组织应当根据上级党组织的安排，组织党员参加讨论。

第二十五条[21] 党组织应当紧扣新时代党建工作特点和党员权利保障要求，创新保障党员权利的方法手段，为党员行使权利提供便捷渠道。

[21] 本条系新增内容。

第二十六条 党组织讨论决定问题必须坚持民主集中制，执行少数服从多数原则，决定重要问题应当按照规定进行表决。表决前应当充分讨论酝酿，表决情况和不同意见及其理由应当如实记录。

第二十七条 党组织应当支持和鼓励党员对党的工作提出建议和倡议。对于党员的建议和倡议，党组织应当认真听取、研究，合理的予以采纳；对于改进工作有重大帮助的，应当对提出建议和倡议的党员给予表扬。

党组织应当支持和保护向组织讲真话、报实情的党员，认真听取各种不同意见。对于持有不同意见的党员，只要本人坚决执行党的决议和政策，就不得对其歧视或者进行追究；对于持有错误意见的党员，应当进行批评、帮助、教育。

第二十八条[22] 党组织应当健全党代表大会代表联系党员制度，支持和保障党代表大会代表加强与基层党员的联系，了解和反映党员意见和建议，听取党员对其履职的意见。领导干部应当认真执行直接联系党员制度，深入实际、深入基层，主动

[22] 本条系新增内容。

听取党员意见和诉求,及时回应党员关切。

第二十九条　党组织进行选举时,应当严格执行选举制度规则,充分体现选举人的意志。

党的任何组织和任何党员不得以任何方式妨碍党员在党内自主行使选举权和被选举权,不得阻挠有选举权和被选举权的人到场,不得以任何方式追查选举人的投票意向。

第三十条　党员被依法留置、逮捕的,党组织应当按照管理权限中止其表决权、选举权和被选举权等党员权利。根据监察机关、司法机关处理结果,可以恢复其党员权利的,应当及时予以恢复。

党员受留党察看处分期间,没有表决权、选举权和被选举权。留党察看期间确有悔改表现的,期满后应当恢复其党员权利[23]。

党员被停止党籍的,党员权利相应停止。对于停止党籍的党员,符合条件的,可以按照规定程序恢复党籍和党员权利。

第三十一条[24]　党组织在巡视巡察和检查督查中,可以通过个别谈话、召开座谈会、调查研究、受理来信来访等方式,广泛收集和听取党员意见建议。

被巡视巡察、检查督查的党组织应当保障党员反映意见的权利,不得妨碍党员反映问题、提出建议。

第三十二条　党组织应当严格落实党内民主监督各项制度,畅通监督渠道,支持和鼓励党员发扬斗争精神,同各种违纪违法行为和不正之风作斗争。对于党员的批评、揭发、检举、控告以及提出的有关处理、处分和罢免、撤换要求,党组织应当按照规定及时恰当处理,并给予负责的答复。

党组织应当保障检举控告人的权益,对检举控告人的信息以及检举控告内容必须严格保密,严禁将检举控告材料转给被检举控告的组织和人员。提倡和鼓励实名检举控告,对实名检举控告优先办理、优先处置,告知受理情况、反馈处理结果[25];对于检举控告严重违纪违法问题经查证属实的,应当给予表扬。

对于党员检举控告和反映的问题,任何党组织和领导干部都不准隐瞒不报、拖延不办。对于通过正常渠道反映问题的党员,任何组织和个人都不准打击报复,不准擅自进行追查,不准采取调离工作岗位、降格使用等惩罚措施[26]。

第三十三条　党组织应当建立健全激励机制,把党员在推进改革中因缺乏经验、先行先试出现的失误错误,同明知故犯的违纪违法行为区分开来;把尚无明确限制的探索性试验中的失误错误,同明令禁止后依然我行我素的违纪违法行为区分开来;把为推动发展的无意过失,同为谋取私利的违纪违法行为区分开来[27]。正确把握党员在工作中出现失误错误的性质和影响,给予实事求是、客观公正的处

[23] 恢复党员权利的义务主体是党组织,不一定非要受处分人主动申请才恢复党员权利。

[24] 本条系新增内容。

[25] 对实名检举控告,告知受理情况、反馈处理结果,是党组织应履行的法定义务。

[26] 此处规定了"三个不准",适用于"通过正常渠道反映问题"。

[27] "三个区分开来"首次被写入《中国共产党问责条例》。这是"三个区分开来"第二次被写入效力较高的党内法规。

理,保护党员担当作为的积极性。

第三十四条 对于诬告陷害行为,党组织应当依规依纪严肃处理。对于经核查认定党员受到失实检举控告、确有必要澄清的,应当按照规定对检举控告失实的具体问题进行澄清[28]。

第三十五条 在对党员进行监督执纪中应当充分保障党员权利,严格依规依纪依法开展工作,不得使用违反党章党规党纪和法律法规的手段、措施。对于本人的说明和申辩、其他党员所作的证明和辩护,应当认真听取、如实记录、及时核实,合理的予以采纳;不予采纳的,应当说明理由。党员实事求是的申辩、作证和辩护,应当受到保护。

处理、处分所依据的事实材料应当同本人见面。处理、处分的决定应当向本人宣布,并写明党员的申诉权以及受理申诉的组织等内容[29]。事实材料和决定应当由本人签署意见,对签署不同意见或者拒不签署意见的,应当作出说明或者注明情况。

第三十六条[30] 党组织对受到处理、处分的党员应当进行跟踪回访[31],教育引导他们正确认识、改正错误,放下包袱、积极工作。对于影响期满、表现好的党员,符合条件的应当正常使用。

第三十七条 党组织应当认真处理党员的申诉,并给予负责的答复。对于党员的申诉,有关党组织应当按照规定进行复议、复查,不得扣压。上级党组织认为必要时,可以直接或者指定有关党组织进行复议、复查。

经复议、复查或者审查决定,对于全部或者部分纠正的案件,重新作出的决定应当在一定范围内宣布[32]。对于处理正确而本人拒不接受的,给予批评教育;对于无正当理由反复申诉的,有关党组织应当正式通知本人不再受理并在适当范围内宣布。

党员对党组织给予其他党员的处理、处分或者鉴定、审查结论提出的意见,有关党组织应当认真研究处理。

第三十八条 企业、农村和街道、社区等党的基层组织应当注重维护流动党员权利,加强和改进流动党员管理和服务工作,健全流出地、流入地党组织沟通协调机制,保障流动党员正常参加组织生活、行使党员权利。

第三十九条 党组织应当关心党员思想、工作、学习、生活,做好党内关怀帮扶工作。对于党员提出的请求应当及时受理,合理合规的应当及时解决,一时难以解决的应当说明情况,不属于党组织职责范围的可以向有关部门反映。

第四章　职责任务和责任追究

第四十条 党委(党组)必须落实全面从严治党主体责任,加强对党员权利保

㉘ 澄清是对事的澄清,不是对人的鉴定。这里较《中国共产党党内监督条例》第44条"经调查,监督对象没有不当行为的,应当予以澄清和正名",加了一个限定语"确有必要澄清的"。

㉙ 党员行使申诉权,无期限限制。受理申诉的组织是指作出或者批准党纪处分决定的党组织以及作出、批准党纪处分决定的党组织的上级党组织。如上级党组织层级较多,至少应当写明上一级受理申诉的党组织,同时写明可直至向中共中央提出申诉。如上一级受理申诉的党组织有多个,应逐一写明,中间以"或"区分。

㉚ 【实践样本:引导受处分人员改正错误、放下包袱、积极工作】2021年,某村余某某因违纪违法被县纪委监委给予开除党籍处分;因犯非法采矿罪被县人民法院判处有期徒刑8个月,并处罚金5000元;因犯挪用资金罪,2022年被县人民法院

障工作的领导,严格执行党员权利保障方面的党内法规和制度措施;明确同级纪委和党的工作机关、直属单位以及相当于这一层级的党组(党委)的相关任务和要求,督促下级党组织和领导干部履行相关职责,及时发现和纠正党员权利保障工作中存在的问题;宣传党员权利保障方面的党内法规和政策要求,经常开展党员义务[33]和权利教育,引导广大党员增强责任意识、正确行使权利。

第四十一条　党的纪律检查机关应当担负起保障党员权利的职责,加强对党组织和领导干部履行党员权利保障工作职责情况的监督检查,受理和处置有关党员权利保障方面的检举、控告和申诉,检查和处理侵犯党员权利方面的案件,对侵犯党员权利的党组织和党员作出处理、处分决定或者提出处理、处分建议。

第四十二条　党委办公厅(室)、组织部、宣传部、统战部、政法委员会和党的机关工作委员会等党的工作机关应当结合自身职能和工作实际,抓好党员权利保障工作的落实;研究解决职责范围内党员权利保障工作的重要问题,向本级党委、纪委提出意见建议,为保障党员权利正常行使创造条件、提供服务。

第四十三条[34]　党的基层组织应当发挥战斗堡垒作用,严格落实党员权利保障方面的法规制度,保障党员充分行使各项权利;经常了解党员意见和诉求,及时研究解决,发现党员权利受到侵犯的,及时处理或者向上级党组织报告。

第四十四条　领导干部特别是高级干部应当以身作则,带头履行党员义务、正确行使党员权利,提高民主素养,平等对待同志,自觉同特权思想和特权现象作斗争,营造党员积极行使权利的良好氛围。

领导干部应当模范遵守和严格执行党员权利保障方面的法规制度,支持和鼓励党员正常行使权利。各级党组织主要负责同志应当担负起第一责任人的职责,加强对党员权利保障工作的调查研究和相关机制建设,推动解决突出问题,抓好本地区本部门本单位党员权利保障工作的落实。

第四十五条　党组织和领导干部有下列侵犯党员权利情形之一的,应当依规依纪追究责任:

(一)不按照规定公开党内事务,侵犯党员知情权;

(二)违反民主集中制原则,压制、破坏党内民主,违规决定重大问题;

(三)在民主推荐、民主测评、民主评议、考核考察和党内选举等工作中,违背组织原则,以强迫、威胁、欺骗、拉拢等手段,妨碍党员自主行使表决权、选举权和被选举权等权利;

(四)对党员批评、揭发、检举、控告、申辩、作证、辩护、申诉等正常行使权利的行为进行追究,或者采取阻挠压制、打击报复等措施妨碍党员正常行使权利;

(五)泄露揭发、检举、控告等应当保密的信息;

判处有期徒刑6个月,缓刑1年。余某某被处理后,分管案件工作的县纪委副书记李某某多次到其家中与其交心谈心,化解思想包袱,鼓励其改过自新,重新振作起来。如今,余某某发挥农村工作经验丰富的优势,为村集体发展出谋划策,主动参与村民调解工作。并发挥其懂技术、会经营的优势,主动向周边6个村的农户传授药材种植技术,积极帮助40多户药农销售茯苓、天麻等农副产品。该村以案为鉴,查找制度漏洞,补齐薄弱环节,严格执行“四议两公开”制度,规范“三务”公开,加强“三资”管理。参见吴顶、雷刚:《暖心回访》,载《中国纪检监察报》2022年12月13日,第4版。

㉛ 对受到处理、处分的党员进行回访,是党组织应当履行的义务;这里的处理包括诫勉处理、免职处理、降职处理、责令辞职处理等;对受到开除党籍以外的党纪处分的党员,也要进行回访。

（六）违规违法使用审查调查措施，侵犯党员合法权益；

（七）对党员正常行使权利的诉求消极应付、推诿扯皮，依照政策或者有关规定能够解决而不及时解决；

（八）其他侵犯党员权利的情形。

第四十六条 党员不正确行使权利，损害党、国家和人民利益，有下列行为之一的，应当依规依纪追究责任：

（一）公开发表违背党的理论路线方针政策和党中央重大决策部署的观点和意见；

（二）不按照组织原则和程序进行批评、揭发、检举、控告以及提出处理、处分、罢免、撤换要求，或者随意扩散、传播；

（三）制作、发布、传播违反党的纪律或者法律法规规定的网络信息或者其他信息；

（四）捏造事实、伪造材料诬告陷害；

（五）其他不正确行使党员权利的行为。

第四十七条 对于有侵犯党员权利行为的党组织，上级党组织应当责令改正；情节较重的，按照规定追究纪律责任。

对于有侵犯党员权利行为的党员，其所在党组织或者上级党组织可以采取责令停止侵权行为、责令赔礼道歉，以及批评教育、责令检查、诫勉等方式给予处理；情节较重的，按照规定给予组织调整或者组织处理、党纪处分[35]。

第四十八条 党组织和领导干部违反党章和其他党内法规的规定，不履行或者不正确履行保障党员权利的职责，造成严重后果或者恶劣影响的，应当按照管理权限由相关党委（党组）、党的纪律检查机关或者党的工作机关予以问责。

第四十九条 对于因侵犯党员权利受到党纪追究或者在保障党员权利方面失职失责被问责的党员，需要给予政务处分或者其他处理的，作出党纪处分决定、问责决定的党组织应当通报相关单位，由相关单位依法给予政务处分或者其他处理；构成犯罪的，依法追究刑事责任。

第五章 附 则

第五十条 中央军事委员会可以根据本条例制定相关规定。

第五十一条 本条例由中央纪律检查委员会商中央组织部解释。

第五十二条 本条例自发布之日起施行。

㉜ 对于维持原处分决定的，不要求在一定范围内宣布。

㉝ “党员义务”系新增表述。广大党员要正确认识和处理义务和权利的辩证统一关系，行使权利必须以履行义务、担当责任、遵守纪律为前提。

㉞ 本条系新增内容。党的基层组织要发挥战斗堡垒作用，着力打通党员权利保障工作的“最后一公里”。

㉟ “批评教育”“组织调整或者组织处理”系新增表述。

中国共产党支部工作条例(试行)(节录)

(2018 年 9 月 21 日中共中央政治局会议审议批准
2018 年 10 月 28 日中共中央发布)

第二章　组织设置

第四条　党支部设置一般以单位、区域为主,以单独组建为主要方式。企业、农村、机关、学校、科研院所、社区、社会组织、人民解放军和武警部队连(中)队以及其他基层单位,凡是有正式党员 3 人以上的,都应当成立党支部。

党支部党员人数一般不超过 50 人。

第五条　结合实际创新党支部设置形式,使党的组织和党的工作全覆盖。

规模较大、跨区域的农民专业合作组织,专业市场、商业街区、商务楼宇等,符合条件的,应当成立党支部。

正式党员不足 3 人的单位,应当按照地域相邻、行业相近、规模适当、便于管理的原则,成立联合党支部。联合党支部覆盖单位一般不超过 5 个。

为期 6 个月以上的工程、工作项目等,符合条件的,应当成立党支部。

流动党员较多,工作地或者居住地相对固定集中,应当由流出地党组织商流入地党组织,依托园区、商会、行业协会、驻外地办事机构等成立流动党员党支部。

第六条　党支部的成立,一般由基层单位提出申请,所在乡镇(街道)或者单位基层党委召开会议研究决定并批复,批复时间一般不超过 1 个月。

基层党委审批同意后,基层单位召开党员大会选举产生党支部委员会或者不设委员会的党支部书记、副书记。批复和选举结果由基层党委报上级党委组织部门备案。

根据工作需要,上级党委可以直接作出在基层单位成立党支部的决定。

第七条　对因党员人数或者所在单位、区域等发生变化,不再符合设立条件的党支部,上级党组织应当及时予以调整或者撤销。

党支部的调整和撤销,一般由党支部报所在乡镇(街道)或者单位基层党委批准,也可以由所在乡镇(街道)或者单位基层党委直接作出决定,并报上级党委组织部门备案。

第八条　为执行某项任务临时组建的机构,党员组织关系不转接的,经上级党组织批准,可以成立临时党支部。

临时党支部主要组织党员开展政治学习，教育、管理、监督党员，对入党积极分子进行教育培养等，一般不发展党员、处分处置党员，不收缴党费，不选举党代表大会代表和进行换届。

临时党支部书记、副书记和委员由批准其成立的党组织指定。

临时组建的机构撤销后，临时党支部自然撤销。

第三章 基本任务

第九条 党支部的基本任务是[①]：

（一）宣传和贯彻落实党的理论和路线方针政策，宣传和执行党中央、上级党组织及本党支部的决议。讨论决定或者参与决定本地区本部门本单位重要事项，充分发挥党员先锋模范作用，团结组织群众，努力完成本地区本部门本单位所担负的任务。

（二）组织党员认真学习马克思列宁主义、毛泽东思想、邓小平理论、“三个代表”重要思想、科学发展观、习近平新时代中国特色社会主义思想，推进“两学一做”学习教育常态化制度化，学习党的路线方针政策和决议，学习党的基本知识，学习科学、文化、法律和业务知识。做好思想政治工作和意识形态工作。

（三）对党员进行教育、管理、监督和服务，突出政治教育，提高党员素质，坚定理想信念，增强党性，严格党的组织生活，开展批评和自我批评，维护和执行党的纪律，监督党员切实履行义务，保障党员的权利不受侵犯。加强和改进流动党员管理。关怀帮扶生活困难党员和老党员。做好党费收缴、使用和管理工作。依规稳妥处置不合格党员[②]。

（四）密切联系群众，向群众宣传党的政策，经常了解群众对党员、党的工作的批评和意见，了解群众诉求，维护群众的正当权利和利益，做好群众的思想政治工作，凝聚广大群众的智慧和力量。领导本地区本部门本单位工会、共青团、妇女组织等群团组织，支持它们依照各自章程独立负责地开展工作。

（五）对要求入党的积极分子进行教育和培养，做好经常性的发展党员工作，把政治标准放在首位，严格程序、严肃纪律，发展政治品质纯洁的党员。发现、培养和推荐党员、群众中间的优秀人才。

（六）监督[③]党员干部和其他任何工作人员严格遵守国家法律法规，严格遵守国家的财政经济法规和人事制度，不得侵占国家、集体和群众的利益。

（七）实事求是对党的建设、党的工作提出意见建议，及时向上级党组织报告重要情况。教育党员、群众自觉抵制不良倾向，坚决同各种违纪违法行为作斗争。

（八）按照规定，向党员、群众通报党的工作情况，公开党内有关事务。

① 党支部的基本任务有8项，需要了解。

② 如何理解“处置”的具体措施，需要深入思考。

③ 党支部有监督党员干部和其他任何工作人员的义务，一旦怠于履行监督的义务，造成一定后果的，可能要承担一定的纪律责任。

第十条　不同领域党支部结合实际，分别承担各自不同的重点任务：

（一）村党支部，全面领导隶属本村的各类组织和各项工作，围绕实施乡村振兴战略开展工作，组织带领农民群众发展集体经济，走共同富裕道路，领导村级治理，建设和谐美丽乡村。贫困村党支部应当动员和带领群众，全力打赢脱贫攻坚战。

（二）社区党支部，全面领导隶属本社区的各类组织和各项工作，围绕巩固党在城市执政基础、增进群众福祉开展工作，领导基层社会治理，组织整合辖区资源，服务社区群众、维护和谐稳定、建设美好家园。

（三）国有企业和集体企业中的党支部，保证监督党和国家方针政策的贯彻执行，围绕企业生产经营开展工作，按规定参与企业重大问题的决策，服务改革发展、凝聚职工群众、建设企业文化，创造一流业绩。

（四）高校中的党支部，保证监督党的教育方针贯彻落实，巩固马克思主义在高校意识形态领域的指导地位，加强思想政治引领，筑牢学生理想信念根基，落实立德树人根本任务，保证教学科研管理各项任务完成。

（五）非公有制经济组织中的党支部，引导和监督企业严格遵守国家法律法规，团结凝聚职工群众，依法维护各方合法权益，建设企业先进文化，促进企业健康发展。

（六）社会组织中的党支部，引导和监督社会组织依法执业、诚信从业，教育引导职工群众增强政治认同，引导和支持社会组织有序参与社会治理、提供公共服务、承担社会责任。

（七）事业单位中的党支部，保证监督改革发展正确方向，参与重要决策，服务人才成长，促进事业发展。事业单位中发挥领导作用的党支部，对重大问题进行讨论和作出决定。

（八）各级党和国家机关中的党支部，围绕服务中心、建设队伍开展工作，发挥对党员的教育、管理、监督作用，协助本部门行政负责人完成任务、改进工作。

（九）流动党员党支部，组织流动党员开展政治学习，过好组织生活，进行民主评议，引导党员履行党员义务，行使党员权利，充分发挥作用。对组织关系不在本党支部的流动党员民主评议等情况，应当通报其组织关系所在党支部。

（十）离退休干部职工党支部，宣传执行党的路线方针政策，根据党员实际情况，组织参加学习，开展党的组织生活，听取意见建议，引导他们结合自身实际发挥作用。

第四章　工 作 机 制

第十一条　党支部党员大会是党支部的议事决策机构，由全体党员参加，一般每季度召开1次。

党支部党员大会的职权是[④]:听取和审查党支部委员会的工作报告;按照规定开展党支部选举工作,推荐出席上级党代表大会的代表候选人,选举出席上级党代表大会的代表;讨论和表决接收预备党员和预备党员转正、延长预备期或者取消预备党员资格;讨论决定对党员的表彰表扬、组织处置和纪律处分;决定其他重要事项。

④ 本规定十分重要,尤其是牢记"讨论决定对党员的表彰表扬、组织处置和纪律处分"。

村、社区重要事项以及与群众利益密切相关的事项,必须经过党支部党员大会讨论。

党支部党员大会议题提交表决前,应当经过充分讨论。表决必须有半数以上有表决权的党员到会方可进行,赞成人数超过应到会有表决权的党员的半数为通过。

第十二条 党支部委员会是党支部日常工作的领导机构。

党支部委员会会议一般每月召开1次,根据需要可以随时召开,对党支部重要工作进行讨论、作出决定等。党支部委员会会议须有半数以上委员到会方可进行。重要事项提交党员大会决定前,一般应当经党支部委员会会议讨论。

第十三条 党员人数较多或者党员工作地、居住地比较分散的党支部,按照便于组织开展活动原则,应当划分若干党小组,并设立党小组组长。党小组组长由党支部指定,也可以由所在党小组党员推荐产生。

党小组主要落实党支部工作要求,完成党支部安排的任务。

党小组会一般每月召开1次,组织党员参加政治学习、谈心谈话、开展批评和自我批评等。

第十四条 党支部党员大会、党支部委员会会议由党支部书记召集并主持。书记不能参加会议的,可以委托副书记或者委员召集并主持。党小组会由党小组组长召集并主持。

第五章 组织生活

第十五条 党支部应当严格执行党的组织生活制度,经常、认真、严肃地开展批评和自我批评,增强党内政治生活的政治性、时代性、原则性、战斗性。

党员领导干部应当带头参加所在党支部或者党小组组织生活。

第十六条 党支部应当组织党员按期参加党员大会、党小组会和上党课,定期召开党支部委员会会议。

"三会一课"应当突出政治学习和教育,突出党性锻炼,以"两学一做"为主要内容,结合党员思想和工作实际,确定主题和具体方式,做到形式多样、氛围庄重。

党课应当针对党员思想和工作实际，回应普遍关心的问题，注重身边人讲身边事，增强吸引力感染力[⑤]。党员领导干部应当定期为基层党员讲党课，党委（党组）书记每年至少讲1次党课。

党支部每月相对固定1天开展主题党日，组织党员集中学习、过组织生活、进行民主议事和志愿服务等。主题党日开展前，党支部应当认真研究确定主题和内容；开展后，应当抓好议定事项的组织落实。

对经党组织同意可以不转接组织关系的党员，所在单位党组织可以将其纳入一个党支部或者党小组，参加组织生活。

第十七条 党支部每年至少召开1次组织生活会，一般安排在第四季度，也可以根据工作需要随时召开。组织生活会一般以党支部党员大会、党支部委员会会议或者党小组会形式召开。

组织生活会应当确定主题，会前认真学习，谈心谈话，听取意见；会上查摆问题，开展批评和自我批评，明确整改方向；会后制定整改措施，逐一整改落实。

第十八条 党支部一般每年开展1次民主评议党员，组织党员对照合格党员标准、对照入党誓词，联系个人实际进行党性分析。

党支部召开党员大会，按照个人自评、党员互评、民主测评的程序，组织党员进行评议。党员人数较多的党支部，个人自评和党员互评可以在党小组范围内进行。党支部委员会会议或者党员大会根据评议情况和党员日常表现情况，提出评定意见。

民主评议党员可以结合组织生活会一并进行。

第十九条 党支部应当经常开展谈心谈话。党支部委员之间、党支部委员和党员之间、党员和党员之间，每年谈心谈话一般不少于1次。谈心谈话应当坦诚相见、交流思想、交换意见、帮助提高。

党支部应当注重分析党员思想状况和心理状态。对家庭发生重大变故和出现重大困难、身心健康存在突出问题等情况的党员，党支部书记应当帮助做好心理疏导[⑥]；对受到处分处置以及有不良反映的党员，党支部书记应当有针对性地做好思想政治工作[⑦]。

⑤ “党课应当针对党员思想和工作实际，回应普遍关心的问题，注重身边人讲身边事，增强吸引力感染力。”党课应生动、引人入胜，而不是枯燥无味。

⑥ 本知识点建议掌握。

⑦ 本知识点容易被忽略，应注意。

中国共产党党和国家机关基层组织工作条例(节录)[1]

(2010年6月4日中共中央发布　2019年11月29日中共中央政治局会议修订)

第二章　组织设置

第五条　机关党员100人以上的,设立党的基层委员会。党员不足100人的,因工作需要,经上级党组织批准,也可以设立党的基层委员会。党的基层委员会由党员大会或者党员代表大会选举产生,每届任期一般为5年[2]。

机关党的代表大会代表实行任期制。

第六条　机关党员50人以上、100人以下的,设立党的总支部委员会。党员不足50人的,因工作需要,经上级党组织批准,也可以设立党的总支部委员会。党的总支部委员会由党员大会选举产生,每届任期一般为3年[3]。

第七条　机关正式党员3人以上的,成立党支部。正式党员7人以上的党支部,设立支部委员会;正式党员不足7人的党支部,设1名书记,必要时可以设1名副书记。党的支部委员会和不设支部委员会的支部书记、副书记,每届任期一般为3年。

第八条　机关基层党组织应当严格执行任期制度,任期届满按期进行换届选举。书记、副书记选举产生后,报上级党组织批准。

机关党的基层委员会和不设党的基层委员会的总支部委员会的书记,应当由本单位党员负责人担任。党员人数和直属单位较多的机关党的基层委员会,设专职副书记。党支部书记原则上由本单位党员主要负责人担任[4]。书记、副书记在任期内职务变动,应当征得上级党组织同意。

第九条　机关党的基层委员会应当设立机关党的纪律检查委员会。机关党的纪律检查委员会书记由机关党的基层委员会副书记担任[5]。机关党的总支部委员会和支部委员会设立纪律检查委员[6]。

机关党的纪律检查委员会在同级机关党的基层委员会和上级机关纪检监察工作委员会双重领导下进行工作,接受派驻纪检监察组的业务指导和监督检查[7]。

第三章　基本职责

第十条　机关党的基层委员会(含不设党的基层委员会的总支部委员会、支部

① 新修订的条例保持原有框架基本不变,章节有所调整,内容作了充实和完善。

② 此前表述是"每届任期3年"。

③ 此前表述是"每届任期3年"。

④ 本句系新增内容。

⑤ 此前表述是"机关党的纪律检查委员会书记应当由机关党的基层委员会副书记或者相应职级的党员干部担任"。

⑥ 此前表述是"不设机关党的纪律检查委员会的部门,机关党的基层委员会中应当设立纪律检查委员"。

⑦ 此规定系新增内容,十分重要。

委员会)的基本职责是:

(一)深入学习和贯彻习近平新时代中国特色社会主义思想,坚持和落实中国特色社会主义根本制度、基本制度、重要制度,宣传和执行党的路线、方针、政策,宣传和执行党中央、党的上级组织和本组织的决议,充分发挥党组织战斗堡垒作用和党员先锋模范作用,积极创先争优,团结、组织党内外干部和群众,努力完成本单位所担负的任务[⑧]。

(二)推进"两学一做"学习教育常态化制度化,组织党员深入学习党的创新理论,学习党的路线、方针、政策和决议,学习党的基本知识和党史、新中国史、改革开放史,学习党章党规党纪和国家法律法规,学习业务知识和经济、政治、文化、社会、生态文明等各方面知识[⑨]。

(三)对党员进行教育、管理、监督和服务,严格党的组织生活,维护和执行党的纪律[⑩],监督党员切实履行义务,保障党员权利不受侵犯。监督党员干部和其他任何工作人员严格遵守国家法律法规,加强党风廉政建设,坚决同各种违纪违法行为作斗争。

(四)密切联系群众,经常了解群众对党员、党的工作的批评和意见,了解群众诉求,维护群众正当权利和利益[⑪]。

(五)对要求入党的积极分子进行教育、培养和考察,做好发展党员工作。

(六)做好思想政治工作和意识形态工作,推进机关社会主义精神文明建设,培育和践行社会主义核心价值观[⑫]。

(七)协助党组(党委)管理机关基层党组织和群团组织的干部;配合组织人事部门对机关领导干部进行考察[⑬]、考核和民主评议,对机关干部的选拔任用和奖惩提出意见。

(八)领导机关工会、共青团、妇女组织等群团组织,支持这些组织依照各自的章程独立负责地开展工作。

(九)按照党组织的隶属关系,领导直属单位党的工作。

第十一条　机关党的纪律检查委员会的职责[⑭]是监督、执纪、问责,主要包括:

(一)维护党章和其他党内法规,经常对党员进行遵守纪律的教育,作出关于维护党纪的决定。

(二)检查党组织和党员贯彻执行党的路线、方针、政策和决议的情况,对党组织和党员领导干部履行职责、行使权力进行监督。

(三)协助机关党的基层委员会推进全面从严治党、加强党风建设和组织协调反腐败工作。

⑧ 本项系新增内容。

⑨ 本项系新增内容。

⑩ "严格党的组织生活,维护和执行党的纪律"系新增内容。

⑪ 本项系新增内容,是群众路线的具体体现。

⑫ 本项系新增内容。

⑬ "考察"系新增表述。

⑭ 关于机关纪委的6项职责,建议熟练掌握,细心的读者还应注意排序,前3项职责实际上系纪委的任务,与党章第46条第1款规定一致;后3项职责与党章第46条第2款规定一致。

（四）受理处置党员群众检举举报，开展谈话提醒、约谈函询[15]。

（五）按照有关规定，检查、处理党组织和党员违反党章和其他党内法规的案件，决定或者取消对这些案件中的党员的处分；进行问责或者提出责任追究的建议[16]。

（六）受理党员控告和申诉；保障党员权利。

第六章　党内民主和监督[17]

第二十三条　机关基层党组织必须坚持民主集中制，加强机关党内基层民主建设，切实推进党内民主，充分发挥机关基层党组织和广大党员的积极性、主动性、创造性，坚决维护党的集中统一。

第二十四条　坚持集体领导制度，凡属重要事项都应当按照集体领导、民主集中、个别酝酿、会议决定的原则，由集体讨论、按少数服从多数作出决定。机关基层党组织负责人应当带头发扬民主，自觉接受党员监督[18]。

第二十五条　尊重党员主体地位，保障党员民主权利，落实机关党员知情权、参与权、选举权、监督权。推进党务公开，健全党内情况通报制度、情况反映制度，畅通党员参与讨论党内事务的途径，拓宽党员表达意见渠道。机关基层党组织讨论决定重要事项前，应当充分听取党员的意见。

第二十六条　机关基层党组织应当加强对党员特别是党员领导干部的日常监督，保证党员严格遵守党章党规党纪、严格遵守和执行制度、做到忠诚干净担当，维护党的团结和统一，增强党组织的创造力、凝聚力、战斗力。

（一）定期检查、通报党员参加组织生活的情况，向上级党组织报告党员领导干部参加双重组织生活的情况；

（二）督促开好党员领导干部民主生活会，加强对本单位内设机构和直属单位党员领导干部民主生活会的指导；

（三）机关基层党组织专职副书记列席本单位党员领导干部民主生活会和党组（党委）以及本单位负责人召开的有关会议；

（四）了解并掌握机关党员以及领导干部的思想、作风和工作情况，及时向上级党组织和本单位党组（党委）反映；

（五）了解党员、干部落实廉政风险防控措施情况，发现问题及时向上级党组织和本单位党组（党委）报告；

（六）每年至少召开 1 次机关党员干部大会，听取本单位主要负责人通报工作情况；

（七）做好群众来信来访工作；

⑮ 本项系新增内容。

⑯ “进行问责或者提出责任追究的建议”系新增表述。

⑰ 此前表述是“基层党内民主与监督”。

⑱ 本条系新增内容。

（八）支持党员行使监督权利，履行监督义务，防止各种形式的打击报复。

第二十七条　机关基层党组织应当对党员、干部平时多过问、多提醒，及时发现和纠正苗头性、倾向性问题[19]，问题严重的向上级党组织报告。对违犯党纪的党组织和党员依规依纪恰当予以处理。

⑲ 本规定体现了“抓早抓小”的立法理念，系新增内容。

第八章　领导和保障[20]

⑳ 此前表述是“对机关党的基层组织工作的领导和指导”。

第三十三条　机关党建工作在各级党委领导下，由同级党的机关工作委员会统一领导、单位党组（党委）具体领导和管理，有关部门各负其责、密切配合，形成工作合力。

第三十四条　党的机关工作委员会统一领导所属机关党的工作，指导督促各单位党组（党委）落实机关党建主体责任。定期对各单位党组（党委）、机关基层党组织、党员领导干部落实机关党建工作责任制、机关党建重点工作和重要制度情况进行督查，及时向同级党委报告有关情况。

机关纪检监察工作委员会作为同级纪委监委的派出机构，在同级纪委监委、党的机关工作委员会双重领导下，领导各单位机关党的纪律检查委员会工作[21]。

㉑ 本款系新增规定，十分重要，建议烂熟于心。

第三十五条　党组（党委）领导机关和直属单位党组织的工作，履行全面从严治党主体责任。

党组（党委）应当定期研究机关党建工作，督促落实各项任务。通过机关基层党组织了解机关工作人员的思想情况，以及对重要决策和领导干部廉洁自律等方面的反映和意见，支持机关基层党组织对党员特别是党员领导干部进行监督。建立健全党建工作制度体系，加强党建工作保障。

党组（党委）主要负责人履行第一责任人职责，其他成员按照“一岗双责”要求抓好职责范围内党建工作[22]。党组（党委）每年在本单位一定范围内通报抓机关党建工作情况、接受评议。

㉒ 本规定与《中国共产党党组工作条例》第18条第3款规定一致。

第三十六条　对党组织关系实行属地管理的下级单位党建工作，党组（党委）应当加强与其所在地党委的沟通配合，及时研究解决重要问题[23]。

㉓ 本规定系注意性规定，也是新增规定。

对归口领导或者管理的单位党建工作，党组（党委）应当加强监督指导，履行全面从严治党相关责任。

第三十七条[24]　机关党的基层委员会（含不设党的基层委员会的总支部委员会、支部委员会）的设置调整、换届、委员会组成以及机关党的纪律检查委员会的组成，书记、副书记的任免等，经党组（党委）讨论决定后，报党的机关工作委员会审批。

机关党的基层委员会审批预备党员或者预备党员转正，应当提前报党组（党

㉔ 本条系新增内容，十分重要。第3款规定与《党组讨论和决定党员处分事项工作程序规定（试行）》一致。

委）讨论决定。机关不设党的基层委员会的总支部委员会、支部委员会接收预备党员或者讨论预备党员转正，应当经党组（党委）审核把关后，报党的机关工作委员会审批。

党组（党委）按照干部管理权限，讨论决定处分党员有关事项，在作出党纪处分决定前应当与派驻纪检监察组交换意见。处分决定生效后，有关处分决定和材料应当按照要求报机关纪检监察工作委员会备案。

第三十八条 落实机关党建责任、加强机关党建工作情况应当纳入各单位领导班子以及领导干部考核内容。地方各级党委常委会每年至少听取1次党的机关工作委员会的工作汇报。

第三十九条 开展党组织书记抓基层党建述职评议考核工作。按照有关规定，党的机关工作委员会书记每年向同级党委述职，机关基层党组织书记每年向上级党组织述职，接受评议考核。

第四十条 机关基层党组织开展活动，所需财政资金列入本单位部门预算，保障"三会一课"、主题党日、党员和入党积极分子教育培训、学习调研等需要。党费主要作为党员教育经费的补充[25]。

㉕ 本条系新增内容。

中国共产党国有企业基层组织工作条例（试行）（节录）[①]

（2019年11月29日中共中央政治局会议审议批准
2019年12月30日中共中央发布）

① 2016年10月，习近平总书记在全国国有企业党的建设工作会议上强调，坚持党的领导、加强党的建设，是我国国有企业的光荣传统，是国有企业的"根"和"魂"，是我国国有企业的独特优势。新形势下，国有企业坚持党的领导、加强党的建设，总的要求是：坚持党要管党、从严治党，紧紧围绕全面解决党的领导、党的建设弱化、

第二章 组织设置

第四条 国有企业党员人数100人以上的，设立党的基层委员会（以下简称党委）。党员人数不足100人、确因工作需要的，经上级党组织批准，也可以设立党委。

党员人数50人以上、100人以下的，设立党的总支部委员会（以下简称党总支）。党员人数不足50人、确因工作需要的，经上级党组织批准，也可以设立党总支。

正式党员3人以上的，成立党支部。正式党员7人以上的党支部，设立支部委员会。

经党中央批准，中管企业一般设立党组，中管金融企业设立党组性质党委。

第五条 国有企业党委由党员大会或者党员代表大会选举产生，每届任期一般为5年。党总支和支部委员会由党员大会选举产生，每届任期一般为3年。任期届满应当按期进行换届选举。根据党组织隶属关系和干部管理权限，上级党组织

一般应当提前6个月提醒做好换届准备工作。

中央企业直属企业(单位)党组织换届选举工作,以中央企业党委(党组)为主指导,审批程序按照党内有关规定办理。中央企业及其直属企业(单位)召开党员代表大会,可以为党组织隶属地方党组织的下一级企业(单位)分配代表名额。

第六条　国有企业党委一般由5至9人组成,最多不超过11人,其中书记1人、副书记1至2人。设立常务委员会的,党委常务委员会委员一般5至7人、最多不超过9人,党委委员一般15至21人。党委委员一般应当有3年以上党龄,其中中央企业及其直属企业(单位)、省属国有企业的党委委员应当有5年以上党龄。

国有企业党总支一般由5至7人组成,最多不超过9人;支部委员会由3至5人组成,一般不超过7人。正式党员不足7人的党支部,设1名书记,必要时可以设1名副书记。党支部(党总支)书记一般应当有1年以上党龄。

第七条　国有企业党组织书记、副书记以及设立常务委员会的党委常务委员会委员,一般由本级委员会全体会议选举产生。选举结果报上级党组织批准。

中央企业党委(党组)认为有必要时,可以调动或者指派直属企业(单位)党组织负责人。

第八条　国有企业党委设立纪律检查委员会或者纪律检查委员,党总支和支部委员会设立纪律检查委员。

第九条　国有企业在推进混合所有制改革过程中,应当同步设置或者调整党的组织,理顺党组织隶属关系,同步选配好党组织负责人和党务工作人员,有效开展党的工作。

第十条　为执行某项任务临时组建的工程项目、研发团队等机构,党员组织关系不转接的,经上级党组织批准,可以成立临时党组织。临时党组织领导班子成员由批准其成立的党组织指定。

第三章　主要职责

第十一条　国有企业党委(党组)发挥领导作用,把方向、管大局、保落实,依照规定讨论和决定企业重大事项。主要职责是:

(一)加强企业党的政治建设,坚持和落实中国特色社会主义根本制度、基本制度、重要制度,教育引导全体党员始终在政治立场、政治方向、政治原则、政治道路上同以习近平同志为核心的党中央保持高度一致;

(二)深入学习和贯彻习近平新时代中国特色社会主义思想,学习宣传党的理论,贯彻执行党的路线方针政策,监督、保证党中央重大决策部署和上级党组织决议在本企业贯彻落实;

淡化、虚化、边缘化问题,坚持党对国有企业的领导不动摇,发挥企业党组织的领导核心和政治核心作用,保证党和国家方针政策、重大部署在国有企业贯彻执行;坚持服务生产经营不偏离,把提高企业效益、增强企业竞争实力、实现国有资产保值增值作为国有企业党组织工作的出发点和落脚点,以企业改革发展成果检验党组织的工作和战斗力;坚持党组织对国有企业选人用人的领导和把关作用不能变,着力培养一支宏大的高素质企业领导人员队伍;坚持建强国有企业基层党组织不放松,确保企业发展到哪里、党的建设就跟进到哪里、党支部的战斗堡垒作用就体现在哪里,为做强做优做大国有企业提供坚强组织保证。

（三）研究讨论企业重大经营管理事项，支持股东（大）会、董事会、监事会和经理层依法行使职权；

（四）加强对企业选人用人的领导和把关，抓好企业领导班子建设和干部队伍、人才队伍建设；

（五）履行企业党风廉政建设主体责任，领导、支持内设纪检组织履行监督执纪问责职责，严明政治纪律和政治规矩，推动全面从严治党向基层延伸；

（六）加强基层党组织建设和党员队伍建设，团结带领职工群众积极投身企业改革发展；

（七）领导企业思想政治工作、精神文明建设、统一战线工作，领导企业工会、共青团、妇女组织等群团组织。

第十二条 国有企业党支部（党总支）以及内设机构中设立的党委围绕生产经营开展工作，发挥战斗堡垒作用。主要职责是：

（一）学习宣传和贯彻落实党的理论和路线方针政策，宣传和执行党中央、上级党组织和本组织的决议，团结带领职工群众完成本单位各项任务。

（二）按照规定参与本单位重大问题的决策，支持本单位负责人开展工作。

（三）做好党员教育、管理、监督、服务和发展党员工作，严格党的组织生活，组织党员创先争优，充分发挥党员先锋模范作用。

（四）密切联系职工群众，推动解决职工群众合理诉求，认真做好思想政治工作。领导本单位工会、共青团、妇女组织等群团组织，支持它们依照各自章程独立负责地开展工作。

（五）监督党员、干部和企业其他工作人员严格遵守国家法律法规、企业财经人事制度，维护国家、集体和群众的利益。

（六）实事求是对党的建设、党的工作提出意见建议，及时向上级党组织报告重要情况。按照规定向党员、群众通报党的工作情况。

第四章 党的领导和公司治理

第十三条 国有企业应当将党建工作要求写入公司章程，写明党组织的职责权限、机构设置、运行机制、基础保障等重要事项，明确党组织研究讨论是董事会、经理层决策重大问题的前置程序，落实党组织在公司治理结构中的法定地位。

第十四条 坚持和完善“双向进入、交叉任职”领导体制，符合条件的党委（党组）班子成员可以通过法定程序进入董事会、监事会、经理层，董事会、监事会、经理层成员中符合条件的党员可以依照有关规定和程序进入党委（党组）。

党委（党组）书记、董事长一般由一人担任，党员总经理担任副书记。确因工作需要由上级企业领导人员兼任董事长的，根据企业实际，党委书记可以由党员总经理担任，也可以单独配备。

不设董事会只设执行董事的独立法人企业，党委书记和执行董事一般由一人担任。总经理单设且是党员的，一般应当担任党委副书记。

分公司等非独立法人企业，党委书记和总经理是否分设，结合实际确定。分设的一般由党委书记担任副总经理、党员总经理担任党委副书记。

中央企业党委（党组）配备专职副书记，专职副书记一般进入董事会且不在经理层任职，专责抓好党建工作。规模较大、职工和党员人数较多的中央企业所属企业（单位）和地方国有企业党委，可以配备专职副书记。国有企业党委（党组）班子中的内设纪检组织负责人，一般不兼任其他职务，确需兼任的，报上级党组织批准。

国有企业党组织实行集体领导和个人分工负责相结合的制度，进入董事会、监事会、经理层的党组织领导班子成员必须落实党组织决定。

第十五条　国有企业重大经营管理事项必须经党委（党组）研究讨论后，再由董事会或者经理层作出决定②。研究讨论的事项主要包括：

（一）贯彻党中央决策部署和落实国家发展战略的重大举措；

（二）企业发展战略、中长期发展规划，重要改革方案；

（三）企业资产重组、产权转让、资本运作和大额投资中的原则性方向性问题；

（四）企业组织架构设置和调整，重要规章制度的制定和修改；

（五）涉及企业安全生产、维护稳定、职工权益、社会责任等方面的重大事项；

（六）其他应当由党委（党组）研究讨论的重要事项。

国有企业党委（党组）应当结合企业实际制定研究讨论的事项清单，厘清党委（党组）和董事会、监事会、经理层等其他治理主体的权责。

具有人财物重大事项决策权且不设党委的独立法人企业的党支部（党总支），一般由党员负责人担任书记和委员，由党支部（党总支）对企业重大事项进行集体研究把关。

第十六条　国有企业党组织应当按照干部管理权限，规范动议提名、组织考察、讨论决定等程序，落实对党忠诚、勇于创新、治企有方、兴企有为、清正廉洁的要求，做好选配企业领导人员工作，加大优秀年轻领导人员培养选拔力度，加强企业领导人员管理监督，保证党对干部人事工作的领导权和对重要干部的管理权。

实施人才强企战略，健全人才培养、引进、使用机制，重点做好企业经营管理人才、专业技术人才、高技能人才以及特殊领域紧缺人才工作，激发和保护企业家精神，营造鼓励创新创业的良好环境。

第十七条　健全以职工代表大会为基本形式的民主管理制度，探索职工参与管理的有效方式，推进厂务公开、业务公开，保障职工知情权、参与权、表达权、监督

② 本知识点十分重要，这是加强党对国有企业领导的具体体现。

权，维护职工合法权益。重大决策应当听取职工意见，涉及职工切身利益的重大问题必须经过职工代表大会或者职工大会审议。坚持和完善职工董事制度、职工监事制度，保证职工代表有序参与公司治理。

第七章　党内民主和监督

第二十八条　国有企业党组织应当落实党员的知情权、参与权、选举权、监督权，畅通党员参与党内事务的途径，推进党务公开，建立健全党员定期评议党组织领导班子等制度。落实党员代表大会代表任期制，健全代表联系党员群众等制度，积极反映基层党组织和党员意见建议。

第二十九条　落实全面从严治党责任，强化政治监督，加强对党的理论和路线方针政策以及重大决策部署贯彻落实的监督检查。严格落实中央八项规定及其实施细则精神，坚决反对形式主义、官僚主义、享乐主义和奢靡之风。加强对制度执行的监督，加强对企业关键岗位、重要人员特别是主要负责人的监督，强化对权力集中、资金密集、资源富集、资产聚集的重点部门和单位的监督，突出“三重一大”决策、工程招投标、改制重组、产权变更和交易等重点环节的监督，严肃查处侵吞挥霍国有资产、利益输送等违规违纪问题。问题严重的，应当及时向上级党组织报告。

第三十条　落实党内监督责任，建立健全党内监督制度机制，强化日常管理和监督，充分发挥内设纪检组织、党委工作机构、基层党组织和党员的监督作用。加强对企业领导人员的党性教育、宗旨教育、警示教育，落实谈心谈话制度，加大提醒、函询、诫勉等力度，通过巡视巡察、考察考核、调研督导、处理信访举报、抽查核实个人有关事项报告等方式，督促企业领导人员依规依法用权、廉洁履职。

善用企业监事会、审计、法律、财务等监督力量，发挥职工群众监督、社会监督和舆论监督作用，推动各类监督有机贯通、相互协调，形成监督合力，提高监督效能。

第三十一条　国有企业内设纪检组织履行监督执纪问责职责，协助党委推进全面从严治党、加强党风建设和组织协调反腐败工作，精准运用监督执纪“四种形态”，坚决惩治和预防腐败。

各级纪委监委派驻企业的纪检监察机构根据授权履行纪检、监察职责，代表上级纪委监委对企业党委（党组）实行监督，督促推动国有企业党委（党组）落实全面从严治党主体责任。

第九章　附　　则

第三十九条　本条例适用于国有独资、全资企业和国有资本绝对控股企业。国有资本相对控股并具有实际控制力的企业，结合实际参照本条例执行。

第四十条　本条例由中央组织部负责解释。

第四十一条　本条例自 2019 年 12 月 30 日起施行。其他有关国有企业党组织工作的规定，凡与本条例不一致的，按照本条例执行。

中国共产党普通高等学校基层组织工作条例(节录)

(2009 年 11 月 5 日中共中央政治局常委会会议审议批准　2010 年 8 月 13 日中共中央发布　2021 年 2 月 26 日中共中央政治局会议修订　2021 年 4 月 16 日中共中央发布)

第四章　党的纪律检查工作

第十四条　高校设立党的基层纪律检查委员会(以下简称高校纪委)。高校纪委由党员大会或者党员代表大会选举产生，在同级党委和上级纪委双重领导下进行工作。上级纪委在监督检查、纪律审查等方面强化对高校纪委的领导。

实行向高校派驻纪检监察机构的，派驻纪检监察机构根据授权履行纪检、监察职责，代表上级纪委监委对高校党委进行监督。

第十五条　高校纪委设立专门工作机构，配备必要的工作人员。

高校党委视具体情况在院(系)级单位党委设立纪委或者纪律检查委员。党的总支部委员会和支部委员会设纪律检查委员。

第十六条　高校纪委是高校党内监督专责机关，履行监督执纪问责职责。主要任务是：

(一)维护党章和其他党内法规，检查党的路线方针政策和决议的执行情况，协助高校党委推进全面从严治党、加强党风建设和组织协调反腐败工作。

(二)经常对党员进行遵守纪律的教育，作出关于维护党纪的决定。

(三)对党的组织和党员领导干部履行职责、行使权力进行监督，受理处置党员群众检举举报，开展谈话提醒、约谈函询。

(四)检查和处理党的组织和党员违反党章和其他党内法规的比较重要或者复杂的案件，决定或者取消对这些案件中的党员的处分；进行问责或者提出责任追究的建议。

(五)受理党员的控告和申诉，保障党员权利不受侵犯。

高校纪委应当严格按照职责权限和工作程序处理违犯党纪的线索和案件，把处理特别重要或者复杂案件中的问题和处理结果，向同级党委和上级纪委报告。

中国共产党党内法规制定条例

（2012年5月26日中共中央批准并发布　2019年8月30日中共中央政治局会议修订　2019年9月3日中共中央发布）

第一章　总　　则

第一条　为了规范党内法规制定工作，提高党内法规质量，形成完善的党内法规体系，推进依规治党，根据《中国共产党章程》，制定本条例。

第二条　党内法规制定工作以马克思列宁主义、毛泽东思想、邓小平理论、“三个代表”重要思想、科学发展观、习近平新时代中国特色社会主义思想为指导，坚持和加强党的全面领导，坚持党要管党、全面从严治党，坚决维护习近平总书记党中央的核心、全党的核心地位，坚决维护党中央权威和集中统一领导。

第三条[1]　党内法规是党的中央组织，中央纪律检查委员会以及党中央工作机关和省、自治区、直辖市党委制定的体现党的统一意志、规范党的领导和党的建设活动、依靠党的纪律保证实施的专门规章制度。

党章是最根本的党内法规，是制定其他党内法规的基础和依据。[2]

第四条　制定党内法规，主要就以下事项作出规定：

（一）党的各级各类组织的产生、组成、职权职责；

（二）党的领导和党的建设的体制机制、标准要求、方式方法；

（三）党组织工作、活动和党员行为的监督、考核、奖惩、保障；

（四）党的干部的选拔、教育、管理、监督。

凡是涉及创设党组织职权职责、党员义务权利、党的纪律处分和组织处理的，只能由党内法规作出规定。

第五条[3]　党内法规的名称为党章、准则、条例、规定、办法、规则、细则。

党章对党的性质和宗旨、路线和纲领、指导思想和奋斗目标、组织原则和组织机构、党员义务权利以及党的纪律等作出根本规定。

准则对全党政治生活、组织生活和全体党员行为等作出基本规定。[4]

条例对党的某一领域重要关系或者某一方面重要工作作出全面规定。

规定、办法、规则、细则对党的某一方面重要工作的要求和程序等作出具体规定。

中央纪律检查委员会以及党中央工作机关和省、自治区、直辖市党委制定的党

① 此处规定了“党内法规”概念的外延。党内法规是“专门规章制度”，主要体现为“六个特定”：一是制定主体特定。只有特定党组织（党的中央组织，中央纪律检查委员会以及党中央工作机关和省、自治区、直辖市党委）有权制定党内法规，其他党的组织无权制定。二是使用名称特定。制定党内法规应当使用党章、准则、条例、规定、办法、规则、细则等7类专属名称，中央党内法规可以视情使用相应名称，其他党内法规只能使用后4类名称。三是表述形式特定。党内法规一般使用条款形式表述，根据内容需要可以分为编、章、节、条、款、项、目。四是规范要求特定。党内法规主要是作出规范，用语要严谨规范、语义明确、威严庄重，最大限度地避免语义的不确定性。五是审批方式特定。为凸显党内法规的权威性严肃性，它原则上要采用会议审议批准的方式，

内法规，可以使用规定、办法、规则、细则的名称。

第六条　党内法规一般使用条款形式表述，根据内容需要可以分为编、章、节、条、款、项、目。

第七条　党内法规制定工作应当遵循下列原则：

（一）坚持正确政治方向，增强“四个意识”、坚定“四个自信”、做到“两个维护”；

（二）坚持从党的事业发展需要和全面从严治党实际出发；

（三）坚持以党章为根本，贯彻党的基本理论、基本路线、基本方略；

（四）坚持民主集中制，充分发扬党内民主，维护党的集中统一；

（五）坚持党必须在宪法和法律的范围内活动，注重党内法规同国家法律衔接和协调；

（六）坚持便利管用，防止繁琐重复。

第八条　党内法规制定工作由党中央集中统一领导，日常工作由中央书记处负责。

中央办公厅承担党内法规制定的统筹协调和督促指导工作。

第二章　权　　限

第九条　党的中央组织就下列事项制定中央党内法规：

（一）党的性质和宗旨、路线和纲领、指导思想和奋斗目标；

（二）党的各级各类组织的产生、组成和职权职责的基本制度；

（三）党员义务权利方面的基本制度；

（四）党的领导和党的建设各方面的基本制度；

（五）涉及党的重大问题的事项；

（六）党的纪律处分和组织处理方面的基本制度；

（七）其他应当由中央党内法规规定的事项。

凡是涉及党中央集中统一领导的事项，只能由中央党内法规作出规定。

第十条　中央纪律检查委员会以及党中央工作机关就其职权范围内有关事项制定党内法规：

（一）为贯彻执行中央党内法规作出配套规定；

（二）履行党章和中央党内法规规定的党的工作相关职责。

确有必要的，经党中央批准，有关中央国家机关部门党委可以就特定事项[⑤]制定党内法规。

第十一条　省、自治区、直辖市党委就其职权范围内有关事项制定党内法规：

尽量不用传批方式。六是发布形式特定。党内法规以相应文件形式发布，发布时应当添加题注。

② 1921年7月，党的一大通过中国共产党第一个纲领，这是党的历史上第一部党内法规，具有党章性质；1922年7月，党的二大通过《中国共产党章程》，我们党自此有了自己的根本大法。1938年10月，毛泽东同志在扩大的党的六届六中全会的报告中指出，“为使党内关系走上正轨，除了上述四项最重要的纪律外，还须制定一种较详细的党内法规，以统一各级领导机关的行动”，在党的历史上首次明确提出“党内法规”概念。1945年4月至6月召开的党的七大，将毛泽东思想确立为党的指导思想并写入党章，这部党章是第一部党完全独立自主制定的党章，是党成熟的重要标志。参见中共中央办公厅法规局：《中国共产党党内

（一）为贯彻执行中央党内法规作出配套规定；

（二）履行党章和中央党内法规规定的领导本地区经济社会发展和负责本地区党的建设相关职责。

第十二条 根据党中央授权，就应当制定中央党内法规的有关事项，中央纪律检查委员会以及党中央工作机关和省、自治区、直辖市党委可以先行制定党内法规，待条件成熟时再制定中央党内法规。

根据党中央授权制定党内法规的，制定机关应当严格遵循授权要求，及时向党中央请示报告有关重大事项，经报党中央批准后方可发布。

第十三条 涉及两个以上部委职权范围的事项，有关部委应当联合制定党内法规或者提请党中央制定中央党内法规。

制定党内法规涉及政府职权范围事项的，可以由党政机关联合制定。

第十四条 上位党内法规明确要求制定配套党内法规的，应当及时制定；没有要求的，一般不再制定。

制定配套党内法规，不得超出上位党内法规规定的范围，作出的规定应当明确、具体，具有针对性、可操作性。除非必要情况，对上位党内法规已经明确规定的内容不作重复性规定。

第三章 规划与计划

第十五条[6] 制定党内法规应当统筹进行，科学编制党内法规制定工作五年规划和年度计划，突出重点、整体推进，构建内容科学、程序严密、配套完备、运行有效的党内法规体系。

第十六条 中央党内法规制定工作五年规划，由中央办公厅对中央纪律检查委员会以及中央各部门和省、自治区、直辖市党委提出的制定建议进行汇总，并广泛征求意见后拟订，经中央书记处办公会议讨论，报党中央审定。

中央党内法规制定工作年度计划，由中央办公厅对中央纪律检查委员会以及中央各部门每年年底前提出的下一年度制定建议进行汇总后拟订，报党中央审批。

第十七条 中央纪律检查委员会以及中央各部门和省、自治区、直辖市党委提出的中央党内法规制定建议，应当包括党内法规名称、制定必要性、报送时间、起草单位等。

第十八条 中央纪律检查委员会以及党中央工作机关和省、自治区、直辖市党委可以根据职权和实际需要，编制本系统、本地区党内法规制定工作规划和计划。

第十九条 党内法规制定工作规划和计划在执行过程中，可以根据实际情况进行调整。

法规体系》，载《人民日报》2021年8月4日，第1版。

③ 本条内容十分重要。

④ 截至2022年1月，现行有效党内法规中，准则有3个：《关于党内政治生活的若干准则》《中国共产党廉洁自律准则》《关于新形势下党内政治生活的若干准则》，均由中央委员会全体会议审议批准。

⑤ 这里所说的特定事项，主要是部门党委履行系统领导职责的相关事项，至于领导本单位工作的事项则不能制定党内法规。这主要是考虑到部门党委在本系统发挥领导作用，在坚持和加强党的全面领导、履行全面从严治党责任上任务重、要求高、责任大，赋予其一定的党内法规制定权，有利于履行好系统领导职责。

⑥ 党内法规体系，是以党章为根本，以民主集中制为核心，以准则、条例等中央党内法规为主干，以部委党内

第四章　起　　草

第二十条　中央党内法规按其内容一般由中央纪律检查委员会以及中央有关部门等起草，综合性党内法规由中央办公厅协调中央纪律检查委员会以及中央有关部门等起草或者成立专门起草小组起草。特别重要的中央党内法规由党中央组织起草。

中央纪律检查委员会以及党中央工作机关和省、自治区、直辖市党委制定的党内法规，由其自行组织起草。

第二十一条　党内法规草案一般应当包括下列内容：

（一）名称；

（二）制定目的和依据；

（三）适用范围；

（四）具体规范；

（五）解释机关；

（六）施行日期。

第二十二条　起草党内法规，应当深入调查研究，全面掌握实际情况，认真总结历史经验和新的实践经验，充分了解各级党组织和广大党员的意见和建议。必要时，调查研究可以吸收党委及其工作机关法律顾问和有关专家学者参加，或者委托专门机构开展。

第二十三条　起草党内法规的部门和单位，应当就涉及其他部门和单位工作范围的事项，同有关部门和单位协商一致。经协商未能取得一致意见的，应当在报送党内法规草案时对有关情况作出说明。

第二十四条　起草党内法规，应当与现行党内法规相衔接。对同一事项，如果需要作出与现行党内法规不一致的规定，应当在草案中作出废止或者如何适用现行党内法规的规定，并在报送草案时说明情况和理由。

第二十五条　党内法规草案形成后，应当广泛征求意见。征求意见范围根据党内法规草案的具体内容确定，必要时在全党范围内征求意见。征求意见时应当注意听取党代表大会代表和基层党员、干部以及有关专家学者的意见。与群众切身利益密切相关的党内法规草案，应当充分听取群众意见。

征求意见可以采取书面形式，也可以采取座谈会、论证会、网上征询等形式。

第二十六条　起草部门和单位向审议批准机关报送党内法规草案，应当同时报送草案制定说明。制定说明应当包括制定党内法规的必要性、主要内容、征求意见情况、同有关部门和单位协商情况等。

法规、地方党内法规为重要组成部分，由各领域各层级党内法规组成的有机统一整体。按照“规范主体、规范行为、规范监督”相统筹相协调的原则，党内法规体系以“1+4”为基本框架，即在党章之下分为党的组织法规、党的领导法规、党的自身建设法规、党的监督保障法规四大板块。2021年7月1日，习近平总书记在庆祝中国共产党成立100周年大会上宣布，我们党已经“形成比较完善的党内法规体系”。截至2021年7月1日，全党现行有效党内法规共3615部。其中，党中央制定的中央党内法规211部，中央纪律检查委员会以及党中央工作机关制定的部委党内法规163部，省、自治区、直辖市党委制定的地方党内法规3241部。党内法规使用党章、准则、条例、规定、办法、规则、细则7类名称，现行有效党内法规中，党章1部，准则3部，条例43部，规定850

部，办法2034部，规则75部，细则609部。

第五章　审批与发布

第二十七条　审议批准机关收到党内法规草案后，交由所属法规工作机构进行前置审核。前置审核主要审核下列内容：

（一）是否符合增强"四个意识"、坚定"四个自信"、做到"两个维护"等政治要求；

（二）是否同党章、党的理论和路线方针政策相抵触；

（三）是否同宪法和法律不一致；

（四）是否同上位党内法规和规范性文件相抵触；

（五）是否与其他同位党内法规和规范性文件对同一事项的规定相冲突；

（六）是否就涉及的重大问题与有关部门和单位协商；

（七）是否存在谋求部门利益和地方保护问题；

（八）是否符合制定权限、程序以及规范表述要求。

对存在问题的党内法规草案，法规工作机构经批准可以向起草部门和单位提出修改意见。如起草部门和单位不采纳修改意见，法规工作机构可以向审议批准机关提出修改、缓办或者退回的建议。

第二十八条　中央党内法规草案的审批，按照下列方式进行：

（一）准则草案一般由中央委员会全体会议审议批准；

（二）条例草案一般由中央政治局会议审议批准；

（三）规定、办法、规则、细则草案一般由中央政治局常委会会议审议批准；

（四）对调整范围单一或者配套性规定、办法、规则、细则草案，可以采取传批方式，由中央办公厅报党中央审批。

中央纪律检查委员会以及党中央工作机关制定的党内法规草案，由其领导机构会议审议批准。

省、自治区、直辖市党委制定的党内法规草案，由党委全体会议或者常委会会议审议批准。

第二十九条　经审议批准的党内法规草案，由法规工作机构审核并按照程序报批后发布。

中央党内法规采用中央文件形式发布。中央纪律检查委员会制定的党内法规采用中央纪律检查委员会文件形式发布。党中央工作机关制定的党内法规采用党中央工作机关文件形式发布。省、自治区、直辖市党委制定的党内法规采用党委文件或者党委办公厅文件形式发布。发布时，党内法规标题应当添加题注，载明制定机关、通过日期、发布日期。

党内法规除涉及党和国家秘密不得公开或者按照有关规定不宜公开外，应当在党报党刊、重点新闻网站、门户网站等党的媒体上公开发布。

第三十条　实际工作迫切需要但还不够成熟的党内法规，可以先试行。试行期限一般不超过5年[7]。

第六章　保　　障

第三十一条　制定党内法规，应当严格遵循效力位阶要求：

（一）党章在党内法规中具有最高效力，其他任何党内法规都不得同党章相抵触；

（二）中央党内法规的效力高于中央纪律检查委员会以及党中央工作机关和省、自治区、直辖市党委制定的党内法规，中央纪律检查委员会以及党中央工作机关和省、自治区、直辖市党委制定党内法规不得同中央党内法规和规范性文件相抵触；

（三）中央纪律检查委员会以及党中央工作机关制定的党内法规的效力高于省、自治区、直辖市党委制定的党内法规，省、自治区、直辖市党委制定党内法规不得同中央纪律检查委员会以及党中央工作机关制定的党内法规相抵触。

第三十二条　中央纪律检查委员会以及党中央工作机关和省、自治区、直辖市党委制定的党内法规有下列情形之一的，党中央予以责令改正或者撤销：

（一）同党章、党的理论和路线方针政策相抵触；

（二）同宪法、法律和行政法规相抵触；

（三）同上位党内法规和规范性文件相抵触；

（四）其他应当责令改正或者撤销的情形。

不同部委制定的党内法规对同一事项作出的规定相冲突的，提请党中央处理。

第三十三条　同一制定机关制定的党内法规，一般规定与特别规定不一致的，适用特别规定；旧的规定与新的规定不一致的，适用新的规定。

第三十四条　党内法规需要进一步明确条款具体含义或者适用问题的，应当进行解释。中央党内法规由党中央或者授权有关部委解释，中央纪律检查委员会以及党中央工作机关和省、自治区、直辖市党委制定的党内法规由制定机关解释。

党内法规的解释同党内法规具有同等效力。

第三十五条　中央纪律检查委员会以及党中央工作机关和省、自治区、直辖市党委制定的党内法规应当自发布之日起30日内报党中央备案。中央办公厅按照有关规定负责具体审查工作。

第三十六条[8]　坚持制定和实施一体推进，健全党内法规执行责任制，加大党内法规宣传、教育、培训力度，对党内法规执行情况、实施效果开展评估，加强监督执

⑦ 对试行期限予以明确，有利于防止出现一些党内法规试行时间过长问题。

⑧ 【实践样本：对党内法规的执行情况、实施效果开展评估】为提升制度建设的科学性、规范性、有效性，云南省纪委监委专门出台制度执行情况评估办法，明确制度评估重点、评估方式等。省纪委监委法规室会同有关部门和单位严格按照评估办法，采取书面调研、查阅资料、集中座谈、个别走访等方式，梳理分析30项“指引类”制度的实施效果和存在问题，提出有针对性的意见建议，并形成评估报告。参见何天华、陈雪梅：《精准规范运用 提升监督质效》，载《中国纪检监察报》2023年1月15日，第2版。

纪问责，确保党内法规得到有效实施。

第三十七条[⑨] 制定机关应当组织开展党内法规清理工作，及时开展集中清理，根据需要开展特定内容或者特定范围的专项清理，在制定工作中同步开展即时清理。根据清理情况，作出修改、废止、宣布失效等决定。

第三十八条 制定机关应当及时修改滞后于实践发展的党内法规。视情可以采取修订、修正案或者修改决定等方式修改，对相关联的党内法规可以开展集中修改。修改后，应当发布新的党内法规文本。

第三十九条 党内法规的编纂、汇编、出版等事宜，由制定机关所属法规工作机构按照有关规定办理。

第七章 附 则

第四十条 党内法规的修改，适用本条例。

党章的修改适用党章的规定。

第四十一条 军队党内法规制定规定，由中央军事委员会根据本条例制定。

第四十二条 本条例由中央办公厅负责解释。

第四十三条 本条例自发布之日起施行。

⑨ 2012 年 6 月，中央批准印发《中共中央办公厅关于开展党内法规和规范性文件清理工作的意见》，启动了党的历史上第一次党内法规和规范性文件集中清理。2013 年 7 月，中央党内法规和规范性文件第一阶段清理任务顺利完成，发布了《中共中央关于废止和宣布失效一批党内法规和规范性文件的决定》。2014 年 10 月，《中共中央关于再废止和宣布失效一批党内法规和规范性文件的决定》发布。中央党内法规和规范性文件第二阶段清理任务宣告完成。

信访工作条例

（2022 年 1 月 24 日中共中央政治局会议审议批准
2022 年 2 月 25 日中共中央、国务院发布）

第一章 总 则

第一条 为了坚持和加强党对信访工作的全面领导，做好新时代信访工作，保持党和政府同人民群众的密切联系，制定本条例。

第二条 本条例适用于各级党的机关、人大机关、行政机关、政协机关、监察机关、审判机关、检察机关以及群团组织、国有企事业单位等开展信访工作。

第三条 信访工作是党的群众工作的重要组成部分，是党和政府了解民情、集中民智、维护民利、凝聚民心的一项重要工作，是各级机关、单位及其领导干部、工作人员接受群众监督、改进工作作风的重要途径。

第四条 信访工作坚持以马克思列宁主义、毛泽东思想、邓小平理论、“三个代表”重要思想、科学发展观、习近平新时代中国特色社会主义思想为指导，贯彻落实习近平总书记关于加强和改进人民信访工作的重要思想，增强“四个意识”、坚定“四个自信”、做到“两个维护”，牢记为民解难、为党分忧的政治责任，坚守人民情怀，坚持底线思维、法治思维，服务党和国家工作大局，维护群众合法权益，化解信访突出问题，促进社会和谐稳定。

第五条　信访工作应当遵循下列原则：

（一）坚持党的全面领导。把党的领导贯彻到信访工作各方面和全过程，确保正确政治方向。

（二）坚持以人民为中心。践行党的群众路线，倾听群众呼声，关心群众疾苦，千方百计为群众排忧解难。

（三）坚持落实信访工作责任。党政同责、一岗双责，属地管理、分级负责，谁主管、谁负责。

（四）坚持依法按政策解决问题。将信访纳入法治化轨道，依法维护群众权益、规范信访秩序。

（五）坚持源头治理化解矛盾。多措并举、综合施策，着力点放在源头预防和前端化解，把可能引发信访问题的矛盾纠纷化解在基层、化解在萌芽状态。

第六条　各级机关、单位应当畅通信访渠道，做好信访工作，认真处理信访事项，倾听人民群众建议、意见和要求，接受人民群众监督，为人民群众服务。

第二章　信访工作体制

第七条　坚持和加强党对信访工作的全面领导，构建党委统一领导、政府组织落实、信访工作联席会议协调、信访部门推动、各方齐抓共管的信访工作格局。

第八条　党中央加强对信访工作的统一领导：

（一）强化政治引领，确立信访工作的政治方向和政治原则，严明政治纪律和政治规矩；

（二）制定信访工作方针政策，研究部署信访工作中事关党和国家工作大局、社会和谐稳定、群众权益保障的重大改革措施；

（三）领导建设一支对党忠诚可靠、恪守为民之责、善做群众工作的高素质专业化信访工作队伍，为信访工作提供组织保证。

第九条　地方党委领导本地区信访工作，贯彻落实党中央关于信访工作的方针政策和决策部署，执行上级党组织关于信访工作的部署要求，统筹信访工作责任体系构建，支持和督促下级党组织做好信访工作。

地方党委常委会应当定期听取信访工作汇报，分析形势，部署任务，研究重大事项，解决突出问题。

第十条 各级政府贯彻落实上级党委和政府以及本级党委关于信访工作的部署要求，科学民主决策、依法履行职责，组织各方力量加强矛盾纠纷排查化解，及时妥善处理信访事项，研究解决政策性、群体性信访突出问题和疑难复杂信访问题。

第十一条 中央信访工作联席会议在党中央、国务院领导下，负责全国信访工作的统筹协调、整体推进、督促落实，履行下列职责：

（一）研究分析全国信访形势，为中央决策提供参考；

（二）督促落实党中央关于信访工作的方针政策和决策部署；

（三）研究信访制度改革和信访法治化建设重大问题和事项；

（四）研究部署重点工作任务，协调指导解决具有普遍性的信访突出问题；

（五）领导组织信访工作责任制落实、督导考核等工作；

（六）指导地方各级信访工作联席会议工作；

（七）承担党中央、国务院交办的其他事项。

中央信访工作联席会议由党中央、国务院领导同志以及有关部门负责同志担任召集人，各成员单位负责同志参加。中央信访工作联席会议办公室设在国家信访局，承担联席会议的日常工作，督促检查联席会议议定事项的落实。

第十二条 中央信访工作联席会议根据工作需要召开全体会议或者工作会议。研究涉及信访工作改革发展的重大问题和重要信访事项的处理意见，应当及时向党中央、国务院请示报告。

中央信访工作联席会议各成员单位应当落实联席会议确定的工作任务和议定事项，及时报送落实情况；及时将本领域重大敏感信访问题提请联席会议研究。

第十三条 地方各级信访工作联席会议在本级党委和政府领导下，负责本地区信访工作的统筹协调、整体推进、督促落实，协调处理发生在本地区的重要信访问题，指导下级信访工作联席会议工作。联席会议召集人一般由党委和政府负责同志担任。

地方党委和政府应当根据信访工作形势任务，及时调整成员单位，健全规章制度，建立健全信访信息分析研判、重大信访问题协调处理、联合督查等工作机制，提升联席会议工作的科学化、制度化、规范化水平。

根据工作需要，乡镇党委和政府、街道党工委和办事处可以建立信访工作联席会议机制，或者明确党政联席会定期研究本地区信访工作，协调处理发生在本地区的重要信访问题。

第十四条 各级党委和政府信访部门是开展信访工作的专门机构，履行下列职责：

（一）受理、转送、交办信访事项；

（二）协调解决重要信访问题；

（三）督促检查重要信访事项的处理和落实；

（四）综合反映信访信息，分析研判信访形势，为党委和政府提供决策参考；

（五）指导本级其他机关、单位和下级的信访工作；

（六）提出改进工作、完善政策和追究责任的建议；

（七）承担本级党委和政府交办的其他事项。

各级党委和政府信访部门以外的其他机关、单位应当根据信访工作形势任务，明确负责信访工作的机构或者人员，参照党委和政府信访部门职责，明确相应的职责。

第十五条　各级党委和政府以外的其他机关、单位应当做好各自职责范围内的信访工作，按照规定及时受理办理信访事项，预防和化解政策性、群体性信访问题，加强对下级机关、单位信访工作的指导。

各级机关、单位应当拓宽社会力量参与信访工作的制度化渠道，发挥群团组织、社会组织和“两代表一委员”、社会工作者等作用，反映群众意见和要求，引导群众依法理性反映诉求、维护权益，推动矛盾纠纷及时有效化解。

乡镇党委和政府、街道党工委和办事处以及村（社区）“两委”应当全面发挥职能作用，坚持和发展新时代“枫桥经验”，积极协调处理化解发生在当地的信访事项和矛盾纠纷，努力做到小事不出村、大事不出镇、矛盾不上交。

第十六条　各级党委和政府应当加强信访部门建设，选优配强领导班子，配备与形势任务相适应的工作力量，建立健全信访督查专员制度，打造高素质专业化信访干部队伍。各级党委和政府信访部门主要负责同志应当由本级党委或者政府副秘书长〔办公厅（室）副主任〕兼任。

各级党校（行政学院）应当将信访工作作为党性教育内容纳入教学培训，加强干部教育培训。

各级机关、单位应当建立健全年轻干部和新录用干部到信访工作岗位锻炼制度。

各级党委和政府应当为信访工作提供必要的支持和保障，所需经费列入本级预算。

第三章　信访事项的提出和受理

第十七条　公民、法人或者其他组织可以采用信息网络、书信、电话、传真、走访等形式，向各级机关、单位反映情况，提出建议、意见或者投诉请求，有关机关、单位应当依规依法处理。

采用前款规定的形式,反映情况,提出建议、意见或者投诉请求的公民、法人或者其他组织,称信访人。

第十八条 各级机关、单位应当向社会公布网络信访渠道、通信地址、咨询投诉电话、信访接待的时间和地点、查询信访事项处理进展以及结果的方式等相关事项,在其信访接待场所或者网站公布与信访工作有关的党内法规和法律、法规、规章,信访事项的处理程序,以及其他为信访人提供便利的相关事项。

各级机关、单位领导干部应当阅办群众来信和网上信访、定期接待群众来访、定期下访,包案化解群众反映强烈的突出问题。

市、县级党委和政府应当建立和完善联合接访工作机制,根据工作需要组织有关机关、单位联合接待,一站式解决信访问题。

任何组织和个人不得打击报复信访人。

第十九条 信访人一般应当采用书面形式提出信访事项,并载明其姓名(名称)、住址和请求、事实、理由。对采用口头形式提出的信访事项,有关机关、单位应当如实记录。

信访人提出信访事项,应当客观真实,对其所提供材料内容的真实性负责,不得捏造、歪曲事实,不得诬告、陷害他人。

信访事项已经受理或者正在办理的,信访人在规定期限内向受理、办理机关、单位的上级机关、单位又提出同一信访事项的,上级机关、单位不予受理。

第二十条 信访人采用走访形式提出信访事项的,应当到有权处理的本级或者上一级机关、单位设立或者指定的接待场所提出。

信访人采用走访形式提出涉及诉讼权利救济的信访事项,应当按照法律法规规定的程序向有关政法部门提出。

多人采用走访形式提出共同的信访事项的,应当推选代表,代表人数不得超过5人。

各级机关、单位应当落实属地责任,认真接待处理群众来访,把问题解决在当地,引导信访人就地反映问题。

第二十一条 各级党委和政府应当加强信访工作信息化、智能化建设,依规依法有序推进信访信息系统互联互通、信息共享。

各级机关、单位应当及时将信访事项录入信访信息系统,使网上信访、来信、来访、来电在网上流转,方便信访人查询、评价信访事项办理情况。

第二十二条 各级党委和政府信访部门收到信访事项,应当予以登记,并区分情况,在15日内分别按照下列方式处理:

(一)对依照职责属于本级机关、单位或者其工作部门处理决定的,应当转送有权处理的机关、单位；情况重大、紧急的，应当及时提出建议，报请本级党委和政府决定。

（二）涉及下级机关、单位或者其工作人员的，按照“属地管理、分级负责，谁主管、谁负责”的原则，转送有权处理的机关、单位。

（三）对转送信访事项中的重要情况需要反馈办理结果的，可以交由有权处理的机关、单位办理，要求其在指定办理期限内反馈结果，提交办结报告。

各级党委和政府信访部门对收到的涉法涉诉信件，应当转送同级政法部门依法处理；对走访反映涉诉问题的信访人，应当释法明理，引导其向有关政法部门反映问题。对属于纪检监察机关受理的检举控告类信访事项，应当按照管理权限转送有关纪检监察机关依规依纪依法处理。

第二十三条　党委和政府信访部门以外的其他机关、单位收到信访人直接提出的信访事项，应当予以登记；对属于本机关、单位职权范围的，应当告知信访人接收情况以及处理途径和程序；对属于本系统下级机关、单位职权范围的，应当转送、交办有权处理的机关、单位，并告知信访人转送、交办去向；对不属于本机关、单位或者本系统职权范围的，应当告知信访人向有权处理的机关、单位提出。

对信访人直接提出的信访事项，有关机关、单位能够当场告知的，应当当场书面告知；不能当场告知的，应当自收到信访事项之日起15日内书面告知信访人，但信访人的姓名（名称）、住址不清的除外。

对党委和政府信访部门或者本系统上级机关、单位转送、交办的信访事项，属于本机关、单位职权范围的，有关机关、单位应当自收到之日起15日内书面告知信访人接收情况以及处理途径和程序；不属于本机关、单位或者本系统职权范围的，有关机关、单位应当自收到之日起5个工作日内提出异议，并详细说明理由，经转送、交办的信访部门或者上级机关、单位核实同意后，交还相关材料。

政法部门处理涉及诉讼权利救济事项、纪检监察机关处理检举控告事项的告知按照有关规定执行。

第二十四条　涉及两个或者两个以上机关、单位的信访事项，由所涉及的机关、单位协商受理；受理有争议的，由其共同的上一级机关、单位决定受理机关；受理有争议且没有共同的上一级机关、单位的，由共同的信访工作联席会议协调处理。

应当对信访事项作出处理的机关、单位分立、合并、撤销的，由继续行使其职权的机关、单位受理；职责不清的，由本级党委和政府或者其指定的机关、单位受理。

第二十五条　各级机关、单位对可能造成社会影响的重大、紧急信访事项和信访信息，应当及时报告本级党委和政府，通报相关主管部门和本级信访工作联席会议办公室，在职责范围内依法及时采取措施，防止不良影响的产生、扩大。

地方各级党委和政府信访部门接到重大、紧急信访事项和信访信息，应当向上一级信访部门报告，同时报告国家信访局。

第二十六条 信访人在信访过程中应当遵守法律、法规，不得损害国家、社会、集体的利益和其他公民的合法权利，自觉维护社会公共秩序和信访秩序，不得有下列行为：

（一）在机关、单位办公场所周围、公共场所非法聚集，围堵、冲击机关、单位，拦截公务车辆，或者堵塞、阻断交通；

（二）携带危险物品、管制器具；

（三）侮辱、殴打、威胁机关、单位工作人员，非法限制他人人身自由，或者毁坏财物；

（四）在信访接待场所滞留、滋事，或者将生活不能自理的人弃留在信访接待场所；

（五）煽动、串联、胁迫、以财物诱使、幕后操纵他人信访，或者以信访为名借机敛财；

（六）其他扰乱公共秩序、妨害国家和公共安全的行为。

第四章 信访事项的办理

第二十七条 各级机关、单位及其工作人员应当根据各自职责和有关规定，按照诉求合理的解决问题到位、诉求无理的思想教育到位、生活困难的帮扶救助到位、行为违法的依法处理的要求，依法按政策及时就地解决群众合法合理诉求，维护正常信访秩序。

第二十八条 各级机关、单位及其工作人员办理信访事项，应当恪尽职守、秉公办事，查明事实、分清责任，加强教育疏导，及时妥善处理，不得推诿、敷衍、拖延。

各级机关、单位应当按照诉讼与信访分离制度要求，将涉及民事、行政、刑事等诉讼权利救济的信访事项从普通信访体制中分离出来，由有关政法部门依法处理。

各级机关、单位工作人员与信访事项或者信访人有直接利害关系的，应当回避。

第二十九条 对信访人反映的情况、提出的建议意见类事项，有权处理的机关、单位应当认真研究论证。对科学合理、具有现实可行性的，应当采纳或者部分采纳，并予以回复。

信访人反映的情况、提出的建议意见，对国民经济和社会发展或者对改进工作以及保护社会公共利益有贡献的，应当按照有关规定给予奖励。

各级党委和政府应当健全人民建议征集制度，对涉及国计民生的重要工作，主动听取群众的建议意见。

第三十条 对信访人提出的检举控告类事项，纪检监察机关或者有权处理的机关、单位应当依规依纪依法接收、受理、办理和反馈。

党委和政府信访部门应当按照干部管理权限向组织（人事）部门通报反映干部问题的信访情况，重大情况向党委主要负责同志和分管组织（人事）工作的负责同志报送。组织（人事）部门应当按照干部选拔任用监督的有关规定进行办理。

不得将信访人的检举、揭发材料以及有关情况透露或者转给被检举、揭发的人员或者单位。

第三十一条 对信访人提出的申诉求决类事项，有权处理的机关、单位应当区分情况，分别按照下列方式办理：

（一）应当通过审判机关诉讼程序或者复议程序、检察机关刑事立案程序或者法律监督程序、公安机关法律程序处理的，涉法涉诉信访事项未依法终结的，按照法律法规规定的程序处理。

（二）应当通过仲裁解决的，导入相应程序处理。

（三）可以通过党员申诉、申请复审等解决的，导入相应程序处理。

（四）可以通过行政复议、行政裁决、行政确认、行政许可、行政处罚等行政程序解决的，导入相应程序处理。

（五）属于申请查处违法行为、履行保护人身权或者财产权等合法权益职责的，依法履行或者答复。

（六）不属于以上情形的，应当听取信访人陈述事实和理由，并调查核实，出具信访处理意见书。对重大、复杂、疑难的信访事项，可以举行听证。

第三十二条 信访处理意见书应当载明信访人投诉请求、事实和理由、处理意见及其法律法规依据：

（一）请求事实清楚，符合法律、法规、规章或者其他有关规定的，予以支持；

（二）请求事由合理但缺乏法律依据的，应当作出解释说明；

（三）请求缺乏事实根据或者不符合法律、法规、规章或者其他有关规定的，不予支持。

有权处理的机关、单位作出支持信访请求意见的，应当督促有关机关、单位执行；不予支持的，应当做好信访人的疏导教育工作。

第三十三条 各级机关、单位在处理申诉求决类事项过程中，可以在不违反政策法规强制性规定的情况下，在裁量权范围内，经争议双方当事人同意进行调解；可以引导争议双方当事人自愿和解。经调解、和解达成一致意见的，应当制作调解协议书或者和解协议书。

第三十四条 对本条例第三十一条第六项规定的信访事项应当自受理之日起60日内办结；情况复杂的，经本机关、单位负责人批准，可以适当延长办理期限，但延长期限不得超过30日，并告知信访人延期理由。

第三十五条 信访人对信访处理意见不服的，可以自收到书面答复之日起30日内请求原办理机关、单位的上一级机关、单位复查。收到复查请求的机关、单位应当自收到复查请求之日起30日内提出复查意见，并予以书面答复。

第三十六条 信访人对复查意见不服的，可以自收到书面答复之日起30日内向复查机关、单位的上一级机关、单位请求复核。收到复核请求的机关、单位应当自收到复核请求之日起30日内提出复核意见。

复核机关、单位可以按照本条例第三十一条第六项的规定举行听证，经过听证的复核意见可以依法向社会公示。听证所需时间不计算在前款规定的期限内。

信访人对复核意见不服，仍然以同一事实和理由提出投诉请求的，各级党委和政府信访部门和其他机关、单位不再受理。

第三十七条 各级机关、单位应当坚持社会矛盾纠纷多元预防调处化解，人民调解、行政调解、司法调解联动，综合运用法律、政策、经济、行政等手段和教育、协商、疏导等办法，多措并举化解矛盾纠纷。

各级机关、单位在办理信访事项时，对生活确有困难的信访人，可以告知或者帮助其向有关机关或者机构依法申请社会救助。符合国家司法救助条件的，有关政法部门应当按照规定给予司法救助。

地方党委和政府以及基层党组织和基层单位对信访事项已经复查复核和涉法涉诉信访事项已经依法终结的相关信访人，应当做好疏导教育、矛盾化解、帮扶救助等工作。

第五章　监督和追责

第三十八条 各级党委和政府应当对开展信访工作、落实信访工作责任的情况组织专项督查。

信访工作联席会议及其办公室、党委和政府信访部门应当根据工作需要开展督查，就发现的问题向有关地方和部门进行反馈，重要问题向本级党委和政府报告。

各级党委和政府督查部门应当将疑难复杂信访问题列入督查范围。

第三十九条 各级党委和政府应当以依规依法及时就地解决信访问题为导向，每年对信访工作情况进行考核。考核结果应当在适当范围内通报，并作为对领导班子和有关领导干部综合考核评价的重要参考。

对在信访工作中作出突出成绩和贡献的机关、单位或者个人，可以按照有关规定给予表彰和奖励。

对在信访工作中履职不力、存在严重问题的领导班子和领导干部，视情节轻重，由信访工作联席会议进行约谈、通报、挂牌督办，责令限期整改。

第四十条 党委和政府信访部门发现有关机关、单位存在违反信访工作规定受理、办理信访事项，办理信访事项推诿、敷衍、拖延、弄虚作假或者拒不执行信访处理意见等情形的，应当及时督办，并提出改进工作的建议。

对工作中发现的有关政策性问题，应当及时向本级党委和政府报告，并提出完善政策的建议。

对在信访工作中推诿、敷衍、拖延、弄虚作假造成严重后果的机关、单位及其工作人员，应当向有管理权限的机关、单位提出追究责任的建议。

对信访部门提出的改进工作、完善政策、追究责任的建议，有关机关、单位应当书面反馈采纳情况。

第四十一条 党委和政府信访部门应当编制信访情况年度报告，每年向本级党委和政府、上一级党委和政府信访部门报告。年度报告应当包括下列内容：

（一）信访事项的数据统计、信访事项涉及领域以及被投诉较多的机关、单位；

（二）党委和政府信访部门转送、交办、督办情况；

（三）党委和政府信访部门提出改进工作、完善政策、追究责任建议以及被采纳情况；

（四）其他应当报告的事项。

根据巡视巡察工作需要，党委和政府信访部门应当向巡视巡察机构提供被巡视巡察地区、单位领导班子及其成员和下一级主要负责人有关信访举报，落实信访工作责任制，具有苗头性、倾向性的重要信访问题，需要巡视巡察工作关注的重要信访事项等情况。

第四十二条 因下列情形之一导致信访事项发生，造成严重后果的，对直接负责的主管人员和其他直接责任人员，依规依纪依法严肃处理；构成犯罪的，依法追究刑事责任：

（一）超越或者滥用职权，侵害公民、法人或者其他组织合法权益；

（二）应当作为而不作为，侵害公民、法人或者其他组织合法权益；

（三）适用法律、法规错误或者违反法定程序，侵害公民、法人或者其他组织合法权益；

（四）拒不执行有权处理机关、单位作出的支持信访请求意见。

第四十三条 各级党委和政府信访部门对收到的信访事项应当登记、转送、交办而未按照规定登记、转送、交办,或者应当履行督办职责而未履行的,由其上级机关责令改正;造成严重后果的,对直接负责的主管人员和其他直接责任人员依规依纪依法严肃处理。

第四十四条　负有受理信访事项职责的机关、单位有下列情形之一的,由其上级机关、单位责令改正;造成严重后果的,对直接负责的主管人员和其他直接责任人员依规依纪依法严肃处理:

(一)对收到的信访事项不按照规定登记;

(二)对属于其职权范围的信访事项不予受理;

(三)未在规定期限内书面告知信访人是否受理信访事项。

第四十五条　对信访事项有权处理的机关、单位有下列情形之一的,由其上级机关、单位责令改正;造成严重后果的,对直接负责的主管人员和其他直接责任人员依规依纪依法严肃处理:

(一)推诿、敷衍、拖延信访事项办理或者未在规定期限内办结信访事项;

(二)对事实清楚,符合法律、法规、规章或者其他有关规定的投诉请求未予支持;

(三)对党委和政府信访部门提出的改进工作、完善政策等建议重视不够、落实不力,导致问题长期得不到解决;

(四)其他不履行或者不正确履行信访事项处理职责的情形。

第四十六条　有关机关、单位及其领导干部、工作人员有下列情形之一的,由其上级机关、单位责令改正;造成严重后果的,对直接负责的主管人员和其他直接责任人员依规依纪依法严肃处理;构成犯罪的,依法追究刑事责任:

(一)对待信访人态度恶劣、作风粗暴,损害党群干群关系;

(二)在处理信访事项过程中吃拿卡要、谋取私利;

(三)对规模性集体访、负面舆情等处置不力,导致事态扩大;

(四)对可能造成社会影响的重大、紧急信访事项和信访信息隐瞒、谎报、缓报,或者未依法及时采取必要措施;

(五)将信访人的检举、揭发材料或者有关情况透露、转给被检举、揭发的人员或者单位;

(六)打击报复信访人;

(七)其他违规违纪违法的情形。

第四十七条　信访人违反本条例第二十条、第二十六条规定的,有关机关、单位工作人员应当对其进行劝阻、批评或者教育。

信访人滋事扰序、缠访闹访情节严重,构成违反治安管理行为的,或者违反集会游行示威相关法律法规的，由公安机关依法采取必要的现场处置措施、给予治安管理处罚；构成犯罪的，依法追究刑事责任。

信访人捏造歪曲事实、诬告陷害他人，构成违反治安管理行为的，依法给予治安管理处罚；构成犯罪的，依法追究刑事责任。

第六章　附　　则

第四十八条　对外国人、无国籍人、外国组织信访事项的处理，参照本条例执行。

第四十九条　本条例由国家信访局负责解释。

第五十条　本条例自 2022 年 5 月 1 日起施行。

中国共产党纪律检查机关
控告申诉工作条例

（1993 年 8 月 22 日中共中央纪律检查委员会印发）

第一章　总　　则

第一条　受理对党员、党组织的检举、控告和党员、党组织的申诉，是党的纪律检查机关的一项重要职责。根据党章的有关规定，制定本条例。

第二条　控告申诉工作是党的纪律检查机关贯彻执行党的群众路线，依靠群众维护党的纪律、促进党风建设的一项重要工作；是保障党内外群众充分行使民主权利，对党组织、党员特别是党员领导干部进行监督的重要渠道；是纪律检查工作的基础性工作。

第三条　纪律检查机关受理检举、控告、申诉的范围是：对党员、党组织违反党章和其他党内法规，违反党的路线、方针、政策和决议，利用职权谋取私利和其他败坏党风行为的检举、控告；党员、党组织对所受党纪处分或纪律检查机关所作的其他处理不服的申诉；其他涉及党纪党风的问题。

第四条　控告申诉工作的指导思想是：贯彻执行党的基本路线，坚持从严治党方针，为党风廉政建设和维护安定团结服务，保证经济建设的顺利进行。

第五条　控告申诉工作的基本原则是：

（一）按照党章和政策规定处理问题。

（二）实事求是，以事实为依据。

（三）贯彻党的民主集中制。

（四）维护当事人的民主权利。

（五）分级负责、分工归口处理检举、控告和申诉。

（六）解决实际问题同思想教育相结合。

第六条 县以上（含县）纪律检查委员会，应建立控告申诉工作部门，配备专职干部，设置接待群众的场所，公布有关的规章制度，为党内外群众提供检举、控告、申诉的必要条件。

第二章 处理检举、控告、申诉的程序和方法

第一节 处理检举、控告的程序

第七条 中央纪律检查委员会收到对中央委员会、中央纪律检查委员会成员违犯党的纪律行为的检举、控告，应进行初步核实，需要立案检查的，报中央委员会批准。中央以下各级纪律检查委员会收到对上述成员的检举、控告，应及时报告中央纪律检查委员会。

第八条 中央以下各级纪律检查委员会收到对同级党的委员会、纪律检查委员会成员违犯党的纪律行为的检举、控告，应进行初步核实，需要立案检查的，报同级党的委员会批准；涉及常务委员的，经报告同级党的委员会后报上级纪律检查委员会批准。

第九条 对第七、第八条所列范围以外的党员干部违犯党的纪律行为的检举、控告，按照干部管理权限，属于哪一级党的委员会管理的党员干部的问题，就由哪一级纪律检查委员会调查处理。重要的问题，应向上级纪律检查委员会报告，上级纪律检查委员会认为需要时可以直接调查处理。

第十条 对一般党员的检举、控告，由该党员所在的党组织调查处理；上级纪律检查委员会认为需要时可以直接调查处理。

第十一条 中央以下各级纪律检查委员会收到对同级党的委员会的检举、控告，必须报上级纪律检查委员会处理。

第十二条 对党员、党组织的检举、控告，需要立案检查的，按照党的纪律检查机关案件检查工作的有关规定办理。不需立案而被检举、控告人确有缺点、错误的，可由承办的纪律检查机关或有关党组织责成被检举、控告人作出检讨或说明，或通过党内生活进行批评教育。

第十三条 对检举、控告的问题作出处理后，由承办的纪律检查机关或有关党组织将处理结果告知检举、控告人，听取其意见。匿名检举的问题，必要时可在适当

范围内公布调查处理的结果。

第二节　处理申诉的程序

第十四条　党员、党组织对所受党纪处分不服的申诉，由批准处分的党的委员会或纪律检查委员会承办。原批准处分的党的委员会或纪律检查委员会已经撤销的，由申诉人现在的相当于原批准处分的一级党的委员会或纪律检查委员会承办。

党员、党组织对纪律检查机关所作的其他处理不服的申诉，由作出处理决定的纪律检查机关承办。

第十五条　对党员、党组织的申诉，需要复议、复查的，按照党的纪律检查机关案件审理工作的有关规定办理。不需要复议、复查的，由承办的纪律检查机关或有关党组织对申诉人说明理由，做好工作。

第十六条　经过复议、复查，如果原结论或处理决定是正确的，应作出维持原结论或处理的决定，并报原批准的党的委员会或纪律检查委员会批准结案；需要改变原结论或处理决定的，应作出新的处理决定，并经原批准的党的委员会或纪律检查委员会批准执行。如果复议、复查结论和决定是由原批准的党的委员会或纪律检查委员会作出的，则不必办理上述批准手续。

第十七条　对党员、党组织的申诉，上级纪律检查委员会认为需要时可以直接复议、复查，也可以责成有关的党的委员会或纪律检查委员会复议、复查。

第十八条　对申诉的问题复议、复查后，由承办的党的委员会或纪律检查委员会将处理意见或复议、复查结论同申诉人见面，听取其意见。复议、复查的结论和决定，应交给申诉人一份。

第十九条　申诉人如果对复议、复查结论仍然不服，由批准的党的委员会或纪律检查委员会，将申诉人的意见及复议、复查的结论和有关材料，一并报上一级党的委员会或纪律检查委员会审查决定。

第三节　处理检举、控告和申诉的基本方法

第二十条　对检举、控告、申诉中的重要情况和问题，可采取适当的书面形式，及时向党的有关领导机关、领导同志和有关部门反映。

第二十一条　对本级党的委员会管理的党员干部的检举、控告和本级党的委员会管理的党员干部的申诉，分别由本级纪律检查委员会的案件检查部门和案件审理部门办理。重要的可由本级纪律检查委员会领导批示办理。

第二十二条　涉及下级党的委员会管理的党员干部和一般党员的检举、控告、申诉，按照分级负责的原则，转交下级相应的纪律检查机关或有关党组织办理。重

要的可函交下级纪律检查机关或有关党组织调查处理,有的可责成其报告调查处理的结果。

第二十三条 对转交下级纪律检查机关或有关党组织办理的检举、控告和申诉,交办的纪律检查机关可采取检查、催办、参与调查、参与研究处理意见等方法,促使问题及时、正确地得到处理。

第二十四条 对匿名的检举材料,要具体分析,区别对待,慎重处理:没有具体事实的,可不予置理;反映情节轻微的一般问题的,可将问题摘抄给被检举人,责成其作出检讨或说明;反映重要问题的,可先进行初步核实,再确定处理办法;内容反动的,可交公安部门处理。

第三章 受理机关的职责和工作要求

第二十五条 在控告申诉工作中,各级纪律检查机关的责任是:按照规定的范围受理检举、控告和申诉,从中了解党风党纪情况和违纪案件线索;直接办理或向下级纪律检查机关和有关党组织交办检举、控告和申诉;指导和协助下级纪律检查机关做好控告申诉工作。

第二十六条 各级纪律检查委员会的控告申诉工作部门承担处理检举、控告和申诉的日常工作,遵照本级纪律检查委员会的决定和有关规章制度,履行下列职责:

(一)通过处理群众来信和接待群众来访,受理检举、控告和申诉;

(二)向本级纪律检查委员会反映检举、控告和申诉的情况和问题;

(三)承办上级和本级纪律检查委员会交办的检举、控告、申诉和其他事项;

(四)向本级纪律检查委员会有关部门移送或向下级纪律检查机关、有关党组织交办检举、控告和申诉,向有关部门转办不属于纪律检查机关职责范围的信访问题;

(五)调查研究控告申诉工作情况,拟订控告申诉工作的规章制度,对下级纪律检查机关的控告申诉工作进行业务指导;

(六)协调处理信访问题,疏导上访群众,维护正常的工作秩序和社会秩序。

第二十七条 各级纪律检查机关对受理的检举、控告和申诉,应及时办理,不得延误。对应由上级处理的问题,应迅速报告上级处理;对应由本级处理的问题,本级有关领导或有关部门应及时处理;对应由下级处理的问题,应迅速转交下级处理。

第二十八条 对于上级纪律检查机关要求报告调查处理结果的检举、控告、申诉案件,承办的纪律检查机关或有关党组织一般应在三个月内报告结果;不能如期报告时,要说明理由和办理情况。对于没有要求报告结果的检举、控告、申诉,也应及时调查处理,不得置之不理或敷衍塞责。

第二十九条 向上级纪律检查机关报告检举、控告和申诉案件的处理结果,应当材料齐全。

报告检举、控告案件处理结果的必备材料是:

(一)调查报告和处理结论。

(二)检举、控告人和被检举、控告人对调查处理的意见。在检举、控告人或被检举、控告人提出不同意见时,应附有承办单位对其不同意见的说明。

(三)被检举、控告人有错误,组织上已令其检讨或给予组织处理的,应附有本人检讨或处理决定。

(四)呈报机关的审查意见。

报告申诉案件处理结果的必备材料是:

(一)原处理决定、复议结论或复查报告及结论。

(二)申诉人对复议、复查结论的意见。在申诉人提出不同意见时,应附有承办单位对其不同意见的说明。

(三)呈报机关的审查意见。

第三十条 上级纪律检查委员会对下级纪律检查委员会或有关党组织上报的调查处理结果审核后,对处理正确的要及时结案;对处理不当的,要及时提出意见或建议。上下级纪律检查委员会如果在重要问题上有不同意见,由上级纪律检查委员会决定;如果下级纪律检查委员会的处理确有错误又坚持不改的,上级纪律检查委员会有权改变下级纪律检查委员会对案件所作的决定。

第三十一条 对检举、控告和申诉调查处理完毕后,承办单位、交办单位应按档案工作的规定,及时立卷归档。

第三十二条 维护当事人的合法权利。对检举、控告人及检举、控告内容,应当保密。不准将检举、控告材料转给被检举、控告人;不得对检举、控告、申诉人歧视、刁难、压制。对打击报复检举、控告、申诉人的,必须追究责任,严肃处理。

第三十三条 对如实检举、控告或反映情况的,应予以支持、鼓励。对检举、控告不完全属实的,除对不属实的部分予以解释说明外,对属实的部分应予以处理。对检举、控告不实的,必须分清是错告还是诬告:如属错告,应在一定范围内澄清是非,消除对被错告者造成的影响,并教育错告者;如属诬告,必须对诬告者追究责任,严肃处理。

第三十四条 认定诬告,必须经过地、市级以上(含地、市级)党的委员会或纪律检查委员会批准。

第三十五条 对于党员、党组织对党纪处分或纪律检查机关所作的其他处理不服的申诉,必须按照全错全纠、部分错部分纠、不错不纠的原则,实事求是地处理。凡属冤假错案,不管是哪一级组织、哪一个领导人定的和批的,都要实事求是地纠正。

第三十六条 发现党的组织或负责人对党员或党组织的申诉不认真复议、复查和对冤假错案坚持不纠,对受理的检举、控告不负责任,无故拖延不办,或为违纪者说情开脱,予以包庇的,都要给予批评教育,情节严重的,必须追究责任。

第三十七条 对检举、控告、申诉的问题已经得到正确处理,当事人仍无理纠缠,影响工作秩序的,应当进行批评教育;对不听劝告、屡教不改的,可请公安部门协助处理。

第三十八条 受理机关及其工作人员,在坚持原则、执行政策、秉公执纪、廉洁奉公、遵纪守法、工作作风等方面,必须接受党内外群众的监督。

第三十九条 各级纪律检查机关的领导对重要的检举、控告、申诉,应亲自阅批、接谈,进行处理;要支持承办人员履行职责,保护他们的合法权益不受侵害。

第四章 当事人的权利和义务

第四十条 检举、控告、申诉人在检举、控告、申诉活动中有下列权利:

(一)对党员、党组织违法乱纪的行为有权提出检举、控告。

(二)党员对所受党纪处分或纪律检查机关所作的其他处理不服,有权提出申诉,要求复议、复查。

(三)提出检举、控告、申诉后,在一定期限内得不到答复时,有权向受理机关提出询问,要求给予负责的答复。

(四)有权要求与检举、控告、申诉案情有关或有牵连的承办人员回避。

(五)对受理机关及承办人员的失职行为和其他违纪行为有权提出检举、控告。

(六)因进行检举、控告、申诉,其合法权利受到威胁或侵害时,有权要求受理机关给予保护。

第四十一条 检举、控告、申诉人在检举、控告、申诉活动中,必须履行下列义务:

(一)对所检举、控告、申诉的事实的真实性负责。接受调查、询问时,应如实提供情况和证据。如有诬陷、制造假证行为,须承担纪律责任。

(二)遵守党的纪律和控告申诉工作的有关规定,维护社会秩序和工作秩序。如有违犯,须接受教育、劝告,直至承担纪律责任。

(三)接受党组织的正确处理意见,不得提出党章、制度、政策规定以外的要求。

第四十二条　被检举、控告人在党组织处理对他的检举、控告过程中有下列权利：

（一）对被检举、控告的问题有权进行说明解释。

（二）基层党组织讨论决定对他的党纪处分或其他处理时，有权参加和进行申辩。

（三）有权要求党组织将调查处理结论同本人见面。

（四）对党组织认定本人所犯错误的事实、性质和所作处理决定有不同意见时，有权向上级党组织直至中央提出申诉。

（五）对受理机关及承办人员的失职行为和其他违纪行为有权提出检举、控告。

（六）当合法权利受到威胁或侵害时，有权要求受理机关给予保护。

第四十三条　被检举、控告人在党组织处理对他的检举、控告过程中，必须履行下列义务：

（一）配合党组织查清被检举、控告的问题，如实提供情况和证人，接受检查和询问，主动交代问题。如有隐瞒、诬陷、抗拒等行为，须承担纪律责任。

（二）对所犯错误，必须正确对待，认真检讨，接受处理，不得违反组织决定。

（三）尊重检举、控告人和承办人员的权利和职责，如有利用职权打击报复检举、控告人和承办人员的行为，须承担纪律责任。

第五章　附　　则

第四十四条　本条例是党内处理检举、控告、申诉的规则，各级纪律检查机关和党组织必须严格执行。

第四十五条　各省、自治区、直辖市纪律检查委员会，中央直属机关和中央国家机关纪律检查工作委员会，可根据实际情况，制定实施本条例的细则或具体规定，报中共中央纪律检查委员会备案。

第四十六条　中国人民解放军的纪律检查机关的控告申诉工作，可参照本条例另作规定。

第四十七条　本条例由中共中央纪律检查委员会负责解释和修改。

第四十八条　本条例自一九九三年九月一日起施行。其他有关控告申诉工作的规定，如与本条例不一致时，按本条例执行。

4. 规则、规定、办法

纪检监察机关处理检举控告工作规则①

（2020年1月2日中共中央政治局常委会会议审议批准
2020年1月21日中共中央办公厅发布）

第一章　总　　则

第一条　为了规范纪检监察机关处理检举控告工作，保障党员、群众行使监督权利，维护党员、干部合法权益，根据《中国共产党章程》、《中国共产党党内监督条例》等党内法规和《中华人民共和国宪法》、《中华人民共和国监察法》等法律，制定本规则。

第二条　坚持以马克思列宁主义、毛泽东思想、邓小平理论、“三个代表”重要思想、科学发展观、习近平新时代中国特色社会主义思想为指导，增强“四个意识”、坚定“四个自信”、做到“两个维护”，深入推进全面从严治党②，贯彻纪律检查委员会和监察委员会合署办公要求，依规依纪依法处理检举控告，完善党和国家监督体系，强化对权力运行的制约和监督。

第三条　纪检监察机关应当认真处理检举控告，回应群众关切，发挥党和国家监督专责机关作用，保障党的理论和路线方针政策以及重大决策部署贯彻落实，为党风廉政建设、社会和谐稳定服务。

第四条　任何组织和个人对以下行为，有权向纪检监察机关提出检举控告：

（一）党组织、党员违反政治纪律、组织纪律、廉洁纪律、群众纪律、工作纪律、生活纪律等党的纪律行为③；

（二）监察对象不依法履职，违反秉公用权、廉洁从政从业以及道德操守等规定，涉嫌贪污贿赂、滥用职权、玩忽职守、权力寻租、利益输送、徇私舞弊以及浪费国家资财等职务违法、职务犯罪行为④；

（三）其他依照规定应当由纪检监察机关处理的违纪违法行为。

第五条　纪检监察机关处理检举控告工作应当遵循以下原则⑤：

（一）实事求是。以事实为依据处理检举控告，鼓励支持检举控告人客观真实

① “检举”主要指党员依照相关规定，对党的组织、党员的违纪违法行为进行检举揭发，要求有关部门予以追究的活动。“控告”主要指党员在自己合法权益受到侵害时，依照规定向有关党组织进行告诉，要求维护自身权益并追究有关单位、人员的责任的权利。请注意信访举报与检举控告的关系，前者包括后者。如，中央纪委国家监委通报2022年全国纪检监察机关共接收信访举报344.4万件次，其中检举控告类信访举报104.4万件次。

② 检举控告在全面从严治党方略中发挥基础性作用，是社情民意“晴雨表”、政治生态“风向标”。

③ 本规定与《中国共产党章程》《中国共产党纪律处分条例》中规定的“六大纪律”相对应。

④ 本规定与《监察法》第11条第2项相衔接。

⑤ 此处规定了4个原则，请注意排序。排在第一位的原则是“实事求是”。

地反映情况。

（二）依规依纪依法。按照党章党规党纪和宪法法律以及信访工作有关规定处理检举控告，引导检举控告人依规依法、理性有序地反映问题。

（三）保障合法权利[⑥]。贯彻“三个区分开来”要求，既保障检举控告人的监督权利，又查处诬告陷害行为，保护党员、干部干事创业积极性。

（四）分级负责、分工处理。按照管理权限受理检举控告，建立信访举报、监督检查、审查调查、案件监督管理等部门相互配合、相互制约的工作机制。

第六条　建设覆盖纪检监察系统的检举举报平台，运用互联网技术和信息化手段[⑦]，畅通检举控告渠道，规范处理检举控告工作，及时发现问题线索，科学研判政治生态[⑧]，更好服务群众。

第二章　检举控告的接收和受理

第七条　纪检监察机关应当接收检举控告人通过以下方式提出的检举控告：

（一）向纪检监察机关邮寄信件反映的；

（二）到纪检监察机关指定的接待场所当面反映的；

（三）拨打纪检监察机关检举控告电话反映的；

（四）向纪检监察机关的检举控告网站、微信公众平台、手机客户端等网络举报受理平台[⑨]发送电子材料反映的；

（五）通过纪检监察机关设立的其他渠道反映的。

对其他机关、部门、单位转送的属于纪检监察机关受理范围的检举控告，应当按规定予以接收。

第八条　县级以上纪检监察机关应当明确承担信访举报工作职责的部门和人员，设置接待群众的场所，公开检举控告地址、电话、网站等信息，公布有关规章制度，归口接收检举控告。

巡视巡察工作机构对收到的检举控告，按有关规定处理[⑩]。

第九条　纪检监察机关应当负责任地接待来访人员，耐心听取其反映的问题[⑪]，做好解疑释惑和情绪疏导工作，妥善处理问题。

建立纪检监察干部定期接访制度，有关负责人应当接待重要来访、处理重要信访问题[⑫]。

第十条　纪检监察机关信访举报部门对属于受理范围的检举控告，应当进行编号登记，按规定录入检举举报平台。

对涉及同级党委管理的党员、干部以及监察对象的检举控告，应当定期梳理汇总，并向本机关主要负责人报告。

⑥ 这里的权利主体既包括检举控告人，也包括党员、干部。

⑦ 这是纪检监察机关治理体系和治理能力现代化的标志之一。

⑧ 此处强调研判政治生态，要求纪检监察机关善于管中窥豹、善于运用系统思维看待问题，而不是孤立地静止地看待问题线索。

⑨ 纪检监察机关的微信公众平台、手机客户端，首次被写入党内法规。

⑩ 如《中国共产党纪律检查机关监督执纪工作规则》第20条第2款规定：“巡视巡察工作机构和审计机关、行政执法机关、司法机关等单位发现涉嫌违纪或者职务违法、职务犯罪问题线索，应当及时移交纪检监察机关案件监督管理部门统一办理。”

⑪ 接待来访人员的要求，一是“负责任地”接待来访人员，二是耐心听取。结合第46条理解。

⑫ 对纪检监察机关有关负责人而言，接待重要来访、处理重要信访问题，须亲力亲为。

第十一条 检举控告工作按照管理权限实行分级受理⑬：

⑬ 本款属于注意性规定。本级纪委常委、监委委员，属于同级党委管理的干部。如其存在违纪违法问题，本级纪委监委可以受理并依规依纪依法处理。如经黑龙江省委批准，2017年6月黑龙江省纪委对省纪委原常委宋某严重违纪问题进行了立案审查。

（一）中央纪委国家监委受理反映中央委员、候补中央委员，中央纪委委员，中央管理的领导干部，党中央工作机关、党中央批准设立的党组（党委），各省、自治区、直辖市党委、纪委等涉嫌违纪或者职务违法、职务犯罪问题的检举控告。

（二）地方各级纪委监委受理反映同级党委委员、候补委员，同级纪委委员，同级党委管理的党员、干部以及监察对象，同级党委工作机关、党委批准设立的党组（党委），下一级党委、纪委等涉嫌违纪或者职务违法、职务犯罪问题的检举控告。

（三）基层纪委受理反映同级党委管理的党员，同级党委下属的各级党组织涉嫌违纪问题的检举控告；未设立纪律检查委员会的党的基层委员会，由该委员会受理检举控告。

各级纪委监委按照管理权限受理反映本机关干部涉嫌违纪或者职务违法、职务犯罪问题的检举控告。

第十二条 对反映党的组织关系在地方、干部管理权限在主管部门的党员、干部以及监察对象涉嫌违纪或者职务违法、职务犯罪问题的检举控告，由设在主管部门、有管辖权的纪检监察机关受理。地方纪检监察机关接到检举控告的，经与设在主管部门、有管辖权的纪检监察机关协调，可以按规定受理。⑭

⑭ 本规定与《中国共产党纪律检查机关监督执纪工作规则》第8条一致。

第十三条 纪检监察机关对反映的以下事项，不予受理：

（一）已经或者依法应当通过诉讼、仲裁、行政裁决、行政复议等途径解决的；

（二）依照有关规定，属于其他机关或者单位职责范围的；

（三）仅列举出违纪或者职务违法、职务犯罪行为名称但无实质内容的⑮。

⑮ 仅列举出违纪或者职务违法、职务犯罪行为名称但无实质内容的，无论是来信反映的，还是通过来访、来电、网络举报受理平台等方式反映的，均不予受理。请结合第17条第1款理解。

对前款第一项、第二项所列事项，通过来信反映的，应当及时转有关机关或者单位处理；通过来访、来电、网络举报受理平台等方式反映的，应当告知检举控告人依规依法向有权处理的机关或者单位反映。

第三章 检举控告的办理

第十四条 纪检监察机关信访举报部门经筛选，对属于本级受理的初次检举控告，应当移送本机关监督检查部门或者相关部门，并按规定将移送情况通报案件监督管理部门；对于重复检举控告，按规定登记后留存备查，并定期向有关部门通报情况。

承办部门应当指定专人负责管理，逐件登记、建立台账。

第十五条 纪检监察机关信访举报部门收到属于上级纪检监察机关受理的检举控告，应当径送本机关主要负责人，并在收到之日起5个工作日内⑯报送上一级纪检监察机关信访举报部门；收到反映本机关主要负责人问题的检举控告，应当径

⑯ 本规则关于期限的规定共有5处，分别是第15条第1款、第16条第2款、第21条、第26条、第27条。

送上一级纪检监察机关信访举报部门。

对属于上级纪检监察机关受理的检举控告，不得瞒报、漏报、迟报，不得扩大知情范围，不得复制、摘抄检举控告内容，不得将有关信息录入检举举报平台。

第十六条　纪检监察机关信访举报部门收到属于下级纪检监察机关受理的检举控告，应当及时予以转送。

下一级纪检监察机关对转送的检举控告，应当进行登记，在收到之日起5个工作日内完成受理或者转办工作。

第十七条　纪检监察机关监督检查部门应当对收到的检举控告进行认真甄别，对没有实质内容的检举控告或者属于其他纪检监察机关受理的检举控告，在沟通研究、经本机关分管领导批准后，按程序退回信访举报部门处理[17]。

监督检查部门对属于本级受理的检举控告，应当结合日常监督掌握的情况，进行综合分析、适当了解，经集体研究并履行报批程序后，以谈话函询、初步核实、暂存待查、予以了结等方式处置，或者按规定移送审查调查部门处置[18]。

第十八条　纪检监察机关监督检查、审查调查部门应当每季度向信访举报部门反馈已办结的检举控告处理结果。[19]

反馈内容应当包括处置方式、属实情况、向检举控告人反馈情况等。

第十九条　纪检监察机关案件监督管理部门应当加强对检举控告办理情况的监督。信访举报、监督检查、审查调查部门应当定期向案件监督管理部门通报有关情况[20]。

第四章　检查督办

第二十条　纪检监察机关信访举报部门对属于下级纪检监察机关受理的检举控告，有以下情形之一，经本机关分管领导批准，可以发函交办：

（一）在落实党中央决策部署中，存在明显违纪违法问题的；

（二）问题典型、群众反映强烈的；

（三）对检举控告问题久拖不办，造成不良影响的；

（四）其他需要交办的情形。

第二十一条　下级纪检监察机关接到交办的检举控告后，一般应当在3个月内办结，并报送核查处理情况；经本机关主要负责人批准，可以延长3个月，并向上级纪检监察机关报告[21]。特殊情况需要再次延长办理期限的，应当报上级纪检监察机关批准。

第二十二条　对交办的检举控告，有以下情形之一，经交办机关分管领导批准，可以采取发函、听取汇报、审阅案卷、检查督促等方式督办[22]：

⑰　纪检监察机关信访部门须严把入口关，根据第13条的规定，对没有实质内容的检举控告处置方式是不受理，如果受理后向下运转，将会浪费人力、物力。

⑱　监督检查部门对问题线索初核后，可能存在需要立案审查调查的情形，因此增加"或者按规定移送审查调查部门处置"符合逻辑。立案审查调查不属于问题线索处置方式。谈话函询后，发现需要追究纪律和法律责任的，能否直接立案审查调查呢？《中国共产党纪律检查机关监督执纪工作规则》第30条第1款第3项规定，应当提出初步核实的建议。换言之，不能省略初核环节。

⑲　要"每季度""向信访举报部门反馈已办结的检举控告处理结果"属新要求。

⑳　信访举报部门"应当定期向案件监督管理部门通报有关情况"属新要求。

(一)超过期限仍未办结的;

(二)组织不力、核查处理不认真,或者推诿敷衍的;

(三)需要补充核查、重新研究处理意见或者补报有关材料的;

(四)其他需要督办的情形。

第二十三条 检举控告承办机关对拟上报的核查处理情况,应当集体审核研究,经本机关主要负责人批准后,报上一级纪检监察机关[23]。

第五章 实名检举控告的处理

第二十四条 检举控告人使用本人真实姓名或者本单位名称,有电话等具体联系方式的,属于实名检举控告[24]。

纪检监察机关信访举报部门可以通过电话、面谈等方式核实是否属于实名检举控告。

第二十五条 纪检监察机关提倡、鼓励实名检举控告,对实名检举控告优先办理、优先处置、给予答复。

第二十六条 纪检监察机关信访举报部门对属于本机关受理的实名检举控告,应当在收到检举控告之日起15个工作日内告知实名检举控告人受理情况[25]。重复检举控告的,不再告知。

第二十七条 承办的监督检查、审查调查部门应当将实名检举控告的处理结果在办结之日[26]起15个工作日内向检举控告人反馈,并记录反馈情况。检举控告人提出异议的,承办部门应当如实记录,并予以说明;提供新的证据材料的,承办部门应当核查处理。

第二十八条 实名检举控告经查证属实,对突破重大案件起到重要作用,或者为国家、集体挽回重大经济损失的[27],纪检监察机关可以按规定对检举控告人予以奖励。

第二十九条 匿名检举控告,属于受理范围的,纪检监察机关应当按程序受理。

对匿名检举控告材料,不得擅自核查检举控告人的笔迹、网际协议地址(IP地址)等信息。对检举控告人涉嫌诬告陷害等违纪违法行为,确有需要采取上述方式追查其身份的,应当经设区的市级以上纪委监委批准[28]。

第三十条 虽有署名但不是检举控告人真实姓名(单位名称)或者无法验证的检举控告,按照匿名检举控告处理。

第六章 检举控告情况的综合运用

第三十一条 纪检监察机关应当定期研判所辖地区、部门、单位检举控告情

㉑ 注意程序要求,一是本机关主要负责人批准,二是向上级纪检监察机关报告,此处未要求延长办理须征得上级纪检监察机关同意。注意《中国共产党党内监督条例》第41条第2款关于违纪问题线索办结时限的规定:“对于上级党组织交办以及巡视等移交的违纪问题线索,应当及时处理,并在3个月内反馈办理情况。”

㉒ 本条列举了4种督办方式:发函、听取汇报、审阅案卷、检查督促,无论采取哪一种方式督办,都需要经交办机关分管领导批准。

㉓ 注意程序性要求,一是集体审核研究,二是本机关主要负责人批准。

㉔ 结合第30条理解。

㉕ 知识点:一是告知主体是纪检监察机关信访举报部门(而不是具体承办部门),二是在收到检举控告之日起15个工作日内告知,三是本规定适用实名检举控告。

况，对反映的典型性、普遍性[29]、苗头性问题[30]提出有针对性的工作建议，形成综合分析报告，报上一级纪检监察机关，必要时向同级党委报告[31]。

纪检监察机关应当根据全面从严治党、党风廉政建设和反腐败工作重点以及检举控告反映的热点问题，开展专题分析[32]。

对问题集中、反映强烈的地区、部门、单位，可以将相关分析情况向有关党组织通报。

第三十二条　纪检监察机关应当根据巡视巡察工作机构要求，及时提供涉及被巡视巡察地区、部门、单位的检举控告情况。

第三十三条　纪检监察机关在开展日常监督工作中应当对检举控告情况进行收集、研判，综合各方面信息[33]，全面掌握被监督单位政治生态情况和被监督对象的思想、工作、作风、生活情况，提高监督的针对性和实效性。

第三十四条　对检举控告较多的地区、部门、单位，纪检监察机关经了解核实后，发现有关党组织或者单位党风廉政建设和履行职责存在问题的，应当向其提出纪律检查建议或者监察建议，并督促整改落实。

第七章　当事人的权利和义务

第三十五条　检举控告人享有以下权利：

（一）对党组织和党员、干部以及监察对象涉嫌违纪违法的行为提出检举控告；

（二）申请与检举控告事项相关的工作人员回避；

（三）对受理机关以及处理检举控告工作人员的失职渎职等违纪违法行为提出检举控告[34]；

（四）因检举控告致其合法权利受到威胁或者侵害的，可以提出保护申请；

（五）检举控告严重违纪违法问题，经查证属实的，按规定获得表扬或者奖励；

（六）党内法规和法律法规规定的其他权利。

第三十六条　检举控告人应当履行以下义务：

（一）如实提供所掌握的全部情况和证据，对检举控告内容的真实性负责，不得夸大、歪曲事实，不得诬告陷害他人；

（二）自觉维护社会公共秩序和信访秩序，不得损害党、国家和人民的利益以及公民个人的合法权利；

（三）接受党组织、单位的正确处理意见，不得提出党内法规和法律法规规定以外的要求；

（四）对反馈的处理结果等情况予以保密；

（五）党内法规和法律法规规定的其他义务。

㉖ 办结之日指的是检举控告处理结果的批准之日，包括对被检举控告人的党纪政务处分决定，组织调整、组织处理决定，谈话提醒、批评教育、责令检查、诫勉等处理决定，以及对检举控告予以了结或者撤案决定等处理结果。其中，处理结果需要报党委或者党委主要负责人审批的，应当自党委或者党委主要负责人批准之日起计算；由纪委常委会会议（未设常委的纪委会议）审议的，自审议通过之日起计算；不需要提请纪委常委会会议（未设常委的纪委会议）审议的，自有权审批的纪检监察机关负责人批准之日起计算。

㉗ 对实名检举控告人进行奖励的情形：一是对突破重大案件起到重要作用，强调是重大案件、起重要作用，一般案件通常无奖励；二是为国家、集体挽回重大经济损失。

㉘ 县（区）纪委监委不能实施核查检举控告人的笔迹、网际协议地址（IP 地

第三十七条 被检举控告人应当履行以下义务：

（一）正确对待检举控告，有则改之、无则加勉，习惯在受监督和约束的环境中工作生活；

（二）相信组织、依靠组织，配合做好了解核实工作，实事求是说明问题，不得对抗审查调查；

（三）尊重检举控告人和处理检举控告工作人员，不得进行打击报复；

（四）党内法规和法律法规规定的其他义务。

第三十八条 被检举控告人享有以下权利：

（一）对被检举控告的问题作出说明、辩解；

（二）基层党组织讨论决定对自身处理、处分时，可以参加和进行申辩；

（三）申请反馈核查处理结论；

（四）对所受处理、处分不服的，可以申诉或者申请复审；

（五）对受理机关以及处理检举控告工作人员的失职渎职等违纪违法行为提出检举控告；

（六）党内法规和法律法规规定的其他权利。

第八章 诬告陷害行为的查处

第三十九条 采取捏造事实、伪造材料等方式反映问题，意图使他人受到不良政治影响、名誉损失或者责任追究的，属于诬告陷害。

认定诬告陷害，应当经设区的市级以上党委或者纪检监察机关批准。

第四十条 纪检监察机关应当加强对检举控告的分析甄别，注意发现异常检举控告行为，有重点地进行查证[35]。属于诬告陷害的，依规依纪依法严肃处理，或者移交有关机关依法处理。

第四十一条 诬告陷害具有以下情形之一，应当从重处理[36]：

（一）手段恶劣，造成不良影响的；

（二）严重干扰换届选举或者干部选拔任用工作的；

（三）经调查已有明确结论，仍诬告陷害他人的；

（四）强迫、唆使他人诬告陷害的；

（五）其他造成严重后果的。

第四十二条 纪检监察机关应当将查处的诬告陷害典型案件通报曝光。

第四十三条 纪检监察机关对通过诬告陷害获得的职务、职级、职称、学历、学位、奖励、资格等利益，应当建议有关组织、部门、单位按规定予以纠正[37]。

第四十四条 对被诬告陷害的党员、干部以及监察对象，纪检监察机关、所在

址）等信息的行为。派驻（派出）机构确需采取核查笔迹、网际协议地址（IP地址）等信息的方式追查匿名检举控告人身份的，应当报有权的派出机关批准。“设区的市级以上纪委监委”包括中央纪委国家监委、省（自治区、直辖市）纪委监委、设区的市纪委监委，不包括各级纪委监委的派驻（派出）机构。

㉙ 请结合《中国共产党党内监督条例》第29条理解。

㉚ “苗头性问题”系新增规定。对“苗头性问题”进行研判，突出抓早抓小的监督理念。

㉛ 综合分析报告需要报上一级纪检监察机关（必要时向同级党委报告）；专题分析报告则无此要求。

㉜ 请对比研究《中国共产党纪律检查机关监督执纪工作规则》第24条。

㉝ 第33、34条要求纪检监察干部树立系统思维。

单位党组织[38]应当开展思想政治工作，谈心谈话、消除顾虑，保护干事创业积极性，推动履职尽责、担当作为。

第四十五条　纪检监察机关应当区分诬告陷害和错告[39]。属于错告的，可以对检举控告人进行教育。

第九章　工作要求和责任

第四十六条　纪检监察机关及其工作人员在处理检举控告工作中，应当强化宗旨意识，改进工作作风，注意工作方法，对于不予受理事项或者不合理诉求做好解释说明，不得自以为是、盛气凌人，不得漠视群众疾苦、对群众利益麻木不仁。

第四十七条　纪检监察机关应当建立健全检举控告保密制度，严格落实保密要求：

（一）对检举控告人的姓名（单位名称）、工作单位、住址等有关情况以及检举控告内容必须严格保密；

（二）严禁将检举控告材料、检举控告人信息转给或者告知被检举控告的组织、人员；

（三）受理检举控告或者开展核查工作，应当在不暴露检举控告人身份的情况下进行；

（四）宣传报道检举控告有功人员，涉及公开其姓名、单位等个人信息的，应当征得本人同意。

第四十八条　处理检举控告工作人员有以下情形之一，应当主动提出回避，当事人有权要求其回避，回避决定由纪检监察机关作出：

（一）本人是被检举控告人或者其近亲属的；

（二）本人或者近亲属与被检举控告问题有利害关系的；

（三）其他可能影响检举控告问题公正处理的情形。

第四十九条　检举控告人及其近亲属的人身、财产安全因检举控告而受到威胁或者侵害，并提出保护申请的，纪检监察机关应当依法、及时提供保护。必要时，纪检监察机关可以商请有关机关予以协助。

被检举控告人有危害人身安全和损害财产、名誉等打击报复行为的，依规依纪依法严肃处理。

第五十条　纪检监察机关核查认定检举控告失实、有必要予以澄清的，经本机关主要负责人批准后，可以采取以下方式予以澄清[40]：

（一）向被检举控告人所在地区、部门、单位党委（党组）主要负责人以及本人发函说明或者当面说明；

㉞ 这是新增知识点，提醒受理机关以及处理检举控告工作人员谨慎地行使权力。

㉟ 并非全部查证，而是“有重点地”查证。

㊱ 此处规定了对诬告陷害人从重处理的5种情形。如果诬告陷害人既不是党员又不是监察对象，则难以对其纪律处分。

㊲ 请结合《中国共产党纪律处分条例》第40条理解。如果诬告陷害人已经死亡，经调查确属其实施诬告陷害行为获得的利益，也可以依照本条处理。

㊳ 开展思想政治工作的义务主体，不仅有纪检监察机关，还有所在单位党组织。

㊴ 错告指检举控告人在主观上没有反映虚假情况的故意，如将道听途说得知的虚假情况信以为真、当作事实予以反映，客观上没有采取捏造事实、伪造材料等方式。对错告的处理方式是对检举控告人进行教育。

（二）向被检举控告人所在地区、部门、单位党委（党组）通报情况；

（三）在一定范围内通报。

第五十一条 对因检举控告失实而受到错误处理、处分的，纪检监察机关应当在职权范围内予以纠正，或者向有权机关提出纠正建议。

第五十二条 纪检监察机关及其工作人员有以下情形之一，依规依纪严肃处理；涉嫌职务违法、职务犯罪的，依法追究法律责任：

（一）私存、扣压、篡改、伪造、撤换、隐匿、遗失或者私自销毁检举控告材料的；

（二）超越权限，擅自处理检举控告材料的；

（三）泄露检举控告人信息或者检举控告内容等，或者将检举控告材料转给被检举控告的组织、人员的；

（四）隐瞒、谎报、未按规定期限上报重大检举控告信息，造成严重后果的；

（五）其他违规违纪违法的情形。

利用检举控告材料谋取个人利益或者为打击报复检举控告人提供便利的，应当从重处理[41]。

第十章 附　　则

第五十三条 本规则所称监督检查部门、审查调查部门，指的是纪检监察机关中履行监督检查、审查调查职能的部门和跨部门组建的审查调查组。

第五十四条 对纪检监察机关在监督检查、审查调查中发现的问题线索，审计机关、执法部门、司法机关等单位移交的信访举报以外的问题线索的处理，其他党内法规和法律法规另有规定的，从其规定。

第五十五条 纪委监委派驻（派出）机构和国有企业、高校等企事业单位纪检监察机构除执行本规则外，还应当执行党中央以及中央纪委国家监委相关规定。

第五十六条 中央军事委员会可以根据本规则，制定相关规定。

第五十七条 本规则由中央纪委国家监委负责解释。

第五十八条 本规则自发布之日起施行。此前发布的其他有关纪检监察机关处理检举控告工作的规定[42]，凡与本规则不一致的，按照本规则执行。

㊵ 澄清的程序：一是纪检监察机关核查，二是认定检举控告失实，三是有必要予以澄清，四是经本机关主要负责人批准。关于澄清的方式，前两种澄清方式知悉面相对较窄，第三种澄清方式知悉面范围广（如有的地方在互联网上公开澄清正名）。注意学习《关于做好失实检举控告澄清工作的意见》《中央纪委国家监委关于为受到失实检举控告纪检监察干部予以澄清正名的实施意见》。

㊶ 此处规定了“从重处理”，是对《中国共产党纪律处分条例》的补充规定。

㊷ 指《中国共产党纪律检查机关控告申诉工作条例》《中共中央纪律检查委员会、中华人民共和国监察部关于保护检举、控告人的规定》《关于纪检监察机关接待处理集体上访的暂行办法》等。

中国共产党纪律检查机关监督执纪工作规则[①]

（2018年11月26日中共中央政治局会议审议批准
2018年12月28日中共中央办公厅发布）

第一章　总　　则

第一条　为了加强党对纪律检查和国家监察工作的统一领导，加强党的纪律建设，推进全面从严治党，规范纪检监察机关监督执纪工作，根据《中国共产党章程》和有关法律，结合纪检监察体制改革和监督执纪工作实践，制定本规则。

【解读】“有关法律”，主要包括《宪法》《监察法》《公务员法》《刑事诉讼法》等。

第二条　坚持以马克思列宁主义、毛泽东思想、邓小平理论、“三个代表”重要思想、科学发展观、习近平新时代中国特色社会主义思想为指导，全面贯彻纪律检查委员会和监察委员会合署办公要求，依规依纪依法严格监督执纪，坚持打铁必须自身硬，把权力关进制度笼子，建设忠诚干净担当的纪检监察干部队伍。

【解读】“依规、依纪、依法”，表述顺序不能乱。关于“坚持打铁必须自身硬”，此前的相关表述是“落实打铁还需自身硬要求”。

第三条　监督执纪工作应当遵循以下原则：

（一）坚持和加强党的全面领导，牢固树立政治意识、大局意识、核心意识、看齐意识，坚定中国特色社会主义道路自信、理论自信、制度自信、文化自信，坚决维护习近平总书记党中央的核心、全党的核心地位，坚决维护党中央权威和集中统一领导，严守政治纪律和政治规矩，体现监督执纪工作的政治性，构建党统一指挥、全面覆盖、权威高效的监督体系；

（二）坚持纪律检查工作双重领导体制，监督执纪工作以上级纪委领导为主，线索处置、立案审查等在向同级党委报告的同时应当向上级纪委报告；

（三）坚持实事求是，以事实为依据，以党章党规党纪和国家法律法规为准绳，强化监督、严格执纪，把握政策、宽严相济，对主动投案[②]、主动交代问题的宽大处理，对拒不交代、欺瞒组织的从严处理[③]；

（四）坚持信任不能代替监督，执纪者必先守纪，以更高的标准、更严的要求约束自己，严格工作程序，有效管控风险，强化对监督执纪各环节的监督制约，确保监督执纪工作经得起历史和人民的检验。

① 2017年1月，中纪委制定了《中国共产党纪律检查机关监督执纪工作规则（试行）》。党的十九大对坚定不移全面从严治党作出战略部署，党的纪律检查体制改革和国家监察体制改革持续深化，对纪检监察机关依规依纪依法履职尽责提出了新的更高的要求。党中央决定根据新形势新任务对规则进行完善，并上升为中央党内法规，制定了本规则。

② 请结合中共中央纪委办公厅2019年7月10日印发的《纪检监察机关处理主动投案问题的规定（试行）》学习。

③ 这里有两个知识点：一是此处“对主动投案、主动交代问题的宽大处理，对拒不交代、欺瞒组织的从严处理”实际上是对“宽严相济”的进一步解释。二是对主动投案、主动交代问题在语义上作适度区分，但政策上均可宽大处理。

【解读】主动投案是指党员、监察对象的涉嫌违纪或者职务违法、职务犯罪问题，未被纪检监察机关掌握；或者虽被掌握，但尚未受到纪检监察机关的审查调查谈话、讯问或者尚未被采取留置措施时，主动向纪检监察机关投案。主动投案后又有潜逃等逃避审查调查行为的，不认定为主动投案。对于主动投案，要严把程序关、事实关、风险关、政策关。严格规范主动投案程序和认定程序，深入收集投案对象有关案件信息，仔细甄别其供述，做深做细思想政治工作，促使对象真投案、彻底投。制定周密的工作方案和安全预案，精准运用"四种形态"政策策略，分类处置、轻重有别，既最大限度释放政治效应，又坚持实事求是，严防注水放水。

【知识点：主动投案与主动交代问题的逻辑关系】多数情况下，主动投案人会如实交代问题，但也有例外。个别人主动投案，避重就轻、避实就虚，以"主动投案"之名行"对抗组织审查调查"之实，主要包括投石问路避重就轻、以小博大、翻供串供等手段。投石问路，其实是为了探听虚实，打探办案人员是否掌握其问题线索，或者掌握问题线索的程度有多深。避重就轻指在交代问题时，只交代已经知道的被组织掌握的或者被相关案件或人员涉及的部分，对自己存在的其他重要违纪违法问题避而不谈。主动投案后翻供串供主要指在初核阶段的说辞与主动投案后的说辞前后不一致，打着主动投案的幌子，实际是为了以串供后的言词证据或伪造的物证等"混淆视听"，主要目的还是掩盖违纪违法事实。比如，投案之前，某市原副市长强某某与多名涉案人员串通，伪造股票账户管理协议，转移藏匿赃款赃物，订立攻守同盟，掩盖其违法犯罪事实，甚至还让涉案人员出国躲避，企图瞒天过海、蒙混过关。投案后，强某某自认为部署周密，以为只要自己拒不承认就可以"神不知鬼不觉"蒙混过关，他仅交代组织已经掌握的部分违纪违法事实，而将性质严重、数额较大的违法犯罪事实隐藏起来。参见沈东方：《借主动投案之名 行对抗审查调查之实》，载中央纪委国家监委网站，https://www.ccdi.gov.cn/toutiaon/202201/t20220124_166718.html。

【实践样本：主动投案、主动交代问题得到宽大处理】作为国家监委成立后首个投案自首的中管干部，某省政协原副主席艾某某于案发前携带赃款赃物主动到中央纪委国家监委投案，并如实供述自己的罪行。中央纪委国家监委提出对其减轻处罚的建议，检察机关的量刑建议中亦提出减轻处罚的意见。法院审理认为，艾某某构成自首，具有法定、酌定从轻、减轻处罚情节，依法可对其减轻处罚，判处8年有期徒刑。

第四条 坚持惩前毖后、治病救人，把纪律挺在前面，精准有效运用监督执纪"四种形态"，把思想政治工作贯穿监督执纪全过程，严管和厚爱结合，激励和约束并重，注重教育转化，促使党员自觉防止和纠正违纪行为，惩治极少数，教育大多数，实现政治效果、纪法效果和社会效果相统一。

【解读】本条规定的惩前毖后、治病救人原则，注重教育转化，注重执纪效果和执纪温度，实现政治效果、纪法效果和社会效果相统一。比如，2012 年，党员张某驾驶三轮摩托车，在某大街非法占道拉活揽客被抓获。同日，市公安局某分局对其作出行政拘留 5 日的处罚。在考虑是否对张某给予党纪处分时，经审核证据材料，认为张某的行为确实违法，但在调查过程中发现张某家庭生活很困难，迫于生计才开摩托车揽活。最终，未给予张某党纪处分，只进行批评教育，并建议其所在街道对张某给予必要帮扶。此案的办理充分体现执纪的温度，收到了良好的执纪效果，实现政治效果、纪法效果和社会效果的统一。参见张永久：《对受到行政处罚的党员进行党纪处分应注意什么》，载《中国纪检监察》2019 年第 6 期。

实现政治效果、纪法效果和社会效果相统一，不仅适用于严重违纪违法，甚至在某些情况下可能已涉及职务犯罪；但不是简单机械地套用《刑法》及相关司法解释、一律认定为犯罪并移送司法机关追究刑事责任，而是灵活运用宽严相济的政策，由第四种形态转化为第三种形态，即断崖式处分处理，既向全社会表明我们党对腐败零容忍、将反腐败斗争进行到底的决心，同时又兑现"态度决定出路"的承诺，这对执纪执法者提出极高的要求。一是实体上，要求审查调查对象具有多个从轻、减轻处分情节。如，积极配合组织审查调查、如实说明问题，或者主动投案、主动说明问题，或者全额退交违纪违法所得，或者有重大立功表现等。在违法性质严重，已涉嫌职务犯罪，仅有一个从轻减轻处分情节（比如主动投案），但不愿退交违纪违法所得的情况下，监督执纪四种形态"四"转"三"一定要慎重。二是程序上，要求经党组织集体审议，而不是由某个人或者少数人徇私情、私利作出决定。对同级党委管理的干部作出断崖式处理，不仅要报同级党委批准，可能还要报上级纪委监委审批。注意结合《监察法》第 31、32 条学习。

【实践样本：断崖式处理】某部原党组书记、部长肖某某背弃初心使命，丧失政治意识和党性原则，无视中央八项规定精神，接受可能影响公正执行公务的宴请；纪法底线失守，亲清不分，违规收受他人大额钱款。肖某某严重违反党的政治纪律、组织纪律和廉洁纪律，并构成职务违法，且在党的十八大后不收敛、不收手，性质严重，应予严肃处理。鉴于肖某某能在较短时间如实说明本人违纪违法事实，认错悔错，全额退缴违纪违法所得，按照惩前毖后、治病救人的原则，对其可予从宽处理。依据《中国共产党纪律处分条例》《公职人员政务处分法》等有关规定，经中央纪委常委会会议研究并报中共中央批准，决定给予肖某某开除党籍处分，由国家监委给予其政务撤职处分，降为一级主任科员，办理退休手续。参见《某部原党组书记、部长肖某某受到开除党籍、政务撤职处分》，载中央纪委国家监委网站，https://www.

ccdi.gov.cn/toutiaon/202212/t20221219_237186.html。

第二章 领导体制

第五条 中央纪律检查委员会在党中央领导下进行工作。地方各级纪律检查委员会和基层纪律检查委员会在同级党的委员会和上级纪律检查委员会双重领导下进行工作。

党委应当定期听取、审议同级纪律检查委员会和监察委员会的工作报告，加强对纪委监委工作的领导、管理和监督。

第六条 党的纪律检查机关和国家监察机关是党和国家自我监督的专责机关，中央纪委和地方各级纪委贯彻党中央关于国家监察工作的决策部署，审议决定监委依法履职中的重要事项，把执纪和执法贯通起来，实现党内监督和国家监察的有机统一。

第七条 监督执纪工作实行分级负责制：

（一）中央纪委国家监委负责监督检查和审查调查中央委员、候补中央委员，中央纪委委员，中央管理的领导干部[④]，党中央工作部门、党中央批准设立的党组（党委），各省、自治区、直辖市党委、纪委等党组织的涉嫌[⑤]违纪或者职务违法、职务犯罪问题。

（二）地方各级纪委监委负责监督检查和审查调查同级党委委员、候补委员，同级纪委委员，同级党委管理的党员、干部以及监察对象[⑥]，同级党委工作部门、党委批准设立的党组（党委），下一级党委、纪委等党组织的涉嫌违纪或者职务违法、职务犯罪问题。

（三）基层纪委负责监督检查和审查同级党委管理的党员，同级党委下属的各级党组织的涉嫌违纪问题；未设立纪律检查委员会的党的基层委员会，由该委员会负责监督执纪工作[⑦]。

地方各级纪委监委依照规定加强对同级党委履行职责、行使权力情况的监督。

【解读】本条第2款是纪委监委监督同级党委的规定。党章第46条第4款、《中国共产党党内监督条例》第26条第1项等也有监督同级党委的规定。

第八条 对党的组织关系在地方、干部管理权限在主管部门的党员、干部以及监察对象涉嫌违纪违法问题，应当按照谁主管谁负责的原则进行监督执纪，由设在主管部门、有管辖权的纪检监察机关进行审查调查，主管部门认为有必要的，可以与地方纪检监察机关联合审查调查。地方纪检监察机关接到问题线索反映的，经与主管部门协调，可以对其进行审查调查，也可以与主管部门组成联合审查调查组，审查调查情况及时向对方通报。

④ “负责”由“受理”演变而来，“审查调查”由“审查”演变而来，领导干部由“党员领导干部”演变而来，显然范围扩大了，不仅包括党员领导干部，而且包括非党员领导干部。

⑤ “涉嫌”一词在规则中出现多次，是为了避免认识上的先入为主。

⑥ 此处的“监察对象”系新增内容。

⑦ 此处只有基层纪委、党员、党组织涉嫌违纪问题，不涉及监委、职务违法、职务犯罪。《中央纪委办公厅对辽宁、江苏省纪委关于乡镇纪委是否可以给予其一定的处分违纪党员的批准权问题的答复》指出：凡乡镇建立了纪委的，原则上可给予一定的处分违纪党员的批准权。但由于全国乡镇之间情况差别很大，目前还不宜作出统一规定。因此，乡镇纪委是否需要给予处分违纪党员的批准权，给予哪些批准权，请你们根据本省的情况研究决定。

【解读】这是对“谁主管,谁负责”原则的进一步解释,这里的监督执纪,主要是指审查调查,不含处分;如果需要纪律处分,则可以根据《党组讨论和决定党员处分事项工作程序规定(试行)》(第8条十分重要)等规定进行。

工作地点在地方、干部管理权限在主管部门的公职人员涉嫌职务违法或者职务犯罪的,由派驻该单位的纪检监察组管辖。派驻纪检监察组认为由其工作所在地监察机关调查更为适宜的,应当及时同其工作所在地有关监察机关协商决定,并履行相应的审批程序。中央纪委国家监委规范纪检监察机关在监督检查审查调查中协作配合工作的有关文件对此作了进一步规范,工作地点或党的组织关系在地方、管理权限在主管部门的厅局级(含相当于厅局级的公职人员)以下公职人员中,中央和国家机关部委、中管企业、中管金融企业党组(党委)管理的公职人员涉嫌职务违法、职务犯罪案件,一般由中央纪委国家监委派驻(派出)机构、中管企业纪检监察机构管辖,经与省级纪委监委协商,也可以由地方纪委监委立案调查。协商管辖实质是监察法定管辖的有机组成部分,协商管辖中属人管辖为主,主管部门为主,属地管辖为辅,但也应注意发挥地方监委的能动性和优势。在协商管辖和指定管辖的位序上,应当把握两个方面:一方面,对于双重管理干部等类型公职人员的管辖权归属问题,应优先通过协商管辖确定管辖权,协商不成的或者有其他特殊原因的,才需要提请指定管辖。另一方面,对于非工作地点的地方监委,即便属于职务犯罪发生地的地方监委,也需通过指定管辖来获得监察管辖权。比如最高人民法院某法官(处级)在J市中级人民法院工作期间涉嫌受贿,由于其现在工作地点在北京市,因此J市监委并无管辖权,驻最高人民法院纪检监察组提请国家监委指定管辖后其才具有管辖权。参见龚雄艳:《监察指定管辖疑难问题辨析》,载《中国纪检监察报》2020年4月22日,第8版。

违纪党员系实行垂直管理或者实行双重领导并以上级单位领导为主的单位的干部,同时担任地方党委委员、候补委员或者地方纪委委员的,地方纪委可依照有关规定对其立案审查并给予其党纪处分。

对于援疆、援藏的党员干部,其党组织关系通常要转入援派地区党组织,若发现其在援派前的原单位工作期间存在严重违纪违法行为,可由援派前的纪检监察机关按管理权限进行审查调查。若在援疆、援藏期间实施与援疆、援藏工作密切关联的严重违纪违法行为,可由援派工作地的纪检监察机关按照管理权限进行立案审查调查。如果给予其相应党纪处分,还应按照有关规定征求原单位意见。

国有企业退休、离职人员的党组织关系,如果转入街道、社区党组织,但是违纪违法问题发生在国有企业工作期间或者在国有企业、党政机关工作期间,一般来说,可按照其退休时、离职时的管理权限,由相应的纪检监察机关(机构)处置。比如，某市属国有企业副总（副处级），辞职后被发现其任职期间存在严重违纪违法行为，虽然其党组织关系已转入社区党组织，但仍应由市纪委监委依规依法处置。

通常情况下，谁主管党的组织关系、谁有权任免干部，谁有权对其管理的违纪党员立案审查。比如，省委研究决定市委书记的任免，若市委书记涉嫌违纪需要追究党纪责任，省委有权批准决定对其立案审查。有的情况下，党组织仅仅因为管理党员的组织关系而获得党纪处分权。比如，根据《中国共产党处分违纪党员批准权限和程序规定》第44条第1款的规定，对党员组织关系转入相应党的街道工作委员会和所辖社区（村）党组织并实行社会化管理的国有企业退休人员，按照党员组织隶属关系给予其党纪处分。

通常情况下，立案审查权、纪律处分权是一致的。个别情况下，立案审查权、纪律处分权可能是分离的。比如，A县纪委监委按照市纪委监委的指定，对B县纪委监委管辖的党员干部C立案审查调查。A县纪委监委虽然有立案审查调查权，但无权对C作出党纪政务处分。

根据党章的有关规定，党的纪律处分权是由处分决定权与批准权两部分组成，其中处分决定权直接来自党章授权，而批准权来自党员隶属管理权和干部管理权。一般情况下，党纪处分由一级党组织决定后，需要再经过有关党组织批准后才能生效。例如，某市纪委查处该市某副处级干部，应当给予开除党籍处分，这里的处分决定权在市纪委，批准权在市委，即"市纪委决定并报市委批准"。参见孙浩：《怎样理解派驻机构改革后的案件查处权限》，载《中国纪检监察报》2017年10月11日，第8版。

【实践样本：谁主管谁负责】大连海关所属某港海关关长邓某某、所属某湾海关副关长宫某某及综合业务处副处长王某涉嫌严重违纪违法，接受中央纪委国家监委驻海关总署纪检监察组纪律审查和辽宁省大连市监察委员会监察调查。海关是垂直管理单位。党纪管辖，是由中央纪委国家监委驻海关总署纪检监察组依照规定进行的，大连市监察委员会并不是依据属地管辖的原则对上述人员管辖的，而是由中央纪委国家监委驻海关总署纪检监察组与地方监委协商后才取得管辖权的。

第九条 上级纪检监察机关有权指定下级纪检监察机关对其他下级纪检监察机关管辖的党组织和党员、干部以及监察对象涉嫌违纪或者职务违法、职务犯罪问题进行审查调查，必要时也可以直接进行审查调查。上级纪检监察机关可以将其直接管辖的事项指定下级纪检监察机关进行审查调查⑧。

纪检监察机关之间对管辖事项有争议的，由其共同的上级纪检监察机关确定；认为所管辖的事项重大、复杂，需要由上级纪检监察机关管辖的，可以报请上级纪

⑧ 上级纪检监察机关可以将其直接管辖的事项指定下级纪检监察机关进行审查调查。此处只授权下级纪检监察机关审查调查，未提及处分权。

检监察机关管辖[⑨]。

第十条　纪检监察机关应当严格执行请示报告制度。中央纪委定期向党中央报告工作，研究涉及全局的重大事项、遇有重要问题以及作出立案审查调查决定、给予党纪政务处分等事项应当及时向党中央请示报告，既要报告结果也要报告过程。执行党中央重要决定的情况应当专题报告。

地方各级纪检监察机关对作出立案审查调查决定、给予党纪政务处分等重要事项，应当向同级党委请示汇报并向上级纪委监委报告，形成明确意见后再正式行文请示。遇有重要事项应当及时报告。

纪检监察机关应当坚持民主集中制，对于线索处置、谈话函询、初步核实、立案审查调查、案件审理、处置执行中的重要问题，经集体研究后，报纪检监察机关相关负责人、主要负责人审批。

第十一条[⑩]　纪检监察机关应当建立监督检查、审查调查、案件监督管理、案件审理相互协调、相互制约的工作机制。市地级以上纪委监委实行监督检查和审查调查部门分设，监督检查部门主要负责联系地区和部门、单位的日常监督检查和对涉嫌一般违纪问题线索处置，审查调查部门主要负责对涉嫌严重违纪或者职务违法、职务犯罪问题线索进行初步核实和立案审查调查；案件监督管理部门负责对监督检查、审查调查工作全过程进行监督管理，案件审理部门负责对需要给予党纪政务处分的案件审核把关。

纪检监察机关在工作中需要协助的，有关组织和机关、单位、个人应当依规依纪依法予以协助。

第十二条　纪检监察机关案件监督管理部门负责对监督执纪工作全过程进行监督管理，做好线索管理、组织协调、监督检查、督促办理、统计分析等工作。党风政风监督部门应当加强对党风政风建设的综合协调，做好督促检查、通报曝光和综合分析等工作。

第三章　监督检查

第十三条　党委（党组）在党内监督中履行主体责任，纪检监察机关履行监督责任，应当将纪律监督、监察监督、巡视监督、派驻监督结合起来，重点检查遵守、执行党章党规党纪和宪法法律法规，坚定理想信念，增强“四个意识”，坚定“四个自信”，维护习近平总书记核心地位，维护党中央权威和集中统一领导，贯彻执行党和国家的路线方针政策以及重大决策部署，坚持主动作为、真抓实干，落实全面从严治党责任、民主集中制原则、选人用人规定以及中央八项规定精神，巡视巡察整改，依法履职、秉公用权、廉洁从政从业以及恪守社会道德规范等情况，对发现的问题

⑨ 本款系新增内容。结合《中国共产党处分违纪党员批准权限和程序规定》第10条学习。

⑩ 本条系新增内容。“监督检查部门主要负责联系地区和部门、单位的日常监督检查和对涉嫌一般违纪问题线索处置”，此规定需要与第55条第1款第2项结合起来理解。“案件审理部门负责对需要给予党纪政务处分的案件审核把关”，此规定也需要与第54条结合起来理解。

分类处置、督促整改。

第十四条 纪委监委(纪检监察组、纪检监察工委)报请或者会同党委(党组)定期召开专题会议,听取加强党内监督情况专题报告,综合分析所联系的地区、部门、单位政治生态状况,提出加强和改进的意见及工作措施,抓好组织实施和督促检查。

第十五条[11] 纪检监察机关应当结合被监督对象的职责,加强对行使权力情况的日常监督,通过多种方式了解被监督对象的思想、工作、作风、生活情况,发现苗头性、倾向性问题或者轻微违纪问题,应当及时约谈提醒、批评教育、责令检查、诫勉谈话,提高监督的针对性和实效性。

第十六条 纪检监察机关应当畅通来信、来访、来电和网络等举报渠道,建设覆盖纪检监察系统的检举举报平台,及时受理检举控告,发挥党员和群众的监督作用。

第十七条 纪检监察机关应当建立健全党员领导干部廉政档案,主要内容包括:

(一)任免情况、人事档案情况、因不如实报告个人有关事项受到处理的情况等;

(二)巡视巡察、信访、案件监督管理以及其他方面移交的问题线索和处置情况;

(三)开展谈话函询、初步核实、审查调查以及其他工作形成的有关材料;

(四)党风廉政意见回复材料;

(五)其他反映廉政情况的材料。

廉政档案应当动态更新。

第十八条 纪检监察机关应当做好干部选拔任用党风廉政意见回复工作,对反映问题线索认真核查,综合用好巡视巡察等其他监督成果,严把政治关、品行关、作风关、廉洁关[12]。

第十九条 纪检监察机关对监督中发现的突出问题,应当向有关党组织或者单位提出纪律检查建议或者监察建议,通过督促召开专题民主生活会、组织开展专项检查等方式,督查督办,推动整改。

【解读】实践中,纪检监察建议制发过程中常见问题有:行文不够规范,如行文标题与字号、主送单位与抄送单位不统一,整改反馈以及整改时限等内容不规范、不严谨,在一定程度上影响了纪检监察建议的严肃性和权威性。纪检监察建议运用不够充分,以下发《以案促改通知书》《督查通知书》《提醒函》等方式代替纪检监察建议。纪检监察建议制发不够精准,对涉案单位背后隐藏的突出问题研判分析

⑪ 《中共中央关于坚持和完善中国特色社会主义制度 推进国家治理体系和治理能力现代化若干重大问题的决定》最新表述是"增强监督严肃性、协同性、有效性"。

⑫ 《党政领导干部选拔任用工作条例》第27条第1款规定:"考察党政领导职务拟任人选,必须依据干部选拔任用条件和不同领导职务的职责要求,全面考察其德、能、勤、绩、廉,严把政治关、品行关、能力关、作风关、廉洁关。"由此可见,能力关的考察,是组织人事部门的职责,不是纪检监察机关的职责。

不透、拿捏不准，对纪法政策理解把握有偏差，就个案已发现问题提建议较多，就涉案人员和发案单位存在深层次问题归类分析的较少；提原则性和宏观性要求的建议多，对重点人员、关键岗位以及潜在廉政风险问题提出的建议较少。参见新疆维吾尔自治区伊犁哈萨克自治州纪委监委政策研究室：《用好纪检监察建议有力武器》，载《中国纪检监察报》2021 年 3 月 4 日，第 8 版。

写好纪检监察建议要注意以下几点：标题为"关于××（事由）的纪律检查（监察、纪检监察）建议"，主送、抄送单位要写全称，并根据不同的文书类型署名和加盖印章，一般应由各级纪委监委办公厅（室）统一负责编号登记、审核校对和排版印制。找准问题症结，通过监督检查部门配合查、审查调查部门深入查、被建议单位自己查等方式，由点到线、由线到面，全面分析查找存在的问题，合并"同类项"，找到共性问题。原因分析可从两个方面展开：一是在"人"上找原因，深究主观因素。从涉案人员的理想信念、工作作风、宗旨意识等方面入手，针对不同的案件和问题，深入剖析案发的人为因素，寻找被审查调查人所在单位落实全面从严治党、履行"一岗双责"方面的短板。二是在"事"中挖根源，细查客观因素。对照管理制度、工作流程、岗位职责等规定，查找有无制度性弊端、管理性漏洞等因素，从客观看主观、从问题看原因。要提出务实的建议措施：可到被建议单位走访调研、召开座谈会等，共同会商难点、堵点；结合案件实际以及案发领域、单位的情况，有的放矢提出可量化、可检验、操作性强的建议。参见张剑峰：《如何写好纪检监察建议》，载《中国纪检监察报》2021 年 6 月 9 日，第 6 版。

第四章　线索处置[13]

第二十条　纪检监察机关应当加强对问题线索的集中管理、分类处置、定期清理。信访举报部门归口受理[14]同级党委管理的党组织和党员、干部以及监察对象涉嫌违纪或者职务违法、职务犯罪问题的信访举报，统一接收有关纪检监察机关、派驻或者派出机构以及其他单位移交的相关信访举报，移送本机关有关部门，深入分析信访形势，及时反映损害群众最关心、最直接、最现实的利益问题。

巡视巡察工作机构和审计机关、行政执法机关、司法机关等单位发现涉嫌违纪或者职务违法、职务犯罪问题线索，应当及时移交纪检监察机关案件监督管理部门统一办理。

监督检查部门、审查调查部门、干部监督部门发现的相关问题线索，属于本部门受理范围的，应当送案件监督管理部门备案；不属于本部门受理范围的，经审批后移送案件监督管理部门，由其按程序转交相关监督执纪部门办理。

【解读】构成问题线索要求具备以下要件：一是主体要件，须是党组织、党员、干

⑬ 问题线索处置要做到"五看"：看干部一贯表现，看职责岗位特点，看时间节点，看线索来源，看反映问题的性质。

⑭ 明确归口受理信访举报的部门，可有效避免信访举报多头受理、分散处置的风险和弊端，充分发挥信访举报发现问题线索的主渠道作用。同时，对于接收的管辖范围内问题线索类信访举报的处理，实践中有的是移送案件监督管理部门提出分办意见，有的直接将其移送相关监督检查部门或者干部监督部门办理，本规则对此没有强求，可根据实际情况和工作惯例确定。

部以及监察对象；二是涉嫌违纪违规违法犯罪；三是关联性、实质性，即反映的实质性问题与党组织、党员、干部以及监察对象关联，如果反映的问题与其没有关联，以及没有实质内容，案件监督管理部门经集体研究后报本机关负责人批准，转相关监督检查部门作为情况掌握，不作为问题线索管理。

第二十一条 纪检监察机关应当结合问题线索所涉及地区、部门、单位总体情况，综合分析，按照谈话函询、初步核实、暂存待查[15]、予以了结4类方式进行处置。

⑮ 暂存待查适用条件是因特殊情况暂时无法核实的。根据有关规定，暂存待查的期限一般是3个月。

线索处置不得拖延和积压，处置意见应当在收到问题线索之日起1个月内提出，并制定处置方案，履行审批手续。

第二十二条 纪检监察机关对反映同级党委委员、候补委员，纪委常委、监委委员，以及所辖地区、部门、单位主要负责人的问题线索和线索处置情况，应当及时向上级纪检监察机关报告。

【解读】注意，各级纪委委员、纪委常委违纪问题，由同级纪委立案审查。处分省纪委常委，由中纪委批准，报中央备案；给予地、市以下纪委常委党纪轻处分，报上一级纪委批准；给予党纪重处分，报上一级纪委审议，由上一级纪委报同级党委批准。

第二十三条 案件监督管理部门对问题线索实行集中管理、动态更新、定期汇总核对，提出分办意见，报纪检监察机关主要负责人批准，按程序移送承办部门。承办部门应当指定专人负责管理问题线索，逐件编号登记、建立管理台账。线索管理处置各环节应当由经手人员签名，全程登记备查。

【解读】案件监督管理部门收到反映同级党委管理的党组织和党员、干部以及监察对象问题线索后，研究提出分办意见，报批后按程序移送承办部门研究处置。其中，对于在职领导干部的问题线索，一般应当在5个工作日内提出分办意见；对于其他问题线索，一般应当在10个工作日内提出分办意见。

第二十四条 纪检监察机关应当根据工作需要，定期召开专题会议，听取问题线索综合情况汇报，进行分析研判，对重要检举事项和反映问题集中的领域深入研究，提出处置要求，做到件件有着落。

第二十五条 承办部门应当做好线索处置归档工作，归档材料齐全完整，载明领导批示和处置过程。案件监督管理部门定期汇总、核对问题线索及处置情况，向纪检监察机关主要负责人报告，并向相关部门通报。

第五章 谈话函询[16]

⑯ 谈话函询的技巧：准备阶段突出"细"字——了解被反映人情况要仔细、思想引导要细致、制定安全预案要详细；实施阶段把握"度"字——谈话要有力度、函询要有深度、对待被谈话函询人要有温度；收尾阶段坚持"严"字——严格审查谈话函询材料、提出处置意见要严格。

第二十六条 各级党委（党组）和纪检监察机关应当推动加强和规范党内政治生活，经常拿起批评和自我批评的武器，及时开展谈话提醒、约谈函询，促使党员、干部以及监察对象增强党的观念和纪律意识。

第二十七条[17]　纪检监察机关采取谈话函询方式处置问题线索，应当起草谈话函询报批请示，拟订谈话方案和相关工作预案，按程序报批。需要谈话函询下一级党委（党组）主要负责人的，应当报纪检监察机关主要负责人批准，必要时向同级党委主要负责人报告。

⑰ 本规则涉及同级党委主要负责人的共有 4 处：第 27、33、35、38 条。

【解读】谈话函询主要适用于两类情形：一类是反映的问题具有一般性，另一类是反映的问题比较笼统，难以查证核实。在搞清谈话函询问题线索分类的基础上，具体是谈话还是函询，可结合以下五个方面作综合考虑：反映问题性质，内容笼统的程度，被反映人情况，反映线索数量，当地政治生态。

第二十八条　谈话应当由纪检监察机关相关负责人或者承办部门负责人进行，可以由被谈话人所在党委（党组）、纪委监委（纪检监察组、纪检监察工委）有关负责人陪同；经批准也可以委托被谈话人所在党委（党组）主要负责人进行。

谈话应当在具备安全保障条件的场所进行。由纪检监察机关谈话的，应当制作谈话笔录，谈话后可以视情况由被谈话人写出书面说明。

第二十九条　纪检监察机关进行函询应当以办公厅（室）名义发函给被反映人，并抄送其所在党委（党组）和派驻纪检监察组主要负责人。被函询人应当在收到函件后 15 个工作日内写出说明材料，由其所在党委（党组）主要负责人签署意见后发函回复。

被函询人为党委（党组）主要负责人的，或者被函询人所作说明涉及党委（党组）主要负责人的，应当直接发函回复纪检监察机关。

【解读】对不是党员的监察对象可以使用函询，较函询党员的不同之处在于以监委办公厅（室）名义发函给被反映人。针对函询对象多数情况下是派驻监督对象的情况，本规则根据派驻机构职责，规定发函时应当抄送派驻纪检监察组主要负责人，有利于派驻机构及时了解掌握有关情况，有利于发挥派驻机构的“探头”作用，增强派驻机构权威。

第三十条　承办部门应当在谈话结束或者收到函询回复后 1 个月内写出情况报告和处置意见，按程序报批。根据不同情形作出相应处理：

（一）反映不实，或者没有证据证明存在问题的，予以采信了结，并向被函询人发函反馈[18]。

（二）问题轻微，不需要追究纪律责任的，采取谈话提醒、批评教育、责令检查、诫勉谈话等方式处理。

（三）反映问题比较具体，但被反映人予以否认且否认理由不充分具体的[19]，或者说明存在明显问题的，一般应当再次谈话或者函询；发现被反映人涉嫌违纪

⑱ 请结合《中国共产党党内监督条例》第 31、44 条，《关于做好失实检举控告澄清工作的意见》，《中央纪委国家监委关于为受到失实检举控告纪检监察干部予以澄清正名的实施意见》，《纪检监察机关处理检举控告工作规则》第 50 条，《公职人员政务处分法》第 53 条学习。对谈话函询后采信了结的，要将采信了结情况发函反馈被函询人，帮助其卸下包袱轻装上阵，保护党员干部干事创业的积极性。

⑲ “且否认理由不充分具体的”系新增内容。

或者职务违法、职务犯罪问题需要追究纪律和法律责任的，应当提出初步核实的建议。[20]

（四）对诬告陷害者，依规依纪依法予以查处[21]。

必要时可以对被反映人谈话函询的说明情况进行抽查核实[22]。

谈话函询材料应当存入廉政档案。

第三十一条 被谈话函询的党员干部应当在民主生活会、组织生活会上就本年度或者上年度谈话函询问题进行说明，讲清组织予以采信了结的情况[23]；存在违纪问题的，应当进行自我批评，作出检讨。

【解读】本条系新增内容。请结合《中国共产党党内监督条例》第20条学习。本规则还要求存在违纪问题的被谈话函询的党员干部，应当在民主生活会、组织生活会上进行自我批评，作出检讨，这是惩前毖后、治病救人方针和党内政治生活“战斗性”的一贯要求，体现了组织对犯错误党员干部的关怀之心和挽救之情，同时也有利于教育警示其他党员干部。

第六章 初步核实

第三十二条 党委（党组）、纪委监委（纪检监察组）应当对具有可查性的涉嫌违纪或者职务违法、职务犯罪问题线索，扎实开展初步核实工作，收集客观性证据，确保真实性和准确性。

【解读】初核是案件立案前的调查工作，是案件调查的前置工作，能为整个案件的调查工作打下坚实的基础。初步核实的任务是了解核查反映的主要问题或部分问题是否存在，收集证明问题是否存在的相关证据材料，是否需要进入立案程序。初核工作必须紧紧围绕“能否立案”来开展。初核要解决三个问题：一是要分析研判，解决“查不查”的问题；二是要明确思路，解决“查什么”的问题；三是要方法得当，解决“怎么查”的问题。在初核工作中务必做到中心明确，重点突出，切忌不分主次，眉毛胡子一把抓，把初核搞成全面调查。

第三十三条 纪检监察机关采取初步核实方式处置问题线索，应当制定工作方案，成立核查组，履行审批程序。被核查人为下一级党委（党组）主要负责人的，纪检监察机关应当报同级党委主要负责人批准。

【解读】初核方案的内容通常包括五个方面：(1)初核的依据，主要是有关领导的指示或批示。(2)违纪线索来源和被反映人的基本情况。(3)逐条列入所反映的主要问题和需要核实的内容，避免遗漏。(4)初核的方法、步骤，包括初核的时间、范围、程序等。(5)其他注意事项，包括做好思想准备、物资准备以及应付复杂情况的准备，熟悉与初核工作相关的法律、法规和纪律规定，研究初核中可

⑳ 函询或者谈话发现被反映人涉嫌违纪、职务违法、职务犯罪问题需要追究纪律和法律责任的，不能直接立案审查调查，一定要办理初步核实手续。

㉑ 请结合《中国共产党党内监督条例》第44条学习。请注意违纪情节和量纪轻重。

㉒ 本款系新增内容。对被反映人谈话函询的说明情况进行抽查核实，以提高谈话函询质量，防止出现“一函了之”现象。

㉓ 要求被谈话函询的党员干部在民主生活会、组织生活会上就谈话函询问题进行说明，讲清组织予以采信了结的情况，这对被谈话函询人也是一种监督和考验，体现了党内政治生活的严肃性，有利于发挥采信告知的教育激励作用和谈话函询的监督作用，既防止被谈话函询的党员干部敷衍塞责、欺瞒组织，也防止反映人对同一问题不断反映。

能遇到的困难、反映人能否继续提供情况以及提供情况的详细程度、被反映人可能采取的应对措施，以及相关单位和个人可能的袒护、说情等。初核方案的制作要求：总体思路明确、核查措施具体、人员分工合理、安全预案周密、办案保障到位。

第三十四条　核查组经批准可以采取必要措施收集证据，与相关人员谈话了解情况，要求相关组织作出说明，调取个人有关事项报告，查阅复制文件、账目、档案等资料，查核资产情况和有关信息，进行鉴定勘验。对被核查人及相关人员主动上交的财物，核查组应当予以暂扣[24]。

需要采取技术调查或者限制出境等措施的，纪检监察机关应当严格履行审批手续，交有关机关执行。

【解读】在初核阶段，核查组可采取的核查措施有谈话、询问、调取、查询、勘验检查、鉴定、技术调查、限制出境等措施。并不是所有的纪检监察机关在初核阶段均有权采取技术调查措施。设区的市级以下纪检监察机关采取技术调查措施的，应当在立案后进行；换言之，设区的市级以下纪检监察机关在初核阶段无权采取技术调查措施。

查询微信聊天记录、QQ聊天记录、手机短信、电子邮件等通信内容，个人存款、汇款、债券、股票、基金份额等财产信息需要依规依法进行，不能侵犯有关人员的通信自由和通信秘密、隐私权。《宪法》第40条规定："中华人民共和国公民的通信自由和通信秘密受法律的保护。除因国家安全或者追查刑事犯罪的需要，由公安机关或者检察机关依照法律规定的程序对通信进行检查外，任何组织或者个人不得以任何理由侵犯公民的通信自由和通信秘密。"《个人信息保护法》第6条规定："处理个人信息应当具有明确、合理的目的，并应当与处理目的直接相关，采取对个人权益影响最小的方式。收集个人信息，应当限于实现处理目的的最小范围，不得过度收集个人信息。"当然，通信内容持有者主动提供的通讯内容信息，不涉及侵犯公民的通信自由和通信秘密，纪检监察机关可以接收。

搜查、留置、通缉措施必须在立案后经批准才能采取，初核阶段绝不能采取这三种审查调查措施。

收集主体身份证据，应当依规依纪依法优先向适格对象如组织人事部门调取其人事档案的有关材料，确保所调取书证的真实性和有效性。调取时，应当开具《调取证据通知书》，必要时也可以开列《调取证据清单》。收到《调取证据通知书》的单位或部门，应当依法如实提供。依据有关规定，向组织部门调取的，还应当出具有关公函及审批手续。无论是主动调取还是被动接收，审查调查人员均应备注说明接收情况，以确保证据来源和取证程序的合规合法。参见常青华：《精准收集被

[24] "对被核查人及相关人员主动上交的财物，核查组应当予以暂扣"系新增内容。初核阶段，核查组暂扣涉案款物仅限于被核查人及相关人员主动上交的情形。非经立案，审查调查组不可以采取冻结、搜查、查封、扣押（暂扣、封存）、讯问、留置、通缉措施。

审查调查人主体身份证据》，载《中国纪检监察报》2023年2月15日，第6版。

【知识点："审批"和"批准"的区别】"审批"和"批准"是两个不同概念，《中国共产党纪律检查机关监督执纪工作规则》对初核措施的使用以"批准"为一般原则，以"审批"为特殊情况。简单理解，二者都要履行相应报批程序，但由于需要"审批"的技术调查或者限制出境等措施涉及被核查人的隐私和人身自由，且必须交有关机关执行，所以程序要求更加严格，应当单独审批。实践中，对于"审批"事项，应予以更为严格的把握，加强程序内控，保障被核查人的合法权利。参见河南省纪委监委第十二审查调查室：《初核措施》，载《中国纪检监察报》2019年7月17日，第8版。

【知识点：初核措施的选择适用】问题线索进入初核程序后，要根据不同的案件类型和初核范围严格控制初核措施的批准（审批）适用，防止初核措施的滥用。1. 对单纯违纪案件，通常可直接针对违纪行为是否存在展开核查，不需要过多调取其个人事项报告、个人财产或者通讯记录等信息。2. 对于一般性违纪案件，由于案情相对简单，且需要快速查明违纪事实是否存在，根据需要可以直接与被核查人谈话。3. 对于涉嫌职务违法犯罪案件，通常应全面核查相关人员的信息，而出于案件保密需要，与相关人员谈话了解情况等措施则要慎重采用。涉嫌职务违法犯罪案件，出于案件保密、防止串供和办案安全考虑，以不直接与被核查人谈话为原则，但是相关事实已经查清，需要排除是否构成职务违法犯罪的，必要情况下可与被核查人进行谈话。参见河南省纪委监委第十二审查调查室：《初核措施》，载《中国纪检监察报》2019年7月17日，第8版。

第三十五条　初步核实工作结束后，核查组应当撰写初步核实情况报告，列明被核查人基本情况、反映的主要问题、办理依据以及初步核实结果、存在疑点、处理建议，由核查组全体人员签名备查。

承办部门应当综合分析初步核实情况，按照拟立案审查调查、予以了结、谈话提醒、暂存待查，或者移送有关党组织处理等方式提出处置建议。

初步核实情况报告应当报纪检监察机关主要负责人审批，必要时向同级党委主要负责人报告。

【解读】请读者注意：初核报告需要核查组全体人员签名；而第51条第2款规定审查调查报告由审查调查组组长以及有关人员签名，而不是要求全体成员签名。重大疑难复杂案件，审查调查组成员可能多达五六十人，难以要求所有成员均签名。

【知识点：如何写好初核情况报告】初核情况报告的标题应将被反映人单位、职务、被反映的主要问题等交代清楚，如《关于反映县××局党组成员、副局长王××收受礼品礼金等问题的初步核实情况报告》。如果反映的违纪问题较多，应选择主要问题列入标题;如反映的主要问题不止一个,而且也查实了部分,可概括表述为“涉嫌严重违纪问题的初步核实情况报告”。

被反映人基本情况。按照被反映人的干部履历等书证材料,具体写明其姓名、性别、出生年月、籍贯、文化程度、参加工作时间、入党时间、历任主要职务及现任职务等。注意事项:(1)任职期间未发生违纪行为的可笼统写;(2)从发生违纪行为起先后任不同职务的,要逐个写明任职时间及职务;(3)如需要可写明违纪时任职分管或负责的工作(主要证明违纪行为跟职务有关联);(4)系党代表、人大代表、政协委员等应写明;(5)曾经受过处分的,应写明在何时何地因何问题受过何种处分。必要时,可再分一段简要写明实名反映人的基本情况及主要诉求。

反映的主要问题及初核结果。该部分内容是初核报告的主体。针对反映的主要问题线索,先逐一概括反映的问题,然后作出该问题是否属实、部分属实、不属实或涉嫌构成违纪等初步结论。如因各种因素,对部分问题暂不能作出明确结论的,可提出存疑或通过其他方式处理。注意事项:(1)对反映的问题逐一分析归纳,查核后作出初步结论,切勿依葫芦画瓢,可提炼内容但不能违背反映人本意;(2)阐述事情发生经过,应以记叙文方式,切忌用修辞语言(如该同志工作一丝不苟);(3)最好在每一个问题后面列明证据情况:“以上事实,有××会议记录、××询问笔录等予以佐证。”

处理建议及依据。根据初核结果,依规依纪依法提出处理建议。对政策界限不清、性质一时难以认定的,可概括写,也可在需要说明的问题部分表述。注意事项:(1)先简要概括反映的问题是否属实及被反映人存在什么违纪违规行为,或涉嫌违反政治纪律等;(2)从重、加重或从轻、减轻处理依据;(3)提出处理建议需明确,如诫勉谈话、通报批评、立案审查等。参见庄少华:《怎样写好初核情况报告》,载《中国纪检监察报》2020年4月22日,第8版。

第七章　审 查 调 查[25]

第三十六条[26]　党委(党组)应当按照管理权限,加强对党员、干部以及监察对象涉嫌严重违纪或者职务违法、职务犯罪问题审查调查处置工作,定期听取重大案件情况报告,加强反腐败协调机构的机制建设,坚定不移、精准有序惩治腐败。

第三十七条　纪检监察机关经过初步核实[27],对党员、干部以及监察对象涉嫌违纪[28]或者职务违法、职务犯罪,需要追究纪律或者法律责任的,应当立案审查调查[29]。

凡报请批准立案的,应当已经掌握部分违纪或者职务违法、职务犯罪事实和证

㉕ 对违纪违法干部开展审查调查,目的不是把其“整倒”或者“打垮”;而是做实做细思想政治工作,以情感人、以理服人,最终目的是教育、挽救党员干部。审查调查要做到“四精”:处置线索精心,事实证据精确,划清责任精细,定性量纪精准。

㉖ 本条系新增内容。其与第10条相衔接,意在强化党委对审查调查工作的领导,这不但有利于对纪检监察机关的监督把关,也有利于协调解决工作中遇到的困难和问题,排除工作阻力,真正做到坚定不移、精准有序。

㉗ 一般而言,立案审查调查往往都要经过初核,但初核并非立案的必要条件、必经程序,只是一种对有关问题的核查方式。实践中,存在不需要经过初核就可以直接立案审查调查的情形,如长春长生疫苗造假案、广东新丰县练溪托养中心虐待被托养人员问责案等。

据，具备进行审查调查的条件。

【解读】此处规定了对涉嫌违纪、职务违法、职务犯罪的党员干部立案问题，纪律审查立案适用于违纪党员；监察调查立案适用于违法的公职人员；对既是党员又是公职人员的，既涉嫌违纪又可能涉嫌职务违法或者职务犯罪的，通常情况下，同时进行纪律审查立案、监察调查立案。

此处未规定对违纪的党组织立案问题。如果对违纪的党组织立案，可引用《中国共产党纪律检查委员会工作条例》第36条第1款的规定。违纪违法的主体是党组织或者单位的，对该党组织或者单位立案。对党组织或者单位立案，一般要同时确定需要追究纪律责任、法律责任的人员，与立案一并报批。对单位调查后，发现还有需要追究纪律、法律责任的人员，按照审批权限履行报批手续即可，不再对相关责任人员重复立案。对单位立案的，一般按照该党组织或者单位主要负责人对应的立案审批权限报批。

《监察法》第39条规定了对监察对象涉嫌职务违法犯罪的立案。《监察法实施条例》第181条第2款规定了以事立案：对事故（事件）中存在职务违法或者职务犯罪问题，需要追究法律责任，但相关责任人员尚不明确的，可以以事立案。对单位立案或者以事立案后，经调查确定相关责任人员的，需要按照管理权限报批确定被调查人。

第三十八条 对符合立案条件的，承办部门应当起草立案审查调查呈批报告，经纪检监察机关主要负责人审批[30]，报同级党委主要负责人批准，予以立案审查调查。

立案审查调查决定应当向被审查调查人宣布，并向被审查调查人所在党委（党组）主要负责人通报。

第三十九条 对涉嫌严重违纪或者职务违法、职务犯罪人员立案审查调查[31]，纪检监察机关主要负责人应当主持召开由纪检监察机关相关负责人参加的专题会议，研究批准审查调查方案。

纪检监察机关相关负责人批准成立审查调查组，确定审查调查谈话方案、外查方案，审批重要信息查询、涉案财物查扣等事项。

监督检查、审查调查部门主要负责人组织研究提出审查调查谈话方案、外查方案和处置意见建议，审批一般信息查询，对调查取证审核把关。

审查调查组组长应当严格执行审查调查方案，不得擅自更改；以书面形式报告审查调查进展情况，遇有重要事项及时请示。

第四十条 审查调查组可以依照党章党规和监察法，经审批进行谈话、讯问、询问、留置、查询、冻结、搜查、调取、查封、扣押（暂扣、封存）、勘验检查、鉴定，提请

㉘ 此前的表述是“存在严重违纪”，现删除“严重”，表述为“涉嫌违纪”。

㉙ 一般而言，立案审查是党纪案件用语，立案调查是政务案件、政纪案件用语。立案是初步核实的最终成果，也是开展审查调查的起点，立案时机、质量决定着案件的质量和效果，必须有非常严格的审批程序。

㉚ 立案必须经过集体研究，严格履行报批程序，经纪检监察机关主要负责人审批，并报同级党委主要负责人批准，任何个人不得擅自决定，以防止权力被随意使用或滥用，切实将权力关进制度的笼子。

㉛ “对涉嫌严重违纪或者职务违法、职务犯罪人员立案审查调查”系新增内容。

有关机关采取技术调查、通缉、限制出境等措施[32]。

承办部门应当建立台账，记录使用措施情况，向案件监督管理部门定期备案[33]。

案件监督管理部门应当核对检查，定期汇总重要措施使用情况并报告纪委监委领导和上一级纪检监察机关，发现违规违纪违法使用措施的，区分不同情况进行处理，防止擅自扩大范围、延长时限[34]。

【知识点：谈话笔录】实践中，审查调查谈话一般可分为五个阶段，即程序性谈话阶段、突破性谈话阶段、巩固性谈话阶段、深挖性谈话阶段以及补充性谈话阶段。与此相对应，审查调查谈话笔录的制作，也可以分为五个阶段，其在内容要点和结构布局上亦有所差异。程序性谈话主要任务是告知被谈话人权利义务，并询问其个人、家庭和社会关系等情况。突破性谈话主要任务在于如实反映谈话的过程和被谈话人的态度。巩固性谈话主要任务在于一件一件地把事情抠细抠实，以巩固第二阶段谈话成果，笔录要从细节上客观全面反映被谈话人的供述情况及态度。深挖性谈话主要任务在于深挖余罪，以及由被谈话人揭发他人的违法犯罪问题，给予立功机会。补充性谈话即就补充调查中涉及的问题进行谈话。参见黄璞：《不同谈话阶段的笔录制作要点》，载《中国纪检监察报》2022年11月9日，第7版。

第四十一条 需要对被审查调查人采取留置措施的，应当依据监察法进行，在24小时内通知其所在单位和家属[35]，并及时向社会公开发布。因可能毁灭、伪造证据，干扰证人作证或者串供等有碍调查情形而不宜通知或者公开的，应当按程序报批并记录在案。有碍调查的情形消失后，应当立即通知被留置人员所在单位和家属。

第四十二条 审查调查工作应当依照规定由两人以上进行，按照规定出示证件，出具书面通知[36]。

第四十三条 立案审查调查方案批准后，应当由纪检监察机关相关负责人或者部门负责人与被审查调查人谈话，宣布立案决定，讲明党的政策和纪律，要求被审查调查人端正态度、配合审查调查。

审查调查应当充分听取被审查调查人陈述，保障其饮食、休息，提供医疗服务，确保安全。严格禁止使用违反党章党规党纪和国家法律的手段，严禁逼供、诱供[37]、侮辱、打骂、虐待、体罚或者变相体罚。

第四十四条 审查调查期间，对被审查调查人以同志相称，安排学习党章党规党纪以及相关法律法规[38]，开展理想信念宗旨教育，通过深入细致的思想政治工作，促使其深刻反省、认识错误、交代问题，写出忏悔反思材料。

第四十五条 外查工作必须严格按照外查方案[39]执行，不得随意扩大审查调查

[32] 讯问、询问、留置、冻结、搜查、调取、查封、扣押（此前表述是：暂扣、封存、冻结涉案款物）、勘验检查、鉴定、通缉，均系修改后的表述。

[33] 本款系新增内容。

[34] 本款系新增内容，对案件监督管理部门提出了新要求。

[35] 此前的表述是“在24小时内通知被审查人亲属”，现要求“在24小时内通知其所在单位和家属”。

[36] “按照规定出示证件，出具书面通知”系新增内容。

[37] “确保安全”“严禁逼供、诱供”系新增内容。

[38] 《中国共产党纪律检查机关监督执纪工作规则（试行）》要求学习党章党规党纪，本规则还要求学习“相关法律法规”。

[39] 制定外查方案要点：任务要明确，工作步骤及人员分工要细致，程序要规范，要做好保密工作。

范围、变更审查调查对象和事项，重要事项应当及时请示报告。

外查工作期间，未经批准，监督执纪人员不得单独接触任何涉案人员及其特定关系人，不得擅自采取审查调查措施，不得从事与外查事项无关的活动。

【解读】外查工作准备，请注意以下几个要点：一是制定外查方案，须严格按照外查方案执行，不得随意扩大、变更调查范围；二是确定工作场所，综合考虑安全性、保密性、便捷性等要求；三是完善工作机制，完善统一指挥、内外联动、集中攻坚等工作机制；四是加强沟通衔接，了解领导关于取证方向、取证安排等要求；五是做好文书等管理，审查调查措施文书由专人管理。

第四十六条 纪检监察机关应当严格依规依纪依法收集、鉴别证据，做到全面、客观，形成相互印证、完整稳定的证据链。

调查取证应当收集原物原件，逐件清点编号，现场登记，由在场人员签字盖章，原物不便搬运、保存或者取得原件确有困难的，可以将原物封存并拍照录像或者调取原件副本、复印件[40]；谈话应当现场制作谈话笔录并由被谈话人阅看后签字。已调取证据[41]必须及时交审查调查组统一保管。

严禁以威胁、引诱、欺骗以及其他违规违纪违法方式收集证据；严禁隐匿、损毁、篡改、伪造证据。

第四十七条 查封、扣押（暂扣、封存）、冻结、移交涉案财物，应当严格履行审批手续。

执行查封、扣押（暂扣、封存）措施，监督执纪人员应当会同原财物持有人或者保管人、见证人，当面逐一拍照、登记、编号，现场填写登记表，由在场人员签名。对价值不明物品应当及时鉴定，专门封存保管。

纪检监察机关应当设立专用账户、专门场所，指定专门人员保管涉案财物，严格履行交接、调取手续，定期对账核实。严禁私自占有、处置涉案财物及其孳息。

第四十八条 对涉嫌严重违纪或者职务违法、职务犯罪问题的[42]审查调查谈话、搜查、查封、扣押（暂扣、封存）涉案财物等重要取证工作应当全过程进行录音录像[43]，并妥善保管，及时归档[44]，案件监督管理部门定期核查。

第四十九条 对涉嫌严重违纪或者职务违法、职务犯罪问题的审查调查，监督执纪人员未经批准并办理相关手续，不得将被审查调查人或者其他重要的谈话、询问对象带离规定的谈话场所，不得在未配置监控设备的场所进行审查调查谈话或者其他重要的谈话、询问[45]，不得在谈话期间关闭录音录像设备。

第五十条 监督检查、审查调查部门主要负责人、分管领导应当定期检查审查调查期间的录音录像、谈话笔录、涉案财物登记资料[46]，发现问题及时纠正并报告。

㊵ “原物不便搬运、保存或者取得原件确有困难的，可以将原物封存并拍照录像或者调取原件副本、复印件”系新增内容。

㊶ 调取证据材料时，应当出具《调取证据通知书》，必要时附上《调取证据清单》，方便有关单位对照清单配合。调取对象包括书证、电子数据等。

㊷ “对涉嫌严重违纪或者职务违法、职务犯罪问题的”系新增内容。

㊸ 应当全过程录音录像情形有：涉嫌严重违纪或者职务违法、职务犯罪问题的审查调查谈话、搜查、查封、扣押（暂扣、封存）涉案财物等重要取证工作。轻微违纪、一般职务违法等取证工作，不需要全过程录音录像。这既是纪检监察机关行之有效的实践做法，也是对取证工作的规范要求；既是对被审查调查人权益的保护，也是有效管控风险点、对审查调查人员有力的监督约束，更是有效衔接司法的体现。

纪检监察机关相关负责人应当通过调取录音录像等方式，加强对审查调查全过程的监督[47]。

第五十一条 查明涉嫌违纪或者职务违法、职务犯罪问题后，审查调查组应当撰写事实材料，与被审查调查人见面，听取意见。被审查调查人应当在事实材料上签署意见，对签署不同意见或者拒不签署意见的，审查调查组应当作出说明或者注明情况。

审查调查工作结束，审查调查组应当集体讨论，形成审查调查报告，列明被审查调查人基本情况、问题线索来源及审查调查依据、审查调查过程，主要违纪或者职务违法、职务犯罪事实，被审查调查人的态度和认识，处理建议及党纪法律依据，并由审查调查组组长以及有关人员签名。

对审查调查过程中发现的重要问题和意见建议，应当形成专题报告。

【解读】报送同级党委的请示、审理报告应当附被调查人的简历、违法事实材料、《起诉意见书》等。

【知识点：起草违纪事实材料需要注意的问题】一是标题要准确规范，标题应规范表述为《××（同志）违纪事实材料》，不能表述为“错误事实材料”“违纪事实见面材料”等。二是要素要齐全完整。完整的违纪事实材料应该包含被审查人的简历、主要违纪事实、违纪行为性质及责任等要素。因涉及违纪行为性质的认定，违纪事实材料中一般应当列明违纪行为触犯的党纪处分条例规定。三是内容要客观全面，不能省略违纪事实关键环节或者将一个完整的违纪行为拆分后分别与被审查人见面核对。四是事实要紧扣要件，紧扣违纪构成要件展开，叙述清楚拟作为处分依据的主要违纪事实，包括被审查人违纪的时间、地点、动机、情节、手段、后果等。参见郑俊：《如何起草违纪违法事实材料》，载《中国纪检监察报》2021 年 6 月 23 日，第 6 版。

第五十二条 审查调查报告以及忏悔反思材料，违纪或者职务违法、职务犯罪事实材料，涉案财物报告等，应当按程序报纪检监察机关主要负责人批准，连同全部证据和程序材料，依照规定移送审理。

审查调查全过程形成的材料应当案结卷成、事毕归档。[48]

【知识点：忏悔反思材料】忏悔材料应由被审查调查人亲笔书写，同时也要有其签字的打印誊清材料。要注意引导被审查调查人从理想信念宗旨、党性原则、作风纪律等方面进行深刻检查剖析，要求其写清楚其涉嫌犯罪的主观故意。强化证据链条，同时客观反映调查人员依法办案、文明办案的情况。

【知识点：违纪或者职务违法、职务犯罪事实材料】按照违反六项纪律、违反中央八项规定精神和违反法律法规分类，形成事实材料，以专案组名义与被审查调查

[44] “妥善保管，及时归档”系新增内容。

[45] 将此前的表述“调查谈话”细化为“谈话、询问”。

[46] 规定“监督检查、审查调查部门主要负责人、分管领导应当定期检查审查调查期间的录音录像、谈话笔录、涉案财物登记资料”，这既是权力，更是责任，是内部自我监督的体现，目的是强化对审查调查全过程的监督。

[47] 本款系新增内容，突出强调监管责任。

[48] 卷宗装订规定，请学习《纪检监察机关案件档案管理办法》《检查调查类材料归档规范》。

人见面。被审查调查人阅读违纪违法事实材料后，应在每份材料上签写“以上事实属实，同意”并签名按指印。被审查调查人签署不同意见或拒不签署意见的，专案组应当作出说明或注明情况。

【知识点:涉案财物处置报告】要写明查封、扣押、冻结涉案财物数量、价值、保管情况，以及违纪违法所得需追缴的情况等，逐一提出对涉案财物的处置意见，并附涉案财物清单。

【知识点:办案期限】《中国共产党纪律检查机关监督执纪工作规则(试行)》(已失效)第28条第2款规定:“审查时间不得超过90日。在特殊情况下，经上一级纪检机关批准，可以延长一次，延长时间不得超过90日。”《中国共产党纪律检查机关监督执纪工作规则》删除了上述规定。但这并不意味着审查调查无期限限制。《监察法实施条例》第185条第2、3款对监察机关办理政务案件的期限作出了规定:“调查职务违法或者职务犯罪案件，对被调查人没有采取留置措施的，应当在立案后一年以内作出处理决定;对被调查人解除留置措施的，应当在解除留置措施后一年以内作出处理决定。案情重大复杂的案件，经上一级监察机关批准，可以适当延长，但延长期限不得超过六个月。被调查人在监察机关立案调查以后逃匿的，调查期限自被调查人到案之日起重新计算。”

【知识点:卷内材料】卷内材料一般按照形成的时间顺序排列，每份材料的顺序按照内在逻辑排列。比如，发文材料的排列顺序是“印件—呈批单—有重要改动的底稿—附件”(重要附件可独立成件;没有发文的材料，排列顺序是呈批单—被呈批的请示件—附件)。

【知识点:移送审理时案卷材料装订应注意的问题】1. 应按照因事归卷、事事分离的原则归卷;2. 补证材料一式两份，一份归入卷宗，另一份归成“补证卷”移送审理;3. 审理审核的必须是纸质谈话笔录，电子笔录建议审查组统一汇总移送审理;4. 加强对自书材料与笔录之间的审核;5. 审查调查报告认定违纪违法事实不能采取概括式写法;6. 对于贵重物品，要有真伪和价格鉴定两方面的材料;7. 应调取有证明作用的书证，不宜搞“整体搬家”;8. 选取相应时间段内最低汇率折算人民币。参见叶研:《案卷材料移送审理需规范》，载《中国纪检监察》2016年第4期。

第八章　审　　理

第五十三条　纪检监察机关应当对涉嫌违纪或者违法、犯罪案件[49]严格依规依纪依法审核把关，提出纪律处理或者处分的意见，做到事实清楚、证据确凿、定性准确、处理恰当、手续完备、程序合规。

纪律处理或者处分必须坚持民主集中制原则，集体讨论决定，不允许任何个人

[49] 这里未强调职务违法、职务犯罪。

或者少数人决定和批准[50]。

第五十四条　坚持审查调查与审理相分离的原则，审查调查人员不得参与审理。纪检监察机关案件审理部门对涉嫌违纪或者职务违法、职务犯罪问题，依照规定应当给予纪律处理或者处分的案件和复议复查案件进行审核处理。

【解读】对依法受到刑事责任追究的党员、监察对象，一般不再履行立案程序，由相关监督检查部门依据司法机关生效判决、裁定、决定及其认定的事实、性质和情节，提出给予党纪、政务处分的意见，移送案件审理部门办理。对依法受到行政处罚或者司法机关决定不追究刑事责任的监察对象，需要给予党纪、政务处分的，应当由相关监督检查部门办理立案手续。此处规定审理的案件范围是：应当给予纪律处理或者处分的案件和复议复查案件。结合第11条第1款学习，第54条增加了纪律处理的案件。

第五十五条　审理工作按照以下程序进行：

（一）案件审理部门收到审查调查报告后，经审核符合移送条件的予以受理，不符合移送条件的可以暂缓受理或者不予受理[51]。

（二）对于重大、复杂、疑难案件，监督检查、审查调查部门已查清主要违纪或者职务违法、职务犯罪事实并提出倾向性意见的；对涉嫌违纪或者职务违法、职务犯罪行为性质认定分歧较大的，经批准案件审理部门可以提前介入[52]。

（三）案件审理部门受理案件后，应当成立由两人以上组成的审理组，全面审理案卷材料，提出审理意见。

（四）坚持集体审议原则，在民主讨论基础上形成处理意见；对争议较大的应当及时报告，形成一致意见后再作出决定。案件审理部门根据案件审理情况，应当与被审查调查人谈话[53]，核对违纪或者职务违法、职务犯罪事实，听取辩解意见，了解有关情况。

（五）对主要事实不清、证据不足的，经纪检监察机关主要负责人批准，退回监督检查、审查调查部门重新审查调查；需要补充完善证据的，经纪检监察机关相关负责人批准，退回监督检查、审查调查部门补充审查调查。

（六）审理工作结束后应当形成审理报告，内容包括被审查调查人基本情况、审查调查简况、违纪违法或者职务犯罪事实、涉案财物处置、监督检查或者审查调查部门意见、审理意见等。审理报告应当体现党内审查特色，依据《中国共产党纪律处分条例》认定违纪事实性质，分析被审查调查人违反党章、背离党的性质宗旨的错误本质，反映其态度、认识以及思想转变过程。涉嫌职务犯罪需要追究刑事责任的，还应当形成《起诉意见书》，作为审理报告附件[54]。

[50] 本款系新增内容，是注意性规定，意在提醒有关人员注意。

[51] 赋予审理部门暂缓受理或者不予受理权。

[52] 对案情简单，经过初核已查清主要职务违法、职务犯罪事实，需要追究法律责任，不需要再进一步开展调查的，立案和移送审理可以一并报批，履行立案程序后再移送审理。

[53] 多数情况下，审理谈话不可或缺，尤其是党纪案件中，根据《中国共产党党员权利保障条例》第35条的规定，无论是党纪处分，还是诫勉处理所依据的事实材料必须同本人见面；党员实事求是的申辩、作证和辩护，应当受到保护。

[54] "涉嫌职务犯罪需要追究刑事责任的，还应当形成《起诉意见书》，作为审理报告附件"系新增内容。

对给予同级党委委员、候补委员，同级纪委委员、监委委员[55]处分的，在同级党委审议前，应当与上级纪委监委沟通并形成处理意见。

审理工作应当在受理之日起1个月内完成，重大复杂案件经批准可以适当延长。

第五十六条 审理报告报经纪检监察机关主要负责人批准后，提请纪委常委会会议审议。需报同级党委审批的，应当在报批前以纪检监察机关办公厅（室）名义征求同级党委组织部门和被审查调查人所在党委（党组）意见。

处分决定作出后，纪检监察机关应当通知受处分党员所在党委（党组），抄送同级党委组织部门，并依照规定在1个月内向其所在党的基层组织中的全体党员以及本人宣布。处分决定执行情况应当及时报告。

【解读】政务案件审理报告应当报监委主要负责人审批，提请纪委常委会会议审议，并按有关规定报送同级党委审批；依法给予政务处分的，以监委名义作出处分决定，使用监委文号。

关于政务处分决定的宣布范围，《公职人员政务处分法》第46条，表述为“在一定范围内宣布”。1991年7月13日，《中共中央纪委办公厅关于对违纪党员的处分决定无法通知本人时应如何办理的通知》指出：处理党员违纪案件，处分决定应通知本人。如受处分党员叛逃，出走在国外或者在国内私自外出长期不归，一时无法通知本人，在宣布处分决定生效后，可暂不通知本人，但应按批准权限报上一级纪委备案，待可以通知时立即通知本人。

第五十七条 被审查调查人涉嫌职务犯罪的，应当由案件监督管理部门协调办理移送司法机关事宜。对于采取留置措施的案件，在人民检察院对犯罪嫌疑人先行拘留后，留置措施自动解除[56]。

案件移送司法机关后，审查调查部门应当跟踪了解处理情况，发现问题及时报告，不得违规过问、干预处理工作。

审理工作完成后，对涉及的其他问题线索，经批准应当及时移送有关纪检监察机关处置。

第五十八条 对被审查调查人违规违纪违法所得财物，应当依规依纪依法予以收缴[57]、责令退赔或者登记上交[58]。

对涉嫌职务犯罪所得财物，应当随案移送司法机关[59]。

对经认定不属于违规违纪违法所得的，应当在案件审结后依规依纪依法予以返还，并办理签收手续。

第五十九条 对不服处分决定的申诉，由批准或者决定处分的党委（党组）或者纪检监察机关受理；需要复议复查的，由纪检监察机关相关负责人批准后受理。

[55] “监委委员”系新增内容。本款有个隐含的新规定，即给予同级党委委员、候补委员，同级纪委委员、监委委员处分，均需与上级纪委监委沟通并形成处理意见、均须报同级党委审议。

[56] “对于采取留置措施的案件，在人民检察院对犯罪嫌疑人先行拘留后，留置措施自动解除”系新增内容。与《刑事诉讼法》第170条第2款规定一致。

[57] 此前的表述是没收、追缴，现表述为收缴。

[58] 对只有本人交代，没有其他证据证实违纪的，可动员本人登记上交。

[59] 对比《监察法》第46条，本规则表述更为精准，“对涉嫌职务犯罪取得的财物，应当随案移送人民检察院”，强调“职务犯罪”。

申诉办理部门成立复查组，调阅原案案卷，必要时可以进行取证，经集体研究后，提出办理意见，报纪检监察机关相关负责人批准或者纪委常委会会议研究决定，作出复议复查决定。决定应当告知申诉人，抄送相关单位，并在一定范围内宣布。

坚持复议复查与审查审理分离，原案审查、审理人员不得参与复议复查。

复议复查工作应当在3个月内办结。

【解读】对申诉的受理、处理，需要结合《监察法》《公务员法》《中国共产党纪律处分条例》等法律法规、党内法规分别处理。

党员对党纪处分决定不服，提出申诉，没有时间限制。受处分的公职人员对政务处分决定不服提出申诉的，受处分人对任免机关作出的处分不服向纪检监察机关提出申诉的，原则上纪检监察机关不宜直接受理。

第九章　监督管理

第六十条　纪检监察机关应当严格依照党内法规和国家法律，在行使权力上慎之又慎，在自我约束上严之又严，强化自我监督，健全内控机制，自觉接受党内监督、社会监督、群众监督，确保权力受到严格约束，坚决防止“灯下黑”。

纪检监察机关应当加强对监督执纪工作的领导，切实履行自身建设主体责任，严格教育、管理、监督，使纪检监察干部成为严守纪律、改进作风、拒腐防变的表率[60]。

第六十一条　纪检监察机关应当严格干部准入制度，严把政治安全关，纪检监察干部必须忠诚坚定、担当尽责、遵纪守法、清正廉洁，具备履行职责的基本条件。

第六十二条　纪检监察机关应当加强党的政治建设、思想建设、组织建设，突出政治功能，强化政治引领[61]。审查调查组有正式党员3人以上的[62]，应当设立临时党支部，加强对审查调查组成员的教育、管理、监督，开展政策理论学习，做好思想政治工作，及时发现问题、进行批评纠正，发挥战斗堡垒作用。

第六十三条[63]　纪检监察机关应当加强干部队伍作风建设，树立依规依法、纪律严明、作风深入、工作扎实、谦虚谨慎、秉公执纪的良好形象，力戒形式主义、官僚主义，力戒特权思想，力戒口大气粗、颐指气使，不断提高思想政治水平和把握政策能力，建设让党放心、人民信赖的纪检监察干部队伍。

第六十四条　对纪检监察干部打听案情、过问案件、说情干预的，受请托人应当向审查调查组组长和监督检查、审查调查部门主要负责人报告并登记备案。

发现审查调查组成员未经批准接触被审查调查人、涉案人员及其特定关系人，或者存在交往情形的，应当及时向审查调查组组长和监督检查、审查调查部门主要

⑥⑩ 本款系新增内容。

⑥① “纪检监察机关应当加强党的政治建设、思想建设、组织建设，突出政治功能，强化政治引领”系新增内容。删除了“纪检机关应当加强对监督执纪工作的领导，严格教育、管理、监督，切实履行自身建设主体责任”表述。

⑥② “审查调查组有正式党员3人以上的”系新增内容。

⑥③ 本条系新增内容。

负责人直至纪检监察机关主要负责人报告并登记备案。

第六十五条 严格执行回避制度。审查调查审理人员是被审查调查人或者检举人近亲属、本案证人、利害关系人，或者存在其他可能影响公正审查调查审理情形的，不得参与相关审查调查审理工作，应当主动申请回避，被审查调查人、检举人以及其他有关人员也有权要求其回避。选用借调人员、看护人员、审查场所，应当严格执行回避制度。

第六十六条 审查调查组需要借调人员的，一般应当从审查调查人才库选用，由纪检监察机关组织部门办理手续，实行一案一借，不得连续多次借调。加强对借调人员的管理监督，借调结束后由审查调查组写出鉴定。借调单位和党员干部不得干预借调人员岗位调整、职务晋升等事项。

第六十七条 监督执纪人员应当严格执行保密制度，控制审查调查工作事项知悉范围和时间，不准私自留存、隐匿、查阅、摘抄、复制、携带问题线索和涉案资料，严禁泄露审查调查工作情况。

审查调查组成员工作期间，应当使用专用手机、电脑、电子设备和存储介质，实行编号管理，审查调查工作结束后收回检查。

汇报案情、传递审查调查材料应当使用加密设施，携带案卷材料应当专人专车、卷不离身。

第六十八条 纪检监察机关相关涉密人员离岗离职后，应当遵守脱密期管理规定，严格履行保密义务，不得泄露相关秘密。

监督执纪人员辞职、退休 3 年内，不得从事与纪检监察和司法工作相关联、可能发生利益冲突的职业。

第六十九条[64] 纪检监察机关开展谈话应当做到全程可控。谈话前做好风险评估、医疗保障、安全防范工作以及应对突发事件的预案；谈话中及时研判谈话内容以及案情变化，发现严重职务违法、职务犯罪，依照监察法需要采取留置措施的，应当及时采取留置措施；谈话结束前做好被谈话人思想工作，谈话后按程序与相关单位或者人员交接，并做好跟踪回访等工作。

第七十条 建立健全安全责任制[65]，监督检查、审查调查部门主要负责人和审查调查组组长是审查调查安全第一责任人，审查调查组应当指定专人担任安全员。被审查调查人发生安全事故的，应当在 24 小时内逐级上报至中央纪委，及时做好舆论引导。

发生严重安全事故的，或者存在严重违规违纪违法行为的，省级纪检监察机关主要负责人应当向中央纪委作出检讨，并予以通报、严肃问责追责。

案件监督管理部门应当组织开展经常性检查和不定期抽查，发现问题及时报

[64] 本条系新增内容。这里的“谈话”显然不单指审查调查谈话，也包括函询谈话、审理谈话等。“走读式”谈话“六必知”主要包括知晓谈话对象个人履历、身体状况、性格特点、家庭关系、工作表现、为人处世等六个方面。

[65] “建立健全安全责任制”系新增内容。

告并督促整改。

第七十一条　对纪检监察干部越权接触相关地区、部门、单位党委（党组）负责人，私存线索、跑风漏气、违反安全保密规定，接受请托、干预审查调查、以案谋私、办人情案，侮辱、打骂、虐待、体罚或者变相体罚被审查调查人[66]，以违规违纪违法方式收集证据，截留挪用、侵占私分涉案财物，接受宴请和财物等行为，依规依纪严肃处理；涉嫌职务违法、职务犯罪的，依法追究法律责任。

第七十二条[67]　纪检监察机关在维护监督执纪工作纪律方面失职失责的，予以严肃问责。

第七十三条　对案件处置出现重大失误，纪检监察干部涉嫌严重违纪或者职务违法、职务犯罪的，开展“一案双查”[68]，既追究直接责任，还应当严肃追究有关领导人员责任。

建立办案质量责任制，对滥用职权、失职失责造成严重后果的，实行终身问责[69]。

第十章　附　　则

第七十四条　各省（自治区、直辖市）党委、中央和国家机关工委可以根据本规则，结合工作实际，制定实施细则。

中央军事委员会可以根据本规则，制定相关规定。

第七十五条　纪委监委派驻纪检监察组、纪检监察工委除执行本规则外，还应当执行党中央以及中央纪委相关规定。

国有企事业单位纪检监察机构[70]结合实际执行本规则。

第七十六条　本规则由中央纪律检查委员会负责解释。

第七十七条　本规则自2019年1月1日起施行。2017年1月15日中央纪委印发的《中国共产党纪律检查机关监督执纪工作规则（试行）》同时废止。此前发布的其他有关纪检监察机关监督执纪工作的规定，凡与本规则不一致的，按照本规则执行。

纪检监察机关派驻机构工作规则

（2022年6月2日中共中央政治局常委会会议审议批准
2022年6月22日中共中央办公厅发布）

第一章　总　　则

第一条　为了加强和规范纪检监察机关派驻机构工作，根据《中国共产党纪律

[66] “侮辱、打骂、虐待、体罚或者变相体罚被审查调查人”系新增表述。

[67] 本条系新增内容。

[68] “一案双查”本质是对失职失责行为进行问责。在查办案件过程中，既查党员领导干部的违纪问题，又查执纪过程中是否存在违规违纪行为。2016年中央纪委对四川省委原副书记、原省长魏某和资阳市原市委书记李某案件开展“一案双查”，查出四川省纪委调查李佳案的负责人曾3次和李某单独见面，违反有关程序和规定，受到警告处分。

[69] 本款系新增内容。

[70] “监察”系新增内容。推进中管企业纪检监察体制改革，设立企业纪检监察组或者监察专员办公室，由国家监委赋予监察权；将中管金融企业纪委改设为中央纪委国家监委派驻纪检监察组，受中央纪委国家监委直接领导。由此可见，中管企业监察权来源于国家监委赋予。

检查委员会工作条例》和《中华人民共和国监察法》，制定本规则。

第二条 派驻机构工作坚持以习近平新时代中国特色社会主义思想为指导，增强“四个意识”、坚定“四个自信”、做到“两个维护”，坚持自我革命，坚持敢于斗争，坚持实事求是①，深入贯彻全面从严治党战略方针，坚定不移推进党风廉政建设和反腐败斗争，建立健全系统集成、协同高效的派驻监督体制机制②，增强“派”的权威和“驻”的优势，一体推进不敢腐、不能腐、不想腐，充分发挥监督保障执行、促进完善发展作用。

第三条 在党中央集中统一领导下，中央纪律检查委员会国家监察委员会向中央一级党和国家机关以及其他组织派驻纪检监察机构，地方各级纪律检查委员会监察委员会向本级党和国家机关以及其他组织派驻纪检监察机构。派驻机构是派出机关的组成部分，与驻在单位是监督和被监督的关系③。

派驻机构应当强化政治监督，把坚持和加强党的领导贯穿工作全过程各方面，推动驻在单位切实做到“两个维护”，贯彻党的理论和路线方针政策，落实党中央决策部署。④

第四条 派驻机构遵循以下原则开展工作⑤：

（一）坚持党中央集中统一领导，强化组织自上而下的监督功能；

（二）坚持民主集中制，重要事项集体研究决定；

（三）坚持敢于善于监督，完善常态化监督工作机制；

（四）坚持职责定位，依规依纪依法履行职责；

（五）坚持各项监督统筹衔接，推动全面从严治党主体责任和监督责任一体落实；

（六）坚持监督与被监督相统一，自觉接受各方面监督。

第五条 派驻机构应当持续深化转职能、转方式、转作风⑥，聚焦全面从严治党、党风廉政建设和反腐败工作，强化监督职责，突出工作重点，创新履职方式，有效运用“四种形态”，增强派驻监督全覆盖的有效性，推动派驻监督工作高质量发展。

第二章 组织设置

第六条 中央纪律检查委员会国家监察委员会向中央一级党和国家机关、中管金融企业派驻纪检监察组。地方各级纪律检查委员会监察委员会向本级党和国家机关、所管辖的国有金融企业派驻纪检监察组。

中央纪律检查委员会国家监察委员会、地方各级纪律检查委员会监察委员会按照规定向国有企业、普通高等学校等单位派驻纪检监察组；或者依法派驻监察机构，派驻监察专员并设立监察专员办公室，与该单位党的纪律检查机构合署办公。

① 此处特别强调了“三个坚持”。

② 派驻监督体制机制改革追求的目标是：系统集成、协同高效。

③ 此处以立法的形式明确派驻机构与派出机关、驻在单位的关系。派驻机构包括中管企业纪检监察组、中管高校纪检监察机构。中管企业纪检监察组在名称上未直接体现派驻监察机构，但其监察权的取得是由国家监委赋予的，即当纪检监察组履行监察职能时，其性质是国家监委派驻监察机构。

④ 结合《中国共产党纪律检查委员会工作条例》第33条理解。派驻监督是党和国家自我监督的重要制度设计，是纪检监察监督的重要组成部分，本质上是政治监督。政治监督不能大而化之，必须抓住要害、精准发力，要心怀“国之大者”，突出政治监督重点，坚持党中央关心什么、强调什么，政治监督就监督什么。派驻纪检监察组要根据驻在部门的

对系统规模大、直属单位多、监督对象多的单位，可以单独派驻纪检监察组；对业务关联度高，或者需要统筹力量实施监督的相关单位，可以综合派驻纪检监察组[⑦]。

第七条　派驻机构主要负责人按照规定担任驻在单位的党组（党委）成员，履行监督专责，不分管[⑧]驻在单位工作。

派驻机构主要负责人实行交流任职、定期轮岗。

第八条　派驻机构的领导机构是组务会。组务会由派驻机构正职、副职组成。组务会会议学习贯彻落实党中央决策部署，贯彻中央纪委国家监委工作部署，落实派出机关工作安排，研究讨论管辖范围内纪检监察工作的重要问题、重要事项，按照权限讨论或者决定党纪政务处分等事项[⑨]。

派驻机构应当健全组务会会议以及组长办公会议、专题会议等会议制度，完善议事决策机制。[⑩]

第九条　派驻机构应当按照信访举报、监督检查、审查调查、案件监督管理、案件审理相互协调、相互制约的原则，结合实际设置内设机构或者明确人员分工。

第三章　领导体制

第十条　各级党委应当加强对纪检监察机关派驻机构工作的领导，健全机构设置、干部管理、工作保障等机制，听取纪律检查委员会监察委员会关于派驻监督工作的汇报，推动派驻机构履职尽责。

第十一条　驻在单位应当支持配合派驻机构工作，主动及时通报重要情况、重要问题，根据派驻机构工作需要提供有关材料，为派驻机构开展工作创造条件、提供保障。

第十二条　派驻机构由派出机关直接领导、统一管理，向派出机关负责，受派出机关监督。

各级纪律检查委员会常务委员会应当定期听取派驻监督工作情况报告。派出机关分管领导应当定期召开派驻机构负责人会议，经常同派驻机构主要负责人研究工作。

第十三条　派出机关相关部门根据职能职责，加强对派驻机构的指导、联系、服务和保障。[⑪]

监督检查部门协助分管领导联系派驻机构日常工作：

（一）指导督促派驻机构履行职责；

（二）对派驻机构请示报告的问题、事项进行审核把关；

（三）对派出机关交办的重要案件、事项进行督促办理；

职责使命，找准穴位，坚持从政治上发现、纠正和处置问题，突出“见人见事见效”，做到党中央重大决策部署到哪里，政治监督就跟进到哪里，充分发挥监督保障执行、促进完善发展作用，以精准监督确保“两个维护”落到实处。以工业和信息化部门的政治监督工作为例，要做到“五看五督促”，一看是否贯彻宪法原则，一切权责实践活动是否都在法律授权框架内，督促其做到与全面依法治国相契合；二看是否贯彻“祛病”原则，在降能耗、去产能、淘汰高能耗高排放落后企业等方面，督促其做到与绿色、协调、高质量发展新理念相一致；三看是否贯彻“普惠”原则，在服务民生领域，特别是煤、电、油、气应急保障，清理拖欠民营、中小企业账款，电力应急管理，医药产业、消费品工业发展等与人民群众生命安全、生活质量密切相关的政策措施方面，督促其做到与以人民

（四）办理派驻机构提请支持、协调的重要事项；

（五）向派驻机构通报驻在单位领导班子及其成员、驻在单位上级党委管理的其他人员的一般性问题和谈话提醒、批评教育、责令检查、诫勉谈话等情况；

（六）联系开展其他工作。

第十四条 派出机关相关部门应当会同派驻机构联合开展以下监督工作：

（一）开展专项检查，推动驻在单位落实党中央决策部署；

（二）研判驻在单位政治生态，有针对性地开展监督；

（三）开展专题调查研究，查找分析利用公共权力和资源设租寻租、离职后违规从业等行业性、系统性廉洁风险，向驻在单位提出意见建议或者督促开展专项治理；

（四）支持配合派出机关同级党委巡视巡察机构开展工作，对整改情况进行监督；

（五）推动驻在单位落实纪检监察建议；

（六）其他需要联合开展的监督工作。

第十五条 派出机关监督检查部门、审查调查部门对于派驻机构管辖的重大、复杂案件[12]，经批准可以直接办理或者组织、指挥办理。

第十六条 派出机关相关部门应当指导、协调派驻机构与地方纪律检查委员会监察委员会协作开展以下工作：

（一）协同开展专项检查、专项监督，推动解决有关系统和领域的突出问题；

（二）协作采取监督检查、审查调查措施；

（三）协商确定驻在单位党员、干部以及监察对象涉嫌违纪和职务违法、职务犯罪案件的管辖，或者由派驻机构报请派出机关指定有关地方纪委监委管辖；

（四）联合审查调查驻在单位党员、干部以及监察对象涉嫌违纪和职务违法、职务犯罪案件；

（五）其他需要协作开展的工作。

第十七条 派出机关相关部门应当组织、指导各派驻机构之间协作配合开展以下工作：

（一）针对共性或者关联性问题同步开展专项监督；

（二）对重大、复杂案件进行联合审查调查；

（三）协作开展案件审理、复议复查和复审工作；

（四）对派出机关部署的重要工作落实情况开展交叉检查或者联合检查；

（五）联合开展调研、培训；

（六）其他需要协作配合开展的工作。

为中心的发展思想相统一；四看是否贯彻“前瞻”原则，在产业布局、培养龙头企业、指导企业技术改革、固定资产投资等方面，督促其做到与创新驱动和市场需求相融合；五看是否贯彻“操作性”原则，在完成增总量、优存量、促增量、提质量，加速制造业质量变革、效率变革、动力变革，推动产业新体系构建任务上，督促其做到与“一张蓝图绘到底”抓落实理念相承接。参见陈善举：《派驻机构如何推进政治监督具体化常态化》，载《中国纪检监察报》2021年7月15日，第7版。

⑤ 此处规定了派驻机构开展工作应遵循的六个原则，排在第一位的是“坚持党中央集中统一领导，强化组织自上而下的监督功能”。

⑥ 简称“三转”。“三转”的实质就是纪检监察工作要坚决往强化监督、严格执纪执法、严肃问责的主业上转；坚决纠正纪检监察部门“协调变牵头、牵头

第十八条　派驻机构应当加强对驻在单位内设纪检机构及直属单位纪检机构的业务指导和监督检查,督促、支持其发挥职能作用,推动纪检干部队伍建设,加强政治教育和业务培训,协调人员力量开展监督执纪工作。

【实践样本:派驻机构加强对驻在单位的监督指导】中央纪委国家监委驻中国农业银行纪检监察组以"五项支持、五项帮助"为内容,促进机关纪委监督实起来、执纪硬起来、作用发挥强起来。一是支持强化政治监督,帮助开展总行机关政治生态分析研判,对贯彻落实党中央重大决策部署情况进行联合检查;二是支持做实日常监督,帮助建立健全处级及以下党员干部廉政档案,规范党风廉政意见回复工作,对制发纪律检查建议进行指导;三是支持做好执纪审查,帮助审查取证,通过联合办案、提级审查等方式加大审查调查力度;四是支持从严追责问责,审核把关党纪处分意见,对管党治党职责落实不力的干部进行问责;五是支持开展以案促改,帮助做好"后半篇文章",坚持一案一剖析,做好警示教育工作,发挥以案治本功能。参见中央纪委国家监委驻中国农业银行纪检监察组:《驻农行纪检监察组做实做细对机关纪委监督指导》,载中央纪委国家监委网站,https://www.ccdi.gov.cn/yaowenn/202201/t20220117_164974.html。

第十九条　派驻垂直管理单位的纪检监察组应当加强对驻在单位的下一级单位纪检机构的业务指导和监督检查[13],对驻在单位各级纪检机构的工作进行统筹,推动层层落实监督责任。下一级单位纪检机构的监督执纪工作以派驻纪检监察组领导为主,线索处置和案件查办在向同级党组(党委)报告的同时应当一并向派驻纪检监察组报告。

实行双重领导并以上级单位领导为主的单位,国有企业、国有金融企业的派驻机构工作,参照前款规定执行。

第二十条　各级纪律检查委员会监察委员会派出的机关纪检监察工作委员会[14],按照规定[15]审理有关派驻机构审查调查的案件,定期向派出机关报告案件审理工作情况。在派出机关领导下,建立健全案件质量评查机制,向派驻机构反馈评查结果。

机关纪检监察工作委员会应当加强与派驻机构的沟通协调,对本级党和国家机关部门机关纪委的执纪审查工作进行协同指导。

【知识点:派驻机构与机关纪检监察工委的关系】纪检监察工委与派驻机构的职责定位主要表现为"三同三异"。"三同"。一是同为纪委监委组成部分。派驻机构是派出它的纪委监委的组成部分。纪检监察工委作为纪委监委的派出机构,同样是其组成部分。二是重点监督职责相同。派驻机构重点监督驻在单位领导班子及其成员特别是主要负责人、驻在单位上级党委管理的其他人员等党组织、党员干

变主抓、主抓变负责"的错位、越位现象,把不该牵头、不必参与的业务工作交还给主责部门;把《中国共产党章程》《宪法》《监察法》赋予的使命切实担当起来,集中精力聚焦中心任务,聚力执纪审查,形成反腐倡廉建设新常态。

⑦ 此处明确单独派驻、综合派驻的设置要求。单独派驻,如派驻教育、公安等部门。综合派驻,如派驻工会、妇联、团委等。

⑧ "不分管"包括不协管及不以联系等名义分管、协管。

⑨ 不同层级的派驻机构权限不同,比如县级纪委监委派驻纪检监察组没有开除党籍、开除公职的权限;有的可能无权决定党纪政务处分事项。所以,这里用的措辞是"讨论"。

⑩ 对于人员编制少、领导职数少的市、县(区)派驻机构,应当本着实事求是的精神完善议事决策机制,主要是在研究酝酿、讨论决策、部署工作中体现民主集中制要求,实现科学决策。

部。纪检监察工委履行对党的机关工作委员会(以下简称机关工委)的监督职责,是发挥派出机构作用应有之义。三是审查调查措施相同。纪检监察工委、派驻机构均执行《中国共产党纪律检查机关监督执纪工作规则》规定的审查调查措施。“三异”。一是领导体制不同。派驻机构受派出机关直接领导,与驻在单位是监督与被监督关系。纪检监察工委在派出它的纪委监委和机关工委双重领导下进行工作。因此,二者执纪执法工作程序手续也有所不同。比如,派驻机构采取谈话、询问等措施,应按权限和程序报派出它的纪委监委审批,不需报驻在单位党组(党委)批准。纪检监察工委虽可监督机关工委,但因同时受其领导,拟对机关工委管理的党员干部使用审查调查措施的,仍需按审批权限规定同时报机关工委负责人审批。二是审理和处置职权不同。派驻机构对其查办的案件有内部审理权;本条赋予纪检监察工委“二次审理”权,即派驻机构内部审理后,应报纪检监察工委“二次审理”。此外,纪检监察工委不仅可以对相关党员干部审查调查,还可对其作出党纪处分决定。派驻机构未被赋予党纪处分权,其提出党纪处理建议,由相关党组(党委)作出党纪处分决定。三是与机关纪委关系不同。派驻机构与驻在单位机关纪委是业务指导和监督检查关系。机关纪委在纪检监察工委领导下进行工作,如省直纪检监察工委领导省直单位机关纪委工作。参见许展、徐磊:《如何根据〈规则〉理解和把握派驻机构与机关纪检监察工委的关系》,载《中国纪检监察》2022 年第 24 期。

第二十一条 派驻国有资产监管机构、教育行政部门等的纪检监察组,按照规定协助派出机关加强对国有企业、普通高等学校等单位派驻机构工作的指导,形成监督合力。

派驻国有资产监管机构的纪检监察组,应当加强对驻在单位党组(党委)管理领导班子的国有企业纪检机构监督执纪工作的领导⑯。相关国有企业纪检机构的线索处置和案件查办在向同级党委报告的同时,应当一并向派驻纪检监察组报告。

第四章 工作职责

第二十二条 派驻机构依规依纪依法履行监督执纪问责和监督调查处置职责。

第二十三条⑰ 派驻机构应当把监督作为基本职责,结合驻在单位实际,重点监督检查以下情况:

(一)对党忠诚,践行党的性质宗旨情况;

(二)贯彻党的理论和路线方针政策、落实党中央决策部署、践行“两个维护”情况;

⑪ 派出机关监督检查部门本身与派驻机构之间不存在领导和被领导的关系。

⑫ 重大、复杂案件,如涉嫌严重职务违法、职务犯罪案件。

⑬ 请注意限定词派驻“垂直管理单位”(比如税务机关、中国人民银行等)的纪检监察组,有对驻在单位的下一级单位纪检机构进行业务指导和监督检查的义务。对派驻非垂直管理单位的纪检监察组(比如派驻市民政局纪检监察组),立法未要求加强对驻在单位的下一级单位纪检机构(比如派驻县民政局纪检监察组)进行业务指导和监督检查。

⑭ 比如派出省委直属机关纪检监察工委、市委直属机关纪检监察工委。

⑮ 通常由派出机关制定相应的规定。这里的“按照规定”,主要是指《党组讨论和决定党员处分事项工作程序规定(试行)》。其第 6 条第 2 款规定:

（三）落实全面从严治党主体责任、加强党风廉政建设和反腐败工作情况；

（四）贯彻执行民主集中制、依规依法履职用权、廉洁自律等情况。

第二十四条　派驻机构应当重点监督以下对象：

（一）驻在单位领导班子及其成员特别是主要负责人；

（二）驻在单位上级党委管理的其他人员；

（三）驻在单位党组（党委）管理的领导班子及其成员；

（四）其他列入重点监督对象的驻在单位人员。

第二十五条　派驻机构应当支持和督促驻在单位党组（党委）落实全面从严治党主体责任，协助其开展内部巡视巡察，推动驻在单位深化改革、健全制度、完善治理、防控风险。

第二十六条　派驻机构应当结合派驻监督工作情况，推动驻在单位党组（党委）开展全面从严治党、党风廉政建设和反腐败工作的形势任务教育，强化纪法教育、警示教育，推进廉洁文化建设[18]，教育引导党员、干部以及监察对象修身律己，筑牢思想道德防线。

第二十七条　派驻机构对反映驻在单位党组织和党员、干部以及监察对象问题的检举控告，按照规定受理和处置。

第二十八条　派驻机构对驻在单位领导班子及其成员、驻在单位上级党委管理的其他人员涉嫌违纪和职务违法、职务犯罪问题线索，经批准可以参与派出机关的初步核实、审查调查工作。

第二十九条　派驻机构负责审查[19]以下党组织和党员涉嫌违犯党纪的案件：

（一）驻在单位党组（党委）直接领导的党组织；

（二）驻在单位党组（党委）管理的领导班子成员；

（三）本规则第二十四条第四项规定的人员。

派驻机构必要时可以审查驻在单位党组（党委）管理的其他党组织和党员涉嫌违犯党纪的案件。

派驻机构根据派出机关授权，依法调查驻在单位监察对象涉嫌职务违法、职务犯罪案件。

第三十条　派驻机构按照管理权限，对违纪违法的驻在单位党组织和党员、干部以及监察对象进行处理处分[20]，对不履行或者不正确履行职责的驻在单位党组织和领导干部进行问责。

【解读】派驻机构不宜直接作出党纪处分决定，但可以按照有关规定和权限作出政务处分决定。注意，并不是所有的派驻机构均有完整的处分权。比如，开除必须由县级监察机关按照程序作出，县级纪委监委派驻机构暂无作出开除处分的权

“根据工作需要，派驻纪检监察组可以直接审查驻在部门的处级及以下党员干部违反党纪的案件。派驻纪检监察组进行审查和审理后，提出党纪处分建议，移交驻在部门机关党委、机关纪委按照规定履行相应程序后，由党组讨论决定。必要时，派驻纪检监察组可以将党纪处分建议直接通报驻在部门党组，由党组讨论决定。”因此，派驻机构提级办理的案件不需要报机关纪检监察工委审理。

⑯ 比如派驻某省国资委的纪检监察组，应当加强对某省属国有企业纪委工作的领导。

⑰ 本条规定的内容属政治监督的内容，与《中国共产党纪律检查委员会工作条例》第33条规定一脉相承。

⑱ 《中国共产党纪律检查委员会工作条例》第32条第2款规定：“开展廉政

限。中央纪委国家监委、省级纪委监委派驻机构，按照管理权限，可对违纪违法的驻在单位党组织和党员、干部以及监察对象进行处理处分。

【实践样本：派驻机构作出开除处分】经中央纪委国家监委批准，中央纪委国家监委驻中国工商银行纪检监察组、广东省深圳市监委对中国工商银行广东省分行原党委委员、副行长周某严重违纪违法问题进行了纪律审查和监察调查。周某严重违反党的政治纪律、组织纪律、廉洁纪律、工作纪律、生活纪律，构成严重职务违法并涉嫌受贿犯罪，是自律不严与家风不正共生、金融腐败与金融风险交织的典型，且在党的十八大直至党的十九大以后仍不收敛、不收手，性质恶劣，情节严重，应予严肃处理。依据《中国共产党纪律处分条例》《监察法》《公职人员政务处分法》等有关规定，经中国工商银行党委研究，决定给予周某开除党籍处分；经中央纪委国家监委驻中国工商银行纪检监察组研究，决定给予周某开除公职处分；收缴其违纪违法所得；经广东省深圳市监委研究，决定将周某涉嫌犯罪问题移送检察机关依法审查起诉，所涉财物随案移送。参见中央纪委国家监委驻中国工商银行纪检监察组、广东省纪委监委：《中国工商银行广东省分行原党委委员、副行长周某被开除党籍和公职》，载中央纪委国家监委网站，https://www.ccdi.gov.cn/yaowenn/202212/t20221230_238958.html。

第三十一条[21]　派驻机构负责受理和处置以下申诉或者复审申请：

（一）党组织和党员对派驻机构所作处理决定不服的申诉；

（二）监察对象对派驻机构所作处理决定不服的复审申请；

（三）被调查人及其近亲属对派驻机构及其工作人员侵害被调查人合法权益行为的申诉。

对于派驻机构立案审查调查后由驻在单位作出处理决定案件的申诉或者复核申请，派驻机构应当协助驻在单位做好有关处置工作。

第五章　履职程序

第三十二条　派驻机构开展日常监督应当深入实际、深入群众，监督方式包括：

（一）参加会议[22]。参加或者列席驻在单位领导班子会议等重要会议，了解学习贯彻党中央决策部署以及上级党组织决定情况和班子成员的意见态度，“三重一大”决策制度执行情况，按照规定向派出机关报告。

（二）谈心谈话[23]。同党员、干部和群众广泛谈心谈话，听取对监督对象的反映，发现监督对象存在苗头性、倾向性问题的，进行谈话提醒[24]、批评教育。

（三）听取汇报。听取驻在单位党组（党委）管理的领导班子及其成员履行管党

教育，加强全面从严治党、党风廉政建设和反腐败工作的形势任务以及家风家教等宣传教育，推进廉洁文化建设，营造崇廉拒腐氛围。”推进廉洁文化建设是践行一体推进“三不”战略方针的具体体现。“不想腐”是根本，要靠加强理想信念教育，靠提高党性觉悟，涵养廉洁文化，夯实不忘初心、牢记使命的思想根基，让党员因觉悟而“不想腐”。2022年，中共中央办公厅印发的《关于加强新时代廉洁文化建设的意见》就推进廉洁文化建设作了系统全面的规定，请注意学习。

⑲ 此处赋予派驻机构立案审查权，但未赋予派驻机构党纪处分权。

⑳ 这里的处理，包括批评教育、责令检查、退出违纪所得、通报、诫勉等。处分，是指派驻机构可以作出政务处分，但不包括党纪处分。

㉑ 派驻机构可对党员作出批评

治党责任情况的汇报，发现责任落实不到位的，进行提醒纠正。

（四）查阅资料[25]。按照规定查阅、复制驻在单位有关文件、资料、数据等材料，了解核实有关情况。

（五）沟通情况。加强与驻在单位机关党委、党委办公室和组织人事、巡视巡察、法规法务、财务审计等部门的沟通，及时发现和通报问题。

（六）分析研判。分析信访举报、党风廉政等情况，对典型性、普遍性问题向驻在单位提出意见建议。

（七）廉政把关。建立健全、动态更新驻在单位党组（党委）管理的领导干部廉政档案，严把党风廉政意见回复关[26]。

（八）实地调查。开展驻点调研、现场核查，精准发现驻在单位存在的突出问题。

（九）其他开展日常监督的方式。

第三十三条　派驻机构应当严格执行报告制度，发现驻在单位领导班子及其成员重要问题、重要事项及时向派出机关报告。

派驻机构应当经常对驻在单位领导班子及其成员坚持党的领导、加强党的建设、履行全面从严治党主体责任情况以及党风廉政状况进行分析，每年向派出机关提交专题报告。

第三十四条　派驻机构应当定期会同驻在单位党组（党委）专题研究全面从严治党、党风廉政建设和反腐败工作。派出机关监督检查部门根据情况派员参加。

派驻机构主要负责人应当经常与驻在单位党组（党委）主要负责人就政治生态、作风建设、廉洁风险等情况交换意见，提出工作建议，督促完善有关制度措施。

第三十五条　派驻机构应当向驻在单位领导班子成员通报其分管部门和单位领导干部遵守党章党规党纪、廉洁自律等情况，推动领导班子成员落实“一岗双责”要求，抓好分管部门和单位的党风廉政建设工作。

第三十六条　派驻机构对驻在单位开展内部巡视巡察提供以下协助：

（一）通报监督执纪执法中发现的问题；

（二）处置内部巡视巡察移交的问题线索；

（三）检查整改责任落实情况；

（四）其他协助内部巡视巡察的工作。

第三十七条　派驻机构应当指定专人负责管理涉嫌违纪和职务违法、职务犯罪问题线索，逐件编号登记，建立管理台账。

派驻机构应当结合日常监督掌握的情况，对问题线索进行综合分析、适当了解，采取谈话函询、初步核实、暂存待查[27]、予以了结等方式进行处置。线索处置意

教育、责令检查、诫勉等处理决定，对党组织作出通报批评等处理决定，但不包括对党员作出党纪处分决定。对于派驻机构立案审查调查后由驻在单位作出处理处分决定案件的申诉，派驻机构不予受理，但可协助驻在单位做好相关工作。

[22] 参加会议被规定为日常监督的首要方式，凸显其重要性。

[23] 谈心谈话成功的前提是尽可能全面掌握谈话对象的基本情况，切实增强谈心谈话的针对性和实效性。谈话中，带着责任谈、带着问题谈、带着任务谈，谈到点子上、谈到关键处，力求把思想谈深、把工作谈实、把问题谈透。对那些存在的苗头性、倾向性问题，不能姑息养奸刻意避让，必须保持旗帜鲜明，弘扬斗争精神，本着“惩前毖后、治病救人”的原则，进行提醒督促，早发现、早提醒、早纠正。

见应当自收到线索之日起 1 个月内提出。

处置问题线索应当报派驻机构主要负责人审批，并按照规定报派出机关备案。

第三十八条 派驻机构经过初步核实，需要进行立案审查调查[28]的，应当报派驻机构主要负责人审批。其中，对驻在单位党组（党委）直接领导的党组织、党组（党委）管理的领导班子成员中的正职领导干部立案和副职领导干部涉嫌严重职务违法、职务犯罪立案的，应当报派出机关审批[29]。

派驻机构在立案前应当征求驻在单位党组（党委）主要负责人意见，对于有不同意见的应当报派出机关决定。确因安全保密等特殊情况，经派出机关同意，也可以在立案后及时向驻在单位党组（党委）主要负责人通报。

【解读】本条中的“正职领导干部”，与《中国共产党纪律检查委员会工作条例》中的有关概念一致，主要指《公务员法》第 18 条规定的领导职务层次，如中央和国家机关中的厅局级正职、省直单位中的县处级正职等。本条第 1 款规定派驻机构对驻在单位党组（党委）管理的领导班子成员中的副职领导干部涉嫌严重职务违法、职务犯罪立案的，报派出机关审批。这里的“涉嫌严重职务违法、职务犯罪”，一般指可能适用第三、四种形态的案件。对于退休人员的立案审批，根据《监察法实施条例》第 53 条规定，按照其退休前的原任职务的管理权限进行报批。

第三十九条 派驻机构按照规定报批后，可以依规依纪依法采取谈话、讯问、询问、留置、查询、冻结、搜查、调取、查封、扣押（暂扣、封存）、勘验检查、鉴定措施。对依法应当交有关机关执行的措施，报派出机关审批并以派出机关名义办理。

派驻机构应当对审查调查措施进行严格监管，建立措施使用台账，定期将有关情况报派出机关案件监督管理部门、监督检查部门备案。

第四十条 派驻机构审查调查工作结束后，应当按照规定进行审理，提出纪律处理或者党纪处分建议、拟作出的政务处分决定或者处分建议[30]，通报驻在单位党组（党委）。

第四十一条 驻在单位党组（党委）按照权限和程序，对违纪的党组织、党员作出纪律处理或者党纪处分决定。

派驻机构按照管理权限，对违法的监察对象依法作出政务处分决定[31]；建议驻在单位处分的，由驻在单位依法依规作出处分决定。

派驻机构提出的处理处分建议与驻在单位党组（党委）的意见不同又不能协商一致的，由派驻机构报派出机关研究决定。

第四十二条 派驻机构发现驻在单位党组（党委）管理的党组织和领导干部失职失责造成严重后果或者恶劣影响，需要进行问责调查的，应当报派驻机构主要负责人审批后，启动问责调查程序。

只有对存在的问题直言不讳，直戳要害，进行批评教育，才能把问题谈开，做到见人见事见思想。谈心谈话，应当重点指出干部的努力方向、存在问题，了解干部思想深处的一些真实的想法，为干部在思想上、措施上、行动上出主意、给干劲儿。

㉔ 一般认为，对监督对象存在苗头性、倾向性问题的，处置措施是提醒谈话或者批评教育。而对监督对象存在一般性违纪违法问题的，处置措施是谈话提醒、批评教育或者诫勉等。请注意与《中国共产党党内监督条例》第 21 条、《中国共产党纪律检查委员会工作条例》第 31 条第 2 款第 1 项结合起来学习。

㉕ 实践中，应注意查阅全面从严治党文件、干部档案、重要会议记录纪要以及党建、财务、选人用人等内部管理制度、重大项目招投标文书、项目协议

派驻机构应当依规依纪依法开展问责调查，查明失职失责问题，按照管理权限作出问责决定，或者向有权作出问责决定的党组织（单位）提出问责建议。

对党组织采取改组方式问责的，按照党章和其他党内法规规定的权限、程序执行。对领导干部采取党纪政务处分方式问责的，按照本规则第三十八条、第四十条、第四十一条办理。

第四十三条　派驻机构对调查的监察对象和涉案人员涉嫌职务犯罪案件，经集体审议，认为犯罪事实清楚，证据确实、充分，需要追究刑事责任的，依法依规移送人民检察院审查起诉。

第四十四条　派驻机构发现驻在单位在贯彻党中央决策部署、落实全面从严治党主体责任、开展党风廉政建设以及决策机制、监督管理、制度执行等方面存在突出问题或者薄弱环节的，应当提出纪检监察建议。

派驻机构应当加强对驻在单位问题整改情况的监督检查，督促限期整改、反馈，推动纪检监察建议落实到位。

第六章　管理监督

第四十五条　派驻机构必须坚持以习近平新时代中国特色社会主义思想武装头脑、指导实践、推动工作，以党的政治建设为统领推进党的各方面建设，教育引导派驻机构干部忠于职守、履职尽责，不断提高政治判断力、政治领悟力、政治执行力，带头增强“四个意识”、坚定“四个自信”、做到“两个维护”，发扬党的优良传统和作风，加强思想淬炼、政治历练、实践锻炼、专业训练，增强法治意识、程序意识、证据意识，建设政治素质高、忠诚干净担当、专业化能力强、敢于善于斗争的派驻机构干部队伍。

派驻机构党组织应当严格执行党的组织生活制度，推进党支部标准化规范化建设，增强党组织政治功能和组织力凝聚力，发挥战斗堡垒作用。

第四十六条　派出机关应当严把派驻机构干部入口关，按照干部管理权限统筹派出机关和派驻机构干部的选拔任用、人员交流、考核培训、监督管理，有计划地安排派驻机构干部参与派出机关工作、进行培养锻炼。

第四十七条　派出机关应当每年组织派驻机构主要负责人进行述责述廉。结合驻在单位特点，对派驻机构履行职责以及自身建设等方面情况进行考核。考核中，应当听取驻在单位领导班子和有关方面的意见，并将其作为考核的重要依据。

第四十八条　派驻机构应当加强规范化、法治化、正规化建设，明确职权范围，健全内控机制，规范工作流程和审批权限，完善回避、保密和过问、干预案件登记备案等管理制度，建立健全办案安全责任制，推动各项工作依规依纪依法进行。

书、项目评审有关资料（专家组构成及评审意见）、项目资金使用账目等资料。

㉖ 注意学习中央纪委《关于进一步规范纪检监察机关党风廉政意见回复工作的通知》。

㉗ 根据有关规定，问题线索经初核6个月后无实质进展或者暂存待查超过1年时间的，承办部门应当向本机关主要负责人书面报告原因并提出下一步工作建议。

㉘ 此处强调立案前要经过初步核实。

㉙ 对党组（党委）管理的领导班子成员中的正职领导干部立案和副职领导干部涉嫌严重职务违法、职务犯罪立案，派驻机构不能自行决定，必须报派出机关批准。

㉚ 纪律处理是对违犯党纪的党组织的处理措施。对一般违犯党纪的党组织，上级党组织应当责令其作出检查或者进行通报批评，对严重违犯党纪、本身又不能纠正的党组织，上一

级党的委员会在查明核实后，根据情节的严重程度，作出进行改组或者予以解散的决定。

㉛ 这里赋予派驻机构政务处分决定权，但未赋予派驻机构党纪处分决定权。《党组讨论和决定党员处分事项工作程序规定（试行）》第3条规定："党组对其管理的党员干部实施党纪处分，应当按照规定程序经党组集体讨论决定，不允许任何个人或者少数人擅自决定和批准。党纪处分决定以党组名义作出并自党组讨论决定之日起生效。"

第四十九条 派驻机构应当坚持打铁必须自身硬，坚持严的标准，勇于刀刃向内，牢固树立监督者更要自觉接受监督的意识，加强自我管理、自我约束，不断提高免疫力，切实防治"灯下黑"。

派驻机构应当接受派出机关同级党委巡视巡察监督和派出机关的管理监督，对所提监督意见进行整改落实，并报告整改情况。

派驻机构应当明确专门机构或者人员负责干部日常管理监督工作，及时汇总各方面意见，对自身权力运行的关键环节进行经常性检查，认真核查相关检举控告，按照规定将处置情况向派出机关干部监督部门报告。

派驻机构应当听取驻在单位领导班子对派驻机构工作的意见建议，认真研究处理，并及时反馈。自觉接受驻在单位党员、干部和群众的监督，畅通意见反映渠道，对反映的问题进行调查核实处置，不断完善制度、改进工作。

第五十条 派驻机构干部有跑风漏气、迟报瞒报、滥用职权、以案谋私以及其他违规违纪违法行为的，依规依纪依法严肃处理；构成犯罪的，依法追究刑事责任。

第五十一条 派驻机构及其领导干部不履行或者不正确履行职责，导致应当发现的问题没有发现，或者发现问题不报告不处置，执纪执法不严格不规范，造成严重后果或者恶劣影响的，予以严肃问责。

【典型案例：派驻纪检组长发现问题不报告不处置被追责问责】某市原某区纪委驻区城市管理局纪检组组长宋某某在担任区纪委派驻区城管局纪检组组长期间，工作作风不严不实，履行监督职责浮在面上、流于形式，仅通过谈话提醒、对日常上下班进行检查等方式履职，没有结合驻在部门职能职责以及业务工作开展有效监督，致使该局违规违纪违法案件多发，先后有8名党员干部被区纪委立案查处。2017年，宋某某受到党内警告处分。参见成都市纪委监委：《成都通报7起纪检监察干部违纪案》，载中央纪委国家监委网站，https://www.ccdi.gov.cn/yaowen/201904/t20190410_192036.html。

第七章　附　　则

第五十二条 本规则涉及的审批权限均指最低审批权限，工作中根据需要可以按照更高层级的审批权限报批。

第五十三条 派驻国有企业、普通高等学校的监察机构、监察专员（监察专员办公室）除执行本规则外，还应当执行中央纪律检查委员会国家监察委员会相关规定。

第五十四条 中央军事委员会可以根据本规则制定相关细则。

第五十五条 本规则由中央纪律检查委员会国家监察委员会负责解释。

第五十六条　本规则自发布之日起施行。此前发布的其他有关纪检监察机关派驻机构工作的规定，凡与本规则不一致的，按照本规则执行。

党委（党组）落实全面从严治党主体责任规定

（2020年2月26日中共中央政治局常委会会议审议批准
2020年3月9日中共中央办公厅发布）

第一章　总　　则

第一条　为了全面落实党委（党组）全面从严治党主体责任，推动全面从严治党向纵深发展，根据《中国共产党章程》和有关党内法规，制定本规定。

第二条　本规定适用于地方党委和按照《中国共产党党组工作条例》设立的党组（党委）。

党的纪律检查机关、党的工作机关[①]、党委直属事业单位在本单位落实全面从严治党主体责任[②]，党的基层组织落实全面从严治党主体责任，参照本规定执行。

第三条　党委（党组）必须深入贯彻习近平新时代中国特色社会主义思想，增强"四个意识"、坚定"四个自信"、做到"两个维护"，不忘初心、牢记使命，守责、负责、尽责，一以贯之、坚定不移全面从严治党，以伟大自我革命引领伟大社会革命，以科学理论引领全党理想信念，以"两个维护"引领全党团结统一，以正风肃纪反腐凝聚党心军心民心，永葆党的先进性和纯洁性，确保党始终成为中国特色社会主义事业的坚强领导核心。

第四条　党委（党组）落实全面从严治党主体责任，应当遵循以下原则：

（一）坚持紧紧围绕加强和改善党的全面领导；

（二）坚持全面从严治党各领域各方面各环节全覆盖；

（三）坚持真管真严、敢管敢严、长管长严；

（四）坚持全面从严治党过程和效果相统一。

第五条　中央和国家机关在全面从严治党中具有特殊地位和作用，必须在落实全面从严治党责任中走在前、作表率，全面提高机关党的建设质量，建设让党中央放心、让人民群众满意的模范机关，引领带动各地区各部门抓好全面从严治党。

第二章　责 任 内 容

第六条　地方党委应当将党的建设与经济社会发展同谋划、同部署、同推进、

① 此处将党的纪律检查机关、党的工作机关并列，再次说明党的纪律检查机关不是党的工作机关，而是党内监督的专责机关。

② 党的基层组织，如党支部、部门和单位机关党委、乡镇（街道）党委等，均负有落实全面从严治党主体责任。

同考核，加强对本地区全面从严治党各项工作的领导。主要包括：

（一）坚决维护以习近平同志为核心的党中央权威和集中统一领导，坚决贯彻执行党中央决策部署以及上级党组织决定；

（二）在本地区发挥总揽全局、协调各方的领导作用，在经济社会发展各项工作中坚持和加强党的全面领导，在同级各种组织中发挥领导作用；

（三）把党的政治建设摆在首位，坚定政治信仰，强化政治领导，提高政治能力，净化政治生态，始终在政治立场、政治方向、政治原则、政治道路上同党中央保持高度一致；

（四）把党的思想建设作为基础性建设来抓，坚定理想信念，用习近平新时代中国特色社会主义思想武装头脑、指导实践、推动工作，落实意识形态工作责任制；

（五）贯彻新时代党的组织路线，坚持民主集中制，树立和坚持正确选人用人导向，建设忠诚干净担当的高素质专业化干部队伍，加强党的基层组织和党员队伍建设，做好人才工作，夯实党执政的组织基础；

（六）持之以恒抓好党的作风建设，落实中央八项规定精神，持续整治"四风"特别是形式主义、官僚主义，反对特权思想和特权现象，密切党同人民群众的血肉联系；

（七）加强党的纪律建设，重点强化政治纪律和组织纪律，带动廉洁纪律、群众纪律、工作纪律、生活纪律严起来；

（八）落实制度治党、依规治党要求，加强本地区党内法规制度建设，严格落实党内法规执行责任制，确保党内法规制度落地见效；

（九）落实党风廉政建设主体责任，深入推进反腐败斗争，一体推进不敢腐、不能腐、不想腐，巩固发展反腐败斗争压倒性胜利；

（十）领导、支持和监督党的纪律检查机关、党的工作机关、党委直属事业单位、党组（党委）和下级地方党委、党的基层组织等落实全面从严治党主体责任，形成全面从严治党整体合力；

（十一）加强对本地区统一战线工作和群团工作的领导，动员、组织所属党组织和广大党员，团结带领群众实现党的目标任务；

（十二）勇于和善于结合本地区实际，切实解决影响全面从严治党的突出问题。

第七条 党组（党委）应当坚持党建工作与业务工作同谋划、同部署、同推进、同考核[③]，加强对本单位（本系统）全面从严治党各项工作的领导。主要包括：

（一）坚决维护以习近平同志为核心的党中央权威和集中统一领导，坚决贯彻执行党中央决策部署以及上级党组织决定；

（二）在本单位（本系统）发挥把方向、管大局、保落实的领导作用，推动党的主张和重大决策转化为法律法规、政策政令和社会共识，确保党的理论和路线方针政

③ 这与《中国共产党党组工作条例》第18条第1款一致。

策在本单位（本系统）贯彻落实；

（三）把党的政治建设摆在首位，提高政治站位，彰显政治属性，强化政治引领，增强政治能力，始终在政治立场、政治方向、政治原则、政治道路上同党中央保持高度一致，涵养良好的机关政治生态；

（四）强化理论武装，学懂弄通做实习近平新时代中国特色社会主义思想，引导党员、干部坚定理想信念宗旨，落实意识形态工作责任制；

（五）坚持民主集中制，贯彻党管干部、党管人才原则，加强忠诚干净担当的高素质专业化干部队伍建设，加强党的基层组织和党员队伍建设，着力提高党内活动和党的组织生活质量，做好人才工作；

（六）加强和改进作风，落实中央八项规定精神，持续整治“四风”特别是形式主义、官僚主义，反对特权思想和特权现象；

（七）加强党的纪律建设，履行党风廉政建设主体责任，支持纪检监察机关履行监督责任，一体推进不敢腐、不能腐、不想腐；

（八）带头遵守党内法规制度，严格落实党内法规执行责任制，建立健全本单位（本系统）党建工作制度，不断提高制度执行力；

（九）领导机关和直属单位党组织的工作，支持配合党的机关工委对本单位（本系统）党的工作的统一领导，自觉接受党的机关工委对其履行机关党建主体责任的指导督促，防止出现“灯下黑”；

（十）加强对本单位（本系统）统一战线工作和群团工作的领导，重视对党外干部、人才的培养使用，团结带领党外干部和群众，凝聚各方面智慧力量，完成党中央以及上级党组织交给的任务；

（十一）勇于和善于结合本单位（本系统）实际，切实解决影响全面从严治党的突出问题。

第八条　党委（党组）领导班子成员应当强化责任担当，狠抓责任落实，增强落实全面从严治党责任的自觉和能力，带头遵守执行全面从严治党各项规定，自觉接受党组织、党员和群众监督，在全面从严治党中发挥示范表率作用。

党委（党组）书记应当履行本地区本单位全面从严治党第一责任人职责，做到重要工作亲自部署、重大问题亲自过问、重点环节亲自协调、重要案件亲自督办[④]；管好班子、带好队伍、抓好落实，支持、指导和督促领导班子其他成员、下级党委（党组）书记履行全面从严治党责任，发现问题及时提醒纠正。

党委（党组）领导班子其他成员根据工作分工对职责范围内的全面从严治党工作负重要领导责任，按照“一岗双责”要求，领导、检查、督促分管部门和单位全面从严治党工作，对分管部门和单位党员干部从严进行教育管理监督[⑤]。

④ 四个亲自：重要工作亲自部署、重大问题亲自过问、重点环节亲自协调、重要案件亲自督办。

⑤ 此规定比《中国共产党党组工作条例》第 18 条第 3 款规定得更细。

第九条 党的建设工作领导小组是党委抓全面从严治党的议事协调机构，应当加强对本地区党的建设工作的指导，定期听取工作汇报，及时研究解决重大问题。

⑥ 此处列举了纪检机关履行协助党委（党组）落实全面从严治党主体责任的3种方式：重大事项请示报告、提出意见建议、监督推动党委（党组）决策落实。

党的纪律检查机关在履行全面从严治党监督责任同时，应当通过重大事项请示报告、提出意见建议、监督推动党委（党组）决策落实等方式[6]，协助党委（党组）落实全面从严治党主体责任。

党委办公厅（室）、职能部门、办事机构等是党委抓全面从严治党的具体执行机关，应当在党委统一领导下充分发挥职能作用，在职责范围内抓好全面从严治党相关工作。

党的机关工委作为党委派出机关，应当统一组织、规划、部署本级机关党的工作，指导机关开展党的各方面建设，指导机关各级党组织实施对党员特别是党员领导干部的监督和管理。

部门和单位机关党委作为机关党建工作专责机构，应当聚焦主责主业，充分发挥职能作用，协助党组（党委）落实全面从严治党主体责任。

第三章　责任落实

⑦ 请注意履行职责的期限限制：至少半年召开1次会议。

第十条 党委（党组）每半年应当至少召开1次[7]常委会会议（党组会议）专题研究全面从严治党工作，分析研判形势，研究解决瓶颈和短板，提出加强和改进的措施。

第十一条 党委（党组）可以根据本规定，结合实际制定责任清单，具体明确党委（党组）及其书记和领导班子其他成员承担的全面从严治党责任。制定责任清单，应当坚持简便易行、务实管用。

第十二条 党委（党组）每年年初应当根据党中央决策部署以及上级党组织决定，结合本地区本单位全面从严治党形势和任务，坚持问题导向，突出工作重点，制定本地区本单位落实全面从严治党主体责任的年度任务安排，明确责任分工和完成时限。

第十三条 党委（党组）书记应当加强对全面从严治党的调查研究，了解工作推进情况，发现和解决实践中的突出问题。

调查研究应当注重听取党的代表大会代表、党员、干部、基层党组织和群众关于全面从严治党的意见建议。

⑧ 关键词是“经常性”，“党章党规和党性党风党纪教育”被重点强调。

第十四条 党委（党组）应当开展经常性[8]的全面从严治党宣传教育，特别是党章党规和党性党风党纪教育，注重发挥正反典型的示范警示作用，在本地区本单位营造全面从严治党良好氛围。

第十五条 党委（党组）及其领导班子成员应当将落实全面从严治党责任情况

作为年度民主生活会对照检查内容，深入查摆存在的问题，开展严肃认真的批评和自我批评，提出务实管用的整改措施。

本地区本单位发生重大违纪违法案件、严重“四风”问题，党委（党组）应当及时召开专题民主生活会，认真对照检查，深刻剖析反思，明确整改责任[9]。

第十六条　党委（党组）书记对领导班子其他成员、下一级党委（党组）书记，领导班子其他成员对分管部门和单位党组织书记，发现存在政治、思想、工作、生活、作风、纪律等方面苗头性、倾向性问题的，应当及时进行提醒谈话[10]；发现落实全面从严治党责任不到位、管党治党问题较多、党员群众来信来访反映问题较多的，应当及时进行约谈[11]，严肃批评教育，督促落实责任。

第十七条　党委（党组）应当通过会议、文件等形式通报本地区本单位落实全面从严治党主体责任情况，及时通报因责任落实不力被问责的典型问题，采取组织调整或者组织处理、纪律处分方式问责的，应当以适当方式公开[12]。

第十八条　党委（党组）应当开展有针对性的教育培训，强化政治教育和政治训练，增强本地区本单位党组织和党员领导干部落实全面从严治党责任的意识，提高落实全面从严治党责任的能力和水平。

第四章　监督追责

第十九条　地方党委每年年初应当向上一级党委书面报告上一年度落实全面从严治党主体责任情况。地方党委常委会应当将落实全面从严治党主体责任情况作为向全会报告工作的一项重要内容。

党组（党委）每年年初应当向批准其设立的党组织书面报告上一年度落实全面从严治党主体责任情况。

第二十条　上级党组织应当加强对党委（党组）落实全面从严治党主体责任情况的监督检查和巡视巡察，着力发现和解决责任不明确、不全面、不落实等问题。

监督检查和巡视巡察中，应当注重发挥党员、干部、基层党组织和群众、新闻媒体等的作用，推动形成监督合力。

第二十一条　统筹党风廉政建设、意识形态工作、基层党建工作等方面考核，结合领导班子和领导干部考核，建立健全落实全面从严治党主体责任考核制度，在年度考核和相关考核工作中突出了解全面从严治党责任落实情况。

考核结果在本地区本单位一定范围内公布。考核结果作为对领导班子总体评价和领导干部选拔任用、实绩评价、激励约束的重要依据。

第二十二条　党委（党组）及其领导班子成员落实全面从严治党责任，有下列情形之一的，应当依规依纪追究责任：

⑨　此规定概括起来就是以案促改，与《中国共产党问责条例》第14条规定基本一致。本规定的适用范围是本地区本单位发生重大违纪违法案件、严重“四风”问题，注意两个修饰语：“重大”“严重”。

⑩　关于提醒谈话的适用条件，与《中国共产党党内监督条例》第21条的规定一致。

⑪　此处规定了监督方式——约谈，请注意约谈的适用条件。

⑫　此规定与《中国共产党问责条例》第13条第2款规定基本一致。后者表述是：建立健全问责典型问题通报曝光制度，采取组织调整或者组织处理、纪律处分方式问责的，应当以适当方式公开。

（一）贯彻执行党中央关于全面从严治党重大决策部署以及上级党组织有关决定不认真、不得力；

（二）履行全面从严治党第一责任人职责、重要领导责任不担当、不作为；

（三）本地区本单位政治意识淡化、党的领导弱化、党建工作虚化、责任落实软化，管党治党宽松软；

（四）本地区本单位在管党治党方面出现重大问题或者造成严重后果；

（五）其他应当追究责任的情形。

第五章　附　　则

第二十三条　中央军事委员会可以根据本规定，制定军队党委落实全面从严治党主体责任规定。

第二十四条　本规定由中央办公厅负责解释。

第二十五条　本规定自发布之日起施行。

党组讨论和决定党员处分事项工作程序规定（试行）[①]

（2018年11月29日中共中央批准　2018年11月29日中共中央印发）

第一条　为了贯彻落实党的十九大精神，规范党组讨论和决定党员处分事项，根据《中国共产党章程》等有关规定，结合工作实际，制定本规定。

第二条　党组（包含党组性质党委，下同）应当认真履行全面从严治党主体责任，纪委监委派驻纪检监察组应当认真履行监督责任。坚持党要管党、全面从严治党，坚持党纪面前一律平等，坚持实事求是，坚持惩前毖后、治病救人，强化监督执纪问责，确保案件处理取得良好政治效果、纪法效果和社会效果，确保案件质量经得起历史和人民的检验。

第三条　党组对其管理的党员干部实施党纪处分，应当按照规定程序经党组集体讨论决定，不允许任何个人或者少数人擅自决定和批准。党纪处分决定以党组名义作出并自党组讨论决定之日起生效[②]。

第四条　中央纪委国家监委派驻纪检监察组（以下简称派驻纪检监察组）按照干部管理权限，对驻在部门（含综合监督单位，下同）党组管理的司局级党员干部涉嫌违纪问题进行立案审查和内部审理，经派驻纪检监察组集体研究，提出党纪处分初步建议，与驻在部门党组沟通并取得一致意见后，将案件移送中央和国家机关纪检监察工委（以下简称纪检监察工委）进行审理。

① 各省级党委制定了相应的实施细则。如河南省委制定了《河南省党组讨论和决定党员处分事项工作程序实施细则（试行）》。

② “党纪处分决定以党组名义作出并自党组讨论决定之日起生效”这个知识点很重要。

纪检监察工委对移送的案件应当认真履行审核把关和监督制约职能，形成审理报告并反馈派驻纪检监察组，做到事实清楚、证据确凿、定性准确、处理恰当、手续完备、程序合规。

纪检监察工委在审理过程中，应当加强与派驻纪检监察组沟通。派驻纪检监察组原则上应当尊重纪检监察工委的审理意见。如出现分歧，经沟通不能形成一致意见的，由纪检监察工委将双方意见报中央纪委研究决定。

派驻纪检监察组应当加强与有关方面沟通，特别是对驻在部门党组管理的正司局级党员领导干部违纪案件，在驻在部门党组会议召开前，应当与驻在部门党组和中央纪委充分交换意见。[③]

第五条[④]　经纪检监察工委审理后，派驻纪检监察组将党纪处分建议通报驻在部门党组，由党组讨论决定，党纪处分建议与党组的意见不同又不能协商一致的，由中央纪委研究决定。党纪处分决定应当正式通报派驻纪检监察组。

第六条　给予驻在部门的处级及以下党员干部党纪处分，由部门机关党委、机关纪委进行审查和审理，并依据《中国共产党章程》第四十二条规定履行相应程序后，由党组讨论决定。在作出党纪处分决定前，应当征求派驻纪检监察组意见。[⑤]

根据工作需要，派驻纪检监察组可以直接审查驻在部门的处级及以下党员干部违反党纪的案件。派驻纪检监察组进行审查和审理后，提出党纪处分建议，移交驻在部门机关党委、机关纪委按照规定履行相应程序后，由党组讨论决定。必要时，派驻纪检监察组可以将党纪处分建议直接通报驻在部门党组，由党组讨论决定。

第七条　给予驻在部门党组管理的司局级党员干部党纪处分、给予处级党员干部撤销党内职务及以上党纪处分的，由驻在部门机关纪委在党纪处分决定生效之日起30日内，将党纪处分决定及相关材料报纪检监察工委备案。纪检监察工委对备案材料应当认真审核，发现问题及时反馈并督促解决。

纪检监察工委应当每季度向中央纪委、中央和国家机关工委报送备案监督情况专项报告，必要时可以随时报告。

给予向中央备案的党员干部党纪处分的，驻在部门党组应当按照规定将党纪处分决定通报中央组织部。

第八条[⑥]　对于党的组织关系在地方、干部管理权限在主管部门党组的党员干部违纪案件，凡由派驻纪检监察组查处的，由主管部门党组讨论决定，并向地方党组织通报处理结果。

对于地方纪委首先发现并立案审查，接受上级纪委指定或者与派驻纪检监察组协商后由地方纪委立案审查的上述案件，应当由地方纪委按照程序作出党纪处分决定，并向主管部门党组通报处理结果。在作出立案审查决定及审查处理过程

③　派驻纪检监察组与驻在部门党组沟通时，驻在部门党组是否需要召开党组会议谈论，驻在部门党组可以依据《中国共产党党组工作条例》关于党组议事决策的规定，按照驻在部门党组工作规则结合实际情况决定。

④　党章第48条规定，党组对其管理的党员干部具有党纪处分决定权；第42条规定，在特殊情况下县级和县级以上党委和纪委有权直接决定给党员以纪律处分。派驻纪检监察组根据中央纪委授权行使监督执纪权，主要对驻在部门司局级党员干部违纪问题进行审理和提出处理建议。根据本规定第3、5条，经纪检监察工委审理后，派驻纪检监察组将党纪处分建议通报驻在部门党组，由党组讨论决定后直接以党组名义下达党纪处分决定，这即意味着本规定作为党内法规，明确

中，地方纪委应当与主管部门党组和派驻纪检监察组加强沟通协调；经沟通不能形成一致意见的，报共同的上级党委或者纪委研究决定。

第九条 纪检监察工委在中央纪委领导下建立健全对中央和国家机关审查处理违纪案件的质量评查机制，对党组讨论决定、派驻纪检监察组审查处理的案件事实证据、性质认定、处分档次、程序手续等进行监督检查，采取通报、约谈等方式反馈评查结果。

第十条 党的工作机关、直属事业单位领导机构讨论和决定党员处分事项，参照本规定执行。

派驻纪检监察组给予驻在部门党组管理的干部政务处分，参照本规定办理，并以派驻纪检监察组名义作出政务处分决定⑦，或者交由其任免机关、单位给予处分。

第十一条 各省、自治区、直辖市党委和纪检监察工委可以根据本规定精神，结合实际情况制定实施细则。

第十二条 本规定由中央纪委负责解释。

第十三条 本规定自2019年1月1日起施行。此前发布的有关规定与本规定不一致的，按照本规定执行。

纪检监察机关案件档案管理办法

（1998年7月1日中共中央纪律检查委员会、监察部、国家档案局印发）

第一章 总 则

第一条 为加强纪检监察机关案件档案的科学化、规范化管理，根据《中华人民共和国档案法》和国家档案工作有关规定，结合纪检监察工作的实际，制定本办法。

第二条 纪检监察机关案件档案是指纪检监察机关在履行纪检监察职责，查处各种违纪案件工作中形成并处理完毕的、具有保存价值的、经过整理立卷系统保管的纪检监察案件材料。

第三条 纪检监察机关应重视机关档案工作机构设置及人员配备，以便更好地对案件档案、机关文书档案及其他门类的档案实行集中统一管理，并加强指导与监督，以确保档案的完整与安全，便于提供利用，为国家积累史料。

第四条 纪检监察机关案件档案工作，在国家档案局统筹规划、组织协调下，

了派驻纪检监察组审查的司局级党员干部违纪案件均作为党章第42条所述特殊情况，经党组直接讨论决定作出党纪处分，不再经过支部大会讨论。这突出了党组管党治党的主体责任，在程序上权威、高效，也符合党章的规定和工作实际。

⑤ 无论是派驻纪检监察组查办，还是部门机关党委、机关纪委查办的案件，需要作出党纪处分决定的，均应按照规定程序经驻在部门党组集体讨论决定，并以党组名义作出党纪处分决定；处分决定自党组讨论决定之日起生效。部门机关党委、机关纪委均不宜以自己名义作出党纪处分决定。

⑥ 结合《中国共产党纪律检查机关监督执纪工作规则》第8条、《纪检监察机关处理检举控告工作规则》第12条理解。

⑦ 请掌握知识点：“以派驻纪检监察组名义作出政务处分决定”。

由中央纪委、监察部负责领导与指导；省以下各级纪检监察机关案件档案工作由本机关办公厅（室）主管，在业务上接受上级纪检监察机关和同级地方档案行政管理部门的指导和监督。

第二章　案件材料的立卷和归档

第五条　案件材料分为检查（调查）类、审理类和信访类。

第六条　案件材料实行案件承办部门立卷制度，做到谁办案谁立卷，案结卷成。

第七条　案件承办人员应从受理办案开始，注意收集办案全过程形成的材料，结案后及时整理。案件材料若有遗漏或缺损，应附说明。

案件材料以案件为单位整理立卷。两个以上单位合办的案件，主办单位保存原件，协办单位保存复制件或打印件。

第八条　案件材料的归档范围：

1. 办案依据材料：检举、揭发、申诉材料，领导批示，会议决定。

2. 初步核实材料、立案报告。

3. 转办的文字材料。

4. 办案计划或调查方案。

5. 调查报告和证明材料。

6. 有关案件处理的决定材料：会议记录、会议纪要、决定事项通知等。

7. 批复材料：批复通知、监察决定、监察建议、复核决定等。

8. 正式文件的印件、签发稿及主要领导修改的重要文稿。

9. 审理报告。

10. 与当事人见面材料。

11. 结案报告。

12. 与案件有关的通报、报道。

13. 与案件有关的声像材料等。

第九条　案卷材料组合排列应遵循以下原则：

1. 卷内材料原则上应按照实际办案程序依次排列。

2. 可根据案件材料的多少，一案一卷或一案数卷。

3. 证据材料，可按材料所反映的问题或材料的名称等特征分类，每一类再按时间顺序排列。

可按照证据材料的重要程度，将主要证据材料排列在前，旁证材料排列在后。

具体排列方法见《附件1：案件档案卷内排列顺序》。

第十条 案卷应有案卷封皮、卷内目录和备考表。封皮、卷内目录所填内容应与卷内材料相符，并用蓝黑或碳素墨水笔书写，字迹要工整、清晰、规范。

装订的案卷必须依次编写页号。卷内文件无论单面或双面，应统一在有文字的每页材料正面的右上角、背面的左上角填写页号。

备考表应填写卷内需要说明的情况及立卷人和检查人的姓名及立卷日期。

对装订线外有字迹的文件材料或破损的文件材料，以及与本卷材料不可分割的照片、小字条等，要进行加边和托裱；对过大的纸张，要折叠；对文件材料上的金属物要拆除。文件材料不允许有圆珠笔、铅笔、复写字迹及热敏纸。

第十一条 归档的案件材料不论办案时间长短，均应在结案年度归档。案件承办部门应将当年结案后整理完毕的案卷，在次年第二季度移交档案部门。

第十二条 归档的案卷应做到归档文件齐全完整，分类科学；卷内文件排列有序，保持联系；案卷标题简明确切；保管期限划分准确；装订不掉页不压字。

第十三条 归档时由立卷单位编制移交目录一式两份。一份随卷交档案部门，一份留立卷部门备查。

第三章 案件档案的接收和整理

第十四条 机关档案部门要做好案件档案的接收工作。按照案件材料立卷和归档的要求，检查案卷质量，接收符合要求的案卷。

第十五条 接收案卷时，要逐卷清点并履行交接手续。

第十六条 档案部门应将案件档案作为全宗档案的一类进行排列和整理。

案件档案可按年度——组织机构或年度——问题〔检查（调查）案件、审理案件、信访案件〕的方法进行分类。排列方法应保持一致性，不可随意改动。

第十七条 在分类、排列的基础上编制案卷目录等检索工具，为档案的利用创造必要的条件，同时应逐步实现计算机管理。

第四章 案件档案的统计和鉴定

第十八条 档案部门应建立案件档案统计制度。对案件档案收进、移出、利用、销毁等情况，进行及时准确的登记、统计，并定期将库存档案的数量、利用情况报上级纪检监察机关档案工作部门。

第十九条 纪检监察机关应定期对保管期限已满的案件档案进行鉴定。鉴定工作应在机关办公厅（室）主管领导的主持下，由档案部门和有关业务部门组成鉴定小组，逐卷鉴定，提出处理意见。

第二十条 对确无继续保存价值的案件档案应登记造册，经机关主管领导批准后销毁。监销人、经办人应在销毁清册上签字。严禁将待销毁的档案出卖或转移给任何部门和个人。

销毁报告及销毁清册应归入全宗卷保存。

第五章 案件档案的借阅

第二十一条 各级纪检监察机关须建立案件档案的借阅制度,便于档案的利用,确保档案的安全,防止失密。

第二十二条 纪检监察机关内部需要调阅案件档案,必须履行审批手续。

第二十三条 外单位查阅案件档案需持单位介绍信和本人证件,并报本机关主管领导审批后方可查阅。

第二十四条 借阅案件档案,不得涂改、损毁、丢失、伪造。如有上述行为,依照《档案法》有关条款追究法律责任。

第二十五条 经批准抄录、复印的案件档案材料,由档案部门核对无误后,加盖"档案证明专用章",可与档案原件同效。

第六章 案件档案的保管和移交

第二十六条 纪检监察机关应创造条件设置档案库房,保管案件档案,要配置必要的设备和设施,不断改善库房的保管条件,并逐步采用先进设备,实现档案管理的现代化。

档案库房必须坚固,门窗严密。库房内应保持适当的温湿度,并备有防盗、防火、防光、防有害物等安全设施。库房内不得存放与档案无关的物品。

第二十七条 对于破损、虫蛀、变质、字迹褪色的档案要及时采取措施并进行修复。

第二十八条 随案件材料立卷归档的录音、录像、照片、影片等声像档案及实物档案,应标注制作时间、年代、文字说明、承办单位、制作人、案卷互见号,并按照有关档案管理要求单独存放。

第二十九条 案件档案应随同纪检监察机关的其他档案一起,按期向同级国家综合档案馆移交。

第七章 附　　则

第三十条 各级纪检监察机关可根据本办法,结合工作实际,制定实施细则或补充规定。

第三十一条 各级党政机关的派驻或内设纪检监察机构可参照本办法。

第三十二条 本办法由中共中央纪律检查委员会、监察部负责解释。

第三十三条 本办法自发布之日起施行。

附件1

案件档案卷内排列顺序

一、检查(调查)案件档案的卷内排列顺序

(一)主办、协办案件

1. 办案依据:上级的批件,信访简报,检举、揭发、申诉材料及有关领导的批示、会议决定。

2. 初步核实报告。

3. 立案报告。

4. 调查方案或办案计划。

5. 证明材料。

6. 调查报告。

7. 错误事实见面材料。

8. 案件进展情况报告及简报。

9. 调查过程中的往来文书材料。

10. 本级有关案件处理的决定:会议记录、会议纪要、决定事项通知等。

11. 本级下达的批复:批复通知、监察决定、监察建议、复核决定等。

12. 下级对本级批复的执行情况的报告。

13. 承办部门(纪检监察部门)的结案意见。

14. 对案件的通报、报道、反映等材料。

(二)转办、过问要结果案件

1. 办案依据:检举、揭发、申诉材料及有关领导的批示。

2. 批转(过问、催办)下级或有关单位办理的函件及底稿(电话记录稿)。

3. 下级或有关单位上报的案件查处情况报告(主件及附件)。

4. 承办部门对下级案件查处结果的意见。

5. 承办部门的结案报告及领导意见。

(三)核实了解的案件

1. 办案依据:检举、揭发、申诉材料及有关领导的批示。

2. 调查证明材料。

3. 核实情况报告。

4. 承办部门的结案归档意见及领导批示。

二、审理案件档案的卷内排列顺序

（一）审批案件

1. 下级报送或本机关移送的案件处理待审批材料：

（1）下级党组织或行政部门对案件的审查意见及请示；

（2）调查报告及主要证据材料；

（3）本人所在基层党组织或行政部门的处分决定；

（4）本人检查、对处分决定的意见及基层组织对本人意见的说明。

2. 审理报告。

3. 与本人的谈话记录或征求有关部门意见的材料。

4. 本级有关案件处理的决定：会议记录、会议纪要、决定事项通知等。

5. 本级报上级审批的请示。

6. 上级的批复。

7. 本级下达的批复：批复通知、监察决定、监察建议、复核决定等。

8. 下级执行批复情况的报告。

9. 对案件的通报、报道、反映等材料。

（二）备案案件

1. 下级报送的备案材料：

（1）下级对案件处理的批复；

（2）调查报告及主要证据材料；

（3）基层党组织或行政部门的处分决定；

（4）本人检查、对处分决定的意见及基层组织对本人意见的说明。

2. 本级备案报告及领导批示。

三、信访案件档案的卷内排列顺序

（一）办案依据：检举、揭发、控告、申诉材料及有关领导的批示。

（二）批转下级或有关单位办理的函及底稿。

（三）下级或有关单位上报的案件查处结果情况报告（主件及附件）。

（四）承办部门的结案报告或办结意见及领导的批示。

信访部门直接进行检查（调查）和处理的案件档案，卷内排列顺序可参照"检查（调查）案件档案的卷内排列顺序"和"审理案件档案的卷内排列顺序"进行排列。

附件 2

案件档案保管期限的划分原则及对照表

案件档案保管期限划分原则

一、纪检监察机关案件档案的保管期限分为永久、长期、短期三种。长期保管期限为六十年，短期保管期限为十五年。

二、纪检监察机关案件档案的保管期限，应根据案件的办理方式、干部管理权限、案件的查办结果以及社会、党内外影响等因素综合考虑。确定档案的保管期限的基本原则和方法是：

1. 凡属在本机关权限内直接查处的大案要案及有重要影响的典型案件中形成的，有长远利用价值的案件档案，应划为永久保管。

(1)在本级机关管辖区域内有一定影响或发有通报的典型案件。

(2)在审批权限内，经审理给予正式批复处理的审理类案件。

(3)本级机关正式立案调查后，按审批权限需要作出正式处理的检查(调查)类案件。

2. 凡属在相当长的时期内有利用价值的案件档案，应划为长期保管。

(1)本级机关正式立案调查后，不需要作出正式处理的检查(调查)类案件。

(2)本级机关过问、督办或转办，经下级机关正式立案调查并作出正式处理的检查(调查)类案件。

(3)按审批权限，经审理作为备案的审理类案件。

(4)本级机关转办，经下级机关正式立案调查并作出正式处理的信访类案件。

3. 凡属在较短的时间内有利用价值的案件档案，应划为短期保管。

(1)本级机关过问、督办或转办，经下级机关调查不需要作出正式处理的检查(调查)类案件。

(2)本级机关转办，经下级机关调查不需要作出正式处理的信访类案件。

三、复查、复议的申诉案件，比照上一条所列各款的原则、方法，确定档案的保管期限。

四、为了维护案件档案的完整和联系性，纪检监察机关案件档案保管期限的确定，原则上以案件为单位进行。也可以根据具体情况，按照本地区档案管理部门的规定，以卷为单位进行，但案件主要案卷的保管期限应按本办法执行。

案件档案保管期限对照表

一、案件检查（调查）类

1. 纪检监察机关直接检查或复查的主办案件

(1)需履行审批手续作出处理的案件　永久

(2)决定撤销立案的案件　长期

2. 纪检监察机关会同有关单位检查或复查的案件

(1)需履行审批手续作出处理的案件　永久

(2)决定撤销立案的案件　长期

3. 纪检监察机关协同有关单位检查或复查的案件

(1)需履行审批手续作出处理的案件　永久

(2)决定撤销立案的案件　长期

4. 纪检监察机关未正式立案对某一问题进行一般了解或核查的案件

(1)管理权限以内干部的案件　长期

(2)非管理权限干部的案件　短期

5. 纪检监察机关通过批转等间接手段检查或复查某一问题并报来结果的案件

(1)重要的或典型的案件(包括报来的处理结果需要审理批复或向党内通报的案件)　永久

(2)属管理权限以内的干部、报来的调查结果不需要作出审理批复的案件　长期

(3)属非管理权限干部、报来的调查结果对案件当事人作出正式审批处理的案件　长期

(4)属非管理权限干部、报来的调查结果对案件当事人未作出正式审批处理的案件　短期

二、案件审理类

1. 纪检监察机关审理批复本机关查处的案件　永久

2. 下级纪检监察机关报送的审理批复及审理备案案件　长期

三、信访类

纪检监察机关对群众来信来访所反映的问题批转有关单位进行调查或了解并要求回报结果的案件

1. 属非管理权限干部、报来的调查结果对案件当事人作出正式审批处理的案件　长期

2. 属非管理权限干部、报来的调查结果对案件当事人未作出正式审批处理的案件　短期

纪检监察机关查办案件涉案财物价格认定工作暂行办法

（2010 年 12 月 10 日中共中央纪律检查委员会、国家发展和改革委员会、监察部、财政部印发）

第一章　总　　则

第一条　为规范纪检监察机关查办案件涉案财物价格认定工作，保证查办案件工作的顺利进行，根据《中国共产党纪律检查机关案件检查工作条例》、《中华人民共和国行政监察法》、《中华人民共和国价格法》等法律法规，制定本办法。

第二条　纪检监察机关查办案件涉案财物价格认定工作，适用本办法。

本办法所称价格认定，是指纪检监察机关在查办案件中，对价格不明、价格有争议的涉案财物，向人民政府价格主管部门设立的价格认证机构（以下简称价格认证机构）提出价格认定，由价格认证机构依法对涉案财物的价格进行测算，并作出认定结论的行为。

本办法所称涉案财物，是指可以证明违纪违法行为的财物和违纪违法所得的财物，包括房地产、金银珠宝、文物、艺术品、家具、电器、交通工具、通信工具、有价证券等。

第三条　纪检监察机关查办案件涉案财物价格认定工作，应当遵循依法、公正、科学、合理、保密的原则，按照规定的程序进行。

第四条　纪检监察机关工作人员和价格认证机构工作人员在价格认定工作中应当遵守保密法律、法规和纪律，不得泄露国家秘密、工作秘密，以及因工作掌握的商业秘密和个人隐私。

第五条　办理价格认定事项的纪检监察机关工作人员和价格认定人员，有下列情形之一的，应当自行回避，案件被调查人以及与价格认定事项有利害关系的公民、法人或者其他组织有权要求其回避：

（一）是被调查人近亲属的；

（二）办理的价格认定事项与本人有利害关系的；

（三）与办理的价格认定事项有其他关系，可能影响价格认定工作公正进行的。

纪检监察机关和价格认证机构发现其所属人员有应当回避的情形，可以直接决定该人员回避。

第二章 提出与受理

第六条 纪检监察机关查办案件，需要进行价格认定的，应当向本级价格认证机构提出协助请求；案件被调查人要求价格认定的，可以向承办案件的纪检监察机关提出。

涉案财物在外地的，承办案件的纪检监察机关可以向涉案财物所在地的纪检监察机关提请协助，并由涉案财物所在地的纪检监察机关向其本级价格认证机构提出并办理相关手续。

纪检监察机关派驻机构查办案件需要进行价格认定的，依照本条第一款、第二款的规定办理。

未设立价格认证机构的乡（镇），其纪委查处案件需要进行价格认定的，应当提请上一级纪检监察机关办理。

第七条 纪检监察机关向价格认证机构提出对涉案财物进行价格认定的，应当出具价格认定协助书以及价格认定所必需的材料。

第八条 在价格认定过程中，需要对涉案财物先行作出技术、质量检测报告的，价格认证机构应当向纪检监察机关提出，纪检监察机关应当委托有关检测机构进行技术、质量检测；必要时，价格认证机构应当积极予以配合。

第九条 价格认证机构接到价格认定协助书和相关材料后，应当予以受理。经审查认为内容不完整的，应及时向纪检监察机关提出，由纪检监察机关予以补充。

第三章 价格认定

第十条 价格认证机构受理协助请求后，应当指派两名以上价格认定人员共同进行价格认定。

第十一条 价格认定人员应当对需要进行价格认定的涉案财物进行勘验。如勘验结果与价格认定协助书所载事项不符，应及时向纪检监察机关提出，由纪检监察机关重新出具价格认定协助书。

第十二条 价格认证机构一般不留存涉案财物。如确需留存，应当征得纪检监察机关同意并办理交接手续。

价格认证机构对留存的涉案财物应当妥善保管，不得调换、灭失和私自使用。价格认定工作结束后，应当将涉案财物退回纪检监察机关。

第十三条 价格认证机构在勘验、调查等价格认定过程中，确需纪检监察机关配合的，纪检监察机关应当配合。

第十四条 价格认定的期限，由纪检监察机关与价格认证机构约定。补充或者重新提取认定材料等，可以由双方商定延长期限。

第十五条 因不可抗力或者其他原因致使价格认定暂时无法进行的，应当中止价格认定；确实无法进行的，应当终止价格认定。

价格认证机构中止或者终止价格认定的，应当向纪检监察机关出具通知书。纪检监察机关提出中止或者终止价格认定的，应当以书面形式通知价格认证机构。

价格认定中止事项消除后，应当恢复价格认定工作。终止价格认定的，价格认证机构应当将全部材料退还纪检监察机关。

第十六条 纪检监察机关增加与原价格认定有关的内容时，可以向原价格认证机构提出补充价格认定。

第十七条 价格认证机构完成价格认定后，应当向纪检监察机关出具价格认定结论书。结论书应载明复核裁定的受理机构。

第四章 重新认定和复核裁定

第十八条 纪检监察机关对价格认定结论有异议的，可以向原价格认证机构提出重新认定，也可以直接向价格认定结论书中告知的复核裁定受理机构提出复核裁定。

对重新认定仍有异议的，应当向复核裁定受理机构提出复核裁定。

第十九条 纪检监察机关对复核裁定结论仍有异议的，可以向国务院价格主管部门设立的价格认证机构再次提出复核裁定。

国务院价格主管部门设立的价格认证机构作出的复核裁定为最终复核裁定。

第二十条 纪检监察机关在收到价格认定、重新认定或者复核裁定结论书后，应当告知案件被调查人。

案件被调查人对结论有异议的，应当在收到结论书之日起 3 日内向纪检监察机关提出。纪检监察机关根据具体情况决定是否向价格认证机构提出重新认定、复核裁定或者再次复核裁定。

第五章 纪律责任

第二十一条 纪检监察机关及其工作人员违反本办法，构成违纪的，对有关责任人员，依照有关规定给予党纪政纪处分；涉嫌犯罪的，移送司法机关依法处理。

第二十二条 价格认证机构及其工作人员违反本办法，有下列行为之一的，对有关责任人员，依照有关规定给予党纪政纪处分；涉嫌犯罪的，移送司法机关依法处理：

（一）出具虚假价格认定结论的；

（二）违反规定造成价格认定结论严重失实的；

（三）泄露价格认定工作中所掌握的国家秘密、工作秘密、商业秘密和个人隐私，造成不良后果的；

（四）有其他滥用职权、徇私舞弊、玩忽职守行为的。

第六章　附　　则

第二十三条　价格认证机构对纪检监察机关查办案件涉案财物进行价格认定不收费，该项经费由同级财政预算安排。

第二十四条　本办法由中央纪委、国家发展改革委、监察部、财政部负责解释。

第二十五条　本办法自发布之日起施行。

中共中央纪律检查委员会关于审理党员违纪案件工作程序的规定

（1991 年 7 月 13 日中共中央纪律检查委员会印发）

第一章　总　　则

第一条　根据《党的纪律检查机关案件审理工作条例》的有关规定，结合审理党员违纪案件工作的经验和实际情况，制定本规定。

第二条　为了保证办案质量，保障党员民主权利，正确执行党的纪律，各级纪律检查机关必须遵照本规定审理案件。

第三条　案件检查结束后，必须移送案件审理部门或专兼职审理人员进行审理。

第四条　审理案件应按照处理违纪案件批准权限的规定，分级负责。

第五条　审理案件的人员是本案的当事人，或者是当事人的近亲属，或者与本案有利害关系的，应当回避，犯错误的党员也有权要求他们回避。审理案件人员的回避须经批准，未经批准之前不得停止对案件的审理。

案件审理部门负责人的回避，由本级纪委分管案件审理工作的常委决定；其他案件审理人员的回避，由审理部门负责人决定。

第二章　违纪案件的受理

第六条　案件审理部门受理下列案件：

（一）下级党委、纪委呈报的需由本级党委、纪委批准的案件；

（二）本级纪律检查部门直接检查的，并需由本级党委、纪委直接决定处理的案件；

（三）需呈报上级党委、纪委审批的案件；

（四）下级党委、纪委呈报的备案案件；

（五）本级纪委负责同志或上级党组织交办的案件；

（六）下级党委、纪委呈报的，原由本级纪委、同级党委及上级党委、纪委批准的案件中的申诉复查案件；

（七）原由下级党委、纪委批准经复查复议后申诉人对复查结论和复查处理决定仍不服，下级党委、纪委呈报请求复核的复查案件；

（八）行政监察机关、公安机关、人民检察院、人民法院移送的需给予党纪处分的案件。其中，需要进一步调查取证的，由受理案件的纪委检查部门或商请移送案件的机关补充调查后移送审理。需要个别调查补充证据的，由受理案件的纪委审理部门调查取证。

第七条[①]　下级党委、纪委呈报上级审批的案件，应具备下列材料：

（一）呈报审批的请示；

（二）处分决定和所依据的错误事实材料；

（三）调查报告和主要证据材料；

（四）有关的各级纪委和党组织的审查意见；

（五）犯错误党员的检查和对处分决定的意见；

（六）党组织对犯错误党员所提意见的说明。

本级纪委检查部门移送的案件，应具备下列材料：

（一）立案依据；

（二）错误事实材料、被检查人对错误事实材料的意见及检查组对其意见的说明；

（三）调查报告和主要证据材料；

（四）被检查人的书面检讨。

行政监察机关、公安机关、人民检察院、人民法院移送的案件，应具备下列材料：

（一）行政监察机关移送的案件应具备处理意见或决定、调查报告、主要证据材料、与本人见面材料、本人意见和有关组织的说明；

（二）公安机关移送的案件应具备行政处罚决定或行政强制措施决定、摘抄或复制的主要证据和本人检查交待等材料；

① 本条是关于报批案件的规定，需要提供的材料应熟练掌握。

（三）人民检察院移送的案件应具备免予起诉或不予起诉决定书的副本、侦查终结报告、摘抄或复制的主要证据和本人交待等材料；

（四）人民法院移送的案件应具备起诉书、判决书或裁定书、摘抄或复制的主要证据和本人交待等材料。

第八条　案件审理部门或审理人员，接到下级纪委呈报的案件或本级纪委检查部门移送的案件或行政监察机关、公安机关、人民检察院、人民法院移送的案件后，经审查，符合本规定第六、七条规定的，给予受理。

第三章　违纪案件的审理

第九条　各级纪委审理部门受理案件后，应及时指定承办人办理。除情节简单的案件外，一般应由两人办理，特别重大复杂的案件，应组成两人以上的审议组办理，并确定其中一人主办。

第十条　审理案件，要按照事实清楚，证据确凿，定性准确，处理恰当，手续完备的要求进行审理。

第十一条　承办人对处分决定中所列举的错误事实要认真审核，弄清犯错误党员犯有哪些错误，每一错误发生的时间、地点、起因、情节及造成的后果，有关人员的责任。审核认定的每一错误事实是否都有确凿的证据。犯错误党员对处分决定所依据的错误事实如提出不同意见，有关组织的说明能否将所提问题说明清楚。

第十二条　承办人根据《党章》、《关于党内政治生活的若干准则》、党的政策、党纪处分规定、国家的法律法规和社会主义道德规范，判断处分决定中所认定的错误性质是否准确，所给予的处分是否恰当。

第十三条　在审理过程中，如发现事实不清、证据不足、有关人员责任不明时，应主动听取报案单位的意见，确需补报材料时，应请报案单位补报材料。

第十四条　一般情况下，案件在提请本级纪委常委决定前，应派人与犯错误党员谈话，核对错误事实，听取本人意见。本人如对处分决定和所依据的事实材料提出不同意见，应写出书面材料。没有书写能力的，应由谈话人将其意见整理成书面材料，并交本人签字。

与犯错误党员谈话，应作好谈话记录。

第十五条　案件涉及专业技术问题或具体业务政策、规定的，必要时征求有关部门的意见。

第十六条　承办人审理后，草拟审理报告。报告中应写明错误事实、性质、政策法规依据、报案单位的意见和承办人的意见。

第十七条　承办人办理的案件，要经过案件审理部门室务会议审议。审议时，承办人根据起草的审理报告，如实清楚地汇报。会议要充分发扬民主，认真讨论，提出结论性意见。

第十八条 承办人根据集体审议的结论性意见修改审理报告，经审理部门负责同志审核后，连同报案单位呈报的有关材料一并提请本级纪委常委会审定。

由本级纪委参与检查或过问的案件在报本级纪委常委会审议前，还要征求有关检查部门的意见，需要本级纪委直接决定的案件，经审理部门集体审议后代常委草拟处分决定，连同审理报告一并提请本级纪委常委会审定，如果检查部门有不同意见，应同时上报。

第十九条 常委会决定后，对由本级纪委批准的案件，审理部门即办理批复手续，其中需要向同级党委和上级党委、纪委备案的，同时办理备案手续；对需要由同级党委或上级党委、纪委批准的案件应及时办理报批手续，在接到同级党委或上级党委、纪委的批复后，及时通知犯错误党员所在单位的党组织宣布执行。

第二十条 凡给予党纪处分或免予党纪处分的案件，要按照干部管理权限，将处分决定或免予处分的结论、错误事实调查报告、上级批示、本人检讨及本人对处分决定或免予处分的结论的意见抄送组织部门；如建议给予行政处分的，抄送有关人事部门；如建议司法机关追究刑事责任的，抄送有关司法机关。

第二十一条 办理批复和备案手续后结案。承办人根据有关规定立卷归档。

第二十二条 给予党员的纪律处分，从处分决定批准之日起生效。处分决定和批复给受处分的党员一份。

第四章　复查案件的审理

第二十三条 对党员的申诉，一般情况下，由原来作出处分决定的党组织进行复查或复议；原办案单位如已撤销，由申诉人现在单位复查复议。

第二十四条 对于上级党委、纪委交办复查或复议的案件，下级纪委应及时办理，并报告处理结果。如果决定撤销或改变原处分决定或结论，应作出书面决定，并报请原来批准给予处分的党组织审批。

"文化大革命"前经中央或中央监委批准处理的案件，经过复查或复议需要改变原结论和处分的，报中央纪委审批，由中央纪委报中央备案；原经中央局批准处理的案件，由有关省、自治区、直辖市党委或纪委审批，报中央纪委备案。各地区、各部门处理的，按各地区、各部门的有关规定办理。

第二十五条 报送复查案件，应具备下列材料：

（一）呈报审批的请示；

（二）复查报告和主要证据材料；

（三）复查处理决定及有关党组织的意见；

（四）受处分党员对复查处理决定的意见和党组织对其意见的说明；

（五）原处分决定、错误事实材料、调查报告和主要证据材料。

第二十六条　审理复查案件除按审理违纪案件的要求进行外，还应注意审阅原处理案卷材料。对照原处分决定和证据，审核改变处理的依据是否充分。如果原证据和复查时取得的证据有矛盾，应认真鉴别。

第二十七条　对案件的复查复议决定，经原批准处分的机关批准后，申诉人对复查复议结论仍不服的，原批准处分的机关应将本人申诉和复查复议材料一并报上一级党委或纪委审查决定。一经上级党委、纪委审查决定后，申诉人仍然不服，继续申诉，一般不再受理。

第五章　备案案件的审理

第二十八条[②]　呈报上级纪委备案的案件，应具备下列材料：

（一）呈报备案的报告；

（二）处分决定和所依据的事实材料；

（三）调查报告和主要证据材料；

（四）受处分党员的检查和对处分决定的意见及党组织对其意见的说明；

（五）批准机关的批复。

② 本条是关于备案的规定，备案时需要提供的材料应熟练掌握。

第二十九条　承办人和审理部门审理备案案件，按本规定第十、十一、十二、十六、十七条的要求进行审理。

第三十条　对下级纪委报来的备案案件，审理部门如同意下级党委、纪委的意见，经有关领导批准后归档。如对下级党委、纪委对案件的处理有不同意见，审理部门将审理报告连同备案材料一并提请本级常委会讨论。常委会如作出改变下级纪委对案件处理的决定，审理部门应将常委会的决定通知下级纪委，请他们重新研究处理。如果所要改变的下级纪委的决定是经过它的同级党委批准的，按本规定第三十二条办理。

第六章　执行监督

第三十一条　各级党委对同级纪委批准的案件，有权调卷审查，对审查结论和处理决定直接作出改变，也可以责成纪委重新审查。

第三十二条　上级党委对下级党委、纪委，上级纪委对下级纪委批准的案件，有权调卷审查，对审查结论和处理决定，直接作出改变，也可以责成下级党委或纪委重新审查。但是，如果上级纪委所要改变的下级纪委的决定是经过它的同级党委批准的，这种改变应尽量经过协商取得一致意见，由这一级党委自行改变；如果不能取得一致意见，应将双方的意见同时报上级党委决定。

第三十三条 上级党委或纪委对违纪案件作出的处理决定，下级党组织必须贯彻执行。如有不同意见，可以向上级党委或纪委提出，但是，当上级党委或纪委没有改变原处理决定时，不得停止执行，对拒不执行的要追究有关人员的责任。

第三十四条 党的地方各级纪委如果对同级党委处理的案件有不同意见，可以请求上一级纪委予以复查。上一级纪委应予受理。

第三十五条 各级党委或纪委对犯错误党员的处分决定中，如有建议给予行政处分的内容，有关部门的党组织应保证其得以贯彻，并将执行情况报告作出决定的党委或纪委。

第三十六条 本规定由中共中央纪律检查委员会负责解释。

第三十七条 本规定自下发之日起施行。

中共中央纪律检查委员会关于所要作出的处分决定和所依据的事实材料同犯错误党员见面的具体办法

（1991年7月23日）

第一条 为了准确地贯彻党章第四十一条中关于党组织对犯错误党员“所要作出的处分决定和所依据的事实材料必须同本人见面”的规定，有效地保障党员的民主权利，正确地执行党的纪律，特制定本办法。

第二条 作处分决定的党组织必须将所要作出的处分决定和所依据的事实材料同犯错误党员本人见面。

第三条 所要作出的处分决定，是指经党的支部委员会研究起草，党支部大会尚未讨论通过的处分决定文稿或上级党委、纪委直接讨论决定起草的处分决定文稿。这种处分决定文稿，应写明犯错误党员的自然情况，所犯错误的事实、情节、后果，本人责任，错误性质和处分意见等内容。

第四条 处分决定所依据的事实材料，是指党组织或纪律检查机关经过审核作为处分依据的事实材料。这种材料，要隐去检举人、揭发人、证人的姓名。

第五条 对事实情节简单的案件，所要作出的处分决定写得完整、具体，已包含所依据的错误事实的，可以不另写处分决定所依据的事实材料，只将处分决定文稿同犯错误党员见面即可。

第六条　所要作出的处分决定和所依据的事实材料同犯错误党员见面的时间，由党支部大会讨论处分决定的，在支部大会讨论处分决定之前；由上级党组织直接讨论处分决定的，在上级党组织正式决定之前。

第七条　所要作出的处分决定和所依据的事实材料同犯错误党员本人见面的形式，对有阅读能力的，给本人过目；对没有阅读能力的，向其宣读。

第八条　党组织至少委派二人，将所要作出的处分决定和所依据的事实材料同犯错误党员见面。犯错误党员如没有不同意见，应分别在这两份材料上签署"同意"；如提出不同意见，负责同其见面的人员应在记录中如实反映。犯错误的党员有书写能力的，应将自己的意见写成书面材料。

第九条　负责将所要作出的处分决定和所依据的事实材料同犯错误党员见面的党组织或纪律检查机关，对犯错误党员提出的不同意见，必须认真研究，进一步核实。对合理的意见，应予采纳；对不合理的意见，应写出有事实根据的说明。

第十条　由于犯错误党员本人在国内脱离组织长期外出不归或叛逃、出走在国外，党组织无法将所要作出的处分决定和所依据的事实材料同本人见面的，也可以不履行材料见面手续。

第十一条　本办法由中共中央纪律检查委员会案件审理室负责解释。

第十二条　本办法自下发之日起施行。

关于查处党员违纪案件中收集、鉴别、使用证据的具体规定

（1991年7月23日中共中央纪委办公厅印发）

第一条　为正确收集、鉴别和使用证据，保证办案质量，正确执行党的纪律，特制定本规定。

第二条　证明案件真实情况的一切事实都是证据。证据包括：

1. 物证，指能够证明案件真实情况的物品和痕迹。

2. 书证，指以其记载的内容证明案件真实情况的文字（包括符号、图画）。

3. 证人证言，指证人就其所了解的案件情况所作的陈述。凡是知道案件真实情况的人都可以作为证人。不能辨别是非的人，不能正确表达的人，不能作证人。

4. 视听材料，指可以将重现的原始声响或形象的录音录像用作证明案件事实的材料。

5. 受侵害人员的陈述,指受违纪行为直接侵害的人员就案件事实情况所作的控告和述说。

6. 受审查党员的陈述,指受审查党员就案件事实所作的交待、申辩和对同案违纪人员的检举、揭发。

7. 鉴定结论[①],指鉴定人员运用专门知识或技能对办案人员不能解决的专门事项进行科学鉴定后所作出的结论。

① 现称之为鉴定意见。

8. 勘验、检查笔录,指公安、司法人员对与案件有关的场所、物品及其他证据材料进行勘验、检查时所作的笔录。

9. 现场笔录,指纪律检查人员对案件(非刑事案件)有关的场所进行检查时所作的笔录。

证据必须经过审核属实,才能作为定案的根据。

第三条 收集、鉴别和使用证据必须实事求是,一切从客观实际出发,不得带框框、主观臆断、偏听偏信;必须尊重党员的民主权利和公民的合法权利。任何党员和群众都有向党组织提供自己所知道的案情的义务。严禁使用威胁、引诱、欺骗及其他非法手段收集证据。

第四条 收集违犯党纪案件的证据,由党的纪律检查工作人员或党组织委派的党员负责进行,收集证据必须二人以上。收集证据要及时、客观、全面。

证据的收集主要由案件检查人员进行。案件审理人员在审理案件时,发现证据不足或证据间存在矛盾,一般由报案单位补充调查取证,需要补充个别证据的也可以由案件审理部门补充收集。

第五条 收集物证应尽可能提取原物。物证能随卷保存的即随卷保存,不能提取的原物或不能随卷保存的原物应拍成照片入卷,并注明原物存放何处。

第六条 收集书证采用提取会议记录、介绍信、文件、个人记录、私人信件、日记等方法,并尽可能提取原件。如不能提取原件的,用摘抄或复印的方法提取,但应注明出处、原件保存单位,并应由原件保存单位加盖公章。摘抄或复印会议记录、个人记录、私人日记时,要注意时间的连续性,节录材料不得断章取义。

对可作为书证的原始材料或复制件,党的各级组织不得以任何借口拒绝提供。收集的材料涉及机密事项应履行一定的批准手续。党员有义务向组织提供记载有与案情有关系的工作记录本。

对可作为书证的私人日记、信件等原始材料的收集只能采取动员的方法,不得强行收集,涉及个人隐私的,有关党组织应为其保密。

第七条 凡是知道案件情况的党员和群众,都应及时地、如实地提供证言,不得拒绝作证。党员故意提供虚假情况,情节严重的给予必要的纪律处分。

收集证人证言,不要采取座谈会的形式。证人证言要一人一证,一般情况下一事一证。由证人用钢笔或毛笔书写。没有书写能力的,由他人或调查取证人根据证人的讲述代写,写好后读给证人听,并按证人意见进行修改,然后由证人签字、盖章或按手印。书写证人证言,应把所要证明的事实发生的时间、地点、当事人、原因、情节、手段、结果等书写清楚。调查人员要做好询问笔录,并应由被询问人签字。

对证人证言,应由取证人注明证人工作单位、职务,并由取证人签字。不必由所在单位加盖公章或加注"属实"、"供参考"之类的文字。

证人作证后,如有补充、更正,可另行书写,并说明更正的理由。办案人员应将补充、更正的证人证言与该证人原出具的证言一并归入案卷。

证人作证后,党组织应为其保密。如发现受审查党员及其亲友对证人打击报复,从严处理。

第八条　收集受审查党员的陈述包括:受审查党员对自己所犯错误的交待或申辩;揭发同案违纪人员的材料。

受审查党员应对党忠诚老实,如实向组织交待自己的问题,同时也有依据党章的规定为自己申辩的权利。受审查党员对"处分所依据的事实材料"如提出不同意见,有关党组织应认真研究并作出说明,一并归入案卷。

第九条　纪律检查机关在需要时,可以运用公安机关、人民检察院、人民法院的鉴定结论、勘验检查笔录等。

从公安机关、人民检察院、人民法院取得证据,按有关规定办理。

纪律检查人员对有作案现场的非刑事案件,应注意对现场作出检查,并作好笔录。

第十条　对受到刑事处罚、政纪处分的党员作党纪处理,必须收集主要证据材料[②]。

第十一条　鉴别证据的任务是:根据各种证据材料的具体特征,逐个进行审查和分析研究,鉴别其真伪,判断其与案件事实有无内在联系,对查明和证实案情有无意义。经过鉴别,确实符合客观实际,与案件事实有内在联系的证据,才能作为定案的依据。

第十二条　鉴别证据,首先鉴别每个证据是否客观真实,是否伪造;是否与案件事实有联系;是原始证据还是传来证据,是直接证据还是间接证据,其来源有无问题,然后,综合分析证明案件的同一事实的各类证据之间有无矛盾;各种证据之间有无内在的联系,要注意时间、条件的变化对证据的影响,要把不同的证据摆到案件发生、发展的过程中去,考虑当时的历史背景,同其他证据联系起来综合分析。

② 《中国共产党纪律处分条例》第33条第1、2款对此作出新的规定:"党员依法受到刑事责任追究的,党组织应当根据司法机关的生效判决、裁定、决定及其认定的事实、性质和情节,依照本条例规定给予党纪处分,是公职人员的由监察机关给予相应政务处分。党员依法受到政务处分、行政处罚,应当追究党纪责任的,党组织可以根据生效的政务处分、行政处罚决定认定的事实、性质和情节,经核实后依照规定给予党纪处分或者组织处理。"

第十三条 对物证的鉴别,要审查是否错误地收集了疑似的物品和痕迹,收集的物证是否伪造,有无栽赃陷害的情况。研究、分析所取物证与案件事实的联系,确定其有无证明作用。

第十四条 对书证的鉴别,要查清其原始制作人,是在何种情况下制作的,是否伪造,节录材料是否断章取义,所记载的内容有无差错,联系其他证据判断所取书证的真实性。

第十五条 对证人证言的鉴别,要注意审查证言的内容与案件事实是否有联系,来源有无问题,是否受到外界不正常因素的干扰,是否属实,证言前后是否一致,有无矛盾。不得采用对质的方法鉴别证言。

第十六条 对受审查党员陈述的鉴别,要审查其交待或申辩前后是否一致,有无矛盾,将交待或申辩与其他证据相对照,看其是否合情合理,是否属实。

第十七条 对视听材料的鉴别,要注意是否伪造,是否被裁剪,是否拼接组合。

第十八条 对受侵害人员陈述的鉴别,要注意受侵害人员感情因素对其陈述真实性的影响。

第十九条 认定案件事实,证据必须确凿。证据经过鉴别,其真实性得到确认后,即成为有效证据,任何人无权涂改或弃毁,有关党组织在移送证据时,不得任意取舍。特别不得舍弃那些经过鉴别证明受审查党员无错的证据。要综合运用证据,证据之间矛盾时,不能仅凭数量多少决定其真实可靠性;认定主要错误事实所依据的证据之间的矛盾不能排除时,不能定案。

第二十条 在没有物证、书证的情况下,仅凭言词证据定案时,必须有两个以上(含两个)证据,才能定案。

第二十一条 没有直接证据而仅凭间接证据定案时,所有间接证据必须查证属实;每个证据与案件事实都有着客观联系;取得的证据必须形成一个完整的证明体系,这个证明体系足以排除其他可能性,才能定案。不能排除其他可能时,不能定案。

第二十二条 仅有受审查党员的交待,没有其他证据,不能定案;受审查党员拒不承认,其他证据确实充分,仍可定案。

第二十三条 本规定由中共中央纪律检查委员会案件审理室负责解释。

第二十四条 本规定自下发之日起施行。

中国共产党处分违纪党员批准权限和程序规定

（2022年9月1日中共中央政治局常委会会议审议批准
2022年9月22日中共中央发布）

第一章　总　　则

第一条[①]　为了规范处分违纪党员批准权限和程序，根据《中国共产党章程》和有关党内法规，制定本规定。

第二条　坚持以习近平新时代中国特色社会主义思想为指导，坚持和加强党的全面领导，坚持党要管党，在党中央集中统一领导下，深入贯彻全面从严治党战略方针，严格按照处分违纪党员批准权限和程序实施党纪处分。

第三条　对违纪党员实施党纪处分实行分级负责制。处分违纪党员批准权限主要依据党员组织隶属关系和干部人事管理权限确定，其中系党员干部的，除本规定和有关党内法规规定的特殊情形外，优先依据干部人事管理权限确定。

【解读】《中国共产党纪律检查机关监督执纪工作规则》第7条规定，监督执纪工作实行分级负责制。违纪的中央委员、候补中央委员，中央纪委委员，中央管理的领导干部由中央纪委按程序进行处分；地方党委委员、候补委员，地方纪委委员，地方党委管理的党员，由地方纪委按程序进行处分；基层党委管理的党员违纪，由基层纪委按程序进行处分。

第四条　对违纪党员实施党纪处分应当坚持党纪面前一律平等[②]、实事求是、民主集中制和惩前毖后、治病救人原则，做到事实清楚、证据确凿、定性准确、处理恰当、手续完备、程序合规。

对违纪党员实施党纪处分应当按照规定程序，经党组织（含纪律检查机关，下同）集体讨论决定，不允许任何个人或者少数人擅自决定和批准。上级党组织对违纪党员作出的处理决定，下级党组织必须执行。

【解读】集体讨论，不能局限于指纪委常委会或者党委常委会、党组会。根据本规定第35条规定，中央纪委办公会议可以决定给予不是中管干部的中央纪委国家监委机关、直属单位的党员，不是中管干部的中央纪委国家监委派驻、派出机构的党员，不是中管干部且已离职的中央纪委国家监委机关、直属单位和派驻、派出机构的党员党纪处分。

第五条　党纪处分决定自有处分批准权的党组织集体讨论决定之日起生效。

① 这里的有关规定主要是指《中国共产党纪律处分条例》《中国共产党纪律检查机关监督执纪工作规则》等。

② 党章总纲规定，在党的纪律面前人人平等。《中国共产党纪律处分条例》第4条规定，党纪面前一律平等。对违犯党纪的党组织和党员必须严肃、公正执行纪律，党内不允许有任何不受纪律约束的党组织和党员。

【解读】处分批准权,是由违纪党员的管理权限和党内最高职务决定的。以违纪的县纪委副书记为例,县纪委副书记属于市委管理的干部,根据本规定第6条的规定,可由市纪委常委会审议通过后给予其党纪轻处分(警告、严重警告);若给予其撤销党内职务以上重处分,则需报市委常委会审议批准。某省辖市市委书记A系该省委委员,若其存在违纪违法行为,需要给予其党纪轻处分,不仅要由省纪委常委会、省委常委会分别审议,根据党章第42条第2款的规定,还应报中央纪委批准;若拟给予其党纪重处分,还要层报党中央批准。

第二章 处分批准权限和程序一般规定

第六条 除本规定和有关党内法规另有规定外,给予各级党委管理的党员警告、严重警告处分,可以由同级纪委审查批准;给予其撤销党内职务、留党察看或者开除党籍处分,须经同级纪委审查同意后报请这一级党委审议批准。

第七条 给予担任两个以上职务(不含党代会代表)的违纪党员党纪处分,按照其中属于最高一级党组织管理的职务履行处分审批程序。

违纪党员所担任的职务中属于最高一级党组织管理的职务有两个以上的,区别下列情形履行处分审批程序:

(一)有一个职务系党的中央或者地方委员会(以下简称地方党委)委员、候补委员的,应当按照该职务对应的处分批准权限履行处分审批程序;

(二)除前项所列情形外,有一个职务系党的中央或者地方纪律检查委员会(以下简称地方纪委)委员的,应当按照该职务对应的处分批准权限履行处分审批程序;

(三)除前两项所列情形外,应当按照违纪党员所担任的最高一级党组织管理的多个职务分别对应的处分批准权限就高履行处分审批程序。

地方党委委员、候补委员或者地方纪委委员在接受审查期间,其所在的地方党委不得免去其上述职务,也不得接受其辞去上述职务的请求。

第八条 违纪党员系地方党委委员、候补委员或者地方纪委委员,同时担任上级党组织管理的职务的,由该上级党组织的同级纪委依照本规定履行处分审批程序。其中,受到撤销党内职务、留党察看或者开除党籍处分的,地方党委、纪委无需履行本规定第十八条第三款规定的追认程序。

第九条 对党员所作处分,需要变更或者撤销的,由原批准处分决定的党组织或者有处分批准权的党组织审批。原批准处分决定的党组织已撤销的,可以由继续行使其职权的党组织办理。

第十条 上级纪委提级审查的,经审理形成处置意见后,可以交由下级纪委履行处分审批程序；也可以经上级纪委常委会审议同意后，直接作出党纪处分决定，其中上级纪委拟给予提级审查的下级地方党委委员、候补委员撤销党内职务、留党察看或者开除党籍处分的，应当报请同级党委常委会审议批准。

上级纪委指定下级纪委审查的，被指定的下级纪委常委会审议后，按照程序将案件材料和处理意见转有监督执纪权限的纪委经审理[③]后履行处分审批程序。

第十一条[④] 对违纪党员免予党纪处分的，按照给予其警告处分的批准权限履行处分审批程序。

第十二条[⑤] 对于应当受到撤销党内职务处分，但是本人没有担任党内职务的违纪党员，应当给予其严重警告处分，并按照给予其撤销党内职务处分的批准权限履行处分审批程序。

第十三条[⑥] 对于各级纪委立案审查的党员，需要给予党纪处分的，除特殊情况[⑦]外，一般由负责审查的纪委经审理后形成关于违纪事实和处分意见的通报材料，经下一级党组织交由被审查人所在党支部党员大会讨论形成决议，并由该下一级党组织报负责审查的纪委履行处分审批程序。被审查人所在党支部系负责审查的纪委下一级党组织的，由负责审查的纪委将关于违纪事实和处分意见的通报材料交由该党支部党员大会讨论形成决议后履行处分审批程序。

对各级纪委监委派出的纪检监察工作委员会（含纪律检查工作委员会，下同）以及未设立纪委的党的基层委员会审查的党员给予党纪处分的，参照前款规定履行处分审批程序。

被审查人所在党支部党员大会讨论给予其党纪处分时，实际到会有表决权的党员人数必须超过全部应到会有表决权的党员的半数，且表决时必须经过全部应到会有表决权的党员过半数赞成，方可形成决议；被审查人有权参加和进行申辩。被审查人应当在党支部党员大会决议上签写意见；拒不签写意见或者因其他原因不能签写意见的，支部委员会（含未设支部委员会的支部书记）应当在决议上注明。

处分决定所依据的事实材料必须同被审查人本人见面，听取其陈述和申辩，并如实记录、及时核实，合理的予以采纳；不予采纳的，应当说明理由。该事实材料应当由被审查人签写意见，对签写不同意见或者拒不签写意见的，应当作出说明或者注明情况。[⑧]

第十四条 有下列特殊情况之一，县级以上各级党委和纪委可以直接决定给予违纪党员党纪处分[⑨]：

（一）案情涉密、敏感的；

（二）违纪案件跨地区跨部门跨单位的；

（三）违纪党员系县级以上各级党委管理的党员干部的；

③ 请注意关键词“经审理”。上级纪委提级审查的，千万不能审查结束直接交办下级纪委处分，一定要经由案件审理部门审核把关。某乡党委书记（县委委员）严重违纪，本应出县纪委按程序立案审查，鉴于案情复杂、重大，由市纪委决定立案审查，审查结束后，可移送本委案件审理部门审理，按程序提请市纪委常委会审议、市委常委会审批后，由市纪委下达党纪处分决定。结合《中国共产党纪律检查机关监督执纪工作规则》第9条学习。

④ 免予党纪处分与不予处分，存在较大区别。两者最大的区别在于违纪情节轻重程度不同，免予党纪处分违纪情节相比不予处分违纪情节要重，前者已经达到立案追究其党纪责任的程度（比如违规收受礼金1万元），后者违纪情节尚未达到立案追究其党纪责任的程度（比如违

（四）违纪党员所在的基层党组织无法正常履行职责、不正确履行职责或者其负责人同违纪问题有关联的；

（五）违纪党员所在党支部党员大会经讨论无法及时形成决议，或者因可到会有表决权的党员人数未超过全部应到会有表决权的党员半数，不能及时召开党支部党员大会讨论表决的；

（六）县级以上纪委提级审查下级党委（党组）管理的党员的；

（七）党章和有关党内法规规定的其他情况。

除本规定第二十九条、第三十一条、第三十八条第三款另有规定外，给予违纪党员开除党籍处分，须经县级以上纪委审查批准，或者经县级以上纪委审查同意后报请有处分批准权的党组织依照本规定履行处分审批程序。

第十五条[⑩] 各级纪委拟在给予同级党委管理的党员干部党纪处分的同时，建议给予其组织处理的，应当依照本规定履行处分审批程序，并将组织处理建议通报同级党委组织部门依照规定办理；必要时也可以在书面征求同级党委组织部门意见后，一并报请同级党委审议批准。

第十六条 县级以上纪委依照本规定第十四条第一款规定直接决定给予其审查的党员党纪处分，须报请同级党委或者上级党组织审批的，应当在报批前以纪委办公厅（室）名义书面征求同级党委组织部门和被审查人所在党委（党组）意见。

被审查人所在党组织系接受归口领导、管理，或者接受归口指导、协调或者监督的单位党组织的，前款规定中的被审查人所在党委（党组）是指归口领导、管理单位，或者负有指导、协调或者监督职责的单位党组织。

党组（党委）、党的工作机关、中央和地方党委直属事业单位、由党的工作机关管理的机关以及所在机关党的基层委员会（以下简称机关党委）、机关党的基层纪律检查委员会（以下简称机关纪委）在作出党纪处分决定前，应当征求派驻纪检监察组意见。

第十七条 给予违纪党员党纪处分，依照本规定应当由党委审批的，须经本级纪委常委会（未设常委会的应当召开纪委全体会议，下同）审议通过后于15日内报请这一级党委审议；依照本规定应当由上级党组织审批的，还须经同级党委审议同意后，按照程序于15日内呈报上一级纪委审查批准；党委应当及时审议处分事项，对处分意见分歧较大且确有必要的，也可以先通过召开书记专题会议等形式进行酝酿。

党员严重违纪涉嫌犯罪的，原则上先作出党纪处分决定，再移送司法机关依法处理。案情疑难、复杂，对事实证据、行为性质的认定把握困难或者有重大争议，可能影响党纪处理结果的，或者因留置期限即将届满等原因急需移送司法机关依法

规收受礼金200元）。结合《中国共产党纪律处分条例》第19条学习。

⑤ 某农村党员赌博，被公安机关查获，根据其违法情节，本应给予其撤销党内职务处分，鉴于其系普通党员，在党内未担任任何职务，乡纪委审议后报乡党委批准后，给予其严重警告处分。

⑥ 某省辖市纪委对该市公安局正科级党员干部立案审查，需要给予党纪处分的，移送审理，案件审理部门审理结束后形成关于违纪事实和处分意见的通报材料，经市公安局党委交由被审查人所在党支部党员大会讨论形成决议，并由市公安局党委报市纪委履行处分审批程序。

⑦ 特殊情况，请见本规定第14条和《中国共产党纪律检查委员会工作条例》第37条第2款。

⑧ 本款与《中国共产党党员权利保障条例》第35条规定一致。

⑨ 相较于《中国共产党纪律检查

处理的，负责审查的纪委监委经本级纪委常委会审议同意后，可以先行移送司法机关，并及时报上一级纪委监委备案[11]；其中给予其党纪处分须报请同级党委或者上级党组织审批的，应当在移送司法机关之日起15日内报请同级党委审议，至迟不晚于司法机关决定提起公诉或者作出不起诉决定前。

给予地方党委委员、候补委员和地方纪委委员、监委委员党纪处分，依照本规定须呈报上级党组织审批的，在报请同级党委审议前，有监督执纪权限的纪委常委会审议通过后，应当于3日内形成书面情况报告与上级纪委沟通；上级纪委应当基于该书面情况报告载明的违纪事实和处分意见进行审核，并及时反馈处理意见。上级纪委受理该案件后，应当认真审核，不受此前已反馈处理意见的限制。

第十八条　经中央委员会全体会议应到会委员三分之二以上的多数赞成，可以对中央政治局在中央委员会全体会议闭会期间先行作出的给予中央委员会委员、候补委员撤销党内职务、留党察看或者开除党籍处分的处理决定予以追认。

经中央纪委全体会议应到会委员三分之二以上的多数赞成，可以对中央纪委常委会在中央纪委全体会议闭会期间先行作出的给予中央纪委委员撤销党内职务、留党察看或者开除党籍处分的处理决定予以追认。

地方各级党委、纪委全体会议对本级地方党委、纪委常委会在全体会议闭会期间先行作出的给予本级党委委员、候补委员和纪委委员撤销党内职务、留党察看或者开除党籍处分的处理决定予以追认，分别参照前两款规定的程序执行。

追认须待对前三款所涉人员作出党纪处分决定后，在下一次相应中央委员会、中央纪委全体会议或者地方党委、纪委全体会议上进行。

前三款所涉人员严重触犯刑律的，必须开除党籍。中央政治局、地方党委常委会分别依照本规定第二十四条第二项、第二十七条第一款第二项规定作出的给予严重触犯刑律的中央委员会委员、候补委员和地方党委委员、候补委员开除党籍处分的处理决定，无须履行本条第一款、第三款规定的追认程序。

第十九条　各级纪委依照本规定呈报同级党委或者上级党组织批准后作出党纪处分决定的，处分决定执行完毕后，应当按照程序于每季度首月15日前将上一季度的处分决定执行（含处分宣布）情况汇总呈报同级党委或者上级党组织。

第二十条　党组织批准的下列处分事项，应当在作出党纪处分决定后按照下列要求予以备案：

（一）中央纪委批准本规定第三十四条第一项至第三项所涉处分事项后，由中央纪委报党中央备案；

（二）省、自治区、直辖市党委（以下简称省级党委）批准本规定第二十七条第三款所涉处分事项后，由省、自治区、直辖市纪委（以下简称省级纪委）报中央纪委

委员会工作条例》第37条第2款规定的规定，本条第1款第5、6项新增了两种情形。

⑩ 结合《中国共产党组织处理规定（试行）》第10条学习。

⑪ 此规定是对《中国共产党纪律处分条例》第29条规定的细化。先行移送司法机关的，需要及时报上一级纪委监委备案。

备案；

（三）地方党委批准本规定第二十七条第一款第一项所涉处分事项后，被处分人系按照规定需要报上一级党委备案的在职正职领导干部的，由地方纪委报上一级纪委备案；

（四）地方纪委批准本规定第三十七条第一款第一项至第七项、第三款所涉处分事项后，由地方纪委报同级党委备案；其中本规定第三十七条第一款第三项所涉处分事项还须同时报上一级纪委备案；

（五）党的基层纪律检查委员会（以下简称基层纪委）、党的街道纪检监察工作委员会等审查批准本规定第三十八条第一款、第二款所涉处分事项后，相应报具有审批预备党员权限的同级党的基层委员会（以下简称基层党委）、党的街道工作委员会等备案；

（六）机关党委、机关纪委分别审议批准本规定第三十条第二款、第三十九条所涉处分事项后，相应报党组（党委）、党的工作机关备案；机关纪委审查批准本规定第三十九条所涉处分事项后，还须报机关党委备案。

前款规定中的备案工作，应当由负责报备的党组织于每季度首月15日前，将上一季度对在职党员干部已作出党纪处分决定的案件汇总报相应党组织。

第二十一条 受到留党察看处分的党员，确有悔改表现的，留党察看期满后，由其所在党支部党员大会讨论形成决议，经基层党委审议后层报原作出党纪处分决定的党组织的下一级党委（党组）审议批准。该党委（党组）同意按期恢复党员权利的，作出恢复党员权利决定并抄告原作出党纪处分决定的党组织。基层党委批准给予党员留党察看处分的，恢复党员权利由该基层党委批准，恢复党员权利决定由基层党委或者基层纪委下达。

受到留党察看处分一年的党员，留党察看期满后，原作出党纪处分决定的党组织的下一级党委（党组）审核认为其仍不符合恢复党员权利条件的，经报原作出党纪处分决定的党组织批准，作出延长一年留党察看期限的决定。

党员在留党察看期间，坚持不改或者又发现其他应当受到党纪处分的违纪行为的，应当开除党籍，并由有监督执纪权限的纪律检查机关履行处分审批程序。

受到留党察看处分的党员在留党察看期间转移党员组织关系的，由接收其党员组织关系的党组织分别参照本条第一款至第三款规定恢复其党员权利、延长一年留党察看期限或者给予其开除党籍处分，并抄告原作出党纪处分决定的党组织。

受到留党察看处分的党员所在党支部有本规定第十四条第一款第五项情形的，可以由基层党委直接审议后，依照本条第一款规定程序办理。

受到留党察看处分的党员组织关系隶属于党的工作委员会的，参照前五款规定执行。

第二十二条　党员经过留党察看，恢复党员权利后，又发现其在留党察看期间实施了新的应当受到党纪处分的违纪行为，或者发现其在受到留党察看处分前没有交代的其他应当受到党纪处分的违纪行为的，应当由作出恢复党员权利决定的党组织撤销原决定，由有监督执纪权限的纪律检查机关按照程序给予其开除党籍处分，并抄告原作出党纪处分决定的党组织。

第三章　党中央以及各级党委（党组）处分批准权限

第二十三条　在中央委员会全体会议期间，经中央委员会全体会议应到会委员三分之二以上的多数决定，可以给予中央委员会委员、候补委员撤销党内职务、留党察看或者开除党籍处分。

第二十四条　中央政治局批准下列处分事项：

（一）在中央委员会全体会议闭会期间，先行给予中央委员会委员、候补委员撤销党内职务、留党察看或者开除党籍处分；

（二）给予严重触犯刑律的中央委员会委员、候补委员开除党籍处分。

第二十五条[12]　中央政治局常务委员会批准对有关党的领导干部的处分事项。

第二十六条　在地方党委全体会议期间，给予本级地方党委委员、候补委员撤销党内职务、留党察看或者开除党籍处分的，经地方党委全体会议应到会委员三分之二以上的多数决定，并按照程序呈报上一级纪委常委会审议同意后，由这一级纪委报同级党委常委会审议批准。

在地方党委全体会议闭会期间，地方党委常委会可以先行作出给予本级党委委员、候补委员撤销党内职务、留党察看或者开除党籍处分的处理决定，并依照前款规定履行处分审批程序。

第二十七条　地方党委常委会批准下列处分事项：

（一）给予本级党委讨论决定任免的党员干部撤销党内职务、留党察看或者开除党籍处分；

（二）给予严重触犯刑律的本级党委委员、候补委员开除党籍处分；

（三）给予严重触犯刑律的本级纪委委员开除党籍处分[13]；

（四）给予下一级地方党委委员、候补委员撤销党内职务、留党察看或者开除党籍处分；

（五）给予下一级地方纪委书记、副书记撤销党内职务、留党察看或者开除党籍处分；

（六）党章和有关党内法规规定的其他处分事项。

⑫　根据本规定第33条的规定，给予中央纪委委员撤销党内职务、留党察看或者开除党籍处分的处理决定，报请中央政治局常务委员会批准。省级纪委副书记属于中央管理的干部，对严重违纪的省级纪委副书记作出撤销党内职务以上处分的，需要报党中央批准。如辽宁省纪委原副书记、省监委副主任杨某某因严重违纪违法，经中央纪委常委会会议研究并报中共中央批准，决定给予杨某某撤销党内职务处分。

⑬　特殊要求，请注意学习本规定第36条。

党的地区委员会和相当于地区委员会的组织，以及设区的市级（不含直辖市的区，下同）以上地方党委在被赋予社会管理权限的开发区、国家级新区等特定地域派出的代表机关，参照前款规定行使处分违纪党员批准权限。

省级党委常委会批准给予省级纪委委员撤销党内职务、留党察看或者开除党籍处分。

新疆维吾尔自治区党委常委会批准给予新疆生产建设兵团党委委员、候补委员撤销党内职务、留党察看或者开除党籍处分。

第二十八条[14] 经负责审查的基层纪委审议并报请，具有审批预备党员权限的基层党委可以批准给予被审查人留党察看以下处分，但被审查人涉及的问题比较重要或者复杂的除外。

党的街道工作委员会和县级地方党委在开发区等特定地域派出的代表机关，参照前款规定行使处分违纪党员批准权限。

第二十九条 基层党委具备下列条件之一，可以依照本规定第十四条规定直接决定给予违纪党员党纪处分，并可以批准给予违纪党员开除党籍处分：

（一）下级党组织具有审批预备党员权限的；

（二）所在党和国家机关机构规格为副厅局级以上的；

（三）上一级党委系设区的市级以上党委的。

第三十条 党组（党委）、党的工作机关根据干部人事管理权限对属于其管理的人员中的党员给予党纪处分，应当按照规定程序集体讨论决定。其中，党组（党委）会议、党的工作机关部（厅、室）务会或者委员会会议必须有三分之二以上成员到会，经超过应到会成员半数赞成为通过。

对未经党组（党委）会议、党的工作机关部（厅、室）务会或者委员会会议讨论决定任免，但属于党组（党委）、党的工作机关管理的人员中的党员给予党纪处分的，也可以由所在机关纪委报机关党委审议批准；给予开除党籍处分的，还须相应报党组（党委）会议、党的工作机关部（厅、室）务会或者委员会会议审议批准。[15]

中央和地方党委直属事业单位、由党的工作机关管理的机关根据干部人事管理权限对属于其管理的人员中的党员给予党纪处分，参照前两款规定行使处分违纪党员批准权限。

中央和地方党委派出的代表机关中，不属于党的工作机关的，除本规定和有关党内法规另有规定外，可以参照党的工作机关行使处分违纪党员批准权限。

第三十一条 党组（党委）、党的工作机关、中央和地方党委直属事业单位、由党的工作机关管理的机关以及本规定第三十条第四款所涉中央和地方党委派出的代表机关，具备下列条件之一，可以依照本规定第十四条规定直接决定给予违纪党

⑭ 乡镇纪委经报乡镇党委批准，街道工作委员会、县委在开发区设立的管委会，可以作出留党察看以下处分。

⑮ 某省教育厅的一级主任科员及以下的党员违纪，需要给予党内警告、严重警告、撤销党内职务、留党察看处分的，可由省教育厅机关纪委报机关党委审议批准，如果需要给予其开除党籍处分，需要报省教育厅党组会议审议批准。

员党纪处分,并可以批准给予违纪党员开除党籍处分:

(一)所在单位基层党委具有审批预备党员权限的;

(二)所在党和国家机关机构规格为正县处级以上的;

(三)本级党委系设区的市级以上党委的。

第三十二条 实行党委领导下的行政领导人负责制的事业单位党委[16]根据干部人事管理权限,可以批准给予其管理的人员中的党员党纪处分。

实行行政领导人负责制的事业单位党组织[17]根据干部人事管理权限和党组织在选人用人中的职责作用,经党政主要领导充分沟通后,相应可以批准给予其管理的人员中的党员党纪处分。

事业单位未被赋予干部人事管理权限,由上级党组织统筹管理的,上级党组织可以批准给予该事业单位工作人员中的党员党纪处分。

本条第二款、第三款规定中的党组织,不含党总支和党支部。

第四章 纪律检查机关处分批准权限

第三十三条 在中央纪委全体会议期间,经中央纪委全体会议应到会委员三分之二以上的多数决定,可以作出给予中央纪委委员撤销党内职务、留党察看或者开除党籍处分的处理决定,并待报请中央政治局常务委员会批准后,由中央纪委作出党纪处分决定。

在中央纪委全体会议闭会期间,中央纪委常委会可以先行作出给予中央纪委委员撤销党内职务、留党察看或者开除党籍处分的处理决定,并待报请中央政治局常务委员会批准后,由中央纪委作出党纪处分决定。

第三十四条 中央纪委常委会批准下列处分事项:

(一)给予省部级以下(不含省部级)中管干部以及未明确行政级别的单位中的中管干部警告、严重警告处分;

(二)给予省级党委委员、候补委员警告、严重警告处分;

(三)给予省级纪委常委(不含书记、副书记,下同)、监委委员党纪处分;

(四)党章和有关党内法规规定的其他处分事项。

第三十五条 中央纪委办公会议批准下列处分事项:

(一)给予不是中管干部的中央纪委国家监委机关、直属单位的党员党纪处分;

(二)给予不是中管干部的中央纪委国家监委派驻、派出机构的党员党纪处分;

(三)给予不是中管干部且已离职的中央纪委国家监委机关、直属单位和派驻、派出机构的党员党纪处分。

前款第三项所涉人员违纪行为主要发生在其离职后,且与其离职前在前款所

⑯ 中共中央办公厅印发的《关于加强公立医院党的建设工作的意见》,明确公立医院实行党委领导下的院长负责制。中共中央办公厅印发的《关于坚持和完善普通高等学校党委领导下的校长负责制的实施意见》,明确普通高等学校实行党委领导下的校长负责制。

⑰ 比如中小学校、疾病预防控制中心等,通常实行行政领导人负责制。

涉单位担任的职务没有关联的，依照本规定第三条规定履行处分审批程序。

第三十六条[18]　在地方纪委全体会议期间，经地方纪委全体会议应到会委员三分之二以上的多数决定，可以作出给予本级纪委委员撤销党内职务、留党察看或者开除党籍处分的处理决定，并待报请本级地方党委常委会审议批准后，由地方纪委作出党纪处分决定，其中系设区的市级以下纪委委员的还须按照程序呈报上一级纪委常委会审查批准。

在地方纪委全体会议闭会期间，地方纪委常委会可以先行作出给予本级纪委委员撤销党内职务、留党察看或者开除党籍处分的处理决定，并依照前款规定履行处分审批程序后，由地方纪委作出党纪处分决定。

⑱ 县（区）纪委对县（区）纪委委员、设区的市纪委对市纪委委员作出撤销党内职务、留党察看或者开除党籍处分的处理决定，不仅要经地方纪委常委会审议、地方纪委全体会议应到会委员 2/3 以上的多数决定，报请本级地方党委常委会审议，还要报上一级纪委常委会审查批准。

第三十七条　地方纪委常委会批准下列处分事项：

（一）给予本级地方党委讨论决定任免的党员干部警告、严重警告处分；

（二）给予未经本级地方党委讨论决定任免、但属于本级地方党委管理的党员干部党纪处分；

（三）给予本级纪委委员警告、严重警告处分；

（四）给予下一级地方党委委员、候补委员警告、严重警告处分；

（五）给予下一级地方纪委书记、副书记警告、严重警告处分；

（六）给予下一级地方纪委常委、监委委员党纪处分；

（七）给予下一级地方纪委委员撤销党内职务、留党察看或者开除党籍处分；

（八）给予本级纪委管理的纪委监委机关、直属单位和派驻、派出机构的党员党纪处分；

（九）党章和有关党内法规规定的其他处分事项。

地区纪委和相当于地区纪委的其他纪律检查机关，以及设区的市级以上地方纪委监委在被赋予社会管理权限的开发区、国家级新区等特定地域派出的纪检监察工作委员会，参照前款规定行使处分违纪党员批准权限。

新疆维吾尔自治区纪委常委会批准给予新疆生产建设兵团党委委员、候补委员警告、严重警告处分，新疆生产建设兵团纪委委员撤销党内职务、留党察看或者开除党籍处分，新疆生产建设兵团纪委常委、监委委员党纪处分。

第三十八条　基层纪委可以批准给予其审查的案件中的被审查人警告、严重警告处分；如果涉及的问题比较重要或者复杂的，应当经同级党委审议同意后，按照程序报有处分批准权的县级以上纪委审查批准。

党的街道纪检监察工作委员会和县级纪委监委在开发区等特定地域派出的纪检监察工作委员会，参照前款规定行使处分违纪党员批准权限。

符合本规定第二十九条规定的基层党委，其同级纪委可以依照本规定第十四条规定直接决定给予违纪党员党纪处分,并可以批准给予违纪党员开除党籍处分。

第三十九条　对未经党组(党委)会议、党的工作机关部(厅、室)务会或者委员会会议讨论决定任免,但属于党组(党委)、党的工作机关管理的人员中的党员给予警告、严重警告处分的,可以由机关纪委审查批准。

第五章　处分批准权限和程序特殊情形

第四十条　违纪党员系实行垂直管理或者实行双重领导并以上级单位领导为主的单位的干部,同时担任地方党委委员、候补委员或者地方纪委委员职务的,由地方纪委依照本规定履行处分审批程序,并将党纪处分决定抄告主管单位党组(党委)。其中,地方纪委立案审查的,应当通过有监督执纪权限的相应派驻纪检监察组或者主管单位内设纪检组织征求主管单位党组(党委)意见后履行处分审批程序。

第四十一条[19]　给予党员组织关系转入援派或者挂职单位,但不改变与原单位人事关系的违纪党员干部党纪处分的,一般应当按照所任原单位职务、职级等对应的干部人事管理权限确定处分批准权限、履行处分审批程序。违纪问题与援派或者挂职期间挂任职务有密切关联的,必要时也可以按照该职务对应的干部人事管理权限确定处分批准权限、履行处分审批程序,但在作出处分决定前,应当按照所任原单位职务、职级等对应的干部人事管理权限征求原单位意见。

给予上级党委委托下级党委管理的党员干部党纪处分的,下级党委、纪委可以依照本规定履行处分审批程序。

第四十二条　给予组织关系转出但尚未被接收的党员党纪处分,由其原所在党组织依照本规定履行处分审批程序。该党组织已撤销的,由继续行使其职权的党组织或者其上一级党组织办理。

给予没有转移组织关系的流动党员和已停止党籍的党员党纪处分,由其组织关系所在党组织依照本规定履行处分审批程序。

第四十三条[20]　给予辞去公职等原因离开公职岗位或者退休的党员干部党纪处分,一般按照其在职时的干部人事管理权限确定处分批准权限、履行处分审批程序。违纪问题发生在离开公职岗位后,且与所任原单位职务、职级等没有关联的,由其组织关系所在党组织依照本规定履行处分审批程序。离开公职岗位后又重新担任公职的,依照本规定第三条规定履行处分审批程序。党纪处分决定作出后,应当抄告违纪党员所在党组织予以执行。

第四十四条　给予党员组织关系转入相应党的街道工作委员会和所辖社区(村)党组织并实行社会化管理的国有企业退休人员党纪处分,按照党员组织隶属

⑲ 党员领导干部挂职期间,通常只转移党组织关系,不转移人事关系。党员领导干部挂职期间违纪违法,通常由工资人事关系所在地纪检监察机关按权限和程序进行审查处理。

⑳ 如果违纪行为主要发生在其离职前,且与其担任的职务关联的,根据本条规定,按照其在职时的干部人事管理权限确定管辖、处分批准权限,履行处分审批程序。

关系，由党的街道纪检监察工作委员会审查批准，其中给予撤销党内职务、留党察看或者开除党籍处分的还须报同级党的街道工作委员会审议批准，给予开除党籍处分的还须依照本规定呈报派出党的街道纪检监察工作委员会的地方纪委常委会审查批准。

前款规定的国有企业退休人员，其违纪行为主要发生在在职期间或者与在职期间的职务有密切关联的，有监督执纪权限的相应纪委监委、派驻纪检监察组或者国有企业内设纪检组织审查后认为应当给予党纪处分的，可以按照其退休前的干部人事管理权限确定处分批准权限、履行处分审批程序。党纪处分决定作出后，应当抄告相应党的街道工作委员会、党的街道纪检监察工作委员会予以执行。对于受到留党察看处分的，由党的街道纪检监察工作委员会依照本规定第二十一条第一款至第三款规定的条件，经其所在党支部党员大会讨论形成决议，报请党的街道工作委员会审议同意后，作出恢复其党员权利、延长一年留党察看期限或者给予其开除党籍处分的决定，并抄告原作出党纪处分决定的党组织；其中给予开除党籍处分的还须依照本规定呈报派出党的街道纪检监察工作委员会的地方纪委常委会审查批准。

给予党员组织关系转入相应乡镇（街道）党委和所辖村（社区）党组织并实行社会化管理的国有企业退休人员党纪处分，参照前两款规定执行。

第四十五条　给予以退休方式移交人民政府安置的退役军官中的党员党纪处分，一般可以根据其退役前的职级或者军衔等级（适用于实行军衔主导的军官等级制度改革后的退役军官，下同），由相应的地方纪委常委会审查批准，其中给予撤销党内职务、留党察看或者开除党籍处分的还须报同级地方党委常委会审议批准。

退役前系师职军官（大校军官以及相应职级文职干部）、团职军官（上校、中校军官以及相应职级文职干部）的，一般应当分别由省级纪委、设区的市级纪委负责履行处分审批程序；系营职以下军官（少校以下军官以及相应职级文职干部）的，由县级纪委负责履行处分审批程序。

第四十六条　给予以逐月领取退役金或者自主择业方式安置且未被停发退役金的退役军官中的党员党纪处分，由其组织关系所在地的县级纪委常委会审查批准，其中拟给予撤销党内职务、留党察看或者开除党籍处分的还须报同级地方党委常委会审议批准。

给予以复员方式退役的退役军官，以及采取以逐月领取退役金、自主就业、退休或者供养方式安置的退役军士中的党员党纪处分，由其组织关系所在党组织依照本规定履行处分审批程序。

第四十七条　本规定第四十五条、第四十六条规定中的退役军官、军士的违纪行为主要发生在服役期间或者与服役期间的职务有密切关联，由军队纪律检查机关审查的，军队纪律检查机关可以依照其退役前的职务对应的处分批准权限履行处分审批程序并作出党纪处分决定，抄告退役军官、军士组织关系所在地县级党委、纪委予以执行。

前款规定中的违纪行为由地方纪律检查机关立案审查的，地方纪律检查机关可以依照本规定第四十五条、第四十六条规定履行处分审批程序。

第四十八条　有监督执纪权限的纪律检查机关审查认为预备党员违犯党纪，情节较轻，可以保留预备党员资格的，可以直接给予其批评教育或者按照程序延长一次预备期；情节较重的，应当按照程序取消其预备党员资格。

延长预备期、取消预备党员资格，由有监督执纪权限的纪律检查机关向预备党员所在党组织提出书面建议，预备党员所在党组织无正当理由应当采纳并交由预备党员所在党支部党员大会讨论形成决议，呈报有审批预备党员权限的基层党委批准后作出处理决定。

预备党员组织关系隶属于党的工作委员会的，参照前款规定执行。

第六章　附　　则

第四十九条　本规定所确定的权限，均系应当遵照的最低权限。

第五十条　本规定所称以上、以下，除有特别标明外均含本级、本数。

第五十一条　本规定所称严重触犯刑律，是指因犯罪被人民法院判处刑罚。

第五十二条　本规定所称履行处分审批程序，是指依照本规定确定的处分批准权限和程序，对处分事宜进行审议、报批并按照程序作出党纪处分决定。

第五十三条　本规定所称有监督执纪权限，是指按照监督执纪工作实行分级负责制的规定，对涉嫌违纪党员有权行使监督执纪职责，有权对其违纪问题予以立案审查，有权对其提出党纪处分建议或者按照程序作出党纪处分决定。

第五十四条　军队处分违纪党员批准权限和程序规定，由中央军委根据本规定制定。

第五十五条　本规定由中央纪委负责解释。

第五十六条　本规定自发布之日起施行。中央纪委1983年7月6日印发的《关于处分违犯党纪的党员批准权限的具体规定》和1987年3月28日印发的《关于修改〈关于处分违犯党纪的党员批准权限的具体规定〉的通知》同时废止。此前有关规定与本规定不一致的，以本规定为准。

纪检监察机关办案工作保密规定

（1996年8月19日中共中央纪律检查委员会、监察部印发）

第一条 为了确保纪检监察机关在办案中严格保守国家秘密，加强办案中的保密工作，保证纪检监察工作的顺利进行，根据《中华人民共和国保守国家秘密法》、《纪检监察工作中国家秘密及其密级具体范围的规定》和国家有关规定，制定本规定。

第二条 本规定适用于纪检监察机构办案人员和纪检监察机构内部因工作需要接触案情的人员。

第三条 受理检举、控告、申诉的保密要求按照《保护检举、控告人的规定》的有关规定办理。

第四条 对案件或问题初核时，不准向被调查人暴露意图。

第五条 《立案呈批报告》、《初步核实报告》等有关案件材料，应指定专人登记、管理。

第六条 制定案件调查计划要同时制定保密措施，调查大案要案要有具体保密方案。

第七条 拟采取的调查手段、措施要严格控制知悉范围，不准向被调查人泄露；严禁泄露当事人提供的物证、书证、证人证言等证据。

第八条 外出调查一般不准携带案卷，如确需携带时必须经领导批准，并做到：两人专管，卷不离人，严防丢失；上下车、船、飞机时，要及时检查，相互提示。

第九条 不准在公共场所谈论案件内容，不准携带案卷和调查材料探亲访友、游览、购物等。

第十条 汇报案情及有关情况时，应使用加密传真，不得使用平信、明码电报和电话。传递办案材料，应通过机要部门。

第十一条 出境调查携带案件材料，应当按国家保密局、海关总署《关于禁止邮寄或非法携运国家秘密文件、资料和其他物品出境的规定》执行。

第十二条 移送审理的案件材料，要严格登记和履行交接手续。

第十三条 在审理案件过程中，案卷材料由承办人负责保管，审理结束后，按规定移送。

第十四条 阅卷笔录、审理讨论笔录等，未经批准，不得向无关人员提供。

第十五条 案件材料及办案请示、报告和其他有关文字材料，均应按《纪检监察工作中国家秘密及其密级具体范围的规定》划定密级和期限，并妥善加以保管。

第十六条　正在办理的案件，一般不对外宣传报道；需要宣传报道时，必须经主管领导同意并报同级纪检监察机关领导批准。

第十七条　办案中如发生泄密情况，要及时向主管领导和本单位保密委员会报告，同时采取有效措施尽力补救；事后要认真追查，严肃处理，并向上一级纪检监察机关保密委员会报告。

第十八条　违反本规定的，应依照党纪、政纪的有关规定给予党纪处分、行政处分或其他处理；构成犯罪的，移送司法机关依法追究刑事责任。

第十九条　本规定自发布之日起施行。

中共中央纪律检查委员会、中华人民共和国监察部关于保护检举、控告人的规定

（1996年1月19日中共中央纪律检查委员会、监察部印发）

第一条　为了保障检举、控告人依法行使检举、控告的权利，维护检举、控告人的合法权益，促进党风廉政建设和反腐败斗争，根据《中国共产党党员权利保障条例》和行政监察法律、法规，制定本规定。

第二条　任何单位和个人有权向纪检监察机关检举、控告党组织、党员以及国家行政机关、国家公务员和国家行政机关任命的其他人员违纪违法的行为。

任何单位和个人不得以任何借口阻拦、压制检举、控告人依法进行的检举、控告。

第三条　检举、控告人应据实检举、控告，不得捏造事实、制造假证、诬告陷害他人。

纪检监察机关对如实检举、控告的，应给予支持、鼓励。对检举、控告有功的，应给予奖励。对检举、控告不实的，必须分清是错告还是诬告。对错告的，应澄清事实；对诬告的，应依照有关规定予以处理。

第四条　纪检监察机关受理检举、控告和查处检举、控告案件，必须严格保密：

（一）纪检监察机关应设立检举、控告接待室，接受当面检举、控告应单独进行，无关人员不得在场。

（二）检举、控告信函的收发、拆阅、登记，当面或电话检举、控告的接待、接听、记录、录音等工作，应建立健全责任制，严防泄密或遗失检举、控告材料。

（三）对检举、控告人的姓名、工作单位、家庭住址等有关情况及检举、控告的内

容必须严格保密，严禁将检举、控告人的有关情况以及检举、控告的内容透露给被检举、控告单位和被检举、控告人以及其他单位和人员。

（四）检举、控告材料列入密件管理，不得私自摘抄、复制、扣压、销毁。

（五）检举、控告材料，除查处案件工作需要外，不得向有关人员出示；因查处案件工作需要出示的，必须经本委、部（厅、局）主管领导批准，并隐去可能暴露检举、控告人身份的内容。

（六）核实情况必须在不暴露检举、控告人的情况下进行。

（七）未经检举、控告人同意，不得公开检举、控告人的姓名、工作单位及其他有关情况。

第五条 受理机关工作人员无意或故意泄露检举、控告情况的，应追究责任，严肃处理。

第六条 严禁将检举、控告材料转给被检举、控告单位或被检举、控告人。

第七条 任何单位和个人不得擅自追查检举、控告人。对确属诬告陷害，需要追查诬告陷害者的，必须经地、市级以上（含地、市级）党的委员会、政府或纪检监察机关批准。

第八条 对匿名检举、控告材料，除查处案件工作需要外，不得擅自核对笔迹或进行文检；因查处案件工作需要核对笔迹或进行文检的，必须经地、市级以上（含地、市级）纪检监察机关批准。

第九条 受理机关工作人员有下列情形之一的，应当回避：

（一）是被检举、控告人或被检举、控告人近亲属的；

（二）本人或近亲属与被检举、控告问题有利害关系的；

（三）与检举、控告问题有其他关系，可能影响检举、控告问题公正处理的。

受理机关工作人员应当主动提出回避，检举、控告人有权要求其回避；回避决定由受理机关作出。

第十条 任何单位和个人不得以任何借口和手段打击报复检举、控告人及其亲属或假想检举、控告人。

指使他人打击报复的，或者被指使人、被指使单位的主要负责人和直接责任人员明知实施的行为是打击报复的，以打击报复论处。

第十一条 打击报复检举、控告人的，纪检监察机关应分别不同情况予以处理：

（一）对于正在实施的打击报复行为，纪检监察机关应在其职权范围内采取措施及时制止，并予以处理，或者及时移送有关部门予以处理。

（二）检举、控告人因被打击报复而受到错误处理的，纪检监察机关应在其职权范围内依照有关规定予以纠正，或者建议有关部门予以纠正。

（三）检举、控告人因被打击报复而造成人身伤害及名誉损害、财产损失的，纪检监察机关应在其职权范围内负责处理，或者移送有关部门予以处理。

第十二条　违反本规定的，应依照党纪、政纪的有关规定给予党纪处分、行政处分或其他处理；构成犯罪的，移送司法机关依法追究刑事责任。

第十三条　纪检监察机关受理纪检监察业务范围内的港澳台胞、华侨及外国人的检举、控告，适用本规定。

第十四条　本规定由中共中央纪律检查委员会、中华人民共和国监察部负责解释。

第十五条　本规定自发布之日起施行。

二、纪检监察常用核心党规党纪

1. 组织（人事）纪律及组织处理规定

党政领导干部选拔任用工作条例[①]

（2019 年 1 月 25 日中共中央政治局会议审议批准
2019 年 3 月 3 日中共中央发布）

第一章 总 则

第一条 为了坚持和加强党的全面领导，深入贯彻新时代党的组织路线[②]和干部工作方针政策，落实党要管党、全面从严治党特别是从严管理干部的要求，坚持新时期好干部标准，建立科学规范的党政领导干部选拔任用制度，形成有效管用、简便易行、有利于优秀人才脱颖而出的选人用人机制，推进干部队伍革命化、年轻化、知识化、专业化，建设一支高举中国特色社会主义伟大旗帜，以马克思列宁主义、毛泽东思想、邓小平理论、“三个代表”重要思想、科学发展观、习近平新时代中国特色社会主义思想为指导，忠诚干净担当的高素质专业化党政领导干部队伍，保证党的基本理论、基本路线、基本方略全面贯彻执行和新时代中国特色社会主义事业顺利发展，根据《中国共产党章程》等党内法规和有关国家法律，制定本条例。

第二条 选拔任用党政领导干部，必须坚持下列原则：

（一）党管干部；

（二）德才兼备、以德为先，五湖四海、任人唯贤；

（三）事业为上、人岗相适、人事相宜[③]；

（四）公道正派[④]、注重实绩、群众公认；

（五）民主集中制；

（六）依法依规办事。

第三条 选拔任用党政领导干部，必须把政治标准放在首位[⑤]，符合将领导班

① 为深入贯彻习近平新时代中国特色社会主义思想和党的十九大精神，全面贯彻新时代党的建设总要求和新时代党的组织路线，更好坚持和落实党管干部原则，党中央对《党政领导干部选拔任用工作条例》进行了修订。《党政领导干部选拔任用工作条例》是重要的党内法规，是干部选拔任用工作的基本遵循。这次修订坚持和加强党的全面领导，坚持把政治标准放在首位，坚持精准科学选人用人，坚持将从严要求贯穿始终，吸收党的十八大以来我们党选人用人工作中探索形成的实践成果，衔接近年来出台的相关新政策新法规，回应干部工作中出现的一些新情况新问题，进一步推进干部选拔任用工作制度化、规范化、科学化，对于提高选人用人质量，建设忠诚干净担当的高素质专业化干部队伍，为

子建设成为坚持党的基本理论、基本路线、基本方略，全心全意为人民服务，具有推进新时代中国特色社会主义事业发展的能力，结构合理、团结坚强的领导集体的要求。

树立注重基层和实践的导向，大力选拔敢于负责、勇于担当、善于作为、实绩突出的干部⑥。

注重发现和培养选拔优秀年轻干部，用好各年龄段干部。

统筹做好培养选拔女干部、少数民族干部和党外干部工作⑦。

对不适宜担任现职的领导干部应当进行调整，推进领导干部能上能下⑧。

第四条　本条例适用于选拔任用中共中央、全国人大常委会、国务院、全国政协、中央纪律检查委员会工作部门领导成员或者机关内设机构担任领导职务的人员，国家监察委员会、最高人民法院、最高人民检察院领导成员（不含正职）和内设机构担任领导职务的人员；县级以上地方各级党委、人大常委会、政府、政协、纪委监委、法院、检察院及其工作部门领导成员或者机关内设机构担任领导职务的人员；上列工作部门内设机构担任领导职务的人员。

选拔任用参照公务员法管理的群团机关和县级以上党委、政府直属事业单位的领导成员及其内设机构担任领导职务的人员，参照本条例执行。

上列机关、单位选拔任用非中共党员领导干部，参照本条例执行。

选拔任用民族区域自治地方党政领导干部，法律法规和政策另有规定的，从其规定⑨。

第五条　本条例第四条所列范围中选举和依法任免的党政领导职务，党组织推荐、提名人选的产生，适用本条例的规定，其选举和依法任免按照有关法律、章程和规定进行。

第六条　党委（党组）及其组织（人事）部门按照干部管理权限履行选拔任用党政领导干部职责，切实发挥把关作用，负责本条例的组织实施。

第二章　选拔任用条件

第七条　党政领导干部必须信念坚定、为民服务、勤政务实、敢于担当、清正廉洁，具备下列基本条件：

（一）自觉坚持以马克思列宁主义、毛泽东思想、邓小平理论、“三个代表”重要思想、科学发展观、习近平新时代中国特色社会主义思想为指导，努力用马克思主义立场、观点、方法分析和解决实际问题，坚持讲学习、讲政治、讲正气，牢固树立政治意识、大局意识、核心意识、看齐意识，坚决维护习近平总书记核心地位，坚决维护党中央权威和集中统一领导⑩，自觉在思想上政治上行动上同党中央保持高度一致，经得起各种风浪考验；

新时代中国特色社会主义事业顺利发展提供坚强组织保证，具有重要意义。落实党管干部原则，切实加强党组织领导和把关作用，确保选人用人工作的正确方向。突出政治标准，提拔重用树牢“四个意识”、坚定“四个自信”、坚决做到“两个维护”、全面贯彻执行党的理论和路线方针政策的干部。要坚持事业为上，拓宽用人视野，激励担当作为，大力选拔敢于负责、勇于担当、善于作为、实绩突出的干部。落实从严要求，加强审核把关，强化纪律监督，坚决整治选人用人上的不正之风。完善相关配套制度，围绕建立健全干部素质培养、知事识人、选拔任用、从严管理、正向激励体系，推动形成系统完备、科学规范、有效管用、简便易行的选人用人制度机制。

② 立法目的，需要了解。

（二）具有共产主义远大理想和中国特色社会主义坚定信念，坚定道路自信、理论自信、制度自信、文化自信⑪，坚决贯彻执行党的理论和路线方针政策，立志改革开放，献身现代化事业，在社会主义建设中艰苦创业，树立正确政绩观，做出经得起实践、人民、历史检验的实绩；

（三）坚持解放思想，实事求是，与时俱进，求真务实，认真调查研究，能够把党的方针政策同本地区本部门实际相结合，卓有成效地开展工作，落实“三严三实”要求，主动担当作为，真抓实干，讲实话，办实事，求实效；

（四）有强烈的革命事业心、政治责任感和历史使命感，有斗争精神和斗争本领，有实践经验，有胜任领导工作的组织能力、文化水平和专业素养；

（五）正确行使人民赋予的权力，坚持原则，敢抓敢管，依法办事，以身作则，艰苦朴素，勤俭节约，坚持党的群众路线，密切联系群众，自觉接受党和群众的批评、监督，加强道德修养，讲党性、重品行、作表率，带头践行社会主义核心价值观，廉洁从政、廉洁用权、廉洁修身、廉洁齐家⑫，做到自重自省自警自励，反对形式主义、官僚主义、享乐主义和奢靡之风，反对任何滥用职权、谋求私利的行为；

（六）坚持和维护党的民主集中制，有民主作风，有全局观念，善于团结同志，包括团结同自己有不同意见的同志一道工作。

第八条 提拔担任党政领导职务的，应当具备下列基本资格：

（一）提任县处级领导职务的，应当具有五年以上工龄和两年以上基层工作经历。

（二）提任县处级以上领导职务的，一般应当具有在下一级两个以上职位任职的经历。

（三）提任县处级以上领导职务，由副职提任正职的，应当在副职岗位工作两年以上；由下级正职提任上级副职的，应当在下级正职岗位工作三年以上。

（四）一般应当具有大学专科以上文化程度，其中厅局级以上领导干部一般应当具有大学本科以上文化程度。

（五）应当经过党校（行政学院）、干部学院或者组织（人事）部门认可的其他培训机构的培训，培训时间应当达到干部教育培训的有关规定要求。确因特殊情况在提任前未达到培训要求的，应当在提任后一年内完成培训。

（六）具有正常履行职责的身体条件。

（七）符合有关法律规定的资格要求。提任党的领导职务的，还应当符合《中国共产党章程》等规定的党龄要求。

职级公务员担任领导职务，按照有关规定执行⑬。

第九条 党政领导干部应当逐级提拔。特别优秀或者工作特殊需要的干部，

③ 这个原则系新增内容。此前的表述“民主、公开、竞争、择优”原则被删除。

④ “公道正派”系新增内容。

⑤ “把政治标准放在首位”系新增内容，十分重要。

⑥ 本款系新增内容。

⑦ 本款系新增内容。

⑧ 本款系新增内容。

⑨ 这个“规定”系特殊规定。

⑩ “牢固树立政治意识、大局意识、核心意识、看齐意识，坚决维护习近平总书记核心地位，坚决维护党中央权威和集中统一领导”系新增内容。

⑪ “坚定道路自信、理论自信、制度自信、文化自信”系新增内容。

⑫ “廉洁从政、廉洁用权、廉洁修身、廉洁齐家”系新增内容。

⑬ 本款系新增内容。

可以突破任职资格规定或者越级提拔担任领导职务。

破格提拔的特别优秀干部，应当政治过硬[14]、德才素质突出、群众公认度高，且符合下列条件之一：在关键时刻或者承担急难险重任务中经受住考验、表现突出、作出重大贡献；在条件艰苦、环境复杂、基础差的地区或者单位工作实绩突出；在其他岗位上尽职尽责，工作实绩特别显著。

⑭ "政治过硬"系新增内容。

因工作特殊需要破格提拔的干部，应当符合下列情形之一：领导班子结构需要或者领导职位有特殊要求的；专业性较强的岗位或者重要专项工作急需的；艰苦边远地区、贫困地区急需引进的。

破格提拔干部必须从严掌握。不得突破本条例第七条规定的基本条件和第八条第一款第七项规定的资格要求。任职试用期未满或者提拔任职不满一年的，不得破格提拔。不得在任职年限上连续破格。不得越两级提拔。

第十条　拓宽选人视野和渠道，党政领导干部可以从党政机关选拔任用，也可以从党政机关以外选拔任用，注意从企业、高等学校、科研院所等单位以及社会组织中发现选拔[15]。地方党政领导班子成员应当注意从担任过县（市、区、旗）、乡（镇、街道）党政领导职务的干部和国有企事业单位领导人员中选拔。

⑮ "注意从企业、高等学校、科研院所等单位以及社会组织中发现选拔"系新增内容。

第三章　分析研判和动议

第十一条[16]　组织（人事）部门应当深化对干部的日常了解，坚持知事识人，把功夫下在平时，全方位、多角度、近距离了解干部。根据日常了解情况，对领导班子和领导干部进行综合分析研判，为党委（党组）选人用人提供依据和参考。

⑯ 本条系新增内容。

第十二条　党委（党组）或者组织（人事）部门根据工作需要和领导班子建设实际，结合综合分析研判情况，提出启动干部选拔任用工作意见。

第十三条　组织（人事）部门综合有关方面建议和平时了解掌握的情况，对领导班子和领导干部进行动议分析[17]，就选拔任用的职位、条件、范围、方式、程序和人选意向等提出初步建议。

⑰ 此前表述是"分析研判"，现表述为"动议分析"。

个人向党组织推荐领导干部人选，必须负责地写出推荐材料并署名[18]。

⑱ 本款系新增内容。

第十四条　组织（人事）部门将初步建议向党委（党组）主要领导成员汇报，对初步建议进行完善，在一定范围内进行沟通酝酿，形成工作方案。

对动议的人选严格把关，根据工作需要，可以提前核查有关事项[19]。

⑲ 本款系新增内容。

第十五条[20]　研判和动议时，根据工作需要和实际情况，如确有必要，也可以把公开选拔、竞争上岗作为产生人选的一种方式。领导职位出现空缺且本地区本部门没有合适人选的，特别是需要补充紧缺专业人才或者配备结构需要干部的，可以通过公开选拔产生人选；领导职位出现空缺，本单位本系统符合资格条件人数较多

⑳ 本条系新增内容。

且需要进一步比选择优的,可以通过竞争上岗产生人选。公开选拔、竞争上岗一般适用于副职领导职位。

公开选拔、竞争上岗应当结合岗位特点,坚持组织把关,突出政治素质、专业素养、工作实绩和一贯表现,防止简单以分数、票数取人。

公开选拔、竞争上岗设置的资格条件突破规定的,应当事先报上级组织(人事)部门审核同意。

第四章　民主推荐

第十六条　选拔任用党政领导干部,应当经过民主推荐。民主推荐包括谈话调研推荐[21]和会议推荐,推荐结果作为选拔任用的重要参考,在一年内有效。

第十七条　领导班子换届,民主推荐按照职位设置全额定向推荐;个别提拔任职或者进一步使用,可以按照拟任职位进行定向推荐,也可以根据拟任职位的具体情况进行非定向推荐;进一步使用的,可以采取听取意见的方式进行,其中正职也可以参照个别提拔任职进行民主推荐[22]。

第十八条　地方领导班子换届,民主推荐应当经过下列程序:

(一)进行谈话调研推荐,提前向谈话对象提供谈话提纲、换届政策说明、干部名册等相关材料,提出有关要求,提高谈话质量[23];

(二)综合考虑谈话调研推荐情况以及人选条件、岗位要求、班子结构等,经与本级党委沟通协商后,由上级党委或者组织部门研究提出会议推荐参考人选,参考人选应当差额提出[24];

(三)召开推荐会议,由本级党委主持,考察组说明换届有关政策,介绍参考人选产生情况,提出有关要求,组织填写推荐表;

(四)对民主推荐情况进行综合分析;

(五)向上级党委或者组织部门汇报民主推荐情况。

第十九条　地方领导班子换届,谈话调研推荐一般由下列人员参加:

(一)党委成员;

(二)人大常委会、政府、政协领导成员;

(三)纪委监委领导成员;

(四)法院、检察院主要领导成员;

(五)党委工作部门、政府工作部门、群团组织主要领导成员;

(六)下一级党委和政府主要领导成员;

(七)其他需要参加的人员,可以根据知情度、关联度和代表性原则确定。

推荐人大常委会、政府、政协领导成员人选,应当有民主党派、工商联主要领导

[21] 此前表述是"个别谈话推荐"。

[22] "或者进一步使用,可以按照拟任职位进行定向推荐,也可以根据拟任职位的具体情况进行非定向推荐;进一步使用的,可以采取听取意见的方式进行,其中正职也可以参照个别提拔任职进行民主推荐"系新增内容。

[23] 本项系新增内容。

[24] 本项系新增内容。

成员和无党派代表人士参加。

参加会议推荐的人员参照上列范围确定，可以适当调整。

第二十条[25]　个别提拔任职，或者进一步使用需要进行民主推荐的，民主推荐程序可以参照本条例第十八条规定进行；必要时也可以先进行会议推荐，再进行谈话调研推荐。先进行谈话调研推荐的，可以提出会议推荐参考人选，参考人选应当差额提出。单位人数较少、参加会议推荐人员范围与谈话调研推荐人员范围基本相同，且谈话调研推荐意见集中的，根据实际情况，可以不再进行会议推荐。

根据工作需要，可以在民主推荐前对推荐职位、条件、范围以及符合职位要求和任职条件的人选，在人选所在地区或者单位领导班子范围内进行沟通。

第二十一条　个别提拔任职，或者进一步使用需要进行民主推荐的，参加民主推荐人员一般按照下列范围执行：

（一）民主推荐地方党政领导班子成员人选，参照本条例第十九条规定执行，可以适当调整。

（二）民主推荐工作部门领导成员人选，谈话调研推荐由本部门领导成员、内设机构担任主要领导职务的人员、直属单位主要领导成员以及其他需要参加的人员参加；根据实际情况还可以吸收本系统下级单位主要领导成员参加。参加会议推荐的人员范围可以适当调整。

（三）民主推荐内设机构领导职务拟任人选，参照前项所列范围确定，也可以在内设机构范围内进行[26]。

第二十二条　党委和政府及其工作部门个别特殊需要的领导成员人选，可以由党委（党组）或者组织（人事）部门推荐，报上级组织（人事）部门同意后作为考察对象。

第五章　考　　察

第二十三条　确定考察对象，应当根据工作需要和干部德才条件，将民主推荐与日常了解、综合分析研判以及岗位匹配度[27]等情况综合考虑，深入分析、比较择优，防止把推荐票等同于选举票、简单以推荐票取人。

第二十四条　有下列情形之一的，不得列为考察对象：

（一）违反政治纪律和政治规矩的[28]；

（二）群众公认度不高的；

（三）上一年年度考核结果为基本称职以下等次的[29]；

（四）有跑官、拉票等非组织行为的；

（五）除特殊岗位需要外[30]，配偶已移居国（境）外，或者没有配偶但子女均已移居国（境）外的；

[25] 本条系新增内容。

[26] “也可以在内设机构范围内进行”系新增内容。

[27] “日常了解、综合分析研判以及岗位匹配度”系新增内容。

[28] “违反政治纪律和政治规矩的”系新增内容，十分重要。

[29] 此前表述是：近3年年度考核结果中有被确定为基本称职以下等次的。

[30] “除特殊岗位需要外”系新增表述。

（六）受到诫勉[31]、组织处理或者党纪政务处分等影响期未满或者期满影响使用的；

（七）其他原因不宜提拔或者进一步使用的。

第二十五条 地方领导班子换届，由本级党委书记与副书记、分管组织、纪检监察等工作的常委根据上级党委组织部门反馈的情况，对考察对象人选进行酝酿，本级党委常委会研究提出考察对象建议名单，经与上级党委组织部门沟通后，确定考察对象。对拟新进党政领导班子的考察对象，应当在一定范围内公示。

个别提拔任职或者进一步使用，按照干部管理权限，由党委（党组）或者上级组织（人事）部门研究确定考察对象。

考察对象一般应当多于拟任职务人数，个别提拔任职或者进一步使用时意见比较集中的，也可以等额确定考察对象[32]。

第二十六条 对确定的考察对象，由组织（人事）部门进行严格考察。

双重管理干部的考察工作，由主管方负责组织实施，根据工作需要会同协管方进行。

第二十七条 考察党政领导职务拟任人选，必须依据干部选拔任用条件和不同领导职务的职责要求，全面考察其德、能、勤、绩、廉，严把政治关、品行关、能力关、作风关、廉洁关[33]。

突出政治标准，注重了解政治理论学习情况，深入考察政治忠诚、政治定力、政治担当、政治能力、政治自律等方面的情况[34]。

深入考察道德品行，加强对工作时间之外表现的考察，注重了解社会公德、职业道德、家庭美德、个人品德等方面的情况[35]。

强化专业素养考察，深入了解专业知识、专业能力、专业作风、专业精神等方面的情况[36]。

注重考察工作实绩，围绕贯彻落实党中央重大决策部署，统筹推进“五位一体”总体布局和协调推进“四个全面”战略布局，深入了解履行岗位职责、贯彻新发展理念、推动高质量发展取得的实际成效[37]。考察地方党政领导班子成员，应当把经济建设、政治建设、文化建设、社会建设、生态文明建设和党的建设[38]等情况作为考察评价的重要内容，防止单纯以经济增长速度评定工作实绩。考察党政工作部门领导干部，应当把履行党的建设职责，制定和执行政策、推动改革创新[39]、营造良好发展环境、提供优质公共服务、维护社会公平正义等作为考察评价的重要内容。

加强作风考察，深入了解为民服务、求真务实、勤勉敬业、敢于担当、奋发有为，遵守中央八项规定精神，反对形式主义、官僚主义、享乐主义和奢靡之风等情况。

强化廉政情况考察，深入了解遵守廉洁自律有关规定，保持高尚情操和健康情趣，慎独慎微，秉公用权，清正廉洁，不谋私利，严格要求亲属和身边工作人员等情况。

㉛ “诫勉”系新增内容，将诫勉与组织处理并列，说明诫勉不属于组织处理。还应注意：此前，关于诫勉是否有6个月影响期，存在分歧。此处强调诫勉与组织处理、党纪政务处分一样，均有影响期。

㉜ “个别提拔任职或者进一步使用时意见比较集中的，也可以等额确定考察对象”系新增内容。

㉝ “严把政治关、品行关、能力关、作风关、廉洁关”系新增内容。

㉞ 本款系新增内容。

㉟ 本款系新增内容。

㊱ 本款系新增内容。

㊲ “围绕贯彻落实党中央重大决策部署，统筹推进‘五位一体’总体布局和协调推进‘四个全面’战略布局”“贯彻新发展理念”“高质量”均系新增内容。

㊳ “政治建设”“社会建设”系新增内容。

㊴ “履行党的建设职责”“推动改革创新”系新增内容。

根据实际需要，针对不同层级、不同岗位考察对象，实行差异化考察，对党政正职人选，坚持更高标准、更严要求，突出把握政治方向、驾驭全局、抓班子带队伍等方面情况的考察[40]。

第二十八条　考察党政领导职务拟任人选，应当保证充足的考察时间，经过下列程序：

（一）制定考察工作方案[41]；

（二）同考察对象呈报单位或者所在单位党委（党组）主要领导成员就考察工作方案沟通情况，征求意见；

（三）根据考察对象的不同情况，通过适当方式在一定范围内发布干部考察预告；

（四）采取个别谈话、发放征求意见表、民主测评、实地走访、查阅干部人事档案和工作资料等方法，广泛深入地了解情况，根据需要进行专项调查、延伸考察等，注意了解考察对象生活圈、社交圈情况[42]；

（五）同考察对象面谈，进一步了解其政治立场、思想品质、价值取向、见识见解、适应能力、性格特点、心理素质等方面情况，以及缺点和不足，鉴别印证有关问题，深化对考察对象的研判[43]；

（六）综合分析考察情况，与考察对象的一贯表现进行比较、相互印证，全面准确地对考察对象作出评价；

（七）向考察对象呈报单位或者所在单位党委（党组）主要领导成员反馈考察情况，并交换意见；

（八）考察组研究提出人选任用建议，向派出考察组的组织（人事）部门汇报，经组织（人事）部门集体研究提出任用建议方案，向本级党委（党组）报告。

考察内设机构领导职务拟任人选程序，可以根据实际情况适当简化[44]。

第二十九条　考察地方党政领导班子成员拟任人选，个别谈话和征求意见的范围一般为：

（一）党委和政府领导成员，人大常委会、政协、纪委监委、法院、检察院主要领导成员；

（二）考察对象所在单位领导成员；

（三）考察对象所在单位有关工作部门主要领导成员或者内设机构担任主要领导职务的人员和直属单位主要领导成员；

（四）具他有关人员。

第三十条　考察工作部门领导班子成员拟任人选，个别谈话和征求意见的范围一般为：

（一）考察对象上级领导机关有关领导成员；

[40] 本款系新增内容。

[41] 此前表述是“组织考察组，制定考察工作方案”。

[42] “注意了解考察对象生活圈、社交圈情况”系新增内容。

[43] 本项系新增内容。

[44] 本款系新增内容。

（二）考察对象所在单位领导成员；

（三）考察对象所在单位内设机构担任主要领导职务的人员和直属单位主要领导成员；

（四）其他有关人员。

考察内设机构领导职务拟任人选，个别谈话和征求意见的范围参照上列规定执行。

第三十一条 考察党政领导职务拟任人选，应当听取考察对象所在单位组织（人事）部门、纪检监察机关、机关党组织的意见，根据需要可以听取巡视巡察机构、审计机关和其他相关部门意见。

组织（人事）部门必须严格审核考察对象的干部人事档案，查核个人有关事项报告，就党风廉政情况听取纪检监察机关意见，对反映问题线索具体、有可查性的信访举报进行核查。对需要进行经济责任审计的考察对象，应当事先按照有关规定进行审计[45]。

㊺ “严格审核考察对象的干部人事档案，查核个人有关事项报告”“对反映问题线索具体、有可查性的信访举报进行核查”系新增内容。

考察对象呈报单位或者所在单位党委（党组）必须就考察对象廉洁自律情况提出结论性意见，并由党委（党组）书记、纪委书记（纪检监察组组长）签字。机关内设机构领导职务的拟任人选考察对象，也应当由相关党组织和纪检监察机构出具廉洁自律情况结论性意见[46]。

㊻ 本款系新增内容，十分重要。

第三十二条 考察党政领导职务拟任人选，必须形成书面考察材料，建立考察文书档案。已经任职的，考察材料归入本人干部人事档案。考察材料必须写实，评判应当全面、准确、客观，用具体事例[47]反映考察对象的情况，包括下列内容：

㊼ “用具体事例”系新增内容，十分重要。

（一）德、能、勤、绩、廉方面的主要表现以及主要特长、行为特征；

（二）主要缺点和不足；

（三）民主推荐、民主测评、考察谈话情况；

（四）审核干部人事档案、查核个人有关事项报告、听取纪检监察机关意见、核查信访举报等情况的结论[48]。

㊽ 本项系新增内容。

第三十三条 党委（党组）或者组织（人事）部门选派具有较高素质的人员组建考察组，考察组由两名以上成员组成。考察组负责人应当由思想政治素质好、具有较丰富工作经验并熟悉干部工作的人员担任。

实行干部考察工作责任制。考察组必须坚持原则，公道正派，深入细致，如实反映考察情况和意见，对考察材料负责，履行干部选拔任用风气监督职责。

第六章 讨论决定

第三十四条 党政领导职务拟任人选，在讨论决定或者决定呈报前，应当根据职位和人选的不同情况，分别在党委（党组）、人大常委会、政府、政协等有关领导成员中进行酝酿。

工作部门领导成员拟任人选，应当征求上级分管领导成员的意见。

非中共党员拟任人选，应当征求党委统战部门和民主党派、工商联主要领导成员、无党派代表人士的意见。

双重管理干部的任免，主管方应当事先征求协管方意见，进行酝酿。征求意见一般采用书面形式进行。协管方自收到主管方意见之日起一个月内未予答复的，视为同意。双方意见不一致时，正职的任免报上级党委组织部门协调，副职的任免由主管方决定。

第三十五条　选拔任用党政领导干部，应当按照干部管理权限由党委（党组）集体讨论作出任免决定，或者决定提出推荐、提名的意见。属于上级党委（党组）管理的，本级党委（党组）可以提出选拔任用建议。

对拟破格提拔的人选在讨论决定前，必须报经上级组织（人事）部门同意。越级提拔或者不经过民主推荐列为破格提拔人选的，应当在考察前报告，经批复同意后方可进行。

第三十六条　市（地、州、盟）、县（市、区、旗）党委和政府领导班子正职的拟任人选和推荐人选，一般应当由上级党委常委会提名并提交全会无记名投票表决；全会闭会期间，由党委常委会作出决定，决定前应当征求党委委员的意见[49]。

第三十七条[50]　有下列情形之一的，不得提交会议讨论：

（一）没有按照规定进行民主推荐、考察的；

（二）拟任人选所在单位党委（党组）对廉洁自律情况没有作出结论性意见的，或者纪检监察机关未反馈意见的，或者纪检监察机关有不同意见的；

（三）个人有关事项报告未查核或者经查核存疑尚未查清的；

（四）线索具体、有可查性的信访举报尚未调查清楚的；

（五）干部人事档案中身份、年龄、工龄、党龄、学历、经历等存疑尚未查清的；

（六）巡视巡察、审计等工作中发现重大问题尚未作出结论的；

（七）没有按照规定向上级报告或者报告后未经批复同意的干部任免事项；

（八）其他原因不宜提交会议讨论的。

第三十八条　党委（党组）讨论决定干部任免事项，必须有三分之二以上成员到会，并保证与会成员有足够时间听取情况介绍、充分发表意见。与会成员对任免事项，应当逐一发表同意、不同意或者缓议等明确意见，党委（党组）主要负责人应当最后表态[51]。在充分讨论的基础上，采取口头表决、举手表决或者无记名投票等方式进行表决。意见分歧较大时，暂缓进行表决[52]。

㊾ 此前表述是：征求全委会成员的意见。

㊿ 本条系新增内容，十分重要。

[51] “逐一”“党委（党组）主要负责人应当最后表态”系新增内容。

[52] “意见分歧较大时，暂缓进行表决”系新增内容。

党委(党组)有关干部任免的决定,需要复议的,应当经党委(党组)超过半数成员同意后方可进行。

第三十九条 党委(党组)讨论决定干部任免事项,应当按照下列程序进行:

(一)党委(党组)分管组织(人事)工作的领导成员或者组织(人事)部门负责人,逐个介绍领导职务拟任人选的推荐、考察和任免理由等情况,其中涉及破格提拔等需要按照要求事先向上级组织(人事)部门报告的选拔任用有关工作事项,应当说明具体事由和征求上级组织(人事)部门意见的情况[53];

(二)参加会议人员进行充分讨论;

(三)进行表决,以党委(党组)应到会成员超过半数同意形成决定。

第四十条 需要报上级党委(党组)审批的拟提拔任职的干部,必须呈报党委(党组)请示并附干部任免审批表、干部考察材料、本人干部人事档案和党委(党组)会议纪要、讨论记录、民主推荐情况等材料。上级组织(人事)部门对呈报的材料应当严格审查。

需要报上级备案的干部,应当按照规定及时向上级组织(人事)部门备案。

第七章 任 职

第四十一条 党政领导职务实行选任制、委任制,部分专业性较强的领导职务可以实行聘任制。

第四十二条 实行党政领导干部任职前公示制度。

提拔担任厅局级以下领导职务的,除特殊岗位和在换届考察时已进行过公示的人选外,在党委(党组)讨论决定后、下发任职通知前,应当在一定范围内公示。公示内容应当真实准确,便于监督,涉及破格提拔的还应当说明破格的具体情形和理由。公示期不少于五个工作日。公示结果不影响任职的,办理任职手续。

第四十三条 实行党政领导干部任职试用期制度。

提拔担任下列非选举产生的厅局级以下领导职务的,试用期为一年:

(一)党委、人大常委会、政府、政协工作部门副职和内设机构领导职务;

(二)纪委监委机关内设机构、派出机构领导职务[54];

(三)法院、检察院内设机构的非国家权力机关依法任命的领导职务。

试用期满后,经考核胜任现职的,正式任职;不胜任的,免去试任职务,一般按照试任前职级或者职务层次安排工作。

第四十四条 实行任职谈话制度。对决定任用的干部,由党委(党组)指定专人同本人谈话,肯定成绩,指出不足,提出要求和需要注意的问题。

对破格提拔以及通过公开选拔、竞争上岗任职的干部,试用期满正式任职时,

[53] "需要按照要求事先向上级组织(人事)部门报告的选拔任用有关工作事项,应当说明具体事由和征求上级组织(人事)部门意见的情况"系新增内容。

[54] "监委机关""派出机构"均系新增表述。

党委(党组)还应当指定专人进行谈话[55]。

第四十五条　党政领导职务的任职时间,按照下列时间计算:

(一)由党委(党组)决定任职的,自党委(党组)决定之日起计算;

(二)由党的代表大会、党的委员会全体会议、党的纪律检查委员会全体会议、人民代表大会、政协全体会议选举、决定任命的,自当选、决定任命之日起计算;

(三)由人大常委会或者政协常委会任命或者决定任命的,自人大常委会、政协常委会任命或者决定任命之日起计算;

(四)由党委向政府提名由政府任命的,自政府任命之日起计算。

第八章　依法推荐、提名和民主协商

第四十六条　党委向人民代表大会或者人大常委会推荐需要由人民代表大会或者人大常委会选举、任命、决定任命的领导干部人选,应当事先向人民代表大会临时党组织或者人大常委会党组和人大常委会组成人员中的党员介绍党委推荐意见。人民代表大会临时党组织、人大常委会党组和人大常委会组成人员以及人大代表中的党员,应当认真贯彻党委推荐意见,带头依法办事,正确履行职责。

第四十七条　党委向人民代表大会推荐由人民代表大会选举、决定任命的领导干部人选,应当以本级党委名义向人民代表大会主席团提交推荐书,介绍所推荐人选的有关情况,说明推荐理由。

党委向人大常委会推荐由人大常委会任命、决定任命的领导干部人选,应当在人大常委会审议前,按照规定程序提出,介绍所推荐人选的有关情况。

第四十八条　党委向政府提名由政府任命的政府工作部门和机构领导成员人选,在党委讨论决定后,由政府任命。

第四十九条　领导班子换届,党委推荐人大常委会、政府、政协领导成员人选和监察委员会主任、法院院长、检察院检察长人选,应当事先向民主党派、工商联主要领导成员和无党派代表人士通报有关情况,进行民主协商。

第五十条　党委推荐的领导干部人选,在人民代表大会选举、决定任命或者人大常委会任命、决定任命前,如果人大代表或者人大常委会组成人员对所推荐人选提出不同意见,党委应当认真研究,并作出必要的解释或者说明。如果发现有事实依据、足以影响选举或者任命的问题,党委可以建议人民代表大会或者人大常委会按照规定程序暂缓选举、任命、决定任命,也可以重新推荐人选。

政协领导成员候选人的推荐和协商提名,按照政协章程和有关规定办理。

第九章　交流、回避

第五十一条　实行党政领导干部交流制度。

[55] 本款系新增内容。

（一）交流的对象主要是：因工作需要交流的；需要通过交流锻炼提高领导能力的；在一个地方或者部门工作时间较长的；按照规定需要回避的；因其他原因需要交流的。交流的重点是县级以上地方党委和政府的领导成员，纪委监委、法院、检察院、党委和政府部分工作部门的主要领导成员。

（二）地方党委和政府领导成员原则上应当任满一届，在同一职位上任职满十年的，必须交流；在同一职位连续任职达到两个任期的，不再推荐、提名或者任命担任同一职务。同一地方（部门）的党政正职一般不同时易地交流。

（三）党政机关内设机构处级以上领导干部在同一职位上任职时间较长的，应当进行交流。

（四）经历单一或者缺少基层工作经历的年轻干部，应当有计划地派到基层、艰苦边远地区和复杂环境工作，坚决防止"镀金"思想和短期行为[56]。

（五）加强工作统筹，加大干部交流力度。推进地方与部门之间、地区之间、部门之间、党政机关与国有企事业单位以及其他社会组织之间的干部交流，推动形成国有企事业单位、社会组织干部人才及时进入党政机关的良性工作机制[57]。

（六）干部交流由党委（党组）及其组织（人事）部门按照干部管理权限组织实施，严格把握人选的资格条件。干部个人不得自行联系交流事宜，领导干部不得指定交流人选。同一干部不宜频繁交流。

（七）交流的干部接到任职通知后，应当在党委（党组）或者组织（人事）部门限定的时间内到任。跨地区跨部门交流的，应当同时转移行政关系、工资关系和党的组织关系。

第五十二条 实行党政领导干部任职回避制度。

党政领导干部任职回避的亲属关系为：夫妻关系、直系血亲关系、三代以内旁系血亲以及近姻亲关系。有上列亲属关系的，不得在同一机关担任双方直接隶属于同一领导人员的职务或者有直接上下级领导关系的职务，也不得在其中一方担任领导职务的机关从事组织（人事）、纪检监察、审计、财务工作。

领导干部不得在本人成长地担任县（市）党委和政府以及纪委监委、组织部门、法院、检察院、公安部门主要领导成员，一般不得在本人成长地担任市（地、盟）党委和政府以及纪委监委、组织部门、法院、检察院、公安部门主要领导成员。

第五十三条 实行党政领导干部选拔任用工作回避制度。

党委（党组）及其组织（人事）部门讨论干部任免，涉及与会人员本人及其亲属的，本人必须回避。

干部考察组成员在干部考察工作中涉及其亲属的，本人必须回避。

[56] "坚决防止'镀金'思想和短期行为"系新增表述。

[57] "推动形成国有企事业单位、社会组织干部人才及时进入党政机关的良性工作机制"系新增表述。

第十章　免职、辞职、降职

第五十四条　党政领导干部有下列情形之一的，一般应当免去现职[58]：

（一）达到任职年龄界限或者退休年龄界限的；

（二）受到责任追究应当免职的；

（三）不适宜担任现职应当免职的；

（四）因违纪违法应当免职的；

（五）辞职或者调出的；

（六）非组织选派，个人申请离职学习期限超过一年的；

（七）因健康原因，无法正常履行工作职责一年以上的；

（八）因工作需要或者其他原因应当免去现职的。

第五十五条　实行党政领导干部辞职制度。辞职包括因公辞职、自愿辞职、引咎辞职和责令辞职。

辞职应当符合有关规定，手续依照法律或者有关规定程序办理。

第五十六条　引咎辞职、责令辞职和因问责被免职的党政领导干部，一年内不安排领导职务，两年内不得担任高于原任职务层次的领导职务[59]。同时受到党纪政务处分的，按照影响期长的规定执行。

第五十七条　实行党政领导干部降职制度。党政领导干部在年度考核中被确定为不称职的，因工作能力较弱、受到组织处理或者其他原因不适宜担任现职务层次的，应当降职使用。降职使用的干部，其待遇按照新任职务职级的标准执行。

第五十八条　因不适宜担任现职调离岗位、免职的，一年内不得提拔[60]。降职使用的干部重新提拔，按照有关规定执行。

重新任职或者提拔任职，应当根据具体情形、工作需要和个人情况综合考虑，合理安排使用[61]。

对符合有关规定给予容错的干部，应当客观公正对待[62]。

第十一章　纪律和监督

第五十九条　选拔任用党政领导干部，必须严格执行本条例的各项规定，并遵守下列纪律：

（一）不准超职数配备、超机构规格提拔领导干部、超审批权限设置机构配备干部，或者违反规定擅自设置职务名称、提高干部职务职级待遇；

（二）不准采取不正当手段为本人或者他人谋取职务、提高职级待遇；

（三）不准违反规定程序动议、推荐、考察、讨论决定任免干部，或者由主要领导

[58] 本条第3、4、7项均系新增内容。

[59] 此前表述是“引咎辞职、责令辞职和因问责被免职的党政领导干部，一年内不安排职务，两年内不得担任高于原任职务层次的职务”。

[60] 本句系新增内容。

[61] 本款系新增内容。

[62] 本款系新增内容，意义重大。

成员个人决定任免干部[63]；

（四）不准私自泄露研判[64]、动议、民主推荐、民主测评、考察、酝酿、讨论决定干部等有关情况；

（五）不准在干部考察工作中隐瞒或者歪曲事实真相；

（六）不准在民主推荐、民主测评、组织考察和选举中搞拉票、助选[65]等非组织活动；

（七）不准利用职务便利私自干预下级或者原任职地区、系统和单位干部选拔任用工作；

（八）不准在机构变动，主要领导成员即将达到任职年龄界限、退休年龄界限或者已经明确即将离任[66]时，突击提拔、调整干部；

（九）不准在干部选拔任用工作中任人唯亲、排斥异己、封官许愿，拉帮结派、搞团团伙伙，营私舞弊[67]；

（十）不准篡改、伪造[68]干部人事档案，或者在干部身份、年龄、工龄、党龄、学历、经历等方面弄虚作假。

第六十条 加强干部选拔任用工作全程监督，严格执行干部选拔任用全程纪实和任前事项报告、"一报告两评议"、专项检查、离任检查、立项督查、"带病提拔"问题倒查等制度[69]。严肃查处违反组织（人事）纪律的行为。对违反本条例规定的事项，按照有关规定对党委（党组）主要领导成员和有关领导成员、组织（人事）部门有关领导成员以及其他直接责任人作出组织处理或者纪律处分；涉嫌违法犯罪的，移送有关国家机关依法处理。

对无正当理由拒不服从组织调动或者交流决定的，依规依纪依法予以免职或者降职使用，并视情节轻重给予处分。

第六十一条 实行党政领导干部选拔任用工作责任追究制度。凡用人失察失误造成严重后果的，本地区本部门用人上的不正之风严重、干部群众反映强烈以及对违反组织（人事）纪律的行为查处不力的，应当根据具体情况，严肃追究党委（党组）及其主要领导成员、有关领导成员、组织（人事）部门、纪检监察机关、干部考察组[70]有关领导成员以及其他直接责任人的责任。

第六十二条 党委（党组）及其组织（人事）部门对干部选拔任用工作和贯彻执行本条例的情况进行监督检查，认真受理有关干部选拔任用工作的举报、申诉，制止、纠正违反本条例的行为，并对有关责任人提出处理意见或者处理建议。

纪检监察机关、巡视巡察机构按照有关规定，加强对干部选拔任用工作的监督检查。

第六十三条 实行地方党委组织部门和纪检监察、巡视巡察、机构编制、审计、信访等有关机构[71]联席会议制度，就加强对干部选拔任用工作的监督，沟通信息、交

[63] "由主要领导成员个人决定任免干部"系新增内容。

[64] "研判"系新增内容。

[65] "助选"系新增内容。

[66] "主要领导成员即将达到任职年龄界限、退休年龄界限或者已经明确即将离任"系新增内容。

[67] "排斥异己""拉帮结派、搞团团伙伙"系新增内容。

[68] 此前表述是"涂改"。

[69] "严格执行干部选拔任用全程纪实和任前事项报告、'一报告两评议'、专项检查、离任检查、立项督查、'带病提拔'问题倒查等制度"系新增内容。

[70] "严肃""干部考察组"系新增内容。

[71] "监察、巡视巡察、机构编制、审计、信访等有关机构"系新增内容。

流情况、研究问题，提出意见和建议。联席会议由组织部门召集。

第六十四条　党委（党组）及其组织（人事）部门在干部选拔任用工作中，必须严格执行本条例，坚持出以公心、公正用人，严格规范履职用权行为，自觉接受党内监督、社会监督、群众监督[72]。下级机关和党员、干部、群众对干部选拔任用工作中的违规违纪行为，有权向上级党委（党组）及其组织（人事）部门、纪检监察机关举报、申诉，受理部门和机关应当按照有关规定查核处理。

[72] "坚持出以公心、公正用人，严格规范履职用权行为"系新增内容。

第十二章　附　　则

第六十五条　本条例对工作部门的规定，同时适用于办事机构、派出机构、特设机构以及其他直属机构。

第六十六条　选拔任用乡（镇、街道）的党政领导干部，由省、自治区、直辖市党委根据本条例制定相应的实施办法。

第六十七条　中国人民解放军和中国人民武装警察部队领导干部的选拔任用办法，由中央军事委员会根据本条例的原则作出规定。

第六十八条　本条例由中共中央组织部负责解释。

第六十九条　本条例自2019年3月3日起施行。2014年1月14日中共中央印发的《党政领导干部选拔任用工作条例》同时废止。

党政领导干部任职试用期暂行规定

（2001年2月6日中共中央组织部印发）

第一条　为认真贯彻执行党的干部路线、方针、政策，完善党政领导干部选拔任用制度，建设高素质的领导干部队伍，根据有关法律、法规，制定本规定。

第二条　本规定适用于提拔担任下列非选举产生的司厅局级以下（含司厅局级）领导职务的干部：

党委、政府工作部门（含派出机构）的副职和内设机构的领导职务；

人大、政协工作机构（含派出机构）的副职和内设机构的领导职务；

纪委内设机构的领导职务；

法院、检察院内设机构的非国家权力机关依法任命的领导职务。

由非领导职务转任上述同级领导职务的，适用本规定。

第三条　领导干部任职试用期为一年，从任免机关发出试用任职通知时计算。按干部管理权限，需要办理备案手续的，应在发出试用任职通知前一个月办理备案手续。

第四条 领导干部在试用期间,履行所任职务的职责,享受相应的政治和工资待遇。

第五条 试用期满,按照干部管理权限,由组织(人事)部门对领导干部进行考核。考核可根据实际情况,采取适当方式进行。

第六条 领导干部试用期满的考核,应坚持实事求是、客观公正的原则。在了解试用期间的思想政治表现、组织领导能力、工作作风、工作实绩和廉洁自律等情况的同时,重点考核对所任职务的适应能力和履行职责的情况。

第七条 领导干部试用期满,经考核合格的,由组织(人事)部门办理正式任职手续。

正式任职的,试用期计入任职时间。

第八条 领导干部试用期满,经考核不合格的,按干部管理权限审批或备案后,免去试任职务,一般按试用前原职级安排适当工作。

第九条 领导干部在试用期间工作出现重大失误或犯有严重错误,不宜继续试用的,按干部管理权限审批或备案后,提前结束试用期,并按有关规定予以处理。

第十条 党委(党组)及组织(人事)部门按照干部管理权限,履行领导干部试用期间的教育、管理和监督职责。

第十一条 各级党委(党组)及组织(人事)部门要严格执行本规定。对违反本规定的,上级党委(党组)及组织(人事)部门要及时予以纠正,并给主要责任者以批评教育或者纪律处分。

第十二条 各省、自治区、直辖市党委组织部和中央、国家机关各部委干部(人事)部门可根据本规定制定实施办法。

第十三条 工会、共青团、妇联等人民团体中非选举产生的领导职务参照本规定执行。

第十四条 本规定由中共中央组织部负责解释。

第十五条 本规定自发布之日起施行。

公务员职务与职级并行规定

(2019年3月19日中共中央办公厅发布)

第一章 总 则

第一条 为了深化公务员分类改革,推行公务员职务与职级并行、职级与待遇挂钩制度,健全公务员激励保障机制,建设忠诚干净担当的高素质专业化公务员队伍，根据《中华人民共和国公务员法》等有关法律法规，制定本规定。

第二条　国家根据公务员职位类别和职责设置公务员领导职务和职级序列。

本规定所称职级，是公务员的等级序列，是与领导职务并行的晋升通道，体现公务员政治素质、业务能力、资历贡献，是确定工资、住房、医疗等待遇的重要依据，不具有领导职责。

公务员可以通过领导职务或者职级晋升。担任领导职务的公务员履行领导职责，不担任领导职务的职级公务员依据隶属关系接受领导指挥，履行职责。

第三条　实行公务员职务与职级并行制度旨在适应推进国家治理体系和治理能力现代化的要求，完善中国特色公务员制度，改革公务员职务设置办法，建立职级序列，畅通职级晋升通道，拓展职级晋升空间，促进公务员立足本职安心工作，加强专业化建设，激励公务员干事创业、担当作为。

第四条　公务员职务与职级并行制度坚持以马克思列宁主义、毛泽东思想、邓小平理论、"三个代表"重要思想、科学发展观、习近平新时代中国特色社会主义思想为指导，贯彻新时代党的组织路线，坚持党管干部原则，坚持德才兼备、以德为先，坚持五湖四海、任人唯贤，坚持事业为上、公道正派，坚持向基层倾斜，坚持严管和厚爱结合、激励和约束并重。

第五条　公务员职务与职级并行制度实施工作，由各级党委（党组）及其组织（人事）部门分级负责。中央公务员主管部门负责全国公务员职务与职级并行制度组织实施的宏观指导。县级以上地方各级公务员主管部门具体指导本辖区内公务员职务与职级并行制度的组织实施工作。

第二章　职务与职级序列

第六条　领导职务根据宪法、有关法律和机构规格设置。

领导职务层次分为：国家级正职、国家级副职、省部级正职、省部级副职、厅局级正职、厅局级副职、县处级正职、县处级副职、乡科级正职、乡科级副职。

第七条　职级序列按照综合管理类、专业技术类、行政执法类等公务员职位类别分别设置。

综合管理类公务员职级序列分为：一级巡视员、二级巡视员、一级调研员、二级调研员、三级调研员、四级调研员、一级主任科员、二级主任科员、三级主任科员、四级主任科员、一级科员、二级科员。

综合管理类以外其他职位类别公务员职级序列另行规定。

第八条　公务员领导职务、职级对应相应的级别。

领导职务对应的级别，按照国家有关规定执行。

综合管理类公务员职级对应的级别是：

（一）一级巡视员：十三级至八级；

（二）二级巡视员：十五级至十级；

（三）一级调研员：十七级至十一级；

（四）二级调研员：十八级至十二级；

（五）三级调研员：十九级至十三级；

（六）四级调研员：二十级至十四级；

（七）一级主任科员：二十一级至十五级；

（八）二级主任科员：二十二级至十六级；

（九）三级主任科员：二十三级至十七级；

（十）四级主任科员：二十四级至十八级；

（十一）一级科员：二十六级至十八级；

（十二）二级科员：二十七级至十九级。

第九条 厅局级以下领导职务对应的综合管理类公务员最低职级是：

（一）厅局级正职：一级巡视员；

（二）厅局级副职：二级巡视员；

（三）县处级正职：二级调研员；

（四）县处级副职：四级调研员；

（五）乡科级正职：二级主任科员；

（六）乡科级副职：四级主任科员。

第三章 职级设置与职数比例

第十条 综合管理类公务员职级按照下列规格设置：

（一）中央机关，省、自治区、直辖市机关设置一级巡视员以下职级；

（二）副省级城市机关设置一级巡视员以下职级，副省级城市的区领导班子设置一级、二级巡视员；

（三）市（地、州、盟）、直辖市的区领导班子设置一级巡视员，市（地、州、盟）、直辖市的区机关设置二级巡视员以下职级，副省级城市的区机关设置一级调研员以下职级；

（四）县（市、区、旗）领导班子设置二级巡视员、一级调研员、二级调研员、三级调研员，县（市、区、旗）、乡镇机关设置二级调研员以下职级。

第十一条 职级职数按照各类别公务员行政编制数量的一定比例核定。综合管理类公务员职级职数按照下列比例核定：

（一）中央机关一级、二级巡视员不超过机关综合管理类职位数量的12%，其中，正部级单位一级巡视员不超过一级、二级巡视员总数的40%，副部级单位一级巡视员不超过一级、二级巡视员总数的20%；一级至四级调研员不超过机关综合管理类职位数量的65%。

（二）省、自治区、直辖市机关一级、二级巡视员不超过机关综合管理类职位数量的5%，其中一级巡视员不超过一级、二级巡视员总数的30%；一级至四级调研员不超过机关综合管理类职位数量的45%。

（三）副省级城市机关一级、二级巡视员不超过机关综合管理类职位数量的2%，其中一级巡视员不超过一级、二级巡视员总数的30%；一级至四级调研员不超过机关综合管理类职位数量的43%，其中一级调研员不超过一级至四级调研员总数的20%。

（四）市（地、州、盟）、直辖市的区领导班子一级巡视员不超过领导班子职数的15%。市（地、州、盟）、直辖市的区机关二级巡视员不超过机关综合管理类职位数量的1%；一级至四级调研员不超过机关综合管理类职位数量的20%，其中一级、二级调研员不超过一级至四级调研员总数的40%，一级调研员不超过一级、二级调研员总数的50%；一级至四级主任科员不超过机关综合管理类职位数量的60%，其中一级、二级主任科员不超过一级至四级主任科员总数的50%。

（五）副省级城市的区领导班子一级、二级巡视员不超过领导班子职数的15%，其中一级巡视员不超过一级、二级巡视员总数的40%；副省级城市的区机关一级调研员以下职级职数，按照第四项规定执行。

（六）县（市、区、旗）领导班子二级巡视员不超过领导班子职数的10%，一级、二级调研员不超过领导班子职数的20%。县（市、区、旗）、乡镇机关二级调研员不超过机关综合管理类职位数量的2%；三级、四级调研员不超过机关综合管理类职位数量的10%，其中三级调研员不超过三级、四级调研员总数的40%；一级至四级主任科员不超过机关综合管理类职位数量的60%，其中一级、二级主任科员不超过一级至四级主任科员总数的50%。

中央和地方各级机关中个别情况特殊需要调整职级比例的，应当报中央公务员主管部门审批。中央机关和省级公务员主管部门根据工作需要和实际，可以对前款规定中未作区分的各职级层次的比例予以细化。

第十二条　中央和省级机关垂直管理的机构、市地级以上机关的直属单位或者派出机构，根据机构规格，参照第十条、第十一条规定，设置职级和核定职数。

直辖市的县领导班子和县、乡镇机关，副省级城市的乡镇机关，根据机构规格，由省级公务员主管部门参照第十条、第十一条规定，研究确定职级设置和比例。

第十三条 职级职数一般按照各机关分别核定。职数较少或者难以按照各机关分别核定的职级,由县级以上地方党委及其公务员主管部门根据实际情况和职级晋升审批权限,分级统筹核定和使用。市(地、州、盟)、直辖市的区、县(市、区、旗)的领导班子与所属部门职级职数分开统筹核定和使用。

省、自治区、直辖市党委可以统筹使用若干名一级巡视员职数,用于激励少数特别优秀的县(市、区、旗)党委书记。

第十四条 中央机关及其直属机构职级设置方案,报中央公务员主管部门备案;省级以下机关及其直属机构职级设置方案的审批或者备案程序,由省级公务员主管部门规定。

第四章 职级确定与升降

第十五条 公务员领导职务的任免与升降,按照有关规定执行。

第十六条 公务员的职级依据其德才表现、工作实绩和资历确定。

非领导职务公务员首次确定职级按照有关规定套转。新录用公务员按照有关规定确定一级主任科员以下及相当层次的职级。从国有企业、事业单位、人民团体和群众团体调任的人员,按照公务员调任有关规定,综合考虑其原任职务、调任职位和工作经历确定职级。机关接收的军队转业干部,按照国家军转安置有关规定确定职级。

第十七条 公务员晋升职级,应当在职级职数内逐级晋升,并且具备下列基本条件:

(一)政治素质好,拥护中国共产党的领导和社会主义制度,坚决维护习近平总书记核心地位,坚决维护党中央权威和集中统一领导;

(二)具备职位要求的工作能力和专业知识,忠于职守,勤勉尽责,勇于担当,工作实绩较好;

(三)群众公认度较高;

(四)符合拟晋升职级所要求的任职年限和资历;

(五)作风品行好,遵纪守法,自觉践行社会主义核心价值观,清正廉洁。

第十八条 公务员晋升职级,应当具备下列基本资格:

(一)晋升一级巡视员,应当任厅局级副职或者二级巡视员 4 年以上;

(二)晋升二级巡视员,应当任一级调研员 4 年以上;

(三)晋升一级调研员,应当任县处级正职或者二级调研员 3 年以上;

(四)晋升二级调研员,应当任三级调研员 2 年以上;

(五)晋升三级调研员,应当任县处级副职或者四级调研员 2 年以上;

（六）晋升四级调研员，应当任一级主任科员2年以上；

（七）晋升一级主任科员，应当任乡科级正职或者二级主任科员2年以上；

（八）晋升二级主任科员，应当任三级主任科员2年以上；

（九）晋升三级主任科员，应当任乡科级副职或者四级主任科员2年以上；

（十）晋升四级主任科员，应当任一级科员2年以上；

（十一）晋升一级科员，应当任二级科员2年以上。

公务员晋升职级应当根据工作需要、德才表现、职责轻重、工作实绩和资历等因素综合考虑，不是达到最低任职年限就必须晋升，也不能简单按照任职年限论资排辈，体现正确的用人导向。

第十九条　公务员晋升职级所要求任职年限的年度考核结果均应为称职以上等次，其间每有1个年度考核结果为优秀等次的，任职年限缩短半年；每有1个年度考核结果为基本称职等次或者不定等次的，该年度不计算为晋升职级的任职年限。

第二十条　公务员晋升职级按照下列程序办理：

（一）党委（党组）或者组织（人事）部门研究提出工作方案。

（二）对符合晋升职级资格条件的人员进行民主推荐或者民主测评，提出初步人选。

（三）考察了解并确定拟晋升职级人选。中央机关公务员晋升一级、二级巡视员，应当进行考察；晋升其他职级可以综合考虑民主推荐、民主测评与平时考核、年度考核、一贯表现等情况确定人选。省级以下机关公务员晋升职级的考察了解方式，由省级公务员主管部门结合实际研究确定。

（四）对拟晋升职级人选进行公示，公示期不少于5个工作日。

（五）审批。中央机关公务员晋升职级由本机关党组（党委）及其组织（人事）部门审批，一级、二级巡视员职级职数使用等情况按年度报中央公务员主管部门备案。省级以下机关公务员晋升职级的审批权限，由省级公务员主管部门提出意见，报省、自治区、直辖市党委审定。

各级机关中未限定职数比例的职级，其晋升程序可以适当简化。

第二十一条　公务员具有下列情形之一的，不得晋升职级：

（一）不符合第十七条、第十八条规定的；

（二）受到诫勉、组织处理或者处分等影响期未满或者期满影响使用的；[①]

（三）涉嫌违纪违法正在接受审查调查尚未作出结论的；

（四）影响晋升职级的其他情形。

第二十二条　公务员职级实行能上能下，具有下列情形之一的，应当按照规定降低职级：

① 《公务员职务与职级并行规定》第21条规定，公务员只要“受到诫勉、组织处理或者处分等影响期未满或者期满影响使用的”，就不得晋升职级。也就是说，不仅组织部作出的诫勉决定有6个月的影响期，而且党委（党组）、纪委监委作出的诫勉决定，也有6个月影响期。

(一)不能胜任职位职责要求的;

(二)年度考核被确定为不称职等次的;

(三)受到降职处理或者撤职处分的;

(四)法律法规和党内法规规定的其他情形。

第二十三条 中央机关和地方各级公务员主管部门可以根据本章规定,按照落实好干部标准、从严管理干部和树立鼓励干事创业、担当作为导向的要求,结合实际细化公务员职级升降的条件和情形。

第五章 职级与待遇

第二十四条 领导职务与职级是确定公务员待遇的重要依据。公务员根据所任职级执行相应的工资标准,享受所在地区(部门)相应职务层次的住房、医疗、交通补贴、社会保险等待遇。

担任领导职务且兼任职级的公务员,按照就高原则享受有关待遇。

第二十五条 公务员晋升职级,不改变工作职位和领导指挥关系,不享受相应职务层次的政治待遇、工作待遇。因不胜任、不适宜担任现职免去领导职务的,按照其职级确定有关待遇,原政治待遇、工作待遇不再保留。

第二十六条 公务员因公出国出差的交通、住宿标准以及办公用房标准等待遇,不与职级挂钩。

第二十七条 县处级副职以上领导成员因换届不再提名、机构改革等原因免去领导职务转任职级的,保留原待遇,不改变干部管理权限。

第六章 管理与监督

第二十八条 担任领导职务且兼任职级的公务员,主要按照领导职务进行管理。

不担任领导职务的职级公务员一般由所在机关进行日常管理。公务员晋升至所在机关领导成员职务对应的职级,不作为该机关领导成员管理。

第二十九条 根据工作需要和领导职务与职级的对应关系,公务员担任的领导职务和职级可以互相转任、兼任;符合规定资格条件的,可以晋升领导职务或者职级。

第三十条 综合管理类、专业技术类、行政执法类等不同职位类别公务员之间可以交流,根据不同职位类别职级的对应关系确定职级。

第三十一条 机关应当严格执行公务员职务与职级并行制度,不得违反规定设置职级,不得超职数配备职级,不得随意放宽职级任职资格条件,不得违反规定提高或者降低职级待遇标准。对违反相关规定的，由县级以上党委或者公务员主管部门按照管理权限，区别不同情况，分别予以责令纠正或者宣布无效；对负有责任的领导人员和直接责任人员，根据情节轻重，给予批评教育、组织处理或者处分。

第七章　附　　则

第三十二条　参照公务员法管理的机关（单位）中除工勤人员以外的工作人员，参照本规定执行。

第三十三条　本规定由中共中央组织部负责解释。

第三十四条　本规定自2019年6月1日起施行。2006年4月9日中共中央、国务院印发的《〈中华人民共和国公务员法〉实施方案》附件四《综合管理类公务员非领导职务设置管理办法》和2015年1月15日中共中央办公厅、国务院办公厅印发的《关于县以下机关建立公务员职务与职级并行制度的意见》同时废止。

干部人事档案工作条例（节录）[①]

（2018年11月20日中共中央批准
2018年11月20日中共中央办公厅发布）

第六条　本条例适用于党政领导干部、机关公务员、参照公务员法管理的机关（单位）工作人员（工勤人员除外），国有企事业单位领导人员、管理人员和专业技术人员的人事档案管理工作。

第十条　各级组织人事部门负责本地区本部门本单位干部人事档案工作，建立健全规章制度和工作机制，配齐配强工作力量，组织开展宣传、指导和监督检查。

第十一条　中央组织部负责集中管理中央管理干部的人事档案。

第十二条　中央和国家机关各部委、参照公务员法管理的机关（单位）组织人事部门，中管金融企业、中央企业、党委书记和校长列入中央管理的高校组织人事部门，负责集中管理党委（党组）管理的干部（领导人员、管理人员、专业技术人员，下同）和本单位其他干部的人事档案。

第十三条　省（自治区、直辖市）、市（地、州、盟）党委组织部门负责集中管理本级党委管理干部的人事档案；省、市级直属机关和国有企事业单位组织人事部门集中管理党委（党组）管理的干部和本单位其他干部的人事档案。

县（市、区、旗）以下机关（单位）的干部人事档案可以按不同类别、身份，由县（市、区、旗）党委组织部门、人力资源社会保障部门等分别集中管理。

① 本条例全面贯彻习近平新时代中国特色社会主义思想和党的十九大精神，深入落实全国组织工作会议精神，坚持和加强党的全面领导，坚持党要管党、全面从严治党，坚持从严管理干部，总结吸收党的十八大以来从严管理干部人事档案工作的新经验新成果，对干部人事档案工作的体制机制、内容建设、日常管理、利用审核、纪律监督等加以规范完善，是今后一个时期全国各级各类干部人事档案工作的基本遵循，切实把干部人事档案作为新时代党的重要执政资源。要着力完善管理体制、健全工作制度、细化工作标准、创新工作方式，全面提升干部人事档案工作质量，持续推进干部人事档案工作科学化、制度化、规范化，服务广大干部人才，服务党的建设新的伟大工程，服务新时代中国特色社会主义伟大事业。

第十四条 根据工作需要，经上级组织人事部门批准，有关机关（单位）组织人事部门可以集中管理下级单位的干部人事档案。

第十五条 干部人事档案工作人员和与其档案管理同在一个部门且有夫妻、直系血亲、三代以内旁系血亲、近姻亲关系人员的档案，由干部人事档案工作人员所在单位组织人事部门另行指定专人管理。

第十六条 组织人事部门应当明确负责干部人事档案工作的机构（以下简称干部人事档案工作机构），每管理1000卷档案一般应当配备1名专职工作人员。有业务指导任务的干部人事档案工作机构，还应当配备相应的业务指导人员。管理档案数量较少且未设立工作机构的单位，应当明确岗位，专人负责。

干部人事档案工作机构（含干部人事档案工作岗位，下同）的职责包括：

（一）负责干部人事档案的建立、接收、保管、转递，档案材料的收集、鉴别、整理、归档，档案信息化等日常管理工作；

（二）负责干部人事档案的查（借）阅、档案信息研究等利用工作，组织开展干部人事档案审核工作；

（三）配合有关方面调查涉及干部人事档案的违规违纪违法行为；

（四）指导和监督检查下级单位干部人事档案工作；

（五）办理其他有关事项。

第十九条 干部人事档案主要内容和分类包括：

（一）履历类材料。主要有《干部履历表》和干部简历等材料。

（二）自传和思想类材料。主要有自传、参加党的重大教育活动情况和重要党性分析、重要思想汇报等材料。

（三）考核鉴定类材料。主要有平时考核、年度考核、专项考核、任（聘）期考核，工作鉴定，重大政治事件、突发事件和重大任务中的表现，援派、挂职锻炼考核鉴定，党组织书记抓基层党建评价意见等材料。

（四）学历学位、专业技术职务（职称）、学术评鉴和教育培训类材料。主要有中学以来取得的学历学位，职业（任职）资格和评聘专业技术职务（职称），当选院士、入选重大人才工程，发明创造、科研成果获奖、著作译著和有重大影响的论文目录，政策理论、业务知识、文化素养培训和技能训练情况等材料。

（五）政审、审计和审核类材料。主要有政治历史情况审查，领导干部经济责任审计和自然资源资产离任审计的审计结果及整改情况、履行干部选拔任用工作职责离任检查结果及说明，证明，干部基本信息审核认定、干部人事档案任前审核登记表，廉洁从业结论性评价等材料。

（六）党、团类材料。主要有《中国共产党入党志愿书》、入党申请书、转正申请书、培养教育考察，党员登记表，停止党籍、恢复党籍，退党、脱党，保留组织关系、恢复组织生活，《中国共产主义青年团入团志愿书》、入团申请书，加入或者退出民主党派等材料。

（七）表彰奖励类材料。主要有表彰和嘉奖、记功、授予荣誉称号，先进事迹以及撤销奖励等材料。

（八）违规违纪违法处理处分类材料。主要有党纪政务处分，组织处理，法院刑事判决书、裁定书，公安机关有关行政处理决定，有关行业监管部门对干部有失诚信、违反法律和行政法规等行为形成的记录，人民法院认定的被执行人失信信息等材料。

（九）工资、任免、出国和会议代表类材料。主要有工资待遇审批、参加社会保险，录用、聘用、招用、入伍、考察、任免、调配、军队转业（复员）安置、退（离）休、辞职、辞退，公务员（参照公务员法管理人员）登记、遴选、选调、调任、职级晋升，职务、职级套改，事业单位管理岗位职员等级晋升，出国（境）审批，当选党的代表大会、人民代表大会、政协会议、群团组织代表会议、民主党派代表会议等会议代表（委员）及相关职务等材料。

（十）其他可供组织参考的材料。主要有毕业生就业报到证、派遣证，工作调动介绍信，国（境）外永久居留资格、长期居留许可等证件有关内容的复印件和体检表等材料。

干部人事档案材料具体内容和分类标准由中央组织部确定。

第三十一条　因工作需要，符合下列情形之一的，可以查阅干部人事档案：

（一）政治审查、发展党员、党员教育、党员管理等；

（二）干部录用、聘用、考核、考察、任免、调配、职级晋升、教育培养、职称评聘、表彰奖励、工资待遇、公务员登记备案、退（离）休、社会保险、治丧等；

（三）人才引进、培养、评选、推送等；

（四）巡视、巡察，选人用人检查、违规选人用人问题查核，组织处理，党纪政务处分，涉嫌违法犯罪的调查取证、案件查办等；

（五）经具有干部管理权限的党委（党组）、组织人事部门批准的编史修志，撰写大事记、人物传记，举办展览、纪念活动等；

（六）干部日常管理中，熟悉了解干部，研究、发现和解决有关问题等；

（七）其他因工作需要利用的事项。

干部本人及其亲属办理公证、诉讼取证等有关干部个人合法权益保障的事项，可以按照有关规定提请相应的组织人事等部门查阅档案。

复制、摘录的档案材料，应当按照有关要求管理和使用。

第三十二条 查阅干部人事档案按照以下程序和要求进行：

（一）查阅单位如实填写干部人事档案查阅审批材料，按照程序报单位负责同志审批签字并加盖公章；

（二）查阅档案应当2人以上，一般均为党员；

（三）干部人事档案工作机构应当按照程序审批；

（四）在规定时限内查阅。

第三十三条 干部人事档案一般不予外借，确因工作需要借阅的，借阅单位应当履行审批手续，在规定时限内归还，归还时干部人事档案工作机构应当认真核对档案材料。

第三十四条 组织人事部门及其干部人事档案工作机构应当按照统一要求，结合实际制定查（借）阅干部人事档案的具体规定。

第三十五条 组织人事部门应当坚持"凡提必审"、"凡进必审"、干部管理权限发生变化的"凡转必审"，在干部动议、考察、任职前公示、录用、聘用、遴选、选调、交流，人才引进，军队转业（复员）安置，档案转递、接收等环节，严格按照有关政策和标准，及时做好干部人事档案审核工作。

第三十六条 干部人事档案审核应当在全面审核档案内容的基础上，重点审核干部的出生日期、参加工作时间、入党时间、学历学位、工作经历、干部身份、家庭主要成员及重要社会关系、专业技术职务（职称）、学术评鉴、奖惩等基本信息，审核档案内容是否真实、档案材料是否齐全、档案材料记载内容之间的关联性是否合理以及是否有影响干部使用的情形等。

第三十七条 干部人事档案审核中发现的问题应当按照相关规定及时进行整改和处理。涉及干部个人信息重新认定的，应当及时通知干部所在单位和干部本人。

凡发现档案材料或者信息涉嫌造假的，组织人事部门等应当立即查核，未核准前，一律暂缓考察或者暂停任职、录用、聘用、调动等程序。

干部人事档案造假问题处理办法（试行）①

（2015年11月20日中共中央组织部制定　2015年11月18日发布）

① 注意学习《档案管理违法违纪行为处分规定》。

第一条 为贯彻全面从严治党、从严管理监督干部的要求，坚决整治干部人事档案造假问题，维护干部人事档案的真实性、严肃性，提升干部工作的公信力，根据《中华人民共和国档案法》《党政领导干部选拔任用工作条例》《干部档案工作条例》等法律法规，制定本办法。

第二条　本办法适用于对公务员、参照公务员法管理人员、国有企业和事业单位领导人员等档案造假行为的处理。

第三条　对干部人事档案造假问题进行处理，坚持实事求是、准确定性，坚持区别情况、恰当处理，坚持宽严相济、惩教结合。

第四条　本办法所称干部人事档案造假，是指以谋取不正当利益为目的，采取篡改、伪造等手段，造成干部信息失真失实的行为。

第五条　有下列情形之一的，认定为干部人事档案造假行为：

（一）篡改、伪造出生时间、参加工作时间、入党时间、学习经历、工作履历、民族成份等信息的；

（二）篡改、伪造公务员（干部）、企事业单位人员身份等材料的；

（三）篡改、伪造学历、学位等材料的；

（四）篡改、伪造评（聘）专业技术职称（职务）等材料的；

（五）篡改、伪造加入中国共产党或者民主党派等材料的；

（六）篡改、伪造党代会代表、人大代表、政协委员等材料的；

（七）篡改、伪造录（聘）用、招工、入伍、转业安置、工资待遇等材料的；

（八）篡改、伪造考核、考察、任免、鉴定、政审等材料的；

（九）篡改、伪造评先评优、奖励等材料的；

（十）擅自抽取、撤换、添加、销毁档案材料的；

（十一）冒用、顶替他人身份等材料，在入学、入伍、招工、招录等方面谋取不正当利益的；

（十二）存在其他篡改、伪造情形的。

第六条　有下列情形之一的，对当事人进行处理：

（一）直接或者请托他人对本人档案材料实施造假的；

（二）本人亲属、特定关系人及其他有关人员对本人档案材料实施造假，本人知情、默许，或者当时不知情但知情后未及时向组织报告的；

（三）对档案中有关问题，拒不配合组织调查，不如实说明情况或者提供虚假情况的；

（四）存在其他违规违纪违法情形的。

第七条　有下列情形之一的，对直接责任人（包括干部人事档案材料形成部门、干部工作机构、干部人事档案工作机构的有关人员和其他参与造假人员）进行处理：

（一）接受他人请托或者利用职务、工作上的便利，直接实施造假的；

（二）违规查阅、借阅、转递档案等，为他人造假提供方便的；

（三）不认真履行职责，对发现存在明显问题的档案材料不及时报告、不按照规定处理的；

（四）在干部人事档案造假问题调查工作中，隐瞒、歪曲事实真相，提供虚假材料或者销毁有关证据的；

（五）存在其他违规违纪违法情形的。

第八条 有下列情形之一的，对有关领导人员进行处理：

（一）授意、指使或者纵容、默许有关部门和人员实施档案造假行为的；

（二）干扰、阻挠有关部门对档案造假问题进行调查、处理的；

（三）拒不执行上级处理意见或者违规变通处理的；

（四）本地区本单位档案造假问题突出，且查处不力的；

（五）存在其他违规违纪违法情形的。

② 本条十分重要。

第九条[②] 有本办法第六条、第七条、第八条所列情形的，应对当事人和有关人员给予相应的组织处理。情节较轻的，给予批评教育、责令书面检查、诫勉处理；情节较重的，给予停职检查、调离岗位、限制提拔使用处理；情节严重或者干部群众反映强烈、造成恶劣影响的，给予引咎辞职、责令辞职、免职、降职处理。

干部人事档案造假行为涉嫌违纪的，由纪检监察机关依据《中国共产党纪律处分条例》等有关规定处理；涉嫌违法犯罪的，由司法机关依据有关法律规定处理。

本办法施行前，已经作出结论如需进行复查复议的，适用当时的规定或者政策。尚未作出结论的，如果行为发生时的规定或者政策不认为是违规的，依照当时的规定或者政策处理；如果行为发生时的规定或者政策认为是违规的，而本办法不认为是违规或者处理较轻的，依照本办法规定处理。

第十条 通过干部人事档案造假获取的不正当利益，经组织审查认定后，依据有关规定予以纠正、撤销或者取消。

③ 本条十分重要。

第十一条[③] 在干部选拔任用工作中，应当严格审核干部人事档案，凡发现涉嫌造假的，一律暂停选任程序，进行调查核实；问题未查清前不得提拔或者重用。

④ 本条十分重要。

第十二条[④] 对干部人事档案造假问题进行处理，应当在深入调查核实、仔细甄别鉴定的基础上，必要时听取本人陈述，经集体研究决定。坚持具体问题具体分析，将篡改、伪造档案材料的行为与“填写不一致”“信息勘误纠正”等情况严格区分开来，确保处理结果客观公正。

第十三条 领导干部因干部人事档案造假问题受到组织处理或者党纪、政纪处分的，其影响期按照有关规定执行。

第十四条　本办法由中共中央组织部负责解释。

第十五条　本办法自 2015 年 11 月 18 日起施行。

关于加强国家工作人员因私事出国（境）管理的暂行规定

（2003 年 1 月 14 日中共中央组织部、中共中央金融工作委员会、中共中央企业工作委员会、公安部、人事部印发）

第一条　为加强对国家工作人员因私事出国（境）管理，适应改革开放和经济发展的需要，制定本规定。

第二条　国家工作人员因私事出国（境），应按照组织、人事管理权限履行审批手续。

第三条　本规定所称国家工作人员，是指国家公务员以及参照、依照公务员管理的国家工作人员。

国有公司、企业中从事公务的人员和国家机关、国有公司、企业、事业单位委派到非国有企业单位、社会团体从事公务的人员，以国家工作人员论。

第四条　下列国家工作人员（以下称“登记备案人员”）申请因私事出国（境），须向户口所在地的公安机关出入境管理部门提交所在工作单位对申请人出国（境）的意见。

（一）各级党政机关、人大、政协、人民法院、人民检察院、人民团体、事业单位在职的县（处）级以上领导干部，离（退）休的厅（局）级以上干部；

（二）金融机构、国有企业的法人代表，县级以上金融机构领导成员及其相应职级的领导干部，国有大中型企业中层以上管理人员，国有控股、参股企业中的国有股权代表；

（三）各部门、行业中涉及国家安全及国有资产安全、行业机密的人员。

第五条　登记备案人员的基本情况由其所在工作单位负责向公安机关登记备案。登记备案的内容包括：姓名、性别、出生日期、身份证号码、户口所在地、工作单位、现任职务、主管部门等。登记备案人员工作单位、现任职务、主管部门等发生变化的，有关单位应当及时变更相应登记备案的内容。

第六条　公安机关负责本地区国家工作人员登记备案工作的业务指导和数据管理。

第七条　公安机关出入境管理部门受理公民因私事出国（境）申请时，应当核实有关单位登记备案的情况,确定是否颁发出入境证件。已登记备案的国家工作人员,如未提交所在工作单位对申请人因私事出国(境)的意见,公安机关出入境管理部门不予受理或办理。

第八条 各级组织、人事部门和公安机关在因私事出国(境)管理工作中,应建立有效的联系机制,制定责任制度和保密制度,指定专人负责。

第九条 各级组织、人事部门应对本单位已申领出入境证件的国家工作人员严格执行有关管理规定,实行因私事出国(境)报告登记制度,要求出国(境)人员在境外遵守外事纪律,未经批准不得逾期滞留。登记备案人员已申领的出入境证件,由所在单位组织、人事部门集中保管。

第十条 各级组织、人事部门因未按规定办理审批手续或登记备案手续的,公安机关违反规定办理出入境证件造成国家利益损失的,应视情节追究直接责任人和主管领导的责任,按照有关规定给予行政处分或者依法予以处罚。

第十一条 各地区、各部门可根据实际情况,制定具体实施办法,按照隶属关系,分别报送中央组织部、中央金融工委、中央企业工委、公安部、人事部备案。

第十二条 本规定由中央组织部、中央金融工委、中央企业工委、公安部、人事部负责解释。

第十三条 本规定自印发之日起执行。

领导干部报告个人有关事项规定[①]

(2017年2月8日中共中央办公厅、国务院办公厅印发)

第一条 为贯彻全面从严治党要求,加强对领导干部的管理和监督,促进领导干部遵纪守规、廉洁从政,根据《中国共产党章程》等党内法规和国家有关法律法规,制定本规定。

第二条 本规定所称领导干部包括:

(一)各级党的机关、人大机关、行政机关、政协机关、审判机关、检察机关、民主党派机关中县处级副职以上的干部(含非领导职务干部,下同);

(二)参照公务员法管理的人民团体、事业单位中县处级副职以上的干部,未列入参照公务员法管理的人民团体、事业单位的领导班子成员及内设管理机构领导人员(相当于县处级副职以上);

(三)中央企业领导班子成员及中层管理人员,省(自治区、直辖市)、市(地、州、盟)管理的国有企业领导班子成员。

① 相较于2010年的《关于领导干部报告个人有关事项的规定》,2017年的《领导干部报告个人有关事项规定》更加突出与领导干部权力行为关联紧密的家事、家产情况的报告。总体上要求报告8项家事、6项家产共计14项内容。

上述范围中已退出现职、尚未办理退休手续的人员适用本规定。

第三条　领导干部应当报告下列本人婚姻和配偶、子女移居国（境）外、从业等事项：

（一）本人的婚姻情况；

（二）本人持有普通护照以及因私出国的情况；

（三）本人持有往来港澳通行证、因私持有大陆居民往来台湾通行证以及因私往来港澳、台湾的情况；

（四）子女与外国人、无国籍人通婚的情况；

（五）子女与港澳以及台湾居民通婚的情况；

（六）配偶、子女移居国（境）外的情况，或者虽未移居国（境）外，但连续在国（境）外工作、生活一年以上的情况[②]；

（七）配偶、子女及其配偶的从业情况，含受聘担任私营企业的高级职务，在外商独资企业、中外合资企业、境外非政府组织在境内设立的代表机构中担任由外方委派、聘任的高级职务，以及在国（境）外的从业情况和职务情况；

（八）配偶、子女及其配偶被司法机关追究刑事责任的情况。

本规定所称"子女"，包括领导干部的婚生子女、非婚生子女、养子女和有抚养关系的继子女。

本规定所称"移居国（境）外"，是指取得外国国籍或者获取国（境）外永久居留资格、长期居留许可。

第四条[③]　领导干部应当报告下列收入、房产、投资等事项：

（一）本人的工资及各类奖金、津贴、补贴等；

（二）本人从事讲学、写作、咨询、审稿、书画等劳务所得；

（三）本人、配偶、共同生活的子女为所有权人或者共有人的房产情况，含有单独产权证书的车库、车位、储藏间等（已登记的房产，面积以不动产权证、房屋所有权证记载的为准，未登记的房产，面积以经备案的房屋买卖合同记载的为准）；

（四）本人、配偶、共同生活的子女投资或者以其他方式持有股票、基金、投资型保险等的情况；

（五）配偶、子女及其配偶经商办企业的情况，包括投资非上市股份有限公司、有限责任公司，注册个体工商户、个人独资企业、合伙企业等，以及在国（境）外注册公司或者投资入股等的情况；

（六）本人、配偶、共同生活的子女在国（境）外的存款和投资情况。

本规定所称"共同生活的子女"，是指领导干部不满18周岁的未成年子女和由其抚养的不能独立生活的成年子女。

②　本规定是针对裸官的。

③　2022年中共中央办公厅印发的《领导干部配偶、子女及其配偶经商办企业管理规定》规定：领导干部每年报告个人有关事项时，应当如实填报配偶、子女及其配偶经商办企业情况，年度集中报告后新产生的经商办企业情况要及时报告。

本规定所称“股票”，是指在上海证券交易所、深圳证券交易所、全国中小企业股份转让系统等发行、交易或者转让的股票。所称“基金”，是指在我国境内发行的公募基金和私募基金。所称“投资型保险”，是指具有保障和投资双重功能的保险产品，包括人身保险投资型保险和财产保险投资型保险。

第五条 领导干部应当于每年1月31日前集中报告一次上一年度本规定第三条、第四条所列事项，并对报告内容的真实性、完整性负责，自觉接受监督。

非本规定第二条所列范围的人员，拟提拔为本规定第二条所列范围的考察对象，或者拟列入第二条所列范围的后备干部人选，在拟提拔、拟列入时，应当报告个人有关事项。

本规定第二条所列范围的人员辞去公职的，在提出辞职申请时，应当一并报告个人有关事项。

第六条 年度集中报告后，领导干部发生本规定第三条所列事项的，应当在事后30日内按照规定报告。因特殊原因不能按时报告的，特殊原因消除后应当及时补报，并说明原因。

第七条 领导干部报告个人有关事项，按照干部管理权限由相应的组织（人事）部门负责受理：

（一）中央管理的领导干部向中共中央组织部报告，报告材料由该领导干部所在单位主要负责人阅签后，由所在单位的组织（人事）部门转交。

（二）属于本单位管理的领导干部，向本单位的组织（人事）部门报告；不属于本单位管理的领导干部，向上一级党委（党组）的组织（人事）部门报告，报告材料由该领导干部所在单位主要负责人阅签后，由所在单位的组织（人事）部门转交。

领导干部因职务变动而导致受理机构发生变化的，原受理机构应当在30日内将该领导干部的所有报告材料按照干部管理权限转交新的受理机构。

第八条 领导干部在执行本规定过程中，认为有需要请示的事项，可以向受理报告的组织（人事）部门请示。受理报告的组织（人事）部门应当认真研究，及时答复。

第九条 组织（人事）部门应当每年对领导干部报告个人有关事项的情况进行汇总综合，向同级党委（党组）和上一级党委（党组）的组织（人事）部门报告。

第十条 组织（人事）部门在干部监督工作和干部选拔任用工作中，按照干部管理权限，经本机关、本单位负责人批准，可以查阅有关领导干部报告个人有关事项的材料。

纪检监察机关（机构）在履行职责时，按照干部管理权限，经本机关负责人批准，可以查阅有关领导干部报告个人有关事项的材料。

巡视机构在巡视工作期间，根据工作需要，经巡视工作领导小组负责人批准，可以查阅有关领导干部报告个人有关事项的材料。

检察机关在查办职务犯罪案件时，经本机关负责人批准，可以查阅案件涉及的领导干部报告个人有关事项的材料。

第十一条[④]　组织（人事）部门应当按照干部管理权限，对领导干部报告个人有关事项的真实性和完整性进行查核。查核方式包括随机抽查和重点查核。

随机抽查每年集中开展一次，按照10%的比例进行。

重点查核对象包括：

（一）拟提拔为本规定第二条所列范围的考察对象；

（二）拟列入本规定第二条所列范围的后备干部人选；

（三）拟进一步使用的人选；

（四）因涉及个人报告事项的举报需要查核的；

（五）其他需要查核的。

纪检监察机关（机构）、巡视机构、检察机关在履行职责时，按照本规定第十条规定履行报批手续后，可以委托组织（人事）部门按照干部管理权限，对领导干部报告个人有关事项的真实性和完整性进行查核。

第十二条　查核发现领导干部的家庭财产明显超过正常收入的，应当要求其作出说明，必要时可以对其财产来源的合法性进行验证。

第十三条　领导干部有下列情形之一的，根据情节轻重，给予批评教育、组织调整或者组织处理、纪律处分。

（一）无正当理由不按时报告的；

（二）漏报、少报的；

（三）隐瞒不报的；

（四）查核发现有其他违规违纪问题的。

第十四条　党委（党组）及其组织（人事）部门应当把查核结果作为衡量领导干部是否忠诚老实、清正廉洁的重要参考，运用到选拔任用、管理监督等干部工作中。对未经查核提拔或者进一步使用干部，或者对查核发现的问题不按照规定处理的，应当追究党委（党组）、组织（人事）部门及其有关领导成员的责任。

第十五条　中共中央组织部和地方党委组织部牵头建立领导干部个人有关事项报告查核联系工作机制，负责组织实施和协调工作。查核联系工作机制成员单位包括审判、检察、外交（外事）、公安、民政、国土资源、住房城乡建设、人民银行、税务、工商、金融监管等单位。各成员单位承担相关信息查询职责，应当在规定时间内，如实向组织部门提供查询结果。

第十六条　组织（人事）部门和查核联系工作机制成员单位，应当严格遵守工

④ 2022年《领导干部配偶、子女及其配偶经商办企业管理规定》规定：对领导干部报告情况要进行随机抽查和重点查核，发现有关经商办企业违反禁业规定的，责令领导干部作出说明，由其配偶、子女及其配偶退出经商办企业，或者由领导干部本人退出现职、接受职务调整，并视情况给予领导干部相应处理处分。其中，对拟提拔或进一步使用的领导干部，结合干部选拔任用"凡提四必"进行查核，不符合拟任岗位禁业规定的，应退出经商办企业，不同意退出的不予任用。

作纪律和保密纪律，设专人妥善保管领导干部的个人有关事项报告和汇总综合、查核等材料。对违反工作纪律、保密纪律或者在查核工作中敷衍塞责、徇私舞弊的，追究有关责任人的责任。

第十七条 组织（人事）部门要加强对本规定执行情况的监督检查。

第十八条 中央军委可以根据本规定，结合中国人民解放军和中国人民武装警察部队的实际，制定有关规定。

第十九条 各省、自治区、直辖市党委可以根据本规定，结合实际制定具体办法，报中共中央组织部同意后实施。

第二十条 本规定由中共中央组织部负责解释。

第二十一条 本规定自2017年2月8日起施行。2010年5月26日印发的《关于领导干部报告个人有关事项的规定》同时废止。

领导干部个人有关事项报告查核结果处理办法

（2017年2月8日中共中央办公厅、国务院办公厅印发）

第一条 为规范领导干部个人有关事项报告查核结果处理工作，强化查核结果运用，根据《领导干部报告个人有关事项规定》和有关规定，制定本办法。

第二条 查核结果认定与处理，由组织（人事）部门干部监督机构会同干部工作机构组织实施。

第三条 查核结果与领导干部当年年度集中报告的个人有关事项内容不一致，有下列情形之一的，一般认定为漏报行为：

（一）未报告本人持有往来港澳通行证、因私持有大陆居民往来台湾通行证或者因私往来港澳、台湾情况的；

（二）少报告房产面积或者未报告车库、车位、储藏间的；

（三）少报告持有股票、基金、投资型保险金额等情况的；

（四）少报告投资非上市股份有限公司、有限责任公司或者注册个体工商户、个人独资企业、合伙企业的投资金额等情况的；

（五）存在其他漏报情形的。

第四条 查核结果与领导干部当年年度集中报告的个人有关事项内容不一致，有下列情形之一的，一般认定为隐瞒不报行为：

（一）未报告本人婚姻情况的；

（二）未报告本人持有普通护照或者因私出国情况的；

（三）未报告子女与外国人、无国籍人，或者与港澳、台湾居民通婚情况的；

（四）未报告配偶、子女移居国（境）外或者虽未移居国（境）外但连续在国（境）外工作、生活一年以上情况的；

（五）未报告配偶、子女及其配偶从业情况的；

（六）未报告配偶、子女及其配偶被司法机关追究刑事责任情况的；

（七）未报告房产1套以上（不含车库、车位、储藏间）的；

（八）未报告持有股票、基金、投资型保险等情况的；

（九）未报告投资非上市股份有限公司、有限责任公司或者注册个体工商户、个人独资企业、合伙企业等1家以上的；

（十）存在其他隐瞒不报情形的。

第五条[①]　经认定，查核结果凡属漏报行为，情节较轻的，应当给予批评教育、责令作出检查、限期改正等处理；情节较重的，应当给予诫勉、取消考察对象（后备干部人选）资格、调离岗位、改任非领导职务等处理。情节较重是指少报告房产面积50平方米以上，或者少报告投资金额30万元以上，或者其他漏报情形较重的。存在两种以上漏报情形的，从重处理。

经认定，查核结果凡属隐瞒不报行为的，应当根据情节轻重，给予诫勉、取消考察对象（后备干部人选）资格、调离岗位、改任非领导职务、免职、降职等处理。存在两种以上隐瞒不报情形的，从重处理。

隐瞒不报情节较重或者查核发现涉嫌其他违纪问题的，依照《中国共产党纪律处分条例》等追究纪律责任。

查核发现领导干部的家庭财产明显超过正常收入的，应当要求本人在15个工作日内说明来源，必要时组织（人事）部门会同有关部门对其财产来源的合法性进行验证。对拒不说明、无法说明财产合法来源或者经查证说明不属实的，由执纪执法机关按照有关规定处理。

第六条　领导干部因违反报告个人有关事项规定受到组织处理或者纪律处分的，其影响期按照有关规定执行。同时受到组织处理和纪律处分的，按照影响期长的规定执行。

（一）受到诫勉处理的，半年内不得提拔或者进一步使用；

（二）受到取消考察对象（后备干部人选）资格处理的，一年内不得提拔或者进一步使用；

（三）受到调离岗位、改任非领导职务、免职处理的，一年内不得提拔；

（四）受到降职处理的，两年内不得提拔；

（五）受到纪律处分的，依照《中国共产党纪律处分条例》等规定执行。

① 《领导干部配偶、子女及其配偶经商办企业管理规定》规定：对领导干部不如实报告配偶、子女及其配偶经商办企业情况，配偶、子女及其配偶违反禁业规定经商办企业和以委托代持、隐名投资等形式虚假退出，以及利用职权为配偶、子女及其配偶经商办企业提供便利、谋取私利等行为，依规依纪依法进行严肃处理，对管理不力造成严重后果或不良影响的责任单位和责任人员进行严肃问责。

第七条 组织(人事)部门应当加强对本办法执行情况的监督检查。

第八条 本办法由中共中央组织部负责解释。

第九条 本办法自 2017 年 2 月 8 日起施行。

中国共产党发展党员工作细则

(2014 年 5 月 28 日中共中央办公厅印发)

第一章 总 则

第一条 为了规范发展党员工作,保证新发展的党员质量,保持党的先进性和纯洁性,根据《中国共产党章程》和党内有关规定,制定本细则。

第二条 党的基层组织应当把吸收具有马克思主义信仰、共产主义觉悟和中国特色社会主义信念,自觉践行社会主义核心价值观的先进分子入党,作为一项经常性重要工作。

第三条 发展党员工作应当贯彻党的基本理论、基本路线、基本纲领、基本经验、基本要求,按照控制总量、优化结构、提高质量、发挥作用的总要求,坚持党章规定的党员标准,始终把政治标准放在首位;坚持慎重发展、均衡发展,有领导、有计划地进行;坚持入党自愿原则和个别吸收原则,成熟一个,发展一个。

禁止突击发展,反对"关门主义"。

第二章 入党积极分子的确定和培养教育

第四条 党组织应当通过宣传党的政治主张和深入细致的思想政治工作,提高党外群众对党的认识,不断扩大入党积极分子队伍。

第五条 年满十八岁的中国工人、农民、军人、知识分子和其他社会阶层的先进分子,承认党的纲领和章程,愿意参加党的一个组织并在其中积极工作、执行党的决议和按期交纳党费的,可以申请加入中国共产党。

第六条 入党申请人应当向工作、学习所在单位党组织提出入党申请,没有工作、学习单位或工作、学习单位未建立党组织的,应当向居住地党组织提出入党申请。

流动人员还可以向单位所在地党组织或单位主管部门党组织提出入党申请,也可以向流动党员党组织提出入党申请。

第七条 党组织收到入党申请书后,应当在一个月内派人同入党申请人谈话,了解基本情况。

第八条　在入党申请人中确定入党积极分子，应当采取党员推荐、群团组织推优等方式产生人选，由支部委员会（不设支部委员会的由支部大会，下同）研究决定，并报上级党委备案。

第九条　党组织应当指定一至两名正式党员作入党积极分子的培养联系人。培养联系人的主要任务是：

（一）向入党积极分子介绍党的基本知识；

（二）了解入党积极分子的政治觉悟、道德品质、现实表现和家庭情况等，做好培养教育工作，引导入党积极分子端正入党动机；

（三）及时向党支部汇报入党积极分子情况；

（四）向党支部提出能否将入党积极分子列为发展对象的意见。

第十条　党组织应当采取吸收入党积极分子听党课、参加党内有关活动，给他们分配一定的社会工作以及集中培训等方法，对入党积极分子进行马克思列宁主义、毛泽东思想和中国特色社会主义理论体系教育，党的路线、方针、政策和党的基本知识教育，党的历史和优良传统、作风教育以及社会主义核心价值观教育，使他们懂得党的性质、纲领、宗旨、组织原则和纪律，懂得党员的义务和权利，帮助他们端正入党动机，确立为共产主义事业奋斗终身的信念。

第十一条　党支部每半年对入党积极分子进行一次考察。基层党委每年对入党积极分子队伍状况作一次分析。针对存在的问题，采取改进措施。

第十二条　入党积极分子工作、学习所在单位（居住地）发生变动，应当及时报告原单位（居住地）党组织。原单位（居住地）党组织应当及时将培养教育等有关材料转交现单位（居住地）党组织。现单位（居住地）党组织应当对有关材料进行认真审查，并接续做好培养教育工作。培养教育时间可连续计算。

第三章　发展对象的确定和考察

第十三条　对经过一年以上培养教育和考察、基本具备党员条件的入党积极分子，在听取党小组、培养联系人、党员和群众意见的基础上，支部委员会讨论同意并报上级党委备案后，可列为发展对象。

第十四条　发展对象应当有两名正式党员作入党介绍人。入党介绍人一般由培养联系人担任，也可由党组织指定。

受留党察看处分、尚未恢复党员权利的党员，不能作入党介绍人。

第十五条　入党介绍人的主要任务是：

（一）向发展对象解释党的纲领、章程，说明党员的条件、义务和权利；

（二）认真了解发展对象的入党动机、政治觉悟、道德品质、工作经历、现实表现等情况，如实向党组织汇报；

（三）指导发展对象填写《中国共产党入党志愿书》[①]，并认真填写自己的意见；

（四）向支部大会负责地介绍发展对象的情况；

（五）发展对象批准为预备党员后，继续对其进行教育帮助。

第十六条 党组织必须对发展对象进行政治审查。

政治审查的主要内容是：对党的理论和路线、方针、政策的态度；政治历史和在重大政治斗争中的表现；遵纪守法和遵守社会公德情况；直系亲属和与本人关系密切的主要社会关系的政治情况。

政治审查的基本方法是：同本人谈话、查阅有关档案材料、找有关单位和人员了解情况以及必要的函调或外调。在听取本人介绍和查阅有关材料后，情况清楚的可不函调或外调。对流动人员中的发展对象进行政治审查时，还应当征求其户籍所在地和居住地基层党组织的意见。

政治审查必须严肃认真、实事求是，注重本人的一贯表现。审查情况应当形成结论性材料。

凡是未经政治审查或政治审查不合格的，不能发展入党。

第十七条 基层党委或县级党委组织部门应当对发展对象进行短期集中培训。培训时间一般不少于三天（或不少于二十四个学时）。培训时主要学习党章、《关于党内政治生活的若干准则》等文件。中央组织部组织编写的《入党教材》，可以作为学习辅导材料。

未经培训的，除个别特殊情况外，不能发展入党。

第四章 预备党员的接收

第十八条 接收预备党员应当严格按照党章规定的程序办理。

第十九条 支部委员会应当对发展对象进行严格审查，经集体讨论认为合格后，报具有审批权限的基层党委预审。

基层党委对发展对象的条件、培养教育情况等进行审查，根据需要听取执纪执法等相关部门的意见。审查结果以书面形式通知党支部，并向审查合格的发展对象发放《中国共产党入党志愿书》。

发展对象未来三个月内将离开工作、学习单位的，一般不办理接收预备党员的手续。

第二十条 经基层党委预审合格的发展对象，由支部委员会提交支部大会讨论。

① 当发现党员的档案里找不到入党志愿书时，党支部要做的第一件事是调查核实，确认其党员身份。分两种情况掌握：第一，原单位还存在的，由原单位提供相关证明材料，主要包括党员入党时的支部大会记录、上级党组织审议讨论的记录、参加党校学习考试记录、入党介绍人及原支部证明、入党后参加组织生活的记录等相关材料。根据干部管理权限，由上一级党委组织人事部门（必须为县、市、区委组织部以上）确认干部是否具有党员身份。第二，原单位已不存在的，由党员、干部现所在单位党组织通过派人前往其入党地走访入党介绍人、入党时的支部书记、查阅相关文献等形式，开展组织调查，形成正式的调查意见，确认干部是否具有党员身份，并报上一级党委组织人事部门（必须为县、市、区委组织部以上）审核。确认为党员的，党支部才可以按程序补办入党志愿书。

召开讨论接收预备党员的支部大会,有表决权的到会人数必须超过应到会有表决权人数的半数。

第二十一条　支部大会讨论接收预备党员的主要程序是:

(一)发展对象汇报对党的认识、入党动机、本人履历、家庭和主要社会关系情况,以及需向党组织说明的问题;

(二)入党介绍人介绍发展对象有关情况,并对其能否入党表明意见;

(三)支部委员会报告对发展对象的审查情况;

(四)与会党员对发展对象能否入党进行充分讨论,并采取无记名投票方式进行表决。赞成人数超过应到会有表决权的正式党员的半数,才能通过接收预备党员的决议。因故不能到会的有表决权的正式党员,在支部大会召开前正式向党支部提出书面意见的,应当统计在票数内。

支部大会讨论两个以上的发展对象入党时,必须逐个讨论和表决。

第二十二条　党支部应当及时将支部大会决议写入《中国共产党入党志愿书》,连同本人入党申请书、政治审查材料、培养教育考察材料等,一并报上级党委审批。

支部大会决议主要包括:发展对象的主要表现;应到会和实际到会有表决权的党员人数;表决结果;通过决议的日期;支部书记签名。

第二十三条　预备党员必须由党委(工委,下同)审批。

乡镇(街道)党委所属的基层党委,不能审批预备党员,但应当对支部大会通过接收的预备党员进行审议。

党总支不能审批预备党员,但应当对支部大会通过接收的预备党员进行审议。

除另有规定外,临时党组织不能接收、审批预备党员。

党组不能审批预备党员[②]。

第二十四条　党委审批前,应当指派党委委员或组织员同发展对象谈话,作进一步的了解,并帮助发展对象提高对党的认识。谈话人应当将谈话情况和自己对发展对象能否入党的意见,如实填写在《中国共产党入党志愿书》上,并向党委汇报。

第二十五条　党委审批预备党员,必须集体讨论和表决。

党委主要审议发展对象是否具备党员条件、入党手续是否完备。发展对象符合党员条件、入党手续完备的,批准其为预备党员。党委审批意见写入《中国共产党入党志愿书》,注明预备期的起止时间,并通知报批的党支部。党支部应当及时通知本人并在党员大会上宣布。对未被批准入党的,应当通知党支部和本人,做好思想工作。

② 党章规定,党组可以"讨论和决定基层党组织设置调整和发展党员"。

党委会审批两个以上的发展对象入党时，应当逐个审议和表决。

第二十六条 党委对党支部上报的接收预备党员的决议，应当在三个月内审批，并报上级党委组织部门备案。如遇特殊情况可适当延长审批时间，但不得超过六个月。

第二十七条 在特殊情况下，党的中央和省、自治区、直辖市委员会可以直接接收党员。

第二十八条 对在中国特色社会主义事业中为党和人民利益英勇献身，事迹突出，在一定范围内有较大影响，生前一贯表现良好并曾向党组织提出过入党要求的人员，可以追认为党员。

追认党员必须严格掌握，由所在单位党组织讨论决定后，经上级党委审查，报省一级党委批准。

第五章 预备党员的教育、考察和转正

第二十九条 党组织应当及时将上级党委批准的预备党员编入党支部和党小组，对预备党员继续进行教育和考察。

第三十条 预备党员必须面向党旗进行入党宣誓。入党宣誓仪式，一般由基层党委或党支部（党总支）组织进行。

第三十一条 党组织应当通过党的组织生活、听取本人汇报、个别谈心、集中培训、实践锻炼等方式，对预备党员进行教育和考察。

第三十二条 预备党员的预备期为一年。预备期从支部大会通过其为预备党员之日算起。

预备党员预备期满，党支部应当及时讨论其能否转为正式党员。认真履行党员义务、具备党员条件的，应当按期转为正式党员；需要继续考察和教育的，可以延长一次预备期，延长时间不能少于半年，最长不超过一年；不履行党员义务、不具备党员条件的，应当取消其预备党员资格。

预备党员违犯党纪，情节较轻，尚可保留预备党员资格的，应当对其进行批评教育或延长预备期；情节较重的，应当取消其预备党员资格[③]。

预备党员转为正式党员、延长预备期或取消预备党员资格，应当经支部大会讨论通过和上级党组织批准。

第三十三条 预备党员转正的手续是：本人向党支部提出书面转正申请；党小组提出意见；党支部征求党员和群众的意见；支部委员会审查；支部大会讨论、表决通过；报上级党委审批。

讨论预备党员转正的支部大会，对到会人数、赞成人数等要求与讨论接收预备

③ 《转正后发现党员伪造入党积极分子材料，如何处理？》中央纪委法规室回复：根据党章和《中国共产党纪律处分条例》、《中国共产党发展党员工作细则》等党内法规，发展党员应当严格履行程序，把不符合党员条件的人发展为党员或者违反有关规定程序发展党员的，不承认其党员身份；党员干部在发展党员工作中失职失责的，应当追究相关人员的纪律责任。

党员的支部大会相同。

第三十四条　党委对党支部上报的预备党员转正的决议，应当在三个月内审批。审批结果应当及时通知党支部。党支部书记应当同本人谈话，并将审批结果在党员大会上宣布。

党员的党龄，从预备期满转为正式党员之日算起。

第三十五条　预备期未满的预备党员工作、学习所在单位（居住地）发生变动，应当及时报告原所在党组织。原所在党组织应当及时将对其培养教育和考察的情况，认真负责地介绍给接收预备党员的党组织。

党组织应当对转入的预备党员的入党材料进行严格审查，对无法认定的预备党员，报县级以上党委组织部门批准，不予承认。

第三十六条　基层党组织对转入的预备党员，在其预备期满时，如认为有必要，可推迟讨论其转正问题，[④]推迟时间不超过六个月。转为正式党员的，其转正时间自预备期满之日算起。

④　党员在预备期内被党组织诫勉处理，可推迟转正。

第三十七条　预备党员转正后，党支部应当及时将其《中国共产党入党志愿书》、入党申请书、政治审查材料、转正申请书和培养教育考察材料，交党委存入本人人事档案。无人事档案的，建立党员档案，由所在党委或县级党委组织部门保存。

第六章　发展党员工作的领导和纪律

第三十八条　各级党委应当把发展党员工作列入重要议事日程，纳入党建工作责任制，作为党建工作述职、评议、考核和党务公开的重要内容。

对发展党员工作情况，市（地、州、盟）、县（市、区、旗）党委每半年检查一次，省、自治区、直辖市党委每年检查一次。检查结果及时上报，并向下通报。

重视从青年工人、农民、知识分子中发展党员，优化党员队伍结构。对具备发展党员条件但长期不做发展党员工作的基层党组织，上级党委应当加强指导和督促检查，必要时对其进行组织整顿。

第三十九条　各级党委组织部门每年应当向同级党委和上级党委组织部门报告发展党员工作情况和发展党员工作计划，如实反映带有倾向性的问题和对违反规定发展党员的查处情况。

第四十条　县以上党委及其组织部门应当重视对组织员的选拔、配备和培训，充分发挥他们在发展党员工作中的作用。

第四十一条　各级党组织对发展党员工作中出现的违纪违规问题和不正之风，应当严肃查处。对不坚持标准、不履行程序、超过审批时限和培养考察失职、审查把关不严的党组织及其负责人、直接责任人应当进行批评教育，情节严重的给予纪律处分。典型案例应当及时通报,对违反规定吸收入党的,一律不予承认,并在支部大会上公布[⑤]。

⑤ "对违反规定吸收入党的,一律不予承认,并在支部大会上公布",请牢记。

对采取弄虚作假或其他手段把不符合党员条件的人发展为党员,或为非党员出具党员身份证明的,应当依纪依法严肃处理。

第四十二条 《中国共产党入党志愿书》的式样由中央组织部负责制定,省级党委组织部门按照式样统一印制,并严格管理。

第七章 附 则

第四十三条 本细则由中央组织部负责解释。

第四十四条 本细则自发布之日起施行。《中国共产党发展党员工作细则(试行)》(中组发〔1990〕3号)同时废止。

关于中国共产党党费收缴、使用和管理的规定

(2008年2月4日中共中央组织部印发)

按照党章规定向党组织交纳党费,是共产党员必须具备的起码条件,是党员对党组织应尽的义务。党费收缴、使用和管理,是党的基层组织建设和党员队伍建设中的一项重要工作。为了适应形势发展的要求,进一步加强和改进党费收缴、使用、管理工作,现作如下规定。

一、党费收缴

第一条 按月领取工资的党员,每月以工资总额中相对固定的、经常性的工资收入(税后)为计算基数,按规定比例交纳党费。

工资总额中相对固定的、经常性的工资收入包括:机关工作人员(不含工人)的职务工资、级别工资、津贴补贴;事业单位工作人员的岗位工资、薪级工资、绩效工资、津贴补贴;机关工人的岗位工资、技术等级(职务)工资、津贴补贴;企业人员工资收入中的固定部分(基本工资、岗位工资)和活的部分(奖金)。

第二条 党员交纳党费的比例为:每月工资收入(税后)在3000元以下(含3000元)者,交纳月工资收入的0.5%;3000元以上至5000元(含5000元)者,交纳1%;5000元以上至10000元(含10000元)者,交纳1.5%;10000元以上者,交纳2%。

第三条 实行年薪制人员中的党员,每月以当月实际领取的薪酬收入为计算

基数，参照第一条、第二条规定交纳党费。

第四条　不按月取得收入的个体经营者等人员中的党员，每月以个人上季度月平均纯收入为计算基数，参照第一条、第二条规定交纳党费。

第五条　离退休干部、职工中的党员，每月以实际领取的离退休费总额或养老金总额为计算基数，5000元以下(含5000元)的按0.5%交纳党费，5000元以上的按1%交纳党费。

第六条　农民党员每月交纳党费0.2元—1元。学生党员、下岗失业的党员、依靠抚恤或救济生活的党员、领取当地最低生活保障金的党员，每月交纳党费0.2元。

第七条　交纳党费确有困难的党员，经党支部研究，报上一级党委批准后，可以少交或免交党费。

第八条　预备党员从支部大会通过其为预备党员之日起交纳党费。

第九条　党员一般应当向其正式组织关系所在的党支部交纳党费。持《中国共产党流动党员活动证》的党员，外出期间可以持证向流入地党组织交纳党费。

第十条　党员工资收入发生变化后，从按新工资标准领取工资的当月起，以新的工资收入为基数，按照规定比例交纳党费。

第十一条　党员自愿多交党费不限。自愿一次多交纳1000元以上的党费，全部上缴中央。具体办法是：由所在基层党委代收，并提供该党员的简要情况，通过省、自治区、直辖市党委组织部，中央直属机关工委、中央国家机关工委组织部，国务院国资委党委、中央各金融机构党委组织部，铁道部政治部、民航总局党委组织部，解放军总政治部组织部转交中央组织部。中央组织部给本人出具收据。

第十二条　党员应当增强党员意识，主动按月交纳党费。遇到特殊情况，经党支部同意，可以每季度交纳一次党费，也可以委托其亲属或者其他党员代为交纳或者补交党费。补交党费的时间一般不得超过6个月。

第十三条　对不按照规定交纳党费的党员，其所在党组织应及时对其进行批评教育，限期改正。对无正当理由，连续6个月不交纳党费的党员，按自行脱党处理。

第十四条　党组织应当按照规定收缴党员党费，不得垫交或扣缴党员党费，不得要求党员交纳规定以外的各种名目的“特殊党费”。

第十五条　各省、自治区、直辖市党委，中央直属机关工委，中央国家机关工委，国务院国资委党委，中央各金融机构党委，铁道部政治部，民航总局党委和解放军总政治部，每年按全年党员实交党费总数的5%上缴中央。上缴中央的党费应当于次年4月底前汇入中央组织部党费账户，不得少缴或拖延。

第十六条 铁路、民航系统党的关系在地方的党委，每年按照全年党员实交党费总数的10%向所在地方党委上缴党费。中国人民银行的地市级分支机构和中央其他金融机构的省级分支机构党委，每年按本地本系统党员全年实交党费总数的5%向所在地方党委上缴党费，其他派出机构和下属单位党委不再向地方党委上缴党费。

二、党费使用

第十七条 使用党费应当坚持统筹安排、量入为出、收支平衡、略有结余的原则。

第十八条 使用党费要向农村、街道社区和其他有困难的基层党组织倾斜。

第十九条 党费必须用于党的活动，主要作为党员教育经费的补充，其具体使用范围包括：(1)培训党员；(2)订阅或购买用于开展党员教育的报刊、资料、音像制品和设备；(3)表彰先进基层党组织、优秀共产党员和优秀党务工作者；(4)补助生活困难的党员；(5)补助遭受严重自然灾害的党员和修缮因灾受损的基层党员教育设施。

第二十条 使用和下拨党费，必须集体讨论决定，不得个人或者少数人说了算。

第二十一条 请求下拨党费的请示，应当向上一级党组织提出，不得越级申请。上级党组织下拨的党费，必须专款专用，不得挪作他用。

三、党费管理

第二十二条 党费由党委组织部门代党委统一管理。党费的具体管理工作由各级党委组织部门承担党员教育管理职能的内设机构承办。

第二十三条 党费的具体财务工作由各级党委组织部门内设的财务机构或者同级党委的财务机构代办。必须指定专人负责，实行会计、出纳分设。党费会计核算和会计档案管理，参照财政部制定的《行政单位会计制度》执行。

第二十四条 党费应当以党委或党委组织部门的名义单独设立银行账户，必须存入中国工商银行、中国农业银行、中国银行、中国建设银行、交通银行、中国邮政储蓄银行，不得存入其它银行或者非银行金融机构。党费利息是党费收入的一部分，不得挪作他用。依法保障党费安全，不得利用党费账户从事经济活动，不得将党费用于购买国债以外的投资。

第二十五条 党委组织部门要加强对党费管理工作人员的培训，提高其政治素质和业务水平。党费管理工作人员，必须先培训，后上岗。党费管理工作人员变动时，要严格按照党费管理的有关规定和财务制度办好交接手续。

第二十六条 党费收缴、使用和管理的情况要作为党务公开的一项重要内容。党的基层委员会和各级地方委员会应当在党员大会或者党的代表大会上，向大会报告（或书面报告）党费收缴、使用和管理情况，接受党员或者党的代表大会代表的审议和监督。各级地方党委组织部门应当每年向同级党委和上级党委组织部门报告党费收缴、使用和管理情况，同时向下级党组织通报。党支部应当每年向党员公布一次党费收缴情况。

第二十七条　党的地方委员会和基层委员会可以留存党费。具体留存单位和留存比例，由各省、自治区、直辖市党委，中央直属机关工委，中央国家机关工委，国务院国资委党委，中央各金融机构党委，铁道部政治部，民航总局党委，解放军总政治部，根据实际情况和工作需要确定，留存比例应当向基层倾斜。

第二十八条　各省、自治区、直辖市党委组织部，中央直属机关工委、中央国家机关工委组织部，国务院国资委党委、中央各金融机构党委组织部，铁道部政治部、民航总局党委组织部，解放军总政治部组织部，每年4月底前就上年度党费收缴、使用和管理情况向中央组织部提交书面报告。报告内容是：上年度党费收缴、使用和结存的数额；党费开支的主要项目；党费收缴、使用和管理工作中的经验、做法、存在的问题及改进的意见和建议等。

第二十九条　各级党委组织部门每年要检查一次党费收缴、使用和管理的情况，总结经验，发现问题，及时纠正。

第三十条　对违反党费收缴、使用和管理规定的，依据《中国共产党纪律处分条例》及有关规定严肃查处，触犯刑律的依法处理。

第三十一条　中国人民解放军和中国人民武装警察部队中的党组织收缴、使用和管理党费的办法，由解放军总政治部参照本规定制定。

第三十二条　本规定自2008年4月1日起施行，过去规定与本规定不一致的，以本规定为准。

第三十三条　本规定由中央组织部负责解释。

中央纪委、中央组织部关于对党员领导干部进行诫勉谈话和函询的暂行办法

（2005年12月19日中共中央办公厅印发）

第一条　为加强和改进对党员领导干部的日常教育和管理，根据《中国共产党党内监督条例（试行）》①，制定本办法。

第二条　根据党委（党组）要求，纪律检查机关和组织（人事）部门按照干部管理权限，对党员领导干部进行诫勉谈话和函询。②对下一级领导班子成员，根据具体情况，也可以委托其所在党委（党组）的主要负责人进行诫勉谈话。

① 请注意立法依据。目前，《中国共产党党内监督条例（试行）》已被《中国共产党党内监督条例》取代。

② 目前，诫勉谈话也适用于一般党员干部。2017年，中央纪委法规室指出：诫勉谈话不仅适用于党员领导干部，也适用于一般党员干部，根据《中国共产党党内监督条例》等法规，党组织发现党员领导干部有轻微违纪问题的，应当对其进行诫勉谈话，并由本人做出说明或检讨。各级党组织要按照管理权限，加强对所属党员干部的教育、管理和监督，按要求做好诫勉谈话相关工作。

第三条 党员领导干部有下列情况之一的，应当对其进行诫勉谈话：

（一）不能严格遵守党的政治纪律，贯彻落实党的路线方针政策和上级党组织决议、决定以及工作部署不力；

（二）不认真执行民主集中制，作风专断，或者在领导班子中闹无原则纠纷；

（三）不认真履行职责，给工作造成一定损失；

（四）搞华而不实和脱离实际的"形象工程"、"政绩工程"，铺张浪费，造成不良影响；

（五）不严格执行《党政领导干部选拔任用工作条例》，用人失察失误；

（六）不严格执行廉洁自律规定，造成不良影响；

（七）其他需要进行诫勉谈话的情况。

第四条 诫勉谈话时，应当向谈话对象说明谈话原因，认真听取其对有关问题的解释和说明，指出需要注意的问题，并要求其提出改正措施。

第五条 纪律检查机关和组织（人事）部门应当采取适当方式，对诫勉谈话对象存在的主要问题的改正情况进行了解。对于没有改正或者改正不明显的，应当根据党委（党组）的意见，予以批评教育并督促改正，或者作出组织处理。

第六条 纪律检查机关和组织（人事）部门针对群众反映的党员领导干部政治思想、道德品质、廉政勤政、选人用人等方面的问题，也可以用书面形式对被反映的党员领导干部进行函询。

第七条 党员领导干部在收到函询的十五个工作日内，应当实事求是地作出书面回复。如有特殊情况不能如期回复的，应当在规定期限内说明理由。对函询问题未讲清楚的，可再次对其进行函询或者采取其他方式进行了解。对无故不回复的，应当责令其尽快回复③。

③ "对无故不回复的，应当责令其尽快回复。"这是一个重要知识点。

第八条 对党员领导干部进行诫勉谈话和函询，要严格履行审批程序。一般应当按照干部管理权限，由纪律检查机关或者组织（人事）部门的有关单位提出意见，报本机关或者本部门领导批准。

第九条 党员领导干部接受组织诫勉谈话和函询，要如实回答问题，不得隐瞒、编造、歪曲事实和回避问题，不得无故不回复组织函询，不得对反映问题的人进行追查，更不得打击报复。对违反者，应当进行批评教育，情节严重的给予组织处理或者纪律处分④。

④ "无故不回复组织函询"的处理——应当进行批评教育，情节严重的给予组织处理或者纪律处分。

第十条 党员领导干部的诫勉谈话记录（需经本人核实）和回复组织函询的材料，由进行诫勉谈话和函询的机关或者部门留存。

第十一条 有关工作人员对党员领导干部进行的诫勉谈话和函询内容要严格保密。对失密、泄密者，按照有关规定处理。

第十二条　非中共党员领导干部，需要进行诫勉谈话和函询的，适用本办法[⑤]。

第十三条　中国人民解放军和中国人民武装警察部队关于对党员领导干部进行诫勉谈话和函询的办法，由解放军总政治部参照本办法制定。

第十四条　本办法由中央组织部商中央纪委解释。

第十五条　本办法自发布之日起施行。

⑤ 非党员领导干部也适用此规定。请读者注意。

中共中央组织部关于组织人事部门对领导干部进行提醒、函询和诫勉的实施细则[①]

（2015年6月28日中共中央组织部制定并发布）

第一章　总　　则

第一条　为从严管理监督干部，促进干部自觉践行"三严三实"，根据《中国共产党党内监督条例（试行）》《关于对党员领导干部进行诫勉谈话和函询的暂行办法》[②]等党内法规，制定本细则。

第二条　各级组织人事部门在党委（党组）的领导下，按照干部管理权限，对领导干部进行提醒、函询和诫勉。

第三条[③]　对领导干部进行提醒、函询和诫勉，应当坚持从严要求，把纪律挺在前面，抓早抓小抓苗头，防止小毛病演变成大问题；坚持关心爱护干部，注重平时教育培养，促进干部健康成长。

① 请注意此规定的发布主体和适用主体是组织人事部门。

② 本实施细则的制定依据，值得关注。《中国共产党党内监督条例（试行）》《关于对党员领导干部进行诫勉谈话和函询的暂行办法》均是实施细则的制定依据。

③ 本条的立法用意，需要读者用心揣摩、体会。

第二章　提　　醒

第四条　组织人事部门在干部日常管理监督或者党内集中教育活动、领导班子换届、领导班子民主生活会、年度考核、巡视等工作中，对领导干部的苗头性倾向性问题以及其他需要引起注意的情况，应当及时进行提醒[④]。

第五条　提醒对象由组织人事部门的干部工作机构或者干部监督机构提出建议名单，报本部门负责人批准后确定。

第六条　对领导干部进行提醒，一般采用谈话方式，也可以采用书面方式。

采用谈话方式进行提醒的，一般由组织人事部门负责人作为谈话人，也可以根据提醒对象的具体情况及谈话内容确定适当的谈话人。

采用书面方式进行提醒的，组织人事部门应向提醒对象发送提醒函。

④ 请注意提醒谈话的适用条件：党员干部存在苗头性倾向性问题以及其他需要引起注意的情况。

第三章 函 询

第七条 组织人事部门针对信访、举报及其他途径反映领导干部政治思想、履行职责、工作作风、道德品质、廉政勤政、组织纪律等方面的问题,除进行调查核实的外,一般采用书面方式对被反映的领导干部进行函询了解。

第八条 对领导干部进行函询,由组织人事部门的干部工作机构或者干部监督机构提出意见,报本部门负责人批准后实施。

第九条 对领导干部进行函询,应当向函询对象发送函询通知书。函询对象在收到函询通知书的十五个工作日内,应当实事求是地作出书面回复。如有特殊情况不能如期回复的,应当在规定期限内说明理由⑤。对函询问题没有说明清楚的,可以再次对其进行函询或者采取其他方式进行了解。

⑤ 对不能如期回复的处理方式:要求其在规定期限内说明理由。

第十条 有下列情形之一的,组织人事部门可以委托函询对象所在单位的党委(党组)主要负责人对其进行督促,也可以会同有关单位和部门直接进行调查了解:

(一)无故不按期书面回复的;

(二)两次函询后仍未说明清楚的;

(三)从回复材料中发现存在其他问题的。

第十一条 经函询或者调查了解,函询对象确实存在问题的,应当根据相关规定进行处理。

第十二条 组织人事部门对领导干部回复组织函询的材料应认真审核,并建立函询档案管理制度,对有关材料进行留存。

第四章 诫 勉

第十三条 领导干部存在下列问题,虽不构成违纪但造成不良影响的,或者虽构成违纪但根据有关规定免予党纪政纪处分的,应当对其进行诫勉⑥:

⑥ 请注意诫勉的适用条件:领导干部存在下列问题,虽不构成违纪但造成不良影响的,或者虽构成违纪但根据有关规定免予党纪政纪处分的。这与《中国共产党党内监督条例》第21条所规定的诫勉及其适用条件基本相同。

(一)遵守党的政治纪律、组织纪律不够严格的;

(二)执行民主集中制不够严格,个人决定应由集体决策事项或者在领导班子中闹无原则纠纷的;

(三)执行《党政领导干部选拔任用工作条例》不够严格,用人失察失误的;

(四)法治观念淡薄,不依法履行职责或者妨碍他人依法履行职责的;

(五)违反规定干预市场经济活动的;

(六)不认真落实中央八项规定精神和厉行节约反对浪费规定的;

(七)脱离实际、弄虚作假,损害群众利益和党群干群关系的;

（八）无正当理由不按时报告、不如实报告个人有关事项的；

（九）执行廉洁自律规定不严格的；

（十）纪律松弛、监管不力，对身边工作人员发生严重违纪违法行为负有责任的；

（十一）在巡视、经济责任审计中发现有违规行为的；

（十二）从事有悖社会公德、职业道德、家庭美德活动的；

（十三）其他需要进行诫勉的情形。

第十四条　对领导干部进行诫勉，由组织人事部门提出意见，报同级党委（党组）批准后实施。

第十五条　对领导干部进行诫勉，可以采用谈话方式，也可以采用书面方式。

第十六条　采用谈话方式进行诫勉的，应当根据诫勉对象的职务层次和具体岗位确定适当的谈话人。

（一）对党委（党组）主要负责人进行谈话诫勉，一般应由上一级党委（党组）负责人作为谈话人，也可以由上一级组织人事部门主要负责人作为谈话人。

（二）对党委（党组）领导班子其他成员进行谈话诫勉，一般应委托本级党委（党组）主要负责人作为谈话人，也可以由上一级组织人事部门负责人作为谈话人。

（三）对单位所属机构主要负责人进行谈话诫勉，一般应由本单位党委（党组）负责人作为谈话人。

（四）对单位其他人员进行谈话诫勉，由组织人事部门确定适当的谈话人。

第十七条　采用谈话方式进行诫勉的，谈话人应当实事求是地向诫勉对象说明诫勉的事由，提出有针对性的要求，并明确其提交书面检查的时间。谈话诫勉应当制作谈话记录，载明下列事项：

（一）诫勉对象的基本情况，包括姓名、职务等；

（二）谈话人、记录人的姓名、职务等；

（三）进行谈话诫勉的日期、地点；

（四）进行诫勉的事由；

（五）谈话具体内容。

第十八条　采用书面方式进行诫勉的，组织人事部门应当向诫勉对象发送诫勉书；同时，将诫勉事项告知诫勉对象所在单位党委（党组）主要负责人。诫勉书应当载明下列事项：

（一）诫勉对象的基本情况，包括姓名、职务等；

（二）进行诫勉的事由；

（三）对诫勉对象提出的有针对性的要求；

（四）要求诫勉对象提交书面检查的时间；

（五）进行诫勉的组织人事部门的名称；

（六）制作诫勉书的日期。

第十九条 受到诫勉的领导干部，取消当年年度考核、本任期考核评优和评选各类先进的资格，六个月内不得提拔或者重用[⑦]。

第二十条 诫勉六个月后，组织人事部门应当采取适当方式，对诫勉对象的改正情况进行了解。对于没有改正或者改正不明显的，根据情节轻重，给予调离岗位、引咎辞职、责令辞职、免职、降职等组织处理。

第二十一条 组织人事部门要建立诫勉档案管理制度，对领导干部的谈话诫勉记录、诫勉书、书面检查材料等进行留存，并将有关情况作为领导干部考核、任免、奖惩的重要依据。

第五章 纪 律

第二十二条 领导干部接受提醒、函询和诫勉时，必须认真对待、如实回答，不得隐瞒、编造、歪曲事实和回避问题；不得追查反映问题人员，更不得打击报复。对违反者，根据情节轻重，给予组织处理；构成违纪违法的，移送有关部门依纪依法处理。

第二十三条 有关工作人员对领导干部进行提醒、函询和诫勉的内容要严格保密。对失密、泄密者，按照有关规定严肃处理。

第二十四条 各级组织人事部门要敢于担当，切实履行干部管理监督职责，积极发挥提醒、函询和诫勉的警示教育作用。对不履行或者不正确履行职责的，要视情节轻重追究责任，严肃处理。

第六章 附 则

第二十五条 本细则由中央组织部负责解释。

第二十六条 本细则自发布之日起施行。

⑦ 诫勉的6个月影响期，来源于此。请注意细则发布日期是2015年6月28日。关于诫勉是否一律有6个月影响期，中央纪委法规室2015年10月19日答复如下：关于诫勉谈话的影响期以及对晋职晋级、提拔使用、评先评优等事项的影响，各级各地各部门出台的相关规范性文件中均有不同规定，标准尚不统一。比如，根据中央组织部出台的《关于组织人事部门对领导干部进行提醒、函询和诫勉的实施细则》的有关规定，受到诫勉的领导干部，取消当年年度考核、本任期考核评优和各类先进的资格，6个月内不得提拔或者重用。因此，诫勉谈话的影响期应当在实践中依据有关规定来判定。

中国共产党组织处理规定（试行）

（2021年2月23日中共中央政治局常委会会议审议批准
2021年3月19日中共中央办公厅发布）

第一条 为了落实全面从严治党要求，规范组织处理工作，根据《中国共产党章程》和有关党内法规，制定本规定。

第二条　组织处理工作坚持以习近平新时代中国特色社会主义思想为指导，贯彻新时代党的建设总要求和新时代党的组织路线，落实从严管理监督要求，严肃处理对党不忠、从政不廉、为官不为、品行不端等问题，督促领导干部不忘初心、牢记使命，始终做到忠诚干净担当。

第三条　本规定所称组织处理，是指党组织对违规违纪违法、失职失责失范的领导干部采取的岗位、职务、职级调整措施，包括停职检查、调整职务、责令辞职、免职、降职。[①]

第四条　组织处理工作坚持以下原则：

（一）全面从严治党、从严管理监督干部；

（二）党委（党组）领导、分级负责；

（三）实事求是、依规依纪依法；

（四）惩前毖后、治病救人。

第五条　本规定适用于各级党的机关、人大机关、行政机关、政协机关、监察机关、审判机关、检察机关以及事业单位、群团组织中担任领导职务的党员干部。

对以上机关、单位中非中共党员领导干部、不担任领导职务的干部，以及国有企业中担任领导职务的人员进行组织处理，参照本规定执行。

第六条　党委（党组）及其组织（人事）部门按照干部管理权限履行组织处理职责。

有关机关、单位在执纪执法、日常管理监督等工作中发现领导干部存在需要进行组织处理的情形，应当向党委（党组）报告，或者向组织（人事）部门提出建议。

第七条　领导干部在政治表现、履行职责、工作作风、遵守组织制度、道德品行等方面，有苗头性、倾向性或者轻微问题[②]，以批评教育、责令检查、诫勉为主，存在以下情形之一且问题严重的，应当受到组织处理[③]：

（一）在重大原则问题上不同党中央保持一致，有违背“四个意识”、“四个自信”、“两个维护”错误言行的；

（二）理想信念动摇，马克思主义信仰缺失，搞封建迷信活动造成不良影响，或者违规参加宗教活动、信奉邪教的；

（三）贯彻落实党的基本理论、基本路线、基本方略和党中央决策部署不力，做选择、打折扣、搞变通，造成不良影响或者严重后果的；

（四）面对大是大非问题、重大矛盾冲突、危机困难，不敢斗争、不愿担当，造成不良影响或者严重后果的；

（五）工作不负责任、不正确履职或者疏于管理，出现重大失误错误或者发生重

① 组织处理是我们党长期使用的一种干部管理监督措施，但一直未对其概念作出完整的界定。本规定将组织处理界定为党组织对违规违纪违法、失职失责失范的领导干部采取的岗位、职务、职级调整措施，包括停职检查、调整职务、责令辞职、免职、降职。其中，“违规违纪违法、失职失责失范”概括了需要给予组织处理的问题情形，“岗位、职务、职级调整”体现了组织处理的职务相关性，“停职检查、调整职务、责令辞职、免职、降职”涵盖了组织处理方式。诫勉和引咎辞职没有列为组织处理方式，主要考虑是，诫勉在有关规定中明确为日常管理监督方式，引咎辞职有领导干部主动担责含义。这两种方式虽没有列为组织处理方式，但均可以依据其他相关法规执行。

② 此处将"苗头性、倾向性或者轻微问题"并列表述，且处置方式未加区别，均为"批评教育、责令检查、诫勉"。与其相比，《中国共产党党内监督条例》第21条中规定的处置方式存在较大不同："发现领导干部有思想、作风、纪律等方面苗头性、倾向性问题的，有关党组织负责人应当及时对其提醒谈话；发现轻微违纪问题的，上级党组织负责人应当对其诫勉谈话，并由本人作出说明或者检讨。"

③ 请注意，组织处理的适用条件："问题严重"。

大生产安全事故、群体性事件、公共安全事件等严重事故、事件的；

（六）工作不作为，敷衍塞责、庸懒散拖，长期完不成任务或者严重贻误工作的；

（七）背弃党的初心使命，群众意识淡薄，对群众反映强烈的问题推诿扯皮，在涉及群众生产、生活等切身利益问题上办事不公、作风不正，甚至损害、侵占群众利益，造成不良影响或者严重后果的；

（八）形式主义、官僚主义问题突出，脱离实际搞劳民伤财的"形象工程"、"政绩工程"，盲目举债，弄虚作假，造成不良影响或者重大损失的；

（九）违反民主集中制原则，个人或者少数人决定重大问题，不执行或者擅自改变集体决定，不顾大局闹无原则纠纷、破坏团结，造成不良影响或者严重后果的；

（十）在选人用人工作中跑风漏气、说情干预、任人唯亲、突击提拔、跑官要官、拉票贿选、违规用人、用人失察失误，造成不良影响或者严重后果的；

（十一）搞团团伙伙、拉帮结派、培植个人势力等非组织活动，破坏所在地方或者单位政治生态的；

（十二）无正当理由拒不服从党组织根据工作需要作出的分配、调动、交流等决定的；

（十三）不执行重大事项请示报告制度产生不良后果，严重违反个人有关事项报告、干部人事档案管理、领导干部出国（境）等管理制度，本人、配偶、子女及其配偶违规经商办企业的；

（十四）诬告陷害、打击报复他人，制造或者散布谣言，阻挠、压制检举控告，造成不良影响或者严重后果的；

（十五）违反中央八项规定精神、廉洁从政有关规定的；

（十六）违背社会公序良俗，造成不良影响或者严重后果的；

（十七）其他应当受到组织处理的情形。

第八条　组织处理可以单独使用，也可以和党纪政务处分合并使用。

第九条　领导干部在推进改革中因缺乏经验、先行先试出现失误，尚无明确限制的探索性试验中出现失误，为推动发展出现无意过失，后果影响不是特别严重的，以及已经履职尽责，但因不可抗力、难以预见等因素造成损失的，可以不予或者免予组织处理。

第十条　组织处理一般按照以下程序进行：

（一）调查核实。组织（人事）部门对领导干部存在的问题以及所应担负的责任进行调查核实，听取有关方面意见，与领导干部本人谈话听取意见。执纪执法等机关已有认定结果的，可以不再进行调查。

（二）提出处理意见。组织（人事）部门根据调查核实情况或者执纪执法等机关认定结果、有关建议,以及领导干部一贯表现、认错悔错改错等情况,综合考虑主客观因素,研究提出组织处理意见报党委(党组)。

(三)研究决定。党委(党组)召开会议集体研究,作出组织处理决定。对双重管理的领导干部,主管方应当就组织处理意见事先征求协管方意见。

(四)宣布实施。组织(人事)部门向受到组织处理的领导干部所在单位和本人书面通知或者宣布组织处理决定,向提出组织处理建议的机关、单位通报处理情况,在1个月内办理受到组织处理的领导干部调整职务、职级、工资以及其他有关待遇的手续。对选举和依法任免的领导干部,按照有关规定履行任免程序。对需要向社会公开的组织处理,按照有关规定予以公开。

第十一条　停职检查期限一般不超过6个月。受到调整职务处理的,1年内不得提拔职务、晋升职级或者进一步使用。受到责令辞职、免职处理的,1年内不得安排领导职务,2年内不得担任高于原职务层次的领导职务或者晋升职级。受到降职处理的,2年内不得提拔职务、晋升职级或者进一步使用。同时受到党纪政务处分和组织处理的,按照影响期长的规定执行。

领导干部受到组织处理的,当年不得评选各类先进。当年年度考核按照以下规定执行:受到调整职务处理的,不得确定为优秀等次;受到责令辞职、免职、降职处理的,只写评语不确定等次。同时受到党纪政务处分和组织处理的,按照对其年度考核结果影响较重的处理处分确定年度考核等次。

对受到责令辞职、免职处理的领导干部,可以根据工作需要以及本人特长,安排适当工作任务。

第十二条　领导干部对组织处理决定不服的,可以在收到组织处理决定后,向作出组织处理决定的党委(党组)提出书面申诉。党委(党组)应当在收到申诉的1个月内作出申诉处理决定,以书面形式告知干部本人以及所在单位。领导干部对申诉处理决定不服的,可以向上级组织(人事)部门提出书面申诉。上级组织(人事)部门应当在2个月内予以办理并作出答复,情况复杂的不超过3个月。

申诉期间,不停止组织处理决定的执行。

第十三条　对领导干部组织处理存在事实认定不清楚、责任界定不准确的,应当重新调查核实。处理不当的,应当及时予以纠正。必要时,上级党委(党组)可以责令作出组织处理决定的党委(党组)予以纠正。

第十四条　组织(人事)部门应当将组织处理决定材料和纠正材料归入本人干部人事档案,根据工作需要抄送有关部门。

第十五条　受到组织处理的领导干部应当认真反省问题,积极整改提高。党组织应当加强对受到组织处理的领导干部日常管理和关心关爱,了解掌握其思想动态和工作状况，有针对性地做好教育引导工作。

第十六条 领导干部受到组织处理，影响期满，表现好且符合有关条件的，按照干部选拔任用等有关规定使用。

第十七条 中央军事委员会可以根据本规定制定相关规定。

第十八条 本规定由中央组织部负责解释。

第十九条 本规定自发布之日起施行。

推进领导干部能上能下规定

（2015年6月26日中共中央政治局会议审议批准 2015年7月19日中共中央办公厅发布 2022年8月19日中共中央政治局常委会会议修订 2022年9月8日中共中央办公厅发布）

第一条 为了全面推进党的政治建设、思想建设、组织建设、作风建设、纪律建设，健全能上能下的选人用人机制，建设德才兼备、忠诚干净担当的高素质专业化干部队伍，完善从严管理干部队伍制度体系，根据《中国共产党组织工作条例》、《党政领导干部选拔任用工作条例》等党内法规和《中华人民共和国公务员法》等法律，制定本规定。

第二条 推进领导干部能上能下，坚持以习近平新时代中国特色社会主义思想为指导，贯彻新时代党的建设总要求和新时代党的组织路线，落实新时代好干部标准，坚持党要管党、全面从严治党，坚持实事求是、公道正派，坚持事业为上、人事相宜，坚持依法依规、积极稳妥，着力解决不担当、不作为、乱作为等问题，促使领导干部自觉践行“三严三实”要求，推动形成能者上、优者奖、庸者下、劣者汰的用人导向和从政环境。

第三条 本规定适用于各级党的机关、人大机关、行政机关、政协机关、监察机关、审判机关、检察机关，以及列入公务员法管理的其他机关和参照公务员法管理的机关（单位）中担任领导职务的干部。国有企业、事业单位中担任领导职务的人员，参照本规定执行。

第四条 推进领导干部能上能下，重点是解决能下问题。应当结合实际分类施策，严格执行问责、党纪政务处分、组织处理、辞职、职务任期、退休等有关制度规定，畅通干部下的渠道。

本规定主要规范对不适宜担任现职干部的领导职务所作的组织调整。

第五条 不适宜担任现职，主要指干部的德、能、勤、绩、廉与所任职务要求不

符,不宜在现岗位继续任职。干部具有下列情形之一,被认定为不适宜担任现职,应当及时予以调整:

(一)政治能力不过硬,缺乏应有的政治判断力、政治领悟力、政治执行力,在不折不扣贯彻落实党中央决策部署、结合实际推动落地见效上存在明显差距的;

(二)理想信念动摇,在涉及党的领导、中国特色社会主义制度等重大原则问题上立场不坚定、态度暧昧,关键时刻经不住考验的;

(三)担当和斗争精神不强,在事关党和国家利益、人民群众生命财产安全等紧要关头临阵退缩,在急难险重任务、重大风险考验面前消极逃避或者应对处置不力的;

(四)政绩观存在偏差,不能坚持以人民为中心的发展思想,不能准确把握新发展阶段、完整准确全面贯彻新发展理念,在构建新发展格局、推动高质量发展上不积极不作为,搞"形象工程"、"政绩工程"乱作为的;

(五)违背党的民主集中制原则,独断专行或者软弱涣散、自行其是,不执行或者擅自改变组织作出的决定,在领导班子中闹无原则纠纷,或者任人唯亲、拉帮结派,破坏所在地方、单位政治生态的;

(六)组织观念淡薄,不严格执行重大事项请示报告、个人有关事项报告等制度,无正当理由拒不执行组织的分配、调动、交流等决定的;

(七)事业心和责任感不强,精神状态差,对职责范围内的事项敷衍塞责,对群众急难愁盼问题不上心、不尽力,工作推拖绕躲、贻误事业发展的;

(八)领导能力不足,不能有效履行职责、按要求完成目标任务,重大战略、重要改革、重点工作推进不力,所负责的工作较长时间处于落后状态或者出现较大失误的;

(九)违规决策或者决策论证不充分、不慎重,造成公共资金、国有资产、国有资源损失浪费,生态环境破坏,公共利益损害等后果的;

(十)作风不严不实,执行中央八项规定精神不严格,形式主义、官僚主义问题突出,造成不良影响的;

(十一)品行不端,行为失范,违背社会公德、职业道德、家庭美德,造成不良影响的;

(十二)因存在配偶、子女移居国(境)外,配偶、子女及其配偶经商办企业等情况,按照有关规定需要组织调整的;

(十三)年度考核被确定为不称职,或者连续两年被确定为基本称职,以及民主测评优秀和称职得票率达不到三分之二,经认定确属不适宜担任现职的;

(十四)因健康原因无法正常履行工作职责1年以上的;

（十五）其他不适宜担任现职的情形。

第六条 党委（党组）及其组织（人事）部门按照干部管理权限，履行组织调整的有关职责。

各级组织（人事）部门应当把功夫下在平时，深化对干部的日常了解，定期分析研判考核考察、巡视巡察、审计、统计、个人有关事项报告、民主评议、信访举报等有关领导班子和干部队伍情况，动态掌握干部现实表现，对存在苗头性、倾向性或者轻微问题的，及时予以提醒[①]、谈话、函询、批评教育、责令检查或者诫勉[②]，对不适宜担任现职的及时启动调整程序。

第七条 调整不适宜担任现职干部，一般按照以下程序进行：

（一）核实认定。组织（人事）部门综合分析各方面情况，对不适宜担任现职的情形进行核实，作出客观评价和准确认定。注重听取群众反映、了解群众口碑，特别是听取工作对象、服务对象等相关人员的意见。必要时可以与干部本人谈话听取说明[③]。

（二）提出建议。组织（人事）部门根据调查核实和分析研判结果，对不适宜担任现职干部提出调整建议。调整建议包括调整原因、调整方式、安排去向等内容。

（三）组织决定。党委（党组）召开会议集体研究，作出调整决定。作出决定前，应当听取有关方面意见。涉及干部双重管理的，主管方应当按照有关规定程序征求协管方意见。

（四）谈话。党委（党组）或者组织（人事）部门负责同志与调整对象进行谈话，宣布组织决定，认真细致做好思想工作。

（五）按照有关规定履行任免程序。一般在 1 个月内办理调整干部工资、待遇等方面的手续。对选举和依法任免的干部，按照有关法律法规、章程和规定的程序进行。

第八条 干部本人对调整决定不服的，可以按照有关规定申请复核或者提出申诉。复核、申诉期间不停止调整决定的执行。

第九条 对不适宜担任现职干部，应当根据其一贯表现和工作需要，区分不同情形，采取平职调整、转任职级公务员、免职、降职等方式予以调整，符合提前退休条件的可以办理提前退休[④]。

对非个人原因或者健康原因不能胜任现职岗位的，应当从事业需要和关心爱护干部出发，予以妥善安排。

调整不适宜担任现职干部，原则上在职数范围内安排。暂时超职数的，应当报经上一级党委组织部门和机构编制部门同意，并明确消化时限，一般应在 1 年内消化。

① 《中国共产党党员教育管理工作条例》第 28 条规定：“发现党员有思想、工作、生活、作风和纪律方面苗头性倾向性问题的，以及群众对其有不良反映的，党组织负责人应当及时进行提醒谈话，抓早抓小、防微杜渐。”

② 诫勉适用于已经发生了的轻微违纪问题，但不适用于尚未发生的苗头性、倾向性问题。

③ 《中国共产党问责条例》第 11 条也规定，查明调查对象失职失责问题后，调查组应当听取本人陈述和申辩，并记录在案。

④ 根据《中国共产党组织处理规定（试行）》第 3 条、《推进领导干部能上能下规定》第 9 条的规定，组织处理指党组织对违规违纪违法、失职失责失范的领导干部采取的岗位、职务、职级调整措施，主要包括停职检查、平职调整、转任职级公务员、责令辞职、免职、降职、办理提前退休

第十条　对被调整的干部,应当跟踪了解其思想动态和工作状况,有针对性地做好教育管理工作。根据工作需要,对认真汲取教训、积极努力工作,德才表现和工作实绩突出且经考察符合任职条件的,可以进一步使用、晋升职级或者提拔职务。

第十一条　各级组织(人事)部门应当对不适宜担任现职干部的调整原因、安排方式和后续管理等情况进行纪实,每年1月底前向上一级党委组织部门报备上年度相关情况。

第十二条　健全和落实推进领导干部能上能下工作责任制,党委(党组)应当坚决扛起主体责任,党委(党组)书记应当切实履行第一责任人的责任,组织(人事)部门应当自觉承担具体工作责任,坚持原则、敢于负责,做到真管真严、敢管敢严、长管长严,结合日常干部选拔任用、管理监督、领导班子换届等工作,推进能上能下常态化。

第十三条　坚持严管和厚爱结合、激励和约束并重,落实"三个区分开来"要求,正确把握政策界限,保护干部干事创业、改革创新的积极性,宽容改革探索、先行先试等工作中的失误。

第十四条　严明推进领导干部能上能下工作纪律,不得搞好人主义,不得避重就轻、以党纪政务处分规避组织调整或者以组织调整代替党纪政务处分,不得借机打击报复。

第十五条　积极营造推进领导干部能上能下的制度环境和舆论氛围,加强督促检查,把本规定执行情况纳入党委(党组)履行全面从严治党主体责任、"一报告两评议"、巡视巡察、选人用人专项检查等内容,纳入党委(党组)书记年度考核述职内容。对严重不负责任,或者违反有关工作纪律要求的,应当追究党委(党组)及其组织(人事)部门主要负责人和有关领导成员、直接责任人的责任。

第十六条　各地区各部门可以根据本规定,结合自身实际,制定实施细则。

第十七条　本规定由中央组织部负责解释。

第十八条　本规定自发布之日起施行。

等7种措施。组织处理具有以下功能:一是管理功能。组织处理是教育管理干部的必备手段,通过岗位、职务等调整措施,树立能上能下、激励担当导向。二是惩戒功能。组织处理的对象是违规违纪违法、失职失责失范的领导干部,给予相应的组织处理措施,可以强化惩戒效果。三是预防功能。对一些身处重要岗位,但因行为性质、影响等因素不宜继续在原岗位工作的干部,通过岗位调整、提前退休等措施可从源头预防廉洁风险。参见许屦、杨跃宏:《纪检监察机关提出组织处理建议有关问题探析》,载《中国纪检监察报》2023年1月4日,第7版。

中央纪委、中央组织部、总政治部关于领导干部不得参加自发成立的"老乡会"、"校友会"、"战友会"组织的通知

（2002年4月4日）

各省、自治区、直辖市纪委、党委组织部，中央和国家机关各部委、各人民团体纪检（监察）、干部（人事）部门，新疆生产建设兵团纪委、党委组织部，中央管理的国有重要骨干企业纪检、人事部门，各大军区、各军兵种、各总部、军事科学院、国防大学、国防科学技术大学、武警部队政治部：

近些年来，一些领导干部参加了自发成立的"老乡会"、"校友会"、"战友会"（以下简称"三会"）等组织，或者频繁参加老乡、校友、战友之间的各种联谊类活动，有的还是发起者或组织者。领导干部参加此类组织和活动，多数是为了联络感情，广交朋友，或者为家乡的经济发展、为母校的建设献计献策，帮忙出力。但也有部分领导干部参与其中后，借联谊、聚会之名，大吃大喝，挥霍浪费，有的甚至编织"关系网"，拉"小圈子"，搞团团伙伙或非组织活动，在干部群众中产生了不良影响。为了规范领导干部在参加此类组织和活动方面的行为，现作出如下规定：

一、领导干部不得参加自发成立（未经民政部门登记注册）的老乡、校友、战友之间的各种联谊会之类的组织，不得担当这类联谊会的发起人和组织者，不得在这类联谊会中担任相应职务。已经参加的，必须退出；已经担任职务的，必须辞去。

二、在职领导干部、特别是党员领导干部，由于统战工作等特殊情况，需要参加在各级民政部门登记注册的"三会"组织或者继续留任的，要按照干部管理权限审批。退（离）休领导干部参加这些"三会"组织，要向原工作单位党组织报告；需要担任秘书长以上职务的，要按照干部管理权限审批。

三、领导干部参加老乡、校友、战友之间的各种联谊类活动，要坚持党的原则，遵守党的纪律和国家有关法律，倡导健康文明、积极向上的人际交往。

四、领导干部参加老乡、校友、战友之间的各种联谊类活动，不得借机编织"关系网"，搞亲亲疏疏、团团伙伙，更不得有"结盟"、"金兰结义"等行为。

五、领导干部不得利用职权用公款为此类组织和活动提供赞助，不得用公款报销此类活动经费。

六、领导干部要把违反规定参加老乡、校友、战友之间的各种联谊类活动的情况，作为廉洁自律的内容，严格自查自纠。

七、各级领导干部要严格执行上述规定，发挥表率作用。组织上发现领导干部在参加"三会"组织和老乡、校友、战友之间的各种联谊类活动中有违反规定行为的，要及时进行批评教育，促其改正；对违背组织原则，情节严重的，要给予党纪政纪处分。各级纪检（监察）机关、组织（人事）部门和军队政治部门要加强检查和监督。

国有企事业单位的各级领导干部遵照以上规定执行。

2. 廉洁纪律（公务用车、用房、接待，兼职等）

关于改进工作作风、密切联系群众的八项规定[①]

（2012 年 12 月 4 日中共中央政治局审议通过）

中共中央政治局 2012 年 12 月 4 日在北京召开会议，审议通过中共中央政治局《关于改进工作作风、密切联系群众的八项规定》。规定要求：

一、要改进调查研究，到基层调研要深入了解真实情况，总结经验、研究问题、解决困难、指导工作，向群众学习、向实践学习，多同群众座谈，多同干部谈心，多商量讨论，多解剖典型，多到困难和矛盾集中、群众意见多的地方去，切忌走过场、搞形式主义；要轻车简从、减少陪同、简化接待，不张贴悬挂标语横幅，不安排群众迎送，不铺设迎宾地毯，不摆放花草，不安排宴请。

二、要精简会议活动，切实改进会风，严格控制以中央名义召开的各类全国性会议和举行的重大活动，不开泛泛部署工作和提要求的会，未经中央批准一律不出席各类剪彩、奠基活动和庆祝会、纪念会、表彰会、博览会、研讨会及各类论坛；提高会议实效，开短会、讲短话，力戒空话、套话。

三、要精简文件简报，切实改进文风，没有实质内容、可发可不发的文件、简报一律不发。

四、要规范出访活动，从外交工作大局需要出发合理安排出访活动，严格控制出访随行人员，严格按照规定乘坐交通工具，一般不安排中资机构、华侨华人、留学生代表等到机场迎送。

① 2013 年 1 月 22 日，习近平总书记在十八届中央纪律检查委员会第二次全体会议上强调，改进工作作风的任务非常繁重，中央八项规定是一个切入口和动员令。中央八项规定既不是最高标准，更不是最终目的，只是我们改进作风的第一步，是我们作为共产党人应该做到的基本要求。"善禁者，先禁其身而后人。"各级领导干部要以身作则、率先垂范，说到的就要做到，承诺的就要兑现，中央政治局同志从我本人做起。2023 年 1 月，习近平总书记在二十届中央纪委二次全会上强调，制定实施中央八项规定，是我们党在新时代的徙木立信之举，必须常抓不懈、久久为功，直至真正化风成俗，以优良党风引领社风民风。要继续纠治享乐主义、奢靡之风，把握作风建设地区性、行业性、阶段性特点，抓住普遍发生、反复出现

的问题深化整治，推进作风建设常态化长效化。要把纠治形式主义、官僚主义摆在更加突出位置，作为作风建设的重点任务，研究针对性举措，科学精准靶向整治，动真碰硬、务求实效。

五、要改进警卫工作，坚持有利于联系群众的原则，减少交通管制，一般情况下不得封路、不清场闭馆。

六、要改进新闻报道，中央政治局同志出席会议和活动应根据工作需要、新闻价值、社会效果决定是否报道，进一步压缩报道的数量、字数、时长。

七、要严格文稿发表，除中央统一安排外，个人不公开出版著作、讲话单行本，不发贺信、贺电，不题词、题字。

八、要厉行勤俭节约，严格遵守廉洁从政有关规定，严格执行住房、车辆配备等有关工作和生活待遇的规定。

党政机关厉行节约反对浪费条例[①]

（2013年11月18日中共中央、国务院印发）

第一章　总　　则

第一条　为了进一步弘扬艰苦奋斗、勤俭节约的优良作风，推进党政机关厉行节约反对浪费，建设节约型机关，根据国家有关法律法规和中央有关规定，制定本条例。

第二条　本条例适用于党的机关、人大机关、行政机关、政协机关、审判机关、检察机关，以及工会、共青团、妇联等人民团体和参照公务员法管理的事业单位。

第三条　本条例所称浪费，是指党政机关及其工作人员违反规定进行不必要的公务活动，或者在履行公务中超出规定范围、标准和要求，不当使用公共资金、资产和资源，给国家和社会造成损失的行为。

第四条　党政机关厉行节约反对浪费，应当遵循下列原则：坚持从严从简，勤俭办一切事业，降低公务活动成本；坚持依法依规，遵守国家法律法规和党内法规制度的相关规定，严格按程序办事；坚持总量控制，科学设定相关标准，严格控制经费支出总额，加强厉行节约绩效考评；坚持实事求是，从实际出发安排公务活动，取消不必要的公务活动，保证正常公务活动；坚持公开透明，除涉及国家秘密事项外，公务活动中的资金、资产、资源使用等情况应予公开，接受各方面监督；坚持深化改革，通过改革创新破解体制机制障碍，建立健全厉行节约反对浪费工作长效机制。

第五条　中共中央办公厅、国务院办公厅负责统筹协调、指导检查全国党政机关厉行节约反对浪费工作，建立协调联络机制承办具体事务。地方各级党委办公厅（室）、政府办公厅（室）负责指导检查本地区党政机关厉行节约反对浪费工作。

① 2020年8月，中央纪委国家监委印发《关于贯彻落实习近平总书记重要批示精神　加强监督执纪坚决制止餐饮浪费行为的工作意见》，要求各级纪检监察机关把监督节约粮食、坚决制止餐饮浪费作为一项重要任务，立足职能职责精准监督、创新监督，狠刹奢侈浪费歪风。各级纪检监察机关要紧盯各级领导机关、党员领导干部和公职人员等重点对象，把节约粮食、制止餐饮浪费作为落实中央八项规定精神、纠治“四风”的重要方面，纳入监督检查、巡视巡察的重要内容，强化日常监督。

纪检监察机关和组织人事、宣传、外事、发展改革、财政、审计、机关事务管理等部门根据职责分工，依法依规履行对厉行节约反对浪费相关工作的管理、监督等职责。

第六条　各级党委和政府应当加强对厉行节约反对浪费工作的组织领导。党政机关领导班子主要负责人对本地区、本部门、本单位的厉行节约反对浪费工作负总责，其他成员根据工作分工，对职责范围内的厉行节约反对浪费工作负主要领导责任。

第二章　经费管理

第七条　党政机关应当加强预算编制管理，按照综合预算的要求，将各项收入和支出全部纳入部门预算。

党政机关依法取得的罚没收入、行政事业性收费、政府性基金、国有资产收益和处置等非税收入，必须按规定及时足额上缴国库，严禁以任何形式隐瞒、截留、挤占、挪用、坐支或者私分，严禁转移到机关所属工会、培训中心、服务中心等单位账户使用。

第八条　党政机关应当遵循先有预算、后有支出的原则，严格执行预算，严禁超预算或者无预算安排支出，严禁虚列支出、转移或者套取预算资金。

严格控制国内差旅费、因公临时出国（境）费、公务接待费、公务用车购置及运行费、会议费、培训费等支出。年度预算执行中不予追加，因特殊需要确需追加的，由财政部门审核后按程序报批。

建立预算执行全过程动态监控机制，完善预算执行管理办法，建立健全预算绩效管理体系，增强预算执行的严肃性，提高预算执行的准确率，防止年底突击花钱等现象发生。

第九条　推进政府会计改革，进一步健全会计制度，准确核算机关运行经费，全面反映行政成本。

第十条　财政部门应当会同有关部门，根据国内差旅、因公临时出国（境）、公务接待、会议、培训等工作特点，综合考虑经济发展水平、有关货物和服务的市场价格水平，制定分地区的公务活动经费开支范围和开支标准。

加强相关开支标准之间的衔接，建立开支标准调整机制，定期根据有关货物和服务的市场价格变动情况调整相关开支标准，增强开支标准的协调性、规范性、科学性。

严格开支范围和标准，严格支出报销审核，不得报销任何超范围、超标准以及与相关公务活动无关的费用。

第十一条 全面实行公务卡制度。健全公务卡强制结算目录,党政机关国内发生的公务差旅费、公务接待费、公务用车购置及运行费、会议费、培训费等经费支出,除按规定实行财政直接支付或者银行转账外,应当使用公务卡结算。

第十二条 党政机关采购货物、工程和服务,应当遵循公开透明、公平竞争、诚实信用原则。

政府采购应当依法完整编制采购预算,严格执行经费预算和资产配置标准,合理确定采购需求,不得超标准采购,不得超出办公需要采购服务。

严格执行政府采购程序,不得违反规定以任何方式和理由指定或者变相指定品牌、型号、产地。采购公开招标数额标准以上的货物、工程和服务,应当进行公开招标,确需改变采购方式的,应当严格执行有关公示和审批程序。列入政府集中采购目录范围的,应当委托集中采购机构代理采购,并逐步实行批量集中采购。严格控制协议供货采购的数量和规模,不得以协议供货拆分项目的方式规避公开招标。

党政机关应当按照政府采购合同规定的采购需求组织验收。政府采购监督管理部门应当逐步建立政府采购结果评价制度,对政府采购的资金节约、政策效能、透明程度以及专业化水平进行综合、客观评价。

加快政府采购管理交易平台建设,推进电子化政府采购。

第三章 国内差旅和因公临时出国(境)

第十三条 党政机关应当建立健全并严格执行国内差旅内部审批制度,从严控制国内差旅人数和天数,严禁无明确公务目的的差旅活动,严禁以公务差旅为名变相旅游,严禁异地部门间无实质内容的学习交流和考察调研。

第十四条 国内差旅人员应当严格按规定乘坐交通工具、住宿、就餐,费用由所在单位承担。

差旅人员住宿、就餐由接待单位协助安排的,必须按标准交纳住宿费、餐费。差旅人员不得向接待单位提出正常公务活动以外的要求,不得接受礼金、礼品和土特产品等。

第十五条 统筹安排年度因公临时出国计划,严格控制团组数量和规模,不得安排照顾性、无实质内容的一般性出访,不得安排考察性出访,严禁集中安排赴热门国家和地区出访,严禁以各种名义变相公款出国旅游。严格执行因公临时出国限量管理规定,不得把出国作为个人待遇、安排轮流出国。严格控制跨地区、跨部门团组。

组织、外专等有关部门应当加强出国培训总体规划和监督管理,严格控制出国培训规模,科学设置培训项目,择优选派培训对象,提高出国培训的质量和实效。

第十六条 外事管理部门应当加强因公临时出国审核审批管理，对违反规定、不适合成行的团组予以调整或者取消。

加强因公临时出国经费预算总额控制，严格执行经费先行审核制度。无出国经费预算安排的不予批准，确有特殊需要的，按规定程序报批。严禁违反规定使用出国经费预算以外资金作为出国经费，严禁向所属单位、企业、我国驻外机构等摊派或者转嫁出国费用。

第十七条 出国团组应当按规定标准安排交通工具和食宿，不得违反规定乘坐民航包机，不得乘坐私人、企业和外国航空公司包机，不得安排超标准住房和用车，不得擅自增加出访国家或者地区，不得擅自绕道旅行，不得擅自延长在国外停留时间。

出国期间，不得与我国驻外机构和其他中资机构、企业之间用公款互赠礼品或者纪念品，不得用公款相互宴请。

第十八条 严格根据工作需要编制出境计划，加强因公出境审批和管理，不得安排出境考察，不得组织无实质内容的调研、会议、培训等活动。

严格遵守因公出境经费预算、支出、使用、核算等财务制度，不得接受超标准接待和高消费娱乐，不得接受礼金、贵重礼品、有价证券、支付凭证等。

第四章 公务接待

第十九条 建立健全国内公务接待集中管理制度。党政机关公务接待管理部门应当加强对国内公务接待工作的管理和指导。

第二十条 党政机关应当建立公务接待审批控制制度，对无公函的公务活动不予接待，严禁将非公务活动纳入接待范围。

第二十一条 党政机关应当严格执行国内公务接待标准，实行接待费支出总额控制制度。

接待单位应当严格按标准安排接待对象的住宿用房，协助安排用餐的按标准收取餐费，不得在接待费中列支应当由接待对象承担的费用，不得以举办会议、培训等名义列支、转移、隐匿接待费开支。

建立国内公务接待清单制度，如实反映接待对象、公务活动、接待费用等情况。接待清单作为财务报销的凭证之一并接受审计。

第二十二条 外宾接待工作应当遵循服务外交、友好对等、务实节俭的原则。外宾邀请单位应当严格按照有关规定安排接待活动，从严从紧控制外宾团组和接待费用。

第二十三条 有关部门和地方应当参照国内公务接待标准，制定招商引资等活动的接待办法，严格审批，强化管理，严禁超规格、超标准接待，严禁扩大接待范围、增加接待项目，严禁以招商引资等名义变相安排公务接待。

第二十四条 党政机关不得以任何名义新建、改建、扩建所属宾馆、招待所等具有接待功能的设施或者场所。

建立接待资源共享机制，推进机关所属接待、培训场所的集中统一管理和利用。健全服务经营机制，推行机关所属接待、培训场所企业化管理，降低服务经营成本。

积极推进国内公务接待服务社会化改革，有效利用社会资源为国内公务接待提供住宿、餐饮、用车等服务。

第五章 公务用车

第二十五条 坚持社会化、市场化方向，改革公务用车制度，合理有效配置公务用车资源，创新公务交通分类提供方式，保障公务出行，降低行政成本，建立符合国情的新型公务用车制度。

改革公务用车实物配给方式，取消一般公务用车，保留必要的执法执勤、机要通信、应急和特种专业技术用车及按规定配备的其他车辆。普通公务出行由公务人员自主选择，实行社会化提供。取消的一般公务用车，采取公开招标、拍卖等方式公开处置。

适度发放公务交通补贴，不得以车改补贴的名义变相发放福利。

第二十六条 党政机关应当从严配备实行定向化保障的公务用车，不得以特殊用途等理由变相超编制、超标准配备公务用车，不得以任何方式换用、借用、占用下属单位或者其他单位和个人的车辆，不得接受企事业单位和个人赠送的车辆。

严格按规定配备专车，不得擅自扩大专车配备范围或者变相配备专车。

从严控制执法执勤用车的配备范围、编制和标准。执法执勤用车配备应当严格限制在一线执法执勤岗位，机关内部管理和后勤岗位以及机关所属事业单位一律不得配备。

第二十七条 公务用车实行政府集中采购，应当选用国产汽车，优先选用新能源汽车。

公务用车严格按照规定年限更新，已到更新年限尚能继续使用的应当继续使用，不得因领导干部职务晋升、调任等原因提前更新。

公务用车保险、维修、加油等实行政府采购，降低运行成本。

第二十八条 除涉及国家安全、侦查办案等有保密要求的特殊工作用车外，执法执勤用车应当喷涂明显的统一标识。

第二十九条　根据公务活动需要，严格按规定使用公务用车，严禁以任何理由挪用或者固定给个人使用执法执勤、机要通信等公务用车，领导干部亲属和身边工作人员不得因私使用配备给领导干部的公务用车。

第六章　会议活动

第三十条　党政机关应当精简会议，严格执行会议费开支范围和标准。

党政机关会议实行分类管理、分级审批。财政部门应当会同机关事务管理等部门制定本级党政机关会议费管理办法，从严控制会议数量、会期和参会人员规模。完善并严格执行严禁党政机关到风景名胜区开会制度规定。

第三十一条　会议召开场所实行政府采购定点管理。会议住宿用房以标准间为主，用餐安排自助餐或者工作餐。

会议期间，不得安排宴请，不得组织旅游以及与会议无关的参观活动，不得以任何名义发放纪念品。

完善会议费报销制度。未经批准以及超范围、超标准开支的会议费用，一律不予报销。严禁违规使用会议费购置办公设备，严禁列支公务接待费等与会议无关的任何费用，严禁套取会议资金。

第三十二条　建立健全培训审批制度，严格控制培训数量、时间、规模，严禁以培训名义召开会议。

严格执行分类培训经费开支标准，严格控制培训经费支出范围，严禁在培训经费中列支公务接待费、会议费等与培训无关的任何费用。严禁以培训名义进行公款宴请、公款旅游活动。②

第三十三条　未经批准，党政机关不得以公祭、历史文化、特色物产、单位成立、行政区划变更、工程奠基或者竣工等名义举办或者委托、指派其他单位举办各类节会、庆典活动，不得举办论坛、博览会、展会活动。严禁使用财政性资金举办营业性文艺晚会。从严控制举办大型综合性运动会和各类赛会。

经批准的节会、庆典、论坛、博览会、展会、运动会、赛会等活动，应当严格控制规模和经费支出，不得向下属单位摊派费用，不得借举办活动发放各类纪念品，不得超出规定标准支付费用邀请名人、明星参与活动。为举办活动专门配备的设备在活动结束后应当及时收回。

第三十四条　严格控制和规范各类评比达标表彰活动，实行中央和省（自治区、直辖市）两级审批制度。评比达标表彰项目费用由举办单位承担，不得以任何方式向相关单位和个人收取费用。

② 注意学习《中央和国家机关培训费管理办法》。

第七章 办公用房

第三十五条 党政机关办公用房建设应当从严控制。凡是违反规定的拟建办公用房项目,必须坚决终止;凡是未按照规定程序履行审批手续、擅自开工建设的办公用房项目,必须停建并予以没收;凡是超规模、超标准、超投资概算建设的办公用房项目,应当根据具体情况限期腾退超标准面积或者全部没收、拍卖。

党政机关办公用房应当严格管理,推进办公用房资源的公平配置和集约使用。凡是超过规定面积标准占有、使用办公用房以及未经批准租用办公用房的,必须腾退;凡是未经批准改变办公用房使用功能的,原则上应当恢复原使用功能。严禁出租出借办公用房,已经出租出借的,到期必须收回;租赁合同未到期的,租金收入应当按照收支两条线管理。

第三十六条 党政机关新建、改建、扩建、购置、置换、维修改造、租赁办公用房,必须严格按规定履行审批程序。采取置换方式配给办公用房的,应当执行新建办公用房各项标准,不得以未使用政府预算建设资金、资产整合等名义规避审批。

第三十七条 党政机关办公用房建设项目应当按照朴素、实用、安全、节能原则,严格执行办公用房建设标准、单位综合造价标准和公共建筑节能设计标准,符合土地利用和城市规划要求。党政机关办公楼不得追求成为城市地标建筑,严禁配套建设大型广场、公园等设施。

第三十八条 党政机关办公用房建设项目投资,统一由政府预算建设资金安排。土地收益和资产转让收益应当按照有关规定实行收支两条线管理,不得直接用于办公用房建设。

党政机关办公用房维修改造项目所需投资,统一列入预算由财政资金安排解决,未经审批的项目不得安排预算。

第三十九条 办公用房建设应当严格执行工程招投标和政府采购有关规定,加强对工程项目的全过程监理和审计监督。加快推行办公用房建设项目代建制。

办公用房因使用时间较长、设施设备老化、功能不全,不能满足办公需求的,可以进行维修改造。维修改造项目应当以消除安全隐患、恢复和完善使用功能、降低能源资源消耗为重点,严格履行审批程序,严格执行维修改造标准。

第四十条 建立健全办公用房集中统一管理制度,对办公用房实行统一调配、统一权属登记。

党政机关应当严格按照有关标准和本单位“三定”方案,从严核定、使用办公用房。超标部分应当移交同级机关事务管理部门用于统一调剂。

新建、调整办公用房的单位,应当按照“建新交旧”、“调新交旧”的原则,在搬入新建或者新调整办公用房的同时，将原办公用房腾退移交机关事务管理部门统一调剂使用。

因机构增设、职能调整确需增加办公用房的，应当在本单位现有办公用房中解决；本单位现有办公用房不能满足需要的，由机关事务管理部门整合办公用房资源调剂解决；无法调剂、确需租用解决的，应当严格履行报批手续，不得以变相补偿方式租用由企业等单位提供的办公用房。

第四十一条　党政机关领导干部应当按照标准配置使用一处办公用房，确因工作需要另行配置办公用房的，应当严格履行审批程序。领导干部不得长期租用宾馆、酒店房间作为办公用房。配置使用的办公用房，在退休或者调离时应当及时腾退并由原单位收回。

第八章　资源节约

第四十二条　党政机关应当节约集约利用资源，加强全过程节约管理，提高能源、水、粮食、办公家具、办公设备、办公用品等的利用效率和效益，统筹利用土地，杜绝浪费行为。

第四十三条　对能源、水的使用实行分类定额和目标责任管理。推广应用节能技术产品，淘汰高耗能设施设备，重点推广应用新能源和可再生能源。积极使用节水型器具，建设节水型单位。

健全节能产品政府采购政策，严格执行节能产品政府强制采购和优先采购制度。

第四十四条　优化办公家具、办公设备等资产的配置和使用，通过调剂方式盘活存量资产，节约购置资金。已到更新年限尚能继续使用的，不得报废处置。

对产生的非涉密废纸、废弃电器电子产品等废旧物品进行集中回收处理，促进循环利用；涉及国家秘密的，按照有关保密规定进行销毁。

第四十五条　党政机关政务信息系统建设应当统筹规划，统一组织实施，防止重复建设和频繁升级。

建立共享共用机制，加强资源整合，推动重要政务信息系统互联互通、信息共享和业务协同，降低软件开发、系统维护和升级等方面费用，防止资源浪费。

积极利用信息化手段，推行无纸化办公，减少一次性办公用品消耗。

第九章　宣传教育

第四十六条　宣传部门应当把厉行节约反对浪费作为重要宣传内容，充分发挥各级各类媒体作用，重视运用互联网等新兴媒体，通过新闻报道、文化作品、公益广告等形式，广泛宣传中华民族勤俭节约的优秀品德，宣传阐释相关制度规定，宣传推广厉行节约的经验做法和先进典型，倡导绿色低碳消费理念和健康文明生活方式。

第四十七条 党政机关应当把加强厉行节约反对浪费教育作为作风建设的重要内容，融入干部队伍建设和机关日常管理之中，建立健全常态化工作机制。对各种铺张浪费现象和行为，应当严肃批评、督促改正。

纪检监察机关应当不定期曝光铺张浪费的典型案例，发挥警示教育[③]作用。

组织人事部门和党校、行政学院、干部学院应当把厉行节约反对浪费作为干部教育培训的重要内容，创新教育方法，切实增强教育培训的针对性和实效性。

第四十八条 党政机关应当围绕建设节约型机关，组织开展形式多样、便于参与的活动，引导干部职工增强节约意识、珍惜物力财力，积极培育和形成崇尚节约、厉行节约、反对浪费的机关文化，为在全社会形成节俭之风发挥示范表率作用。

第十章　监督检查

第四十九条 各级党委和政府应当建立厉行节约反对浪费监督检查机制，明确监督检查的主体、职责、内容、方法、程序等，加强经常性督促检查，针对突出问题开展重点检查、暗访等专项活动。

下级党委和政府应当每年向上级党委和政府报告本地区厉行节约反对浪费工作情况，党委和政府所属部门、单位应当每年向本级党委和政府报告本部门、本单位厉行节约反对浪费工作情况。报告可结合领导班子年度考核和工作报告一并进行。

第五十条 领导干部厉行节约反对浪费工作情况，应当列为领导班子民主生活会和领导干部述职述廉的重要内容并接受评议。

第五十一条 党委办公厅（室）、政府办公厅（室）负责统筹协调相关部门开展对厉行节约反对浪费工作的督促检查。每年至少组织开展一次专项督查，并将督查情况在适当范围内通报。专项督查可以与党风廉政建设责任制检查考核、年终党建工作考核等相结合，督查考核结果应当按照干部管理权限送纪检监察机关和组织人事部门，作为干部管理监督、选拔任用的依据。

第五十二条 纪检监察机关应当加强对厉行节约反对浪费工作的监督检查，受理群众举报和有关部门移送的案件线索，及时查处违纪违法问题。

中央和省、自治区、直辖市党委巡视组应当按照有关规定，加强对有关党组织领导班子及其成员厉行节约反对浪费工作情况的巡视监督。

第五十三条 财政部门应当加强对党政机关预算管理有关工作以及财务、政

③ 2018年1月，赵乐际书记在十九届中央纪委二次全会上的工作报告中指出：提高警示教育的政治性，凡查结的党员领导干部违纪违法案件，都要在本地区本部门本单位开展警示教育，用好反面教材，召开专题民主生活会，举一反三、以案明纪，让党员干部引为镜鉴。2019年1月，赵乐际在十九届中央纪委三次全会上的工作报告指出：发挥党性教育和政德教化功能，督促指导发生重大违纪违法案件的相关单位党委（党组）召开专题民主生活会，组织各地区各部门广泛开展警示教育，强化查处一案、警示一片、规范一方的治本作用。

府采购和会计事项的监督，依法处理发现的违规问题，并及时向本级党委和政府汇报有关结果。

审计部门应当加强对党政机关预算执行、决算和其他财政收支情况，以及有关经济活动的审计监督，加大对党政机关公务支出和公款消费的审计力度，及时向本级党委和政府汇报审计结果，依法处理、督促整改违规问题，并将涉嫌违纪违法问题移送有关部门查处。

第五十四条　党政机关应当建立健全厉行节约反对浪费信息公开制度。除依照法律法规和有关要求须保密的内容和事项外，下列内容应当按照及时、方便、多样的原则，以适当方式进行公开：

（一）预算和决算信息；

（二）政府采购文件、采购预算、中标成交结果、采购合同等情况；

（三）国内公务接待的批次、人数、经费总额等情况；

（四）会议的名称、主要内容、支出金额等情况；

（五）培训的项目、内容、人数、经费等情况；

（六）节会、庆典、论坛、博览会、展会、运动会、赛会等活动举办信息；

（七）办公用房建设、维修改造、使用、运行费用支出等情况；

（八）公务支出和公款消费的审计结果；

（九）其他需要公开的内容。

第五十五条　推动和支持人民代表大会及其常务委员会依法严格审查批准党政机关公务支出预算，加强对预算执行情况的监督。发挥人大代表的监督作用，通过提出意见、建议、批评以及询问、质询等方式加强对党政机关厉行节约反对浪费工作的监督。

支持人民政协对党政机关厉行节约反对浪费工作的监督，自觉接受并积极支持政协委员通过调研、视察、提案等方式加强对党政机关厉行节约反对浪费工作的监督。

第五十六条　重视各级各类媒体在厉行节约反对浪费方面的舆论监督作用。建立舆情反馈机制，及时调查处理媒体曝光的违规违纪违法问题。

发挥群众对党政机关及其工作人员铺张浪费行为的监督作用，认真调查处理群众反映的问题。

第十一章　责 任 追 究

第五十七条　建立党政机关厉行节约反对浪费工作责任追究制度。

对违反本条例规定造成浪费的，应当依纪依法追究相关人员的责任，对负有领导责任的主要负责人或者有关领导干部实行问责。

第五十八条 有下列情形之一的，追究相关人员的责任：

（一）未经审批列支财政性资金的；

（二）采取弄虚作假等手段违规取得审批的；

（三）违反审批要求擅自变通执行的；

（四）违反管理规定超标准或者以虚假事项开支的；

（五）利用职务便利假公济私的；

（六）有其他违反审批、管理、监督规定行为的。

第五十九条 有下列情形之一的，追究主要负责人或者有关领导干部的责任：

（一）本地区、本部门、本单位铺张浪费、奢侈奢华问题严重，对发现的问题查处不力，干部群众反映强烈的；

（二）指使、纵容下属单位或者人员违反本条例规定造成浪费的；

（三）不履行内部审批、管理、监督职责造成浪费的；

（四）不按规定及时公开本地区、本部门、本单位有关厉行节约反对浪费工作信息的；

（五）其他对铺张浪费问题负有领导责任的。

第六十条 违反本条例规定造成浪费的，根据情节轻重，由有关部门依照职责权限给予批评教育、责令作出检查、诫勉谈话、通报批评或者调离岗位、责令辞职、免职、降职等处理。

应当追究党纪政纪责任的，依照《中国共产党纪律处分条例》、《行政机关公务员处分条例》等有关规定给予相应的党纪政纪处分。

涉嫌违法犯罪的，依法追究法律责任。

第六十一条 违反本条例规定获得的经济利益，应当予以收缴或者纠正。

违反本条例规定，用公款支付、报销应由个人支付的费用，应当责令退赔。

第六十二条 受到责任追究的人员对处理决定不服的，可以按照相关规定向有关机关提出申诉。受理申诉机关应当依据有关规定认真受理并作出结论。

申诉期间，不停止处理决定的执行。

第十二章 附　　则

第六十三条 各省、自治区、直辖市党委和政府，中央和国家机关各部委，可以根据本条例，结合实际制定实施细则。有关职能部门应当根据各自职责，制定完善相关配套制度。

国有企业、国有金融企业、不参照公务员法管理的事业单位，参照本条例执行。

中国人民解放军和中国人民武装警察部队按照军队有关规定执行。

第六十四条　本条例由中共中央办公厅、国务院办公厅会同有关部门负责解释。

第六十五条　本条例自发布之日起施行。1997 年 5 月 25 日发布的《中共中央、国务院关于党政机关厉行节约制止奢侈浪费行为的若干规定》同时废止。其他有关党政机关厉行节约反对浪费的规定，凡与本条例不一致的，按照本条例执行。

党政机关公务用车管理办法

（2017 年 12 月 5 日中共中央办公厅、国务院办公厅发布）

第一章　总　　则

第一条　为了进一步规范党政机关公务用车管理，有效保障公务活动，促进党风廉政建设和节约型机关建设，根据《党政机关厉行节约反对浪费条例》、《机关事务管理条例》等有关规定，制定本办法。

第二条　本办法适用于党的机关、人大机关、行政机关、政协机关、监察机关、审判机关、检察机关，以及工会、共青团、妇联等人民团体和参照公务员法管理的事业单位。

第三条　本办法所称公务用车，是指党政机关配备的用于定向保障公务活动的机动车辆，包括机要通信用车、应急保障用车、执法执勤用车、特种专业技术用车以及其他按照规定配备的公务用车。

机要通信用车是指用于传递、运送机要文件和涉密载体的机动车辆。

应急保障用车是指用于处理突发事件、抢险救灾或者其他紧急公务的机动车辆。

执法执勤用车是指中央批准的执法执勤部门（系统）用于一线执法执勤公务的机动车辆。

特种专业技术用车是指固定搭载专业技术设备、用于执行特殊工作任务的机动车辆。

第四条　党政机关公务用车管理遵循统一管理、定向保障、经济适用、节能环保的原则。

第五条　党政机关公务用车实行统一制度规范、分级分类管理。党政机关公务用车主管部门负责本级党政机关公务用车管理工作，根据职责实行统一编制、统一标准、统一购置经费、统一采购配备管理;指导监督下级党政机关公务用车管理工作。

第二章 编制和标准管理

第六条 党政机关公务用车实行编制管理。车辆编制根据机构设置、人员编制和工作需要等因素确定。

机要通信用车、应急保障用车和其他按照规定配备的公务用车编制由公务用车主管部门会同有关部门确定。

执法执勤用车、特种专业技术用车编制由财政部门会同有关部门确定,并送公务用车主管部门备案。

第七条 党政机关配备公务用车应当严格执行以下标准:

(一)机要通信用车配备价格12万元以内、排气量1.6升(含)以下的轿车或者其他小型客车。

(二)应急保障用车和其他按照规定配备的公务用车配备价格18万元以内、排气量1.8升(含)以下的轿车或者其他小型客车。确因情况特殊,可以适当配备价格25万元以内、排气量3.0升(含)以下的其他小型客车、中型客车或者价格45万元以内的大型客车。

(三)执法执勤用车配备价格12万元以内、排气量1.6升(含)以下的轿车或者其他小型客车,因工作需要可以配备价格18万元以内、排气量1.8升(含)以下的轿车或者其他小型客车。确因情况特殊,可以适当配备价格25万元以内、排气量3.0升(含)以下的其他小型客车、中型客车或者价格45万元以内的大型客车。

(四)特种专业技术用车配备标准由有关部门会同财政部门按照保障工作需要、厉行节约的原则确定。

公务用车配备新能源轿车的,价格不得超过18万元。

上述配备标准应当根据公务保障需要、汽车行业技术发展、市场价格变化等因素适时调整。

第八条 严格控制执法执勤用车的配备范围、编制和标准。执法执勤用车配备应当严格限定在一线执法执勤岗位。

第三章 配备和经费管理

第九条 公务用车主管部门根据公务用车配备更新标准和现状,编制年度公务用车配备更新计划。

第十条 财政部门根据年度公务用车配备更新计划,按照预算管理有关规定统筹安排购置经费,列入公务用车主管部门预算。

第十一条　财政部门会同公务用车主管部门制定公务用车运行费用定额标准，统筹安排公务用车运行费用，列入党政机关部门预算。

第十二条　公务用车主管部门按照政府采购法律法规和国家有关政策规定，统一组织实施公务用车集中采购。

第十三条　党政机关应当配备使用国产汽车，带头使用新能源汽车，按照规定逐步扩大新能源汽车配备比例。

第十四条　地方各级党政机关确因工作需要超出规定标准配备公务用车的，必须报省级公务用车主管部门批准。

党政机关原则上不配备越野车。确因工作需要，按照程序报批后，可以适当配备国产越野车。越野车不得作为领导干部固定用车。

第十五条　除涉及国家安全、侦查办案等有保密要求的特殊工作用车外，党政机关公务用车产权注册登记所有人应当为本机关法人，不得将公务用车登记在下属单位、企业或者个人名下。

第四章　使用和处置管理

第十六条　党政机关应当加强公务用车使用管理，严格按照规定使用公务用车，严禁公车私用、私车公养，不得既领取公务交通补贴又违规使用公务用车。

第十七条　党政机关应当推进公务用车服务平台建设。各地区应当结合实际，将各类公务用车纳入平台集中管理，采用信息化手段统筹调度、高效使用，鼓励通过社会化专业机构提高平台管理运行效率。

第十八条　党政机关应当推进公务用车标识化管理。除涉及国家安全、侦查办案和其他有保密要求的特殊工作用车外，公务用车应当统一标识。

第十九条　党政机关应当建立公务用车管理台账，加强相关证照档案的保存和管理。

各省、自治区、直辖市以及中央和国家机关公务用车主管部门应当建立统一的公务用车管理信息系统，提高公务用车配备使用管理信息化水平。

第二十条　党政机关应当建立健全公务用车使用管理制度，严格执行，加强监督，降低运行成本。

严格公务用车使用时间、事由、地点、里程、油耗、费用等信息登记和公示制度。严格执行回单位或者其他指定地点停放制度，节假日期间除工作需要外应当封存停驶。

实行公务用车保险、维修、加油政府集中采购和定点保险、定点维修、定点加油制度，健全公务用车油耗、运行费用单车核算和年度绩效评价制度。

第二十一条 党政机关应当减少公务用车长途行驶,工作人员到外地办理公务,除特殊情况外,应当乘用公共交通工具。外事接待、会议和集体活动用车主要通过社会租赁方式解决。

第二十二条 公务用车使用年限超过8年的可以更新;达到更新年限仍能继续使用的,应当继续使用。因安全等原因确需提前更新的,应当严格履行审批手续。

公务用车按照规定更新后,可以采取拍卖、厂家回收、报废等方式规范处置旧车。处置收入按照非税收入有关规定管理。

第五章 监督问责

第二十三条 党政机关应当建立公务用车配备更新和使用情况统计报告制度。各省、自治区、直辖市公务用车主管部门负责统计汇总本地区公务用车配备更新和使用情况。国家机关事务管理局、中共中央直属机关事务管理局负责统计汇总中央和国家机关公务用车配备更新和使用情况。

第二十四条 党政机关应当严格执行公务用车配备使用管理各项规定,将公务用车配备更新、使用、处置和经费预算执行等情况纳入内部审计、政务公开和政务诚信建设范围,接受社会监督。

公务用车主管部门应当加强对党政机关公务用车配备更新、使用、处置等情况的监督检查,定期通报或者公示相关情况。

财政、审计部门应当加强对公务用车经费预算管理使用情况的监督检查,依法处理、督促整改违规问题,并将涉嫌违纪违法问题移送有关部门查处。

公安交通管理部门应当定期与公务用车主管部门交换公务用车注册登记信息、使用状态等情况。

纪检监察机关应当及时受理群众举报和有关部门移送的公务用车管理问题线索,严肃查处违纪违法问题。

第二十五条 公务用车主管部门有下列情形之一的,依纪依法追究相关人员责任:

(一)违规核定公务用车编制的;

(二)违规审批超编制、超标准配备公务用车的;

(三)违规审批未到年限更新公务用车的;

(四)违规安排公务用车经费预算的;

(五)有其他未按规定履行管理监督职责行为的。

第二十六条 党政机关有下列情形之一的,依纪依法追究相关人员责任:

(一)超编制、超标准配备公务用车的;

（二）违反规定将公务用车登记在下属单位、企业或者个人名下的；

（三）公车私用、私车公养，或者既领取公务交通补贴又违规使用公务用车的；

（四）换用、借用、占用下属单位或者其他单位和个人的车辆，或者擅自接受企事业单位和个人赠送车辆的；

（五）挪用或者固定给个人使用执法执勤、机要通信等公务用车的；

（六）为公务用车增加高档配置或者豪华内饰的；

（七）在车辆维修等费用中虚列名目或者夹带其他费用，为非本单位车辆报销运行维护费用的；

（八）违规处置公务用车的；

（九）有其他违反公务用车配备使用管理规定行为的。

第六章　附　　则

第二十七条　本办法所称小型客车、中型客车、大型客车等，依据中华人民共和国公共安全行业标准 GA 802－2014《机动车类型　术语和定义》界定。

第二十八条　各省、自治区、直辖市以及中央和国家机关各部门，应当根据本办法，结合实际制定具体管理办法。

第二十九条　中央和国家机关所属垂直管理机构、派出机构公务用车由行政主管部门依照本办法进行管理。

各民主党派机关公务用车管理适用本办法。

不参照公务员法管理的事业单位公务用车，按照本办法的原则管理。

第三十条　本办法由国家机关事务管理局、中共中央直属机关事务管理局会同有关部门负责解释。

第三十一条　本办法自 2017 年 12 月 5 日起施行。中共中央办公厅、国务院办公厅 2011 年 1 月 6 日印发的《党政机关公务用车配备使用管理办法》同时废止。

党政机关办公用房管理办法①

（2017 年 12 月 5 日中共中央办公厅、国务院办公厅发布）

第一章　总　　则

第一条　为了进一步规范党政机关办公用房管理，推进办公用房资源合理配置和节约集约使用，保障正常办公，降低行政成本，促进党风廉政建设和节约型机

① 注意学习《党政机关办公用房建设标准》。

关建设，根据《党政机关厉行节约反对浪费条例》、《机关事务管理条例》、《机关团体建设楼堂馆所管理条例》等有关规定，制定本办法。

第二条 本办法适用于各级党政机关办公用房的规划、权属、配置、使用、维修、处置等管理工作。

本办法所称党政机关，是指党的机关、人大机关、行政机关、政协机关、监察机关、审判机关、检察机关，以及工会、共青团、妇联等人民团体和参照公务员法管理的事业单位。

本办法所称办公用房，是指党政机关占有、使用或者可以确认属于机关资产的，为保障党政机关正常运行需要设置的基本工作场所，包括办公室、服务用房、设备用房和附属用房。

第三条 党政机关办公用房管理应当遵循下列原则：

（一）依法合规，严格执行法律法规和党内有关制度规定，强化监督管理；

（二）科学规划，统筹机关办公和公共服务需求，优化布局和功能；

（三）规范配置，科学制定标准，严格审核程序，合理保障需求；

（四）有效利用，统筹调剂余缺，及时依规处置，避免闲置浪费；

（五）厉行节约，注重庄重朴素、经济适用，节约能源资源。

第四条 建立健全党政机关办公用房集中统一管理制度，统一规划、统一权属、统一配置、统一处置。县级以上党政机关办公用房有关管理部门根据职责分工，负责本级党政机关办公用房管理工作，指导下级党政机关办公用房管理工作。

中央和国家机关办公用房管理，由归口的机关事务管理部门负责规划、权属、调剂、使用监管、处置、维修等，国家发展改革委负责建设项目审批、建设标准制定以及投资安排等，财政部负责预算安排、指导开展资产管理等。中央和国家机关所属垂直管理机构、派出机构和参照公务员法管理的事业单位办公用房的权属、使用、维修等有关管理工作，由归口的机关事务管理部门委托行政主管部门负责。

地方各级党政机关办公用房管理的职责分工，由各省、自治区、直辖市参照前款规定，结合本地区实际情况合理确定相关机构承担办公用房管理职责。

各级党政机关是办公用房的使用单位，负责本单位占有、使用办公用房的内部管理和日常维护。

第二章 权属管理

第五条 党政机关办公用房的房屋所有权、土地使用权等不动产权利（以下统称办公用房权属），统一登记至本级机关事务管理部门名下。

中央和国家机关所属垂直管理机构、派出机构和参照公务员法管理的事业单位办公用房权属应当登记在行政主管部门名下。地方各级党政机关所属垂直管理机构、派出机构办公用房权属的登记主体由各省、自治区、直辖市规定。

涉及国家秘密、国家安全等特殊情况的,经机关事务管理部门核准,可以将办公用房权属登记在使用单位名下。

因历史资料缺失、权属不清等问题无法登记的,由机关事务管理部门协调有关部门进行办公用房权属备案,使用单位不得自行处置。

第六条 建立健全党政机关办公用房清查盘点制度。使用单位应当建立本单位办公用房资产管理分台账,资产信息发生变更的,及时调整更新。机关事务管理部门应当建立本级党政机关办公用房资产管理总台账,定期组织清查盘点,确保总台账信息与使用单位分台账信息账账相符,与办公用房实际状况账实相符,与权属证书信息账证相符。

第七条 建立健全党政机关办公用房管理信息统计报告制度。

各级机关事务管理部门应当建立健全本级党政机关办公用房管理信息系统,定期统计汇总办公用房管理情况,报上级机关事务管理部门,并送同级发展改革、财政部门。

国家机关事务管理局、中共中央直属机关事务管理局应当会同有关部门,建立全国党政机关办公用房信息数据库,并纳入国家数据共享交换平台,实现与发展改革、财政、国土资源、住房城乡建设等部门共享共用。各省、自治区、直辖市应当统筹推进本地区办公用房管理信息系统建设,实现上下一体、互联互通、动态管理。

第八条 建立健全党政机关办公用房档案管理制度。使用单位应当加强本单位办公用房档案管理,及时归集权属、建设、维修等原始档案,并移交产权单位。产权单位应当加强办公用房档案的收集、保存和利用,确保档案完整。

第三章 配置管理

第九条 县级以上机关事务管理、发展改革、财政部门应当会同有关部门,结合人员编制情况、办公与业务需要等,编制本级党政机关办公用房配置保障规划,优化办公用房布局,具备条件的逐步推进集中或者相对集中办公,共用配套附属设施。

地方各级人民政府编制土地利用总体规划和城乡规划时,应当统筹安排本级党政机关办公用房用地。县级以上党政机关的驻在地人民政府应当有效保障上级党政机关办公用房用地需求。

第十条 党政机关办公用房配置应当严格执行相关标准,从严核定面积。

国家发展改革委会同住房城乡建设部、财政部,制定和完善党政机关办公用房建设标准,并实行标准动态调整。

第十一条 党政机关办公用房配置方式包括调剂、置换、租用和建设。

第十二条 使用单位需要配置办公用房的,由机关事务管理部门优先整合现有办公用房资源调剂解决。

第十三条 采取置换方式配置办公用房的,应当严格履行审批程序,执行新建办公用房各项标准,确保符合办公用房各类功能要求,并按规定组织资产评估,置换所得超出面积标准的办公用房由机关事务管理部门统一调剂,置换所得收益按照非税收入有关规定管理。

置换旧房的,由机关事务管理部门会同发展改革、财政部门报同级人民政府审批;置换新房的,应当严格履行建设审批程序。不得以置换名义量身打造办公用房,不得以未使用政府预算建设资金、资产整合等名义规避审批。

第十四条 无法调剂或者置换解决办公用房的,可以面向市场租用,但应当严格按照规定履行审批程序。

需租用办公用房的,由使用单位提出申请,经机关事务管理部门核准后,报财政部门审核安排预算;或者由机关事务管理部门统筹本级党政机关办公用房使用需求,制定租用方案,报财政部门审核安排预算后,统一租赁并统筹安排使用。

任何单位不得以变相补偿方式租用由企业等单位提供的办公用房。

各级财政部门会同机关事务管理部门,制定本级党政机关办公用房租金标准,并实行标准动态调整。

第十五条 无法调剂、置换、租用办公用房,或者涉及国家秘密、国家安全等特殊情况的,可以采取建设方式解决,但应当按照国家有关政策从严控制,严格履行审批程序。党政机关办公用房建设包括新建、扩建、改建、购置。

中共中央直属机关办公用房建设项目由归口的机关事务管理部门审核同意后统一申报,由国家发展改革委核报国务院审批。

中央国家机关本级办公用房建设项目,由国家发展改革委核报国务院审批,申报前应当由归口的机关事务管理部门出具必要性审查意见。

中央国家机关所属垂直管理机构、派出机构办公用房建设项目,厅(局)级及以上单位的项目由国家发展改革委审批,申报前应当由归口的机关事务管理部门出具必要性审查意见;厅(局)级以下单位的项目由行政主管部门审批,并报国家发展改革委和归口的机关事务管理部门备案。

中央国家机关所属参照公务员法管理的事业单位的办公用房建设项目,由国务院、国家发展改革委和行政主管部门按照中央预算内投资审批权限分别负责审批,其中由国务院、国家发展改革委审批的项目,申报前应当由归口的机关事务管理部门出具必要性审查意见。

省、自治区、直辖市及计划单列市本级党政机关办公用房建设项目，由国家发展改革委核报国务院审批；地方其他党政机关办公用房建设项目，由省级人民政府审批。

县级党政机关直属单位和乡（镇）级党政机关办公用房建设项目，可以由省级人民政府根据实际情况委托市级人民政府审批。

地方各级党政机关所属垂直管理机构、派出机构和参照公务员法管理的事业单位办公用房建设项目的审批程序，由各省、自治区、直辖市规定。

第十六条　党政机关办公用房配置所需资金，应当通过政府预算安排，不得接受任何形式赞助或者捐款，不得搞任何形式集资或者摊派，不得向其他任何单位借款，不得让施工单位垫资，严禁挪用各类专项资金。

土地收益和资产转让收益按照非税收入有关规定管理，不得直接用于办公用房配置。涉及新增资产的，应当向财政部门申报新增资产配置预算。

第十七条　新配置办公用房的党政机关，应当在搬入新办公用房后1个月内，将超出核定面积的原有办公用房腾退移交同级机关事务管理部门统一调剂使用，不得继续占用或者自行处置，不得自行安排其他单位使用。

第四章　使用管理

第十八条　机关事务管理部门应当与使用单位签订办公用房使用协议，核发办公用房分配使用凭证。

办公用房分配使用凭证可以按照有关规定用于办理使用单位法人登记、集体户籍、大中修项目施工许可等，不得用于出租、出借、经营。

第十九条　使用单位应当严格按照有关规定在核定面积内合理安排使用办公用房，不得擅自改变办公用房使用功能，不得调整给其他单位使用。办公用房安排使用情况应当按年度通过政务内网、公示栏等平台进行内部公示；领导干部办公用房配备情况应当按年度报机关事务管理部门备案，严禁超标准配备、使用办公用房。

领导干部在不同单位同时任职的，应当在主要任职单位安排1处办公用房；主要任职单位与兼职单位相距较远且经常到兼职单位工作的，经严格审批后，可以由兼职单位再安排1处小于标准面积的办公用房，并在免去兼任职务后2个月内腾退兼职单位安排的办公用房。

工作人员调离或者退休的，使用单位应当在办理调离或者退休手续后1个月内收回其办公用房。

第二十条 党政机关工作人员办公室具备条件的，应当采用大开间等形式，提高办公用房利用率。

会议室、接待室等服务用房，可以采取可拆卸式隔断设计，提高空间使用的灵活性。

第二十一条 项目批复中已经明确和机关一并建设办公用房的事业单位，按照面积标准核定后可以继续无偿使用机关办公用房。

公益一类事业单位已经占用的机关办公用房，按照面积标准核定后可以继续无偿使用。公益二类事业单位已经占用的机关办公用房，应当按照规定予以腾退；确有困难的，经机关事务管理部门批准，可以继续有偿使用，租金收益按照非税收入有关规定管理。事业单位已经新建、购置办公用房或者租用其他房屋办公的，应当在6个月内将原有办公用房腾退移交机关事务管理部门。

生产经营类事业单位、国有企业和行业协会商会等社团组织，原则上不得占用党政机关办公用房。

第二十二条 党政机关办公用房使用单位机构、编制调整的，机关事务管理部门应当重新核定其办公用房面积。超出面积标准的，使用单位应当在6个月内将超出部分的办公用房腾退移交机关事务管理部门。

党政机关转为企业的，应当在办理企业工商注册后6个月内将原有办公用房腾退移交机关事务管理部门。转企单位确有困难的，经机关事务管理部门批准，可以继续有偿使用，租金收益按照非税收入有关规定管理；新建、购置或者租用办公用房的，应当在6个月内将原有办公用房腾退移交机关事务管理部门。

党政机关撤销的，应当在6个月内将原有办公用房腾退移交机关事务管理部门。

第二十三条 建立健全政府向社会购买物业服务机制，逐步实现办公用房物业服务社会化、专业化，具备条件的逐步推进统一物业管理服务。

机关事务管理部门应当会同有关部门，按照经济、适度的原则，制定本级党政机关办公用房物业服务内容、服务标准和费用定额。

第二十四条 鼓励有条件的地区探索试行办公用房租金制，逐步推进办公用房经费预算管理和实物资产管理相结合。

第五章 维修管理

第二十五条 党政机关办公用房维修包括日常维修和大中修。中央和国家机关办公用房维修标准由归口的机关事务管理部门、财政部会同住房城乡建设部制定，地方各级党政机关办公用房维修标准由各省、自治区、直辖市结合实际制定，并建立标准动态调整机制。

第二十六条　使用单位负责办公用房的日常检查和维修，所需资金通过部门预算安排。

第二十七条　党政机关办公用房因使用时间较长、设施设备老化、功能不全、存在安全隐患等原因需要大中修的，使用单位向机关事务管理部门提出申请；机关事务管理部门结合办公用房建筑年代、历史维修记录、老化损坏程度、单位建筑面积能耗水平和使用单位的实际需求，统筹安排办公用房大中修项目，报财政部门审核安排预算。

办公用房大中修项目应当严格按照规定履行审批程序，未经审批的项目，不得安排预算。中央和国家机关本级办公用房大中修项目，由归口的机关事务管理部门审批。中央和国家机关所属垂直管理机构、派出机构和参照公务员法管理的事业单位办公用房大中修项目，机关事务管理部门委托行政主管部门审批，其中厅(局)级及以上单位办公用房大中修项目审批情况应当报归口的机关事务管理部门备案。地方各级党政机关办公用房大中修项目的审批程序，由各省、自治区、直辖市规定。

第六章　处置利用管理

第二十八条　党政机关办公用房有下列情形之一闲置的，可以按照有关规定采取调剂使用、转换用途、置换、出租、拍卖、拆除等方式及时处置利用：

(一)同级党政机关办公用房总量满足使用需求，仍有余量的；

(二)因地理位置、周边环境、房屋结构等原因，不适合继续作为办公用房使用的；

(三)因城乡规划调整等需要拆迁的；

(四)经专业机构鉴定属于危房，且无加固改造价值的；

(五)其他原因导致办公用房闲置的。

处置利用党政机关办公用房涉及权属、用途等变更的，应当依法办理相关手续。

第二十九条　同一区域内闲置办公用房具备条件的，应当加强跨系统、跨层级调剂使用。

中央和国家机关所属垂直管理机构、派出机构之间调剂使用的，由行政主管部门审核提出意见，经归口的机关事务管理部门批准后实施，调剂使用情况报财政部备案。

中央和国家机关所属垂直管理机构、派出机构与地方各级党政机关之间调剂使用的，由行政主管部门会同有关地方人民政府审核提出意见，经归口的机关事务管理部门会同财政部批准后实施。

地方同级或者上下级党政机关之间，以及地方各级党政机关所属垂直管理机构、派出机构之间调剂使用的，参照前两款规定办理。

第三十条 具备条件的，机关事务管理部门可以商有关部门将闲置办公用房转为便民服务、社区活动等公益场所，或者按照有关规定置换为其他符合国家政策和需要的资产。

机关事务管理部门可以通过公共资源交易平台统一招租，租金收益按照非税收入有关规定管理。党政机关如有需要，应当及时收回出租的办公用房，统筹调剂使用。使用单位不得擅自出租办公用房。

第三十一条 闲置办公用房无法通过调剂使用、转换用途、置换、出租等方式处置利用的，机关事务管理部门报财政部门批准后，可以通过公共资源交易平台依法公开拍卖，拍卖收益按照非税收入有关规定管理。

第七章 监督问责

第三十二条 党政机关办公用房使用单位应当建立本单位内部使用管理制度，加强监督检查和责任追究，及时发现和纠正违规问题。

党政机关办公用房有关管理部门应当根据职责分工，加强办公用房监管，严格履行相关管理程序，对使用单位的办公用房违规管理使用问题及时按照规定移交有关部门和单位查处。

纪检监察机关应当及时受理群众举报和有关部门移送的办公用房管理案件线索，严肃查处违规违纪问题。

第三十三条 建立健全党政机关办公用房巡检考核制度。

县级以上机关事务管理、发展改革、财政部门会同有关部门，定期对本级党政机关（含所属垂直管理机构、派出机构）办公用房使用情况以及下级党政机关办公用房管理情况进行专项联合巡检，及时发现和纠正违规问题。

办公用房专项巡检应当与党风廉政建设责任制检查考核、政府绩效考核以及党政领导班子和领导干部年度考核相结合，巡检考核结果作为干部管理监督、选拔任用的依据。

第三十四条 建立健全党政机关办公用房管理信息公开制度。除依照法律法规和有关要求需要保密的内容和事项外，办公用房建设、使用、维修、处置利用、运行费用支出等情况，应当在政府门户网站等公共平台定期公开，主动接受社会监督。

第三十五条　建立健全党政机关办公用房管理责任追究制度，对有令不行、有禁不止的，依照有关规定严肃追究相关人员责任。

管理部门有下列情形之一的，依纪依法追究相关人员责任：

（一）违规审批项目或者安排投资计划、预算的；

（二）不按照规定履行调剂、置换、租用、建设等审批程序的；

（三）为使用单位超标准配置办公用房的；

（四）不按照规定处置办公用房的；

（五）办公用房管理信息统计报送中瞒报、漏报的；

（六）对发现的违规问题不及时处理的；

（七）有其他违反办公用房管理规定情形的。

使用单位有下列情形之一的，依纪依法追究相关人员责任：

（一）擅自将办公用房权属登记至本单位或者所属单位名下，或者不配合办理权属登记的；

（二）未经批准建设或者大中修办公用房的；

（三）不按规定腾退移交办公用房的；

（四）未经批准租用、借用办公用房的；

（五）擅自改变办公用房使用功能或者处置办公用房的；

（六）擅自安排企事业单位、社会组织等使用机关办公用房的；

（七）为工作人员超标准配备办公用房，或者未经批准配备两处以上办公用房的；

（八）有其他违反办公用房管理规定情形的。

第八章　附　　则

第三十六条　党政机关本级的技术业务用房以及机关办公区内的技术业务用房，权属统一登记至本级机关事务管理部门名下，从严控制使用范围和用途，原则上不得调整用作办公用房。

党政机关本级的技术业务用房建设项目以及机关办公区内的技术业务用房建设项目，应当严格按规定履行审批程序，项目申报前由机关事务管理部门出具土地、人防等审查意见。

住房城乡建设部会同国家发展改革委、有关业务主管部门，制定和完善各类技术业务用房建设标准，合理区分办公用房和技术业务用房。

第三十七条　各省、自治区、直辖市以及中央和国家机关各部门，应当根据本办法，结合实际制定具体管理办法。

第三十八条 各民主党派机关办公用房管理适用本办法。

不参照公务员法管理的事业单位办公用房管理办法，另行制定。

第三十九条 本办法由国家机关事务管理局、中共中央直属机关事务管理局、国家发展改革委和财政部负责解释。

第四十条 本办法自2017年12月5日起施行。其他有关党政机关办公用房管理的规定，凡与本办法不一致的，按照本办法执行。

党政机关国内公务接待管理规定

（2013年12月1日中共中央办公厅、国务院办公厅印发）

第一条 为了规范党政机关国内公务接待管理，厉行勤俭节约，反对铺张浪费，加强党风廉政建设，根据《党政机关厉行节约反对浪费条例》规定，制定本规定。

第二条 本规定适用于各级党的机关、人大机关、行政机关、政协机关、审判机关、检察机关，以及工会、共青团、妇联等人民团体和参照公务员法管理事业单位的国内公务接待行为。

本规定所称国内公务，是指出席会议、考察调研、执行任务、学习交流、检查指导、请示汇报工作等公务活动。

第三条 国内公务接待应当坚持有利公务、务实节俭、严格标准、简化礼仪、高效透明、尊重少数民族风俗习惯的原则。

第四条 各级党政机关公务接待管理部门应当结合当地实际，完善国内公务接待管理制度，制定国内公务接待标准。

县级以上党政机关公务接待管理部门负责管理本级党政机关国内公务接待工作，指导下级党政机关国内公务接待工作。

乡镇党委、政府应当加强国内公务接待管理，严格执行有关管理规定和开支标准。

第五条 各级党政机关应当加强公务外出计划管理，科学安排和严格控制外出的时间、内容、路线、频率、人员数量，禁止异地部门间没有特别需要的一般性学习交流、考察调研，禁止重复性考察，禁止以各种名义和方式变相旅游，禁止违反规定到风景名胜区举办会议和活动。

公务外出确需接待的，派出单位应当向接待单位发出公函，告知内容、行程和人员。

第六条 接待单位应当严格控制国内公务接待范围，不得用公款报销或者支付应由个人负担的费用。

国家工作人员不得要求将休假、探亲、旅游等活动纳入国内公务接待范围。

第七条　接待单位应当根据规定的接待范围，严格接待审批控制，对能够合并的公务接待统筹安排。无公函的公务活动和来访人员一律不予接待。

公务活动结束后，接待单位应当如实填写接待清单，并由相关负责人审签。接待清单包括接待对象的单位、姓名、职务和公务活动项目、时间、场所、费用等内容。

第八条　国内公务接待不得在机场、车站、码头和辖区边界组织迎送活动，不得跨地区迎送，不得张贴悬挂标语横幅，不得安排群众迎送，不得铺设迎宾地毯；地区、部门主要负责人不得参加迎送。严格控制陪同人数，不得层层多人陪同。

接待单位安排的活动场所、活动项目和活动方式，应当有利于公务活动开展。安排外出考察调研的，应当深入基层、深入群众，不得走过场、搞形式主义。

第九条　接待住宿应当严格执行差旅、会议管理的有关规定，在定点饭店或者机关内部接待场所安排，执行协议价格。出差人员住宿费应当回本单位凭据报销，与会人员住宿费按会议费管理有关规定执行。

住宿用房以标准间为主，接待省部级干部可以安排普通套间。接待单位不得超标准安排接待住房，不得额外配发洗漱用品。

第十条　接待对象应当按照规定标准自行用餐。确因工作需要，接待单位可以安排工作餐一次，并严格控制陪餐人数。接待对象在10人以内的，陪餐人数不得超过3人；超过10人的，不得超过接待对象人数的三分之一。

工作餐应当供应家常菜，不得提供鱼翅、燕窝等高档菜肴和用野生保护动物制作的菜肴，不得提供香烟和高档酒水，不得使用私人会所、高消费餐饮场所。

第十一条　国内公务接待的出行活动应当安排集中乘车，合理使用车型，严格控制随行车辆。

接待单位应当严格按照有关规定使用警车，不得违反规定实行交通管控。确因安全需要安排警卫的，应当按照规定的警卫界限、警卫规格执行，合理安排警力，尽可能缩小警戒范围，不得清场闭馆。

第十二条　各级党政机关应当加强对国内公务接待经费的预算管理，合理限定接待费预算总额。公务接待费用应当全部纳入预算管理，单独列示。

禁止在接待费中列支应当由接待对象承担的差旅、会议、培训等费用，禁止以举办会议、培训为名列支、转移、隐匿接待费开支；禁止向下级单位及其他单位、企业、个人转嫁接待费用，禁止在非税收入中坐支接待费用；禁止借公务接待名义列支其他支出。

第十三条　县级以上地方党委、政府应当根据当地经济发展水平、市场价格等实际情况，按照当地会议用餐标准制定本级国内公务接待工作餐开支标准，并定期进行调整。接待住宿应当按照差旅费管理有关规定，执行接待对象在当地的差旅住宿费标准。接待开支标准应当报上一级党政机关公务接待管理部门、财政部门备案。

第十四条 接待费报销凭证应当包括财务票据、派出单位公函和接待清单。

接待费资金支付应当严格按照国库集中支付制度和公务卡管理有关规定执行。具备条件的地方应当采用银行转账或者公务卡方式结算，不得以现金方式支付。

第十五条 机关内部接待场所应当建立健全服务经营机制，推行企业化管理，推进劳动、用工和分配制度与市场接轨，建立市场化的接待费结算机制，降低服务经营成本，提高资产使用效率，逐步实现自负盈亏、自我发展。

各级党政机关不得以任何名义新建、改建、扩建内部接待场所，不得对机关内部接待场所进行超标准装修或者装饰、超标准配置家具和电器。推进机关内部接待场所集中统一管理和利用，建立资源共享机制。

第十六条 接待单位不得超标准接待，不得组织旅游和与公务活动无关的参观，不得组织到营业性娱乐、健身场所活动，不得安排专场文艺演出，不得以任何名义赠送礼金、有价证券、纪念品和土特产品等。

第十七条 县级以上党政机关公务接待管理部门应当会同有关部门加强对本级党政机关各部门和下级党政机关国内公务接待工作的监督检查。监督检查的主要内容包括：

（一）国内公务接待规章制度制定情况；

（二）国内公务接待标准执行情况；

（三）国内公务接待经费管理使用情况；

（四）国内公务接待信息公开情况；

（五）机关内部接待场所管理使用情况。

党政机关各部门应当定期汇总本部门国内公务接待情况，报同级党政机关公务接待管理部门、财政部门、纪检监察机关备案。

第十八条 财政部门应当对党政机关国内公务接待经费开支和使用情况进行监督检查。审计部门应当对党政机关国内公务接待经费进行审计，并加强对机关内部接待场所的审计监督。

第十九条 县级以上党政机关公务接待管理部门应当会同财政部门按年度组织公开本级国内公务接待制度规定、标准、经费支出、接待场所、接待项目等有关情况，接受社会监督。

第二十条 各级党政机关应当将国内公务接待工作纳入问责范围。纪检监察机关应当加强对国内公务接待违规违纪行为的查处，严肃追究接待单位相关负责人、直接责任人的党纪责任、行政责任并进行通报，涉嫌犯罪的移送司法机关依法追究刑事责任。

第二十一条　积极推进国内公务接待服务社会化改革，有效利用社会资源为国内公务接待提供住宿、用餐、用车等服务。推行接待用车定点服务制度。

第二十二条　地方各级党委、政府应当依照本规定制定本地区国内公务接待管理办法。

第二十三条　地方各级政府因招商引资等工作需要，接待除国家工作人员以外的其他因公来访人员，应当参照本规定实行单独管理，明确标准，控制经费总额，注重实际效益，加强审批管理，强化审计监督，杜绝奢侈浪费。严禁扩大接待范围、增加接待项目，严禁以招商引资为名变相安排公务接待。

第二十四条　国有企业、国有金融企业和不参照公务员法管理的事业单位参照本规定执行。

第二十五条　本规定由国家机关事务管理局会同有关部门负责解释。

第二十六条　本规定自发布之日起施行。2006 年 10 月 20 日中共中央办公厅、国务院办公厅印发的《党政机关国内公务接待管理规定》同时废止。

关于对党和国家机关工作人员在国内交往中收受的礼品实行登记制度的规定

（1995 年 4 月 30 日中共中央办公厅、国务院办公厅印发）

第一条　为保持党和国家机关工作人员廉洁从政，加强党风廉政建设，制定本规定。

第二条　党和国家机关工作人员在国内交往中，不得收受可能影响公正执行公务的礼品馈赠，因各种原因未能拒收的礼品，必须登记上交。

党和国家机关工作人员在国内交往（不含亲友之间的交往）中收受的其他礼品，除价值不大的以外，均须登记。

第三条　按照第二条的规定须登记的礼品，自收受礼品之日起（在外地接受礼品的，自回本单位之日起）一个月内由本人如实填写礼品登记表，并将登记表交所在机关指定的受理登记的部门。受理登记的部门可将礼品的登记情况在本机关内公布。

登记的礼品按规定应上交的，与礼品登记表一并上交所在机关指定的受理登记的部门。

第四条 对于收受后应登记、上交的礼品在规定期限内不登记或不如实登记、不上交的，由所在党组织、行政部门或纪检监察机关责令其登记、上交，并给予批评教育或者党纪处分、政务处分或者其他处分。

第五条 本规定所称党和国家机关工作人员，是指党的机关、人大机关、行政机关、政协机关、审判机关、检察机关中从事公务的人员。

国有企业、事业单位的负责人，国家拨给经费的各社会团体中依照法律从事公务的人员，适用本规定。

第六条 本规定由各级党组织和行政部门负责执行，各级纪检监察机关负责监督检查。

第七条 各省、自治区、直辖市应根据本规定，结合本地区的实际，制定具体的礼品登记标准；中共中央直属机关和中央国家机关的礼品登记标准，由中共中央直属机关事务管理局、国务院机关事务管理局制定。各省、自治区、直辖市和中共中央直属机关事务管理局、国务院机关事务管理局还应制定具体的礼品上交处理办法。各省、自治区、直辖市和中共中央直属机关事务管理局、国务院机关事务管理局制定的礼品登记标准和上交处理办法，要报中央纪委国家监委备案。

第八条 本规定由中央纪委国家监委负责解释。

第九条 本规定自发布之日起施行。

附：礼品登记表（略）

关于规范差旅伙食费和市内交通费收交管理有关事项的通知

（2019年7月3日财政部办公厅、国管局办公室、
中直管理局办公室发布）

各省、自治区、直辖市、计划单列市财政厅（局）、机关事务主管部门，新疆生产建设兵团财政局、机关事务管理局，党中央有关部门办公厅（室），国务院各部委、各直属机构办公厅（室），全国人大常委会办公厅秘书局，全国政协办公厅秘书局，高法院办公厅，高检院办公厅，各民主党派中央办公厅，有关人民团体办公厅（室）：

为进一步贯彻落实中央八项规定精神，严肃财经纪律，根据《党政机关厉行节约反对浪费条例》《党政机关国内公务接待管理规定》《中央和国家机关差旅费管理办法》等规章制度，现就规范差旅伙食费和市内交通费收交管理有关事项通知如下：

一、中央单位出差人员(以下称出差人员)出差期间按规定领取伙食补助费。除确因工作需要由接待单位按规定安排的一次工作餐外,用餐费用自行解决。出差人员需接待单位协助安排用餐的,应当提前告知控制标准,并向伙食提供方交纳伙食费。

在单位内部食堂用餐,有对外收费标准的,出差人员按标准交纳;没有对外收费标准的,早餐按照日伙食补助费标准的20%交纳,午餐、晚餐按照日伙食补助费标准的40%交纳。在宾馆、饭店等餐饮服务单位用餐的,按照餐饮服务单位收费标准交纳相关费用。

二、出差人员出差期间按规定领取市内交通费。接待单位协助提供交通工具并有收费标准的,出差人员按标准交纳,最高不超过日市内交通费标准;没有收费标准的,每人每半天按照日市内交通费标准的50%交纳。

三、接待单位协助安排用餐、提供交通工具的,出差人员应当索取相应的行政事业单位资金往来结算票据或税务发票等凭证,个人保存备查,不作为报销依据。

四、接待单位应当按规定收取出差人员相关费用,及时出具行政事业单位资金往来结算票据或税务发票;确实无法出具上述凭证的,可出具其他收款凭证。加强收取费用的管理,做好业务台账登记,纳入统一核算,所收费用可作为代收款项用于相关支出或作收入处理。

五、各地区各部门要督促接待单位按照中央八项规定精神和党政机关公务接待管理有关规定,进一步完善内部管理制度,合理制定收费标准,协助安排用餐应当根据出差人员告知的控制标准合理安排。

六、各地要结合本地区实际,制定本地区出差人员差旅伙食费和市内交通费收交管理规定。中央单位可根据本通知要求,制定本单位差旅伙食费和市内交通费交纳、报销具体操作规定。

七、本通知自2019年8月1日起施行。

中共中央纪委关于严格禁止利用职务上的便利谋取不正当利益的若干规定

(2007年5月29日中共中央纪委印发)

根据中央纪委第七次全会精神,为贯彻落实标本兼治、综合治理、惩防并举、注重预防的反腐倡廉方针,针对当前查办违纪案件工作中发现的新情况、新问题,特对国家工作人员中的共产党员提出并重申以下纪律要求:

一、严格禁止利用职务上的便利为请托人谋取利益，以下列交易形式收受请托人财物：

（1）以明显低于市场的价格向请托人购买房屋、汽车等物品；

（2）以明显高于市场的价格向请托人出售房屋、汽车等物品；

（3）以其他交易形式非法收受请托人财物。

前款所列市场价格包括商品经营者事先设定的不针对特定人的最低优惠价格。根据商品经营者事先设定的各种优惠交易条件，以优惠价格购买商品的，不属于违纪。

二、严格禁止利用职务上的便利为请托人谋取利益，收受请托人提供的干股。

干股是指未出资而获得的股份。进行了股权转让登记，或者相关证据证明股份发生了实际转让的，违纪数额按转让行为时股份价值计算，所分红利按违纪孳息处理。股份未实际转让，以股份分红名义获取利益的，实际获利数额应当认定为违纪数额。

三、严格禁止利用职务上的便利为请托人谋取利益，由请托人出资，"合作"开办公司或者进行其他"合作"投资。

利用职务上的便利为请托人谋取利益，以合作开办公司或者其他合作投资的名义，没有实际出资和参与管理、经营而获取"利润"的，以违纪论处。

四、严格禁止利用职务上的便利为请托人谋取利益，以委托请托人投资证券、期货或者其他委托理财的名义，未实际出资而获取"收益"，或者虽然实际出资，但获取"收益"明显高于出资应得收益。

五、严格禁止利用职务上的便利为请托人谋取利益，通过赌博方式收受请托人财物。

执行中应注意区分前款所列行为与赌博活动、娱乐活动的界限。具体认定时，主要应当结合以下因素进行判断：（1）赌博的背景、场合、时间、次数；（2）赌资来源；（3）其他赌博参与者有无事先通谋；（4）输赢钱物的具体情况和金额大小。

六、严格禁止利用职务上的便利为请托人谋取利益，要求或者接受请托人以给特定关系人安排工作为名，使特定关系人不实际工作却获取所谓薪酬。

特定关系人，是指与国家工作人员有近亲属、情妇（夫）以及其他共同利益关系的人。

七、严格禁止利用职务上的便利为请托人谋取利益，授意请托人以本规定所列形式，将有关财物给予特定关系人。

特定关系人中的共产党员与国家工作人员通谋，共同实施前款所列行为的，对特定关系人以共同违纪论处。特定关系人以外的其他人与国家工作人员通谋，由国家工作人员利用职务上的便利为请托人谋取利益，收受请托人财物后双方共同占有的，以共同违纪论处。

八、严格禁止利用职务上的便利为请托人谋取利益之前或者之后，约定在其离职后收受请托人财物，并在离职后收受。

离职前后连续收受请托人财物的，离职前后收受部分均应计入违纪数额。

九、利用职务上的便利为请托人谋取利益，收受请托人房屋、汽车等物品，未变更权属登记或者借用他人名义办理权属变更登记的，不影响违纪的认定。

认定以房屋、汽车等物品为对象的违纪，应注意与借用的区分。具体认定时，除双方交待或者书面协议之外，主要应当结合以下因素进行判断：(1)有无借用的合理事由；(2)是否实际使用；(3)借用时间的长短；(4)有无归还的条件；(5)有无归还的意思表示及行为。

十、收受请托人财物后及时退还或者上交的，不是违纪。

违纪后，因自身或者与违纪有关联的人、事被查处，为掩饰违纪而退还或者上交的，不影响认定违纪。

各级纪律检查机关在办案中发现有本规定所列禁止行为的，依照《中国共产党纪律处分条例》第八十五条等有关规定处理。

违规发放津贴补贴行为处分规定

(2013年6月13日监察部、人社部、财政部、审计署令第31号公布
自2013年8月1日起施行)

第一条　为维护收入分配秩序，严肃财经纪律，规范津贴补贴政策执行，根据《中华人民共和国行政监察法》、《中华人民共和国公务员法》、《行政机关公务员处分条例》及其他有关法律、行政法规，制定本规定。

第二条　本规定所称津贴补贴包括国家统一规定的津贴补贴和工作性津贴、生活性补贴、离退休人员补贴、改革性补贴以及奖金、实物、有价证券等。

第三条[①]　有违规发放津贴补贴行为的单位，其负有责任的领导人员和直接责任人员，以及有违规发放津贴补贴行为的个人，应当承担纪律责任。属于下列人员的，由任免机关或者监察机关按照管理权限依法给予处分：

(一)行政机关公务员；

(二)法律、法规授权的具有公共事务管理职能的事业单位中经批准参照《中华人民共和国公务员法》管理的工作人员。

① 区分直接责任人员与间接责任人员。相关领导人员都是直接责任者的有两种情形：一是领导人员直接作出违反规定决策，具体实施人员执行；二是具体工作人员建议，领导人员同意，再由具体实施人员执行。具体工作人员承担责任的情形：一是提出违反规定发放津贴补贴的建议或主张，并获得批准执行的；二是明知领导决策发放津贴补贴行为违反规定，但不提出不同意见，仍然执行的。这两种情况下，具体工作人员也都是直接责任者，只是前者责任更重。如果具体工作人员提出反对意见，但未被采纳，不负责任。区分决策环节是集体研究决定还是个人决定。违规发放津贴补贴行为如果是主要领导个人作出错误决定的，主要领导个人应负直接责任。如果错误决定是经集体研究作出的，主持集体研究并拍板决定的人员仍负直接责任，是主要责任者，参加集体研究、赞

同错误决定的所有人员都应承担重要领导责任，但直接主管和负有监督责任者的责任相对较重。

法律、行政法规对违规发放津贴补贴行为的处分另有规定的，从其规定。

第四条 有下列行为之一的，给予警告处分；情节较重的，给予记过或者记大过处分；情节严重的，给予降级或者撤职处分：

（一）违反规定自行新设项目或者继续发放已经明令取消的津贴补贴的；

（二）超过规定标准、范围发放津贴补贴的；

（三）违反中共中央组织部、人力资源社会保障部有关公务员奖励的规定，以各种名义向职工普遍发放各类奖金的；

（四）在实施职务消费和福利待遇货币化改革并发放补贴后，继续开支相关职务消费和福利费用的；

（五）违反规定发放加班费、值班费和未休年休假补贴的；

（六）违反《中共中央纪委、中共中央组织部、监察部、财政部、人事部、审计署关于规范公务员津贴补贴问题的通知》（中纪发〔2006〕17号）等规定，擅自提高标准发放改革性补贴的；

（七）超标准缴存住房公积金的；

（八）以有价证券、支付凭证、商业预付卡、实物等形式发放津贴补贴的；

（九）违反规定使用工会会费、福利费及其他专项经费发放津贴补贴的；

（十）借重大活动筹备或者节日庆祝之机，变相向职工普遍发放现金、有价证券或者与活动无关的实物的；

（十一）违反规定向关联单位（企业）转移好处，再由关联单位（企业）以各种名目给机关职工发放津贴补贴的；

（十二）其他违反规定发放津贴补贴的。

第五条 将执收执罚工作与津贴补贴挂钩，使用行政事业性收费、罚没收入发放津贴补贴的，给予记大过处分；情节严重的，给予降级或者撤职处分。

第六条 以发放津贴补贴的形式，变相将国有资产集体私分给个人的，给予记大过处分；情节较重的，给予降级或者撤职处分；情节严重的，给予开除处分。

第七条 违反财政部关于行政事业单位工资津贴补贴有关会计核算的规定核算津贴补贴的，给予警告处分；情节较重的，给予记过或者记大过处分；情节严重的，给予降级或者撤职处分。

第八条 使用"小金库"款项发放津贴补贴的，给予警告处分；情节较重的，给予记过或者记大过处分；情节严重的，给予降级或者撤职处分。

第九条 利用职务上的便利或者职务影响，违反规定在其他单位领取津贴补贴的，给予记过或者记大过处分；情节较重的，给予降级或者撤职处分；情节严重的，给予开除处分。

第十条　以虚报、冒领等手段骗取财政资金发放津贴补贴的，给予记大过处分；情节较重的，给予降级或者撤职处分；情节严重的，给予开除处分。

以虚报、冒领等手段骗取财政资金，并以发放津贴补贴的形式合伙私分的，依照前款规定从重处分。

第十一条　在执行津贴补贴政策中不负责任，导致本地区、本部门、本系统和本单位发生严重违规发放津贴补贴行为的，给予记过或者记大过处分；情节较重的，给予降级或者撤职处分；情节严重的，给予开除处分。

第十二条　不制止、不查处本地区、本部门、本系统和本单位发生的严重违规发放津贴补贴行为的，给予记过或者记大过处分；情节较重的，给予降级或者撤职处分；情节严重的，给予开除处分。

第十三条　对违规发放的津贴补贴，应当按有关规定责令整改，并清退收回。

第十四条　经费来源由财政补助的事业单位工作人员有本规定所列行为的，参照本规定第四条至第十二条规定的违纪情节，依照《事业单位工作人员处分暂行规定》处理。

第十五条　处分的程序和不服处分的申诉，依照《中华人民共和国行政监察法》、《中华人民共和国公务员法》、《行政机关公务员处分条例》等有关法律法规的规定办理。

第十六条　有违规发放津贴补贴行为，应当给予党纪处分的，移送党的纪律检查机关处理；涉嫌犯罪的，移送司法机关处理。

第十七条　本规定由监察部、人力资源社会保障部、财政部、审计署负责解释。

第十八条　本规定自2013年8月1日起施行。

中共中央、国务院关于进一步制止党政机关和党政干部经商、办企业的规定

（1986年2月4日中共中央、国务院印发）

1984年12月中共中央、国务院《关于严禁党政机关和党政干部经商、办企业的决定》下达以后，党政机关办的企业大部分已经停办或者同党政机关脱钩；参与经商、办企业的党政干部，大多数已经回到机关工作或辞去党政职务。但是，这股不正之风还没有完全刹住。有的党政机关和党政干部仍采取各种手法继续经商、办企业；有的党政领导干部还继续兼任企业职务；有的家属利用领导干部的关系及影响经商、办企业；经商、办企业中的一些严重违法行为，特别是牵涉到某些领导干部的

问题，至今得不到应有的处理。党政机关和党政干部经商、办企业，以权谋私，损公肥私，危害很大。为了坚决刹住这股不正之风，现对几个有关问题进一步规定如下：

一、党政机关，包括各级党委机关和国家权力机关、行政机关、审判机关、检察机关以及隶属这些机关编制序列的事业单位，一律不准经商、办企业。凡违反规定仍在开办的企业包括应同机关脱钩而未脱钩，或者明脱钩暗不脱钩的，不管原来经过哪一级批准，都必须立即停办，或者同机关彻底脱钩。

二、凡上述机关的干部、职工，包括退居二线的干部，除中央书记处、国务院特殊批准的以外，一律不准在各类企业中担任职务。已经担任企业职务的，必须立即辞职；否则，必须辞去党政机关职务。

在职干部、职工一律不许停薪留职去经商、办企业。已停薪留职的，或者辞去企业职务回原单位复职，或者辞去机关公职。

三、上述机关的离休、退休干部，除中央书记处、国务院批准者外，不得到国营企业任职。如果到非国营企业任职，必须在离休、退休满两年以后，并且不能到原任职机关管辖行业的企业中任职。离休、退休干部到企业任职以后，即不再享受国家规定的离休、退休待遇。

四、凡参与违法经营活动或为其提供方便的干部、职工，要给予党纪政纪处分，其中的领导干部要从重处理。触犯刑律的，要依法惩处。

五、领导干部的子女、配偶，在党政机关及所属编制序列的事业单位工作的，一律不得离职经商、办企业；不在党政机关及所属编制序列的事业单位工作的，不准利用领导干部的影响和关系经商、办企业，非法牟利。对违反规定的，要严肃处理。非法所得，一律没收。

六、党政机关及所属编制序列的事业单位及其干部开办的企业停办以后，应由直接批准的业务主管部门负责清理。由于违法经营导致亏损倒闭、资不抵债，或者造成其他严重后果的，要由直接批准的业务主管部门和企业共同承担经济责任和法律责任，同时还应追究有关人员的责任。

七、工商行政管理机关对申请开办的企业，必须严格按国家有关规定审批，坚持原则，依法办事，失职者要追究责任。各级领导干部对工商行政管理机关依法行使职权不得干预。

八、本规定适用于工会、共青团、妇联、文联、科协和各种协会、学会等群众组织，以及这些组织的干部和职工。这些组织如有特殊情况，需要办非商业性企业的，必须报经国务院或省、自治区、直辖市人民政府批准。

九、为安排青年就业开办的劳动服务公司和乡镇、街道开办的企业存在的问题，由有关部门组织力量调查研究，另作规定。

十、军队机关和军队干部办企业问题，按照1985年5月国务院、中央军委批转《关于军队从事生产经营和对外贸易的暂行规定》的通知办理。有关具体问题，由国务院、中央军委另行规定。

各级党委和政府要坚决贯彻落实上述规定，做到令行禁止。对拒不执行的，要严肃处理，并追究领导责任。各级纪委、工商行政管理机关要与组织、人事、审计、税务、银行、司法等部门密切配合，监督执行。

以前有关各项规定，凡与本规定不一致的，以本规定为准。

关于进一步规范党政领导干部在企业兼职（任职）问题的意见

（2013年10月19日中共中央组织部印发）

为贯彻落实中央关于从严管理干部的要求，加强干部队伍建设和反腐倡廉建设，根据《中华人民共和国公务员法》、《中国共产党党员领导干部廉洁从政若干准则》和有关文件规定精神，现就进一步规范党政领导干部在企业兼职（任职）问题提出如下意见。

一、现职和不担任现职但未办理退（离）休手续的党政领导干部不得在企业兼职（任职）。

二、对辞去公职或者退（离）休的党政领导干部到企业兼职（任职）必须从严掌握、从严把关，确因工作需要到企业兼职（任职）的，应当按照干部管理权限严格审批。

辞去公职或者退（离）休后三年内，不得到本人原任职务管辖的地区和业务范围内的企业兼职（任职），也不得从事与原任职务管辖业务相关的营利性活动。

辞去公职或者退（离）休后三年内，拟到本人原任职务管辖的地区和业务范围外的企业兼职（任职）的，必须由本人事先向其原所在单位党委（党组）报告，由拟兼职（任职）企业出具兼职（任职）理由说明材料，所在单位党委（党组）按规定审核并按照干部管理权限征得相应的组织（人事）部门同意后，方可兼职（任职）。

辞去公职或者退（离）休三年后到企业兼职（任职）的，应由本人向其原所在单位党委（党组）报告，由拟兼职（任职）企业出具兼职（任职）理由说明材料，所在单位党委（党组）按规定审批并按照干部管理权限向相应的组织（人事）部门备案。

三、按规定经批准在企业兼职的党政领导干部，不得在企业领取薪酬、奖金、津贴等报酬，不得获取股权和其他额外利益；兼职不得超过1个；所兼任职务实行任期制的，任期届满拟连任必须重新审批或备案，连任不超过两届；兼职的任职年龄界限为70周岁。

四、按规定经批准到企业任职的党政领导干部，应当及时将行政、工资等关系转入企业，不再保留公务员身份，不再保留党政机关的各种待遇。不得将行政、工资等关系转回党政机关办理退（离）休；在企业办理退（离）休手续后，也不得将行政、工资等关系转回党政机关。

五、按规定经批准在企业兼职（任职）的党政领导干部，要严格遵纪守法，廉洁自律，禁止利用职权和职务上的影响为企业或个人谋取不正当利益。党政领导干部在企业兼职期间的履职情况、是否取酬、职务消费和报销有关工作费用等，应每年年底以书面形式报所在单位党委（党组）。

六、限期对党政领导干部违规在企业兼职（任职）进行清理。各地区各部门各单位要根据本意见规定，按照干部管理权限对领导干部在企业兼职（任职）情况进行一次摸底排查，对发现的问题要限期纠正。凡不符合规定，必须在本意见下发后3个月内免去或由本人辞去所兼任（担任）的职务。确属工作需要且符合有关规定精神，但未履行审批或备案程序的，必须在本意见下发后3个月内补办手续。兼职（任职）期间违规领取的薪酬，应按中央纪委有关规定执行。

七、清理工作完成后，如再发现党政领导干部有违规在企业兼职（任职）或领取报酬隐瞒不报的行为，一经查实，要按照有关规定严肃处理。各地区各部门各单位在审批或审核党政领导干部在企业兼职（任职）时存在违规行为的，要追究主要领导及有关负责人的责任。

八、党政领导干部在其他盈利性组织兼职（任职），按照本意见执行。

参照公务员法管理的人民团体和群众团体、事业单位领导干部，按照本意见执行；其他领导干部，参照本意见执行。

九、各地区各部门各单位可根据本意见精神，按照干部管理权限，制定相应的管理实施办法，加强对各级各类领导干部在企业兼职（任职）的规范管理。

十、本意见自发布之日起施行。以往规定与本意见不一致的，按照本意见执行。

人力资源和社会保障部关于支持和鼓励事业单位专业技术人员创新创业的指导意见

（2017年3月10日人力资源社会保障部发布　人社部规〔2017〕4号）

为贯彻落实党中央、国务院关于加快实施创新驱动发展战略、深化人才发展体制机制改革、大力推进大众创业万众创新和做好新形势下就业创业工作的总体部署和要求，发挥事业单位在科技创新和大众创业万众创新中的示范引导作用，激发高校、科研院所等事业单位（简称“事业单位”）专业技术人员[1]科技创新活力和干事创业热情，促进人才在事业单位和企业间合理流动，营造有利于创新创业的政策和制度环境，按照简政放权、放管结合、优化服务的要求，现就支持和鼓励事业单位专业技术人员创新创业提出以下指导意见。

[1] 本意见适用对象是高校、科研院所等事业单位专业技术人员。

一、支持和鼓励事业单位选派专业技术人员到企业挂职或者参与项目合作

事业单位选派符合条件的专业技术人员到企业挂职或者参与项目合作，是强化科技同经济对接、创新成果同产业对接、创新项目同现实生产力对接的重要举措，有助于实现企业、高校、科研院所协同创新，强化对企业技术创新的源头支持。

事业单位专业技术人员到企业挂职或者参与项目合作期间，与原单位在岗人员同等享有参加职称评审、项目申报、岗位竞聘、培训、考核、奖励等方面权利。合作期满，应返回原单位，事业单位可以按照有关规定对业绩突出人员在岗位竞聘时予以倾斜；所从事工作确未结束的，三方协商一致可以续签协议。专业技术人员与企业协商一致，自愿流动到企业工作的，事业单位应当及时与其解除聘用合同并办理相关手续。

事业单位选派专业技术人员到企业挂职或者参与项目合作，应当根据实际情况，与专业技术人员变更聘用合同，约定岗位职责和考核、工资待遇等管理办法。事业单位、专业技术人员、企业应当约定工作期限、报酬、奖励等权利义务，以及依据专业技术人员服务形成的新技术、新材料、新品种以及成果转让、开发收益等进行权益分配等内容。

二、支持和鼓励事业单位专业技术人员兼职创新或者在职创办企业

支持和鼓励事业单位专业技术人员到与本单位业务领域相近企业、科研机构、高校、社会组织等兼职，或者利用与本人从事专业相关的创业项目在职创办企业，是鼓励事业单位专业技术人员合理利用时间，挖掘创新潜力的重要举措，有助于推动科技成果加快向现实生产力转化。

事业单位专业技术人员在兼职单位的工作业绩或者在职创办企业取得的成绩可以作为其职称评审、岗位竞聘、考核等的重要依据。专业技术人员自愿流动到兼职单位工作，或者在职创办企业期间提出解除聘用合同的，事业单位应当及时与其解除聘用合同并办理相关手续。

事业单位专业技术人员兼职或者在职创办企业，应该同时保证履行本单位岗位职责、完成本职工作。专业技术人员应当提出书面申请，并经单位同意；单位应当将专业技术人员兼职和在职创办企业情况在单位内部进行公示。事业单位应当与专业技术人员约定兼职期限、保密、知识产权保护等事项。创业项目涉及事业单位知识产权、科研成果的，事业单位、专业技术人员、相关企业可以订立协议，明确权益分配等内容。

三、支持和鼓励事业单位专业技术人员离岗创新创业

事业单位专业技术人员带着科研项目和成果离岗创办科技型企业或者到企业开展创新工作（简称离岗创业），是充分发挥市场在人才资源配置中的决定性作用，提高人才流动性，最大限度激发和释放创新创业活力的重要举措，有助于科技创新成果快速实现产业化，转化为现实生产力。

事业单位专业技术人员离岗创业期间依法继续在原单位参加社会保险，工资、医疗等待遇，由各地各部门根据国家和地方有关政策结合实际确定，达到国家规定退休条件的，应当及时办理退休手续。创业企业或所工作企业应当依法为离岗创业人员缴纳工伤保险费用，离岗创业人员发生工伤的，依法享受工伤保险待遇。离岗创业期间非因工死亡的，执行人事关系所在事业单位抚恤金和丧葬费规定。离岗创业人员离岗创业期间执行原单位职称评审、培训、考核、奖励等管理制度。离岗创业期间取得的业绩、成果等，可以作为其职称评审的重要依据；创业业绩突出，年度考核被确定为优秀档次的，不占原单位考核优秀比例。离岗创业期间违反事业单位工作人员管理相关规定的，按照事业单位人事管理条例等相关政策法规处理。

事业单位对离岗创业人员离岗创业期间空出的岗位，确因工作需要，经同级事业单位人事综合管理部门同意，可按国家有关规定用于聘用急需人才。离岗创业人员返回的，如无相应岗位空缺，可暂时突破岗位总量聘用，并逐步消化。离岗创业人员离岗创业期间，本人提出与原单位解除聘用合同的，原单位应当依法解除聘用合同；本人提出提前返回的，可以提前返回原单位。离岗创业期满无正当理由未按规定返回的，原单位应当与其解除聘用合同，终止人事关系，办理相关手续。

事业单位专业技术人员离岗创业，须提出书面申请，经单位同意，可在3年内保留人事关系。对离岗创办科技型企业的，按规定享受国家创业有关扶持政策。事业单位与离岗创业人员应当订立离岗协议，约定离岗事项、离岗期限、基本待遇、保密、成果归属等内容，明确双方权利义务，同时相应变更聘用合同。离岗创业项目涉及原单位知识产权、科研成果的，事业单位、离岗创业人员、相关企业可以订立协议，明确收益分配等内容。

四、支持和鼓励事业单位设置创新型岗位

在事业单位设置创新型岗位，是促进事业单位全面参与国家创新体系建设的重要举措，有助于充分发挥高校、科研院所等事业单位人力资源和技术资源优势，加快推动科技创新。

事业单位可根据创新工作需要设置开展科技项目开发、科技成果推广和转化、科研社会服务等工作的岗位(简称“创新岗位”),并按规定调整岗位设置方案。通过调整岗位设置难以满足创新工作需求的,可按规定申请设置特设岗位,不受岗位总量和结构比例限制。创新岗位人选可以通过内部竞聘上岗或者面向社会公开招聘等方式产生,任职条件要求具有与履行岗位职责相符的科技研发、科技创新、科技成果推广能力和水平。事业单位根据创新工作实际,可探索在创新岗位实行灵活、弹性的工作时间,便于工作人员合理安排利用时间开展创新工作。事业单位绩效工资分配应当向在创新岗位做出突出成绩的工作人员倾斜。创新岗位工作人员依法取得的科技成果转化奖励收入,不纳入单位绩效工资;取得的技术项目开发、科技成果推广和转化、科研社会服务成果,应当作为职称评审、项目申报、岗位竞聘、考核、奖励的重要依据[②]。事业单位应当与创新岗位工作人员订立或者变更聘用合同,聘用合同内容应当符合创新工作实际,明确合同期限、岗位职责要求、岗位工作条件、工资待遇、社会保险、合同变更、终止和解除的条件、违反合同的责任等条款,双方协商一致,可以约定知识产权保护等条款。

② 此规定很重要。

事业单位可以设立流动岗位,吸引有创新实践经验的企业管理人才、科技人才和海外高水平创新人才兼职。事业单位设置流动岗位,可按规定申请调整工资总额,用于发放流动岗位人员工作报酬。流动岗位人员通过公开招聘、人才项目引进等方式被事业单位正式聘用的,其在流动岗位工作业绩可以作为事业单位岗位聘用和职称评审的重要依据。事业单位应当与流动岗位人员订立协议,明确工作期限、工作内容、工作时间、工作要求、工作条件、工作报酬、保密、成果归属等内容。

五、组织实施

各级人力资源社会保障部门要树立大局意识,充分认识到支持和鼓励事业单位专业技术人员参与创新创业工作的重要意义,把这项工作摆到重要议事日程。要解放思想,大胆创新,结合本地区本部门实际,细化相关政策,研究具体措施,做到真正切实管用;要加强组织实施,指导事业单位主管部门和事业单位落实文件要求,建立健全内部管理制度,确保政策落到实处;要搞好跟踪服务,切实解决事业单位专业技术人员创新创业中的实际困难,解决他们的后顾之忧,为事业单位专业技术人员投身创新发展实践提供人事政策保障。同时,要通过完善聘用合同管理、强化考核等办法,加强规范管理;指导事业单位按规定定期将离岗创业人员情况按程序报主管部门并同级事业单位人事综合管理部门备案。要及时研究解决政策实施过程中碰到的新情况、新问题,重点问题及时向人力资源社会保障部报告。

关于退出现职、接近或者达到退休年龄的党政领导干部在企业兼职、任职有关问题的意见

（2008年4月10日中共中央纪委、中共中央组织部印发）

为贯彻落实党的十七大关于加强干部队伍建设和反腐倡廉建设的精神，根据公务员法和有关法律法规、政策规定，现就退出现职、接近或者达到退休年龄的党政领导干部在企业兼职、任职有关问题提出以下意见：

一、退出现职、接近或者达到退休年龄和在地方换届时不再提名尚未办理退休手续的党政领导干部原则上不得在企业兼职，一般也不得安排到企业任职。

二、个别确因工作需要到企业兼职、任职的，应当按照干部管理权限严格审批。不得违反规定，擅自审批党政领导干部到企业兼职、任职。

三、经批准到企业兼职的，不得在企业领取薪酬、奖金等报酬，不得获取股权。

四、经批准到企业任职的，应当将行政、工资等关系转入企业，不再保留公务员身份，不再保留党政机关的各种待遇。不得将行政、工资等关系转回党政机关办理退休；在企业办理退休手续后，也不得将行政、工资等关系转到党政机关。

本意见所指企业包括国有企业和国有控股等企业。在其他营利性组织兼职、任职的，参照本意见执行。对担任上市公司、基金管理公司和中央企业独立董事、独立监事另有规定的，按照有关规定执行。

参照公务员法管理的人民团体和群众团体、事业单位领导人员，按照本意见执行；国家机关委托行使公共事务管理职能的事业单位领导人员，参照本意见执行。

本意见下发前退出现职、接近或者达到退休年龄和在地方换届时不再提名的尚未办理退休手续的党政领导干部在企业兼职、任职的，应当按照本意见予以规范。

中共中央组织部关于规范退（离）休领导干部在社会团体兼职问题的通知

（2014年6月25日中共中央组织部印发）

当前，领导干部退（离）休后在各类社会团体兼职，或参与成立新的社会团体的

情况有所增多。大多数退(离)休领导干部热心参与社会公益事业,积极发挥个人业务专长和经验优势,不求回报,无私奉献,为促进社会团体健康有序发展、推动和谐社会建设作出了贡献。但也有一些退(离)休领导干部以兼职为名,利用个人影响找地方、部门和企事业单位要钱要车要办公场所,甚至领取较高薪酬,造成了不好的社会影响,干部群众对此多有反映。为认真贯彻执行中央八项规定和从严管理干部的精神,对退(离)休领导干部在社会团体兼职行为要进一步从严规范,引导和发挥好他们的作用。经中央批准,现就有关问题通知如下。

一、退(离)休领导干部在社会团体兼任职务(包括领导职务和名誉职务、常务理事、理事等),须按干部管理权限审批或备案后方可兼职。确因工作需要,本人又无其他兼职,且所兼职社会团体的业务与原工作业务或特长相关的,经批准可兼任1个社会团体职务;任期届满拟连任的,必须重新履行有关审批手续,兼职不超过两届;兼职的任职年龄界限为70周岁。

除工作特殊需要外,不得兼任社会团体法定代表人,不得牵头成立新的社会团体或兼任境外社会团体职务。[①]

二、经批准兼任社会团体职务的,兼职期间要发挥好政治把关、经验指导、业务传授等方面的作用,促进社会团体健康有序发展。不得利用个人影响要求党政机关、企事业单位提供办公用房、车辆、资金等,不得以社会团体名义违规从事营利性活动;不得强行要求入会或违规收费、摊派、强制服务、干预会员单位生产经营活动等。

三、兼职不得领取社会团体的薪酬、奖金、津贴等报酬和获取其他额外利益,也不得领取各种名目的补贴等,确属需要的工作经费,要从严控制,不得超过规定标准和实际支出。

四、兼职期间的履职情况、是否取酬和报销有关工作费用等,干部本人应每年年底以书面形式报所在单位党委(党组)。对领取报酬,或履行职责不当的,干部所在单位应责令其辞去社会团体职务。兼职期间违规领取的报酬,应按中央纪委有关规定执行。

五、中央管理的干部退(离)休后兼任社会团体职务,须由干部所在单位党委(党组)审批并报中央组织部备案同意后方可兼职。确需由中央管理的干部兼任职务的社会团体,必须在国家、地区、行业和经济、政治、社会生活中起重要作用,在国内外有一定影响。

备案报告应在社会团体召开有关会议进行选举或决定任命前30日报中央组织部,需说明以下情况:(1)社会团体的基本情况,包括登记事项、宗旨、业务范围和成立时间等内容。(2)领导干部原任职务,兼职的理由,是否兼任法定代表人;本人是

① 中共中央办公厅、国务院办公厅印发的《行业协会商会与行政机关脱钩总体方案》规定,行政机关不得推荐、安排在职和退(离)休公务员到行业协会商会任职兼职。现职和不担任现职但未办理退(离)休手续的党政领导干部及在职工作人员,不得在行业协会商会兼任职务。领导干部退(离)休后3年内一般不得到行业协会商会兼职,个别确属工作特殊需要兼职的,应当按照干部管理权限审批;退(离)休3年后到行业协会商会兼职,须按干部管理权限审批或备案后方可兼职。对已在行业协会商会中任职、兼职的公务员,按相关规定进行一次性清理。任职的在职公务员,脱钩后自愿选择去留:退出行业协会商会工作的,由所属行政机关妥善安置;本人自愿继续留在行业协会商会工作的,退出公务员管理,不再保留公务员身份。在行业协会商会兼职的公务员,要限期辞去兼任职务。

否已在其他社会团体中兼职;社会团体召开有关会议进行选举或决定任命的时间。兼职须由社会团体出具邀请函;所兼职的社会团体有业务主管单位的,须有业务主管单位的书面意见。(3)如领导干部已兼任社会团体职务,任期届满拟连任的,需说明干部本人已兼职的时间和任期;如领导干部属新兼任社会团体会长(理事长)职务,需说明原任会长(理事长)不再担任的原因。(4)附拟兼职干部的《干部任免审批表》和社会团体现任领导干部名单一式三份,社会团体章程和社会团体登记书副本复印件各一份。

六、各地区各部门各单位要根据本通知精神制定相应的管理和审批办法,并对退(离)休领导干部在社会团体兼职情况进行摸底和清理规范。凡未经批准在社会团体兼任职务的,符合规定的,须在本通知下发后半年内履行有关审批手续;不符合规定的,应由本人在半年内辞去所兼任的职务。经批准已在社会团体兼任职务的,应对兼职任期、年龄、履职情况以及是否取酬等情况进行审核并予以规范。

七、本通知适用于各级党政机关退(离)休干部。国有企事业单位退(离)休领导人员,参照本通知有关规定执行。

八、本通知自发布之日起施行。以往规定与本通知不一致的,按照本规定执行。

关于党政领导干部辞职从事经营活动有关问题的意见(节录)

(2004年4月8日中共中央办公厅印发)

近年来,随着社会主义市场经济的发展,在一些地方特别是经济较发达地区,党政领导干部辞去公职经商、办企业或参与其他营利性经营活动即辞职“下海”的逐渐增多。这是新形势下正常的人才流动,对于推动非公有制经济发展,促进干部能上能下、能进能出,建立干部正常退出机制具有积极作用。但是,也出现了一些值得注意的问题。有的领导干部辞职只是向组织打个招呼,没有正式提出书面申请,未经组织批准,就擅自离岗;有的辞职后直接受聘于原管辖地区或者管辖业务范围内的企业,利用在职时的职务影响进行不公平竞争,谋取不正当利益,等等,造成了一些消极影响。为了规范党政领导干部辞职从事经营活动,根据《党政领导干部选拔任用工作条例》、《国家公务员暂行条例》以及有关法规政策,现提出以下意见。

一、领导干部辞去公职应当符合辞职条件

《国家公务员暂行条例》、《国家公务员辞职辞退暂行规定》规定,辞去公职是公务员的一项权利,公务员辞职要符合一定的条件。各地在执行过程中,既要保障干部的辞职权利,又要掌握好辞职的条件。对党的高级干部、地方党政正职和一些特殊岗位的干部辞去公职应当从严掌握。在涉及国家安全、重要机密等特殊职位上任职或者离开上述职位不满解密期限的,重要公务尚未处理完毕且须由本人继续处理的,正在接受纪检(监察)、司法机关调查或者审计机关审计的,未满最低服务年限的,或者有其他特殊原因的,不得辞去公职。由人大、政协选举、任命、决定任命的领导干部任职不满一年的,也不得辞去公职。

二、领导干部辞去公职必须履行辞职程序

领导干部辞去公职必须严格按照有关程序办理:辞职申请人按干部管理权限,向党委(党组)提出书面申请,辞职申请应当说明辞职原因和辞职后去向;组织(人事)部门对辞职申请进行了解审核并提出初步意见,对需进行经济责任审计的干部要委托审计机关对其进行经济责任审计;党委(党组)通过集体研究,作出同意辞职、不同意辞职或者暂缓辞职的决定,并在作出决定后指派专人与申请辞职的干部谈话;被批准辞职的干部在规定的时间内办理公务交接和离职手续。由人大、政协选举、任命、决定任命的领导干部,在党委(党组)作出同意辞职的决定后,按规定程序办理有关手续。任免机关批准干部辞职后,可在一定范围内予以公布。申请辞职的干部在任免机关未批准之前,不得擅自离职,否则按照有关规定给予相应的党纪政纪处分。

三、领导干部辞去公职后从业应有必要限制

党政领导干部辞去公职后三年内,不得到原任职务管辖的地区和业务范围内的企业、经营性事业单位和社会中介组织任职,不得从事或者代理与原工作业务直接相关的经商、办企业活动。担任县级以上地方党委、人大常委会、政府、政协领导职务的领导干部以及具有审批、执法监督等职能部门的领导干部辞职,要按照上述精神从严管理。以上规定,也适用于提前退休的领导干部。领导干部离职后要自觉遵守这些规定。各地组织部门要与有关部门密切配合,制定相应措施,保证规定的执行和落实。

四、需要注意和解决的相关问题

根据有关规定再次重申,县级以上(含县级)党政机关不得采用停薪留职、带薪留职等方式鼓励领导干部离职离岗经商、办企业。已出台此类政策的地方,要予以纠正,并采取妥善措施处理好相关问题。对乡(镇、街道)机关,要根据机构改革进展情况,调查研究后再提出规范意见。

党政领导干部辞职"下海"是新形势下干部管理工作中遇到的一个新问题。各地区各部门对此要高度重视,既要认真执行有关规定,加以规范管理,又要加强调查研究,及时总结经验,积极探索有效管理办法。

中央纪委关于对《行政机关刚退休干部能否接受下级行政机关聘请领取报酬的请示》的答复

（2002 年 1 月 7 日发布）

中共湖南省湘西土家族苗族自治州纪委：

你们于 2001 年 12 月 24 日送来的《关于行政机关刚退休干部能否接受下级行政机关聘请领取报酬的请示》（以下简称《请示》）已收悉。经研究，答复如下：

根据《中共中央办公厅、国务院办公厅关于县以上党和国家机关退（离）休干部经商办企业问题的若干规定》（中办发〔1988〕11 号）和 2000 年 12 月的中央纪委第五次全会公报中关于县（处）级以上领导干部离职和退（离）休后从业规定的有关精神，我们认为，上级行政机关刚退休的干部私自接受下级行政机关的聘请，担任“信息顾问”并领取报酬，是不适宜的；下级行政机关擅自聘请上级行政机关退（离）休领导干部担任工作，也是违反现行干部管理制度的。这种行为可能与公共利益发生冲突，容易产生腐败，应当予以纠正。

关于规范公务员辞去公职后从业行为的意见

（2017 年 4 月 28 日中共中央组织部、人力资源和社会保障部、国家工商行政管理总局、国家公务员局发布）

为贯彻落实党中央关于全面从严治党、从严管理干部要求，加强对权力运行的制约和监督，防止出现公务员辞去公职后从业中的违纪违法现象，根据《中华人民共和国公务员法》《中国共产党纪律处分条例》等法律法规，对规范公务员辞去公职后从业行为提出如下意见。

一、本意见所规范的公务员辞去公职后就业行为，是指公务员根据本人意愿提出辞去公职，经批准依法解除公务员身份，到国有企事业以外的单位就业或自主创业。

二、各级机关中原系领导班子成员的公务员以及其他担任县处级以上职务的公务员，辞去公职后 3 年内，不得接受原任职务管辖地区和业务范围内的企业、中介机构或其他营利性组织的聘任，个人不得从事与原任职务管辖业务直接相关的营利性活动;其他公务员辞去公职后2年内,不得接受与原工作业务直接相关的企业、中介机构或其他营利性组织的聘任,个人不得从事与原工作业务直接相关的营利性活动。

“原任职务”或“原工作业务”,一般应包括辞去公职前3年内担任过的职务或从事过的工作业务。

三、公务员辞去公职后从业行为是否违反上述规定,由其原单位认定。省级以上具有行政审批、行业监管、执法监督等职能的机关,应当结合实际,逐步建立公务员辞去公职后从业行为限制清单。

四、公务员申请辞去公职时应当如实报告从业去向,签署承诺书,对遵守从业限制规定、保守国家秘密和工作秘密,以及在从业限制期限内主动报告从业变动情况等作出承诺。

五、公务员所在单位或上级组织(人事)部门在批准其辞去公职前要与本人谈话,了解其从业意向,提醒严格遵守从业限制规定,告知违规从业须承担的法律责任。对不符合从业限制规定的,要劝其调整从业意向;经劝说仍不调整的,不予批准其辞去公职申请。对经批准同意辞去公职的,在从业限制期限内,原单位每年至少与其联系一次,了解和核查从业情况,发现有违反规定的情形,应当及时向公务员主管部门报告。

六、公务员辞去公职后有违规从业行为的,由公务员主管部门会同原单位责令其限期解除与接收单位的聘任关系或终止违规经营性活动;逾期不改正的,公务员主管部门要会同有关部门,对其违规从业所得数额进行调查核定,由县级以上工商、市场监管等部门依法没收,责令接收单位将该人员清退,并根据情节轻重,对接收单位处以被处罚人员违规从业所得一倍以上五倍以下罚款。违规从业人员为中共党员的,依照有关党规党纪给予相应处分。对涉嫌犯罪的,移交司法机关依法处理。

公务员主管部门会同有关部门将辞去公职人员违规从业行为纳入个人信用记录。接收单位为企业的,工商、市场监管部门将其受行政处罚情况录入企业信用信息系统。

七、建立健全公务员辞去公职后从业备案和监督检查制度。经批准同意辞去公职的公务员,由原单位报公务员主管部门备案。公务员主管部门通过专项检查、接受信访举报、了解舆情报道等方式,对各单位落实公务员辞去公职后从业规定情况进行指导和监督检查。对未按照规定审批,或未履行提醒告知、备案、了解核实等职责,导致辞去公职人员违规从业的,对单位给予通报批评,对相关负责人进行提醒、函询和诫勉,视情节轻重给予组织处理或纪律处分。

八、要准确把握和执行政策,正确对待公务员依法辞去公职行为,支持人才的合理流动，充分尊重和保障辞去公职人员合法就业和创业的权益。

九、对参照公务员法管理机关(单位)工作人员，以及公务员交流到国有企事业单位未满从业限制期限，辞去公职后从业行为的规范，参照本意见执行。

十、本意见自2017年4月28日起施行，由中央组织部、人力资源社会保障部、工商总局、国家公务员局负责解释。

公务员辞去公职规定

(2009年7月9日中共中央组织部、人力资源和社会保障部制定
2009年7月24日发布　2020年12月8日中共中央
组织部修订　2020年12月28日发布)

第一章　总　　则

第一条　为了规范公务员辞去公职工作，保障机关和公务员的合法权益，建设信念坚定、为民服务、勤政务实、敢于担当、清正廉洁的高素质专业化公务员队伍，根据《中华人民共和国公务员法》等有关法律法规，制定本规定。

第二条　公务员辞去公职，是指公务员依照法律法规规定，申请终止与任免机关的任用关系。

法律法规对公务员中领导成员以及监察官、法官、检察官等辞去公职另有规定的，按照有关规定办理。

第三条　公务员辞去公职工作坚持以马克思列宁主义、毛泽东思想、邓小平理论、“三个代表”重要思想、科学发展观、习近平新时代中国特色社会主义思想为指导，贯彻新时代党的组织路线和干部工作方针政策，加强党对公务员队伍的集中统一领导，坚持下列原则：

(一)党管干部；

(二)尊重个人意愿和从严审核审批相结合；

(三)保障合法流动和加强离职后从业管理相结合；

(四)依法依规办事。

第四条　各级公务员主管部门按照管理权限和职责分工负责公务员辞去公职工作的综合管理、业务指导和监督检查。各级机关按照管理权限负责公务员辞去公职的审核、审批、从业限制期限内从业情况的了解核查等工作。

第二章　辞去公职情形和程序

第五条　公务员辞去公职，应当依照法定的情形、权限和程序办理。

第六条　公务员有下列情形之一的，不得批准辞去公职：

（一）未满国家规定的最低服务年限的；

（二）在涉及国家秘密等特殊职位任职或者离开上述职位不满国家规定的脱密期限的；

（三）正在接受审计，或者重要公务尚未处理完毕且须由本人继续处理的；

（四）正在接受纪律审查、监察调查，或者涉嫌犯罪，司法程序尚未终结的；

（五）法律、行政法规规定的其他不得辞去公职的情形。

第七条　公务员辞去公职，按照下列程序办理：

（一）本人向任免机关提出书面申请，填写《公务员辞去公职申请表》。担任县处级副职以上领导职务或者二级调研员及相当层次以上职级的，应当一并报告个人有关事项。

（二）组织人事部门审核，重点审核公务员是否具有不得辞去公职或者辞去公职后的从业限制情形，并征求其所在单位和纪检监察机关、保密等部门的意见。同时，提醒其严格遵守从业限制规定，告知违规从业须承担的法律责任。

（三）任免机关审批，作出同意或者不同意辞去公职的批复。同意辞去公职的，应当同时免去其所任领导职务、职级。其中，对需要进行经济责任审计的，应当事先按照有关规定进行审计。

（四）任免机关将批复送公务员所在单位和申请辞去公职的公务员。

（五）同意辞去公职的，办理公务交接手续。

（六）将同意辞去公职的批复和《公务员辞去公职申请表》等存入本人人事档案，同时将批复送同级公务员主管部门备案。

第八条　任免机关应当自接到公务员辞去公职申请之日起30日内予以审批，其中，对领导成员辞去公职的申请，应当自接到申请之日起90日内予以审批。

第九条　经批准辞去公职的公务员办理公务交接手续，应当自批准之日起10个工作日内完成。

对拒不办理公务交接手续的，撤销同意辞去公职的决定，给予开除处分。

第十条　公务员申请辞去公职未予批准的，可以按照规定申请复核或者提出申诉。复核、申诉期间不停止该人事处理决定的执行。

第十一条　公务员在辞去公职审批期间不得擅自离职。对擅自离职的，给予开除处分。

第十二条 公务员与所在机关因专项培训等订立协议约定工作期限的，在未满约定工作期限内一般不得申请辞去公职。申请辞去公职的，应当向所在机关支付违约金或者履行相应义务。

机关要求申请辞去公职公务员支付的违约金数额不得超过约定工作期限尚未履行部分所应分摊的培训费用，最高数额不得超过机关提供的专项培训费用。

第三章 管理与纪律

第十三条 公务员辞去公职后，不再具有公务员身份，自批准之日的次月起停发工资，社会保险按照有关规定执行。

第十四条 公务员辞去公职后，原所在机关应当自批准之日起2个月内将其人事档案转递至相应的人事档案工作机构、公共就业和人才服务机构或者本人户籍所在地社会保障服务机构。具体按照人事档案工作有关规定办理。

本人应当配合转递人事档案，未予配合的，其后果由本人承担。

第十五条 公务员辞去公职后重新就业的，在计算工作年限时，其辞去公职前在机关的工作年限合并计算。

第十六条 公务员辞去公职的，原系领导成员、县处级以上领导职务的公务员在离职3年内，不得接受原任职务管辖地区和业务范围内的企业、中介机构或者其他营利性组织的聘用，不得从事与原任职务管辖业务直接相关的营利性活动；其他公务员在离职2年内，不得接受与原工作业务直接相关的企业、中介机构或者其他营利性组织的聘用，不得从事与原工作业务直接相关的营利性活动。

前款所称原任职务，是指公务员辞去公职前3年内担任过的领导职务；原工作业务，是指公务员辞去公职前3年内从事过的工作业务。

第十七条 公务员辞去公职后，在从业限制期限内，应当于每年年底前向原所在机关报告从业情况。原所在机关应当同时对其从业情况进行了解和核实，对是否违反从业限制规定作出认定。

省级以上具有行业监管、行政许可、行政处罚、司法等职能的机关，应当结合实际建立公务员辞去公职后从业行为限制清单，并报同级公务员主管部门备案。

第十八条 公务员辞去公职后有违反本规定第十六条规定行为的，原所在机关应当及时告知同级公务员主管部门。公务员主管部门会同其原所在机关责令限期解除与接收单位的聘用关系或者终止违规经营活动；逾期不改正的，按照公务员法第一百零七条规定，由县级以上市场监管部门没收该人员从业期间的违法所得，责令接收单位将该人员予以清退，并根据情节轻重，对接收单位处以被处罚人员违法所得1倍以上5倍以下的罚款。

第十九条　在公务员辞去公职工作中，对有不按照规定的条件和程序审核、审批以及从业限制管理等情形的，予以责令纠正；根据情节轻重，依规依纪依法追究负有责任的领导人员和直接责任人员责任。

第四章　附　　则

第二十条　参照公务员法管理的机关（单位）中除工勤人员以外的工作人员辞去公职，参照本规定执行。

第二十一条　本规定由中共中央组织部负责解释。

第二十二条　本规定自发布之日起施行。

附件：1. 公务员辞去公职申请表（略）

2. 关于同意×××辞去公职的批复（略）

3. 关于不同意×××辞去公职的批复（略）

3. 工 作 纪 律

违反规定插手干预工程建设领域行为处分规定

（2010年7月8日监察部、人力资源和社会保障部令第22号公布）

第一条　为进一步促进行政机关公务员廉洁从政，规范工程建设秩序，惩处违反规定插手干预工程建设领域行为，确保工程建设项目安全、廉洁、高效运行，根据《中华人民共和国行政监察法》、《中华人民共和国公务员法》和《行政机关公务员处分条例》等有关法律、行政法规，制定本规定。

第二条　本规定适用于副科级以上行政机关公务员。

第三条　本规定所称违反规定插手干预工程建设领域行为，是指行政机关公务员违反法律、法规、规章或者行政机关的决定、命令，利用职权或者职务上的影响，向相关部门、单位或者有关人员以指定、授意、暗示等方式提出要求，影响工程建设正常开展或者干扰正常监管、执法活动的行为。

第四条　违反规定插手干预工程建设项目决策，有下列情形之一，索贿受贿、为自己或者他人谋取私利的，给予记过或者记大过处分；情节较重的，给予降级或者撤职处分；情节严重的，给予开除处分：

（一）要求有关部门允许未经审批、核准或者备案的工程建设项目进行建设的；

（二）要求建设单位对未经审批、核准或者备案的工程建设项目进行建设的；

（三）要求有关部门审批或者核准违反产业政策、发展规划、市场准入标准以及未通过节能评估和审查、环境影响评价审批等不符合有关规定的工程建设项目的；

（四）要求有关部门或者单位违反技术标准和有关规定，规划、设计项目方案的；

（五）违反规定以会议或者集体讨论决定方式安排工程建设有关事项的；

（六）有其他违反规定插手干预工程建设项目决策行为的。

第五条 违反规定插手干预工程建设项目招标投标活动，有下列情形之一，索贿受贿、为自己或者他人谋取私利的，给予记过或者记大过处分；情节较重的，给予降级或者撤职处分；情节严重的，给予开除处分：

（一）要求有关部门对依法应当招标的工程建设项目不招标，或者依法应当公开招标的工程建设项目实行邀请招标的；

（二）要求有关部门或者单位将依法必须进行招标的工程建设项目化整为零，或者假借保密工程、抢险救灾等特殊工程的名义规避招标的；

（三）为招标人指定招标代理机构并办理招标事宜的；

（四）影响工程建设项目投标人资格的确定或者评标、中标结果的；

（五）有其他违反规定插手干预工程建设项目招标投标活动行为的。

第六条 违反规定插手干预土地使用权、矿业权审批和出让，有下列情形之一，索贿受贿、为自己或者他人谋取私利的，给予记过或者记大过处分；情节较重的，给予降级或者撤职处分；情节严重的，给予开除处分：

（一）要求有关部门对应当实行招标拍卖挂牌出让的土地使用权采用划拨、协议方式供地的；

（二）要求有关部门或者单位采用合作开发、招商引资、历史遗留问题等名义或者使用先行立项、先行选址定点确定用地者等手段规避招标拍卖挂牌出让的；

（三）影响土地使用权招标拍卖挂牌出让活动中竞买人的确定或者招标拍卖挂牌出让结果的；

（四）土地使用权出让金确定后，要求有关部门违反规定批准减免、缓缴土地使用权出让金的；

（五）要求有关部门为不符合供地政策的工程建设项目批准土地，或者为不具备发放国有土地使用证书条件的工程建设项目发放国有土地使用证书的；

（六）要求有关部门违反规定审批或者出让探矿权、采矿权的；

（七）有其他违反规定插手干预土地使用权、矿业权审批和出让行为的。

第七条 违反规定插手干预城乡规划管理活动，有下列情形之一，索贿受贿、为自己或者他人谋取私利的，给予记过或者记大过处分；情节较重的，给予降级或者撤职处分；情节严重的，给予开除处分：

（一）要求有关部门违反规定改变城乡规划的；

（二）要求有关部门违反规定批准调整土地用途、容积率等规划设计条件的；

（三）有其他违反规定插手干预城乡规划管理活动行为的。

第八条　违反规定插手干预房地产开发与经营活动，有下列情形之一，索贿受贿、为自己或者他人谋取私利的，给予记过或者记大过处分；情节较重的，给予降级或者撤职处分；情节严重的，给予开除处分：

（一）要求有关部门同意不具备房地产开发资质或者资质等级不相符的企业从事房地产开发与经营活动的；

（二）要求有关部门为不符合商品房预售条件的开发项目发放商品房预售许可证的；

（三）对未经验收或者验收不合格的房地产开发项目，要求有关部门允许其交付使用的；

（四）有其他违反规定插手干预房地产开发用地、立项、规划、建设和销售等行为的。

第九条　违反规定插手干预工程建设实施和工程质量监督管理，有下列情形之一，索贿受贿、为自己或者他人谋取私利的，给予记过或者记大过处分；情节较重的，给予降级或者撤职处分；情节严重的，给予开除处分：

（一）要求建设单位或者勘察、设计、施工等单位转包、违法分包工程建设项目，或者指定生产商、供应商、服务商的；

（二）要求试验检测单位弄虚作假的；

（三）要求项目单位违反规定压缩工期、赶进度，导致发生工程质量事故或者严重工程质量问题的；

（四）在对工程建设实施和工程质量进行监督管理过程中，对有关行政监管部门或者中介机构施加影响，导致发生工程质量事故或者严重工程质量问题的；

（五）有其他违反规定插手干预工程建设实施和工程质量监督管理行为的。

第十条　违反规定插手干预工程建设安全生产，有下列情形之一，索贿受贿、为自己或者他人谋取私利的，给予记过或者记大过处分；情节较重的，给予降级或者撤职处分；情节严重的，给予开除处分。

（一）要求有关部门为不具备安全生产条件的单位发放安全生产许可证的；

（二）对有关行政监管部门进行的工程建设安全生产监督管理活动施加影响，导致发生生产安全事故的；

（三）有其他违反规定插手干预工程建设安全生产行为的。

第十一条 违反规定插手干预工程建设环境保护工作，有下列情形之一，索贿受贿、为自己或者他人谋取私利的，给予记过或者记大过处分；情节较重的，给予降级或者撤职处分；情节严重的，给予开除处分：

（一）要求有关部门降低建设项目环境影响评价等级、拆分审批、超越审批权限审批环境影响评价文件的；

（二）对有关行政监管部门进行的环境保护监督检查活动施加影响，导致建设项目中防治污染或者防治生态破坏的设施不能与工程建设项目主体工程同时设计、同时施工、同时投产使用的；

（三）有其他违反规定插手干预工程建设环境保护工作行为的。

第十二条 违反规定插手干预工程建设项目物资采购和资金安排使用管理，有下列情形之一，索贿受贿、为自己或者他人谋取私利的，给予记过或者记大过处分；情节较重的，给予降级或者撤职处分；情节严重的，给予开除处分：

（一）要求有关部门违反招标投标法和政府采购法的有关规定，进行物资采购的；

（二）要求有关部门对不符合预算要求、工程进度需要的工程建设项目支付资金，或者对符合预算要求、工程进度需要的工程建设项目不及时支付资金的；

（三）有其他违反规定插手干预物资采购和资金安排使用管理行为的。

第十三条 有本规定第四条至第十二条行为之一，虽未索贿受贿、为自己或者他人谋取私利，但给国家和人民利益以及公共财产造成较大损失，或者给本地区、本部门造成严重不良影响的，给予记过或者记大过处分；情节较重的，给予降级或者撤职处分；情节严重的，给予开除处分。

第十四条 利用职权或者职务上的影响，干预有关部门对工程建设领域中的违法违规行为进行查处的，给予记过或者记大过处分；情节较重的，给予降级或者撤职处分；情节严重的，给予开除处分。

第十五条 受到处分的人员对处分决定不服的，依照《中华人民共和国行政监察法》、《中华人民共和国公务员法》、《行政机关公务员处分条例》等有关规定，可以申请复核或者申诉。

第十六条 有违反规定插手干预工程建设领域行为，应当给予党纪处分的，移送党的纪律检查机关处理；涉嫌犯罪的，移送司法机关依法追究刑事责任。

第十七条 下列人员有本规定第四条至第十四条行为之一的，依照本规定给予处分：

（一）法律、法规授权的具有公共事务管理职能的组织以及国家行政机关依法委托的组织中副科级或者相当于副科级以上工作人员；

（二）企业、事业单位、社会团体中由行政机关任命的副科级或者相当于副科级以上人员。

第十八条 本规定由监察部、人力资源社会保障部负责解释。

第十九条 本规定自公布之日起施行。

领导干部干预司法活动、插手具体案件处理的记录、通报和责任追究规定[①]

（2015年3月18日中共中央办公厅、国务院办公厅印发）

第一条 为贯彻落实《中共中央关于全面推进依法治国若干重大问题的决定》有关要求，防止领导干部干预司法活动、插手具体案件处理，确保司法机关依法独立公正行使职权，根据宪法法律规定，结合司法工作实际，制定本规定。

第二条 各级领导干部应当带头遵守宪法法律，维护司法权威，支持司法机关依法独立公正行使职权。任何领导干部都不得要求司法机关违反法定职责或法定程序处理案件，都不得要求司法机关做有碍司法公正的事情。

第三条 对司法工作负有领导职责的机关，因履行职责需要，可以依照工作程序了解案件情况，组织研究司法政策，统筹协调依法处理工作，督促司法机关依法履行职责，为司法机关创造公正司法的环境，但不得对案件的证据采信、事实认定、司法裁判等作出具体决定。

第四条 司法机关依法独立公正行使职权，不得执行任何领导干部违反法定职责或法定程序、有碍司法公正的要求。

第五条 对领导干部干预司法活动、插手具体案件处理的情况，司法人员应当全面、如实记录，做到全程留痕，有据可查。

以组织名义向司法机关发文发函对案件处理提出要求的，或者领导干部身边工作人员、亲属干预司法活动、插手具体案件处理的，司法人员均应当如实记录并留存相关材料。

第六条 司法人员如实记录领导干部干预司法活动、插手具体案件处理情况的行为，受法律和组织保护。领导干部不得对司法人员打击报复。非因法定事由，非经法定程序，不得将司法人员免职、调离、辞退或者作出降级、撤职、开除等处分。

① 注意学习《最高人民检察院关于检察机关贯彻执行〈领导干部干预司法活动、插手具体案件处理的记录、通报和责任追究规定〉和〈司法机关内部人员过问案件的记录和责任追究规定〉的实施办法（试行）》。

第七条 司法机关应当每季度对领导干部干预司法活动、插手具体案件处理情况进行汇总分析，报送同级党委政法委和上级司法机关。必要时，可以立即报告。

党委政法委应当及时研究领导干部干预司法活动、插手具体案件处理的情况，报告同级党委，同时抄送纪检监察机关、党委组织部门。干预司法活动、插手具体案件处理的领导干部属于上级党委或者其他党组织管理的，应当向上级党委报告或者向其他党组织通报情况。

第八条 领导干部有下列行为之一的，属于违法干预司法活动，党委政法委按程序报经批准后予以通报，必要时可以向社会公开：

（一）在线索核查、立案、侦查、审查起诉、审判、执行等环节为案件当事人请托说情的；

（二）要求办案人员或办案单位负责人私下会见案件当事人或其辩护人、诉讼代理人、近亲属以及其他与案件有利害关系的人的；

（三）授意、纵容身边工作人员或者亲属为案件当事人请托说情的；

（四）为了地方利益或者部门利益，以听取汇报、开协调会、发文件等形式，超越职权对案件处理提出倾向性意见或者具体要求的；

（五）其他违法干预司法活动、妨碍司法公正的行为。

第九条 领导干部有本规定第八条所列行为之一，造成后果或者恶劣影响的，依照《中国共产党纪律处分条例》、《行政机关公务员处分条例》、《检察人员纪律处分条例（试行）》、《人民法院工作人员处分条例》、《中国人民解放军纪律条令》等规定给予纪律处分；造成冤假错案或者其他严重后果，构成犯罪的，依法追究刑事责任。

领导干部对司法人员进行打击报复的，依照《中国共产党纪律处分条例》、《行政机关公务员处分条例》、《检察人员纪律处分条例（试行）》、《人民法院工作人员处分条例》、《中国人民解放军纪律条令》等规定给予纪律处分；构成犯罪的，依法追究刑事责任。

第十条 司法人员不记录或者不如实记录领导干部干预司法活动、插手具体案件处理情况的，予以警告、通报批评；有两次以上不记录或者不如实记录情形的，依照《中国共产党纪律处分条例》、《行政机关公务员处分条例》、《检察人员纪律处分条例（试行）》、《人民法院工作人员处分条例》、《中国人民解放军纪律条令》等规定给予纪律处分。主管领导授意不记录或者不如实记录的，依纪依法追究主管领导责任。

第十一条 领导干部干预司法活动、插手具体案件处理的情况，应当纳入党风廉政建设责任制和政绩考核体系，作为考核干部是否遵守法律、依法办事、廉洁自律的重要依据。

第十二条　本规定所称领导干部，是指在各级党的机关、人大机关、行政机关、政协机关、审判机关、检察机关、军事机关以及公司、企业、事业单位、社会团体中具有国家工作人员身份的领导干部。

第十三条　本规定自2015年3月18日起施行。

4. 违反社会公德

中央纪委关于对共产党员参与以财物为媒介的手淫、口淫活动应如何处理的请示的答复

（1995年12月21日）

中共四川、浙江省纪委：

你们关于共产党员参与以财物为媒介的手淫、口淫活动应如何处理请示收悉。经研究，现答复如下：

对于以财物为媒介发生手淫、口淫行为，公安部已经作出按卖淫嫖娼查处的规定。共产党员参与这些活动，是思想意识极其腐朽堕落，丧失共产党员条件的表现，都应当按照卖淫嫖娼错误给予开除党籍处分。

中央纪委审理室关于审核认定嫖娼案件有关问题的意见

（2005年3月29日）

为正确审核认定嫖娼案件，根据《中国共产党纪律处分条例》第三十三条第二款的规定并结合工作实际，就纪检机关审核认定嫖娼案件的有关问题提出以下意见：

一、对公安机关以嫖娼定性并作出行政处罚决定后移送纪检机关追究党纪责

任的案件，纪检机关应当对公安机关移送的行政处罚书、案件相关材料或者能够反映案件证据状况的相关材料(如证据目录、案件认定报告等)进行审核。其中经审核无异议的，纪检机关应按有关规定处理；经审核，认定嫖娼的材料没有达到《关于查处党员违纪案件中收集、鉴别、使用证据的具体规定》中所规定的证明标准的，纪检机关应商请公安机关补充材料，如有必要，纪检机关也可以直接补充调查，经上述工作后仍达不到前述证明标准的，不能按嫖娼定性处理。

被处罚人对公安机关认定嫖娼的行政处罚决定不服，提起行政复议或行政诉讼的，纪检机关应在公安机关或人民法院作出生效裁决后，再予处理。

二、纪检机关在查办案件过程中发现党员有涉嫌嫖娼行为的，在定性处理前，应向县级以上公安机关征求意见。公安机关认为构成嫖娼的，纪检机关经审核无误后，应予以认定，其中，需要给予行政处罚的，还应将有关案件材料移送公安机关处理；公安机关经审查认为不构成嫖娼，理由确实充分的，纪检机关应尊重公安机关的意见。

在办理嫖娼案件过程中，纪检机关与公安机关的意见有分歧时，应加强沟通协调，稳妥处理。

公安部关于对同性之间以钱财为媒介的性行为定性处理问题的批复

(2001年2月28日)

广西壮族自治区公安厅：

你厅《关于对以金钱为媒介的同性之间的性行为如何定性的请示》(桂公传发〔2001〕325号)收悉。现批复如下：

根据《中华人民共和国治安管理处罚条例》和全国人大常委会《关于严禁卖淫嫖娼的决定》的规定，不特定的异性之间或者同性之间以金钱、财物为媒介发生不正当性关系的行为，包括口淫、手淫、鸡奸等行为，都属于卖淫嫖娼行为，对行为人应当依法处理。

自本批复下发之日起，《公安部关于对以营利为目的的手淫、口淫等行为定性处理问题的批复》(公复字〔1995〕6号)同时废止。

5. 纪律惩戒

关于公务员受处分工资待遇处理有关问题的通知[①]

（2010 年 12 月 21 日中央组织部、人力资源和社会保障部、
监察部、国家公务员局印发）

根据《中华人民共和国公务员法》、《行政机关公务员处分条例》以及《关于公务员纪律惩戒有关问题的通知》（人社部发〔2010〕59 号）等有关规定，现就公务员受处分工资待遇处理有关问题通知如下：

一、公务员受处分的工资待遇处理

（一）公务员受警告处分的，不降低职务工资、级别工资和津贴补贴。受处分期间符合正常晋升级别条件的，如次年 1 月 1 日仍在处分期，从处分期满解除处分的次月起晋升级别。受处分期间符合正常晋升级别工资档次条件的，从次年 1 月 1 日起晋升级别工资档次。

（二）公务员受记过、记大过处分的，不降低职务工资、级别工资和津贴补贴。受处分期间，不得晋升级别和级别工资档次。处分期满解除处分的当年，符合正常晋升级别和级别工资档次条件的，从次年 1 月 1 日起晋升级别和级别工资档次。

（三）公务员受降级处分的，从受处分的次月起，降低一个级别，级别工资就近就低套入降低后级别相应的工资档次，相应降低按级别确定标准的津贴补贴。受处分前的级别为本职务对应最低级别的，降低一个级别工资档次，级别工资为本级别最低档的，按本级别的一个工资档差降低级别工资，级别工资为二十七级 1 档的，可给予记大过处分。受处分期间，不得晋升级别和级别工资档次。处分期满解除处分的当年，符合正常晋升级别和级别工资档次条件的，从次年 1 月 1 日起晋升级别和级别工资档次。解除降级处分，不视为恢复处分前的级别和工资待遇。

（四）公务员受撤职处分的，从受处分的次月起，职务工资按新任职务确定，级别按每降低一个职务层次相应降低两个级别确定，最低降为二十七级，级别工资逐级就低套入降低后级别相应的工资档次，津贴补贴按新任职务和级别确定[②]。未明确新任职务的，暂按本人原基本工资和津贴补贴之和的 70% 计发临时工资。明确新任职务后，被多减发或少减发的工资予以补发或扣发。受处分期间，不得晋升级

① 注意学习《关于公务员纪律惩戒有关问题的通知》《关于事业单位工作人员和机关工人受处分工资待遇处理有关问题的通知》《关于事业单位工作人员和机关工人被采取强制措施和受行政刑事处罚工资待遇处理有关问题的通知》。

② 此规定十分重要。

别和级别工资档次。处分期满解除处分的当年,符合正常晋升级别和级别工资档次条件的,从次年1月1日起晋升级别和级别工资档次。解除撤职处分,不视为恢复处分前的职务、级别和工资待遇。

(五)公务员受开除处分的,从受处分的次月起,取消原工资待遇。

(六)公务员处分决定被变更,需要调整工资待遇的,从处分决定被变更的次月起执行。处分被减轻或撤销的,多减发或停发的工资予以补发。处分被加重的,少减发的工资予以扣发。

二、公务员退休后被追究政纪责任的退休费待遇处理

(一)公务员在处分决定机关作出处分决定前已经退休或退休后有违法违纪行为,依法应给予警告、记过、记大过处分的,不降低退休费待遇。

(二)公务员在处分决定机关作出处分决定前已经退休或退休后有违法违纪行为,依法应给予降级处分的,从应受处分的次月起,按2%降低基本退休费。今后国家调整退休费时,不受应给予处分的影响。

(三)公务员在处分决定机关作出处分决定前已经退休或退休后有违法违纪行为,依法应给予撤职处分的,从应受处分的次月起调整退休费待遇。未重新明确执行退休待遇职务层次的,按12%降低基本退休费,补贴按降低一个职务层次确定,今后国家调整退休费时,按原执行退休待遇职务低一个职务层次的标准执行。重新明确执行退休待遇职务层次的,按降低后的职务层次确定基本退休费和补贴,今后国家调整退休费时,按降低后职务层次的标准执行。

(四)公务员在处分决定机关作出处分决定前已经退休或退休后有违法违纪行为,依法应给予开除处分但未被判处刑罚的,从应受处分的次月起,按25%降低基本退休费,补贴按办事员确定。今后国家调整退休费时,按办事员的标准执行。

(五)公务员退休后被追究政纪责任,原应给予的处分被变更,需要调整退休费待遇的,从审查结论作出的次月起执行。原应给予的处分被减轻或撤销的,多减发或停发的退休费予以补发。原应给予的处分被加重的,少减发的退休费予以扣发。

三、其他有关规定

(一)参照公务员法管理的机关(单位)工作人员,参照本通知执行。

(二)本通知自发文之日起执行。原有政策规定与本通知不一致的,以本通知为准。

本通知由人力资源社会保障部会同中央组织部、监察部负责解释。

关于公务员被采取强制措施和受行政刑事处罚工资待遇处理有关问题的通知

（2010年12月21日中央组织部、人力资源和社会保障部、监察部、国家公务员局印发）

根据《中华人民共和国公务员法》、《行政机关公务员处分条例》等有关规定，现就公务员被采取强制措施和受行政、刑事处罚工资待遇处理有关问题通知如下：

一、公务员被采取强制措施和受行政、刑事处罚的工资待遇处理

（一）公务员被取保候审、监视居住、刑事拘留、逮捕期间，停发工资待遇，按本人原基本工资的75%计发生活费，不计算工作年限[①]。经审查核实，公安机关撤销案件或人民检察院不起诉或人民法院宣告无罪、免予刑事处罚，未被收容教育、强制隔离戒毒、劳动教养、行政拘留，且未受处分的，恢复工资待遇，减发的工资予以补发，被采取强制措施期间计算工作年限。

（二）公务员被刑事拘留在逃或批准逮捕在逃的，停发工资待遇。

（三）公务员被收容教育、强制隔离戒毒、劳动教养和行政拘留期间[②]，未被开除的，停发工资待遇，按本人原基本工资的75%计发生活费，不计算工作年限。期满后的工资待遇，根据所受处分相应确定。

（四）公务员受到刑事处罚，处分决定机关尚未作出开除处分决定的，从人民法院判决生效之日起，取消原工资待遇[③]。

（五）公务员受到刑事处罚，经再审宣告无罪或免予刑事处罚，原开除处分决定被撤销，不再给予处分的，从处分变更的次月起恢复工资待遇。原判期间和刑罚执行完毕至开除处分决定被撤销期间，被停发的工资由单位补发。达到国家规定的退休年龄以前，原判期间和刑罚执行完毕至开除处分决定被撤销期间计算工作年限。

（六）公务员受到刑事处罚，经再审宣告无罪或免予刑事处罚，原开除处分决定被变更的，根据变更后的处分相应确定工资待遇，从处分变更的次月起执行。原判期间和刑罚执行完毕至开除处分决定被变更期间，被多减发的工资由单位补发。达到国家规定的退休年龄以前，原判期间和刑罚执行完毕至开除处分决定被变更期间计算工作年限。

二、公务员退休后被采取强制措施和受行政、刑事处罚的退休费待遇处理

（一）公务员退休后被取保候审、监视居住、刑事拘留、逮捕期间，停发退休费待

① "按本人原基本工资的75%计发生活费"，此知识点常用，建议牢记。

② 收容教育、劳动教养已被废止。

③ 此知识点常用，建议牢记。

遇,按本人原基本退休费的75%计发生活费。经审查核实,公安机关撤销案件或人民检察院不起诉或人民法院宣告无罪、免予刑事处罚,未被收容教育、强制隔离戒毒、劳动教养、行政拘留,且未被追究政纪责任的,恢复退休费待遇,减发的退休费予以补发。

(二)公务员退休后被刑事拘留在逃或批准逮捕在逃的,停发退休费待遇。

(三)公务员退休后被行政拘留期间,停发退休费待遇,按本人原基本退休费的75%计发生活费。期满后,按2%降低基本退休费。今后国家调整退休费时,不受原处罚的影响。

(四)公务员退休后被收容教育、强制隔离戒毒、劳动教养期间,停发退休费待遇,按本人原基本退休费的75%计发生活费。期满后,按12%降低基本退休费,补贴按降低一个职务层次确定。今后国家调整退休费时,按降低后职务层次的标准执行。

(五)公务员退休后被判处管制、拘役或拘役被宣告缓刑、有期徒刑被宣告缓刑期间,停发退休费待遇,按本人原基本退休费的60%计发生活费。刑罚执行完毕或缓刑考验期满不再执行原判刑罚的,按40%降低基本退休费,补贴按办事员确定。今后国家调整退休费时,按办事员的标准执行。

(六)公务员退休后被判处有期徒刑以上刑罚的,从人民法院判决生效之日起,取消原退休费待遇[④]。刑罚执行完毕后的生活待遇,由原发给退休费的单位酌情处理。

④ 此知识点建议熟练掌握。

(七)公务员退休后受到刑事处罚,经再审宣告无罪或免予刑事处罚,且不追究政纪责任的,从再审宣告无罪或免予刑事处罚的次月起恢复退休费待遇。原判期间和刑罚执行完毕至再审宣告无罪或免予刑事处罚期间,被停发的退休费由单位补发。

(八)公务员退休后受到刑事处罚,经再审宣告无罪或免予刑事处罚,但被追究政纪责任的,根据应给予的处分相应确定退休费待遇,从审查结论作出的次月起执行。原判期间和刑罚执行完毕至作出审查结论期间,被多减发的退休费由单位补发。

三、其他有关规定

(一)参照公务员法管理的机关(单位)工作人员,参照本通知执行。

(二)本通知自发文之日起执行。过去有关文件规定与本通知不一致的,以本通知为准。

本通知由人力资源社会保障部会同中央组织部、监察部负责解释。

关于机关事业单位工作人员被采取刑事强制措施和受刑事处罚实行向所在单位告知制度的通知[①]

（2015 年 11 月 6 日最高人民法院、最高人民检察院、公安部、国家安全部发布 高检会〔2015〕10 号）

① 请结合《关于在查办党员和国家工作人员涉嫌违纪违法犯罪案件中加强协作配合的意见》学习，该文件十分重要。

各省、自治区、直辖市高级人民法院、人民检察院、公安厅（局）、国家安全厅（局），解放军军事法院、军事检察院，新疆维吾尔自治区高级人民法院生产建设兵团分院、新疆生产建设兵团人民检察院、公安局、国家安全局：

为确保机关事业单位及时规范处理本单位被采取刑事强制措施和受刑事处罚工作人员的工资待遇，有效预防和纠正机关事业单位工作人员“带薪羁押”问题，维护司法公正，提高司法公信力，根据法律规定和刑事政策精神，结合办案工作实际，人民法院、人民检察院、公安机关、国家安全机关对被采取刑事强制措施和受刑事处罚的机关事业单位工作人员，实行向所在单位告知的制度。现将有关事项通知如下：

一、机关事业单位工作人员范围

1. 本通知所称机关事业单位工作人员包括公务员、参照公务员法管理的机关（单位）工作人员、事业单位工作人员和机关工人。

二、告知情形及例外规定

2. 办案机关对涉嫌犯罪的机关事业单位工作人员采取取保候审、监视居住、刑事拘留或者逮捕等刑事强制措施的，应当在采取刑事强制措施后五日以内告知其所在单位。

办案机关对被采取刑事强制措施的机关事业单位工作人员，予以释放、解除取保候审、监视居住的，应当在解除刑事强制措施后五日以内告知其所在单位；变更刑事强制措施的，不再另行告知。

3. 办案机关决定撤销案件或者对犯罪嫌疑人终止侦查的，应当在作出撤销案件或者终止侦查决定后十日以内，告知机关事业单位工作人员所在单位。

人民检察院决定不起诉的，应当在作出不起诉决定后十日以内，告知机关事业单位工作人员所在单位。

人民法院作出有罪、无罪或者终止审理判决、裁定的，应当在判决、裁定生效后十五日以内，告知机关事业单位工作人员所在单位。

4. 具有下列情形之一，有碍侦查的，办案机关不予告知：

(1)可能导致同案犯逃跑、自杀，毁灭、伪造证据的；

(2)可能导致同案犯干扰证人作证或者串供的；

(3)所在单位的其他人员与犯罪有牵连的；

(4)其他有碍侦查的情形。

5. 具有下列情形之一，无法告知的，办案机关不予告知：

(1)办案机关无法确认其机关事业单位工作人员身份的；

(2)受自然灾害等不可抗力阻碍的；

(3)其他无法告知的情形。

6. 可能危害国家安全或者社会公共利益的，办案机关不予告知。

7. 不予告知的情形消失后，办案机关应当及时将机关事业单位工作人员被采取刑事强制措施和受刑事处罚情况告知其所在单位。

三、告知的程序规定

8. 公安机关决定取保候审、监视居住、刑事拘留、提请批准逮捕并经人民检察院批准、撤销案件或者终止侦查的，由公安机关负责告知；国家安全机关决定取保候审、监视居住、刑事拘留、提请批准逮捕并经人民检察院批准或者撤销案件的，由国家安全机关负责告知；人民检察院决定取保候审、监视居住、刑事拘留、逮捕、撤销案件或者不起诉的，由人民检察院负责告知；人民法院决定取保候审、监视居住、逮捕或者作出生效刑事裁判的，由人民法院负责告知。

9. 办案机关一般应当采取送达告知书的形式进行告知。采取或者解除刑事强制措施的，办案机关应当填写《机关事业单位工作人员被采取/解除刑事强制措施情况告知书》并加盖单位公章。公安机关决定撤销案件或者对犯罪嫌疑人终止侦查的，应当填写《机关事业单位工作人员涉嫌犯罪撤销案件/终止侦查情况告知书》并加盖单位公章。

人民检察院决定撤销案件、不起诉的，应当将撤销案件决定书、不起诉决定书送达机关事业单位工作人员所在单位，不再另行送达告知书。人民法院作出有罪、无罪或者终止审理判决、裁定的，应当将生效裁判文书送达机关事业单位工作人员所在单位，不再另行送达告知书。

10. 告知书一般应当由办案机关直接送达机关事业单位工作人员所在单位。告知书应当由所在单位负责人或经其授权的人签收，并在告知书回执上签名或者盖章。

收件人拒绝签收的，办案机关可以邀请见证人到场，说明情况，在告知书回执上注明拒收的事由和日期，由送达人、见证人签名或者盖章，将告知书留在机关事业单位工作人员所在单位。

直接送达告知书有困难的，可以邮寄告知或者传真告知的，通过传真告知的，应当随后及时将告知书原件送达。邮寄告知或者传真告知的，机关事业单位工作人员所在单位签收后，应将告知书回执寄送办案机关。

11. 办案机关应当将告知书回执归入工作卷，作为工作资料存档备查。

四、责任追究

12. 办案机关负责人或者上级办案机关应当督促办案人员及时履行告知责任，未按照上述规定进行告知，造成机关事业单位工作人员“带薪羁押”，情节严重或者造成恶劣社会影响的，应当根据有关规定追究相关责任人的纪律责任。

五、附则

13. 机关事业单位工作人员被收容教育或者行政拘留，参照本通知执行；被强制隔离戒毒的，依照《中华人民共和国禁毒法》、《禁毒条例》的相关规定执行，并送达告知书。

14. 本通知自发布之日施行。

6. 公务员考核

党政领导干部考核工作条例（节录）

（2019 年 4 月 7 日中共中央办公厅印发）

第三章 平时考核

第十四条 平时考核是对领导班子日常运行情况和领导干部一贯表现所进行的经常性考核，及时肯定鼓励、提醒纠偏。

第十五条 平时考核应当突出重点。

考核领导班子的日常运行情况，重点了解政治思想建设、执行民主集中制、贯彻党的群众路线、科学决策、完成重点任务和反对“四风”等情况。

考核领导干部的一贯表现，重点了解政治态度、担当精神、工作思路、工作进展，特别是对待是与非、公与私、真与假、实与虚的表现等情况。

第十六条 平时考核主要结合领导班子和领导干部日常管理进行，可以采取下列途径：

（一）列席领导班子民主生活会、理论学习中心组学习、重要工作会议，参加重要工作活动等；

（二）与干部本人或者知情人谈心谈话，到所在单位听取干部群众意见；

（三）开展调研走访、专题调查、现场观摩等；

（四）结合党内集中学习教育、纪委监委日常监督、巡视巡察、工作督查、干部培训等进行深入了解；

（五）其他适当方法。

第十七条 平时考核可以根据实际情况形成考核结果。考核结果可以采用考核报告、评语、等次或者鉴定等形式确定。

第十八条 建立平时考核工作档案，将相关材料整理归档，作为了解评价领导班子日常运行情况和领导干部一贯表现的重要依据。

第四章 年度考核

第十九条 年度考核是以年度为周期对领导班子和领导干部所进行的综合性考核，一般在每年年末或者次年年初组织开展。

根据工作需要，各级党委（党组）每年可以选定部分领导班子和领导干部进行重点考核。

第二十条 年度考核一般按照下列程序进行：

（一）总结述职。召开会议，领导班子总结报告全年工作，领导干部进行个人述职。

（二）民主测评。根据对领导班子和领导干部考核内容的要求设计测评表，由参加民主测评的人员填写评价意见。参加测评的人员范围，按照知情度、关联度、代表性原则，结合实际确定。

（三）个别谈话。与领导班子成员、相关干部群众以及其他需要参加的人员个别谈话了解情况。

（四）了解核实。根据需要采取查阅资料、采集有关数据和信息、实地调研等方式，核实考核对象有关情况。

（五）形成考核结果。对领导班子和领导干部进行综合分析，形成考核结果并及时反馈。

当年开展党内集中学习教育、换届考察、巡视巡察的，年度考核可以结合实际适当简化程序。

根据工作需要和实际情况，对公共服务部门和窗口单位的领导班子和领导干部，可以在一定范围内听取公众意见。

第二十一条　领导班子年度考核结果一般分为优秀、良好、一般、较差4个等次。领导干部年度考核结果分为优秀、称职、基本称职、不称职4个等次。

优秀是指综合表现突出，出色履行领导职责或者岗位要求，圆满地完成了年度工作任务，成绩显著。

良好、称职是指综合表现好，认真履行领导职责或者岗位要求，较好地完成了年度工作任务。

一般、基本称职是指综合表现勉强达到领导职责或者岗位要求，或者在某个方面存在明显不足、有较大问题。

较差、不称职是指综合表现达不到领导职责或者岗位要求，或者在某个方面存在严重问题、出现重大错误。

各级党委（党组）应当结合实际，制定考核等次具体评定标准。

第二十二条　担任多项职务的领导干部，一般在承担主要工作职责的单位进行考核，对兼任的其他工作以适当方式进行了解。

新提拔任职的领导干部，按照现任职务进行考核，注意了解在原任职岗位的工作情况。

交流任职的领导干部，在现工作单位进行考核，其交流任职前的有关情况由原单位提供。

援派或者挂职锻炼的领导干部，由当年工作半年以上的地方或者单位进行考核，以适当方式听取派出单位或者接收单位的意见。

本年度内病、事假累计超过半年的领导干部，参加年度考核，不确定等次。

涉嫌违纪违法被立案审查调查尚未结案、受党纪政务处分或者组织处理的领导干部，其年度考核按照有关规定进行。

第五章　专项考核

第二十三条　专项考核是对领导班子和领导干部在完成重要专项工作、承担急难险重任务、应对和处置重大突发事件中的工作态度、担当精神、作用发挥、实际成效等情况所进行的针对性考核。

根据平时掌握情况，对表现突出或者问题反映较多的领导班子和领导干部，可以进行专项考核。

第二十四条　专项考核一般应当按照下列程序进行：

（一）制定方案。明确考核对象、考核内容指标、程序步骤和工作要求等。

（二）听取考核对象的总结汇报。

（三）了解核实。采取查阅资料、实地调研、舆情分析、个别谈话、民主测评等方式，核实印证有关情况，必要时可以向纪检监察机关或者审计、信访等部门了解情况。

（四）形成考核结果。对领导班子和领导干部作出评价。

第二十五条 专项考核结果可以采用考核报告、评语、等次或者鉴定等形式确定。

第六章 任期考核

第二十六条 任期考核是对实行任期制的领导班子和领导干部在一届任期内总体表现所进行的全方位考核，一般结合换届考察或者任期届满当年年度考核进行。

任期考核应当突出对完成届期目标或者任期目标情况的考核。

第二十七条 任期考核一般应当按照总结述职、民主测评、个别谈话、了解核实、实绩分析、形成考核结果等程序进行。

第二十八条 任期考核结果可以采用考核报告、评语、等次或者鉴定等形式确定。

第七章 考核结果确定

第二十九条 考核结果确定应当加强综合分析研判，坚持定性与定量相结合，全面、历史、辩证地分析个人贡献与集体作用、主观努力与客观条件、增长速度与质量效益、显绩与潜绩、发展成果与成本代价等情况，注重了解人民群众对经济社会发展的真实感受和评价，防止简单以地区生产总值以及增长率排名或者以民主测评、民意调查得票得分确定考核结果。

第三十条 平时考核、年度考核、专项考核、任期考核情况应当相互补充印证，坚持考人与考事相结合，注重吸收运用巡视巡察、审计、绩效管理、工作督查、相关部门业务考核、个人有关事项报告查核等成果，把敢不敢扛事、愿不愿做事、能不能干事作为识别干部、评判优劣的重要标准，增强考核结果的真实性、准确性。

第三十一条 考核结果应当全面准确反映考核对象情况，以考核报告、评语、鉴定等形式确定结果的，应当明确具体肯定成绩和优点，指出问题和不足。

第三十二条 年度考核结果以平时考核结果为基础，年度考核优秀等次应当在平时考核结果好的考核对象中产生。

领导班子年度考核优秀等次比例一般不超过参加考核领导班子总数的30%，领导干部年度考核优秀等次比例一般不超过参加考核领导干部总人数的25%。

领导班子为优秀等次的，其领导成员评为优秀等次的比例可以适当上调，最高不超过30%；领导班子为一般等次的，其领导成员评为优秀等次的比例不得超过

20%，主要负责人一般不得确定为优秀等次；领导班子为较差等次的，其领导成员评为优秀等次的比例不得超过15%，主要负责人一般不得确定为称职及以上等次。

第三十三条　有下列情形之一，领导班子和领导干部年度考核结果不得确定为优秀等次：

（一）贯彻落实党中央决策部署成效不明显的；

（二）干事创业精气神不够，拈轻怕重、患得患失，不敢直面矛盾、不愿动真碰硬，不担当不作为的；

（三）受到上级党委和政府通报批评，责令检查的①；

（四）工作实绩不突出的；

（五）组织领导能力较弱，年度工作目标任务完成不好的；

（六）履行管党治党责任不力，违反廉洁自律规定的；

（七）其他原因不宜确定为优秀等次的。

在上级党组织开展的基层党建述职评议考核工作中，党委（党组）书记抓基层党建工作情况综合评价等次未达到好的，其年度考核结果不得确定为优秀等次②。

第三十四条　有下列情形之一，领导班子年度考核结果应当确定为较差等次，领导干部年度考核结果应当确定为不称职等次：

（一）违反政治纪律和政治规矩，政治上出现问题的；

（二）不执行民主集中制，领导班子运行状况不好，不能正常发挥职能作用，领导干部闹无原则纠纷，影响较差的；

（三）责任心差、能力水平低，不能履行或者不胜任岗位职责要求，依法履职出现重大问题的；

（四）表态多调门高，行动少落实差，敷衍塞责、庸懒散拖，作风形象不佳，群众意见大，造成恶劣影响的；

（五）不坚守工作岗位，擅离职守的；

（六）其他原因应当确定为较差或者不称职等次的。

第三十五条　领导班子和领导干部在履职担当、改革创新过程中出现失误错误，经综合分析给予容错的，应当客观评价，合理确定考核结果。

第三十六条　考核对象对考核结果有异议的，可以按照有关规定提出复核或者申诉。

第八章　考核结果运用

第三十七条　坚持考用结合，将考核结果与选拔任用、培养教育、管理监督、激励约束、问责追责等结合起来，鼓励先进、鞭策落后，推动能上能下，促进担当作为，

① 受到上级党委和政府通报批评，责令检查的，年度考核结果不得确定为优秀等次。此知识点很重要。

② 本款十分重要，单设"党建"一款，突出党建工作的重要性。

严厉治庸治懒。

第三十八条 考核结果采取个别谈话、工作通报、会议讲评等方式,实事求是地向领导班子和领导干部反馈,肯定成绩、指出不足,督促整改,传导压力、激发动力。

第三十九条 依据考核结果,有针对性地加强领导班子建设:

(一)领导班子作出重要贡献的,按照有关规定记功、授予称号,给予物质奖励[③];

(二)领导班子表现突出或者年度考核结果为优秀等次的,按照有关规定给予嘉奖;

(三)领导班子运行状况不好、凝聚力战斗力不强、不担当不作为、干部群众意见较大的,应当进行调整;

(四)领导班子年度考核结果为一般等次的,应当责成其向上级党组织写出书面报告,剖析原因、进行整改;

(五)领导班子年度考核结果为较差或者连续两年为一般等次的,应当对主要负责人和相关责任人进行调整。

第四十条 依据考核结果,激励约束领导干部:

(一)领导干部作出重大贡献的,可以按照有关规定记功、授予称号,给予物质奖励;表现突出或者年度考核结果为优秀等次的,按照有关规定给予嘉奖;连续三年为优秀等次的,记三等功,同等条件下优先使用。

(二)领导干部年度考核结果为称职及以上等次的,按照有关规定享受年度考核奖金、晋升工资级别和级别工资档次。

(三)领导干部年度考核结果为基本称职等次的,应当对其进行诫勉,限期改进。

(四)领导干部年度考核结果为不称职等次的,按照规定程序降低一个职务或者职级层次任职[④]。

(五)不参加年度考核、参加年度考核不确定等次或者年度考核结果为基本称职以下等次的,该年度不计算为晋升职务职级的任职年限,不计算为晋升工资级别和级别工资档次的考核年限。

(六)领导干部不适宜担任现职的,应当根据有关规定对其进行调整。

第四十一条 依据考核结果加强干部教育培养,按照“缺什么补什么”的原则,对领导干部进行调学调训、安排实践锻炼,补齐能力素质短板。对有潜力的优秀年轻干部加强针对性培养。

第四十二条 考核中发现领导班子和领导干部存在问题的,区分不同情形,予以谈话提醒[⑤]直至组织处理;发现违纪违法问题线索,移送纪检监察、司法机关

③ 被“记功、授予称号”的,给予物质奖励;嘉奖、记三等功的,不宜给予物质奖励。

④ 公务员受撤销党内职务、留党察看、开除党籍处分时,组织上已撤降其职务,为避免重复处罚,受处分当年年度考核被确定为不称职的,不再降低一个职务层次任职。

⑤ 注意是谈话提醒,而不是提醒谈话。前者是针对已经发生的轻微违纪问题,后者是针对尚未发生的苗头性、倾向性问题。

处理。

第四十三条　领导干部考核形成的结论性材料，应当存入干部人事档案。

第十章　纪律与监督

第五十条　考核工作必须严格遵守下列纪律：

（一）不准搞形式、走过场；

（二）不准隐瞒、歪曲事实；

（三）不准弄虚作假；

（四）不准搞非组织活动；

（五）不准泄露谈话内容、测评结果等考核工作秘密；

（六）不准凭个人好恶评价干部、决定或者改变考核结果；

（七）不准借考核之机谋取私利；

（八）不准干扰、妨碍考核工作；

（九）不准打击报复干部和反映问题的人员。

第五十一条　领导班子和领导干部应当正确对待和接受组织考核，如实汇报工作和思想，客观反映情况。

对不按照要求参加或者不认真配合考核工作，经教育后仍不改正的，领导班子年度考核结果直接确定为较差等次，领导干部年度考核结果直接确定为不称职等次。

第五十二条　对不按照规定组织开展考核、考核工作失真失实造成严重后果、本地区本部门本单位考核工作中不正之风严重、干部群众反映强烈以及对违反考核工作纪律等行为查处不力的，应当追究党委（党组）及其组织（人事）部门主要负责人和有关领导成员、直接责任人的责任。

第五十三条　对违反本条例的，根据情节轻重，依规依纪给予批评教育、责令检查、通报批评、诫勉、组织调整或者组织处理，涉嫌违纪或者职务违法、职务犯罪的，按照有关纪律和法律法规处理。

第五十四条　党委（党组）、纪检监察机关、组织（人事）部门应当加强对考核工作的监督检查，自觉接受群众和舆论监督，认真受理有关举报、复核、申诉，严肃查处违反考核工作纪律的行为。

第十一章　附　　则

第五十五条　本条例对工作部门的规定，同时适用于党委和政府的办事机构、派出机构、特设机构以及其他直属机构。

第五十六条　本条例由中共中央组织部负责解释。

第五十七条 本条例自2019年4月7日起施行。1998年5月26日中共中央组织部印发的《党政领导干部考核工作暂行规定》、2009年7月16日中共中央组织部印发的《党政领导班子和领导干部年度考核办法(试行)》同时废止。此前发布的有关领导班子和领导干部考核的规定,凡与本条例不一致的,按照本条例执行。

① 本规定的适用范围为非领导成员公务员。

公务员考核规定[①]

(2006年12月26日中共中央组织部部务会会议审议批准
2007年1月4日中共中央组织部、人事部发布 2020年12月8日
中共中央组织部部务会会议修订 2020年12月28日中共中央组织部发布)

第一章 总 则

第一条 为了准确评价公务员的德才表现和工作实绩,规范公务员考核工作,建设信念坚定、为民服务、勤政务实、敢于担当、清正廉洁的高素质专业化公务员队伍,根据《中华人民共和国公务员法》和有关法律法规,制定本规定。

第二条 公务员考核,是指机关按照规定的权限、标准和程序,对非领导成员公务员的政治素质、履职能力、工作实绩、作风表现等所进行的了解、核实和评价。

对领导成员的考核,由主管机关按照《党政领导干部考核工作条例》等有关规定办理。

第三条 公务员考核工作坚持以马克思列宁主义、毛泽东思想、邓小平理论、"三个代表"重要思想、科学发展观、习近平新时代中国特色社会主义思想为指导,贯彻新时代党的组织路线和干部工作方针政策,着眼于加强党对公务员队伍的集中统一领导、推进国家治理体系和治理能力现代化,把政治标准放在首位,突出考核公务员做好本职工作的实际成效,树立讲担当、重担当、改革创新、干事创业的鲜明导向,坚持下列原则:

(一)注重实绩、群众公认;

(二)客观公正、精准科学;

(三)分级分类、简便易行;

(四)奖惩分明、有效管用。

第二章 考核内容和标准

第四条 对公务员的考核,以公务员的职位职责和所承担的工作任务为基本

依据，全面考核德、能、勤、绩、廉，重点考核政治素质和工作实绩。

（一）德。全面考核政治品质和道德品行，重点了解学习贯彻习近平新时代中国特色社会主义思想，坚定理想信念，坚守初心使命，忠于宪法、忠于国家、忠于人民，增强“四个意识”、坚定“四个自信”、做到“两个维护”的情况；带头践行社会主义核心价值观，恪守职业道德，遵守社会公德、家庭美德和个人品德等情况。

（二）能。全面考核适应新时代要求履职尽责的政治能力、工作能力和专业素养，重点了解政治鉴别能力、学习调研能力、依法行政能力、群众工作能力、沟通协调能力、贯彻执行能力、改革创新能力、应急处突能力等情况。

（三）勤。全面考核精神状态和工作作风，重点了解忠于职守，遵守工作纪律，爱岗敬业、勤勉尽责，敢于担当、甘于奉献等情况。

（四）绩。全面考核坚持以人民为中心，依法依规履行职位职责、承担急难险重任务等情况，重点了解完成工作的数量、质量、效率和所产生的效益等情况。

（五）廉。全面考核遵守廉洁从政规定，落实中央八项规定及其实施细则精神等情况，重点了解秉公用权、廉洁自律等情况。

第五条　公务员的考核分为平时考核、专项考核和定期考核等方式。定期考核以平时考核、专项考核为基础。

平时考核是对公务员日常工作和一贯表现所进行的经常性考核，一般按照个人小结、审核评鉴、结果反馈等程序进行。

专项考核是对公务员完成重要专项工作，承担急难险重任务和关键时刻的政治表现、担当精神、作用发挥、实际成效等情况所进行的针对性考核，可以按照了解核实、综合研判、结果反馈等程序进行，或者结合推进专项工作灵活安排。

定期考核采取年度考核的方式，是对公务员一个自然年度内总体表现所进行的综合性考核，在每年年末或者翌年年初进行。

第六条　年度考核结果分为优秀、称职、基本称职和不称职 4 个等次。

第七条　确定为优秀等次应当具备下列条件：

（一）思想政治素质高；

（二）精通业务，工作能力强；

（三）责任心强，勤勉尽责，工作作风好；

（四）圆满完成年度工作任务，工作实绩突出；

（五）清正廉洁。

第八条　确定为称职等次应当具备下列条件：

（一）思想政治素质较高；

（二）熟悉业务，工作能力较强；

（三）责任心强，工作积极，工作作风较好；

（四）能够完成本职工作；

（五）廉洁自律。

第九条　公务员有下列情形之一的，应当确定为基本称职等次：

（一）思想政治素质一般；

（二）履行职责的工作能力较弱；

（三）责任心一般，工作消极，或者工作作风方面存在明显不足；

（四）能基本完成本职工作，但完成工作的数量不足、质量和效率不高，或者在工作中有较大失误；

（五）能基本做到廉洁自律，但某些方面存在不足。

第十条　公务员有下列情形之一的，应当确定为不称职等次：

（一）思想政治素质较差；

（二）业务素质和工作能力不能适应工作要求；

（三）责任心缺失，工作不担当、不作为，或者工作作风差；

（四）不能完成工作任务，或者在工作中因严重失误、失职造成重大损失或者恶劣社会影响；

（五）存在不廉洁问题，且情形较为严重。

第十一条　公务员有受相应处分等特殊情形的，按照有关规定参加年度考核，不确定等次。

第十二条　公务员年度考核优秀等次人数，一般掌握在本机关应参加年度考核的公务员总人数的20%以内；经同级公务员主管部门审核同意，可以掌握在25%以内。优秀等次名额应当向获得表彰奖励以及基层一线、艰苦岗位公务员倾斜。

县级以上公务员主管部门对综合表现突出或者问题较多的机关，可以适当提高或者降低其优秀等次比例。

第三章　考核程序

第十三条　公务员考核由其所在机关组织实施。党委（党组）承担考核工作主体责任，组织（人事）部门承担具体工作责任。

机关在年度考核时可以设立考核委员会。考核委员会由本机关领导成员、组织（人事）部门、纪检监察机关及其他有关部门人员和公务员代表组成。

第十四条　年度考核一般按照下列程序进行：

（一）总结述职。公务员按照职位职责、年度目标任务和有关要求进行总结，在一定范围内述职，突出重点、简明扼要填写公务员年度考核登记表。

（二）民主测评。对担任机关内设机构领导职务的公务员，在一定范围内进行民主测评。根据需要，可以对其他公务员进行民主测评。

（三）了解核实。采取个别谈话、实地调研、服务对象评议等方式了解核实公务员有关情况。根据需要，听取纪检监察机关意见。

（四）审核评鉴。主管领导对公务员表现以及有关情况进行综合分析，有针对性地写出评语，提出考核等次建议和改进提高的要求。

（五）确定等次。由本机关负责人或者授权的考核委员会确定考核等次。对优秀等次公务员在本机关范围内公示，公示时间不少于5个工作日。考核结果以书面形式通知公务员，由公务员本人签署意见。

第十五条　年度考核确定为优秀等次的，应当从当年平时考核、专项考核结果好的公务员中产生。

第十六条　公务员对年度考核确定为不称职等次不服的，可以按照有关规定申请复核、申诉。

第十七条　各机关应当将公务员年度考核登记表存入公务员本人干部人事档案，同时将本机关公务员年度考核情况报送同级公务员主管部门。

第四章　考核结果运用

第十八条　公务员年度考核结果作为调整公务员职位、职务、职级、级别、工资以及公务员奖惩、培训、辞退的依据。

第十九条　公务员年度考核确定为优秀等次的，按照下列规定办理：

（一）当年给予嘉奖，在本机关范围内通报表扬；晋升上一职级所要求的任职年限缩短半年。

（二）连续三年确定为优秀等次的，记三等功；晋升职务职级时，在同等条件下优先考虑。

第二十条　公务员年度考核确定为称职以上等次的，按照下列规定办理：

（一）累计两年确定为称职以上等次的，在所定级别对应工资标准内晋升一个工资档次。

（二）累计五年确定为称职以上等次的，在所任职务职级对应级别范围内晋升一个级别。

（三）本考核年度计算为晋升职务职级的任职年限，同时符合规定的其他任职资格条件的，具有晋升职务职级的资格。

（四）享受年度考核奖金。

第二十一条　公务员年度考核确定为基本称职等次的，按照下列规定办理：

（一）对其进行诫勉，责令作出书面检查，限期改进。

（二）本考核年度不计算为按年度考核结果晋升级别和级别工资档次的考核年限。

（三）本考核年度不计算为晋升职务职级的任职年限；下一年内不得晋升职务职级。

（四）不享受年度考核奖金。

（五）连续两年确定为基本称职等次的，予以组织调整或者组织处理。

第二十二条　公务员年度考核确定为不称职等次的，按照下列规定办理：

（一）本考核年度不计算为晋升职务职级的任职年限；降低一个职务或者职级层次任职。

（二）本考核年度不计算为按年度考核结果晋升级别和级别工资档次的考核年限。

（三）不享受年度考核奖金。

（四）连续两年确定为不称职等次的，予以辞退。

第二十三条　参加年度考核不确定等次的，按照下列规定办理：

（一）本考核年度不计算为按年度考核结果晋升级别和级别工资档次的考核年限。

（二）不享受年度考核奖金。

（三）本考核年度不计算为晋升职务职级的任职年限；连续两年不确定等次的，视情况调整工作岗位。

第二十四条　公务员主管部门和公务员所在机关应当根据考核情况，有针对性地对公务员进行教育培训，帮助公务员改进提高。

第五章　相关事宜

第二十五条　新录用的公务员在试用期内参加年度考核，只写评语，不确定等次，作为任职、定级的依据。

第二十六条　调任或者转任的公务员，由其调任或者转任的现工作单位进行考核并确定等次。其调任或者转任前的有关情况，由原单位提供。

援派或者挂职锻炼的公务员，在援派或者挂职锻炼期间，一般由当年工作半年以上的地方或者单位进行考核，以适当方式听取派出单位或者接收单位的意见。

单位派出学习培训、参加专项工作的公务员，由派出单位进行考核，主要根据学习培训、专项工作表现确定等次。其学习培训、专项工作表现的相关情况，由学习培训和专项工作单位提供。

第二十七条　病、事假累计超过考核年度半年的公务员，参加考核，不确定等次。

第二十八条[②]　公务员涉嫌违纪违法被立案审查调查尚未结案的，参加年度考

② 一直以来，对于跨年度结案（立案当年未能结案）案件，立案当年能否补定考核等次，各地有不同理解。关于本条的内容，修订后的《公务员考核规定》除了将原“不定等次”改为“不确定等次”外，其他没有变化。按照本条规定，只有不予处分、免予处分和警告处分可以补定等次；记过以上处分的，立案当年不确定等次且不能补定等次。

核，不写评语、不确定等次。结案后，不给予处分或者给予警告处分的，按照规定补定等次。

第二十九条[③]　受处分公务员的年度考核，按照下列规定办理：

（一）受警告处分的当年，参加年度考核，不得确定为优秀等次；

（二）受记过处分的当年，受记大过、降级、撤职处分的当年及第二年，参加年度考核，只写评语，不确定等次。

第三十条[④]　受党纪处分和组织处理、诫勉的公务员参加年度考核，按照有关规定办理。

受政务处分的公务员参加年度考核，按照本规定第二十八条、第二十九条规定办理。

同时受党纪处分、政务处分或者所在机关给予处分、组织处理的，按照对其考核结果影响较重的处分确定受处分影响期间考核结果。

第三十一条　公务员应当按照规定参加考核。对无正当理由不参加年度考核的公务员，经教育后仍然拒绝参加的，直接确定其考核结果为不称职等次。

考核中发现公务员存在违纪违法问题线索的，移送纪检监察、司法机关处理。[⑤]

第三十二条　县级以上公务员主管部门负责本辖区内公务员考核工作的综合管理和指导监督，每年按照不少于机关总数10%的比例，对本辖区内各机关公务员考核工作进行核查了解。

对在考核过程中有徇私舞弊、打击报复、弄虚作假等违纪违法行为的，依照有关规定予以严肃处理。

第三十三条　机关应当结合实际，运用互联网技术和信息化手段简便高效开展公务员考核工作。

第三十四条　公务员考核工作所需经费，列入同级财政预算，予以保障。

第六章　附　　则

第三十五条　参照公务员法管理的机关（单位）中除工勤人员以外的工作人员的考核，参照本规定执行。各地区各部门可结合实际制定具体的实施细则。

第三十六条　本规定由中共中央组织部负责解释。

第三十七条　本规定自发布之日起施行。

附件：公务员年度考核登记表（略）

③　记大过处分的影响期为一年半。此前，记大过处分存在区分上半年、下半年作出，是否影响第二年的问题。修订后的本规定明确规定：影响处分作出的当年和第二年的年度考核及奖金。

④　党纪政务处分遵循"轻轻重重"的匹配原则，党纪政务处分可能还会匹配组织处理。组织处理的影响期，《中国共产党组织处理规定（试行）》第11条做了明确规定。实践中，可能出现党纪政务处分与组织处理的影响期不一致的情况，修订后的本规定在本条第3款明确规定，按照对其考核结果影响较重的处分确定受处分影响期间考核结果。

⑤　实践中，根据《公务员法》第57条第3款、《监察法》第34条第2款的规定，公务员（被调查人）涉嫌职务违法问题线索的，移送纪检监察机关处理，不宜移送司法机关处理。

公务员平时考核办法(试行)

(2019年11月26日中共中央组织部发布)

第一条 为了加强党对公务员队伍的集中统一领导,贯彻落实习近平总书记关于干部考核要把功夫下在平时的重要要求,建立日常考核、分类考核、近距离考核的知事识人体系,激励广大公务员新时代新担当新作为,促进事业发展和公务员成长进步,根据《中华人民共和国公务员法》和有关法律法规,制定本办法。

第二条 本办法所称公务员平时考核,是指各级机关按照干部管理权限,对非领导成员①公务员日常工作和一贯表现所进行的了解、核实和评价。

① 本条规定了适用范围,不适用于领导成员。

第三条 公务员平时考核坚持党管干部原则,坚持把政治标准放在首位,坚持严管和厚爱结合、激励和约束并重,坚持客观公正、精准科学,坚持注重实绩、奖惩分明,坚持分级分类、简便易行。

第四条 公务员平时考核由其所在机关组织实施,作为加强公务员日常管理的重要抓手,党委(党组)承担考核工作主体责任,组织(人事)部门承担具体工作责任。

公务员主管部门负责公务员平时考核工作的业务指导、综合管理和监督检查。

加强考核总量控制,除党中央、国务院统一部署和依照公务员法开展的考核外,机关不得自行设置以全体公务员为对象的经常性考核项目,防止多头考核、重复考核②。

② 这一规定十分重要,需要用法治思维、法治方式来看待,本质上是保障公务员利益。

第五条 公务员平时考核以公务员的职位职责和所承担的工作任务为依据,及时了解公务员德、能、勤、绩、廉日常表现,重点考核深入学习贯彻习近平新时代中国特色社会主义思想、遵守政治纪律和政治规矩、践行党的群众路线、完成日常工作任务和阶段工作目标的情况,以及承担急难险重任务、处理复杂问题、应对重大考验的表现等。

对直接面向群众的窗口单位和服务部门的公务员,应当突出考核服务态度、服务质量和服务承诺兑现情况,注重了解为群众办实事解难事的实效,关注群众获得感满意度。

第六条 机关可以结合职能职责和工作任务,区分不同类别、层级和职位公务员特点,设置考核指标。注重制定量化指标,加强对公务员完成工作的数量和质量的考核。不得简单将有没有台账记录、工作笔记等作为工作是否落实的标准，不得简单以留痕多少评判工作好坏，防止过度留痕。

第七条　公务员平时考核一般按照下列程序进行：

（一）个人小结。公务员对照机关要求、职责任务或者考核指标，如实对本人工作表现情况进行简要小结，以书面或者口头汇报形式报主管领导。

（二）审核评鉴。主管领导对公务员的个人小结进行审核，提出考核结果等次建议，由同级主要领导审定，也可以由领导班子或者机关组织（人事）部门审定。

审核评鉴应当结合日常了解、群众评价以及服务对象意见等情况，吸收运用绩效管理等成果，根据需要听取纪检监察机关意见，注重看公务员担当作为表现情况，综合研判，实事求是确定考核结果，防止简单依据个人小结对公务员作出评价。

对直接面向群众的窗口单位和服务部门的公务员，可以在一定范围内开展服务对象评议。

（三）结果反馈。有关领导或者机关组织（人事）部门采取适当方式，及时向公务员本人反馈考核结果，肯定成绩、指出不足，提出改进要求，听取本人意见。

机关根据工作性质和队伍特点，合理确定公务员平时考核周期，确保达到考核效果，减轻公务员负担，防止搞形式、走过场。

机关应当将公务员平时考核周期报同级公务员主管部门同意后组织实施。

第八条　公务员平时考核结果分为好、较好、一般和较差4个等次。

好等次公务员人数原则上掌握在本机关参加平时考核的公务员总人数的40%以内。评定为好等次的公务员，应当在本机关范围内公开。

好等次名额应当向基层一线和艰苦岗位公务员倾斜。

第九条　机关组织（人事）部门应当结合实际，提出评定平时考核结果等次的标准，对考核工作进行督促检查，及时掌握平时考核情况。

第十条　公务员在承担急难险重任务、处理复杂问题、应对重大考验时，表现突出、有显著成绩和贡献的，当期平时考核结果可以直接确定为好等次，并及时给予奖励。

公务员在重大关头、关键时刻不服从组织安排，或者推诿扯皮、敷衍塞责造成不良后果的，当期平时考核结果可以直接确定为较差等次。

第十一条　强化平时考核结果运用，根据考核结果有针对性地加强激励约束、培养教育，鼓励先进、鞭策落后，营造见贤思齐、比学赶超的良好氛围。

对平时考核结果为好等次的公务员，以适当方式及时予以表扬，可以按照有关规定给予物质奖励[3]。对平时考核一贯表现优秀的公务员，在选拔任用、职务职级

③　前提条件是依据有关规定发放物质奖励，按照一定的标准进行，但不能自行制定奖励标准。

晋升、评先奖优等方面优先考虑。

对平时考核结果为一般等次的公务员，及时谈话提醒④。对平时考核结果为较差等次的公务员，及时批评教育，必要时进行诫勉。发现存在违纪违法问题的，按照有关纪律和法律法规处理。机关应当根据具体情形，帮助引导公务员查找分析原因，制定整改措施，激发自我完善的内生动力，为其改进提高创造条件。

第十二条 平时考核结果与年度考核结果挂钩⑤。年度考核确定为优秀等次的，应当从当年平时考核结果好等次较多且无一般、较差等次的公务员中产生。当年平时考核结果均为好等次的，年度考核可以在规定比例内优先确定为优秀等次。

当年平时考核结果一般、较差等次累计次数超过一半的，年度考核原则上应当确定为基本称职或者不称职等次。当年平时考核结果均为较差等次的，年度考核可以直接确定为不称职等次。

平时考核结果记入公务员年度考核登记表。对年度考核为优秀等次的公务员进行公示时，应当公示其当年平时考核结果等次。

第十三条 机关应当把平时考核发现的问题作为优化内部职能和人员配置的重要参考，完善工作机制，提高工作效能。

第十四条 公务员应当按照规定参加平时考核。对无正当理由不参加的，或者在考核过程中有弄虚作假等行为的，视情况给予批评教育、责令检查；经教育后拒不改正的，当年年度考核确定为不称职等次。

公务员对本人考核结果有异议的，可以向机关组织（人事）部门反映。

派出参加学习培训、抽调参加专项工作的公务员，其平时考核由所在机关根据实际情况合理安排。公务员援派或者挂职期间，由接收单位进行平时考核。病、事假累计时间超过当期平时考核周期一半的，参加考核，不确定等次。

第十五条 严格考核工作纪律。严肃查处徇私舞弊、打击报复等行为。对于不按照规定组织开展平时考核、造成不良影响的，依规依纪作出处理。

第十六条 县级以上公务员主管部门可以根据平时考核工作开展情况，调整本辖区内机关年度考核优秀等次比例，调整后比例最高不超过35%。

第十七条 机关应当结合实际，运用互联网技术和信息化手段开展平时考核，提高考核工作智能化水平，力求简便快捷，防止繁琐操作。

第十八条 参照公务员法管理的机关（单位）除工勤人员以外的工作人员的平时考核，参照本办法执行。

第十九条 本办法由中共中央组织部负责解释。

第二十条 本办法自2020年1月1日起施行。

④ 此处用词是谈话提醒，而不是提醒谈话。

⑤ 这一知识点需要掌握。

关于受党纪处分的党政机关工作人员年度考核有关问题的意见

（1998年4月8日中共中央纪委、中共中央组织部、人事部印发）

各省、自治区、直辖市纪委、党委组织部和政府人事厅（局），中央和国家机关各部委纪检组（纪委）、干部（人事）司局，各人民团体人事部门：

为了进一步完善年度考核制度，做好年度考核工作，现对受党纪处分的党委、人大、政协、法院、检察院、人民团体机关工作人员和政府机关公务员确定年度考核等次的有关问题，提出如下意见：

一、受党内警告处分的当年，参加年度考核，不得确定为优秀等次。

二、受党内严重警告处分的当年，参加年度考核，因与职务行为有关的错误而受严重警告处分的，确定为不称职；因其他错误而受严重警告处分的，只写评语不确定等次。

三、受撤销党内职务处分的当年，参加年度考核，确定为不称职；第二年按其新任职务参加年度考核，按规定条件确定等次。

四、受留党察看处分的当年，参加年度考核，确定为不称职；受留党察看一年处分的第二年，参加年度考核，只写评语不确定等次；受留党察看二年处分的，第二年和第三年参加年度考核，只写评语不确定等次。

五、受开除党籍处分的当年，参加年度考核，确定为不称职；第二年和第三年参加年度考核，只写评语不确定等次。

六、涉嫌违犯党纪被立案检查的，可以参加年度考核，但在其受检查期间不确定等次。结案后，不给予党纪处分的，按规定补定等次；给予党纪处分的，视其所受处分种类，分别按上述一、二、三、四、五条的规定办理。

七、受党纪处分同时又受行政处分的，按受党纪处分的情况确定其考核等次。

企业、事业单位对受党纪处分人员确定年度考核等次，可参照本意见执行。

关于受党纪处分公务员年度考核有关问题的答复意见

(2016 年 12 月 1 日中共中央纪委机关、中共中央组织部、人力资源社会保障部、国家公务员局印发)

为更好地贯彻落实《中国共产党纪律处分条例》，进一步完善公务员年度考核制度，妥善做好受党纪处分公务员年度考核工作，现就有关问题答复如下：

一、公务员受严重警告处分当年，参加年度考核，只写评语不确定等次。

二、公务员受撤销党内职务、留党察看、开除党籍处分时，组织上已撤降其职务，为避免重复处罚，受处分当年年度考核被确定为不称职的，不再降低一个职务层次任职。

三、公务员同时受党纪处分和政纪处分的，按对其年度考核结果影响较重的处分确定年度考核等次。

除上述规定之外，受党纪处分的公务员年度考核仍按照《关于受党纪处分的党政机关工作人员年度考核有关问题的意见》(组通字〔1998〕19 号)办理。

本答复意见自 2016 年 12 月 1 日起施行。

党委(党组)书记抓基层党建工作述职评议考核办法(试行)

(2019 年 7 月 17 日中共中央组织部制定　2019 年 12 月 30 日发布)

第一条　为坚持和加强党的全面领导，完善党委(党组)书记抓基层党建工作述职评议考核制度，夯实基层党建工作，落实管党治党政治责任，推进全面从严治党向基层延伸，根据《中国共产党章程》和《中国共产党地方委员会工作条例》《中国共产党党组工作条例》《党政领导干部考核工作条例》等党内法规，制定本办法。

第二条　开展党委(党组)书记抓基层党建工作述职评议考核(以下简称"述职评议考核")，必须坚持以习近平新时代中国特色社会主义思想为指导，把党的政治建设摆在首位，全面从严治党；坚持围绕中心、服务大局，推动基层党建与中心工作深度融合;坚持书记抓、抓书记,强化责任落实;坚持分类指导、务求实效,重在解决问题,坚决防止形式主义。

第三条　开展述职评议考核,以市(地、州、盟)、县(市、区、旗)、乡镇(街道)为重点,推动机关、国有企业和高校、公立医院等事业单位全覆盖。

每年由省(自治区、直辖市)、市(地、州、盟)、县(市、区、旗)党委分别组织开展市(地、州、盟)、县(市、区、旗)、乡镇(街道)党(工)委书记述职评议考核。省(自治区、直辖市)党委组织开展市(地、州、盟)党委书记述职评议考核时,应将同级机关工委、国资委党委、教育(高校)工委、非公有制企业和社会组织工委书记等纳入,可选择部分有代表性的省直机关、省属国有企业、高校等党委(党组)书记进行述职。市(地、州、盟)、县(市、区、旗)党委组织开展述职评议考核工作参照进行。

中央和国家机关工委组织开展中央和国家机关各部门机关党委书记述职评议考核,部门机关党委组织开展内设机构和直属单位党组织书记述职评议考核。中管金融企业和中央企业党委(党组)组织二级以下单位党组织书记逐级开展述职评议考核。

省以下各级机关、地方国有企业及其下属单位党组织书记和高校、公立医院等事业单位党组织书记述职评议考核,一般按照党组织隶属关系,由其上一级党组织开展。

第四条　述职评议考核应聚焦坚持和加强党的全面领导,落实党中央和上级党组织关于基层党建工作部署要求,履行基层党建工作责任,以提升组织力为重点,突出政治功能。主要包括以下内容:

(一)推进基层党组织和广大党员、干部深入学习贯彻习近平新时代中国特色社会主义思想,认真落实习近平总书记重要指示批示精神和党中央重大决策部署,把不忘初心、牢记使命作为全体党员、干部的终身课题,增强“四个意识”、坚定“四个自信”、做到“两个维护”等情况;

(二)党委(党组)书记履行抓基层党建和全面从严治党工作第一责任人职责,推动党委(党组)履行抓基层党建工作主体责任、班子其他成员履行分管领域基层党建工作责任等情况;

(三)落实基层党建工作重点任务,推进基层党组织建设,加强党支部建设和党员队伍建设,联系服务群众等情况;

(四)紧紧围绕党和国家工作大局、本地区本部门本单位中心任务,充分发挥基层党组织战斗堡垒作用和党员先锋模范作用等情况;

(五)推动基层党组织落实党风廉政建设责任制、意识形态工作责任制等全面从严治党有关工作情况。

各地区各部门各单位可结合实际，根据每年年初明确的基层党建工作重点任务，确定年度述职评议考核重点内容，注重考核上年度述职评议考核整改清单落实情况和巡视、巡察反馈中涉及基层党建工作问题整改情况，着力解决突出问题，防止面面俱到、走过场。

第五条 述职评议考核一般安排在当年年底或次年年初进行。

述职可采取现场述职与书面述职相结合的方式进行。市（地、州、盟）、县（市、区、旗）、乡镇（街道）党（工）委书记一般应现场述职。述职的党组织书记要紧扣述职评议考核重点内容，把自己摆进去，总结工作成效，主要查摆突出问题、分析产生根源，提出破解工作瓶颈的措施。

党委（党组）书记应经常深入一线调研了解基层党建工作情况，推动解决突出问题。述职评议前，要对履职尽责抓基层党建工作情况进行总结，为述职、点评做好准备。

上级党组织一般以党委常委会扩大会议或党委（党组）扩大会议的形式，听取下一级党组织书记述职。根据不同层级实际，可邀请部分熟悉基层党建工作情况的党代表、人大代表、政协委员和基层党员干部群众代表参加。

听取述职的上级党组织书记应逐一进行点评，班子其他成员可结合工作分工进行点评，重点指出存在的问题和努力方向。点评一般采取"一述一评"的方式进行，也可结合实际集中点评。现场述职评议时，要组织参会人员进行评议。述职评议后，应将述职报告在一定范围内公布，接受基层党组织和党员群众监督。

第六条 将基层党建考核统一纳入党委（党组）书记抓基层党建工作述职评议考核，推动与其他业务考核统筹开展。

述职评议前，上级党组织一般应对基层党建工作情况进行实地考核，深入了解下一级党组织书记抓基层党建工作情况。根据不同层级、不同类型党组织职责任务和工作实际，精简优化考核内容，注重实绩实效，越往下考核工作越要简化。改进考核方式，多到现场看，多见具体事，多听群众说，对可以通过现场查看、走访党员群众等作出评价的，一般不以听汇报、查资料、看台账的方式进行考核，不以开会发文、领导批示、记录留痕、信息宣传数量等评判工作好坏，防止形式主义，切实为基层减负。

上级党组织应依据述职评议和实地考核结果，并结合平时调研了解，对下一级党组织书记抓基层党建工作情况形成综合评价意见，肯定成绩，指出问题，并按"好、较好、一般、差"确定等次，评价为"较好"或以下等次的应占一定比例。综合评价意见及等次经党委（党组）研究后，向被评议考核人反馈，在一定范围内通报，并按照干部管理权限，由组织人事部门根据有关规定归入干部人事档案。

第七条　把抓基层党建工作情况作为党委（党组）书记工作实绩评定的重要内容，作为领导干部选拔任用、培养教育和奖励惩戒的重要依据，作为评价所在单位年度党建工作情况的重要依据。对述职评议考核综合评价等次未达到“好”的，其年度考核不得评定为“优秀”等次；对综合评价等次为“一般”和“差”的，要约谈提醒、限期整改，问题严重的要依照有关规定严肃追责问责。

述职的党组织书记应针对述职评议考核中指出的问题，列出整改清单，认真抓好整改落实。上级党组织应健全经常性指导推动机制，强化督促检查，及时通报整改情况，避免简单以问责代替整改。

第八条　各级党委（党组）加强对述职评议考核的领导，党委组织部门要精心组织实施。

中央组织部和省（自治区、直辖市）、市（地、州、盟）党委组织部门加强工作指导，分别派人参加省（自治区、直辖市）、市（地、州、盟）、县（市、区、旗）召开的述职评议会并进行点评。党委组织部门会同同级机关工委、国资委党委、教育（高校）工委等，加强对机关、国有企业、高校述职评议考核的指导。

各级党委（党组）开展述职评议考核情况，应及时向上一级党组织报告。

第九条　本办法由中共中央组织部负责解释。

第十条　本办法自2019年12月30日起施行。

7. 问责类规定

关于实行党政领导干部问责的暂行规定

（2009年6月30日中共中央办公厅、国务院办公厅印发）

第一章　总　　则

第一条　为加强对党政领导干部的管理和监督，增强党政领导干部的责任意识和大局意识，促进深入贯彻落实科学发展观，提高党的执政能力和执政水平，根据《中国共产党章程》、《党政领导干部选拔任用工作条例》等党内法规和《中华人民共和国公务员法》等国家法律法规，制定本规定。

第二条　本规定适用于中共中央、国务院的工作部门及其内设机构的领导成员;县级以上地方各级党委、政府及其工作部门的领导成员,上列工作部门内设机构的领导成员。

第三条 对党政领导干部实行问责,坚持严格要求、实事求是,权责一致、惩教结合,依靠群众、依法有序的原则。

第四条 党政领导干部受到问责,同时需要追究纪律责任的,依照有关规定给予党纪处分、政务处分或者其他处分;涉嫌犯罪的,移送司法机关依法处理。

第二章 问责的情形、方式及适用

第五条 有下列情形之一的,对党政领导干部实行问责:

(一)决策严重失误,造成重大损失或者恶劣影响的;

(二)因工作失职,致使本地区、本部门、本系统或者本单位发生特别重大事故、事件、案件,或者在较短时间内连续发生重大事故、事件、案件,造成重大损失或者恶劣影响的;

(三)政府职能部门管理、监督不力,在其职责范围内发生特别重大事故、事件、案件,或者在较短时间内连续发生重大事故、事件、案件,造成重大损失或者恶劣影响的;

(四)在行政活动中滥用职权,强令、授意实施违法行政行为,或者不作为,引发群体性事件或者其他重大事件的;

(五)对群体性、突发性事件处置失当,导致事态恶化,造成恶劣影响的;

(六)违反干部选拔任用工作有关规定,导致用人失察、失误,造成恶劣影响的;

(七)其他给国家利益、人民生命财产、公共财产造成重大损失或者恶劣影响等失职行为的。

第六条 本地区、本部门、本系统或者本单位在贯彻落实党风廉政建设责任制方面出现问题的,按照《关于实行党风廉政建设责任制的规定》,追究党政领导干部的责任。

第七条 对党政领导干部实行问责的方式分为:责令公开道歉、停职检查、引咎辞职、责令辞职、免职。

第八条 党政领导干部具有本规定第五条所列情形,并且具有下列情节之一的,应当从重问责:

(一)干扰、阻碍问责调查的;

(二)弄虚作假、隐瞒事实真相的;

(三)对检举人、控告人打击、报复、陷害的;

(四)党内法规和国家法律法规规定的其他从重情节。

第九条　党政领导干部具有本规定第五条所列情形，并且具有下列情节之一的，可以从轻问责：

（一）主动采取措施，有效避免损失或者挽回影响的；

（二）积极配合问责调查，并且主动承担责任的。

第十条　受到问责的党政领导干部，取消当年年度考核评优和评选各类先进的资格。

引咎辞职、责令辞职、免职的党政领导干部，一年内不得重新担任与其原任职务相当的领导职务。

对引咎辞职、责令辞职、免职的党政领导干部，可以根据工作需要以及本人一贯表现、特长等情况，由党委（党组）、政府按照干部管理权限酌情安排适当岗位或者相应工作任务。

引咎辞职、责令辞职、免职的党政领导干部，一年后如果重新担任与其原任职务相当的领导职务，除应当按照干部管理权限履行审批手续外，还应当征求上一级党委组织部门的意见。

第三章　实行问责的程序

第十一条　对党政领导干部实行问责，按照干部管理权限进行。纪检监察机关、组织人事部门按照管理权限履行本规定中的有关职责。

第十二条　对党政领导干部实行问责，依照下列程序进行：

（一）对因检举、控告、处理重大事故事件、查办案件、审计或者其他方式发现的党政领导干部应当问责的线索，纪检监察机关按照权限和程序进行调查后，对需要实行问责的，按照干部管理权限向问责决定机关提出问责建议；

（二）对在干部监督工作中发现的党政领导干部应当问责的线索，组织人事部门按照权限和程序进行调查后，对需要实行问责的，按照干部管理权限向问责决定机关提出问责建议；

（三）问责决定机关可以根据纪检监察机关或者组织人事部门提出的问责建议作出问责决定；

（四）问责决定机关作出问责决定后，由组织人事部门办理相关事宜，或者由问责决定机关责成有关部门办理相关事宜。

第十三条　纪检监察机关、组织人事部门提出问责建议，应当同时向问责决定机关提供有关事实材料和情况说明，以及需要提供的其他材料。

第十四条　作出问责决定前，应当听取被问责的党政领导干部的陈述和申辩，并且记录在案；对其合理意见，应当予以采纳。

第十五条 对于事实清楚、不需要进行问责调查的，问责决定机关可以直接作出问责决定。

第十六条 问责决定机关按照干部管理权限对党政领导干部作出的问责决定，应当经领导班子集体讨论决定。

第十七条 对党政领导干部实行问责，应当制作《党政领导干部问责决定书》。《党政领导干部问责决定书》由负责调查的纪检监察机关或者组织人事部门代问责决定机关草拟。

《党政领导干部问责决定书》应当写明问责事实、问责依据、问责方式、批准机关、生效时间、当事人的申诉期限及受理机关等。作出责令公开道歉决定的，还应当写明公开道歉的方式、范围等。

第十八条 《党政领导干部问责决定书》应当送达被问责的党政领导干部本人及其所在单位。

问责决定机关作出问责决定后，应当派专人与被问责的党政领导干部谈话，做好其思想工作，督促其做好工作交接等后续工作。

第十九条 组织人事部门应当及时将被问责的党政领导干部的有关问责材料归入其个人档案，并且将执行情况报告问责决定机关，回复问责建议机关。

党政领导干部问责情况应当报上一级组织人事部门备案。

第二十条 问责决定一般应当向社会公开。

第二十一条 对经各级人民代表大会及其常务委员会选举或者决定任命的人员实行问责，按照有关法律规定的程序办理。

第二十二条 被问责的党政领导干部对问责决定不服的，可以自接到《党政领导干部问责决定书》之日起15日内，向问责决定机关提出书面申诉。问责决定机关接到书面申诉后，应当在30日内作出申诉处理决定。申诉处理决定应当以书面形式告知申诉人及其所在单位。

第二十三条 被问责的党政领导干部申诉期间，不停止问责决定的执行。

第四章 附 则

第二十四条 对乡（镇、街道）党政领导成员实行问责，适用本规定。

对县级以上党委、政府直属事业单位以及国有企业、国有金融企业领导人员实行问责，参照本规定执行。

第二十五条 本规定由中央纪委、中央组织部负责解释。

第二十六条 本规定自发布之日起施行。

关于实行党风廉政建设责任制的规定

（2010年11月10日中共中央、国务院印发）

第一章　总　　则

第一条　为了加强党风廉政建设，明确领导班子、领导干部在党风廉政建设中的责任，推动科学发展，促进社会和谐，提高党的执政能力，保持和发展党的先进性，根据《中华人民共和国宪法》和《中国共产党章程》，制定本规定。

第二条　本规定适用于各级党的机关、人大机关、行政机关、政协机关、审判机关、检察机关的领导班子、领导干部。

人民团体、国有和国有控股企业（含国有和国有控股金融企业）、事业单位的领导班子、领导干部参照执行本规定。

第三条　实行党风廉政建设责任制，要以邓小平理论和“三个代表”重要思想为指导，深入贯彻落实科学发展观，坚持党要管党、从严治党，坚持标本兼治、综合治理、惩防并举、注重预防，扎实推进惩治和预防腐败体系建设，保证党中央、国务院关于党风廉政建设的决策和部署的贯彻落实。

第四条　实行党风廉政建设责任制，要坚持党委统一领导，党政齐抓共管，纪委组织协调，部门各负其责，依靠群众的支持和参与。要把党风廉政建设作为党的建设和政权建设的重要内容，纳入领导班子、领导干部目标管理，与经济建设、政治建设、文化建设、社会建设以及生态文明建设和业务工作紧密结合，一起部署，一起落实，一起检查，一起考核。

第五条　实行党风廉政建设责任制，要坚持集体领导与个人分工负责相结合，谁主管、谁负责，一级抓一级、层层抓落实。

第二章　责任内容

第六条　领导班子对职责范围内的党风廉政建设负全面领导责任。

领导班子主要负责人是职责范围内的党风廉政建设第一责任人，应当重要工作亲自部署、重大问题亲自过问、重点环节亲自协调、重要案件亲自督办。

领导班子其他成员根据工作分工，对职责范围内的党风廉政建设负主要领导责任。

第七条　领导班子、领导干部在党风廉政建设中承担以下领导责任：

(一)贯彻落实党中央、国务院以及上级党委(党组)、政府和纪检监察机关关于党风廉政建设的部署和要求,结合实际研究制定党风廉政建设工作计划、目标要求和具体措施,每年召开专题研究党风廉政建设的党委常委会议(党组会议)和政府廉政建设工作会议,对党风廉政建设工作任务进行责任分解,明确领导班子、领导干部在党风廉政建设中的职责和任务分工,并按照计划推动落实;

(二)开展党性党风党纪和廉洁从政教育,组织党员、干部学习党风廉政建设理论和法规制度,加强廉政文化建设;

(三)贯彻落实党风廉政法规制度,推进制度创新,深化体制机制改革,从源头上预防和治理腐败;

(四)强化权力制约和监督,建立健全决策权、执行权、监督权既相互制约又相互协调的权力结构和运行机制,推进权力运行程序化和公开透明;

(五)监督检查本地区、本部门、本系统的党风廉政建设情况和下级领导班子、领导干部廉洁从政情况;

(六)严格按照规定选拔任用干部,防止和纠正选人用人上的不正之风;

(七)加强作风建设,纠正损害群众利益的不正之风,切实解决党风政风方面存在的突出问题;

(八)领导、组织并支持执纪执法机关依纪依法履行职责,及时听取工作汇报,切实解决重大问题。

第三章　检查考核与监督

第八条　党委(党组)应当建立党风廉政建设责任制的检查考核制度,建立健全检查考核机制,制定检查考核的评价标准、指标体系[①],明确检查考核的内容、方法、程序。

第九条　党委(党组)应当建立健全党风廉政建设责任制领导小组,负责对下一级领导班子、领导干部党风廉政建设责任制执行情况的检查考核。

第十条　检查考核工作每年进行一次。检查考核可以与领导班子、领导干部工作目标考核、年度考核、惩治和预防腐败体系建设检查工作等结合进行,也可以组织专门检查考核。

检查考核情况应当及时向同级党委(党组)报告。

第十一条　党委(党组)应当将检查考核情况在适当范围内通报。对检查考核中发现的问题,要及时研究解决,督促整改落实。

第十二条　党委(党组)应当建立和完善检查考核结果运用制度。检查考核结果作为对领导班子总体评价和领导干部业绩评定、奖励惩处、选拔任用的重要

① 考核标准不宜要求层层签订责任状,层层签订责任状容易导致形式主义。毕竟,落实党风廉政建设责任,靠的是忠诚、担当,并不是靠一张纸。

依据。

第十三条　纪检监察机关(机构)、组织人事部门协助同级党委(党组)开展对党风廉政建设责任制执行情况的检查考核,或者根据职责开展检查工作。

第十四条　党委常委会应当将执行党风廉政建设责任制的情况,作为向同级党的委员会全体会议报告工作的一项重要内容。

第十五条　领导干部执行党风廉政建设责任制的情况,应当列为民主生活会和述职述廉的重要内容,并在本单位、本部门进行评议。

第十六条　党委(党组)应当将贯彻落实党风廉政建设责任制的情况,每年专题报告上一级党委(党组)和纪委。

第十七条　中央和省、自治区、直辖市党委巡视组应当依照巡视工作的有关规定,加强对有关党组织领导班子及其成员执行党风廉政建设责任制情况的巡视监督。

第十八条　党委(党组)应当结合本地区、本部门、本系统实际,建立走访座谈、社会问卷调查等党风廉政建设社会评价机制,动员和组织党员、群众有序参与,广泛接受监督。

第四章　责任追究

第十九条　领导班子、领导干部违反或者未能正确履行本规定第七条规定的职责,有下列情形之一的,应当追究责任:

(一)对党风廉政建设工作领导不力,以致职责范围内明令禁止的不正之风得不到有效治理,造成不良影响的;

(二)对上级领导机关交办的党风廉政建设责任范围内的事项不传达贯彻、不安排部署、不督促落实,或者拒不办理的;

(三)对本地区、本部门、本系统发现的严重违纪违法行为隐瞒不报、压案不查的;

(四)疏于监督管理,致使领导班子成员或者直接管辖的下属发生严重违纪违法问题的;

(五)违反规定选拔任用干部,或者用人失察、失误造成恶劣影响的;

(六)放任、包庇、纵容下属人员违反财政、金融、税务、审计、统计等法律法规,弄虚作假的;

(七)有其他违反党风廉政建设责任制行为的。

第二十条　领导班子有本规定第十九条所列情形,情节较轻的,责令作出书面检查;情节较重的,给予通报批评;情节严重的,进行调整处理。

第二十一条 领导干部有本规定第十九条所列情形，情节较轻的，给予批评教育、诫勉谈话、责令作出书面检查；情节较重的，给予通报批评；情节严重的，给予党纪处分、政务处分，或者给予调整职务、责令辞职、免职和降职等组织处理。涉嫌犯罪的，移送司法机关依法处理。

以上责任追究方式可以单独使用，也可以合并使用。

第二十二条 领导班子、领导干部具有本规定第十九条所列情形，并具有下列情节之一的，应当从重追究责任：

（一）对职责范围内发生的问题进行掩盖、袒护的；

（二）干扰、阻碍责任追究调查处理的。

第二十三条 领导班子、领导干部具有本规定第十九条所列情形，并具有下列情节之一的，可以从轻或者减轻追究责任：

（一）对职责范围内发生的问题及时如实报告并主动查处和纠正，有效避免损失或者挽回影响的；

（二）认真整改，成效明显的。

第二十四条 领导班子、领导干部违反本规定，需要查明事实、追究责任的，由有关机关或者部门按照职责和权限调查处理。其中需要追究党纪责任、给予政务处分的，由纪检监察机关按照有关规定程序办理；需要给予组织处理的，由组织人事部门或者由负责调查的纪检监察机关会同组织人事部门，按照有关权限和程序办理。

第二十五条 实施责任追究，要实事求是，分清集体责任和个人责任、主要领导责任和重要领导责任。

追究集体责任时，领导班子主要负责人和直接主管的领导班子成员承担主要领导责任，参与决策的班子其他成员承担重要领导责任。对错误决策提出明确反对意见而没有被采纳的，不承担领导责任。

错误决策由领导干部个人决定或者批准的，追究该领导干部个人的责任。

第二十六条 实施责任追究不因领导干部工作岗位或者职务的变动而免予追究。已退休但按照本规定应当追究责任的，仍须进行相应的责任追究。

第二十七条 受到责任追究的领导班子、领导干部，取消当年年度考核评优和评选各类先进的资格[②]。

单独受到责令辞职、免职处理的领导干部，一年内不得重新担任与其原任职务相当的领导职务；受到降职处理的，两年内不得提升职务。同时受到党纪处分、政务处分和组织处理的，按影响期较长的执行。

第二十八条 各级纪检监察机关应当加强对下级党委（党组）、政府实施责任

② 这是一个重要的知识点：如果领导干部因党风廉政建设不力而受到批评教育、诫勉谈话、责令作出书面检查、通报批评等责任追究，取消当年年度考核评优和评选各类先进的资格。其他党内法规，很少有类似规定。

追究情况的监督检查,发现有应当追究而未追究或者责任追究处理决定不落实等问题的,应当及时督促下级党委(党组)、政府予以纠正。

第五章　附　　则

第二十九条　各省、自治区、直辖市,中央和国家机关各部委可以根据本规定制定实施办法。

第三十条　中央军委可以根据本规定,结合中国人民解放军和中国人民武装警察部队的实际情况,制定具体规定。

第三十一条　本规定由中央纪委国家监委负责解释。

第三十二条　本规定自发布之日起施行。1998 年 11 月发布的《关于实行党风廉政建设责任制的规定》同时废止。

地方党政领导干部安全生产责任制规定[①]

(2018 年 4 月 8 日中共中央办公厅、国务院办公厅印发)

第一章　总　　则

第一条　为了加强地方各级党委和政府对安全生产工作的领导,健全落实安全生产责任制,树立安全发展理念,根据《中华人民共和国安全生产法》、《中华人民共和国公务员法》等法律规定和《中共中央、国务院关于推进安全生产领域改革发展的意见》、《中国共产党地方委员会工作条例》、《中国共产党问责条例》等中央有关规定,制定本规定。

第二条　本规定适用于县级以上地方各级党委和政府领导班子成员(以下统称地方党政领导干部)。

县级以上地方各级党委工作机关、政府工作部门及相关机构领导干部,乡镇(街道)党政领导干部,各类开发区管理机构党政领导干部,参照本规定执行。

第三条　实行地方党政领导干部安全生产责任制,必须以习近平新时代中国特色社会主义思想为指导,切实增强政治意识、大局意识、核心意识、看齐意识,牢固树立发展决不能以牺牲安全为代价的红线意识,按照高质量发展要求,坚持安全发展、依法治理,综合运用巡查督查、考核考察、激励惩戒等措施,加强组织领导,强化属地管理,完善体制机制,有效防范安全生产风险,坚决遏制重特大生产安全事故,促使地方各级党政领导干部切实承担起"促一方发展、保一方平安"的政治责任,为

① 请结合天津特大爆炸案学习此规定。2015 年 8 月 12 日,位于天津市滨海新区天津港的瑞海国际物流有限公司危险品仓库发生火灾爆炸,致 165 人遇难,直接经济损失 68.66 亿元。5 名省部级官员被处分,分别是:宗某某(天津市委常委、滨海新区区委书记),贯彻落实党的安全生产方针政策不到位,未认真按照"党政同责、一岗双责"的要求督促天津市滨海新区政府及有关职能部门履行安全生产监管职责,对上述问题负有重要领导责任,建议给予党内严重警告处分。孙某某(天津市人民政府党组成员、副市长),贯彻落实国家港口管理、安全生产法律法规不到位,对分管部门监督管理不力,对天津市交通运输委员会存在的严重失职渎职问题失察,对上述问题负有重要领导责任,建议给

统筹推进"五位一体"总体布局和协调推进"四个全面"战略布局营造良好稳定的安全生产环境。

第四条 实行地方党政领导干部安全生产责任制,应当坚持党政同责、一岗双责、齐抓共管、失职追责,坚持管行业必须管安全、管业务必须管安全、管生产经营必须管安全。

地方各级党委和政府主要负责人是本地区安全生产第一责任人,班子其他成员对分管范围内的安全生产工作负领导责任。

第二章 职 责

第五条 地方各级党委主要负责人安全生产职责主要包括:

(一)认真贯彻执行党中央以及上级党委关于安全生产的决策部署和指示精神,安全生产方针政策、法律法规;

(二)把安全生产纳入党委议事日程和向全会报告工作的内容,及时组织研究解决安全生产重大问题;

(三)把安全生产纳入党委常委会及其成员职责清单,督促落实安全生产"一岗双责"制度;

(四)加强安全生产监管部门领导班子建设、干部队伍建设和机构建设,支持人大、政协监督安全生产工作,统筹协调各方面重视支持安全生产工作;

(五)推动将安全生产纳入经济社会发展全局,纳入国民经济和社会发展考核评价体系,作为衡量经济发展、社会治安综合治理、精神文明建设成效的重要指标和领导干部政绩考核的重要内容;

(六)大力弘扬生命至上、安全第一的思想,强化安全生产宣传教育和舆论引导,将安全生产方针政策和法律法规纳入党委理论学习中心组学习内容和干部培训内容。

第六条 县级以上地方各级政府主要负责人安全生产职责主要包括:

(一)认真贯彻落实党中央、国务院以及上级党委和政府、本级党委关于安全生产的决策部署和指示精神,安全生产方针政策、法律法规;

(二)把安全生产纳入政府重点工作和政府工作报告的重要内容,组织制定安全生产规划并纳入国民经济和社会发展规划,及时组织研究解决安全生产突出问题;

(三)组织制定政府领导干部年度安全生产重点工作责任清单并定期检查考核,在政府有关工作部门"三定"规定中明确安全生产职责;

(四)组织设立安全生产专项资金并列入本级财政预算、与财政收入保持同步

予降级处分。何某某(天津市人民政府党组成员、副市长),贯彻落实国家安全生产法律法规和决策部署不到位,组织、指导、督促开展安全生产监管工作不到位,对天津市安全监管局存在的失职渎职问题失察,对上述问题负有重要领导责任,建议给予记大过处分。何某某(交通运输部党组成员、副部长,分管水运、交通公安等工作),指导督促分管部门对港口危险货物安全管理督促检查不到位,指导督促分管部门对天津市交通运输委员会港口管理工作和天津港公安局消防工作指导不到位,对上述问题负有重要领导责任,建议给予记大过处分。鲁某某(海关总署党组副书记、副署长,分管监管司等),指导督促分管部门组织实施海关监管场所规章制度不到位,指导督促分管部门对天津海关监管

增长,加强安全生产基础建设和监管能力建设,保障监管执法必需的人员、经费和车辆等装备;

(五)严格安全准入标准,推动构建安全风险分级管控和隐患排查治理预防工作机制,按照分级属地管理原则明确本地区各类生产经营单位的安全生产监管部门,依法领导和组织生产安全事故应急救援、调查处理及信息公开工作;

(六)领导本地区安全生产委员会工作,统筹协调安全生产工作,推动构建安全生产责任体系,组织开展安全生产巡查、考核等工作,推动加强高素质专业化安全监管执法队伍建设。

第七条　地方各级党委常委会其他成员按照职责分工,协调纪检监察机关和组织、宣传、政法、机构编制等单位支持保障安全生产工作,动员社会各界力量积极参与、支持、监督安全生产工作,抓好分管行业(领域)、部门(单位)的安全生产工作。

第八条　县级以上地方各级政府原则上由担任本级党委常委的政府领导干部分管安全生产工作,其安全生产职责主要包括:

(一)组织制定贯彻落实党中央、国务院以及上级及本级党委和政府关于安全生产决策部署,安全生产方针政策、法律法规的具体措施;

(二)协助党委主要负责人落实党委对安全生产的领导职责,督促落实本级党委关于安全生产的决策部署;

(三)协助政府主要负责人统筹推进本地区安全生产工作,负责领导安全生产委员会日常工作,组织实施安全生产监督检查、巡查、考核等工作,协调解决重点难点问题;

(四)组织实施安全风险分级管控和隐患排查治理预防工作机制建设,指导安全生产专项整治和联合执法行动,组织查处各类违法违规行为;

(五)加强安全生产应急救援体系建设,依法组织或者参与生产安全事故抢险救援和调查处理,组织开展生产安全事故责任追究和整改措施落实情况评估;

(六)统筹推进安全生产社会化服务体系建设、信息化建设、诚信体系建设和教育培训、科技支撑等工作。

第九条　县级以上地方各级政府其他领导干部安全生产职责主要包括:

(一)组织分管行业(领域)、部门(单位)贯彻执行党中央、国务院以及上级及本级党委和政府关于安全生产的决策部署,安全生产方针政策、法律法规;

(二)组织分管行业(领域)、部门(单位)健全和落实安全生产责任制,将安全生产工作与业务工作同时安排部署、同时组织实施、同时监督检查;

(三)指导分管行业(领域)、部门(单位)把安全生产工作纳入相关发展规划和

场所审批和日常监管工作的监督检查不到位,对上述问题负有重要领导责任,建议给予记过处分。

年度工作计划，从行业规划、科技创新、产业政策、法规标准、行政许可、资产管理等方面加强和支持安全生产工作；

（四）统筹推进分管行业（领域）、部门（单位）安全生产工作，每年定期组织分析安全生产形势，及时研究解决安全生产问题，支持有关部门依法履行安全生产工作职责；

（五）组织开展分管行业（领域）、部门（单位）安全生产专项整治、目标管理、应急管理、查处违法违规生产经营行为等工作，推动构建安全风险分级管控和隐患排查治理预防工作机制。

第三章　考核考察

第十条　把地方党政领导干部落实安全生产责任情况纳入党委和政府督查督办重要内容，一并进行督促检查。

第十一条　建立完善地方各级党委和政府安全生产巡查工作制度，加强对下级党委和政府的安全生产巡查，推动安全生产责任措施落实。将巡查结果作为对被巡查地区党委和政府领导班子和有关领导干部考核、奖惩和使用的重要参考。

第十二条　建立完善地方各级党委和政府安全生产责任考核制度，对下级党委和政府安全生产工作情况进行全面评价，将考核结果与有关地方党政领导干部履职评定挂钩。

第十三条　在对地方各级党委和政府领导班子及其成员的年度考核、目标责任考核、绩效考核以及其他考核中，应当考核其落实安全生产责任情况，并将其作为确定考核结果的重要参考。

地方各级党委和政府领导班子及其成员在年度考核中，应当按照"一岗双责"要求，将履行安全生产工作责任情况列入述职内容。

第十四条　党委组织部门在考察地方党政领导干部拟任人选时，应当考察其履行安全生产工作职责情况。

有关部门在推荐、评选地方党政领导干部作为奖励人选时，应当考察其履行安全生产工作职责情况。

第十五条　实行安全生产责任考核情况公开制度。定期采取适当方式公布或者通报地方党政领导干部安全生产工作考核结果。

第四章　表彰奖励

第十六条　对在加强安全生产工作、承担安全生产专项重要工作、参加抢险救护等方面作出显著成绩和重要贡献的地方党政领导干部，上级党委和政府应当按照有关规定给予表彰奖励。

第十七条 对在安全生产工作考核中成绩优秀的地方党政领导干部，上级党委和政府按照有关规定给予记功或者嘉奖。

第五章 责任追究

第十八条 地方党政领导干部在落实安全生产工作责任中存在下列情形之一的，应当按照有关规定进行问责：

（一）履行本规定第二章所规定职责不到位的；

（二）阻挠、干涉安全生产监管执法或者生产安全事故调查处理工作的；

（三）对迟报、漏报、谎报或者瞒报生产安全事故负有领导责任的；

（四）对发生生产安全事故负有领导责任的；

（五）有其他应当问责情形的。

第十九条 对存在本规定第十八条情形的责任人员，应当根据情况采取通报、诫勉、停职检查、调整职务、责令辞职、降职、免职或者处分等方式问责；涉嫌职务违法犯罪的，由监察机关依法调查处置。

第二十条 严格落实安全生产"一票否决"制度，对因发生生产安全事故被追究领导责任的地方党政领导干部，在相关规定时限内，取消考核评优和评选各类先进资格，不得晋升职务、级别或者重用任职。

第二十一条 对工作不力导致生产安全事故人员伤亡和经济损失扩大，或者造成严重社会影响负有主要领导责任的地方党政领导干部，应当从重追究责任。

第二十二条 对主动采取补救措施，减少生产安全事故损失或者挽回社会不良影响的地方党政领导干部，可以从轻、减轻追究责任。

第二十三条 对职责范围内发生生产安全事故，经查实已经全面履行了本规定第二章所规定职责、法律法规规定有关职责，并全面落实了党委和政府有关工作部署的，不予追究地方有关党政领导干部的领导责任。

第二十四条 地方党政领导干部对发生生产安全事故负有领导责任且失职失责性质恶劣、后果严重的，不论是否已调离转岗、提拔或者退休，都应当严格追究其责任。

第二十五条 实施安全生产责任追究，应当依法依规、实事求是、客观公正，根据岗位职责、履职情况、履职条件等因素合理确定相应责任。

第二十六条 存在本规定第十八条情形应当问责的，由纪检监察机关、组织人事部门和安全生产监管部门按照权限和职责分别负责。

第六章　附　　则

第二十七条　各省、自治区、直辖市党委和政府应当根据本规定制定实施细则。

第二十八条　本规定由应急管理部商中共中央组织部解释。

第二十九条　本规定自2018年4月8日起施行。

党政领导干部生态环境损害责任追究办法(试行)[①]

(2015年8月9日中共中央办公厅、国务院办公厅印发)

第一条　为贯彻落实党的十八大和十八届三中、四中全会精神,加快推进生态文明建设,健全生态文明制度体系,强化党政领导干部生态环境和资源保护职责,根据有关党内法规和国家法律法规,制定本办法。

第二条　本办法适用于县级以上地方各级党委和政府及其有关工作部门的领导成员,中央和国家机关有关工作部门领导成员;上列工作部门的有关机构领导人员。

第三条　地方各级党委和政府对本地区生态环境和资源保护负总责,党委和政府主要领导成员承担主要责任,其他有关领导成员在职责范围内承担相应责任。

中央和国家机关有关工作部门、地方各级党委和政府的有关工作部门及其有关机构领导人员按照职责分别承担相应责任。

第四条　党政领导干部生态环境损害责任追究,坚持依法依规、客观公正、科学认定、权责一致、终身追究的原则。

第五条　有下列情形之一的,应当追究相关地方党委和政府主要领导成员的责任:

(一)贯彻落实中央关于生态文明建设的决策部署不力,致使本地区生态环境和资源问题突出或者任期内生态环境状况明显恶化的;

(二)作出的决策与生态环境和资源方面政策、法律法规相违背的;

(三)违反主体功能区定位或者突破资源环境生态红线、城镇开发边界,不顾资源环境承载能力盲目决策造成严重后果的;

(四)作出的决策严重违反城乡、土地利用、生态环境保护等规划的;

① 请结合秦岭违建别墅问责案学习。2014年5月13日,习近平总书记作出第一次批示,要求陕西省委省政府关注秦岭北麓西安段圈地建别墅问题。2014年10月13日,习近平总书记又作出第二次重要批示。从2015年2月到2018年4月,习近平总书记又针对秦岭违建别墅作过三次重要批示指示,要求“不彻底解决、绝不放手”。2018年7月,习近平总书记对秦岭违建别墅作出第六次批示:“首先从政治纪律查起,彻底查处整而未治、阳奉阴违、禁而不绝的问题。”此后,陕西共拆除秦岭违建别墅1185栋、没收9栋。再如,陈路超大违建别墅,实际业主为陈路,由陕西秦悦贸易有限公司负责人支亮具体实施建设,西安市公安局鄠邑分局对支亮以涉嫌非法占用农用地罪立案侦查。

（五）地区和部门之间在生态环境和资源保护协作方面推诿扯皮，主要领导成员不担当、不作为，造成严重后果的；

（六）本地区发生主要领导成员职责范围内的严重环境污染和生态破坏事件，或者对严重环境污染和生态破坏（灾害）事件处置不力的；

（七）对公益诉讼裁决和资源环境保护督察整改要求执行不力的；

（八）其他应当追究责任的情形。

有上述情形的，在追究相关地方党委和政府主要领导成员责任的同时，对其他有关领导成员及相关部门领导成员依据职责分工和履职情况追究相应责任。

第六条　有下列情形之一的，应当追究相关地方党委和政府有关领导成员的责任：

（一）指使、授意或者放任分管部门对不符合主体功能区定位或者生态环境和资源方面政策、法律法规的建设项目审批（核准）、建设或者投产（使用）的；

（二）对分管部门违反生态环境和资源方面政策、法律法规行为监管失察、制止不力甚至包庇纵容的；

（三）未正确履行职责，导致应当依法由政府责令停业、关闭的严重污染环境的企业事业单位或者其他生产经营者未停业、关闭的；

（四）对严重环境污染和生态破坏事件组织查处不力的；

（五）其他应当追究责任的情形。

第七条　有下列情形之一的，应当追究政府有关工作部门领导成员的责任：

（一）制定的规定或者采取的措施与生态环境和资源方面政策、法律法规相违背的；

（二）批准开发利用规划或者进行项目审批（核准）违反生态环境和资源方面政策、法律法规的；

（三）执行生态环境和资源方面政策、法律法规不力，不按规定对执行情况进行监督检查，或者在监督检查中敷衍塞责的；

（四）对发现或者群众举报的严重破坏生态环境和资源的问题，不按规定查处的；

（五）不按规定报告、通报或者公开环境污染和生态破坏（灾害）事件信息的；

（六）对应当移送有关机关处理的生态环境和资源方面的违纪违法案件线索不按规定移送的；

（七）其他应当追究责任的情形。

有上述情形的，在追究政府有关工作部门领导成员责任的同时，对负有责任的有关机构领导人员追究相应责任。

第八条　党政领导干部利用职务影响，有下列情形之一的，应当追究其责任：

（一）限制、干扰、阻碍生态环境和资源监管执法工作的；

（二）干预司法活动，插手生态环境和资源方面具体司法案件处理的；

（三）干预、插手建设项目，致使不符合生态环境和资源方面政策、法律法规的建设项目得以审批（核准）、建设或者投产（使用）的；

（四）指使篡改、伪造生态环境和资源方面调查和监测数据的；

（五）其他应当追究责任的情形。

第九条 党委及其组织部门在地方党政领导班子成员选拔任用工作中，应当按规定将资源消耗、环境保护、生态效益等情况作为考核评价的重要内容，对在生态环境和资源方面造成严重破坏负有责任的干部不得提拔使用或者转任重要职务。

第十条 党政领导干部生态环境损害责任追究形式有：诫勉、责令公开道歉；组织处理，包括调离岗位、引咎辞职、责令辞职、免职、降职等；党纪政纪处分。

组织处理和党纪政纪处分可以单独使用，也可以同时使用。

追责对象涉嫌犯罪的，应当及时移送司法机关依法处理。

第十一条 各级政府负有生态环境和资源保护监管职责的工作部门发现有本办法规定的追责情形的，必须按照职责依法对生态环境和资源损害问题进行调查，在根据调查结果依法作出行政处罚决定或者其他处理决定的同时，对相关党政领导干部应负责任和处理提出建议，按照干部管理权限将有关材料及时移送纪检监察机关或者组织（人事）部门。需要追究党纪政纪责任的，由纪检监察机关按照有关规定办理；需要给予诫勉、责令公开道歉和组织处理的，由组织（人事）部门按照有关规定办理。

负有生态环境和资源保护监管职责的工作部门、纪检监察机关、组织（人事）部门应当建立健全生态环境和资源损害责任追究的沟通协作机制。

司法机关在生态环境和资源损害等案件处理过程中发现有本办法规定的追责情形的，应当向有关纪检监察机关或者组织（人事）部门提出处理建议。

负责作出责任追究决定的机关和部门，一般应当将责任追究决定向社会公开。

第十二条 实行生态环境损害责任终身追究制。对违背科学发展要求、造成生态环境和资源严重破坏的，责任人不论是否已调离、提拔或者退休，都必须严格追责。

第十三条 政府负有生态环境和资源保护监管职责的工作部门、纪检监察机关、组织（人事）部门对发现本办法规定的追责情形应当调查而未调查，应当移送而未移送，应当追责而未追责的，追究有关责任人员的责任。

第十四条 受到责任追究的人员对责任追究决定不服的，可以向作出责任追究决定的机关和部门提出书面申诉。作出责任追究决定的机关和部门应当依据有关规定受理并作出处理。

申诉期间,不停止责任追究决定的执行。

第十五条　受到责任追究的党政领导干部,取消当年年度考核评优和评选各类先进的资格。

受到调离岗位处理的,至少一年内不得提拔;单独受到引咎辞职、责令辞职和免职处理的,至少一年内不得安排职务,至少两年内不得担任高于原任职务层次的职务;受到降职处理的,至少两年内不得提升职务。同时受到党纪政纪处分和组织处理的,按照影响期长的规定执行。

第十六条　乡(镇、街道)党政领导成员的生态环境损害责任追究,参照本办法有关规定执行。

第十七条　各省、自治区、直辖市党委和政府可以依据本办法制定实施细则。国务院负有生态环境和资源保护监管职责的部门应当制定落实本办法的具体制度和措施。

第十八条　本办法由中央组织部、监察部负责解释。

第十九条　本办法自2015年8月9日起施行。

地方党政领导干部食品安全责任制规定

(2019年2月5日中共中央办公厅、国务院办公厅发布)

第一章　总　　则

第一条　为了进一步落实食品安全党政同责要求,强化食品安全属地管理责任,健全食品安全工作责任制,保障人民群众“舌尖上的安全”,根据有关党内法规和国家法律,制定本规定。

第二条　本规定所称食品安全包括食用农产品质量安全。

本规定所称分管食品安全工作是指分管食用农产品质量安全监管、食品安全监管等工作。

本规定所称食品安全相关工作是指卫生健康、生态环境、粮食、教育、政法、宣传、民政、建设、文化、旅游、交通运输等行业或者领域与食品安全紧密相关的工作,以及为食品安全提供支持的发展改革、科技、工信、财政、商务等领域工作。

第三条　本规定适用于县级以上地方各级党委和政府领导班子成员(以下统称地方党政领导干部)。

第四条 实行地方党政领导干部食品安全责任制，必须坚持以习近平新时代中国特色社会主义思想为指导，增强“四个意识”、坚定“四个自信”、做到“两个维护”，牢固树立以人民为中心的发展思想，贯彻落实食品安全“四个最严”的要求，深入实施食品安全战略，承担起“促一方发展、保一方平安”的政治责任，不断提高食品安全工作水平，努力增强人民群众的获得感、幸福感、安全感。

第五条 建立地方党政领导干部食品安全工作责任制，应当遵循以下原则：

（一）坚持党政同责、一岗双责，权责一致、齐抓共管，失职追责、尽职免责；

（二）坚持谋发展必须谋安全，管行业必须管安全，保民生必须保安全；

（三）坚持综合运用考核、奖励、惩戒等措施，督促地方党政领导干部履行食品安全工作职责，确保党中央、国务院关于食品安全工作的决策部署贯彻落实。

第六条 地方各级党委和政府对本地区食品安全工作负总责，主要负责人是本地区食品安全工作第一责任人，班子其他成员对分管（含协管、联系，下同）行业或者领域内的食品安全工作负责。

第二章 职 责

第七条 地方各级党委主要负责人应当全面加强党对本地区食品安全工作的领导，认真贯彻执行党中央关于食品安全工作的方针政策、决策部署和指示精神，上级党委的决定和相关法律法规要求，职责主要包括：

（一）组织学习贯彻习近平总书记关于食品安全工作的重要指示批示精神和党中央关于食品安全工作的方针政策、决策部署，不断提高地方党政领导干部的政治站位，增强做好食品安全工作的责任感和使命感；

（二）全面加强党对本地区食品安全工作的领导，将食品安全工作作为向党委全会报告的重要内容；

（三）建立健全党委常委会委员食品安全相关工作责任清单，督促党委常委会其他委员履行食品安全相关工作责任，并将食品安全工作纳入地方党政领导干部政绩考核内容；

（四）开展食品安全工作专题调研，召开党委常委会会议或者专题会议，听取食品安全工作专题汇报，及时研究解决食品安全工作重大问题，推动完善食品安全治理体系；

（五）加强食品安全工作部门领导班子建设、干部队伍建设和机构建设，不断提升食品安全治理能力；

（六）协调各方重视和支持食品安全工作，加强食品安全宣传，把握正确舆论导向，营造良好工作氛围。

第八条 地方各级政府主要负责人应当加强对本地区食品安全工作的领导，认真贯彻执行党中央、国务院关于食品安全工作的方针政策、决策部署和指示精神，上级党委和政府、本级党委的决定和相关法律法规要求，职责主要包括：

（一）领导本地区食品安全工作，组织推动地方政府落实食品安全属地管理责任；

（二）坚持新发展理念，正确处理发展和安全的关系，将食品安全工作纳入本地区国民经济和社会发展规划、政府工作重点，并接受人大、政协的监督；

（三）建立健全本地区食品安全监管责任体系，明确本级政府领导班子成员食品安全工作责任和政府相关部门食品安全工作职责，指导督促政府领导班子成员和相关部门落实工作责任；

（四）加强食品安全监管能力、执法能力建设，整合监管力量，优化监管机制，提高监管、执法队伍专业化水平，建立健全食品安全财政投入保障机制，保障监管、执法部门依法履职必需的经费和装备；

（五）开展食品安全工作专题调研，组织召开政府常务会议、办公会议或者专题会议，听取本地区食品安全工作汇报，及时研究解决食品安全工作突出问题；

（六）落实高质量发展要求，推进食品及食品相关产业转型升级，不断提高产业发展水平。

第九条 地方各级党委常委会其他委员应当按照职责分工，加强对分管行业或者领域内食品安全相关工作的领导，协助党委主要负责人，统筹推进分管行业或者领域内食品安全相关工作，督促指导相关部门依法履行工作职责，及时研究解决分管行业或者领域内食品安全相关工作问题。

第十条 地方各级政府分管食品安全工作负责人应当加强对本地区食品安全监管工作的领导，具体负责组织本地区食品安全监管工作，职责主要包括：

（一）协助党委和政府主要负责人落实食品安全属地管理责任，组织制定贯彻落实党中央、国务院关于食品安全工作的方针政策、决策部署和指示精神，上级以及本级党委和政府的决定和相关法律法规的具体措施；

（二）组织开展食品安全工作专题调研，研究制定本地区食品安全专项规划、年度重点工作计划，统筹推进本地区食品安全工作；

（三）组织协调食品安全监管部门和相关部门，及时分析食品安全形势，研究解决食品安全领域相关问题，推动完善“从农田到餐桌”全链条全过程食品安全监管机制；

（四）组织推动食品安全监管部门和相关部门建立信息共享机制，推进“互联网+”食品安全监管，不断提升食品安全监管效能和治理能力现代化水平；

（五）组织实施食品安全风险防控、隐患排查和专项治理，坚决防范系统性、区域性食品安全风险；

（六）组织制定食品安全事故应急预案，及时组织开展本地区食品安全突发事件应对处置和调查处理；

（七）组织开展食品安全工作评议考核，督促本级政府相关部门和下级政府落实食品安全工作责任；

（八）组织开展食品安全普法和科普宣传、安全教育、诚信体系建设等工作，推动食品安全社会共治。

第十一条 地方各级政府领导班子其他成员应当按照职责分工，加强对分管行业或者领域内食品安全相关工作的领导，协助政府主要负责人，统筹推进分管行业或者领域内食品安全相关工作，督促指导相关部门依法履行工作职责，及时研究解决分管行业或者领域内食品安全相关工作问题。

第三章 考核监督

第十二条 地方各级党委和政府应当对落实食品安全重大部署、重点工作情况进行跟踪督办。

第十三条 地方各级党委应当结合巡视巡察工作安排，对地方党政领导干部履行食品安全工作职责情况进行检查。

第十四条 地方各级党委和政府应当充分发挥评议考核“指挥棒”作用，推动地方党政领导干部落实食品安全工作责任。

第十五条 跟踪督办、履职检查、评议考核结果应当作为地方党政领导干部考核、奖惩和使用、调整的重要参考。因履职不到位被追究责任的地方党政领导干部，在评优评先、选拔任用等方面按照有关规定执行。

第四章 奖 惩

第十六条 地方党政领导干部在食品安全工作中敢于作为、勇于担当、履职尽责，有下列情形之一的，按照有关规定给予表彰奖励：

（一）及时有效组织预防食品安全事故和消除重大食品安全风险隐患，使国家和人民群众利益免受重大损失的；

（二）在食品安全工作中有重大创新并取得显著成效的；

（三）连续在食品安全工作评议考核中成绩优秀的；

（四）作出其他突出贡献的。

第十七条 地方党政领导干部在落实食品安全工作责任中有下列情形之一

的，应当按照有关规定进行问责：

（一）未履行本规定职责和要求，或者履职不到位的；

（二）对本区域内发生的重大食品安全事故，或者社会影响恶劣的食品安全事件负有领导责任的；

（三）对本区域内发生的食品安全事故，未及时组织领导有关部门有效处置，造成不良影响或者较大损失的；

（四）对隐瞒、谎报、缓报食品安全事故负有领导责任的；

（五）违规插手、干预食品安全事故依法处理和食品安全违法犯罪案件处理的；

（六）有其他应当问责情形的。

第十八条　地方党政领导干部有本规定第十七条所列情形的，按照干部管理权限依规依纪依法进行问责。涉嫌职务违法犯罪的，由监察机关依法调查处置。

第十九条　地方党政领导干部及时报告失职行为并主动采取补救措施，有效预防或者减少食品安全事故重大损失、挽回社会严重不良影响，或者积极配合问责调查，并主动承担责任的，按照有关规定从轻、减轻追究责任。对工作不力导致重大或者特别重大食品安全事故，或者造成严重不良影响的，应当从重追究责任。

第五章　附　　则

第二十条　乡镇（街道）党政领导干部，各类开发区管理机构党政领导干部，参照本规定执行。

第二十一条　本规定由市场监管总局会同农业农村部解释。

第二十二条　本规定自2019年2月5日起施行。

中国共产党党内法规和规范性文件备案审查规定

（2012年6月4日中共中央办公厅发布
2019年8月30日中共中央政治局会议修订）

第一章　总　　则

第一条　为了规范党内法规和规范性文件备案审查工作，维护党内法规和党的政策的统一性、权威性，根据《中国共产党党内法规制定条例》，制定本规定。

第二条 本规定适用于党组织制定的党内法规和规范性文件的备案审查工作。

本规定所称规范性文件，指党组织在履行职责过程中形成的具有普遍约束力、在一定时期内可以反复适用的文件。

下列文件不列入备案审查范围：

（一）印发领导讲话、年度工作要点、工作总结等内容的文件；

（二）关于人事调整、表彰奖励、处分处理以及机关内部日常管理等事项的文件；

（三）请示、报告、会议活动通知、会议纪要、情况通报等文件；

（四）其他按照规定不需要备案审查的文件。

第三条 备案审查工作应当遵循下列原则：

（一）有件必备，凡属备案审查范围的都应当及时报备，不得瞒报、漏报、迟报；

（二）有备必审，对报备的党内法规和规范性文件应当及时、严格审查，不得备而不审；

（三）有错必纠，对审查中发现的问题应当按照规定作出处理，不得打折扣、搞变通。

第四条 各级党委，党的纪律检查委员会、党委（决策）议事协调机构以及党的工作机关、党委直属事业单位，党组（党委）承担备案审查工作主体责任。

各级党委办公厅（室）负责牵头办理本级党委备案审查工作，统筹协调、督促指导本地区备案审查工作。有关部门和单位应当在职责范围内积极协助开展备案审查工作，共同发挥审查把关作用。

各级党委应当与同级人大常委会、政府等有关方面建立健全备案审查衔接联动机制。

第二章 主　　体

第五条 党组织制定的党内法规和规范性文件应当向上级党组织报备。

多个党组织联合制定的党内法规和规范性文件，由牵头党组织向共同的上级党组织报备。

党组织对下级党组织报备的党内法规和规范性文件进行审查，具体工作由其所属法规工作机构或者承担相关职能的工作机构办理。

第六条 中央纪律检查委员会、党中央（决策）议事协调机构以及党中央工作机关、党中央直属事业单位，党中央批准设立的党组（党委），各省、自治区、直辖市党委应当向党中央报备党内法规和规范性文件。

向地方党委报备规范性文件的党组织范围，参照前款规定。

第七条　中央纪律检查委员会以及党中央工作机关、有关中央国家机关部门党组（党委）可以根据工作需要，依照本规定精神建立系统内备案制度。

党中央明确规定党组织将其制定的党内法规和规范性文件报送特定主体备查、审核的，从其规定，同时有关党组织还应当按照本规定要求进行报备。

逐步实行党的基层组织向批准其设立的党组织报备规范性文件。

第三章　报　　备

第八条　应当报备的党内法规和规范性文件，自发布之日起30日内由制定机关报备。

未按照规定时限报备的，审查机关应当责令其限期补报，必要时可以通报。

第九条　报备党内法规和规范性文件，应当提交1份备案报告、正式文本和备案说明，装订成册，并报送电子文本。

备案说明应当写明制定背景、政策创新及其依据、重要数据指标来源、征求意见、审议签批等情况。

第十条　报备机关应当在每年2月1日前，将上一年度文件目录报送审查机关备查。

第四章　审　　查

第十一条　审查机关对符合审查要求的报备党内法规和规范性文件，应当予以登记，从下列方面进行审查：

（一）政治性审查。包括是否认真贯彻落实习近平新时代中国特色社会主义思想，是否同党的基本理论、基本路线、基本方略相一致，是否与党中央重大决策部署相符合，是否严守党的政治纪律和政治规矩等。

（二）合法合规性审查。包括是否同宪法和法律相一致，是否同党章、上位党内法规和规范性文件相抵触，是否与同位党内法规和规范性文件对同一事项的规定相冲突，是否符合制定权限和程序，是否落实精简文件、改进文风要求等。

（三）合理性审查。包括是否适应形势发展需要，是否可能在社会上造成重大负面影响，是否违反公平公正原则等。

（四）规范性审查。包括名称使用是否适当，体例格式是否正确，表述是否规范等。

审查机关在审查中，应当注重保护有关地区和部门结合实际改革创新的积极性。

第十二条　对内容复杂敏感、专业性强、涉及面广的党内法规和规范性文件，审查机关可以征求有关方面意见建议或者进行会商调研。

人大常委会、政府、军队备案审查工作机构发现党内法规和规范性文件可能存在违法违规问题的,可以向同级党委备案审查工作机构提出审查建议。同级党委备案审查工作机构应当研究处理,并以适当方式反馈结果。

第十三条 针对审查中发现的问题或者有关方面的意见建议,审查机关可以要求报备机关作出说明。

报备机关应当在规定时限内就有关事项说明理由和依据,同时可以提出处理措施。

第五章 处 理

第十四条 审查机关应当根据不同情形,对报备的党内法规和规范性文件作出相应处理决定,并督促报备机关及时办理。报备机关应当认真落实审查机关的处理决定。

第十五条 对审查中没有发现问题的党内法规和规范性文件,审查机关应当直接予以备案通过,并及时反馈报备机关。

审查机关发现已经备案通过的党内法规和规范性文件存在问题的,可以重新启动审查程序。

第十六条 党内法规和规范性文件没有原则性问题,但存在下列情形之一,审查机关可以予以备案通过,并向报备机关提出建议:

(一)有关规定基本合法合规,但需要在执行中把握好尺度的;

(二)有关规定实施后上级精神发生变化或者新的改革措施即将出台,需要报备机关了解掌握的;

(三)有关方面提出的意见建议具有较高参考价值的;

(四)其他需要提出建议的情形。

第十七条 党内法规和规范性文件没有原则性问题,但存在名称使用、体例格式、文字表述等不规范情形的,审查机关可以予以备案通过,并将相关情况告知报备机关。

报备机关多次出现不规范情形的,审查机关可以视情予以通报。

第十八条 党内法规和规范性文件没有原则性问题,但存在下列情形之一,审查机关可以予以备案通过,并对报备机关进行书面提醒:

(一)有关政治表述不够规范的;

(二)有关规定在执行中可能产生偏差或者引起误解的;

(三)有关规定不够合理的;

（四）制定程序不规范的；

（五）不符合精简文件、改进文风要求的；

（六）其他需要提醒的情形。

报备机关在收到书面提醒后应当主动整改，并将相关情况及时通知有关方面，防范有关问题产生不利影响。审查机关要求报告处理情况的，报备机关应当在收到书面提醒后30日内报告。

第十九条　党内法规和规范性文件存在下列情形之一，审查机关应当不予备案通过，并要求报备机关进行纠正：

（一）违背党章、党的理论和路线方针政策的；

（二）违反宪法和法律的；

（三）同上位党内法规和规范性文件相抵触的；

（四）明显不合理的；

（五）不符合制定权限的；

（六）其他需要纠正的情形。

对审查发现的问题，审查机关可以发函要求报备机关纠正，也可以由报备机关主动纠正。纠正可以采用修改原文件、印发补充文件等方式。

报备机关应当在收到纠正要求后30日内报告相关处理情况，对复杂敏感、容易产生不利影响的事项，应当及时会同有关方面采取有效措施妥善处理。

纠正后的党内法规和规范性文件符合要求的，审查机关按程序予以备案通过。报备机关未在规定时限内纠正问题或者报告有关纠正措施，且无正当理由的，审查机关可以作出撤销相关党内法规和规范性文件的决定。

第二十条　审查机关对报备的党内法规和规范性文件作出审查处理决定，应当按照规定权限和程序审批。

第二十一条　对未发现问题的党内法规和规范性文件，审查机关一般在30日内完成审查处理工作。发现可能存在问题的，可以适当延长审查处理时间，但一般不超过3个月。

备案审查工作有关资料应当及时存档备查。

第二十二条　审查机关应当及时梳理总结审查中发现的问题，加强综合分析利用，推动完善制度、改进工作。

第六章　保障与监督

第二十三条　加强备案审查工作信息化建设，建立健全覆盖全面、互联互通、功能完备、操作便捷的备案专网，提高备案审查工作信息化水平。

第二十四条 党组织应当加强对备案审查工作情况的监督检查、考核评价、表彰奖励,相关结果在一定范围内通报。

第二十五条 实行党内法规和规范性文件备案审查责任追究制度。有下列情形之一,应当依规依纪追究有关党组织、党员领导干部以及工作人员的责任:

(一)履行政治责任不到位,对备案审查工作不重视不部署,组织领导不力,造成严重后果的;

(二)违反报备工作程序和时限要求,报备不规范、不及时甚至不报备,或者对审查机关指出的问题拒不整改或者整改不及时、不到位,造成严重后果的;

(三)违反审查工作程序和时限要求,审查不规范、不及时或者出现明显错误,造成严重后果的;

(四)其他应当追究责任的情形。

第七章 附 则

第二十六条 中央军事委员会可以根据本规定,制定军队党内法规和规范性文件备案审查办法。

第二十七条 本规定由中央办公厅负责解释。

第二十八条 本规定自2012年7月1日起施行。

中国共产党党内法规执行责任制规定(试行)

(2019年9月3日中共中央发布)

第一条 为了提高党内法规执行力,推动党内法规全面深入实施,根据《中国共产党党内法规制定条例》,制定本规定。

第二条 各级党组织和全体党员负有遵守党内法规、维护党内法规权威的义务。各级党组织和党员领导干部必须增强“四个意识”、坚定“四个自信”、做到“两个维护”,牢固树立执规是本职、执规不力是失职的理念,切实担负起执行党内法规的政治责任。

第三条 在党中央集中统一领导下,建立健全党委统一领导、党委办公厅(室)统筹协调、主管部门牵头负责、相关单位协助配合、党的纪律检查机关严格监督的执规责任制,统分结合、各司其职,一级抓一级、层层抓落实。

第四条 地方各级党委对本地区党内法规执行工作负主体责任,应当坚决贯彻党中央决策部署以及上级党组织决定,带头严格执行党内法规,并领导、组织、推进本地区党内法规执行工作，支持和监督本地区党组织和党员领导干部履行执规责任。

第五条　党委办公厅（室）负责统筹协调本地区党内法规执行工作，推动党委关于党内法规执行部署安排的贯彻落实。

第六条　党委职能部门、办事机构、派出机关、直属事业单位等，对主要规定其职权职责的党内法规，负有牵头执行的责任，并组织、协调、督促、指导有关党组织和党员领导干部执行有关党内法规。

其他相关单位应当按照党内法规规定各司其职、各尽其责，协助配合牵头部门共同执行党内法规。

第七条　党组（党委）对本单位（本系统）执行有关党内法规负主体责任，领导、组织、推进本单位（本系统）党内法规执行工作。

第八条　街道、乡镇党的基层委员会和村、社区党组织，国有企业党委，实行党委领导下的行政领导人负责制的事业单位党组织，对本地区本单位执行有关党内法规负主体责任，领导、组织、推进本地区本单位党内法规执行工作。

其他单位中党的基层组织按照规定推动有关党内法规在本单位的执行。

第九条　党员领导干部应当敢于担当、勇于负责，以上率下、以身作则，带头学习宣传党内法规，带头严格执行党内法规。

党委（党组）书记应当认真履行本地区本单位党内法规执行第一责任人职责，分管党内法规工作的班子成员承担党内法规执行直接责任，其他班子成员按照"一岗双责"要求抓好分管领域党内法规执行工作。

第十条　党的纪律检查机关应当带头严格执行党内法规，并对其他党组织和党员领导干部履行执规责任进行监督检查①，切实维护党章和其他党内法规。

第十一条　执行党内法规应当遵循下列基本要求：

（一）担当作为，恪尽职守，不得不作为、乱作为；

（二）严格执规，令行禁止，不得打折扣、搞变通；

（三）公正执规，坚持党内法规面前人人平等，不得搞特殊、开后门；

（四）规范执规，按照规定的主体、权限、程序等执行党内法规。

第十二条　党委（党组）每年至少召开1次会议专题研究党内法规执行工作，将党内法规纳入理论学习中心组学习和干部教育培训的重要内容。

牵头执行部门应当将党内法规宣传教育作为履行执规责任的重要方面，加大党内法规宣传教育力度。

第十三条　各级党组织应当采取有效措施，增强党员干部的执规意识，提高执规能力，严格执规标准，规范执规程序，提升执规效果。

① 习近平总书记强调：制度的生命力在于执行。要强化制度执行力，加强制度执行的监督，切实把我国制度优势转化为治理效能。各级党委和政府以及领导干部要增强制度意识，善于在制度的轨道上推进各项事业。广大党员、干部要做制度执行的表率，引领全社会增强制度意识，自觉维护制度权威。

第十四条 上级党组织应当加强对下级党组织和党员领导干部履行执规责任情况的监督,对重要党内法规的执行情况进行督导检查,对发现的普遍性问题在一定范围内通报。各级党组织应当重视发挥党员、群众和新闻媒体等在监督执规责任履行中的积极作用,推动形成执规工作合力。

党组织和党员领导干部履行执规责任情况,应当纳入领导班子和领导干部考核内容,可以与党风廉政建设责任制、党建工作、法治建设等考核相结合。

第十五条 党内法规制定机关可以视情对党内法规执行情况、实施效果开展评估,督促党组织和党员领导干部履行执规责任,推动党内法规实施。

开展党内法规实施评估工作应当制定年度计划。应当列入实施评估范围的党内法规主要包括:上位党内法规和规范性文件作出新规定、提出新要求的;相关法律法规作出新规定的;规范和调整事项发生较大变化的;执行过程中遇到较大困难、意见反映较多的;试行期满或者没有规定试行期但试行超过5年的。

根据工作需要,实施评估可以对1部党内法规或者其中的若干条款开展专项评估,也可以对相关联的若干部党内法规开展一揽子评估。实施评估结束后应当形成评估报告。

第十六条 党组织和党员领导干部有下列情形之一的,应当依规依纪追究责任,涉嫌违法犯罪的,按照有关法律规定处理:

(一)不贯彻执行党中央关于党内法规执行的决策部署以及上级党组织有关决定;

(二)履行领导、统筹、牵头、配合、监督等执规责任不力;

(三)执行党内法规打折扣、搞变通或者选择性执行②;

(四)本地区本单位在执规中出现重大问题或者造成严重后果;

(五)其他应当追究责任的情形。

第十七条 中央军事委员会可以根据本规定,制定军队党内法规执行责任制规定。

第十八条 本规定由中央办公厅负责解释。

第十九条 本规定自2019年10月1日起施行。

② 《中共中央关于坚持和完善中国特色社会主义制度 推进国家治理体系和治理能力现代化若干重大问题的决定》指出:制度的生命力在于执行。各级党委和政府以及各级领导干部要切实强化制度意识,带头维护制度权威,做制度执行的表率,带动全党全社会自觉尊崇制度、严格执行制度、坚决维护制度。健全权威高效的制度执行机制,加强对制度执行的监督,坚决杜绝做选择、搞变通、打折扣的现象。

中篇　法律法规及司法解释

一、纪检监察常用基础法规

中华人民共和国监察法

（2018 年 3 月 20 日第十三届全国人民代表大会第一次会议通过
2018 年 3 月 20 日中华人民共和国主席令第 3 号公布）

第一章　总　　则

第一条　为了深化国家监察体制改革，加强对所有行使公权力的公职人员的监督，实现国家监察全面覆盖，深入开展反腐败工作，推进国家治理体系和治理能力现代化，根据宪法，制定本法。

第二条　坚持中国共产党对国家监察工作的领导，以马克思列宁主义、毛泽东思想、邓小平理论、“三个代表”重要思想、科学发展观、习近平新时代中国特色社会主义思想为指导，构建集中统一、权威高效的中国特色国家监察体制。

第三条　各级监察委员会是行使国家监察职能的专责机关，依照本法对所有行使公权力的公职人员（以下称公职人员）进行监察，调查职务违法和职务犯罪，开展廉政建设和反腐败工作，维护宪法和法律的尊严①。

第四条　监察委员会依照法律规定独立行使监察权，不受行政机关、社会团体和个人的干涉。

监察机关办理职务违法和职务犯罪案件，应当与审判机关、检察机关、执法部门互相配合，互相制约②。

监察机关在工作中需要协助的，有关机关和单位应当根据监察机关的要求依法予以协助。

第五条　国家监察工作严格遵照宪法和法律，以事实为根据，以法律为准绳；在适用法律上一律平等，保障当事人的合法权益；权责对等，严格监督；惩戒与教育相结合，宽严相济。

第六条　国家监察工作坚持标本兼治、综合治理，强化监督问责③，严厉惩治腐败；深化改革、健全法治，有效制约和监督权力；加强法治教育和道德教育，弘扬中华

①　监察机关的性质，请牢记。

②　本款与《刑事诉讼法》第 7 条要求一致。

③　党内问责与监察问责是何关系？《监察法》第 6、11、45 条对监察问责的主体、对象、情形等作出规定，是监察问责工作的基本依据。党内问责和监察问责是问责制度的两大重要组成部分，既贯彻落实了习近平总书记“有权必有责、有责要担当、失责必追究”的要求，也体现了党内监督和国家监察的有机统一，但二者在适用对象、问责主体、问责方式方面存在区别。

优秀传统文化,构建不敢腐、不能腐、不想腐的长效机制。

第二章　监察机关及其职责

第七条　中华人民共和国国家监察委员会是最高监察机关。

省、自治区、直辖市、自治州、县、自治县、市、市辖区设立监察委员会。

第八条　国家监察委员会由全国人民代表大会产生,负责全国监察工作。

国家监察委员会由主任、副主任若干人、委员若干人组成,主任由全国人民代表大会选举,副主任、委员由国家监察委员会主任提请全国人民代表大会常务委员会任免。

国家监察委员会主任每届任期同全国人民代表大会每届任期相同,连续任职不得超过两届。

国家监察委员会对全国人民代表大会及其常务委员会负责,并接受其监督。

第九条　地方各级监察委员会由本级人民代表大会产生,负责本行政区域内的监察工作。

地方各级监察委员会由主任、副主任若干人、委员若干人组成,主任由本级人民代表大会选举,副主任、委员由监察委员会主任提请本级人民代表大会常务委员会任免。

地方各级监察委员会主任每届任期同本级人民代表大会每届任期相同。

地方各级监察委员会对本级人民代表大会及其常务委员会和上一级监察委员会负责,并接受其监督。

第十条　国家监察委员会领导地方各级监察委员会的工作,上级监察委员会领导下级监察委员会的工作。

第十一条　监察委员会依照本法和有关法律规定履行监督、调查、处置职责:

(一)对公职人员开展廉政教育,对其依法履职、秉公用权、廉洁从政从业以及道德操守情况进行监督检查;

(二)对涉嫌贪污贿赂、滥用职权、玩忽职守、权力寻租、利益输送、徇私舞弊以及浪费国家资财等职务违法和职务犯罪进行调查;

(三)对违法的公职人员依法作出政务处分决定;对履行职责不力、失职失责的领导人员进行问责;对涉嫌职务犯罪的,将调查结果移送人民检察院依法审查、提起公诉;向监察对象所在单位提出监察建议。

第十二条　各级监察委员会可以向本级中国共产党机关、国家机关、法律法规授权或者委托管理公共事务的组织和单位以及所管辖的行政区域、国有企业等派驻或者派出[4]监察机构、监察专员。

④ 派驻、派出的区别,建议阅读鲁文:《派驻和派出监察机构有何区别——设置方式、职责权限不同》,载《中国纪检监察》2018年第20期。

监察机构、监察专员对派驻或者派出它的监察委员会负责。

第十三条[⑤]　派驻或者派出的监察机构、监察专员根据授权，按照管理权限依法对公职人员进行监督，提出监察建议，依法对公职人员进行调查、处置。

第十四条　国家实行监察官制度，依法确定监察官的等级设置、任免、考评和晋升等制度。

第三章　监察范围和管辖

第十五条　监察机关对下列公职人员和有关人员进行监察：

（一）中国共产党机关、人民代表大会及其常务委员会机关、人民政府、监察委员会、人民法院、人民检察院、中国人民政治协商会议各级委员会机关、民主党派机关和工商业联合会机关的公务员，以及参照《中华人民共和国公务员法》管理的人员；

（二）法律、法规授权或者受国家机关依法委托管理公共事务的组织中从事公务的人员；

（三）国有企业管理人员；

（四）公办的教育、科研、文化、医疗卫生、体育等单位中从事管理的人员；

（五）基层群众性自治组织中从事管理的人员[⑥]；

（六）其他依法履行公职的人员。

第十六条[⑦]　各级监察机关按照管理权限管辖本辖区内本法第十五条规定的人员所涉监察事项。

上级监察机关可以办理下一级监察机关管辖范围内的监察事项，必要时也可以办理所辖各级监察机关管辖范围内的监察事项。

监察机关之间对监察事项的管辖有争议的，由其共同的上级监察机关确定。

第十七条　上级监察机关可以将其所管辖的监察事项指定下级监察机关管辖，也可以将下级监察机关有管辖权的监察事项指定给其他监察机关管辖[⑧]。

监察机关认为所管辖的监察事项重大、复杂，需要由上级监察机关管辖的，可以报请上级监察机关管辖。

第四章　监察权限

第十八条　监察机关行使监督、调查职权，有权依法向有关单位和个人了解情况，收集、调取证据。有关单位和个人应当如实提供。

监察机关及其工作人员对监督、调查过程中知悉的国家秘密、商业秘密、个人隐私，应当保密。

⑤　派驻或者派出的监察机构的具体职权范围，由本级纪委监委授权决定。

⑥　根据《全国人民代表大会常务委员会关于〈中华人民共和国刑法〉第九十三条第二款的解释》："村民委员会等村基层组织人员协助人民政府从事下列行政管理工作时，属于刑法第九十三条第二款规定的'其他依照法律从事公务的人员'：（一）救灾、抢险、防汛、优抚、扶贫、移民、救济款物的管理；（二）社会捐助公益事业款物的管理；（三）国有土地的经营和管理；（四）土地征收、征用补偿费用的管理；（五）代征、代缴税款；（六）有关计划生育、户籍、征兵工作；（七）协助人民政府从事的其他行政管理工作。村民委员会等村基层组织人员从事前款规定的公务，利用职务上的便利，非法占有公共财物、挪用公款、索取他人财物或者非法收受他人财物，

任何单位和个人不得伪造、隐匿或者毁灭证据。

第十九条 对可能发生职务违法的监察对象，监察机关按照管理权限，可以直接或者委托有关机关、人员进行谈话[9]或者要求说明情况。

第二十条 在调查过程中，对涉嫌职务违法的被调查人，监察机关可以要求其就涉嫌违法行为作出陈述，必要时向被调查人出具书面通知。[10]

对涉嫌贪污贿赂、失职渎职等职务犯罪的被调查人，监察机关可以进行讯问[11]，要求其如实供述涉嫌犯罪的情况。

第二十一条[12] 在调查过程中，监察机关可以询问证人等人员。

第二十二条 被调查人涉嫌贪污贿赂、失职渎职等严重职务违法或者职务犯罪，监察机关已经掌握其部分违法犯罪事实及证据，仍有重要问题需要进一步调查，并有下列情形之一的，经监察机关依法审批，可以将其留置在特定场所[13]：

（一）涉及案情重大、复杂的；

（二）可能逃跑、自杀的；

（三）可能串供或者伪造、隐匿、毁灭证据的；

（四）可能有其他妨碍调查行为的。

对涉嫌行贿犯罪或者共同职务犯罪的涉案人员[14]，监察机关可以依照前款规定采取留置措施。

留置场所的设置、管理和监督依照国家有关规定执行。

第二十三条 监察机关调查涉嫌贪污贿赂、失职渎职等严重职务违法或者职务犯罪，根据工作需要，可以依照规定查询、冻结涉案单位和个人的存款、汇款、债券、股票、基金份额等财产。有关单位和个人应当配合。

冻结的财产经查明与案件无关的，应当在查明后三日内解除冻结，予以退还。

第二十四条 监察机关可以对涉嫌职务犯罪的被调查人以及可能隐藏被调查人或者犯罪证据的人的身体、物品、住处和其他有关地方进行搜查[15]。在搜查时，应当出示搜查证，并有被搜查人或者其家属等见证人在场。

搜查女性身体，应当由女性工作人员进行。

监察机关进行搜查时，可以根据工作需要提请公安机关配合。公安机关应当依法予以协助。

第二十五条 监察机关在调查过程中，可以调取、查封、扣押用以证明被调查人涉嫌违法犯罪的财物、文件和电子数据等信息。采取调取、查封、扣押措施，应当收集原物原件，会同持有人或者保管人、见证人，当面逐一拍照、登记、编号，开列清单，由在场人员当场核对、签名，并将清单副本交财物、文件的持有人或者保管人。

对调取、查封、扣押的财物、文件，监察机关应当设立专用账户、专门场所，确定

构成犯罪的，适用刑法第三百八十二条和第三百八十三条贪污罪、第三百八十四条挪用公款罪、第三百八十五条和第三百八十六条受贿罪的规定。”

⑦ 本条内容十分重要。

⑧ 若指定对象既涉嫌违反党纪又涉嫌违反职务违法犯罪，不需要分别就党纪和政务指定管辖，可以同时指定。在党纪政务同时指定管辖时，被指定管辖的纪委监委可以党纪、政务双立案；若仅系政务指定管辖，则不得党纪立案。被指定管辖的纪委监委有管辖权，但无处分权。审查调查结束后，被指定管辖的纪委监委应当将经其纪委常委会审议通过的审理报告、涉案财物报告、起诉意见书等材料移送给处分决定机关，处分决定机关在作出处分时，不必再次立案。

⑨ 这里的谈话是监督谈话，是在监督检查过程中对可能存在职务违法的监

专门人员妥善保管，严格履行交接、调取手续，定期对账核实，不得毁损或者用于其他目的。对价值不明物品应当及时鉴定，专门封存保管。

查封、扣押的财物、文件经查明与案件无关的，应当在查明后三日内解除查封、扣押，予以退还。

第二十六条　监察机关在调查过程中，可以直接或者指派、聘请具有专门知识、资格的人员在调查人员主持下进行勘验检查。勘验检查情况应当制作笔录，由参加勘验检查的人员和见证人签名或者盖章。

第二十七条　监察机关在调查过程中，对于案件中的专门性问题，可以指派、聘请有专门知识的人进行鉴定。鉴定人进行鉴定后，应当出具鉴定意见，并且签名。

第二十八条　监察机关调查涉嫌重大贪污贿赂等职务犯罪[16]，根据需要，经过严格的批准手续，可以采取技术调查措施[17]，按照规定交有关机关执行。

批准决定应当明确采取技术调查措施的种类和适用对象，自签发之日起三个月以内有效；对于复杂、疑难案件，期限届满仍有必要继续采取技术调查措施的，经过批准，有效期可以延长，每次不得超过三个月。对于不需要继续采取技术调查措施的，应当及时解除。

第二十九条　依法应当留置的被调查人如果在逃，监察机关可以决定在本行政区域内通缉，由公安机关发布通缉令，追捕归案。通缉范围超出本行政区域的，应当报请有权决定的上级监察机关决定。

第三十条　监察机关为防止被调查人及相关人员逃匿境外，经省级以上监察机关批准，可以对被调查人及相关人员采取限制出境措施，由公安机关依法执行。对于不需要继续采取限制出境措施的，应当及时解除。

第三十一条　涉嫌职务犯罪的被调查人主动认罪认罚，有下列情形之一的，监察机关经领导人员集体研究，并报上一级监察机关批准，可以在移送人民检察院时提出从宽处罚的建议：

（一）自动投案，真诚悔罪悔过的；

（二）积极配合调查工作，如实供述监察机关还未掌握的违法犯罪行为的；

（三）积极退赃，减少损失的；

（四）具有重大立功表现或者案件涉及国家重大利益等情形的。

第三十二条[18]　职务违法犯罪的涉案人员揭发有关被调查人职务违法犯罪行为，查证属实的，或者提供重要线索，有助于调查其他案件的，监察机关经领导人员集体研究，并报上一级监察机关批准，可以在移送人民检察院时提出从宽处罚的建议。

第三十三条[19]　监察机关依照本法规定收集的物证、书证、证人证言、被调查人

督对象进行的谈话，主要用于第一种形态，不适用于第二种形态、第三种形态、第四种形态的审查调查谈话。监督谈话与审查调查谈话存在如下区别：谈话目的、谈话主体、谈话时机、谈话场所、谈话内容、谈话策略、配套措施等不同。

⑩ 开展走读式谈话前，必须提前对谈话对象个人情况进行全面了解，做到个人履历、身体精神状况、性格特点、家庭关系、工作表现、为人处世“六必知”。

⑪ 讯问是严厉的询问，仅适用于涉嫌贪污贿赂、失职渎职等职务犯罪的被调查人，不适用于职务违法。根据《中国共产党纪律检查机关监督执纪工作规则》第48条规定，审查调查谈话，不仅适用于涉嫌职务犯罪，而且适用于涉嫌严重违纪、职务违法。故审查调查谈话的适用范围大于讯问。

⑫ 询问，是指调查人员依照法定程序以言词方

供述和辩解、视听资料、电子数据等证据材料,在刑事诉讼中可以作为证据使用[20]。

监察机关在收集、固定、审查、运用证据时,应当与刑事审判关于证据的要求和标准相一致。

以非法方法收集的证据应当依法予以排除,不得作为案件处置的依据。

第三十四条 人民法院、人民检察院、公安机关、审计机关等国家机关在工作中发现公职人员涉嫌贪污贿赂、失职渎职等职务违法或者职务犯罪的问题线索,应当移送监察机关,由监察机关依法调查处置。

被调查人既涉嫌严重职务违法或者职务犯罪,又涉嫌其他违法犯罪的,一般应当由监察机关为主调查,其他机关予以协助[21]。

【解读】在强化纪委监委专责监督基础上,要充分借助外部监督力量,与审计、公安、检察、司法行政、市场监管等部门建立线索移交、日常联络、联席会议、联合调研、信息共享等工作机制,把纪委监委监督的权威优势、行政监督的专业优势、司法监督的法治优势、群众监督的点多面广优势等统筹起来,不断延伸监督"触角"。

【实践样本:联动监督】2022 年,某市司法局组织对全市涉企行政执法案件进行案卷评查时发现,市水政监察支队在办理一起涉嫌收购销售无合法来源砂石案件过程中,涉嫌管理不严以及存在执法程序不规范等问题,随即启动执法执纪联动机制,将该问题线索移送给市纪委监委。接到问题线索后,市纪委监委立即在市司法局的协助下开展调查,真相逐渐浮出水面。经查,2021 年 4 月,市水政监察支队在该市水域查获一艘涉砂运输船,因无法提供合法来源,执法人员对该船及随船 1200 余吨江砂进行拍照取证并办理了扣押登记手续,并以涉嫌收购销售无合法来源砂石为由予以立案调查。20 天后,该支队对上述扣押的江砂进行卸载,发现江砂有被起吊过的痕迹,仅剩下原有一小部分,经称重只有 297.58 吨。通过谈话、查阅文件等方式深挖细查,对于扣押江砂与没收江砂数量不符问题,现场执法人员没有及时向该支队当时主持工作的党支部书记、副支队长廖某某汇报;廖某某也没有认真审核把关,后续其在补签案件文书发现该问题时,也没有及时组织开展调查。随后,市纪委监委对廖某某涉嫌违纪问题立案审查调查,发现其存在违反工作纪律、不正确履行职责,对市水政监察支队执法办案工作失察失管等问题。该支队在办理该案过程中,对扣押的涉案船舶及江砂监管不力,对案件证据材料审核认定不及时、不认真,对涉案江砂部分丢失情况未及时发现并采取相应措施。廖某某作为第一责任人,受到党内警告处分,该支队其他工作人员分别被给予提醒谈话、批评教育、书面检查等处理。参见赵本立:《协同作战破疑案》,载《中国纪检监察》2022 年第 24 期。

第五章 监察程序

第三十五条 监察机关对于报案或者举报,应当接受并按照有关规定处理。

式向有关人员和证人调查了解情况的一种行为。询问和讯问最本质的区别在于对象不同,讯问针对的是立案后涉嫌职务犯罪的被调查人,询问则针对的是与案件有关的人员与证人。"证人"是指知道监察机关所调查案件真相的当事人以外的第三人。参照《刑事诉讼法》第 62 条规定,"凡是知道案件情况的人,都有作证的义务。生理上、精神上有缺陷或者年幼,不能辨别是非、不能正确表达的人,不能作证人"。询问证人时可以到证人所在单位、住处或者证人提出的地点进行;在必要的时候,可以通知证人到监察机关提供证言。监察机关在询问证人时,一定要注意分析证人身份、性格、行为、动机等情况。询问证人,需要注意证人的身份级别。如果证人是同级党委管理的干部,应注意按不同权限报批。还应注意区分证人是否被限制人身自由,如果未被限制人身对于不属于本机关管辖的,应当移送主管机关处理[22]。

第三十六条 监察机关应当严格按照程序开展工作,建立问题线索处置、调查、审理各部门相互协调、相互制约的工作机制。

监察机关应当加强对调查、处置工作全过程的监督管理,设立相应的工作部门履行线索管理、监督检查、督促办理、统计分析等管理协调职能。

第三十七条 监察机关对监察对象的问题线索,应当按照有关规定提出处置意见,履行审批手续,进行分类办理。线索处置情况应当定期汇总、通报,定期检查、抽查。

第三十八条 需要采取初步核实方式处置问题线索的,监察机关应当依法履行审批程序,成立核查组。初步核实工作结束后,核查组应当撰写初步核实情况报告,提出处理建议。承办部门应当提出分类处理意见。初步核实情况报告和分类处理意见报监察机关主要负责人审批。

【解读】初步核实是指监察机关依法对受理和发现的反映党员干部和行使公权力公职人员涉嫌违纪违法甚至犯罪的问题线索,进行初步了解、核实的活动。开展初核工作中,应当把握以下几点。1.要明确初步核实工作的定位。开展初步核实前,要对问题线索汇总梳理、充分研判,找准关键的问题和问题的关键点。对于一个监督对象存在若干类别违纪违法问题线索的,应当以其性质严重、需要追究其纪律法律责任的问题为重点进行分析研判,同时要看这些重点问题的关键证据环节是否具备取证条件。2.要明确初步核实的程序。纪委监委开展初步核实,必须履行审批程序,一般应当报纪检监察机关负责人审批,重要的应报上级领导批准。经批准后,承办部门应当制定工作方案,成立核查组。初步核实方案一般包括初步核实的依据,核查组人员组成,需要核实的问题,初步核实的方法、步骤、时间、范围和程序等,以及应当注意的事项。3.要明确初步核实的任务和方法。初核阶段的主要任务是查清部分问题事实,并不是要查清全部问题事实。因此,核查组要突出重点,抓住主要问题收集证据、查清事实;更要注意保密,尽量缩小影响,选择可控范围内的事项取证。特别是一些重大案件涉及一定层级的领导干部,如果初核工作稍有不慎出现偏差,不仅给后续的调查工作带来困难,而且还会产生不良政治影响和社会影响,故初核工作须严格保密,并按法定程序开展。

第三十九条 经过初步核实,对监察对象[23]涉嫌职务违法犯罪,需要追究法律责任的,监察机关应当按照规定的权限和程序办理立案手续[24]。

监察机关主要负责人依法批准立案后,应当主持召开专题会议,研究确定调查方案,决定需要采取的调查措施。

立案调查决定应当向被调查人宣布,并通报相关组织。涉嫌严重职务违法或

自由,首次询问时须出具询问通知书。

⑬ 留置不仅适用于职务犯罪,也适用于严重职务违法。单纯违反党纪、不涉及职务违法、职务犯罪的案件,比如隐瞒入党前严重错误的审查对象,也不能对其采取留置措施。请注意留置的批准权限,需要看留置对象的身份级别。采取留置措施,应当制作留置决定书,并向留置对象宣布留置决定。

⑭ 对涉嫌行贿犯罪或者共同职务犯罪的涉案人员立案调查的,一般由负责该案被调查人调查工作的监察机关办理立案调查手续。

⑮ 搜查的适用条件是涉嫌职务犯罪,不包括严重违纪、职务违法。

⑯ 技术调查措施,不适用于失职渎职犯罪案件。

⑰ 技术调查措施有电话监听、电子侦听、电子监控、秘密拍照、录像、邮件秘密检查等。

⑱ 实践中,留置时间紧张,从宽处罚建议报批手续的完成需一定时

者职务犯罪的，应当通知被调查人家属，并向社会公开发布[25]。

第四十条 监察机关对职务违法和职务犯罪案件，应当进行调查，收集被调查人有无违法犯罪以及情节轻重的证据，查明违法犯罪事实，形成相互印证、完整稳定的证据链[26]。

严禁以威胁、引诱、欺骗及其他非法方式收集证据，严禁侮辱、打骂、虐待、体罚或者变相体罚被调查人和涉案人员。

【解读】在各类证据的收集、固定过程中，要注意分析证据内容指向是否明确。证据所体现的含义不能模棱两可或者含糊不清、似是而非，更不能出现证据具有反证明力、证据之间相互冲突的情况。收集、固定、运用的证据必须具有明确的效力，使所证明的违纪违法事实经得起检验。如，在笔录中涉及关键时间节点、物品种类时，避免笼统使用“可能”“估计”等字眼，应给出肯定意见；无法确定的，应作出详细合理解释说明。有的文字材料、复印件字迹不清、内容模糊，不能理所当然主观推断，应当认真考证，着力恢复原貌、查找原件。

第四十一条 调查人员采取讯问、询问、留置、搜查、调取、查封、扣押、勘验检查等调查措施，均应当依照规定出示证件，出具书面通知，由二人以上进行，形成笔录、报告等书面材料，并由相关人员签名、盖章。

调查人员进行讯问以及搜查、查封、扣押等重要取证工作，应当对全过程进行录音录像[27]，留存备查。

第四十二条 调查人员应当严格执行调查方案，不得随意扩大调查范围、变更调查对象和事项。

对调查过程中的重要事项，应当集体研究后按程序请示报告。

第四十三条 监察机关采取留置措施，应当由监察机关领导人员集体研究决定。设区的市级以下监察机关采取留置措施，应当报上一级监察机关批准。省级监察机关采取留置措施，应当报国家监察委员会备案。

留置时间不得超过三个月。在特殊情况下，可以延长一次，延长时间不得超过三个月。省级以下监察机关采取留置措施的，延长留置时间应当报上一级监察机关批准。监察机关发现采取留置措施不当的，应当及时解除。

监察机关采取留置措施，可以根据工作需要提请公安机关配合。公安机关应当依法予以协助。

第四十四条 对被调查人采取留置措施后，应当在二十四小时以内，通知被留置人员所在单位和家属[28]，但有可能毁灭、伪造证据，干扰证人作证或者串供等有碍调查情形的除外。有碍调查的情形消失后，应当立即通知被留置人员所在单位和家属。

间，可将起诉意见书连同案卷材料、证据移送人民检察院，待上一级监察机关批准从宽处罚的意见后，单独制作从宽处罚建议书移送人民检察院。报批需要以正式请示的形式进行报批，一般先与上级监委监督检查室（涉及纪检监察职务犯罪的，则是通过干部监督室）联系，再由监督检查室、干部监督室受理并提出倾向性意见后，再发函征求案件审理室意见。必要时，还可征求有关审查调查室意见。

⑲ 本条是关于法法衔接的规定（《监察法》与《刑事诉讼法》的衔接）。

⑳ 此处证据种类排序与《刑事诉讼法》第50条证据种类排序一致。立法者将物证、书证放在首位，突出客观证据，将被调查人的供述和辩解放在后面，强调树立从证到供的取证模式，而不过分依赖口供，这样可以有效避免因刑讯逼供而造成的冤假错案。

监察机关应当保障被留置人员的饮食、休息和安全，提供医疗服务。讯问被留置人员应当合理安排讯问时间和时长，讯问笔录由被讯问人阅看后签名。

被留置人员涉嫌犯罪移送司法机关后，被依法判处管制、拘役和有期徒刑的，留置一日折抵管制二日，折抵拘役、有期徒刑一日。

第四十五条　监察机关根据监督、调查结果，依法作出如下处置：

（一）对有职务违法行为但情节较轻的公职人员，按照管理权限，直接或者委托有关机关、人员，进行谈话提醒、批评教育、责令检查，或者予以诫勉；

（二）对违法的公职人员[29]依照法定程序作出警告、记过、记大过、降级、撤职、开除等政务处分决定；

（三）对不履行或者不正确履行职责负有责任的领导人员，按照管理权限对其直接作出问责决定，或者向有权作出问责决定的机关提出问责建议；

（四）对涉嫌职务犯罪的，监察机关经调查认为犯罪事实清楚，证据确实、充分的，制作起诉意见书，连同案卷材料、证据一并移送人民检察院依法审查、提起公诉；[30]

（五）对监察对象所在单位廉政建设和履行职责存在的问题等提出监察建议。

监察机关经调查，对没有证据证明被调查人存在违法犯罪行为的，应当撤销案件，并通知被调查人所在单位。

【知识点：监察建议】本条第1款第5项中的监察建议，是纪检监察机关履行监督职责、放大监督效能的重要手段，也是深化标本兼治、一体推进“三不腐”的有效方法。纪检监察机关要围绕监督执纪问责、监督调查处置中发现的突出问题，找准“症结”、开准“药方”，有针对性地提出监察建议。

【典型案例：超过追诉时效不再移送检察机关】某自治区某市人大常委会原副主任钱某某将公权力作为谋取私利的工具，蓄意贪占国家财物；利用职务上的便利或职权、地位形成的便利条件在企业经营等方面为他人谋利并收受钱款。钱某某涉嫌贪污、受贿犯罪，性质严重，影响恶劣，应予严肃处理。依据《中国共产党纪律处分条例》《监察法》《公职人员政务处分法》等有关规定，经自治区纪委常委会会议审议并报自治区党委批准，决定给予钱某某开除党籍处分；按照规定调整其享受的待遇；收缴其违法所得；鉴于其涉嫌职务犯罪已超过追诉时效，不再移送检察机关。参见《某自治区应急管理厅原党委书记王某某等6人被处分》，载中央纪委国家监委网站，https://www.ccdi.gov.cn/scdcn/202111/t20211106_154732.html。

【实践样本：监察建议】在查处某省属国有企业系列腐败案后，省纪委监委相关监督检查室、审查调查室与案发单位一道组织专班，围绕企业生产运营中的重点领域、关键环节开展调研，深挖症结，查找漏洞，系统梳理出该企业全面从严治党不力、民主集中制破坏严重、盲目决策投资项目等7个方面22个问题，提出健全完善制度

㉑　请注意，这里有限定语“一般”“应当”。

㉒　对于不属于本机关管辖的，不能拒绝受理，正确的做法是：移送主管机关处理。

㉓　对涉嫌行贿犯罪或者共同职务犯罪的涉案人员立案调查的，一般应当由负责该案被调查人调查工作的监察机关办理立案调查手续；对单位涉嫌受贿、行贿等职务犯罪，需要追究法律责任的，依法对单位办理立案调查手续。对事故（事件）中存在职务违法、职务犯罪事实，需要追究法律责任，但相关责任人员尚不明确的，可以以事立案。

㉔　本款规定的“法律责任”主要是指政务处分和刑事责任。结合《中国共产党纪律检查机关监督执纪工作规则》第37条学习。监察机关在初核阶段可以依法采取谈话、询问、查询、调取、勘验检查、鉴定、技术调查、限制出境措施；讯问、留置、冻结、搜查、查

和净化修复政治生态等方面的纪检监察建议。该企业从全面从严治党、作风建设、构建内部权力运行监控监管机制、选人用人机制、项目建设招投标和大额物资采购等方面认真整改，有力推进净化修复政治生态。参见王彬：《找准症结　开准药方》，载《中国纪检监察报》2023年1月11日，第6版。

第四十六条　监察机关经调查，对违法取得的财物，依法予以没收、追缴或者责令退赔；对涉嫌犯罪取得的财物，应当随案移送人民检察院。

第四十七条　对监察机关移送的案件，人民检察院依照《中华人民共和国刑事诉讼法》对被调查人采取强制措施[31]。

人民检察院经审查，认为犯罪事实已经查清，证据确实、充分，依法应当追究刑事责任的，应当作出起诉决定。

人民检察院经审查，认为需要补充核实的，应当退回监察机关补充调查，必要时可以自行补充侦查。对于补充调查的案件，应当在一个月内补充调查完毕。补充调查以二次为限。

人民检察院对于有《中华人民共和国刑事诉讼法》规定的不起诉的情形的，经上一级人民检察院批准，依法作出不起诉的决定。监察机关认为不起诉的决定有错误的，可以向上一级人民检察院提请复议。

第四十八条　监察机关在调查贪污贿赂、失职渎职等职务犯罪案件过程中，被调查人逃匿或者死亡，有必要继续调查的，经省级以上监察机关批准，应当继续调查并作出结论。被调查人逃匿，在通缉一年后不能到案，或者死亡的，由监察机关提请人民检察院依照法定程序，向人民法院提出没收违法所得[32]的申请。

第四十九条　监察对象对监察机关作出的涉及本人的处理决定不服的，可以在收到处理决定之日起一个月内，向作出决定的监察机关申请复审，复审机关应当在一个月内作出复审决定[33]；监察对象对复审决定仍不服的，可以在收到复审决定之日起一个月内，向上一级监察机关申请复核，复核机关应当在二个月内作出复核决定。复审、复核期间，不停止原处理决定的执行。复核机关经审查，认定处理决定有错误的，原处理机关应当及时予以纠正。

【解读】本条规定了监察对象不服处理决定提出申诉的时间，是自收到处理决定之日起1个月内提出。这里的处理决定，既包括政务处分，也包括谈话提醒、批评教育、责令检查、诫勉处理，还包括对收缴违法所得的决定。需要说明的是，本条规定的申诉与本法第60条规定的申诉，两者在申诉主体、申诉内容方面存在较大区别：1. 申诉主体。前者不包括近亲属，后者包括近亲属。2. 申诉内容。前者是对调查结束后的终局处分处理决定的申诉，后者主要是对调查措施的使用不服提出的申诉。结合《公职人员政务处分法》第55条学习。

封、扣押、通缉措施，只有在立案后才可以采取。

㉕ 此处规定了监察机关的通报、通知义务。无论是涉嫌严重职务违法还是涉嫌职务犯罪，均应将立案调查决定通知被调查人家属。

㉖ 职务违法、职务犯罪的证据标准，分别见《监察法实施条例》第62、63条。

㉗ 《中国共产党纪律检查机关监督执纪工作规则》第48条中规定："对涉嫌严重违纪或者职务违法、职务犯罪问题的审查调查谈话、搜查、查封、扣押（暂扣、封存）涉案财物等重要取证工作应当全过程进行录音录像。"

㉘ 请注意，"通知被留置人员所在单位和家属"，而不是"通知被留置人员所在单位或家属"。

㉙ 请注意，这里未使用"职务违法"。

㉚ 对职务犯罪已过追诉时效的被调查人，作出相应党纪政务处分决定后，不必再移送检察机关审查起诉。

㉛ 《刑事诉讼法》第170条第2款规定："对于监察机关移送起诉的已采取留置措施的

第六章　反腐败国际合作

第五十条　国家监察委员会统筹协调与其他国家、地区、国际组织开展的反腐败国际交流、合作，组织反腐败国际条约实施工作。

第五十一条　国家监察委员会组织协调有关方面加强与有关国家、地区、国际组织在反腐败执法、引渡、司法协助、被判刑人的移管、资产追回和信息交流等领域的合作。

第五十二条　国家监察委员会加强对反腐败国际追逃追赃和防逃工作的组织协调，督促有关单位做好相关工作：

（一）对于重大贪污贿赂、失职渎职等职务犯罪案件，被调查人逃匿到国（境）外，掌握证据比较确凿的，通过开展境外追逃合作，追捕归案；

（二）向赃款赃物所在国请求查询、冻结、扣押、没收、追缴、返还涉案资产；

（三）查询、监控涉嫌职务犯罪的公职人员及其相关人员进出国（境）和跨境资金流动情况，在调查案件过程中设置防逃程序。

第七章　对监察机关和监察人员的监督

第五十三条　各级监察委员会应当接受本级人民代表大会及其常务委员会的监督。

各级人民代表大会常务委员会听取和审议本级监察委员会的专项工作报告，组织执法检查。

县级以上各级人民代表大会及其常务委员会举行会议时，人民代表大会代表或者常务委员会组成人员可以依照法律规定的程序，就监察工作中的有关问题提出询问或者质询。

第五十四条　监察机关应当依法公开监察工作信息，接受民主监督、社会监督、舆论监督。

第五十五条　监察机关通过设立内部专门的监督机构等方式，加强对监察人员执行职务和遵守法律情况的监督，建设忠诚、干净、担当的监察队伍。

第五十六条　监察人员必须模范遵守宪法和法律，忠于职守、秉公执法，清正廉洁、保守秘密；必须具有良好的政治素质，熟悉监察业务，具备运用法律、法规、政策和调查取证等能力，自觉接受监督。

第五十七条　对于监察人员打听案情、过问案件、说情干预的，办理监察事项的监察人员应当及时报告。有关情况应当登记备案。

发现办理监察事项的监察人员未经批准接触被调查人、涉案人员及其特定关

案件，人民检察院应当对犯罪嫌疑人先行拘留，留置措施自动解除。人民检察院应当在拘留后的十日以内作出是否逮捕、取保候审或者监视居住的决定。在特殊情况下，决定的时间可以延长一日至四日。人民检察院决定采取强制措施的期间不计入审查起诉期限。”

㉜ 请结合《最高人民法院、最高人民检察院关于适用犯罪嫌疑人、被告人逃匿、死亡案件违法所得没收程序若干问题的规定》理解。

㉝ 请注意：行使权利的主体是监察对象，不含其近亲属。此外，还应注意行使权利的期限。

系人，或者存在交往情形的，知情人应当及时报告。有关情况应当登记备案。

第五十八条 办理监察事项的监察人员有下列情形之一的，应当自行回避，监察对象、检举人及其他有关人员也有权要求其回避：

（一）是监察对象或者检举人的近亲属的；

（二）担任过本案的证人的；

（三）本人或者其近亲属与办理的监察事项有利害关系的；

（四）有可能影响监察事项公正处理的其他情形的。

第五十九条 监察机关涉密人员离岗离职后，应当遵守脱密期管理规定，严格履行保密义务，不得泄露相关秘密。

监察人员辞职、退休三年内，不得从事与监察和司法工作相关联且可能发生利益冲突的职业。

第六十条 监察机关及其工作人员有下列行为之一的，被调查人及其近亲属有权向该机关申诉：

（一）留置法定期限届满，不予以解除的；

（二）查封、扣押、冻结与案件无关的财物的；

（三）应当解除查封、扣押、冻结措施而不解除的；

（四）贪污、挪用、私分、调换以及违反规定使用查封、扣押、冻结的财物的；

（五）其他违反法律法规、侵害被调查人合法权益的行为。

受理申诉的监察机关应当在受理申诉之日起一个月内作出处理决定。申诉人对处理决定不服的，可以在收到处理决定之日起一个月内向上一级监察机关申请复查，上一级监察机关应当在收到复查申请之日起二个月内作出处理决定，情况属实的，及时予以纠正。

第六十一条 对调查工作结束后发现立案依据不充分或者失实，案件处置出现重大失误，监察人员严重违法的，应当追究负有责任的领导人员和直接责任人员的责任。

第八章 法律责任

第六十二条 有关单位拒不执行监察机关作出的处理决定，或者无正当理由拒不采纳监察建议的，由其主管部门、上级机关责令改正，对单位给予通报批评；对负有责任的领导人员和直接责任人员依法给予处理。

第六十三条 有关人员违反本法规定，有下列行为之一的，由其所在单位、主管部门、上级机关或者监察机关责令改正，依法给予处理：

（一）不按要求提供有关材料，拒绝、阻碍调查措施实施等拒不配合监察机关调查的；

（二）提供虚假情况，掩盖事实真相的；

（三）串供或者伪造、隐匿、毁灭证据的；

（四）阻止他人揭发检举、提供证据的；

（五）其他违反本法规定的行为，情节严重的。

第六十四条　监察对象对控告人、检举人、证人或者监察人员进行报复陷害的；控告人、检举人、证人捏造事实诬告陷害监察对象的，依法给予处理。

第六十五条　监察机关及其工作人员有下列行为之一的，对负有责任的领导人员和直接责任人员依法给予处理：

（一）未经批准、授权处置问题线索，发现重大案情隐瞒不报，或者私自留存、处理涉案材料的；

（二）利用职权或者职务上的影响干预调查工作、以案谋私的；

（三）违法窃取、泄露调查工作信息，或者泄露举报事项、举报受理情况以及举报人信息的；

（四）对被调查人或者涉案人员逼供、诱供，或者侮辱、打骂、虐待、体罚或者变相体罚的；

（五）违反规定处置查封、扣押、冻结的财物的；

（六）违反规定发生办案安全事故，或者发生安全事故后隐瞒不报、报告失实、处置不当的；

（七）违反规定采取留置措施的；

（八）违反规定限制他人出境，或者不按规定解除出境限制的；

（九）其他滥用职权、玩忽职守、徇私舞弊的行为。

第六十六条　违反本法规定，构成犯罪的，依法追究刑事责任。

第六十七条　监察机关及其工作人员行使职权，侵犯公民、法人和其他组织的合法权益造成损害的，依法给予国家赔偿。

第九章　附　　则

第六十八条　中国人民解放军和中国人民武装警察部队开展监察工作，由中央军事委员会根据本法制定具体规定。

第六十九条　本法自公布之日起施行。《中华人民共和国行政监察法》同时废止。

中华人民共和国监察法实施条例

（2021年7月20日国家监察委员会全体会议决定
自2021年9月20日起施行）

第一章 总 则

第一条 为了推动监察工作法治化、规范化，根据《中华人民共和国监察法》（以下简称监察法），结合工作实际，制定本条例。

第二条 坚持中国共产党对监察工作的全面领导，增强政治意识、大局意识、核心意识、看齐意识，坚定中国特色社会主义道路自信、理论自信、制度自信、文化自信，坚决维护习近平总书记党中央的核心、全党的核心地位，坚决维护党中央权威和集中统一领导，把党的领导贯彻到监察工作各方面和全过程。

第三条 监察机关与党的纪律检查机关合署办公，坚持法治思维和法治方式，促进执纪执法贯通、有效衔接司法，实现依纪监督和依法监察、适用纪律和适用法律有机融合。

第四条 监察机关应当依法履行监督、调查、处置职责，坚持实事求是，坚持惩前毖后、治病救人，坚持惩戒与教育相结合，实现政治效果、法律效果和社会效果相统一。

第五条 监察机关应当坚定不移惩治腐败，推动深化改革、完善制度，规范权力运行，加强思想道德教育、法治教育、廉洁教育，引导公职人员提高觉悟、担当作为、依法履职，一体推进不敢腐、不能腐、不想腐体制机制建设。

第六条 监察机关坚持民主集中制，对于线索处置、立案调查、案件审理、处置执行、复审复核中的重要事项应当集体研究，严格按照权限履行请示报告程序。

第七条 监察机关应当在适用法律上一律平等，充分保障监察对象以及相关人员的人身权、知情权、财产权、申辩权、申诉权以及申请复审复核权等合法权益。

第八条 监察机关办理职务犯罪案件[①]，应当与人民法院、人民检察院互相配合、互相制约，在案件管辖、证据审查、案件移送、涉案财物处置等方面加强沟通协调，对于人民法院、人民检察院提出的退回补充调查、排除非法证据、调取同步录音录像、要求调查人员出庭等意见依法办理。

第九条 监察机关开展监察工作，可以依法提请组织人事、公安、国家安全、审计[②]、统计、市场监管、金融监管、财政、税务、自然资源、银行、证券、保险等有关部

① 监察机关与人民法院、人民检察院相互配合、互相制约，主要体现在职务犯罪案件办理，不包括职务违法案件。

② 审计发现一大批问题线索。如中信集团原党委委员、执行董事赵某某涉嫌利用职务便利为他人谋利并收受钱款，银行间市场清算所股份有限公司原董事长许某涉嫌违规申领地方财政奖励。

门、单位予以协助配合。

有关部门、单位应当根据监察机关的要求，依法协助采取有关措施、共享相关信息、提供相关资料和专业技术支持，配合开展监察工作。

第二章　监察机关及其职责

第一节　领导体制

第十条　国家监察委员会在党中央领导下开展工作。地方各级监察委员会在同级党委和上级监察委员会双重领导下工作，监督执法调查工作以上级监察委员会领导为主，线索处置和案件查办在向同级党委报告的同时应当一并向上一级监察委员会报告。

上级监察委员会应当加强对下级监察委员会的领导。下级监察委员会对上级监察委员会的决定必须执行，认为决定不当的，应当在执行的同时向上级监察委员会反映。上级监察委员会对下级监察委员会作出的错误决定，应当按程序予以纠正，或者要求下级监察委员会予以纠正。

第十一条　上级监察委员会可以依法统一调用所辖各级监察机关的监察人员办理监察事项。调用决定应当以书面形式作出。

监察机关办理监察事项应当加强互相协作和配合，对于重要、复杂事项可以提请上级监察机关予以协调。

第十二条　各级监察委员会依法向本级中国共产党机关、国家机关、法律法规授权或者受委托管理公共事务的组织和单位以及所管辖的国有企业事业单位[③]等派驻或者派出监察机构、监察专员。

省级和设区的市级监察委员会依法向地区、盟、开发区等不设置人民代表大会的区域派出监察机构或者监察专员。县级监察委员会和直辖市所辖区（县）监察委员会可以向街道、乡镇等区域派出监察机构或者监察专员。

监察机构、监察专员开展监察工作，受派出机关领导。

第十三条　派驻或者派出的监察机构、监察专员根据派出机关授权[④]，按照管理权限依法对派驻或者派出监督单位、区域等的公职人员开展监督[⑤]，对职务违法和职务犯罪进行调查、处置。监察机构、监察专员可以按规定[⑥]与地方监察委员会联合调查严重职务违法、职务犯罪，或者移交地方监察委员会调查。

未被授予职务犯罪调查权的监察机构、监察专员发现监察对象涉嫌职务犯罪线索的，应当及时向派出机关报告，由派出机关调查或者依法移交有关地方监察委员会调查。

③　相比《监察法》第12条，本条例增加了“事业单位”的表述。

④　请注意限定词“根据派出机关授权”。并不是所有的派驻或者派出的监察机构、监察专员均有职务犯罪调查权。目前，省级及省以下的派驻或者派出的监察机构、监察专员暂无职务犯罪调查权。

⑤　派驻监督是党和国家监督体系的重要组成部分。在“四个全覆盖”的权力监督格局中，派驻监督本质上是政治监督，是上级纪委监委对下级党组织和领导干部监督的一种机制。

⑥　2019年《纪检监察机关（机构）在监督检查审查调查工作中开展协作配合的指导意见（试行）》对工作地点（党的组织关系）在地方、管理权限在主管部门的公职人员涉嫌职务违法和职务犯罪案件的管理原则作了进一步明确和细化，即中央和国家机关部委、中管企

第二节　监察监督

第十四条　监察机关依法履行监察监督职责，对公职人员政治品行、行使公权力和道德操守情况进行监督检查，督促有关机关、单位加强对所属公职人员的教育、管理、监督。

第十五条　监察机关应当坚决维护宪法确立的国家指导思想[7]，加强对公职人员特别是领导人员坚持党的领导、坚持中国特色社会主义制度，贯彻落实党和国家路线方针政策、重大决策部署，履行从严管理监督职责，依法行使公权力等情况的监督。

第十六条　监察机关应当加强对公职人员理想教育、为人民服务教育、宪法法律法规教育、优秀传统文化教育，弘扬社会主义核心价值观，深入开展警示教育，教育引导公职人员树立正确的权力观、责任观、利益观，保持为民务实清廉本色。

第十七条　监察机关应当结合公职人员的职责加强日常监督，通过收集群众反映、座谈走访、查阅资料、召集或者列席会议、听取工作汇报和述责述廉、开展监督检查等方式，促进公职人员依法用权、秉公用权、廉洁用权。

第十八条　监察机关可以与公职人员进行谈心谈话，发现政治品行、行使公权力和道德操守方面有苗头性、倾向性问题[8]的，及时进行教育提醒。

第十九条　监察机关对于发现的系统性、行业性的突出问题，以及群众反映强烈的问题[9]，可以通过专项检查进行深入了解，督促有关机关、单位强化治理，促进公职人员履职尽责。

第二十条　监察机关应当以办案促进整改、以监督促进治理，在查清问题、依法处置的同时，剖析问题发生的原因，发现制度建设、权力配置、监督机制等方面存在的问题，向有关机关、单位提出改进工作的意见或者监察建议[10]，促进完善制度，提高治理效能[11]。

第二十一条　监察机关开展监察监督，应当与纪律监督、派驻监督、巡视监督统筹衔接，与人大监督、民主监督、行政监督、司法监督、审计监督、财会监督、统计监督、群众监督和舆论监督等贯通协调，健全信息、资源、成果共享等机制，形成监督合力。

第三节　监察调查

第二十二条　监察机关依法履行监察调查职责，依据监察法、《中华人民共和国公职人员政务处分法》（以下简称政务处分法）和《中华人民共和国刑法》（以下简称刑法）等规定对职务违法和职务犯罪进行调查。

业、中管金融企业党组（党委）管理的公职人员案件，一般由中央纪委国家监委派驻（派出）机构、中管企业纪检监察机构管辖，经与省级纪委监委协商，也可以由地方纪委监委立案调查。党的组织关系在地方、干部管理权限在主管部门的党员涉嫌违纪问题，一般由设在主管部门、有管辖权的纪检监察机构立案审查。设在主管部门、有管辖权的纪检监察机构认为由地方纪委监委管辖更为适宜的，经协商可以由地方纪委监委立案审查。地方纪委监委接到问题线索反映的，经与设在主管部门、有管辖权的纪检监察机构协商，也可以进行立案审查。

⑦ 《宪法》总纲确立了马克思列宁主义、毛泽东思想、邓小平理论、“三个代表”重要思想、科学发展观、习近平新时代中国特色社会主义思想为指导思想。

⑧ 苗头性、倾向性问题，通常是指可能发生但尚未发生的问题，其处置方

第二十三条　监察机关负责调查的职务违法是指公职人员实施的与其职务相关联，虽不构成犯罪但依法应当承担法律责任的下列违法行为[12]：

（一）利用职权实施的违法行为；

（二）利用职务上的影响实施的违法行为；

（三）履行职责不力、失职失责的违法行为；

（四）其他违反与公职人员职务相关的特定义务的违法行为[13]。

第二十四条　监察机关发现公职人员存在其他违法行为，具有下列情形之一的，可以依法进行调查[14]、处置：

（一）超过行政违法追究时效[15]，或者超过犯罪追诉时效[16]、未追究刑事责任，但需要依法给予政务处分的；

（二）被追究行政法律责任，需要依法给予政务处分的[17]；

（三）监察机关调查职务违法或者职务犯罪时，对被调查人实施的事实简单、清楚，需要依法给予政务处分的其他违法行为[18]一并查核的。

监察机关发现公职人员成为监察对象前有前款规定的违法行为的，依照前款规定办理[19]。

第二十五条　监察机关依法对监察法第十一条第二项规定的职务犯罪进行调查。

第二十六条　监察机关依法调查涉嫌贪污贿赂犯罪，包括贪污罪，挪用公款罪，受贿罪，单位受贿罪，利用影响力受贿罪，行贿罪，对有影响力的人行贿罪，对单位行贿罪，介绍贿赂罪，单位行贿罪，巨额财产来源不明罪，隐瞒境外存款罪，私分国有资产罪，私分罚没财物罪，以及公职人员在行使公权力过程中实施的职务侵占罪，挪用资金罪，对外国公职人员、国际公共组织官员行贿罪，非国家工作人员受贿罪和相关联的对非国家工作人员行贿罪。

第二十七条　监察机关依法调查公职人员涉嫌滥用职权犯罪，包括滥用职权罪，国有公司、企业、事业单位人员滥用职权罪，滥用管理公司、证券职权罪，食品、药品监管渎职罪，故意泄露国家秘密罪，报复陷害罪，阻碍解救被拐卖、绑架妇女、儿童罪，帮助犯罪分子逃避处罚罪，违法发放林木采伐许可证罪，办理偷越国（边）境人员出入境证件罪，放行偷越国（边）境人员罪，挪用特定款物罪，非法剥夺公民宗教信仰自由罪，侵犯少数民族风俗习惯罪，打击报复会计、统计人员罪，以及司法工作人员以外的公职人员[20]利用职权实施的非法拘禁罪、虐待被监管人罪、非法搜查罪。

第二十八条　监察机关依法调查公职人员涉嫌玩忽职守犯罪，包括玩忽职守罪，国有公司、企业、事业单位人员失职罪，签订、履行合同失职被骗罪，国家机关工作人员签订、履行合同失职被骗罪，环境监管失职罪，传染病防治失职罪，商检失职

式是教育、提醒。《中国共产党党内监督条例》第21条规定，发现领导干部有思想、作风、纪律等方面苗头性、倾向性问题的，有关党组织负责人应当及时对其提醒谈话。教育提醒与提醒谈话，异曲同工。

⑨ 如山西省纪委监委针对公共停车管理行业贪腐问题开展专项整治，聚焦违规圈地划设停车位、违规收费、违规使用停车费收益和停车贵停车难等问题，在充分研判、认真甄别问题性质的基础上，坚持实事求是、依规依纪依法的原则，既坚决查处典型问题，严肃追责问责，又综合运用诫勉谈话、约谈提醒等方式处置一般性轻微问题，有效传导压力、推动整改。

⑩ 向有关机关、单位提出改进工作的形式，可以是意见，也可以是监察建议。

⑪ 违纪违法案件最能暴露治理中的问题。例如，大连市纪委监委通过典型案例推动案发单位和系统深化以案促改，完善体制机制。

罪，动植物检疫失职罪，不解救被拐卖、绑架妇女、儿童罪，失职造成珍贵文物损毁、流失罪，过失泄露国家秘密罪。

第二十九条 监察机关依法调查公职人员涉嫌徇私舞弊犯罪，包括徇私舞弊低价折股、出售国有资产罪，非法批准征收、征用、占用土地罪，非法低价出让国有土地使用权罪，非法经营同类营业罪，为亲友非法牟利罪，枉法仲裁罪，徇私舞弊发售发票、抵扣税款、出口退税罪，商检徇私舞弊罪，动植物检疫徇私舞弊罪，放纵走私罪，放纵制售伪劣商品犯罪行为罪，招收公务员、学生徇私舞弊罪，徇私舞弊不移交刑事案件罪，违法提供出口退税凭证罪，徇私舞弊不征、少征税款罪。

第三十条 监察机关依法调查公职人员在行使公权力过程中涉及的重大责任事故犯罪，包括重大责任事故罪，教育设施重大安全事故罪，消防责任事故罪，重大劳动安全事故罪，强令、组织他人违章冒险作业罪，危险作业罪，不报、谎报安全事故罪，铁路运营安全事故罪，重大飞行事故罪，大型群众性活动重大安全事故罪，危险物品肇事罪，工程重大安全事故罪。

第三十一条 监察机关依法调查公职人员在行使公权力过程中涉及的其他犯罪，包括破坏选举罪，背信损害上市公司利益罪，金融工作人员购买假币、以假币换取货币罪，利用未公开信息交易罪，诱骗投资者买卖证券、期货合约罪，背信运用受托财产罪，违法运用资金罪，违法发放贷款罪，吸收客户资金不入账罪，违规出具金融票证罪，对违法票据承兑、付款、保证罪，非法转让、倒卖土地使用权罪，私自开拆、隐匿、毁弃邮件、电报罪，故意延误投递邮件罪，泄露不应公开的案件信息罪，披露、报道不应公开的案件信息罪，接送不合格兵员罪。

第三十二条 监察机关发现依法由其他机关管辖的违法犯罪线索，应当及时移送有管辖权的机关[21]。

监察机关调查结束后，对于应当给予被调查人或者涉案人员行政处罚等其他处理的，依法移送有关机关。

第四节 监察处置

第三十三条 监察机关对违法的公职人员，依据监察法、政务处分法等规定作出政务处分决定。

第三十四条 监察机关在追究违法的公职人员直接责任的同时，依法对履行职责不力、失职失责，造成严重后果或者恶劣影响的领导人员予以问责。

监察机关应当组成调查组依法开展问责调查。调查结束后经集体讨论形成调查报告，需要进行问责的按照管理权限作出问责决定，或者向有权作出问责决定的机关、单位书面提出问责建议。

在以案促改过程中，推行案件主办人员到案发单位做剖析报告制度，做个案剖析警示宣讲，起到强大的警示震慑效果，案件主办人到大连市供销合作社宣讲后，22人主动向组织报告存在的违规违纪问题。

⑫ 职务违法具有三个特征：职务相关性、违法性、应受处罚性且不构成犯罪。本条将职务违法概括为四种类型。这些职务违法行为，在满足特定的要件后，可能转化为职务犯罪。职务违法介于纪与罪之间。对公职人员实施的赌博、醉驾、诈骗、盗窃等非职务违法行为，监察机关不宜对公职人员采取留置措施。

⑬ 比如根据《关于加强国家工作人员因私事出国（境）管理的暂行规定》，国家工作人员因私出国应按照组织人事管理权限履行审批手续。若国家工作人员未履行审批手续，就属于该情形。

⑭ 需要依法给予政务处分的行为并不限于职务违法

第三十五条　监察机关对涉嫌职务犯罪的人员，经调查认为犯罪事实清楚，证据确实、充分，需要追究刑事责任的，依法移送人民检察院审查起诉。

第三十六条　监察机关根据监督、调查结果，发现监察对象所在单位在廉政建设、权力制约、监督管理、制度执行以及履行职责等方面存在问题需要整改纠正的，依法提出监察建议。

监察机关应当跟踪了解监察建议的采纳情况，指导、督促有关单位限期整改，推动监察建议落实到位。

第三章　监察范围和管辖

第一节　监察对象

第三十七条　监察机关依法对所有行使公权力的公职人员进行监察，实现国家监察全面覆盖。

第三十八条　监察法第十五条第一项所称公务员范围，依据《中华人民共和国公务员法》（以下简称公务员法）确定。

监察法第十五条第一项所称参照公务员法管理的人员，是指有关单位中经批准参照公务员法进行管理的工作人员。

第三十九条　监察法第十五条第二项所称法律、法规授权或者受国家机关依法委托管理公共事务的组织中从事公务的人员，是指在上述组织中，除参照公务员法管理的人员外，对公共事务履行组织、领导、管理、监督等职责的人员，包括具有公共事务管理职能的行业协会等组织中从事公务的人员，以及法定检验检测、检疫等机构中从事公务的人员。

第四十条　监察法第十五条第三项所称国有企业管理人员，是指国家出资企业中的下列人员：

（一）在国有独资、全资公司、企业中履行组织、领导、管理、监督等职责的人员；

（二）经党组织或者国家机关，国有独资、全资公司、企业，事业单位提名、推荐、任命、批准等，在国有控股、参股公司及其分支机构中履行组织、领导、管理、监督[22]等职责的人员；

（三）经国家出资企业中负有管理、监督国有资产职责的组织批准或者研究决定，代表[23]其在国有控股、参股公司及其分支机构中从事组织、领导、管理、监督[24]等工作的人员。

第四十一条　监察法第十五条第四项所称公办的教育、科研、文化、医疗卫生、体育等单位中从事管理的人员，是指国家为了社会公益目的，由国家机关举办或者其他组织利用国有资产[25]举办的教育、科研、文化、医疗卫生、体育等事业单位中，从

行为，监察机关对公职人员道德操守情况负有监督检查职责，对受到行政处罚的公职人员可以立案调查核实后给予政务处分等。为保证需要依法给予处分的违法行为得到调查核实，本条规定了监察机关可以调查职务违法行为之外的其他违法行为的三种情形。

⑮　《行政处罚法》第36条规定："违法行为在二年内未被发现的，不再给予行政处罚；涉及公民生命健康安全、金融安全且有危害后果的，上述期限延长至五年。法律另有规定的除外。前款规定的期限，从违法行为发生之日起计算；违法行为有连续或者继续状态的，从行为终了之日起计算。"《税收征收管理法》第86条规定："违反税收法律、行政法规应当给予行政处罚的行为，在五年内未被发现的，不再给予行政处罚。"《治安管理处罚法》第22条规定："违反治安管理行为在六个月内没有被公安机关发现的，不

事组织、领导、管理、监督等工作的人员。

第四十二条 监察法第十五条第五项所称基层群众性自治组织[26]中从事管理的人员，是指该组织中的下列人员：

（一）从事集体事务和公益事业管理的人员；

（二）从事集体资金、资产、资源管理的人员；

（三）协助人民政府从事行政管理工作的人员，包括从事救灾、防疫、抢险、防汛、优抚、帮扶、移民、救济款物的管理，社会捐助公益事业款物的管理，国有土地的经营和管理，土地征收、征用补偿费用的管理，代征、代缴税款，有关计划生育、户籍、征兵工作，协助人民政府等国家机关在基层群众性自治组织中从事的其他管理工作[27]。

第四十三条 下列人员属于监察法第十五条第六项所称其他依法履行公职的人员[28]：

（一）履行人民代表大会职责的各级人民代表大会代表，履行公职的中国人民政治协商会议各级委员会委员、人民陪审员、人民监督员；

（二）虽未列入党政机关人员编制，但在党政机关中从事公务的人员[29]；

（三）在集体经济组织等单位、组织中，由党组织[30]或者国家机关，国有独资、全资公司、企业，国家出资企业中负有管理监督国有和集体资产职责的组织，事业单位提名、推荐、任命、批准等，从事组织、领导、管理、监督等工作的人员；

（四）在依法组建的评标、谈判、询价等组织中代表国家机关，国有独资、全资公司、企业，事业单位，人民团体临时履行公共事务组织、领导、管理、监督等职责的人员[31]；

（五）其他依法行使公权力的人员。

第四十四条 有关机关、单位、组织集体作出的决定违法或者实施违法行为的，监察机关应当对负有责任的领导人员和直接责任人员中的公职人员依法追究法律责任。

第二节 管 辖

第四十五条 监察机关开展监督、调查、处置，按照管理权限与属地管辖相结合的原则，实行分级负责制。

第四十六条 设区的市级以上监察委员会按照管理权限，依法管辖同级党委管理的公职人员涉嫌职务违法和职务犯罪案件。

县级监察委员会和直辖市所辖区（县）监察委员会按照管理权限，依法管辖本辖区内公职人员涉嫌职务违法和职务犯罪案件。

再处罚。前款规定的期限，从违反治安管理行为发生之日起计算；违反治安管理行为有连续或者继续状态的，从行为终了之日起计算。”

⑯ 《刑法》第87条规定：“犯罪经过下列期限不再追诉：（一）法定最高刑为不满五年有期徒刑的，经过五年；（二）法定最高刑为五年以上不满十年有期徒刑的，经过十年；（三）法定最高刑为十年以上有期徒刑的，经过十五年；（四）法定最高刑为无期徒刑、死刑的，经过二十年。如果二十年以后认为必须追诉的，须报请最高人民检察院核准。”

⑰ 并不是公职人员只要受到行政处罚，就给予政务处分。行政处罚的种类包含：警告、通报批评，罚款、没收违法所得、没收非法财物，暂扣许可证件、降低资质等级、吊销许可证件，限制开展生产经营活动、责令停产停业、责令关闭、限制从业，行政拘留，法律、行政法规规

地方各级监察委员会按照本条例第十三条、第四十九条规定,可以依法管辖工作单位在本辖区内的有关公职人员涉嫌职务违法和职务犯罪案件。

监察机关调查公职人员涉嫌职务犯罪案件,可以依法对涉嫌行贿犯罪、介绍贿赂犯罪或者共同职务犯罪的涉案人员中的非公职人员一并管辖。非公职人员涉嫌利用影响力受贿罪的,按照其所利用的公职人员的管理权限确定管辖。

第四十七条 上级监察机关对于下一级监察机关管辖范围内的职务违法和职务犯罪案件,具有下列情形之一的,可以依法提级管辖:

(一)在本辖区有重大影响的;

(二)涉及多个下级监察机关管辖的监察对象,调查难度大的;

(三)其他需要提级管辖的重大、复杂案件。

上级监察机关对于所辖各级监察机关管辖范围内有重大影响的案件,必要时可以依法直接调查或者组织、指挥、参与调查。

地方各级监察机关所管辖的职务违法和职务犯罪案件,具有第一款规定情形的,可以依法报请上一级监察机关管辖。

第四十八条 上级监察机关可以依法将其所管辖的案件指定下级监察机关管辖。

设区的市级监察委员会将同级党委管理的公职人员涉嫌职务违法或者职务犯罪案件指定下级监察委员会管辖的,应当报省级监察委员会批准[32];省级监察委员会将同级党委管理的公职人员涉嫌职务违法或者职务犯罪案件指定下级监察委员会管辖的,应当报国家监察委员会相关监督检查部门备案[33]。

上级监察机关对于下级监察机关管辖的职务违法和职务犯罪案件,具有下列情形之一,认为由其他下级监察机关管辖更为适宜的,可以依法指定给其他下级监察机关管辖[34]:

(一)管辖有争议的;

(二)指定管辖有利于案件公正处理的;

(三)下级监察机关报请指定管辖的;

(四)其他有必要指定管辖的。

被指定的下级监察机关未经指定管辖的监察机关批准,不得将案件再行指定管辖。发现新的职务违法或者职务犯罪线索,以及其他重要情况、重大问题,应当及时向指定管辖的监察机关请示报告[35]。

第四十九条 工作单位在地方、管理权限在主管部门的公职人员[36]涉嫌职务违法和职务犯罪,一般由驻在主管部门、有管辖权的监察机构、监察专员管辖;经协商,监察机构、监察专员可以按规定移交公职人员工作单位所在地的地方监察委员会

定的其他行政处罚。如,公职人员因违章停车被罚款,就不需要给予政务处分。

⑱ 如果公职人员实施盗窃、诈骗、强奸、强制猥亵等重大复杂的非职务违法犯罪行为,监察机关不宜调查。只有违法行为事实简单、清楚的,监察机关才调查。

⑲ 监察体制改革前,人大机关、政协机关、法院、检察院等单位工作人员均不属于监察对象。监察体制改革后,监察机关发现这些人员如果存在职务违法职务犯罪行为,可依法立案调查处理。

⑳ 此处强调主体是司法工作人员以外的公职人员。如果是司法工作人员利用职权实施的非法拘禁罪、虐待被监管人罪、非法搜查罪,可由检察机关管辖。需要说明的是,公安人员在办理治安拘留案件时,如果虐待被拘留人,此种情形应由监察机关管辖。

㉑ 此处规定了双向线索移送机制。

㉒ 请注意,此处不含履行经营职责的人员。

㉓ 国有企业管理人员要求其具有代表性(代表国有股)。

调查，或者与地方监察委员会联合调查。地方监察委员会在工作中发现上述公职人员有关问题线索，应当向驻在主管部门、有管辖权的监察机构、监察专员通报，并协商确定管辖。

前款规定单位的其他公职人员[37]涉嫌职务违法和职务犯罪，可以由地方监察委员会管辖；驻在主管部门的监察机构、监察专员自行立案调查的，应当及时通报地方监察委员会。

地方监察委员会调查前两款规定案件，应当将立案、留置、移送审查起诉、撤销案件等重要情况向驻在主管部门的监察机构、监察专员通报。

第五十条 监察机关办理案件中涉及无隶属关系的其他监察机关的监察对象，认为需要立案调查的，应当商请有管理权限的监察机关依法立案调查。商请立案时，应当提供涉案人员基本情况、已经查明的涉嫌违法犯罪事实以及相关证据材料。

承办案件的监察机关认为由其一并调查更为适宜的，可以报请有权决定的上级监察机关指定管辖。

第五十一条[38] 公职人员既涉嫌贪污贿赂、失职渎职等严重职务违法和职务犯罪，又涉嫌公安机关、人民检察院等机关管辖的犯罪，依法由监察机关为主调查的，应当由监察机关和其他机关分别依职权立案[39]，监察机关承担组织协调职责，协调调查和侦查工作进度、重要调查和侦查措施使用等重要事项。

第五十二条 监察机关必要时可以依法调查司法工作人员利用职权实施的涉嫌非法拘禁、刑讯逼供、非法搜查等侵犯公民权利、损害司法公正的犯罪[40]，并在立案后及时通报同级人民检察院。

监察机关在调查司法工作人员涉嫌贪污贿赂等职务犯罪中，可以对其涉嫌的前款规定的犯罪一并调查，并及时通报同级人民检察院。人民检察院在办理直接受理侦查的案件中，发现犯罪嫌疑人同时涉嫌监察机关管辖的其他职务犯罪，经沟通全案移送监察机关管辖的，监察机关应当依法进行调查。

第五十三条 监察机关对于退休公职人员在退休前或者退休后，或者离职、死亡的公职人员在履职期间实施的涉嫌职务违法或者职务犯罪行为，可以依法进行调查。

对前款规定人员，按照其原任职务的管辖规定[41]确定管辖的监察机关；由其他监察机关管辖更为适宜的，可以依法指定或者交由其他监察机关管辖。

第四章 监察权限

第一节 一般要求

第五十四条 监察机关应当加强监督执法调查工作规范化建设，严格按规定

㉔ 此处不含履行经营职责的人员。

㉕ 此处强调利用国有资产，不包含集体资产。

㉖ 这里的基层群众性自治组织是指居民委员会或者村民委员会，不包括农村经济合作社。

㉗ 村民小组长在行使集体事务管理职能的情况下，也属于监察对象。

㉘ 本条在细化"其他依法履行公职的人员"范围时，注重与刑法规定的国有单位委派到非国有单位从事公务的人员以及司法解释中所列举的"其他依照法律从事公务的人员"的衔接。

㉙ 比如借调人员、实习人员、辅警等。

㉚ 对于农村经济合作社来讲，这里的党组织包括村党支部、村党委等基层党组织。这一类公职人员在认定上要符合委派性、代表性、公务性的具体标准，实践中要结合具体情况判断。

㉛ 如某国家机关在某项目的招标活动中，临时聘用某会计师事务所的人员成立评标委员会，这些组成人员临时代表

对监察措施进行审批和监管,依照法定的范围、程序和期限采取相关措施,出具、送达法律文书。

第五十五条　监察机关在初步核实中,可以依法采取谈话、询问、查询、调取、勘验检查、鉴定措施[42];立案后可以采取讯问、留置、冻结、搜查、查封、扣押、通缉措施[43]。需要采取技术调查[44]、限制出境措施[45]的,应当按照规定交有关机关依法执行。设区的市级以下监察机关在初步核实中不得采取技术调查措施[46]。

开展问责调查,根据具体情况可以依法采取相关监察措施[47]。

第五十六条　开展讯问、搜查、查封、扣押以及重要的谈话、询问等调查取证工作,应当全程同步录音录像,并保持录音录像资料的完整性。录音录像资料应当妥善保管、及时归档,留存备查。

人民检察院、人民法院需要调取同步录音录像的,监察机关应当予以配合,经审批依法予以提供。

第五十七条　需要商请其他监察机关协助收集证据材料的,应当依法出具《委托调查函》;商请其他监察机关对采取措施提供一般性协助[48]的,应当依法出具《商请协助采取措施函》。商请协助事项涉及协助地监察机关管辖的监察对象的,应当由协助地监察机关按照所涉人员的管理权限报批[49]。协助地监察机关对于协助请求,应当依法予以协助配合。

第五十八条　采取监察措施需要告知、通知相关人员的,应当依法办理。告知包括口头、书面两种方式,通知应当采取书面方式。采取口头方式告知的,应当将相关情况制作工作记录;采取书面方式告知、通知的,可以通过直接送交、邮寄、转交等途径送达,将有关回执或者凭证附卷。

无法告知、通知,或者相关人员拒绝接收的,调查人员应当在工作记录或者有关文书上记明。

第二节　证　　据

第五十九条　可以用于证明案件事实的材料都是证据,包括:

(一)物证;

(二)书证;

(三)证人证言;

(四)被害人陈述;

(五)被调查人陈述、供述和辩解;

(六)鉴定意见;

(七)勘验检查、辨认、调查实验等笔录;

国家机关从事公共事务,行使了公权力。

㉜ "报省级监察委员会批准"系新表述,这是对设区的市级监察委员会指定管辖权的规范。

㉝ "向国家监察委员会相关监督检查部门备案"系新规定。

㉞ 指定管辖要综合考虑被调查人的涉嫌职务违法和职务犯罪行为主要发生地、主要任职地、出生地、成长地、主要涉案单位和涉案人所在地以及被指定的监察机关办案力量、办案场所、留置场所、交通条件等因素,确保案件得到公平公正的处理。

㉟ 若发现新的职务违法或职务犯罪线索,被指定管辖的监察机关不能擅自决定调查处理,要遵循重大事项请示报告规定。

㊱ 如某市税务局班子成员。

㊲ 如某市税务局中层及以下人员。

㊳ 典型案例:江苏省委原常委、政法委原书记王某某涉嫌受贿、行贿、包庇纵容黑社会性质组织、伪造身份证件案,由国家监察委员会、吉林省长春市公安局分

（八）视听资料、电子数据。

监察机关向有关单位和个人收集、调取证据时，应当告知其必须依法如实提供证据。对于不按要求提供有关材料，泄露相关信息，伪造、隐匿、毁灭证据，提供虚假情况或者阻止他人提供证据的，依法追究法律责任。

监察机关依照监察法和本条例规定收集的证据材料，经审查符合法定要求的，在刑事诉讼中可以作为证据使用。

第六十条 监察机关认定案件事实应当以证据为根据，全面、客观地收集、固定被调查人有无违法犯罪以及情节轻重的各种证据，形成相互印证、完整稳定的证据链。

只有被调查人陈述或者供述，没有其他证据的，不能认定案件事实；没有被调查人陈述或者供述，证据符合法定标准的，可以认定案件事实。

第六十一条 证据必须经过查证属实，才能作为定案的根据。审查认定证据，应当结合案件的具体情况，从证据与待证事实的关联程度、各证据之间的联系、是否依照法定程序收集等方面进行综合判断。

第六十二条 监察机关调查终结的职务违法案件，应当事实清楚、证据确凿[50]。证据确凿，应当符合下列条件：

（一）定性处置的事实都有证据证实；

（二）定案证据真实、合法；

（三）据以定案的证据之间不存在无法排除的矛盾；

（四）综合全案证据，所认定事实清晰且令人信服。

第六十三条 监察机关调查终结的职务犯罪案件，应当事实清楚，证据确实、充分。证据确实、充分，应当符合下列条件：

（一）定罪量刑的事实都有证据证明；

（二）据以定案的证据均经法定程序查证属实；

（三）综合全案证据，对所认定事实已排除合理怀疑。

证据不足的，不得移送人民检察院审查起诉。

第六十四条 严禁以暴力、威胁、引诱、欺骗以及非法限制人身自由等非法方法收集证据，严禁侮辱、打骂、虐待、体罚或者变相体罚被调查人、涉案人员和证人。

第六十五条 对于调查人员采用暴力、威胁以及非法限制人身自由等非法方法收集的被调查人供述、证人证言、被害人陈述，应当依法予以排除。

前款所称暴力的方法，是指采用殴打、违法使用戒具等方法或者变相肉刑的恶劣手段，使人遭受难以忍受的痛苦而违背意愿作出供述、证言、陈述；威胁的方法，是指采用以暴力或者严重损害本人及其近亲属合法权益等进行威胁的方法，使人遭

别调查、侦查终结，经最高人民检察院指定，由吉林省长春市人民检察院审查起诉。

㊴ 此处明确了由监察机关"为主调查"的具体内涵，由监察机关"为主调查"并不意味着监察机关可以一体调查公职人员涉嫌的全部犯罪问题、直接替代办理其他机关职能管辖权限范围内的案件。从操作层面而言，上述规定立足监察机关行使监察调查权，检察机关等其他机关行使刑事侦查权，有效避免监察调查程序不适用刑事诉讼程序、取证主体不适格导致证据能力受质疑等问题。

㊵ 检察机关可以直接立案侦查的14个罪名：1. 非法拘禁罪；2. 非法搜查罪；3. 刑讯逼供罪；4. 暴力取证罪；5. 虐待被监管人罪；6. 滥用职权罪；7. 玩忽职守罪；8. 徇私枉法罪；9. 民事、行政枉法裁判罪；10. 执行判决、裁定失职罪；11. 执行判决、裁定滥用职权罪；12. 私放在押人员罪；13. 失职致使在押人员逃脱罪；14. 徇私舞弊减刑、假释、暂予监外执行罪。

受难以忍受的痛苦而违背意愿作出供述、证言、陈述。

收集物证、书证不符合法定程序，可能严重影响案件公正处理的，应当予以补正或者作出合理解释[51]；不能补正或者作出合理解释的，对该证据应当予以排除。

第六十六条 监察机关监督检查、调查、案件审理、案件监督管理等部门发现监察人员在办理案件中，可能存在以非法方法收集证据情形的，应当依据职责进行调查核实。对于被调查人控告、举报调查人员采用非法方法收集证据，并提供涉嫌非法取证的人员、时间、地点、方式和内容等材料或者线索的，应当受理并进行审核。根据现有材料无法证明证据收集合法性的，应当进行调查核实[52]。

经调查核实，确认或者不能排除以非法方法收集证据的，对有关证据依法予以排除，不得作为案件定性处置、移送审查起诉的依据。认定调查人员非法取证的，应当依法处理，另行指派调查人员重新调查取证。

监察机关接到对下级监察机关调查人员采用非法方法收集证据的控告、举报，可以直接进行调查核实，也可以交由下级监察机关调查核实。交由下级监察机关调查核实的，下级监察机关应当及时将调查结果报告上级监察机关。

第六十七条 对收集的证据材料及扣押的财物应当妥善保管，严格履行交接、调用手续，定期对账核实，不得违规使用、调换、损毁或者自行处理。

第六十八条 监察机关对行政机关在行政执法和查办案件中收集的物证、书证、视听资料、电子数据，勘验、检查等笔录，以及鉴定意见等证据材料[53]，经审查符合法定要求的，可以作为证据使用。

根据法律、行政法规规定行使国家行政管理职权的组织在行政执法和查办案件中收集的证据材料，视为行政机关收集的证据材料。

第六十九条 监察机关对人民法院、人民检察院、公安机关、国家安全机关等在刑事诉讼中收集的物证、书证、视听资料、电子数据，勘验、检查、辨认、侦查实验等笔录，以及鉴定意见等证据材料，经审查符合法定要求的，可以作为证据使用。

监察机关办理职务违法案件，对于人民法院生效刑事判决、裁定和人民检察院不起诉决定采信的证据材料，可以直接作为证据使用。

第三节 谈　　话

第七十条 监察机关在问题线索处置、初步核实和立案调查中，可以依法对涉嫌职务违法的监察对象进行谈话[54]，要求其如实说明情况或者作出陈述。

谈话应当个别进行。负责谈话的人员不得少于二人。

第七十一条 对一般性问题线索的处置，可以采取谈话方式进行，对监察对象给予警示、批评、教育。谈话应当在工作地点等场所进行，明确告知谈话事项，注重

㊶ 对离职、死亡的公职人员在履职期间实施的涉嫌职务违法或者职务犯罪行为的管辖原则是按其原任职务进行管辖。比如，2020 年 9 月，黑龙江省鸡西市原副市长李某良（2017 年 3 月李某良辞去公职）涉嫌严重违法犯罪，黑龙江省监委依法对其进行监察调查。

㊷ 此处未明确规定初核过程中可以采取技术调查措施，是因为初核阶段并不是所有的监察机关都有权采取技术调查措施，只有省级监委和国家监委才有权在初核阶段依法采取技术调查措施。

㊸ 讯问、搜查只适用于职务犯罪，不适用于严重职务违法。

㊹ 《刑事诉讼法》第 150 条规定，公安机关、检察机关只有立案后，才可以根据侦查犯罪的需要，经过严格的批准手续，采取技术侦查措施。省级监委和国家监委之所以在初核阶段就可以采取技术调查，是因为实施重大贪污贿赂犯罪隐蔽性强，不易被发现。

㊺ 注意技术调查和限制出境的适用

谈清问题、取得教育效果。

第七十二条 采取谈话方式处置问题线索的，经审批可以由监察人员或者委托被谈话人所在单位主要负责人等进行谈话。

监察机关谈话应当形成谈话笔录或者记录。谈话结束后，可以根据需要要求被谈话人在十五个工作日以内作出书面说明。被谈话人应当在书面说明每页签名[55]，修改的地方也应当签名。

委托谈话的，受委托人应当在收到委托函后的十五个工作日以内进行谈话。谈话结束后及时形成谈话情况材料报送监察机关，必要时附被谈话人的书面说明。

第七十三条 监察机关开展初步核实工作，一般不与被核查人接触；确有需要与被核查人谈话的，应当按规定报批。

第七十四条 监察机关对涉嫌职务违法的被调查人立案后，可以依法进行谈话。

与被调查人首次谈话时，应当出示《被调查人权利义务告知书》，由其签名、捺指印。被调查人拒绝签名、捺指印的，调查人员应当在文书上记明。对于被调查人未被限制人身自由的，应当在首次谈话时出具《谈话通知书》。

与涉嫌严重职务违法的被调查人进行谈话的，应当全程同步录音录像[56]，并告知被调查人。告知情况应当在录音录像中予以反映，并在笔录中记明。

第七十五条 立案后，与未被限制人身自由的被调查人谈话的，应当在具备安全保障条件的场所进行。

调查人员按规定通知被调查人所在单位派员或者被调查人家属陪同被调查人到指定场所的，应当与陪同人员办理交接手续，填写《陪送交接单》。

第七十六条 调查人员与被留置的被调查人谈话的，按照法定程序在留置场所进行。

与在押的犯罪嫌疑人、被告人谈话的，应当持以监察机关名义出具的介绍信、工作证件，商请有关案件主管机关依法协助办理。

与在看守所、监狱服刑的人员谈话的，应当持以监察机关名义出具的介绍信、工作证件办理。

第七十七条 与被调查人进行谈话，应当合理安排时间、控制时长，保证其饮食和必要的休息时间。

第七十八条 谈话笔录应当在谈话现场制作。笔录应当详细具体，如实反映谈话情况。笔录制作完成后，应当交给被调查人核对。被调查人没有阅读能力的，应当向其宣读。

笔录记载有遗漏或者差错的，应当补充或者更正，由被调查人在补充或者更正

阶段。

㊻ 技术调查只适用于涉嫌重大贪污贿赂等职务犯罪，一般贪污贿赂犯罪不得采用技术调查措施。

㊼ 通常情况下，这里的监察措施不涉及限制人身、不对财产采取措施，可采取谈话、询问、鉴定、查询等措施，个别情况下可采取留置措施，比如对特大事故的直接责任人和主要领导依法采取留置措施。

㊽ 一般性协助是在采取措施方面提供协助，比如被审查调查对象在异地有住所，需要对住所进行搜查，提请当地监察机关提供协助。

㊾ 比如需要对在异地的某县县长进行谈话，需由当地监察机关按程序报市委主要负责人批准。

㊿ 职务违法的证据标准是“证据确凿”，职务犯罪的证据标准是“证据确实、充分”。相比之下，职务犯罪的证据标准高于职务违法的证据标准，这是因为职务违法案件通常不采取留置措施，取证手段相对有限。监察机关办理职务犯罪案件，通常会采取留置措施，取证手段相

处捺指印。被调查人核对无误后，应当在笔录中逐页签名、捺指印。被调查人拒绝签名、捺指印的，调查人员应当在笔录中记明。调查人员也应当在笔录中签名。

第七十九条　被调查人请求自行书写说明材料的，应当准许。必要时，调查人员可以要求被调查人自行书写说明材料。

被调查人应当在说明材料上逐页签名、捺指印，在末页写明日期。对说明材料有修改的，在修改之处应当捺指印。说明材料应当由二名调查人员接收，在首页记明接收的日期并签名。

第八十条　本条例第七十四条至第七十九条的规定，也适用于在初步核实中开展的谈话。

第四节　讯　　问

第八十一条　监察机关对涉嫌职务犯罪的被调查人，可以依法进行讯问，要求其如实供述涉嫌犯罪的情况。

第八十二条　讯问被留置的被调查人，应当在留置场所进行。

第八十三条　讯问应当个别进行，调查人员不得少于二人。

首次讯问时，应当向被讯问人出示《被调查人权利义务告知书》，由其签名、捺指印。被讯问人拒绝签名、捺指印的，调查人员应当在文书上记明。被讯问人未被限制人身自由的，应当在首次讯问时向其出具《讯问通知书》。

讯问一般按照下列顺序进行：

（一）核实被讯问人的基本情况，包括姓名、曾用名、出生年月日、户籍地、身份证件号码、民族、职业、政治面貌、文化程度、工作单位及职务、住所、家庭情况、社会经历，是否属于党代表大会代表、人大代表、政协委员，是否受到过党纪政务处分，是否受到过刑事处罚等；

（二）告知被讯问人如实供述自己罪行可以依法从宽处理和认罪认罚的法律规定；

（三）讯问被讯问人是否有犯罪行为，让其陈述有罪的事实或者无罪的辩解，应当允许其连贯陈述。

调查人员的提问应当与调查的案件相关。被讯问人对调查人员的提问应当如实回答。调查人员对被讯问人的辩解，应当如实记录，认真查核。

讯问时，应当告知被讯问人将进行全程同步录音录像。告知情况应当在录音录像中予以反映，并在笔录中记明。

第八十四条　本条例第七十五条至第七十九条的要求，也适用于讯问。

对丰富，对其作出更高的要求有利于保障被追究刑事责任的公职人员的人身权、财产权。

㊿51 此处规定了非法言辞证据与非法实物证据不同的排除标准，对收集物证、书证不符合法定程序严重影响案件公正处理的，首选补救措施是补正或者作出合理解释。

52 此处规定了非法证据的发现方式：一是办案时发现，二是被调查人控告、举报。

53 请学习《关于加强和完善监察执法与刑事司法衔接机制的意见（试行）》。本条例未将证人证言、讯问笔录等言词证据列举出来。对其他机关移交的言辞证据作为监察机关证据使用的原则要求是在具备条件的情况下，一般应当重新收集言词证据。对于实践中确实无法重新收集言词证据的情况，基于对本条例第69条的体系性理解，相关言词证据经审查符合法定要求的，可以作为证据使用。

54 谈话是调查涉嫌职务违法的法定措施，讯问是调查涉嫌职务犯罪的法定措施。在职务违法犯罪案件立案调查中,与被调查人可以进行谈话,调查其涉嫌职务违法事实,深入细致地开展思想政治工作,宣讲政策,让被调查人知错悔错主动交代。但是,对于涉嫌职务犯罪的被调查人供述,需要作为证据的,应当采用讯问的方式进行。

55 注意:谈话对象在每页谈话笔录上都要签名。

56 《监察法》第41条仅规定,调查人员进行讯问以及搜查、查封、扣押等重要取证工作,应当对全过程进行录音录像,留存备查。未规定与涉嫌严重职务违法的被调查人进行谈话的过程进行录音录像。本条例吸收《中国共产党纪律检查机关监督执纪工作规则》第48条的规定,规定与涉嫌严重职务违法的被调查人进行谈话的过程须全程同步录音录像,不论其是否

第五节　询　　问

第八十五条　监察机关按规定报批后,可以依法对证人、被害人等人员进行询问,了解核实有关问题或者案件情况。

第八十六条　证人未被限制人身自由的,可以在其工作地点、住所或者其提出的地点进行询问,也可以通知其到指定地点接受询问。到证人提出的地点或者调查人员指定的地点进行询问的,应当在笔录中记明。

调查人员认为有必要或者证人提出需要由所在单位派员或者其家属陪同到询问地点的,应当办理交接手续并填写《陪送交接单》。

第八十七条　询问应当个别进行。负责询问的调查人员不得少于二人。

首次询问时,应当向证人出示《证人权利义务告知书》,由其签名、捺指印。证人拒绝签名、捺指印的,调查人员应当在文书上记明。证人未被限制人身自由的,应当在首次询问时向其出具《询问通知书》。

询问时,应当核实证人身份,问明证人的基本情况,告知证人应当如实提供证据、证言,以及作伪证或者隐匿证据应当承担的法律责任。不得向证人泄露案情,不得采用非法方法获取证言。

询问重大或者有社会影响案件的重要证人,应当对询问过程全程同步录音录像[57],并告知证人。告知情况应当在录音录像中予以反映,并在笔录中记明。

第八十八条　询问未成年人,应当通知其法定代理人到场。无法通知或者法定代理人不能到场的,应当通知未成年人的其他成年亲属或者所在学校、居住地基层组织的代表等有关人员到场。询问结束后,由法定代理人或者有关人员在笔录中签名。调查人员应当将到场情况记录在案。

询问聋、哑人,应当有通晓聋、哑手势的人员参加。调查人员应当在笔录中记明证人的聋、哑情况,以及翻译人员的姓名、工作单位和职业。询问不通晓当地通用语言、文字的证人,应当有翻译人员。询问结束后,由翻译人员在笔录中签名。

第八十九条　凡是知道案件情况的人,都有如实作证的义务。对故意提供虚假证言的证人,应当依法追究法律责任。

证人或者其他任何人不得帮助被调查人隐匿、毁灭、伪造证据或者串供,不得实施其他干扰调查活动的行为。

第九十条　证人、鉴定人、被害人因作证,本人或者近亲属人身安全面临危险,向监察机关请求保护的,监察机关应当受理并及时进行审查;对于确实存在人身安全危险的,监察机关应当采取必要的保护措施。监察机关发现存在上述情形的,应当主动采取保护措施。

监察机关可以采取下列一项或者多项保护措施：

（一）不公开真实姓名、住址和工作单位等个人信息；

（二）禁止特定的人员接触证人、鉴定人、被害人及其近亲属；

（三）对人身和住宅采取专门性保护措施；

（四）其他必要的保护措施。

依法决定不公开证人、鉴定人、被害人的真实姓名、住址和工作单位等个人信息的，可以在询问笔录等法律文书、证据材料中使用化名。但是应当另行书面说明使用化名的情况并标明密级，单独成卷。

监察机关采取保护措施需要协助的，可以提请公安机关等有关单位和要求有关个人依法予以协助。

第九十一条　本条例第七十六条至第七十九条的要求，也适用于询问。询问重要涉案人员，根据情况适用本条例第七十五条的规定。

询问被害人，适用询问证人的规定。

第六节　留　　置

第九十二条　监察机关调查严重职务违法或者职务犯罪，对于符合监察法第二十二条第一款规定的，经依法审批，可以对被调查人采取留置措施。

监察法第二十二条第一款规定的严重职务违法，是指根据监察机关已经掌握的事实及证据，被调查人涉嫌的职务违法行为情节严重，可能被给予撤职以上政务处分；重要问题，是指对被调查人涉嫌的职务违法或者职务犯罪，在定性处置、定罪量刑等方面有重要影响的事实、情节及证据。

监察法第二十二条第一款规定的已经掌握其部分违法犯罪事实及证据，是指同时具备下列情形：

（一）有证据证明发生了违法犯罪事实；

（二）有证据证明该违法犯罪事实是被调查人实施；

（三）证明被调查人实施违法犯罪行为的证据已经查证属实。

部分违法犯罪事实，既可以是单一违法犯罪行为的事实，也可以是数个违法犯罪行为中任何一个违法犯罪行为的事实。

第九十三条　被调查人具有下列情形之一的，可以认定为监察法第二十二条第一款第二项所规定的可能逃跑、自杀：

（一）着手准备自杀、自残或者逃跑的；

（二）曾经有自杀、自残或者逃跑行为的；

（三）有自杀、自残或者逃跑意图的；

可能涉嫌职务犯罪。

57 结合《中国共产党纪律检查机关监督执纪工作规则》第48条学习。本条规定在询问重大或者有社会影响案件的重要证人，对询问过程全程同步录音录像，这有助于防止证人翻证，更是对调查人员的保护。

（四）其他可能逃跑、自杀的情形。

第九十四条 被调查人具有下列情形之一的，可以认定为监察法第二十二条第一款第三项所规定的可能串供或者伪造、隐匿、毁灭证据：

（一）曾经或者企图串供，伪造、隐匿、毁灭、转移证据的；

（二）曾经或者企图威逼、恐吓、利诱、收买证人，干扰证人作证的；

（三）有同案人或者与被调查人存在密切关联违法犯罪的涉案人员在逃，重要证据尚未收集完成的；

（四）其他可能串供或者伪造、隐匿、毁灭证据的情形。

第九十五条 被调查人具有下列情形之一的，可以认定为监察法第二十二条第一款第四项所规定的可能有其他妨碍调查行为：

（一）可能继续实施违法犯罪行为的；

（二）有危害国家安全、公共安全等现实危险的；

（三）可能对举报人、控告人、被害人、证人、鉴定人等相关人员实施打击报复的；

（四）无正当理由拒不到案，严重影响调查的；

（五）其他可能妨碍调查的行为。

第九十六条 对下列人员不得采取留置措施：

（一）患有严重疾病、生活不能自理的；

（二）怀孕或者正在哺乳自己婴儿的妇女；

（三）系生活不能自理的人的唯一扶养人。

上述情形消除后，根据调查需要可以对相关人员采取留置措施。

第九十七条 采取留置措施时，调查人员不得少于二人，应当向被留置人员宣布《留置决定书》，告知被留置人员权利义务，要求其在《留置决定书》上签名、捺指印。被留置人员拒绝签名、捺指印的，调查人员应当在文书上记明。

第九十八条 采取留置措施后，应当在二十四小时以内通知被留置人员所在单位和家属。当面通知的，由有关人员在《留置通知书》上签名。无法当面通知的，可以先以电话等方式通知，并通过邮寄、转交等方式送达《留置通知书》，要求有关人员在《留置通知书》上签名。

因可能毁灭、伪造证据，干扰证人作证或者串供等有碍调查情形[58]而不宜通知的，应当按规定报批，记录在案。有碍调查的情形消失后，应当立即通知被留置人员所在单位和家属。

第九十九条 县级以上监察机关需要提请公安机关协助采取留置措施的，应当按规定报批，请同级公安机关依法予以协助。提请协助时，应当出具《提请协助

[58] 在判断是否有发生妨碍调查的情形时，不能依据主观推测，应当根据客观事实、证据等进行严格把握、审慎判断。

采取留置措施函》，列明提请协助的具体事项和建议，协助采取措施的时间、地点等内容，附《留置决定书》复印件。

因保密需要，不适合在采取留置措施前向公安机关告知留置对象姓名的，可以作出说明，进行保密处理。

需要提请异地公安机关协助采取留置措施的，应当按规定报批，向协作地同级监察机关出具协作函件和相关文书，由协作地监察机关提请当地公安机关依法予以协助。

第一百条　留置过程中，应当保障被留置人员的合法权益，尊重其人格和民族习俗，保障饮食、休息和安全，提供医疗服务。

第一百零一条　留置时间不得超过三个月，自向被留置人员宣布之日起算。具有下列情形之一的，经审批可以延长一次，延长时间不得超过三个月：

（一）案情重大，严重危害国家利益或者公共利益的；

（二）案情复杂，涉案人员多、金额巨大，涉及范围广的；

（三）重要证据尚未收集完成，或者重要涉案人员尚未到案，导致违法犯罪的主要事实仍须继续调查的；

（四）其他需要延长留置时间的情形。

省级以下监察机关采取留置措施的，延长留置时间应当报上一级监察机关批准。

延长留置时间的，应当在留置期满前向被留置人员宣布延长留置时间的决定，要求其在《延长留置时间决定书》上签名、捺指印。被留置人员拒绝签名、捺指印的，调查人员应当在文书上记明。

延长留置时间的，应当通知被留置人员家属。

第一百零二条　对被留置人员不需要继续采取留置措施的，应当按规定报批，及时解除留置。

调查人员应当向被留置人员宣布解除留置措施的决定，由其在《解除留置决定书》上签名、捺指印。被留置人员拒绝签名、捺指印的，调查人员应当在文书上记明。

解除留置措施的，应当及时通知被留置人员所在单位或者家属。调查人员应当与交接人办理交接手续，并由其在《解除留置通知书》上签名。无法通知或者有关人员拒绝签名的，调查人员应当在文书上记明。

案件依法移送人民检察院审查起诉的，留置措施自犯罪嫌疑人被执行拘留时[59]自动解除，不再办理解除法律手续。

第一百零三条　留置场所应当建立健全保密、消防、医疗、餐饮及安保等安全

[59] 注意：决定拘留与执行拘留，通常存在时间差。

工作责任制，制定紧急突发事件处置预案，采取安全防范措施。

留置期间发生被留置人员死亡、伤残、脱逃等办案安全事故、事件的，应当及时做好处置工作。相关情况应当立即报告监察机关主要负责人，并在二十四小时以内逐级上报至国家监察委员会。

第七节　查询[60]、冻结

第一百零四条　监察机关调查严重职务违法或者职务犯罪，根据工作需要，按规定报批后，可以依法查询、冻结涉案单位和个人的存款、汇款、债券、股票、基金份额等财产。

第一百零五条　查询、冻结财产时，调查人员不得少于二人。调查人员应当出具《协助查询财产通知书》或者《协助冻结财产通知书》，送交银行或者其他金融机构、邮政部门等单位执行。有关单位和个人应当予以配合，并严格保密。

查询财产应当在《协助查询财产通知书》中填写查询账号、查询内容等信息。没有具体账号的，应当填写足以确定账户或者权利人的自然人姓名、身份证件号码或者企业法人名称、统一社会信用代码等信息。

冻结财产应当在《协助冻结财产通知书》中填写冻结账户名称、冻结账号、冻结数额、冻结期限起止时间等信息。冻结数额应当具体、明确，暂时无法确定具体数额的，应当在《协助冻结财产通知书》上明确写明"只收不付"。冻结证券和交易结算资金时，应当明确冻结的范围是否及于孳息。

冻结财产，应当为被调查人及其所扶养的亲属保留必需的生活费用。

第一百零六条　调查人员可以根据需要对查询结果进行打印、抄录、复制、拍照，要求相关单位在有关材料上加盖证明印章。对查询结果有疑问的，可以要求相关单位进行书面解释并加盖印章。

第一百零七条　监察机关对查询信息应当加强管理，规范信息交接、调阅、使用程序和手续，防止滥用和泄露。

调查人员不得查询与案件调查工作无关的信息[61]。

第一百零八条　冻结财产的期限不得超过六个月。冻结期限到期未办理续冻手续的，冻结自动解除。

有特殊原因需要延长冻结期限的，应当在到期前按原程序报批，办理续冻手续。每次续冻期限不得超过六个月。

第一百零九条　已被冻结的财产可以轮候冻结，不得重复冻结。轮候冻结的，监察机关应当要求有关银行或者其他金融机构等单位在解除冻结或者作出处理前予以通知。

[60] 查询注意要点：1. 查询财产时，调查人员不得少于2人，应当出具《协助查询财产通知书》交银行或者其他金融机构等执行。2. 调查人员应当在《协助查询财产通知书》中填写查询账号、查询内容等信息。没有具体账号的，应当填写足以确定账户或者权利人的自然人姓名、身份证件号码或者企业法人名称、统一社会信用代码等的信息。3. 调查人员可以根据需要对查询结果进行打印、抄录、复制、拍照，要求相关单位在有关材料上加盖证明印章。盖章的方式为：首末页盖章，全部材料骑缝盖章。对查询结果有疑问的，可以要求相关单位进行书面解释并加盖印章。4. 调查人员不得查询与案件调查工作无关的信息。5. 在监督执纪工作中查询财产的，可以监察机关的名义进行。6. 未被授予监察权的纪检机构查询财产的，可以报请上级纪检监察机构或者所在地纪委

监察机关接受司法机关、其他监察机关等国家机关移送的涉案财物后，该国家机关采取的冻结期限届满，监察机关续行冻结的顺位与该国家机关冻结的顺位相同。

第一百一十条　冻结财产应当通知权利人或者其法定代理人、委托代理人，要求其在《冻结财产告知书》上签名。冻结股票、债券、基金份额等财产，应当告知权利人或者其法定代理人、委托代理人有权申请出售。

对于被冻结的股票、债券、基金份额等财产，权利人或者其法定代理人、委托代理人申请出售，不损害国家利益、被害人利益，不影响调查正常进行的，经审批可以在案件办结前由相关机构依法出售或者变现[62]。对于被冻结的汇票、本票、支票即将到期的，经审批可以在案件办结前由相关机构依法出售或者变现[63]。出售上述财产的，应当出具《许可出售冻结财产通知书》。

出售或者变现所得价款应当继续冻结在其对应的银行账户中；没有对应的银行账户的，应当存入监察机关指定的专用账户保管，并将存款凭证送监察机关登记。监察机关应当及时向权利人或者其法定代理人、委托代理人出具《出售冻结财产通知书》，并要求其签名。拒绝签名的，调查人员应当在文书上记明。

第一百一十一条　对于冻结的财产，应当及时核查。经查明与案件无关的，经审批，应当在查明后三日以内将《解除冻结财产通知书》送交有关单位执行。解除情况应当告知被冻结财产的权利人或者其法定代理人、委托代理人。

第八节　搜　　查

第一百一十二条　监察机关调查职务犯罪案件[64]，为了收集犯罪证据、查获被调查人，按规定报批后，可以依法对被调查人以及可能隐藏被调查人或者犯罪证据的人的身体、物品、住处、工作地点和其他有关地方进行搜查。

第一百一十三条　搜查应当在调查人员主持下进行，调查人员不得少于二人。搜查女性的身体，由女性工作人员进行。

搜查时，应当有被搜查人或者其家属、其所在单位工作人员或者其他见证人在场。监察人员不得作为见证人。调查人员应当向被搜查人或者其家属、见证人出示《搜查证》，要求其签名。被搜查人或者其家属不在场，或者拒绝签名的，调查人员应当在文书上记明。[65]

第一百一十四条　搜查时，应当要求在场人员予以配合，不得进行阻碍。对以暴力、威胁等方法阻碍搜查的，应当依法制止。对阻碍搜查构成违法犯罪的，依法追究法律责任。

第一百一十五条　县级以上监察机关需要提请公安机关依法协助采取搜查措

监委出具监察文书。上级纪检监察机构和所在地纪委监委在出具文书前，应当进行必要性审核。

[61] 此处以负面清单的形式确立了查询的关联性原则和必要性原则。

[62] 此处规定了出售或者变现的三个条件：一是权利人或者其法定代理人、委托代理人申请出售；二是出售行为不损害国家利益、被害人利益，不影响调查正常进行；三是经审批。

[63] 出售或者变现即将到期的被冻结的汇票、本票、支票，不需要征得权利人或者其法定代理人、委托代理人同意。

[64] 搜查措施，仅适用于职务犯罪案件，不适用于严重职务违法案件。

[65] 搜查是监察机关调查涉嫌职务犯罪案件时收集犯罪证据、查获涉嫌职务犯罪的被调查人的重要措施。其作用主要体现在三个方面：1. 查获被调查人及赃款赃物；2. 及时收集物证、书证、电子数据等犯罪证据；3. 掌握被调查人的经济状况、成长历程、感

施的，应当按规定报批，请同级公安机关予以协助。提请协助时，应当出具《提请协助采取搜查措施函》，列明提请协助的具体事项和建议，搜查时间、地点、目的等内容，附《搜查证》复印件。

需要提请异地公安机关协助采取搜查措施的，应当按规定报批，向协作地同级监察机关出具协作函件和相关文书，由协作地监察机关提请当地公安机关予以协助。

第一百一十六条 对搜查取证工作，应当全程同步录音录像。

对搜查情况应当制作《搜查笔录》，由调查人员和被搜查人或者其家属、见证人签名。被搜查人或者其家属不在场，或者拒绝签名的，调查人员应当在笔录中记明。

对于查获的重要物证、书证、视听资料、电子数据及其放置、存储位置应当拍照，并在《搜查笔录》中作出文字说明。

第一百一十七条 搜查时，应当避免未成年人或者其他不适宜在搜查现场的人在场。

搜查人员应当服从指挥、文明执法，不得擅自变更搜查对象和扩大搜查范围。搜查的具体时间、方法，在实施前应当严格保密。

第一百一十八条 在搜查过程中查封、扣押财物和文件的，按照查封、扣押的有关规定办理。

第九节 调 取

第一百一十九条 监察机关按规定报批后，可以依法向有关单位和个人调取用以证明案件事实的证据材料。

第一百二十条 调取证据材料时，调查人员不得少于二人。调查人员应当依法出具《调取证据通知书》，必要时附《调取证据清单》。

有关单位和个人配合监察机关调取证据，应当严格保密。

第一百二十一条 调取物证应当调取原物。原物不便搬运、保存，或者依法应当返还，或者因保密工作需要不能调取原物的，可以将原物封存，并拍照、录像[66]。对原物拍照或者录像时，应当足以反映原物的外形、内容。

调取书证、视听资料应当调取原件。取得原件确有困难或者因保密工作需要不能调取原件的，可以调取副本或者复制件。

调取物证的照片、录像和书证、视听资料的副本、复制件的，应当书面记明不能调取原物、原件的原因，原物、原件存放地点，制作过程，是否与原物、原件相符，并由调查人员和物证、书证、视听资料原持有人签名或者盖章。持有人无法签名、盖章或者拒绝签名、盖章的，应当在笔录中记明，由见证人签名。

情经历、生活习惯、家庭关系、兴趣爱好等信息。比如，某央企原董事长A某，利用职务上的便利和影响力，为他人在融资担保、信用额度授权、煤炭集中采购、承揽工程、企业收购等方面提供帮助，并收受他人巨额贿赂。经国家监委指定，W省监委对A某涉嫌职务犯罪问题立案调查。在对A某进行控制的同时，调查人员对其及家人的多处房产依法进行了搜查。共查获十几个保险柜，从中起获了大量的赃款赃物，包括巨额现金、存折、银行卡，以及金条、象牙制品等贵重物品，另外还找到合作协议、收据、工作笔记等若干书证材料。成功的搜查为本案的高质量办理奠定了坚实的基础。参见安徽省纪委监委第十三纪检监察室：《有效使用搜查助力案件突破》，载《中国纪检监察报》2020年2月26日，第8版。

第一百二十二条　调取外文材料作为证据使用的，应当交由具有资质的机构和人员出具中文译本。中文译本应当加盖翻译机构公章。

第一百二十三条　收集、提取电子数据，能够扣押原始存储介质的，应当予以扣押、封存并在笔录中记录封存状态[67]。无法扣押原始存储介质的，可以提取电子数据，但应当在笔录中记明不能扣押的原因、原始存储介质的存放地点或者电子数据的来源等情况。

由于客观原因无法或者不宜采取前款规定方式收集、提取电子数据的，可以采取打印、拍照或者录像等方式固定相关证据，并在笔录中说明原因。

收集、提取的电子数据，足以保证完整性，无删除、修改、增加等情形的，可以作为证据使用。

收集、提取电子数据，应当制作笔录，记录案由、对象、内容，收集、提取电子数据的时间、地点、方法、过程，并附电子数据清单，注明类别、文件格式、完整性校验值等，由调查人员、电子数据持有人（提供人）签名或者盖章；电子数据持有人（提供人）无法签名或者拒绝签名的，应当在笔录中记明，由见证人签名或者盖章。有条件的，应当对相关活动进行录像。

第一百二十四条　调取的物证、书证、视听资料等原件，经查明与案件无关的，经审批，应当在查明后三日以内退还，并办理交接手续。

第十节　查封、扣押

第一百二十五条　监察机关按规定报批后，可以依法查封、扣押用以证明被调查人涉嫌违法犯罪以及情节轻重的财物、文件、电子数据等证据材料。

对于被调查人到案时随身携带的物品，以及被调查人或者其他相关人员主动上交的财物和文件，依法需要扣押的，依照前款规定办理。对于被调查人随身携带的与案件无关的个人用品，应当逐件登记，随案移交或者退还。

第一百二十六条　查封、扣押时，应当出具《查封/扣押通知书》，调查人员不得少于二人。持有人拒绝交出应当查封、扣押的财物和文件的，可以依法强制查封、扣押。

调查人员对于查封、扣押的财物和文件，应当会同在场见证人和被查封、扣押财物持有人进行清点核对，开列《查封/扣押财物、文件清单》，由调查人员、见证人和持有人签名或者盖章。持有人不在场或者拒绝签名、盖章的，调查人员应当在清单上记明。

查封、扣押财物，应当为被调查人及其所扶养的亲属保留必需的生活费用和物品。

[66] 注意对原物拍照或者录像固定证据的适用条件：一是原物不便搬运，二是原物不便保存，三是依法应当将原物返还他人，四是因保密工作需要不能调取原物。

[67] 收集、提取微信聊天记录、电子邮件、微博等电子数据，能够扣押原始存储介质的，应当予以扣押、封存并在笔录中记录封存状态。

第一百二十七条 查封、扣押不动产和置于该不动产上不宜移动的设施、家具和其他相关财物,以及车辆、船舶、航空器和大型机械、设备等财物,必要时可以依法扣押其权利证书,经拍照或者录像后原地封存。调查人员应当在查封清单上记明相关财物的所在地址和特征,已经拍照或者录像及其权利证书被扣押的情况,由调查人员、见证人和持有人签名或者盖章。持有人不在场或者拒绝签名、盖章的,调查人员应当在清单上记明。

查封、扣押前款规定财物的,必要时可以将被查封财物交给持有人或者其近亲属保管。调查人员应当告知保管人妥善保管,不得对被查封财物进行转移、变卖、毁损、抵押、赠予等处理。

调查人员应当将《查封/扣押通知书》送达不动产、生产设备或者车辆、船舶、航空器等财物的登记、管理部门,告知其在查封期间禁止办理抵押、转让、出售等权属关系变更、转移登记手续。相关情况应当在查封清单上记明。被查封、扣押的财物已经办理抵押登记的,监察机关在执行没收、追缴、责令退赔等决定时应当及时通知抵押权人。

第一百二十八条 查封、扣押下列物品,应当依法进行相应的处理:

(一)查封、扣押外币、金银珠宝、文物、名贵字画以及其他不易辨别真伪的贵重物品,具备当场密封条件的,应当当场密封,由二名以上调查人员在密封材料上签名并记明密封时间。不具备当场密封条件的,应当在笔录中记明,以拍照、录像等方法加以保全后进行封存。查封、扣押的贵重物品需要鉴定的,应当及时鉴定。

(二)查封、扣押存折、银行卡、有价证券等支付凭证和具有一定特征能够证明案情的现金,应当记明特征、编号、种类、面值、张数、金额等,当场密封,由二名以上调查人员在密封材料上签名并记明密封时间。

(三)查封、扣押易损毁、灭失、变质等不宜长期保存的物品以及有消费期限的卡、券,应当在笔录中记明,以拍照、录像等方法加以保全后进行封存,或者经审批委托有关机构变卖、拍卖。变卖、拍卖的价款存入专用账户保管,待调查终结后一并处理。

(四)对于可以作为证据使用的录音录像、电子数据存储介质,应当记明案由、对象、内容,录制、复制的时间、地点、规格、类别、应用长度、文件格式及长度等,制作清单。具备查封、扣押条件的电子设备、存储介质应当密封保存。必要时,可以请有关机关协助。

(五)对被调查人使用违法犯罪所得与合法收入共同购置的不可分割的财产,可以先行查封、扣押。对无法分割退还的财产,涉及违法的,可以在结案后委托有关单位拍卖、变卖,退还不属于违法所得的部分及孳息;涉及职务犯罪的,依法移送司法机关处置。

（六）查封、扣押危险品、违禁品，应当及时送交有关部门，或者根据工作需要严格封存保管。

第一百二十九条　对于需要启封的财物和文件，应当由二名以上调查人员共同办理。重新密封时，由二名以上调查人员在密封材料上签名、记明时间。

第一百三十条　查封、扣押涉案财物，应当按规定将涉案财物详细信息、《查封/扣押财物、文件清单》录入并上传监察机关涉案财物信息管理系统。

对于涉案款项，应当在采取措施后十五日以内存入监察机关指定的专用账户。对于涉案物品，应当在采取措施后三十日以内移交涉案财物保管部门保管。因特殊原因不能按时存入专用账户或者移交保管的，应当按规定报批，将保管情况录入涉案财物信息管理系统，在原因消除后及时存入或者移交。

第一百三十一条　对于已移交涉案财物保管部门保管的涉案财物，根据调查工作需要，经审批可以临时调用，并应当确保完好。调用结束后，应当及时归还。调用和归还时，调查人员、保管人员应当当面清点查验。保管部门应当对调用和归还情况进行登记，全程录像并上传涉案财物信息管理系统。

第一百三十二条　对于被扣押的股票、债券、基金份额等财产，以及即将到期的汇票、本票、支票，依法需要出售或者变现的，按照本条例关于出售冻结财产的规定办理。

第一百三十三条　监察机关接受司法机关、其他监察机关等国家机关移送的涉案财物后，该国家机关采取的查封、扣押期限届满，监察机关续行查封、扣押的顺位与该国家机关查封、扣押的顺位相同。

第一百三十四条　对查封、扣押的财物和文件，应当及时进行核查。经查明与案件无关的，经审批，应当在查明后三日以内解除查封、扣押，予以退还。解除查封、扣押的，应当向有关单位、原持有人或者近亲属送达《解除查封/扣押通知书》，附《解除查封/扣押财物、文件清单》，要求其签名或者盖章。

第一百三十五条　在立案调查之前，对监察对象及相关人员主动上交的涉案财物，经审批可以接收。

接收时，应当由二名以上调查人员，会同持有人和见证人进行清点核对，当场填写《主动上交财物登记表》。调查人员、持有人和见证人应当在登记表上签名或者盖章。

对于主动上交的财物，应当根据立案及调查情况及时决定是否依法查封、扣押。

第十一节　勘验检查

第一百三十六条　监察机关按规定报批后，可以依法对与违法犯罪有关的场所、物品、人身、尸体、电子数据等进行勘验检查。

第一百三十七条　依法需要勘验检查的，应当制作《勘验检查证》；需要委托勘验检查的，应当出具《委托勘验检查书》，送具有专门知识、勘验检查资格的单位（人员）办理。

第一百三十八条　勘验检查应当由二名以上调查人员主持，邀请与案件无关的见证人在场。勘验检查情况应当制作笔录，并由参加勘验检查人员和见证人签名。

勘验检查现场、拆封电子数据存储介质应当全程同步录音录像。对现场情况应当拍摄现场照片、制作现场图，并由勘验检查人员签名。

【知识点：电子数据】《最高人民法院、最高人民检察院、公安部关于办理刑事案件收集提取和审查判断电子数据若干问题的规定》第1条规定："电子数据是案件发生过程中形成的，以数字化形式存储、处理、传输的，能够证明案件事实的数据。电子数据包括但不限于下列信息、电子文件：（一）网页、博客、微博客、朋友圈、贴吧、网盘等网络平台发布的信息；（二）手机短信、电子邮件、即时通信、通讯群组等网络应用服务的通信信息；（三）用户注册信息、身份认证信息、电子交易记录、通信记录、登录日志等信息；（四）文档、图片、音视频、数字证书、计算机程序等电子文件。以数字化形式记载的证人证言、被害人陈述以及犯罪嫌疑人、被告人供述和辩解等证据，不属于电子数据。确有必要的，对相关证据的收集、提取、移送、审查，可以参照适用本规定。"第5条规定："对作为证据使用的电子数据，应当采取以下一种或者几种方法保护电子数据的完整性：（一）扣押、封存电子数据原始存储介质；（二）计算电子数据完整性校验值；（三）制作、封存电子数据备份；（四）冻结电子数据；（五）对收集、提取电子数据的相关活动进行录像；（六）其他保护电子数据完整性的方法。"第14条规定："收集、提取电子数据，应当制作笔录，记录案由、对象、内容、收集、提取电子数据的时间、地点、方法、过程，并附电子数据清单，注明类别、文件格式、完整性校验值等，由侦查人员、电子数据持有人（提供人）签名或者盖章；电子数据持有人（提供人）无法签名或者拒绝签名的，应当在笔录中注明，由见证人签名或者盖章。有条件的，应当对相关活动进行录像。"

收集和运用电子数据，要把握全面原则：(1)全面收集审查调查对象和涉案人员的电脑、手机、iPad、光盘、U盘、硬盘等原始存储介质；(2)全面收集上述原始存储介质存储、处理和正在运行、传输的电子数据；(3)全面收集审查调查对象和涉案人员隐藏、删除和对外联络的电子数据;(4)全面收集日志记录、系统、软件运行环境状况等附属信息和电子痕迹,以保证对电子数据生成过程、来源、与审查调查对象和涉案人员的关联性等的有效证明。收集和利用电子数据,还要把握合法原则:(1)收集和提取电子数据的措施和手段,必须达到一定使用条件、经过一定审批程序后才能组织实施;(2)收集和提取电子数据的所有措施和手段,必须具有相应的法律文书,做好工作笔录并随案移送;(3)依法采取搜查、查封、扣押、勘验检查等措施收集和固定电子数据,必须进行同步录音录像,并拍照;(4)依法采取搜查、查封、扣押、勘验检查等措施收集和固定电子数据,必须安排见证人在场,见证人要在工作笔录上签名,并附有见证人身份证明的复印件。参见肖佳:《如何收集和运用电子数据》,载《中国纪检监察报》2020 年 3 月 4 日,第 8 版。

第一百三十九条 为了确定被调查人或者相关人员的某些特征、伤害情况或者生理状态,可以依法对其人身进行检查。必要时可以聘请法医或者医师进行人身检查。检查女性身体,应当由女性工作人员或者医师进行。被调查人拒绝检查的,可以依法强制检查。

人身检查不得采用损害被检查人生命、健康或者贬低其名誉、人格的方法。对人身检查过程中知悉的个人隐私,应当严格保密。

对人身检查的情况应当制作笔录,由参加检查的调查人员、检查人员、被检查人员和见证人签名。被检查人员拒绝签名的,调查人员应当在笔录中记明。

第一百四十条 为查明案情,在必要的时候,经审批可以依法进行调查实验。调查实验,可以聘请有关专业人员参加,也可以要求被调查人、被害人、证人参加。

进行调查实验,应当全程同步录音录像,制作调查实验笔录,由参加实验的人签名。进行调查实验,禁止一切足以造成危险、侮辱人格的行为。

第一百四十一条 调查人员在必要时,可以依法让被害人、证人和被调查人对与违法犯罪有关的物品、文件、尸体或者场所进行辨认;也可以让被害人、证人对被调查人进行辨认,或者让被调查人对涉案人员进行辨认。

辨认工作应当由二名以上调查人员主持进行。在辨认前,应当向辨认人详细询问辨认对象的具体特征,避免辨认人见到辨认对象,并告知辨认人作虚假辨认应当承担的法律责任。几名辨认人对同一辨认对象进行辨认时,应当由辨认人个别进行。辨认应当形成笔录,并由调查人员、辨认人签名。

第一百四十二条 辨认人员时,被辨认的人数不得少于七人,照片不得少于十张。

辨认人不愿公开进行辨认时,应当在不暴露辨认人的情况下进行辨认,并为其保守秘密。

第一百四十三条 组织辨认物品时一般应当辨认实物。被辨认的物品系名贵字画等贵重物品或者存在不便搬运等情况的，可以对实物照片进行辨认。辨认人进行辨认时，应当在辨认出的实物照片与附纸骑缝上捺指印予以确认，在附纸上写明该实物涉案情况并签名、捺指印。

辨认物品时，同类物品不得少于五件，照片不得少于五张。

对于难以找到相似物品的特定物，可以将该物品照片交由辨认人进行确认后，在照片与附纸骑缝上捺指印，在附纸上写明该物品涉案情况并签名、捺指印。在辨认人确认前，应当向其详细询问物品的具体特征，并对确认过程和结果形成笔录。

第一百四十四条 辨认笔录具有下列情形之一的，不得作为认定案件的依据：

（一）辨认开始前使辨认人见到辨认对象的；

（二）辨认活动没有个别进行的；

（三）辨认对象没有混杂在具有类似特征的其他对象中，或者供辨认的对象数量不符合规定的，但特定辨认对象除外；

（四）辨认中给辨认人明显暗示或者明显有指认嫌疑的；

（五）辨认不是在调查人员主持下进行的；

（六）违反有关规定，不能确定辨认笔录真实性的其他情形。

辨认笔录存在其他瑕疵的，应当结合全案证据审查其真实性和关联性，作出综合判断。

第十二节 鉴 定

第一百四十五条 监察机关为解决案件中的专门性问题，按规定报批后，可以依法进行鉴定。

鉴定时应当出具《委托鉴定书》，由二名以上调查人员送交具有鉴定资格的鉴定机构、鉴定人进行鉴定。

第一百四十六条 监察机关可以依法开展下列鉴定：

（一）对笔迹、印刷文件、污损文件、制成时间不明的文件和以其他形式表现的文件等进行鉴定；

（二）对案件中涉及的财务会计资料及相关财物进行会计鉴定；

（三）对被调查人、证人的行为能力进行精神病鉴定；

（四）对人体造成的损害或者死因进行人身伤亡医学鉴定；

（五）对录音录像资料进行鉴定；

（六）对因电子信息技术应用而出现的材料及其派生物进行电子证据鉴定；

（七）其他可以依法进行的专业鉴定。

第一百四十七条　监察机关应当为鉴定提供必要条件，向鉴定人送交有关检材和对比样本等原始材料，介绍与鉴定有关的情况。调查人员应当明确提出要求鉴定事项，但不得暗示或者强迫鉴定人作出某种鉴定意见。

监察机关应当做好检材的保管和送检工作，记明检材送检环节的责任人，确保检材在流转环节的同一性和不被污染。

第一百四十八条　鉴定人应当在出具的鉴定意见上签名，并附鉴定机构和鉴定人的资质证明或者其他证明文件。多个鉴定人的鉴定意见不一致的，应当在鉴定意见上记明分歧的内容和理由，并且分别签名。

监察机关对于法庭审理中依法决定鉴定人出庭作证的，应当予以协调。

鉴定人故意作虚假鉴定的，应当依法追究法律责任。

第一百四十九条　调查人员应当对鉴定意见进行审查[68]。对经审查作为证据使用的鉴定意见，应当告知被调查人及相关单位、人员，送达《鉴定意见告知书》。

被调查人或者相关单位、人员提出补充鉴定或者重新鉴定申请，经审查符合法定要求的，应当按规定报批，进行补充鉴定或者重新鉴定。

对鉴定意见告知情况可以制作笔录，载明告知内容和被告知人的意见等。

第一百五十条　经审查具有下列情形之一的，应当补充鉴定：

（一）鉴定内容有明显遗漏的；

（二）发现新的有鉴定意义的证物的；

（三）对鉴定证物有新的鉴定要求的；

（四）鉴定意见不完整，委托事项无法确定的；

（五）其他需要补充鉴定的情形。

第一百五十一条　经审查具有下列情形之一的，应当重新鉴定：

（一）鉴定程序违法或者违反相关专业技术要求的；

（二）鉴定机构、鉴定人不具备鉴定资质和条件的；

（三）鉴定人故意作出虚假鉴定或者违反回避规定的；

（四）鉴定意见依据明显不足的；

（五）检材虚假或者被损坏的；

（六）其他应当重新鉴定的情形。

决定重新鉴定的，应当另行确定鉴定机构和鉴定人。

第一百五十二条　因无鉴定机构，或者根据法律法规等规定，监察机关可以指派、聘请具有专门知识的人就案件的专门性问题出具报告[69]。

第十三节　技术调查[70]

第一百五十三条　监察机关根据调查涉嫌重大贪污贿赂等职务犯罪需要，依

⑱ 比如审查鉴定人是否有应该回避的情形，鉴定人是否有鉴定资质，鉴定意见是否与其他证据有矛盾等。

⑲ 专门性问题报告不是专门的证据种类，证据效力低于鉴定意见，属参考性意见。

⑳ 技术调查的内容包括记录监控、通信监控、场所监控、行踪监控等。

照规定的权限和程序报经批准,可以依法采取技术调查措施,按照规定交公安机关或者国家有关执法机关依法执行。

前款所称重大贪污贿赂等职务犯罪,是指具有下列情形之一:

(一)案情重大复杂,涉及国家利益或者重大公共利益的;

(二)被调查人可能被判处十年以上有期徒刑、无期徒刑或者死刑的;

(三)案件在全国或者本省、自治区、直辖市范围内有较大影响的。

第一百五十四条 依法采取技术调查措施的,监察机关应当出具《采取技术调查措施委托函》《采取技术调查措施决定书》和《采取技术调查措施适用对象情况表》,送交有关机关执行。其中,设区的市级以下监察机关委托有关执行机关采取技术调查措施,还应当提供《立案决定书》。

第一百五十五条 技术调查措施的期限按照监察法的规定执行,期限届满前未办理延期手续的,到期自动解除。

对于不需要继续采取技术调查措施的,监察机关应当按规定及时报批,将《解除技术调查措施决定书》送交有关机关执行。

需要依法变更技术调查措施种类或者增加适用对象的,监察机关应当重新办理报批和委托手续,依法送交有关机关执行。

第一百五十六条 对于采取技术调查措施收集的信息和材料,依法需要作为刑事诉讼证据使用的,监察机关应当按规定报批,出具《调取技术调查证据材料通知书》向有关执行机关调取。

对于采取技术调查措施收集的物证、书证及其他证据材料,监察机关应当制作书面说明,写明获取证据的时间、地点、数量、特征以及采取技术调查措施的批准机关、种类等。调查人员应当在书面说明上签名。

对于采取技术调查措施获取的证据材料,如果使用该证据材料可能危及有关人员的人身安全,或者可能产生其他严重后果的,应当采取不暴露有关人员身份、技术方法等保护措施。必要时,可以建议由审判人员在庭外进行核实。

第一百五十七条 调查人员对采取技术调查措施过程中知悉的国家秘密、商业秘密、个人隐私,应当严格保密。

采取技术调查措施获取的证据、线索及其他有关材料,只能用于对违法犯罪的调查、起诉和审判,不得用于其他用途。

对采取技术调查措施获取的与案件无关的材料,应当经审批及时销毁。对销毁情况应当制作记录,由调查人员签名。

第十四节 通 缉

第一百五十八条 县级以上监察机关对在逃的应当被留置人员,依法决定在本行政区域内通缉的，应当按规定报批，送交同级公安机关执行。送交执行时，应当出具《通缉决定书》，附《留置决定书》等法律文书和被通缉人员信息，以及承办单位、承办人员等有关情况。

通缉范围超出本行政区域的，应当报有决定权的上级监察机关出具《通缉决定书》，并附《留置决定书》及相关材料，送交同级公安机关执行。

第一百五十九条　国家监察委员会依法需要提请公安部对在逃人员发布公安部通缉令的，应当先提请公安部采取网上追逃措施。如情况紧急，可以向公安部同时出具《通缉决定书》和《提请采取网上追逃措施函》。

省级以下监察机关报请国家监察委员会提请公安部发布公安部通缉令的，应当先提请本地公安机关采取网上追逃措施。

第一百六十条　监察机关接到公安机关抓获被通缉人员的通知后，应当立即核实被抓获人员身份，并在接到通知后二十四小时以内派员办理交接手续。边远或者交通不便地区，至迟不得超过三日。

公安机关在移交前，将被抓获人员送往当地监察机关留置场所临时看管的，当地监察机关应当接收，并保障临时看管期间的安全，对工作信息严格保密。

监察机关需要提请公安机关协助将被抓获人员带回的，应当按规定报批，请本地同级公安机关依法予以协助。提请协助时，应当出具《提请协助采取留置措施函》，附《留置决定书》复印件及相关材料。

第一百六十一条　监察机关对于被通缉人员已经归案、死亡，或者依法撤销留置决定以及发现有其他不需要继续采取通缉措施情形的，应当经审批出具《撤销通缉通知书》，送交协助采取原措施的公安机关执行。

第十五节　限制出境

第一百六十二条　监察机关为防止被调查人及相关人员逃匿境外，按规定报批后，可以依法决定采取限制出境措施，交由移民管理机构依法执行。

第一百六十三条　监察机关采取限制出境措施应当出具有关函件，与《采取限制出境措施决定书》一并送交移民管理机构执行。其中，采取边控措施的，应当附《边控对象通知书》；采取法定不批准出境措施的，应当附《法定不准出境人员报备表》。

第一百六十四条　限制出境措施有效期不超过三个月，到期自动解除。

到期后仍有必要继续采取措施的，应当按原程序报批。承办部门应当出具有关函件，在到期前与《延长限制出境措施期限决定书》一并送交移民管理机构执行。延长期限每次不得超过三个月。

第一百六十五条 监察机关接到口岸移民管理机构查获被决定采取留置措施的边控对象的通知后,应当于二十四小时以内到达口岸办理移交手续。无法及时到达的,应当委托当地监察机关及时前往口岸办理移交手续。当地监察机关应当予以协助。

第一百六十六条 对于不需要继续采取限制出境措施的,应当按规定报批,及时予以解除。承办部门应当出具有关函件,与《解除限制出境措施决定书》一并送交移民管理机构执行。

第一百六十七条 县级以上监察机关在重要紧急情况下,经审批可以依法直接向口岸所在地口岸移民管理机构提请办理临时限制出境措施。

第五章 监察程序

第一节 线索处置

第一百六十八条 监察机关应当对问题线索归口受理、集中管理、分类处置、定期清理。

第一百六十九条 监察机关对于报案或者举报应当依法接受。属于本级监察机关管辖的,依法予以受理;属于其他监察机关管辖的,应当在五个工作日以内予以转送。

监察机关可以向下级监察机关发函交办检举控告,并进行督办,下级监察机关应当按期回复办理结果。

第一百七十条 对于涉嫌职务违法或者职务犯罪的公职人员主动投案的,应当依法接待和办理。

第一百七十一条 监察机关对于执法机关、司法机关等其他机关移送的问题线索,应当及时审核,并按照下列方式办理:

(一)本单位有管辖权的,及时研究提出处置意见;

(二)本单位没有管辖权但其他监察机关有管辖权的,在五个工作日以内转送有管辖权的监察机关;

(三)本单位对部分问题线索有管辖权的,对有管辖权的部分提出处置意见,并及时将其他问题线索转送有管辖权的机关;

(四)监察机关没有管辖权的,及时退回移送机关。

第一百七十二条 信访举报部门归口受理本机关管辖监察对象涉嫌职务违法和职务犯罪问题的检举控告,统一接收有关监察机关以及其他单位移送的相关检举控告,移交本机关监督检查部门或者相关部门,并将移交情况通报案件监督管理部门[71]。

[71] 对非本级管理的干部问题线索,主要有以下四种具体移送方式:一是属于上级纪检监察机关受理范围的,应将问题线索移交本机关案件监督管理部门按规定报送;二是属于本部门所联系的地区(单位)纪检监察机关(机构)受理范围的,应将问题线索移交该纪检监察机关(机构)的案件监督管理部门;三是属于本机关其他部门所联系的地区(单位)纪检监察机关(机构)受理范围的,应将问题线索移交该部门,由其移交相关纪检监察机关(机构)的案件监督管理部门;四是工作中发现的非本级管理的其他干部问题线索,应移交本机关案件监督管理部门统一转办。

案件监督管理部门统一接收巡视巡察机构和审计机关、执法机关、司法机关等其他机关移送的职务违法和职务犯罪问题线索，按程序移交本机关监督检查部门或者相关部门办理。

监督检查部门、调查部门在工作中发现的相关问题线索，属于本部门受理范围的，应当报送案件监督管理部门备案；属于本机关其他部门受理范围的，经审批后移交案件监督管理部门分办。

第一百七十三条　案件监督管理部门应当对问题线索实行集中管理、动态更新，定期汇总、核对问题线索及处置情况，向监察机关主要负责人报告，并向相关部门通报。

问题线索承办部门应当指定专人负责管理线索，逐件编号登记、建立管理台账。线索管理处置各环节应当由经手人员签名，全程登记备查，及时与案件监督管理部门核对。

第一百七十四条　监督检查部门应当结合问题线索所涉及地区、部门、单位总体情况进行综合分析，提出处置意见并制定处置方案，经审批按照谈话、函询、初步核实、暂存待查、予以了结等方式进行处置，或者按照职责移送调查部门处置。

函询应当以监察机关办公厅（室）名义发函给被反映人[72]，并抄送其所在单位和派驻监察机构主要负责人。被函询人应当在收到函件后十五个工作日以内写出说明材料，由其所在单位主要负责人签署意见后发函回复。被函询人为所在单位主要负责人的，或者被函询人所作说明涉及所在单位主要负责人的，应当直接发函回复监察机关。

被函询人已经退休的，按照第二款规定程序办理[73]。

监察机关根据工作需要，经审批可以对谈话、函询情况进行核实。

第一百七十五条　检举控告人使用本人真实姓名或者本单位名称，有电话等具体联系方式的，属于实名检举控告。监察机关对实名检举控告应当优先办理、优先处置，依法给予答复。虽有署名但不是检举控告人真实姓名（单位名称）或者无法验证的检举控告，按照匿名检举控告处理。

信访举报部门对属于本机关受理的实名检举控告，应当在收到检举控告之日起十五个工作日以内按规定告知实名检举控告人受理情况，并做好记录。

调查人员应当将实名检举控告的处理结果在办结之日起十五个工作日以内向检举控告人反馈，并记录反馈情况。对检举控告人提出异议的应当如实记录，并向其进行说明；对提供新证据材料的，应当依法核查处理。

第二节　初步核实

第一百七十六条　监察机关对具有可查性的职务违法和职务犯罪问题线索，

[72] 这里的被反映人，仅限监察对象，不包含单位。对存在轻微违法问题的单位能否函询，本条例未规定。

[73] 如果被函询人退休前是其所在单位主要负责人，可直接发函回复监察机关，不需要现在单位主要负责人签署意见。

应当按规定报批后,依法开展初步核实工作。

第一百七十七条 采取初步核实方式处置问题线索,应当确定初步核实对象,制定工作方案,明确需要核实的问题和采取的措施,成立核查组。

在初步核实中应当注重收集客观性证据,确保真实性和准确性。

第一百七十八条 在初步核实中发现或者受理被核查人新的具有可查性的问题线索的,应当经审批纳入原初核方案开展核查。

第一百七十九条 核查组在初步核实工作结束后应当撰写初步核实情况报告,列明被核查人基本情况、反映的主要问题、办理依据、初步核实结果、存在疑点、处理建议,由全体人员签名。

承办部门应当综合分析初步核实情况,按照拟立案调查、予以了结、谈话提醒、暂存待查,或者移送有关部门、机关处理等方式提出处置建议,按照批准初步核实的程序报批。

第三节 立 案

第一百八十条[74] 监察机关经过初步核实,对于已经掌握监察对象涉嫌职务违法或者职务犯罪的部分事实和证据,认为需要追究其法律责任的,应当按规定报批后,依法立案调查。

第一百八十一条 监察机关立案调查职务违法或者职务犯罪案件,需要对涉嫌行贿犯罪、介绍贿赂犯罪或者共同职务犯罪的涉案人员立案调查的,应当一并办理立案手续。需要交由下级监察机关立案的,经审批交由下级监察机关办理立案手续。

对单位涉嫌受贿、行贿等职务犯罪,需要追究法律责任的,依法对该单位办理立案调查手续。对事故(事件)中存在职务违法或者职务犯罪问题,需要追究法律责任,但相关责任人员尚不明确的,可以以事立案。对单位立案或者以事立案后,经调查确定相关责任人员的,按照管理权限报批确定被调查人。

监察机关根据人民法院生效刑事判决、裁定和人民检察院不起诉决定认定的事实,需要对监察对象给予政务处分的,可以由相关监督检查部门依据司法机关的生效判决、裁定、决定及其认定的事实、性质和情节,提出给予政务处分的意见,按程序移送审理。对依法被追究行政法律责任的监察对象,需要给予政务处分的,应当依法办理立案手续。

第一百八十二条 对案情简单、经过初步核实已查清主要职务违法事实,应当追究监察对象法律责任,不再需要开展调查的,立案和移送审理可以一并报批,履行立案程序后再移送审理[75]。

[74] 立案审查调查前一般要经过初步核实,但初步核实并非立案前置程序。实践中,也有不经过初核、直接立案的情形。如对于反映问题比较简单、经侧面了解已经掌握了相关事实和证据的线索,可以不经初核直接立案。对于其他纪检监察机关移送的问题线索,如果已核查过,事实清楚、证据充分,也可以直接立案。

[75] 立案和移送审理可以一并报批的简易程序的适用条件:一是案情简单;二是经过初步核实已查清主要职务违法事实,不包括职务犯罪事实;三是不再需要开展调查。简易程序立案后仍需履行违法事实见面材料程序。

第一百八十三条　上级监察机关需要指定下级监察机关立案调查的，应当按规定报批，向被指定管辖的监察机关出具《指定管辖决定书》，由其办理立案手续。

第一百八十四条　批准立案后，应当由二名以上调查人员出示证件，向被调查人宣布立案决定。宣布立案决定后，应当及时向被调查人所在单位等相关组织送达《立案通知书》，并向被调查人所在单位主要负责人通报。

对涉嫌严重职务违法或者职务犯罪的公职人员立案调查并采取留置措施的，应当按规定通知被调查人家属，并向社会公开发布。

第四节　调　　查

第一百八十五条　监察机关对已经立案的职务违法或者职务犯罪案件应当依法进行调查，收集证据查明违法犯罪事实。

调查职务违法或者职务犯罪案件，对被调查人没有采取留置措施的，应当在立案后一年以内作出处理决定；对被调查人解除留置措施的，应当在解除留置措施后一年以内作出处理决定。案情重大复杂的案件，经上一级监察机关批准，可以适当延长，但延长期限不得超过六个月。

被调查人在监察机关立案调查以后逃匿的，调查期限自被调查人到案之日起重新计算。

第一百八十六条　案件立案后，监察机关主要负责人应当依照法定程序批准确定调查方案。

监察机关应当组成调查组依法开展调查。调查工作应当严格按照批准的方案执行，不得随意扩大调查范围、变更调查对象和事项，对重要事项应当及时请示报告。调查人员在调查工作期间，未经批准不得单独接触任何涉案人员及其特定关系人，不得擅自采取调查措施。

第一百八十七条　调查组应当将调查认定的涉嫌违法犯罪事实形成书面材料，交给被调查人核对，听取其意见。被调查人应当在书面材料上签署意见。对被调查人签署不同意见或者拒不签署意见的，调查组应当作出说明或者注明情况。对被调查人提出申辩的事实、理由和证据应当进行核实，成立的予以采纳。

调查组对于立案调查的涉嫌行贿犯罪、介绍贿赂犯罪或者共同职务犯罪的涉案人员，在查明其涉嫌犯罪问题后，依照前款规定办理[76]。

对于按照本条例规定，对立案和移送审理一并报批的案件，应当在报批前履行本条第一款规定的程序。

第一百八十八条　调查组在调查工作结束后应当集体讨论，形成调查报告。调查报告应当列明被调查人基本情况、问题线索来源及调查依据、调查过程，涉嫌

[76] 不仅保障涉嫌职务违法职务犯罪的被调查人申辩权，也要保障涉嫌行贿犯罪、介绍贿赂犯罪或者共同职务犯罪的涉案人员的申辩权，即便这些人不是公职人员。

的主要职务违法或者职务犯罪事实，被调查人的态度和认识，处置建议及法律依据，并由调查组组长以及有关人员签名。

对调查过程中发现的重要问题和形成的意见建议，应当形成专题报告。

第一百八十九条 调查组对被调查人涉嫌职务犯罪拟依法移送人民检察院审查起诉的，应当起草《起诉建议书》。《起诉建议书》应当载明被调查人基本情况，调查简况，认罪认罚情况，采取留置措施的时间，涉嫌职务犯罪事实以及证据，对被调查人从重、从轻、减轻或者免除处罚等情节，提出对被调查人移送起诉的理由和法律依据，采取强制措施的建议，并注明移送案卷数及涉案财物等内容。

调查组应当形成被调查人到案经过及量刑情节方面的材料，包括案件来源、到案经过，自动投案、如实供述、立功等量刑情节，认罪悔罪态度、退赃、避免和减少损害结果发生等方面的情况说明及相关材料。被检举揭发的问题已被立案、查破，被检举揭发人已被采取调查措施或者刑事强制措施、起诉或者审判的，还应当附有关法律文书。

第一百九十条 经调查认为被调查人构成职务违法或者职务犯罪的，应当区分不同情况提出相应处理意见，经审批将调查报告[77]、职务违法或者职务犯罪事实材料、涉案财物报告、涉案人员处理意见等材料，连同全部证据和文书手续移送审理[78]。

对涉嫌职务犯罪的案件材料应当按照刑事诉讼要求单独立卷，与《起诉建议书》、涉案财物报告、同步录音录像资料及其自查报告[79]等材料一并移送审理。

调查全过程形成的材料应当案结卷成、事毕归档。

第五节 审 理

第一百九十一条 案件审理部门收到移送审理的案件后，应当审核材料是否齐全、手续是否完备。对被调查人涉嫌职务犯罪的，还应当审核相关案卷材料是否符合职务犯罪案件立卷要求，是否在调查报告中单独表述已查明的涉嫌犯罪问题，是否形成《起诉建议书》。

经审核符合移送条件的，应当予以受理；不符合移送条件的，经审批可以暂缓受理或者不予受理，并要求调查部门补充完善材料。

第一百九十二条 案件审理部门受理案件后，应当成立由二人以上组成的审理组，全面审理案卷材料。

案件审理部门对于受理的案件，应当以监察法、政务处分法、刑法、《中华人民共和国刑事诉讼法》等法律法规为准绳，对案件事实证据、性质认定、程序手续、涉案财物等进行全面审理。

---

⑦ 案件移送审理前，审查调查报告及处理建议虽然呈报监委领导审批、审阅，但这只能视为监委领导了解进度、掌握情况，仅是初步意见，而不是盖棺定论。

⑱ 相比《中国共产党纪律检查机关监督执纪工作规则》第52条第1款，本条例要求更高、更细：对涉嫌职务犯罪的，调查组还要提供涉案人员处理意见，同步录音录像资料及其自查报告。

⑲ 将同步录音录像资料及其自查报告一并移送审理，仅限职务犯罪案件，不包括严重职务违法案件。

案件审理部门应当强化监督制约职能，对案件严格审核把关，坚持实事求是、独立审理，依法提出审理意见。坚持调查与审理相分离的原则，案件调查人员不得参与审理。

第一百九十三条　审理工作应当坚持民主集中制原则，经集体审议形成审理意见。

第一百九十四条　审理工作应当在受理之日起一个月以内完成，重大复杂案件经批准可以适当延长。

第一百九十五条　案件审理部门根据案件审理情况，经审批[80]可以与被调查人谈话[81]，告知其在审理阶段的权利义务，核对涉嫌违法犯罪事实，听取其辩解意见，了解有关情况。与被调查人谈话时，案件审理人员不得少于二人。

具有下列情形之一的，一般应当与被调查人谈话：

（一）对被调查人采取留置措施，拟移送起诉的；

（二）可能存在以非法方法收集证据情形的；

（三）被调查人对涉嫌违法犯罪事实材料签署不同意见或者拒不签署意见的；

（四）被调查人要求向案件审理人员当面陈述的；

（五）其他有必要与被调查人进行谈话的情形。

第一百九十六条　经审理认为主要违法犯罪事实不清、证据不足的，应当经审批将案件退回承办部门重新调查。

有下列情形之一，需要补充完善证据的，经审批可以退回补充调查：

（一）部分事实不清、证据不足的；

（二）遗漏违法犯罪事实的；

（三）其他需要进一步查清案件事实的情形。

案件审理部门将案件退回重新调查或者补充调查的，应当出具审核意见，写明调查事项、理由、调查方向、需要补充收集的证据及其证明作用等[82]，连同案卷材料一并送交承办部门。

承办部门补充调查结束后，应当经审批将补证情况报告及相关证据材料，连同案卷材料一并移送案件审理部门；对确实无法查明的事项或者无法补充的证据，应当作出书面说明。重新调查终结后，应当重新形成调查报告，依法移送审理。

重新调查完毕移送审理的，审理期限重新计算。补充调查期间不计入审理期限。

第一百九十七条　审理工作结束后应当形成审理报告，载明被调查人基本情况、调查简况、涉嫌违法或者犯罪事实、被调查人态度和认识、涉案财物处置、承办部门意见、审理意见等内容，提请监察机关集体审议[83]。

⑧⑩ 审理谈话经分管领导审批后才能进行。

⑧① 《中国共产党纪律检查机关监督执纪工作规则》第55条规定，“案件审理部门根据案件审理情况，应当与被审查调查人谈话，核对违纪或者职务违法、职务犯罪事实，听取辩解意见，了解有关情况”。党纪案件，为保障受处分党员的申辩权，应当审理谈话。政务案件对审理谈话的要求是“可以与被调查人谈话”，多数情况下，也需要审理谈话；只有案情简单，被调查人对违法事实及定性无不同意见的，才可以不进行审理谈话。

⑧② 审核意见及退回补充调查提纲要体现说理性、阐明必要性、提出可行性。

⑧③ 集体审议的主体是“监察机关”，这与《中国共产党纪律检查机关监督执纪工作规则》第56条第1款规定不同，后者规定“审理报告报经纪检监察机关主要负责人批准后，提请纪委常委会会议审议”，审议主体是纪委常委会。

对被调查人涉嫌职务犯罪需要追究刑事责任的，应当形成《起诉意见书》，作为审理报告附件。《起诉意见书》应当忠实于事实真象，载明被调查人基本情况，调查简况，采取留置措施的时间，依法查明的犯罪事实和证据，从重、从轻、减轻或者免除处罚等情节，涉案财物情况，涉嫌罪名和法律依据，采取强制措施的建议，以及其他需要说明的情况。

案件审理部门经审理认为现有证据不足以证明被调查人存在违法犯罪行为，且通过退回补充调查仍无法达到证明标准的，应当提出撤销案件的建议[84]。

第一百九十八条 上级监察机关办理下级监察机关管辖案件的，可以经审理后按程序直接进行处置，也可以经审理[85]形成处置意见后，交由下级监察机关办理。

第一百九十九条 被指定管辖的监察机关在调查结束后应当将案件移送审理，提请监察机关集体审议[86]。

上级监察机关将其所管辖的案件指定管辖的，被指定管辖的下级监察机关应当按照前款规定办理后，将案件报上级监察机关依法作出政务处分决定。上级监察机关在作出决定前，应当进行审理[87]。

上级监察机关将下级监察机关管辖的案件指定其他下级监察机关管辖的，被指定管辖的监察机关应当按照第一款规定办理后，将案件送交有管理权限的监察机关依法作出政务处分决定。有管理权限的监察机关应当进行审理，审理意见与被指定管辖的监察机关意见不一致的，双方应当进行沟通；经沟通不能取得一致意见的，报请有权决定的上级监察机关决定。经协商，有管理权限的监察机关在被指定管辖的监察机关审理阶段可以提前阅卷，沟通了解情况。

对于前款规定的重大、复杂案件，被指定管辖的监察机关经集体审议后将处理意见报有权决定的上级监察机关审核同意的，有管理权限的监察机关可以经集体审议后依法处置。

第六节 处 置

第二百条 监察机关根据监督、调查结果，依据监察法、政务处分法等规定进行处置。

第二百零一条 监察机关对于公职人员有职务违法行为但情节较轻的，可以依法进行谈话提醒、批评教育、责令检查，或者予以诫勉。上述方式可以单独使用，也可以依据规定合并使用。

谈话提醒、批评教育应当由监察机关相关负责人或者承办部门负责人进行[88]，可以由被谈话提醒、批评教育人所在单位有关负责人陪同；经批准也可以委托其所在单位主要负责人进行。对谈话提醒、批评教育情况应当制作记录。

[84] 相比《监察法》第45条第2款，本条例对撤案的条件增加了通过退回补充调查仍无法达到证明标准的程序要件。注意，此处未规定退回补充调查的次数。

[85] 对于上级监察机关办理下级监察机关管辖的案件，经审理形成处置意见后，交由下级监察机关办理的，一般采取报请本级纪检监察机关主要负责人审批的方式。下级监察机关在作出政务处分决定前，应按程序提请本级纪委常委会审议。

[86] 指定管辖包括上级监察机关将其所管辖的案件指定管辖的案件、上级监察机关将下级监察机关管辖的案件指定其他下级监察机关管辖的案件。无论是前者还是后者，调查结束后，被指定管辖的监察机关对案件审理报告进行集体审议。指定管辖案件实行“双审理、双审议”模式。

[87] 上级监察机关将其所管辖的案件指定管辖

被责令检查的公职人员应当作出书面检查并进行整改。整改情况在一定范围内通报。

诫勉由监察机关以谈话或者书面方式进行。以谈话方式进行的，应当制作记录。

第二百零二条　对违法的公职人员依法需要给予政务处分的，应当根据情节轻重作出警告、记过、记大过、降级、撤职、开除的政务处分决定，制作政务处分决定书。

第二百零三条　监察机关应当将政务处分决定书在作出后一个月以内送达被处分人和被处分人所在机关、单位，并依法履行宣布、书面告知程序[89]。

政务处分决定自作出之日起生效。有关机关、单位、组织应当依法及时执行处分决定，并将执行情况向监察机关报告。处分决定应当在作出之日起一个月以内执行完毕，特殊情况下经监察机关批准可以适当延长办理期限，最迟不得超过六个月[90]。

第二百零四条　监察机关对不履行或者不正确履行职责造成严重后果或者恶劣影响的领导人员，可以按照管理权限采取通报、诫勉、政务处分等方式进行问责；提出组织处理的建议。

第二百零五条　监察机关依法向监察对象所在单位提出监察建议的，应当经审批制作监察建议书。

监察建议书一般应当包括下列内容：

（一）监督调查情况；

（二）调查中发现的主要问题及其产生的原因；

（三）整改建议、要求和期限；

（四）向监察机关反馈整改情况的要求。

第二百零六条　监察机关经调查，对没有证据证明或者现有证据不足以证明被调查人存在违法犯罪行为的，应当依法撤销案件。省级以下监察机关撤销案件后，应当在七个工作日以内向上一级监察机关报送备案报告。上一级监察机关监督检查部门负责备案工作。

省级以下监察机关拟撤销上级监察机关指定管辖或者交办案件的，应当将《撤销案件意见书》连同案卷材料，在法定调查期限到期七个工作日前报指定管辖或者交办案件的监察机关审查。对于重大、复杂案件，在法定调查期限到期十个工作日前报指定管辖或者交办案件的监察机关审查。

指定管辖或者交办案件的监察机关由监督检查部门负责审查工作。指定管辖或者交办案件的监察机关同意撤销案件的，下级监察机关应当作出撤销案件决定，

的案件，实际上需要经过二次审理。

[88] 谈话提醒、批评教育的实施主体：监察机关相关负责人或者承办部门负责人。

[89] 《公职人员政务处分法》第46条仅规定政务处分决定书应当及时送达被处分人和被处分人所在机关、单位，并在一定范围内宣布，但未规定宣布时间。

[90] 政务处分的送达、宣布、执行与《中国共产党纪律处分条例》第41条规定的党纪处分决定的送达、宣布、执行保持了高度一致。

制作《撤销案件决定书》；指定管辖或者交办案件的监察机关不同意撤销案件的，下级监察机关应当执行该决定。

监察机关对于撤销案件的决定应当向被调查人宣布，由其在《撤销案件决定书》上签名、捺指印，立即解除留置措施，并通知其所在机关、单位。

撤销案件后又发现重要事实或者有充分证据，认为被调查人有违法犯罪事实需要追究法律责任的，应当重新立案调查。

第二百零七条 对于涉嫌行贿等犯罪的非监察对象，案件调查终结后依法移送起诉。综合考虑行为性质、手段、后果、时间节点、认罪悔罪态度等具体情况，对于情节较轻，经审批不予移送起诉的，应当采取批评教育、责令具结悔过等方式处置；应当给予行政处罚的，依法移送有关行政执法部门。

对于有行贿行为的涉案单位和人员，按规定记入相关信息记录，可以作为信用评价的依据[91]。

对于涉案单位和人员通过行贿等非法手段取得的财物及孳息，应当依法予以没收、追缴或者责令退赔[92]。对于违法取得的其他不正当利益，依照法律法规及有关规定予以纠正处理。

第二百零八条 对查封、扣押、冻结的涉嫌职务犯罪所得财物及孳息应当妥善保管，并制作《移送司法机关涉案财物清单》随案移送人民检察院。对作为证据使用的实物应当随案移送；对不宜移送的，应当将清单、照片和其他证明文件随案移送。

对于移送人民检察院的涉案财物，价值不明的，应当在移送起诉前委托进行价格认定。在价格认定过程中，需要对涉案财物先行作出真伪鉴定或者出具技术、质量检测报告的，应当委托有关鉴定机构或者检测机构进行真伪鉴定或者技术、质量检测。

对不属于犯罪所得但属于违法取得的财物及孳息，应当依法予以没收、追缴或者责令退赔，并出具有关法律文书。

对经认定不属于违法所得的财物及孳息，应当及时予以返还，并办理签收手续。

第二百零九条 监察机关经调查，对违法取得的财物及孳息决定追缴或者责令退赔的，可以依法要求公安、自然资源、住房城乡建设、市场监管、金融监管等部门以及银行等机构、单位予以协助。

追缴涉案财物以追缴原物为原则，原物已经转化为其他财物的，应当追缴转化后的财物；有证据证明依法应当追缴、没收的涉案财物无法找到、被他人善意取得、价值灭失减损或者与其他合法财产混合且不可分割的，可以依法追缴、没收其他等

[91] 2021年9月《关于进一步推进受贿行贿一起查的意见》明确重点查处的行贿行为：多次行贿、巨额行贿以及向多人行贿，特别是党的十八大后不收敛不收手的；党员和国家工作人员行贿的；在国家重要工作、重点工程、重大项目中行贿的；在组织人事、执纪执法司法、生态环保、财政金融、安全生产、食品药品、帮扶救灾、养老社保、教育医疗等领域行贿的；实施重大商业贿赂的行为。

[92] 行贿人或者第三人代为持有、保管的赃款赃物，无论是在案发前退回还是尚未实际交付，均应当追缴。

值财产。

追缴或者责令退赔应当自处置决定作出之日起一个月以内执行完毕。因被调查人的原因逾期执行的除外。

人民检察院、人民法院依法将不认定为犯罪所得的相关涉案财物退回监察机关的，监察机关应当依法处理。

第二百一十条[93]　监察对象对监察机关作出的涉及本人的处理决定不服的，可以在收到处理决定之日起一个月以内，向作出决定的监察机关申请复审。复审机关应当依法受理，并在受理后一个月以内作出复审决定。监察对象对复审决定仍不服的，可以在收到复审决定之日起一个月以内，向上一级监察机关申请复核。复核机关应当依法受理，并在受理后二个月以内作出复核决定。

上一级监察机关的复核决定和国家监察委员会的复审、复核决定为最终决定。

第二百一十一条　复审、复核机关承办部门应当成立工作组，调阅原案卷宗，必要时可以进行调查取证。承办部门应当集体研究，提出办理意见，经审批作出复审、复核决定。决定应当送达申请人，抄送相关单位，并在一定范围内宣布。

复审、复核期间，不停止原处理决定的执行。复审、复核机关经审查认定处理决定有错误或者不当的，应当依法撤销[94]、变更原处理决定，或者责令原处理机关及时予以纠正。复审、复核机关经审查认定处理决定事实清楚、适用法律正确的，应当予以维持。

坚持复审复核与调查审理分离，原案调查、审理人员不得参与复审复核。

第七节　移送审查起诉

第二百一十二条　监察机关决定对涉嫌职务犯罪的被调查人移送起诉的，应当出具《起诉意见书》，连同案卷材料、证据等，一并移送同级人民检察院。

监察机关案件审理部门负责与人民检察院审查起诉的衔接工作，调查、案件监督管理等部门应当予以协助[95]。

国家监察委员会派驻或者派出的监察机构、监察专员调查的职务犯罪案件，应当依法移送省级人民检察院审查起诉。

第二百一十三条　涉嫌职务犯罪的被调查人和涉案人员符合监察法第三十一条、第三十二条规定情形的，结合其案发前的一贯表现、违法犯罪行为的情节、后果和影响等因素[96]，监察机关经综合研判和集体审议，报上一级监察机关批准，可以在移送人民检察院时依法提出从轻、减轻或者免除处罚等从宽处罚建议。报请批准时，应当一并提供主要证据材料、忏悔反思材料。

上级监察机关相关监督检查部门负责审查工作，重点审核拟认定的从宽处罚

---

[93] 办理复审复核案件应注意以下四点：申请主体要审核，案件管辖要明确，审查内容要全面，处理方式要准确。比如，就申请主体而言，复审、复核的申请主体是对监察机关作出的涉及本人的政务处分决定不服的公职人员，复议、复查的申请主体是对党委（党组）或纪检机关给予本人的党纪处分、审查结论或其他处理决定不服的党员或党组织。受处分人丧失行为能力或死亡的，可由其近亲属代为申请。参见金玉明、张剑峰：《办理复审复核案件应注意什么》，载《中国纪检监察报》2022年7月6日，第7版。

[94] 政务处分决定一旦被撤销，该决定自作出之日起无效。

[95] 此规定与《中国共产党纪律检查机关监督执纪工作规则》第57条存在细微差别，后者规定“被审查调查人涉嫌职务犯罪的，应当由案件监督管理部

情形、提出的从宽处罚建议，经审批在十五个工作日以内作出批复。

第二百一十四条 涉嫌职务犯罪的被调查人有下列情形之一，如实交代自己主要犯罪事实的，可以认定为监察法第三十一条第一项规定的自动投案，真诚悔罪悔过：

（一）职务犯罪问题未被监察机关掌握，向监察机关投案的；

（二）在监察机关谈话、函询过程中，如实交代监察机关未掌握的涉嫌职务犯罪问题的；

（三）在初步核实阶段，尚未受到监察机关谈话时投案的；

（四）职务犯罪问题虽被监察机关立案，但尚未受到讯问或者采取留置措施，向监察机关投案的；

（五）因伤病等客观原因无法前往投案，先委托他人代为表达投案意愿，或者以书信、网络、电话[97]、传真等方式表达投案意愿，后到监察机关接受处理的；

（六）涉嫌职务犯罪潜逃后又投案，包括在被通缉、抓捕过程中投案的；

（七）经查实确已准备去投案，或者正在投案途中被有关机关抓获的；

（八）经他人规劝或者在他人陪同下投案的；

（九）虽未向监察机关投案，但向其所在党组织、单位或者有关负责人员投案，向有关巡视巡察机构投案，以及向公安机关、人民检察院、人民法院投案的；

（十）具有其他应当视为自动投案的情形的。

被调查人自动投案后不能如实交代自己的主要犯罪事实，或者自动投案并如实供述自己的罪行后又翻供的，不能适用前款规定。

第二百一十五条 涉嫌职务犯罪的被调查人有下列情形之一的，可以认定为监察法第三十一条第二项规定的积极配合调查工作，如实供述监察机关还未掌握的违法犯罪行为：

（一）监察机关所掌握线索针对的犯罪事实不成立，在此范围外被调查人主动交代其他罪行的；

（二）主动交代监察机关尚未掌握的犯罪事实，与监察机关已掌握的犯罪事实属不同种罪行的；

（三）主动交代监察机关尚未掌握的犯罪事实，与监察机关已掌握的犯罪事实属同种罪行的；

（四）监察机关掌握的证据不充分，被调查人如实交代有助于收集定案证据的。

前款所称同种罪行和不同种罪行，一般以罪名区分。被调查人如实供述其他罪行的罪名与监察机关已掌握犯罪的罪名不同，但属选择性罪名或者在法律、事实

门协调办理移送司法机关事宜”。本条例作出案件审理部门负责与人民检察院审查起诉的衔接工作的新规定，方便法法衔接。

[96] 既要考虑从宽处罚的法定情形，又要从政治和全局的高度出发，综合分析研判当地政治生态、违法犯罪行为发生时间节点和情节、社会影响、危害后果等情形，做到宽严相济，实现政治效果、纪法效果和社会效果相统一。对于经综合考虑予以从轻处理、从宽处罚的案件，在事实证据和性质认定等方面要严格把握标准，不能在规定之外随意变通，防止出现事实和性质认定不准、政策法规适用不当、执纪执法尺度不一、处理畸轻畸重等问题。

[97] 对于纪检监察机关电话通知后到案的，若认定为自动投案，需要把握自动投案的三大要件“到案自动性、归案的目的性、供述的主动性”。

上密切关联的，应当认定为同种罪行。

第二百一十六条　涉嫌职务犯罪的被调查人有下列情形之一的，可以认定为监察法第三十一条第三项规定的积极退赃，减少损失：

（一）全额退赃的；

（二）退赃能力不足，但被调查人及其亲友在监察机关追缴赃款赃物过程中积极配合，且大部分已追缴到位的；

（三）犯罪后主动采取措施避免损失发生，或者积极采取有效措施减少、挽回大部分损失的。

第二百一十七条　涉嫌职务犯罪的被调查人有下列情形之一的，可以认定为监察法第三十一条第四项规定的具有重大立功表现：

（一）检举揭发他人重大犯罪行为且经查证属实的；

（二）提供其他重大案件的重要线索且经查证属实的；

（三）阻止他人重大犯罪活动的；

（四）协助抓捕其他重大职务犯罪案件被调查人、重大犯罪嫌疑人（包括同案犯）的；

（五）为国家挽回重大损失等对国家和社会有其他重大贡献的。

前款所称重大犯罪一般是指依法可能被判处无期徒刑以上刑罚的犯罪行为；重大案件一般是指在本省、自治区、直辖市或者全国范围内有较大影响的案件；查证属实一般是指有关案件已被监察机关或者司法机关立案调查、侦查，被调查人、犯罪嫌疑人被监察机关采取留置措施或者被司法机关采取强制措施，或者被告人被人民法院作出有罪判决，并结合案件事实、证据进行判断。

监察法第三十一条第四项规定的案件涉及国家重大利益，是指案件涉及国家主权和领土完整、国家安全、外交、社会稳定、经济发展等情形。

第二百一十八条　涉嫌行贿等犯罪的涉案人员有下列情形之一的，可以认定为监察法第三十二条规定的揭发有关被调查人职务违法犯罪行为，查证属实或者提供重要线索，有助于调查其他案件：

（一）揭发所涉案件以外的被调查人职务犯罪行为，经查证属实的；

（二）提供的重要线索指向具体的职务犯罪事实，对调查其他案件起到实质性推动作用的；

（三）提供的重要线索有助于加快其他案件办理进度，或者对其他案件固定关键证据、挽回损失、追逃追赃等起到积极作用的。

第二百一十九条　从宽处罚建议一般应当在移送起诉时作为《起诉意见书》内容一并提出，特殊情况下也可以在案件移送后、人民检察院提起公诉前，单独形成从宽处罚建议书移送人民检察院。对于从宽处罚建议所依据的证据材料，应当一并移送人民检察院。

监察机关对于被调查人在调查阶段认罪认罚，但不符合监察法规定的提出从宽处罚建议条件，在移送起诉时没有提出从宽处罚建议的，应当在《起诉意见书》中写明其自愿认罪认罚的情况。

第二百二十条 监察机关一般应当在正式移送起诉十日前，向拟移送的人民检察院采取书面通知[98]等方式预告移送事宜。对于已采取留置措施的案件，发现被调查人因身体等原因存在不适宜羁押等可能影响刑事强制措施执行情形的，应当通报人民检察院。对于未采取留置措施的案件，可以根据案件具体情况，向人民检察院提出对被调查人采取刑事强制措施的建议。

第二百二十一条 监察机关办理的职务犯罪案件移送起诉，需要指定起诉、审判管辖的，应当与同级人民检察院协商有关程序事宜。需要由同级人民检察院的上级人民检察院指定管辖的，应当商请同级人民检察院办理指定管辖事宜。

监察机关一般应当在移送起诉二十日前，将商请指定管辖函送交同级人民检察院。商请指定管辖函应当附案件基本情况，对于被调查人已被其他机关立案侦查的犯罪认为需要并案审查起诉的，一并进行说明。

派驻或者派出的监察机构、监察专员调查的职务犯罪案件需要指定起诉、审判管辖的，应当报派出机关办理指定管辖手续。

第二百二十二条 上级监察机关指定下级监察机关进行调查，移送起诉时需要人民检察院依法指定管辖的，应当在移送起诉前由上级监察机关与同级人民检察院协商有关程序事宜。

第二百二十三条 监察机关对已经移送起诉的职务犯罪案件，发现遗漏被调查人罪行需要补充移送起诉的，应当经审批出具《补充起诉意见书》，连同相关案卷材料、证据等一并移送同级人民检察院。

对于经人民检察院指定管辖的案件需要补充移送起诉的，可以直接移送原受理移送起诉的人民检察院；需要追加犯罪嫌疑人、被告人的，应当再次商请人民检察院办理指定管辖手续。

第二百二十四条 对于涉嫌行贿犯罪、介绍贿赂犯罪或者共同职务犯罪等关联案件的涉案人员，移送起诉时一般应当随主案确定管辖[99]。

主案与关联案件由不同监察机关立案调查的，调查关联案件的监察机关在移送起诉前，应当报告或者通报调查主案的监察机关，由其统一协调案件管辖事宜。因特殊原因，关联案件不宜随主案确定管辖的，调查主案的监察机关应当及时通报和协调有关事项。

[98] 告知方式主要是书面通知，个别情况下也可以电话告知。

[99] 此处规定了涉案人员随主案管辖的管辖原则。

第二百二十五条　监察机关对于人民检察院在审查起诉中书面提出的下列要求应当予以配合：

（一）认为可能存在以非法方法收集证据情形，要求监察机关对证据收集的合法性作出说明或者提供相关证明材料的；

（二）排除非法证据后，要求监察机关另行指派调查人员重新取证的；

（三）对物证、书证、视听资料、电子数据及勘验检查、辨认、调查实验等笔录存在疑问，要求调查人员提供获取、制作的有关情况的；

（四）要求监察机关对案件中某些专门性问题进行鉴定，或者对勘验检查进行复验、复查的；

（五）认为主要犯罪事实已经查清，仍有部分证据需要补充完善，要求监察机关补充提供证据的；

（六）人民检察院依法提出的其他工作要求。

第二百二十六条　监察机关对于人民检察院依法退回补充调查的案件，应当向主要负责人报告，并积极开展补充调查工作。

第二百二十七条　对人民检察院退回补充调查的案件，经审批分别作出下列处理：

（一）认定犯罪事实的证据不够充分的，应当在补充证据后，制作补充调查报告书，连同相关材料一并移送人民检察院审查，对无法补充完善的证据，应当作出书面情况说明，并加盖监察机关或者承办部门公章；

（二）在补充调查中发现新的同案犯或者增加、变更犯罪事实，需要追究刑事责任的，应当重新提出处理意见，移送人民检察院审查；

（三）犯罪事实的认定出现重大变化，认为不应当追究被调查人刑事责任的，应当重新提出处理意见[100]，将处理结果书面通知人民检察院并说明理由；

（四）认为移送起诉的犯罪事实清楚，证据确实、充分的，应当说明理由，移送人民检察院依法审查。

第二百二十八条　人民检察院在审查起诉过程中发现新的职务违法或者职务犯罪问题线索并移送监察机关的，监察机关应当依法处置[101]。

第二百二十九条　在案件审判过程中，人民检察院书面要求监察机关补充提供证据，对证据进行补正、解释，或者协助人民检察院补充侦查的，监察机关应当予以配合。监察机关不能提供有关证据材料的，应当书面说明情况。

人民法院在审判过程中就证据收集合法性问题要求有关调查人员出庭说明情况时，监察机关应当依法予以配合。

第二百三十条　监察机关认为人民检察院不起诉决定有错误的，应当在收到

[100] 并非要撤案，因为职务犯罪与职务违法的证据标准不同。

[101] 根据《中国共产党纪律检查机关监督执纪工作规则》第20条的规定，检察院审查起诉过程中发现职务违法或者职务犯罪问题线索，应移送监察机关监督管理部门统一办理。

不起诉决定书后三十日以内，依法向其上一级人民检察院提请复议。监察机关应当将上述情况及时向上一级监察机关书面报告。

第二百三十一条 对于监察机关移送起诉的案件，人民检察院作出不起诉决定，人民法院作出无罪判决[102]，或者监察机关经人民检察院退回补充调查后不再移送起诉，涉及对被调查人已生效政务处分事实认定的，监察机关应当依法对政务处分决定进行审核。认为原政务处分决定认定事实清楚、适用法律正确的，不再改变；认为原政务处分决定确有错误或者不当的，依法予以撤销或者变更。

第二百三十二条 对于贪污贿赂、失职渎职等职务犯罪案件[103]，被调查人逃匿，在通缉一年后不能到案，或者被调查人死亡，依法应当追缴其违法所得及其他涉案财产的，承办部门在调查终结后应当依法移送审理[104]。

监察机关应当经集体审议，出具《没收违法所得意见书》，连同案卷材料、证据等，一并移送人民检察院依法提出没收违法所得的申请。

监察机关将《没收违法所得意见书》移送人民检察院后，在逃的被调查人自动投案或者被抓获的，监察机关应当及时通知人民检察院。

第二百三十三条 监察机关立案调查拟适用缺席审判程序[105]的贪污贿赂犯罪案件，应当逐级报送国家监察委员会同意。

监察机关承办部门认为在境外的被调查人犯罪事实已经查清，证据确实、充分，依法应当追究刑事责任的，应当依法移送审理。

监察机关应当经集体审议，出具《起诉意见书》，连同案卷材料、证据等，一并移送人民检察院审查起诉。

在审查起诉或者缺席审判过程中，犯罪嫌疑人、被告人向监察机关自动投案或者被抓获的，监察机关应当立即通知人民检察院、人民法院。

第六章 反腐败国际合作

第一节 工作职责和领导体制

第二百三十四条 国家监察委员会统筹协调与其他国家、地区、国际组织开展反腐败国际交流、合作。

国家监察委员会组织《联合国反腐败公约》等反腐败国际条约的实施以及履约审议等工作，承担《联合国反腐败公约》司法协助中央机关有关工作。

国家监察委员会组织协调有关单位建立集中统一、高效顺畅的反腐败国际追逃追赃和防逃协调机制，统筹协调、督促指导各级监察机关反腐败国际追逃追赃等涉外案件办理工作，具体履行下列职责：

（一）制定反腐败国际追逃追赃和防逃工作计划，研究工作中的重要问题；

[102] 并非人民法院作出无罪判决监察机关就要撤销或改变原处分决定。监察机关要依照有关规定对公职人员的违法性质、事实、情节等进行独立评价。

[103] 不包括严重职务违法案件。

[104] 典型案例：2021年12月28日，青岛市中级人民法院对犯罪嫌疑人张某某贪污违法所得没收案进行公开宣判，裁定没收高度可能属于张某某贪污违法所得的5家公司100%股权及其转移至妻女在澳大利亚名下相关银行存款、房产、地块及其孳息。本案系我国第一个向境外申请诉前保全的违法所得没收案件。经审理查明，犯罪嫌疑人张某某涉嫌于2001年至2014年间，利用担任青岛华东葡萄酿酒有限公司总经理的职务便利，单独或伙同他人侵吞该公司资金。张某某用部分侵吞款购买青岛华东葡萄酿

（二）组织协调反腐败国际追逃追赃等重大涉外案件办理工作；

（三）办理由国家监察委员会管辖的涉外案件；

（四）指导地方各级监察机关依法开展涉外案件办理工作；

（五）汇总和通报全国职务犯罪外逃案件信息和追逃追赃工作信息；

（六）建立健全反腐败国际追逃追赃和防逃合作网络；

（七）承担监察机关开展国际刑事司法协助的主管机关职责；

（八）承担其他与反腐败国际追逃追赃等涉外案件办理工作相关的职责。

第二百三十五条　地方各级监察机关在国家监察委员会领导下，统筹协调、督促指导本地区反腐败国际追逃追赃等涉外案件办理工作，具体履行下列职责：

（一）落实上级监察机关关于反腐败国际追逃追赃和防逃工作部署，制定工作计划；

（二）按照管辖权限或者上级监察机关指定管辖，办理涉外案件；

（三）按照上级监察机关要求，协助配合其他监察机关开展涉外案件办理工作；

（四）汇总和通报本地区职务犯罪外逃案件信息和追逃追赃工作信息；

（五）承担本地区其他与反腐败国际追逃追赃等涉外案件办理工作相关的职责。

省级监察委员会应当会同有关单位，建立健全本地区反腐败国际追逃追赃和防逃协调机制。

国家监察委员会派驻或者派出的监察机构、监察专员统筹协调、督促指导本部门反腐败国际追逃追赃等涉外案件办理工作，参照第一款规定执行。

第二百三十六条　国家监察委员会国际合作局归口管理监察机关反腐败国际追逃追赃等涉外案件办理工作。地方各级监察委员会应当明确专责部门，归口管理本地区涉外案件办理工作。

国家监察委员会派驻或者派出的监察机构、监察专员和地方各级监察机关办理涉外案件中有关执法司法国际合作事项，应当逐级报送国家监察委员会审批。由国家监察委员会依法直接或者协调有关单位与有关国家（地区）相关机构沟通，以双方认可的方式实施。

第二百三十七条　监察机关应当建立追逃追赃和防逃工作内部联络机制。承办部门在调查过程中，发现被调查人或者重要涉案人员外逃、违法所得及其他涉案财产被转移到境外的，可以请追逃追赃部门提供工作协助。监察机关将案件移送人民检察院审查起诉后，仍有重要涉案人员外逃或者未追缴的违法所得及其他涉案财产的，应当由追逃追赃部门继续办理，或者由追逃追赃部门指定协调有关单位办理。

酒有限公司和青岛葡萄酿酒有限公司部分股权，再通过分红等方式继续侵吞上述两家公司资金并购买该两家公司股权，涉嫌贪污共计折合人民币3.6245亿余元，并最终取得该两家公司100%股权。其间，张某某用部分赃款注册成立3家公司用于转移违法所得，并将部分赃款转移至妻女在澳大利亚的银行账户用于购买房产、地块等。2014年11月4日，张某某逃匿境外，2016年5月17日在澳大利亚死亡。青岛市中级人民法院认为，本案有证据证明犯罪嫌疑人张某某实施了贪污犯罪行为，逃匿境外后死亡，检察机关申请没收的上述张某某实际持有、控制100%股权的5家公司及其转移至妻女在澳大利亚名下澳元共计1327万余元的银行存款、房产、地块及孳息高度可能属于张某某实施贪污犯罪的违法所得及其他涉案财产，依法应当适用违法所得没收程序裁定予以没收。法庭遂作出上述裁定。

(105) 2018年修订的《刑事诉讼法》将缺席审判程序作为特别程序单设一章。其中既规定了犯贪污贿赂罪、恐怖活动罪、严重危害国家安全罪的被告人外逃境外可以适用缺席审判，同时也规定了由于被告人患有严重疾病无法出庭，中止审理超过6个月，被告人仍无法出庭，被告人及其法定代理人、近亲属申请或者同意继续审理的，人民法院可以在被告人不出庭的情况下缺席审理，依法作出判决。

第二节　国(境)内工作

第二百三十八条　监察机关应当将防逃工作纳入日常监督内容，督促相关机关、单位建立健全防逃责任机制。

监察机关在监督、调查工作中，应当根据情况制定对监察对象、重要涉案人员的防逃方案，防范人员外逃和资金外流风险。监察机关应当会同同级组织人事、外事、公安、移民管理等单位健全防逃预警机制，对存在外逃风险的监察对象早发现、早报告、早处置。

第二百三十九条　监察机关应当加强与同级人民银行、公安等单位的沟通协作，推动预防、打击利用离岸公司和地下钱庄等向境外转移违法所得及其他涉案财产，对涉及职务违法和职务犯罪的行为依法进行调查。

第二百四十条　国家监察委员会派驻或者派出的监察机构、监察专员和地方各级监察委员会发现监察对象出逃、失踪、出走，或者违法所得及其他涉案财产被转移至境外的，应当在二十四小时以内将有关信息逐级报送至国家监察委员会国际合作局，并迅速开展相关工作。

第二百四十一条　监察机关追逃追赃部门统一接收巡视巡察机构、审计机关、行政执法部门、司法机关等单位移交的外逃信息。

监察机关对涉嫌职务违法和职务犯罪的外逃人员，应当明确承办部门，建立案件档案。

第二百四十二条　监察机关应当依法全面收集外逃人员涉嫌职务违法和职务犯罪证据。

第二百四十三条　开展反腐败国际追逃追赃等涉外案件办理工作，应当把思想教育贯穿始终，落实宽严相济刑事政策，依法适用认罪认罚从宽制度，促使外逃人员回国投案或者配合调查、主动退赃。开展相关工作，应当尊重所在国家(地区)的法律规定。

第二百四十四条　外逃人员归案、违法所得及其他涉案财产被追缴后，承办案件的监察机关应当将情况逐级报送国家监察委员会国际合作局。监察机关应当依法对涉案人员和违法所得及其他涉案财产作出处置，或者请有关单位依法处置。对不需要继续采取相关措施的，应当及时解除或者撤销。

第三节　对外合作

第二百四十五条　监察机关对依法应当留置或者已经决定留置的外逃人员，需要申请发布国际刑警组织红色通报的，应当逐级报送国家监察委员会审核。国家监察委员会审核后，依法通过公安部向国际刑警组织提出申请。

需要延期、暂停、撤销红色通报的，申请发布红色通报的监察机关应当逐级报送国家监察委员会审核，由国家监察委员会依法通过公安部联系国际刑警组织办理。

第二百四十六条　地方各级监察机关通过引渡方式办理相关涉外案件的，应当按照引渡法、相关双边及多边国际条约等规定准备引渡请求书及相关材料，逐级报送国家监察委员会审核。由国家监察委员会依法通过外交等渠道向外国提出引渡请求。

第二百四十七条　地方各级监察机关通过刑事司法协助方式办理相关涉外案件的，应当按照国际刑事司法协助法、相关双边及多边国际条约等规定准备刑事司法协助请求书及相关材料，逐级报送国家监察委员会审核。由国家监察委员会依法直接或者通过对外联系机关等渠道，向外国提出刑事司法协助请求。

国家监察委员会收到外国提出的刑事司法协助请求书及所附材料，经审查认为符合有关规定的，作出决定并交由省级监察机关执行，或者转交其他有关主管机关。省级监察机关应当立即执行，或者交由下级监察机关执行，并将执行结果或者妨碍执行的情形及时报送国家监察委员会。在执行过程中，需要依法采取查询、调取、查封、扣押、冻结等措施或者需要返还涉案财物的，根据我国法律规定和国家监察委员会的执行决定办理有关法律手续。

第二百四十八条　地方各级监察机关通过执法合作方式办理相关涉外案件的，应当将合作事项及相关材料逐级报送国家监察委员会审核。由国家监察委员会依法直接或者协调有关单位，向有关国家（地区）相关机构提交并开展合作。

第二百四十九条　地方各级监察机关通过境外追诉方式办理相关涉外案件的，应当提供外逃人员相关违法线索和证据，逐级报送国家监察委员会审核。由国家监察委员会依法直接或者协调有关单位向有关国家（地区）相关机构提交，请其依法对外逃人员调查、起诉和审判，并商有关国家（地区）遣返外逃人员。

第二百五十条　监察机关对依法应当追缴的境外违法所得及其他涉案财产，应当责令涉案人员以合法方式退赔。涉案人员拒不退赔的，可以依法通过下列方式追缴：

（一）在开展引渡等追逃合作时，随附请求有关国家（地区）移交相关违法所得及其他涉案财产；

（二）依法启动违法所得没收程序，由人民法院对相关违法所得及其他涉案财产作出冻结、没收裁定，请有关国家（地区）承认和执行，并予以返还；

（三）请有关国家（地区）依法追缴相关违法所得及其他涉案财产，并予以返还；

（四）通过其他合法方式追缴。

第七章　对监察机关和监察人员的监督

第二百五十一条　监察机关和监察人员必须自觉坚持党的领导，在党组织的管理、监督下开展工作，依法接受本级人民代表大会及其常务委员会的监督，接受民主监督、司法监督、社会监督、舆论监督，加强内部监督制约机制建设，确保权力受到严格的约束和监督。

第二百五十二条　各级监察委员会应当按照监察法第五十三条第二款规定，由主任在本级人民代表大会常务委员会全体会议上报告专项工作。

在报告专项工作前，应当与本级人民代表大会有关专门委员会沟通协商，并配合开展调查研究等工作。各级人民代表大会常务委员会审议专项工作报告时，本级监察委员会应当根据要求派出领导成员列席相关会议，听取意见。

各级监察委员会应当认真研究办理本级人民代表大会常务委员会反馈的审议意见，并按照要求书面报告办理情况。

第二百五十三条　各级监察委员会应当积极接受、配合本级人民代表大会常务委员会组织的执法检查。对本级人民代表大会常务委员会的执法检查报告，应当认真研究处理，并向其报告处理情况。

第二百五十四条　各级监察委员会在本级人民代表大会常务委员会会议审议与监察工作有关的议案和报告时，应当派相关负责人到会听取意见，回答询问。

监察机关对依法交由监察机关答复的质询案应当按照要求进行答复。口头答复的，由监察机关主要负责人或者委派相关负责人到会答复。书面答复的，由监察机关主要负责人签署。

第二百五十五条　各级监察机关应当通过互联网政务媒体、报刊、广播、电视等途径，向社会及时准确公开下列监察工作信息：

（一）监察法规；

（二）依法应当向社会公开的案件调查信息；

（三）检举控告地址、电话、网站等信息；

（四）其他依法应当公开的信息。

第二百五十六条　各级监察机关可以根据工作需要，按程序选聘特约监察员履行监督、咨询等职责。特约监察员名单应当向社会公布。

监察机关应当为特约监察员依法开展工作提供必要条件和便利。

第二百五十七条　监察机关实行严格的人员准入制度，严把政治关、品行关、能力关、作风关、廉洁关。监察人员必须忠诚坚定、担当尽责、遵纪守法、清正廉洁。

第二百五十八条　监察机关应当建立监督检查、调查、案件监督管理、案件审理等部门相互协调制约的工作机制。

监督检查和调查部门实行分工协作、相互制约。监督检查部门主要负责联系地区、部门、单位的日常监督检查和对涉嫌一般违法问题线索处置。调查部门主要负责对涉嫌严重职务违法和职务犯罪问题线索进行初步核实和立案调查。

案件监督管理部门负责对监督检查、调查工作全过程进行监督管理，做好线索管理、组织协调、监督检查、督促办理、统计分析等工作。案件监督管理部门发现监察人员在监督检查、调查中有违规办案行为的，及时督促整改；涉嫌违纪违法的，根据管理权限移交相关部门处理。

第二百五十九条　监察机关应当对监察权运行关键环节进行经常性监督检查，适时开展专项督查。案件监督管理、案件审理等部门应当按照各自职责，对问题线索处置、调查措施使用、涉案财物管理等进行监督检查，建立常态化、全覆盖的案件质量评查机制。

第二百六十条　监察机关应当加强对监察人员执行职务和遵纪守法情况的监督，按照管理权限依法对监察人员涉嫌违法犯罪问题进行调查处置。

第二百六十一条　监察机关及其监督检查、调查部门负责人应当定期检查调查期间的录音录像、谈话笔录、涉案财物登记资料，加强对调查全过程的监督，发现问题及时纠正并报告。

第二百六十二条　对监察人员打听案情、过问案件、说情干预的，办理监察事项的监察人员应当及时向上级负责人报告。有关情况应当登记备案。

发现办理监察事项的监察人员未经批准接触被调查人、涉案人员及其特定关系人，或者存在交往情形的，知情的监察人员应当及时向上级负责人报告。有关情况应当登记备案。

第二百六十三条　办理监察事项的监察人员有监察法第五十八条所列情形之一的，应当自行提出回避；没有自行提出回避的，监察机关应当依法决定其回避，监察对象、检举人及其他有关人员也有权要求其回避。

选用借调人员、看护人员、调查场所，应当严格执行回避制度。

第二百六十四条　监察人员自行提出回避，或者监察对象、检举人及其他有关人员要求监察人员回避的，应当书面或者口头提出，并说明理由。口头提出的，应当形成记录。

监察机关主要负责人的回避，由上级监察机关主要负责人决定；其他监察人员的回避，由本级监察机关主要负责人决定。

第二百六十五条　上级监察机关应当通过专项检查、业务考评、开展复查等方式，强化对下级监察机关及监察人员执行职务和遵纪守法情况的监督。

第二百六十六条 监察机关应当对监察人员有计划地进行政治、理论和业务培训。培训应当坚持理论联系实际、按需施教、讲求实效，突出政治机关特色，建设高素质专业化监察队伍。

第二百六十七条 监察机关应当严格执行保密制度，控制监察事项知悉范围和时间。监察人员不准私自留存、隐匿、查阅、摘抄、复制、携带问题线索和涉案资料，严禁泄露监察工作秘密。

监察机关应当建立健全检举控告保密制度，对检举控告人的姓名（单位名称）、工作单位、住址、电话和邮箱等有关情况以及检举控告内容必须严格保密。

第二百六十八条 监察机关涉密人员离岗离职后，应当遵守脱密期管理规定，严格履行保密义务，不得泄露相关秘密。

第二百六十九条 监察人员离任三年以内，不得从事与监察和司法工作相关联且可能发生利益冲突的职业。

监察人员离任后，不得担任原任职监察机关办理案件的诉讼代理人或者辩护人，但是作为当事人的监护人或者近亲属代理诉讼或者进行辩护的除外。

第二百七十条 监察人员应当严格遵守有关规范领导干部配偶、子女及其配偶经商办企业行为的规定。

第二百七十一条 监察机关在履行职责过程中应当依法保护企业产权和自主经营权，严禁利用职权非法干扰企业生产经营。需要企业经营者协助调查的，应当依法保障其合法的人身、财产等权益，避免或者减少对涉案企业正常生产、经营活动的影响。

查封企业厂房、机器设备等生产资料，企业继续使用对该财产价值无重大影响的，可以允许其使用。对于正在运营或者正在用于科技创新、产品研发的设备和技术资料等，一般不予查封、扣押，确需调取违法犯罪证据的，可以采取拍照、复制等方式。

第二百七十二条 被调查人及其近亲属认为监察机关及监察人员存在监察法第六十条第一款规定的有关情形，向监察机关提出申诉的，由监察机关案件监督管理部门依法受理，并按照法定的程序和时限办理。

第二百七十三条 监察机关在维护监督执法调查工作纪律方面失职失责的，依法追究责任。监察人员涉嫌严重职务违法、职务犯罪或者对案件处置出现重大失误的，既应当追究直接责任，还应当严肃追究负有责任的领导人员责任。

监察机关应当建立办案质量责任制，对滥用职权、失职失责造成严重后果的，实行终身责任追究。

第八章　法律责任

第二百七十四条　有关单位拒不执行监察机关依法作出的下列处理决定的，应当由其主管部门、上级机关责令改正，对单位给予通报批评，对负有责任的领导人员和直接责任人员依法给予处理：

（一）政务处分决定；

（二）问责决定；

（三）谈话提醒、批评教育、责令检查，或者予以诫勉的决定；

（四）采取调查措施的决定；

（五）复审、复核决定；

（六）监察机关依法作出的其他处理决定。

第二百七十五条　监察对象对控告人、申诉人、批评人、检举人、证人、监察人员进行打击、压制等报复陷害的，监察机关应当依法给予政务处分。构成犯罪的，依法追究刑事责任。

第二百七十六条[106]　控告人、检举人、证人采取捏造事实、伪造材料等方式诬告陷害的，监察机关应当依法给予政务处分，或者移送有关机关处理。构成犯罪的，依法追究刑事责任。

监察人员因依法履行职责遭受不实举报、诬告陷害、侮辱诽谤，致使名誉受到损害的，监察机关应当会同有关部门及时澄清事实，消除不良影响，并依法追究相关单位或者个人的责任。

第二百七十七条　监察机关应当建立健全办案安全责任制。承办部门主要负责人和调查组组长是调查安全第一责任人。调查组应当指定专人担任安全员。

地方各级监察机关履行管理、监督职责不力发生严重办案安全事故的，或者办案中存在严重违规违纪违法行为的，省级监察机关主要负责人应当向国家监察委员会作出检讨，并予以通报、严肃追责问责。

案件监督管理部门应当对办案安全责任制落实情况组织经常性检查和不定期抽查，发现问题及时报告并督促整改。

第二百七十八条　监察人员在履行职责中有下列行为之一的，依法严肃处理；构成犯罪的，依法追究刑事责任：

（一）贪污贿赂、徇私舞弊的；

（二）不履行或者不正确履行监督职责，应当发现的问题没有发现，或者发现问题不报告、不处置，造成严重影响的；

（三）未经批准、授权处置问题线索，发现重大案情隐瞒不报，或者私自留存、处

[106]【实践样本：监察人员受到不实举报后获澄清正名】2018年，某镇纪委书记周某某被实名举报在办理镇里某村原村干部套取国家惠农资金等问题时包庇村干部，工作不作为。经查，镇纪委在办理反映某村有关信访举报时，通过认真调查核实相关证据，对村原村干部陈某和王某予以立案审查。周某某坚持原则，工作认真负责，严格落实国家补贴政策，多次向举报人进行政策解释，拒绝了举报人关于种粮大户补贴的不合理诉求。举报人因个人诉求没有得到满足，遂举报周某某。市纪委监委以向全社会公开通报的方式对受到不实信访举报的党员干部澄清正名。参见皮柏枝、胡静：《依规依纪依法办案却遭不实举报　湖南常德为两名纪检干部澄清》，载《中国纪检监察报》2018年10月20日，第2版。

理涉案材料的；

（四）利用职权或者职务上的影响干预调查工作的；

（五）违法窃取、泄露调查工作信息，或者泄露举报事项、举报受理情况以及举报人信息的；

（六）对被调查人或者涉案人员逼供、诱供，或者侮辱、打骂、虐待、体罚或者变相体罚的；

（七）违反规定处置查封、扣押、冻结的财物的；

（八）违反规定导致发生办案安全事故，或者发生安全事故后隐瞒不报、报告失实、处置不当的；

（九）违反规定采取留置措施的；

（十）违反规定限制他人出境，或者不按规定解除出境限制的；

（十一）其他职务违法和职务犯罪行为。

第二百七十九条 对监察人员在履行职责中存在违法行为的，可以根据情节轻重，依法进行谈话提醒、批评教育、责令检查、诫勉，或者给予政务处分。构成犯罪的，依法追究刑事责任。

第二百八十条 监察机关及其工作人员在行使职权时，有下列情形之一的，受害人可以申请国家赔偿：

（一）采取留置措施后，决定撤销案件[107]的；

（二）违法没收、追缴或者违法查封、扣押、冻结财物造成损害的；

（三）违法行使职权，造成被调查人、涉案人员或者证人身体伤害或者死亡的；

（四）非法剥夺他人人身自由的；

（五）其他侵犯公民、法人和其他组织合法权益造成损害的。

受害人死亡的，其继承人和其他有扶养关系的亲属有权要求赔偿；受害的法人或者其他组织终止的，其权利承受人有权要求赔偿。

第二百八十一条 监察机关及其工作人员违法行使职权侵犯公民、法人和其他组织的合法权益造成损害的，该机关为赔偿义务机关。申请赔偿应当向赔偿义务机关提出，由该机关负责复审复核工作的部门受理。

赔偿以支付赔偿金为主要方式。能够返还财产或者恢复原状的，予以返还财产或者恢复原状。

第九章 附　　则

第二百八十二条 本条例所称监察机关，包括各级监察委员会及其派驻或者

[107] 据此，解除留置后，没有给予重处分或者移送司法机关追究刑事责任，而是给予轻处分，不会产生国家赔偿。

派出监察机构、监察专员。

第二百八十三条　本条例所称“近亲属”，是指夫、妻、父、母、子、女、同胞兄弟姊妹。

第二百八十四条　本条例所称以上、以下、以内，包括本级、本数。

第二百八十五条　期间以时、日、月、年计算，期间开始的时和日不算在期间以内。本条例另有规定的除外。

按照年、月计算期间的，到期月的对应日为期间的最后一日；没有对应日的，月末日为期间的最后一日。

期间的最后一日是法定休假日的，以法定休假日结束的次日为期间的最后一日。但被调查人留置期间应当至到期之日为止，不得因法定休假日而延长。

第二百八十六条　本条例由国家监察委员会负责解释。

第二百八十七条　本条例自发布之日起施行。

中华人民共和国公职人员政务处分法

（2020年6月20日第十三届全国人民代表大会常务委员会第十九次会议通过
2020年6月20日中华人民共和国主席令第46号公布）

第一章　总　　则

第一条　为了规范政务处分，加强对所有行使公权力的公职人员的监督，促进公职人员依法履职、秉公用权、廉洁从政从业、坚持道德操守，根据《中华人民共和国监察法》，制定本法。

第二条　本法适用于监察机关对违法的公职人员给予政务处分的活动[①]。

本法第二章、第三章适用于公职人员任免机关、单位对违法的公职人员给予处分。处分的程序、申诉等适用其他法律、行政法规、国务院部门规章和国家有关规定[②]。

本法所称公职人员，是指《中华人民共和国监察法》第十五条规定的人员。

【解读】监察机关对于违法的公职人员作出的处分，称之为政务处分；而任免机关、单位对违法的公职人员追究法律责任，作出的是处分。前者体现的是监督责任，后者体现的是主体责任。这里所说的“任免机关、单位”是指对公职人员具有干部管理权限的机关、单位。参见中央纪委国家监委法规室编写：《〈中华人民共和国公职人员政务处分法〉释义》，中国方正出版社2021年版，第82－83页。

① 本法的适用范围，即监察机关对违法的公职人员给予政务处分，政务处分只有监察机关才有权作出。本法第16条将公职人员任免机关、单位作出的处分与政务处分并列，说明公职人员任免机关、单位作出的处分，不是政务处分。

② 监察机关作出政务处分，适用本法的程序；任免机关、单位作出处分的程序、申诉等，适用《公务员法》《法官法》《检察官法》《行政机关公务员处分条例》《事业单位工作人员处分暂行规定》等法规。

政务处分、处分在种类、期间、适用的违法情形，从重、从轻或者减轻、免予或者不予处分，违法利益的处理等方面一致：《公职人员政务处分法》施行后，任免机关、单位对事业单位中属于《监察法》第15条规定的公职人员进行处分时，应当适用该法规定的六种处分种类。同时，任免机关、单位可以依据《监察法》第3章的规定，对发生相关违法情形的公职人员给予处分。两者的区别体现在主体、管理权限、程序和申诉等方面不同。政务处分执行的依据是《监察法》和《公职人员政务处分法》的规定；处分执行的依据是《公务员法》等其他规定。

第三条 监察机关应当按照管理权限，加强对公职人员的监督，依法给予违法的公职人员政务处分[3]。

公职人员任免机关、单位应当按照管理权限，加强对公职人员的教育、管理、监督[4]，依法给予违法的公职人员处分。

监察机关发现公职人员任免机关、单位应当给予处分而未给予，或者给予的处分违法、不当的，应当及时提出监察建议[5]。

【解读】本条第1、2款规定的“按照管理权限”是划分监察机关开展政务处分和公职人员任免机关、单位处分职责的主要依据。监察机关开展政务处分工作，要坚守“监督的再监督”职责定位，聚焦“关键少数”。对于各级监委来说，主要是对违法的同级党委管理的干部依法给予政务处分：国家监委依法给予违法的中管干部政务处分，省级监委依法给予违法的本级党委管理干部政务处分。派驻机构主要是调查驻在部门党组管理的部门负责人或者相当于这一职级的公职人员涉嫌职务违法问题，并依法给予政务处分。对其他公职人员的处分工作，一般由驻在部门负责，作出处分决定前应当征求派驻机构的意见。如果其他公职人员涉嫌的职务违法重大复杂，派驻机构也可以直接开展调查，依法给予政务处分或者向驻在部门提出处分建议。参见中央纪委国家监委法规室编写：《〈中华人民共和国公职人员政务处分法〉释义》，中国方正出版社2021年版，第39－40页。

事业单位中的公职人员的全部违法行为发生在2020年7月1日之前，依照《公职人员政务处分法》第67条关于“从旧兼从轻”的规定适用当时的规定处理的，不宜再依照《事业单位工作人员处分暂行规定》给予政务处分，可以直接依照《事业单位人事管理条例》第28条规定给予政务处分，确定适用的处分时可以参考《公职人员政务处分法》第3章和《事业单位工作人员处分暂行规定》第3章关于违法违纪行为及其适用的处分的规定。与此相应，公职人员任免机关、单位也不宜依照《事业单位工作人员处分暂行规定》对违法的公职人员给予处分。参见董芳：《实践中如何准确把握政务处分依据》，载《中国纪检监察报》2020年7月15日，第8版。

第四条 给予公职人员政务处分，坚持党管干部原则[6]，集体讨论决定；坚持法

③ 本款规定监察机关的监督职责，且按管理权限进行，但不直接行使教育、管理职责。公职人员存在职务违法行为，或者非职务违法行为，监察机关均可依法给予政务处分。

④ 任免机关、单位党委（组），不仅肩负着管党治党的政治责任，加强对党员的教育、管理和监督，而且对不是党员的公职人员，也要加强教育、管理和监督。

⑤ 监察机关发现公职人员任免机关、单位应当给予处分而未给予，或者给予的处分违法、不当的，其处理路径是及时提出监察建议，而不是由监察机关代替任免机关、单位直接处分应由任免机关、单位管理的公职人员。

⑥ 党管干部是一项十分重要的原则。形式上，政务处分由监察机关作出；实质上监察机关对同级党委管理的公职人员作出的政务处分，由纪委常委会集体研究决定，并报同级党委批准，这体现了坚持党的领导、党管干部的原则。

律面前一律平等，以事实为根据，以法律为准绳，给予的政务处分与违法行为的性质、情节、危害程度相当；坚持惩戒与教育相结合，宽严相济。

第五条　给予公职人员政务处分，应当事实清楚、证据确凿、定性准确、处理恰当、程序合法、手续完备⑦。

第六条　公职人员依法履行职责受法律保护，非因法定事由、非经法定程序，不受政务处分。

第二章　政务处分的种类和适用

第七条　政务处分的种类⑧为：

（一）警告；

（二）记过；

（三）记大过；

（四）降级；

（五）撤职；

（六）开除。

【知识点：降级处分】就公务员来说，级别由低至高依次为二十七级至一级。给予公务员降级处分，降低一个级别；如果本人级别为本职务对应最低级别的，不再降低级别，根据有关规定降低级别工资档次；应给予降级处分的，如果本人级别工资为二十七级一档，可给予记大过处分。

【知识点：撤职处分】就公务员而言，撤销其现任所有职务，并在撤销职务的同时降低级别和工资。撤职时按降低一个以上（含一个）职务层次另行确定职务，一般不得确定为领导职务。撤职后根据新任职务确定相应的级别，按照"每降低一个职务层次，相应降低两个级别"确定新的级别，最低降为二十七级。应给予撤职处分的，如果本人职务为办事员，可给予降级处分。同样是撤职处分，职级公务员与职务公务员的要求明显不同。这是因为职务、职级与级别对应关系不同，职务公务员每个职务层次的最低级别至少相差两个级别，而职级公务员每个职级的最低级别很多只相差一个级别，如从一级调研员到四级主任科员，所对应的最低级别只差一级。参见汪忠军：《降级与撤职相关问题辨析》，载中央纪委国家监委网站，https://www.ccdi.gov.cn/yaowen/202103/t20210331_238839_m.html。

降级、撤职、开除，主要适用于《监察法》第15条前4项所规定的监察对象，不适用于基层群众性自治组织中从事管理的人员等。

第八条　政务处分的期间为：

（一）警告，六个月；

⑦ 给予公职人员政务处分与给予党员党纪处分要求仅一字之差，前者要求程序合法，后者要求程序合规，其他要求相同。本法将党内法规中对党员的有关纪律规定转化为对公职人员的要求。

⑧ 此处的政务处分种类不包括降低岗位等级处分。当政务处分与党纪处分同时提出时，为有所区分，可表述为"政务警告""政务记过""政务记大过""政务降级""政务撤职""开除公职"（注意不是政务开除）。

（二）记过，十二个月；

（三）记大过，十八个月；

（四）降级、撤职，二十四个月。

政务处分决定自作出之日起生效，政务处分期自政务处分决定生效之日起计算。

【解读】关于本条第2款，举例如下：某县监委拟对四级主任科员作出政务撤职或者开除处分，由于四级主任科员是同级党委管理的干部，对其作出撤职或者开除处分，须坚持党管干部的原则，由县监委向县委请示审批。待县委批准后，处分决定才生效。如果县监委对严重违法的一般科员作出开除处分，只需要县监委领导班子（县纪委常委会）集体审议通过即可，处分决定即可生效，不需要报县委批准。

第九条　公职人员二人以上共同违法，根据各自在违法行为中所起的作用和应当承担的法律责任，分别给予政务处分。

【解读】本条是关于公职人员共同违法的处理。理解本条，可与《中国共产党纪律处分条例》第25条关于党员共同违纪的处理规则对比研究，两者处分存在较大差别。

第十条　有关机关、单位、组织集体作出的决定违法或者实施违法行为的，对负有责任的领导人员和直接责任人员中的公职人员依法给予政务处分。

【解读】这里的违法，不仅包括故意违法，还包括过失性违法。公职人员所在机关、单位、组织集体作出的决定违法或者实施违法行为中，如果党组（党委）成员在讨论和决定有关事项时，对重大失误决策明确持不赞成态度或者保留意见，根据《中国共产党党组工作条例》第41条的规定，应当免除或者减轻责任。

第十一条　公职人员有下列情形之一的，可以从轻或者减轻给予政务处分⑨：

（一）主动交代本人应当受到政务处分的违法行为的；

（二）配合调查，如实说明本人违法事实的；

（三）检举他人违纪违法行为，经查证属实的；

（四）主动采取措施，有效避免、挽回损失或者消除不良影响的；

（五）在共同违法行为中起次要或者辅助作用的；

（六）主动上交或者退赔违法所得的；

（七）法律、法规规定的其他从轻或者减轻情节。

第十二条⑩　公职人员违法行为情节轻微，且具有本法第十一条规定的情形之一的，可以对其进行谈话提醒、批评教育、责令检查或者予以诫勉，免予或者不予政务处分。

公职人员因不明真相被裹挟或者被胁迫参与违法活动，经批评教育后确有悔改表现的，可以减轻、免予或者不予政务处分。⑪

⑨ 请注意此处表述，是"可以"（不是应当）从轻或者减轻处分。与《中国共产党纪律处分条例》第17条规定的可以从轻或者减轻处分情节不同之处在于，本法规定"在共同违法行为中起次要或者辅助作用的"也是法定的可以从轻或者减轻处分情节。

⑩ 对于派驻纪检监察组查办的对驻在部门（单位）党组（党委）管理的党员干部拟免予政务处分的案件，应当参照免予党纪处分的程序，经派驻纪检监察组内部审理、集体研究，与驻在部门（单位）党组（党委）沟通并取得一致意见后，移送派出纪检监察工委审理。

⑪ 本款与《中国共产党纪律处分条例》第57条第3款、第59条第3款、第60条第3款、第61条第3款等规定精神相一致。

第十三条　公职人员有下列情形之一的，应当从重给予政务处分：

（一）在政务处分期内再次故意违法，应当受到政务处分的；

（二）阻止他人检举、提供证据的；

（三）串供或者伪造、隐匿、毁灭证据的；

（四）包庇同案人员的；

（五）胁迫、唆使他人实施违法行为的；

（六）拒不上交或者退赔违法所得的；

（七）法律、法规规定的其他从重情节。

【解读】从重处分，是指在违法行为应当受到的处分幅度以内，给予较重的处分。从重处分不同于加重处分，加重处分，是指在违法行为应当受到的处分幅度以外，加重一档给予处分。对公职人员在受政务处分期间再次故意违法，应当受到政务处分的，只能从重处分，但不能加重处分。

《公职人员政务处分法》根据公职人员的特点，将《中国共产党纪律处分条例》等党内法规关于违纪情形的具体规定，有针对性地进行吸收，形成与党纪处分相贯通的政务处分制度。《中国共产党纪律处分条例》第20－23条对违反党纪应当从重或者加重处分的情形及适用规则予以明确；《公职人员政务处分法》在第13条规定了从重给予政务处分，而没有加重给予政务处分的规定。对公职人员因违法受到政务处分后，又被发现其受政务处分前违法行为应受到政务处分的，应当先确定以前违法行为所应给予的政务处分，然后依照《公职人员政务处分法》第15条关于有两个以上违法行为给予政务处分的规定，决定合并处理后应当执行的政务处分种类和处分期，并把已经执行过的处分期从合并后的处分期中扣除。1999年，人事部、监察部联合发布的《关于解除国家公务员行政处分有关问题的通知》（人发〔1999〕100号）第4条第2款规定对此类情形予以加重一档处分，因《公职人员政务处分法》只规定了从重处分，因此在执法实践中应根据从旧兼从轻的原则，对此类情形不能再给予加重处分。参见刘又平、邱煜：《如何理解和把握从重给予政务处分的规定？》，载《中国纪检监察》2020年第21期。

第十四条　公职人员犯罪，有下列情形之一的，予以开除：

（一）因故意犯罪被判处管制、拘役或者有期徒刑以上刑罚（含宣告缓刑）的；

（二）因过失犯罪被判处有期徒刑，刑期超过三年的；

（三）因犯罪被单处或者并处剥夺政治权利的。

因过失犯罪被判处管制、拘役或者三年以下有期徒刑的，一般应当予以开除；案件情况特殊，予以撤职更为适当的，可以不予开除，但是应当报请上一级机关批准。⑫

⑫　如果是监察机关给予的政务处分，需要“报请上一级机关批准”，应当报请上一级监察机关审批（不是报请本级党委审批）；如果是公职人员任免机关、单位给予的处分，依照《党政领导干部选拔任用工作条例》第6、35条和《公务员法》第46、49条等规定，需要准确理解“任免机关、单位的上一级机关”（比如市公安局对过失犯罪的正科级内设部门负责人给予撤职处分时，需要报市政府批准；市检察院对过失犯罪的内设部门负责人给予撤职处分时，需要报市委批准）。

公职人员因犯罪被单处罚金，或者犯罪情节轻微，人民检察院依法作出不起诉决定或者人民法院依法免予刑事处罚的，予以撤职；造成不良影响的，予以开除。

【解读】本条第1款第1项规定的有期徒刑以上刑罚是指有期徒刑、无期徒刑和死刑。必须指出，立法特别注明缓刑，旨在提醒法律适用者，缓刑非刑罚种类而是刑罚执行方式，不能因为判处缓刑（有期徒刑），就不开除公职。

本条第2款规定的“上一级机关”，根据处分决定机关的不同而有所区别，是指该公职人员任免机关、单位的上一级机关，或者作出政务处分决定的监察机关的上一级监察机关。参见中央纪委国家监委法规室编写：《〈中华人民共和国公职人员政务处分法〉释义》，中国方正出版社2021年版，第76页。

本条第3款规定的“不良影响”，包括两个方面：一是犯罪行为本身因情节、后果等，已经在干部群众中或者社会上造成不良影响；二是如果给予该公职人员撤职处分，可能会在干部群众中或者在社会上造成不良影响。

需要说明的是，本条规定与《行政机关公务员处分条例》第17条第2款“行政机关公务员依法被判处刑罚的，给予开除处分”规定存在不同。由于《行政机关公务员处分条例》法律效力低于《公职人员政务处分法》，因此应当以《公职人员政务处分法》规定为准。

第十五条　公职人员有两个以上违法行为的，应当分别确定政务处分。应当给予两种以上政务处分的，执行其中最重的政务处分；应当给予撤职以下多个相同政务处分的，可以在一个政务处分期以上、多个政务处分期之和以下确定政务处分期，但是最长不得超过四十八个月。

第十六条　对公职人员的同一违法行为，监察机关和公职人员任免机关、单位不得重复给予政务处分和处分[13]。

⑬ 《公务员法》第61条第2款规定：“对同一违纪违法行为，监察机关已经作出政务处分决定的，公务员所在机关不再给予处分。”

【解读】本条规定的“同一违法行为”认定，应以法规规定作为判断依据。适用时需要注意两个问题：一是对于生活中看似一个行为，实际符合两种违法行为的特征，且法律规定应当并处的，不能作为同一违法行为。例如，公职人员收受贿赂并实施渎职违法行为的，依法应当按照受贿、渎职两个违法行为并处。对此，如果公职人员任免机关、单位先发现渎职行为，并基于渎职事实给予该公职人员处分之后；监察机关调查发现公职人员有受贿行为，并基于受贿事实给予该公职人员政务处分的，不违反本条规定。二是不能将同一违法行为，宽泛理解为同一性质的违法行为，而应以同一事实作为判断标准。例如，某公职人员先后5次收受可能影响公正行使公权力的礼金，但其在接受调查时隐瞒了其中的1次。当监察机关基于4次收受礼金的违法事实对其作出政务处分决定后，其任免机关、单位发现其还有1次收受礼金行为未处理，并对其作出处分决定的，不违反本条规定。参见中央纪委国家监委法规室编写:《〈中华人民共和国公职人员政务处分法〉释义》,中国方正出版社2021年版,第82–83页。

第十七条　公职人员有违法行为,有关机关依照规定给予组织处理的[14],监察机关可以同时给予政务处分。

第十八条　担任领导职务的公职人员有违法行为,被罢免、撤销、免去或者辞去领导职务的,监察机关可以同时给予政务处分[15]。

【知识点:被罢免、撤销、免去或者辞去领导职务与政务处分的关系】公职人员被罢免、撤销、免去或者辞去领导职务,影响的是该公职人员的现任领导职务,其职级待遇一般不会受到影响。而政务处分直接对公职人员的职级待遇、职务甚至身份产生影响,且会对其任职产生一定限制。因此,不能因为公职人员被罢免、撤销、免去或者辞去领导职务,产生了职务变动,而不再给予其政务处分。本条中的"可以同时给予政务处分"是指仍应根据其违法事实给予具体的政务处分,如根据公职人员的违法事实应当给予撤职处分的,监察机关仍应给予其政务撤职处分,而不是只降低或者撤销其所享受的职务待遇。例如,一个担任领导职务的公职人员被免职后,发现其有应当给予撤职处分的违法行为的,则仍应给予撤职处分,而不能只降低或者撤销其所享受的职务待遇,也不能仅给予警告、记过、记大过、降级处分。参见中央纪委国家监委法规室编写:《〈中华人民共和国公职人员政务处分法〉释义》,中国方正出版社2021年版,第88–89页。

第十九条　公务员以及参照《中华人民共和国公务员法》管理的人员在政务处分期内,不得晋升职务、职级、衔级和级别;其中,被记过、记大过、降级、撤职的,不得晋升工资档次。被撤职的,按照规定降低职务、职级、衔级和级别,同时降低工资和待遇。

【解读】对职级公务员适用撤职处分时,撤职时降低一个及以上职级,一般不得确定为领导职务,每降低一个职级,一般相应降低一个级别。同样是撤职处分,职级公务员与职务公务员的要求明显不同。这是因为职务、职级与级别对应关系不同,职务公务员每个职务层次的最低级别至少相差两个级别,而职级公务员每个职级的最低级别很多只相差一个级别,如从一级调研员到四级主任科员,所对应的最低级别只差一级。参见汪忠军:《降级与撤职相关问题辨析》,载中央纪委国家监委网站,https://www.ccdi.gov.cn/yaowen/202103/t20210331_238839_m.html。

第二十条　法律、法规授权或者受国家机关依法委托管理公共事务的组织中从事公务的人员,以及公办的教育、科研、文化、医疗卫生、体育等单位中从事管理的人员,在政务处分期内,不得晋升职务、岗位和职员等级、职称;其中,被记过、记大过、降级、撤职的,不得晋升薪酬待遇等级。被撤职的,降低职务、岗位或者职员等

⑭《干部选拔任用工作监督检查和责任追究办法》规定的组织处理方式包括调离岗位、引咎辞职、责令辞职、免职、降职等方式;《关于实行党风廉政建设责任制的规定》规定的组织处理方式包括责令辞职和免职等;《中国共产党巡视工作条例》等多部党内法规和规范性文件也都把组织处理作为追究违纪责任的措施之一。因此,执纪中如何进行组织处理,要视具体问题和具体规定而定。关于组织处理的影响期以及在工资待遇等方面的处理,也要根据具体情况和具体规定来确定,不能一概而论。

⑮不能因违法的公职人员已被罢免、撤职、免去或者辞去领导职务就不给予其政务处分。公职人员被人大常委会撤职与监察机关给予其政务处分,不是一个含义,不会直接降低公职人员的职级,不发生政务撤职的效果。

级,同时降低薪酬待遇。

【解读】2006 年《事业单位岗位设置管理试行办法》规定,事业单位岗位分为管理岗位、专业技术岗位和工勤技能岗位三种类别。国家根据岗位性质、职责任务和任职条件,对事业单位管理岗位、专业技术岗位、工勤技能岗位分别划分岗位等级。2012 年《事业单位工作人员处分暂行规定》第 7 条规定,受到警告、记过处分的,在受处分期间,不得聘用到高于现聘岗位等级的岗位;受到降低岗位等级处分的,在受处分期间,不得聘用到高于受处分后所聘岗位等级的岗位。根据该规定,事业单位工作人员受到处分后,不得晋升的范围为"岗位等级"。值得注意的是,《公职人员政务处分法》第 20 条将相关公职人员受到政务处分后,不得晋升的岗位等级进一步扩展到"职务、岗位和职员等级、职称"。2019 年人力资源和社会保障部《职称评审管理暂行规定》第 13 条中规定,"事业单位工作人员受到记过以上处分的,在受处分期间不得申报参加职称评审"。本法施行后,根据本条规定,上述人员受到政务处分的,在受处分期间均不得申报参加职称评审。一方面,扩大了"不得申报参加职称评审"的人员范围,不再限于事业单位工作人员;另一方面,扩大了"不得申报参加职称评审"的处分情形,不再限于受到记过以上处分,而是将"警告"处分也涵盖其中。参见中央纪委国家监委法规室编写:《〈中华人民共和国公职人员政务处分法〉释义》,中国方正出版社 2021 年版,第 95 页。

并不是事业单位中所有吃财政饭的人员违法均给予政务处分。只有属于监察对象,存在违法行为,需要处分的,才可以由监察机关给予政务处分。事业单位中监察对象的范围可以简单概括为:承担行政职能的事业单位中参公管理人员和从事公务的人员,及其他事业单位中从事管理的人员。监察机关在给予事业单位监察对象政务处分时,对其行为是否违规违法,应当优先适用《公职人员政务处分法》相关条款;确无对应条款的,可以根据该单位类别及行业领域,依据其他有关法律、法规、规章等认定,但处分种类应按照《公职人员政务处分法》规定的 6 种处分择一适用,不能再作出"降低岗位等级"处分。参见胡凯:《事业单位工作人员政务处分相关问题辨析》,载《中国纪检监察报》2021 年 3 月 17 日,第 8 版。

第二十一条 国有企业管理人员在政务处分期内,不得晋升职务、岗位等级和职称[⑯];其中,被记过、记大过、降级、撤职的,不得晋升薪酬待遇等级。被撤职的,降低职务或者岗位等级,同时降低薪酬待遇。

⑯ 如果不是从事管理岗位的一般国企人员违纪,原则上由国有企业按管理权限进行。国有企业管理人员受政务警告处分期间,不能晋升职务、岗位等级和职称。

【解读】国有企业管理人员受到政务处分后,在政务处分期内不得晋升职称,这意味着国有企业管理人员在受处分期间也将被禁止参加职称评审申报,体现了公职人员处分规则的全覆盖。

国有企业管理人员受到警告处分的,在政务处分期内,不得晋升职务、岗位等级和职称，但可以晋升薪酬待遇等级；受到记过、记大过、降级、撤职处分的，在政务处分期内，不仅不得晋升职务、岗位等级和职称，而且也不得晋升薪酬待遇等级（为避免出现国有企业高管人员受到撤职处分后，由于改任中层管理人员等其薪酬待遇不降反升问题，所以本条明确要求"同时降低薪酬待遇"，以切实保证政务处分的惩处效果）。参见中央纪委国家监委法规室编写：《〈中华人民共和国公职人员政务处分法〉释义》，中国方正出版社2021年版，第97页。

第二十二条　基层群众性自治组织中从事管理的人员有违法行为的，监察机关可以予以警告、记过、记大过。

基层群众性自治组织中从事管理的人员受到政务处分的，应当由县级或者乡镇人民政府根据具体情况减发或者扣发补贴、奖金。

【解读】这里的违法行为，不仅包括职务违法行为，也包括酒驾、赌博、嫖娼等非职务违法行为。对监察对象与公权力无关的、单纯的违法行为，监察机关可以依法作出政务处分决定。此前，监察机关对基层群众性自治组织中从事管理的违法人员无法作出政务处分。监察机关对基层群众性自治组织中从事管理的违法人员作出政务处分，是《公职人员政务处分法》的一大创新。

第二十三条　《中华人民共和国监察法》第十五条第六项规定的人员有违法行为的，监察机关可以予以警告、记过、记大过。情节严重的，由所在单位直接给予或者监察机关建议有关机关、单位给予降低薪酬待遇、调离岗位、解除人事关系或者劳动关系等处理。

《中华人民共和国监察法》第十五条第二项规定的人员，未担任公务员、参照《中华人民共和国公务员法》管理的人员、事业单位工作人员或者国有企业人员职务的，对其违法行为依照前款规定处理。

【解读】《监察法》第15条第6项规定的人员，如依法行使职责的人民监督员、人民陪审员、人大代表、政协委员等。《监察法》第15条第2项规定的人员，如在律师协会任职、行使惩戒权力的律师协会工作人员。

第二十四条　公职人员被开除，或者依照本法第二十三条规定，受到解除人事关系或者劳动关系处理的，不得录用为公务员以及参照《中华人民共和国公务员法》管理的人员[17]。

[17] 请结合《公务员法》第26条理解。

第二十五条　公职人员违法取得的财物和用于违法行为的本人财物，除依法应当由其他机关没收、追缴或者责令退赔的，由监察机关没收、追缴或者责令退赔；应当退还原所有人或者原持有人的，依法予以退还；属于国家财产或者不应当退还以及无法退还的，上缴国库。

公职人员因违法行为获得的职务、职级、衔级、级别、岗位和职员等级、职称、待遇、资格、学历、学位、荣誉、奖励等其他利益，监察机关应当建议有关机关、单位、组织按规定予以纠正。

第二十六条 公职人员被开除的，自政务处分决定生效之日起，应当解除其与所在机关、单位的人事关系或者劳动关系。

公职人员受到开除以外的政务处分，在政务处分期内有悔改表现，并且没有再发生应当给予政务处分的违法行为的，政务处分期满后自动解除，晋升职务、职级、衔级、级别、岗位和职员等级、职称、薪酬待遇不再受原政务处分影响。但是，解除降级、撤职的，不恢复原职务、职级、衔级、级别、岗位和职员等级、职称、薪酬待遇。

【解读】本条与《公务员法》第65条规定一致。政务处分期满后自动解除有两个条件：一是在受处分期间有悔改表现，二是没有再发生违纪违法行为。

中国共产党党员受到党纪处分，期满后自动解除。政务处分（开除公职除外）期满后，也自动解除。自动解除有助于受政务处分的公职人员及时行使相关权利。政务处分期满后自动解除与《公务员法》第65条第1款“公务员受开除以外的处分，在受处分期间有悔改表现，并且没有再发生违纪违法行为的，处分期满后自动解除”的规定一致。

第二十七条 已经退休的公职人员退休前或者退休后有违法行为的，不再给予政务处分，但是可以对其立案调查；依法应当予以降级、撤职、开除的，应当按照规定相应调整其享受的待遇[18]，对其违法取得的财物和用于违法行为的本人财物依照本法第二十五条的规定处理。

已经离职或者死亡的公职人员在履职期间有违法行为的，依照前款规定处理。[19]

第三章 违法行为及其适用的政务处分

第二十八条 有下列行为之一的，予以记过或者记大过；情节较重的，予以降级或者撤职；情节严重的，予以开除：

（一）散布有损宪法权威、中国共产党领导和国家声誉的言论的；

（二）参加旨在反对宪法、中国共产党领导和国家的集会、游行、示威等活动的；

（三）拒不执行或者变相不执行中国共产党和国家的路线方针政策、重大决策部署的；

（四）参加非法组织、非法活动的；

（五）挑拨、破坏民族关系，或者参加民族分裂活动的；

⑱ 已经退休的公职人员“享受的待遇”，既包括阅读文件、听报告、参加重要会议和重大活动等政治待遇，也包括退休费或者基本养老金、医疗、住房等生活待遇。依照《社会保险法》《国务院关于机关事业单位工作人员养老保险制度改革的决定》等规定，基本养老保险费由单位和个人共同负担，按月发给退休公职人员的基本养老金只能降低、不能取消。对退休的公职人员应当予以降级、撤职、开除的，可以相应降低其享受的基本养老金，并相应调整其享受的其他待遇。若其在处理时系中共党员，按照管理权限，可以在送达其所在单位和相应人事部门的党纪处分通知书中一并写明上述待遇调整事项，由其所在单位按程序办理；若其在处理时已不是中共党员，按照管理权限，监察机关可以作出《关于对×××享受的待遇予以调整的处理决定》，文书格式可以参照制作政务处分决

(六)利用宗教活动破坏民族团结和社会稳定的;

(七)在对外交往中损害国家荣誉和利益的。

有前款第二项、第四项、第五项和第六项行为之一的,对策划者、组织者和骨干分子,予以开除。

公开发表反对宪法确立的国家指导思想,反对中国共产党领导,反对社会主义制度,反对改革开放的文章、演说、宣言、声明等的,予以开除。

【解读】如果党员实施上述行为,根据《中国共产党纪律处分条例》第6章的规定,可界定为违反政治纪律。

请注意本条第3款限定词"公开发表",本款量纪只有一个档次:开除。

第二十九条　不按照规定请示、报告重大事项,情节较重的,予以警告、记过或者记大过;情节严重的,予以降级或者撤职。

违反个人有关事项报告规定,隐瞒不报,情节较重的,予以警告、记过或者记大过。

篡改、伪造本人档案资料的,予以记过或者记大过;情节严重的,予以降级或者撤职。

第三十条　有下列行为之一的,予以警告、记过或者记大过;情节严重的,予以降级或者撤职:

(一)违反民主集中制原则,个人或者少数人决定重大事项,或者拒不执行、擅自改变集体作出的重大决定的;

(二)拒不执行或者变相不执行、拖延执行上级依法作出的决定、命令的。

第三十一条　违反规定出境或者办理因私出境证件的,予以记过或者记大过;情节严重的,予以降级或者撤职。

违反规定取得外国国籍或者获取境外永久居留资格、长期居留许可的,予以撤职或者开除。

第三十二条　有下列行为之一的,予以警告、记过或者记大过;情节较重的,予以降级或者撤职;情节严重的,予以开除:

(一)在选拔任用、录用、聘用、考核、晋升、评选等干部人事工作中违反有关规定的;

(二)弄虚作假,骗取职务、职级、衔级、级别、岗位和职员等级、职称、待遇、资格、学历、学位、荣誉、奖励或者其他利益的;

(三)对依法行使批评、申诉、控告、检举等权利的行为进行压制或者打击报复的;

(四)诬告陷害,意图使他人受到名誉损害或者责任追究等不良影响的;

定书的要求,其中需写明"依照《公职人员政务处分法》第×条(处理依据)等规定,本应给予××降级(撤职、开除)处分,但鉴于××已经退休,依照《公职人员政务处分法》第27条第1款规定,决定相应调整其享受的待遇"。同时在决定中要告知被处理人的救济权利和途径。

⑲ 对已经离职的公职人员,不能再给予政务处分。如果发现离职的公职人员在离职前有职务犯罪行为,监察机关可立案调查,若未超过追诉时效,可移送检察机关审查起诉。

（五）以暴力、威胁、贿赂、欺骗等手段破坏选举的。

第三十三条 有下列行为之一的，予以警告、记过或者记大过；情节较重的，予以降级或者撤职；情节严重的，予以开除：

（一）贪污贿赂的；

（二）利用职权或者职务上的影响为本人或者他人谋取私利的；

（三）纵容、默许特定关系人利用本人职权或者职务上的影响谋取私利的。

拒不按照规定纠正特定关系人[20]违规任职、兼职或者从事经营活动，且不服从职务调整的，予以撤职。

第三十四条 收受可能影响公正行使公权力的礼品、礼金、有价证券等财物的，予以警告、记过或者记大过；情节较重的，予以降级或者撤职；情节严重的，予以开除。

向公职人员及其特定关系人赠送可能影响公正行使公权力的礼品、礼金、有价证券等财物，或者接受、提供可能影响公正行使公权力的宴请、旅游、健身、娱乐等活动安排，情节较重的，予以警告、记过或者记大过；情节严重的，予以降级或者撤职。

第三十五条 有下列行为之一，情节较重的，予以警告、记过或者记大过；情节严重的，予以降级或者撤职：

（一）违反规定设定、发放薪酬或者津贴、补贴、奖金的；

（二）违反规定，在公务接待、公务交通、会议活动、办公用房以及其他工作生活保障等方面超标准、超范围的；

（三）违反规定公款消费的。

第三十六条[21] 违反规定从事或者参与营利性活动，或者违反规定兼任职务、领取报酬的，予以警告、记过或者记大过；情节较重的，予以降级或者撤职；情节严重的，予以开除。

【解读】本条规定的“营利性活动”，是指各种以营利为目的的经济活动，主要包括经商、办企业、从事有偿中介，以及违反规定拥有非上市公司（企业）的股份或者证券、买卖股票或者进行其他证券投资，在国（境）外注册公司或者投资入股等。

但对于公职人员从事或者参与营利性活动，并不是一律禁止，而是要根据公职人员的具体身份类型进行判断。比如，对于公务员的规定比较严格，《公务员法》第59条规定，公务员不得违反有关规定从事或者参与营利性活动。

对于事业单位中的公职人员，《事业单位工作人员处分暂行规定》第18条规定，利用知悉或者掌握的内幕信息谋取利益，以及违反国家规定，从事、参与营利性

⑳ 特定关系人，通常是指公职人员的近亲属、情妇（夫）以及其他有共同利益关系的人。

㉑ 党规党纪、法律法规禁止公职人员违规参与营利活动或在企业和营利性组织中兼任职务，但并不是禁止他们的一切经济行为，不宜把一些日常经济行为简单等同于违规从事营利活动。纪检监察机关在适用违规从事营利活动的兜底条款时，必须从立法本意上进行把握，即为了防止公职人员边做“官”、边经商，公私不分，利用职权或职务上的影响谋取私利，破坏社会公平。

活动或者兼任职务领取报酬的，给予相应处分；但同时国家也出台相应规定，鼓励事业单位专业技术人员参与创新创业活动。

对于国有企业中的公职人员，根据《国有企业领导人员廉洁从业若干规定》第5条规定，国有企业领导人员不得个人从事营利性经营活动和有偿中介活动，或者在本企业的同类经营企业、关联企业和与本企业有业务关系的企业投资入股；《企业国有资产法》第71条规定，国家出资企业的董事、监事、高级管理人员不得违反该法的规定与本企业进行交易。

对于基层群众性自治组织中从事管理的人员，则没有特殊的限制。因此，适用本条规定时应把握"违反规定"的要件和违反廉洁要求的实质，不能将公职人员的正当经济行为认定为违规从事营利活动。

在判断公职人员兼任职务、领取报酬是否违法时，首先要看法律法规和相关规定有没有作出相应的限制性规定。对于不同身份的公职人员，对兼任职务、领取报酬的要求也不一样。比如，对于公务员，《公务员法》第44条规定，公务员因工作需要在机关外兼职，应当经有关机关批准，并不得领取兼职报酬。相关规定还根据公务员的具体类型作了细化：《检察人员纪律处分条例》规定，检察人员不得兼任律师、法律顾问、仲裁员等职务；对于国有企业中的公职人员，《国有企业领导人员廉洁从业若干规定》规定，国有企业领导人员不得未经批准兼任本企业所出资企业或者其他企业、事业单位、社会团体、中介机构的领导职务，或者经批准兼职的，擅自领取薪酬及其他收入。本条中的"违反规定兼任职务"，包括未经批准兼任职务和兼任禁止担任的职务。本条中的"违反规定领取报酬"，包括经批准兼职但违反规定领取报酬，也包括未经批准兼职取酬。参见中央纪委国家监委法规室编写：《〈中华人民共和国公职人员政务处分法〉释义》，中国方正出版社2021年版，第152－154页。

第三十七条　利用宗族或者黑恶势力等欺压群众，或者纵容、包庇黑恶势力活动的，予以撤职；情节严重的，予以开除。

第三十八条　有下列行为之一，情节较重的，予以警告、记过或者记大过；情节严重的，予以降级或者撤职：

（一）违反规定向管理服务对象收取、摊派财物的；

（二）在管理服务活动中故意刁难、吃拿卡要的；

（三）在管理服务活动中态度恶劣粗暴，造成不良后果或者影响的；

（四）不按照规定公开工作信息，侵犯管理服务对象知情权，造成不良后果或者影响的；

（五）其他侵犯管理服务对象利益的行为，造成不良后果或者影响的。

有前款第一项、第二项和第五项行为，情节特别严重的，予以开除。

第三十九条 有下列行为之一，造成不良后果或者影响的，予以警告、记过或者记大过；情节较重的，予以降级或者撤职；情节严重的，予以开除：

（一）滥用职权，危害国家利益、社会公共利益或者侵害公民、法人、其他组织合法权益的；

（二）不履行或者不正确履行职责，玩忽职守，贻误工作的；

（三）工作中有形式主义、官僚主义行为的；

（四）工作中有弄虚作假，误导、欺骗行为的；

（五）泄露国家秘密、工作秘密，或者泄露因履行职责掌握的商业秘密、个人隐私的。

第四十条 有下列行为之一的，予以警告、记过或者记大过；情节较重的，予以降级或者撤职；情节严重的，予以开除：

（一）违背社会公序良俗，在公共场所有不当行为，造成不良影响的；

（二）参与或者支持迷信活动，造成不良影响的；

（三）参与赌博的；

（四）拒不承担赡养、抚养、扶养义务的；

（五）实施家庭暴力，虐待、遗弃家庭成员的；

（六）其他严重违反家庭美德、社会公德的行为。

吸食、注射毒品，组织赌博，组织、支持、参与卖淫、嫖娼、色情淫乱活动的，予以撤职或者开除。

第四十一条[22] 公职人员有其他违法行为，影响公职人员形象，损害国家和人民利益的，可以根据情节轻重给予相应政务处分。

第四章 政务处分的程序

第四十二条 监察机关对涉嫌违法的公职人员进行调查，应当由二名以上工作人员进行。监察机关进行调查时，有权依法向有关单位和个人了解情况，收集、调取证据。有关单位和个人应当如实提供情况。

严禁以威胁、引诱、欺骗及其他非法方式收集证据。以非法方式收集的证据不得作为给予政务处分的依据。

【解读】本条规定了非法证据排除规则。“其他非法方式”，如以侵犯他人隐私的方式（擅自监听他人通话）或者以侵犯他人权利的方式（如擅自搜查他人住宅）取得的证据，即可认定为其他非法方式。

第四十三条[23] 作出政务处分决定前，监察机关应当将调查认定的违法事实及

[22] 本条属于兜底条款。在适用兜底条款时，注意适用条件：一是公职人员有其他违法行为，二是影响公职人员形象，三是损害国家和人民利益。比如，某公职人员在疫情防控期间，不遵守防控纪律，拒绝配合检查，强行进入某小区，即可依据此规定给予处分。在适用这一兜底规定给予公职人员政务处分时，必须遵循本法第6条关于公职人员“非因法定事由”不受政务处分的原则，审核和确认该公职人员的行为违反了哪些法律法规的禁止性规定，仅违反未规定法律责任的倡导性规定的不宜给予政务处分。

拟给予政务处分的依据告知被调查人，听取被调查人的陈述和申辩，并对其陈述的事实、理由和证据进行核实，记录在案。被调查人提出的事实、理由和证据成立的，应予采纳。不得因被调查人的申辩而加重政务处分。

第四十四条[24]　调查终结后，监察机关应当根据下列不同情况，分别作出处理：

（一）确有应受政务处分的违法行为的，根据情节轻重，按照政务处分决定权限，履行规定的审批手续后，作出政务处分决定；[25]

（二）违法事实不能成立的，撤销案件；

（三）符合免予、不予政务处分条件的，作出免予、不予政务处分决定；

（四）被调查人涉嫌其他违法或者犯罪行为的，依法移送主管机关处理。

第四十五条　决定给予政务处分的，应当制作政务处分决定书。

政务处分决定书应当载明下列事项：

（一）被处分人的姓名、工作单位和职务；

（二）违法事实和证据；

（三）政务处分的种类和依据；

（四）不服政务处分决定，申请复审、复核的途径和期限；

（五）作出政务处分决定的机关名称和日期。

政务处分决定书应当盖有作出决定的监察机关的印章。

第四十六条　政务处分决定书应当及时送达被处分人和被处分人所在机关、单位，并在一定范围内宣布。[26]

作出政务处分决定后，监察机关应当根据被处分人的具体身份书面告知相关的机关、单位。

第四十七条　参与公职人员违法案件调查、处理的人员有下列情形之一的，应当自行回避，被调查人、检举人及其他有关人员也有权要求其回避：

（一）是被调查人或者检举人的近亲属的；

（二）担任过本案的证人的；

（三）本人或者其近亲属与调查的案件有利害关系的；

（四）可能影响案件公正调查、处理的其他情形。

第四十八条　监察机关负责人的回避，由上级监察机关决定；其他参与违法案件调查、处理人员的回避，由监察机关负责人决定。

监察机关或者上级监察机关发现参与违法案件调查、处理人员有应当回避情形的，可以直接决定该人员回避。

第四十九条　公职人员依法受到刑事责任追究的，监察机关应当根据司法机关的生效判决、裁定、决定及其认定的事实和情节，依照本法规定给予政务处分。

㉓ 针对实践中有将被调查人的陈述和申辩误看作“态度不好”“蛮横无理”“狡辩”等情况，为确保被调查人充分行使申辩权，立法作出特别规定：不得因被调查人的申辩而加重政务处分。

㉔ 监察机关独立作出政务处分决定，不需要征求被调查人所在单位意见。监察机关对同级党委管理的公职人员作出政务处分时，须严格遵循党管干部的原则，向同级党委请示，同级党委研究审批后按程序下达政务处分决定。

㉕ 根据《中国共产党纪律检查机关监督执纪工作规则》第56条第1款的规定，无论是党纪案件还是政务案件，审理报告均提交纪委常委会审议（而不是监委委务会）。

㉖ 本款规定了政务处分决定的送达和宣布范围，即送达被处分人和被处分人所在机关、单位。实践中，还应送达组织人事部门。

公职人员依法受到行政处罚，应当给予政务处分的，监察机关可以根据行政处罚决定认定的事实和情节，经立案调查核实后，依照本法给予政务处分。

监察机关根据本条第一款、第二款的规定作出政务处分后，司法机关、行政机关依法改变原生效判决、裁定、决定等，对原政务处分决定产生影响的，监察机关应当根据改变后的判决、裁定、决定等重新作出相应处理。

【解读】关于本条第1款，司法机关依法作出生效判决、裁定和决定的案件，已经对侦查、调查过程收集、调取的证据材料进行综合审查判断，并通过法律程序予以确认，其采用的是法定最高标准，监察机关没有必要再对这些证据材料进行审核。因此，不需要履行立案审查程序。可由相应的监察机关按照管理权限给予相应的政务处分。需要注意的是，如果公职人员还有其他违法行为，且需要进一步调查，监察机关仍应当按规定进行立案调查核实。

第2款规定中的“可以”意味着监察机关不是必须依据行政处罚认定的情况进行认定违法事实。由于行政机关与司法机关、监察机关在调查措施、执法目的上存在不同，从保护公职人员合法权益角度出发，对于行政处罚决定认定的事实和情节，监察机关应当进行立案调查核实，只有查证属实方可作为政务处分的事实依据。实践中，也有经过核实，不采信行政处罚认定的事实的情况。比如，公安机关认定某公职人员嫖娼，证据较为单薄，直接证据只有公职人员本人交代，未形成完成的证据链，在这种情况下，监察机关就不宜轻易认定该公职人员嫖娼。

第五十条 监察机关对经各级人民代表大会、县级以上各级人民代表大会常务委员会选举或者决定任命的公职人员予以撤职、开除的，应当先依法罢免、撤销或者免去其职务，再依法作出政务处分决定。

监察机关对经中国人民政治协商会议各级委员会全体会议或者其常务委员会选举或者决定任命的公职人员予以撤职、开除的，应当先依章程免去其职务，再依法作出政务处分决定。

监察机关对各级人民代表大会代表、中国人民政治协商会议各级委员会委员给予政务处分的，应当向有关的人民代表大会常务委员会，乡、民族乡、镇的人民代表大会主席团或者中国人民政治协商会议委员会常务委员会通报。

第五十一条[27] 下级监察机关根据上级监察机关的指定管辖决定进行调查的案件，调查终结后，对不属于本监察机关管辖范围内的监察对象，应当交有管理权限的监察机关依法作出政务处分决定。

第五十二条[28] 公职人员涉嫌违法，已经被立案调查，不宜继续履行职责的，公职人员任免机关、单位可以决定暂停其履行职务。

公职人员在被立案调查期间，未经监察机关同意，不得出境、辞去公职；被调查

㉗ 被指定管辖的下级监察机关通常只有调查权、无处分权，调查结束后经初步审理，应当按照管理权限交有处分权的监察机关依法作出政务处分决定，或者交由其任免机关、单位给予处分。

㉘ 暂停履行职务不是处分。根据《中国共产党组织处理规定（试行）》第3条规定，暂停履行职务是一种组织处理措施，主要是为了防止被停止执行职务人继续履行职务将造成的不必要的影响与损失。根据《中国共产党组织处理规定（试行）》第11条的规定，停职检查期限一般不超过6个月。

公职人员所在机关、单位及上级机关、单位不得对其交流、晋升、奖励、处分或者办理退休手续。

第五十三条　监察机关在调查中发现公职人员受到不实检举、控告或者诬告陷害，造成不良影响的，应当按照规定及时澄清事实，恢复名誉，消除不良影响。

第五十四条　公职人员受到政务处分的，应当将政务处分决定书存入其本人档案。对于受到降级以上政务处分的，应当由人事部门按照管理权限在作出政务处分决定后一个月内办理职务、工资及其他有关待遇等的变更手续；特殊情况下，经批准可以适当延长办理期限，但是最长不得超过六个月。

第五章　复审、复核

第五十五条[29]　公职人员对监察机关作出的涉及本人的政务处分决定不服的，可以依法向作出决定的监察机关申请复审；公职人员对复审决定仍不服的，可以向上一级监察机关申请复核。[30]

监察机关发现本机关或者下级监察机关作出的政务处分决定确有错误的，应当及时予以纠正或者责令下级监察机关及时予以纠正。

第五十六条　复审、复核期间，不停止原政务处分决定的执行。

公职人员不因提出复审、复核而被加重政务处分[31]。

第五十七条　有下列情形之一的，复审、复核机关应当撤销原政务处分决定，重新作出决定或者责令原作出决定的监察机关重新作出决定：

（一）政务处分所依据的违法事实不清或者证据不足的；

（二）违反法定程序，影响案件公正处理的；

（三）超越职权或者滥用职权作出政务处分决定的。

第五十八条　有下列情形之一的，复审、复核机关应当变更原政务处分决定，或者责令原作出决定的监察机关予以变更：

（一）适用法律、法规确有错误的；

（二）对违法行为的情节认定确有错误的；

（三）政务处分不当的。

第五十九条　复审、复核机关认为政务处分决定认定事实清楚，适用法律正确的，应当予以维持。

第六十条[32]　公职人员的政务处分决定被变更，需要调整该公职人员的职务、职级、衔级、级别、岗位和职员等级或者薪酬待遇等的，应当按照规定予以调整。政务处分决定被撤销的，应当恢复该公职人员的级别、薪酬待遇，按照原职务、职级、衔级、岗位和职员等级安排相应的职务、职级、衔级、岗位和职员等级，并在原政务处

㉙ 对不服主管单位依据监察机关的监察建议作出的处分决定的申诉，监察机关不应受理。相比《监察法》第49条规定，本条只规定了受政务处分的公职人员对政务处分决定不服可以申请复审。事实上，监察机关可依据本法第12条的规定作出谈话提醒、批评教育、责令检查、诫勉、免予政务处分、不予政务处分等。如果受到谈话提醒、批评教育、责令检查、诫勉、免予政务处分、不予政务处分的公职人员，对监察机关作出的处理不服，可依据《监察法》第49条的规定提出申诉。

㉚ 复审申请是受处分人向作出决定的监察机关提出申请的行为；而复核申请，是受处分人向上一级监察机关提出申请的行为。

㉛ 本款有助于受处分的公职人员充分行使申诉权。

㉜ 没收、追缴财物错误的，应当依法予以返还、“赔偿”。第2款规定的是“补偿”。补偿与赔偿存在较大不同，补偿带有补充性，赔偿带有惩罚性。

分决定公布范围内为其恢复名誉。没收、追缴财物错误的,应当依法予以返还、赔偿。

公职人员因有本法第五十七条、第五十八条规定的情形被撤销政务处分或者减轻政务处分的,应当对其薪酬待遇受到的损失予以补偿。

第六章　法律责任

第六十一条　有关机关、单位无正当理由拒不采纳监察建议的,由其上级机关、主管部门责令改正,对该机关、单位给予通报批评,对负有责任的领导人员和直接责任人员依法给予处理。

第六十二条　有关机关、单位、组织或者人员有下列情形之一的,由其上级机关,主管部门,任免机关、单位或者监察机关责令改正,依法给予处理:

(一)拒不执行政务处分决定的;

(二)拒不配合或者阻碍调查的;

(三)对检举人、证人或者调查人员进行打击报复的;

(四)诬告陷害公职人员的;

(五)其他违反本法规定的情形。

第六十三条　监察机关及其工作人员有下列情形之一的,对负有责任的领导人员和直接责任人员依法给予处理:

(一)违反规定处置问题线索的;

(二)窃取、泄露调查工作信息[33],或者泄露检举事项、检举受理情况以及检举人信息的;

(三)对被调查人或者涉案人员逼供、诱供,或者侮辱、打骂、虐待、体罚或者变相体罚的;

(四)收受被调查人或者涉案人员的财物以及其他利益的;

(五)违反规定处置涉案财物的;

(六)违反规定采取调查措施的;

(七)利用职权或者职务上的影响干预调查工作、以案谋私的;

(八)违反规定发生办案安全事故,或者发生安全事故后隐瞒不报、报告失实、处置不当的;

(九)违反回避等程序规定,造成不良影响的;

(十)不依法受理和处理公职人员复审、复核的;

(十一)其他滥用职权、玩忽职守、徇私舞弊的行为。

第六十四条　违反本法规定,构成犯罪的,依法追究刑事责任。

[33] 本项与《监察法》第65条第3项"违法窃取、泄露调查工作信息"文字表述有一定不同,本项删除了"违法"二字。

第七章 附 则

第六十五条 国务院及其相关主管部门根据本法的原则和精神，结合事业单位、国有企业等的实际情况，对事业单位、国有企业等的违法的公职人员处分事宜作出具体规定。

第六十六条 中央军事委员会可以根据本法制定相关具体规定。

第六十七条[34] 本法施行前，已结案的案件如果需要复审、复核，适用当时的规定。尚未结案的案件，如果行为发生时的规定不认为是违法的，适用当时的规定；如果行为发生时的规定认为是违法的，依照当时的规定处理，但是如果本法不认为是违法或者根据本法处理较轻的，适用本法。

第六十八条 本法自2020年7月1日起施行。

㉞ 本条是关于溯及力的规定，采用从旧兼从轻的原则。

中华人民共和国刑法（节录）[1]

（1979年7月1日第五届全国人民代表大会第二次会议通过 1997年3月14日第八届全国人民代表大会第五次会议修订 根据1998年12月29日第九届全国人民代表大会常务委员会第六次会议通过的《关于惩治骗购外汇、逃汇和非法买卖外汇犯罪的决定》、1999年12月25日第九届全国人民代表大会常务委员会第十三次会议通过的《中华人民共和国刑法修正案》、2001年8月31日第九届全国人民代表大会常务委员会第二十三次会议通过的《中华人民共和国刑法修正案（二）》、2001年12月29日第九届全国人民代表大会常务委员会第二十五次会议通过的《中华人民共和国刑法修正案（三）》、2002年12月28日第九届全国人民代表大会常务委员会第三十一次会议通过的《中华人民共和国刑法修正案（四）》、2005年2月28日第十届全国人民代表大会常务委员会第十四次会议通过的《中华人民共和国刑法修正案（五）》、2006年6月29日第十届全国人民代表大会常务委员会第二十二次会议通过的《中华人民共和国刑法修正案（六）》、2009年2月28日第十一届全国人民代表大会常务委员会第七次会议通过的《中华人民共和国刑法修正案（七）》、2009年8月27日第十一届全国人民代表大会常务委员会第十次会议通过的《关于修改部分法律的决定》、2011年2月25日第十一届全国人民代表大会常务委员会第十九次会议通过的《中华人民共和国刑法修正案（八）》、2015年8月29日第十二届全国人民代表大会常务委员会第十六次会议通过的

① 更多内容请参见《中华人民共和国刑法注释本》，法律出版社2021年版。

《中华人民共和国刑法修正案(九)》、2017年11月4日第十二届全国人民代表大会常务委员会第三十次会议通过的《中华人民共和国刑法修正案(十)》、2020年12月26日第十三届全国人民代表大会常务委员会第二十四次会议通过的《中华人民共和国刑法修正案(十一)》修正)

第一编 总 则

第一章 刑法的任务、基本原则和适用范围

第三条 法律明文规定为犯罪行为的,依照法律定罪处刑;法律没有明文规定为犯罪行为的,不得定罪处刑。

第四条 对任何人犯罪,在适用法律上一律平等。不允许任何人有超越法律的特权。

第五条 刑罚的轻重,应当与犯罪分子所犯罪行和承担的刑事责任相适应。

第六条 凡在中华人民共和国领域内犯罪的,除法律有特别规定的以外,都适用本法。

凡在中华人民共和国船舶或者航空器内犯罪的,也适用本法。

犯罪的行为或者结果有一项发生在中华人民共和国领域内的,就认为是在中华人民共和国领域内犯罪。

第七条 中华人民共和国公民在中华人民共和国领域外犯本法规定之罪的,适用本法,但是按本法规定的最高刑为三年以下有期徒刑的,可以不予追究。

中华人民共和国国家工作人员和军人在中华人民共和国领域外犯本法规定之罪的,适用本法。

第八条 外国人在中华人民共和国领域外对中华人民共和国国家或者公民犯罪,而按本法规定的最低刑为三年以上有期徒刑的,可以适用本法,但是按照犯罪地的法律不受处罚的除外。

第九条 对于中华人民共和国缔结或者参加的国际条约所规定的罪行,中华人民共和国在所承担条约义务的范围内行使刑事管辖权的,适用本法。

第十条 凡在中华人民共和国领域外犯罪,依照本法应当负刑事责任的,虽然经过外国审判,仍然可以依照本法追究,但是在外国已经受过刑罚处罚的,可以免除或者减轻处罚。

第十一条 享有外交特权和豁免权的外国人的刑事责任,通过外交途径解决。

第十二条 中华人民共和国成立以后本法施行以前的行为,如果当时的法律

不认为是犯罪的，适用当时的法律；如果当时的法律认为是犯罪的，依照本法总则第四章第八节的规定应当追诉的，按照当时的法律追究刑事责任，但是如果本法不认为是犯罪或者处刑较轻的，适用本法。

本法施行以前，依照当时的法律已经作出的生效判决，继续有效。

第二章　犯　　罪

第一节　犯罪和刑事责任

第十三条　一切危害国家主权、领土完整和安全，分裂国家、颠覆人民民主专政的政权和推翻社会主义制度，破坏社会秩序和经济秩序，侵犯国有财产或者劳动群众集体所有的财产，侵犯公民私人所有的财产，侵犯公民的人身权利、民主权利和其他权利，以及其他危害社会的行为，依照法律应当受刑罚处罚的，都是犯罪，但是情节显著轻微危害不大的，不认为是犯罪。

第十四条　明知自己的行为会发生危害社会的结果，并且希望或者放任这种结果发生，因而构成犯罪的，是故意犯罪。

故意犯罪，应当负刑事责任。

第十五条　应当预见自己的行为可能发生危害社会的结果，因为疏忽大意而没有预见，或者已经预见而轻信能够避免，以致发生这种结果的，是过失犯罪。

过失犯罪，法律有规定的才负刑事责任。

第十六条　行为在客观上虽然造成了损害结果，但是不是出于故意或者过失，而是由于不能抗拒或者不能预见的原因所引起的，不是犯罪。

第十七条　已满十六周岁的人犯罪，应当负刑事责任。

已满十四周岁不满十六周岁的人，犯故意杀人、故意伤害致人重伤或者死亡、强奸、抢劫、贩卖毒品、放火、爆炸、投放危险物质罪的，应当负刑事责任。

已满十二周岁不满十四周岁的人，犯故意杀人、故意伤害罪，致人死亡或者以特别残忍手段致人重伤造成严重残疾，情节恶劣，经最高人民检察院核准追诉的，应当负刑事责任。

对依照前三款规定追究刑事责任的不满十八周岁的人，应当从轻或者减轻处罚。

因不满十六周岁不予刑事处罚的，责令其父母或者其他监护人加以管教；在必要的时候，依法进行专门矫治教育。

第十七条之一　已满七十五周岁的人故意犯罪的，可以从轻或者减轻处罚；过失犯罪的，应当从轻或者减轻处罚。

第十八条　精神病人在不能辨认或者不能控制自己行为的时候造成危害结

果,经法定程序鉴定确认的,不负刑事责任,但是应当责令他的家属或者监护人严加看管和医疗;在必要的时候,由政府强制医疗。

间歇性的精神病人在精神正常的时候犯罪,应当负刑事责任。

尚未完全丧失辨认或者控制自己行为能力的精神病人犯罪的,应当负刑事责任,但是可以从轻或者减轻处罚。

醉酒的人犯罪,应当负刑事责任。

第十九条 又聋又哑的人或者盲人犯罪,可以从轻、减轻或者免除处罚。

第二十条 为了使国家、公共利益、本人或者他人的人身、财产和其他权利免受正在进行的不法侵害,而采取的制止不法侵害的行为,对不法侵害人造成损害的,属于正当防卫,不负刑事责任。

正当防卫明显超过必要限度造成重大损害的,应当负刑事责任,但是应当减轻或者免除处罚。

对正在进行行凶、杀人、抢劫、强奸、绑架以及其他严重危及人身安全的暴力犯罪,采取防卫行为,造成不法侵害人伤亡的,不属于防卫过当,不负刑事责任。

第二十一条 为了使国家、公共利益、本人或者他人的人身、财产和其他权利免受正在发生的危险,不得已采取的紧急避险行为,造成损害的,不负刑事责任。

紧急避险超过必要限度造成不应有的损害的,应当负刑事责任,但是应当减轻或者免除处罚。

第一款中关于避免本人危险的规定,不适用于职务上、业务上负有特定责任的人。

第二节 犯罪的预备、未遂和中止

第二十二条 为了犯罪,准备工具、制造条件的,是犯罪预备。

对于预备犯,可以比照既遂犯从轻、减轻处罚或者免除处罚。

第二十三条 已经着手实行犯罪,由于犯罪分子意志以外的原因而未得逞的,是犯罪未遂。

对于未遂犯,可以比照既遂犯从轻或者减轻处罚。

第二十四条 在犯罪过程中,自动放弃犯罪或者自动有效地防止犯罪结果发生的,是犯罪中止。

对于中止犯,没有造成损害的,应当免除处罚;造成损害的,应当减轻处罚。

第三节 共同犯罪

第二十五条 共同犯罪是指二人以上共同故意犯罪。

二人以上共同过失犯罪,不以共同犯罪论处;应当负刑事责任的,按照他们所犯的罪分别处罚。

第二十六条 组织、领导犯罪集团进行犯罪活动的或者在共同犯罪中起主要作用的,是主犯。

三人以上为共同实施犯罪而组成的较为固定的犯罪组织,是犯罪集团。

对组织、领导犯罪集团的首要分子,按照集团所犯的全部罪行处罚。

对于第三款规定以外的主犯,应当按照其所参与的或者组织、指挥的全部犯罪处罚。

第二十七条 在共同犯罪中起次要或者辅助作用的,是从犯。

对于从犯,应当从轻、减轻处罚或者免除处罚。

第二十八条 对于被胁迫参加犯罪的,应当按照他的犯罪情节减轻处罚或者免除处罚。

第二十九条 教唆他人犯罪的,应当按照他在共同犯罪中所起的作用处罚。教唆不满十八周岁的人犯罪的,应当从重处罚。

如果被教唆的人没有犯被教唆的罪,对于教唆犯,可以从轻或者减轻处罚。

第四节 单位犯罪

第三十条 公司、企业、事业单位、机关、团体实施的危害社会的行为,法律规定为单位犯罪的,应当负刑事责任。

第三十一条 单位犯罪的,对单位判处罚金,并对其直接负责的主管人员和其他直接责任人员判处刑罚。本法分则和其他法律另有规定的,依照规定。

第三章 刑 罚

第一节 刑罚的种类

第三十二条 刑罚分为主刑和附加刑。

第三十三条 主刑的种类如下:

(一)管制;

(二)拘役;

(三)有期徒刑;

(四)无期徒刑;

(五)死刑。

第三十四条 附加刑的种类如下:

(一)罚金;

（二）剥夺政治权利；

（三）没收财产。

附加刑也可以独立适用。

第三十五条 对于犯罪的外国人，可以独立适用或者附加适用驱逐出境。

第三十六条 由于犯罪行为而使被害人遭受经济损失的，对犯罪分子除依法给予刑事处罚外，并应根据情况判处赔偿经济损失。

承担民事赔偿责任的犯罪分子，同时被判处罚金，其财产不足以全部支付的，或者被判处没收财产的，应当先承担对被害人的民事赔偿责任。

第三十七条 对于犯罪情节轻微不需要判处刑罚的，可以免予刑事处罚，但是可以根据案件的不同情况，予以训诫或者责令具结悔过、赔礼道歉、赔偿损失，或者由主管部门予以行政处罚或者行政处分。

第三十七条之一 因利用职业便利实施犯罪，或者实施违背职业要求的特定义务的犯罪被判处刑罚的，人民法院可以根据犯罪情况和预防再犯罪的需要，禁止其自刑罚执行完毕之日或者假释之日起从事相关职业，期限为三年至五年。

被禁止从事相关职业的人违反人民法院依照前款规定作出的决定的，由公安机关依法给予处罚；情节严重的，依照本法第三百一十三条的规定定罪处罚。

其他法律、行政法规对其从事相关职业另有禁止或者限制性规定的，从其规定。

第二节 管 制

第三十八条 管制的期限，为三个月以上二年以下。

判处管制，可以根据犯罪情况，同时禁止犯罪分子在执行期间从事特定活动，进入特定区域、场所，接触特定的人。

对判处管制的犯罪分子，依法实行社区矫正。

违反第二款规定的禁止令的，由公安机关依照《中华人民共和国治安管理处罚法》的规定处罚。

第三十九条 被判处管制的犯罪分子，在执行期间，应当遵守下列规定：

（一）遵守法律、行政法规，服从监督；

（二）未经执行机关批准，不得行使言论、出版、集会、结社、游行、示威自由的权利；

（三）按照执行机关规定报告自己的活动情况；

（四）遵守执行机关关于会客的规定；

（五）离开所居住的市、县或者迁居，应当报经执行机关批准。

对于被判处管制的犯罪分子，在劳动中应当同工同酬。

第四十条　被判处管制的犯罪分子，管制期满，执行机关应即向本人和其所在单位或者居住地的群众宣布解除管制。

第四十一条　管制的刑期，从判决执行之日起计算；判决执行以前先行羁押的，羁押一日折抵刑期二日。

第三节　拘　　役

第四十二条　拘役的期限，为一个月以上六个月以下。

第四十三条　被判处拘役的犯罪分子，由公安机关就近执行。

在执行期间，被判处拘役的犯罪分子每月可以回家一天至两天；参加劳动的，可以酌量发给报酬。

第四十四条　拘役的刑期，从判决执行之日起计算；判决执行以前先行羁押的，羁押一日折抵刑期一日。

第四节　有期徒刑、无期徒刑

第四十五条　有期徒刑的期限，除本法第五十条、第六十九条规定外，为六个月以上十五年以下。

第四十六条　被判处有期徒刑、无期徒刑的犯罪分子，在监狱或者其他执行场所执行；凡有劳动能力的，都应当参加劳动，接受教育和改造。

第四十七条　有期徒刑的刑期，从判决执行之日起计算；判决执行以前先行羁押的，羁押一日折抵刑期一日。

第五节　死　　刑

第四十八条　死刑只适用于罪行极其严重的犯罪分子。对于应当判处死刑的犯罪分子，如果不是必须立即执行的，可以判处死刑同时宣告缓期二年执行。

死刑除依法由最高人民法院判决的以外，都应当报请最高人民法院核准。死刑缓期执行的，可以由高级人民法院判决或者核准。

第四十九条　犯罪的时候不满十八周岁的人和审判的时候怀孕的妇女，不适用死刑。

审判的时候已满七十五周岁的人，不适用死刑，但以特别残忍手段致人死亡的除外。

第五十条　判处死刑缓期执行的，在死刑缓期执行期间，如果没有故意犯罪，二年期满以后，减为无期徒刑；如果确有重大立功表现，二年期满以后，减为二十五年有期徒刑；如果故意犯罪，情节恶劣的，报请最高人民法院核准后执行死刑；对于故意犯罪未执行死刑的,死刑缓期执行的期间重新计算,并报最高人民法院备案。

对被判处死刑缓期执行的累犯以及因故意杀人、强奸、抢劫、绑架、放火、爆炸、投放危险物质或者有组织的暴力性犯罪被判处死刑缓期执行的犯罪分子,人民法院根据犯罪情节等情况可以同时决定对其限制减刑。

第五十一条 死刑缓期执行的期间,从判决确定之日起计算。死刑缓期执行减为有期徒刑的刑期,从死刑缓期执行期满之日起计算。

第六节 罚 金

第五十二条 判处罚金,应当根据犯罪情节决定罚金数额。

第五十三条 罚金在判决指定的期限内一次或者分期缴纳。期满不缴纳的,强制缴纳。对于不能全部缴纳罚金的,人民法院在任何时候发现被执行人有可以执行的财产,应当随时追缴。

由于遭遇不能抗拒的灾祸等原因缴纳确实有困难的,经人民法院裁定,可以延期缴纳、酌情减少或者免除。

第七节 剥夺政治权利

第五十四条 剥夺政治权利是剥夺下列权利:

(一)选举权和被选举权;

(二)言论、出版、集会、结社、游行、示威自由的权利;

(三)担任国家机关职务的权利;

(四)担任国有公司、企业、事业单位和人民团体领导职务的权利。

第五十五条 剥夺政治权利的期限,除本法第五十七条规定外,为一年以上五年以下。

判处管制附加剥夺政治权利的,剥夺政治权利的期限与管制的期限相等,同时执行。

第五十六条 对于危害国家安全的犯罪分子应当附加剥夺政治权利;对于故意杀人、强奸、放火、爆炸、投毒、抢劫等严重破坏社会秩序的犯罪分子,可以附加剥夺政治权利。

独立适用剥夺政治权利的,依照本法分则的规定。

第五十七条 对于被判处死刑、无期徒刑的犯罪分子,应当剥夺政治权利终身。

在死刑缓期执行减为有期徒刑或者无期徒刑减为有期徒刑的时候,应当把附加剥夺政治权利的期限改为三年以上十年以下。

第五十八条 附加剥夺政治权利的刑期,从徒刑、拘役执行完毕之日或者从假释之日起计算;剥夺政治权利的效力当然施用于主刑执行期间。

被剥夺政治权利的犯罪分子,在执行期间,应当遵守法律、行政法规和国务院公安部门有关监督管理的规定,服从监督;不得行使本法第五十四条规定的各项权利。

第八节 没收财产

第五十九条 没收财产是没收犯罪分子个人所有财产的一部或者全部。没收全部财产的,应当对犯罪分子个人及其扶养的家属保留必需的生活费用。

在判处没收财产的时候,不得没收属于犯罪分子家属所有或者应有的财产。

第六十条 没收财产以前犯罪分子所负的正当债务,需要以没收的财产偿还的,经债权人请求,应当偿还。

第四章 刑罚的具体运用

第一节 量 刑

第六十一条 对于犯罪分子决定刑罚的时候,应当根据犯罪的事实、犯罪的性质、情节和对于社会的危害程度,依照本法的有关规定判处。

第六十二条 犯罪分子具有本法规定的从重处罚、从轻处罚情节的,应当在法定刑的限度以内判处刑罚。

第六十三条 犯罪分子具有本法规定的减轻处罚情节的,应当在法定刑以下判处刑罚;本法规定有数个量刑幅度的,应当在法定量刑幅度的下一个量刑幅度内判处刑罚。

犯罪分子虽然不具有本法规定的减轻处罚情节,但是根据案件的特殊情况,经最高人民法院核准,也可以在法定刑以下判处刑罚。

第六十四条 犯罪分子违法所得的一切财物,应当予以追缴或者责令退赔;对被害人的合法财产,应当及时返还;违禁品和供犯罪所用的本人财物,应当予以没收。没收的财物和罚金,一律上缴国库,不得挪用和自行处理。

第二节 累 犯

第六十五条 被判处有期徒刑以上刑罚的犯罪分子,刑罚执行完毕或者赦免以后,在五年以内再犯应当判处有期徒刑以上刑罚之罪的,是累犯,应当从重处罚,但是过失犯罪和不满十八周岁的人犯罪的除外。

前款规定的期限,对于被假释的犯罪分子,从假释期满之日起计算。

第六十六条 危害国家安全犯罪、恐怖活动犯罪、黑社会性质的组织犯罪的犯罪分子,在刑罚执行完毕或者赦免以后,在任何时候再犯上述任一类罪的,都以累犯论处。

第三节 自首和立功

第六十七条 犯罪以后自动投案,如实供述自己的罪行的,是自首。对于自首的犯罪分子,可以从轻或者减轻处罚。其中,犯罪较轻的,可以免除处罚。

被采取强制措施的犯罪嫌疑人、被告人和正在服刑的罪犯,如实供述司法机关还未掌握的本人其他罪行的,以自首论。

犯罪嫌疑人虽不具有前两款规定的自首情节,但是如实供述自己罪行的,可以从轻处罚;因其如实供述自己罪行,避免特别严重后果发生的,可以减轻处罚。

第六十八条 犯罪分子有揭发他人犯罪行为,查证属实的,或者提供重要线索,从而得以侦破其他案件等立功表现的,可以从轻或者减轻处罚;有重大立功表现的,可以减轻或者免除处罚。

第四节 数罪并罚

第六十九条 判决宣告以前一人犯数罪的,除判处死刑和无期徒刑的以外,应当在总和刑期以下、数刑中最高刑期以上,酌情决定执行的刑期,但是管制最高不能超过三年,拘役最高不能超过一年,有期徒刑总和刑期不满三十五年的,最高不能超过二十年,总和刑期在三十五年以上的,最高不能超过二十五年。

数罪中有判处有期徒刑和拘役的,执行有期徒刑。数罪中有判处有期徒刑和管制,或者拘役和管制的,有期徒刑、拘役执行完毕后,管制仍须执行。

数罪中有判处附加刑的,附加刑仍须执行,其中附加刑种类相同的,合并执行,种类不同的,分别执行。

第七十条 判决宣告以后,刑罚执行完毕以前,发现被判刑的犯罪分子在判决宣告以前还有其他罪没有判决的,应当对新发现的罪作出判决,把前后两个判决所判处的刑罚,依照本法第六十九条的规定,决定执行的刑罚。已经执行的刑期,应当计算在新判决决定的刑期以内。

第七十一条 判决宣告以后,刑罚执行完毕以前,被判刑的犯罪分子又犯罪的,应当对新犯的罪作出判决,把前罪没有执行的刑罚和后罪所判处的刑罚,依照本法第六十九条的规定,决定执行的刑罚。

第五节 缓刑

第七十二条 对于被判处拘役、三年以下有期徒刑的犯罪分子,同时符合下列条件的，可以宣告缓刑，对其中不满十八周岁的人、怀孕的妇女和已满七十五周岁的人，应当宣告缓刑：

（一）犯罪情节较轻；

（二）有悔罪表现；

（三）没有再犯罪的危险；

（四）宣告缓刑对所居住社区没有重大不良影响。

宣告缓刑，可以根据犯罪情况，同时禁止犯罪分子在缓刑考验期限内从事特定活动，进入特定区域、场所，接触特定的人。

被宣告缓刑的犯罪分子，如果被判处附加刑，附加刑仍须执行。

第七十三条　拘役的缓刑考验期限为原判刑期以上一年以下，但是不能少于二个月。

有期徒刑的缓刑考验期限为原判刑期以上五年以下，但是不能少于一年。

缓刑考验期限，从判决确定之日起计算。

第七十四条　对于累犯和犯罪集团的首要分子，不适用缓刑。

第七十五条　被宣告缓刑的犯罪分子，应当遵守下列规定：

（一）遵守法律、行政法规，服从监督；

（二）按照考察机关的规定报告自己的活动情况；

（三）遵守考察机关关于会客的规定；

（四）离开所居住的市、县或者迁居，应当报经考察机关批准。

第七十六条　对宣告缓刑的犯罪分子，在缓刑考验期限内，依法实行社区矫正，如果没有本法第七十七条规定的情形，缓刑考验期满，原判的刑罚就不再执行，并公开予以宣告。

第七十七条　被宣告缓刑的犯罪分子，在缓刑考验期限内犯新罪或者发现判决宣告以前还有其他罪没有判决的，应当撤销缓刑，对新犯的罪或者新发现的罪作出判决，把前罪和后罪所判处的刑罚，依照本法第六十九条的规定，决定执行的刑罚。

被宣告缓刑的犯罪分子，在缓刑考验期限内，违反法律、行政法规或者国务院有关部门关于缓刑的监督管理规定，或者违反人民法院判决中的禁止令，情节严重的，应当撤销缓刑，执行原判刑罚。

第六节　减　　刑

第七十八条　被判处管制、拘役、有期徒刑、无期徒刑的犯罪分子，在执行期间，如果认真遵守监规，接受教育改造，确有悔改表现的，或者有立功表现的，可以减刑；

有下列重大立功表现之一的,应当减刑:

(一)阻止他人重大犯罪活动的;

(二)检举监狱内外重大犯罪活动,经查证属实的;

(三)有发明创造或者重大技术革新的;

(四)在日常生产、生活中舍己救人的;

(五)在抗御自然灾害或者排除重大事故中,有突出表现的;

(六)对国家和社会有其他重大贡献的。

减刑以后实际执行的刑期不能少于下列期限:

(一)判处管制、拘役、有期徒刑的,不能少于原判刑期的二分之一;

(二)判处无期徒刑的,不能少于十三年;

(三)人民法院依照本法第五十条第二款规定限制减刑的死刑缓期执行的犯罪分子,缓期执行期满后依法减为无期徒刑的,不能少于二十五年,缓期执行期满后依法减为二十五年有期徒刑的,不能少于二十年。

第七十九条 对于犯罪分子的减刑,由执行机关向中级以上人民法院提出减刑建议书。人民法院应当组成合议庭进行审理,对确有悔改或者立功事实的,裁定予以减刑。非经法定程序不得减刑。

第八十条 无期徒刑减为有期徒刑的刑期,从裁定减刑之日起计算。

第七节 假 释

第八十一条 被判处有期徒刑的犯罪分子,执行原判刑期二分之一以上,被判处无期徒刑的犯罪分子,实际执行十三年以上,如果认真遵守监规,接受教育改造,确有悔改表现,没有再犯罪的危险的,可以假释。如果有特殊情况,经最高人民法院核准,可以不受上述执行刑期的限制。

对累犯以及因故意杀人、强奸、抢劫、绑架、放火、爆炸、投放危险物质或者有组织的暴力性犯罪被判处十年以上有期徒刑、无期徒刑的犯罪分子,不得假释。

对犯罪分子决定假释时,应当考虑其假释后对所居住社区的影响。

第八十二条 对于犯罪分子的假释,依照本法第七十九条规定的程序进行。非经法定程序不得假释。

第八十三条 有期徒刑的假释考验期限,为没有执行完毕的刑期;无期徒刑的假释考验期限为十年。

假释考验期限,从假释之日起计算。

第八十四条 被宣告假释的犯罪分子,应当遵守下列规定:

(一)遵守法律、行政法规,服从监督;

（二）按照监督机关的规定报告自己的活动情况；

（三）遵守监督机关关于会客的规定；

（四）离开所居住的市、县或者迁居，应当报经监督机关批准。

第八十五条　对假释的犯罪分子，在假释考验期限内，依法实行社区矫正，如果没有本法第八十六条规定的情形，假释考验期满，就认为原判刑罚已经执行完毕，并公开予以宣告。

第八十六条　被假释的犯罪分子，在假释考验期限内犯新罪，应当撤销假释，依照本法第七十一条的规定实行数罪并罚。

在假释考验期限内，发现被假释的犯罪分子在判决宣告以前还有其他罪没有判决的，应当撤销假释，依照本法第七十条的规定实行数罪并罚。

被假释的犯罪分子，在假释考验期限内，有违反法律、行政法规或者国务院有关部门关于假释的监督管理规定的行为，尚未构成新的犯罪的，应当依照法定程序撤销假释，收监执行未执行完毕的刑罚。

第八节　时　　效

第八十七条　犯罪经过下列期限不再追诉：

（一）法定最高刑为不满五年有期徒刑的，经过五年；

（二）法定最高刑为五年以上不满十年有期徒刑的，经过十年；

（三）法定最高刑为十年以上有期徒刑的，经过十五年；

（四）法定最高刑为无期徒刑、死刑的，经过二十年。如果二十年以后认为必须追诉的，须报请最高人民检察院核准。

第八十八条　在人民检察院、公安机关、国家安全机关立案侦查或者在人民法院受理案件以后，逃避侦查或者审判的，不受追诉期限的限制。

被害人在追诉期限内提出控告，人民法院、人民检察院、公安机关应当立案而不予立案的，不受追诉期限的限制②。

第八十九条　追诉期限从犯罪之日起计算；犯罪行为有连续或者继续状态的，从犯罪行为终了之日起计算。

在追诉期限以内又犯罪的，前罪追诉的期限从犯后罪之日起计算。

第五章　其他规定

第九十条　民族自治地方不能全部适用本法规定的，可以由自治区或者省的人民代表大会根据当地民族的政治、经济、文化的特点和本法规定的基本原则，制定变通或者补充的规定，报请全国人民代表大会常务委员会批准施行。

② 追诉时效制度具有独立的程序价值，因此新生效的刑事实体法律规定降低了犯罪行为对应的法定刑幅度后，已经立案侦查并进入诉讼程序的追诉行为，不需要根据新的实体法律规定重新计算追诉时效。

第九十一条 本法所称公共财产,是指下列财产:

(一)国有财产;

(二)劳动群众集体所有的财产;

(三)用于扶贫和其他公益事业的社会捐助或者专项基金的财产。

在国家机关、国有公司、企业、集体企业和人民团体管理、使用或者运输中的私人财产,以公共财产论。

第九十二条 本法所称公民私人所有的财产,是指下列财产:

(一)公民的合法收入、储蓄、房屋和其他生活资料;

(二)依法归个人、家庭所有的生产资料;

(三)个体户和私营企业的合法财产;

(四)依法归个人所有的股份、股票、债券和其他财产。

第九十三条 本法所称国家工作人员,是指国家机关中从事公务的人员。

国有公司、企业、事业单位、人民团体中从事公务的人员和国家机关、国有公司、企业、事业单位委派到非国有公司、企业、事业单位、社会团体从事公务的人员,以及其他依照法律从事公务的人员,以国家工作人员论。

第九十四条 本法所称司法工作人员,是指有侦查、检察、审判、监管职责的工作人员。

第九十五条 本法所称重伤,是指有下列情形之一的伤害:

(一)使人肢体残废或者毁人容貌的;

(二)使人丧失听觉、视觉或者其他器官机能的;

(三)其他对于人身健康有重大伤害的。

第九十六条 本法所称违反国家规定,是指违反全国人民代表大会及其常务委员会制定的法律和决定,国务院制定的行政法规、规定的行政措施、发布的决定和命令。

第九十七条 本法所称首要分子,是指在犯罪集团或者聚众犯罪中起组织、策划、指挥作用的犯罪分子。

第九十八条 本法所称告诉才处理,是指被害人告诉才处理。如果被害人因受强制、威吓无法告诉的,人民检察院和被害人的近亲属也可以告诉。

第九十九条 本法所称以上、以下、以内,包括本数。

第一百条 依法受过刑事处罚的人,在入伍、就业的时候,应当如实向有关单位报告自己曾受过刑事处罚,不得隐瞒。

犯罪的时候不满十八周岁被判处五年有期徒刑以下刑罚的人,免除前款规定的报告义务。

第一百零一条　本法总则适用于其他有刑罚规定的法律，但是其他法律有特别规定的除外。

第二编　分　　则

第一百三十一条　航空人员违反规章制度，致使发生重大飞行事故，造成严重后果的，处三年以下有期徒刑或者拘役；造成飞机坠毁或者人员死亡的，处三年以上七年以下有期徒刑。

第一百三十二条　铁路职工违反规章制度，致使发生铁路运营安全事故，造成严重后果的，处三年以下有期徒刑或者拘役[③]；造成特别严重后果的，处三年以上七年以下有期徒刑。

第一百三十四条　在生产、作业中违反有关安全管理的规定，因而发生重大伤亡事故或者造成其他严重后果的[④]，处三年以下有期徒刑或者拘役；情节特别恶劣的，处三年以上七年以下有期徒刑。

强令他人违章冒险作业，或者明知存在重大事故隐患而不排除，仍冒险组织作业，因而发生重大伤亡事故或者造成其他严重后果的，处五年以下有期徒刑或者拘役；情节特别恶劣的，处五年以上有期徒刑。

第一百三十四条之一　在生产、作业中违反有关安全管理的规定，有下列情形之一，具有发生重大伤亡事故或者其他严重后果的现实危险的，处一年以下有期徒刑、拘役或者管制：

（一）关闭、破坏直接关系生产安全的监控、报警、防护、救生设备、设施，或者篡改、隐瞒、销毁其相关数据、信息的；

（二）因存在重大事故隐患被依法责令停产停业、停止施工、停止使用有关设备、设施、场所或者立即采取排除危险的整改措施，而拒不执行的；

（三）涉及安全生产的事项未经依法批准或者许可，擅自从事矿山开采、金属冶炼、建筑施工，以及危险物品生产、经营、储存等高度危险的生产作业活动的。

第一百三十五条　安全生产设施或者安全生产条件不符合国家规定，因而发生重大伤亡事故或者造成其他严重后果的，对直接负责的主管人员和其他直接责任人员，处三年以下有期徒刑或者拘役；情节特别恶劣的，处三年以上七年以下有期徒刑。

第一百三十五条之一　举办大型群众性活动违反安全管理规定，因而发生重大伤亡事故或者造成其他严重后果的，对直接负责的主管人员和其他直接责任人员，处三年以下有期徒刑或者拘役；情节特别恶劣的，处三年以上七年以下有期徒刑。

第一百三十六条　违反爆炸性、易燃性、放射性、毒害性、腐蚀性物品的管理规

③ 《最高人民法院、最高人民检察院关于办理危害生产安全刑事案件适用法律若干问题的解释》规定："具有下列情形之一的，应当认定为'造成严重后果'或者'发生重大伤亡事故或者造成其他严重后果'，对相关责任人员，处三年以下有期徒刑或者拘役：（一）造成死亡一人以上，或者重伤三人以上的；（二）造成直接经济损失一百万元以上的；（三）其他造成严重后果或者重大安全事故的情形。"

④ 《最高人民检察院、公安部关于公安机关管辖的刑事案件立案追诉标准的规定（一）》规定："在生产、作业中违反有关安全管理的规定，涉嫌下列情形之一的，应予立案追诉：（一）造成死亡一人以上，或者重伤三人以上；（二）造成直接经济损失五十万元以上的；（三）发生矿山生产安全事故，造成直接经济损失一百万元以上的；（四）其他造成严重后果的情形。"

定，在生产、储存、运输、使用中发生重大事故，造成严重后果的，处三年以下有期徒刑或者拘役；后果特别严重的，处三年以上七年以下有期徒刑。

第一百三十七条 建设单位、设计单位、施工单位、工程监理单位违反国家规定，降低工程质量标准，造成重大安全事故的[5]，对直接责任人员，处五年以下有期徒刑或者拘役，并处罚金；后果特别严重的，处五年以上十年以下有期徒刑，并处罚金。

第一百三十八条 明知校舍或者教育教学设施有危险，而不采取措施或者不及时报告，致使发生重大伤亡事故的，对直接责任人员，处三年以下有期徒刑或者拘役[6]；后果特别严重的，处三年以上七年以下有期徒刑。

第一百三十九条 违反消防管理法规，经消防监督机构通知采取改正措施而拒绝执行，造成严重后果的，对直接责任人员，处三年以下有期徒刑或者拘役[7]；后果特别严重的，处三年以上七年以下有期徒刑。

第一百三十九条之一 在安全事故发生后，负有报告职责的人员不报或者谎报事故情况，贻误事故抢救，情节严重的[8]，处三年以下有期徒刑或者拘役；情节特别严重的，处三年以上七年以下有期徒刑。

第一百六十三条[9] 公司、企业或者其他单位的工作人员，利用职务上的便利，索取他人财物或者非法收受他人财物，为他人谋取利益，数额较大的，处三年以下有期徒刑或者拘役，并处罚金；数额巨大或者有其他严重情节的，处三年以上十年以下有期徒刑，并处罚金；数额特别巨大或者有其他特别严重情节的，处十年以上有期徒刑或者无期徒刑，并处罚金。

公司、企业或者其他单位的工作人员在经济往来中，利用职务上的便利，违反国家规定，收受各种名义的回扣、手续费，归个人所有的，依照前款的规定处罚。

国有公司、企业或者其他国有单位中从事公务的人员和国有公司、企业或者其他国有单位委派到非国有公司、企业以及其他单位从事公务的人员有前两款行为的，依照本法第三百八十五条、第三百八十六条的规定定罪处罚。

第一百六十四条 为谋取不正当利益，给予公司、企业或者其他单位的工作人员以财物，数额较大的[10]，处三年以下有期徒刑或者拘役，并处罚金；数额巨大的，处三年以上十年以下有期徒刑，并处罚金。

为谋取不正当商业利益，给予外国公职人员或者国际公共组织官员以财物的，依照前款的规定处罚。[11]

单位犯前两款罪的，对单位判处罚金，并对其直接负责的主管人员和其他直接责任人员，依照第一款的规定处罚。

行贿人在被追诉前主动交待行贿行为的，可以减轻处罚或者免除处罚。

⑤ 涉嫌下列情形之一的，应予立案，处5年以下有期徒刑或者拘役，并处罚金：1. 造成死亡1人以上，或者重伤3人以上的；2. 造成直接经济损失100万元以上的；3. 其他造成严重后果或者重大安全事故的情形。

⑥ 造成死亡1人以上，或者重伤3人以上的，应予立案，处3年以下有期徒刑或者拘役。

⑦ 违反消防管理法规，经消防监督机构通知采取改正措施而拒绝执行，涉嫌下列情形之一的，应予立案追诉：1. 造成死亡1人以上，或者重伤3人以上；2. 造成直接经济损失50万元以上的；3. 造成森林火灾，过火有林地面积2公顷以上，或者过火疏林地、灌木林地、未成林地、苗圃地面积4公顷以上的；4. 其他造成严重后果的情形。

⑧ 涉嫌下列情形之一的，应予立案，处3年以下有期徒刑或者拘役：1. 导致事故后果扩大，增加死亡1人以

第一百六十五条　国有公司、企业的董事、经理利用职务便利,自己经营或者为他人经营与其所任职公司、企业同类的营业,获取非法利益,数额巨大的[12],处三年以下有期徒刑或者拘役,并处或者单处罚金;数额特别巨大的,处三年以上七年以下有期徒刑,并处罚金。

第一百六十六条　国有公司、企业、事业单位的工作人员,利用职务便利,有下列情形之一,使国家利益遭受重大损失的[13],处三年以下有期徒刑或者拘役,并处或者单处罚金;致使国家利益遭受特别重大损失的,处三年以上七年以下有期徒刑,并处罚金:

(一)将本单位的盈利业务交由自己的亲友进行经营的;

(二)以明显高于市场的价格向自己的亲友经营管理的单位采购商品或者以明显低于市场的价格向自己的亲友经营管理的单位销售商品的;

(三)向自己的亲友经营管理的单位采购不合格商品的。

第一百六十七条　国有公司、企业、事业单位直接负责的主管人员,在签订、履行合同过程中,因严重不负责任被诈骗,致使国家利益遭受重大损失的,处三年以下有期徒刑或者拘役;致使国家利益遭受特别重大损失的,处三年以上七年以下有期徒刑。

第一百六十八条　国有公司、企业的工作人员,由于严重不负责任[14]或者滥用职权[15],造成国有公司、企业破产或者严重损失,致使国家利益遭受重大损失的,处三年以下有期徒刑或者拘役;致使国家利益遭受特别重大损失的,处三年以上七年以下有期徒刑。

国有事业单位的工作人员有前款行为,致使国家利益遭受重大损失的,依照前款的规定处罚。

国有公司、企业、事业单位的工作人员,徇私舞弊,犯前两款罪的,依照第一款的规定从重处罚。

第一百六十九条　国有公司、企业或者其上级主管部门直接负责的主管人员,徇私舞弊,将国有资产低价折股或者低价出售,致使国家利益遭受重大损失的,处三年以下有期徒刑或者拘役;致使国家利益遭受特别重大损失的,处三年以上七年以下有期徒刑。

【解读】涉嫌下列情形之一的,应予立案追诉,处3年以下有期徒刑或者拘役:1.造成国家直接经济损失数额在30万元以上的;2.造成有关单位破产,停业、停产6个月以上,或者被吊销许可证和营业执照、责令关闭、撤销、解散的;3.其他致使国家利益遭受重大损失的情形。

第一百六十九条之一　上市公司的董事、监事、高级管理人员违背对公司的忠

上,或者增加重伤3人以上,或者增加直接经济损失100万元以上的。2.实施下列行为之一,致使不能及时有效开展事故抢救的:(1)决定不报、迟报、谎报事故情况或者指使、串通有关人员不报、迟报、谎报事故情况的;(2)在事故抢救期间擅离职守或者逃匿的;(3)伪造、破坏事故现场,或者转移、藏匿、毁灭遇难人员尸体,或者转移、藏匿受伤人员的;(4)毁灭、伪造、隐匿与事故有关的图纸、记录、计算机数据等资料以及其他证据的。3.其他情节严重的情形。

⑨ 数额在3万元以上的,应予立案追诉。

⑩ 个人行贿3万元以上,单位行贿20万元以上,应予立案追诉。

⑪ 个人行贿数额在3万元以上的,单位行贿数额在20万元以上的,应予立案追诉。

⑫ 获取非法利益10万元以上,应予立案,处3

实义务，利用职务便利，操纵上市公司从事下列行为之一，致使上市公司利益遭受重大损失的，处三年以下有期徒刑或者拘役，并处或者单处罚金；致使上市公司利益遭受特别重大损失的，处三年以上七年以下有期徒刑，并处罚金：

（一）无偿向其他单位或者个人提供资金、商品、服务或者其他资产的；

（二）以明显不公平的条件，提供或者接受资金、商品、服务或者其他资产的；

（三）向明显不具有清偿能力的单位或者个人提供资金、商品、服务或者其他资产的；

（四）为明显不具有清偿能力的单位或者个人提供担保，或者无正当理由为其他单位或者个人提供担保的；

（五）无正当理由放弃债权、承担债务的；

（六）采用其他方式损害上市公司利益的。

上市公司的控股股东或者实际控制人，指使上市公司董事、监事、高级管理人员实施前款行为的，依照前款的规定处罚。

犯前款罪的上市公司的控股股东或者实际控制人是单位的，对单位判处罚金，并对其直接负责的主管人员和其他直接责任人员，依照第一款的规定处罚。

【解读】涉嫌下列情形之一的，应予立案追诉，处3年以下有期徒刑或者拘役，并处或者单处罚金：1. 无偿向其他单位或者个人提供资金、商品、服务或者其他资产，致使上市公司直接经济损失数额在150万元以上的；2. 以明显不公平的条件，提供或者接受资金、商品、服务或者其他资产，致使上市公司直接经济损失数额在150万元以上的；3. 向明显不具有清偿能力的单位或者个人提供资金、商品、服务或者其他资产，致使上市公司直接经济损失数额在150万元以上的；4. 为明显不具有清偿能力的单位或者个人提供担保，或者无正当理由为其他单位或者个人提供担保，致使上市公司直接经济损失数额在150万元以上的；5. 无正当理由放弃债权、承担债务，致使上市公司直接经济损失数额在150万元以上的；6. 致使公司发行的股票、公司债券或者国务院依法认定的其他证券被终止上市交易的；7. 其他致使上市公司利益遭受重大损失的情形。

第一百七十一条第二款 银行或者其他金融机构的工作人员购买伪造的货币或者利用职务上的便利，以伪造的货币换取货币的[16]，处三年以上十年以下有期徒刑，并处二万元以上二十万元以下罚金；数额巨大或者有其他严重情节的，处十年以上有期徒刑或者无期徒刑，并处二万元以上二十万元以下罚金或者没收财产；情节较轻的，处三年以下有期徒刑或者拘役，并处或者单处一万元以上十万元以下罚金。

第一百八十条 证券、期货交易内幕信息的知情人员或者非法获取证券、期货交

年以下有期徒刑或者拘役，并处或者单处罚金。

⑬ 涉嫌下列情形之一的，应予立案追诉，处3年以下有期徒刑或者拘役，并处或者单处罚金：1. 造成国家直接经济损失数额在10万元以上的；2. 使其亲友非法获利数额在20万元以上的；3. 致使有关单位破产，停产、停业6个月以上或者被吊销许可证和营业执照、责令关闭、撤销、解散的；4. 其他致使国家利益遭受重大损失的情形。

⑭ 涉嫌下列情形之一的，应予立案追诉，处3年以下有期徒刑或者拘役：1. 造成国家直接经济损失数额在50万元以上的；2. 造成有关单位破产，停业、停产1年以上，或者被吊销许可证和营业执照、责令关闭、撤销、解散的；3. 其他致使国家利益遭受重大损失的情形。

⑮ 涉嫌下列情形之一的，应予立案，处3年以下有期徒刑或者拘役：1. 造成国家直接经济损失数额在30万元以上的；2. 造成有关单位破产，停业、停产6个月以上，或者

易内幕信息的人员，在涉及证券的发行，证券、期货交易或者其他对证券、期货交易价格有重大影响的信息尚未公开前，买入或者卖出该证券，或者从事与该内幕信息有关的期货交易，或者泄露该信息，或者明示、暗示他人从事上述交易活动，情节严重的，处五年以下有期徒刑或者拘役，并处或者单处违法所得一倍以上五倍以下罚金；情节特别严重的，处五年以上十年以下有期徒刑，并处违法所得一倍以上五倍以下罚金。

单位犯前款罪的，对单位判处罚金，并对其直接负责的主管人员和其他直接责任人员，处五年以下有期徒刑或者拘役。

内幕信息、知情人员的范围，依照法律、行政法规的规定确定。

证券交易所、期货交易所、证券公司、期货经纪公司、基金管理公司、商业银行、保险公司等金融机构的从业人员以及有关监管部门或者行业协会的工作人员，利用因职务便利获取的内幕信息以外的其他未公开的信息，违反规定，从事与该信息相关的证券、期货交易活动，或者明示、暗示他人从事相关交易活动，情节严重的⑰，依照第一款的规定处罚。

第一百八十一条第二款　证券交易所、期货交易所、证券公司、期货经纪公司的从业人员，证券业协会、期货业协会或者证券期货监督管理部门的工作人员，故意提供虚假信息或者伪造、变造、销毁交易记录，诱骗投资者买卖证券、期货合约，造成严重后果的，处五年以下有期徒刑或者拘役，并处或者单处一万元以上十万元以下罚金；情节特别恶劣的，处五年以上十年以下有期徒刑，并处二万元以上二十万元以下罚金。

【解读】涉嫌下列情形之一的，应予立案追诉：1. 获利或者避免损失数额在5万元以上的；2. 造成投资者直接经济损失数额在50万元以上的；3. 虽未达到上述数额标准，但多次诱骗投资者买卖证券、期货合约的；4. 致使交易价格和交易量异常波动的；5. 其他造成严重后果的情形。

第一百八十五条　商业银行、证券交易所、期货交易所、证券公司、期货经纪公司、保险公司或者其他金融机构的工作人员利用职务上的便利，挪用本单位或者客户资金的，依照本法第二百七十二条的规定定罪处罚。

国有商业银行、证券交易所、期货交易所、证券公司、期货经纪公司、保险公司或者其他国有金融机构的工作人员和国有商业银行、证券交易所、期货交易所、证券公司、期货经纪公司、保险公司或者其他国有金融机构委派到前款规定中的非国有机构从事公务的人员有前款行为的，依照本法第三百八十四条的规定定罪处罚。

第一百八十五条之一　商业银行、证券交易所、期货交易所、证券公司、期货经纪

被吊销许可证和营业执照、责令关闭、撤销、解散的；3. 其他致使国家利益遭受重大损失的情形。

⑯ 总面额在2000元以上或者币量在200张（枚）以上的，应予立案。

⑰ 涉嫌下列情形之一的，应予立案：1. 获利或者避免损失数额在100万元以上的；2. 2年内3次以上利用未公开信息交易的；3. 明示、暗示3人以上从事相关交易活动的；4. 具有其他严重情节的。此外，利用未公开信息交易，获利或者避免损失数额在50万元以上，或者证券交易成交额在500万元以上，或者期货交易占用保证金数额在100万元以上，同时涉嫌下列情形之一的，应予立案追诉：1. 以出售或者变相出售未公开信息等方式，明示、暗示他人从事相关交易活动的；2. 因证券、期货犯罪行为受过刑事追究的；3. 2年内因证券、期货违法行为受过行政处罚的；4. 造成其他严重后果的。

公司、保险公司或者其他金融机构,违背受托义务,擅自运用客户资金或者其他委托、信托的财产,情节严重的[18],对单位判处罚金,并对其直接负责的主管人员和其他直接责任人员,处三年以下有期徒刑或者拘役,并处三万元以上三十万元以下罚金;情节特别严重的,处三年以上十年以下有期徒刑,并处五万元以上五十万元以下罚金。

社会保障基金管理机构、住房公积金管理机构等公众资金管理机构,以及保险公司、保险资产管理公司、证券投资基金管理公司,违反国家规定运用资金的,对其直接负责的主管人员和其他直接责任人员,依照前款的规定处罚[19]。

第一百八十六条 银行或者其他金融机构的工作人员违反国家规定发放贷款,数额巨大或者造成重大损失的,处五年以下有期徒刑或者拘役,并处一万元以上十万元以下罚金;数额特别巨大或者造成特别重大损失的,处五年以上有期徒刑,并处二万元以上二十万元以下罚金。

银行或者其他金融机构的工作人员违反国家规定,向关系人发放贷款的,依照前款的规定从重处罚。

单位犯前两款罪的,对单位判处罚金,并对其直接负责的主管人员和其他直接责任人员,依照前两款的规定处罚。

关系人的范围,依照《中华人民共和国商业银行法》和有关金融法规确定。

【解读】银行或其他金融机构及其工作人员违反国家规定发放贷款,涉嫌下列情形之一的,应予立案追诉:1. 违法发放贷款,数额在200万元以上的;2. 违法发放贷款,造成直接经济损失数额在50万元以上的。

第一百八十七条 银行或者其他金融机构的工作人员吸收客户资金不入帐,数额巨大或者造成重大损失的[20],处五年以下有期徒刑或者拘役,并处二万元以上二十万元以下罚金;数额特别巨大或者造成特别重大损失的,处五年以上有期徒刑,并处五万元以上五十万元以下罚金。

单位犯前款罪的,对单位判处罚金,并对其直接负责的主管人员和其他直接责任人员,依照前款的规定处罚。

第一百八十八条 银行或者其他金融机构的工作人员违反规定,为他人出具信用证或者其他保函、票据、存单、资信证明,情节严重的,处五年以下有期徒刑或者拘役;情节特别严重的,处五年以上有期徒刑。

单位犯前款罪的,对单位判处罚金,并对其直接负责的主管人员和其他直接责任人员,依照前款的规定处罚。

【解读】涉嫌下列情形之一的,应予立案追诉:1. 违反规定为他人出具信用证或者其他保函、票据、存单、资信证明,数额在200万元以上的;2. 违反规定为他人出具信用证或者其他保函、票据、存单、资信证明,造成直接经济损失数额在50万元以上

⑱ 涉嫌下列情形之一的,应予立案:1. 擅自运用客户资金或者其他委托、信托的财产数额在30万元以上的;2. 虽未达到上述数额标准,但多次擅自运用客户资金或者其他委托、信托的财产,或者擅自运用多个客户资金或者其他委托、信托的财产的;3. 其他情节严重的情形。

⑲ 涉嫌下列情形之一的,应予立案:1. 违反国家规定运用资金数额在30万元以上的;2. 虽未达到上述数额标准,但多次违反国家规定运用资金的;3. 其他情节严重的情形。

⑳ 涉嫌下列情形之一的,应予立案:1. 吸收客户资金不入账,数额在200万元以上的;2. 吸收客户资金不入账,造成直接经济损失数额在50万元以上的。

的;3. 多次违规出具信用证或者其他保函、票据、存单、资信证明的;4. 接受贿赂违规出具信用证或者其他保函、票据、存单、资信证明的;5. 其他情节严重的情形。

第一百八十九条　银行或者其他金融机构的工作人员在票据业务中,对违反票据法规定的票据予以承兑、付款或者保证,造成重大损失的,处五年以下有期徒刑或者拘役[21];造成特别重大损失的,处五年以上有期徒刑。

单位犯前款罪的,对单位判处罚金,并对其直接负责的主管人员和其他直接责任人员,依照前款的规定处罚。

第二百二十八条　以牟利为目的,违反土地管理法规,非法转让、倒卖土地使用权,情节严重的,处三年以下有期徒刑或者拘役,并处或者单处非法转让、倒卖土地使用权价额百分之五以上百分之二十以下罚金[22];情节特别严重的,处三年以上七年以下有期徒刑,并处非法转让、倒卖土地使用权价额百分之五以上百分之二十以下罚金。

第二百三十八条　非法拘禁他人或者以其他方法非法剥夺他人人身自由的,处三年以下有期徒刑、拘役、管制或者剥夺政治权利。具有殴打、侮辱情节的,从重处罚。

犯前款罪,致人重伤的,处三年以上十年以下有期徒刑;致人死亡的,处十年以上有期徒刑。使用暴力致人伤残、死亡的,依照本法第二百三十四条、第二百三十二条的规定定罪处罚。

为索取债务非法扣押、拘禁他人的,依照前两款的规定处罚。

国家机关工作人员利用职权犯前三款罪的,依照前三款的规定从重处罚。

第二百四十五条　非法搜查他人身体、住宅,或者非法侵入他人住宅的,处三年以下有期徒刑或者拘役。

司法工作人员滥用职权,犯前款罪的,从重处罚。

第二百四十七条　司法工作人员对犯罪嫌疑人、被告人实行刑讯逼供或者使用暴力逼取证人证言的,处三年以下有期徒刑或者拘役。致人伤残、死亡的,依照本法第二百三十四条、第二百三十二条的规定定罪从重处罚。

第二百四十八条　监狱、拘留所、看守所等监管机构的监管人员对被监管人进行殴打或者体罚虐待,情节严重的,处三年以下有期徒刑或者拘役;情节特别严重的,处三年以上十年以下有期徒刑。致人伤残、死亡的,依照本法第二百三十四条、第二百三十二条的规定定罪从重处罚。

监管人员指使被监管人殴打或者体罚虐待其他被监管人的,依照前款的规定处罚。

第二百五十一条　国家机关工作人员非法剥夺公民的宗教信仰自由和侵犯少数民族风俗习惯,情节严重的,处二年以下有期徒刑或者拘役。

[21] 造成直接经济损失50万元以上的,应予立案。

[22] 涉嫌下列情形之一的,应予立案:1. 非法转让、倒卖基本农田5亩以上的;2. 非法转让、倒卖基本农田以外的耕地10亩以上的;3. 非法转让、倒卖其他土地20亩以上的;4. 违法所得数额在50万元以上的;5. 虽未达到上述数额标准,但因非法转让、倒卖土地使用权受过行政处罚,又非法转让、倒卖土地的;6. 其他情节严重的情形。

第二百五十三条 邮政工作人员私自开拆或者隐匿、毁弃邮件、电报的，处二年以下有期徒刑或者拘役。

犯前款罪而窃取财物的，依照本法第二百六十四条的规定定罪从重处罚。

第二百五十四条 国家机关工作人员滥用职权、假公济私，对控告人、申诉人、批评人、举报人实行报复陷害的，处二年以下有期徒刑或者拘役；情节严重的，处二年以上七年以下有期徒刑。

第二百五十五条 公司、企业、事业单位、机关、团体的领导人，对依法履行职责、抵制违反会计法、统计法行为的会计、统计人员实行打击报复，情节恶劣的，处三年以下有期徒刑或者拘役。

第二百五十六条[23] 在选举各级人民代表大会代表和国家机关领导人员时，以暴力、威胁、欺骗、贿赂、伪造选举文件、虚报选举票数等手段破坏选举或者妨害选民和代表自由行使选举权和被选举权，情节严重的，处三年以下有期徒刑、拘役或者剥夺政治权利。

第二百七十一条 公司、企业或者其他单位的工作人员，利用职务上的便利，将本单位财物非法占为己有，数额较大的[24]，处三年以下有期徒刑或者拘役，并处罚金；数额巨大的，处三年以上十年以下有期徒刑，并处罚金；数额特别巨大的，处十年以上有期徒刑或者无期徒刑，并处罚金。

国有公司、企业或者其他国有单位中从事公务的人员和国有公司、企业或者其他国有单位委派到非国有公司、企业以及其他单位从事公务的人员有前款行为的，依照本法第三百八十二条、第三百八十三条的规定定罪处罚。

第二百七十二条 公司、企业或者其他单位的工作人员，利用职务上的便利，挪用本单位资金归个人使用或者借贷给他人，[25]数额较大、超过三个月未还的，或者虽未超过三个月，但数额较大、进行营利活动的，或者进行非法活动的，处三年以下有期徒刑或者拘役；挪用本单位资金数额巨大的，处三年以上七年以下有期徒刑；数额特别巨大的，处七年以上有期徒刑。

国有公司、企业或者其他国有单位中从事公务的人员和国有公司、企业或者其他国有单位委派到非国有公司、企业以及其他单位从事公务的人员有前款行为的，依照本法第三百八十四条的规定定罪处罚。

有第一款行为，在提起公诉前将挪用的资金退还的，可以从轻或者减轻处罚。其中，犯罪较轻的，可以减轻或者免除处罚。

第二百七十三条 挪用用于救灾、抢险、防汛、优抚、扶贫、移民、救济款物，情节严重，致使国家和人民群众利益遭受重大损害的，对直接责任人员，处三年以下有期徒刑或者拘役；情节特别严重的，处三年以上七年以下有期徒刑。

㉓ 涉嫌下列情形之一的，应予立案：1. 以暴力、威胁、欺骗、贿赂等手段，妨害选民、各级人民代表大会代表自由行使选举权和被选举权，致使选举无法正常进行或者选举结果不真实的；2. 以暴力破坏选举场所或者选举设备，致使选举无法正常进行的；3. 伪造选举文件，虚报选举票数，产生不真实的选举结果或者强行宣布合法选举无效、非法选举有效的；4. 聚众冲击选举场所或者故意扰乱选举会场秩序，使选举工作无法进行的。

㉔ 数额在3万元以上的，应予立案追诉。

㉕ 涉嫌下列情形之一的，应予立案追诉：1. 挪用本单位资金数额在5万元以上，超过3个月未还的；2. 挪用本单位资金数额在5万元以上，进行营利活动的；3. 挪用本单位资金数额在3万元以上，进行非法活动的。具有下列情形之一的，属于本条规定的"归个人使用"：1. 将本单位资金供本

第三百零四条　邮政工作人员严重不负责任，故意延误投递邮件，致使公共财产、国家和人民利益遭受重大损失的[26]，处二年以下有期徒刑或者拘役。

第三百零八条　对证人进行打击报复的，处三年以下有期徒刑或者拘役；情节严重的，处三年以上七年以下有期徒刑。

第三百零八条之一　司法工作人员、辩护人、诉讼代理人或者其他诉讼参与人，泄露依法不公开审理的案件中不应当公开的信息，造成信息公开传播或者其他严重后果的，处三年以下有期徒刑、拘役或者管制，并处或者单处罚金。

有前款行为，泄露国家秘密的，依照本法第三百九十八条的规定定罪处罚。

公开披露、报道第一款规定的案件信息，情节严重的，依照第一款的规定处罚。

单位犯前款罪的，对单位判处罚金，并对其直接负责的主管人员和其他直接责任人员，依照第一款的规定处罚。

第三百七十四条　在征兵工作中徇私舞弊，接送不合格兵员，情节严重的[27]，处三年以下有期徒刑或者拘役；造成特别严重后果的，处三年以上七年以下有期徒刑。

第八章　贪污贿赂罪

第三百八十二条　国家工作人员利用职务上的便利，侵吞、窃取、骗取或者以其他手段非法占有公共财物的，是贪污罪。

受国家机关、国有公司、企业、事业单位、人民团体委托管理、经营国有财产的人员，利用职务上的便利，侵吞、窃取、骗取或者以其他手段非法占有国有财物的，以贪污论。

与前两款所列人员勾结，伙同贪污的，以共犯论处。

第三百八十三条　对犯贪污罪的，根据情节轻重，分别依照下列规定处罚：

（一）贪污数额较大或者有其他较重情节的，处三年以下有期徒刑或者拘役，并处罚金。

（二）贪污数额巨大或者有其他严重情节的，处三年以上十年以下有期徒刑，并处罚金或者没收财产。

（三）贪污数额特别巨大或者有其他特别严重情节的，处十年以上有期徒刑或者无期徒刑，并处罚金或者没收财产；数额特别巨大，并使国家和人民利益遭受特别重大损失的，处无期徒刑或者死刑，并处没收财产。

对多次贪污未经处理的，按照累计贪污数额处罚。

犯第一款罪，在提起公诉前如实供述自己罪行、真诚悔罪、积极退赃，避免、减少损害结果的发生，有第一项规定情形的，可以从轻、减轻或者免除处罚；有第二项、第三项规定情形的，可以从轻处罚。

犯第一款罪，有第三项规定情形被判处死刑缓期执行的，人民法院根据犯罪情

人、亲友或者其他自然人使用的；2. 以个人名义将本单位资金供其他单位使用的；3. 个人决定以单位名义将本单位资金供其他单位使用，谋取个人利益的。

㉖ 邮政工作人员严重不负责任，故意延误投递邮件，涉嫌下列情形之一的，应予立案追诉：“（一）造成直接经济损失二万元以上的；（二）延误高校录取通知书或者其他重要邮件投递，致使他人失去高校录取资格或者造成其他无法挽回的重大损失的；（三）严重损害国家声誉或者造成其他恶劣社会影响的；（四）其他致使公共财产、国家和人民利益遭受重大损失的情形。”

㉗ 在征兵工作中徇私舞弊，接送不合格兵员，涉嫌下列情形之一的，应予立案追诉：“（一）接送不合格特种条件兵员一名以上或者普通兵员三名以上的；（二）发生在战时的；（三）造成严重

节等情况可以同时决定在其死刑缓期执行二年期满依法减为无期徒刑后，终身监禁，不得减刑、假释[28]。

第三百八十四条 国家工作人员利用职务上的便利，挪用公款归个人使用，进行非法活动的，或者挪用公款数额较大、进行营利活动的，或者挪用公款数额较大、超过三个月未还的，是挪用公款罪，处五年以下有期徒刑或者拘役；情节严重的，处五年以上有期徒刑。挪用公款数额巨大不退还的，处十年以上有期徒刑或者无期徒刑。

挪用用于救灾、抢险、防汛、优抚、扶贫、移民、救济款物归个人使用的，从重处罚。

第三百八十五条 国家工作人员利用职务上的便利，索取他人财物的，或者非法收受他人财物，为他人谋取利益的，是受贿罪。

国家工作人员在经济往来中，违反国家规定，收受各种名义的回扣、手续费，归个人所有的，以受贿论处。

第三百八十六条 对犯受贿罪的，根据受贿所得数额及情节，依照本法第三百八十三条的规定处罚。索贿的从重处罚。

第三百八十七条 国家机关、国有公司、企业、事业单位、人民团体，索取、非法收受他人财物，为他人谋取利益，情节严重的，对单位判处罚金，并对其直接负责的主管人员和其他直接责任人员，处五年以下有期徒刑或者拘役。

前款所列单位，在经济往来中，在帐外暗中收受各种名义的回扣、手续费的，以受贿论，依照前款的规定处罚。

第三百八十八条 国家工作人员利用本人职权或者地位形成的便利条件，通过其他国家工作人员职务上的行为，为请托人谋取不正当利益，索取请托人财物或者收受请托人财物的，以受贿论处。

第三百八十八条之一 国家工作人员的近亲属或者其他与该国家工作人员关系密切的人，通过该国家工作人员职务上的行为，或者利用该国家工作人员职权或者地位形成的便利条件，通过其他国家工作人员职务上的行为，为请托人谋取不正当利益，索取请托人财物或者收受请托人财物，数额较大或者有其他较重情节的，处三年以下有期徒刑或者拘役，并处罚金；数额巨大或者有其他严重情节的，处三年以上七年以下有期徒刑，并处罚金；数额特别巨大或者有其他特别严重情节的，处七年以上有期徒刑，并处罚金或者没收财产。

离职的国家工作人员或者其近亲属以及其他与其关系密切的人，利用该离职的国家工作人员原职权或者地位形成的便利条件实施前款行为的，依照前款的规定定罪处罚。

第三百八十九条 为谋取不正当利益，给予国家工作人员以财物的，是行贿罪[29]。

在经济往来中，违反国家规定，给予国家工作人员以财物，数额较大的，或者违

后果的；（四）其他情节严重的情形。”

㉘ 被判终身监禁的首例职务犯罪人是2016年10月9日被判终身监禁的云南省委原书记白恩培。

㉙ 3万元以上，应予立案。以下6种情形1万元以上3万元以下可立案：1.向3人以上行贿的；2.将违法所得用于行贿的；3.通过行贿谋取职务提拔、调整的；4.向负有食品、药品、安全生产、环境保护等监督管理职责的国家工作人员行贿，实施非法活动的；5.向司法工作人员行贿，影响司法公正的；6.造成经济损失数额在50万元以上不满100万元的。

反国家规定,给予国家工作人员以各种名义的回扣、手续费的,以行贿论处。

因被勒索给予国家工作人员以财物,没有获得不正当利益的,不是行贿。

第三百九十条　对犯行贿罪的,处五年以下有期徒刑或者拘役,并处罚金;因行贿谋取不正当利益,情节严重的,或者使国家利益遭受重大损失的,处五年以上十年以下有期徒刑,并处罚金;情节特别严重的,或者使国家利益遭受特别重大损失的,处十年以上有期徒刑或者无期徒刑,并处罚金或者没收财产。

行贿人在被追诉前主动交待行贿行为的,可以从轻或者减轻处罚。其中,犯罪较轻的,对侦破重大案件起关键作用的,或者有重大立功表现的,可以减轻或者免除处罚。

第三百九十条之一　为谋取不正当利益,向国家工作人员的近亲属或者其他与该国家工作人员关系密切的人,或者向离职的国家工作人员或者其近亲属以及其他与其关系密切的人行贿的,处三年以下有期徒刑或者拘役,并处罚金;情节严重的,或者使国家利益遭受重大损失的,处三年以上七年以下有期徒刑,并处罚金;情节特别严重的,或者使国家利益遭受特别重大损失的,处七年以上十年以下有期徒刑,并处罚金。

单位犯前款罪的,对单位判处罚金,并对其直接负责的主管人员和其他直接责任人员,处三年以下有期徒刑或者拘役,并处罚金。

第三百九十一条　为谋取不正当利益,给予国家机关、国有公司、企业、事业单位、人民团体以财物的,或者在经济往来中,违反国家规定,给予各种名义的回扣、手续费的[30],处三年以下有期徒刑或者拘役,并处罚金。

单位犯前款罪的,对单位判处罚金,并对其直接负责的主管人员和其他直接责任人员,依照前款的规定处罚。

第三百九十二条　向国家工作人员介绍贿赂,情节严重的,处三年以下有期徒刑或者拘役,并处罚金。

介绍贿赂人在被追诉前主动交待介绍贿赂行为的,可以减轻处罚或者免除处罚。

第三百九十三条[31]　单位为谋取不正当利益而行贿,或者违反国家规定,给予国家工作人员以回扣、手续费,情节严重的,对单位判处罚金,并对其直接负责的主管人员和其他直接责任人员,处五年以下有期徒刑或者拘役,并处罚金。因行贿取得的违法所得归个人所有的,依照本法第三百八十九条、第三百九十条的规定定罪处罚。

第三百九十四条　国家工作人员在国内公务活动或者对外交往中接受礼物,依照国家规定应当交公而不交公,数额较大的,依照本法第三百八十二条、第三百八十三条的规定定罪处罚。

㉚ 涉嫌下列情形之一的,应予立案,处3年以下有期徒刑或者拘役,并处罚金:1. 个人行贿10万元以上、单位行贿20万元以上的;2. 个人行贿不满10万元、单位行贿10万元以上不满20万元,但具有下列情形之一的:(1)为谋取非法利益而行贿的;(2)向3个以上单位行贿的;(3)向党政机关、司法机关、行政执法机关行贿的;(4)致使国家或者社会利益遭受重大损失的。

㉛ 涉嫌下列情形之一的,应予立案,处5年以下有期徒刑或者拘役,并处罚金:1. 单位行贿20万元以上的;2. 单位行贿,数10万元以上不满20万元,但具有下列情形之一的:(1)为谋取非法利益而行贿的;(2)向3人以上行贿的;(3)向党政领导、司法工作人员、行政执法人员行贿的;(4)致使国家或者社会利益遭受重大损失的。

第三百九十五条　国家工作人员的财产、支出明显超过合法收入，差额巨大的，可以责令该国家工作人员说明来源，不能说明来源的，差额部分以非法所得论，处五年以下有期徒刑或者拘役；差额特别巨大的，处五年以上十年以下有期徒刑。财产的差额部分予以追缴。

国家工作人员在境外的存款，应当依照国家规定申报。数额较大、隐瞒不报的，处二年以下有期徒刑或者拘役；情节较轻的，由其所在单位或者上级主管机关酌情给予行政处分。

第三百九十六条　国家机关、国有公司、企业、事业单位、人民团体，违反国家规定，以单位名义将国有资产集体私分给个人，数额较大的，对其直接负责的主管人员和其他直接责任人员，处三年以下有期徒刑或者拘役，并处或者单处罚金；数额巨大的，处三年以上七年以下有期徒刑，并处罚金。

司法机关、行政执法机关违反国家规定，将应当上缴国家的罚没财物，以单位名义集体私分给个人的，依照前款的规定处罚。

第九章　渎　职　罪

第三百九十七条　国家机关工作人员滥用职权[32]或者玩忽职守[33]，致使公共财产、国家和人民利益遭受重大损失的，处三年以下有期徒刑或者拘役；情节特别严重的，处三年以上七年以下有期徒刑。本法另有规定的，依照规定。

国家机关工作人员徇私舞弊，犯前款罪的，处五年以下有期徒刑或者拘役；情节特别严重的，处五年以上十年以下有期徒刑。本法另有规定的，依照规定。

第三百九十八条　国家机关工作人员违反保守国家秘密法的规定，故意或者过失泄露国家秘密，情节严重的[34]，处三年以下有期徒刑或者拘役；情节特别严重的，处三年以上七年以下有期徒刑。

非国家机关工作人员犯前款罪的，依照前款的规定酌情处罚。

第三百九十九条　司法工作人员徇私枉法、徇情枉法，对明知是无罪的人而使他受追诉、对明知是有罪的人而故意包庇不使他受追诉，或者在刑事审判活动中故意违背事实和法律作枉法裁判的，处五年以下有期徒刑或者拘役；情节严重的，处五年以上十年以下有期徒刑；情节特别严重的，处十年以上有期徒刑。

在民事、行政审判活动中故意违背事实和法律作枉法裁判，情节严重的，处五年以下有期徒刑或者拘役；情节特别严重的，处五年以上十年以下有期徒刑。

在执行判决、裁定活动中，严重不负责任或者滥用职权，不依法采取诉讼保全措施、不履行法定执行职责，或者违法采取诉讼保全措施、强制执行措施，致使当事人或者其他人的利益遭受重大损失的，处五年以下有期徒刑或者拘役；致使当事人

㉜ 涉嫌下列情形之一的，处3年以下有期徒刑或者拘役：1. 造成死亡1人以上，或者重伤3人以上，或者轻伤9人以上，或者重伤2人、轻伤3人以上，或者重伤1人、轻伤6人以上的；2. 造成经济损失30万元以上的；3. 造成恶劣社会影响的；4. 其他致使公共财产、国家和人民利益遭受重大损失的情形。

㉝ 本罪追诉标准同滥用职权罪标准相同。

㉞ 指涉嫌下列情形之一：1. 泄露绝密级国家秘密1项（件）以上的；2. 泄露机密级国家秘密3项（件）以上的；3. 泄露秘密级国家秘密4项（件）以上的；4. 违反保密规定，将涉及国家秘密的计算机或者计算机信息系统与互联网相连接，泄露国家秘密的；5. 泄露国家秘密或者遗失国家秘密载体，隐瞒不报、不如实提供有关情况或者不采取补救措施的；6. 其他情节严重的情形。

或者其他人的利益遭受特别重大损失的，处五年以上十年以下有期徒刑。

司法工作人员收受贿赂，有前三款行为的，同时又构成本法第三百八十五条规定之罪的，依照处罚较重的规定定罪处罚。

第三百九十九条之一　依法承担仲裁职责的人员，在仲裁活动中故意违背事实和法律作枉法裁决，情节严重的[35]，处三年以下有期徒刑或者拘役；情节特别严重的，处三年以上七年以下有期徒刑。

第四百条　司法工作人员私放在押的犯罪嫌疑人、被告人或者罪犯的，处五年以下有期徒刑或者拘役；情节严重的，处五年以上十年以下有期徒刑；情节特别严重的，处十年以上有期徒刑。

司法工作人员由于严重不负责任，致使在押的犯罪嫌疑人、被告人或者罪犯脱逃，造成严重后果的，处三年以下有期徒刑或者拘役；造成特别严重后果的，处三年以上十年以下有期徒刑。

第四百零一条　司法工作人员徇私舞弊，对不符合减刑、假释、暂予监外执行条件的罪犯，予以减刑、假释或者暂予监外执行的，处三年以下有期徒刑或者拘役；情节严重的，处三年以上七年以下有期徒刑。

第四百零二条[36]　行政执法人员徇私舞弊，对依法应当移交司法机关追究刑事责任的不移交，情节严重的，处三年以下有期徒刑或者拘役；造成严重后果的，处三年以上七年以下有期徒刑。

第四百零三条　国家有关主管部门的国家机关工作人员，徇私舞弊，滥用职权，对不符合法律规定条件的公司设立、登记申请或者股票、债券发行、上市申请，予以批准或者登记，致使公共财产、国家和人民利益遭受重大损失的，处五年以下有期徒刑或者拘役。

上级部门强令登记机关及其工作人员实施前款行为的，对其直接负责的主管人员，依照前款的规定处罚。

第四百零四条　税务机关的工作人员徇私舞弊，不征或者少征应征税款，致使国家税收遭受重大损失的，处五年以下有期徒刑或者拘役；造成特别重大损失的，处五年以上有期徒刑。

第四百零五条　税务机关的工作人员违反法律、行政法规的规定，在办理发售发票、抵扣税款、出口退税工作中，徇私舞弊，致使国家利益遭受重大损失的，处五年以下有期徒刑或者拘役；致使国家利益遭受特别重大损失的，处五年以上有期徒刑。

其他国家机关工作人员违反国家规定，在提供出口货物报关单、出口收汇核销单等出口退税凭证的工作中，徇私舞弊，致使国家利益遭受重大损失的，依照前款

㉟ 暂无具体标准，可参照滥用职权等相关罪名。

㊱ 涉嫌下列情形之一的，应予立案：1. 对依法可能判处3年以上有期徒刑、无期徒刑、死刑的犯罪案件不移交的；2. 不移交刑事案件涉及3人次以上的；3. 司法机关提出意见后，无正当理由仍然不予移交的；4. 以罚代刑，放纵犯罪嫌疑人，致使犯罪嫌疑人继续进行违法犯罪活动的；5. 行政执法部门主管领导阻止移交的；6. 隐瞒、毁灭证据，伪造材料，改变刑事案件性质的；7. 直接负责的主管人员和其他直接责任人员为牟取本单位私利而不移交刑事案件，情节严重的；8. 其他情节严重的情形。

的规定处罚。

第四百零六条 国家机关工作人员在签订、履行合同过程中，因严重不负责任被诈骗，致使国家利益遭受重大损失的，处三年以下有期徒刑或者拘役；致使国家利益遭受特别重大损失的，处三年以上七年以下有期徒刑。

第四百零七条[37] 林业主管部门的工作人员违反森林法的规定，超过批准的年采伐限额发放林木采伐许可证或者违反规定滥发林木采伐许可证，情节严重，致使森林遭受严重破坏的，处三年以下有期徒刑或者拘役。

第四百零八条 负有环境保护监督管理职责的国家机关工作人员严重不负责任，导致发生重大环境污染事故，致使公私财产遭受重大损失或者造成人身伤亡的严重后果的，处三年以下有期徒刑或者拘役。

第四百零八条之一 负有食品药品安全监督管理职责的国家机关工作人员，滥用职权或者玩忽职守，有下列情形之一，造成严重后果或者有其他严重情节的，处五年以下有期徒刑或者拘役；造成特别严重后果或者有其他特别严重情节的，处五年以上十年以下有期徒刑：

（一）瞒报、谎报食品安全事故、药品安全事件的；

（二）对发现的严重食品药品安全违法行为未按规定查处的；

（三）在药品和特殊食品审批审评过程中，对不符合条件的申请准予许可的；

（四）依法应当移交司法机关追究刑事责任不移交的；

（五）有其他滥用职权或者玩忽职守行为的。

徇私舞弊犯前款罪的，从重处罚。

第四百零九条 从事传染病防治的政府卫生行政部门的工作人员严重不负责任，导致传染病传播或者流行，情节严重的，处三年以下有期徒刑或者拘役。

第四百一十条 国家机关工作人员徇私舞弊，违反土地管理法规，滥用职权，非法批准征收、征用、占用土地，或者非法低价出让国有土地使用权，情节严重的，处三年以下有期徒刑或者拘役；致使国家或者集体利益遭受特别重大损失的，处三年以上七年以下有期徒刑。

第四百一十一条 海关工作人员徇私舞弊，放纵走私，情节严重的[38]，处五年以下有期徒刑或者拘役；情节特别严重的，处五年以上有期徒刑。

第四百一十二条 国家商检部门、商检机构的工作人员徇私舞弊，伪造检验结果的，处五年以下有期徒刑或者拘役；造成严重后果的，处五年以上十年以下有期徒刑。

前款所列人员严重不负责任，对应当检验的物品不检验，或者延误检验出证、错误出证，致使国家利益遭受重大损失的，处三年以下有期徒刑或者拘役。

[37] 涉嫌下列情形之一的，应予立案：1. 发放林木采伐许可证允许采伐数量累计超过批准的年采伐限额，导致林木被超限额采伐10立方米以上的；2. 滥发林木采伐许可证，导致林木被滥伐20立方米以上，或者导致幼树被滥伐1000株以上的；3. 滥发林木采伐许可证，导致防护林、特种用途林被滥伐5立方米以上，或者幼树被滥伐200株以上的；4. 滥发林木采伐许可证，导致珍贵树木或者国家重点保护的其他树木被滥伐的；5. 滥发林木采伐许可证，导致国家禁止采伐的林木被采伐的；6. 其他情节严重，致使森林遭受严重破坏的情形。

[38] 涉嫌下列情形之一的，应予立案：1. 放纵走私犯罪的；2. 因放纵走私致使国家应收税额损失累计达10万元以上的；3. 放纵走私行为3起次以上的；4. 放纵走私行

第四百一十三条[39]　动植物检疫机关的检疫人员徇私舞弊，伪造检疫结果的，处五年以下有期徒刑或者拘役；造成严重后果的，处五年以上十年以下有期徒刑。

前款所列人员严重不负责任，对应当检疫的检疫物不检疫，或者延误检疫出证、错误出证，致使国家利益遭受重大损失的，处三年以下有期徒刑或者拘役。

第四百一十四条[40]　对生产、销售伪劣商品犯罪行为负有追究责任的国家机关工作人员，徇私舞弊，不履行法律规定的追究职责，情节严重的，处五年以下有期徒刑或者拘役。

第四百一十五条　负责办理护照、签证以及其他出入境证件的国家机关工作人员，对明知是企图偷越国（边）境的人员，予以办理出入境证件的，或者边防、海关等国家机关工作人员，对明知是偷越国（边）境的人员，予以放行的，处三年以下有期徒刑或者拘役；情节严重的，处三年以上七年以下有期徒刑。

第四百一十六条　对被拐卖、绑架的妇女、儿童负有解救职责的国家机关工作人员，接到被拐卖、绑架的妇女、儿童及其家属的解救要求或者接到其他人的举报，而对被拐卖、绑架的妇女、儿童不进行解救，造成严重后果的，处五年以下有期徒刑或者拘役。

负有解救职责的国家机关工作人员利用职务阻碍解救的，处二年以上七年以下有期徒刑；情节较轻的，处二年以下有期徒刑或者拘役。

第四百一十七条　有查禁犯罪活动职责的国家机关工作人员，向犯罪分子通风报信、提供便利，帮助犯罪分子逃避处罚的，处三年以下有期徒刑或者拘役；情节严重的，处三年以上十年以下有期徒刑。

【解读】涉嫌下列情形之一的，应予立案，处三年以下有期徒刑或者拘役：1. 向犯罪分子泄漏有关部门查禁犯罪活动的部署、人员、措施、时间、地点等情况的；2. 向犯罪分子提供钱物、交通工具、通讯设备、隐藏处所等便利条件的；3. 向犯罪分子泄漏案情的；4. 帮助、示意犯罪分子隐匿、毁灭、伪造证据，或者串供、翻供的；5. 其他帮助犯罪分子逃避处罚应予追究刑事责任的情形。

第四百一十八条　国家机关工作人员在招收公务员、学生工作中徇私舞弊，情节严重的，处三年以下有期徒刑或者拘役。

【解读】涉嫌下列情形之一的，应予立案，处3年以下有期徒刑或者拘役：1. 徇私舞弊，利用职务便利，伪造、变造人事、户口档案、考试成绩或者其他影响招收工作的有关资料，或者明知是伪造、变造的上述材料而予以认可的；2. 徇私舞弊，利用职务便利，帮助5名以上考生作弊的；3. 徇私舞弊招收不合格的公务员、学生3人次以上的；4. 因徇私舞弊招收不合格的公务员、学生，导致被排挤的合格人员或者其近亲

为，具有索取或者收受贿赂情节的；5. 其他情节严重的情形。

[39] 涉嫌下列情形之一的，应予立案，处三年以下有期徒刑或者拘役：1. 导致疫情发生，造成人员重伤或者死亡的；2. 导致重大疫情发生、传播或者流行的；3. 造成个人财产直接经济损失15万元以上，或者直接经济损失不满15万元，但间接经济损失75万元以上的；4. 造成公共财产或者法人、其他组织财产直接经济损失30万元以上，或者直接经济损失不满30万元，但间接经济损失150万元以上的；5. 不检疫或者延误检疫出证、错误出证，引起国际经济贸易纠纷，严重影响国家对外经贸关系，或者严重损害国家声誉的；6. 其他致使国家利益遭受重大损失的情形。

[40] 涉嫌下列情形之一的，应予立案，处五年以下有期徒刑或者拘役：1. 放纵生产、销售假药或

属自杀、自残造成重伤、死亡，或者精神失常的;5. 因徇私舞弊招收公务员、学生，导致该项招收工作重新进行的;6. 其他情节严重的情形。

第四百一十九条 国家机关工作人员严重不负责任，造成珍贵文物损毁或者流失，后果严重的，处三年以下有期徒刑或者拘役。

【解读】涉嫌下列情形之一，造成珍贵文物损毁或者流失，后果严重的，应予立案，处3年以下有期徒刑或者拘役:1. 导致二级以上文物或者5件以上三级文物损毁或者流失的;2. 导致全国重点文物保护单位、省级文物保护单位的本体严重损毁或者灭失的;3. 其他后果严重的情形。

者有毒、有害食品犯罪行为的;2. 放纵生产、销售伪劣农药、兽药、化肥、种子犯罪行为的;3. 放纵依法可能判处3年有期徒刑以上刑罚的生产、销售伪劣商品犯罪行为的;4. 对生产、销售伪劣商品犯罪行为不履行追究职责，致使生产、销售伪劣商品犯罪行为得以继续的;5. 3次以上不履行追究职责，或者对3个以上有生产、销售伪劣商品犯罪行为的单位或者个人不履行追究职责的;6. 其他情节严重的情形。

中华人民共和国公务员法

（2005年4月27日第十届全国人民代表大会常务委员会第十五次会议通过　根据2017年9月1日第十二届全国人民代表大会常务委员会第二十九次会议《关于修改〈中华人民共和国法官法〉等八部法律的决定》修正　2018年12月29日第十三届全国人民代表大会常务委员会第七次会议修订）

第一章　总　　则

第一条 为了规范公务员的管理，保障公务员的合法权益，加强对公务员的监督，促进公务员正确履职尽责，建设信念坚定、为民服务、勤政务实、敢于担当、清正廉洁的高素质专业化公务员队伍，根据宪法，制定本法。

第二条 本法所称公务员，是指依法履行公职、纳入国家行政编制、由国家财政负担工资福利的工作人员。

公务员是干部队伍的重要组成部分，是社会主义事业的中坚力量，是人民的公仆。

第三条 公务员的义务、权利和管理，适用本法。

法律对公务员中领导成员的产生、任免、监督以及监察官、法官、检察官等的义务、权利和管理另有规定的，从其规定。

第四条 公务员制度坚持中国共产党领导，坚持以马克思列宁主义、毛泽东思想、邓小平理论、“三个代表”重要思想、科学发展观、习近平新时代中国特色社会主义思想为指导，贯彻社会主义初级阶段的基本路线，贯彻新时代中国共产党的组织路线，坚持党管干部原则。

第五条 公务员的管理，坚持公开、平等、竞争、择优的原则，依照法定的权限、条件、标准和程序进行。

第六条　公务员的管理，坚持监督约束与激励保障并重的原则。

第七条　公务员的任用，坚持德才兼备、以德为先，坚持五湖四海、任人唯贤，坚持事业为上、公道正派，突出政治标准，注重工作实绩。

第八条　国家对公务员实行分类管理，提高管理效能和科学化水平。

第九条　公务员就职时应当依照法律规定公开进行宪法宣誓。

第十条　公务员依法履行职责的行为，受法律保护。

第十一条　公务员工资、福利、保险以及录用、奖励、培训、辞退等所需经费，列入财政预算，予以保障。

第十二条　中央公务员主管部门负责全国公务员的综合管理工作。县级以上地方各级公务员主管部门负责本辖区内公务员的综合管理工作。上级公务员主管部门指导下级公务员主管部门的公务员管理工作。各级公务员主管部门指导同级各机关的公务员管理工作。

第二章　公务员的条件、义务与权利

第十三条　公务员应当具备下列条件：

（一）具有中华人民共和国国籍；

（二）年满十八周岁；

（三）拥护中华人民共和国宪法，拥护中国共产党领导和社会主义制度；

（四）具有良好的政治素质和道德品行；

（五）具有正常履行职责的身体条件和心理素质；

（六）具有符合职位要求的文化程度和工作能力；

（七）法律规定的其他条件。

第十四条　公务员应当履行下列义务：

（一）忠于宪法，模范遵守、自觉维护宪法和法律，自觉接受中国共产党领导；

（二）忠于国家，维护国家的安全、荣誉和利益；

（三）忠于人民，全心全意为人民服务，接受人民监督；

（四）忠于职守，勤勉尽责，服从和执行上级依法作出的决定和命令，按照规定的权限和程序履行职责，努力提高工作质量和效率；

（五）保守国家秘密和工作秘密；

（六）带头践行社会主义核心价值观，坚守法治，遵守纪律，恪守职业道德，模范遵守社会公德、家庭美德；

（七）清正廉洁，公道正派；

（八）法律规定的其他义务。

第十五条 公务员享有下列权利：

（一）获得履行职责应当具有的工作条件；

（二）非因法定事由、非经法定程序，不被免职、降职、辞退或者处分；

（三）获得工资报酬，享受福利、保险待遇；

（四）参加培训；

（五）对机关工作和领导人员提出批评和建议；

（六）提出申诉和控告；

（七）申请辞职；

（八）法律规定的其他权利。

第三章 职务、职级与级别

第十六条 国家实行公务员职位分类制度。

公务员职位类别按照公务员职位的性质、特点和管理需要，划分为综合管理类、专业技术类和行政执法类等类别。根据本法，对于具有职位特殊性，需要单独管理的，可以增设其他职位类别。各职位类别的适用范围由国家另行规定。

第十七条 国家实行公务员职务与职级并行制度，根据公务员职位类别和职责设置公务员领导职务、职级序列。

第十八条 公务员领导职务根据宪法、有关法律和机构规格设置。

领导职务层次分为：国家级正职、国家级副职、省部级正职、省部级副职、厅局级正职、厅局级副职、县处级正职、县处级副职、乡科级正职、乡科级副职。

第十九条 公务员职级在厅局级以下设置。

综合管理类公务员职级序列分为：一级巡视员、二级巡视员、一级调研员、二级调研员、三级调研员、四级调研员、一级主任科员、二级主任科员、三级主任科员、四级主任科员、一级科员、二级科员。

综合管理类以外其他职位类别公务员的职级序列，根据本法由国家另行规定。

第二十条 各机关依照确定的职能、规格、编制限额、职数以及结构比例，设置本机关公务员的具体职位，并确定各职位的工作职责和任职资格条件。

第二十一条 公务员的领导职务、职级应当对应相应的级别。公务员领导职务、职级与级别的对应关系，由国家规定。

根据工作需要和领导职务与职级的对应关系，公务员担任的领导职务和职级可以互相转任、兼任；符合规定资格条件的，可以晋升领导职务或者职级。

公务员的级别根据所任领导职务、职级及其德才表现、工作实绩和资历确定。

公务员在同一领导职务、职级上,可以按照国家规定晋升级别。

公务员的领导职务、职级与级别是确定公务员工资以及其他待遇的依据。

第二十二条　国家根据人民警察、消防救援人员以及海关、驻外外交机构等公务员的工作特点,设置与其领导职务、职级相对应的衔级。

第四章　录　　用

第二十三条　录用担任一级主任科员以下及其他相当职级层次的公务员,采取公开考试、严格考察、平等竞争、择优录取的办法。

民族自治地方依照前款规定录用公务员时,依照法律和有关规定对少数民族报考者予以适当照顾。

第二十四条　中央机关及其直属机构公务员的录用,由中央公务员主管部门负责组织。地方各级机关公务员的录用,由省级公务员主管部门负责组织,必要时省级公务员主管部门可以授权设区的市级公务员主管部门组织。

第二十五条　报考公务员,除应当具备本法第十三条规定的条件以外,还应当具备省级以上公务员主管部门规定的拟任职位所要求的资格条件。

国家对行政机关中初次从事行政处罚决定审核、行政复议、行政裁决、法律顾问的公务员实行统一法律职业资格考试制度,由国务院司法行政部门商有关部门组织实施。

第二十六条　下列人员不得录用为公务员[①]:

(一)因犯罪受过刑事处罚的;

(二)被开除中国共产党党籍的;

(三)被开除公职的;

(四)被依法列为失信联合惩戒对象的;

(五)有法律规定不得录用为公务员的其他情形的。

第二十七条　录用公务员,应当在规定的编制限额内,并有相应的职位空缺。

第二十八条　录用公务员,应当发布招考公告。招考公告应当载明招考的职位、名额、报考资格条件、报考需要提交的申请材料以及其他报考须知事项。

招录机关应当采取措施,便利公民报考。

第二十九条　招录机关根据报考资格条件对报考申请进行审查。报考者提交的申请材料应当真实、准确。

第三十条　公务员录用考试采取笔试和面试等方式进行,考试内容根据公务员应当具备的基本能力和不同职位类别、不同层级机关分别设置。

第三十一条　招录机关根据考试成绩确定考察人选,并进行报考资格复审、考

① 被开除中国共产党党籍的、被依法列为失信联合惩戒对象的,属于不得录用为公务员的新增情形。

察和体检。

体检的项目和标准根据职位要求确定。具体办法由中央公务员主管部门会同国务院卫生健康行政部门规定。

第三十二条 招录机关根据考试成绩、考察情况和体检结果，提出拟录用人员名单，并予以公示。公示期不少于五个工作日。

公示期满，中央一级招录机关应当将拟录用人员名单报中央公务员主管部门备案；地方各级招录机关应当将拟录用人员名单报省级或者设区的市级公务员主管部门审批。

第三十三条 录用特殊职位的公务员，经省级以上公务员主管部门批准，可以简化程序或者采用其他测评办法。

第三十四条 新录用的公务员试用期为一年。试用期满合格的，予以任职；不合格的，取消录用。

第五章 考 核

第三十五条 公务员的考核应当按照管理权限，全面考核公务员的德、能、勤、绩、廉，重点考核政治素质和工作实绩。考核指标根据不同职位类别、不同层级机关分别设置。

第三十六条 公务员的考核分为平时考核、专项考核和定期考核等方式。定期考核以平时考核、专项考核为基础。

第三十七条 非领导成员公务员的定期考核采取年度考核的方式。先由个人按照职位职责和有关要求进行总结，主管领导在听取群众意见后，提出考核等次建议，由本机关负责人或者授权的考核委员会确定考核等次。

领导成员的考核由主管机关按照有关规定办理。

第三十八条 定期考核的结果分为优秀、称职、基本称职和不称职四个等次。

定期考核的结果应当以书面形式通知公务员本人。

第三十九条 定期考核的结果作为调整公务员职位、职务、职级、级别、工资以及公务员奖励、培训、辞退的依据。

第六章 职务、职级任免

第四十条 公务员领导职务实行选任制、委任制和聘任制。公务员职级实行委任制和聘任制。

领导成员职务按照国家规定实行任期制。

第四十一条 选任制公务员在选举结果生效时即任当选职务；任期届满不再

连任或者任期内辞职、被罢免、被撤职的，其所任职务即终止。

第四十二条　委任制公务员试用期满考核合格，职务、职级发生变化，以及其他情形需要任免职务、职级的，应当按照管理权限和规定的程序任免。

第四十三条　公务员任职应当在规定的编制限额和职数内进行，并有相应的职位空缺。

第四十四条[②]　公务员因工作需要在机关外兼职，应当经有关机关批准，并不得领取兼职报酬。

② 本条内容十分重要。请记住可以兼职的两个要点：一是经有关机关批准，二是不得领取兼职报酬。

第七章　职务、职级升降

第四十五条　公务员晋升领导职务，应当具备拟任职务所要求的政治素质、工作能力、文化程度和任职经历等方面的条件和资格。

公务员领导职务应当逐级晋升。特别优秀的或者工作特殊需要的，可以按照规定破格或者越级晋升。

第四十六条　公务员晋升领导职务，按照下列程序办理：

（一）动议；

（二）民主推荐；

（三）确定考察对象，组织考察；

（四）按照管理权限讨论决定；

（五）履行任职手续。

第四十七条　厅局级正职以下领导职务出现空缺且本机关没有合适人选的，可以通过适当方式面向社会选拔任职人选。

第四十八条　公务员晋升领导职务的，应当按照有关规定实行任职前公示制度和任职试用期制度。

第四十九条　公务员职级应当逐级晋升，根据个人德才表现、工作实绩和任职资历，参考民主推荐或者民主测评结果确定人选，经公示后，按照管理权限审批。

第五十条　公务员的职务、职级实行能上能下。对不适宜或者不胜任现任职务、职级的，应当进行调整。

公务员在年度考核中被确定为不称职的，按照规定程序降低一个职务或者职级层次任职。

第八章　奖　　励

第五十一条　对工作表现突出，有显著成绩和贡献，或者有其他突出事迹的公务员或者公务员集体，给予奖励。奖励坚持定期奖励与及时奖励相结合，精神奖励与物质奖励相结合、以精神奖励为主的原则。

公务员集体的奖励适用于按照编制序列设置的机构或者为完成专项任务组成的工作集体。

第五十二条 公务员或者公务员集体有下列情形之一的,给予奖励:

(一)忠于职守,积极工作,勇于担当,工作实绩显著的;

(二)遵纪守法,廉洁奉公,作风正派,办事公道,模范作用突出的;

(三)在工作中有发明创造或者提出合理化建议,取得显著经济效益或者社会效益的;

(四)为增进民族团结,维护社会稳定做出突出贡献的;

(五)爱护公共财产,节约国家资财有突出成绩的;

(六)防止或者消除事故有功,使国家和人民群众利益免受或者减少损失的;

(七)在抢险、救灾等特定环境中做出突出贡献的;

(八)同违纪违法行为作斗争有功绩的;

(九)在对外交往中为国家争得荣誉和利益的;

(十)有其他突出功绩的。

第五十三条 奖励分为:嘉奖、记三等功、记二等功、记一等功、授予称号。

对受奖励的公务员或者公务员集体予以表彰,并对受奖励的个人给予一次性奖金或者其他待遇。

第五十四条 给予公务员或者公务员集体奖励,按照规定的权限和程序决定或者审批。

第五十五条 按照国家规定,可以向参与特定时期、特定领域重大工作的公务员颁发纪念证书或者纪念章。

第五十六条 公务员或者公务员集体有下列情形之一的,撤销奖励:

(一)弄虚作假,骗取奖励的;

(二)申报奖励时隐瞒严重错误或者严重违反规定程序的;

(三)有严重违纪违法等行为,影响称号声誉的;

(四)有法律、法规规定应当撤销奖励的其他情形的。

第九章 监督与惩戒[3]

第五十七条[4] 机关应当对公务员的思想政治、履行职责、作风表现、遵纪守法等情况进行监督,开展勤政廉政教育,建立日常管理监督制度。

对公务员监督发现问题的,应当区分不同情况,予以谈话提醒、批评教育、责令检查、诫勉、组织调整、处分。

③ 修订后的《公务员法》增加了对公务员监督的规定,主要有3个方面的考虑:一是贯彻习近平总书记从严治党、从严治吏、从严管理干部的要求,强化公务员日常监督,建立健全管思想、管工作、管作风、管纪律的从严管理公务员的体系。二是与《监察法》和《中国共产党党内监督条例》等党内法规相衔接,充分吸纳、集中体现近年来从严管理监督干部的重要制度成果,抓早抓小,正风肃纪,使公务员习惯在受监督和约束的环境中工作生活。三是把监督作为公务员管理的重要环节予以明确,构建公务员管理"闭环系统",进一步完善公务员管理机制。

④ 本条与监察工作联系紧密。本条突出把监督放在前面,突出抓早抓小,体现了对党员干部的关爱。

对公务员涉嫌职务违法和职务犯罪的，应当依法移送监察机关处理。

第五十八条 公务员应当自觉接受监督，按照规定请示报告工作、报告个人有关事项。

第五十九条 公务员应当遵纪守法，不得有下列行为[⑤]：

（一）散布有损宪法权威、中国共产党和国家声誉的言论，组织或者参加旨在反对宪法、中国共产党领导和国家的集会、游行、示威等活动；

（二）组织或者参加非法组织，组织或者参加罢工；

（三）挑拨、破坏民族关系，参加民族分裂活动或者组织、利用宗教活动破坏民族团结和社会稳定；

（四）不担当，不作为，玩忽职守，贻误工作；

（五）拒绝执行上级依法作出的决定和命令；

（六）对批评、申诉、控告、检举进行压制或者打击报复；

（七）弄虚作假，误导、欺骗领导和公众；

（八）贪污贿赂，利用职务之便为自己或者他人谋取私利；

（九）违反财经纪律，浪费国家资财；

（十）滥用职权，侵害公民、法人或者其他组织的合法权益；

（十一）泄露国家秘密或者工作秘密；

（十二）在对外交往中损害国家荣誉和利益；

（十三）参与或者支持色情、吸毒、赌博、迷信等活动；

（十四）违反职业道德、社会公德和家庭美德；

（十五）违反有关规定参与禁止的网络传播行为或者网络活动；

（十六）违反有关规定从事或者参与营利性活动，在企业或者其他营利性组织中兼任职务；

（十七）旷工或者因公外出、请假期满无正当理由逾期不归；

（十八）违纪违法的其他行为。

第六十条[⑥] 公务员执行公务时，认为上级的决定或者命令有错误的，可以向上级提出改正或者撤销该决定或者命令的意见；上级不改变该决定或者命令，或者要求立即执行的，公务员应当执行该决定或者命令，执行的后果由上级负责，公务员不承担责任；但是，公务员执行明显违法的决定或者命令的，应当依法承担相应的责任。

第六十一条 公务员因违纪违法应当承担纪律责任[⑦]的，依照本法给予处分[⑧]或者由监察机关依法给予政务处分；违纪违法行为情节轻微，经批评教育后改正的，可以免予处分。

对同一违纪违法行为，监察机关已经作出政务处分决定的，公务员所在机关不

⑤ 公务员的义务，非常重要。如果违反，需要给予纪律处分，可以引用此条。

⑥ 本条内容十分重要，请牢记。

⑦ 此处规定了对违纪违法的公务员的纪律责任。这样，纪律责任就不局限于党纪责任了。结合《中国共产党纪律检查机关监督执纪工作规则》第37条学习。

⑧ 公务员违纪，可以依照《公务员法》直接予以纪律处分，这是新增内容。

再给予处分。

第六十二条　处分分为：警告、记过、记大过、降级、撤职、开除。

第六十三条　对公务员的处分，应当事实清楚、证据确凿、定性准确、处理恰当、程序合法、手续完备。

公务员违纪违法的，应当由处分决定机关决定对公务员违纪违法的情况进行调查，并将调查认定的事实以及拟给予处分的依据告知公务员本人。公务员有权进行陈述和申辩；处分决定机关不得因公务员申辩而加重处分[9]。

⑨ “处分决定机关不得因公务员申辩而加重处分”系新增内容。

处分决定机关认为对公务员应当给予处分的，应当在规定的期限内，按照管理权限和规定的程序作出处分决定。处分决定应当以书面形式通知公务员本人。

第六十四条　公务员在受处分期间不得晋升职务、职级和级别，其中受记过、记大过、降级、撤职处分的，不得晋升工资档次。

受处分的期间为：警告，六个月；记过，十二个月；记大过，十八个月；降级、撤职，二十四个月。

受撤职处分的，按照规定降低级别。

第六十五条　公务员受开除以外的处分，在受处分期间有悔改表现，并且没有再发生违纪违法行为的，处分期满后自动解除[10]。

⑩ 此处变化较大。原来的表述是：“公务员受开除以外的处分，在受处分期间有悔改表现，并且没有再发生违纪行为的，处分期满后，由处分决定机关解除处分并以书面形式通知本人。”

解除处分后，晋升工资档次、级别和职务、职级不再受原处分的影响。但是，解除降级、撤职处分的，不视为恢复原级别、原职务、原职级。

第十章　培　　训

第六十六条　机关根据公务员工作职责的要求和提高公务员素质的需要，对公务员进行分类分级培训。

国家建立专门的公务员培训机构。机关根据需要也可以委托其他培训机构承担公务员培训任务。

第六十七条　机关对新录用人员应当在试用期内进行初任培训；对晋升领导职务的公务员应当在任职前或者任职后一年内进行任职培训；对从事专项工作的公务员应当进行专门业务培训；对全体公务员应当进行提高政治素质和工作能力、更新知识的在职培训，其中对专业技术类公务员应当进行专业技术培训。

国家有计划地加强对优秀年轻公务员的培训。

第六十八条　公务员的培训实行登记管理。

公务员参加培训的时间由公务员主管部门按照本法第六十七条规定的培训要求予以确定。

公务员培训情况、学习成绩作为公务员考核的内容和任职、晋升的依据之一。

第十一章 交流与回避

第六十九条 国家实行公务员交流制度。

公务员可以在公务员和参照本法管理的工作人员队伍内部交流，也可以与国有企业和不参照本法管理的事业单位中从事公务的人员交流。

交流的方式包括调任、转任。

第七十条 国有企业、高等院校和科研院所以及其他不参照本法管理的事业单位中从事公务的人员，可以调入机关担任领导职务或者四级调研员以上及其他相当层次的职级。

调任人选应当具备本法第十三条规定的条件和拟任职位所要求的资格条件，并不得有本法第二十六条规定的情形。调任机关应当根据上述规定，对调任人选进行严格考察，并按照管理权限审批，必要时可以对调任人选进行考试。

第七十一条 公务员在不同职位之间转任应当具备拟任职位所要求的资格条件，在规定的编制限额和职数内进行。

对省部级正职以下的领导成员应当有计划、有重点地实行跨地区、跨部门转任。

对担任机关内设机构领导职务和其他工作性质特殊的公务员，应当有计划地在本机关内转任。

上级机关应当注重从基层机关公开遴选公务员。

第七十二条 根据工作需要，机关可以采取挂职方式选派公务员承担重大工程、重大项目、重点任务或者其他专项工作。

公务员在挂职期间，不改变与原机关的人事关系。

第七十三条 公务员应当服从机关的交流决定。

公务员本人申请交流的，按照管理权限审批。

第七十四条 公务员之间有夫妻关系、直系血亲关系、三代以内旁系血亲关系以及近姻亲关系的，不得在同一机关双方直接隶属于同一领导人员的职位或者有直接上下级领导关系的职位工作，也不得在其中一方担任领导职务的机关从事组织、人事、纪检、监察、审计和财务工作。

公务员不得在其配偶、子女及其配偶经营的企业、营利性组织的行业监管或者主管部门担任领导成员。

因地域或者工作性质特殊，需要变通执行任职回避的，由省级以上公务员主管部门规定。

第七十五条 公务员担任乡级机关、县级机关、设区的市级机关及其有关部门主要领导职务的，应当按照有关规定实行地域回避。

第七十六条 公务员执行公务时,有下列情形之一的,应当回避:

(一)涉及本人利害关系的;

(二)涉及与本人有本法第七十四条第一款所列亲属关系人员的利害关系的;

(三)其他可能影响公正执行公务的。

第七十七条 公务员有应当回避情形的,本人应当申请回避;利害关系人有权申请公务员回避。其他人员可以向机关提供公务员需要回避的情况。

机关根据公务员本人或者利害关系人的申请,经审查后作出是否回避的决定,也可以不经申请直接作出回避决定。

第七十八条 法律对公务员回避另有规定的,从其规定。

第十二章 工资、福利与保险

第七十九条 公务员实行国家统一规定的工资制度。

公务员工资制度贯彻按劳分配的原则,体现工作职责、工作能力、工作实绩、资历等因素,保持不同领导职务、职级、级别之间的合理工资差距。

国家建立公务员工资的正常增长机制。

第八十条 公务员工资包括基本工资、津贴、补贴和奖金。

公务员按照国家规定享受地区附加津贴、艰苦边远地区津贴、岗位津贴等津贴。

公务员按照国家规定享受住房、医疗等补贴、补助。

公务员在定期考核中被确定为优秀、称职的,按照国家规定享受年终奖金。

公务员工资应当按时足额发放。

第八十一条 公务员的工资水平应当与国民经济发展相协调、与社会进步相适应。

国家实行工资调查制度,定期进行公务员和企业相当人员工资水平的调查比较,并将工资调查比较结果作为调整公务员工资水平的依据。

第八十二条 公务员按照国家规定享受福利待遇。国家根据经济社会发展水平提高公务员的福利待遇。

公务员执行国家规定的工时制度,按照国家规定享受休假。公务员在法定工作日之外加班的,应当给予相应的补休,不能补休的按照国家规定给予补助。

第八十三条 公务员依法参加社会保险,按照国家规定享受保险待遇。

公务员因公牺牲或者病故的,其亲属享受国家规定的抚恤和优待。

第八十四条 任何机关不得违反国家规定自行更改公务员工资、福利、保险政策,擅自提高或者降低公务员的工资、福利、保险待遇。任何机关不得扣减或者拖欠公务员的工资。

第十三章　辞职与辞退

第八十五条　公务员辞去公职，应当向任免机关提出书面申请。任免机关应当自接到申请之日起三十日内予以审批，其中对领导成员辞去公职的申请，应当自接到申请之日起九十日内予以审批。

第八十六条[11]　公务员有下列情形之一的，不得辞去公职：

（一）未满国家规定的最低服务年限的；

（二）在涉及国家秘密等特殊职位任职或者离开上述职位不满国家规定的脱密期限的；

（三）重要公务尚未处理完毕，且须由本人继续处理的；

（四）正在接受审计、纪律审查、监察调查，或者涉嫌犯罪，司法程序尚未终结的；

（五）法律、行政法规规定的其他不得辞去公职的情形。

第八十七条　担任领导职务的公务员，因工作变动依照法律规定需要辞去现任职务的，应当履行辞职手续。

担任领导职务的公务员，因个人或者其他原因，可以自愿提出辞去领导职务。

领导成员因工作严重失误、失职造成重大损失或者恶劣社会影响的，或者对重大事故负有领导责任的，应当引咎辞去领导职务。

领导成员因其他原因不再适合担任现任领导职务的，或者应当引咎辞职本人不提出辞职的，应当责令其辞去领导职务。

第八十八条　公务员有下列情形之一的，予以辞退：

（一）在年度考核中，连续两年被确定为不称职的；

（二）不胜任现职工作，又不接受其他安排的；

（三）因所在机关调整、撤销、合并或者缩减编制员额需要调整工作，本人拒绝合理安排的；

（四）不履行公务员义务，不遵守法律和公务员纪律，经教育仍无转变，不适合继续在机关工作，又不宜给予开除处分的；

（五）旷工或者因公外出、请假期满无正当理由逾期不归连续超过十五天，或者一年内累计超过三十天的。

第八十九条　对有下列情形之一的公务员，不得辞退：

（一）因公致残，被确认丧失或者部分丧失工作能力的；

（二）患病或者负伤，在规定的医疗期内的；

（三）女性公务员在孕期、产假、哺乳期内的；

（四）法律、行政法规规定的其他不得辞退的情形。

[11] 本条内容很重要。正在接受审计、纪律审查、监察调查，或者涉嫌犯罪，司法程序尚未终结的，不得辞去公职。

第九十条 辞退公务员,按照管理权限决定。辞退决定应当以书面形式通知被辞退的公务员,并应当告知辞退依据和理由。

被辞退的公务员,可以领取辞退费或者根据国家有关规定享受失业保险。

第九十一条 公务员辞职或者被辞退,离职前应当办理公务交接手续,必要时按照规定接受审计。

第十四章 退 休

第九十二条 公务员达到国家规定的退休年龄或者完全丧失工作能力的,应当退休。

第九十三条 公务员符合下列条件之一的,本人自愿提出申请,经任免机关批准,可以提前退休:

(一)工作年限满三十年的;

(二)距国家规定的退休年龄不足五年,且工作年限满二十年的;

(三)符合国家规定的可以提前退休的其他情形的。

第九十四条 公务员退休后,享受国家规定的养老金和其他待遇,国家为其生活和健康提供必要的服务和帮助,鼓励发挥个人专长,参与社会发展。

第十五章 申诉与控告[12]

第九十五条 公务员对涉及本人的下列人事处理不服的,可以自知道该人事处理之日起三十日内向原处理机关申请复核[13];对复核结果不服的,可以自接到复核决定之日起十五日内,按照规定向同级公务员主管部门或者作出该人事处理的机关的上一级机关提出申诉;也可以不经复核,自知道该人事处理之日起三十日内直接提出申诉:

(一)处分;

(二)辞退或者取消录用;

(三)降职;

(四)定期考核定为不称职;

(五)免职;

(六)申请辞职、提前退休未予批准;

(七)不按照规定确定或者扣减工资、福利、保险待遇;

(八)法律、法规规定可以申诉的其他情形。

对省级以下机关作出的申诉处理决定不服的,可以向作出处理决定的上一级机关提出再申诉。

⑫ 注意学习《公务员申诉规定》。

⑬ 请注意,向原处理机关申请复核,有期限限制。

受理公务员申诉的机关应当组成公务员申诉公正委员会，负责受理和审理公务员的申诉案件。

公务员对监察机关作出的涉及本人的处理决定不服向监察机关申请复审、复核的，按照有关规定办理。

第九十六条　原处理机关应当自接到复核申请书后的三十日内作出复核决定，并以书面形式告知申请人。受理公务员申诉的机关应当自受理之日起六十日内作出处理决定；案情复杂的，可以适当延长，但是延长时间不得超过三十日。

复核、申诉期间不停止人事处理的执行。

公务员不因申请复核、提出申诉而被加重处理[14]。

第九十七条　公务员申诉的受理机关审查认定人事处理有错误的，原处理机关应当及时予以纠正。

第九十八条　公务员认为机关及其领导人员侵犯其合法权益的，可以依法向上级机关或者监察机关提出控告。受理控告的机关应当按照规定及时处理。

第九十九条　公务员提出申诉、控告，应当尊重事实，不得捏造事实，诬告、陷害他人。对捏造事实，诬告、陷害他人的，依法追究法律责任。

第十六章　职位聘任

第一百条　机关根据工作需要，经省级以上公务员主管部门批准，可以对专业性较强的职位和辅助性职位实行聘任制。

前款所列职位涉及国家秘密的，不实行聘任制。

第一百零一条　机关聘任公务员可以参照公务员考试录用的程序进行公开招聘，也可以从符合条件的人员中直接选聘。

机关聘任公务员应当在规定的编制限额和工资经费限额内进行。

第一百零二条　机关聘任公务员，应当按照平等自愿、协商一致的原则，签订书面的聘任合同，确定机关与所聘公务员双方的权利、义务。聘任合同经双方协商一致可以变更或者解除。

聘任合同的签订、变更或者解除，应当报同级公务员主管部门备案。

第一百零三条　聘任合同应当具备合同期限，职位及其职责要求，工资、福利、保险待遇，违约责任等条款。

聘任合同期限为一年至五年。聘任合同可以约定试用期，试用期为一个月至十二个月。

聘任制公务员实行协议工资制，具体办法由中央公务员主管部门规定。

第一百零四条　机关依据本法和聘任合同对所聘公务员进行管理。

⑭　本款系新增条款，十分重要。

第一百零五条 聘任制公务员与所在机关之间因履行聘任合同发生争议的，可以自争议发生之日起六十日内申请仲裁。

省级以上公务员主管部门根据需要设立人事争议仲裁委员会，受理仲裁申请。人事争议仲裁委员会由公务员主管部门的代表、聘用机关的代表、聘任制公务员的代表以及法律专家组成。

当事人对仲裁裁决不服的，可以自接到仲裁裁决书之日起十五日内向人民法院提起诉讼。仲裁裁决生效后，一方当事人不履行的，另一方当事人可以申请人民法院执行。

第十七章　法律责任

第一百零六条 对有下列违反本法规定情形的，由县级以上领导机关或者公务员主管部门按照管理权限，区别不同情况，分别予以责令纠正或者宣布无效；对负有责任的领导人员和直接责任人员，根据情节轻重，给予批评教育、责令检查、诫勉、组织调整、处分；构成犯罪的，依法追究刑事责任：

（一）不按照编制限额、职数或者任职资格条件进行公务员录用、调任、转任、聘任和晋升的；

（二）不按照规定条件进行公务员奖惩、回避和办理退休的；

（三）不按照规定程序进行公务员录用、调任、转任、聘任、晋升以及考核、奖惩的；

（四）违反国家规定，更改公务员工资、福利、保险待遇标准的；

（五）在录用、公开遴选等工作中发生泄露试题、违反考场纪律以及其他严重影响公开、公正行为的；

（六）不按照规定受理和处理公务员申诉、控告的；

（七）违反本法规定的其他情形的。

第一百零七条 公务员辞去公职或者退休的，原系领导成员、县处级以上领导职务的公务员在离职三年内，其他公务员在离职两年内，不得到与原工作业务直接相关的企业或者其他营利性组织任职，不得从事与原工作业务直接相关的营利性活动。

公务员辞去公职或者退休后有违反前款规定行为的，由其原所在机关的同级公务员主管部门责令限期改正；逾期不改正的，由县级以上市场监管部门没收该人员从业期间的违法所得，责令接收单位将该人员予以清退，并根据情节轻重，对接收单位处以被处罚人员违法所得一倍以上五倍以下的罚款。

第一百零八条 公务员主管部门的工作人员，违反本法规定，滥用职权、玩忽职守、徇私舞弊，构成犯罪的，依法追究刑事责任；尚不构成犯罪的，给予处分或者由监察机关依法给予政务处分。

第一百零九条　在公务员录用、聘任等工作中，有隐瞒真实信息、弄虚作假、考试作弊、扰乱考试秩序等行为的，由公务员主管部门根据情节作出考试成绩无效、取消资格、限制报考等处理；情节严重的，依法追究法律责任。

第一百一十条　机关因错误的人事处理对公务员造成名誉损害的，应当赔礼道歉、恢复名誉、消除影响；造成经济损失的，应当依法给予赔偿。

第十八章　附　　则

第一百一十一条　本法所称领导成员，是指机关的领导人员，不包括机关内设机构担任领导职务的人员。

第一百一十二条　法律、法规授权的具有公共事务管理职能的事业单位中除工勤人员以外的工作人员，经批准参照本法进行管理。

第一百一十三条　本法自2019年6月1日起施行。

中华人民共和国监察官法

（2021年8月20日第十三届全国人民代表大会常务委员会第三十次会议通过
2021年8月20日中华人民共和国主席令第92号公布）

第一章　总　　则

第一条　为了加强对监察官的管理和监督，保障监察官依法履行职责，维护监察官合法权益，推进高素质专业化监察官队伍建设，推进监察工作规范化、法治化，根据宪法和《中华人民共和国监察法》，制定本法。

第二条　监察官的管理和监督坚持中国共产党领导，坚持以马克思列宁主义、毛泽东思想、邓小平理论、“三个代表”重要思想、科学发展观、习近平新时代中国特色社会主义思想为指导，坚持党管干部原则，增强监察官的使命感、责任感、荣誉感，建设忠诚干净担当的监察官队伍。

第三条　监察官包括下列人员：

（一）各级监察委员会的主任、副主任、委员；

（二）各级监察委员会机关中的监察人员；

（三）各级监察委员会派驻或者派出到中国共产党机关、国家机关、法律法规授权或者委托管理公共事务的组织和单位以及所管辖的行政区域等的监察机构中的监察人员、监察专员；

（四）其他依法行使监察权的监察机构中的监察人员。

对各级监察委员会派驻到国有企业的监察机构工作人员、监察专员，以及国有企业中其他依法行使监察权的监察机构工作人员的监督管理，参照执行本法有关规定。

第四条 监察官应当忠诚坚定、担当尽责、清正廉洁，做严格自律、作风优良[①]、拒腐防变的表率。

第五条 监察官应当维护宪法和法律的尊严和权威，以事实为根据，以法律为准绳，客观公正地履行职责，保障当事人的合法权益。

第六条 监察官应当严格按照规定的权限和程序履行职责，坚持民主集中制，重大事项集体研究。

第七条 监察机关应当建立健全对监察官的监督制度和机制，确保权力受到严格约束。

监察官应当自觉接受组织监督和民主监督、社会监督、舆论监督。

第八条 监察官依法履行职责受法律保护，不受行政机关、社会团体和个人的干涉。

第二章　监察官的职责、义务和权利

第九条 监察官依法履行下列职责：

（一）对公职人员开展廉政教育；

（二）对公职人员依法履职、秉公用权、廉洁从政从业以及道德操守情况进行监督检查；

（三）对法律规定由监察机关管辖的职务违法和职务犯罪进行调查；

（四）根据监督、调查的结果，对办理的监察事项提出处置意见；

（五）开展反腐败国际合作方面的工作；

（六）法律规定的其他职责。

监察官在职权范围内对所办理的监察事项负责[②]。

第十条 监察官应当履行下列义务：

（一）自觉坚持中国共产党领导，严格执行中国共产党和国家的路线方针政策、重大决策部署；

（二）模范遵守宪法和法律；

（三）维护国家和人民利益，秉公执法，勇于担当、敢于监督，坚决同腐败现象作斗争；

① 《中国共产党纪律检查机关监督执纪工作规则》第60条第2款采用“改进作风”的表述：“纪检监察机关应当加强对监督执纪工作的领导，切实履行自身建设主体责任，严格教育、管理、监督，使纪检监察干部成为严守纪律、改进作风、拒腐防变的表率。”

② 监察官在职权范围内对所办理的监察事项负责，有助于强化监察官的责任意识。若集体研究决定否定了监察官个人意见，根据组织原则，监察官应执行集体研究决定，在这种情况下，即便集体研究决定有误，监察官个人也无责任。

（四）依法保障监察对象及有关人员的合法权益；

（五）忠于职守，勤勉尽责，努力提高工作质量和效率；

（六）保守国家秘密和监察工作秘密，对履行职责中知悉的商业秘密和个人隐私、个人信息予以保密；

（七）严守纪律，恪守职业道德，模范遵守社会公德、家庭美德；

（八）自觉接受监督；

（九）法律规定的其他义务。

第十一条　监察官享有下列权利：

（一）履行监察官职责应当具有的职权和工作条件；

（二）履行监察官职责应当享有的职业保障和福利待遇；

（三）人身、财产和住所安全受法律保护；

（四）提出申诉或者控告；

（五）《中华人民共和国公务员法》等法律规定的其他权利。

第三章　监察官的条件和选用

第十二条　担任监察官应当具备下列条件：

（一）具有中华人民共和国国籍；

（二）忠于宪法，坚持中国共产党领导和社会主义制度；

（三）具有良好的政治素质、道德品行和廉洁作风；

（四）熟悉法律、法规、政策，具有履行监督、调查、处置等职责的专业知识和能力；

（五）具有正常履行职责的身体条件和心理素质；

（六）具备高等学校本科及以上学历；

（七）法律规定的其他条件。

本法施行前的监察人员不具备前款第六项规定的学历条件的，应当接受培训和考核，具体办法由国家监察委员会制定。

第十三条　有下列情形之一的，不得担任监察官：

（一）因犯罪受过刑事处罚，以及因犯罪情节轻微被人民检察院依法作出不起诉决定或者被人民法院依法免予刑事处罚的；

（二）被撤销中国共产党党内职务、留党察看、开除党籍的；

（三）被撤职或者开除公职的；

（四）被依法列为失信联合惩戒对象的；

（五）配偶已移居国（境）外，或者没有配偶但是子女均已移居国（境）外的；

（六）法律规定的其他情形。

第十四条 监察官的选用，坚持德才兼备、以德为先，坚持五湖四海、任人唯贤，坚持事业为上、公道正派，突出政治标准，注重工作实绩。

第十五条 监察官采用考试、考核的办法，从符合监察官条件的人员中择优选用。

第十六条 录用监察官，应当依照法律和国家有关规定采取公开考试、严格考察、平等竞争、择优录取的办法。

第十七条 监察委员会可以根据监察工作需要，依照法律和国家有关规定从中国共产党机关、国家机关、事业单位、国有企业等机关、单位从事公务的人员中选择符合任职条件的人员担任监察官。

第十八条 监察委员会可以根据监察工作需要，依照法律和国家有关规定在从事与监察机关职能职责相关的职业或者教学、研究的人员中选拔或者聘任符合任职条件的人员担任监察官。

第四章 监察官的任免

第十九条 国家监察委员会主任由全国人民代表大会选举和罢免，副主任、委员由国家监察委员会主任提请全国人民代表大会常务委员会任免。

地方各级监察委员会主任由本级人民代表大会选举和罢免，副主任、委员由监察委员会主任提请本级人民代表大会常务委员会任免。

新疆生产建设兵团各级监察委员会主任、副主任、委员，由新疆维吾尔自治区监察委员会主任提请自治区人民代表大会常务委员会任免。

其他监察官的任免，按照管理权限和规定的程序办理。

第二十条 监察官就职时应当依照法律规定进行宪法宣誓。

第二十一条 监察官有下列情形之一的，应当免去其监察官职务：

（一）丧失中华人民共和国国籍的；

（二）职务变动不需要保留监察官职务的；

（三）退休的；

（四）辞职或者依法应当予以辞退的；

（五）因违纪违法被调离或者开除的；

（六）法律规定的其他情形。

第二十二条 监察官不得兼任人民代表大会常务委员会的组成人员，不得兼任行政机关、审判机关、检察机关的职务，不得兼任企业或者其他营利性组织、事业单位的职务，不得兼任人民陪审员、人民监督员、执业律师、仲裁员和公证员。

监察官因工作需要兼职的，应当按照管理权限批准，但是不得领取兼职报酬。

第二十三条 监察官担任县级、设区的市级监察委员会主任的，应当按照有关规定实行地域回避。

第二十四条　监察官之间有夫妻关系、直系血亲关系、三代以内旁系血亲以及近姻亲关系的，不得同时担任下列职务：

（一）同一监察委员会的主任、副主任、委员，上述人员和其他监察官；

（二）监察委员会机关同一部门的监察官；

（三）同一派驻机构、派出机构或者其他监察机构的监察官；

（四）上下相邻两级监察委员会的主任、副主任、委员。

第五章　监察官的管理

第二十五条　监察官等级分为十三级，依次为总监察官、一级副总监察官、二级副总监察官，一级高级监察官、二级高级监察官、三级高级监察官、四级高级监察官，一级监察官、二级监察官、三级监察官、四级监察官、五级监察官、六级监察官。③

第二十六条　国家监察委员会主任为总监察官。

第二十七条　监察官等级的确定，以监察官担任的职务职级、德才表现、业务水平、工作实绩和工作年限等为依据。

监察官等级晋升采取按期晋升和择优选升相结合的方式，特别优秀或者作出特别贡献的，可以提前选升。

第二十八条　监察官的等级设置④、确定和晋升的具体办法，由国家另行规定。

第二十九条　初任监察官实行职前培训制度。

第三十条　对监察官应当有计划地进行政治、理论和业务培训。

培训应当突出政治机关特色，坚持理论联系实际、按需施教、讲求实效，提高专业能力。

监察官培训情况，作为监察官考核的内容和任职、等级晋升的依据之一。

第三十一条　监察官培训机构按照有关规定承担培训监察官的任务。

第三十二条　国家加强监察学科建设，鼓励具备条件的普通高等学校设置监察专业或者开设监察课程，培养德才兼备的高素质监察官后备人才，提高监察官的专业能力⑤。

第三十三条　监察官依照法律和国家有关规定实行任职交流。

第三十四条　监察官申请辞职，应当由本人书面提出，按照管理权限批准后，依照规定的程序免去其职务。

第三十五条　监察官有依法应当予以辞退情形的，依照规定的程序免去其职务。

辞退监察官应当按照管理权限决定。辞退决定应当以书面形式通知被辞退的监察官，并列明作出决定的理由和依据。

③ 《监察官法》借鉴各种衔级等级划分和称谓的规定，将监察官等级设置为十三级。这一制度设计既与现行公务员职务职级基本对应，又考虑了与事业单位人员岗位等级的对应衔接，体现精简、高效的队伍建设要求，并将资源适当向基层倾斜，为基层监察官拓展成长空间。

④ 监察官等级是增加的职业称号，目的是加强监察官队伍的正规化、专业化，增强监察官的使命感、责任感、荣誉感。设置监察官等级，并不是要对监察官实行单独职务序列管理，纪检监察干部依然沿用现有干部管理序列。

⑤ "提高监察官的专业能力"系《监察官法》立法强调的重心之一。实现新时代纪检监察工作高质量发展，关键是建设高素质专业化的纪检监察干部队伍。

第六章　监察官的考核和奖励

第三十六条　对监察官的考核，应当全面、客观、公正，实行平时考核、专项考核和年度考核相结合。

第三十七条　监察官的考核应当按照管理权限，全面考核监察官的德、能、勤、绩、廉，重点考核政治素质、工作实绩和廉洁自律情况。

第三十八条　年度考核结果分为优秀、称职、基本称职和不称职四个等次。

考核结果作为调整监察官等级、工资以及监察官奖惩、免职、降职、辞退的依据。

第三十九条　年度考核结果以书面形式通知监察官本人。监察官对考核结果如果有异议，可以申请复核。

第四十条　对在监察工作中有显著成绩和贡献，或者有其他突出事迹的监察官、监察官集体，给予奖励。

第四十一条　监察官有下列表现之一的，给予奖励：

（一）履行监督职责，成效显著的；

（二）在调查、处置职务违法和职务犯罪工作中，做出显著成绩和贡献的；

（三）提出有价值的监察建议，对防止和消除重大风险隐患效果显著的；

（四）研究监察理论、总结监察实践经验成果突出，对监察工作有指导作用的；

（五）有其他功绩的。

监察官的奖励按照有关规定办理。

第七章　监察官的监督和惩戒⑥

⑥ 《监察官法》将强化对监察官的监督作为重中之重，专章规定“监察官的监督和惩戒”。通过这些制度规定，从法律上构筑起对监察官的监督制约体系，促进监察官提高自身免疫力，习惯在受监督约束的环境中工作生活。

第四十二条　监察机关应当规范工作流程，加强内部监督制约机制建设，强化对监察官执行职务和遵守法律情况的监督。

第四十三条　任何单位和个人对监察官的违纪违法行为，有权检举、控告。受理检举、控告的机关应当及时调查处理，并将结果告知检举人、控告人。

对依法检举、控告的单位和个人，任何人不得压制和打击报复。

第四十四条　对于审判机关、检察机关、执法部门等移送的监察官违纪违法履行职责的问题线索，监察机关应当及时调查处理。

第四十五条　监察委员会根据工作需要，按照规定从各方面代表中聘请特约监察员等监督人员，对监察官履行职责情况进行监督，提出加强和改进监察工作的意见、建议。

第四十六条　监察官不得打听案情、过问案件、说情干预。对于上述行为，办理监察事项的监察官应当及时向上级报告。有关情况应当登记备案。

办理监察事项的监察官未经批准不得接触被调查人、涉案人员及其特定关系人，或者与其进行交往。对于上述行为，知悉情况的监察官应当及时向上级报告。有关情况应当登记备案。

第四十七条　办理监察事项的监察官有下列情形之一的，应当自行回避，监察对象、检举人、控告人及其他有关人员也有权要求其回避；没有主动申请回避的，监察机关应当依法决定其回避：

（一）是监察对象或者检举人、控告人的近亲属的；

（二）担任过本案的证人的；

（三）本人或者其近亲属与办理的监察事项有利害关系的；

（四）有可能影响监察事项公正处理的其他情形的。

第四十八条　监察官应当严格执行保密制度，控制监察事项知悉范围和时间，不得私自留存、隐匿、查阅、摘抄、复制、携带问题线索和涉案资料，严禁泄露监察工作秘密。

监察官离岗离职后，应当遵守脱密期管理规定，严格履行保密义务，不得泄露相关秘密。

第四十九条　监察官离任三年内，不得从事与监察和司法工作相关联且可能发生利益冲突的职业。

监察官离任后，不得担任原任职监察机关办理案件的诉讼代理人或者辩护人，但是作为当事人的监护人或者近亲属代理诉讼、进行辩护的除外。

监察官被开除后，不得担任诉讼代理人或者辩护人，但是作为当事人的监护人或者近亲属代理诉讼、进行辩护的除外。

第五十条　监察官应当遵守有关规范领导干部配偶、子女及其配偶经商办企业行为的规定。违反规定的，予以处理。

第五十一条　监察官的配偶、父母、子女及其配偶不得以律师身份担任该监察官所任职监察机关办理案件的诉讼代理人、辩护人，或者提供其他有偿法律服务。

第五十二条　监察官有下列行为之一的，依法给予处理；构成犯罪的，依法追究刑事责任：

（一）贪污贿赂的；

（二）不履行或者不正确履行监督职责，应当发现的问题没有发现，或者发现问题不报告、不处置，造成恶劣影响的；

（三）未经批准、授权处置问题线索，发现重大案情隐瞒不报，或者私自留存、处理涉案材料的；

（四）利用职权或者职务上的影响干预调查工作、以案谋私的；

（五）窃取、泄露调查工作信息，或者泄露举报事项、举报受理情况以及举报人信息的；

（六）隐瞒、伪造、变造、故意损毁证据、案件材料的；

（七）对被调查人或者涉案人员逼供、诱供，或者侮辱、打骂、虐待、体罚、变相体罚的；

（八）违反规定采取调查措施或者处置涉案财物的；

（九）违反规定发生办案安全事故，或者发生安全事故后隐瞒不报、报告失实、处置不当的；

（十）其他职务违法犯罪行为。

监察官有其他违纪违法行为，影响监察官队伍形象，损害国家和人民利益的，依法追究相应责任。

第五十三条 监察官涉嫌违纪违法，已经被立案审查[⑦]、调查、侦查，不宜继续履行职责的，按照管理权限和规定的程序暂时停止其履行职务。

⑦ 相比《法官法》《检察官法》关于法官、检察官暂时停止履行职务的情形，《监察官法》增加了“立案审查”表述。

第五十四条 实行监察官责任追究制度，对滥用职权、失职失责造成严重后果的，终身追究责任或者进行问责。

监察官涉嫌严重职务违法、职务犯罪或者对案件处置出现重大失误的，应当追究负有责任的领导人员和直接责任人员的责任。

第八章 监察官的职业保障

第五十五条 除下列情形外，不得将监察官调离：

（一）按规定需要任职回避的；

（二）按规定实行任职交流的；

（三）因机构、编制调整需要调整工作的；

（四）因违纪违法不适合继续从事监察工作的；

（五）法律规定的其他情形。

第五十六条 任何单位或者个人不得要求监察官从事超出法定职责范围的事务。

对任何干涉监察官依法履职的行为，监察官有权拒绝并予以全面如实记录和报告；有违纪违法情形的，由有关机关根据情节轻重追究有关人员的责任。

第五十七条 监察官的职业尊严和人身安全受法律保护。

任何单位和个人不得对监察官及其近亲属打击报复。

对监察官及其近亲属实施报复陷害、侮辱诽谤、暴力侵害、威胁恐吓、滋事骚扰等违法犯罪行为的，应当依法从严惩治。

第五十八条 监察官因依法履行职责遭受不实举报、诬告陷害、侮辱诽谤，致使名誉受到损害的，监察机关应当会同有关部门及时澄清事实，消除不良影响，并依法追究相关单位或者个人的责任。

第五十九条　监察官因依法履行职责，本人及其近亲属人身安全面临危险的，监察机关、公安机关应当对监察官及其近亲属采取人身保护、禁止特定人员接触等必要保护措施。

第六十条　监察官实行国家规定的工资制度，享受监察官等级津贴和其他津贴、补贴、奖金、保险、福利待遇。监察官的工资及等级津贴制度，由国家另行规定。

第六十一条　监察官因公致残的，享受国家规定的伤残待遇。监察官因公牺牲或者病故的，其亲属享受国家规定的抚恤和优待。

第六十二条　监察官退休后，享受国家规定的养老金和其他待遇。

第六十三条　对于国家机关及其工作人员侵犯监察官权利的行为，监察官有权提出控告。

受理控告的机关应当依法调查处理，并将调查处理结果及时告知本人[⑧]。

第六十四条　监察官对涉及本人的政务处分、处分和人事处理不服的，可以依照规定的程序申请复审、复核，提出申诉。

第六十五条　对监察官的政务处分、处分或者人事处理错误的，应当及时予以纠正；造成名誉损害的，应当恢复名誉、消除影响、赔礼道歉；造成经济损失的，应当赔偿。对打击报复的直接责任人员，应当依法追究其责任。

第九章　附　　则

第六十六条　有关监察官的权利、义务和管理制度，本法已有规定的，适用本法的规定；本法未作规定的，适用《中华人民共和国公务员法》等法律法规的规定。

第六十七条　中国人民解放军和中国人民武装警察部队的监察官制度，按照国家和军队有关规定执行。

第六十八条　本法自 2022 年 1 月 1 日起施行。

⑧ 要求受理监察官控告的机关将调查处理结果及时告知本人，这是保护监察官知情权、控告权的表现。

中华人民共和国地方各级人民代表大会和地方各级人民政府组织法（节录）

（1979年7月1日第五届全国人民代表大会第二次会议通过　1979年7月4日公布　自1980年1月1日起施行　根据1982年12月10日第五届全国人民代表大会第五次会议《关于修改〈中华人民共和国地方各级人民代表大会和地方各级人民政府组织法〉的若干规定的决议》第一次修正　根据1986年12月2日第六届全国人民代表大会常务委员会第十八次会议《关于修改〈中华人民共和国地方各级人民代表大会和地方各级人民政府组织法〉的决定》第二次修正　根据1995年2月28日第八届全国人民代表大会常务委员会第十二次会议《关于修改〈中华人民共和国地方各级人民代表大会和地方各级人民政府组织法〉的决定》第三次修正　根据2004年10月27日第十届全国人民代表大会常务委员会第十二次会议《关于修改〈中华人民共和国地方各级人民代表大会和地方各级人民政府组织法〉的决定》第四次修正　根据2015年8月29日第十二届全国人民代表大会常务委员会第十六次会议《关于修改〈中华人民共和国地方各级人民代表大会和地方各级人民政府组织法〉、〈中华人民共和国全国人民代表大会和地方各级人民代表大会选举法〉、〈中华人民共和国全国人民代表大会和地方各级人民代表大会代表法〉的决定》第五次修正　根据2022年3月11日第十三届全国人民代表大会第五次会议《关于修改〈中华人民共和国地方各级人民代表大会和地方各级人民政府组织法〉的决定》第六次修正）

第十一条　县级以上的地方各级人民代表大会行使下列职权：

（一）在本行政区域内，保证宪法、法律、行政法规和上级人民代表大会及其常务委员会决议的遵守和执行，保证国家计划和国家预算的执行；

（二）审查和批准本行政区域内的国民经济和社会发展规划纲要、计划和预算及其执行情况的报告，审查监督政府债务，监督本级人民政府对国有资产的管理；

（三）讨论、决定本行政区域内的政治、经济、教育、科学、文化、卫生、生态环境保护、自然资源、城乡建设、民政、社会保障、民族等工作的重大事项和项目；

（四）选举本级人民代表大会常务委员会的组成人员；

（五）选举省长、副省长，自治区主席、副主席，市长、副市长，州长、副州长，县长、副县长，区长、副区长；

（六）选举本级监察委员会主任、人民法院院长和人民检察院检察长[①]；选出的人民检察院检察长，须报经上一级人民检察院检察长提请该级人民代表大会常务委员会批准；

（七）选举上一级人民代表大会代表；

（八）听取和审议本级人民代表大会常务委员会的工作报告；

（九）听取和审议本级人民政府和人民法院、人民检察院的工作报告[②]；

（十）改变或者撤销本级人民代表大会常务委员会的不适当的决议；

（十一）撤销本级人民政府的不适当的决定和命令[③]；

（十二）保护社会主义的全民所有的财产和劳动群众集体所有的财产，保护公民私人所有的合法财产，维护社会秩序，保障公民的人身权利、民主权利和其他权利；

（十三）保护各种经济组织的合法权益；

（十四）铸牢中华民族共同体意识，促进各民族广泛交往交流交融，保障少数民族的合法权利和利益；

（十五）保障宪法和法律赋予妇女的男女平等、同工同酬和婚姻自由等各项权利。

第十三条　地方各级人民代表大会有权罢免本级人民政府的组成人员。县级以上的地方各级人民代表大会有权罢免本级人民代表大会常务委员会的组成人员和由它选出的监察委员会主任[④]、人民法院院长、人民检察院检察长。罢免人民检察院检察长，须报经上一级人民检察院检察长提请该级人民代表大会常务委员会批准。

第二十一条　县级以上的地方各级人民政府组成人员和监察委员会主任、人民法院院长、人民检察院检察长，乡级的人民政府领导人员，列席本级人民代表大会会议[⑤]；县级以上的其他有关机关、团体负责人，经本级人民代表大会常务委员会决定，可以列席本级人民代表大会会议。

第二十四条　地方各级人民代表大会举行会议的时候，代表十人以上联名可以书面提出对本级人民政府和它所属各工作部门以及监察委员会、人民法院、人民检察院的质询案[⑥]。质询案必须写明质询对象、质询的问题和内容。

质询案由主席团决定交由受质询机关在主席团会议、大会全体会议或者有关的专门委员会会议上口头答复，或者由受质询机关书面答复。在主席团会议或者专门委员会会议上答复的，提质询案的代表有权列席会议，发表意见；主席团认为必要的时候，可以将答复质询案的情况报告印发会议。

质询案以口头答复的，应当由受质询机关的负责人到会答复；质询案以书面答复的，应当由受质询机关的负责人签署，由主席团印发会议或者印发提质询案的代表。

① 选举本级监察委员会主任，由县级以上的地方各级人民代表大会行使。

② 注意，此处未规定听取和审议本级监委的工作报告。

③ 注意，此处未明确规定撤销本级监委、人民法院、人民检察院的不适当的决定。

④ 注意，县级以上的地方各级人民代表大会有权罢免由它选出的监委主任。

⑤ 监委主任列席本级人民代表大会会议，既是一种权力（资格），也是一种义务。

⑥ 对监委提出质询的条件：一是形式要求（书面提出）；二是人数限制（代表10人以上联名）。

第二十六条 县级以上的地方各级人民代表大会常务委员会的组成人员，乡、民族乡、镇的人民代表大会主席、副主席，省长、副省长，自治区主席、副主席，市长、副市长，州长、副州长，县长、副县长，区长、副区长，乡长、副乡长，镇长、副镇长，监察委员会主任，人民法院院长，人民检察院检察长的人选，由本级人民代表大会主席团或者代表依照本法规定联合提名。

省、自治区、直辖市的人民代表大会代表三十人以上书面联名，设区的市和自治州的人民代表大会代表二十人以上书面联名，县级的人民代表大会代表十人以上书面联名，可以提出本级人民代表大会常务委员会组成人员，人民政府领导人员，监察委员会主任，人民法院院长，人民检察院检察长的候选人。乡、民族乡、镇的人民代表大会代表十人以上书面联名，可以提出本级人民代表大会主席、副主席，人民政府领导人员的候选人。不同选区或者选举单位选出的代表可以酝酿、联合提出候选人。

主席团提名的候选人人数，每一代表与其他代表联合提名的候选人人数，均不得超过应选名额。

提名人应当如实介绍所提名的候选人的情况。

第二十七条 人民代表大会常务委员会主任、秘书长，乡、民族乡、镇的人民代表大会主席，人民政府正职领导人员，监察委员会主任，人民法院院长，人民检察院检察长的候选人数可以多一人，进行差额选举；如果提名的候选人只有一人，也可以等额选举。人民代表大会常务委员会副主任，乡、民族乡、镇的人民代表大会副主席，人民政府副职领导人员的候选人数应比应选人数多一人至三人，人民代表大会常务委员会委员的候选人数应比应选人数多十分之一至五分之一，由本级人民代表大会根据应选人数在选举办法中规定具体差额数，进行差额选举。如果提名的候选人数符合选举办法规定的差额数，由主席团提交代表酝酿、讨论后，进行选举。如果提名的候选人数超过选举办法规定的差额数，由主席团提交代表酝酿、讨论后，进行预选，根据在预选中得票多少的顺序，按照选举办法规定的差额数，确定正式候选人名单，进行选举。

县级以上的地方各级人民代表大会换届选举本级国家机关领导人员时，提名、酝酿候选人的时间不得少于两天。

第三十条 地方各级人民代表大会补选常务委员会主任、副主任、秘书长、委员，乡、民族乡、镇的人民代表大会主席、副主席，省长、副省长，自治区主席、副主席，市长、副市长，州长、副州长，县长、副县长，区长、副区长，乡长、副乡长，镇长、副镇长，监察委员会主任，人民法院院长，人民检察院检察长时，候选人数可以多于应选人数，也可以同应选人数相等[⑦]。选举办法由本级人民代表大会决定。

⑦ 补选监委主任，候选人数可以多于应选人数，也可以同应选人数相等。

第三十一条　县级以上的地方各级人民代表大会举行会议的时候，主席团、常务委员会或者十分之一以上代表联名，可以提出对本级人民代表大会常务委员会组成人员、人民政府组成人员、监察委员会主任、人民法院院长、人民检察院检察长的罢免案，由主席团提请大会审议。

乡、民族乡、镇的人民代表大会举行会议的时候，主席团或者五分之一以上代表联名，可以提出对人民代表大会主席、副主席，乡长、副乡长，镇长、副镇长的罢免案，由主席团提请大会审议。

罢免案应当写明罢免理由。

被提出罢免的人员有权在主席团会议或者大会全体会议上提出申辩意见，或者书面提出申辩意见。在主席团会议上提出的申辩意见或者书面提出的申辩意见，由主席团印发会议。

向县级以上的地方各级人民代表大会提出的罢免案，由主席团交会议审议后，提请全体会议表决；或者由主席团提议，经全体会议决定，组织调查委员会，由本级人民代表大会下次会议根据调查委员会的报告审议决定。

第三十二条　县级以上的地方各级人民代表大会常务委员会组成人员、专门委员会组成人员和人民政府领导人员，监察委员会主任，人民法院院长，人民检察院检察长，可以向本级人民代表大会提出辞职，由大会决定是否接受辞职；大会闭会期间，可以向本级人民代表大会常务委员会提出辞职，由常务委员会决定是否接受辞职。常务委员会决定接受辞职后，报本级人民代表大会备案。人民检察院检察长的辞职，须报经上一级人民检察院检察长提请该级人民代表大会常务委员会批准。

乡、民族乡、镇的人民代表大会主席、副主席，乡长、副乡长，镇长、副镇长，可以向本级人民代表大会提出辞职，由大会决定是否接受辞职。

第四十条　县级以上的地方各级人民代表大会代表，非经本级人民代表大会主席团许可，在大会闭会期间，非经本级人民代表大会常务委员会许可，不受逮捕或者刑事审判[⑧]。如果因为是现行犯被拘留，执行拘留的公安机关应当立即向该级人民代表大会主席团或者常务委员会报告。

第四十七条第一款、第二款、第三款　省、自治区、直辖市、自治州、设区的市的人民代表大会常务委员会由本级人民代表大会在代表中选举主任、副主任若干人、秘书长、委员若干人组成。

县、自治县、不设区的市、市辖区的人民代表大会常务委员会由本级人民代表大会在代表中选举主任、副主任若干人和委员若干人组成。

常务委员会的组成人员不得担任国家行政机关、监察机关、审判机关和检察机关的职务；如果担任上述职务，必须向常务委员会辞去常务委员会的职务[⑨]。

⑧ 监察机关留置涉嫌严重违法犯罪的人大代表时，不需要经本级人民代表大会常务委员会许可。

⑨ 常务委员会的组成人员不得担任监察机关的职务。

第四十八条 县级以上的地方各级人民代表大会常务委员会每届任期同本级人民代表大会每届任期相同，它行使职权到下届本级人民代表大会选出新的常务委员会为止。

第五十条第一款第十三项、第十四项、第十五项、第十八项，第二款 县级以上的地方各级人民代表大会常务委员会行使下列职权：

（十三）在本级人民代表大会闭会期间，决定副省长、自治区副主席、副市长、副州长、副县长、副区长的个别任免；在省长、自治区主席、市长、州长、县长、区长和监察委员会主任、人民法院院长、人民检察院检察长因故不能担任职务的时候，根据主任会议的提名，从本级人民政府、监察委员会、人民法院、人民检察院副职领导人员中决定代理的人选[10]；决定代理检察长，须报上一级人民检察院和人民代表大会常务委员会备案；

（十四）根据省长、自治区主席、市长、州长、县长、区长的提名，决定本级人民政府秘书长、厅长、局长、委员会主任、科长的任免，报上一级人民政府备案；

（十五）根据监察委员会主任的提名，任免监察委员会副主任、委员；

（十八）在本级人民代表大会闭会期间，补选上一级人民代表大会出缺的代表和罢免个别代表。

常务委员会讨论前款第四项规定的本行政区域内的重大事项和项目，可以作出决定或者决议，也可以将有关意见、建议送有关地方国家机关或者单位研究办理。有关办理情况应当及时向常务委员会报告。

第五十三条 在常务委员会会议期间，省、自治区、直辖市、自治州、设区的市的人民代表大会常务委员会组成人员五人以上联名，县级的人民代表大会常务委员会组成人员三人以上联名，可以向常务委员会书面提出对本级人民政府及其工作部门、监察委员会、人民法院、人民检察院的质询案。质询案必须写明质询对象、质询的问题和内容[11]。

质询案由主任会议决定交由受质询机关在常务委员会全体会议上或者有关的专门委员会会议上口头答复，或者由受质询机关书面答复。在专门委员会会议上答复的，提质询案的常务委员会组成人员有权列席会议，发表意见；主任会议认为必要的时候，可以将答复质询案的情况报告印发会议。

质询案以口头答复的，应当由受质询机关的负责人到会答复；质询案以书面答复的，应当由受质询机关的负责人签署，由主任会议印发会议或者印发提质询案的常务委员会组成人员。

⑩ 根据主任会议的提名，从监察委员会副职领导人员中决定监察委员会代理主任的人选。

⑪ 在常务委员会会议期间，省、自治区、直辖市、自治州、设区的市的人民代表大会常务委员会组成人员5人以上联名，县级的人民代表大会常务委员会组成人员3人以上联名，可以向常务委员会书面提出对本级监察委员会的质询案。

中华人民共和国全国人民代表大会和地方各级人民代表大会选举法(节录)[①]

(1979年7月1日第五届全国人民代表大会第二次会议通过　根据1982年12月10日第五届全国人民代表大会第五次会议《关于修改〈中华人民共和国全国人民代表大会和地方各级人民代表大会选举法〉的若干规定的决议》第一次修正　根据1986年12月2日第六届全国人民代表大会常务委员会第十八次会议《关于修改〈中华人民共和国全国人民代表大会和地方各级人民代表大会选举法〉的决定》第二次修正　根据1995年2月28日第八届全国人民代表大会常务委员会第十二次会议《关于修改〈中华人民共和国全国人民代表大会和地方各级人民代表大会选举法〉的决定》第三次修正　根据2004年10月27日第十届全国人民代表大会常务委员会第十二次会议《关于修改〈中华人民共和国全国人民代表大会和地方各级人民代表大会选举法〉的决定》第四次修正　根据2010年3月14日第十一届全国人民代表大会第三次会议《关于修改〈中华人民共和国全国人民代表大会和地方各级人民代表大会选举法〉的决定》第五次修正　根据2015年8月29日第十二届全国人民代表大会常务委员会第十六次会议《关于修改〈中华人民共和国地方各级人民代表大会和地方各级人民政府组织法〉、〈中华人民共和国全国人民代表大会和地方各级人民代表大会选举法〉、〈中华人民共和国全国人民代表大会和地方各级人民代表大会代表法〉的决定》第六次修正　根据2020年10月17日第十三届全国人民代表大会常务委员会第二十二次会议《关于修改〈中华人民共和国全国人民代表大会和地方各级人民代表大会选举法〉的决定》第七次修正)

第三十五条　公民参加各级人民代表大会代表的选举,不得直接或者间接接受境外机构、组织、个人提供的与选举有关的任何形式的资助。

违反前款规定的,不列入代表候选人名单;已经列入代表候选人名单的,从名单中除名;已经当选的,其当选无效。

第四十八条　公民不得同时担任两个以上无隶属关系的行政区域的人民代表大会代表。

① 《中共中央关于加强和改进人大代表、政协委员有关工作的通知》指出:"人大代表存在法定终止代表资格或暂停执行代表职务情形的,应当依法终止其人大代表资格或暂停执行代表职务;违反社会道德或存在与人大代表、政协委员身份不符的行为,有关方面应当及时约谈或函询,经提醒仍不改正的,应当责令其辞去人大代表、政协委员;涉嫌严重违纪违法已立案审查的,犯罪事实已查清依法需追究刑事责任的,严重违反政协章程、政协决议的,应当罢免其人大代表职务或撤销其政协委员资格。"

第十章　对代表的监督和罢免、辞职、补选

第四十九条　全国和地方各级人民代表大会的代表，受选民和原选举单位的监督。选民或者选举单位都有权罢免自己选出的代表。

第五十条　对于县级的人民代表大会代表，原选区选民五十人以上联名，对于乡级的人民代表大会代表，原选区选民三十人以上联名，可以向县级的人民代表大会常务委员会书面提出罢免要求。

罢免要求应当写明罢免理由。被提出罢免的代表有权在选民会议上提出申辩意见，也可以书面提出申辩意见。

县级的人民代表大会常务委员会应当将罢免要求和被提出罢免的代表的书面申辩意见印发原选区选民。

表决罢免要求，由县级的人民代表大会常务委员会派有关负责人员主持。

第五十一条　县级以上的地方各级人民代表大会举行会议的时候，主席团或者十分之一以上代表联名，可以提出对由该级人民代表大会选出的上一级人民代表大会代表的罢免案。在人民代表大会闭会期间，县级以上的地方各级人民代表大会常务委员会主任会议或者常务委员会五分之一以上组成人员联名，可以向常务委员会提出对由该级人民代表大会选出的上一级人民代表大会代表的罢免案。罢免案应当写明罢免理由。

县级以上的地方各级人民代表大会举行会议的时候，被提出罢免的代表有权在主席团会议和大会全体会议上提出申辩意见，或者书面提出申辩意见，由主席团印发会议。罢免案经会议审议后，由主席团提请全体会议表决。

县级以上的地方各级人民代表大会常务委员会举行会议的时候，被提出罢免的代表有权在主任会议和常务委员会全体会议上提出申辩意见，或者书面提出申辩意见，由主任会议印发会议。罢免案经会议审议后，由主任会议提请全体会议表决。

第五十二条　罢免代表采用无记名的表决方式。

第五十三条　罢免县级和乡级的人民代表大会代表，须经原选区过半数的选民通过。

罢免由县级以上的地方各级人民代表大会选出的代表，须经各该级人民代表大会过半数的代表通过；在代表大会闭会期间，须经常务委员会组成人员的过半数通过。罢免的决议，须报送上一级人民代表大会常务委员会备案、公告。

第五十四条　县级以上的各级人民代表大会常务委员会组成人员，县级以上的各级人民代表大会专门委员会成员的代表职务被罢免的，其常务委员会组成人员或者专门委员会成员的职务相应撤销，由主席团或者常务委员会予以公告。

乡、民族乡、镇的人民代表大会主席、副主席的代表职务被罢免的，其主席、副主席的职务相应撤销，由主席团予以公告。

第五十五条　全国人民代表大会代表，省、自治区、直辖市、设区的市、自治州的人民代表大会代表，可以向选举他的人民代表大会的常务委员会书面提出辞职。常务委员会接受辞职，须经常务委员会组成人员的过半数通过。接受辞职的决议，须报送上一级人民代表大会常务委员会备案、公告。

县级的人民代表大会代表可以向本级人民代表大会常务委员会书面提出辞职，乡级的人民代表大会代表可以向本级人民代表大会书面提出辞职。县级的人民代表大会常务委员会接受辞职，须经常务委员会组成人员的过半数通过。乡级的人民代表大会接受辞职，须经人民代表大会过半数的代表通过。接受辞职的，应当予以公告[②]。

第五十六条　县级以上的各级人民代表大会常务委员会组成人员，县级以上的各级人民代表大会的专门委员会成员，辞去代表职务的请求被接受的，其常务委员会组成人员、专门委员会成员的职务相应终止，由常务委员会予以公告[③]。

乡、民族乡、镇的人民代表大会主席、副主席，辞去代表职务的请求被接受的，其主席、副主席的职务相应终止，由主席团予以公告。

第五十七条　代表在任期内，因故出缺，由原选区或者原选举单位补选。

地方各级人民代表大会代表在任期内调离或者迁出本行政区域的，其代表资格自行终止，缺额另行补选。

县级以上的地方各级人民代表大会闭会期间，可以由本级人民代表大会常务委员会补选上一级人民代表大会代表。

补选出缺的代表时，代表候选人的名额可以多于应选代表的名额，也可以同应选代表的名额相等。补选的具体办法，由省、自治区、直辖市的人民代表大会常务委员会规定。

对补选产生的代表，依照本法第四十七条的规定进行代表资格审查。

第十一章　对破坏选举的制裁

第五十八条　为保障选民和代表自由行使选举权和被选举权，对有下列行为之一，破坏选举，违反治安管理规定的，依法给予治安管理处罚；构成犯罪的，依法追究刑事责任：

（一）以金钱或者其他财物贿赂选民或者代表，妨害选民和代表自由行使选举权和被选举权的；

（二）以暴力、威胁、欺骗或者其他非法手段妨害选民和代表自由行使选举权和被选举权的；

② 辞职的程序，很重要，建议牢记。

③ “辞去代表职务的请求被接受的，其常务委员会组成人员、专门委员会成员的职务相应终止”，此知识点很重要。

（三）伪造选举文件、虚报选举票数或者有其他违法行为的；

（四）对于控告、检举选举中违法行为的人，或者对于提出要求罢免代表的人进行压制、报复的。

国家工作人员有前款所列行为的，还应当由监察机关给予政务处分或者由所在机关、单位给予处分。

以本条第一款所列违法行为当选的，其当选无效。

第五十九条 主持选举的机构发现有破坏选举的行为或者收到对破坏选举行为的举报，应当及时依法调查处理；需要追究法律责任的，及时移送有关机关予以处理。

第十二章 附 则

第六十条 省、自治区、直辖市的人民代表大会及其常务委员会根据本法可以制定选举实施细则，报全国人民代表大会常务委员会备案。

中华人民共和国全国人民代表大会和地方各级人民代表大会代表法（节录）

（1992年4月3日第七届全国人民代表大会第五次会议通过 根据2009年8月27日第十一届全国人民代表大会常务委员会第十次会议《关于修改部分法律的决定》第一次修正 根据2010年10月28日第十一届全国人民代表大会常务委员会第十七次会议《关于修改〈中华人民共和国全国人民代表大会和地方各级人民代表大会代表法〉的决定》第二次修正 根据2015年8月29日第十二届全国人民代表大会常务委员会第十六次会议《关于修改〈中华人民共和国地方各级人民代表大会和地方各级人民政府组织法〉、〈中华人民共和国全国人民代表大会和地方各级人民代表大会选举法〉、〈中华人民共和国全国人民代表大会和地方各级人民代表大会代表法〉的决定》第三次修正）

第三十一条 代表在人民代表大会各种会议上的发言和表决，不受法律追究。

第三十二条 县级以上的各级人民代表大会代表，非经本级人民代表大会主席团许可，在本级人民代表大会闭会期间，非经本级人民代表大会常务委员会许可，不受逮捕或者刑事审判。如果因为是现行犯被拘留，执行拘留的机关应当立即向该级人民代表大会主席团或者人民代表大会常务委员会报告。

对县级以上的各级人民代表大会代表，如果采取法律规定的其他限制人身自由的措施，应当经该级人民代表大会主席团或者人民代表大会常务委员会许可。

人民代表大会主席团或者常务委员会受理有关机关依照本条规定提请许可的申请，应当审查是否存在对代表在人民代表大会各种会议上的发言和表决进行法律追究，或者对代表提出建议、批评和意见等其他执行职务行为打击报复的情形，并据此作出决定。

乡、民族乡、镇的人民代表大会代表，如果被逮捕、受刑事审判、或者被采取法律规定的其他限制人身自由的措施，执行机关应当立即报告乡、民族乡、镇的人民代表大会。

第四十五条　代表应当采取多种方式经常听取人民群众对代表履职的意见，回答原选区选民或者原选举单位对代表工作和代表活动的询问，接受监督。

由选民直接选举的代表应当以多种方式向原选区选民报告履职情况。县级人民代表大会常务委员会和乡、民族乡、镇的人民代表大会主席团应当定期组织本级人民代表大会代表向原选区选民报告履职情况。

第四十六条　代表应当正确处理从事个人职业活动与执行代表职务的关系，不得利用执行代表职务干涉具体司法案件或者招标投标等经济活动牟取个人利益。

第四十七条　选民或者选举单位有权依法罢免自己选出的代表。被提出罢免的代表有权出席罢免该代表的会议提出申辩意见，或者书面提出申辩意见。

第四十八条　代表有下列情形之一的，暂时停止执行代表职务，由代表资格审查委员会向本级人民代表大会常务委员会或者乡、民族乡、镇的人民代表大会报告：

（一）因刑事案件被羁押正在受侦查、起诉、审判的；

（二）被依法判处管制、拘役或者有期徒刑而没有附加剥夺政治权利，正在服刑的。

前款所列情形在代表任期内消失后，恢复其执行代表职务，但代表资格终止者除外。

第四十九条[①]　代表有下列情形之一的，其代表资格终止：

（一）地方各级人民代表大会代表迁出或者调离本行政区域的；

（二）辞职被接受的；

（三）未经批准两次不出席本级人民代表大会会议的；

（四）被罢免的；

（五）丧失中华人民共和国国籍的；

（六）依照法律被剥夺政治权利的；

① 《第十三届全国人民代表大会常务委员会代表资格审查委员会关于个别代表的代表资格的报告》提道，由河北省选出的第十三届全国人民代表大会代表，冀中能源集团有限责任公司原董事长杨某某，因涉嫌严重违纪违法，2021 年 5 月 28 日，河北省第十三届人大常委会第二十三次会议决定罢免其第十三届全国人民代表大会代表职务。杨某某代表资格终止。

（七）丧失行为能力的。

第五十条 县级以上的各级人民代表大会代表资格的终止，由代表资格审查委员会报本级人民代表大会常务委员会，由本级人民代表大会常务委员会予以公告。

乡、民族乡、镇的人民代表大会代表资格的终止，由代表资格审查委员会报本级人民代表大会，由本级人民代表大会予以公告。

行政机关公务员处分条例[①]

（2007年4月22日国务院令第495号公布）

第一章 总 则

第一条 为了严肃行政机关纪律，规范行政机关公务员的行为，保证行政机关及其公务员依法履行职责，根据《中华人民共和国公务员法》和《中华人民共和国行政监察法》，制定本条例。

第二条 行政机关公务员违反法律、法规、规章以及行政机关的决定和命令，应当承担纪律责任的，依照本条例给予处分。

法律、其他行政法规、国务院决定对行政机关公务员处分有规定的，依照该法律、行政法规、国务院决定的规定执行；法律、其他行政法规、国务院决定对行政机关公务员应当受到处分的违法违纪行为做了规定，但是未对处分幅度做规定的，适用本条例第三章与其最相类似的条款有关处分幅度的规定。

地方性法规、部门规章、地方政府规章可以补充规定本条例第三章未作规定的应当给予处分的违法违纪行为以及相应的处分幅度。除国务院监察机关、国务院人事部门外，国务院其他部门制定处分规章，应当与国务院监察机关、国务院人事部门联合制定。

除法律、法规、规章以及国务院决定外，行政机关不得以其他形式设定行政机关公务员处分事项。

第三条 行政机关公务员依法履行职务的行为受法律保护，非因法定事由，非经法定程序，不受处分。

第四条 给予行政机关公务员处分，应当坚持公正、公平和教育与惩处相结合的原则。

给予行政机关公务员处分，应当与其违法违纪行为的性质、情节、危害程度相

① 1.对于《公职人员政务处分法》施行后实施的违法行为，《公职人员政务处分法》效力高于《行政机关公务员处分条例》《事业单位工作人员处分暂行规定》，适用《公职人员政务处分法》规定。《行政机关公务员处分条例》《事业单位工作人员处分暂行规定》等规定的相关内容与《公职人员政务处分法》不一致的，不再适用于公职人员。2.对于《公职人员政务处分法》施行前实施的违法行为，根据《公职人员政务处分法》规定的“从旧兼从轻”原则，确定适用相应的规定。3.对于《公职人员政务处分法》没有明确规定，或者《行政机关公务员处分条例》等有更为细致规定的，在与《公职人员政务处分法》不抵触的前提下，可以同时适用《公职人员政务处分法》《行政机关公务员处分条例》等规定。此外，任免机关、单位对事业单位工作人员中的非公职人员作出处分的，仍然适用《事业单位工作人员处分暂行规定》。

适应。

给予行政机关公务员处分，应当事实清楚、证据确凿、定性准确、处理恰当、程序合法、手续完备。

第五条　行政机关公务员违法违纪涉嫌犯罪的，应当移送司法机关依法追究刑事责任。

第二章　处分的种类和适用

第六条　行政机关公务员处分的种类为：

（一）警告；

（二）记过；

（三）记大过；

（四）降级；

（五）撤职；

（六）开除。

第七条　行政机关公务员受处分的期间为：

（一）警告，6 个月；

（二）记过，12 个月；

（三）记大过，18 个月；

（四）降级、撤职，24 个月。

第八条　行政机关公务员在受处分期间不得晋升职务和级别，其中，受记过、记大过、降级、撤职处分的，不得晋升工资档次；受撤职处分的，应当按照规定降低级别。

第九条　行政机关公务员受开除处分的，自处分决定生效之日起，解除其与单位的人事关系，不得再担任公务员职务。

行政机关公务员受开除以外的处分，在受处分期间有悔改表现，并且没有再发生违法违纪行为的，处分期满后，应当解除处分。解除处分后，晋升工资档次、级别和职务不再受原处分的影响。但是，解除降级、撤职处分的，不视为恢复原级别、原职务。

第十条　行政机关公务员同时有两种以上需要给予处分的行为的，应当分别确定其处分。应当给予的处分种类不同的，执行其中最重的处分；应当给予撤职以下多个相同种类处分的，执行该处分，并在一个处分期以上、多个处分期之和以下，决定处分期。

行政机关公务员在受处分期间受到新的处分的，其处分期为原处分期尚未执行的期限与新处分期限之和。

处分期最长不得超过48个月。

第十一条 行政机关公务员2人以上共同违法违纪，需要给予处分的，根据各自应当承担的纪律责任，分别给予处分。

第十二条 有下列情形之一的，应当从重处分[②]：

（一）在2人以上的共同违法违纪行为中起主要作用的；

（二）隐匿、伪造、销毁证据的；

（三）串供或者阻止他人揭发检举、提供证据材料的；

（四）包庇同案人员的；

（五）法律、法规、规章规定的其他从重情节。

第十三条 有下列情形之一的，应当从轻处分[③]：

（一）主动交代违法违纪行为的；

（二）主动采取措施，有效避免或者挽回损失的；

（三）检举他人重大违法违纪行为，情况属实的。

第十四条 行政机关公务员主动交代违法违纪行为，并主动采取措施有效避免或者挽回损失的，应当减轻处分。

行政机关公务员违纪行为情节轻微，经过批评教育后改正的，可以免予处分。

第十五条 行政机关公务员有本条例第十二条、第十三条规定情形之一的，应当在本条例第三章规定的处分幅度以内从重或者从轻给予处分。

行政机关公务员有本条例第十四条第一款规定情形的，应当在本条例第三章规定的处分幅度以外，减轻一个处分的档次给予处分。应当给予警告处分，又有减轻处分的情形的，免予处分。

第十六条 行政机关经人民法院、监察机关、行政复议机关或者上级行政机关依法认定有行政违法行为或者其他违法违纪行为，需要追究纪律责任的，对负有责任的领导人员和直接责任人员给予处分。

第十七条 违法违纪的行政机关公务员在行政机关对其作出处分决定前，已经依法被判处刑罚、罢免、免职或者已经辞去领导职务，依法应当给予处分的，由行政机关根据其违法违纪事实，给予处分。

行政机关公务员依法被判处刑罚的，给予开除处分。

第三章 违法违纪行为及其适用的处分

第十八条 有下列行为之一的，给予记大过处分；情节较重的，给予降级或者撤职处分；情节严重的，给予开除处分：

② 不可以加重处分，这与《中国共产党纪律处分条例》第20条有较大不同。

③ 不可以减轻处分，这与《中国共产党纪律处分条例》第17条有较大不同。

（一）散布有损国家声誉的言论，组织或者参加旨在反对国家的集会、游行、示威等活动的；

（二）组织或者参加非法组织，组织或者参加罢工的；

（三）违反国家的民族宗教政策，造成不良后果的；

（四）以暴力、威胁、贿赂、欺骗等手段，破坏选举的；

（五）在对外交往中损害国家荣誉和利益的；

（六）非法出境，或者违反规定滞留境外不归的；

（七）未经批准获取境外永久居留资格，或者取得外国国籍的；

（八）其他违反政治纪律的行为。

有前款第（六）项规定行为的，给予开除处分；有前款第（一）项、第（二）项或者第（三）项规定的行为，属于不明真相被裹挟参加，经批评教育后确有悔改表现的，可以减轻或者免予处分。

第十九条　有下列行为之一的，给予警告、记过或者记大过处分；情节较重的，给予降级或者撤职处分；情节严重的，给予开除处分：

（一）负有领导责任的公务员违反议事规则，个人或者少数人决定重大事项，或者改变集体作出的重大决定的；

（二）拒绝执行上级依法作出的决定、命令的；

（三）拒不执行机关的交流决定的；

（四）拒不执行人民法院对行政案件的判决、裁定或者监察机关、审计机关、行政复议机关作出的决定的；

（五）违反规定应当回避而不回避，影响公正执行公务，造成不良后果的；

（六）离任、辞职或者被辞退时，拒不办理公务交接手续或者拒不接受审计的；

（七）旷工或者因公外出、请假期满无正当理由逾期不归，造成不良影响的；

（八）其他违反组织纪律的行为。

第二十条　有下列行为之一的，给予记过、记大过处分；情节较重的，给予降级或者撤职处分；情节严重的，给予开除处分：

（一）不依法履行职责，致使可以避免的爆炸、火灾、传染病传播流行、严重环境污染、严重人员伤亡等重大事故或者群体性事件发生的；

（二）发生重大事故、灾害、事件或者重大刑事案件、治安案件，不按规定报告、处理的；

（三）对救灾、抢险、防汛、防疫、优抚、扶贫、移民、救济、社会保险、征地补偿等专项款物疏于管理，致使款物被贪污、挪用，或者毁损、灭失的；

（四）其他玩忽职守、贻误工作的行为。

第二十一条 有下列行为之一的，给予警告或者记过处分；情节较重的，给予记大过或者降级处分；情节严重的，给予撤职处分：

（一）在行政许可工作中违反法定权限、条件和程序设定或者实施行政许可的；

（二）违法设定或者实施行政强制措施的；

（三）违法设定或者实施行政处罚的；

（四）违反法律、法规规定进行行政委托的；

（五）对需要政府、政府部门决定的招标投标、征收征用、城市房屋拆迁、拍卖等事项违反规定办理的。

第二十二条 弄虚作假，误导、欺骗领导和公众，造成不良后果的，给予警告、记过或者记大过处分；情节较重的，给予降级或者撤职处分；情节严重的，给予开除处分。

第二十三条 有贪污、索贿、受贿、行贿、介绍贿赂、挪用公款、利用职务之便为自己或者他人谋取私利、巨额财产来源不明等违反廉政纪律行为的，给予记过或者记大过处分；情节较重的，给予降级或者撤职处分；情节严重的，给予开除处分。

第二十四条 违反财经纪律，挥霍浪费国家资财的，给予警告处分；情节较重的，给予记过或者记大过处分；情节严重的，给予降级或者撤职处分。

第二十五条 有下列行为之一的，给予记过或者记大过处分；情节较重的，给予降级或者撤职处分；情节严重的，给予开除处分：

（一）以殴打、体罚、非法拘禁等方式侵犯公民人身权利的；

（二）压制批评，打击报复，扣压、销毁举报信件，或者向被举报人透露举报情况的；

（三）违反规定向公民、法人或者其他组织摊派或者收取财物的；

（四）妨碍执行公务或者违反规定干预执行公务的；

（五）其他滥用职权，侵害公民、法人或者其他组织合法权益的行为。

第二十六条 泄露国家秘密、工作秘密，或者泄露因履行职责掌握的商业秘密、个人隐私，造成不良后果的，给予警告、记过或者记大过处分；情节较重的，给予降级或者撤职处分；情节严重的，给予开除处分。

第二十七条 从事或者参与营利性活动，在企业或者其他营利性组织中兼任职务的，给予记过或者记大过处分；情节较重的，给予降级或者撤职处分；情节严重的，给予开除处分。

第二十八条 严重违反公务员职业道德，工作作风懈怠、工作态度恶劣，造成不良影响的，给予警告、记过或者记大过处分。

第二十九条 有下列行为之一的，给予警告、记过或者记大过处分；情节较重的，给予降级或者撤职处分；情节严重的，给予开除处分：

（一）拒不承担赡养、抚养、扶养义务的；

（二）虐待、遗弃家庭成员的；

（三）包养情人的；

（四）严重违反社会公德的行为。

有前款第（三）项行为的，给予撤职或者开除处分。

第三十条　参与迷信活动，造成不良影响的，给予警告、记过或者记大过处分；组织迷信活动的，给予降级或者撤职处分，情节严重的，给予开除处分。

第三十一条　吸食、注射毒品或者组织、支持、参与卖淫、嫖娼、色情淫乱活动的，给予撤职或者开除处分。

第三十二条　参与赌博的，给予警告或者记过处分；情节较重的，给予记大过或者降级处分；情节严重的，给予撤职或者开除处分。

为赌博活动提供场所或者其他便利条件的，给予警告、记过或者记大过处分；情节严重的，给予撤职或者开除处分。

在工作时间赌博的，给予记过、记大过或者降级处分；屡教不改的，给予撤职或者开除处分。

挪用公款赌博的，给予撤职或者开除处分。

利用赌博索贿、受贿或者行贿的，依照本条例第二十三条的规定给予处分。

第三十三条　违反规定超计划生育的，给予降级或者撤职处分；情节严重的，给予开除处分。

第四章　处分的权限

第三十四条　对行政机关公务员给予处分，由任免机关或者监察机关（以下统称处分决定机关）按照管理权限决定。

第三十五条　对经全国人民代表大会及其常务委员会决定任命的国务院组成人员给予处分，由国务院决定。其中，拟给予撤职、开除处分的，由国务院向全国人民代表大会提出罢免建议，或者向全国人民代表大会常务委员会提出免职建议。罢免或者免职前，国务院可以决定暂停其履行职务。

第三十六条　对经地方各级人民代表大会及其常务委员会选举或者决定任命的地方各级人民政府领导人员给予处分，由上一级人民政府决定。

拟给予经县级以上地方人民代表大会及其常务委员会选举或者决定任命的县级以上地方人民政府领导人员撤职、开除处分的，应当先由本级人民政府向同级人民代表大会提出罢免建议。其中，拟给予县级以上地方人民政府副职领导人员撤职、开除处分的,也可以向同级人民代表大会常务委员会提出撤销职务的建议。拟给予乡镇人民政府领导人员撤职、开除处分的,应当先由本级人民政府向同级人民代表大会提出罢免建议。罢免或者撤销职务前,上级人民政府可以决定暂停其履行职务;遇有特殊紧急情况,省级以上人民政府认为必要时,也可以对其作出撤职或者开除的处分,同时报告同级人民代表大会常务委员会,并通报下级人民代表大会常务委员会。

第三十七条 对地方各级人民政府工作部门正职领导人员给予处分,由本级人民政府决定。其中,拟给予撤职、开除处分的,由本级人民政府向同级人民代表大会常务委员会提出免职建议。免去职务前,本级人民政府或者上级人民政府可以决定暂停其履行职务。

第三十八条 行政机关公务员违法违纪,已经被立案调查,不宜继续履行职责的,任免机关可以决定暂停其履行职务。

被调查的公务员在违法违纪案件立案调查期间,不得交流、出境、辞去公职或者办理退休手续④。

④ 请学习《公职人员政务处分法》第52条第2款、《中国共产党纪律检查机关案件检查工作条例》第24条第2款。

第五章 处分的程序

第三十九条 任免机关对涉嫌违法违纪的行政机关公务员的调查、处理,按照下列程序办理:

(一)经任免机关负责人同意,由任免机关有关部门对需要调查处理的事项进行初步调查;

(二)任免机关有关部门经初步调查认为该公务员涉嫌违法违纪,需要进一步查证的,报任免机关负责人批准后立案;

(三)任免机关有关部门负责对该公务员违法违纪事实做进一步调查,包括收集、查证有关证据材料,听取被调查的公务员所在单位的领导成员、有关工作人员以及所在单位监察机构的意见,向其他有关单位和人员了解情况,并形成书面调查材料,向任免机关负责人报告;

(四)任免机关有关部门将调查认定的事实及拟给予处分的依据告知被调查的公务员本人,听取其陈述和申辩,并对其所提出的事实、理由和证据进行复核,记录在案。被调查的公务员提出的事实、理由和证据成立的,应予采信;

(五)经任免机关领导成员集体讨论,作出对该公务员给予处分、免予处分或者撤销案件的决定;

(六)任免机关应当将处分决定以书面形式通知受处分的公务员本人,并在一定范围内宣布;

（七）任免机关有关部门应当将处分决定归入受处分的公务员本人档案，同时汇集有关材料形成该处分案件的工作档案。

受处分的行政机关公务员处分期满解除处分的程序，参照前款第（五）项、第（六）项和第（七）项的规定办理。

任免机关应当按照管理权限，及时将处分决定或者解除处分决定报公务员主管部门备案。

第四十条　监察机关对违法违纪的行政机关公务员的调查、处理，依照《中华人民共和国行政监察法》规定的程序办理。

第四十一条　对行政机关公务员违法违纪案件进行调查，应当由2名以上办案人员进行；接受调查的单位和个人应当如实提供情况。

严禁以暴力、威胁、引诱、欺骗等非法方式收集证据；非法收集的证据不得作为定案的依据。

第四十二条　参与行政机关公务员违法违纪案件调查、处理的人员有下列情形之一的，应当提出回避申请；被调查的公务员以及与案件有利害关系的公民、法人或者其他组织有权要求其回避：

（一）与被调查的公务员是近亲属关系的；

（二）与被调查的案件有利害关系的；

（三）与被调查的公务员有其他关系，可能影响案件公正处理的。

第四十三条　处分决定机关负责人的回避，由处分决定机关的上一级行政机关负责人决定；其他违法违纪案件调查、处理人员的回避，由处分决定机关负责人决定。

处分决定机关或者处分决定机关的上一级行政机关，发现违法违纪案件调查、处理人员有应当回避的情形，可以直接决定该人员回避。

第四十四条　给予行政机关公务员处分，应当自批准立案之日起6个月内作出决定；案情复杂或者遇有其他特殊情形的，办案期限可以延长，但是最长不得超过12个月。

第四十五条　处分决定应当包括下列内容：

（一）被处分人员的姓名、职务、级别、工作单位等基本情况；

（二）经查证的违法违纪事实；

（三）处分的种类和依据；

（四）不服处分决定的申诉途径和期限；

（五）处分决定机关的名称、印章和作出决定的日期。

解除处分决定除包括前款第（一）项、第（二）项和第（五）项规定的内容外，还应当包括原处分的种类和解除处分的依据，以及受处分的行政机关公务员在受处分期间的表现情况。

第四十六条 处分决定、解除处分决定自作出之日起生效。

第四十七条 行政机关公务员受到开除处分后，有新工作单位的，其本人档案转由新工作单位管理；没有新工作单位的，其本人档案转由其户籍所在地人事部门所属的人才服务机构管理。

第六章 不服处分的申诉

第四十八条 受到处分的行政机关公务员对处分决定不服的，依照《中华人民共和国公务员法》和《中华人民共和国行政监察法》的有关规定，可以申请复核或者申诉。

复核、申诉期间不停止处分的执行。

行政机关公务员不因提出复核、申诉而被加重处分。

第四十九条 有下列情形之一的，受理公务员复核、申诉的机关应当撤销处分决定，重新作出决定或者责令原处分决定机关重新作出决定：

（一）处分所依据的违法违纪事实证据不足的；

（二）违反法定程序，影响案件公正处理的；

（三）作出处分决定超越职权或者滥用职权的。

第五十条 有下列情形之一的，受理公务员复核、申诉的机关应当变更处分决定，或者责令原处分决定机关变更处分决定：

（一）适用法律、法规、规章或者国务院决定错误的；

（二）对违法违纪行为的情节认定有误的；

（三）处分不当的。

第五十一条 行政机关公务员的处分决定被变更，需要调整该公务员的职务、级别或者工资档次的，应当按照规定予以调整；行政机关公务员的处分决定被撤销的，应当恢复该公务员的级别、工资档次，按照原职务安排相应的职务，并在适当范围内为其恢复名誉。

被撤销处分或者被减轻处分的行政机关公务员工资福利受到损失的，应当予以补偿。

第七章 附 则

第五十二条 有违法违纪行为应当受到处分的行政机关公务员，在处分决定机关作出处分决定前已经退休的，不再给予处分；但是，依法应当给予降级、撤职、开除处分的，应当按照规定相应降低或者取消其享受的待遇。

第五十三条　行政机关公务员违法违纪取得的财物和用于违法违纪的财物，除依法应当由其他机关没收、追缴或者责令退赔的，由处分决定机关没收、追缴或者责令退赔。违法违纪取得的财物应当退还原所有人或者原持有人的，退还原所有人或者原持有人；属于国家财产以及不应当退还或者无法退还原所有人或者原持有人的，上缴国库。

第五十四条　对法律、法规授权的具有公共事务管理职能的事业单位中经批准参照《中华人民共和国公务员法》管理的工作人员给予处分，参照本条例的有关规定办理。

第五十五条　本条例自 2007 年 6 月 1 日起施行。1988 年 9 月 13 日国务院发布的《国家行政机关工作人员贪污贿赂行政处分暂行规定》同时废止。

二、纪检监察常用核心法规

1. 对事业单位人员的处分规定

事业单位人事管理条例

（2014年4月25日国务院令第652号公布）

第一章　总　　则

第一条　为了规范事业单位的人事管理，保障事业单位工作人员的合法权益，建设高素质的事业单位工作人员队伍，促进公共服务发展，制定本条例。

第二条　事业单位人事管理，坚持党管干部、党管人才原则，全面准确贯彻民主、公开、竞争、择优方针。

国家对事业单位工作人员实行分级分类管理。

第三条　中央事业单位人事综合管理部门负责全国事业单位人事综合管理工作。

县级以上地方各级事业单位人事综合管理部门负责本辖区事业单位人事综合管理工作。

事业单位主管部门具体负责所属事业单位人事管理工作。

第四条[①]　事业单位应当建立健全人事管理制度。

事业单位制定或者修改人事管理制度，应当通过职工代表大会或者其他形式听取工作人员意见。

① 本条内容十分重要。

第二章　岗 位 设 置

第五条　国家建立事业单位岗位管理制度，明确岗位类别和等级。

第六条　事业单位根据职责任务和工作需要，按照国家有关规定设置岗位。

岗位应当具有明确的名称、职责任务、工作标准和任职条件。

第七条　事业单位拟订岗位设置方案,应当报人事综合管理部门备案。

第三章　公开招聘和竞聘上岗

第八条　事业单位新聘用工作人员,应当面向社会公开招聘。但是,国家政策性安置、按照人事管理权限由上级任命、涉密岗位等人员除外。

第九条　事业单位公开招聘工作人员按照下列程序进行:

(一)制定公开招聘方案;

(二)公布招聘岗位、资格条件等招聘信息;

(三)审查应聘人员资格条件;

(四)考试、考察;

(五)体检;

(六)公示拟聘人员名单;

(七)订立聘用合同,办理聘用手续。

第十条　事业单位内部产生岗位人选,需要竞聘上岗的,按照下列程序进行:

(一)制定竞聘上岗方案;

(二)在本单位公布竞聘岗位、资格条件、聘期等信息;

(三)审查竞聘人员资格条件;

(四)考评;

(五)在本单位公示拟聘人员名单;

(六)办理聘任手续。

第十一条　事业单位工作人员可以按照国家有关规定进行交流。

第四章　聘 用 合 同

第十二条　事业单位与工作人员订立的聘用合同,期限一般不低于 3 年。

第十三条　初次就业的工作人员与事业单位订立的聘用合同期限 3 年以上的,试用期为 12 个月。

第十四条　事业单位工作人员在本单位连续工作满 10 年且距法定退休年龄不足 10 年,提出订立聘用至退休的合同的,事业单位应当与其订立聘用至退休的合同。

第十五条[②]　事业单位工作人员连续旷工超过 15 个工作日,或者 1 年内累计旷工超过 30 个工作日的,事业单位可以解除聘用合同。

② 本条内容十分重要。

第十六条　事业单位工作人员年度考核不合格且不同意调整工作岗位,或者连续两年年度考核不合格的,事业单位提前 30 日书面通知,可以解除聘用合同。

第十七条 事业单位工作人员提前30日书面通知事业单位,可以解除聘用合同。但是,双方对解除聘用合同另有约定的除外。

第十八条[③] 事业单位工作人员受到开除处分的,解除聘用合同。

③ 本条内容十分重要。

第十九条 自聘用合同依法解除、终止之日起,事业单位与被解除、终止聘用合同人员的人事关系终止。

第五章 考核和培训

第二十条 事业单位应当根据聘用合同规定的岗位职责任务,全面考核工作人员的表现,重点考核工作绩效。考核应当听取服务对象的意见和评价。

第二十一条 考核分为平时考核、年度考核和聘期考核。

年度考核的结果可以分为优秀、合格、基本合格和不合格等档次,聘期考核的结果可以分为合格和不合格等档次。

第二十二条 考核结果作为调整事业单位工作人员岗位、工资以及续订聘用合同的依据。

第二十三条 事业单位应当根据不同岗位的要求,编制工作人员培训计划,对工作人员进行分级分类培训。

工作人员应当按照所在单位的要求,参加岗前培训、在岗培训、转岗培训和为完成特定任务的专项培训。

第二十四条 培训经费按照国家有关规定列支。

第六章 奖励和处分

第二十五条 事业单位工作人员或者集体有下列情形之一的,给予奖励:

(一)长期服务基层,爱岗敬业,表现突出的;

(二)在执行国家重要任务、应对重大突发事件中表现突出的;

(三)在工作中有重大发明创造、技术革新的;

(四)在培养人才、传播先进文化中作出突出贡献的;

(五)有其他突出贡献的。

第二十六条 奖励坚持精神奖励与物质奖励相结合、以精神奖励为主的原则。

第二十七条 奖励分为嘉奖、记功、记大功、授予荣誉称号。

第二十八条[④] 事业单位工作人员有下列行为之一的,给予处分:

④ 本条内容十分重要。

(一)损害国家声誉和利益的;

(二)失职渎职的;

(三)利用工作之便谋取不正当利益的;

（四）挥霍、浪费国家资财的；

（五）严重违反职业道德、社会公德的；

（六）其他严重违反纪律的。

第二十九条　处分分为警告、记过、降低岗位等级或者撤职、开除。

受处分的期间为：警告，6个月；记过，12个月；降低岗位等级或者撤职，24个月。

第三十条　给予工作人员处分，应当事实清楚、证据确凿、定性准确、处理恰当、程序合法、手续完备。

第三十一条　工作人员受开除以外的处分，在受处分期间没有再发生违纪行为的，处分期满后，由处分决定单位解除处分并以书面形式通知本人[⑤]。

⑤ 注意：监察机关作出的政务处分期满后，不需要再履行解除手续。监察机关依据《事业单位工作人员处分暂行规定》第32条作出的政务处分期满后，也不需要履行解除程序。《公务员法》规定，公务员的政纪处分期满后，不需要再履行解除手续。

第七章　工资福利和社会保险

第三十二条　国家建立激励与约束相结合的事业单位工资制度。

事业单位工作人员工资包括基本工资、绩效工资和津贴补贴。

事业单位工资分配应当结合不同行业事业单位特点，体现岗位职责、工作业绩、实际贡献等因素。

第三十三条　国家建立事业单位工作人员工资的正常增长机制。

事业单位工作人员的工资水平应当与国民经济发展相协调、与社会进步相适应。

第三十四条　事业单位工作人员享受国家规定的福利待遇。

事业单位执行国家规定的工时制度和休假制度。

第三十五条　事业单位及其工作人员依法参加社会保险，工作人员依法享受社会保险待遇。

第三十六条　事业单位工作人员符合国家规定退休条件的，应当退休。

第八章　人事争议处理

第三十七条　事业单位工作人员与所在单位发生人事争议的，依照《中华人民共和国劳动争议调解仲裁法》等有关规定处理。

第三十八条　事业单位工作人员对涉及本人的考核结果、处分决定等不服的，可以按照国家有关规定申请复核、提出申诉。

第三十九条　负有事业单位聘用、考核、奖励、处分、人事争议处理等职责的人员履行职责，有下列情形之一的，应当回避：

（一）与本人有利害关系的；

（二）与本人近亲属有利害关系的；

（三）其他可能影响公正履行职责的。

第四十条 对事业单位人事管理工作中的违法违纪行为，任何单位或者个人可以向事业单位人事综合管理部门、主管部门或者监察机关投诉、举报，有关部门和机关应当及时调查处理。

第九章 法律责任

第四十一条 事业单位违反本条例规定的，由县级以上事业单位人事综合管理部门或者主管部门责令限期改正；逾期不改正的，对直接负责的主管人员和其他直接责任人员依法给予处分。

第四十二条 对事业单位工作人员的人事处理违反本条例规定给当事人造成名誉损害的，应当赔礼道歉、恢复名誉、消除影响；造成经济损失的，依法给予赔偿。

第四十三条 事业单位人事综合管理部门和主管部门的工作人员在事业单位人事管理工作中滥用职权、玩忽职守、徇私舞弊的，依法给予处分；构成犯罪的，依法追究刑事责任。

第十章 附则

第四十四条 本条例自2014年7月1日起施行。

事业单位工作人员处分暂行规定

（2012年8月22日人力资源和社会保障部、监察部令第18号公布）

第一章 总则

第一条 为严肃事业单位纪律，规范事业单位工作人员行为，保证事业单位及其工作人员依法履行职责，制定本规定。

第二条[①] 事业单位工作人员违法违纪，应当承担纪律责任的，依照本规定给予处分。

对法律、法规授权的具有公共事务管理职能的事业单位中经批准参照《中华人民共和国公务员法》管理的工作人员给予处分，参照《行政机关公务员处分条例》的有关规定办理。

① 对于行政机关任命的事业单位工作人员的处分，在本规定实施之前，参照《行政机关公务员处分条例》执行。在本规定实施之后，对于行政机关任命的事业单位工作人员，根据本条第3款，适用本规定。

对行政机关任命的事业单位工作人员，法律、法规授权的具有公共事务管理职能的事业单位中不参照《中华人民共和国公务员法》管理的工作人员，国家行政机关依法委托从事公共事务管理活动的事业单位工作人员给予处分，适用本规定；但监察机关对上述人员违法违纪行为进行调查处理的程序和作出处分决定的权限，以及作为监察对象的事业单位工作人员对处分决定不服向监察机关提出申诉的，依照《中华人民共和国行政监察法》及其实施条例办理。

第三条　给予事业单位工作人员处分，应当坚持公正、公平和教育与惩处相结合的原则。

给予事业单位工作人员处分，应当与其违法违纪行为的性质、情节、危害程度相适应。

给予事业单位工作人员处分，应当事实清楚、证据确凿、定性准确、处理恰当、程序合法、手续完备。

第四条　事业单位工作人员涉嫌犯罪的，应当移送司法机关依法追究刑事责任。

第二章　处分的种类和适用

第五条[②]　处分的种类为：

（一）警告；

（二）记过[③]；

（三）降低岗位等级或者撤职；

（四）开除。

其中，撤职处分适用于行政机关任命的事业单位工作人员[④]。

第六条　受处分的期间为：

（一）警告，6个月；

（二）记过，12个月；

（三）降低岗位等级或者撤职，24个月。

第七条　事业单位工作人员受到警告处分的，在受处分期间，不得聘用到高于现聘岗位等级的岗位；在作出处分决定的当年，年度考核不能确定为优秀等次。

事业单位工作人员受到记过处分的，在受处分期间，不得聘用到高于现聘岗位等级的岗位，年度考核不得确定为合格及以上等次。

事业单位工作人员受到降低岗位等级处分的，自处分决定生效之日起降低一个以上岗位等级聘用，按照事业单位收入分配有关规定确定其工资待遇；在受处分期间，不得聘用到高于受处分后所聘岗位等级的岗位，年度考核不得确定为基本合

② 【知识点：高校任命的行政管理岗工作人员适用“撤职”处分吗?】《事业单位工作人员处分暂行规定》第5条规定，撤职的处分种类只适用于事业单位中由行政机关任命的工作人员。因此，由高校任命的行政管理岗位工作人员，由于不是由行政机关任命的事业单位工作人员，不适用撤职处分；而是适用“降低岗位等级”等处分。参见《中央纪委法规室回复：高校任命的行政管理岗工作人员适用“撤职”处分吗?》，载中央纪委国家监委网站，https://www.ccdi.gov.cn/hdjln/nwwd/201510/t20151019_18526.html。

③ 事业单位工作人员处分种类中，没有记大过，也没有行政降级。

④ 此知识点需要牢记。

格及以上等次。

行政机关任命的事业单位工作人员在受处分期间的任命、考核、工资待遇按照干部人事管理权限,参照本条第一款、第二款、第三款规定执行。

事业单位工作人员受到开除处分的,自处分决定生效之日起,终止其与事业单位的人事关系。

第八条 事业单位工作人员受到记过以上处分的,在受处分期间不得参加本专业(技术、技能)领域专业技术职务任职资格或者工勤技能人员技术等级考试(评审)[⑤]。应当取消专业技术职务任职资格或者职业资格的,按照有关规定办理。

⑤ 此规定很重要。

第九条 事业单位工作人员同时有两种以上需要给予处分的行为的,应当分别确定其处分。应当给予的处分种类不同的,执行其中最重的处分;应当给予开除以外多个相同种类处分的,执行该处分,但处分期应当按照一个处分期以上、两个处分期之和以下确定。

事业单位工作人员在受处分期间受到新的处分的,其处分期为原处分期尚未执行的期限与新处分期限之和,但是最长不得超过48个月。

第十条 事业单位工作人员两人以上共同违法违纪,需要给予处分的,按照各自应当承担的责任,分别给予相应的处分。

第十一条 有下列情形之一的,应当从重处分:

(一)在两人以上的共同违法违纪行为中起主要作用的;

(二)隐匿、伪造、销毁证据的;

(三)串供或者阻止他人揭发检举、提供证据材料的;

(四)包庇同案人员的;

(五)法律、法规、规章规定的其他从重情节。

第十二条 有下列情形之一的,应当从轻处分:

(一)主动交代违法违纪行为的;

(二)主动采取措施,有效避免或者挽回损失的;

(三)检举他人重大违法违纪行为,情况属实的。

第十三条 事业单位工作人员主动交代违法违纪行为,并主动采取措施有效避免或者挽回损失的,应当减轻处分或者免予处分。

事业单位工作人员违法违纪行为情节轻微,经过批评教育后改正的,可以免予处分。

第十四条 事业单位工作人员有本规定第十一条、第十二条规定情形之一的,应当在本规定第三章规定的处分幅度以内从重或者从轻给予处分。

事业单位工作人员有本规定第十三条第一款规定情形的,应当在本规定第三章规定的处分幅度以外，减轻一个处分的档次给予处分。应当给予警告处分，又有减轻处分的情形的，免予处分。

第十五条　事业单位有违法违纪行为，应当追究纪律责任的，依法对负有责任的领导人员和直接责任人员给予处分。

第三章　违法违纪行为及其适用的处分

第十六条　有下列行为之一的，给予记过处分；情节较重的，给予降低岗位等级或者撤职处分；情节严重的，给予开除处分：

（一）散布损害国家声誉的言论，组织或者参加旨在损害国家利益的集会、游行、示威等活动的；

（二）组织或者参加非法组织的；

（三）接受境外资助从事损害国家利益或者危害国家安全活动的；

（四）接受损害国家荣誉和利益的境外邀请、奖励，经批评教育拒不改正的；

（五）违反国家民族宗教法规和政策，造成不良后果的；

（六）非法出境、未经批准获取境外永久居留资格或者取得外国国籍的；

（七）携带含有依法禁止内容的书刊、音像制品、电子读物进入国（境）内的；

（八）其他违反政治纪律的行为。

有前款第（一）项至第（三）项规定的行为，但属于不明真相被裹挟参加、经批评教育后确有悔改表现的，可以减轻或者免予处分。

第十七条　有下列行为之一的，给予警告或者记过处分；情节较重的，给予降低岗位等级或者撤职处分；情节严重的，给予开除处分：

（一）在执行国家重要任务、应对公共突发事件中，不服从指挥、调遣或者消极对抗的；

（二）破坏正常工作秩序，给国家或者公共利益造成损失的；

（三）违章指挥、违规操作，致使人民生命财产遭受损失的；

（四）发生重大事故、灾害、事件，擅离职守或者不按规定报告、不采取措施处置或者处置不力的；

（五）在项目评估评审、产品认证、设备检测检验等工作中徇私舞弊，或者违反规定造成不良影响的；

（六）泄露国家秘密的；

（七）泄露因工作掌握的内幕信息，造成不良后果的；

（八）采取不正当手段为本人或者他人谋取岗位，或者在事业单位公开招聘等人事管理工作中有其他违反组织人事纪律行为的；

（九）其他违反工作纪律失职渎职的行为。

有前款第（六）项规定行为的，给予记过以上处分。

第十八条 有下列行为之一的，给予警告或者记过处分；情节较重的，给予降低岗位等级或者撤职处分；情节严重的，给予开除处分：

（一）贪污、索贿、受贿、行贿、介绍贿赂、挪用公款的；

（二）利用工作之便为本人或者他人谋取不正当利益的；

（三）在公务活动或者工作中接受礼金、各种有价证券、支付凭证的；

（四）利用知悉或者掌握的内幕信息谋取利益的；

（五）用公款旅游或者变相用公款旅游的；

（六）违反国家规定[6]，从事、参与营利性活动或者兼任职务领取报酬的；

（七）其他违反廉洁从业纪律的行为。

有前款第（一）项规定行为的，给予记过以上处分。

第十九条 有下列行为之一的，给予警告或者记过处分；情节较重的，给予降低岗位等级或者撤职处分；情节严重的，给予开除处分：

（一）违反国家财政收入上缴有关规定的；

（二）违反规定使用、骗取财政资金或者社会保险基金的；

（三）擅自设定收费项目或者擅自改变收费项目的范围、标准和对象的；

（四）挥霍、浪费国家资财或者造成国有资产流失的；

（五）违反国有资产管理规定，擅自占有、使用、处置国有资产的；

（六）在招标投标和物资采购工作中违反有关规定，造成不良影响或者损失的；

（七）其他违反财经纪律的行为。

第二十条 有下列行为之一的，给予警告或者记过处分；情节较重的，给予降低岗位等级或者撤职处分；情节严重的，给予开除处分：

（一）利用专业技术或者技能实施违法违纪行为的；

（二）有抄袭、剽窃、侵吞他人学术成果，伪造、篡改数据文献，或者捏造事实等学术不端行为的；

（三）利用职业身份进行利诱、威胁或者误导，损害他人合法权益的；

（四）利用权威、地位或者掌控的资源，压制不同观点，限制学术自由，造成重大损失或者不良影响的；

（五）在申报岗位、项目、荣誉等过程中弄虚作假的；

（六）工作态度恶劣，造成不良社会影响的；

（七）其他严重违反职业道德的行为。

有前款第（一）项规定行为的，给予记过以上处分。

⑥ 中央纪委法规室指出：“违反国家规定”是指违反国家有关事业单位工作人员从事、参与营利性活动或者兼任职务领取报酬方面的法律、法规、规章、规范性文件等规定。事业单位工作人员是否可以在企业中兼职，除了看其本身是否属于参公管理人员、行政机关任命人员等之外，还要看其所在地区、行业领域、系统、单位等是否对其在企业中兼职有相关规定，不能一概以编制、级别和是否为党员来划分。比如，《北京市实施〈中华人民共和国义务教育法〉办法》规定，北京市的公办学校教师在工作日期间不得到校外社会办学机构兼职兼课；不得组织学生接受有偿家教。此外，事业单位工作人员即使只是兼任职务而不领取报酬，或者在其单位投资或者出资的企业中兼职，也要看其所在地区、行业领域、系统、单位等是否有相关的禁止性规定。

第二十一条 有下列行为之一的，给予警告或者记过处分；情节较重的，给予降低岗位等级或者撤职处分；情节严重的，给予开除处分：

（一）制造、传播违法违禁物品及信息的；

（二）组织、参与卖淫、嫖娼等色情活动的；

（三）吸食毒品或者组织、参与赌博活动的；

（四）违反规定超计划生育的；

（五）包养情人的；

（六）有虐待、遗弃家庭成员，或者拒不承担赡养、抚养、扶养义务等的；

（七）其他严重违反公共秩序、社会公德的行为。

有前款第（二）项、第（三）项、第（四）项、第（五）项规定行为的，给予降低岗位等级或者撤职以上处分。

第二十二条 事业单位工作人员被依法判处刑罚的，给予降低岗位等级或者撤职以上处分。其中，被依法判处有期徒刑以上刑罚的，给予开除处分⑦。

行政机关任命的事业单位工作人员，被依法判处刑罚的，给予开除处分。⑧

第四章 处分的权限和程序

第二十三条 对事业单位工作人员的处分，按照以下权限决定：

（一）警告、记过、降低岗位等级或者撤职处分，按照干部人事管理权限，由事业单位或者事业单位主管部门决定。其中，由事业单位决定的，应当报事业单位主管部门备案。

（二）开除处分由事业单位主管部门决定，并报同级事业单位人事综合管理部门备案。

对中央和地方直属事业单位工作人员的处分，按照干部人事管理权限，由本单位或者有关部门决定；其中，由本单位作出开除处分决定的，报同级事业单位人事综合管理部门备案。

第二十四条 对事业单位工作人员的处分，按照以下程序办理：

（一）对事业单位工作人员违法违纪行为初步调查后，需要进一步查证的，应当按照干部人事管理权限，经事业单位负责人批准或者有关部门同意后立案；

（二）对被调查的事业单位工作人员的违法违纪行为作进一步调查，收集、查证有关证据材料，并形成书面调查报告；

（三）将调查认定的事实及拟给予处分的依据告知被调查的事业单位工作人员，听取其陈述和申辩，并对其所提出的事实、理由和证据进行复核，记录在案。被调查的事业单位工作人员提出的事实、理由和证据成立的，应予采信；

⑦ 据此，一般事业单位工作人员如果被判处管制、拘役刑罚，可以保留工作；但是，如果行政机关任命的事业单位工作人员被判处管制、拘役刑罚，则必须给予开除处分。需要思考的问题是，如果是组织人事部门任命的，而不是行政机关任命的，是否必须给予开除处分？本书倾向于给予开除处分。

⑧ 被依法判处刑罚的，对于行政机关任命的事业单位工作人员的处分：(1)在《事业单位工作人员处分暂行规定》实施之前，参照《行政机关公务员处分条例》第17条第2款执行："行政机关公务员依法被判处刑罚的，给予开除处分。"(2)在《事业单位工作人员处分暂行规定》实施之后，不管其犯罪行为是何时发生的，如果刑事判决是在2012年9月1日之后生效的，则对该工作人员的处分，应适用2012年9月1日起施行的本规定的本款规定执行："行政机关任命的事业单位工作人员，被依法判处刑罚的，给予开除处分。"

（四）按照处分决定权限，作出对该事业单位工作人员给予处分、免予处分或者撤销案件的决定；

（五）处分决定单位印发处分决定；

（六）将处分决定以书面形式通知受处分事业单位工作人员本人和有关单位，并在一定范围内宣布；

（七）将处分决定存入受处分事业单位工作人员的档案。

处分决定自作出之日起生效。

第二十五条 事业单位工作人员涉嫌违法违纪，已经被立案调查，不宜继续履行职责的，可以按照干部人事管理权限，由事业单位或者有关部门暂停其职责。

被调查的事业单位工作人员在违法违纪案件立案调查期间，不得解除聘用合同、出国（境）或者办理退休手续⑨。

⑨ 此规定很重要。请结合《公职人员政务处分法》第52条第2款理解。

第二十六条 对事业单位工作人员违法违纪案件进行调查，应当由两名以上办案人员进行；接受调查的单位和个人应当如实提供情况。

以暴力、威胁、引诱、欺骗等非法方式收集的证据不得作为定案的根据。

第二十七条 参与事业单位工作人员违法违纪案件调查、处理的人员有下列情形之一的，应当提出回避申请；被调查的事业单位工作人员以及与案件有利害关系的公民、法人或者其他组织有权要求其回避：

（一）与被调查的事业单位工作人员有夫妻关系、直系血亲、三代以内旁系血亲关系或者近姻亲关系的；

（二）与被调查的案件有利害关系的；

（三）与被调查的事业单位工作人员有其他关系，可能影响案件公正处理的。

第二十八条 处分决定单位负责人的回避，按照干部人事管理权限决定；其他参与违法违纪案件调查、处理的人员的回避，由处分决定单位负责人决定。

处分决定单位发现参与违法违纪案件调查、处理的人员有应当回避情形的，可以直接决定该人员回避。

第二十九条 给予事业单位工作人员处分，应当自批准立案之日起6个月内作出决定；案情复杂或者遇有其他特殊情形的可以延长，但是办案期限最长不得超过12个月。

第三十条 处分决定应当包括下列内容：

（一）受处分事业单位工作人员的姓名、工作单位、原所聘岗位（所任职务）名称及等级等基本情况；

（二）经查证的违法违纪事实；

（三）处分的种类、受处分的期间和依据；

（四）不服处分决定的申诉途径和期限；

（五）处分决定单位的名称、印章和作出决定的日期。

第三十一条　事业单位工作人员受到开除处分后，事业单位应当及时办理档案和社会保险关系转移手续，具体办法按照有关规定执行。

第五章　处分的解除

第三十二条　事业单位工作人员受开除以外的处分，在受处分期间有悔改表现，并且没有再出现违法违纪情形的，处分期满，经原处分决定单位批准后解除处分[⑩]。

事业单位工作人员在受处分期间终止或解除聘用合同的，处分期满后，自然解除处分。受处分事业单位工作人员要求原处分决定单位提供解除处分相关证明的，原处分决定单位应当予以提供。

第三十三条　事业单位工作人员在受处分期间有重大立功表现，按照有关规定给予个人记功以上奖励[⑪]的，经批准后可以提前解除处分。

第三十四条　事业单位工作人员处分的解除或者提前解除，按照以下程序办理：

（一）按照干部人事管理权限，事业单位或者有关部门对受处分事业单位工作人员在受处分期间的表现情况，进行全面了解，并形成书面报告[⑫]；

（二）按照处分决定权限，作出解除或者提前解除处分的决定；

（三）印发解除或者提前解除处分的决定；

（四）将解除或者提前解除处分的决定以书面形式通知本人，并在原宣布处分的范围内宣布；

（五）将解除或者提前解除处分的决定存入该工作人员的档案。

解除处分决定自作出之日起生效。

第三十五条　事业单位工作人员处分的解除或者提前解除按照本规定第二十七条、第二十八条的规定执行回避。

第三十六条　解除或者提前解除处分的决定应当包括原处分的种类和解除或者提前解除处分的依据，以及该工作人员在受处分期间的表现情况等内容。

第三十七条　处分解除后，考核、竞聘上岗和晋升工资按照国家有关规定执行，不再受原处分的影响[⑬]。但是，受到降低岗位等级或者撤职处分的，不视为恢复受处分前的岗位等级和工资待遇。

第三十八条　解除处分的决定应当在处分期满后一个月内作出。

第六章　复核和申诉

第三十九条　受到处分的事业单位工作人员对处分决定不服的，可以自知道

⑩ 请注意，如果是监察机关对行使公权力的事业单位工作人员依法作出的政务处分，期满后，根据《公职人员政务处分暂行规定》第10条，则不需要履行解除手续，期满后，自动解除。

⑪ 这意味着：事业单位工作人员在受处分期间，有重大立功表现的，可以获得奖励。

⑫ 事业单位工作人员处分的解除，不要求本人提出申请。

⑬ 处分期内，考核、竞聘上岗和晋升工资均受影响。

或者应当知道该处分决定之日起三十日内向原处分决定单位申请复核。对复核结果不服的,可以自接到复核决定之日起三十日内,按照规定向原处分决定单位的主管部门或者同级事业单位人事综合管理部门提出申诉。

受到处分的中央和地方直属事业单位工作人员的申诉,按照干部人事管理权限,由同级事业单位人事综合管理部门受理。

第四十条 原处分决定单位应当自接到复核申请后的三十日内作出复核决定。受理申诉的单位应当自受理之日起六十日内作出处理决定;案情复杂的,可以适当延长,但是延长期限最多不超过三十日。

复核、申诉期间不停止处分的执行。

事业单位工作人员不因提出复核、申诉而被加重处分。

第四十一条 有下列情形之一的,受理处分复核、申诉的单位应当撤销处分决定,重新作出决定或者责令原处分决定单位重新作出决定:

(一)处分所依据的事实不清、证据不足的;

(二)违反规定程序,影响案件公正处理的;

(三)超越职权或者滥用职权作出处分决定的。

第四十二条 有下列情形之一的,受理复核、申诉的单位应当变更处分决定或者责令原处分决定单位变更处分决定:

(一)适用法律、法规、规章错误的;

(二)对违法违纪行为的情节认定有误的;

(三)处分不当的。

第四十三条 事业单位工作人员的处分决定被变更,需要调整该工作人员的岗位等级或者工资待遇的,应当按照规定予以调整;事业单位工作人员的处分决定被撤销的,应当恢复该工作人员的岗位等级、工资待遇,按照原岗位等级安排相应的岗位,并在适当范围内为其恢复名誉。

被撤销处分或者被减轻处分的事业单位工作人员工资待遇受到损失的,应当予以补偿。

第七章 附 则

第四十四条 已经退休的事业单位工作人员有违法违纪行为应当受到处分的,不再作出处分决定。但是,应当给予降低岗位等级或者撤职以上处分的,相应降低或者取消其享受的待遇。

第四十五条 对事业单位工作人员处分工作中有滥用职权、玩忽职守、徇私舞弊、收受贿赂等违法违纪行为的工作人员,按照有关规定给予处分;涉嫌犯罪的,移送司法机关依法追究刑事责任。

第四十六条[⑭]　对机关工勤人员给予处分，参照本规定执行。

第四十七条　教育、医疗卫生、科技、体育等部门，可以依据本规定，结合自身工作的实际情况，与国务院人力资源社会保障部门和国务院监察机关联合制定具体办法。

第四十八条　本规定自2012年9月1日起施行。

⑭ 本条内容十分重要。

人力资源社会保障部关于贯彻执行《事业单位工作人员处分暂行规定》若干问题的意见

（2017年6月21日人力资源社会保障部发布　人社部规〔2017〕11号）

各省、自治区、直辖市及新疆生产建设兵团人力资源社会保障厅（局），中央和国家机关各部委、各人民团体组织人事部门：

《事业单位工作人员处分暂行规定》（以下简称《处分规定》）颁布施行以来，部分地方和单位提出一些需要进一步明确的问题，为落实中央从严管理干部要求，进一步规范事业单位处分工作，妥善解决实际工作中的问题，经商中央组织部、监察部，现提出如下意见。

一、《处分规定》所称事业单位主管部门，除有特别规定外，均以事业单位法人证书中“举办单位”栏所记载的部门为准。

二、事业单位工作人员被依法判处刑罚的，按照《处分规定》第二十二条的规定执行，不适用第十三条、第十四条关于减轻处分或者免予处分的规定。

三、受降低岗位等级或者撤职处分的事业单位工作人员，已按规定调整岗位且年度考核被确定为不合格档次的，不再以年度考核不合格为由重复处理。

四、事业单位工作人员在受处分期间，不得聘用到其他类别岗位，根据相关规定不得在现类别岗位工作的除外。

五、对同时在管理和专业技术两类岗位任职的事业单位工作人员发生违纪违法行为，给予降低岗位等级或者撤职处分时，应当同时降低两类岗位的等级，并根据违纪违法的情形与岗位性质的关联度确定降低岗位类别的主次。[①]

六、对被判处刑罚事业单位工作人员的处分决定，应当在判决生效后一个月内作出。

七、事业单位工作人员存在违纪违法行为，有关单位不处分或者不按规定处理的，应当根据《处分规定》第四十五条规定追究相关人员责任。因上述情形造成办

① 2021年，广州市某医院党委书记邹某某，党委副书记、院长吴某某因广州市新冠肺炎疫情防控工作中存在的失职失责被给予留党察看1年、政务撤职处分，专业技术岗位等级降低两级。

案期限超过12个月的，由事业单位人事综合管理部门或者主管部门责令相关单位或部门在1个月内依法作出处分决定。

八、处分期满后，原处分决定单位批准解除处分的，应当自处分期满之日起一个月内作出，处分解除时间自处分期满之日起计算，并在解除处分决定中注明。

九、事业单位工作人员在受处分期间交流到其他事业单位工作或者原处分决定单位出现合并、分立等情形的，由与其建立人事关系的新单位执行原处分决定。

十、公务员在受处分期间交流到事业单位的，原处分决定继续执行。处分期满后，由所在事业单位商原处分决定单位按照有关规定解除处分决定。

十一、事业单位工作人员受到降低岗位等级处分，无岗位等级可降而降低薪级工资的，处分解除后，不视为恢复受处分前的薪级工资。

十二、按照《处分规定》第四十四条规定，已经退休的事业单位工作人员涉嫌违纪违法的，不再作出处分决定，但应当立案调查并按程序作出调查结论，明确其应受处分的种类。对于应当给予降低岗位等级或者撤职以上处分的，其养老保险等相应待遇按有关规定执行。

十三、本意见自发布之日起执行。

2. 对人民警察、司法工作人员的监督惩戒规定

公安机关人民警察纪律条令[①]

（2010年4月21日监察部、人力资源和社会保障部、公安部令第20号公布）

第一章 总 则

第一条 为了严明公安机关纪律，规范公安机关人民警察的行为，保证公安机关及其人民警察依法履行职责，根据《中华人民共和国人民警察法》、《中华人民共和国行政监察法》、《中华人民共和国公务员法》、《行政机关公务员处分条例》、《公安机关组织管理条例》等有关法律、行政法规，制定本条令。

第二条 公安机关人民警察应当严格遵守《中华人民共和国人民警察法》、《中华人民共和国公务员法》等法律法规关于公安机关人民警察纪律的规定。公安机

① 经国务院批准，监察部、人力资源和社会保障部、公安部于2010年4月21日联合公布的《公安机关人民警察纪律条令》是新中国成立以来第一部系统规范公安机关及其人民警察纪律以及对违反纪律行为给予处分的部门规章。在适用的时候请注意，其法律效力低于《公职人员政务处分法》《人民警察法》《行政机关公务员处分条例》。

关人民警察违法违纪，应当承担纪律责任的，依照本条令给予处分。

法律、行政法规、国务院决定对公安机关人民警察处分另有规定的，从其规定。

第三条　公安机关人民警察违法违纪，应当承担纪律责任的，由任免机关或者监察机关按照管理权限依法给予处分。

公安机关有违法违纪行为，应当追究纪律责任的，对负有责任的领导人员和直接责任人员给予处分。

第四条　对受到处分的公安机关人民警察，应当依照有关规定延期晋升、降低或者取消警衔。

第五条　公安机关人民警察违法违纪涉嫌犯罪的，应当依法追究刑事责任。

第六条　监察机关派驻同级公安机关监察机构可以调查下一级监察机关派驻同级公安机关监察机构管辖范围内的违法违纪案件，必要时也可以调查所辖各级监察机关派驻同级公安机关监察机构管辖范围内的违法违纪案件。

监察机关派驻同级公安机关监察机构经派出它的监察机关批准，可以调查下一级公安机关领导人员的违法违纪案件。

调查结束后，按照人事管理权限，监察机关派驻同级公安机关监察机构应当向处分决定机关提出处分建议，由处分决定机关依法作出处分决定。

第二章　违法违纪行为及其适用的处分

第七条　有下列行为之一的，给予开除处分：

（一）逃往境外或者非法出境、违反规定滞留境外不归的；

（二）参与、包庇或者纵容危害国家安全违法犯罪活动的；

（三）参与、包庇或者纵容黑社会性质组织犯罪活动的；

（四）向犯罪嫌疑人通风报信的；

（五）私放他人出入境的。

第八条　散布有损国家声誉的言论的，给予记大过处分；情节较重的，给予降级或者撤职处分；情节严重的，给予开除处分。

第九条　有下列行为之一的，给予记过或者记大过处分；情节较重的，给予降级或者撤职处分；情节严重的，给予开除处分：

（一）故意违反规定立案、撤销案件、提请逮捕、移送起诉的；

（二）违反规定采取、变更、撤销刑事拘留、取保候审、监视居住等刑事强制措施或者行政拘留的；

（三）非法剥夺、限制他人人身自由的；

（四）非法搜查他人身体、物品、住所或者场所的；

（五）违反规定延长羁押期限或者变相拘禁他人的；

（六）违反规定采取通缉等措施或者擅自使用侦察手段侵犯公民合法权益的。

第十条 有下列行为之一的，给予记过或者记大过处分；情节较重的，给予降级或者撤职处分；情节严重的，给予开除处分：

（一）违反规定为在押人员办理保外就医、所外执行的；

（二）擅自安排在押人员与其亲友会见，私自为在押人员或者其亲友传递物品、信件，造成不良后果的；

（三）指派在押人员看管在押人员的；

（四）私带在押人员离开羁押场所的。

有前款规定行为并从中谋利的，从重处分。

第十一条 体罚、虐待违法犯罪嫌疑人、被监管人员或者其他工作对象的，给予记过或者记大过处分；情节较重的，给予降级或者撤职处分；情节严重的，给予开除处分。

实施或者授意、唆使、强迫他人实施刑讯逼供的，给予撤职处分；造成严重后果的，给予开除处分。

第十二条 有下列行为之一的，给予记过或者记大过处分；情节较重的，给予降级或者撤职处分；情节严重的，给予开除处分：

（一）对依法应当办理的受理案件、立案、撤销案件、提请逮捕、移送起诉等事项，无正当理由不予办理的；

（二）对管辖范围内发生的应当上报的重大治安案件、刑事案件、特大道路交通事故和群体性或者突发性事件等隐瞒不报或者谎报的；

（三）在勘验、检查、鉴定等取证工作中严重失职，造成无辜人员被处理或者违法犯罪人员逃避法律追究的；

（四）因工作失职造成被羁押、监管等人员脱逃、致残、致死或者其他不良后果的；

（五）在值班、备勤、执勤时擅离岗位，造成不良后果的；

（六）不履行办案协作职责造成不良后果的；

（七）在执行任务时临危退缩、临阵脱逃的。

第十三条 有下列行为之一的，给予记过或者记大过处分；情节较重的，给予降级或者撤职处分；情节严重的，给予开除处分：

（一）利用职权干扰执法办案或者强令违法办案的；

（二）利用职权干预经济纠纷或者为他人追债讨债的。

第十四条 有下列行为之一的，给予记过或者记大过处分；情节较重的，给予

降级或者撤职处分;情节严重的,给予开除处分:

(一)隐瞒或者伪造案情的;

(二)伪造、变造、隐匿、销毁检举控告材料或者证据材料的;

(三)出具虚假审查或者证明材料、结论的。

第十五条　有下列行为之一的,给予警告或者记过处分;情节较重的,给予记大过或者降级处分;情节严重的,给予撤职处分:

(一)违反规定吊销、暂扣证照或者责令停业整顿的;

(二)违反规定查封、扣押、冻结、没收财物的。

第十六条　有下列行为之一的,给予警告或者记过处分;情节较重的,给予记大过或者降级处分;情节严重的,给予撤职处分:

(一)擅自设定收费项目、提高收费标准的;

(二)违反规定设定罚款项目或者实施罚款的;

(三)违反规定办理户口、身份证、驾驶证、特种行业许可证、护照、机动车行驶证和号牌等证件、牌照以及其他行政许可事项的。

以实施行政事业性收费、罚没的名义收取钱物,不出具任何票据的,给予开除处分。

第十七条　有下列行为之一的,给予记过或者记大过处分;情节较重的,给予降级或者撤职处分;情节严重的,给予开除处分:

(一)投资入股或者变相投资入股矿产、娱乐场所等企业,或者从事其他营利性经营活动的;

(二)受雇于任何组织、个人的;

(三)利用职权推销、指定消防、安保、交通、保险等产品的;

(四)公安机关人民警察的近亲属在该人民警察分管的业务范围内从事可能影响公正执行公务的经营活动,经劝阻其近亲属拒不退出或者本人不服从工作调整的;

(五)违反规定利用或者插手工程招投标、政府采购和人事安排,为本人或者特定关系人谋取不正当利益的;

(六)相互请托为对方的特定关系人在投资入股、经商办企业等方面提供便利,谋取不正当利益的;

(七)出差、开展公务活动由企事业单位、个人接待,或者接受下级公安机关、企事业单位、个人安排出入营业性娱乐场所,参加娱乐活动的;

(八)违反规定收受现金、有价证券、支付凭证、干股的。

第十八条　私分、挪用、非法占有赃款赃物、扣押财物、保证金、无主财物、罚没款物的,给予记过或者记大过处分;情节较重的,给予降级或者撤职处分;情节严重的，给予开除处分。

第十九条 有下列行为之一的，给予警告、记过或者记大过处分；情节较重的，给予降级或者撤职处分；情节严重的，给予开除处分：

（一）拒绝执行上级依法作出的决定、命令，或者在执行任务时不服从指挥的；

（二）违反规定进行人民警察录用、考核、任免、奖惩、调任、转任的。

第二十条 有下列行为之一，造成不良影响的，给予警告处分；情节较重的，给予记过处分；情节严重的，给予记大过处分：

（一）在工作中对群众态度蛮横、行为粗暴、故意刁难或者吃拿卡要的；

（二）不按规定着装，严重损害人民警察形象的；

（三）非因公务着警服进入营业性娱乐场所的。

第二十一条 违反公务用枪管理使用规定的，依照《公安民警违反公务用枪管理使用规定行政处分若干规定》给予处分。

第二十二条 有下列行为之一的，给予警告或者记过处分；情节较重的，给予记大过或者降级处分；情节严重的，给予撤职或者开除处分：

（一）违反警车管理使用规定或者违反规定使用警灯、警报器的；

（二）违反规定转借、赠送、出租、抵押、转卖警用车辆、警车号牌、警械、警服、警用标志和证件的；

（三）违反规定使用警械的。

第二十三条 工作时间饮酒或者在公共场所酗酒滋事的，给予警告、记过或者记大过处分；造成后果的，给予降级或者撤职处分；造成严重后果的，给予开除处分。

携带枪支饮酒、酒后驾驶机动车，造成严重后果的，给予开除处分。

第二十四条 参与、包庇或者纵容违法犯罪活动的，给予警告、记过或者记大过处分；情节较重的，给予降级或者撤职处分；情节严重的，给予开除处分。

吸食、注射毒品或者参与、组织、支持、容留卖淫、嫖娼、色情淫乱活动的，给予开除处分。

参与赌博的，依照《行政机关公务员处分条例》第三十二条规定从重处分。

第二十五条 违反规定使用公安信息网的，给予警告处分；情节较重的，给予记过或者记大过处分；情节严重的，给予降级或者撤职处分。

第三章 附　　则

第二十六条 有本条令规定的违法违纪行为，已不符合人民警察条件、不适合继续在公安机关工作的，可以依照有关规定予以辞退或者限期调离。

第二十七条 处分的程序和不服处分的申诉，依照《中华人民共和国行政监察法》、《中华人民共和国公务员法》、《行政机关公务员处分条例》等有关法律法规的规定办理。

第二十八条　本条令所称公安机关人民警察是指属于公安机关及其直属单位的在编在职的人民警察。

公安机关包括县级以上人民政府公安机关和设在铁道、交通运输、民航、林业、海关部门的公安机构。

第二十九条　公安边防、消防、警卫部队官兵有违法违纪行为，应当给予处分的，依照《中国人民解放军纪律条令》执行；《中国人民解放军纪律条令》没有规定的，参照本条令执行。

第三十条　本条令由监察部、人力资源社会保障部、公安部负责解释。

第三十一条　本条令自2010年6月1日起施行。

监狱和劳动教养机关人民警察违法违纪行为处分规定

（2012年5月21日监察部、人力资源社会保障部、司法部印发）

第一条　为了严明监狱和劳动教养[①]机关纪律，规范监狱和劳动教养机关人民警察的行为，保证监狱和劳动教养机关人民警察依法履行职责，根据《中华人民共和国人民警察法》、《中华人民共和国监狱法》、《中华人民共和国行政监察法》、《中华人民共和国公务员法》、《行政机关公务员处分条例》等有关法律、行政法规，制定本规定。

第二条　监狱和劳动教养机关人民警察违法违纪，应当承担纪律责任的，依照本规定给予处分。

法律、行政法规、国务院决定对监狱和劳动教养机关人民警察处分另有规定的，从其规定。

第三条　监狱和劳动教养机关人民警察违法违纪，应当承担纪律责任的，由任免机关或者监察机关按照管理权限依法给予处分。

监狱和劳动教养机关有违法违纪行为，应当追究纪律责任的，对负有责任的领导人员和直接责任人员给予处分。

第四条　对受到处分的监狱和劳动教养机关人民警察，应当依照有关规定延期晋升、降低或者取消警衔。

第五条　监狱和劳动教养机关人民警察违法违纪涉嫌犯罪的，应当移送司法

① 《全国人民代表大会常务委员会关于废止有关劳动教养法律规定的决定》（2013年12月28日第十二届全国人民代表大会常务委员会第六次会议通过）规定："一、废止1957年8月1日第一届全国人民代表大会常务委员会第七十八次会议通过的《全国人民代表大会常务委员会批准国务院关于劳动教养问题的决定的决议》及《国务院关于劳动教养问题的决定》。二、废止1979年11月29日第五届全国人民代表大会常务委员会第十二次会议通过的《全国人民代表大会常务委员会批准国务院关于劳动教养的补充规定的决议》及《国务院关于劳动教养的补充规定》。三、在劳动教养制度废止前，依法作出的劳动教养决定有效；劳动教养制度废止后，对正在被依法执行劳动教养的人员，解除劳动教养，剩余期限不再执行。"

机关依法追究刑事责任。

第六条 监察机关派驻同级司法行政机关监察机构可以调查下一级监察机关派驻同级司法行政机关监察机构管辖范围内的监狱和劳动教养机关人民警察违法违纪案件,必要时也可以调查所辖各级监察机关派驻同级司法行政机关监察机构管辖范围内的监狱和劳动教养机关人民警察违法违纪案件。

监察机关派驻同级司法行政机关监察机构经派出它的监察机关批准,可以调查下一级司法行政机关具有人民警察身份的领导人员和监狱、劳动教养机关领导人员的违法违纪案件。

调查结束后,按照管理权限,监察机关派驻同级司法行政机关监察机构应当向处分决定机关提出处分建议,由处分决定机关依法作出处分决定。

第七条 有下列行为之一的,给予开除处分:

(一)殴打、体罚、虐待或者指使、纵容他人殴打、体罚、虐待罪犯、劳动教养人员致死的;

(二)包庇或者纵容罪犯、劳动教养人员从事犯罪活动的;

(三)私放罪犯、劳动教养人员逃离监狱、劳动教养场所的。

第八条 违反规定办理罪犯减刑、假释、暂予监外执行,或者违反规定办理劳动教养人员减期、提前解教、所外就医、所外执行的,给予记过或者记大过处分;情节较重的,给予降级或者撤职处分;情节严重的,给予开除处分。

有前款规定行为并从中牟取私利的,从重处分。

第九条 有下列行为之一的,给予记过或者记大过处分;情节较重的,给予降级或者撤职处分;情节严重的,给予开除处分:

(一)殴打、体罚、虐待或者指使、纵容他人殴打、体罚、虐待罪犯、劳动教养人员的;

(二)对罪犯、劳动教养人员超期禁闭的;

(三)违反规定办理罪犯、劳动教养人员收监、收容的;

(四)扣压、销毁罪犯、劳动教养人员申诉、控告、检举材料,或者向被举报人透露举报情况的。

第十条 有下列行为之一的,给予记过或者记大过处分;情节较重的,给予降级或者撤职处分;情节严重的,给予开除处分:

(一)违反规定办理罪犯离监探亲、特许离监或者违反规定办理劳动教养人员放假的;

(二)为罪犯、劳动教养人员奖惩提供虚假材料的;

(三)私带罪犯、劳动教养人员离开监狱、劳动教养场所的;

（四）擅自安排罪犯、劳动教养人员会见，造成不良后果的；

（五）违反规定允许罪犯、劳动教养人员携带、使用通讯工具等违禁品或者为其传递违禁品的；

（六）违反规定为罪犯、劳动教养人员提供特殊待遇，造成不良影响的。

有前款规定行为并从中牟取私利的，从重处分。

第十一条　有下列行为之一的，给予记过或者记大过处分；情节较重的，给予降级或者撤职处分；情节严重的，给予开除处分：

（一）因工作失职致使罪犯、劳动教养人员伤残、死亡或者脱逃、逃跑的；

（二）因工作失职致使发生罪犯、劳动教养人员聚众闹事、斗殴等狱（所）内重大案件或者群体性事件的；

（三）因工作失职致使发生罪犯、劳动教养人员集体食物中毒或者感染传染病等重大疫情的；

（四）因工作失职致使发生安全生产、环境污染等重大事故的；

（五）发生罪犯脱逃、劳动教养人员逃跑或者其他事故，不及时上报或者隐瞒不报的。

第十二条　有下列行为之一的，给予警告或者记过处分；情节较重的，给予记大过处分；情节严重的，给予降级或者撤职处分：

（一）在值班、执勤时擅离岗位的；

（二）违反规定将管理罪犯、劳动教养人员的职权交予他人行使的；

（三）因工作失职致使违禁品进入监狱、劳动教养场所的。

第十三条　有下列行为之一的，给予记过或者记大过处分；情节较重的，给予降级或者撤职处分；情节严重的，给予开除处分：

（一）违反规定利用或者插手监狱、劳动教养场所的基建等工程招投标、政府采购，为本人或者特定关系人牟取不正当利益的；

（二）索取、接受、侵占罪犯、劳动教养人员及其亲属财物的；

（三）接受罪犯、劳动教养人员及其亲属宴请、娱乐等活动安排的；

（四）向罪犯、劳动教养人员及其亲属借钱、借物，或者利用罪犯、劳动教养人员及其亲属为自己或者他人牟取不正当利益的。

第十四条　有下列行为之一的，给予警告、记过或者记大过处分；情节较重的，给予降级或者撤职处分；情节严重的，给予开除处分：

（一）拒绝执行上级依法作出的决定、命令，或者在执行任务时不服从指挥的；

（二）违反规定办理监狱和劳动教养机关人民警察录用、考核、任免、奖惩、调任、转任的。

第十五条 有下列行为之一的，给予警告、记过或者记大过处分；情节较重的，给予降级或者撤职处分；情节严重的，给予开除处分：

（一）非因工作需要携带枪支进入监区、劳动教养人员宿舍或者生产场所的；

（二）携带枪支饮酒的；

（三）有其他违反公务用枪管理使用规定行为的。

第十六条 有下列行为之一的，给予警告或者记过处分；情节较重的，给予记大过或者降级处分；情节严重的，给予撤职或者开除处分：

（一）违反警车管理使用规定，或者违反规定使用警灯、警报器的；

（二）违反规定转借、赠送、出租、抵押、转卖警用车辆、警车号牌、警服、警用标志或者证件的；

（三）违反规定使用警械、武器的；

（四）携带违禁品进入监狱、劳动教养场所的。

第十七条 违反规定发表反映监狱、劳动教养工作内容的言论或者传播反映监狱、劳动教养工作内容的录音、录像、图片、文字等，造成不良影响的，给予警告处分；情节较重的，给予记过或者记大过处分；情节严重的，给予降级、撤职或者开除处分。

第十八条 工作时间饮酒或者在公共场所酗酒滋事的，给予警告、记过或者记大过处分；造成后果的，给予降级或者撤职处分；造成严重后果的，给予开除处分。

酒后驾驶机动车，造成严重后果的，给予开除处分。

第十九条 有下列行为之一，造成不良影响的，给予警告处分；情节较重的，给予记过处分；情节严重的，给予记大过处分：

（一）对待罪犯、劳动教养人员亲属或者其他人员态度蛮横、推诿、刁难的；

（二）不按规定着装，严重损害人民警察形象的；

（三）非因公务着警服进入营业性娱乐场所的。

第二十条 监狱和劳动教养机关人民警察有本规定没有规定的其他违法违纪行为的，依照《行政机关公务员处分条例》等规定处理。

第二十一条 处分的程序和不服处分的申诉，依照《中华人民共和国行政监察法》、《中华人民共和国公务员法》、《行政机关公务员处分条例》等有关法律法规的规定办理。

第二十二条 本规定所称监狱和劳动教养机关人民警察是指司法行政机关和监狱、劳动教养场所及其直属单位中在编在职的人民警察。

第二十三条 对承担戒毒工作任务的人民警察违法违纪行为的处分，适用本规定。

第二十四条　本规定由监察部、人力资源社会保障部、司法部负责解释。

第二十五条　本规定自2012年7月1日起施行。

中华人民共和国法官法(节录)[①]

(1995年2月28日第八届全国人民代表大会常务委员会第十二次会议通过　根据2001年6月30日第九届全国人民代表大会常务委员会第二十二次会议《关于修改〈中华人民共和国法官法〉的决定》第一次修正　根据2017年9月1日第十二届全国人民代表大会常务委员会第二十九次会议《关于修改〈中华人民共和国法官法〉等八部法律的决定》第二次修正　2019年4月23日第十三届全国人民代表大会常务委员会第十次会议修订)

第二条　法官是依法行使国家审判权的审判人员,包括最高人民法院、地方各级人民法院和军事法院等专门人民法院的院长、副院长、审判委员会委员、庭长、副庭长和审判员[②]。

第八条　法官的职责:

(一)依法参加合议庭审判或者独任审判刑事、民事、行政诉讼以及国家赔偿等案件;

(二)依法办理引渡、司法协助等案件;

(三)法律规定的其他职责。

法官在职权范围内对所办理的案件负责。

第九条　人民法院院长、副院长、审判委员会委员、庭长、副庭长除履行审判职责外,还应当履行与其职务相适应的职责。

第十条　法官应当履行下列义务:

(一)严格遵守宪法和法律;

(二)秉公办案,不得徇私枉法[③];

(三)依法保障当事人和其他诉讼参与人的诉讼权利;

(四)维护国家利益、社会公共利益,维护个人和组织的合法权益;

(五)保守国家秘密和审判工作秘密,对履行职责中知悉的商业秘密和个人隐私予以保密;

(六)依法接受法律监督和人民群众监督;

① 2019年4月《法官法》修订的一个重要背景是修订前的《法官法》未能充分体现法官与普通公务员的差别。

② 修订前的《法官法》规定法官职务包括院长、副院长、审判委员会委员、庭长、副庭长、审判员和助理审判员7类。将法官职务从高到低阶梯化排列,不利于司法责任制的落实,也与弱化法官科层制的管理方向不符。

③ “严格遵守宪法和法律”“不得徇私枉法”,在《法官法》修订过程中有争议,但最终还是被保留。

(七)通过依法办理案件以案释法,增强全民法治观念,推进法治社会建设;

(八)法律规定的其他义务。

第十二条 担任法官必须具备下列条件:

(一)具有中华人民共和国国籍;

(二)拥护中华人民共和国宪法,拥护中国共产党领导和社会主义制度;

(三)具有良好的政治、业务素质和道德品行;

(四)具有正常履行职责的身体条件;

(五)具备普通高等学校法学类本科学历并获得学士及以上学位;或者普通高等学校非法学类本科及以上学历并获得法律硕士、法学硕士及以上学位;或者普通高等学校非法学类本科及以上学历,获得其他相应学位,并具有法律专业知识④;

(六)从事法律工作满五年⑤。其中获得法律硕士、法学硕士学位,或者获得法学博士学位的,从事法律工作的年限可以分别放宽至四年、三年;

(七)初任法官应当通过国家统一法律职业资格考试取得法律职业资格。

适用前款第五项规定的学历条件确有困难的地方,经最高人民法院审核确定,在一定期限内,可以将担任法官的学历条件放宽为高等学校本科毕业。

第十三条 下列人员不得担任法官⑥:

(一)因犯罪受过刑事处罚的;

(二)被开除公职的;

(三)被吊销律师、公证员执业证书或者被仲裁委员会除名⑦的;

(四)有法律规定的其他情形的。

第二十条 法官有下列情形之一的,应当依法提请免除其法官职务:

(一)丧失中华人民共和国国籍的;

(二)调出所任职人民法院的;

(三)职务变动不需要保留法官职务的,或者本人申请免除法官职务经批准的;

(四)经考核不能胜任法官职务的⑧;

(五)因健康原因长期不能履行职务的;

(六)退休的;

(七)辞职或者依法应当予以辞退的;

(八)因违纪违法不宜继续任职的。

第二十一条 发现违反本法规定的条件任命法官的,任命机关应当撤销该项任命;上级人民法院发现下级人民法院法官的任命违反本法规定的条件的,应当建议下级人民法院依法提请任命机关撤销该项任命。

第二十二条⑨ 法官不得兼任人民代表大会常务委员会的组成人员,不得兼任

④ 此处是关于法官任职的学历条件规定。

⑤ 此处是关于法官任职的法律工作年限条件的规定,符合法官职业需要一定社会阅历的要求。

⑥ 党的十八届四中全会决定,建立终身禁止从事法律职业制度,对因违法违纪被吊销执业证书的律师和公证员,终身禁止从事法律职业。

⑦ 《仲裁法》规定,仲裁员有索贿受贿、枉法仲裁等行为的,由仲裁委员会予以除名,因此,被除名的仲裁员也不能担任法官。因此本法增加规定"被仲裁委员会除名的",不得担任法官。

⑧ 请研读中央政法委《关于严格执行法官、检察官遴选标准和程序的通知》。

⑨ 本条内容十分重要。

行政机关、监察机关、检察机关的职务，不得兼任企业或者其他营利性组织、事业单位的职务，不得兼任律师、仲裁员和公证员。

第二十三条 法官之间有夫妻关系、直系血亲关系、三代以内旁系血亲以及近姻亲关系的，不得同时担任下列职务：

（一）同一人民法院的院长、副院长、审判委员会委员、庭长、副庭长；

（二）同一人民法院的院长、副院长和审判员；

（三）同一审判庭的庭长、副庭长、审判员；

（四）上下相邻两级人民法院的院长、副院长。

第二十四条 法官的配偶、父母、子女有下列情形之一的，法官应当实行任职回避[10]：

（一）担任该法官所任职人民法院辖区内律师事务所的合伙人或者设立人的；

（二）在该法官所任职人民法院辖区内以律师身份担任诉讼代理人、辩护人，或者为诉讼案件当事人提供其他有偿法律服务的。

第三十四条 法官申请辞职，应当由本人书面提出，经批准后，依照法律规定的程序免除其职务。

第三十五条 辞退法官应当依照法律规定的程序免除其职务。

辞退法官应当按照管理权限决定。辞退决定应当以书面形式通知被辞退的法官，并列明作出决定的理由和依据。

第三十六条 法官从人民法院离任后两年内，不得以律师身份担任诉讼代理人或者辩护人。

法官从人民法院离任后，不得担任原任职法院办理案件的诉讼代理人或者辩护人，但是作为当事人的监护人或者近亲属代理诉讼或者进行辩护的除外。

法官被开除后，不得担任诉讼代理人或者辩护人，但是作为当事人的监护人或者近亲属代理诉讼或者进行辩护的除外。

第三十七条 法官因工作需要，经单位选派或者批准，可以在高等学校、科研院所协助开展实践性教学、研究工作，并遵守国家有关规定[11]。

第四十六条 法官有下列行为之一的，应当给予处分；构成犯罪的，依法追究刑事责任：

（一）贪污受贿、徇私舞弊、枉法裁判的；

（二）隐瞒、伪造、变造、故意损毁证据、案件材料的；

（三）泄露国家秘密、审判工作秘密、商业秘密或者个人隐私的；

（四）故意违反法律法规办理案件的；

（五）因重大过失导致裁判结果错误并造成严重后果的[12]；

⑩ 在回避情形中增加法官的父母。

⑪ 《法官法》修订草案表述："法官经过批准可以在高等学校、科研院所兼职从事教学、研究工作。"一些常委委员、地方和部门提出，为从严管理队伍，防止兼职对法官公正履职的影响，不宜在法律中作上述规定。宪法和法律委员会经研究，删去这一规定。

⑫ 修订前的《法官法》规定的"滥用职权，侵犯自然人、法人或者其他组织的合法权益""玩忽职守，造成错案或者给当事人造成更严重损失"这两种情形，在实践中操作较为困难，修订时予以合并。

（六）拖延办案，贻误工作的；

（七）利用职权为自己或者他人谋取私利的；

（八）接受当事人及其代理人利益输送，或者违反有关规定会见当事人及其代理人的；

（九）违反有关规定从事或者参与营利性活动，在企业或者其他营利性组织中兼任职务的；

（十）有其他违纪违法行为的[13]。

法官的处分按照有关规定办理[14]。

第四十七条[15] 法官涉嫌违纪违法，已经被立案调查、侦查，不宜继续履行职责的，按照管理权限和规定的程序暂时停止其履行职务。

第四十八条 最高人民法院和省、自治区、直辖市设立法官惩戒委员会，负责从专业角度审查认定法官是否存在本法第四十六条第四项、第五项规定的违反审判职责的行为，提出构成故意违反职责、存在重大过失、存在一般过失或者没有违反职责等审查意见[16]。法官惩戒委员会提出审查意见后，人民法院依照有关规定作出是否予以惩戒的决定，并给予相应处理。

法官惩戒委员会由法官代表、其他从事法律职业的人员和有关方面代表组成，其中法官代表不少于半数。

最高人民法院法官惩戒委员会、省级法官惩戒委员会的日常工作，由相关人民法院的内设职能部门承担。

第四十九条 法官惩戒委员会审议惩戒事项时，当事法官有权申请有关人员回避，有权进行陈述、举证、辩解。

第五十条 法官惩戒委员会作出的审查意见应当送达当事法官。当事法官对审查意见有异议的，可以向惩戒委员会提出，惩戒委员会应当对异议及其理由进行审查，作出决定。

第五十一条 法官惩戒委员会审议惩戒事项的具体程序，由最高人民法院商有关部门确定。

第五十六条 法官因依法履行职责遭受不实举报、诬告陷害、侮辱诽谤，致使名誉受到损害的，人民法院应当会同有关部门及时澄清事实，消除不良影响，并依法追究相关单位或者个人的责任。

⑬ 请结合《最高人民法院关于对配偶父母子女从事律师职业的法院领导干部和审判执行人员实行任职回避的规定》第8条学习。

⑭ 请注意，法官实行单独职务序列后，法官职务与行政职级脱钩，不再具有级别。

⑮ 本条内容十分重要，建议牢记。

⑯ 此处亮点有三：一是明确法官惩戒委员会的职能是从专业角度对是否属于错案、拖延办案作出审查判断；二是明确法官惩戒委员会的人员组成；三是增加有关法官惩戒委员会工作程序的规定。

人民法院工作人员处分条例

（2009年12月31日最高人民法院印发　法发〔2009〕61号）

第一章　总　　则

第一节　目的、依据、原则和适用范围

第一条　为了规范人民法院工作人员行为，促进人民法院工作人员依法履行职责，确保公正、高效、廉洁司法，根据《中华人民共和国公务员法》和《中华人民共和国法官法》，制定本条例。

第二条　人民法院工作人员因违反法律、法规或者本条例规定，应当承担纪律责任的，依照本条例给予处分。

第三条　人民法院工作人员依法履行职务的行为受法律保护。非因法定事由、非经法定程序，不受处分。

第四条　给予人民法院工作人员处分，应当坚持以下原则：

（一）实事求是，客观公正；

（二）纪律面前人人平等；

（三）处分与违纪行为相适应；

（四）惩处与教育相结合。

第五条　人民法院工作人员违纪违法涉嫌犯罪的，应当移送司法机关处理。

第二节　处分的种类和适用

第六条　处分的种类为：警告、记过、记大过、降级、撤职、开除。

第七条　受处分的期间为：

（一）警告，六个月；

（二）记过，十二个月；

（三）记大过，十八个月；

（四）降级、撤职，二十四个月。

第八条　受处分期间不得晋升职务、级别，其中，受记过、记大过、降级、撤职处分的，不得晋升工资档次；受撤职处分的，应当按照规定降低级别。

第九条　受开除处分的，自处分决定生效之日起，解除与人民法院的人事关系，不得再担任公务员职务。

第十条 同时有两种以上需要给予处分的行为的，应当分别确定其处分种类。应当给予的处分种类不同的，执行其中最重的处分；应当给予撤职以下多个相同种类处分的，执行该处分，并在一个处分期以上、多个处分期之和以下，决定应当执行的处分期。

在受处分期间受到新的处分的，其处分期为原处分期尚未执行的期限与新处分期限之和[①]。

① 这是一个重要知识点。

处分期最长不超过四十八个月。

第十一条 二人以上共同违纪违法，需要给予处分的，根据各自应当承担的纪律责任分别给予处分。

人民法院领导班子、有关机构或者审判组织集体作出违纪违法决定或者实施违纪违法行为，依照前款规定处理。

第十二条 有下列情形之一的，应当在本条例分则规定的处分幅度以内从重处分：

（一）在共同违纪违法行为中起主要作用的；

（二）隐匿、伪造、销毁证据的；

（三）串供或者阻止他人揭发检举、提供证据材料的；

（四）包庇同案人员的；

（五）法律、法规和本条例分则中规定的其他从重情节。

第十三条 有下列情形之一的，应当在本条例分则规定的处分幅度以内从轻处分：

（一）主动交待违纪违法行为的；

（二）主动采取措施，有效避免或者挽回损失的；

（三）检举他人重大违纪违法行为，情况属实的；

（四）法律、法规和本条例分则中规定的其他从轻情节。

第十四条 主动交待违纪违法行为，并主动采取措施有效避免或者挽回损失的，应当在本条例分则规定的处分幅度以外降低一个档次给予减轻处分。

应当给予警告处分，又有减轻处分情形的，免予处分。

第十五条 违纪违法行为情节轻微，经过批评教育后改正的，可以免予处分[②]。

② 注意，是免予处分，而不是不予处分。

第十六条 在人民法院作出处分决定前，已经被依法判处刑罚、罢免、免职或者已经辞去领导职务，依照本条例需要给予处分的，应当根据其违纪违法事实给予处分[③]。

③ 此规定十分重要，建议牢记。

被依法判处刑罚的，一律给予开除处分。

第十七条 人民法院工作人员退休之后违纪违法，或者在任职期间违纪违法、在处分决定作出前已经退休的，不再给予纪律处分；但是，应当给予降级、撤职、开除处分的，应当按照规定相应降低或者取消其享受的待遇[④]。

④　此规定十分重要，建议牢记。

第十八条　对违纪违法取得的财物和用于违纪违法的财物，应当没收、追缴或者责令退赔。没收、追缴的财物，一律上缴国库。

对违纪违法获得的职务、职称、学历、学位、奖励、资格等，应当建议有关单位、部门按规定予以纠正或者撤销。

第三节　处分的解除、变更和撤销[⑤]

⑤　条例未规定处分决定的送达、宣布及执行。

第十九条　受开除以外处分的，在受处分期间有悔改表现，并且没有再发生违纪违法行为的，处分期满后应当解除处分。

解除处分后，晋升工资档次、级别、职务不再受原处分的影响。但是，解除降级、撤职处分的，不视为恢复原级别、原职务。

第二十条　有下列情形之一的，应当变更或者撤销处分决定：

（一）适用法律、法规或者本条例规定错误的；

（二）对违纪违法行为的事实、情节认定有误的；

（三）处分所依据的违纪违法事实证据不足的；

（四）调查处理违反法定程序，影响案件公正处理的；

（五）作出处分决定超越职权或者滥用职权的；

（六）有其他处分不当情形的。

第二十一条　处分决定被变更，需要调整被处分人员的职务、级别或者工资档次的，应当按照规定予以调整；处分决定被撤销的，应当恢复其级别、工资档次，按照原职务安排相应的职务，并在适当范围内为其恢复名誉。因变更而减轻处分或者被撤销处分人员的工资福利受到损失的，应当予以补偿。

第二章　分　　则

第一节　违反政治纪律的行为

第二十二条　散布有损国家声誉的言论，参加旨在反对国家的集会、游行、示威等活动的，给予记大过处分；情节较重的，给予降级或者撤职处分；情节严重的，给予开除处分。

因不明真相被裹挟参加上述活动，经批评教育后确有悔改表现的，可以减轻或者免予处分。

第二十三条　参加非法组织或者参加罢工的，给予记大过处分；情节较重的，给予降级或者撤职处分；情节严重的，给予开除处分。

因不明真相被裹挟参加上述活动,经批评教育后确有悔改表现的,可以减轻或者免予处分。

第二十四条 违反国家的民族宗教政策,造成不良后果的,给予记大过处分;情节较重的,给予降级或者撤职处分;情节严重的,给予开除处分。

因不明真相被裹挟参加上述活动,经批评教育后确有悔改表现的,可以减轻或者免予处分。

第二十五条 在对外交往中损害国家荣誉和利益的,给予记大过处分;情节较重的,给予降级或者撤职处分;情节严重的,给予开除处分。

第二十六条 非法出境,或者违反规定滞留境外不归的,给予记大过处分;情节较重的,给予降级或者撤职处分;情节严重的,给予开除处分。

第二十七条 未经批准获取境外永久居留资格,或者取得外国国籍的,给予记大过处分;情节较重的,给予降级或者撤职处分;情节严重的,给予开除处分。

第二十八条 有其他违反政治纪律行为的,给予警告、记过或者记大过处分;情节较重的,给予降级或者撤职处分;情节严重的,给予开除处分。

第二节 违反办案纪律的行为

第二十九条 违反规定,擅自对应当受理的案件不予受理,或者对不应当受理的案件违法受理的,给予警告、记过或者记大过处分;情节较重的,给予降级或者撤职处分;情节严重的,给予开除处分。

第三十条 违反规定应当回避而不回避,造成不良后果的,给予警告、记过或者记大过处分;情节较重的,给予降级或者撤职处分;情节严重的,给予开除处分。

明知诉讼代理人、辩护人不符合担任代理人、辩护人的规定,仍准许其担任代理人、辩护人,造成不良后果的,给予警告、记过或者记大过处分;情节较重的,给予降级处分;情节严重的,给予撤职处分。

第三十一条 违反规定会见案件当事人及其辩护人、代理人、请托人的,给予警告处分;造成不良后果的,给予记过或者记大过处分。

第三十二条 违反规定为案件当事人推荐、介绍律师或者代理人,或者为律师或者其他人员介绍案件的,给予警告处分;造成不良后果的,给予记过或者记大过处分。

第三十三条 违反规定插手、干预、过问案件,或者为案件当事人通风报信、说情打招呼的,给予警告、记过或者记大过处分;情节较重的,给予降级或者撤职处分;情节严重的,给予开除处分。

第三十四条 依照规定应当调查收集相关证据而故意不予收集,造成不良后果的，给予警告、记过或者记大过处分；情节较重的，给予降级或者撤职处分；情节严重的，给予开除处分。

第三十五条　依照规定应当采取鉴定、勘验、证据保全等措施而故意不采取，造成不良后果的，给予警告、记过或者记大过处分；情节较重的，给予降级或者撤职处分；情节严重的，给予开除处分。

第三十六条　依照规定应当采取财产保全措施或者执行措施而故意不采取，或者依法应当委托有关机构审计、鉴定、评估、拍卖而故意不委托，造成不良后果的，给予警告、记过或者记大过处分；情节较重的，给予降级或者撤职处分；情节严重的，给予开除处分。

第三十七条　违反规定采取或者解除财产保全措施，造成不良后果的，给予警告、记过或者记大过处分；情节较重的，给予降级或者撤职处分；情节严重的，给予开除处分。

第三十八条　故意违反规定选定审计、鉴定、评估、拍卖等中介机构，或者串通、指使相关中介机构在审计、鉴定、评估、拍卖等活动中徇私舞弊、弄虚作假的，给予警告、记过或者记大过处分；情节较重的，给予降级或者撤职处分；情节严重的，给予开除处分。

第三十九条　故意违反规定采取强制措施的，给予警告、记过或者记大过处分；情节较重的，给予降级或者撤职处分；情节严重的，给予开除处分。

第四十条　故意毁弃、篡改、隐匿、伪造、偷换证据或者其他诉讼材料的，给予记大过处分；情节较重的，给予降级或者撤职处分；情节严重的，给予开除处分。

指使、帮助他人作伪证或者阻止他人作证的，给予降级或者撤职处分；情节严重的，给予开除处分。

第四十一条　故意向合议庭、审判委员会隐瞒主要证据、重要情节或者提供虚假情况的，给予警告、记过或者记大过处分；情节较重的，给予降级或者撤职处分；情节严重的，给予开除处分。

第四十二条　故意泄露合议庭、审判委员会评议、讨论案件的具体情况或者其他审判执行工作秘密的，给予记过或者记大过处分；情节较重的，给予降级或者撤职处分；情节严重的，给予开除处分。

第四十三条　故意违背事实和法律枉法裁判的，给予降级或者撤职处分；情节严重的，给予开除处分。

第四十四条　因徇私而违反规定迫使当事人违背真实意愿撤诉、接受调解、达成执行和解协议并损害其利益的，给予警告、记过或者记大过处分；情节较重的，给予降级或者撤职处分；情节严重的，给予开除处分。

第四十五条 故意违反规定采取执行措施,造成案件当事人、案外人或者第三人财产损失的,给予记大过处分;情节较重的,给予降级或者撤职处分;情节严重的,给予开除处分。

第四十六条 故意违反规定对具备执行条件的案件暂缓执行、中止执行、终结执行或者不依法恢复执行,造成不良后果的,给予记大过处分;情节较重的,给予降级或者撤职处分;情节严重的,给予开除处分。

第四十七条 故意违反规定拖延办案的,给予警告、记过或者记大过处分;情节较重的,给予降级或者撤职处分;情节严重的,给予开除处分。

第四十八条 故意拖延或者拒不执行合议庭决议、审判委员会决定以及上级人民法院判决、裁定、决定、命令的,给予警告、记过或者记大过处分;情节较重的,给予降级或者撤职处分;情节严重的,给予开除处分。

第四十九条 私放被羁押人员的,给予记大过处分;情节较重的,给予降级或者撤职处分;情节严重的,给予开除处分。

第五十条 违反规定私自办理案件的,给予警告、记过或者记大过处分;情节较重的,给予降级或者撤职处分;情节严重的,给予开除处分。

内外勾结制造假案的,给予降级、撤职或者开除处分。

第五十一条 伪造诉讼、执行文书,或者故意违背合议庭决议、审判委员会决定制作诉讼、执行文书的,给予记大过处分;情节较重的,给予降级或者撤职处分;情节严重的,给予开除处分。

送达诉讼、执行文书故意不依照规定,造成不良后果的,给予警告、记过或者记大过处分。

第五十二条 违反规定将案卷或者其他诉讼材料借给他人的,给予警告处分;造成不良后果的,给予记过或者记大过处分。

第五十三条 对外地人民法院依法委托的事项拒不办理或者故意拖延办理,造成不良后果的,给予警告、记过或者记大过处分;情节严重的,给予降级或者撤职处分。

阻挠、干扰外地人民法院依法在本地调查取证或者采取相关财产保全措施、执行措施、强制措施的,给予警告、记过或者记大过处分;情节较重的,给予降级或者撤职处分;情节严重的,给予开除处分。

第五十四条 有其他违反办案纪律行为的,给予警告、记过或者记大过处分;情节较重的,给予降级或者撤职处分;情节严重的,给予开除处分。

第三节 违反廉政纪律的行为

第五十五条 利用职务便利,采取侵吞、窃取、骗取等手段非法占有诉讼费、执行款物、罚没款物、案件暂存款、赃款赃物及其孳息等涉案财物或者其他公共财物的，给予记大过处分；情节较重的，给予降级或者撤职处分；情节严重的，给予开除处分。

第五十六条　利用司法职权或者其他职务便利，索取他人财物及其他财产性利益的，或者非法收受他人财物及其他财产性利益，为他人谋取利益的，给予记大过处分；情节较重的，给予降级或者撤职处分；情节严重的，给予开除处分。

利用司法职权或者其他职务便利为他人谋取利益，以低价购买、高价出售、收受干股、合作投资、委托理财、赌博等形式非法收受他人财物，或者以特定关系人"挂名"领取薪酬或者收受财物等形式，非法收受他人财物，或者违反规定收受各种名义的回扣、手续费归个人所有的，依照前款规定处分。

第五十七条　行贿或者介绍贿赂的，给予记过或者记大过处分；情节较重的，给予降级或者撤职处分；情节严重的，给予开除处分。

向审判、执行人员行贿或者介绍贿赂的，依照前款规定从重处分。

第五十八条　挪用诉讼费、执行款物、罚没款物、案件暂存款、赃款赃物及其孳息等涉案财物或者其他公共财物的，给予记过或者记大过处分；情节较重的，给予降级或者撤职处分；情节严重的，给予开除处分。

第五十九条　接受案件当事人、相关中介机构及其委托人的财物、宴请或者其他利益的，给予警告、记过或者记大过处分；情节较重的，给予降级或者撤职处分；情节严重的，给予开除处分。

违反规定向案件当事人、相关中介机构及其委托人借钱、借物的，给予警告、记过或者记大过处分。

第六十条　以单位名义集体截留、使用、私分诉讼费、执行款物、罚没款物、案件暂存款、赃款赃物及其孳息等涉案财物或者其他公共财物的，给予警告、记过或者记大过处分；情节较重的，给予降级或者撤职处分；情节严重的，给予开除处分。

第六十一条　利用司法职权，以单位名义向公民、法人或者其他组织索要赞助或者摊派、收取财物的，给予记过或者记大过处分；情节较重的，给予降级或者撤职处分；情节严重的，给予开除处分。

第六十二条　故意违反规定设置收费项目、扩大收费范围、提高收费标准的，给予警告、记过或者记大过处分；情节较重的，给予降级或者撤职处分；情节严重的，给予开除处分。

第六十三条　违反规定从事或者参与营利性活动，在企业或者其他营利性组织中兼职的，给予记过或者记大过处分；情节较重的，给予降级或者撤职处分；情节严重的，给予开除处分。

第六十四条 利用司法职权或者其他职务便利，为特定关系人谋取不正当利益，或者放任其特定关系人、身边工作人员利用本人职权谋取不正当利益的，给予记过或者记大过处分；情节较重的，给予降级或者撤职处分；情节严重的，给予开除处分。

第六十五条 有其他违反廉政纪律行为的，给予警告、记过或者记大过处分；情节较重的，给予降级或者撤职处分；情节严重的，给予开除处分。

第四节 违反组织人事纪律的行为

第六十六条 违反议事规则，个人或者少数人决定重大事项，或者改变集体作出的重大决定，造成决策错误的，给予警告、记过或者记大过处分；情节较重的，给予降级或者撤职处分；情节严重的，给予开除处分。

第六十七条 故意拖延或者拒不执行上级依法作出的决定、决议的，给予警告、记过或者记大过处分；情节较重的，给予降级或者撤职处分；情节严重的，给予开除处分。

第六十八条 对职责范围内发生的重大事故、事件不按规定报告、处理的，给予记过或者记大过处分；情节较重的，给予降级或者撤职处分；情节严重的，给予开除处分。

第六十九条 对职责范围内发生的违纪违法问题隐瞒不报、压案不查、包庇袒护的，或者对上级交办的违纪违法案件故意拖延或者拒不办理的，给予记大过处分；情节较重的，给予降级或者撤职处分；情节严重的，给予开除处分。

第七十条 压制批评，打击报复，扣压、销毁举报信件，或者向被举报人透露举报情况的，给予记过或者记大过处分；情节较重的，给予降级或者撤职处分；情节严重的，给予开除处分。

第七十一条 在人员录用、招聘、考核、晋升职务、晋升级别、职称评定以及岗位调整等工作中徇私舞弊、弄虚作假的，给予警告、记过或者记大过处分；情节较重的，给予降级或者撤职处分；情节严重的，给予开除处分。

第七十二条 弄虚作假，骗取荣誉，或者谎报学历、学位、职称的，给予警告、记过或者记大过处分；情节较重的，给予降级或者撤职处分；情节严重的，给予开除处分。

第七十三条 拒不执行机关的交流决定，或者在离任、辞职、被辞退时，拒不办理公务交接手续或者拒不接受审计的，给予警告、记过或者记大过处分；情节较重的，给予降级或者撤职处分；情节严重的，给予开除处分。

第七十四条 旷工或者因公外出、请假期满无正当理由逾期不归，造成不良后果的，给予警告、记过或者记大过处分；情节较重的，给予降级或者撤职处分；情节严重的，给予开除处分。

第七十五条　以不正当方式谋求本人或者特定关系人用公款出国，或者擅自延长在国外、境外期限，或者擅自变更路线，造成不良后果的，给予警告、记过或者记大过处分；情节较重的，给予降级或者撤职处分；情节严重的，给予开除处分。

第七十六条　有其他违反组织人事纪律行为的，给予警告、记过或者记大过处分；情节较重的，给予降级或者撤职处分；情节严重的，给予开除处分。

第五节　违反财经纪律的行为

第七十七条　违反规定进行物资采购或者工程项目招投标，造成不良后果的，给予警告、记过或者记大过处分；情节较重的，给予降级或者撤职处分；情节严重的，给予开除处分。

第七十八条　违反规定擅自开设银行账户或者私设"小金库"的，给予警告处分；情节较重的，给予记过或者记大过处分；情节严重的，给予降级或者撤职处分。

第七十九条　伪造、变造、隐匿、毁弃财务账册、会计凭证、财务会计报告的，给予警告、记过或者记大过处分；情节较重的，给予降级或者撤职处分；情节严重的，给予开除处分。

第八十条　违反规定挥霍浪费国家资财的，给予警告处分；情节较重的，给予记过或者记大过处分；情节严重的，给予降级或者撤职处分。

第八十一条　有其他违反财经纪律行为的，给予警告、记过或者记大过处分；情节较重的，给予降级或者撤职处分；情节严重的，给予开除处分。

第六节　失职行为

第八十二条　因过失导致依法应当受理的案件未予受理，或者不应当受理的案件被违法受理，造成不良后果的，给予警告、记过或者记大过处分。

第八十三条　因过失导致错误裁判、错误采取财产保全措施、强制措施、执行措施，或者应当采取财产保全措施、强制措施、执行措施而未采取，造成不良后果的，给予警告、记过或者记大过处分；造成严重后果的，给予降级、撤职或者开除处分。

第八十四条　因过失导致所办案件严重超出规定办理期限，造成严重后果的，给予警告、记过或者记大过处分。

第八十五条　因过失导致被羁押人员脱逃、自伤、自杀或者行凶伤人的，给予记过或者记大过处分；造成严重后果的，给予降级、撤职或者开除处分。

第八十六条　因过失导致诉讼、执行文书内容错误，造成严重后果的，给予警告、记过或者记大过处分。

第八十七条 因过失导致国家秘密、审判执行工作秘密及其他工作秘密、履行职务掌握的商业秘密或者个人隐私被泄露，造成不良后果的，给予警告、记过或者记大过处分；情节较重的，给予降级或者撤职处分；情节严重的，给予开除处分。

第八十八条 因过失导致案卷或者证据材料损毁、丢失的，给予警告、记过或者记大过处分；造成严重后果的，给予降级或者撤职处分。

第八十九条 因过失导致职责范围内发生刑事案件、重大治安案件、重大社会群体性事件或者重大人员伤亡事故的，使公共财产、国家和人民利益遭受重大损失的，给予记过或者记大过处分；情节较重的，给予降级或者撤职处分；情节严重的，给予开除处分。

第九十条 有其他失职行为造成不良后果的，给予警告、记过或者记大过处分；情节较重的，给予降级或者撤职处分；情节严重的，给予开除处分。

第七节 违反管理秩序和社会道德的行为

第九十一条 因工作作风懈怠、工作态度恶劣，造成不良后果的，给予警告、记过或者记大过处分。

第九十二条 故意泄露国家秘密、工作秘密，或者故意泄露因履行职责掌握的商业秘密、个人隐私的，给予记过或者记大过处分；情节较重的，给予降级或者撤职处分；情节严重的，给予开除处分。

第九十三条 弄虚作假，误导、欺骗领导和公众，造成不良后果的，给予警告、记过或者记大过处分；情节较重的，给予降级或者撤职处分；情节严重的，给予开除处分。

第九十四条 因酗酒影响正常工作或者造成其他不良后果的，给予警告、记过或者记大过处分；情节较重的，给予降级、撤职处分；情节严重的，给予开除处分。

第九十五条 违反规定保管、使用枪支、弹药、警械等特殊物品，造成不良后果的，给予警告、记过或者记大过处分；情节较重的，给予降级或者撤职处分；情节严重的，给予开除处分。

第九十六条 违反公务车管理使用规定，发生严重交通事故或者造成其他不良后果的，给予警告、记过或者记大过处分；情节较重的，给予降级或者撤职处分；情节严重的，给予开除处分。

第九十七条 妨碍执行公务或者违反规定干预执行公务的，给予记过或者记大过处分；情节较重的，给予降级或者撤职处分；情节严重的，给予开除处分。

第九十八条 以殴打、辱骂、体罚、非法拘禁或者诽谤、诬告等方式侵犯他人人身权利的，给予记过或者记大过处分；情节较重的，给予降级或者撤职处分；情节严重的，给予开除处分。

体罚、虐待被羁押人员，或者殴打、辱骂诉讼参与人、涉诉上访人的，依照前款规定从重处分。

第九十九条　与他人通奸，造成不良影响的，给予警告、记过或者记大过处分；情节较重的，给予降级或者撤职处分；情节严重的，给予开除处分。

与所承办案件的当事人或者当事人亲属发生不正当两性关系的，依照前款规定从重处分。

第一百条　重婚或者包养情人的，给予撤职或者开除处分。

第一百零一条　拒不承担赡养、抚养、扶养义务，或者虐待、遗弃家庭成员的，给予警告、记过或者记大过处分；情节较重的，给予降级或者撤职处分；情节严重的，给予开除处分。

第一百零二条　吸食、注射毒品或者参与嫖娼、卖淫、色情淫乱活动的，给予撤职或者开除处分。

第一百零三条　参与赌博的，给予警告或者记过处分；情节较重的，给予记大过或者降级处分；情节严重的，给予撤职或者开除处分。

为赌博活动提供场所或者其他便利条件的，给予警告、记过或者记大过处分；情节较重的，给予降级、撤职处分；情节严重的，给予开除处分。

在工作时间赌博的，给予记过、记大过或者降级处分；屡教不改的，给予撤职或者开除处分。

挪用公款赌博的，给予撤职或者开除处分。

第一百零四条　参与迷信活动，造成不良影响的，给予警告、记过或者记大过处分。

组织迷信活动的，给予降级处分；情节较重的，给予撤职处分；情节严重的，给予开除处分。

第一百零五条　违反规定超计划生育的，给予降级处分；情节较重的，给予撤职处分；情节严重的，给予开除处分。

第一百零六条　有其他违反管理秩序和社会道德行为的，给予警告、记过或者记大过处分；情节较重的，给予降级或者撤职处分；情节严重的，给予开除处分。

第三章　附　　则

第一百零七条　本条例所称"人民法院工作人员"是指人民法院行政编制内的工作人员。

人民法院事业编制工作人员参照本条例执行。

人民法院聘用人员不适用本条例。

第一百零八条 本条例所称“特定关系人”，是指与人民法院工作人员具有近亲属、情人以及其他关系密切的人。

第一百零九条 本条例所称“以上”、“以下”，包含本数。

第一百一十条 本条例由最高人民法院负责解释。

第一百一十一条 本条例自发布之日起施行。最高人民法院此前颁布的《关于人民法院工作人员纪律处分的若干规定（试行）》、《人民法院审判纪律处分办法（试行）》、《人民法院执行工作纪律处分办法（试行）》、《最高人民法院关于严格执行〈中华人民共和国法官法〉有关惩戒制度若干规定》同时废止。

法官惩戒工作程序规定（试行）

（2021年12月8日印发 法〔2021〕319号）

第一章 总 则

第一条 为严格落实司法责任制，促进法官依法行使职权，规范法官惩戒工作，根据《中华人民共和国公务员法》《中华人民共和国公职人员政务处分法》《中华人民共和国人民法院组织法》《中华人民共和国法官法》《关于建立法官、检察官惩戒制度的意见（试行）》等规定，结合人民法院工作实际，制定本规定。

第二条 法官惩戒工作应当坚持党管干部原则；坚持遵循司法规律，体现司法职业特点；坚持实事求是、客观公正；坚持严肃追责与依法保护有机统一；坚持责任与过错相适应，惩戒与教育相结合。

第三条 法官依法履行审判职责受法律保护。非因法定事由，非经法定程序，不受追究。

第四条[①] 法官在履行审判职责过程中，故意违反法律法规办理案件，或者因重大过失导致裁判结果错误并造成严重后果，需要予以惩戒的，依照本规定办理。

第五条 认定法官是否违反审判职责，适用《最高人民法院关于完善人民法院司法责任制的若干意见》[②]等有关规定。

第二章 职责和任务

第六条 人民法院按照干部管理权限对法官涉嫌违反审判职责行为进行调查核实，根据法官惩戒委员会的审查意见，依照有关规定作出是否予以惩戒的决定，并给予相应处理。

① 对法官进行惩戒，总体上限于两种情形：一是故意违反法律法规办理案件，不要求造成严重后果；二是因重大过失导致裁判结果错误并造成严重后果。院庭长因监督管理责任造成裁判错误的，不适用法官惩戒程序。

② 注意学习2015年《最高人民法院关于完善人民法院司法责任制的若干意见》。

法官惩戒委员会根据人民法院调查的情况，负责从专业角度审查认定法官是否存在《中华人民共和国法官法》第四十六条第四项、第五项规定的违反审判职责的行为，提出构成故意违反职责、存在重大过失、存在一般过失或者没有违反职责等审查意见。[③]

第七条　人民法院在法官惩戒工作中履行以下职责：

（一）受理反映法官违反审判职责的问题线索；

（二）审查当事法官涉嫌违反审判职责涉及的案件；

（三）对当事法官涉嫌违反审判职责的行为进行调查；

（四）提请法官惩戒委员会审议当事法官是否存在违反审判职责的行为；

（五）派员出席法官惩戒委员会组织的听证，就当事法官违反审判职责的行为和过错进行举证；

（六）根据法官惩戒委员会的审查意见，作出是否予以惩戒的决定，并给予相应处理；

（七）受理当事法官不服惩戒决定的复核和申诉；[④]

（八）其他应由人民法院承担的惩戒职责。

第八条　最高人民法院和省、自治区、直辖市设立法官惩戒委员会。

法官惩戒委员会委员应当从政治素质高、专业能力强、职业操守好的人大代表、政协委员、法学专家、法官、检察官和律师等专业人员中选任。其中，法官委员不少于半数。

第九条　法官惩戒委员会履行以下职责：

（一）制定和修订法官惩戒委员会章程等相关工作规定；

（二）根据调查、听证、审议的情况，审查认定法官是否存在违反审判职责行为，并提出审查意见；

（三）受理当事法官对审查意见的异议申请，并作出决定；

（四）审议决定法官惩戒工作的其他相关事项。

第十条　法官惩戒委员会不直接受理对法官的举报、投诉。如收到对法官的举报、投诉材料，应当根据受理权限，转交有关部门按规定处理。

第十一条　最高人民法院和省、自治区、直辖市法官惩戒委员会的日常工作，由最高人民法院和各高级人民法院承担督察工作的部门分别承担。

第三章　管辖和回避

第十二条　各级人民法院按照干部管理权限，对本院法官违反审判职责的行为进行调查和惩戒。

③　法官惩戒工作由人民法院与法官惩戒委员会分工负责。法官惩戒委员会负责从专业角度审查认定法官是否存在《法官法》第46条第1款第4、5项规定的违反审判职责的行为，提出构成故意违反职责、存在重大过失、存在一般过失或者没有违反职责等审查意见，但不能提出具体处分档次。人民法院按照干部管理权限对法官涉嫌违反审判职责的行为进行调查核实，根据法官惩戒委员会的审查意见，依照有关规定作出是否予以惩戒的决定，并给予停职、延期晋升、调离审判执行岗位、退出员额、免职、责令辞职等组织处理，以及按照有关法律规定给予处分。

④　法官对法院作出的惩戒决定不服，可向法院申请复核，不能向监察机关提出申诉，监察机关也不宜受理。

第十三条 最高人民法院法官惩戒委员会负责审查最高人民法院提请审议的法官是否具有违反审判职责的行为，并提出审查意见。

省、自治区、直辖市法官惩戒委员会负责审查高级人民法院提请审议的法官是否具有违反审判职责的行为，并提出审查意见。

第十四条 法官惩戒委员会委员有下列情形之一的，应当自行回避，当事法官也有权要求其回避：

（一）本人是当事法官或当事法官的近亲属；

（二）本人或者其近亲属与办理的惩戒事项有利害关系；

（三）担任过本调查事项的证人，以及当事法官办理案件的当事人、辩护人或诉讼代理人；

（四）有可能影响惩戒事项公正处理的其他情形。

法官惩戒委员会主任的回避，由法官惩戒委员会全体委员会议决定；副主任和委员的回避，由法官惩戒委员会主任决定。

第十五条 人民法院参与惩戒事项调查、审查人员的回避，依照有关规定办理。对调查人员的回避作出决定前，调查人员不停止对惩戒事项的调查。

第四章 受理和调查

第十六条 各级人民法院机关纪委或承担督察工作的部门按照干部管理权限受理反映法官违反审判职责问题的举报、投诉，以及有关单位、部门移交的相关问题线索。

人民法院在审判监督管理工作中，发现法官可能存在违反审判职责的行为，需要追究违法审判责任的，由办案部门或承担审判管理工作的部门对案件是否存在裁判错误提出初步意见，报请院长批准后移送机关纪委或者承担督察工作的部门审查。

第十七条[5] 人民法院机关纪委或承担督察工作的部门经初步核实，认为有关法官可能存在违反审判职责的行为，需要予以惩戒的，应当报请院长批准后立案，并组织调查。

第十八条 人民法院在对反映法官违反审判职责问题线索进行调查核实过程中，对涉及的案件裁判是否存在错误有争议的，应当报请院长批准，由承担审判监督工作的部门进行审查或者提请审判委员会进行讨论，并提出意见。

经承担审判监督工作的部门或审判委员会审查，认定当事法官办理的案件裁判错误，可能存在违反审判职责行为的，应当启动惩戒程序。

第十九条 法官涉嫌违反审判职责，已经被立案调查，不宜继续履行职责的，

⑤ 机关纪委的职责，请见《中国共产党党和国家机关基层组织工作条例》第11条，监督的对象是党组织和党员。对不是党员的法官涉嫌违法，初核主体应由承担督察工作的部门进行比较合适。

报请院长批准，按照管理权限和规定的程序暂时停止其履行职务。

第二十条　人民法院对法官涉嫌违反审判职责行为进行调查的过程中，当事法官享有知情、申请回避、陈述、举证和辩解的权利。调查人员应当如实记录当事法官的陈述、辩解和举证。

第二十一条　调查结束后，经院长批准，按照下列情形分别处理：

（一）没有证据证明当事法官存在违反审判职责行为的，应当撤销案件，并通知当事法官，必要时可在一定范围内予以澄清；

（二）当事法官存在违反审判职责行为，但情节较轻无需给予惩戒处理的，由相关部门进行提醒谈话[⑥]、批评教育、责令检查，或者予以诫勉；

（三）当事法官存在违反审判职责行为，需要惩戒的，人民法院调查部门应将审查报告移送本院承担督察工作的部门，由承担督察工作的部门制作提请审议意见书，报院长审批后，按照本规定第二十二条规定的程序，提请法官惩戒委员会审议。

提请审议意见书应当列明当事法官的基本情况、调查认定的事实及依据、调查结论及处理意见等内容。

第二十二条　人民法院按以下程序提请法官惩戒委员会审议：

（一）最高人民法院法官违反审判职责的，由最高人民法院提请最高人民法院法官惩戒委员会审议；

（二）高级人民法院法官违反审判职责的，由高级人民法院提请省、自治区、直辖市法官惩戒委员会审议；

（三）中级人民法院、基层人民法院和专门人民法院法官违反审判职责的，层报高级人民法院提请省、自治区、直辖市法官惩戒委员会审议。

上级人民法院认为下级人民法院提请审议的事项不符合相关要求的，可以要求下级人民法院补充完善，或者将提请审议的材料退回下级人民法院。

第五章　听证和审议

第二十三条　法官惩戒委员会受理惩戒事项后，相关人民法院承担督察工作的部门应当做以下准备工作：

（一）受理后五日内将提请审议意见书送达当事法官，并告知当事法官有权查阅、摘抄、复制相关案卷材料及证据，有陈述、举证、辩解和申请回避等权利，以及按时参加听证、遵守相关纪律等义务；

（二）提前三日将会议议程及召开会议的时间、地点通知法官惩戒委员会委员；

（三）听证前三日将听证的时间、地点通知当事法官和相关人民法院调查部门；

⑥ 此处的“提醒谈话”改为“谈话提醒”更恰当，因为提醒谈话适用于苗头性倾向性问题，而谈话提醒适用于问题轻微、不需要处分的情形。

（四）根据当事法官和相关人民法院调查部门的申请，通知相关证人参加听证；

（五）做好听证、审议的会议组织工作。

第二十四条 法官惩戒委员会审议惩戒事项，应当有全体委员五分之四以上出席方可召开。

委员因故无法出席的，须经法官惩戒委员会主任批准。

第二十五条 法官惩戒委员会审议惩戒事项时，应当组织听证。当事法官对人民法院调查认定的事实、证据和提请审议意见没有异议，明确表示不参加听证或无故缺席的，可直接进行审议。

因特殊情况，惩戒委员会主任可以决定延期听证。

第二十六条 听证由法官惩戒委员会主任主持，或者由主任委托副主任或其他委员主持，按照下列程序进行：

（一）主持人宣布听证开始；

（二）询问当事法官是否申请回避，并作出决定；

（三）承担督察工作的部门派员宣读提请审议意见书；

（四）调查人员出示当事法官违反审判职责的证据，并就其违反审判职责行为和主观过错进行举证；

（五）当事法官陈述、举证、辩解；

（六）法官惩戒委员会委员可以就惩戒事项涉及的问题进行询问；

（七）调查人员和当事法官分别就事实认定、当事法官是否存在过错及过错性质发表意见；

（八）当事法官最后陈述。

第二十七条 法官惩戒委员会应当在听证后进行审议，并提出审查意见。

审议时，法官惩戒委员会委员应当对证据采信、事实认定、法律法规适用等进行充分讨论，并根据听证的情况独立发表意见。发表意见按照委员、副主任、主任的先后顺序进行。

第二十八条 法官惩戒委员会审议惩戒事项，须经全体委员三分之二以上多数通过，对当事法官是否构成违反审判职责提出审查意见。

经审议，未能形成三分之二以上多数意见的，由人民法院根据审议情况进行补充调查后重新提请审议，或者撤回提请审议事项。

法官惩戒委员会审议其他事项，须经全体委员半数以上同意。

第二十九条 法官惩戒委员会认为惩戒事项需要补充调查的，可以要求相关人民法院补充调查。相关人民法院也可以申请补充调查。

人民法院应当在一个月内补充调查完毕。补充调查以二次为限。

第三十条　人民法院补充调查后，认为应当进行惩戒的，应重新提请法官惩戒委员会审议。

第三十一条　法官惩戒委员会的审查意见应当书面送达当事法官和相关人民法院。[⑦]

当事法官对审查意见有异议的，可以自收到审查意见书之日起十日内以书面形式通过承担督察工作的部门向法官惩戒委员会提出。

第三十二条　当事法官对审查意见提出异议的，法官惩戒委员会应当对异议及其理由进行审议，并作出书面决定：

（一）认为异议成立的，决定变更原审查意见，作出新的审查意见；

（二）认为异议不成立的，决定维持原审查意见。

异议审查决定应当书面回复当事法官。

第三十三条　法官惩戒委员会审查异议期间，相关人民法院应当暂缓对当事法官作出惩戒决定。

第六章　处理和救济

第三十四条　法官惩戒委员会经审议，认定法官存在故意违反审判职责行为，或者存在重大过失导致案件错误并造成严重后果，应当予以惩戒的，由人民法院根据干部管理权限作出惩戒决定：

（一）给予停职、延期晋升、调离审判执行岗位、退出员额、免职、责令辞职等组织处理；

（二）按照《中华人民共和国公务员法》《中华人民共和国公职人员政务处分法》《中华人民共和国法官法》《人民法院工作人员处分条例》等法律规定给予处分。

上述惩戒方式，可以单独使用，也可以同时使用。

第三十五条　人民法院依据法官惩戒委员会的审查意见作出惩戒决定后，应当以书面形式通知当事法官，并列明理由和依据。

惩戒决定及处理情况，应当归入受惩戒法官的人事档案。

第三十六条　当事法官对惩戒决定不服的，可以自知道惩戒决定之日起三十日内向作出决定的人民法院申请复核。

当事法官对复核结果不服的，可以自接到复核决定之日起十五日内向上一级人民法院提出申诉；也可以不经复核，自知道惩戒决定之日起三十日内直接提出申诉。

第三十七条　人民法院应当自接到复核申请书后的三十日内作出复核决定，并以书面形式告知申请人。

⑦ 此处规定法官惩戒委员会的送达义务，要求其将审查意见书面送达当事法官和相关人民法院。

上一级人民法院应当自受理当事法官申诉之日起六十日内作出处理决定;案情复杂的,可以适当延长,但是延长时间不得超过三十日。

复核、申诉期间不停止惩戒决定的执行。

法官不因申请复核、提出申诉而被加重处理。

第三十八条 上一级人民法院经审查,认定惩戒决定有错误的,作出惩戒决定的人民法院应当及时予以纠正。

第三十九条 人民法院应当将惩戒决定及执行情况通报法官惩戒委员会。

第七章 附 则

第四十条 本规定适用于人民法院履行主体责任,对法官涉嫌违反审判职责的行为进行调查和惩戒。

法官惩戒程序与纪检监察机关对法官涉嫌违反审判职责行为调查处理程序的衔接,按照有关规定办理。

第四十一条 人民法院在办理法官违反审判职责案件过程中,发现法官涉嫌犯罪的,应当及时移送具有管辖权的纪检监察机关或者人民检察院依法处理。

第四十二条[⑧] 本规定所称法官,是指按照《中华人民共和国法官法》选任并实行员额制管理的法官。

⑧ 司法辅助人员不属于法官惩戒的对象。

第四十三条 本规定由最高人民法院负责解释。

第四十四条 本规定自印发之日起施行。

检察人员配偶、子女及其配偶禁业清单

(2021年9月29日最高人民检察院印发)

一、最高人民检察院厅局级及直属单位四级职员以上干部的配偶、子女及其配偶的禁业范围,按照中央关于规范中央单位领导干部配偶、子女及其配偶经商办企业行为的有关规定和最高人民检察院关于领导干部配偶、子女及其配偶经商办企业禁业范围的有关规定执行。

二、地方检察机关厅局副职以上领导干部的配偶、子女及其配偶的禁业范围,按照中央关于规范省区市领导干部配偶、子女及其配偶经商办企业行为的有关规定和本省、自治区、直辖市党委组织部有关规定执行。

三、各级人民检察院领导干部和检察官的配偶、父母、子女不得担任其所任职检察院辖区内律师事务所的合伙人或设立人,不得在其任职检察院辖区内以律师身份担任诉讼代理人、辩护人，或为诉讼案件当事人提供其他有偿法律服务。

四、各级人民检察院领导干部的配偶、子女及其配偶不得与领导干部所在单位和管辖单位发生直接经济关系。

五、各级人民检察院领导干部的配偶、子女及其配偶不得从事其他可能影响其依法公正履职的经商办企业等经营活动。

六、检察人员不得利用职权和职务影响，为配偶、子女及其配偶等近亲属和其他特定关系人从事经商办企业及其他经营活动提供便利和优惠条件，或者为其经商办企业谋取利益。

七、本清单中所称“各级人民检察院领导干部”，指各级人民检察院领导班子成员和检察委员会委员。

人民法院工作人员近亲属禁业清单

（2021年10月20日最高人民法院印发）

第一条　为认真贯彻党中央关于加强政法队伍建设的部署要求，确保人民法院工作人员廉洁司法、廉洁用权、廉洁齐家，推动全面从严治党、从严治院、从严管理进一步向纵深发展，根据《中国共产党纪律处分条例》《中华人民共和国公职人员政务处分法》《法官法》及中央组织部关于规范经商办企业行为相关规定，按照《关于规范政法干警配偶、子女及其配偶经商办企业行为的通知》要求，制定本清单。

第二条　人民法院工作人员近亲属经商办企业执行以下共同禁业范围：

（一）法院领导干部和审判执行人员的配偶、父母、子女不得担任其所任职法院辖区内律师事务所的合伙人或者设立人；

（二）法院领导干部和审判执行人员的配偶、父母、子女不得在其任职法院辖区内以律师身份担任诉讼代理人、辩护人，或为诉讼案件当事人提供其他有偿法律服务；

（三）法院领导干部的配偶、子女及其配偶不得与领导干部所在法院和管辖单位发生直接经济利益关系；

（四）法院领导干部的配偶、子女及其配偶不得在其任职法院辖区内，担任提供司法拍卖、司法评估等有偿中介或法律服务的营利性组织的设立人、合伙人、投资人、高级管理人员等；

（五）法院领导干部和审判执行人员的配偶、子女及其配偶不得从事其他可能影响其依法公正履职的经商办企业活动。

第三条 法院领导干部和审判执行人员不得利用职权和职务上的影响,为配偶、子女及其配偶和其他特定关系人从事经商办企业活动提供便利和优惠条件,或者为其经商办企业谋取利益。

第四条 最高人民法院厅局级副职以上领导干部的配偶、子女及其配偶除执行第二条、第三条规定的禁业范围外,按照中央组织部《中央单位规范领导干部配偶、子女及其配偶经商办企业行为规定》《最高人民法院领导干部配偶、子女及其配偶经商办企业禁业范围(试行)》等有关规定执行。

省级以下人民法院厅局级副职以上领导干部的配偶、子女及其配偶除执行第二条、第三条规定的禁业范围外,按照中央组织部《关于省区市规范领导干部配偶、子女及其配偶经商办企业行为规定》及各省区市党委组织部有关规定执行。

第五条 本清单所称"法院领导干部"是指各级人民法院的领导班子成员及审判委员会专职委员,"审判执行人员"是指各级人民法院立案、审判、执行、审判监督、国家赔偿等部门的领导班子成员、法官及具备公务员身份的法官助理、执行员、书记员。

第六条 各高级人民法院及新疆维吾尔自治区高级人民法院生产建设兵团分院可以根据本清单,结合本地实际制定具体实施办法。

中华人民共和国检察官法(节录)

(1995年2月28日第八届全国人民代表大会常务委员会第十二次会议通过 根据2001年6月30日第九届全国人民代表大会常务委员会第二十二次会议《关于修改〈中华人民共和国检察官法〉的决定》第一次修正 根据2017年9月1日第十二届全国人民代表大会常务委员会第二十九次会议《关于修改〈中华人民共和国法官法〉等八部法律的决定》第二次修正 2019年4月23日第十三届全国人民代表大会常务委员会第十次会议修订)

第二条 检察官是依法行使国家检察权的检察人员,包括最高人民检察院、地方各级人民检察院和军事检察院等专门人民检察院的检察长、副检察长、检察委员会委员和检察员。

第五条 检察官履行职责,应当以事实为根据,以法律为准绳,秉持客观公正的立场。

检察官办理刑事案件,应当严格坚持罪刑法定原则,尊重和保障人权,既要追诉犯罪,也要保障无罪的人不受刑事追究。

第七条　检察官的职责：

（一）对法律规定由人民检察院直接受理的刑事案件进行侦查；

（二）对刑事案件进行审查逮捕、审查起诉，代表国家进行公诉；

（三）开展公益诉讼工作；

（四）开展对刑事、民事、行政诉讼活动的监督工作；

（五）法律规定的其他职责。

检察官对其职权范围内就案件作出的决定负责。

第八条　人民检察院检察长、副检察长、检察委员会委员除履行检察职责外，还应当履行与其职务相适应的职责。

第九条　检察官在检察长领导下开展工作，重大办案事项由检察长决定[①]。检察长可以将部分职权委托检察官行使，可以授权检察官签发法律文书。

① 明确了检察长的统一领导权。

第十条　检察官应当履行下列义务：

（一）严格遵守宪法和法律；

（二）秉公办案，不得徇私枉法；

（三）依法保障当事人和其他诉讼参与人的诉讼权利；

（四）维护国家利益、社会公共利益，维护个人和组织的合法权益；

（五）保守国家秘密和检察工作秘密，对履行职责中知悉的商业秘密和个人隐私予以保密；

（六）依法接受法律监督和人民群众监督；

（七）通过依法办理案件以案释法，增强全民法治观念，推进法治社会建设；

（八）法律规定的其他义务。

第十二条　担任检察官必须具备下列条件：

（一）具有中华人民共和国国籍；

（二）拥护中华人民共和国宪法，拥护中国共产党领导和社会主义制度；

（三）具有良好的政治、业务素质和道德品行；

（四）具有正常履行职责的身体条件；

（五）具备普通高等学校法学类本科学历并获得学士及以上学位；或者普通高等学校非法学类本科及以上学历并获得法律硕士、法学硕士及以上学位；或者普通高等学校非法学类本科及以上学历，获得其他相应学位，并具有法律专业知识；

（六）从事法律工作满五年。其中获得法律硕士、法学硕士学位，或者获得法学博士学位的，从事法律工作的年限可以分别放宽至四年、三年；

（七）初任检察官应当通过国家统一法律职业资格考试取得法律职业资格。

适用前款第五项规定的学历条件确有困难的地方，经最高人民检察院审核确定，在一定期限内，可以将担任检察官的学历条件放宽为高等学校本科毕业。

第十三条 下列人员不得担任检察官：

（一）因犯罪受过刑事处罚的；

（二）被开除公职的；

（三）被吊销律师、公证员执业证书或者被仲裁委员会除名[②]的；

（四）有法律规定的其他情形的。

第十八条 检察官的任免，依照宪法和法律规定的任免权限和程序办理。

最高人民检察院检察长由全国人民代表大会选举和罢免，副检察长、检察委员会委员和检察员，由检察长提请全国人民代表大会常务委员会任免。

地方各级人民检察院检察长由本级人民代表大会选举和罢免，副检察长、检察委员会委员和检察员，由检察长提请本级人民代表大会常务委员会任免。

地方各级人民检察院检察长的任免，须报上一级人民检察院检察长提请本级人民代表大会常务委员会批准。

省、自治区、直辖市人民检察院分院检察长、副检察长、检察委员会委员和检察员，由省、自治区、直辖市人民检察院检察长提请本级人民代表大会常务委员会任免。

省级人民检察院和设区的市级人民检察院依法设立作为派出机构的人民检察院的检察长、副检察长、检察委员会委员和检察员，由派出的人民检察院检察长提请本级人民代表大会常务委员会任免。

新疆生产建设兵团各级人民检察院、专门人民检察院的检察长、副检察长、检察委员会委员和检察员，依照全国人民代表大会常务委员会的有关规定任免。

第十九条 检察官在依照法定程序产生后，在就职时应当公开进行宪法宣誓。

第二十条 检察官有下列情形之一的，应当依法提请免除其检察官职务：

（一）丧失中华人民共和国国籍的；

（二）调出所任职人民检察院的；

（三）职务变动不需要保留检察官职务的，或者本人申请免除检察官职务经批准的；

（四）经考核不能胜任检察官职务的；

（五）因健康原因长期不能履行职务的；

（六）退休的；

（七）辞职或者依法应当予以辞退的；

（八）因违纪违法不宜继续任职的。

第二十三条 检察官不得兼任人民代表大会常务委员会的组成人员，不得兼

② 《仲裁法》规定，仲裁员有索贿受贿、枉法仲裁等行为的，由仲裁委员会予以除名，因此，被除名的仲裁员也不能担任检察官。因此本法增加规定“被仲裁委员会除名的”，不得担任检察官。

任行政机关、监察机关、审判机关的职务，不得兼任企业或者其他营利性组织、事业单位的职务，不得兼任律师、仲裁员和公证员。

第二十七条　检察官实行单独职务序列管理。

检察官等级分为十二级，依次为首席大检察官、一级大检察官、二级大检察官、一级高级检察官、二级高级检察官、三级高级检察官、四级高级检察官、一级检察官、二级检察官、三级检察官、四级检察官、五级检察官。

第三十五条　检察官申请辞职，应当由本人书面提出，经批准后，依照法律规定的程序免除其职务。

第三十六条　辞退检察官应当依照法律规定的程序免除其职务。

辞退检察官应当按照管理权限决定。辞退决定应当以书面形式通知被辞退的检察官，并列明作出决定的理由和依据。

第三十七条　检察官从人民检察院离任后两年内，不得以律师身份担任诉讼代理人或者辩护人。

检察官从人民检察院离任后，不得担任原任职检察院办理案件的诉讼代理人或者辩护人，但是作为当事人的监护人或者近亲属代理诉讼或者进行辩护的除外。

检察官被开除后，不得担任诉讼代理人或者辩护人③，但是作为当事人的监护人或者近亲属代理诉讼或者进行辩护的除外。

③　此处系新增规定。

第三十八条　检察官因工作需要，经单位选派或者批准，可以在高等学校、科研院所协助开展实践性教学、研究工作，并遵守国家有关规定。

第四十七条　检察官有下列行为之一的，应当给予处分；构成犯罪的，依法追究刑事责任：

（一）贪污受贿、徇私枉法、刑讯逼供的；

（二）隐瞒、伪造、变造、故意损毁证据、案件材料④的；

④　"案件材料"系新增表述。

（三）泄露国家秘密、检察工作秘密、商业秘密或者个人隐私的；

（四）故意违反法律法规办理案件的；

（五）因重大过失导致案件错误并造成严重后果的；

（六）拖延办案，贻误工作的；

（七）利用职权为自己或者他人谋取私利的；

（八）接受当事人及其代理人利益输送，或者违反有关规定会见当事人及其代理人的；

（九）违反有关规定从事或者参与营利性活动，在企业或者其他营利性组织中兼任职务的；

（十）有其他违纪违法行为的。

检察官的处分按照有关规定办理。

第四十八条 检察官涉嫌违纪违法，已经被立案调查、侦查，不宜继续履行职责的，按照管理权限和规定的程序暂时停止其履行职务。

第四十九条 最高人民检察院和省、自治区、直辖市设立检察官惩戒委员会，负责从专业角度审查认定检察官是否存在本法第四十七条第四项、第五项规定的违反检察职责的行为，提出构成故意违反职责、存在重大过失、存在一般过失或者没有违反职责等审查意见。检察官惩戒委员会提出审查意见后，人民检察院依照有关规定作出是否予以惩戒的决定，并给予相应处理。

检察官惩戒委员会由检察官代表、其他从事法律职业的人员和有关方面代表组成，其中检察官代表不少于半数。

最高人民检察院检察官惩戒委员会、省级检察官惩戒委员会的日常工作，由相关人民检察院的内设职能部门承担。

第五十条 检察官惩戒委员会审议惩戒事项时，当事检察官有权申请有关人员回避，有权进行陈述、举证、辩解。

第五十一条 检察官惩戒委员会作出的审查意见应当送达当事检察官。当事检察官对审查意见有异议的，可以向惩戒委员会提出，惩戒委员会应当对异议及其理由进行审查，作出决定。

第五十四条 除下列情形外，不得将检察官调离检察业务岗位：

（一）按规定需要任职回避的；

（二）按规定实行任职交流的；

（三）因机构调整、撤销、合并或者缩减编制员额需要调整工作的；

（四）因违纪违法不适合在检察业务岗位工作的；

（五）法律规定的其他情形。

第五十五条 任何单位或者个人不得要求检察官从事超出法定职责范围的事务。

对任何干涉检察官办理案件的行为，检察官有权拒绝并予以全面如实记录和报告；有违纪违法情形的，由有关机关根据情节轻重追究有关责任人员、行为人的责任。

第五十七条 检察官因依法履行职责遭受不实举报、诬告陷害、侮辱诽谤，致使名誉受到损害的，人民检察院应当会同有关部门及时澄清事实，消除不良影响，并依法追究相关单位或者个人的责任。

第五十八条 检察官因依法履行职责，本人及其近亲属人身安全面临危险的，人民检察院、公安机关应当对检察官及其近亲属采取人身保护、禁止特定人员接触等必要保护措施。

第六十八条　人民检察院的检察官助理在检察官指导下负责审查案件材料、草拟法律文书等检察辅助事务。

人民检察院应当加强检察官助理队伍建设,为检察官遴选储备人才。

检察人员纪律处分条例

(2004年6月1日通过　2016年10月20日修订)

第一章　总　　则

第一节　目的、原则和适用范围

第一条　为了严肃检察纪律,规范检察人员行为,保证检察人员依法履行职责,确保公正廉洁司法,根据《中华人民共和国人民检察院组织法》《中华人民共和国公务员法》《中华人民共和国检察官法》等法律法规,参照《中国共产党纪律处分条例》等党内法规,结合检察机关的实际,制定本条例。

第二条　检察机关的纪律处分工作,应当坚持全面从严治检、实事求是、纪律面前一律平等、处分与违纪行为相适应、惩戒与教育相结合的原则。

第三条　本条例适用于违反纪律或者法律、法规规定应当受到纪律追究的检察人员。

第四条　检察机关及其所属机构、单位、办案组织集体作出违纪决定或者实施违纪行为,对负有直接责任和领导责任的检察人员,依照本条例给予纪律处分。

第五条　检察人员依法履行职责和其他合法权益受法律保护,非因法定事由、非经法定程序,不受纪律处分。

第二节　纪律处分的种类和适用

第六条　对违反纪律的检察人员,应当根据其违纪行为的事实、性质和情节,依照本条例的规定给予纪律处分。

情节轻微,经批评教育确已认识错误的,可以免予处分。

情节显著轻微,不认为构成违纪的,不予处分。

第七条　纪律处分种类:

(一)警告;

(二)记过[①];

① 事业单位工作人员的处分种类没有记大过,也没有行政降级。

（三）记大过；

（四）降级；

（五）撤职；

（六）开除。

第八条 纪律处分期间分别为：

（一）警告，六个月；

（二）记过，十二个月；

（三）记大过，十八个月；

（四）降级、撤职，二十四个月。

第九条 检察人员在处分期间不得晋升职务、级别。其中，受记过、记大过、降级、撤职处分的，在处分期间不得晋升工资档次。

第十条 受降级处分的，自处分的下个月起降低一个级别。如果受处分人为最低级别的，按降低一个工资档次处理；如果受处分人为最低级别最低档次的，给予记大过处分。

第十一条 受撤职处分的，撤销其所有行政职务。在处分期间不得担任领导职务，自处分的下个月起按降低一个以上的职务层次另行确定非领导职务。办事员应当给予撤职处分的，给予降级处分。

第十二条 受开除处分的，自处分决定生效之日起解除其人事关系，其职务、级别自然撤销，不得再被录用为检察人员。

第十三条 受处分人具有法律职务的，按照有关规定重新确定或者依法罢免、免除法律职务。

受开除处分的，依法罢免或者免除法律职务。

第十四条 一人有本条例规定的两种以上应当受到处分的违纪行为，应当分别确定其处分种类。应当给予的处分种类不同的，执行其中最重的处分；应当给予撤职以下多个相同种类处分的，执行该处分，并在最高处分期间以上，多个处分期间之和以下，决定应当执行的处分期间。

处分期间最长不超过 48 个月。

第十五条 一个违纪行为同时触犯本条例两个以上条款的，依照处分较重的条款定性处理。

一个条款规定的违纪构成要件全部包含在另一个条款规定的违纪构成要件中，特别规定与一般规定不一致的，适用特别规定。

第十六条 二人以上共同故意违纪的，对起主要作用的，从重处分，本条例另有规定的除外；对其他成员，按照其在共同违纪中所起的作用和应负的责任，分别给予处分。

对于经济方面共同违纪的，按照个人所得数额及其所起的作用，分别给予处分。对起主要作用，情节严重的，按照共同违纪的总数额给予处分。

教唆他人违纪的，应当按照其在共同违纪中所起的作用追究纪律责任。

第十七条　有下列情形之一的，可以从轻或者减轻处分：

（一）主动交代本人应当受到纪律处分的问题的；

（二）检举他人应当受到纪律处分或者法律追究的问题，经查证属实的；

（三）主动挽回损失、消除不良影响或者有效阻止危害结果发生的；

（四）主动上交违纪所得的；

（五）其他立功表现的。

第十八条　有下列情形之一的，应当从重或者加重处分：

（一）在集中整治过程中，不收敛、不收手的；

（二）强迫他人违纪的；

（三）本条例另有规定的。

第十九条　故意违纪受处分后又因故意违纪应当受到纪律处分的，应当从重处分。

第二十条　纪律处分决定作出后，应当在一个月内向受处分人所在单位及其本人宣布，并由干部人事管理部门按照干部管理权限将处分决定材料归入受处分人档案；对于受到降级以上处分的，还应当在一个月内办理职务、工资等相应变更手续。

第二十一条　对于违纪行为所获得的经济利益，应当收缴或者责令退赔。

对于违纪行为所获得的职务、职称、学历、学位、奖励等其他利益，应当建议有关组织、单位、部门按规定予以纠正。

第二十二条　从轻、从重处分，是指在本条例规定的违纪行为应当受到的处分幅度以内，给予较轻或者较重的处分。

减轻、加重处分，是指在本条例规定的违纪行为应当受到的处分幅度以外，减轻或者加重一档给予处分。

本条例规定的只有开除处分一个档次的违纪行为，不适用前款减轻处分的规定。

依照本条例应当给予警告或者记过处分，又有减轻处分情形的，可以免予处分。

第三节　对违法犯罪、违犯党纪检察人员的处分

第二十三条　检察人员有贪污贿赂、渎职侵权等刑法规定的行为涉嫌犯罪的，应当给予撤职或者开除处分。

第二十四条 检察人员有刑法规定的行为,虽不构成犯罪或者不以犯罪论处,但须追究纪律责任的,应当视具体情节给予警告直至开除处分。

第二十五条 检察人员有其他违法行为,须追究纪律责任的,应当视具体情节给予警告直至开除处分。

第二十六条 检察人员受到纪律追究,涉嫌违法犯罪的,应当及时移送有关国家机关依法处理;需要给予党纪处分的,应当向有关党组织提出建议。

第二十七条 因犯罪被判处刑罚的,应当给予开除处分。

因犯罪情节轻微,被人民检察院依法作出不起诉决定的,或者被人民法院免予刑事处罚的,给予降级、撤职或者开除处分。

属于前款规定情形的,应当根据司法机关的生效裁判、决定及其认定的事实、性质和情节,依照本条例规定给予纪律处分。

第二十八条 受到党纪处分或者行政处罚,应当追究纪律责任的,可以根据生效的党纪处分决定、行政处罚决定认定的事实、性质和情节,经核实后依照本条例规定给予纪律处分。

第二十九条 纪律处分决定作出后,党组织、司法机关、行政机关等改变原生效决定、裁判,对原处分决定产生影响的,应当根据改变后的生效决定、裁判重新作出相应处理。

第四节 纪律处分的变更和解除

第三十条 受处分人在处分期间获得三等功以上奖励的,可以缩短处分期间,但缩短后的期间不得少于原处分期间的二分之一。

第三十一条 受处分人在处分期间,发现其另有应当受到纪律处分的违纪行为,应当根据新发现违纪行为的事实、性质、情节和已经作出的处分,重新作出处分决定,处分期间依照本条例第十四条的规定重新计算,已经执行的处分期间应当从重新确定的处分期间中扣除。

受处分人在处分期间又犯应当受到纪律处分的违纪行为,应当依照前款规定重新作出处分决定,处分期间为原处分期间尚未执行的期间与新处分期间之和。

第三十二条 受处分人在处分期间确有悔改表现,处分期满后,经所在单位或者部门提出意见,由处分决定机关作出解除处分的决定。

第三十三条 解除处分决定应当在一个月内书面通知受处分人,并在一定范围内宣布。

解除处分决定应当在作出后的一个月内,由干部人事管理部门归入受处分人档案。

第三十四条　解除降级、撤职处分，不得恢复原职务、级别和工资档次，但以后晋升职务、级别和工资档次不受原处分的影响。

第五节　其他规定

第三十五条　检察人员在纪律处分决定作出前已经退休的，不再给予纪律处分，但是依照本条例应当给予降级以上处分的，按照应当给予的纪律处分相应降低或者取消其享受的待遇。

第三十六条　本条例所称检察人员，是指检察机关具有公务员身份和参照公务员法管理的检察官、检察辅助人员和司法行政人员。

对检察机关所属事业单位中不参照公务员法管理工作人员的纪律处分，适用《事业单位工作人员处分暂行规定》。

第三十七条　本条例所称领导干部，是指人民检察院及所属参公管理事业单位中担任各级领导职务，以及非领导职务的县(处)级以上干部。

第三十八条　本条例所称直接责任者，是指在其职责范围内，不履行或者不正确履行自己的职责，对造成的损失或者后果起决定性作用的检察人员。

本条例所称主要领导责任者，是指在其职责范围内，对直接主管的工作不履行或者不正确履行职责，对造成的损失或者后果负直接领导责任的领导干部。

本条例所称重要领导责任者，是指在其职责范围内，对应管的工作或者参与决定的工作不履行或者不正确履行职责，对造成的损失或者后果负次要领导责任的领导干部。

本条例所称领导责任者，包括主要领导责任者和重要领导责任者。

第三十九条　检察人员实施违反检察职责的行为应当承担司法责任，需要给予纪律处分的，适用本条例。

第四十条　对检察人员因故意或者重大过失导致案件错误并造成严重后果而追究其纪律责任的，应当遵循谁办案谁负责、谁决定谁负责原则。

检察官有前款行为，应当受到纪律追究的，适用检察官惩戒制度相关规定。

第四十一条　本条例所述“以上”、“以下”均含本数。

第四十二条　本条例总则适用于最高人民检察院制定的其他有纪律处分规定的规范性文件，另有特别规定的除外。

第二章　分　　则

第一节　对检察人员违反政治纪律行为的处分

第四十三条　通过信息网络、广播、电视、报刊、书籍、讲座、论坛、报告会、座谈会等方式，公开发表坚持资产阶级自由化立场、反对四项基本原则，反对党的改革开放决策的文章、演说、宣言、声明等的，给予开除处分。

发布、播出、刊登、出版前款所列文章、演说、宣言、声明等或者为上述行为提供方便条件的，对直接责任者和领导责任者，给予记大过或者降级处分；情节严重的，给予撤职或者开除处分。

第四十四条 通过信息网络、广播、电视、报刊、书籍、讲座、论坛、报告会、座谈会等方式，有下列行为之一，情节较轻的，给予警告、记过或者记大过处分；情节较重的，给予降级或者撤职处分；情节严重的，给予开除处分：

（一）公开发表违背四项基本原则，违背、歪曲党的改革开放决策，或者其他有严重政治问题的文章、演说、宣言、声明等的；

（二）妄议中央大政方针，破坏党的集中统一的；

（三）丑化党和国家形象，或者诋毁、诬蔑党和国家领导人，或者歪曲党史、军史的。

发布、播出、刊登、出版前款所列内容或者为上述行为提供方便条件的，对直接责任者和领导责任者，给予记过、记大过或者降级处分；情节严重的，给予撤职或者开除处分。

第四十五条 制作、贩卖、传播本条例第四十三条、第四十四条所列内容之一的书刊、音像制品、电子读物、网络音视频资料等，情节较轻的，给予警告、记过或者记大过处分；情节较重的，给予降级或者撤职处分；情节严重的，给予开除处分。

私自携带、寄递本条例第四十三条、第四十四条所列内容之一的书刊、音像制品、电子读物等入出境，情节较重的，给予警告、记过或者记大过处分；情节严重的，给予降级、撤职或者开除处分。

第四十六条 组织、参加反对党的基本理论、基本路线、基本纲领、基本经验、基本要求或者重大方针政策的集会、游行、示威等活动的，或者以组织讲座、论坛、报告会、座谈会等方式，反对党的基本理论、基本路线、基本纲领、基本经验、基本要求或者重大方针政策，造成严重不良影响的，对策划者、组织者和骨干分子，给予开除处分。

对其他参加人员或者以提供信息、资料、财物、场地等方式支持上述活动者，情节较轻的，给予警告、记过或者记大过处分；情节较重的，给予降级或者撤职处分；情节严重的，给予开除处分。

对不明真相被裹挟参加，经批评教育后确有悔改表现的，可以免予处分或者不予处分。

对未经组织批准参加其他集会、游行、示威等活动，情节较轻的，给予警告、记过或者记大过处分；情节较重的，给予降级或者撤职处分；情节严重的，给予开除处分。

第四十七条　组织、参加旨在反对党的领导、反对社会主义制度或者敌视政府等组织的，对策划者、组织者和骨干分子，给予开除处分。

对其他参加人员，情节较轻的，给予警告、记过或者记大过处分；情节较重的，给予降级或者撤职处分；情节严重的，给予开除处分。

第四十八条　组织、参加会道门或者邪教组织的，对策划者、组织者和骨干分子，给予开除处分。

对其他参加人员，情节较轻的，给予警告、记过或者记大过处分；情节较重的，给予降级或者撤职处分；情节严重的，给予开除处分。

对不明真相的参加人员，经批评教育后确有悔改表现的，可以免予处分或者不予处分。

第四十九条　搞团团伙伙、结党营私、拉帮结派、培植私人势力或者通过搞利益交换、为自己营造声势等活动捞取政治资本的，给予记过、记大过或者降级处分；情节严重的，给予撤职或者开除处分。

第五十条　有下列行为之一的，对直接责任者和领导责任者，给予记过、记大过或者降级处分；情节严重的，给予撤职或者开除处分：

（一）拒不执行党和国家的方针政策以及决策部署的；

（二）故意作出与党和国家的方针政策以及决策部署相违背的决定的；

（三）擅自对应当由中央决定的重大政策问题作出决定和对外发表主张的。

第五十一条　挑拨民族关系制造事端或者参加民族分裂活动的，对策划者、组织者和骨干分子，给予开除处分。

对其他参加人员，情节较轻的，给予警告、记过或者记大过处分；情节较重的，给予降级或者撤职处分；情节严重的，给予开除处分。

对不明真相被裹挟参加，经批评教育后确有悔改表现的，可以免予处分或者不予处分。

有其他违反党和国家民族政策的行为，情节较轻的，给予警告、记过或者记大过处分；情节较重的，给予降级或者撤职处分；情节严重的，给予开除处分。

第五十二条　组织、利用宗教活动反对党的路线、方针、政策和决议，破坏民族团结的，对策划者、组织者和骨干分子，给予撤职或者开除处分。

对其他参加人员，情节较轻的，给予警告、记过或者记大过处分；情节较重的，给予降级或者撤职处分；情节严重的，给予开除处分。

对不明真相被裹挟参加，经批评教育后确有悔改表现的，可以免予处分或者不予处分。

有其他违反国家宗教政策的行为，情节较轻的，给予警告、记过或者记大过处分；情节较重的，给予降级或者撤职处分；情节严重的，给予开除处分。

第五十三条 组织、利用宗族势力对抗党和政府，妨碍党和国家的方针政策以及决策部署的实施，或者破坏党的基层组织建设的，对策划者、组织者和骨干分子，给予撤职或者开除处分。

对其他参加人员，情节较轻的，给予警告、记过或者记大过处分；情节较重的，给予降级或者撤职处分；情节严重的，给予开除处分。

对不明真相被裹挟参加，经批评教育后确有悔改表现的，可以免予处分或者不予处分。

第五十四条 对抗组织调查，有下列行为之一的，给予警告、记过或者记大过处分；情节较重的，给予降级或者撤职处分；情节严重的，给予开除处分：

（一）串供或者伪造、销毁、转移、隐匿证据的；

（二）阻止他人揭发检举、提供证据材料的；

（三）包庇同案人员的；

（四）向组织提供虚假情况，掩盖事实的；

（五）其他对抗组织调查行为的。

第五十五条 组织迷信活动的，给予降级或者撤职处分；情节严重的，给予开除处分。

参加迷信活动，造成不良影响的，给予警告、记过或者记大过处分；情节较重的，给予降级或者撤职处分；情节严重的，给予开除处分。

对不明真相的参加人员，经批评教育后确有悔改表现的，可以免予处分或者不予处分。

第五十六条 在国（境）外、外国驻华使（领）馆申请政治避难，或者违纪后逃往国（境）外、外国驻华使（领）馆的，给予开除处分。

在国（境）外公开发表反对党和政府的文章、演说、宣言、声明等的，依照前款规定处理。

故意为上述行为提供方便条件的，给予撤职或者开除处分。

第五十七条 在涉外活动中，其言行在政治上造成恶劣影响，损害党和国家尊严、利益的，给予降级或者撤职处分；情节严重的，给予开除处分。

第五十八条 领导干部对违反政治纪律和政治规矩等错误思想和行为放任不管，搞无原则一团和气，造成不良影响的，给予警告、记过或者记大过处分；情节严重的，给予降级或者撤职处分。

第五十九条 有其他违反政治纪律和政治规矩行为的，应当视具体情节给予警告直至开除处分。

第二节　对检察人员违反组织纪律行为的处分

第六十条　违反民主集中制原则，拒不执行或者擅自改变组织作出的重大决定，或者违反议事规则，个人或者少数人决定重大问题的，给予警告、记过或者记大过处分；情节严重的，给予降级或者撤职处分。

第六十一条　下级检察机关拒不执行或者擅自改变上级检察机关决定的，对直接责任者和领导责任者，给予警告、记过或者记大过处分；情节严重的，给予降级或者撤职处分。

第六十二条　拒不执行组织的分配、调动、交流等决定的，给予警告、记过、记大过或者降级处分。

在特殊时期或者紧急状况下，拒不执行组织决定的，给予撤职或者开除处分。

第六十三条　离任、辞职或者被辞退时，拒不办理公务交接手续或者拒不接受审计的，给予警告、记过或者记大过处分；情节较重的，给予降级或者撤职处分；情节严重的，给予开除处分。

第六十四条　不按照有关规定或者工作要求，向组织请示报告重大问题、重要事项的，给予警告、记过或者记大过处分；情节严重的，给予降级或者撤职处分。

不按要求报告或者不如实报告个人去向，情节较重的，给予警告、记过或者记大过处分。

第六十五条　有下列行为之一，情节较重的，给予警告、记过或者记大过处分：

（一）违反个人有关事项报告规定，不报告、不如实报告的；

（二）在组织进行谈话、函询时，不如实向组织说明问题的；

（三）不如实填报个人档案资料的。

篡改、伪造个人档案资料的，给予记过或者记大过处分；情节严重的，给予降级或者撤职处分。

第六十六条　领导干部违反有关规定组织、参加自发成立的老乡会、校友会、战友会等，情节严重的，给予警告、记过、记大过或者降级处分。

第六十七条　诬告陷害他人意在使他人受纪律追究的，给予警告、记过或者记大过处分；情节较重的，给予降级或者撤职处分；情节严重的，给予开除处分。

第六十八条　有下列行为之一的，给予警告、记过或者记大过处分；情节较重的，给予降级或者撤职处分；情节严重的，给予开除处分：

（一）对检察人员的批评、检举、控告进行阻挠、压制，或者将批评、检举、控告材料私自扣压、销毁，或者故意将其泄露给他人的；

（二）对检察人员的申辩、辩护、作证等进行压制，造成不良后果的；

（三）压制检察人员申诉，造成不良后果的，或者不按照有关规定处理检察人员申诉的；

（四）其他侵犯检察人员权利行为，造成不良后果的。

对批评人、检举人、控告人、证人及其他人员打击报复的，依照前款规定从重或者加重处分。

单位或者部门有上述行为的，对直接责任者和领导责任者，依照前款规定处理。

第六十九条 有下列行为之一的，给予警告、记过或者记大过处分；情节较重的，给予降级或者撤职处分；情节严重的，给予开除处分：

（一）在民主推荐、民主测评、组织考察和选举中搞拉票、助选等非组织活动的；

（二）在法律规定的投票、选举活动中违背组织原则搞非组织活动，组织、怂恿、诱使他人投票、表决的；

（三）在选举中进行其他违反法律和纪律规定活动的。

第七十条 在干部选拔任用工作中，违反干部选拔任用规定，对直接责任者和领导责任者，情节较轻的，给予警告、记过或者记大过处分；情节较重的，给予降级或者撤职处分；情节严重的，给予开除处分。

用人失察失误造成严重后果的，对直接责任者和领导责任者，依照前款规定处理。

第七十一条 违反有关规定在人员录用、考评考核、职务晋升和职称评定等工作中，隐瞒、歪曲事实真相，或者利用职权、职务上的影响为本人或者他人谋取利益的，给予警告、记过或者记大过处分；情节较重的，给予降级或者撤职处分；情节严重的，给予开除处分。

弄虚作假，骗取职务、职级、职称、待遇、资格、学历、学位、荣誉或者其他利益的，依照前款规定处理。

第七十二条 违反有关规定取得外国国籍或者获取国（境）外永久居留资格、长期居留许可，非法出境，或者违反规定滞留境外不归的，给予开除处分。

第七十三条 违反有关规定办理因私出国（境）证件、港澳通行证、大陆居民来往台湾通行证，或者未经批准出入国（边）境，情节较轻的，给予警告、记过或者记大过处分；情节较重的，给予降级处分；情节严重的，给予撤职处分。

第七十四条 在临时出国（境）团（组）中擅自脱离组织，或者从事外事、机要等工作的检察人员违反有关规定同国（境）外机构、人员联系和交往的，给予警告、记过、记大过、降级或者撤职处分。

第七十五条　在临时出国(境)团(组)中脱离组织出走的,给予撤职或者开除处分。

故意为他人脱离组织出走提供方便条件的,给予记过、记大过、降级或者撤职处分。

第三节　对检察人员违反办案纪律行为的处分

第七十六条　故意伪造、隐匿、损毁举报、控告、申诉材料,包庇被举报人、被控告人,或者对举报人、控告人、申诉人、批评人打击报复的,给予记过或者记大过处分;情节较重的,给予降级或者撤职处分;情节严重的,给予开除处分。

第七十七条　泄露案件秘密,或者为案件当事人及其近亲属、辩护人、诉讼代理人、利害关系人等打探案情、通风报信的,给予记过或者记大过处分;造成严重后果或者恶劣影响的,给予降级、撤职或者开除处分。

第七十八条　擅自处置案件线索、随意初查或者在初查中对被调查对象采取限制人身自由强制性措施的,给予记过或者记大过处分;情节较重的,给予降级或者撤职处分;情节严重的,给予开除处分。

第七十九条　违反有关规定搜查他人身体、住宅,或者侵入他人住宅的,给予记过或者记大过处分;情节较重的,给予降级或者撤职处分;情节严重的,给予开除处分。

第八十条　违反有关规定采取、变更、解除、撤销强制措施的,给予记过或者记大过处分;情节较重的,给予降级或者撤职处分;情节严重的,给予开除处分。

第八十一条　违反有关规定限制、剥夺诉讼参与人人身自由、诉讼权利的,给予警告、记过或者记大过处分;情节较重的,给予降级或者撤职处分;情节严重的,给予开除处分。

第八十二条　违反职务犯罪侦查全程同步录音录像有关规定,情节较重的,给予警告、记过或者记大过处分;情节严重的,给予降级或者撤职处分。

第八十三条　殴打、体罚虐待、侮辱犯罪嫌疑人、被告人及其他人员的,给予记过或者记大过处分;造成严重后果或者恶劣影响的,给予降级、撤职或者开除处分。

第八十四条　采用刑讯逼供等非法方法收集犯罪嫌疑人、被告人供述,或者采用暴力、威胁等非法方法收集证人证言、被害人陈述的,给予记过或者记大过处分;情节较重的,给予降级或者撤职处分;情节严重的,给予开除处分。

第八十五条　故意违背案件事实作出勘验、检查、鉴定意见的,给予降级或者撤职处分;情节严重的,给予开除处分。

第八十六条　违反有关规定,有下列行为之一的,对直接责任者和领导责任

者,给予记过或者记大过处分;情节较重的,给予降级或者撤职处分;情节严重的,给予开除处分:

(一)在立案之前查封、扣押、冻结涉案财物的;

(二)超范围查封、扣押、冻结涉案财物的;

(三)不返还、不退还扣押、冻结涉案财物的;

(四)侵吞、挪用、私分、私存、调换、外借、压价收购涉案财物的;

(五)擅自处理扣押、冻结的涉案财物及其孳息的;

(六)故意损毁、丢失涉案财物的;

(七)其他违反涉案财物管理规定的。

第八十七条 违反有关规定阻碍律师依法行使会见权、阅卷权、申请收集调取证据等执业权利,情节较重的,给予警告、记过或者记大过处分;情节严重的,给予降级或者撤职处分。

第八十八条 违反有关规定应当回避而故意不回避,或者拒不服从回避决定,或者对符合回避条件的申请故意不作出回避决定的,给予警告、记过或者记大过处分;情节严重的,给予降级或者撤职处分。

第八十九条 私自会见案件当事人及其近亲属、辩护人、诉讼代理人、利害关系人、中介组织,或者接受上述人员提供的礼品、礼金、消费卡等财物,以及宴请、娱乐、健身、旅游等活动的,给予记过或者记大过处分;情节较重的,给予降级或者撤职处分;情节严重的,给予开除处分。

第九十条 有重大过失,不履行或者不正确履行司法办案职责,造成下列后果之一的,给予警告、记过或者记大过处分;情节较重的,给予降级或者撤职处分;情节严重的,给予开除处分:

(一)认定事实、适用法律出现重大错误,或者案件被错误处理的;

(二)遗漏重要犯罪嫌疑人或者重大罪行的;

(三)错误羁押或者超期羁押犯罪嫌疑人、被告人的;

(四)犯罪嫌疑人、被告人串供、毁证、逃跑的;

(五)涉案人员自杀、自伤、行凶的;

(六)其他严重后果或者恶劣影响的。

第九十一条 负有监督管理职责的检察人员因故意或者重大过失,不履行或者不正确履行监督管理职责,导致司法办案工作出现错误,情节较重的,给予警告、记过或者记大过处分;情节严重的,给予降级或者撤职处分。

第九十二条 故意伪造、隐匿、损毁证据材料、诉讼文书的,给予降级或者撤职处分;情节严重的,给予开除处分。

第九十三条　丢失案卷、案件材料、档案的，给予警告、记过或者记大过处分；情节严重的，给予降级或者撤职处分。

第九十四条　违反有关规定，有下列行为之一的，给予记过或者记大过处分；情节较重的，给予降级或者撤职处分；情节严重的，给予开除处分：

（一）体罚虐待被监管人员的；

（二）私自带人会见被监管人员的；

（三）给被监管人员特殊待遇或者照顾的；

（四）让被监管人员为自己提供劳务的。

第九十五条　违反有关规定对司法机关、行政机关违法行使职权或者不行使职权的行为不履行法律监督职责，造成严重后果或者恶劣影响的，给予警告、记过或者记大过处分；情节严重的，给予降级或者撤职处分。

第九十六条　违反有关规定干预司法办案活动，有下列行为之一的，给予警告或者记过处分；情节较重的，给予记大过或者降级处分；情节严重的，给予撤职处分：

（一）在初查、立案、侦查、审查逮捕、审查起诉、审判、执行等环节为案件当事人请托说情的；

（二）邀请或者要求办案人员私下会见案件当事人或者其辩护人、诉讼代理人、近亲属以及其他与案件有利害关系的人的；

（三）私自为案件当事人及其近亲属、辩护人、诉讼代理人传递涉案材料的；

（四）领导干部授意、纵容身边工作人员或者近亲属为案件当事人请托说情的；

（五）领导干部为了地方利益或者部门利益，以听取汇报、开协调会、发文件等形式，超越职权对案件处理提出倾向性意见或者具体要求的；

（六）其他影响司法人员依法公正处理案件的。

第九十七条　对领导干部违规干预司法办案活动、司法机关内部人员过问案件，两次以上不记录或者不如实记录的，给予警告或者记过处分；情节严重的，给予记大过处分。

授意不记录、不如实记录的，依照前款规定处理。

对如实记录的检察人员打击报复的，依照本条例第六十八条第二款处理。

第九十八条　利用检察权或者借办案之机，借用、占用案件当事人、辩护人、诉讼代理人、利害关系人或者发案单位、证人等的住房、交通工具或者其他财物，或者谋取其他个人利益的，给予警告、记过或者记大过处分；情节较重的，给予降级或者撤职处分；情节严重的，给予开除处分。

利用职权或者职务上的影响，借用、占用企事业单位、社会团体或者个人的住房、交通工具或者其他财物，给予警告、记过或者记大过处分；情节较重的，给予降级或者撤职处分;情节严重的,给予开除处分。

第九十九条 违反办案期限或者有关案件管理程序规定,情节较重的,给予警告、记过或者记大过处分;情节严重的,给予降级或者撤职处分。

第一百条 有其他违反办案纪律规定行为的,应当视具体情节给予警告直至开除处分。

第四节 对检察人员违反廉洁纪律行为的处分

第一百零一条 利用职权或者职务上的影响为他人谋取利益,本人的配偶、子女及其配偶等亲属和其他特定关系人收受对方财物,情节较重的,给予警告、记过或者记大过处分;情节严重的,给予降级、撤职或者开除处分。

第一百零二条 相互利用职权或者职务上的影响为对方及其配偶、子女及其配偶等亲属、身边工作人员和其他特定关系人谋取利益搞权权交易的,给予警告、记过或者记大过处分;情节较重的,给予降级或者撤职处分;情节严重的,给予开除处分。

第一百零三条 纵容、默许配偶、子女及其配偶等亲属和身边工作人员利用本人职权或者职务上的影响谋取私利,情节较轻的,给予警告、记过或者记大过处分;情节较重的,给予降级或者撤职处分;情节严重的,给予开除处分。

检察人员的配偶、子女及其配偶未从事实际工作而获取薪酬或者虽从事实际工作但领取明显超出同职级标准薪酬,检察人员知情未予纠正的,依照前款规定处理。

第一百零四条 收受可能影响公正执行公务的礼品、礼金、消费卡等,情节较轻的,给予警告、记过或者记大过处分;情节较重的,给予降级或者撤职处分;情节严重的,给予开除处分。

收受其他明显超出正常礼尚往来的礼品、礼金、消费卡等的,依照前款规定处理。

第一百零五条 向从事公务的人员及其配偶、子女及其配偶等亲属和其他特定关系人赠送明显超出正常礼尚往来的礼品、礼金、消费卡等,情节较重的,给予警告、记过或者记大过处分;情节严重的,给予降级或者撤职处分。

第一百零六条 利用职权或者职务上的影响操办婚丧喜庆事宜,在社会上造成不良影响的,给予警告、记过或者记大过处分;情节严重的,给予降级或者撤职处分。

在操办婚丧喜庆事宜中,借机敛财或者有其他侵犯国家、集体和人民利益行为的,依照前款规定从重或者加重处分,直至给予开除处分。

第一百零七条　接受可能影响公正执行公务的宴请或者旅游、健身、娱乐等活动安排，情节较重的，给予警告、记过或者记大过处分；情节严重的，给予降级或者撤职处分。

第一百零八条　违反有关规定取得、持有、实际使用运动健身卡、会所和俱乐部会员卡、高尔夫球卡等各种消费卡，或者违反有关规定出入私人会所、夜总会，情节较重的，给予警告、记过或者记大过处分；情节严重的，给予降级或者撤职处分。

第一百零九条　违反有关规定从事营利活动，有下列行为之一，情节较轻的，给予警告、记过或者记大过处分；情节较重的，给予降级或者撤职处分；情节严重的，给予开除处分：

（一）经商办企业的；

（二）拥有非上市公司（企业）的股份或者证券的；

（三）买卖股票或者进行其他证券投资的；

（四）兼任律师、法律顾问、仲裁员等职务，以及从事其他有偿中介活动的；

（五）在国（境）外注册公司或者投资入股的；

（六）其他违反有关规定从事营利活动的。

利用职权或者职务上的影响，为本人配偶、子女及其配偶等亲属和其他特定关系人的经营活动谋取利益的，依照前款规定处理。

违反有关规定在经济实体、社会团体等单位中兼职，或者经批准兼职但获取薪酬、奖金、津贴等额外利益的，依照前款规定处理。

第一百一十条　领导干部的配偶、子女及其配偶，违反有关规定在该领导干部管辖的区域或者业务范围内从事可能影响其公正执行公务的经营活动，或者在该领导干部管辖的区域或者业务范围内的外商独资企业、中外合资企业中担任由外方委派、聘任的高级职务的，该领导干部应当按照规定予以纠正；拒不纠正的，其本人应当辞去现任职务或者由组织予以调整职务；不辞去现任职务或者不服从组织调整职务的，给予撤职处分。

领导干部或者在司法办案岗位工作的检察人员的配偶、子女及其配偶在其本人任职的检察机关管辖区域内从事案件代理、辩护业务的，适用前款规定处理。

第一百一十一条　检察机关违反有关规定经商办企业的，对直接责任者和领导责任者，给予警告、记过或者记大过处分；情节严重的，给予降级或者撤职处分。

第一百一十二条　领导干部违反工作、生活保障制度，在交通、医疗等方面为本人、配偶、子女及其配偶等亲属和其他特定关系人谋求特殊待遇，情节较重的，给予警告、记过或者记大过处分；情节严重的，给予降级或者撤职处分。

第一百一十三条　在分配、购买住房中侵犯国家、集体利益，情节较轻的，给予警告、记过或者记大过处分;情节较重的,给予降级或者撤职处分;情节严重的,给予开除处分。

第一百一十四条 利用职权或者职务上的影响,侵占非本人经管的公私财物,或者以象征性地支付钱款等方式侵占公私财物,或者无偿、象征性地支付报酬接受服务、使用劳务,情节较轻的,给予警告、记过或者记大过处分;情节较重的,给予降级或者撤职处分;情节严重的,给予开除处分。

利用职权或者职务上的影响,将本人、配偶、子女及其配偶等亲属应当由个人支付的费用,由下属单位、其他单位或者他人支付、报销的,依照前款规定处理。

第一百一十五条 利用职权或者职务上的影响,违反有关规定占用公物归个人使用,时间超过六个月,情节较重的,给予警告、记过或者记大过处分;情节严重的,给予降级或者撤职处分。

占用公物进行营利活动的,给予警告、记过或者记大过处分;情节较重的,给予降级或者撤职处分;情节严重的,给予开除处分。

将公物借给他人进行营利活动的,依照前款规定处理。

第一百一十六条 违反有关规定组织、参加用公款支付的宴请、高消费娱乐、健身活动,或者用公款购买赠送、发放礼品,对直接责任者和领导责任者,情节较轻的,给予警告、记过或者记大过处分;情节较重的,给予降级或者撤职处分;情节严重的,给予开除处分。

第一百一十七条 违反有关规定滥发津贴、补贴、奖金等,对直接责任者和领导责任者,情节较轻的,给予警告、记过或者记大过处分;情节较重的,给予降级或者撤职处分;情节严重的,给予开除处分。

第一百一十八条 有下列行为之一,对直接责任者和领导责任者,情节较轻的,给予警告、记过或者记大过处分;情节较重的,给予降级或者撤职处分;情节严重的,给予开除处分:

(一)用公款旅游、借公务差旅之机旅游或者以公务差旅为名变相旅游的;

(二)以考察、学习、培训、研讨、参展等名义变相用公款出国(境)旅游的。

第一百一十九条 违反公务接待管理规定,超标准、超范围接待或者借机大吃大喝,对直接责任者和领导责任者,情节较重的,给予警告、记过或者记大过处分;情节严重的,给予降级或者撤职处分。

第一百二十条 违反有关规定配备、购买、更换、装饰、使用公务用车或者有其他违反公务用车管理规定的行为,对直接责任者和领导责任者,情节较重的,给予警告、记过或者记大过处分;情节严重的,给予降级或者撤职处分。

第一百二十一条 违反会议活动管理规定,有下列行为之一,对直接责任者和

领导责任者,情节较重的,给予警告、记过或者记大过处分;情节严重的,给予降级或者撤职处分:

(一)到禁止召开会议的风景名胜区开会的;

(二)决定或者批准举办各类节会、庆典活动的。

擅自举办评比达标表彰活动或者借评比达标表彰活动收取费用的,依照前款规定处理。

第一百二十二条 违反办公用房管理规定,有下列行为之一,对直接责任者和领导责任者,情节较重的,给予警告、记过或者记大过处分;情节严重的,给予降级或者撤职处分:

(一)决定或者批准兴建、装修办公楼、培训中心等楼堂馆所,超标准配备、使用办公用房的;

(二)用公款包租、占用客房或者其他场所供个人使用的。

第一百二十三条 搞权色交易或者给予财物搞钱色交易的,给予记过或者记大过处分;情节较重的,给予降级或者撤职处分;情节严重的,给予开除处分。

第一百二十四条 有其他违反廉洁纪律规定行为的,应当视具体情节给予警告直至开除处分。

第五节 对检察人员违反群众纪律行为的处分

第一百二十五条 在检察工作中违反有关规定向群众收取、摊派费用的,给予警告、记过或者记大过处分;情节严重的,给予降级、撤职或者开除处分。

第一百二十六条 在从事涉及群众事务的工作中,刁难群众、吃拿卡要的,给予警告、记过或者记大过处分;情节严重的,给予降级、撤职或者开除处分。

第一百二十七条 对群众合法诉求消极应付、推诿扯皮,损害检察机关形象,情节较重的,给予警告、记过或者记大过处分;情节严重的,给予降级或者撤职处分。

第一百二十八条 对待群众态度恶劣、简单粗暴,造成不良影响,情节较重的,给予警告、记过或者记大过处分;情节严重的,给予降级或者撤职处分。

第一百二十九条 遇到国家财产和人民群众生命财产受到严重威胁时,能救而不救,情节较重的,给予警告、记过或者记大过处分;情节严重的,给予降级、撤职或者开除处分。

第一百三十条 不按照规定公开检察事务,侵犯群众知情权,对直接责任者和领导责任者,情节较重的,给予警告、记过或者记大过处分;情节严重的,给予降级或者撤职处分。

第一百三十一条 有其他违反群众纪律规定行为的,应当视具体情节给予警告直至开除处分。

第六节　对检察人员违反工作纪律行为的处分

第一百三十二条　在工作中不负责任或者疏于管理,有下列情形之一的,对直接责任者和领导责任者,给予警告、记过或者记大过处分;造成严重后果或者恶劣影响的,给予降级、撤职或者开除处分:

(一)不传达贯彻、不检查督促落实党和国家,以及最高人民检察院的方针政策和决策部署,或者作出违背党和国家,以及最高人民检察院方针政策和决策部署的错误决策的;

(二)本系统和本单位发生公开反对党的基本理论、基本路线、基本纲领、基本经验、基本要求或者党和国家,以及最高人民检察院方针政策和决策部署行为的;

(三)不正确履行职责或者严重不负责任,致使发生重大责任事故,给国家、集体利益和人民群众生命财产造成较大损失的。

第一百三十三条　不履行全面从严治检主体责任或者履行全面从严治检主体责任不力,造成严重后果或者恶劣影响的,对直接责任者和领导责任者,给予警告、记过或者记大过处分;情节严重的,给予降级或者撤职处分。

第一百三十四条　有下列行为之一,对直接责任者和领导责任者,情节较重的,给予警告、记过或者记大过处分;情节严重的,给予降级或者撤职处分:

(一)检察人员违反纪律或者法律、法规规定,应当给予纪律处分而不处分的;

(二)纪律处分决定或者申诉复查决定作出后,不按照规定落实决定中关于受处分人职务、职级、待遇等事项的;

(三)不按照干部管理权限对受处分人开展日常教育、管理和监督工作的。

第一百三十五条　因工作不负责任致使所管理的人员叛逃的,对直接责任者和领导责任者,给予警告、记过或者记大过处分;情节严重的,给予降级或者撤职处分。

因工作不负责任致使所管理的人员出走,对直接责任者和领导责任者,情节较重的,给予警告、记过或者记大过处分;情节严重的,给予降级或者撤职处分。

第一百三十六条　在上级单位检查、视察工作或者向上级单位汇报、报告工作时对应当报告的事项不报告或者不如实报告,造成严重后果或者恶劣影响的,对直接责任者和领导责任者,给予警告、记过或者记大过处分;情节严重的,给予降级或者撤职处分。

第一百三十七条　违反有关规定干预和插手市场经济活动,有下列行为之一,造成不良影响的,给予警告、记过或者记大过处分;情节较重的,给予降级或者撤职

处分;情节严重的,给予开除处分:

(一)干预和插手建设工程项目承发包、土地使用权出让、政府采购、房地产开发与经营、矿产资源开发利用、中介机构服务等活动的;

(二)干预和插手国有企业重组改制、兼并、破产、产权交易、清产核资、资产评估、资产转让、重大项目投资以及其他重大经营活动等事项的;

(三)干预和插手经济纠纷的;

(四)干预和插手集体资金、资产和资源的使用、分配、承包、租赁等事项的;

(五)其他违反有关规定干预和插手市场经济活动的。

第一百三十八条　违反有关规定干预和插手执纪执法活动,向有关地方或者部门打招呼、说情,或者以其他方式对执纪执法活动施加影响,情节较轻的,给予记过或者记大过处分;情节较重的,给予降级或者撤职处分;情节严重的,给予开除处分。

违反有关规定干预和插手公共财政资金分配、项目立项评审、奖励表彰等活动,造成严重后果或者恶劣影响的,依照前款规定处理。

第一百三十九条　泄露、扩散、窃取关于干部选拔任用、纪律审查等尚未公开事项或者其他应当保密的信息的,给予警告、记过或者记大过处分;情节较重的,给予降级或者撤职处分;情节严重的,给予开除处分。

第一百四十条　在考试、录取工作中,有泄露试题、考场舞弊、涂改考卷、违规录取等违反有关规定行为的,给予警告、记过或者记大过处分;情节较重的,给予降级或者撤职处分;情节严重的,给予开除处分。

第一百四十一条　以不正当方式谋求本人或者他人用公款出国(境),情节较轻的,给予警告或者记过处分;情节较重的,给予记大过处分;情节严重的,给予降级或者撤职处分。

第一百四十二条　临时出国(境)团(组)或者人员中的检察人员,擅自延长在国(境)外期限,或者擅自变更路线的,对直接责任者和领导责任者,给予警告、记过或者记大过处分;情节严重的,给予降级或者撤职处分。

第一百四十三条　临时出国(境)团(组)中的检察人员,触犯所在国家、地区的法律、法令或者不尊重所在国家、地区的宗教习俗,情节较重的,给予警告、记过或者记大过处分;情节严重的,给予降级、撤职或者开除处分。

第一百四十四条　违反枪支、弹药管理规定,有下列行为之一的,给予记过、记大过或者降级处分;造成严重后果或者恶劣影响的,给予撤职或者开除处分:

(一)擅自携带枪支、弹药进入公共场所的;

(二)将枪支、弹药借给他人使用的;

（三）枪支、弹药丢失、被盗、被骗的；

（四）示枪恫吓他人或者随意鸣枪的；

（五）因管理使用不当，造成枪支走火的。

第一百四十五条 违反有关规定使用、管理警械、警具的，给予警告、记过或者记大过处分；造成严重后果或者恶劣影响的，给予降级、撤职或者开除处分。

第一百四十六条 违反有关规定使用、管理警车的，给予警告、记过或者记大过处分；造成严重后果或者恶劣影响的，给予降级、撤职或者开除处分。

违反有关规定将警车停放在餐饮、休闲娱乐场所和旅游景区，造成不良影响的，应当从重处分。

警车私用造成交通事故并致人重伤、死亡或者重大经济损失的，给予开除处分。

第一百四十七条 违反有关规定，有下列行为之一的，给予警告、记过或者记大过处分；情节严重的，给予降级、撤职或者开除处分：

（一）工作时间或者工作日中午饮酒，经批评教育仍不改正的；

（二）承担司法办案任务时饮酒的；

（三）携带枪支、弹药、档案、案卷、案件材料、秘密文件或者其他涉密载体饮酒的；

（四）佩戴检察标识或者着司法警察制服在公共场所饮酒的；

（五）饮酒后驾驶机动车辆的。

第一百四十八条 旷工或者因公外出、请假期满无正当理由逾期不归，造成不良影响的，给予警告、记过或者记大过处分；情节较重的，给予降级或者撤职处分；情节严重的，给予开除处分。

第一百四十九条 违反有关规定对正在办理的案件公开发表个人意见或者进行评论，造成不良影响的，给予警告、记过或者记大过处分，情节严重的，给予降级或者撤职处分。

第一百五十条 有其他违反工作纪律行为的，应当视具体情节给予警告直至开除处分。

第七节 对检察人员违反生活纪律行为的处分

第一百五十一条 生活奢靡、贪图享乐、追求低级趣味，造成不良影响的，给予警告、记过或者记大过处分；情节严重的，给予降级或者撤职处分。

第一百五十二条 与他人发生不正当性关系，造成不良影响的，给予警告、记过或者记大过处分；情节较重的，给予降级或者撤职处分；情节严重的，给予开除处分。

利用职权、教养关系、从属关系或者其他相类似关系与他人发生性关系的，依照前款规定从重处分。

第一百五十三条 违背社会公序良俗，在公共场所有不当行为，造成不良影响的，给予警告、记过或者记大过处分；情节较重的，给予降级或者撤职处分；情节严重的，给予开除处分。

第一百五十四条 实施、参与或者支持下列行为的，给予撤职或者开除处分：

（一）卖淫、嫖娼、色情淫乱活动的；

（二）吸食、注射毒品的。

组织上述行为的，给予开除处分。

第一百五十五条 参与赌博的，给予警告或者记过处分；情节较重的，给予记大过或者降级处分；情节严重的，给予撤职或者开除处分。

为赌博活动提供场所或者其他方便条件的，给予记过、记大过或者降级处分；情节严重的，给予撤职或者开除处分。

在工作时间赌博的，给予记过、记大过或者降级处分；经批评教育仍不改正的，给予撤职或者开除处分。

组织赌博的，给予撤职或者开除处分。

第一百五十六条 有其他严重违反职业道德、社会公德、家庭美德行为的，应当视具体情节给予警告直至开除处分。

第三章 附 则

第一百五十七条 本条例由最高人民检察院负责解释。

第一百五十八条 本条例自颁布之日起施行。2007 年 3 月 6 日颁布施行的《检察人员纪律处分条例（试行）》同时废止。

本条例颁布前，已结案的案件需要进行复查、复核的，适用当时的规定。尚未结案的案件，如果行为发生时的规定不认为是违纪，而本条例认为是违纪的，依照当时的规定处理；如果行为发生时的规定认为是违纪的，依照当时的规定处理，但是如果本条例不认为是违纪或者处理较轻的，依照本条例规定处理。

关于进一步规范司法人员与当事人、律师、特殊关系人、中介组织接触交往行为的若干规定

（2015年9月6日最高人民法院、最高人民检察院、公安部、国家安全部、司法部印发）

第一条 为规范司法人员与当事人、律师、特殊关系人、中介组织的接触、交往行为，保证公正司法，根据有关法律和纪律规定，结合司法工作实际，制定本规定。

第二条 司法人员与当事人、律师、特殊关系人、中介组织接触、交往，应当符合法律纪律规定，防止当事人、律师、特殊关系人、中介组织以不正当方式对案件办理进行干涉或者施加影响。

第三条 各级司法机关应当建立公正、高效、廉洁的办案机制，确保司法人员与当事人、律师、特殊关系人、中介组织无不正当接触、交往行为，切实防止利益输送，保障案件当事人的合法权益，维护国家法律统一正确实施，维护社会公平正义。

第四条 审判人员、检察人员、侦查人员在诉讼活动中，有法律规定的回避情形的，应当自行回避，当事人及其法定代理人也有权要求他们回避。

审判人员、检察人员、侦查人员的回避，应当依法按程序批准后执行。

第五条 严禁司法人员与当事人、律师、特殊关系人、中介组织有下列接触交往行为：

（一）泄露司法机关办案工作秘密或者其他依法依规不得泄露的情况；

（二）为当事人推荐、介绍诉讼代理人、辩护人、或者为律师、中介组织介绍案件，要求、建议或者暗示当事人更换符合代理条件的律师；

（三）接受当事人、律师、特殊关系人、中介组织请客送礼或者其他利益；

（四）向当事人、律师、特殊关系人、中介组织借款、租借房屋，借用交通工具、通讯工具或者其他物品；

（五）在委托评估、拍卖等活动中徇私舞弊，与相关中介组织和人员恶意串通、弄虚作假、违规操作等行为；

（六）司法人员与当事人、律师、特殊关系人、中介组织的其他不正当接触交往行为。

第六条 司法人员在案件办理过程中，应当在工作场所、工作时间接待当事人、律师、特殊关系人、中介组织。因办案需要，确需与当事人、律师、特殊关系人、中介组织在非工作场所、非工作时间接触的，应依照相关规定办理审批手续并获批准。

第七条　司法人员在案件办理过程中因不明情况或者其他原因在非工作时间或非工作场所接触当事人、律师、特殊关系人、中介组织的，应当在三日内向本单位纪检监察部门报告有关情况。

第八条　司法人员从司法机关离任后，不得担任原任职单位办理案件的诉讼代理人或者辩护人，但是作为当事人的监护人或者近亲属代理诉讼或者进行辩护的除外。

第九条　司法人员有违反本规定行为的，当事人、律师、特殊关系人、中介组织和其他任何组织和个人可以向有关司法机关反映情况或者举报。

第十条　对反映或者举报司法人员违反本规定的线索，司法机关纪检监察部门应当及时受理，全面、如实记录，认真进行核查。对实名举报的，自受理之日起一个月内进行核查并将查核结果向举报人反馈。

不属于本单位纪检监察部门管辖的司法人员违反本规定的，将有关线索移送有管辖权的纪检监察部门处理。

第十一条　司法人员违反本规定，依照《中国共产党纪律处分条例》、《行政机关公务员处分条例》、《人民法院工作人员处分条例》、《检察人员纪律处分条例（试行）》、《公安机关人民警察纪律条令》等规定给予纪律处分，并按程序报经批准后予以通报，必要时可以向社会公开；造成冤假错案或者其他严重后果，构成犯罪的，依法追究刑事责任。

第十二条　司法机关应当将司法人员执行本规定的情况记入个人廉政档案。单位组织人事部门将执行本规定情况作为司法人员年度考核和晋职晋级的重要依据。

第十三条　司法机关应当每季度对司法人员与当事人、律师、特殊关系人、中介组织的不正当接触、交往情况进行汇总分析，报告同级党委政法委和上级司法机关。

第十四条　本规定所称“司法人员”，是指在法院、检察院、公安机关、国家安全机关、司法行政机关依法履行审判、执行、检察、侦查、监管职责的人员。

本规定所称“特殊关系人”，是指当事人的父母、配偶、子女、同胞兄弟姊妹和与案件有利害关系或可能影响案件公正处理的其他人。

本规定所称“中介组织”，是指依法通过专业知识和技术服务，向委托人提供代理性、信息技术服务性等中介服务的机构，主要包括受案件当事人委托从事审计、评估、拍卖、变卖、检验或者破产管理等服务的中介机构。公证机构、司法鉴定机构参照“中介组织”适用本规定。

第十五条　本规定自印发之日起施行。

司法机关内部人员过问案件的记录和责任追究规定

（2015 年 3 月 26 日中共中央政法委员会制定　2015 年 3 月 29 日发布）

第一条　为贯彻落实《中共中央关于全面推进依法治国若干重大问题的决定》有关要求，防止司法机关内部人员干预办案，确保公正廉洁司法，根据宪法法律规定，结合司法工作实际，制定本规定。

第二条　司法机关内部人员应当依法履行职责，严格遵守纪律，不得违反规定过问和干预其他人员正在办理的案件，不得违反规定为案件当事人转递涉案材料或者打探案情，不得以任何方式为案件当事人说情打招呼。

第三条　司法机关办案人员应当恪守法律，公正司法，不徇私情。对于司法机关内部人员的干预、说情或者打探案情，应当予以拒绝；对于不依正当程序转递涉案材料或者提出其他要求的，应当告知其依照程序办理。

第四条　司法机关领导干部和上级司法机关工作人员因履行领导、监督职责，需要对正在办理的案件提出指导性意见的，应当依照程序以书面形式提出，口头提出的，由办案人员记录在案。

第五条　其他司法机关的工作人员因履行法定职责需要，向办案人员了解正在办理的案件有关情况的，应当依照法律程序或者工作程序进行。

第六条　对司法机关内部人员过问案件的情况，办案人员应当全面、如实记录，做到全程留痕，有据可查。

第七条　办案人员如实记录司法机关内部人员过问案件的情况，受法律和组织保护。

司法机关内部人员不得对办案人员打击报复。办案人员非因法定事由，非经法定程序，不得被免职、调离、辞退或者给予降级、撤职、开除等处分。

第八条　司法机关纪检监察部门应当及时汇总分析司法机关内部人员过问案件的情况，并依照以下方式对司法机关内部人员违反规定干预办案的线索进行处置：

（一）机关内部人员违反规定干预办案的，由本机关纪检监察部门调查处理；

（二）本机关领导干部违反规定干预办案的，向负有干部管理权限的机关纪检监察部门报告情况；

（三）上级司法人员违反规定干预下级司法机关办案的，向干预人员所在司法机关纪检监察部门报告情况；

（四）其他没有隶属关系的司法机关人员违反规定干预办案的，向干预人员所在司法机关纪检监察部门通报情况。

干预人员所在司法机关纪检监察部门接到报告或者通报后，应当及时调查处理，并将结果通报办案单位所属司法机关纪检监察部门。

第九条　司法机关内部人员有下列行为之一的，属于违反规定干预办案，负有干部管理权限的司法机关按程序报经批准后予以通报，必要时可以向社会公开：

（一）在线索核查、立案、侦查、审查起诉、审判、执行等环节为案件当事人请托说情的；

（二）邀请办案人员私下会见案件当事人或其辩护人、诉讼代理人、近亲属以及其他与案件有利害关系的人的；

（三）违反规定为案件当事人或其辩护人、诉讼代理人、亲属转递涉案材料的；

（四）违反规定为案件当事人或其辩护人、诉讼代理人、亲属打探案情、通风报信的；

（五）其他影响司法人员依法公正处理案件的行为。

第十条　司法机关内部人员有本规定第九条所列行为之一，构成违纪的，依照《中国共产党纪律处分条例》、《行政机关公务员处分条例》、《人民法院工作人员处分条例》、《检察人员纪律处分条例（试行）》、《公安机关人民警察纪律条令》等规定给予纪律处分；构成犯罪的，依法追究刑事责任。

司法机关内部人员对如实记录过问案件情况的办案人员进行打击报复的，依照《中国共产党纪律处分条例》、《行政机关公务员处分条例》、《人民法院工作人员处分条例》、《检察人员纪律处分条例（试行）》、《公安机关人民警察纪律条令》等规定给予纪律处分；构成犯罪的，依法追究刑事责任。

第十一条　办案人员不记录或者不如实记录司法机关内部人员过问案件情况的，予以警告、通报批评；两次以上不记录或者不如实记录的，依照《中国共产党纪律处分条例》、《行政机关公务员处分条例》、《人民法院工作人员处分条例》、《检察人员纪律处分条例（试行）》、《公安机关人民警察纪律条令》等规定给予纪律处分。主管领导授意不记录或者不如实记录的，依法依纪追究主管领导责任。

第十二条　司法机关内部人员违反规定过问和干预办案的情况和办案人员记录司法机关内部人员过问案件的情况，应当纳入党风廉政建设责任制和政绩考核体系，作为考核干部是否遵守法律、依法办事、廉洁自律的重要依据。

第十三条　本规定所称司法机关内部人员，是指在法院、检察院、公安机关、国家安全机关、司法行政机关工作的人员。

司法机关离退休人员违反规定干预办案的，适用本规定。

第十四条 最高人民法院、最高人民检察院、公安部、国家安全部、司法部应当结合工作实际,制定本规定的实施办法,确保有关规定落到实处。

第十五条 本规定自下发之日起施行。

3. 对农村基层干部的处分处理规定

中华人民共和国村民委员会组织法(节录)

(1998年11月4日第九届全国人民代表大会常务委员会第五次会议通过 2010年10月28日第十一届全国人民代表大会常务委员会第十七次会议修订 根据2018年12月29日第十三届全国人民代表大会常务委员会第七次会议《关于修改〈中华人民共和国村民委员会组织法〉〈中华人民共和国城市居民委员会组织法〉的决定》修正)

第二条 村民委员会是村民自我管理、自我教育、自我服务的基层群众性自治组织[①],实行民主选举、民主决策、民主管理、民主监督。

① 村民委员会属于基层群众性自治组织,这意味着乡镇政府无权对其处分。

村民委员会办理本村的公共事务和公益事业,调解民间纠纷,协助维护社会治安,向人民政府反映村民的意见、要求和提出建议。

村民委员会向村民会议、村民代表会议负责并报告工作。

第六条 村民委员会由主任、副主任和委员共三至七人组成。

村民委员会成员中,应当有妇女成员,多民族村民居住的村应当有人数较少的民族的成员。

对村民委员会成员,根据工作情况,给予适当补贴。

第十条 村民委员会及其成员应当遵守宪法、法律、法规和国家的政策,遵守并组织实施村民自治章程、村规民约,执行村民会议、村民代表会议的决定、决议,办事公道,廉洁奉公,热心为村民服务,接受村民监督。

第三章 村民委员会的选举

第十一条 村民委员会主任、副主任和委员,由村民直接选举产生。任何组织或者个人不得指定、委派或者撤换村民委员会成员。

村民委员会每届任期五年,届满应当及时举行换届选举。村民委员会成员可以连选连任。

第十二条　村民委员会的选举，由村民选举委员会主持。

村民选举委员会由主任和委员组成，由村民会议、村民代表会议或者各村民小组会议推选产生。

村民选举委员会成员被提名为村民委员会成员候选人，应当退出村民选举委员会。

村民选举委员会成员退出村民选举委员会或者因其他原因出缺的，按照原推选结果依次递补，也可以另行推选。

第十三条　年满十八周岁的村民，不分民族、种族、性别、职业、家庭出身、宗教信仰、教育程度、财产状况、居住期限，都有选举权和被选举权；但是，依照法律被剥夺政治权利的人除外。

村民委员会选举前，应当对下列人员进行登记，列入参加选举的村民名单：

（一）户籍在本村并且在本村居住的村民；

（二）户籍在本村，不在本村居住，本人表示参加选举的村民；

（三）户籍不在本村，在本村居住一年以上，本人申请参加选举，并且经村民会议或者村民代表会议同意参加选举的公民。

已在户籍所在村或者居住村登记参加选举的村民，不得再参加其他地方村民委员会的选举。

第十四条　登记参加选举的村民名单应当在选举日的二十日前由村民选举委员会公布。

对登记参加选举的村民名单有异议的，应当自名单公布之日起五日内向村民选举委员会申诉，村民选举委员会应当自收到申诉之日起三日内作出处理决定，并公布处理结果。

第十五条　选举村民委员会，由登记参加选举的村民直接提名候选人。村民提名候选人，应当从全体村民利益出发，推荐奉公守法[②]、品行良好、公道正派、热心公益、具有一定文化水平和工作能力的村民为候选人。候选人的名额应当多于应选名额。村民选举委员会应当组织候选人与村民见面，由候选人介绍履行职责的设想，回答村民提出的问题。

选举村民委员会，有登记参加选举的村民过半数投票，选举有效；候选人获得参加投票的村民过半数的选票，始得当选。当选人数不足应选名额的，不足的名额另行选举。另行选举的，第一次投票未当选的人员得票多的为候选人，候选人以得票多的当选，但是所得票数不得少于已投选票总数的三分之一。

选举实行无记名投票、公开计票的方法，选举结果应当当场公布。选举时，应当设立秘密写票处。

② “奉公守法”意味着有严重违法行为的村民不能任村民委员会成员。

登记参加选举的村民，选举期间外出不能参加投票的，可以书面委托本村有选举权的近亲属代为投票。村民选举委员会应当公布委托人和受委托人的名单。

具体选举办法由省、自治区、直辖市的人民代表大会常务委员会规定。

第十六条 本村五分之一以上有选举权的村民或者三分之一以上的村民代表联名，可以提出罢免村民委员会成员的要求，并说明要求罢免的理由。被提出罢免的村民委员会成员有权提出申辩意见。

罢免村民委员会成员，须有登记参加选举的村民过半数投票，并须经投票的村民过半数通过。

第十七条 以暴力、威胁、欺骗、贿赂、伪造选票、虚报选举票数等不正当手段当选村民委员会成员的，当选无效。

对以暴力、威胁、欺骗、贿赂、伪造选票、虚报选举票数等不正当手段，妨害村民行使选举权、被选举权，破坏村民委员会选举的行为，村民有权向乡、民族乡、镇的人民代表大会和人民政府或者县级人民代表大会常务委员会和人民政府及其有关主管部门举报，由乡级或者县级人民政府负责调查并依法处理③。

第十八条 村民委员会成员丧失行为能力或者被判处刑罚的，其职务自行终止。

第十九条 村民委员会成员出缺，可以由村民会议或者村民代表会议进行补选。补选程序参照本法第十五条的规定办理。补选的村民委员会成员的任期到本届村民委员会任期届满时止。

第二十条 村民委员会应当自新一届村民委员会产生之日起十日内完成工作移交。工作移交由村民选举委员会主持，由乡、民族乡、镇的人民政府监督。

第四章 村民会议和村民代表会议

第二十一条 村民会议由本村十八周岁以上的村民组成。

村民会议由村民委员会召集。有十分之一以上的村民或者三分之一以上的村民代表提议，应当召集村民会议。召集村民会议，应当提前十天通知村民。

第二十二条 召开村民会议，应当有本村十八周岁以上村民的过半数，或者本村三分之二以上的户的代表参加，村民会议所作决定应当经到会人员的过半数通过。法律对召开村民会议及作出决定另有规定的，依照其规定。

召开村民会议，根据需要可以邀请驻本村的企业、事业单位和群众组织派代表列席。

第二十三条 村民会议审议村民委员会的年度工作报告，评议村民委员会成员的工作；有权撤销或者变更村民委员会不适当的决定；有权撤销或者变更村民代表会议不适当的决定。

③ 村民贿选的处理："村民有权向乡、民族乡、镇的人民代表大会和人民政府或者县级人民代表大会常务委员会和人民政府及其有关主管部门举报，由乡级或者县级人民政府负责调查并依法处理。"

村民会议可以授权村民代表会议审议村民委员会的年度工作报告，评议村民委员会成员的工作，撤销或者变更村民委员会不适当的决定。

第二十四条　涉及村民利益的下列事项，经村民会议讨论决定方可办理：

（一）本村享受误工补贴的人员及补贴标准；

（二）从村集体经济所得收益的使用；

（三）本村公益事业的兴办和筹资筹劳方案及建设承包方案；

（四）土地承包经营方案；

（五）村集体经济项目的立项、承包方案；

（六）宅基地的使用方案；

（七）征地补偿费的使用、分配方案；

（八）以借贷、租赁或者其他方式处分村集体财产；

（九）村民会议认为应当由村民会议讨论决定的涉及村民利益的其他事项。

村民会议可以授权村民代表会议讨论决定前款规定的事项。

法律对讨论决定村集体经济组织财产和成员权益的事项另有规定的，依照其规定。

第二十五条　人数较多或者居住分散的村，可以设立村民代表会议，讨论决定村民会议授权的事项。村民代表会议由村民委员会成员和村民代表组成，村民代表应当占村民代表会议组成人员的五分之四以上，妇女村民代表应当占村民代表会议组成人员的三分之一以上。

村民代表由村民按每五户至十五户推选一人，或者由各村民小组推选若干人。村民代表的任期与村民委员会的任期相同。村民代表可以连选连任。

村民代表应当向其推选户或者村民小组负责，接受村民监督。

第二十六条　村民代表会议由村民委员会召集。村民代表会议每季度召开一次。有五分之一以上的村民代表提议，应当召集村民代表会议。

村民代表会议有三分之二以上的组成人员参加方可召开，所作决定应当经到会人员的过半数同意。

第二十七条　村民会议可以制定和修改村民自治章程、村规民约，并报乡、民族乡、镇的人民政府备案。

村民自治章程、村规民约以及村民会议或者村民代表会议的决定不得与宪法、法律、法规和国家的政策相抵触，不得有侵犯村民的人身权利、民主权利和合法财产权利的内容。

村民自治章程、村规民约以及村民会议或者村民代表会议的决定违反前款规定的，由乡、民族乡、镇的人民政府责令改正。

第二十八条 召开村民小组会议,应当有本村民小组十八周岁以上的村民三分之二以上,或者本村民小组三分之二以上的户的代表参加,所作决定应当经到会人员的过半数同意。

村民小组组长由村民小组会议推选。村民小组组长任期与村民委员会的任期相同,可以连选连任。

属于村民小组的集体所有的土地、企业和其他财产的经营管理以及公益事项的办理,由村民小组会议依照有关法律的规定讨论决定,所作决定及实施情况应当及时向本村民小组的村民公布。

第五章 民主管理和民主监督

第二十九条 村民委员会应当实行少数服从多数的民主决策机制和公开透明的工作原则,建立健全各种工作制度。

第三十条 村民委员会实行村务公开制度。

村民委员会应当及时公布下列事项,接受村民的监督:

(一)本法第二十三条、第二十四条规定的由村民会议、村民代表会议讨论决定的事项及其实施情况;

(二)国家计划生育政策的落实方案;

(三)政府拨付和接受社会捐赠的救灾救助、补贴补助等资金、物资的管理使用情况;

(四)村民委员会协助人民政府开展工作的情况;

(五)涉及本村村民利益,村民普遍关心的其他事项。

前款规定事项中,一般事项至少每季度公布一次;集体财务往来较多的,财务收支情况应当每月公布一次;涉及村民利益的重大事项应当随时公布。

村民委员会应当保证所公布事项的真实性,并接受村民的查询。

第三十一条 村民委员会不及时公布应当公布的事项或者公布的事项不真实的,村民有权向乡、民族乡、镇的人民政府或者县级人民政府及其有关主管部门反映,有关人民政府或者主管部门应当负责调查核实,责令依法公布;经查证确有违法行为的,有关人员应当依法承担责任④。

④ 此规定十分重要。

第三十二条 村应当建立村务监督委员会或者其他形式的村务监督机构,负责村民民主理财,监督村务公开等制度的落实,其成员由村民会议或者村民代表会议在村民中推选产生,其中应有具备财会、管理知识的人员。村民委员会成员及其近亲属不得担任村务监督机构成员。村务监督机构成员向村民会议和村民代表会议负责,可以列席村民委员会会议。

第三十三条　村民委员会成员以及由村民或者村集体承担误工补贴的聘用人员，应当接受村民会议或者村民代表会议对其履行职责情况的民主评议。民主评议每年至少进行一次，由村务监督机构主持。

村民委员会成员连续两次被评议不称职的，其职务终止⑤。

⑤ 建议掌握此知识点并灵活运用。

第三十四条　村民委员会和村务监督机构应当建立村务档案。村务档案包括：选举文件和选票，会议记录，土地发包方案和承包合同，经济合同，集体财务账目，集体资产登记文件，公益设施基本资料，基本建设资料，宅基地使用方案，征地补偿费使用及分配方案等。村务档案应当真实、准确、完整、规范。

第三十五条　村民委员会成员实行任期和离任经济责任审计，审计包括下列事项：

（一）本村财务收支情况；

（二）本村债权债务情况；

（三）政府拨付和接受社会捐赠的资金、物资管理使用情况；

（四）本村生产经营和建设项目的发包管理以及公益事业建设项目招标投标情况；

（五）本村资金管理使用以及本村集体资产、资源的承包、租赁、担保、出让情况，征地补偿费的使用、分配情况；

（六）本村五分之一以上的村民要求审计的其他事项。

村民委员会成员的任期和离任经济责任审计，由县级人民政府农业部门、财政部门或者乡、民族乡、镇的人民政府负责组织，审计结果应当公布，其中离任经济责任审计结果应当在下一届村民委员会选举之前公布。

第三十六条　村民委员会或者村民委员会成员作出的决定侵害村民合法权益的，受侵害的村民可以申请人民法院予以撤销，责任人依法承担法律责任⑥。

⑥ 此规定十分重要。

村民委员会不依照法律、法规的规定履行法定义务的，由乡、民族乡、镇的人民政府责令改正⑦。

⑦ 此知识点十分重要。

乡、民族乡、镇的人民政府干预依法属于村民自治范围事项的，由上一级人民政府责令改正。

农村基层干部廉洁履行职责若干规定（试行）

（2011年5月23日中共中央办公厅、国务院办公厅印发）

为进一步加强农村党风廉政建设，促进农村基层干部廉洁履行职责，维护农村集体和农民群众利益，推动农村科学发展，促进农村社会和谐，依据《中国共产党章程》和其他有关党内法规、国家法律法规，制定本规定。

总　　则

农村党风廉政建设关系党的执政基础。农村基层干部廉洁履行职责，是坚持以邓小平理论和“三个代表”重要思想为指导，深入贯彻落实科学发展观，全面贯彻落实党的路线方针政策，加快推进社会主义新农村建设的重要保障；是新形势下加强党的执政能力建设和先进性建设，造就高素质农村基层干部队伍的重要内容；是保证农村基层干部正确行使权力，发展基层民主，保障农民权益，促进农村和谐稳定的重要基础，是加强和创新社会管理，做好新形势下群众工作，密切党群干群关系的必然要求。

农村基层干部应当坚定理想信念，牢记和践行全心全意为人民服务的宗旨，恪尽职守、为民奉献；应当发扬党的优良传统和作风，求真务实、艰苦奋斗；应当遵守党的纪律和国家法律，知法守法、依法办事；应当正确履行职责和自觉接受监督，清正廉洁、公道正派；应当倡导健康文明的社会风尚，崇尚科学、移风易俗。

第一章　乡镇领导班子成员和基层站所负责人廉洁履行职责行为规范

第一条　禁止滥用职权，侵害群众合法权益。不准有下列行为：

（一）非法征占、侵占、“以租代征”转用、买卖农村土地和森林、山岭、草原、荒地、滩涂、水面等资源；

（二）违反乡镇土地利用总体规划、村镇建设规划和基本农田保护规定进行审批和建设；

（三）侵占、截留、挪用、挥霍或者违反规定借用农村集体财产或者各项强农惠农资金、物资以及征地补偿费等；

（四）违反规定干预、插手农村村级组织选举或者农村集体资金、资产、资源的使用、分配、承包、租赁以及农村工程建设等事项；

（五）违反规定扣押、收缴群众款物或者处罚群众；

（六）对发现的严重侵害群众合法权益的违纪违法行为隐瞒不报、压案不查；

（七）其他滥用职权，侵害群众合法权益的行为。

第二条　禁止利用职务之便，谋取不正当利益。不准有下列行为：

（一）索取、收受或者以借为名占用管理、服务对象财物，或者吃拿卡要；

（二）在管理、服务活动中违反规定收取费用或者谋取私利；

（三）用公款或者由村级组织、乡镇企业、私营企业报销、支付应当由个人负担的费用；

（四）设立"小金库"，侵吞、截留、挪用、坐支公款；

（五）利用职权和职务上的影响为亲属谋取利益；

（六）其他利用职务之便，为本人或者他人谋取不正当利益的行为。

第三条　禁止搞不正之风，损害党群干群关系。不准有下列行为：

（一）违反规定选拔任用干部，或者在乡镇党委和政府换届选举中拉票贿选，败坏选人用人风气；

（二）弄虚作假，骗取荣誉和其他利益；

（三）在社会保障、政策扶持、救灾救济款物分配等事项中违规办事、显失公平；

（四）漠视群众正当诉求，或者对待群众态度恶劣，故意刁难群众；

（五）大吃大喝，公款旅游，或者违反规定配备、使用小汽车；

（六）大操大办婚丧喜庆事宜，或者借机敛财。

第二章　村党组织领导班子成员和村民委员会成员廉洁履行职责行为规范

第四条　禁止在村级组织选举中拉票贿选、破坏选举。不准有下列行为：

（一）违反法定程序组织、参与选举，或者伪造选票、虚报选举票数、篡改选举结果；

（二）采取暴力、威胁、欺骗、贿赂等不正当手段参选或者妨害村民依法行使选举权、被选举权；

（三）利用宗教、宗族、家族势力或者黑恶势力干扰、操纵、破坏选举。

第五条　禁止在村级事务决策中独断专行、以权谋私。不准有下列行为：

（一）违反规定处置集体资金、资产、资源，或者擅自用集体财产为他人提供担保，损害集体利益；

（二）违法违规发包集体土地、调整收回农民承包土地、强迫或者阻碍农民流转土地承包经营权，非法转让、出租集体土地，或者违反规定强制调整农民宅基地；

（三）在政府拨付和接受社会捐赠的各类救灾救助、补贴补助资金、物资以及退耕还林退牧还草款物、征地补偿费使用分配发放等方面违规操作、挪用、侵占，或者弄虚作假、优亲厚友；

（四）在集体资金使用、集体经济项目和工程建设项目立项及承包、宅基地使用安排以及耕地、山林等集体资源承包、租赁、流转等经营活动中暗箱操作，为本人或者他人谋取私利；

（五）违背村民意愿超范围、超标准向村民筹资筹劳，加重村民负担，或者向村民乱集资、乱摊派、乱收费。

第六条 禁止在村级事务管理中滥用职权、损公肥私。不准有下列行为：

（一）采取侵占、截留、挪用、私分、骗取等手段非法占有集体资金、资产、资源或者其他公共财物；

（二）在计划生育、落户、殡葬等各项管理、服务工作中或者受委托从事公务活动时，吃拿卡要、故意刁难群众或者收受、索取财物；

（三）违反规定无据收（付）款，不按审批程序报销发票，或者设立“小金库”，隐瞒、截留、坐支集体收入；

（四）以虚报、冒领等手段套取、骗取或者截留、私分国家对集体土地的补偿、补助费以及各项强农惠农补助资金、项目扶持资金；

（五）未经批准擅自借用集体款物或者经批准借用集体款物但逾期不还，或者违反规定用集体资金、公物操办个人婚丧喜庆事宜；

（六）以办理村务为名，请客送礼、大吃大喝，挥霍浪费集体资金，或者滥发奖金、补贴，用集体资金支付应当由个人负担的费用。

第七条[①] 禁止在村级事务监督中弄虚作假、逃避监督。不准有下列行为：

（一）不按照规定实行民主理财，或者伪造、变造、隐匿、销毁财务会计资料；

（二）阻挠、干扰村民依法行使询问质询权、罢免权等监督权利；

（三）阻挠、干扰经济责任审计以及其他重大事项的审计；

（四）阻挠、干扰有关机关、部门依法进行的监督检查或者案件查处。

第八条 禁止妨害和扰乱社会管理秩序。不准有下列行为：

（一）参与、纵容、支持黑恶势力活动；

（二）组织、参与宗族宗派纷争或者聚众闹事；

（三）参与色情、赌博、吸毒、迷信、邪教等活动或者为其提供便利条件；

（四）违反计划生育政策或者纵容、支持他人违反计划生育政策。

第三章 实施与监督

第九条 各级党委和政府负责本规定的贯彻实施。开展教育培训，完善考评激励，落实待遇保障，加强监督检查，促进农村基层干部自觉贯彻执行本规定。

第十条 各级党委和政府应当结合本规定的贯彻实施建立健全农村基层党务公开、政务公开、村务公开和办事公开制度以及农村基层干部经济责任审计制度，推进农村基层权力运行公开透明。

第十一条 县（市、区、旗）党委和政府每年应当对乡镇领导班子成员执行本规

① 在认定农村基层干部违反财经法规时，注意学习《村集体经济组织会计制度》。

定的情况进行一次检查考核。

县(市、区、旗)有关主管部门每年应当按照干部管理权限对基层站所负责人执行本规定的情况进行一次检查考核。检查考核时应当充分听取基层站所所在地的乡镇党委和政府的意见,并将考核结果通报乡镇党委和政府。

乡镇党委和政府每年应当对村党组织领导班子成员和村民委员会成员执行本规定的情况进行一次检查考核。

第十二条　纪检监察机关协助同级党委和政府或者根据职责开展对本规定贯彻实施情况的监督检查,依纪依法查处农村基层干部违反本规定的行为。

第十三条　村党组织和村民委员会应当依据本规定完善村规民约,建立廉政承诺制度,健全监督制约机制,保证本规定的贯彻执行。

第十四条　村党组织和村民委员会应当结合贯彻执行本规定健全党组织领导的村级民主自治机制。对村级重大事务实行村党组织提议、村党组织和村民委员会商议、党员大会审议、村民会议或者村民代表会议决议,决议内容和实施结果应当公开。

第十五条　村党组织和村民委员会应当结合贯彻执行本规定建立健全党务公开、村务公开和财务公开制度。

第十六条　村党组织领导班子成员和村民委员会成员应当将贯彻执行本规定的情况作为民主生活会对照检查、年度述职述廉和民主评议的重要内容,接受党员和村民的监督。

第十七条　村务监督委员会或者其他形式的村务监督机构应当依法履行监督职责,对村民委员会成员执行本规定的情况进行监督。

第十八条　村民代表可以对村民委员会成员执行本规定的情况进行询问和质询。

第十九条　农村基层干部遵守本规定的情况应当作为对其奖励惩处、考核评价、选拔任用、考录的重要依据。

第四章　违反规定行为的处理

第二十条　乡镇领导班子成员和基层站所负责人有违反本规定第一章所列行为的,视情节轻重,由有关机关、部门依照职责权限给予诫勉谈话、通报批评、调离岗位、责令辞职、免职、降职等处理。

需要给予处分的,依照有关规定办理。

乡镇党委和政府领导班子成员因工作失职,应当进行问责的,依照《关于实行党政领导干部问责的暂行规定》处理。

涉嫌犯罪的，移送司法机关依法处理。

第二十一条 村党组织领导班子成员有违反本规定第二章所列行为的，视情节轻重，由有关机关、部门依照职责权限给予警示谈话、责令公开检讨、通报批评、停职检查、责令辞职、免职等处理。

应当追究党纪责任的，依照《中国共产党纪律处分条例》给予相应的党纪处分。

涉嫌犯罪的，移送司法机关依法处理。

第二十二条 村民委员会成员有违反本规定第二章所列行为的，视情节轻重，由有关机关、部门依照职责权限给予警示谈话、责令公开检讨、通报批评、取消当选资格等处理或者责令其辞职，拒不辞职的，依照《中华人民共和国村民委员会组织法》的规定予以罢免[②]。

对其中的党员，应当追究党纪责任的，依照《中国共产党纪律处分条例》给予相应的党纪处分。

涉嫌犯罪的，移送司法机关依法处理。

第二十三条 农村基层干部违反本规定获取的不正当经济利益，应当依法予以没收、追缴或者责令退赔；给国家、集体或者村民造成损失的，应当依照有关规定承担赔偿责任。

第二十四条 村党组织领导班子成员和村民委员会成员受到本规定第二十一条、第二十二条处理的，由县（市、区、旗）或者乡镇党委和政府按照规定减发或者扣发绩效补贴（工资）、奖金。

第二十五条 村党组织领导班子成员和村民委员会成员中的党员因违反本规定受到撤销党内职务处分的，或者受到留党察看处分恢复党员权利后，两年内不得担任村党组织领导班子成员；被责令辞职、免职的，一年内不得担任村党组织领导班子成员。

第五章 附　　则

第二十六条 本规定适用于乡镇党委和政府领导班子成员、人大主席团负责人、基层站所负责人，村（社区）党组织（含党委、总支、支部）领导班子成员、村（居）民委员会成员。

乡镇其他干部、基层站所其他工作人员，农村集体经济组织中的党组织（含党委、总支、支部）领导班子成员、农村集体经济组织负责人，村民小组负责人，参照执行本规定。

第二十七条 各省、自治区、直辖市党委和政府可以根据本规定，结合实际情况制定具体实施办法，并报中央纪委国家监委备案。

② 2019年6月23日中共中央办公厅、国务院办公厅印发的《关于加强和改进乡村治理的指导意见》指出：农民合作组织和其他经济社会组织要依照国家法律和各自章程充分行使职权。村党组织书记应当通过法定程序担任村民委员会主任和村级集体经济组织、合作经济组织负责人，村“两委”班子成员应当交叉任职。村务监督委员会主任一般由党员担任，可以由非村民委员会成员的村党组织班子成员兼任。坚决把受过刑事处罚、存在“村霸”和涉黑涉恶、涉邪教等问题的人清理出村干部队伍。

第二十八条　本规定由中央纪委国家监委负责解释。

第二十九条　本规定自发布之日起施行。

4. 对国有企业人员的处分规定

国有企业领导人员廉洁从业若干规定[①]

(2009年7月1日中共中央办公厅、国务院办公厅印发)

第一章　总　　则

第一条　为规范国有企业领导人员廉洁从业行为,加强国有企业反腐倡廉建设,维护国家和出资人利益,促进国有企业科学发展,依据国家有关法律法规和党内法规,制定本规定。

第二条　本规定适用于国有独资企业、国有控股企业(含国有独资金融企业和国有控股金融企业)及其分支机构的领导班子成员。

第三条　国有企业领导人员应当遵守国家法律法规和企业规章制度,依法经营、开拓创新、廉洁从业、诚实守信,切实维护国家利益、企业利益和职工合法权益,努力实现国有企业又好又快发展。

第二章　廉洁从业行为规范

第四条　国有企业领导人员应当切实维护国家和出资人利益。不得有滥用职权、损害国有资产权益的下列行为:

(一)违反决策原则和程序决定企业生产经营的重大决策、重要人事任免、重大项目安排及大额度资金运作事项;

(二)违反规定办理企业改制、兼并、重组、破产、资产评估、产权交易等事项;

(三)违反规定投资、融资、担保、拆借资金、委托理财、为他人代开信用证、购销商品和服务、招标投标等;

(四)未经批准或者经批准后未办理保全国有资产的法律手续,以个人或者其他名义用企业资产在国(境)外注册公司、投资入股、购买金融产品、购置不动产或者进行其他经营活动;

(五)授意、指使、强令财会人员进行违反国家财经纪律、企业财务制度的活动;

① 2016年10月10日至11日,习近平总书记在全国国有企业党的建设工作会议上讲话指出,“国有企业领导人员是党在经济领域的执政骨干,是治国理政复合型人才的重要来源,肩负着经营管理国有资产、实现保值增值的重要责任”,“必须做到对党忠诚、勇于创新、治企有方、兴企有为、清正廉洁”。

（六）未经履行国有资产出资人职责的机构和人事主管部门批准，决定本级领导人员的薪酬和住房补贴等福利待遇；

（七）未经企业领导班子集体研究，决定捐赠、赞助事项，或者虽经企业领导班子集体研究但未经履行国有资产出资人职责的机构批准，决定大额捐赠、赞助事项；

（八）其他滥用职权、损害国有资产权益的行为。

第五条 国有企业领导人员应当忠实履行职责。不得有利用职权谋取私利以及损害本企业利益的下列行为：

（一）个人从事营利性经营活动和有偿中介活动，或者在本企业的同类经营企业、关联企业和与本企业有业务关系的企业投资入股[②]；

② 此知识点十分重要。

（二）在职或者离职后接受、索取本企业的关联企业、与本企业有业务关系的企业，以及管理和服务对象提供的物质性利益；

（三）以明显低于市场的价格向请托人购买或者以明显高于市场的价格向请托人出售房屋、汽车等物品，以及以其他交易形式非法收受请托人财物；

（四）委托他人投资证券、期货或者以其他委托理财名义，未实际出资而获取收益，或者虽然实际出资，但获取收益明显高于出资应得收益；

（五）利用企业上市或者上市公司并购、重组、定向增发等过程中的内幕消息、商业秘密以及企业的知识产权、业务渠道等无形资产或者资源，为本人或者配偶、子女及其他特定关系人谋取利益；

（六）未经批准兼任本企业所出资企业或者其他企业、事业单位、社会团体、中介机构的领导职务，或者经批准兼职的，擅自领取薪酬及其他收入；

（七）将企业经济往来中的折扣费、中介费、佣金、礼金，以及因企业行为受到有关部门和单位奖励的财物等据为已有或者私分；

（八）其他利用职权谋取私利以及损害本企业利益的行为。

第六条 国有企业领导人员应当正确行使经营管理权，防止可能侵害公共利益、企业利益行为的发生。不得有下列行为：

（一）本人的配偶、子女及其他特定关系人，在本企业的关联企业、与本企业有业务关系的企业投资入股；

（二）将国有资产委托、租赁、承包给配偶、子女及其他特定关系人经营；

（三）利用职权为配偶、子女及其他特定关系人从事营利性经营活动提供便利条件；

（四）利用职权相互为对方及其配偶、子女和其他特定关系人从事营利性经营活动提供便利条件；

（五）本人的配偶、子女及其他特定关系人投资或者经营的企业与本企业或者有出资关系的企业发生可能侵害公共利益、企业利益的经济业务往来；

（六）按照规定应当实行任职回避和公务回避而没有回避；

（七）离职或者退休后三年内，在与原任职企业有业务关系的私营企业、外资企业和中介机构担任职务、投资入股，或者在上述企业或者机构从事、代理与原任职企业经营业务相关的经营活动；

（八）其他可能侵害公共利益、企业利益的行为。

第七条　国有企业领导人员应当勤俭节约，依据有关规定进行职务消费。不得有下列行为：

（一）超出报履行国有资产出资人职责的机构备案的预算进行职务消费；

（二）将履行工作职责以外的费用列入职务消费；

（三）在特定关系人经营的场所进行职务消费；

（四）不按照规定公开职务消费情况；

（五）用公款旅游或者变相旅游；

（六）在企业发生非政策性亏损或者拖欠职工工资期间，购买或者更换小汽车、公务包机、装修办公室、添置高档办公设备等；

（七）使用信用卡、签单等形式进行职务消费，不提供原始凭证和相应的情况说明；

（八）其他违反规定的职务消费以及奢侈浪费行为。

第八条　国有企业领导人员应当加强作风建设，注重自身修养，增强社会责任意识，树立良好的公众形象。不得有下列行为：

（一）弄虚作假，骗取荣誉、职务、职称、待遇或者其他利益；

（二）大办婚丧喜庆事宜，造成不良影响，或者借机敛财；

（三）默许、纵容配偶、子女和身边工作人员利用本人的职权和地位从事可能造成不良影响的活动；

（四）用公款支付与公务无关的娱乐活动费用；

（五）在有正常办公和居住场所的情况下用公款长期包租宾馆；

（六）漠视职工正当要求，侵害职工合法权益；

（七）从事有悖社会公德的活动。

第三章　实施与监督

第九条　国有企业应当依据本规定制定规章制度或者将本规定的要求纳入公司章程，建立健全监督制约机制，保证本规定的贯彻执行。

国有企业党委(党组)书记、董事长、总经理为本企业实施本规定的主要责任人。

第十条 国有企业领导人员应当将贯彻落实本规定的情况作为民主生活会对照检查、年度述职述廉和职工代表大会民主评议的重要内容,接受监督和民主评议。

第十一条 国有企业应当明确决策原则和程序,在规定期限内将生产经营的重大决策、重要人事任免、重大项目安排及大额度资金运作事项的决策情况报告履行国有资产出资人职责的机构,将涉及职工切身利益的事项向职工代表大会报告。

③ 不要忽视此知识点。

需经职工代表大会讨论通过的事项,应当经职工代表大会讨论通过后实施[③]。

第十二条 国有企业应当完善以职工代表大会为基本形式的企业民主管理制度,实行厂务公开制度,并报履行国有资产出资人职责的机构备案。

第十三条 国有企业应当按照有关规定建立健全职务消费制度,报履行国有资产出资人职责的机构备案,并将职务消费情况作为厂务公开的内容向职工公开。

第十四条 国有企业领导人员应当按年度向履行国有资产出资人职责的机构报告兼职、投资入股、国(境)外存款和购置不动产情况,配偶、子女从业和出国(境)定居及有关情况,以及本人认为应当报告的其他事项,并以适当方式在一定范围内公开。

第十五条 国有企业应当结合本规定建立领导人员从业承诺制度,规范领导人员从业行为以及离职和退休后的相关行为。

第十六条 履行国有资产出资人职责的机构和人事主管部门应当结合实际,完善国有企业领导人员的薪酬管理制度,规范和完善激励和约束机制。

第十七条 纪检监察机关、组织人事部门和履行国有资产出资人职责的机构,应当对国有企业领导人员进行经常性的教育和监督。

第十八条 履行国有资产出资人职责的机构和审计部门应当依法开展各项审计监督,严格执行国有企业领导人员任期和离任经济责任审计制度,建立健全纪检监察和审计监督工作的协调运行机制。

第十九条 各级纪检监察机关、组织人事部门和履行国有资产出资人职责机构的纪检监察机构,应当对所管辖的国有企业领导人员执行本规定的情况进行监督检查。

国有企业的纪检监察机构应当结合年度考核,每年对所管辖的国有企业领导人员执行本规定的情况进行监督检查,并作出评估,向企业党组织和上级纪检监察机构报告。

对违反本规定行为的检举和控告,有关机构应当及时受理,并作出处理决定或者提出处理建议。

④ 请注意,此处规定了函询。

对违反本规定行为的检举和控告符合函询条件的,应当按规定进行函询[④]。

对检举、控告违反本规定行为的职工进行打击报复的，应当追究相关责任人的责任。

第二十条　各级组织人事部门和履行国有资产出资人职责的机构，应当将廉洁从业情况作为对国有企业领导人员考察、考核的重要内容和任免的重要依据。

第二十一条　国有企业的监事会应当依照有关规定加强对国有企业领导人员廉洁从业情况的监督。

按照本规定第十一条至第十四条向履行国有资产出资人职责的机构报告、备案的事项，应当同时抄报本企业监事会。

第四章　违反规定行为的处理

第二十二条　国有企业领导人员违反本规定第二章所列行为规范的，视情节轻重，由有关机构按照管理权限分别给予警示谈话、调离岗位、降职、免职处理⑤。

⑤ 此知识点十分重要，请牢记。

应当追究纪律责任的，除适用前款规定外，视情节轻重，依照国家有关法律法规给予相应的处分。

对于其中的共产党员，视情节轻重，依照《中国共产党纪律处分条例》给予相应的党纪处分。

涉嫌犯罪的，依法移送司法机关处理。

第二十三条　国有企业领导人员受到警示谈话、调离岗位、降职、免职处理的，应当减发或者全部扣发当年的绩效薪金、奖金⑥。

⑥ 请牢记此知识点。

第二十四条　国有企业领导人员违反本规定获取的不正当经济利益，应当责令清退；给国有企业造成经济损失的，应当依据国家或者企业的有关规定承担经济赔偿责任。

第二十五条　国有企业领导人员违反本规定受到降职处理的，两年内不得担任与其原任职务相当或者高于其原任职务的职务⑦。

⑦ 请牢记此知识点。

受到免职处理的，两年内不得担任国有企业的领导职务；因违反国家法律，造成国有资产重大损失被免职的，五年内不得担任国有企业的领导职务。

构成犯罪被判处刑罚的，终身不得担任国有企业的领导职务。

第五章　附　　则

第二十六条　国有企业领导班子成员以外的对国有资产负有经营管理责任的其他人员、国有企业所属事业单位的领导人员参照本规定执行。

国有参股企业（含国有参股金融企业）中对国有资产负有经营管理责任的人员参照本规定执行。

第二十七条 本规定所称履行国有资产出资人职责的机构,包括作为国有资产出资人代表的各级国有资产监督管理机构、尚未实行政资分开代行出资人职责的政府主管部门和其他机构以及授权经营的母公司。

本规定所称特定关系人,是指与国有企业领导人员有近亲属以及其他共同利益关系的人。

第二十八条 国务院国资委,各省、自治区、直辖市,可以根据本规定制定实施办法,并报中央纪委国家监委备案。

中国银保监会、中国证监会,中央管理的国有独资金融企业和国有控股金融企业,可以结合金融行业的实际,制定本规定的补充规定,并报中央纪委国家监委备案。

第二十九条 本规定由中央纪委国家监委商中央组织部解释。

第三十条 本规定自发布之日起施行。2004 年发布的《国有企业领导人员廉洁从业若干规定(试行)》同时废止。

现行的其他有关规定,凡与本规定不一致的,依照本规定执行。

5. 对政协委员的处分规定

中国人民政治协商会议章程(节录)

(1982 年 12 月 11 日中国人民政治协商会议第五届全国委员会第五次会议通过 根据 1994 年 3 月 19 日中国人民政治协商会议第八届全国委员会第二次会议通过的《中国人民政治协商会议章程修正案》、2000 年 3 月 11 日中国人民政治协商会议第九届全国委员会第三次会议通过的《中国人民政治协商会议章程修正案》、2004 年 3 月 12 日中国人民政治协商会议第十届全国委员会第二次会议通过的《中国人民政治协商会议章程修正案》、2018 年 3 月 15 日中国人民政治协商会议第十三届全国委员会第一次会议通过的《中国人民政治协商会议章程修正案》和 2023 年 3 月 11 日中国人民政治协商会议第十四届全国委员会第一次会议通过的《中国人民政治协商会议章程修正案》修订)

第一条 中国人民政治协商会议全国委员会和地方委员会,依照中国人民政治协商会议章程进行工作。

第三条 中国人民政治协商会议全国委员会和地方委员会的主要职能是政治协

商、民主监督、参政议政,要把加强思想政治引领、广泛凝聚共识贯穿履职工作之中。

政治协商是对国家大政方针和地方的重要举措以及经济建设、政治建设、文化建设、社会建设、生态文明建设中的重要问题,在决策之前和决策实施之中进行协商。中国人民政治协商会议全国委员会和地方委员会可根据中国共产党、人民代表大会常务委员会、人民政府、民主党派、人民团体的提议,举行有各党派、团体的负责人和各族各界人士的代表参加的会议,进行协商,亦可建议上列单位将有关重要问题提交协商。

民主监督是对国家宪法、法律和法规的实施,重大方针政策、重大改革举措、重要决策部署的贯彻执行情况,涉及人民群众切身利益的实际问题解决落实情况,国家机关及其工作人员的工作等,通过提出意见、批评、建议的方式进行的协商式监督。

参政议政是对政治、经济、文化、社会生活和生态环境等方面的重要问题以及人民群众普遍关心的问题,开展调查研究,反映社情民意,进行协商讨论。通过调研报告、提案、建议案或其他形式,向中国共产党和国家机关提出意见和建议。

第二十一条　中国人民政治协商会议设全国委员会和地方委员会。

中国人民政治协商会议全国委员会对地方委员会的关系和地方委员会对下级地方委员会的关系是指导关系。

第二十九条　参加中国人民政治协商会议全国委员会和地方委员会的单位和个人,如果严重违反中国人民政治协商会议章程或全体会议和常务委员会的决议,由全国委员会常务委员会或地方委员会常务委员会分别依据情节给予警告处分,或撤销其参加中国人民政治协商会议全国委员会或地方委员会的资格。

受警告处分或撤销参加资格的单位或个人,如果不服,可以请求复议。

第三十五条　中国人民政治协商会议全国委员会委员和地方委员会委员应当正确处理个人职业活动与履行职责的关系,不得利用委员身份牟取个人、小团体和特定关系人的利益。

第三十七条[①]　对严重损害国家和人民利益的,因严重违纪违法被给予组织处理、处分或被判刑以及涉嫌违纪违法正在接受调查处理的,在身份上弄虚作假的等,不得提名或继续提名为委员人选。

第三十八条　因工作变动或其他原因不宜继续担任委员的,本人应当辞去委员。对违反社会道德或存在与委员身份不符行为的,应当及时约谈或函询,经提醒仍不改正的,应当责令其辞去委员。

第三十九条　对违纪违法的委员,中国人民政治协商会议全国委员会常务委员会或地方委员会常务委员会应当依照法律和有关规定作出相应处理[②]。常务委员会组成人员违纪违法的,可由常务委员会依照法律和有关规定作出处理决定,针

① 本条十分重要,建议牢记。

② 请注意,此处的处理主体是中国人民政治协商会议全国委员会常务委员会或地方委员会常务委员会。

对不同情形，相关处理决定待召开全体会议予以追认。

第四十四条 中国人民政治协商会议全国委员会全体会议行使下列职权：

（一）修改中国人民政治协商会议章程，监督章程的实施；

（二）选举全国委员会的主席、副主席、秘书长和常务委员，决定常务委员会组成人员的增加或者变更；

（三）协商讨论国家的大政方针以及经济建设、政治建设、文化建设、社会建设、生态文明建设中的重要问题，提出建议和批评；

（四）听取和审议常务委员会的工作报告、提案工作情况报告和其他报告；

（五）讨论本会重大工作原则、任务并作出决议。

第四十六条 中国人民政治协商会议全国委员会常务委员会行使下列职权：

（一）解释中国人民政治协商会议章程，监督章程的实施；

（二）召集并主持中国人民政治协商会议全国委员会全体会议；每届第一次全体会议前召开全体委员参加的预备会议，选举第一次全体会议主席团，由主席团主持第一次全体会议；

（三）组织实现中国人民政治协商会议章程规定的任务；

（四）执行全国委员会全体会议的决议；

（五）全国委员会全体会议闭会期间，审查通过提交全国人民代表大会及其常务委员会或国务院的重要建议案；

（六）协商决定全国委员会委员；

（七）根据秘书长的提议，任免中国人民政治协商会议全国委员会副秘书长；

（八）决定中国人民政治协商会议全国委员会工作机构的设置和变动，并任免其领导成员[③]。

第五十五条 中国人民政治协商会议各级地方委员会全体会议行使下列职权：

（一）选举地方委员会的主席、副主席、秘书长和常务委员，决定常务委员会组成人员的增加或者变更；

（二）听取和审议常务委员会的工作报告、提案工作情况报告和其他报告；

（三）讨论并通过有关的决议；

（四）参与对国家和地方事务的重要问题的讨论，提出建议和批评。

第五十六条 中国人民政治协商会议各级地方委员会设常务委员会主持会务。

常务委员会由地方委员会主席、副主席、秘书长和常务委员组成，其候选人由参加各该地方委员会的各党派、团体、各民族和各界人士协商提名，经全体会议选

③ 相关案例如2014年6月25日，全国政协十二届常委会第六次会议经过表决，通过了关于免去苏荣第十二届全国政协副主席职务、撤销其全国政协委员资格的决定。2015年2月28日，全国政协十二届常委会第九次会议通过关于免去令计划政协第十二届全国委员会副主席职务、撤销其全国政协委员资格的决定；追认政协第十二届全国委员会第二十三次、第二十五次主席会议分别作出的关于撤销朱明国、马建政协第十二届全国委员会委员资格的决定。

举产生。

第五十七条 中国人民政治协商会议地方委员会常务委员会行使下列职权:

(一)召集并主持地方委员会全体会议;每届第一次全体会议前召开全体委员参加的预备会议,选举第一次全体会议主席团,由主席团主持第一次全体会议;

(二)组织实现中国人民政治协商会议章程规定的任务和全国委员会所作的全国性的决议以及上级地方委员会所作的全地区性的决议;

(三)执行地方委员会全体会议的决议;

(四)地方委员会全体会议闭会期间,审议通过提交同级地方人民代表大会及其常务委员会或人民政府的重要建议案;

(五)协商决定地方委员会委员;

(六)根据秘书长的提议,任免地方委员会的副秘书长;

(七)决定地方委员会工作机构的设置和变动,并任免其领导成员。

三、纪检监察常用司法解释

1. 贪污贿赂渎职犯罪

全国法院审理经济犯罪案件工作座谈会纪要

（2003 年 11 月 13 日最高人民法院印发　法〔2003〕167 号）

为了进一步加强人民法院审判经济犯罪案件工作，最高人民法院于 2002 年 6 月 4 日至 6 日在重庆市召开了全国法院审理经济犯罪案件工作座谈会。各省、自治区、直辖市高级人民法院和解放军军事法院主管刑事审判工作的副院长和刑庭庭长参加了座谈会，全国人大常委会法制工作委员会、最高人民检察院、公安部也应邀派员参加了座谈会。座谈会总结了刑法和刑事诉讼法修订实施以来人民法院审理经济犯罪案件工作的情况和经验，分析了审理经济犯罪案件工作面临的形势和任务，对当前和今后一个时期进一步加强人民法院审判经济犯罪案件的工作做了部署。座谈会重点讨论了人民法院在审理贪污贿赂和渎职犯罪案件中遇到的有关适用法律的若干问题，并就其中一些带有普遍性的问题形成了共识。经整理并征求有关部门的意见，纪要如下：

一、关于贪污贿赂犯罪和渎职犯罪的主体

（一）国家机关工作人员的认定

刑法中所称的国家机关工作人员，是指在国家机关中从事公务的人员，包括在各级国家权力机关、行政机关、司法机关和军事机关中从事公务的人员。

根据有关立法解释的规定，在依照法律、法规规定行使国家行政管理职权的组织中从事公务的人员，或者在受国家机关委托代表国家行使职权的组织中从事公务的人员，或者虽未列入国家机关人员编制但在国家机关中从事公务的人员，视为国家机关工作人员。在乡（镇）以上中国共产党机关、人民政协机关中从事公务的人员，司法实践中也应当视为国家机关工作人员。

（二）国家机关、国有公司、企业、事业单位委派到非国有公司、企业、事业单位、社会团体从事公务的人员的认定

所谓委派，即委任、派遣，其形式多种多样，如任命、指派、提名、批准等。不论被委派的人身份如何，只要是接受国家机关、国有公司、企业、事业单位委派，代表国家机关、国有公司、企业、事业单位在非国有公司、企业、事业单位、社会团体中从事组织、领导、监督、管理等工作，都可以认定为国家机关、国有公司、企业、事业单位委派到非国有公司、企业、事业单位、社会团体从事公务的人员。如国家机关、国有公司、企业、事业单位委派在国有控股或者参股的股份有限公司从事组织、领导、监督、管理等工作的人员，应当以国家工作人员论。国有公司、企业改制为股份有限公司后，原国有公司、企业的工作人员和股份有限公司新任命的人员中，除代表国有投资主体行使监督、管理职权的人外，不以国家工作人员论。

（三）"其他依照法律从事公务的人员"的认定

刑法第九十三条第二款规定的"其他依照法律从事公务的人员"应当具有两个特征：一是在特定条件下行使国家管理职能；二是依照法律规定从事公务。具体包括：(1)依法履行职责的各级人民代表大会代表；(2)依法履行审判职责的人民陪审员；(3)协助乡镇人民政府、街道办事处从事行政管理工作的村民委员会、居民委员会等农村和城市基层组织人员；(4)其他由法律授权从事公务的人员。

（四）关于"从事公务"的理解

从事公务，是指代表国家机关、国有公司、企业、事业单位、人民团体等履行组织、领导、监督、管理等职责。公务主要表现为与职权相联系的公共事务以及监督、管理国有财产的职务活动。如国家机关工作人员依法履行职责，国有公司的董事、经理、监事、会计、出纳人员等管理、监督国有财产等活动，属于从事公务。那些不具备职权内容的劳务活动、技术服务工作，如售货员、售票员等所从事的工作，一般不认为是公务。

二、关于贪污罪

（一）贪污罪既遂与未遂的认定

贪污罪是一种以非法占有为目的的财产性职务犯罪，与盗窃、诈骗、抢夺等侵犯财产罪一样，应当以行为人是否实际控制财物作为区分贪污罪既遂与未遂的标准。对于行为人利用职务上的便利，实施了虚假平帐等贪污行为，但公共财物尚未实际转移，或者尚未被行为人控制就被查获的，应当认定为贪污未遂。行为人控制公共财物后，是否将财物据为己有，不影响贪污既遂的认定。

（二）"受委托管理、经营国有财产"的认定

刑法第三百八十二条第二款规定的"受委托管理、经营国有财产"，是指因承

包、租赁、临时聘用等管理、经营国有财产。

（三）国家工作人员与非国家工作人员勾结共同非法占有单位财物行为的认定

对于国家工作人员与他人勾结，共同非法占有单位财物的行为，应当按照《最高人民法院关于审理贪污、职务侵占案件如何认定共同犯罪几个问题的解释》的规定定罪处罚。对于在公司、企业或者其他单位中，非国家工作人员与国家工作人员勾结，分别利用各自的职务便利，共同将本单位财物非法占有的，应当尽量区分主从犯，按照主犯的犯罪性质定罪。司法实践中，如果根据案件的实际情况，各共同犯罪人在共同犯罪中的地位、作用相当，难以区分主从犯的，可以贪污罪定罪处罚。

（四）共同贪污犯罪中“个人贪污数额”的认定

刑法第三百八十三条第一款规定的“个人贪污数额”，在共同贪污犯罪案件中应理解为个人所参与或者组织、指挥共同贪污的数额，不能只按个人实际分得的赃款数额来认定。对共同贪污犯罪中的从犯，应当按照其所参与的共同贪污的数额确定量刑幅度，并依照刑法第二十七条第二款的规定，从轻、减轻处罚或者免除处罚。

三、关于受贿罪

（一）关于“利用职务上的便利”的认定

刑法第三百八十五条第一款规定的“利用职务上的便利”，既包括利用本人职务上主管、负责、承办某项公共事务的职权，也包括利用职务上有隶属、制约关系的其他国家工作人员的职权。担任单位领导职务的国家工作人员通过不属自己主管的下级部门的国家工作人员的职务为他人谋取利益的，应当认定为“利用职务上的便利”为他人谋取利益。

（二）“为他人谋取利益”的认定

为他人谋取利益包括承诺、实施和实现三个阶段的行为。只要具有其中一个阶段的行为，如国家工作人员收受他人财物时，根据他人提出的具体请托事项，承诺为他人谋取利益的，就具备了为他人谋取利益的要件。明知他人有具体请托事项而收受其财物的，视为承诺为他人谋取利益。

（三）“利用职权或地位形成的便利条件”的认定

刑法第三百八十八条规定的“利用本人职权或者地位形成的便利条件”，是指行为人与被其利用的国家工作人员之间在职务上虽然没有隶属、制约关系，但是行为人利用了本人职权或者地位产生的影响和一定的工作联系，如单位内不同部门的国家工作人员之间、上下级单位没有职务上隶属、制约关系的国家工作人员之间、有工作联系的不同单位的国家工作人员之间等。

（四）离职国家工作人员收受财物行为的处理

参照《最高人民法院关于国家工作人员利用职务上的便利为他人谋取利益离退休后收受财物行为如何处理问题的批复》规定的精神，国家工作人员利用职务上的便利为请托人谋取利益，并与请托人事先约定，在其离职后收受请托人财物，构成犯罪的，以受贿罪定罪处罚。

（五）共同受贿犯罪的认定

根据刑法关于共同犯罪的规定，非国家工作人员与国家工作人员勾结，伙同受贿的，应当以受贿罪的共犯追究刑事责任。非国家工作人员是否构成受贿罪共犯，取决于双方有无共同受贿的故意和行为。国家工作人员的近亲属向国家工作人员代为转达请托事项，收受请托人财物并告知该国家工作人员，或者国家工作人员明知其近亲属收受了他人财物，仍按照近亲属的要求利用职权为他人谋取利益的，对该国家工作人员应认定为受贿罪，其近亲属以受贿罪共犯论处。近亲属以外的其他人与国家工作人员通谋，由国家工作人员利用职务上的便利为请托人谋取利益，收受请托人财物后双方共同占有的，构成受贿罪共犯。国家工作人员利用职务上的便利为他人谋取利益，并指定他人将财物送给其他人，构成犯罪的，应以受贿罪定罪处罚。

（六）以借款为名索取或者非法收受财物行为的认定

国家工作人员利用职务上的便利，以借为名向他人索取财物，或者非法收受财物为他人谋取利益的，应当认定为受贿。具体认定时，不能仅仅看是否有书面借款手续，应当根据以下因素综合判定：（1）有无正当、合理的借款事由；（2）款项的去向；（3）双方平时关系如何、有无经济往来；（4）出借方是否要求国家工作人员利用职务上的便利为其谋取利益；（5）借款后是否有归还的意思表示及行为；（6）是否有归还的能力；（7）未归还的原因；等等。

（七）涉及股票受贿案件的认定

在办理涉及股票的受贿案件时，应当注意：（1）国家工作人员利用职务上的便利，索取或非法收受股票，没有支付股本金，为他人谋取利益，构成受贿罪的，其受贿数额按照收受股票时的实际价格计算。（2）行为人支付股本金而购买较有可能升值的股票，由于不是无偿收受请托人财物，不以受贿罪论处。（3）股票已上市且已升值，行为人仅支付股本金，其“购买”股票时的实际价格与股本金的差价部分应认定为受贿。

四、关于挪用公款罪

（一）单位决定将公款给个人使用行为的认定

经单位领导集体研究决定将公款给个人使用，或者单位负责人为了单位的利益,决定将公款给个人使用的,不以挪用公款罪定罪处罚。上述行为致使单位遭受重大损失,构成其他犯罪的,依照刑法的有关规定对责任人员定罪处罚。

(二)挪用公款供其他单位使用行为的认定

根据全国人大常委会《关于〈中华人民共和国刑法〉第三百八十四条第一款的解释》的规定,"以个人名义将公款供其他单位使用的"、"个人决定以单位名义将公款供其他单位使用,谋取个人利益的",属于挪用公款"归个人使用"。在司法实践中,对于将公款供其他单位使用的,认定是否属于"以个人名义",不能只看形式,要从实质上把握。对于行为人逃避财务监管,或者与使用人约定以个人名义进行,或者借款、还款都以个人名义进行,将公款给其他单位使用的,应认定为"以个人名义"。"个人决定"既包括行为人在职权范围内决定,也包括超越职权范围决定。"谋取个人利益",既包括行为人与使用人事先约定谋取个人利益实际尚未获取的情况,也包括虽未事先约定但实际已获取了个人利益的情况。其中的"个人利益",既包括不正当利益,也包括正当利益;既包括财产性利益,也包括非财产性利益,但这种非财产性利益应当是具体的实际利益,如升学、就业等。

(三)国有单位领导向其主管的具有法人资格的下级单位借公款归个人使用的认定

国有单位领导利用职务上的便利指令具有法人资格的下级单位将公款供个人使用的,属于挪用公款行为,构成犯罪的,应以挪用公款罪定罪处罚。

(四)挪用有价证券、金融凭证用于质押行为性质的认定

挪用金融凭证、有价证券用于质押,使公款处于风险之中,与挪用公款为他人提供担保没有实质的区别,符合刑法关于挪用公款罪规定的,以挪用公款罪定罪处罚挪用公款数额以实际或者可能承担的风险数额认定。

(五)挪用公款归还个人欠款行为性质的认定

挪用公款归还个人欠款的,应当根据产生欠款的原因,分别认定属于挪用公款的何种情形。归还个人进行非法活动或者进行营利活动产生的欠款,应当认定为挪用公款进行非法活动或者进行营利活动。

(六)挪用公款用于注册公司、企业行为性质的认定

申报注册资本是为进行生产经营活动作准备,属于成立公司、企业进行营利活动的组成部分。因此,挪用公款归个人用于公司、企业注册资本验资证明的,应当认定为挪用公款进行营利活动。

(七)挪用公款后尚未投入实际使用的行为性质的认定

挪用公款后尚未投入实际使用的,只要同时具备"数额较大"和"超过三个月未

还”的构成要件，应当认定为挪用公款罪，但可以酌情从轻处罚。

（八）挪用公款转化为贪污的认定

挪用公款罪与贪污罪的主要区别在于行为人主观上是否具有非法占有公款的目的。挪用公款是否转化为贪污，应当按照主客观相一致的原则，具体判断和认定行为人主观上是否具有非法占有公款的目的。在司法实践中，具有以下情形之一的，可以认定行为人具有非法占有公款的目的：

1. 根据《最高人民法院关于审理挪用公款案件具体应用法律若干问题的解释》第六条的规定，行为人“携带挪用的公款潜逃的”，对其携带挪用的公款部分，以贪污罪定罪处罚。

2. 行为人挪用公款后采取虚假发票平账、销毁有关账目等手段，使所挪用的公款已难以在单位财务账目上反映出来，且没有归还行为的，应当以贪污罪定罪处罚。

3. 行为人截取单位收入不入账，非法占有，使所占有的公款难以在单位财务账目上反映出来，且没有归还行为的，应当以贪污罪定罪处罚。

4. 有证据证明行为人有能力归还所挪用的公款而拒不归还，并隐瞒挪用的公款去向的，应当以贪污罪定罪处罚。

五、关于巨额财产来源不明罪

（一）行为人不能说明巨额财产来源合法的认定

刑法第三百九十五条第一款规定的“不能说明”，包括以下情况：(1)行为人拒不说明财产来源；(2)行为人无法说明财产的具体来源；(3)行为人所说的财产来源经司法机关查证并不属实；(4)行为人所说的财产来源因线索不具体等原因，司法机关无法查实，但能排除存在来源合法的可能性和合理性的。

（二）“非法所得”的数额计算

刑法第三百九十五条规定的“非法所得”，一般是指行为人的全部财产与能够认定的所有支出的总和减去能够证实的有真实来源的所得。在具体计算时，应注意以下问题：(1)应把国家工作人员个人财产和与其共同生活的家庭成员的财产、支出等一并计算，而且一并减去他们所有的合法收入以及确属与其共同生活的家庭成员个人的非法收入。(2)行为人所有的财产包括房产、家具、生活用品、学习用品及股票、债券、存款等动产和不动产；行为人的支出包括合法支出和不合法的支出，包括日常生活、工作、学习费用、罚款及向他人行贿的财物等；行为人的合法收入包括工资、奖金、稿酬、继承等法律和政策允许的各种收入。(3)为了便于计算犯罪数额，对于行为人的财产和合法收入，一般可以从行为人有比较确定的收入和财产时开始计算。

六、关于渎职罪

(一)渎职犯罪行为造成的公共财产重大损失的认定

根据刑法规定,玩忽职守、滥用职权等渎职犯罪是以致使公共财产、国家和人民利益遭受重大损失为构成要件的。其中,公共财产的重大损失,通常是指渎职行为已经造成的重大经济损失。在司法实践中,有以下情形之一的,虽然公共财产作为债权存在,但已无法实现债权的,可以认定为行为人的渎职行为造成了经济损失:(1)债务人已经法定程序被宣告破产;(2)债务人潜逃,去向不明;(3)因行为人责任,致使超过诉讼时效;(4)有证据证明债权无法实现的其他情况。

(二)玩忽职守罪的追诉时效

玩忽职守行为造成的重大损失当时没有发生,而是玩忽职守行为之后一定时间发生的,应从危害结果发生之日起计算玩忽职守罪的追诉期限。

(三)国有公司、企业人员渎职犯罪的法律适用

对于1999年12月24日《中华人民共和国刑法修正案》实施以前发生的国有公司、企业人员渎职行为(不包括徇私舞弊行为),尚未处理或者正在处理的,不能按照刑法修正案追究刑事责任。

(四)关于"徇私"的理解

徇私舞弊型渎职犯罪的"徇私"应理解为徇个人私情、私利。国家机关工作人员为了本单位的利益,实施滥用职权、玩忽职守行为,构成犯罪的,依照刑法第三百九十七条第一款的规定定罪处罚。

最高人民检察院关于渎职侵权犯罪案件立案标准的规定

(2006年7月26日公布　高检发释字〔2006〕2号)

根据《中华人民共和国刑法》、《中华人民共和国刑事诉讼法》和其他法律的有关规定,对国家机关工作人员渎职和利用职权实施的侵犯公民人身权利、民主权利犯罪案件的立案标准规定如下:

一、渎职犯罪案件

(一)滥用职权案(第三百九十七条)

滥用职权罪是指国家机关工作人员超越职权,违法决定、处理其无权决定、处理的事项,或者违反规定处理公务,致使公共财产、国家和人民利益遭受重大损失的行为。

涉嫌下列情形之一的，应予立案：

1. 造成死亡1人以上，或者重伤2人以上，或者重伤1人、轻伤3人以上，或者轻伤5人以上的；

2. 导致10人以上严重中毒的；

3. 造成个人财产直接经济损失10万元以上，或者直接经济损失不满10万元，但间接经济损失50万元以上的；

4. 造成公共财产或者法人、其他组织财产直接经济损失20万元以上，或者直接经济损失不满20万元，但间接经济损失100万元以上的；

5. 虽未达到3、4两项数额标准，但3、4两项合计直接经济损失20万元以上，或者合计直接经济损失不满20万元，但合计间接经济损失100万元以上的；

6. 造成公司、企业等单位停业、停产6个月以上，或者破产的；

7. 弄虚作假，不报、缓报、谎报或者授意、指使、强令他人不报、缓报、谎报情况，导致重特大事故危害结果继续、扩大，或者致使抢救、调查、处理工作延误的；

8. 严重损害国家声誉，或者造成恶劣社会影响[①]的；

9. 其他致使公共财产、国家和人民利益遭受重大损失的情形。

国家机关工作人员滥用职权，符合刑法第九章所规定的特殊渎职罪构成要件的，按照该特殊规定追究刑事责任；主体不符合刑法第九章所规定的特殊渎职罪的主体要件，但滥用职权涉嫌前款第1项至第9项规定情形之一的，按照刑法第397条的规定以滥用职权罪追究刑事责任。

（二）玩忽职守案（第三百九十七条）

玩忽职守罪是指国家机关工作人员严重不负责任，不履行或者不认真履行职责，致使公共财产、国家和人民利益遭受重大损失的行为。

涉嫌下列情形之一的，应予立案：

1. 造成死亡1人以上，或者重伤3人以上，或者重伤2人、轻伤4人以上，或者重伤1人、轻伤7人以上，或者轻伤10人以上的；

2. 导致20人以上严重中毒的；

3. 造成个人财产直接经济损失15万元以上，或者直接经济损失不满15万元，但间接经济损失75万元以上的；

4. 造成公共财产或者法人、其他组织财产直接经济损失30万元以上，或者直接经济损失不满30万元，但间接经济损失150万元以上的；

5. 虽未达到3、4两项数额标准，但3、4两项合计直接经济损失30万元以上，或者合计直接经济损失不满30万元，但合计间接经济损失150万元以上的；

6. 造成公司、企业等单位停业、停产1年以上，或者破产的；

① 关于渎职犯罪中恶劣社会影响的认定。造成恶劣社会影响属于无形损失。实践中，对国家机关工作人员渎职犯罪造成恶劣社会影响的认定，在正确认识渎职犯罪行为侵犯的是国家机关公务的合法、公正、有效执行以及人民群众对此的信赖这一法益的基础上，一般可从以下几个方面把握：一是渎职行为严重损害国家机关形象，致使政府公信力下降的；二是渎职行为引发新闻媒体广泛关注，引起强烈社会反响的；三是渎职行为造成大规模上访、暴力冲突等事件，影响国家机关正常职能活动的；四是渎职行为诱发民族矛盾纠纷，严重影响民族团结、社会稳定的；五是渎职行为造成其他恶劣社会影响的。

7. 海关、外汇管理部门的工作人员严重不负责任，造成100万美元以上外汇被骗购或者逃汇1000万美元以上的；

8. 严重损害国家声誉，或者造成恶劣社会影响的；

9. 其他致使公共财产、国家和人民利益遭受重大损失的情形。

国家机关工作人员玩忽职守，符合刑法第九章所规定的特殊渎职罪构成要件的，按照该特殊规定追究刑事责任；主体不符合刑法第九章所规定的特殊渎职罪的主体要件，但玩忽职守涉嫌前款第1项至第9项规定情形之一的，按照刑法第397条的规定以玩忽职守罪追究刑事责任。

（三）故意泄露国家秘密案（第三百九十八条）

故意泄露国家秘密罪是指国家机关工作人员或者非国家机关工作人员违反保守国家秘密法，故意使国家秘密被不应知悉者知悉，或者故意使国家秘密超出了限定的接触范围，情节严重的行为。

涉嫌下列情形之一的，应予立案：

1. 泄露绝密级国家秘密1项（件）以上的；

2. 泄露机密级国家秘密2项（件）以上的；

3. 泄露秘密级国家秘密3项（件）以上的；

4. 向非境外机构、组织、人员泄露国家秘密，造成或者可能造成危害社会稳定、经济发展、国防安全或者其他严重危害后果的；

5. 通过口头、书面或者网络等方式向公众散布、传播国家秘密的；

6. 利用职权指使或者强迫他人违反国家保守秘密法的规定泄露国家秘密的；

7. 以牟取私利为目的泄露国家秘密的；

8. 其他情节严重的情形。

（四）过失泄露国家秘密案（第三百九十八条）

过失泄露国家秘密罪是指国家机关工作人员或者非国家机关工作人员违反保守国家秘密法，过失泄露国家秘密，或者遗失国家秘密载体，致使国家秘密被不应知悉者知悉或者超出了限定的接触范围，情节严重的行为。

涉嫌下列情形之一的，应予立案：

1. 泄露绝密级国家秘密1项（件）以上的；

2. 泄露机密级国家秘密3项（件）以上的；

3. 泄露秘密级国家秘密4项（件）以上的；

4. 违反保密规定，将涉及国家秘密的计算机或者计算机信息系统与互联网相连接，泄露国家秘密的；

5. 泄露国家秘密或者遗失国家秘密载体，隐瞒不报、不如实提供有关情况或者不采取补救措施的；

6. 其他情节严重的情形。

（五）徇私枉法案（第三百九十九条第一款）

徇私枉法罪是指司法工作人员徇私枉法、徇情枉法，对明知是无罪的人而使他受追诉、对明知是有罪的人而故意包庇不使他受追诉，或者在刑事审判活动中故意违背事实和法律作枉法裁判的行为。

涉嫌下列情形之一的，应予立案：

1. 对明知是没有犯罪事实或者其他依法不应当追究刑事责任的人，采取伪造、隐匿、毁灭证据或者其他隐瞒事实、违反法律的手段，以追究刑事责任为目的立案、侦查、起诉、审判的；

2. 对明知是有犯罪事实需要追究刑事责任的人，采取伪造、隐匿、毁灭证据或者其他隐瞒事实、违反法律的手段，故意包庇使其不受立案、侦查、起诉、审判的；

3. 采取伪造、隐匿、毁灭证据或者其他隐瞒事实、违反法律的手段，故意使罪重的人受较轻的追诉，或者使罪轻的人受较重的追诉的；

4. 在立案后，采取伪造、隐匿、毁灭证据或者其他隐瞒事实、违反法律的手段，应当采取强制措施而不采取强制措施，或者虽然采取强制措施，但中断侦查或者超过法定期限不采取任何措施，实际放任不管，以及违法撤销、变更强制措施，致使犯罪嫌疑人、被告人实际脱离司法机关侦控的；

5. 在刑事审判活动中故意违背事实和法律，作出枉法判决、裁定，即有罪判无罪、无罪判有罪，或者重罪轻判、轻罪重判的；

6. 其他徇私枉法应予追究刑事责任的情形。

（六）民事、行政枉法裁判案（第三百九十九条第二款）

民事、行政枉法裁判罪是指司法工作人员在民事、行政审判活动中，故意违背事实和法律作枉法裁判，情节严重的行为。

涉嫌下列情形之一的，应予立案：

1. 枉法裁判，致使当事人或者其近亲属自杀、自残造成重伤、死亡，或者精神失常的；

2. 枉法裁判，造成个人财产直接经济损失 10 万元以上，或者直接经济损失不满 10 万元，但间接经济损失 50 万元以上的；

3. 枉法裁判，造成法人或者其他组织财产直接经济损失 20 万元以上，或者直接经济损失不满 20 万元，但间接经济损失 100 万元以上的；

4. 伪造、变造有关材料、证据，制造假案枉法裁判的；

5. 串通当事人制造伪证，毁灭证据或者篡改庭审笔录而枉法裁判的；

6. 徇私情、私利，明知是伪造、变造的证据予以采信，或者故意对应当采信的证据不予采信，或者故意违反法定程序，或者故意错误适用法律而枉法裁判的；

7. 其他情节严重的情形。

（七）执行判决、裁定失职案（第三百九十九条第三款）

执行判决、裁定失职罪是指司法工作人员在执行判决、裁定活动中，严重不负责任，不依法采取诉讼保全措施、不履行法定执行职责，或者违法采取保全措施、强制执行措施，致使当事人或者其他人的利益遭受重大损失的行为。

涉嫌下列情形之一的，应予立案：

1. 致使当事人或者其近亲属自杀、自残造成重伤、死亡，或者精神失常的；

2. 造成个人财产直接经济损失 15 万元以上，或者直接经济损失不满 15 万元，但间接经济损失 75 万元以上的；

3. 造成法人或者其他组织财产直接经济损失 30 万元以上，或者直接经济损失不满 30 万元，但间接经济损失 150 万元以上的；

4. 造成公司、企业等单位停业、停产 1 年以上，或者破产的；

5. 其他致使当事人或者其他人的利益遭受重大损失的情形。

（八）执行判决、裁定滥用职权案（第三百九十九条第三款）

执行判决、裁定滥用职权罪是指司法工作人员在执行判决、裁定活动中，滥用职权，不依法采取诉讼保全措施、不履行法定执行职责，或者违法采取保全措施、强制执行措施，致使当事人或者其他人的利益遭受重大损失的行为。

涉嫌下列情形之一的，应予立案：

1. 致使当事人或者其近亲属自杀、自残造成重伤、死亡，或者精神失常的；

2. 造成个人财产直接经济损失 10 万元以上，或者直接经济损失不满 10 万元，但间接经济损失 50 万元以上的；

3. 造成法人或者其他组织财产直接经济损失 20 万元以上，或者直接经济损失不满 20 万元，但间接经济损失 100 万元以上的；

4. 造成公司、企业等单位停业、停产 6 个月以上，或者破产的；

5. 其他致使当事人或者其他人的利益遭受重大损失的情形。

（九）私放在押人员案（第四百条第一款）

私放在押人员罪是指司法工作人员私放在押（包括在羁押场所和押解途中）的犯罪嫌疑人、被告人或者罪犯的行为。

涉嫌下列情形之一的，应予立案：

1. 私自将在押的犯罪嫌疑人、被告人、罪犯放走，或者授意、指使、强迫他人将在押的犯罪嫌疑人、被告人、罪犯放走的；

2. 伪造、变造有关法律文书、证明材料，以使在押的犯罪嫌疑人、被告人、罪犯逃跑或者被释放的；

3. 为私放在押的犯罪嫌疑人、被告人、罪犯，故意向其通风报信、提供条件，致使该在押的犯罪嫌疑人、被告人、罪犯脱逃的；

4. 其他私放在押的犯罪嫌疑人、被告人、罪犯应予追究刑事责任的情形。

（十）失职致使在押人员脱逃案（第四百条第二款）

失职致使在押人员脱逃罪是指司法工作人员由于严重不负责任，不履行或者不认真履行职责，致使在押（包括在羁押场所和押解途中）的犯罪嫌疑人、被告人、罪犯脱逃，造成严重后果的行为。

涉嫌下列情形之一的，应予立案：

1. 致使依法可能判处或者已经判处10年以上有期徒刑、无期徒刑、死刑的犯罪嫌疑人、被告人、罪犯脱逃的；

2. 致使犯罪嫌疑人、被告人、罪犯脱逃3人次以上的；

3. 犯罪嫌疑人、被告人、罪犯脱逃以后，打击报复报案人、控告人、举报人、被害人、证人和司法工作人员等，或者继续犯罪的；

4. 其他致使在押的犯罪嫌疑人、被告人、罪犯脱逃，造成严重后果的情形。

（十一）徇私舞弊减刑、假释、暂予监外执行案（第四百零一条）

徇私舞弊减刑、假释、暂予监外执行罪是指司法工作人员徇私舞弊，对不符合减刑、假释、暂予监外执行条件的罪犯予以减刑、假释、暂予监外执行的行为。

涉嫌下列情形之一的，应予立案：

1. 刑罚执行机关的工作人员对不符合减刑、假释、暂予监外执行条件的罪犯，捏造事实，伪造材料，违法报请减刑、假释、暂予监外执行的；

2. 审判人员对不符合减刑、假释、暂予监外执行条件的罪犯，徇私舞弊，违法裁定减刑、假释或者违法决定暂予监外执行的；

3. 监狱管理机关、公安机关的工作人员对不符合暂予监外执行条件的罪犯，徇私舞弊，违法批准暂予监外执行的；

4. 不具有报请、裁定、决定或者批准减刑、假释、暂予监外执行权的司法工作人员利用职务上的便利，伪造有关材料，导致不符合减刑、假释、暂予监外执行条件的罪犯被减刑、假释、暂予监外执行的；

5. 其他徇私舞弊减刑、假释、暂予监外执行应予追究刑事责任的情形。

（十二）徇私舞弊不移交刑事案件案（第四百零二条）

徇私舞弊不移交刑事案件罪是指工商行政管理、税务、监察等行政执法人员，徇私舞弊，对依法应当移交司法机关追究刑事责任的案件不移交，情节严重的行为。

涉嫌下列情形之一的，应予立案：

1. 对依法可能判处3年以上有期徒刑、无期徒刑、死刑的犯罪案件不移交的；

2. 不移交刑事案件涉及3人次以上的；

3. 司法机关提出意见后，无正当理由仍然不予移交的；

4. 以罚代刑，放纵犯罪嫌疑人，致使犯罪嫌疑人继续进行违法犯罪活动的；

5. 行政执法部门主管领导阻止移交的；

6. 隐瞒、毁灭证据，伪造材料，改变刑事案件性质的；

7. 直接负责的主管人员和其他直接责任人员为牟取本单位私利而不移交刑事案件，情节严重的；

8. 其他情节严重的情形。

（十三）滥用管理公司、证券职权案（第四百零三条）

滥用管理公司、证券职权罪是指工商行政管理、证券管理等国家有关主管部门的工作人员徇私舞弊，滥用职权，对不符合法律规定条件的公司设立、登记申请或者股票、债券发行、上市申请予以批准或者登记，致使公共财产、国家和人民利益遭受重大损失的行为，以及上级部门、当地政府强令登记机关及其工作人员实施上述行为的行为。

涉嫌下列情形之一的，应予立案：

1. 造成直接经济损失50万元以上的；

2. 工商管理部门的工作人员对不符合法律规定条件的公司设立、登记申请，违法予以批准、登记，严重扰乱市场秩序的；

3. 金融证券管理机构工作人员对不符合法律规定条件的股票、债券发行、上市申请，违法予以批准，严重损害公众利益，或者严重扰乱金融秩序的；

4. 工商管理部门、金融证券管理机构的工作人员对不符合法律规定条件的公司设立、登记申请或者股票、债券发行、上市申请违法予以批准或者登记，致使犯罪行为得逞的；

5. 上级部门、当地政府直接负责的主管人员强令登记机关及其工作人员，对不符合法律规定条件的公司设立、登记申请或者股票、债券发行、上市申请予以批准或者登记，致使公共财产、国家或者人民利益遭受重大损失的；

6. 其他致使公共财产、国家和人民利益遭受重大损失的情形。

（十四）徇私舞弊不征、少征税款案（第四百零四条）

徇私舞弊不征、少征税款罪是指税务机关工作人员徇私舞弊，不征、少征应征税款，致使国家税收遭受重大损失的行为。

涉嫌下列情形之一的，应予立案：

1. 徇私舞弊不征、少征应征税款，致使国家税收损失累计达10万元以上的；

2. 上级主管部门工作人员指使税务机关工作人员徇私舞弊不征、少征应征税款，致使国家税收损失累计达10万元以上的；

3. 徇私舞弊不征、少征应征税款不满10万元，但具有索取或者收受贿赂或者其他恶劣情节的；

4. 其他致使国家税收遭受重大损失的情形。

（十五）徇私舞弊发售发票、抵扣税款、出口退税案（第四百零五条第一款）

徇私舞弊发售发票、抵扣税款、出口退税罪是指税务机关工作人员违反法律、行政法规的规定，在办理发售发票、抵扣税款、出口退税工作中徇私舞弊，致使国家利益遭受重大损失的行为。

涉嫌下列情形之一的，应予立案：

1. 徇私舞弊，致使国家税收损失累计达10万元以上的；

2. 徇私舞弊，致使国家税收损失累计不满10万元，但发售增值税专用发票25份以上或者其他发票50份以上或者增值税专用发票与其他发票合计50份以上，或者具有索取、收受贿赂或者其他恶劣情节的；

3. 其他致使国家利益遭受重大损失的情形。

（十六）违法提供出口退税凭证案（第四百零五条第二款）

违法提供出口退税凭证罪是指海关、外汇管理等国家机关工作人员违反国家规定，在提供出口货物报关单、出口收汇核销单等出口退税凭证的工作中徇私舞弊，致使国家利益遭受重大损失的行为。

涉嫌下列情形之一的，应予立案：

1. 徇私舞弊，致使国家税收损失累计达10万元以上的；

2. 徇私舞弊，致使国家税收损失累计不满10万元，但具有索取、收受贿赂或者其他恶劣情节的；

3. 其他致使国家利益遭受重大损失的情形。

（十七）国家机关工作人员签订、履行合同失职被骗案（第四百零六条）

国家机关工作人员签订、履行合同失职被骗罪是指国家机关工作人员在签订、履行合同过程中，因严重不负责任，不履行或者不认真履行职责被诈骗，致使国家利益遭受重大损失的行为。

涉嫌下列情形之一的，应予立案：

1. 造成直接经济损失30万元以上，或者直接经济损失不满30万元，但间接经济损失150万元以上的；

2. 其他致使国家利益遭受重大损失的情形。

(十八)违法发放林木采伐许可证案(第四百零七条)

违法发放林木采伐许可证罪是指林业主管部门的工作人员违反森林法的规定,超过批准的年采伐限额发放林木采伐许可证或者违反规定滥发林木采伐许可证,情节严重,致使森林遭受严重破坏的行为。

涉嫌下列情形之一的,应予立案:

1. 发放林木采伐许可证允许采伐数量累计超过批准的年采伐限额,导致林木被超限额采伐10立方米以上的;

2. 滥发林木采伐许可证,导致林木被滥伐20立方米以上,或者导致幼树被滥伐1000株以上的;

3. 滥发林木采伐许可证,导致防护林、特种用途林被滥伐5立方米以上,或者幼树被滥伐200株以上的;

4. 滥发林木采伐许可证,导致珍贵树木或者国家重点保护的其他树木被滥伐的;

5. 滥发林木采伐许可证,导致国家禁止采伐的林木被采伐的;

6. 其他情节严重,致使森林遭受严重破坏的情形。

林业主管部门工作人员之外的国家机关工作人员,违反森林法的规定,滥用职权或者玩忽职守,致使林木被滥伐40立方米以上或者幼树被滥伐2000株以上,或者致使防护林、特种用途林被滥伐10立方米以上或者幼树被滥伐400株以上,或者致使珍贵树木被采伐、毁坏4立方米或者4株以上,或者致使国家重点保护的其他植物被采伐、毁坏后果严重的,或者致使国家严禁采伐的林木被采伐、毁坏情节恶劣的,按照刑法第397条的规定以滥用职权罪或者玩忽职守罪追究刑事责任。

(十九)环境监管失职案(第四百零八条)

环境监管失职罪是指负有环境保护监督管理职责的国家机关工作人员严重不负责任,不履行或者不认真履行环境保护监管职责导致发生重大环境污染事故,致使公私财产遭受重大损失或者造成人身伤亡的严重后果的行为。

涉嫌下列情形之一的,应予立案:

1. 造成死亡1人以上,或者重伤3人以上,或者重伤2人、轻伤4人以上,或者重伤1人、轻伤7人以上,或者轻伤10人以上的;

2. 导致30人以上严重中毒的;

3. 造成个人财产直接经济损失15万元以上,或者直接经济损失不满15万元,但间接经济损失75万元以上的;

4. 造成公共财产、法人或者其他组织财产直接经济损失30万元以上,或者直接经济损失不满30万元，但间接经济损失150万元以上的；

5. 虽未达到3、4两项数额标准，但3、4两项合计直接经济损失30万元以上，或者合计直接经济损失不满30万元，但合计间接经济损失150万元以上的；

6. 造成基本农田或者防护林地、特种用途林地10亩以上，或者基本农田以外的耕地50亩以上，或者其他土地70亩以上被严重毁坏的；

7. 造成生活饮用水地表水源和地下水源严重污染的；

8. 其他致使公私财产遭受重大损失或者造成人身伤亡严重后果的情形。

（二十）传染病防治失职案（第四百零九条）

传染病防治失职罪是指从事传染病防治的政府卫生行政部门的工作人员严重不负责任，不履行或者不认真履行传染病防治监管职责，导致传染病传播或者流行，情节严重的行为。

涉嫌下列情形之一的，应予立案：

1. 导致甲类传染病传播的；

2. 导致乙类、丙类传染病流行的；

3. 因传染病传播或者流行，造成人员重伤或者死亡的；

4. 因传染病传播或者流行，严重影响正常的生产、生活秩序的；

5. 在国家对突发传染病疫情等灾害采取预防、控制措施后，对发生突发传染病疫情等灾害的地区或者突发传染病病人、病原携带者、疑似突发传染病病人，未按照预防、控制突发传染病疫情等灾害工作规范的要求做好防疫、检疫、隔离、防护、救治等工作，或者采取的预防、控制措施不当，造成传染范围扩大或者疫情、灾情加重的；

6. 在国家对突发传染病疫情等灾害采取预防、控制措施后，隐瞒、缓报、谎报或者授意、指使、强令他人隐瞒、缓报、谎报疫情、灾情，造成传染范围扩大或者疫情、灾情加重的；

7. 在国家对突发传染病疫情等灾害采取预防、控制措施后，拒不执行突发传染病疫情等灾害应急处理指挥机构的决定、命令，造成传染范围扩大或者疫情、灾情加重的；

8. 其他情节严重的情形。

（二十一）非法批准征用、占用土地案（第四百一十条）

非法批准征用、占用土地罪是指国家机关工作人员徇私舞弊，违反土地管理法、森林法、草原法等法律以及有关行政法规中关于土地管理的规定，滥用职权，非法批准征用、占用耕地、林地等农用地以及其他土地，情节严重的行为。

涉嫌下列情形之一的，应予立案：

1. 非法批准征用、占用基本农田10亩以上的；

2. 非法批准征用、占用基本农田以外的耕地30亩以上的；

3. 非法批准征用、占用其他土地50亩以上的；

4. 虽未达到上述数量标准，但造成有关单位、个人直接经济损失30万元以上，或者造成耕地大量毁坏或者植被遭到严重破坏的；

5. 非法批准征用、占用土地，影响群众生产、生活，引起纠纷，造成恶劣影响或者其他严重后果的；

6. 非法批准征用、占用防护林地、特种用途林地分别或者合计10亩以上的；

7. 非法批准征用、占用其他林地20亩以上的；

8. 非法批准征用、占用林地造成直接经济损失30万元以上，或者造成防护林地、特种用途林地分别或者合计5亩以上或者其他林地10亩以上毁坏的；

9. 其他情节严重的情形。

（二十二）非法低价出让国有土地使用权案（第四百一十条）

非法低价出让国有土地使用权罪是指国家机关工作人员徇私舞弊，违反土地管理法、森林法、草原法等法律以及有关行政法规中关于土地管理的规定，滥用职权，非法低价出让国有土地使用权，情节严重的行为。

涉嫌下列情形之一的，应予立案：

1. 非法低价出让国有土地30亩以上，并且出让价额低于国家规定的最低价额标准的百分之六十的；

2. 造成国有土地资产流失价额30万元以上的；

3. 非法低价出让国有土地使用权，影响群众生产、生活，引起纠纷，造成恶劣影响或者其他严重后果的；

4. 非法低价出让林地合计30亩以上，并且出让价额低于国家规定的最低价额标准的百分之六十的；

5. 造成国有资产流失30万元以上的；

6. 其他情节严重的情形。

（二十三）放纵走私案（第四百一十一条）

放纵走私罪是指海关工作人员徇私舞弊，放纵走私，情节严重的行为。

涉嫌下列情形之一的，应予立案：

1. 放纵走私犯罪的；

2. 因放纵走私致使国家应收税额损失累计达10万元以上的；

3. 放纵走私行为3起次以上的；

4. 放纵走私行为，具有索取或者收受贿赂情节的；

5. 其他情节严重的情形。

（二十四）商检徇私舞弊案（第四百一十二条第一款）

商检徇私舞弊罪是指出入境检验检疫机关、检验检疫机构工作人员徇私舞弊，伪造检验结果的行为。

涉嫌下列情形之一的，应予立案：

1. 采取伪造、变造的手段对报检的商品的单证、印章、标志、封识、质量认证标志等作虚假的证明或者出具不真实的证明结论的；

2. 将送检的合格商品检验为不合格，或者将不合格商品检验为合格的；

3. 对明知是不合格的商品，不检验而出具合格检验结果的；

4. 其他伪造检验结果应予追究刑事责任的情形。

（二十五）商检失职案（第四百一十二条第二款）

商检失职罪是指出入境检验检疫机关、检验检疫机构工作人员严重不负责任，对应当检验的物品不检验，或者延误检验出证、错误出证，致使国家利益遭受重大损失的行为。

涉嫌下列情形之一的，应予立案：

1. 致使不合格的食品、药品、医疗器械等商品出入境，严重危害生命健康的；

2. 造成个人财产直接经济损失 15 万元以上，或者直接经济损失不满 15 万元，但间接经济损失 75 万元以上的；

3. 造成公共财产、法人或者其他组织财产直接经济损失 30 万元以上，或者直接经济损失不满 30 万元，但间接经济损失 150 万元以上的；

4. 未经检验，出具合格检验结果，致使国家禁止进口的固体废物、液态废物和气态废物等进入境内的；

5. 不检验或者延误检验出证、错误出证，引起国际经济贸易纠纷，严重影响国家对外经贸关系，或者严重损害国家声誉的；

6. 其他致使国家利益遭受重大损失的情形。

（二十六）动植物检疫徇私舞弊案（第四百一十三条第一款）

动植物检疫徇私舞弊罪是指出入境检验检疫机关、检验检疫机构工作人员徇私舞弊，伪造检疫结果的行为。

涉嫌下列情形之一的，应予立案：

1. 采取伪造、变造的手段对检疫的单证、印章、标志、封识等作虚假的证明或者出具不真实的结论的；

2. 将送检的合格动植物检疫为不合格，或者将不合格动植物检疫为合格的；

3. 对明知是不合格的动植物，不检疫而出具合格检疫结果的；

4. 其他伪造检疫结果应予追究刑事责任的情形。

(二十七)动植物检疫失职案(第四百一十三条第二款)

动植物检疫失职罪是指出入境检验检疫机关、检验检疫机构工作人员严重不负责任,对应当检疫的检疫物不检疫,或者延误检疫出证、错误出证,致使国家利益遭受重大损失的行为。

涉嫌下列情形之一的,应予立案:

1. 导致疫情发生,造成人员重伤或者死亡的;

2. 导致重大疫情发生、传播或者流行的;

3. 造成个人财产直接经济损失15万元以上,或者直接经济损失不满15万元,但间接经济损失75万元以上的;

4. 造成公共财产或者法人、其他组织财产直接经济损失30万元以上,或者直接经济损失不满30万元,但间接经济损失150万元以上的;

5. 不检疫或者延误检疫出证、错误出证,引起国际经济贸易纠纷,严重影响国家对外经贸关系,或者严重损害国家声誉的;

6. 其他致使国家利益遭受重大损失的情形。

(二十八)放纵制售伪劣商品犯罪行为案(第四百一十四条)

放纵制售伪劣商品犯罪行为罪是指对生产、销售伪劣商品犯罪行为负有追究责任的国家机关工作人员徇私舞弊,不履行法律规定的追究职责,情节严重的行为。

涉嫌下列情形之一的,应予立案:

1. 放纵生产、销售假药或者有毒、有害食品犯罪行为的;

2. 放纵生产、销售伪劣农药、兽药、化肥、种子犯罪行为的;

3. 放纵依法可能判处3年有期徒刑以上刑罚的生产、销售伪劣商品犯罪行为的;

4. 对生产、销售伪劣商品犯罪行为不履行追究职责,致使生产、销售伪劣商品犯罪行为得以继续的;

5. 3次以上不履行追究职责,或者对3个以上有生产、销售伪劣商品犯罪行为的单位或者个人不履行追究职责的;

6. 其他情节严重的情形。

(二十九)办理偷越国(边)境人员出入境证件案(第四百一十五条)

办理偷越国(边)境人员出入境证件罪是指负责办理护照、签证以及其他出入境证件的国家机关工作人员,对明知是企图偷越国(边)境的人员,予以办理出入境证件的行为。

负责办理护照、签证以及其他出入境证件的国家机关工作人员涉嫌在办理护照、签证以及其他出入境证件的过程中，对明知是企图偷越国（边）境的人员而予以办理出入境证件的，应予立案。

（三十）放行偷越国（边）境人员案（第四百一十五条）

放行偷越国（边）境人员罪是指边防、海关等国家机关工作人员，对明知是偷越国（边）境的人员予以放行的行为。

边防、海关等国家机关工作人员涉嫌在履行职务过程中，对明知是偷越国（边）境的人员而予以放行的，应予立案。

（三十一）不解救被拐卖、绑架妇女、儿童案（第四百一十六条第一款）

不解救被拐卖、绑架妇女、儿童罪是指对被拐卖、绑架的妇女、儿童负有解救职责的公安、司法等国家机关工作人员接到被拐卖、绑架的妇女、儿童及其家属的解救要求或者接到其他人的举报，而对被拐卖、绑架的妇女、儿童不进行解救，造成严重后果的行为。

涉嫌下列情形之一的，应予立案：

1. 导致被拐卖、绑架的妇女、儿童或者其家属重伤、死亡或者精神失常的；

2. 导致被拐卖、绑架的妇女、儿童被转移、隐匿、转卖，不能及时进行解救的；

3. 对被拐卖、绑架的妇女、儿童不进行解救3人次以上的；

4. 对被拐卖、绑架的妇女、儿童不进行解救，造成恶劣社会影响的；

5. 其他造成严重后果的情形。

（三十二）阻碍解救被拐卖、绑架妇女、儿童案（第四百一十六条第二款）

阻碍解救被拐卖、绑架妇女、儿童罪是指对被拐卖、绑架的妇女、儿童负有解救职责的公安、司法等国家机关工作人员利用职务阻碍解救被拐卖、绑架的妇女、儿童的行为。

涉嫌下列情形之一的，应予立案：

1. 利用职权，禁止、阻止或者妨碍有关部门、人员解救被拐卖、绑架的妇女、儿童的；

2. 利用职务上的便利，向拐卖、绑架者或者收买者通风报信，妨碍解救工作正常进行的；

3. 其他利用职务阻碍解救被拐卖、绑架的妇女、儿童应予追究刑事责任的情形。

（三十三）帮助犯罪分子逃避处罚案（第四百一十七条）

帮助犯罪分子逃避处罚罪是指有查禁犯罪活动职责的司法及公安、国家安全、海关、税务等国家机关工作人员，向犯罪分子通风报信、提供便利，帮助犯罪分子逃避处罚的行为。

涉嫌下列情形之一的，应予立案：

1. 向犯罪分子泄漏有关部门查禁犯罪活动的部署、人员、措施、时间、地点等情况的；

2. 向犯罪分子提供钱物、交通工具、通讯设备、隐藏处所等便利条件的；

3. 向犯罪分子泄漏案情的；

4. 帮助、示意犯罪分子隐匿、毁灭、伪造证据，或者串供、翻供的；

5. 其他帮助犯罪分子逃避处罚应予追究刑事责任的情形。

（三十四）招收公务员、学生徇私舞弊案（第四百一十八条）

招收公务员、学生徇私舞弊罪是指国家机关工作人员在招收公务员、省级以上教育行政部门组织招收的学生工作中徇私舞弊，情节严重的行为。

涉嫌下列情形之一的，应予立案：

1. 徇私舞弊，利用职务便利，伪造、变造人事、户口档案、考试成绩或者其他影响招收工作的有关资料，或者明知是伪造、变造的上述材料而予以认可的；

2. 徇私舞弊，利用职务便利，帮助5名以上考生作弊的；

3. 徇私舞弊招收不合格的公务员、学生3人次以上的；

4. 因徇私舞弊招收不合格的公务员、学生，导致被排挤的合格人员或者其近亲属自杀、自残造成重伤、死亡，或者精神失常的；

5. 因徇私舞弊招收公务员、学生，导致该项招收工作重新进行的；

6. 其他情节严重的情形。

（三十五）失职造成珍贵文物损毁、流失案（第四百一十九条）

失职造成珍贵文物损毁、流失罪是指文物行政部门、公安机关、工商行政管理部门、海关、城乡建设规划部门等国家机关工作人员严重不负责任，造成珍贵文物损毁或者流失，后果严重的行为。

涉嫌下列情形之一的，应予立案：

1. 导致国家一、二、三级珍贵文物损毁或者流失的；

2. 导致全国重点文物保护单位或者省、自治区、直辖市级文物保护单位损毁的；

3. 其他后果严重的情形。

二、国家机关工作人员利用职权实施的侵犯公民人身权利、民主权利犯罪案件

（一）国家机关工作人员利用职权实施的非法拘禁案（第二百三十八条）

非法拘禁罪是指以拘禁或者其他方法非法剥夺他人人身自由的行为。

国家机关工作人员利用职权非法拘禁，涉嫌下列情形之一的，应予立案：

1. 非法剥夺他人人身自由24小时以上的；

2. 非法剥夺他人人身自由，并使用械具或者捆绑等恶劣手段，或者实施殴打、侮辱、虐待行为的；

3. 非法拘禁，造成被拘禁人轻伤、重伤、死亡的；

4. 非法拘禁，情节严重，导致被拘禁人自杀、自残造成重伤、死亡，或者精神失常的；

5. 非法拘禁3人次以上的；

6. 司法工作人员对明知是没有违法犯罪事实的人而非法拘禁的；

7. 其他非法拘禁应予追究刑事责任的情形。

（二）国家机关工作人员利用职权实施的非法搜查案（第二百四十五条）

非法搜查罪是指非法搜查他人身体、住宅的行为。

国家机关工作人员利用职权非法搜查，涉嫌下列情形之一的，应予立案：

1. 非法搜查他人身体、住宅，并实施殴打、侮辱等行为的；

2. 非法搜查，情节严重，导致被搜查人或者其近亲属自杀、自残造成重伤、死亡，或者精神失常的；

3. 非法搜查，造成财物严重损坏的；

4. 非法搜查3人（户）次以上的；

5. 司法工作人员对明知是与涉嫌犯罪无关的人身、住宅非法搜查的；

6. 其他非法搜查应予追究刑事责任的情形。

（三）刑讯逼供案（第二百四十七条）

刑讯逼供罪是指司法工作人员对犯罪嫌疑人、被告人使用肉刑或者变相肉刑逼取口供的行为。

涉嫌下列情形之一的，应予立案：

1. 以殴打、捆绑、违法使用械具等恶劣手段逼取口供的；

2. 以较长时间冻、饿、晒、烤等手段逼取口供，严重损害犯罪嫌疑人、被告人身体健康的；

3. 刑讯逼供造成犯罪嫌疑人、被告人轻伤、重伤、死亡的；

4. 刑讯逼供，情节严重，导致犯罪嫌疑人、被告人自杀、自残造成重伤、死亡，或者精神失常的；

5. 刑讯逼供，造成错案的；

6. 刑讯逼供3人次以上的；

7. 纵容、授意、指使、强迫他人刑讯逼供，具有上述情形之一的；

8. 其他刑讯逼供应予追究刑事责任的情形。

（四）暴力取证案（第二百四十七条）

暴力取证罪是指司法工作人员以暴力逼取证人证言的行为。

涉嫌下列情形之一的,应予立案:

1. 以殴打、捆绑、违法使用械具等恶劣手段逼取证人证言的;

2. 暴力取证造成证人轻伤、重伤、死亡的;

3. 暴力取证,情节严重,导致证人自杀、自残造成重伤、死亡,或者精神失常的;

4. 暴力取证,造成错案的;

5. 暴力取证3人次以上的;

6. 纵容、授意、指使、强迫他人暴力取证,具有上述情形之一的;

7. 其他暴力取证应予追究刑事责任的情形。

(五)虐待被监管人案(第二百四十八条)

虐待被监管人罪是指监狱、拘留所、看守所、拘役所、劳教所等监管机构的监管人员对被监管人进行殴打或者体罚虐待,情节严重的行为。

涉嫌下列情形之一的,应予立案:

1. 以殴打、捆绑、违法使用械具等恶劣手段虐待被监管人的;

2. 以较长时间冻、饿、晒、烤等手段虐待被监管人,严重损害其身体健康的;

3. 虐待造成被监管人轻伤、重伤、死亡的;

4. 虐待被监管人,情节严重,导致被监管人自杀、自残造成重伤、死亡,或者精神失常的;

5. 殴打或者体罚虐待3人次以上的;

6. 指使被监管人殴打、体罚虐待其他被监管人,具有上述情形之一的;

7. 其他情节严重的情形。

(六)报复陷害案(第二百五十四条)

报复陷害罪是指国家机关工作人员滥用职权、假公济私,对控告人、申诉人、批评人、举报人实行打击报复、陷害的行为。

涉嫌下列情形之一的,应予立案:

1. 报复陷害,情节严重,导致控告人、申诉人、批评人、举报人或者其近亲属自杀、自残造成重伤、死亡,或者精神失常的;

2. 致使控告人、申诉人、批评人、举报人或者其近亲属的其他合法权利受到严重损害的;

3. 其他报复陷害应予追究刑事责任的情形。

(七)国家机关工作人员利用职权实施的破坏选举案(第二百五十六条)

破坏选举罪是指在选举各级人民代表大会代表和国家机关领导人员时,以暴力、威胁、欺骗、贿赂、伪造选举文件、虚报选举票数或者编造选举结果等手段破坏选举或者妨害选民和代表自由行使选举权和被选举权,情节严重的行为。

国家机关工作人员利用职权破坏选举，涉嫌下列情形之一的，应予立案：

1. 以暴力、威胁、欺骗、贿赂等手段，妨害选民、各级人民代表大会代表自由行使选举权和被选举权，致使选举无法正常进行，或者选举无效，或者选举结果不真实的；

2. 以暴力破坏选举场所或者选举设备，致使选举无法正常进行的；

3. 伪造选民证、选票等选举文件，虚报选举票数，产生不真实的选举结果或者强行宣布合法选举无效、非法选举有效的；

4. 聚众冲击选举场所或者故意扰乱选举场所秩序，使选举工作无法进行的；

5. 其他情节严重的情形。

三、附则

（一）本规定中每个罪案名称后所注明的法律条款系《中华人民共和国刑法》的有关条款。

（二）本规定所称"以上"包括本数；有关犯罪数额"不满"，是指已达到该数额百分之八十以上的。

（三）本规定中的"国家机关工作人员"，是指在国家机关中从事公务的人员，包括在各级国家权力机关、行政机关、司法机关和军事机关中从事公务的人员。在依照法律、法规规定行使国家行政管理职权的组织中从事公务的人员，或者在受国家机关委托代表国家行使职权的组织中从事公务的人员，或者虽未列入国家机关人员编制但在国家机关中从事公务的人员，在代表国家机关行使职权时，视为国家机关工作人员。在乡（镇）以上中国共产党机关、人民政协机关中从事公务的人员，视为国家机关工作人员。

（四）本规定中的"直接经济损失"，是指与行为有直接因果关系而造成的财产损毁、减少的实际价值；"间接经济损失"，是指由直接经济损失引起和牵连的其他损失，包括失去的在正常情况下可以获得的利益和为恢复正常的管理活动或者挽回所造成的损失所支付的各种开支、费用等。

有下列情形之一的，虽然有债权存在，但已无法实现债权的，可以认定为已经造成了经济损失：（1）债务人已经法定程序被宣告破产，且无法清偿债务；（2）债务人潜逃，去向不明；（3）因行为人责任，致使超过诉讼时效；（4）有证据证明债权无法实现的其他情况。

直接经济损失和间接经济损失，是指立案时确已造成的经济损失。移送审查起诉前，犯罪嫌疑人及其亲友自行挽回的经济损失，以及由司法机关或者犯罪嫌疑人所在单位及其上级主管部门挽回的经济损失，不予扣减，但可作为对犯罪嫌疑人从轻处理的情节考虑。

（五）本规定中的"徇私舞弊"，是指国家机关工作人员为徇私情、私利，故意违背事实和法律,伪造材料,隐瞒情况,弄虚作假的行为。

(六)本规定自公布之日起施行。本规定发布前有关人民检察院直接受理立案侦查的国家机关工作人员渎职和利用职权实施的侵犯公民人身权利、民主权利犯罪案件的立案标准,与本规定有重复或者不一致的,适用本规定。

对于本规定施行前发生的国家机关工作人员渎职和利用职权实施的侵犯公民人身权利、民主权利犯罪案件,按照《最高人民法院、最高人民检察院关于适用刑事司法解释时间效力问题的规定》办理。

最高人民法院、最高人民检察院关于办理受贿刑事案件适用法律若干问题的意见

(2007年7月8日公布 法发〔2007〕22号)

为依法惩治受贿犯罪活动,根据刑法有关规定,现就办理受贿刑事案件具体适用法律若干问题,提出以下意见:

一、关于以交易形式收受贿赂问题

国家工作人员利用职务上的便利为请托人谋取利益,以下列交易形式收受请托人财物的,以受贿论处:

(1)以明显低于市场的价格向请托人购买房屋、汽车等物品的;

(2)以明显高于市场的价格向请托人出售房屋、汽车等物品的;

(3)以其他交易形式非法收受请托人财物的。

受贿数额按照交易时当地市场价格与实际支付价格的差额计算。

前款所列市场价格包括商品经营者事先设定的不针对特定人的最低优惠价格。根据商品经营者事先设定的各种优惠交易条件,以优惠价格购买商品的,不属于受贿。

二、关于收受干股问题

干股是指未出资而获得的股份。国家工作人员利用职务上的便利为请托人谋取利益,收受请托人提供的干股的,以受贿论处。进行了股权转让登记,或者相关证据证明股份发生了实际转让的,受贿数额按转让行为时股份价值计算,所分红利按受贿孳息处理。股份未实际转让,以股份分红名义获取利益的,实际获利数额应当认定为受贿数额。

三、关于以开办公司等合作投资名义收受贿赂问题

国家工作人员利用职务上的便利为请托人谋取利益,由请托人出资,“合作”开

办公司或者进行其他“合作”投资的，以受贿论处。受贿数额为请托人给国家工作人员的出资额。

国家工作人员利用职务上的便利为请托人谋取利益，以合作开办公司或者其他合作投资的名义获取“利润”，没有实际出资和参与管理、经营的，以受贿论处。

四、关于以委托请托人投资证券、期货或者其他委托理财的名义收受贿赂问题

国家工作人员利用职务上的便利为请托人谋取利益，以委托请托人投资证券、期货或者其他委托理财的名义，未实际出资而获取“收益”，或者虽然实际出资，但获取“收益”明显高于出资应得收益的，以受贿论处。受贿数额，前一情形，以“收益”额计算；后一情形，以“收益”额与出资应得收益额的差额计算。

五、关于以赌博形式收受贿赂的认定问题

根据《最高人民法院、最高人民检察院关于办理赌博刑事案件具体应用法律若干问题的解释》第七条规定，国家工作人员利用职务上的便利为请托人谋取利益，通过赌博方式收受请托人财物的，构成受贿。

实践中应注意区分贿赂与赌博活动、娱乐活动的界限。具体认定时，主要应当结合以下因素进行判断：(1)赌博的背景、场合、时间、次数；(2)赌资来源；(3)其他赌博参与者有无事先通谋；(4)输赢钱物的具体情况和金额大小。

六、关于特定关系人“挂名”领取薪酬问题

国家工作人员利用职务上的便利为请托人谋取利益，要求或者接受请托人以给特定关系人安排工作为名，使特定关系人不实际工作却获取所谓薪酬的，以受贿论处。

七、关于由特定关系人收受贿赂问题

国家工作人员利用职务上的便利为请托人谋取利益，授意请托人以本意见所列形式，将有关财物给予特定关系人的，以受贿论处。

特定关系人与国家工作人员通谋，共同实施前款行为的，对特定关系人以受贿罪的共犯论处。特定关系人以外的其他人与国家工作人员通谋，由国家工作人员利用职务上的便利为请托人谋取利益，收受请托人财物后双方共同占有的，以受贿罪的共犯论处。

八、关于收受贿赂物品未办理权属变更问题

国家工作人员利用职务上的便利为请托人谋取利益，收受请托人房屋、汽车等物品，未变更权属登记或者借用他人名义办理权属变更登记的，不影响受贿的认定。

认定以房屋、汽车等物品为对象的受贿，应注意与借用的区分。具体认定时，除双方交代或者书面协议之外，主要应当结合以下因素进行判断：(1)有无借用的合理事由；(2)是否实际使用；(3)借用时间的长短；(4)有无归还的条件；(5)有无归还的意思表示及行为。

九、关于收受财物后退还或者上交问题

国家工作人员收受请托人财物后及时退还或者上交的，不是受贿。

国家工作人员受贿后，因自身或者与其受贿有关联的人、事被查处，为掩饰犯罪而退还或者上交的，不影响认定受贿罪。

十、关于在职时为请托人谋利，离职后收受财物问题

国家工作人员利用职务上的便利为请托人谋取利益之前或者之后，约定在其离职后收受请托人财物，并在离职后收受的，以受贿论处。

国家工作人员利用职务上的便利为请托人谋取利益，离职前后连续收受请托人财物的，离职前后收受部分均应计入受贿数额。

十一、关于“特定关系人”的范围

本意见所称“特定关系人”，是指与国家工作人员有近亲属、情妇（夫）以及其他共同利益关系的人。

十二、关于正确贯彻宽严相济刑事政策的问题

依照本意见办理受贿刑事案件，要根据刑法关于受贿罪的有关规定和受贿罪权钱交易的本质特征，准确区分罪与非罪、此罪与彼罪的界限，惩处少数，教育多数。在从严惩处受贿犯罪的同时，对于具有自首、立功等情节的，依法从轻、减轻或者免除处罚。

最高人民法院、最高人民检察院关于办理商业贿赂刑事案件适用法律若干问题的意见

（2008年11月20日印发　法发〔2008〕33号）

为依法惩治商业贿赂犯罪，根据刑法有关规定，结合办案工作实际，现就办理商业贿赂刑事案件适用法律的若干问题，提出如下意见：

一、商业贿赂犯罪涉及刑法规定的以下八种罪名：（1）非国家工作人员受贿罪（刑法第一百六十三条）；（2）对非国家工作人员行贿罪（刑法第一百六十四条）；（3）受贿罪（刑法第三百八十五条）；（4）单位受贿罪（刑法第三百八十七条）；（5）行贿罪（刑法第三百八十九条）；（6）对单位行贿罪（刑法第三百九十一条）；（7）介绍贿赂罪（刑法第三百九十二条）；（8）单位行贿罪（刑法第三百九十三条）。

二、刑法第一百六十三条、第一百六十四条规定的“其他单位”，既包括事业单位、社会团体、村民委员会、居民委员会、村民小组等常设性的组织，也包括为组织体

育赛事、文艺演出或者其他正当活动而成立的组委会、筹委会、工程承包队等非常设性的组织。

三、刑法第一百六十三条、第一百六十四条规定的“公司、企业或者其他单位的工作人员”，包括国有公司、企业以及其他国有单位中的非国家工作人员。

四、医疗机构中的国家工作人员，在药品、医疗器械、医用卫生材料等医药产品采购活动中，利用职务上的便利，索取销售方财物，或者非法收受销售方财物，为销售方谋取利益，构成犯罪的，依照刑法第三百八十五条的规定，以受贿罪定罪处罚。

医疗机构中的非国家工作人员，有前款行为，数额较大的，依照刑法第一百六十三条的规定，以非国家工作人员受贿罪定罪处罚。

医疗机构中的医务人员，利用开处方的职务便利，以各种名义非法收受药品、医疗器械、医用卫生材料等医药产品销售方财物，为医药产品销售方谋取利益，数额较大的，依照刑法第一百六十三条的规定，以非国家工作人员受贿罪定罪处罚。

五、学校及其他教育机构中的国家工作人员，在教材、教具、校服或者其他物品的采购等活动中，利用职务上的便利，索取销售方财物，或者非法收受销售方财物，为销售方谋取利益，构成犯罪的，依照刑法第三百八十五条的规定，以受贿罪定罪处罚。

学校及其他教育机构中的非国家工作人员，有前款行为，数额较大的，依照刑法第一百六十三条的规定，以非国家工作人员受贿罪定罪处罚。

学校及其他教育机构中的教师，利用教学活动的职务便利，以各种名义非法收受教材、教具、校服或者其他物品销售方财物，为教材、教具、校服或者其他物品销售方谋取利益，数额较大的，依照刑法第一百六十三条的规定，以非国家工作人员受贿罪定罪处罚。

六、依法组建的评标委员会、竞争性谈判采购中谈判小组、询价采购中询价小组的组成人员，在招标、政府采购等事项的评标或者采购活动中，索取他人财物或者非法收受他人财物，为他人谋取利益，数额较大的，依照刑法第一百六十三条的规定，以非国家工作人员受贿罪定罪处罚。

依法组建的评标委员会、竞争性谈判采购中谈判小组、询价采购中询价小组中国家机关或者其他国有单位的代表有前款行为的，依照刑法第三百八十五条的规定，以受贿罪定罪处罚。

七、商业贿赂中的财物，既包括金钱和实物，也包括可以用金钱计算数额的财产性利益，如提供房屋装修、含有金额的会员卡、代币卡（券）、旅游费用等。具体数额以实际支付的资费为准。

八、收受银行卡的，不论受贿人是否实际取出或者消费，卡内的存款数额一般应全额认定为受贿数额。使用银行卡透支的，如果由给予银行卡的一方承担还款责任，透支数额也应当认定为受贿数额。

九、在行贿犯罪中，“谋取不正当利益”，是指行贿人谋取违反法律、法规、规章或者政策规定的利益，或者要求对方违反法律、法规、规章、政策、行业规范的规定提供帮助或者方便条件。

在招标投标、政府采购等商业活动中，违背公平原则，给予相关人员财物以谋取竞争优势的，属于“谋取不正当利益”。

十、办理商业贿赂犯罪案件，要注意区分贿赂与馈赠的界限。主要应当结合以下因素全面分析、综合判断：(1)发生财物往来的背景，如双方是否存在亲友关系及历史上交往的情形和程度；(2)往来财物的价值；(3)财物往来的缘由、时机和方式，提供财物方对于接受方有无职务上的请托；(4)接受方是否利用职务上的便利为提供方谋取利益。

十一、非国家工作人员与国家工作人员通谋，共同收受他人财物，构成共同犯罪的，根据双方利用职务便利的具体情形分别定罪追究刑事责任：

(1)利用国家工作人员的职务便利为他人谋取利益的，以受贿罪追究刑事责任。

(2)利用非国家工作人员的职务便利为他人谋取利益的，以非国家工作人员受贿罪追究刑事责任。

(3)分别利用各自的职务便利为他人谋取利益的，按照主犯的犯罪性质追究刑事责任，不能分清主从犯的，可以受贿罪追究刑事责任。

最高人民法院、最高人民检察院关于办理职务犯罪案件认定自首、立功等量刑情节若干问题的意见

(2009年3月12日印发　法发〔2009〕13号)

为依法惩处贪污贿赂、渎职等职务犯罪，根据刑法和相关司法解释的规定，结合办案工作实际，现就办理职务犯罪案件有关自首、立功等量刑情节的认定和处理问题，提出如下意见：

一、关于自首的认定和处理

根据刑法第六十七条第一款的规定，成立自首需同时具备自动投案和如实供述自己的罪行两个要件。犯罪事实或者犯罪分子未被办案机关掌握，或者虽被掌握，但犯罪分子尚未受到调查谈话、讯问，或者未被宣布采取调查措施或者强制措

施时，向办案机关投案的，是自动投案。在此期间如实交代自己的主要犯罪事实的，应当认定为自首。

犯罪分子向所在单位等办案机关以外的单位、组织或者有关负责人员投案的，应当视为自动投案。

没有自动投案，在办案机关调查谈话、讯问、采取调查措施或者强制措施期间，犯罪分子如实交代办案机关掌握的线索所针对的事实的，不能认定为自首。

没有自动投案，但具有以下情形之一的，以自首论：(1)犯罪分子如实交代办案机关未掌握的罪行，与办案机关已掌握的罪行属不同种罪行的；(2)办案机关所掌握线索针对的犯罪事实不成立，在此范围外犯罪分子交代同种罪行的。

单位犯罪案件中，单位集体决定或者单位负责人决定而自动投案，如实交代单位犯罪事实的，或者单位直接负责的主管人员自动投案，如实交代单位犯罪事实的，应当认定为单位自首。单位自首的，直接负责的主管人员和直接责任人员未自动投案，但如实交代自己知道的犯罪事实的，可以视为自首；拒不交代自己知道的犯罪事实或者逃避法律追究的，不应当认定为自首。单位没有自首，直接责任人员自动投案并如实交代自己知道的犯罪事实的，对该直接责任人员应当认定为自首。

对于具有自首情节的犯罪分子，办案机关移送案件时应当予以说明并移交相关证据材料。

对于具有自首情节的犯罪分子，应当根据犯罪的事实、性质、情节和对于社会的危害程度，结合自动投案的动机、阶段、客观环境，交代犯罪事实的完整性、稳定性以及悔罪表现等具体情节，依法决定是否从轻、减轻或者免除处罚以及从轻、减轻处罚的幅度。

二、关于立功的认定和处理

立功必须是犯罪分子本人实施的行为。为使犯罪分子得到从轻处理，犯罪分子的亲友直接向有关机关揭发他人犯罪行为，提供侦破其他案件的重要线索，或者协助司法机关抓捕其他犯罪嫌疑人的，不应当认定为犯罪分子的立功表现。

据以立功的他人罪行材料应当指明具体犯罪事实；据以立功的线索或者协助行为对于侦破案件或者抓捕犯罪嫌疑人要有实际作用。犯罪分子揭发他人犯罪行为时没有指明具体犯罪事实的；揭发的犯罪事实与查实的犯罪事实不具有关联性的；提供的线索或者协助行为对于其他案件的侦破或者其他犯罪嫌疑人的抓捕不具有实际作用的，不能认定为立功表现。

犯罪分子揭发他人犯罪行为，提供侦破其他案件重要线索的，必须经查证属实，才能认定为立功。审查是否构成立功，不仅要审查办案机关的说明材料，还要审查有关事实和证据以及与案件定性处罚相关的法律文书，如立案决定书、逮捕决定书、侦查终结报告、起诉意见书、起诉书或者判决书等。

据以立功的线索、材料来源有下列情形之一的，不能认定为立功：(1)本人通过非法手段或者非法途径获取的；(2)本人因原担任的查禁犯罪等职务获取的；(3)他人违反监管规定向犯罪分子提供的；(4)负有查禁犯罪活动职责的国家机关工作人员或者其他国家工作人员利用职务便利提供的。

犯罪分子检举、揭发的他人犯罪，提供侦破其他案件的重要线索，阻止他人的犯罪活动，或者协助司法机关抓捕的其他犯罪嫌疑人，犯罪嫌疑人、被告人依法可能被判处无期徒刑以上刑罚的，应当认定为有重大立功表现。其中，可能被判处无期徒刑以上刑罚，是指根据犯罪行为的事实、情节可能判处无期徒刑以上刑罚。案件已经判决的，以实际判处的刑罚为准。但是，根据犯罪行为的事实、情节应当判处无期徒刑以上刑罚，因被判刑人有法定情节经依法从轻、减轻处罚后判处有期徒刑的，应当认定为重大立功。

对于具有立功情节的犯罪分子，应当根据犯罪的事实、性质、情节和对于社会的危害程度，结合立功表现所起作用的大小、所破获案件的罪行轻重、所抓获犯罪嫌疑人可能判处的法定刑以及立功的时机等具体情节，依法决定是否从轻、减轻或者免除处罚以及从轻、减轻处罚的幅度。

三、关于如实交代犯罪事实的认定和处理

犯罪分子依法不成立自首，但如实交代犯罪事实，有下列情形之一的，可以酌情从轻处罚：(1)办案机关掌握部分犯罪事实，犯罪分子交代了同种其他犯罪事实的；(2)办案机关掌握的证据不充分，犯罪分子如实交代有助于收集定案证据的。

犯罪分子如实交代犯罪事实，有下列情形之一的，一般应当从轻处罚：(1)办案机关仅掌握小部分犯罪事实，犯罪分子交代了大部分未被掌握的同种犯罪事实的；(2)如实交代对于定案证据的收集有重要作用的。

四、关于赃款赃物追缴等情形的处理

贪污案件中赃款赃物全部或者大部分追缴的，一般应当考虑从轻处罚。

受贿案件中赃款赃物全部或者大部分追缴的，视具体情况可以酌定从轻处罚。

犯罪分子及其亲友主动退赃或者在办案机关追缴赃款赃物过程中积极配合的，在量刑时应当与办案机关查办案件过程中依职权追缴赃款赃物的有所区别。

职务犯罪案件立案后，犯罪分子及其亲友自行挽回的经济损失，司法机关或者犯罪分子所在单位及其上级主管部门挽回的经济损失，或者因客观原因减少的经济损失，不予扣减，但可以作为酌情从轻处罚的情节。

最高人民法院、最高人民检察院关于办理国家出资企业中职务犯罪案件具体应用法律若干问题的意见[①]

（2010年11月26日印发　法发〔2010〕49号）

随着企业改制的不断推进，人民法院、人民检察院在办理国家出资企业中的贪污、受贿等职务犯罪案件时遇到了一些新情况、新问题。这些新情况、新问题具有一定的特殊性和复杂性，需要结合企业改制的特定历史条件，依法妥善地进行处理。现根据刑法规定和相关政策精神，就办理此类刑事案件具体应用法律的若干问题，提出以下意见：

一、关于国家出资企业工作人员在改制过程中隐匿公司、企业财产归个人持股的改制后公司、企业所有的行为的处理

国家工作人员或者受国家机关、国有公司、企业、事业单位、人民团体委托管理、经营国有财产的人员利用职务上的便利，在国家出资企业改制过程中故意通过低估资产、隐瞒债权、虚设债务、虚构产权交易等方式隐匿公司、企业财产，转为本人持有股份的改制后公司、企业所有，应当依法追究刑事责任的，依照刑法第三百八十二条、第三百八十三条的规定，以贪污罪定罪处罚。贪污数额一般应当以所隐匿财产全额计算；改制后公司、企业仍有国有股份的，按股份比例扣除归于国有的部分。

所隐匿财产在改制过程中已为行为人实际控制，或者国家出资企业改制已经完成的，以犯罪既遂处理。

第一款规定以外的人员实施该款行为的，依照刑法第二百七十一条的规定，以职务侵占罪定罪处罚；第一款规定以外的人员与第一款规定的人员共同实施该款行为的，以贪污罪的共犯论处。

在企业改制过程中未采取低估资产、隐瞒债权、虚设债务、虚构产权交易等方式故意隐匿公司、企业财产的，一般不应当认定为贪污；造成国家资产重大损失，依法构成刑法第一百六十八条或者第一百六十九条规定的犯罪的，依照该规定定罪处罚。

二、关于国有公司、企业在改制过程中隐匿公司、企业财产归职工集体持股的改制后公司、企业所有的行为的处理

国有公司、企业违反国家规定，在改制过程中隐匿公司、企业财产，转为职工集

① 注意学习《关于办理国有企业管理人员渎职犯罪案件适用法律若干问题的意见》。

体持股的改制后公司、企业所有的,对其直接负责的主管人员和其他直接责任人员,依照刑法第三百九十六条第一款的规定,以私分国有资产罪定罪处罚。

改制后的公司、企业中只有改制前公司、企业的管理人员或者少数职工持股,改制前公司、企业的多数职工未持股的,依照本意见第一条的规定,以贪污罪定罪处罚。

三、关于国家出资企业工作人员使用改制公司、企业的资金担保个人贷款,用于购买改制公司、企业股份的行为的处理

国家出资企业的工作人员在公司、企业改制过程中为购买公司、企业股份,利用职务上的便利,将公司、企业的资金或者金融凭证、有价证券等用于个人贷款担保的,依照刑法第二百七十二条或者第三百八十四条的规定,以挪用资金罪或者挪用公款罪定罪处罚。

行为人在改制前的国家出资企业持有股份的,不影响挪用数额的认定,但量刑时应当酌情考虑。

经有关主管部门批准或者按照有关政策规定,国家出资企业的工作人员为购买改制公司、企业股份实施前款行为的,可以视具体情况不作为犯罪处理。

四、关于国家工作人员在企业改制过程中的渎职行为的处理

国家出资企业中的国家工作人员在公司、企业改制或者国有资产处理过程中严重不负责任或者滥用职权,致使国家利益遭受重大损失的,依照刑法第一百六十八条的规定,以国有公司、企业人员失职罪或者国有公司、企业人员滥用职权罪定罪处罚。

国家出资企业中的国家工作人员在公司、企业改制或者国有资产处置过程中徇私舞弊,将国有资产低价折股或者低价出售给其本人未持有股份的公司、企业或者其他个人,致使国家利益遭受重大损失的,依照刑法第一百六十九条的规定,以徇私舞弊低价折股、出售国有资产罪定罪处罚。

国家出资企业中的国家工作人员在公司、企业改制或者国有资产处置过程中徇私舞弊,将国有资产低价折股或者低价出售给特定关系人持有股份或者本人实际控制的公司、企业,致使国家利益遭受重大损失的,依照刑法第三百八十二条、第三百八十三条的规定,以贪污罪定罪处罚。贪污数额以国有资产的损失数额计算。

国家出资企业中的国家工作人员因实施第一款、第二款行为收受贿赂,同时又构成刑法第三百八十五条规定之罪的,依照处罚较重的规定定罪处罚。

五、关于改制前后主体身体发生变化的犯罪的处理

国家工作人员在国家出资企业改制前利用职务上的便利实施犯罪,在其不再具有国家工作人员身份后又实施同种行为，依法构成不同犯罪的，应当分别定罪，实行数罪并罚。

国家工作人员利用职务上的便利，在国家出资企业改制过程中隐匿公司、企业财产，在其不再具有国家工作人员身份后将所隐匿财产据为己有的，依照刑法第三百八十二条、第三百八十三条的规定，以贪污罪定罪处罚。

国家工作人员在国家出资企业改制过程中利用职务上的便利为请托人谋取利益，事先约定在其不再具有国家工作人员身份后收受请托人财物，或者在身份变化前后连续收受请托人财物的，依照刑法第三百八十五条、第三百八十六条的规定，以受贿罪定罪处罚。

六、关于国家出资企业中国家工作人员的认定

经国家机关、国有公司、企业、事业单位提名、推荐、任命、批准等，在国有控股、参股公司及其分支机构中从事公务的人员，应当认定为国家工作人员。具体的任命机构和程序，不影响国家工作人员的认定。

经国家出资企业中负有管理、监督国有资产职责的组织批准或者研究决定，代表其在国有控股、参股公司及其分支机构中从事组织、领导、监督、经营、管理工作的人员，应当认定为国家工作人员。

国家出资企业中的国家工作人员，在国家出资企业中持有个人股份或者同时接受非国有股东委托的，不影响其国家工作人员身份的认定。

七、关于国家出资企业的界定

本意见所称"国家出资企业"，包括国家出资的国有独资公司、国有独资企业，以及国有资本控股公司、国有资本参股公司。

是否属于国家出资企业不清楚的，应遵循"谁投资、谁拥有产权"的原则进行界定。企业注册登记中的资金来源与实际出资不符的，应根据实际出资情况确定企业的性质。企业实际出资情况不清楚的，可以综合工商注册、分配形式、经营管理等因素确定企业的性质。

八、关于宽严相济刑事政策的具体贯彻

办理国家出资企业中的职务犯罪案件时，要综合考虑历史条件、企业发展、职工就业、社会稳定等因素，注意具体情况具体分析，严格把握犯罪与一般违规行为的区分界限。对于主观恶意明显、社会危害严重、群众反映强烈的严重犯罪，要坚决依法从严惩处；对于特定历史条件下、为了顺利完成企业改制而实施的违反国家政策法律规定的行为，行为人无主观恶意或者主观恶意不明显，情节较轻，危害不大的，可以不作为犯罪处理。

对于国家出资企业中的职务犯罪，要加大经济上的惩罚力度，充分重视财产刑的适用和执行，最大限度地挽回国家和人民利益遭受的损失。不能退赃的，在决定刑罚时，应当作为重要情节予以考虑。

最高人民法院、最高人民检察院关于办理渎职刑事案件适用法律若干问题的解释（一）

（2012年12月7日公布　法释〔2012〕18号）

为依法惩治渎职犯罪，根据刑法有关规定，现就办理渎职刑事案件适用法律的若干问题解释如下：

第一条[①] 国家机关工作人员滥用职权或者玩忽职守，具有下列情形之一的，应当认定为刑法第三百九十七条规定的“致使公共财产、国家和人民利益遭受重大损失”：

（一）造成死亡1人以上，或者重伤3人以上，或者轻伤9人以上，或者重伤2人、轻伤3人以上，或者重伤1人、轻伤6人以上的；

（二）造成经济损失30万元以上的；

（三）造成恶劣社会影响的；

（四）其他致使公共财产、国家和人民利益遭受重大损失的情形。

具有下列情形之一的，应当认定为刑法第三百九十七条规定的“情节特别严重”：

（一）造成伤亡达到前款第（一）项规定人数3倍以上的；

（二）造成经济损失150万元以上的；

（三）造成前款规定的损失后果，不报、迟报、谎报或者授意、指使、强令他人不报、迟报、谎报事故情况，致使损失后果持续、扩大或者抢救工作延误的；

（四）造成特别恶劣社会影响的；

（五）其他特别严重的情节。

第二条 国家机关工作人员实施滥用职权或者玩忽职守犯罪行为，触犯刑法分则第九章第三百九十八条至第四百一十九条规定的，依照该规定定罪处罚。

国家机关工作人员滥用职权或者玩忽职守，因不具备徇私舞弊等情形，不符合刑法分则第九章第三百九十八条至第四百一十九条的规定，但依法构成第三百九十七条规定的犯罪的，以滥用职权罪或者玩忽职守罪定罪处罚。

第三条[②] 国家机关工作人员实施渎职犯罪并收受贿赂，同时构成受贿罪的，除刑法另有规定外，以渎职犯罪和受贿罪数罪并罚。

① 本条系立案标准，需要熟练掌握。

② 本条内容十分重要，请牢记。

第四条 国家机关工作人员实施渎职行为，放纵他人犯罪或者帮助他人逃避刑事处罚，构成犯罪的，依照渎职罪的规定定罪处罚。

国家机关工作人员与他人共谋，利用其职务行为帮助他人实施其他犯罪行为，同时构成渎职犯罪和共谋实施的其他犯罪共犯的，依照处罚较重的规定定罪处罚。

国家机关工作人员与他人共谋，既利用其职务行为帮助他人实施其他犯罪，又以非职务行为与他人共同实施该其他犯罪行为，同时构成渎职犯罪和其他犯罪的共犯的，依照数罪并罚的规定定罪处罚。

第五条 国家机关负责人员违法决定，或者指使、授意、强令其他国家机关工作人员违法履行职务或者不履行职务，构成刑法分则第九章规定的渎职犯罪的，应当依法追究刑事责任。

以"集体研究"形式实施的渎职犯罪，应当依照刑法分则第九章的规定追究国家机关负有责任的人员的刑事责任。对于具体执行人员，应当在综合认定其行为性质、是否提出反对意见、危害结果大小等情节的基础上决定是否追究刑事责任和应当判处的刑罚[③]。

第六条 以危害结果为条件的渎职犯罪的追诉期限，从危害结果发生之日起计算；有数个危害结果的，从最后一个危害结果发生之日起计算。

第七条 依法或者受委托行使国家行政管理职权的公司、企业、事业单位的工作人员，在行使行政管理职权时滥用职权或者玩忽职守，构成犯罪的，应当依照《全国人民代表大会常务委员会关于〈中华人民共和国刑法〉第九章渎职罪主体适用问题的解释》[④]的规定，适用渎职罪的规定追究刑事责任。

第八条 本解释规定的"经济损失"，是指渎职犯罪或者与渎职犯罪相关联的犯罪立案时已经实际造成的财产损失，包括为挽回渎职犯罪所造成损失而支付的各种开支、费用等。立案后至提起公诉前持续发生的经济损失，应一并计入渎职犯罪造成的经济损失。

债务人经法定程序被宣告破产，债务人潜逃、去向不明，或者因行为人的责任超过诉讼时效等，致使债权已经无法实现的，无法实现的债权部分应当认定为渎职犯罪的经济损失。

渎职犯罪或者与渎职犯罪相关联的犯罪立案后，犯罪分子及其亲友自行挽回的经济损失，司法机关或者犯罪分子所在单位及其上级主管部门挽回的经济损失，或者因客观原因减少的经济损失，不予扣减，但可以作为酌定从轻处罚的情节[⑤]。

第九条 负有监督管理职责的国家机关工作人员滥用职权或者玩忽职守，致

③ 这个知识点十分重要。

④ 《全国人民代表大会常务委员会关于〈中华人民共和国刑法〉第九章渎职罪主体适用问题的解释》（2002年12月28日第九届全国人民代表大会常务委员会第三十一次会议通过）：在依照法律、法规规定行使国家行政管理职权的组织中从事公务的人员，或者在受国家机关委托代表国家机关行使职权的组织中从事公务的人员，或者虽未列入国家机关人员编制但在国家机关中从事公务的人员，在代表国家机关行使职权时，有渎职行为，构成犯罪的，依照刑法关于渎职罪的规定追究刑事责任。

⑤ 这个知识点，需要注意。

使不符合安全标准的食品、有毒有害食品、假药、劣药等流入社会，对人民群众生命、健康造成严重危害后果的，依照渎职罪的规定从严惩处。

第十条 最高人民法院、最高人民检察院此前发布的司法解释与本解释不一致的，以本解释为准。

最高人民法院、最高人民检察院关于办理贪污贿赂刑事案件适用法律若干问题的解释[①]

（2016年4月18日公布 法释〔2016〕9号）

为依法惩治贪污贿赂犯罪活动，根据刑法有关规定，现就办理贪污贿赂刑事案件适用法律的若干问题解释如下：

第一条 贪污或者受贿数额在三万元以上不满二十万元的，应当认定为刑法第三百八十三条第一款规定的“数额较大”，依法判处三年以下有期徒刑或者拘役，并处罚金。

贪污数额在一万元以上不满三万元，具有下列情形之一的，应当认定为刑法第三百八十三条第一款规定的“其他较重情节”，依法判处三年以下有期徒刑或者拘役，并处罚金：

（一）贪污救灾、抢险、防汛、优抚、扶贫、移民、救济、防疫、社会捐助等特定款物的；

（二）曾因贪污、受贿、挪用公款受过党纪、行政处分的；

（三）曾因故意犯罪受过刑事追究的；

（四）赃款赃物用于非法活动的；

（五）拒不交待赃款赃物去向或者拒不配合追缴工作，致使无法追缴的；

（六）造成恶劣影响或者其他严重后果的。

受贿数额在一万元以上不满三万元，具有前款第二项至第六项规定的情形之一，或者具有下列情形之一的，应当认定为刑法第三百八十三条第一款规定的“其他较重情节”，依法判处三年以下有期徒刑或者拘役，并处罚金：

（一）多次索贿的；

（二）为他人谋取不正当利益，致使公共财产、国家和人民利益遭受损失的；

（三）为他人谋取职务提拔、调整的。

第二条 贪污或者受贿数额在二十万元以上不满三百万元的，应当认定为刑

① 本司法解释相当重要，建议熟练掌握。

法第三百八十三条第一款规定的“数额巨大”，依法判处三年以上十年以下有期徒刑，并处罚金或者没收财产。

贪污数额在十万元以上不满二十万元，具有本解释第一条第二款规定的情形之一的，应当认定为刑法第三百八十三条第一款规定的“其他严重情节”，依法判处三年以上十年以下有期徒刑，并处罚金或者没收财产。

受贿数额在十万元以上不满二十万元，具有本解释第一条第三款规定的情形之一的，应当认定为刑法第三百八十三条第一款规定的“其他严重情节”，依法判处三年以上十年以下有期徒刑，并处罚金或者没收财产。

第三条　贪污或者受贿数额在三百万元以上的，应当认定为刑法第三百八十三条第一款规定的“数额特别巨大”，依法判处十年以上有期徒刑、无期徒刑或者死刑，并处罚金或者没收财产。

贪污数额在一百五十万元以上不满三百万元，具有本解释第一条第二款规定的情形之一的，应当认定为刑法第三百八十三条第一款规定的“其他特别严重情节”，依法判处十年以上有期徒刑、无期徒刑或者死刑，并处罚金或者没收财产。

受贿数额在一百五十万元以上不满三百万元，具有本解释第一条第三款规定的情形之一的，应当认定为刑法第三百八十三条第一款规定的“其他特别严重情节”，依法判处十年以上有期徒刑、无期徒刑或者死刑，并处罚金或者没收财产。

第四条　贪污、受贿数额特别巨大，犯罪情节特别严重、社会影响特别恶劣、给国家和人民利益造成特别重大损失的，可以判处死刑。

符合前款规定的情形，但具有自首，立功，如实供述自己罪行、真诚悔罪、积极退赃，或者避免、减少损害结果的发生等情节，不是必须立即执行的，可以判处死刑缓期二年执行。

符合第一款规定情形的，根据犯罪情节等情况可以判处死刑缓期二年执行，同时裁判决定在其死刑缓期执行二年期满依法减为无期徒刑后，终身监禁，不得减刑、假释。

第五条　挪用公款归个人使用，进行非法活动，数额在三万元以上的，应当依照刑法第三百八十四条的规定以挪用公款罪追究刑事责任；数额在三百万元以上的，应当认定为刑法第三百八十四条第一款规定的“数额巨大”。具有下列情形之一的，应当认定为刑法第三百八十四条第一款规定的“情节严重”：

（一）挪用公款数额在一百万元以上的；

（二）挪用救灾、抢险、防汛、优抚、扶贫、移民、救济特定款物，数额在五十万元以上不满一百万元的；

（三）挪用公款不退还，数额在五十万元以上不满一百万元的；

（四）其他严重的情节。

第六条 挪用公款归个人使用，进行营利活动或者超过三个月未还，数额在五万元以上的，应当认定为刑法第三百八十四条第一款规定的“数额较大”；数额在五百万元以上的，应当认定为刑法第三百八十四条第一款规定的“数额巨大”。具有下列情形之一的，应当认定为刑法第三百八十四条第一款规定的“情节严重”：

（一）挪用公款数额在二百万元以上的；

（二）挪用救灾、抢险、防汛、优抚、扶贫、移民、救济特定款物，数额在一百万元以上不满二百万元的；

（三）挪用公款不退还，数额在一百万元以上不满二百万元的；

（四）其他严重的情节。

第七条 为谋取不正当利益，向国家工作人员行贿，数额在三万元以上的，应当依照刑法第三百九十条的规定以行贿罪追究刑事责任。

行贿数额在一万元以上不满三万元，具有下列情形之一的，应当依照刑法第三百九十条的规定以行贿罪追究刑事责任：

（一）向三人以上行贿的；

（二）将违法所得用于行贿的；

（三）通过行贿谋取职务提拔、调整的；

（四）向负有食品、药品、安全生产、环境保护等监督管理职责的国家工作人员行贿，实施非法活动的；

（五）向司法工作人员行贿，影响司法公正的；

（六）造成经济损失数额在五十万元以上不满一百万元的。

第八条 犯行贿罪，具有下列情形之一的，应当认定为刑法第三百九十条第一款规定的“情节严重”：

（一）行贿数额在一百万元以上不满五百万元的；

（二）行贿数额在五十万元以上不满一百万元，并具有本解释第七条第二款第一项至第五项规定的情形之一的；

（三）其他严重的情节。

为谋取不正当利益，向国家工作人员行贿，造成经济损失数额在一百万元以上不满五百万元的，应当认定为刑法第三百九十条第一款规定的“使国家利益遭受重大损失”。

第九条 犯行贿罪，具有下列情形之一的，应当认定为刑法第三百九十条第一款规定的“情节特别严重”：

（一）行贿数额在五百万元以上的；

（二）行贿数额在二百五十万元以上不满五百万元，并具有本解释第七条第二款第一项至第五项规定的情形之一的；

（三）其他特别严重的情节。

为谋取不正当利益，向国家工作人员行贿，造成经济损失数额在五百万元以上的，应当认定为刑法第三百九十条第一款规定的“使国家利益遭受特别重大损失”。

第十条　刑法第三百八十八条之一规定的利用影响力受贿罪的定罪量刑适用标准，参照本解释关于受贿罪的规定执行。

刑法第三百九十条之一规定的对有影响力的人行贿罪的定罪量刑适用标准，参照本解释关于行贿罪的规定执行。

单位对有影响力的人行贿数额在二十万元以上的，应当依照刑法第三百九十条之一的规定以对有影响力的人行贿罪追究刑事责任。

第十一条　刑法第一百六十三条规定的非国家工作人员受贿罪、第二百七十一条规定的职务侵占罪中的“数额较大”“数额巨大”的数额起点，按照本解释关于受贿罪、贪污罪相对应的数额标准规定的二倍、五倍执行。

刑法第二百七十二条规定的挪用资金罪中的“数额较大”“数额巨大”以及“进行非法活动”情形的数额起点，按照本解释关于挪用公款罪“数额较大”“情节严重”以及“进行非法活动”的数额标准规定的二倍执行。

刑法第一百六十四条第一款规定的对非国家工作人员行贿罪中的“数额较大”“数额巨大”的数额起点，按照本解释第七条、第八条第一款关于行贿罪的数额标准规定的二倍执行。

第十二条　贿赂犯罪中的“财物”，包括货币、物品和财产性利益。财产性利益包括可以折算为货币的物质利益如房屋装修、债务免除等，以及需要支付货币的其他利益如会员服务、旅游等。后者的犯罪数额，以实际支付或者应当支付的数额计算。

第十三条　具有下列情形之一的，应当认定为“为他人谋取利益”，构成犯罪的，应当依照刑法关于受贿犯罪的规定定罪处罚：

（一）实际或者承诺为他人谋取利益的；

（二）明知他人有具体请托事项的；

（三）履职时未被请托，但事后基于该履职事由收受他人财物的。

国家工作人员索取、收受具有上下级关系的下属或者具有行政管理关系的被管理人员的财物价值三万元以上，可能影响职权行使的，视为承诺为他人谋取利益。

第十四条　根据行贿犯罪的事实、情节，可能被判处三年有期徒刑以下刑罚的,可以认定为刑法第三百九十条第二款规定的“犯罪较轻”。

根据犯罪的事实、情节,已经或者可能被判处十年有期徒刑以上刑罚的,或者案件在本省、自治区、直辖市或者全国范围内有较大影响的,可以认定为刑法第三百九十条第二款规定的“重大案件”。

具有下列情形之一的,可以认定为刑法第三百九十条第二款规定的“对侦破重大案件起关键作用”:

(一)主动交待办案机关未掌握的重大案件线索的;

(二)主动交待的犯罪线索不属于重大案件的线索,但该线索对于重大案件侦破有重要作用的;

(三)主动交待行贿事实,对于重大案件的证据收集有重要作用的;

(四)主动交待行贿事实,对于重大案件的追逃、追赃有重要作用的。

第十五条 对多次受贿未经处理的,累计计算受贿数额。

国家工作人员利用职务上的便利为请托人谋取利益前后多次收受请托人财物,受请托之前收受的财物数额在一万元以上的,应当一并计入受贿数额。

第十六条 国家工作人员出于贪污、受贿的故意,非法占有公共财物、收受他人财物之后,将赃款赃物用于单位公务支出或者社会捐赠的,不影响贪污罪、受贿罪的认定,但量刑时可以酌情考虑。

特定关系人索取、收受他人财物,国家工作人员知道后未退还或者上交的,应当认定国家工作人员具有受贿故意[2]。

② 此规定很重要。

第十七条 国家工作人员利用职务上的便利,收受他人财物,为他人谋取利益,同时构成受贿罪和刑法分则第三章第三节、第九章规定的渎职犯罪的,除刑法另有规定外,以受贿罪和渎职犯罪数罪并罚[3]。

③ 此规定很重要。

第十八条 贪污贿赂犯罪分子违法所得的一切财物,应当依照刑法第六十四条的规定予以追缴或者责令退赔,对被害人的合法财产应当及时返还。对尚未追缴到案或者尚未足额退赔的违法所得,应当继续追缴或者责令退赔。

第十九条 对贪污罪、受贿罪判处三年以下有期徒刑或者拘役的,应当并处十万元以上五十万元以下的罚金;判处三年以上十年以下有期徒刑的,应当并处二十万元以上犯罪数额二倍以下的罚金或者没收财产;判处十年以上有期徒刑或者无期徒刑的,应当并处五十万元以上犯罪数额二倍以下的罚金或者没收财产。

对刑法规定并处罚金的其他贪污贿赂犯罪,应当在十万元以上犯罪数额二倍以下判处罚金。

第二十条 本解释自2016年4月18日起施行。最高人民法院、最高人民检察院此前发布的司法解释与本解释不一致的,以本解释为准。

最高人民法院、最高人民检察院、公安部、国家安全部、司法部关于办理刑事案件严格排除非法证据若干问题的规定

（2017年6月20日印发　法发〔2017〕15号）

为准确惩罚犯罪，切实保障人权，规范司法行为，促进司法公正，根据《中华人民共和国刑事诉讼法》及有关司法解释等规定，结合司法实际，制定如下规定。

一、一般规定

第一条　严禁刑讯逼供和以威胁、引诱、欺骗以及其他非法方法收集证据，不得强迫任何人证实自己有罪。对一切案件的判处都要重证据，重调查研究，不轻信口供。

第二条　采取殴打、违法使用戒具等暴力方法或者变相肉刑的恶劣手段，使犯罪嫌疑人、被告人遭受难以忍受的痛苦而违背意愿作出的供述，应当予以排除。

第三条　采用以暴力或者严重损害本人及其近亲属合法权益等进行威胁的方法，使犯罪嫌疑人、被告人遭受难以忍受的痛苦而违背意愿作出的供述，应当予以排除。

第四条　采用非法拘禁等非法限制人身自由的方法收集的犯罪嫌疑人、被告人供述，应当予以排除。

第五条　采用刑讯逼供方法使犯罪嫌疑人、被告人作出供述，之后犯罪嫌疑人、被告人受该刑讯逼供行为影响而作出的与该供述相同的重复性供述，应当一并排除，但下列情形除外：

（一）侦查期间，根据控告、举报或者自己发现等，侦查机关确认或者不能排除以非法方法收集证据而更换侦查人员，其他侦查人员再次讯问时告知诉讼权利和认罪的法律后果，犯罪嫌疑人自愿供述的；

（二）审查逮捕、审查起诉和审判期间，检察人员、审判人员讯问时告知诉讼权利和认罪的法律后果，犯罪嫌疑人、被告人自愿供述的。

第六条　采用暴力、威胁以及非法限制人身自由等非法方法收集的证人证言、被害人陈述，应当予以排除。

第七条　收集物证、书证不符合法定程序，可能严重影响司法公正的，应当予

以补正或者作出合理解释;不能补正或者作出合理解释的,对有关证据应当予以排除。

二、侦　　查

第八条　侦查机关应当依照法定程序开展侦查,收集、调取能够证实犯罪嫌疑人有罪或者无罪、罪轻或者罪重的证据材料。

第九条　拘留、逮捕犯罪嫌疑人后,应当按照法律规定送看守所羁押。犯罪嫌疑人被送交看守所羁押后,讯问应当在看守所讯问室进行。因客观原因侦查机关在看守所讯问室以外的场所进行讯问的,应当作出合理解释。

第十条　侦查人员在讯问犯罪嫌疑人的时候,可以对讯问过程进行录音录像;对于可能判处无期徒刑、死刑的案件或者其他重大犯罪案件,应当对讯问过程进行录音录像。

侦查人员应当告知犯罪嫌疑人对讯问过程录音录像,并在讯问笔录中写明。

第十一条　对讯问过程录音录像,应当不间断进行,保持完整性,不得选择性地录制,不得剪接、删改。

第十二条　侦查人员讯问犯罪嫌疑人,应当依法制作讯问笔录。讯问笔录应当交犯罪嫌疑人核对,对于没有阅读能力的,应当向他宣读。对讯问笔录中有遗漏或者差错等情形,犯罪嫌疑人可以提出补充或者改正。

第十三条　看守所应当对提讯进行登记,写明提讯单位、人员、事由、起止时间以及犯罪嫌疑人姓名等情况。

看守所收押犯罪嫌疑人,应当进行身体检查。检查时,人民检察院驻看守所检察人员可以在场。检查发现犯罪嫌疑人有伤或者身体异常的,看守所应当拍照或者录像,分别由送押人员、犯罪嫌疑人说明原因,并在体检记录中写明,由送押人员、收押人员和犯罪嫌疑人签字确认。

第十四条　犯罪嫌疑人及其辩护人在侦查期间可以向人民检察院申请排除非法证据。对犯罪嫌疑人及其辩护人提供相关线索或者材料的,人民检察院应当调查核实。调查结论应当书面告知犯罪嫌疑人及其辩护人。对确有以非法方法收集证据情形的,人民检察院应当向侦查机关提出纠正意见。

侦查机关对审查认定的非法证据,应当予以排除,不得作为提请批准逮捕、移送审查起诉的根据。

对重大案件,人民检察院驻看守所检察人员应当在侦查终结前询问犯罪嫌疑人,核查是否存在刑讯逼供、非法取证情形,并同步录音录像。经核查,确有刑讯逼供、非法取证情形的,侦查机关应当及时排除非法证据,不得作为提请批准逮捕、移送审查起诉的根据。

第十五条 对侦查终结的案件,侦查机关应当全面审查证明证据收集合法性的证据材料,依法排除非法证据。排除非法证据后,证据不足的,不得移送审查起诉。

侦查机关发现办案人员非法取证的,应当依法作出处理,并可另行指派侦查人员重新调查取证。

三、审查逮捕、审查起诉

第十六条 审查逮捕、审查起诉期间讯问犯罪嫌疑人,应当告知其有权申请排除非法证据,并告知诉讼权利和认罪的法律后果。

第十七条 审查逮捕、审查起诉期间,犯罪嫌疑人及其辩护人申请排除非法证据,并提供相关线索或者材料的,人民检察院应当调查核实。调查结论应当书面告知犯罪嫌疑人及其辩护人。

人民检察院在审查起诉期间发现侦查人员以刑讯逼供等非法方法收集证据的,应当依法排除相关证据并提出纠正意见,必要时人民检察院可以自行调查取证。

人民检察院对审查认定的非法证据,应当予以排除,不得作为批准或者决定逮捕、提起公诉的根据。被排除的非法证据应当随案移送,并写明为依法排除的非法证据。

第十八条 人民检察院依法排除非法证据后,证据不足,不符合逮捕、起诉条件的,不得批准或者决定逮捕、提起公诉。

对于人民检察院排除有关证据导致对涉嫌的重要犯罪事实未予认定,从而作出不批准逮捕、不起诉决定,或者对涉嫌的部分重要犯罪事实决定不起诉的,公安机关、国家安全机关可要求复议、提请复核。

四、辩　　护

第十九条 犯罪嫌疑人、被告人申请提供法律援助的,应当按照有关规定指派法律援助律师。

法律援助值班律师可以为犯罪嫌疑人、被告人提供法律帮助,对刑讯逼供、非法取证情形代理申诉、控告。

第二十条 犯罪嫌疑人、被告人及其辩护人申请排除非法证据,应当提供涉嫌非法取证的人员、时间、地点、方式、内容等相关线索或者材料。

第二十一条 辩护律师自人民检察院对案件审查起诉之日起,可以查阅、摘抄、复制讯问笔录、提讯登记、采取强制措施或者侦查措施的法律文书等证据材料。其他辩护人经人民法院、人民检察院许可,也可以查阅、摘抄、复制上述证据材料。

第二十二条[①] 犯罪嫌疑人、被告人及其辩护人向人民法院、人民检察院申请调取公安机关、国家安全机关、人民检察院收集但未提交的讯问录音录像、体检记录等证据材料,人民法院、人民检察院经审查认为犯罪嫌疑人、被告人及其辩护人申请调取的证据材料与证明证据收集的合法性有联系的,应当予以调取;认为与证明证据收集的合法性没有联系的,应当决定不予调取并向犯罪嫌疑人、被告人及其辩护人说明理由。

① 本条很重要,建议牢记。

五、审　　判

第二十三条 人民法院向被告人及其辩护人送达起诉书副本时,应当告知其有权申请排除非法证据。

被告人及其辩护人申请排除非法证据,应当在开庭审理前提出,但在庭审期间发现相关线索或者材料等情形除外。人民法院应当在开庭审理前将申请书和相关线索或者材料的复制件送交人民检察院。

第二十四条 被告人及其辩护人在开庭审理前申请排除非法证据,未提供相关线索或者材料,不符合法律规定的申请条件的,人民法院对申请不予受理[②]。

② 被告人及其辩护人申请排除非法证据须提供相关线索或者材料。

第二十五条 被告人及其辩护人在开庭审理前申请排除非法证据,按照法律规定提供相关线索或者材料的,人民法院应当召开庭前会议。人民检察院应当通过出示有关证据材料等方式,有针对性地对证据收集的合法性作出说明。人民法院可以核实情况,听取意见。

人民检察院可以决定撤回有关证据,撤回的证据,没有新的理由,不得在庭审中出示。

被告人及其辩护人可以撤回排除非法证据的申请。撤回申请后,没有新的线索或者材料,不得再次对有关证据提出排除申请。

第二十六条 公诉人、被告人及其辩护人在庭前会议中对证据收集是否合法未达成一致意见,人民法院对证据收集的合法性有疑问的,应当在庭审中进行调查;人民法院对证据收集的合法性没有疑问,且没有新的线索或者材料表明可能存在非法取证的,可以决定不再进行调查。

第二十七条 被告人及其辩护人申请人民法院通知侦查人员或者其他人员出庭,人民法院认为现有证据材料不能证明证据收集的合法性,确有必要通知上述人员出庭作证或者说明情况的,可以通知上述人员出庭。

第二十八条 公诉人宣读起诉书后,法庭应当宣布开庭审理前对证据收集合法性的审查及处理情况。

第二十九条　被告人及其辩护人在开庭审理前未申请排除非法证据，在法庭审理过程中提出申请的，应当说明理由。

对前述情形，法庭经审查，对证据收集的合法性有疑问的，应当进行调查；没有疑问的，应当驳回申请。

法庭驳回排除非法证据申请后，被告人及其辩护人没有新的线索或者材料，以相同理由再次提出申请的，法庭不再审查。

第三十条　庭审期间，法庭决定对证据收集的合法性进行调查的，应当先行当庭调查。但为防止庭审过分迟延，也可以在法庭调查结束前进行调查。

第三十一条　公诉人对证据收集的合法性加以证明，可以出示讯问笔录、提讯登记、体检记录、采取强制措施或者侦查措施的法律文书、侦查终结前对讯问合法性的核查材料等证据材料，有针对性地播放讯问录音录像，提请法庭通知侦查人员或者其他人员出庭说明情况。

被告人及其辩护人可以出示相关线索或者材料，并申请法庭播放特定时段的讯问录音录像。

侦查人员或者其他人员出庭，应当向法庭说明证据收集过程，并就相关情况接受发问。对发问方式不当或者内容与证据收集的合法性无关的，法庭应当制止。

公诉人、被告人及其辩护人可以对证据收集的合法性进行质证、辩论。

第三十二条　法庭对控辩双方提供的证据有疑问的，可以宣布休庭，对证据进行调查核实。必要时，可以通知公诉人、辩护人到场。

第三十三条　法庭对证据收集的合法性进行调查后，应当当庭作出是否排除有关证据的决定。必要时，可以宣布休庭，由合议庭评议或者提交审判委员会讨论，再次开庭时宣布决定。

在法庭作出是否排除有关证据的决定前，不得对有关证据宣读、质证。

第三十四条　经法庭审理，确认存在本规定所规定的以非法方法收集证据情形的，对有关证据应当予以排除。法庭根据相关线索或者材料对证据收集的合法性有疑问，而人民检察院未提供证据或者提供的证据不能证明证据收集的合法性，不能排除存在本规定所规定的以非法方法收集证据情形的，对有关证据应当予以排除。

对依法予以排除的证据，不得宣读、质证，不得作为判决的根据。

第三十五条　人民法院排除非法证据后，案件事实清楚，证据确实、充分，依据法律认定被告人有罪的，应当作出有罪判决；证据不足，不能认定被告人有罪的，应当作出证据不足、指控的犯罪不能成立的无罪判决；案件部分事实清楚，证据确实、充分的,依法认定该部分事实。

第三十六条 人民法院对证据收集合法性的审查、调查结论,应当在裁判文书中写明,并说明理由。

第三十七条 人民法院对证人证言、被害人陈述等证据收集合法性的审查、调查,参照上述规定。

第三十八条 人民检察院、被告人及其法定代理人提出抗诉、上诉,对第一审人民法院有关证据收集合法性的审查、调查结论提出异议的,第二审人民法院应当审查。

被告人及其辩护人在第一审程序中未申请排除非法证据,在第二审程序中提出申请的,应当说明理由。第二审人民法院应当审查。

人民检察院在第一审程序中未出示证据证明证据收集的合法性,第一审人民法院依法排除有关证据的,人民检察院在第二审程序中不得出示之前未出示的证据,但在第一审程序后发现的除外。

第三十九条 第二审人民法院对证据收集合法性的调查,参照上述第一审程序的规定。

第四十条 第一审人民法院对被告人及其辩护人排除非法证据的申请未予审查,并以有关证据作为定案根据,可能影响公正审判的,第二审人民法院可以裁定撤销原判,发回原审人民法院重新审判。

第一审人民法院对依法应当排除的非法证据未予排除的,第二审人民法院可以依法排除非法证据。排除非法证据后,原判决认定事实和适用法律正确、量刑适当的,应当裁定驳回上诉或者抗诉,维持原判;原判决认定事实没有错误,但适用法律有错误,或者量刑不当的,应当改判;原判决事实不清楚或者证据不足的,可以裁定撤销原判,发回原审人民法院重新审判。

第四十一条 审判监督程序、死刑复核程序中对证据收集合法性的审查、调查,参照上述规定。

第四十二条 本规定自 2017 年 6 月 27 日起施行。

关于人民检察院立案侦查司法工作人员相关职务犯罪案件若干问题的规定

(2018 年 11 月 24 日最高人民检察院印发　高检发研字〔2018〕28 号)

2018 年 10 月 26 日,第十三届全国人民代表大会常务委员会第六次会议审议通过了《关于修改〈中华人民共和国刑事诉讼法〉的决定》。修改后的《刑事诉讼法》第十九条第二款规定:"人民检察院在对诉讼活动实行法律监督中发现的司法工作人员利用职权实施的非法拘禁、刑讯逼供、非法搜查等侵犯公民权利、损害司法公正的犯罪,可以由人民检察院立案侦查。"为做好人民检察院与监察委员会案件管辖范围的衔接,对在诉讼监督中发现的司法工作人员利用职权实施的侵犯公民权利、损害司法公正的犯罪依法履行侦查职责,作出如下规定:

一、案件管辖范围

人民检察院在对诉讼活动实行法律监督中,发现司法工作人员涉嫌利用职权实施的下列侵犯公民权利、损害司法公正的犯罪案件,可以立案侦查:

1. 非法拘禁罪(刑法第二百三十八条)(非司法工作人员除外);
2. 非法搜查罪(刑法第二百四十五条)(非司法工作人员除外);
3. 刑讯逼供罪(刑法第二百四十七条);
4. 暴力取证罪(刑法第二百四十七条);
5. 虐待被监管人罪(刑法第二百四十八条);
6. 滥用职权罪(刑法第三百九十七条)(非司法工作人员滥用职权侵犯公民权利、损害司法公正的情形除外);
7. 玩忽职守罪(刑法第三百九十七条)(非司法工作人员玩忽职守侵犯公民权利、损害司法公正的情形除外);
8. 徇私枉法罪(刑法第三百九十九条第一款);
9. 民事、行政枉法裁判罪(刑法第三百九十九条第二款);
10. 执行判决、裁定失职罪(刑法第三百九十九条第三款);
11. 执行判决、裁定滥用职权罪(刑法第三百九十九条第三款);
12. 私放在押人员罪(刑法第四百条第一款);
13. 失职致使在押人员脱逃罪(刑法第四百条第二款);
14. 徇私舞弊减刑、假释、暂予监外执行罪(刑法第四百零一条)。

二、级别管辖和侦查部门

本规定所列犯罪案件,由设区的市级人民检察院立案侦查。基层人民检察院发现犯罪线索的,应当报设区的市级人民检察院决定立案侦查。设区的市级人民检察院也可以将案件交由基层人民检察院立案侦查,或者由基层人民检察院协助侦查。最高人民检察院、省级人民检察院发现犯罪线索的,可以自行决定立案侦查,也可以将案件线索交由指定的省级人民检察院、设区的市级人民检察院立案侦查。

本规定所列犯罪案件,由人民检察院负责刑事检察工作的专门部门负责侦查。

设区的市级以上人民检察院侦查终结的案件,可以交有管辖权的基层人民法院相对应的基层人民检察院提起公诉;需要指定其他基层人民检察院提起公诉的,应当与同级人民法院协商指定管辖;依法应当由中级人民法院管辖的案件,应当由设区的市级人民检察院提起公诉。

三、案件线索的移送和互涉案件的处理

人民检察院立案侦查本规定所列犯罪时,发现犯罪嫌疑人同时涉嫌监察委员会管辖的职务犯罪线索的,应当及时与同级监察委员会沟通,一般应当由监察委员会为主调查,人民检察院予以协助。经沟通,认为全案由监察委员会管辖更为适宜的,人民检察院应当撤销案件,将案件和相应职务犯罪线索一并移送监察委员会;认为由监察委员会和人民检察院分别管辖更为适宜的,人民检察院应当将监察委员会管辖的相应职务犯罪线索移送监察委员会,对依法由人民检察院管辖的犯罪案件继续侦查。人民检察院应当及时将沟通情况报告上一级人民检察院。沟通期间,人民检察院不得停止对案件的侦查。监察委员会和人民检察院分别管辖的案件,调查(侦查)终结前,人民检察院应当就移送审查起诉有关事宜与监察委员会加强沟通,协调一致,由人民检察院依法对全案审查起诉。

人民检察院立案侦查本规定所列犯罪时,发现犯罪嫌疑人同时涉嫌公安机关管辖的犯罪线索的,依照现行有关法律和司法解释的规定办理。

四、办案程序

(一)人民检察院办理本规定所列犯罪案件,不再适用对直接受理立案侦查案件决定立案报上一级人民检察院备案,逮捕犯罪嫌疑人报上一级人民检察院审查决定的规定。

(二)对本规定所列犯罪案件,人民检察院拟作撤销案件、不起诉决定的,应当报上一级人民检察院审查批准。

(三)人民检察院负责刑事检察工作的专门部门办理本规定所列犯罪案件,认为需要逮捕犯罪嫌疑人的,应当由相应的刑事检察部门审查,报检察长或者检察委员会决定。

(四)人民检察院办理本规定所列犯罪案件,应当依法接受人民监督员的监督。

最高人民检察院此前印发的规范性文件与本规定不一致的,以本规定为准。

2. 监察机关执法工作有关规定

关于不动产登记机构协助监察机关在涉案财物处理中办理不动产登记工作的通知

（2019 年 12 月 17 日国家监察委员会办公厅、自然资源部办公厅发布　国监办发〔2019〕3 号）

各省、自治区、直辖市监委、自然资源主管部门，中央纪委国家监委各派出机构，各中管企业纪检监察机构：

为贯彻落实党中央关于深化国家监察体制改革决策部署，依法规范做好不动产登记机构协助监察机关在涉案财物处理中办理不动产登记工作，根据《中华人民共和国监察法》《中华人民共和国物权法》《中华人民共和国城市房地产管理法》《不动产登记暂行条例》[①]等法律法规，现就有关事项通知如下：

一、县级以上监察机关经过调查，对违法取得且已经办理不动产登记或者具备首次登记条件的不动产作出没收、追缴、责令退赔等处理决定后，在执行没收、追缴、责令退赔等决定过程中需要办理不动产转移等登记的，不动产登记机构应当按照监察机关出具的监察文书和协助执行通知书办理。

监察机关对不动产作出的处理决定，应当依法告知被调查人以及不动产权利人[②]。

不动产登记涉及的税费按照国家有关规定收取。

二、监察机关到不动产登记机构办理不动产登记时，应当出具监察文书和协助执行通知书，由两名工作人员持上述文书和本人工作证件办理。根据工作需要，也可以出具委托函，委托财政部门、国有资产管理部门或者其他被授权协助处理涉案财物的单位，由其两名工作人员持本人工作证件、委托函、监察机关出具的监察文书和协助执行通知书办理。

三、中央纪委国家监委各派驻（派出）机构以及中管企业纪检监察机构需要不动产登记机构协助办理不动产登记的，应当依法出具监察文书和协助执行通知书，按照本通知第二条规定的程序办理。

省级以下监察委员会派驻或者派出的监察机构、监察专员根据授权开展调查、

① 请读者注意了解本通知的制定依据。

② 请注意告知义务主体是监察机关，告知对象是被调查人以及不动产权利人。

处置工作过程中，需要商请不动产登记机构协助办理不动产登记的，应当依法出具监察文书，由该监察委员会审核并出具协助执行通知书，按照本通知第二条规定的程序办理。

四、监察机关需要异地不动产登记机构协助办理不动产登记的，可以直接到异地不动产登记机构办理，也可以出具委托函，委托不动产所在地监察机关办理。具体办理程序按照第二条的规定执行。

五、监察机关对不动产进行处理前，应当先行查询不动产权属情况[③]。处理不动产涉及集体土地和划拨土地的，监察机关应当与自然资源管理部门协商后再行处理。

六、相关不动产已被人民法院、人民检察院、公安机关等其他有权机关查封，并由不动产登记机构办理了查封登记的，监察机关在作出处理决定前应当与上述实施查封的有权机关协商。需要注销查封登记的，应当由实施查封的有权机关按照规定程序办理。

七、相关不动产已办理抵押登记的，监察机关应当依法妥善处理，保障抵押权人合法权益。

八、不动产登记机构在协助监察机关办理不动产登记时，不对监察文书和协助执行通知书进行实体审查。不动产登记机构认为监察机关处理的相关不动产信息错误的，应当依法向监察机关提出书面核查建议，监察机关应当进行认真核查，核查期间中止协助事项。经监察机关核查并出具书面函件确认无误后，不动产登记机构应当予以协助办理。

九、公民、法人或者其他组织对不动产登记机构根据监察机关的监察文书等材料办理的不动产登记行为不服的，可以按规定向相关监察机关申诉、控告或者检举[④]。

公民、法人或者其他组织对登记行为不服申请行政复议的，有关复议机构不予受理，但公民、法人或者其他组织认为登记与有关文书内容不一致的除外。

不动产登记机构根据监察机关的监察文书等材料办理不动产登记，是行政机关根据有权机关的协助执行通知书实施的行为，公民、法人或者其他组织对该行为不服提起行政诉讼的，按照《最高人民法院关于审理房屋登记案件若干问题的规定》（法释〔2010〕15号）第二条规定[⑤]办理。

十、各级监察机关应当与同级自然资源部门建立沟通协调机制，及时研究解决协作配合过程中的问题。

十一、本通知自2020年1月1日起实施。

③ 查清权属有助于避免纠纷的发生。

④ 此处赋予了公民、法人或者其他组织救济权、救济路径——向相关监察机关申诉、控告或者检举。

⑤《最高人民法院关于审理房屋登记案件若干问题的规定》第2条规定："房屋登记机构根据人民法院、仲裁委员会的法律文书或者有权机关的协助执行通知书以及人民政府的征收决定办理的房屋登记行为，公民、法人或者其他组织不服提起行政诉讼的，人民法院不予受理，但公民、法人或者其他组织认为登记与有关文书内容不一致的除外。房屋登记机构作出未改变登记内容的换发、补发权属证书、登记证明或者更新登记簿的行为，公民、法人或者其他组织不服提起行政诉讼的，人民法院不予受理。房屋登记机构在行政诉讼法施行前作出的房屋登记行为，公民、法人或者其他组织不服提起行政诉讼的，人民法院不予受理。"

罚没财物管理办法

（2020年12月17日财政部印发　财税〔2020〕54号）

第一章　总　　则

第一条　为规范和加强罚没财物管理，防止国家财产损失，保护自然人、法人和非法人组织的合法权益，根据《中华人民共和国预算法》、《罚款决定与罚款收缴分离实施办法》（国务院令第235号）等有关法律、行政法规规定，制定本办法。

第二条　罚没财物移交、保管、处置、收入上缴、预算管理等，适用本办法。

第三条　本办法所称罚没财物，是指执法机关依法对自然人、法人和非法人组织作出行政处罚决定，没收、追缴决定或者法院生效裁定、判决取得的罚款、罚金、违法所得、非法财物，没收的保证金、个人财产等，包括现金、有价票证、有价证券、动产、不动产和其他财产权利等。

本办法所称执法机关，是指各级行政机关、监察机关、审判机关、检察机关，法律法规授权的具有管理公共事务职能的事业单位和组织。

本办法所称罚没收入是指罚款、罚金等现金收入，罚没财物处置收入及其孳息。

第四条　罚没财物管理工作应遵循罚款决定与罚款收缴相分离，执法与保管、处置岗位相分离，罚没收入与经费保障相分离的原则。

第五条　财政部负责制定全国罚没财物管理制度，指导、监督各地区、各部门罚没财物管理工作。中央有关执法机关可以根据本办法，制定本系统罚没财物管理具体实施办法，指导本系统罚没财物管理工作。

地方各级财政部门负责制定罚没财物管理制度，指导、监督本行政区内各有关单位的罚没财物管理工作。

各级执法机关、政府公物仓等单位负责制定本单位罚没财物管理操作规范，并在本单位职责范围内对罚没财物管理履行主体责任。

第二章　移交和保管

第六条　有条件的部门和地区可以设置政府公物仓对罚没物品实行集中管理。未设置政府公物仓的，由执法机关对罚没物品进行管理。

各级执法机关、政府公物仓按照安全、高效、便捷和节约的原则，使用下列罚没仓库存放保管罚没物品：

（一）执法机关罚没物品保管仓库；

（二）政府公物仓库；

（三）通过购买服务等方式选择社会仓库。

第七条 设置政府公物仓的地区，执法机关应当在根据行政处罚决定，没收、追缴决定，法院生效裁定、判决没收物品或者公告期满后，在同级财政部门规定的期限内，将罚没物品及其他必要的证明文件、材料，移送至政府公物仓，并向财政部门备案。

第八条 罚没仓库的保管条件、保管措施、管理方式应当满足防火、防水、防腐、防疫、防盗等基础安全要求，符合被保管罚没物品的特性。应当安装视频监控、防盗报警等安全设备。

第九条 执法机关、政府公物仓应当建立健全罚没物品保管制度，规范业务流程和单据管理，具体包括：

（一）建立台账制度，对接管的罚没物品必须造册、登记，清楚、准确、全面反映罚没物品的主要属性和特点，完整记录从入库到处置全过程。

（二）建立分类保管制度，对不同种类的罚没物品，应当分类保管。对文物、文化艺术品、贵金属、珠宝等贵重罚没物品，应当做到移交、入库、保管、出库全程录音录像，并做好密封工作。

（三）建立安全保卫制度，落实人员责任，确保物品妥善保管。

（四）建立清查盘存制度，做到账实一致，定期向财政部门报告罚没物品管理情况。

第十条 罚没仓库应当凭经执法机关或者政府公物仓按管理职责批准的书面文件或者单证办理出库手续，并在登记的出库清单上列明，由经办人与提货人共同签名确认，确保出库清单与批准文件、出库罚没物品一致。

罚没仓库无正当理由不得妨碍符合出库规定和手续的罚没物品出库。

第十一条 执法机关、政府公物仓应当运用信息化手段，建立来源去向明晰、管理全程可控、全面接受监督的管理信息系统。

执法机关、政府公物仓的管理信息系统，应当逐步与财政部门的非税收入收缴系统等平台对接，实现互联互通和信息共享。

第三章　罚没财物处置

第十二条 罚没财物的处置应当遵循公开、公平、公正原则，依法分类、定期处置，提高处置效率，降低仓储成本和处置成本，实现处置价值最大化。

第十三条　各级执法机关、政府公物仓应当依照法律法规和本级人民政府规定的权限，按照本办法的规定处置罚没财物。

各级财政部门会同有关部门对本级罚没财物处置、收入收缴等进行监督，建立处置审批和备案制度。

财政部各地监管局对属地中央预算单位罚没财物的处置、收入收缴等进行监督。

第十四条　除法律法规另有规定外，容易损毁、灭失、变质、保管困难或者保管费用过高、季节性商品等不宜长期保存的物品，长期不使用容易导致机械性能下降、价值贬损的车辆、船艇、电子产品等物品，以及有效期即将届满的汇票、本票、支票等，在确定为罚没财物前，经权利人同意或者申请，并经执法机关负责人批准，可以依法先行处置；权利人不明确的，可以依法公告，公告期满后仍没有权利人同意或者申请的，可以依法先行处置。先行处置所得款项按照涉案现金管理。

第十五条　罚没物品处置前存在破损、污秽等情形的，在有利于加快处置的情况下，且清理、修复费用低于变卖收入的，可以进行适当清理、修复。

第十六条　执法机关依法取得的罚没物品，除法律、行政法规禁止买卖的物品或者财产权利、按国家规定另行处置外，应当按照国家规定进行公开拍卖。公开拍卖应当符合下列要求：

（一）拍卖活动可以采取现场拍卖方式，鼓励有条件的部门和地区通过互联网和公共资源交易平台进行公开拍卖。

（二）公开拍卖应当委托具有相应拍卖资格的拍卖人进行，拍卖人可以通过摇珠等方式从具备资格条件的范围中选定，必要时可以选择多个拍卖人进行联合拍卖。

（三）罚没物品属于国家有强制安全标准或者涉及人民生命财产安全的，应当委托符合有关规定资格条件的检验检疫机构进行检验检测，不符合安全、卫生、质量或者动植物检疫标准的，不得进行公开拍卖。

（四）根据需要，可以采取“一物一拍”等方式对罚没物品进行拍卖。采用公开拍卖方式处置的，一般应当确定拍卖标的保留价。保留价一般参照价格认定机构或者符合资格条件的资产评估机构作出的评估价确定，也可以参照市场价或者通过互联网询价确定。

（五）公开拍卖发生流拍情形的，再次拍卖的保留价不得低于前次拍卖保留价的80%。发生3次（含）以上流拍情形的，经执法机关商同级财政部门确定后，可以通过互联网平台采取无底价拍卖或者转为其他处置方式。

第十七条 属于国家规定的专卖商品等限制流通的罚没物品,应当交由归口管理单位统一变卖,或者变卖给按规定可以接受该物品的单位。

第十八条 下列罚没物品,应当移交相关主管部门处置:

(一)依法没收的文物,应当移交国家或者省级文物行政管理部门,由其指定的国有博物馆、图书馆等文物收藏单位收藏或者按国家有关规定处置。经国家或者省级文物行政管理部门授权,市、县的文物行政管理部门或者有关国有博物馆、图书馆等文物收藏单位可以具体承办文物接收事宜。

(二)武器、弹药、管制刀具、毒品、毒具、赌具、禁止流通的易燃易爆危险品等,应当移交同级公安部门或者其他有关部门处置,或者经公安部门、其他有关部门同意,由有关执法机关依法处置。

(三)依法没收的野生动植物及其制品,应当交由野生动植物保护主管部门、海洋执法部门或者有关保护区域管理机构按规定处置,或者经有关主管部门同意,交由相关科研机构用于科学研究。

(四)其他应当移交相关主管部门处置的罚没物品。

第十九条 罚没物品难以变卖或者变卖成本大于收入,且具有经济价值或者其他价值的,执法机关应当报送同级财政部门,经同级财政部门同意后,可以赠送有关公益单位用于公益事业;没有捐赠且能够继续使用的,由同级财政部门统一管理。

第二十条 淫秽、反动物品,非法出版物,有毒有害的食品药品及其原材料,危害国家安全以及其他有社会危害性的物品,以及法律法规规定应当销毁的,应当由执法机关予以销毁。

对难以变卖且无经济价值或者其他价值的,可以由执法机关、政府公物仓予以销毁。

属于应销毁的物品经无害化或者合法化处理,丧失原有功能后尚有经济价值的,可以由执法机关、政府公物仓作为废旧物品变卖。

第二十一条 已纳入罚没仓库保管的物品,依法应当退还的,由执法机关、政府公物仓办理退还手续。

第二十二条 依法应当进行权属登记的房产、土地使用权等罚没财产和财产权利,变卖前可以依据行政处罚决定,没收、追缴决定,法院生效裁定、判决进行权属变更,变更后应当按本办法相关规定处置。

权属变更后的承接权属主体可以是执法机关、政府公物仓、同级财政部门或者其他指定机构,但不改变罚没财物的性质,承接单位不得占用、出租、出借。

第二十三条 罚没物品无法直接适用本办法规定处置的,执法机关与同级财政商有关部门后，提出处置方案，报上级财政部门备案。

第四章　罚没收入

第二十四条　罚没收入属于政府非税收入，应当按照国库集中收缴管理有关规定，全额上缴国库，纳入一般公共预算管理。

第二十五条　除依法可以当场收缴的罚款外，作出罚款决定的执法机关应当与收缴罚款的机构分离。

第二十六条　中央与省级罚没收入的划分权限，省以下各级政府间罚没收入的划分权限，按照现行预算管理有关规定确定。法律法规另有规定的，从其规定。

第二十七条　除以下情形外，罚没收入应按照执法机关的财务隶属关系缴入同级国库：

（一）海关、公安、中国海警、市场监管等部门取得的缉私罚没收入全额缴入中央国库。

（二）海关（除缉私外）、国家外汇管理部门、国家邮政部门、通信管理部门、气象管理部门、应急管理部所属煤矿安全监察部门、交通运输部所属海事部门中央本级取得的罚没收入全额缴入中央国库。省以下机构取得的罚没收入，50%缴入中央国库，50%缴入地方国库。

（三）国家烟草专卖部门取得的罚没收入全额缴入地方国库。

（四）应急管理部所属的消防救援部门取得的罚没收入，50%缴入中央国库，50%缴入地方国库。

（五）国家市场监督管理总局所属的反垄断部门与地方反垄断部门联合办理或者委托地方查办的重大案件取得的罚没收入，全额缴入中央国库。

（六）国有企业、事业单位监察机构没收、追缴的违法所得，按照国有企业、事业单位隶属关系全额缴入中央或者地方国库。

（七）中央政法机关交办案件按照有关规定执行。

（八）财政部规定的其他情形。

第二十八条　罚没物品处置收入，可以按扣除处置该罚没物品直接支出后的余额，作为罚没收入上缴；政府预算已经安排罚没物品处置专项经费的，不得扣除处置该罚没物品的直接支出。

前款所称处置罚没物品直接支出包括质量鉴定、评估和必要的修复费用。

第二十九条　罚没收入的缴库，按下列规定执行：

（一）执法机关取得的罚没收入，除当场收缴的罚款和财政部另有规定外，应当在取得之日缴入财政专户或者国库；

（二）执法人员依法当场收缴罚款的，执法机关应当自收到款项之日起2个工作日内缴入财政专户或者国库；

（三）委托拍卖机构拍卖罚没物品取得的变价款，由委托方自收到款项之日起2个工作日内缴入财政专户或者国库。

第三十条 政府预算收入中罚没收入预算为预测性指标，不作为收入任务指标下达。执法机关的办案经费由本级政府预算统筹保障，执法机关经费预算安排不得与该单位任何年度上缴的罚没收入挂钩。

第三十一条 依法退还多缴、错缴等罚没收入，应当按照本级财政部门有关规定办理。

第三十二条 执法机关在罚没财物管理工作中，应当按照规定使用财政部门相关票据。

第三十三条 对向执法机关检举、揭发各类违法案件的人员，经查实后，按照相关规定给予奖励，奖励经费不得从案件罚没收入中列支。

第五章 附 则

第三十四条 各级财政部门、执法机关、政府公物仓及其工作人员在罚没财物管理、处置工作中，存在违反本办法规定的行为，以及其他滥用职权、玩忽职守、徇私舞弊等违法违纪行为的，按照《中华人民共和国监察法》、《财政违法行为处罚处分条例》等国家有关规定追究相应责任；构成犯罪的，依法追究刑事责任。

第三十五条 执法机关扣押的涉案财物，有关单位、个人向执法机关声明放弃的或者无人认领的财物；党的纪律检查机关依据党内法规收缴的违纪所得以及按规定登记上交的礼品、礼金等财物；党政机关收到的采购、人事等合同违约金；党政机关根据国家赔偿法履行赔偿义务之后向故意或者有重大过失的工作人员、受委托的组织或者个人追偿的赔偿款等，参照罚没财物管理。国家另有规定的除外。

国有企业、事业单位党的纪检机构依据党内法规收缴的违纪所得，以及按规定登记上交的礼品、礼金等财物，按照国有企业、事业单位隶属关系全额缴入中央或者地方国库。

第三十六条 本办法自2021年1月1日起实施。

本办法实施前已经形成的罚没财物，尚未处置的，按照本办法执行。

下篇　纪检监察基础知识及重点难点梳理

纪检监察干部 · 手记

《中国共产党纪律处分条例》兜底条款的梳理

<table>
<tr><th>违纪类型</th><th>条文摘录</th><th>知识点提醒</th></tr>
<tr><td>违反政治纪律</td><td>第六十九条　违反党的优良传统和工作惯例等党的规矩，在政治上造成不良影响的，给予警告或者严重警告处分；情节较重的，给予撤销党内职务或者留党察看处分；情节严重的，给予开除党籍处分。</td><td rowspan="2">“对违反政治纪律行为的处分”“对违反组织纪律行为的处分”章节均未规定兜底条款，旨在防止认定泛化。</td></tr>
<tr><td>违反组织纪律</td><td>第八十四条　驻外机构或者临时出国（境）团（组）中的党员，脱离组织出走时间不满六个月又自动回归的，给予撤销党内职务或者留党察看处分；脱离组织出走时间超过六个月的，按照自行脱党处理，党内予以除名。
故意为他人脱离组织出走提供方便条件的，给予警告、严重警告或者撤销党内职务处分。</td></tr>
<tr><td>违反廉洁纪律</td><td>第一百一十一条　有其他违反廉洁纪律规定行为的，应当视具体情节给予警告直至开除党籍处分。</td><td rowspan="4">兜底条款，是指《中国共产党纪律处分条例》规定的某类违纪行为中，除明确列出的条款外，对以其他方式、方法和手段实施的同种性质的违纪行为作出应予党纪处理的概括性规定。违反廉洁纪律、群众纪律、工作纪律、生活纪律均设置兜底条款。</td></tr>
<tr><td>违反群众纪律</td><td>第一百二十条　有其他违反群众纪律规定行为的，应当视具体情节给予警告直至开除党籍处分。</td></tr>
<tr><td>违反工作纪律</td><td>第一百三十三条　在党的纪律检查、组织、宣传、统一战线工作以及机关工作等其他工作中，不履行或者不正确履行职责，造成损失或者不良影响的，应当视具体情节给予警告直至开除党籍处分。</td></tr>
<tr><td>违反生活纪律</td><td>第一百三十八条　有其他严重违反社会公德、家庭美德行为的，应当视具体情节给予警告直至开除党籍处分。</td></tr>
<tr><td>推荐阅读</td><td colspan="2">钟纪晟：《不正确履行职责如何定性处理？行政机关、事业单位或农村党员工作失职需追究党纪责任的如何定性处理？》，载《中国纪检监察报》2019 年 8 月 14 日，第 8 版。该文指出：党的十九大通过的《中国共产党章程（修正案）》总纲中明确指出：“党政军民学，东西南北中，党是领导一切的。”也就是说，不论是党务工作还是行政工作，均是在贯彻落实执行党中央的决策部署，对于没有正确履行工作职责的，均可依据《中国共产党纪律处分条例》予以处理。执纪实践中，对党员在工作中没有正确履行工作职责的行为，要区别情况适用条规、作出处理：
(1)在认定违纪时，对工作中没有正确履行工作职责的行为，按照“纪在法前、纪严于法”的原则，通常情况下，可以依据《中国共产党纪律处分条例》分则中有关违反工作纪律的条款给予党纪处分，若没有具体对应条款的可以依据《中国共产党纪律处分条例》第一百三十三条定性处理。</td></tr>
</table>

续表

	(2)在认定违法时,如果法律法规对此类行为有明确规定,违反了该规定,亦属于职务违法行为。需要给予政务处分的,可以根据被调查的公职人员的具体身份,依照相关法律、法规、国务院决定和规章对违法行为及其适用处分的规定,给予相应政务处分。 (3)在认定涉嫌犯罪时,对于情节严重,已经涉嫌滥用职权、玩忽职守等职务犯罪的,应当依据《中国共产党纪律处分条例》总则第二十七条有关纪法衔接的条款追究其党纪责任,同时按照《中华人民共和国监察法》的有关规定依法给予其政务处分,并移送检察机关依法审查起诉。 《中国共产党纪律处分条例》第一百三十三条是关于违反相关工作纪律行为及其适用的处分种类和幅度的规定,属于兜底条款。其中的"其他工作",就是为了适应执纪实践中可能遇到的新情况,以防止立法的不周延性。我们认为,对行政机关、事业单位或农村党员执行公务时没有正确履行工作职责的行为,按照"纪在法前、纪严于法"的原则,对于符合《中国共产党纪律处分条例》第一百三十三条构成要件的,可以依据该条款进行定性处理。同时,《中国共产党纪律处分条例》的适用范围包括全体党员和党组织,只要求有关行为违犯党纪且应当受到党纪责任追究即可。因此,在农村村民委员会中工作的党员亦不应被排除在外,但要根据具体案件情况予以综合判断。

《中国共产党纪律处分条例》易混淆的知识点解析

知识点 区分要点	不按照有关规定向组织请示、报告重大事项	不报告或者不如实报告工作情况以及胁迫下属说假话行为	不按规定报告个人有关事项行为
违纪类别不同	属于违反政治纪律行为。	属于违反工作纪律行为。	属于违反组织纪律行为。
主体不同	违纪主体为党员或党组织。	违纪主体为党员或党组织。	主体为党员领导干部。这里的“党员领导干部”，主要指党政机关中县处级副职以上的干部；人民团体、事业单位中相当于县处级副职以上的干部；大型、特大型国有独资企业、国有控股企业（含国有独资金融企业和国有控股金融企业）的中层以上领导人员和中型国有独资企业、国有控股企业（含国有独资金融企业和国有控股金融企业）的领导班子成员；副调研员以上非领导职务的干部和已退出现职但尚未办理退（离）休手续的干部。
不报告或者不如实报告的内容不同	《中国共产党重大事项请示报告条例》第3、13、14、35—38条规定的重大事项。	在上级检查、视察工作或者向上级汇报、报告工作时应当报告的事项。	不按规定报告的内容是个人有关事项，这里的“个人有关事项”，是指个人婚姻变化和配偶、子女移居国（境）外、从业等事项和收入、房产、投资等事项。
备注	**关于《中国共产党纪律处分条例》第62条，信仰宗教与参加某些具有宗教色彩的民族风俗习惯活动的区分：** 我国合法的宗教主要包括道教、佛教、伊斯兰教、天主教等，国家保护正常的宗教活动，群众信仰宗教并参加宗教活动不受干涉。但是宗教信仰自由是对我国公民来说的，并不适用于共产党员。共产党员是比一般公民具有更高政治觉悟、更高政治信仰、更强组织纪律性的“特殊公民”。中国共产党是用马克思主义武装起来的先进政党，这决定了共产党员在世界观、政治立场、理论品格和社会理想等方面都与信教群众有着根本区别。 实践中需要注意的是，不能把党员参加某些具有宗教色彩的民族风俗习惯活动视为参加宗教活动。在一些少数民族地区，有些民族风俗和仪式，具有宗教色彩。如果生活在基层的党员拒绝参加这些活动，就必然会被孤立起来。事实上，一些民族的许多传统婚丧仪式和群众性节日活动，虽然含有宗教色彩和宗教传统，但是实质上已成为民族风俗习惯的一部分。对党员参加这类活动，就不能认为是参加宗教活动。			

续表

	关于《中国共产党纪律处分条例》第63条，参加迷信活动与参加一般的民俗、习俗活动区分： 所谓“迷信活动”，既包括封建迷信活动，也包括其他一些迷信的形式，如烧香拜佛、乞求神灵降雨、消灾、祛病、发财等。迷信活动是落后、愚昧的文化现象，毒害人们的精神和心灵，扰乱社会秩序。共产党人信仰马克思主义，最根本的是要坚持彻底的唯物主义，坚持科学无神论，这是关乎党员干部世界观的根本问题，也是党章精神的“原教旨”。党员组织或参加迷信活动，丧失正确信仰，放弃理论武装，助长迷信之风，与党章精神背道而驰，也容易走上腐败堕落迷途，损害党和政府形象，削弱党的执政能力，危害十分严重，应当受到党纪责任追究。执纪实践中，要把组织或参加迷信活动与组织或参加一般的民俗、习俗活动区分开来。不能把一些有着历史文化传统和民族、区域特色的民俗、习俗活动当成迷信活动。党员组织或参加此类活动不应受到追究，确有不适合参加的，也应以批评教育为主。要把组织或参加迷信活动与正常的、合法的宗教活动区分开来。宗教团体进行合法的宗教活动，是受到国家法律保护的，党员偶尔到一些寺庙、道观、教堂等合法宗教活动场所参观游览，也不宜认定为参加迷信活动。

违反政治纪律政治规矩典型案例

典型案例	定性及评价
2017年,山西省某县委共召开常委会议、常委扩大会议、全委会共44次,其中某县人大常委会原党组书记、主任李某某4次借故不参会、10次无故不参会,缺席县委近1/3重要会议。李某某的行为,违反了"人大党组书记固定列席党委常委会"的规定,破坏了党委同人大常委会沟通协调的工作惯例,在政治上造成不良影响。	李某某的行为违反了2015年《中国共产党纪律处分条例》第62条规定,"违反党的优良传统和工作惯例等党的规矩,在政治上造成不良影响"。
副省级领导干部张某在执行重大任务期间擅离职守。	从政治上看,关键时刻,副省级领导干部,在执行重大任务期间擅离职守,在政治上造成了不良影响,故评价为违反政治纪律。
2011—2013年,辽宁在省委换届、省人大换届、全国人大代表选举3次选举中发生大范围、大面积的拉票贿选问题。在辽宁拉票贿选案中,王某身为省委书记没有履行管党治党政治责任,未按照中央要求履行换届工作第一责任人的职责,对辽宁省有关选举发生拉票贿选问题负有主要领导责任和直接责任。	换届纪律虽然属于组织纪律的内容,但关系到一个地方和部门的政治生态,政治性极强,对集中换届中出现的拉票贿选等违反组织纪律问题,一般应从违反政治纪律的高度予以认定。
某党员干部在"携手同走扶贫路"微信群中编发了一条关于脱贫攻坚的错误言论,妄加评论各级党委对脱贫攻坚作出的决策部署,给脱贫攻坚工作带来了消极影响,严重违反党的政治纪律,受到党内严重警告处分。	妄议中央大政方针,属于违反政治纪律。
某党员在社区党员微信群内转发了一个题为"入党申请书"的"黄色段子"信息,内容严重丑化了党的形象,在社区党员中造成了恶劣影响,受到留党察看1年处分。	丑化党和国家形象,或者诋毁、诬蔑党和国家领导人、英雄模范,或者歪曲党的历史、中华人民共和国历史、人民军队历史的,属于违反政治纪律。
备注	政治纪律是最重要、最根本、最关键的纪律,遵守党的政治纪律是遵守党的全部纪律的重要基础。干部在政治上出问题,对党的危害不亚于腐败问题,有的甚至比腐败问题更严重。 把违反政治纪律和政治规矩问题作为查处重点,首先看有没有违反政治纪律问题,有违反政治纪律的优先处置,违反其他纪律的也从政治上审视,剖析背后的政治根源。
推荐阅读	许展、李刚:《其他违纪行为在哪些情形下可转化为违反政治纪律》,载《中国纪检监察报》2021年2月10日,第8版。该文指出,实践中要综合考量违纪行为性质、情节、影响、违纪人员身份等因素,结合当地政治生态,精准判断是否应当将问题定性转化为违反政治纪律。主要包括但不限于以下具体情形:一是在做到"两个维护"和落实党中央决策部署上不坚决的行为;二是情节严重、影响恶劣的行为;三是发生在特殊时期的相关行为;四是被审查调查人岗位、身份及职责因素。

党员监察对象违规从事或者参与营利性活动规定梳理

<table>
<tr><th>法规依据</th><th>条文摘录</th><th>知识点提醒</th></tr>
<tr><td>《中国共产党纪律处分条例》</td><td>第九十四条　违反有关规定从事营利活动，有下列行为之一，情节较轻的，给予警告或者严重警告处分；情节较重的，给予撤销党内职务或者留党察看处分；情节严重的，给予开除党籍处分：
（一）经商办企业的；
（二）拥有非上市公司（企业）的股份或者证券的；
（三）买卖股票或者进行其他证券投资的；
（四）从事有偿中介活动的；
（五）在国（境）外注册公司或者投资入股的；
（六）有其他违反有关规定从事营利活动的。
利用参与企业重组改制、定向增发、兼并投资、土地使用权出让等决策、审批过程中掌握的信息买卖股票，利用职权或者职务上的影响通过购买信托产品、基金等方式非正常获利的，依照前款规定处理。
违反有关规定在经济组织、社会组织等单位中兼职，或者经批准兼职但获取薪酬、奖金、津贴等额外利益的，依照第一款规定处理。</td><td rowspan="3">当官发财两条道，当官就不要想着发财，想发财就不要当官。当了官就要敬畏手中权力和职务影响，严格遵照制度要求办事，清正廉洁，不触碰纪律红线。领导干部违规从事营利活动，其实质是以权谋私。
“营利性活动”，是指各种以营利为目的的经济活动，主要包括：经商、办企业、从事有偿中介，以及违反规定拥有非上市公司（企业）的股份或者证券，买卖股票或者进行其他证券投资，在国（境）外注册公司或者投资入股等。
有关规定主要是指《关于严禁党政机关和党政干部经商、办企业的决定》《关于进一步制止党政机关和党政干部经商、办企业的规定》等。</td></tr>
<tr><td rowspan="2">《公务员法》</td><td>第五十九条第十六项　公务员应当遵纪守法，不得有下列行为：
（十六）违反有关规定从事或者参与营利性活动，在企业或者其他营利性组织中兼任职务；</td></tr>
<tr><td>第四十四条　公务员因工作需要在机关外兼职，应当经有关机关批准，并不得领取兼职报酬。</td></tr>
<tr><td>《法官法》</td><td>第二十二条　法官不得兼任人民代表大会常务委员会的组成人员，不得兼任行政机关、监察机关、检察机关的职务，不得兼任企业或者其他营利性组织、事业单位的职务，不得兼任律师、仲裁员和公证员。</td><td rowspan="3">法官、检察官、监察官，均不得兼任企业或者其他营利性组织、事业单位的职务，不得兼任律师、仲裁员和公证员。监察官还不得兼任人民陪审员、人民监督员。
因工作需要在机关外兼职，应当经有关机关批准，并不得领取兼职报酬。</td></tr>
<tr><td>《检察官法》</td><td>第二十三条　检察官不得兼任人民代表大会常务委员会的组成人员，不得兼任行政机关、监察机关、审判机关的职务，不得兼任企业或者其他营利性组织、事业单位的职务，不得兼任律师、仲裁员和公证员。</td></tr>
<tr><td>《监察官法》</td><td>第二十二条　监察官不得兼任人民代表大会常务委员会的组成人员，不得兼任行政机关、审判机关、检察机关的职务，不得兼任企业或者其他营利性组织、事业单位的职务，不得兼任人民陪审员、人民监督员、执业律师、仲裁员和公证员。
监察官因工作需要兼职的，应当按照管理权限批准，但是不得领取兼职报酬。</td></tr>
</table>

续表

法规依据	条文摘录	知识点提醒
《公职人员政务处分法》	第三十六条　违反规定从事或者参与营利性活动，或者违反规定兼任职务、领取报酬的，予以警告、记过或者记大过；情节较重的，予以降级或者撤职；情节严重的，予以开除。	《公职人员政务处分法》对公职人员从事或者参与营利性活动，并非一律禁止，而是要根据公职人员的具体身份类型进行判断。
《行政机关公务员处分条例》	第二十七条　从事或者参与营利性活动，在企业或者其他营利性组织中兼任职务的，给予记过或者记大过处分；情节较重的，给予降级或者撤职处分；情节严重的，给予开除处分。	
《事业单位工作人员处分暂行规定》	第十八条　有下列行为之一的，给予警告或者记过处分；情节较重的，给予降低岗位等级或者撤职处分；情节严重的，给予开除处分： （一）贪污、索贿、受贿、行贿、介绍贿赂、挪用公款的； （二）利用工作之便为本人或者他人谋取不正当利益的； （三）在公务活动或者工作中接受礼金、各种有价证券、支付凭证的； （四）利用知悉或者掌握的内幕信息谋取利益的； （五）用公款旅游或者变相用公款旅游的； （六）违反国家规定，从事、参与营利性活动或者兼任职务领取报酬的； （七）其他违反廉洁从业纪律的行为。 有前款第（一）项规定行为的，给予记过以上处分。	对于事业单位中的公职人员，本条规定，利用知悉或者掌握的内幕信息谋取利益，以及违反国家规定而从事、参与营利性活动或者兼任职务领取报酬的，要给予相应处分。但同时《关于支持和鼓励事业单位专业技术人员创新创业的指导意见》鼓励事业单位专业技术人员参与创新创业活动。
《国有企业领导人员廉洁从业若干规定》	第五条第一项　国有企业领导人员应当忠实履行职责。不得有利用职权谋取私利以及损害本企业利益的下列行为： （一）个人从事营利性经营活动和有偿中介活动，或者在本企业的同类经营企业、关联企业和与本企业有业务关系的企业投资入股；	国有企业领导人员不得个人从事营利性经营活动和有偿中介活动，或者在本企业的同类经营企业、关联企业和与本企业有业务关系的企业投资入股。
备注	对于基层群众性自治组织中从事管理的人员从事营利性活动，没有特殊的限制。	
	中央纪委法规室的解答：《事业单位工作人员处分暂行规定》第十八条第一款第（六）项中的“违反国家规定”，是指违反国家有关事业单位工作人员从事、参与营利性活动或者兼任职务领取报酬方面的法律、法规、规章、规范性文件等规定。事业单位工作人员是否可以在企业中兼职，除了看其本身是否属于参公管理人员、行政机关任命人员等之外，还要看其所在地区、行业领域、系统、单位等是否对其在企业中兼职有相关规定，不能一概以编制、级别和是否为党员来划分。比如，卫生部《医师定期考核管理办法》规定，医师在考核周期内未经所在机构或者卫生行政部门批准，擅自在注册地点以外的医疗、预防、保健机构进行执业活动的，考核机构应当认定为考核不合格。此外，事业单位工作人员即使只是兼任职务而不领取报酬，或者在其单位投资或者出资的企业中兼职，也要看其所在地区、行业领域、系统、单位等是否有相关的禁止性规定。	

续表

推荐阅读	许展、王瑞瑞:《违规发放和领取劳务费问题的认定与处理》,载《中国纪检监察报》2021 年 6 月 9 日,第 6 版。该文指出,党政机关、企事业单位等在政府采购、工程建设、课题研究、成果认定等工作中,聘请具有特定专业知识人员对相关问题提供评估、论证、咨询、鉴定等劳务,依据有关规定向参与劳务活动人员(含公职人员)支付的报酬。对党员干部领取劳务费是否合规可从以下几个方面综合判断:一是是否经过批准。二是是否实际提供了劳务。三是提供的劳务是否系本职工作。四是是否可能影响公职人员的职务廉洁性、是否影响本职工作。五是资金来源是否合规,发放和领取行为是否有明确政策依据,发放标准是否符合相关规定或者行业标准。同时,劳务费发放涉及资金管理、薪酬分配等规定,政策性较强,必要时可征求财政、审计、人社等部门意见。此外,对国有企事业单位专业技术人员领取劳务费行为,要着眼激发科研人员干事创业积极性、创造性,此类人员经批准参加劳务活动,利用专业技术获取劳务报酬应依法予以保护。

党纪处分执行一览表

处分类别	处分档次 处分期	年度考核	工资	职务级别
党纪处分	党内警告 (1年)	年度考核不得评为优秀等次。	1. 如果评为基本称职或不称职,不享受年度考核奖金; 2. 受政务处分的,按受政务处分情况确定相应工资待遇; 3. 如果评为基本称职或不称职,本考核年度不计算为按年度考核结果晋升级别和级别工资档次的考核年限。	1年内不得在党内提升职务和向党外组织推荐担任高于其原任职务的党外职务。
	党内严重警告 (通常是1年半,例外情况是:行为发生在2016年1月1日前的,处分期为1年;本应给予其撤销党内职务处分,鉴于本人没有担任党内职务,给予其党内严重警告处分2年)	参加当年考核,只写评语,不确定等次。(2016年12月1日前参加当年考核,因与职务行为有关的错误,确定为不称职;因其他错误,只写评语,不确定等次)	1. 不享受年度考核奖金; 2. 受政务处分的,按受政务处分情况确定相应工资待遇; 3. 年度考核不定等次的,本考核年度不计算为按年度考核结果晋升级别和级别工资档次的考核年限。	1. 2016年1月1日前受党内严重警告的,1年内不得在党内提升职务和向党外组织推荐担任高于其原任职务的党外职务。 2. 2016年1月1日后受党内严重警告的,1年半内不得在党内提升职务和向党外组织推荐担任高于其原任职务的党外职务。
	撤销党内职务 (2年)	当年考核确定为不称职;第二年按其新任职务参加年度考核,按规定条件确定等次。	1. 不享受年度考核奖金; 2. 受政务处分的,按受政务处分情况确定相应工资待遇; 3. 年度考核不称职的,本考核年度不计算为按年度考核结果晋升级别和级别工资档次的考核年限。	1. 对于在党外组织担任职务的,应当建议党外组织依照规定作出相应处理。 2. 对于应当受到撤销党内职务处分,但是本人没有担任党内职务的,应当给予其严重警告处分。同时,在党外组织担任职务的,应当建议党外组织撤销其党外职务。 3. 党员受到撤销党内职务处分,或者依照"2."中的规定受到严重警告处分的,2年内不得在党内担任和向党外组织推荐担任与其原任职务相当或者高于其原任职务的职务。

续表

处分类别	处分档次 处分期	年度考核	工资	职务级别
党纪处分	留党察看 （恢复党员权利后再加2年）	受留党察看（1年）处分的，当年考核确定为不称职，第二年只写评语，不确定等次；受留党察看（2年）处分的，当年确定为不称职，第二年和第三年参加年度考核只写评语，不确定等次。	1. 年度考核不称职、不定等次的，不享受年度考核奖金； 2. 受政务处分的，按受政务处分情况确定相应工资待遇； 3. 年度考核不称职、不定等次的，受处分考核年度不计算为按年度考核结果晋升级别和级别工资档次的考核年限。	1. 党员受留党察看处分期间，没有表决权、选举权和被选举权。留党察看期间，确有悔改表现的，期满后恢复其党员权利；坚持不改或者又发现其他应当受到党纪处分的违纪行为的，应当开除党籍。 2. 党员受到留党察看处分，其党内职务自然撤销。对于担任党外职务的，应当建议党外组织撤销其党外职务。受到留党察看处分的党员，恢复党员权利后2年内，不得在党内担任和向党外组织推荐担任与其原任职务相当或者高于其原任职务的职务。 3. 2016年1月1日后各级党代表受到留党察看以上（含留党察看）处分的，党组织应当终止其代表资格。
	开除党籍 （5年内不得重新入党）	当年考核确定为不称职，第二年和第三年只写评语，不确定等次。	1. 不享受年度考核奖金； 2. 受政务处分的，按受政务处分情况确定相应工资待遇； 3. 年度考核不称职、不定等次的，受处分考核年度不计算为按年度考核结果晋升级别和级别工资档次的考核年限。	2018年10月1日后受开除党籍处分的，5年内不得重新入党，也不得推荐担任与其原任职务相当或者高于其原任职务的党外职务。另有规定不准重新入党的，依照规定。
备注	公务员受撤销党内职务、留党察看、开除党籍处分时，组织上已撤销其职务，为避免重复处罚，受处分当年年度考核被确定为不称职的，不再降低一个职务层次任职。 监察机关对公职人员中的中共党员给予政务处分，一般应当与党纪处分的轻重程度相匹配。其中，受到撤销党内职务、留党察看处分的，如果担任公职，应当依法给予其撤职等政务处分。严重违犯党纪、严重触犯刑法的公职人员必须依法开除公职。 公务员同时受党纪政务处分的，按对其年度考核结果影响较重的处分确定年度考核等次。 党纪依据主要有：《中国共产党纪律处分条例》《农村基层干部廉洁履行职责若干规定（试行）》《关于受党纪处分的党政机关工作人员年度考核有关问题的意见》《关于受党纪处分公务员年度考核有关问题的答复意见》。 特别提醒：农村集体经济组织中的党组织（含党委、总支、支部）领导班子成员、农村集体经济组织负责人、村民小组负责人，参照执行《农村基层干部廉洁履行职责若干规定（试行）》。			

续表

	2019 年,中央纪委办公厅印发的《关于加强和改进案件审理工作的意见》要求各级纪检监察机关“推行处分决定宣布情况向同级党委报告制度”。一般来说,本级纪检监察机关直接作出的党纪政务处分决定,或者报请同级党委、上级党委或纪委批准后作出的党纪政务处分决定的案件,应将处分决定宣布情况,采取定期报告与个案报告相结合的方式向同级党委书面报告。

政务处分执行一览表

公务员受政务处分执行一览表

<table>
<tr><th>处分
类别</th><th>处分档次
处分期</th><th>年度考核</th><th>职务、职级、衔级和级别</th></tr>
<tr><td>政务警告</td><td>6 个月</td><td>当年考核不得确定为优秀等次。</td><td>公务员在受处分期间，不得晋升职务、职级、衔级和级别。</td></tr>
<tr><td>政务记过</td><td>12 个月</td><td>受记过处分的当年，只写评语，不确定等次。</td><td>公务员在受处分期间，不得晋升职务、职级、衔级和级别。</td></tr>
<tr><td>政务记大过</td><td>18 个月</td><td rowspan="3">受记过处分的当年，受记大过、降级、撤职处分的当年及第二年，参加年度考核，只写评语，不确定等次。</td><td>公务员在受处分期间，不得晋升职务、职级、衔级和级别。</td></tr>
<tr><td>政务降级</td><td>24 个月</td><td>从受处分的次月起，降低一个级别，级别工资就近就低套入降低后级别相应的工资档次，相应降低按级别确定标准的津贴补贴。受处分前的级别为本职务对应最低级别的，降低一个级别工资档次，级别工资为本级别最低档的，按本级别的一个工资档差降低级别工资，级别工资为二十七级 1 档的，可给予记大过处分。公务员在受处分期间，不得晋升职务、职级、衔级和级别。</td></tr>
<tr><td>政务撤职</td><td>24 个月</td><td>从受处分的次月起，职务工资按新任职务确定，级别按每降低一个职务层次相应降低两个级别确定，最低降为二十七级，级别工资逐级就低套入降低后级别相应的工资档次，津贴补贴按新任职务和级别确定。未明确新任职务的，暂按本人原基本工资和津贴补贴之和的 70% 计发临时工资。明确新任职务后，被多减发或少减发的工资予以补发或扣发。公务员在受处分期间，不得晋升职务、职级、衔级和级别；被撤职的，按照规定降低职务、职级、衔级和级别，同时降低工资和待遇。公务员在受处分期间，不得晋升职务、职级、衔级和级别。</td></tr>
<tr><td>政务开除</td><td>/</td><td>/</td><td>自处分决定生效之日起，解除其与单位的人事关系，不得再录用为公务员。
从受处分的次月起，取消原工资待遇。</td></tr>
<tr><td>备注</td><td colspan="3">法规依据主要有：《公务员法》《公职人员政务处分法》《公务员考核规定》等。</td></tr>
</table>

从事管理岗的事业单位工作人员受政务处分执行一览表

处分类别	处分档次处分期	年度考核	职务、岗位或者职员等级	薪酬待遇
政务处分	警告（6个月）	当年考核不得确定为优秀等次	在政务处分期内，不得晋升职务、岗位和职员等级、职称。	未禁止晋升薪酬待遇等级
	记过（12个月）	不得确定为合格及以上等次	在政务处分期内，不得晋升职务、岗位和职员等级、职称。	在政务处分期内，不得晋升薪酬待遇等级
	记大过（18个月）	不得确定为合格及以上等次	在政务处分期内，不得晋升职务、岗位和职员等级、职称。	在政务处分期内，不得晋升薪酬待遇等级
	降级（24个月）	不得确定为合格及以上等次	从受处分的次月起，降低一个级别，级别工资就近就低套入降低后级别相应的工资档次，相应降低按级别确定标准的津贴补贴。在政务处分期内，不得晋升职务、岗位和职员等级、职称。	在政务处分期内，不得晋升薪酬待遇等级
	撤职（24个月）	不得确定为基本合格及以上等次	降低职务、岗位或者职员等级，同时降低薪酬待遇。	在政务处分期内，不得晋升薪酬待遇等级
	开除	/	自处分决定生效之日起，终止其与所在单位的人事关系。	终止其与所在单位的人事关系
备注	法规依据主要有：《公职人员政务处分法》《事业单位工作人员处分暂行规定》等。《人力资源社会保障部关于贯彻执行〈事业单位工作人员处分暂行规定〉若干问题的意见》规定："对同时在管理和专业技术两类岗位任职的事业单位工作人员发生违纪违法行为，给予降低岗位等级或者撤职处分时，应当同时降低两类岗位的等级，并根据违纪违法的情形与岗位性质的关联度确定降低岗位类别的主次。"			

国有企业领导人员（管理人员）受纪律惩戒一览表

法规依据	条文摘录
《公职人员政务处分法》	第二十一条　国有企业管理人员在政务处分期内，不得晋升职务、岗位等级和职称；其中，被记过、记大过、降级、撤职的，不得晋升薪酬待遇等级。被撤职的，降低职务或者岗位等级，同时降低薪酬待遇。
《国有企业领导人员廉洁从业若干规定》	第二十二条　国有企业领导人员违反本规定第二章所列行为规范的，视情节轻重，由有关机构按照管理权限分别给予警示谈话、调离岗位、降职、免职处理。 应当追究纪律责任的，除适用前款规定外，视情节轻重，依照国家有关法律法规给予相应的处分。 对于其中的共产党员，视情节轻重，依照《中国共产党纪律处分条例》给予相应的党纪处分。 涉嫌犯罪的，依法移送司法机关处理。
	第二十三条　国有企业领导人员受到警示谈话、调离岗位、降职、免职处理的，应当减发或者全部扣发当年的绩效薪金、奖金。

续表

法规依据	条文摘录
	第二十四条　国有企业领导人员违反本规定获取的不正当经济利益，应当责令清退；给国有企业造成经济损失的，应当依据国家或者企业的有关规定承担经济赔偿责任。
	第二十五条　国有企业领导人员违反本规定受到降职处理的，两年内不得担任与其原任职务相当或者高于其原任职务的职务。 受到免职处理的，两年内不得担任国有企业的领导职务；因违反国家法律，造成国有资产重大损失被免职的，五年内不得担任国有企业的领导职务。 构成犯罪被判处刑罚的，终身不得担任国有企业的领导职务。

基层群众性自治组织中从事管理的人员受政务处分一览表

法规依据	条文摘录
《公职人员政务处分法》	第二十二条　基层群众性自治组织中从事管理的人员有违法行为的，监察机关可以予以警告、记过、记大过。 基层群众性自治组织中从事管理的人员受到政务处分的，应当由县级或者乡镇人民政府根据具体情况减发或者扣发补贴、奖金。

行使公权力的其他人员受政务处分一览表

法规依据	条文摘录
《公职人员政务处分法》	第二十三条　《中华人民共和国监察法》第十五条第六项规定的人员有违法行为的，监察机关可以予以警告、记过、记大过。情节严重的，由所在单位直接给予或者监察机关建议有关机关、单位给予降低薪酬待遇、调离岗位、解除人事关系或者劳动关系等处理。 《中华人民共和国监察法》第十五条第二项规定的人员，未担任公务员、参照《中华人民共和国公务员法》管理的人员、事业单位工作人员或者国有企业人员职务的，对其违法行为依照前款规定处理。

处分决定宣布和执行有关规定梳理一览表

法规依据	条文摘录	知识点提醒
《中国共产党纪律处分条例》	第四十一条　党纪处分决定作出后，应当在一个月内向受处分党员所在党的基层组织中的全体党员及其本人宣布，是领导班子成员的还应当向所在党组织领导班子宣布，并按照干部管理权限和组织关系将处分决定材料归入受处分者档案；对于受到撤销党内职务以上（含撤销党内职务）处分的，还应当在一个月内办理职务、工资、工作及其他有关待遇等相应变更手续；涉及撤销或者调整其党外职务的，应当建议党外组织及时撤销或者调整其党外职务。特殊情况下，经作出或者批准作出处分决定的组织批准，可以适当延长办理期限。办理期限最长不得超过六个月。	1个月内向受处分党员所在党的基层组织中的全体党员及其本人宣布；是领导班子成员的还应当向所在党组织领导班子宣布。
	第四十二条第一款　执行党纪处分决定的机关或者受处分党员所在单位，应当在六个月内将处分决定的执行情况向作出或者批准处分决定的机关报告。	6个月内报告执行情况。
《中国共产党纪律检查机关监督执纪工作规则》	第五十六条第二款　处分决定作出后，纪检监察机关应当通知受处分党员所在党委（党组），抄送同级党委组织部门，并依照规定在1个月内向其所在党的基层组织中的全体党员以及本人宣布。处分决定执行情况应当及时报告。	1个月内向其所在党的基层组织中的全体党员以及本人宣布。
《党的纪律检查机关案件审理工作条例》	第十八条　党组织作出的处分决定（或结论），需由本人签字，经上级批准后，连同批复给本人一份，并在适当范围内宣布。	处分决定（或结论），需由本人签字。
《中国共产党问责条例》	第十三条　问责决定作出后，应当及时向被问责党组织、被问责领导干部及其所在党组织宣布并督促执行。有关问责情况应当向纪委和组织部门通报，纪委应当将问责决定材料归入被问责领导干部廉政档案，组织部门应当将问责决定材料归入被问责领导干部的人事档案，并报上一级组织部门备案；涉及组织调整或者组织处理的，相应手续应当在1个月内办理完毕。 被问责领导干部应当向作出问责决定的党组织写出书面检讨，并在民主生活会、组织生活会或者党的其他会议上作出深刻检查。建立健全问责典型问题通报曝光制度，采取组织调整或者组织处理、纪律处分方式问责的，应当以适当方式公开。	纪委应当将问责决定材料归入被问责领导干部廉政档案，组织部门应当将问责决定材料归入被问责领导干部的人事档案。

续表

法规依据	条文摘录	知识点提醒
《公职人员政务处分法》	第四十六条第一款　政务处分决定书应当及时送达被处分人和被处分人所在机关、单位,并在一定范围内宣布。	政务处分决定书应当及时送达被处分人和被处分人所在机关、单位,并在一定范围内宣布。
	第四十六条第二款　作出政务处分决定后,监察机关应当根据被处分人的具体身份书面告知相关的机关、单位。	对受处分的公职人员还具备人大代表、政协委员等特殊身份的,监察机关还应当书面告知相关的机关、单位(如人大常委会机关、政协机关、同级党委统战部)。
《公务员法》	第六十三条　对公务员的处分,应当事实清楚、证据确凿、定性准确、处理恰当、程序合法、手续完备。 公务员违纪违法的,应当由处分决定机关决定对公务员违纪违法的情况进行调查,并将调查认定的事实以及拟给予处分的依据告知公务员本人。公务员有权进行陈述和申辩;处分决定机关不得因公务员申辩而加重处分。 处分决定机关认为对公务员应当给予处分的,应当在规定的期限内,按照管理权限和规定的程序作出处分决定。处分决定应当以书面形式通知公务员本人。	处分决定应当以书面形式通知公务员本人。
	第六十四条　公务员在受处分期间不得晋升职务、职级和级别,其中受记过、记大过、降级、撤职处分的,不得晋升工资档次。 受处分的期间为:警告,六个月;记过,十二个月;记大过,十八个月;降级、撤职,二十四个月。 受撤职处分的,按照规定降低级别。	处分决定对当事人的影响,十分重要,建议牢记。
《监察法实施条例》	第二百零三条　监察机关应当将政务处分决定书在作出后一个月以内送达被处分人和被处分人所在机关、单位,并依法履行宣布、书面告知程序。 政务处分决定自作出之日起生效。有关机关、单位、组织应当依法及时执行处分决定,并将执行情况向监察机关报告。处分决定应当在作出之日起一个月以内执行完毕,特殊情况下经监察机关批准可以适当延长办理期限,最迟不得超过六个月。	政务处分决定书在作出后1个月以内送达被处分人和被处分人所在机关、单位,并依法履行宣布、书面告知程序。处分决定应当在作出之日起1个月以内执行完毕,特殊情况下经监察机关批准可以适当延长办理期限,最迟不得超过6个月。
	第二百零九条第三款　追缴或者责令退赔应当自处置决定作出之日起一个月以内执行完毕。因被调查人的原因逾期执行的除外。	追缴或者责令退赔应当自处置决定作出之日起1个月以内执行完毕。

《中国共产党纪律检查机关监督执纪工作规则》领导审批权限一览表

领导位阶	内容（对象）	处置方式	条文内容	《规则》出处
“同级党委主要负责人”（4 处）	谈话函询下一级党委（党组）主要负责人	报告	需要谈话函询下一级党委（党组）主要负责人的，应当报纪检监察机关主要负责人批准，必要时向同级党委主要负责人报告。	第 27 条
	初步核实下一级党委（党组）主要负责人	批准	被核查人为下一级党委（党组）主要负责人的，纪检监察机关应当报同级党委主要负责人批准。	第 33 条
	初步核实情况报告	报告	初步核实情况报告应当报纪检监察机关主要负责人审批，必要时向同级党委主要负责人报告。	第 35 条
	立案审查调查呈批报告	批准	对符合立案条件的，承办部门应当起草立案审查调查呈批报告，经纪检监察机关主要负责人审批，报同级党委主要负责人批准，予以立案审查调查。	第 38 条
“纪检监察机关主要负责人”（12 处）	线索处置、谈话函询、初步核实、立案审查调查、案件审理、处置执行中的重要问题	审批	纪检监察机关应当坚持民主集中制，对于线索处置、谈话函询、初步核实、立案审查调查、案件审理、处置执行中的重要问题，经集体研究后，报纪检监察机关相关负责人、主要负责人审批。	第 10 条第 3 款
	案件监督管理部门对问题线索提出分办意见	批准	案件监督管理部门对问题线索实行集中管理、动态更新、定期汇总核对，提出分办意见，报纪检监察机关主要负责人批准，按程序移送承办部门。	第 23 条
	案件监督管理部门定期汇总、核对问题线索及处置情况	报告	案件监督管理部门定期汇总、核对问题线索及处置情况，向纪检监察机关主要负责人报告，并向相关部门通报。	第 25 条
	谈话函询下一级党委（党组）主要负责人	批准	需要谈话函询下一级党委（党组）主要负责人的，应当报纪检监察机关主要负责人批准，必要时向同级党委主要负责人报告。	第 27 条
	初步核实情况报告	审批	初步核实情况报告应当报纪检监察机关主要负责人审批，必要时向同级党委主要负责人报告。	第 35 条第 3 款

续表

领导位阶	内容(对象)	处置方式	条文内容	《规则》出处
	立案审查调查呈批报告	审批	对符合立案条件的,承办部门应当起草立案审查调查呈批报告,经纪检监察机关主要负责人审批,报同级党委主要负责人批准,予以立案审查调查。	第38条第1款
	主持召开专题会议,研究批准审查调查方案	主持召开、批准	对涉嫌严重违纪或者职务违法、职务犯罪人员立案审查调查,纪检监察机关主要负责人应当主持召开由纪检监察机关相关负责人参加的专题会议,研究批准审查调查方案。	第39条第1款
	审查调查报告以及忏悔反思材料,违纪或者职务违法、职务犯罪事实材料,涉案财物报告	批准	审查调查报告以及忏悔反思材料,违纪或者职务违法、职务犯罪事实材料,涉案财物报告等,应当按程序报纪检监察机关主要负责人批准,连同全部证据和程序材料,依照规定移送审理。	第52条第1款
	退回监督检查、审查调查部门重新审查调查	批准	对主要事实不清、证据不足的,经纪检监察机关主要负责人批准,退回监督检查、审查调查部门重新审查调查。	第55条第1款第5项
	审理报告	批准	审理报告报经纪检监察机关主要负责人批准后,提请纪委常委会会议审议。	第56条第1款
	发现审查调查组成员未经批准接触被审查调查人、涉案人员及其特定关系人,或者存在交往情形的	报告	发现审查调查组成员未经批准接触被审查调查人、涉案人员及其特定关系人,或者存在交往情形的,应当及时向审查调查组组长和监督检查、审查调查部门主要负责人直至纪检监察机关主要负责人报告并登记备案。	第64条第2款
	发生严重安全事故的,或者存在严重违规违纪违法行为的	检讨	发生严重安全事故的,或者存在严重违规违纪违法行为的,省级纪检监察机关主要负责人应当向中央纪委作出检讨,并予以通报、严肃问责追责。	第70条第2款

续表

领导位阶	内容(对象)	处置方式	条文内容	《规则》出处
“纪检监察机关相关负责人”(9处)	线索处置、谈话函询、初步核实、立案审查调查、案件审理、处置执行中的重要问题	审批	纪检监察机关应当坚持民主集中制,对于线索处置、谈话函询、初步核实、立案审查调查、案件审理、处置执行中的重要问题,经集体研究后,报纪检监察机关相关负责人、主要负责人审批。	第10条第3款
	谈话	亲力亲为	谈话应当由纪检监察机关相关负责人或者承办部门负责人进行,可以由被谈话人所在党委(党组)、纪委监委(纪检监察组、纪检监察工委)有关负责人陪同;经批准也可以委托被谈话人所在党委(党组)主要负责人进行。	第28条第1款
	研究批准审查调查方案	参加专题会议	对涉嫌严重违纪或者职务违法、职务犯罪人员立案审查调查,纪检监察机关主要负责人应当主持召开由纪检监察机关相关负责人参加的专题会议,研究批准审查调查方案。	第39条第1款
	批准成立审查调查组,确定审查调查谈话方案、外查方案,审批重要信息查询、涉案财物查扣等事项	批准、审批	纪检监察机关相关负责人批准成立审查调查组,确定审查调查谈话方案、外查方案,审批重要信息查询、涉案财物查扣等事项。	第39条第2款
	与被审查调查人谈话	亲力亲为	立案审查调查方案批准后,应当由纪检监察机关相关负责人或者部门负责人与被审查调查人谈话,宣布立案决定,讲明党的政策和纪律,要求被审查调查人端正态度、配合审查调查。	第43条第1款
	加强对审查调查全过程的监督	亲力亲为	纪检监察机关相关负责人应当通过调取录音录像等方式,加强对审查调查全过程的监督。	第50条第2款
	退回补充审查调查	批准	需要补充完善证据的,经纪检监察机关相关负责人批准,退回监督检查、审查调查部门补充审查调查。	第55条第1款第5项
	申诉件的受理	批准	对不服处分决定的申诉,由批准或者决定处分的党委(党组)或者纪检监察机关受理;需要复议复查的,由纪检监察机关相关负责人批准后受理。	第59条第1款

续表

领导位阶	内容(对象)	处置方式	条文内容	《规则》出处
	申诉件的办理意见	批准	申诉办理部门成立复查组,调阅原案案卷,必要时可以进行取证,经集体研究后,提出办理意见,报纪检监察机关相关负责人批准或者纪委常委会会议研究决定,作出复议复查决定。	第59条第2款
“分管领导”(1处)	审查调查期间的录音录像、谈话笔录、涉案财物登记资料	定期检查	监督检查、审查调查部门主要负责人、分管领导应当定期检查审查调查期间的录音录像、谈话笔录、涉案财物登记资料,发现问题及时纠正并报告。	第50条第1款
“纪检监察组主要负责人”(1处)	函询抄送派驻纪检监察组主要负责人		纪检监察机关进行函询应当以办公厅(室)名义发函给被反映人,并抄送其所在党委(党组)和派驻纪检监察组主要负责人。	第29条第1款

《监察法》关于15种调查措施规定一览表

序号	调查措施	适用范围和适用对象	特殊要求	《监察法》对应条文
1	谈话	日常监督;可能发生职务违法的监察对象。	谈话对象如果是同级党委管理的正职、副职领导干部,注意审批权限。	第十九条　对可能发生职务违法的监察对象,监察机关按照管理权限,可以直接或者委托有关机关、人员进行谈话或者要求说明情况。
2	讯问	只有在立案之后,才能采取(且只适用于涉嫌贪污贿赂、失职渎职等职务犯罪的被调查人)。	只有在立案之后,才能采取,且只适用于职务犯罪。	第二十条第二款　对涉嫌贪污贿赂、失职渎职等职务犯罪的被调查人,监察机关可以进行讯问,要求其如实供述涉嫌犯罪的情况。
3	询问	初核和调查过程中;适用于证人等人员。	未限制人身自由,首次询问,出示询问通知书。	第二十一条　在调查过程中,监察机关可以询问证人等人员。
4	留置	只有在立案之后,才能采取(适用于严重职务违法、职务犯罪的被调查人及特定人员)。	采取留置措施,应当由监察机关领导人员集体研究决定。留置时间不得超过3个月。在特殊情况下,可以延长一次,延长时间不得超过3个月。省级报国家备案,设区的市级以下报上级批准,制作留置决定书,并向被留置人员宣布。	第二十二条第一款、第二款　被调查人涉嫌贪污贿赂、失职渎职等严重职务违法或者职务犯罪,监察机关已经掌握其部分违法犯罪事实及证据,仍有重要问题需要进一步调查,并有下列情形之一的,经监察机关依法审批,可以将其留置在特定场所: (一)涉及案情重大、复杂的; (二)可能逃跑、自杀的; (三)可能串供或者伪造、隐匿、毁灭证据的; (四)可能有其他妨碍调查行为的。 对涉嫌行贿犯罪或者共同职务犯罪的涉案人员,监察机关可以依照前款规定采取留置措施。
5、6	查询、冻结	初核和调查过程中,涉嫌贪污贿赂、失职渎职等严重职务违法或者职务犯罪的单位和个人。	请注意审批权限。	第二十三条第一款　监察机关调查涉嫌贪污贿赂、失职渎职等严重职务违法或者职务犯罪,根据工作需要,可以依照规定查询、冻结涉案单位和个人的存款、汇款、债券、股票、基金份额等财产。有关单位和个人应当配合。

续表

序号	调查措施	适用范围和适用对象	特殊要求	《监察法》对应条文
7	搜查	只有在立案之后，才能采取；适用于涉嫌职务犯罪被调查人及相关人员。	须有搜查证、见证人。	第二十四条第一款、第二款　监察机关可以对涉嫌职务犯罪的被调查人以及可能隐藏被调查人或者犯罪证据的人的身体、物品、住处和其他有关地方进行搜查。在搜查时，应当出示搜查证，并有被搜查人或者其家属等见证人在场。 搜查女性身体，应当由女性工作人员进行。
8、9、10	调取、查封、扣押	在调查过程中，用以证明被调查人涉嫌违法犯罪的财物、文件和电子数据等信息。	调取人事档案、人口户籍、婚姻、房产车辆等个人信息，与调取有关个人事项报告，审批权限不同。	第二十五条第一款　监察机关在调查过程中，可以调取、查封、扣押用以证明被调查人涉嫌违法犯罪的财物、文件和电子数据等信息。采取调取、查封、扣押措施，应当收集原物原件，会同持有人或者保管人、见证人，当面逐一拍照、登记、编号，开列清单，由在场人员当场核对、签名，并将清单副本交财物、文件的持有人或者保管人。
11	勘验检查	初核和调查过程中，针对违纪违法行为，要现场进行。	/	第二十六条　监察机关在调查过程中，可以直接或者指派、聘请具有专门知识、资格的人员在调查人员主持下进行勘验检查。勘验检查情况应当制作笔录，由参加勘验检查的人员和见证人签名或者盖章。
12	鉴定	初核和调查过程中。	/	第二十七条　监察机关在调查过程中，对于案件中的专门性问题，可以指派、聘请有专门知识的人进行鉴定。鉴定人进行鉴定后，应当出具鉴定意见，并且签名。
13	技术调查	初核和调查过程中，涉嫌重大贪污贿赂等职务犯罪人员。	审批权限极其严格，且设区的市级以下监察机关在初核阶段不允许使用该措施。	第二十八条第一款　监察机关调查涉嫌重大贪污贿赂等职务犯罪，根据需要，经过严格的批准手续，可以采取技术调查措施，按照规定交有关机关执行。

续表

序号	调查措施	适用范围和适用对象	特殊要求	《监察法》对应条文
14	通缉	立案之后；依法应当留置的被调查人在逃。	/	第二十九条　依法应当留置的被调查人如果在逃，监察机关可以决定在本行政区域内通缉，由公安机关发布通缉令，追捕归案。通缉范围超出本行政区域的，应当报请有权决定的上级监察机关决定。
15	限制出境	初核和调查过程中，被调查人及相关人员。	设区的市级以下监委应层报省级监委。	第三十条　监察机关为防止被调查人及相关人员逃匿境外，经省级以上监察机关批准，可以对被调查人及相关人员采取限制出境措施，由公安机关依法执行。对于不需要继续采取限制出境措施的，应当及时解除。
备注	《监察法》第四十一条　调查人员采取讯问、询问、留置、搜查、调取、查封、扣押、勘验检查等调查措施，均应当依照规定出示证件，出具书面通知，由二人以上进行，形成笔录、报告等书面材料，并由相关人员签名、盖章。 调查人员进行讯问以及搜查、查封、扣押等重要取证工作，应当对全过程进行录音录像，留存备查。			
	请读者注意学习《纪检监察机关监督检查审查调查措施使用规定》《纪检监察机关涉案财物管理规定》。			

诫勉谈话、谈话提醒、提醒谈话相关知识点梳理一览表

法规依据	条文摘录	知识点提醒
《中国共产党党内监督条例》第 21 条	坚持党内谈话制度,认真开展提醒谈话、诫勉谈话。发现领导干部有思想、作风、纪律等方面苗头性、倾向性问题的,有关党组织负责人应当及时对其提醒谈话;发现轻微违纪问题的,上级党组织负责人应当对其诫勉谈话,并由本人作出说明或者检讨,经所在党组织主要负责人签字后报上级纪委和组织部门。	提醒谈话适用于即将可能发生的苗头性、倾向性问题;诫勉谈话适用于轻微违纪问题,诫勉谈话由上级党组织负责人实施。
《中国共产党党员教育管理工作条例》第 28 条	发现党员有思想、工作、生活、作风和纪律方面苗头性倾向性问题的,以及群众对其有不良反映的,党组织负责人应当及时进行提醒谈话,抓早抓小、防微杜渐。	提醒谈话适用于即将可能发生的苗头性、倾向性问题。
《中国共产党纪律检查机关监督执纪工作规则》第 30 条第 1 款第 2 项	承办部门应当在谈话结束或者收到函询回复后 1 个月内写出情况报告和处置意见,按程序报批。根据不同情形作出相应处理: (二)问题轻微,不需要追究纪律责任的,采取谈话提醒、批评教育、责令检查、诫勉谈话等方式处理。	诫勉谈话、谈话提醒均适用于问题轻微、不需要追究纪律责任的场合。
《党委(党组)落实全面从严治党主体责任规定》第 16 条	党委(党组)书记对领导班子其他成员、下一级党委(党组)书记,领导班子其他成员对分管部门和单位党组织书记,发现存在政治、思想、工作、生活、作风、纪律等方面苗头性、倾向性问题的,应当及时进行提醒谈话;发现落实全面从严治党责任不到位、管党治党问题较多、党员群众来信来访反映问题较多的,应当及时进行约谈,严肃批评教育,督促落实责任。	提醒谈话的实施权限,可以由同级党组织主要负责人实施,提醒谈话适用于即将可能发生的苗头性、倾向性问题。
《中国共产党党和国家机关基层组织工作条例》第 27 条	机关基层党组织应当对党员、干部平时多过问、多提醒,及时发现和纠正苗头性、倾向性问题,问题严重的向上级党组织报告。对违犯党纪的党组织和党员依规依纪恰当予以处理。	机关基层党组织对党员的监督权限和方式是提醒、报告。
《中国共产党问责条例》第 12 条第 3 款	对同级党委管理的领导干部,纪委和党的工作机关报经同级党委或者其主要负责人批准,可以采取通报、诫勉方式进行问责;提出组织调整或者组织处理的建议。采取纪律处分方式问责的,按照党章和有关党内法规规定的权限、程序执行。	对同级党委管理的领导干部,纪委采取诫勉方式进行问责须经同级党委或者其主要负责人批准。

续表

<table>
<tr><th>法规依据</th><th>条文摘录</th><th>知识点提醒</th></tr>
<tr><td>《中国共产党纪律检查委员会工作条例》第 31 条第 2 款第 1 项</td><td>坚持把监督作为基本职责，抓早抓小、防微杜渐，综合考虑错误性质、情节后果、主观态度等因素，依规依纪依法、精准有效运用监督执纪“四种形态”：
（一）党员、干部有作风纪律方面的苗头性、倾向性问题或者轻微违纪问题，或者有一般违纪问题但具备免予处分情形的，运用监督执纪第一种形态，按照规定进行谈话提醒、批评教育、责令检查等，或者予以诫勉。</td><td rowspan="2">对党员干部作风纪律方面的苗头性、倾向性问题，处置方式主要是提醒，也可以是批评教育、责令检查，但不能是诫勉。诫勉主要适用于党员干部存在轻微违纪问题（已发生）。
谈话提醒与提醒谈话存在显著区别：谈话提醒适用于已发生了的轻微违纪问题，而提醒谈话适用于尚未发生但有可能发生的苗头性、倾向性问题。</td></tr>
<tr><td>《纪检监察机关派驻机构工作规则》第 32 条第 2 项</td><td>派驻机构开展日常监督应当深入实际、深入群众，监督方式包括：
（二）谈心谈话。同党员、干部和群众广泛谈心谈话，听取对监督对象的反映，发现监督对象存在苗头性、倾向性问题的，进行谈话提醒、批评教育。</td></tr>
<tr><td>《中共中央关于加强对“一把手”和领导班子监督的意见》</td><td>同下级“一把手”定期开展监督谈话，对存在苗头性、倾向性问题的进行批评教育，对存在轻微违纪问题的及时予以诫勉。</td><td>该意见规定，对“一把手”存在的苗头性、倾向性问题，处置方式是批评教育，对存在轻微违纪问题的及时予以诫勉。</td></tr>
<tr><td>《中国共产党纪律处分条例》第 19 条</td><td>对于党员违犯党纪应当给予警告或者严重警告处分，但是具有本条例第十七条规定的情形之一或者本条例分则中另有规定的，可以给予批评教育、责令检查、诫勉或者组织处理，免予党纪处分。对违纪党员免予处分，应当作出书面结论。</td><td>批评教育、责令检查、诫勉处于同一位阶；诫勉与组织处理并列。这说明诫勉的性质不属于组织处理。</td></tr>
</table>

续表

法规依据	条文摘录	知识点提醒
《党政领导干部选拔任用工作条例》第 24 条第 6 项	有下列情形之一的,不得列为考察对象: (六)受到诫勉、组织处理或者党纪政务处分等影响期未满或者期满影响使用的;	此处将诫勉与组织处理并列表述,说明诫勉的性质,不属于组织处理。此处说明,纪委监委作出的诫勉也存在影响期的意蕴。
《县以上党和国家机关党员领导干部民主生活会若干规定》第 6 条第 2 款	受到诫勉谈话的,应当说明整改情况。	受到诫勉谈话的党员领导干部,应当在民主生活会上说明整改情况。
《中央纪委、中央组织部关于对党员领导干部进行诫勉谈话和函询的暂行办法》第 5 条	纪律检查机关和组织(人事)部门应当采取适当方式,对诫勉谈话对象存在的主要问题的改正情况进行了解。对于没有改正或者改正不明显的,应当根据党委(党组)的意见,予以批评教育并督促改正,或者作出组织处理。	纪律检查机关和组织(人事)部门应当采取适当方式,对诫勉谈话对象存在的主要问题的改正情况进行了解。
《监察法》第 45 条第 1 款第 1 项	监察机关根据监督、调查结果,依法作出如下处置: (一)对有职务违法行为但情节较轻的公职人员,按照管理权限,直接或者委托有关机关、人员,进行谈话提醒、批评教育、责令检查,或者予以诫勉;	谈话提醒、诫勉适用于有职务违法行为但情节较轻的公职人员;监察机关对同级党委管理的干部实施诫勉谈话须经同级党委或者同级党委主要负责人批准。
《公职人员政务处分法》第 12 条第 1 款	公职人员违法行为情节轻微,且具有本法第十一条规定的情形之一的,可以对其进行谈话提醒、批评教育、责令检查或者予以诫勉,免予或者不予政务处分。	

续表

法规依据	条文摘录	知识点提醒
《农村基层干部廉洁履行职责若干规定(试行)》第20条第1款	乡镇领导班子成员和基层站所负责人有违反本规定第一章所列行为的,视情节轻重,由有关机关、部门依照职责权限给予诫勉谈话、通报批评、调离岗位、责令辞职、免职、降职等处理。 应当追究党纪政纪责任的,依照《中国共产党纪律处分条例》、《行政机关公务员处分条例》等有关规定给予相应的党纪政纪处分。 乡镇党委和政府领导班子成员因工作失职,应当进行问责的,依照《关于实行党政领导干部问责的暂行规定》处理。 涉嫌犯罪的,移送司法机关依法处理。	诫勉谈话也适用于乡镇领导班子成员和基层站所负责人。
《关于组织人事部门对领导干部进行提醒、函询和诫勉的实施细则》第19条	受到诫勉的领导干部,取消当年年度考核、本任期考核评优和评选各类先进的资格,六个月内不得提拔或者重用。	受到诫勉的领导干部,取消当年年度考核、本任期考核评优和评选各类先进的资格,6个月内不得提拔或者重用。
《领导干部个人有关事项报告查核结果处理办法》第6条	领导干部因违反报告个人有关事项规定受到组织处理或者纪律处分的,其影响期按照有关规定执行。同时受到组织处理和纪律处分的,按照影响期长的规定执行。 (一)受到诫勉处理的,半年内不得提拔或者进一步使用; (二)受到取消考察对象(后备干部人选)资格处理的,一年内不得提拔或者进一步使用; (三)受到调离岗位、改任非领导职务、免职处理的,一年内不得提拔; (四)受到降职处理的,两年内不得提拔; (五)受到纪律处分的,依照《中国共产党纪律处分条例》等规定执行。	受到诫勉处理的,半年内不得提拔或者进一步使用。
《公务员职务与职级并行规定》第21条	公务员具有下列情形之一的,不得晋升职级: (一)不符合第十七条、第十八条规定的; (二)受到诫勉、组织处理或者处分等影响期未满或者期满影响使用的; (三)涉嫌违纪违法正在接受审查调查尚未作出结论的; (四)影响晋升职级的其他情形。	此处说明,"诫勉"存在6个月的影响期。

续表

法规依据	条文摘录	知识点提醒
《监察法实施条例》第201条第2款	谈话提醒、批评教育应当由监察机关相关负责人或者承办部门负责人进行，可以由被谈话提醒、批评教育人所在单位有关负责人陪同；经批准也可以委托其所在单位主要负责人进行。对谈话提醒、批评教育情况应当制作记录。	谈话提醒的实施须由相应职务层次的领导进行，且要制作记录。
2015年10月，中央纪委法规室回复：诫勉谈话是否属于组织处理，是否影响表彰、提拔？	诫勉谈话，主要针对领导干部存在虽不构成违纪但造成不良影响，或者虽构成违纪但根据有关规定免予党纪政纪处分的问题，由党组织对其进行谈话教育，防止小毛病演变成大问题。其目的在于对领导干部进行教育、提醒、警示，不属于组织处理。 关于诫勉谈话的影响期以及对晋职晋级、提拔使用、评先评优等事项的影响，各级各地各部门出台的相关规范性文件中均有不同规定，标准尚不统一，比如，根据中央组织部出台的《关于组织人事部门对领导干部提醒、函询和诫勉的实施细则》的有关规定，受到诫勉的领导干部，取消当年年度考核、本任期考核评优和各类先进的资格，六个月内不得提拔或者重用。因此，诫勉谈话的影响期应当在实践中依据有关规定来判定。	诫勉谈话的影响期应当在实践中依据有关规定来判定。

关于诫勉的核心规定及六个月影响期梳理一览表

法规依据	条文摘录	知识点提醒
《中国共产党章程》第40条第2款	坚持惩前毖后、治病救人，执纪必严、违纪必究，抓早抓小、防微杜渐，按照错误性质和情节轻重，给以批评教育、责令检查、诫勉直至纪律处分……	诫勉首次被写入党章。
《中国共产党党内监督条例》第21条	坚持党内谈话制度，认真开展提醒谈话、诫勉谈话。发现领导干部有思想、作风、纪律等方面苗头性、倾向性问题的，有关党组织负责人应当及时对其提醒谈话；发现轻微违纪问题的，上级党组织负责人应当对其诫勉谈话，并由本人作出说明或者检讨，经所在党组织主要负责人签字后报上级纪委和组织部门。	请注意诫勉谈话的适用条件：轻微违纪问题；苗头性问题适用措施是提醒谈话。
《中国共产党纪律处分条例》第19条	对于党员违犯党纪应当给予警告或者严重警告处分，但是具有本条例第十七条规定的情形之一或者本条例分则中另有规定的，可以给予批评教育、责令检查、诫勉或者组织处理，免予党纪处分。对违纪党员免予处分，应当作出书面结论。	批评教育、责令检查、诫勉在同一位阶，诫勉与组织处理并列，说明诫勉的性质不属于组织处理。
《中国共产党纪律检查机关监督执纪工作规则》第30条第1款第2项	承办部门应当在谈话结束或者收到函询回复后1个月内写出情况报告和处置意见，按程序报批。根据不同情形作出相应处理： （二）问题轻微，不需要追究纪律责任的，采取谈话提醒、批评教育、责令检查、诫勉谈话等方式处理。	请注意诫勉谈话的适用条件：问题轻微，不需要追究纪律责任。这里的不需要追究纪律责任，是指不需要给予党纪处分。
《中国共产党纪律检查机关监督执纪工作规则》第31条	被谈话函询的党员干部应当在民主生活会、组织生活会上就本年度或者上年度谈话函询问题进行说明，讲清组织予以采信了结的情况；存在违纪问题的，应当进行自我批评，作出检讨。	请注意特殊要求：因存在违纪问题受到诫勉的，应当在民主生活会、组织生活会上进行自我批评，作出检讨。
《中国共产党问责条例》第8条第2款第2项	对党的领导干部的问责，根据危害程度以及具体情况，可以采取以下方式： （二）诫勉。以谈话或者书面方式进行诫勉。	诫勉，可以作为党的领导干部的问责方式之一。

续表

法规依据	条文摘录	知识点提醒
《中国共产党问责条例》第12条第3款	对同级党委管理的领导干部，纪委和党的工作机关报经同级党委或者其主要负责人批准，可以采取通报、诫勉方式进行问责；提出组织调整或者组织处理的建议。采取纪律处分方式问责的，按照党章和有关党内法规规定的权限、程序执行。	问责同级党委管理的领导干部，要经同级党委或者其主要负责人批准。请注意纪委的问责权限、方式及程序。
《中国共产党问责条例》第13条	问责决定作出后，应当及时向被问责党组织、被问责领导干部及其所在党组织宣布并督促执行。有关问责情况应当向纪委和组织部门通报，纪委应当将问责决定材料归入被问责领导干部廉政档案，组织部门应当将问责决定材料归入被问责领导干部的人事档案，并报上一级组织部门备案；涉及组织调整或者组织处理的，相应手续应当在1个月内办理完毕。 被问责领导干部应当向作出问责决定的党组织写出书面检讨，并在民主生活会、组织生活会或者党的其他会议上作出深刻检查。建立健全问责典型问题通报曝光制度，采取组织调整或者组织处理、纪律处分方式问责的，应当以适当方式公开。	注意：纪委应当将问责决定材料归入被问责领导干部廉政档案，组织部门应当将问责决定材料归入被问责领导干部的人事档案。
《中国共产党问责条例》第14条	被问责党组织、被问责领导干部及其所在党组织应当深刻汲取教训，明确整改措施。作出问责决定的党组织应当加强督促检查，推动以案促改。	问责决定作出后，绝不是一问了之，而是要以案促改。
《监察法》第45条第1款第1项	监察机关根据监督、调查结果，依法作出如下处置： （一）对有职务违法行为但情节较轻的公职人员，按照管理权限，直接或者委托有关机关、人员，进行谈话提醒、批评教育、责令检查，或者予以诫勉；	监察机关适用诫勉的条件：公职人员有职务违法行为但情节较轻。
《监察法》第49条	监察对象对监察机关作出的涉及本人的处理决定不服的，可以在收到处理决定之日起一个月内，向作出决定的监察机关申请复审，复审机关应当在一个月内作出复审决定；监察对象对复审决定仍不服的，可以在收到复审决定之日起一个月内，向上一级监察机关申请复核，复核机关应当在二个月内作出复核决定。复审、复核期间，不停止原处理决定的执行。复核机关经审查，认定处理决定有错误的，原处理机关应当及时予以纠正。	对于监察机关作出的诫勉决定，被诫勉人员可以在规定时限内申请复审，监察机关应当予以受理。
《监察法实施条例》第201条第4款	诫勉由监察机关以谈话或者书面方式进行。以谈话方式进行的，应当制作记录。	监察机关可以作出书面诫勉决定，也可以诫勉谈话的方式进行诫勉。

续表

法规依据	条文摘录	知识点提醒
《国有企业领导人员廉洁从业若干规定》第22条	国有企业领导人员违反本规定第二章所列行为规范的，视情节轻重，由有关机构按照管理权限分别给予警示谈话、调离岗位、降职、免职处理。 应当追究纪律责任的，除适用前款规定外，视情节轻重，依照国家有关法律法规给予相应的处分。 对于其中的共产党员，视情节轻重，依照《中国共产党纪律处分条例》给予相应的党纪处分。 涉嫌犯罪的，依法移送司法机关处理。	关于警示谈话的法规并不多见，《国有企业领导人员廉洁从业若干规定》对此作了规定。国有企业领导人员受到警示谈话的，应当减发或者全部扣发当年的绩效薪金、奖金。
《国有企业领导人员廉洁从业若干规定》第23条	国有企业领导人员受到警示谈话、调离岗位、降职、免职处理的，应当减发或者全部扣发当年的绩效薪金、奖金。	
《农村基层干部廉洁履行职责若干规定（试行）》第20条第1款	乡镇领导班子成员和基层站所负责人有违反本规定第一章所列行为的，视情节轻重，由有关机关、部门依照职责权限给予诫勉谈话、通报批评、调离岗位、责令辞职、免职、降职等处理。	有关机关、部门依照职责权限可以对乡镇领导班子成员和基层站所负责人进行诫勉谈话。
《农村基层干部廉洁履行职责若干规定（试行）》第22条	村民委员会成员有违反本规定第二章所列行为的，视情节轻重，由有关机关、部门依照职责权限给予警示谈话、责令公开检讨、通报批评、取消当选资格等处理或者责令其辞职，拒不辞职的，依照《中华人民共和国村民委员会组织法》的规定予以罢免。 对其中的党员，应当追究党纪责任的，依照《中国共产党纪律处分条例》给予相应的党纪处分。 涉嫌犯罪的，移送司法机关依法处理。	有关机关、部门依照职责权限可以对村民委员会成员进行警示谈话。村党组织领导班子成员和村民委员会成员受到警示谈话、责令公开检讨、通报批评的，可减发或者扣发绩效补贴（工资）、奖金。
《农村基层干部廉洁履行职责若干规定（试行）》第24条	村党组织领导班子成员和村民委员会成员受到本规定第二十一条、第二十二条处理的，由县（市、区、旗）或者乡镇党委和政府按照规定减发或者扣发绩效补贴（工资）、奖金。	
《中央纪委、中央组织部关于对党员领导干部进行诫勉谈话和函询的暂行办法》第3条	党员领导干部有下列情况之一的，应当对其进行诫勉谈话： （一）不能严格遵守党的政治纪律，贯彻落实党的路线方针政策和上级党组织决议、决定以及工作部署不力； （二）不认真执行民主集中制，作风专断，或者在领导班子中闹无原则纠纷； （三）不认真履行职责，给工作造成一定损失； （四）搞华而不实和脱离实际的“形象工程”、“政绩工程”，铺张浪费，造成不良影响；	本条规定的诫勉情形，均是行为已发生，有的还造成一定后果（造成一定损失或者不良影响），而不是尚未发生。

续表

法规依据	条文摘录	知识点提醒
	（五）不严格执行《党政领导干部选拔任用工作条例》，用人失察失误； （六）不严格执行廉洁自律规定，造成不良影响； （七）其他需要进行诫勉谈话的情况。	
《中央纪委、中央组织部关于对党员领导干部进行诫勉谈话和函询的暂行办法》第4条	诫勉谈话时，应当向谈话对象说明谈话原因，认真听取其对有关问题的解释和说明，指出需要注意的问题，并要求其提出改正措施。	诫勉谈话的方法和步骤：首先，谈话对象说明谈话原因；其次，认真听取其对有关问题的解释和说明；最后，指出需要注意的问题，提出改正措施。
《中央纪委、中央组织部关于对党员领导干部进行诫勉谈话和函询的暂行办法》第5条	纪律检查机关和组织（人事）部门应当采取适当方式，对诫勉谈话对象存在的主要问题的改正情况进行了解。对于没有改正或者改正不明显的，应当根据党委（党组）的意见，予以批评教育并督促改正，或者作出组织处理。	
《关于组织人事部门对领导干部进行提醒、函询和诫勉的实施细则》第1条	为从严管理监督干部，促进干部自觉践行“三严三实”，根据《中国共产党党内监督条例（试行）》《关于对党员领导干部进行诫勉谈话和函询的暂行办法》等党内法规，制定本细则。	本实施细则是根据《中国共产党党内监督条例（试行）》《关于对党员领导干部进行诫勉谈话和函询的暂行办法》等党内法规制定的。本实施细则第13条规定诫勉情形一共有13种，均要求行为已发生。
《关于组织人事部门对领导干部进行提醒、函询和诫勉的实施细则》第13条	领导干部存在下列问题，虽不构成违纪但造成不良影响的，或者虽构成违纪但根据有关规定免予党纪政纪处分的，应当对其进行诫勉： （一）遵守党的政治纪律、组织纪律不够严格的； （二）执行民主集中制不够严格，个人决定应由集体决策事项或者在领导班子中闹无原则纠纷的； （三）执行《党政领导干部选拔任用工作条例》不够严格，用人失察失误的； （四）法治观念淡薄，不依法履行职责或者妨碍他人依法履行职责的； （五）违反规定干预市场经济活动的； （六）不认真落实中央八项规定精神和厉行节约反对浪费规定的； （七）脱离实际、弄虚作假，损害群众利益和党群干群关系的； （八）无正当理由不按时报告、不如实报告个人有关事项的； （九）执行廉洁自律规定不严格的；	

续表

法规依据	条文摘录	知识点提醒
	（十）纪律松弛、监管不力，对身边工作人员发生严重违纪违法行为负有责任的； （十一）在巡视、经济责任审计中发现有违规行为的； （十二）从事有悖社会公德、职业道德、家庭美德活动的； （十三）其他需要进行诫勉的情形。	
《关于组织人事部门对领导干部进行提醒、函询和诫勉的实施细则》第14条	对领导干部进行诫勉，由组织人事部门提出意见，报同级党委（党组）批准后实施。	对领导干部进行诫勉，要报同级党委（党组）批准。
《关于组织人事部门对领导干部进行提醒、函询和诫勉的实施细则》第15条	对领导干部进行诫勉，可以采用谈话方式，也可以采用书面方式。	诫勉有谈话诫勉、书面诫勉两种方式。
《关于组织人事部门对领导干部进行提醒、函询和诫勉的实施细则》第16条	采用谈话方式进行诫勉的，应当根据诫勉对象的职务层次和具体岗位确定适当的谈话人。 （一）对党委（党组）主要负责人进行谈话诫勉，一般应由上一级党委（党组）负责人作为谈话人，也可以由上一级组织人事部门主要负责人作为谈话人。 （二）对党委（党组）领导班子其他成员进行谈话诫勉，一般应委托本级党委（党组）主要负责人作为谈话人，也可以由上一级组织人事部门负责人作为谈话人。 （三）对单位所属机构主要负责人进行谈话诫勉，一般应由本单位党委（党组）负责人作为谈话人。 （四）对单位其他人员进行谈话诫勉，由组织人事部门确定适当的谈话人。	谈话诫勉的实施，由相应层次的人员进行。

续表

法规依据	条文摘录	知识点提醒
《关于组织人事部门对领导干部进行提醒、函询和诫勉的实施细则》第17条	采用谈话方式进行诫勉的，谈话人应当实事求是地向诫勉对象说明诫勉的事由，提出有针对性的要求，并明确其提交书面检查的时间。谈话诫勉应当制作谈话记录，载明下列事项： （一）诫勉对象的基本情况，包括姓名、职务等； （二）谈话人、记录人的姓名、职务等； （三）进行谈话诫勉的日期、地点； （四）进行诫勉的事由； （五）谈话具体内容。	谈话诫勉应当制作谈话记录，谈话记录须载明5个事项。 书面诫勉，包括6个方面内容。 采用书面形式进行诫勉的，组织人事部门应当向诫勉对象发送诫勉书。
《关于组织人事部门对领导干部进行提醒、函询和诫勉的实施细则》第18条	采用书面方式进行诫勉的，组织人事部门应当向诫勉对象发送诫勉书；同时，将诫勉事项告知诫勉对象所在单位党委（党组）主要负责人。诫勉书应当载明下列事项： （一）诫勉对象的基本情况，包括姓名、职务等； （二）进行诫勉的事由； （三）对诫勉对象提出的有针对性的要求； （四）要求诫勉对象提交书面检查的时间； （五）进行诫勉的组织人事部门的名称； （六）制作诫勉书的日期。	
《关于组织人事部门对领导干部进行提醒、函询和诫勉的实施细则》第19条	受到诫勉的领导干部，取消当年年度考核、本任期考核评优和评选各类先进的资格，六个月内不得提拔或者重用。	诫勉，不仅有6个月的影响期，还取消当年年度考核、本任期考核评优和评选各类先进的资格。
《关于组织人事部门对领导干部进行提醒、函询和诫勉的实施细则》第20条	诫勉六个月后，组织人事部门应当采取适当方式，对诫勉对象的改正情况进行了解。对于没有改正或者改正不明显的，根据情节轻重，给予调离岗位、引咎辞职、责令辞职、免职、降职等组织处理。	对诫勉对象的改正情况进行了解，不能一谈了之。
《关于组织人事部门对领导干部进行提醒、函询和诫勉的实施细则》第21条	组织人事部门要建立诫勉档案管理制度，对领导干部的谈话诫勉记录、诫勉书、书面检查材料等进行留存，并将有关情况作为领导干部考核、任免、奖惩的重要依据。	建立诫勉档案管理制度。

续表

法规依据	条文摘录	知识点提醒
《公务员职务与职级并行规定》第21条	公务员具有下列情形之一的,不得晋升职级: (一)不符合第十七条、第十八条规定的; (二)受到诫勉、组织处理或者处分等影响期未满或者期满影响使用的; (三)涉嫌违纪违法正在接受审查调查尚未作出结论的; (四)影响晋升职级的其他情形。	根据本条第2项可知,不仅组织处理或者处分有影响期,而且诫勉也有影响期。
《党政领导干部考核工作条例》第40条	依据考核结果,激励约束领导干部: (一)领导干部作出重大贡献的,可以按照有关规定记功、授予称号,给予物质奖励;表现突出或者年度考核结果为优秀等次的,按照有关规定给予嘉奖;连续三年为优秀等次的,记三等功,同等条件下优先使用。 (二)领导干部年度考核结果为称职及以上等次的,按照有关规定享受年度考核奖金、晋升工资级别和级别工资档次。 (三)领导干部年度考核结果为基本称职等次的,应当对其进行诫勉,限期改进。 (四)领导干部年度考核结果为不称职等次的,按照规定程序降低一个职务或者职级层次任职。 (五)不参加年度考核、参加年度考核不确定等次或者年度考核结果为基本称职以下等次的,该年度不计算为晋升职务职级的任职年限,不计算为晋升工资级别和级别工资档次的考核年限。 (六)领导干部不适宜担任现职的,应当根据有关规定对其进行调整。	领导干部年度考核结果为基本称职等次的,应当对其进行诫勉,限期改进。
《党政领导干部选拔任用工作条例》第24条	有下列情形之一的,不得列为考察对象: (一)违反政治纪律和政治规矩的; (二)群众公认度不高的; (三)上一年年度考核结果为基本称职以下等次的; (四)有跑官、拉票等非组织行为的; (五)除特殊岗位需要外,配偶已移居国(境)外,或者没有配偶但子女均已移居国(境)外的; (六)受到诫勉、组织处理或者党纪政务处分等影响期未满或者期满影响使用的; (七)其他原因不宜提拔或者进一步使用的。	受到诫勉、组织处理或者党纪政务处分等影响期未满或者期满影响使用的,不得列为考察对象。此外将诫勉、组织处理并列表述,说明诫勉的性质不属于组织处理,且默认党组织作出的诫勉均有影响期。

续表

法规依据	条文摘录	知识点提醒
《领导干部个人有关事项报告查核结果处理办法》第5条	经认定，查核结果凡属漏报行为，情节较轻的，应当给予批评教育、责令作出检查、限期改正等处理；情节较重的，应当给予诫勉、取消考察对象（后备干部人选）资格、调离岗位、改任非领导职务等处理。情节较重是指少报告房产面积50平方米以上，或者少报告投资金额30万元以上，或者其他漏报情形较重的。存在两种以上漏报情形的，从重处理。 经认定，查核结果凡属隐瞒不报行为的，应当根据情节轻重，给予诫勉、取消考察对象（后备干部人选）资格、调离岗位、改任非领导职务、免职、降职等处理。存在两种以上隐瞒不报情形的，从重处理。 隐瞒不报情节较重或者查核发现涉嫌其他违纪问题的，依照《中国共产党纪律处分条例》等追究纪律责任。 查核发现领导干部的家庭财产明显超过正常收入的，应当要求本人在15个工作日内说明来源，必要时组织（人事）部门会同有关部门对其财产来源的合法性进行验证。对拒不说明、无法说明财产合法来源或者经查证说明不属实的，由执纪执法机关按照有关规定处理。	漏报，情节较重的，应当给予诫勉、取消考察对象（后备干部人选）资格、调离岗位、改任非领导职务等处理。隐瞒不报，根据情节轻重，给予诫勉、取消考察对象（后备干部人选）资格、调离岗位、改任非领导职务、免职、降职等处理。
《领导干部个人有关事项报告查核结果处理办法》第6条	领导干部因违反报告个人有关事项规定受到组织处理或者纪律处分的，其影响期按照有关规定执行。同时受到组织处理和纪律处分的，按照影响期长的规定执行。 （一）受到诫勉处理的，半年内不得提拔或者进一步使用； （二）受到取消考察对象（后备干部人选）资格处理的，一年内不得提拔或者进一步使用； （三）受到调离岗位、改任非领导职务、免职处理的，一年内不得提拔； （四）受到降职处理的，两年内不得提拔； （五）受到纪律处分的，依照《中国共产党纪律处分条例》等规定执行。	因违反报告个人有关事项规定受到诫勉处理的，半年内不得提拔或者进一步使用。

续表

法规依据	条文摘录	知识点提醒
2015 年 10 月，中央纪委法规室回复：诫勉谈话是否属于组织处理，是否影响表彰、提拔？	诫勉谈话，主要针对领导干部存在虽不构成违纪但造成不良影响，或者虽构成违纪但根据有关规定免予党纪政纪处分的问题，由党组织对其进行谈话教育，防止小毛病演变成大问题。其目的在于对领导干部进行教育、提醒、警示，不属于组织处理。 关于诫勉谈话的影响期以及对晋职晋级、提拔使用、评先评优等事项的影响，各级各地各部门出台的相关规范性文件中均有不同规定，标准尚不统一，比如，根据中央组织部出台的《关于组织人事部门对领导干部提醒、函询和诫勉的实施细则》的有关规定，受到诫勉的领导干部，取消当年年度考核、本任期考核评优和各类先进的资格，六个月内不得提拔或者重用。因此，诫勉谈话的影响期应当在实践中依据有关规定来判定。	注意："诫勉谈话的影响期应当在实践中依据有关规定来判定。"此解释的效力，低于法规。
2017 年 11 月，中央纪委法规室回复：诫勉谈话适用于一般党员干部吗？	诫勉谈话作为组织处理方式之一，是落实监督执纪"四种形态"、把纪律挺在前面的具体措施，发挥着咬耳扯袖、红脸出汗作用，体现严管就是厚爱、抓早抓小的精神。它不仅适用于党员领导干部，也适用于一般党员干部，根据《党内监督条例》等法规，党组织发现党员领导干部有轻微违纪问题的，应当对其进行诫勉谈话，并由本人做出说明或检讨。各级党组织要按照管理权限，加强对所属党员干部的教育、管理和监督，按要求做好诫勉谈话相关工作。	诫勉谈话适用于一般党员干部。
2016 年 8 月 8 日，中央纪委研究室答复：通报的影响大于诫勉，为什么在诫勉之前？	2015 年 6 月中央组织部印发的《关于组织人事部门对领导干部进行提醒、函询和诫勉的实施细则》第十九条规定，受到诫勉的领导干部六个月内不得提拔或者重用。而通报则没有影响期。诫勉的影响比通报要严重。	诫勉的影响比通报要严重。

关于监察机关、公安司法机关履行告知、信息传递义务的规定梳理

法规依据	条文摘录	知识点提醒
《刑事诉讼法》	第八十五条　公安机关拘留人的时候，必须出示拘留证。 拘留后，应当立即将被拘留人送看守所羁押，至迟不得超过二十四小时。除无法通知或者涉嫌危害国家安全犯罪、恐怖活动犯罪通知可能有碍侦查的情形以外，应当在拘留后二十四小时以内，通知被拘留人的家属。有碍侦查的情形消失以后，应当立即通知被拘留人的家属。	通常情况下，公安机关在拘留被拘留人后24小时以内，通知被拘留人的家属，有碍侦查的除外。
	第九十三条　公安机关逮捕人的时候，必须出示逮捕证。 逮捕后，应当立即将被逮捕人送看守所羁押。除无法通知的以外，应当在逮捕后二十四小时以内，通知被逮捕人的家属。	通常情况下，公安机关在逮捕后24小时以内，通知被逮捕人的家属，无法通知的除外。 无法通知的，应当将原因写明附卷。
《人民检察院刑事诉讼规则》	第一百四十四条　除无法通知的以外，人民检察院应当在公安机关执行拘留、逮捕后二十四小时以内，通知犯罪嫌疑人的家属。	公安机关执行拘留、逮捕后24小时以内，人民检察院通知犯罪嫌疑人的家属。
《刑事诉讼法》	第一百一十条　任何单位和个人发现有犯罪事实或者犯罪嫌疑人，有权利也有义务向公安机关、人民检察院或者人民法院报案或者举报。 被害人对侵犯其人身、财产权利的犯罪事实或者犯罪嫌疑人，有权向公安机关、人民检察院或者人民法院报案或者控告。 公安机关、人民检察院或者人民法院对于报案、控告、举报，都应当接受。对于不属于自己管辖的，应当移送主管机关处理，并且通知报案人、控告人、举报人；对于不属于自己管辖而又必须采取紧急措施的，应当先采取紧急措施，然后移送主管机关。 犯罪人向公安机关、人民检察院或者人民法院自首的，适用第三款规定。	关键词：通知、移送。

续表

法规依据	条文摘录	知识点提醒
《刑事诉讼法》	第一百七十七条　犯罪嫌疑人没有犯罪事实，或者有本法第十六条规定的情形之一的，人民检察院应当作出不起诉决定。 对于犯罪情节轻微，依照刑法规定不需要判处刑罚或者免除刑罚的，人民检察院可以作出不起诉决定。 人民检察院决定不起诉的案件，应当同时对侦查中查封、扣押、冻结的财物解除查封、扣押、冻结。对被不起诉人需要给予行政处罚、处分或者需要没收其违法所得的，人民检察院应当提出检察意见，移送有关主管机关处理。有关主管机关应当将处理结果及时通知人民检察院。	对被不起诉人需要给予行政处罚、处分或者需要没收其违法所得的，人民检察院应当提出检察意见，移送有关主管机关处理。有关主管机关应当将处理结果及时通知人民检察院。
	第一百七十八条　不起诉的决定，应当公开宣布，并且将不起诉决定书送达被不起诉人和他的所在单位。如果被不起诉人在押，应当立即释放。	将不起诉决定书送达被不起诉人和他的所在单位。
	第二百零二条　宣告判决，一律公开进行。 当庭宣告判决的，应当在五日以内将判决书送达当事人和提起公诉的人民检察院；定期宣告判决的，应当在宣告后立即将判决书送达当事人和提起公诉的人民检察院。判决书应当同时送达辩护人、诉讼代理人。	判决书送达当事人和提起公诉的人民检察院、辩护人、诉讼代理人。党员、公职人员涉嫌犯罪的场合，人民法院应在判决（裁定）生效之日起15个工作日内送达纪检监察机关。
《人民检察院刑事诉讼规则》	第十七条　人民检察院办理直接受理侦查的案件，发现犯罪嫌疑人同时涉嫌监察机关管辖的职务犯罪线索的，应当及时与同级监察机关沟通。 经沟通，认为全案由监察机关管辖更为适宜的，人民检察院应当将案件和相应职务犯罪线索一并移送监察机关；认为由监察机关和人民检察院分别管辖更为适宜的，人民检察院应当将监察机关管辖的相应职务犯罪线索移送监察机关，对依法由人民检察院管辖的犯罪案件继续侦查。 人民检察院应当及时将沟通情况报告上一级人民检察院。沟通期间不得停止对案件的侦查。	人民检察院发现犯罪嫌疑人同时涉嫌监察机关管辖的职务犯罪线索的，应当及时与同级监察机关沟通。 认为由监察机关和人民检察院分别管辖更为适宜的，将监察机关管辖的相应职务犯罪线索移送监察机关。
《监察法》	第三十四条　人民法院、人民检察院、公安机关、审计机关等国家机关在工作中发现公职人员涉嫌贪污贿赂、失职渎职等职务违法或者职务犯罪的问题线索，应当移送监察机关，由监察机关依法调查处置。 被调查人既涉嫌严重职务违法或者职务犯罪，又涉嫌其他违法犯罪的，一般应当由监察机关为主调查，其他机关予以协助。	公职人员涉嫌贪污贿赂、失职渎职等职务违法或者职务犯罪的问题线索，移送监察机关依法调查处置。

续表

法规依据	条文摘录	知识点提醒
《监察法》	第三十九条第三款　立案调查决定应当向被调查人宣布，并通报相关组织。涉嫌严重职务违法或者职务犯罪的，应当通知被调查人家属，并向社会公开发布。	监察机关有义务将立案调查决定告知被调查人和相关组织；涉嫌严重职务违法或者职务犯罪的，应当将立案调查决定告知被调查人家属。
	第四十四条第一款　对被调查人采取留置措施后，应当在二十四小时以内，通知被留置人员所在单位和家属，但有可能毁灭、伪造证据，干扰证人作证或者串供等有碍调查情形的除外。有碍调查的情形消失后，应当立即通知被留置人员所在单位和家属。	对被调查人采取留置措施后，通常情况下，24小时以内通知被留置人员所在单位和家属，有碍调查的除外。
《中国共产党纪律检查机关监督执纪工作规则》	第三十八条　对符合立案条件的，承办部门应当起草立案审查调查呈批报告，经纪检监察机关主要负责人审批，报同级党委主要负责人批准，予以立案审查调查。 立案审查调查决定应当向被审查调查人宣布，并向被审查调查人所在党委（党组）主要负责人通报。	向被审查调查人宣布立案审查调查决定，向被审查调查人所在党委（党组）主要负责人通报立案审查调查决定。
	第四十一条　需要对被审查调查人采取留置措施的，应当依据监察法进行，在24小时内通知其所在单位和家属，并及时向社会公开发布。因可能毁灭、伪造证据，干扰证人作证或者串供等有碍调查情形而不宜通知或者公开的，应当按程序报批并记录在案。有碍调查的情形消失后，应当立即通知被留置人员所在单位和家属。	留置被审查调查人的，24小时内通知其所在单位和家属，有碍调查的除外。
《中国共产党党内监督条例》	第三十七条　各级党委应当支持和保证同级人大、政府、监察机关、司法机关等对国家机关及公职人员依法进行监督，人民政协依章程进行民主监督，审计机关依法进行审计监督。有关国家机关发现党的领导干部违反党规党纪、需要党组织处理的，应当及时向有关党组织报告。审计机关发现党的领导干部涉嫌违纪的问题线索，应当向同级党组织报告，必要时向上级党组织报告，并按照规定将问题线索移送相关纪律检查机关处理。 在纪律审查中发现党的领导干部严重违纪涉嫌违法犯罪的，应当先作出党纪处分决定，再移送行政机关、司法机关处理。执法机关和司法机关依法立案查处涉及党的领导干部案件，应当向同级党委、纪委通报；该干部所在党组织应当根据有关规定，中止其相关党员权利；依法受到刑事责任追究，或者虽不构成犯罪但涉嫌违纪的，应当移送纪委依纪处理。	有关国家机关发现党的领导干部违反党规党纪、需要党组织处理的，应当及时向有关党组织报告。 审计机关发现党的领导干部涉嫌违纪的问题线索，向同级党组织报告，必要时向上级党组织报告，并按照规定将问题线索移送相关纪律检查机关处理。 执法机关和司法机关依法立案查处涉及党的领导干部案件，应当向同级党委、纪委通报。

续表

法规依据	条文摘录	知识点提醒
《行政执法机关移送涉嫌犯罪案件的规定》	第十九条　行政执法机关在依法查处违法行为过程中,发现公职人员有贪污贿赂、失职渎职或者利用职权侵犯公民人身权利和民主权利等违法行为,涉嫌构成职务犯罪的,应当依照刑法、刑事诉讼法、监察法等法律规定及时将案件线索移送监察机关或者人民检察院处理。	关键词:及时、移送。
周根山:《中央纪委办公厅联合有关部门印发意见　规范中央政法机关向纪检监察机关移送问题线索工作》,载2021年3月22日中央纪委国家监委网站	《意见》共九条,对中央政法机关向纪检监察机关移送问题线索的范围、标准、具体方式、对接部门和工作要求等作出规定。 《意见》明确,除了党员、监察对象涉嫌违纪或者职务违法、职务犯罪的问题线索应当按规定移送纪检监察机关外,中央政法机关掌握的有关材料中反映的情况对纪检监察机关开展工作有一定参考价值的,也应当移送纪检监察机关了解掌握。比如,中央政法委在政治督察、执法司法监督、纪律作风督察巡查等工作中发现的领导干部本人或者授意、纵容身边工作人员、亲属请托说情、插手具体案件办理,干预执法司法、妨碍司法公正的情况;最高人民法院在审理行政案件中发现的行使公权力的机关懒政、怠政或者存在违规违纪违法问题,可能涉及领导干部不当履职的情况;最高人民检察院在履行刑事案件审查逮捕、审查起诉、出庭支持公诉、抗诉职责,以及诉讼监督工作中发现相关办案机关存在违规违纪违法问题,可能涉及领导干部不当履职的情况;公安部在政治督察、警务督察、受理核查群众举报投诉等工作中发现的领导干部不严格执行、有意规避"三重一大"决策制度,或者利用职权干预案件正常办理、打探案情,指使、授意职能部门不作为、慢作为、乱作为,行政自由裁量权的行使明显畸轻畸重、超出合理限度的情况;等等。 《意见》明确建立专门的协调联系机制。中央政法机关分别确定责任部门,与中央纪委国家监委案件监督管理室加强日常沟通联络,抓好移送问题线索和相关情况工作的落实。	
备注	法院、检察院、公安机关在办理案件中,应当查证核实案件当事人的政治面貌、是否系国家工作人员等身份信息,并将证据材料随案移送给相关纪检监察机关。	
	注意学习《执法机关和司法机关向纪检监察机关移送问题线索工作办法》。	

纪律检查建议与监察建议的区别一览表

区别	知识点提醒
制作主体不同	纪检建议的制作主体是纪委，发文机关署名为“中共××纪律检查委员会”并加盖中共××纪律检查委员会印章；监察建议的制作主体通常是监察机关，发文机关署名为“××监察委员会”并加盖××监察委员会印章。
送达对象不同	多数情况下，纪检建议的送达对象是有关党组织（见《中国共产党纪律检查机关监督执纪工作规则》第19条），个别情况下也可以送达党组织之外的单位（见《中国共产党纪律检查机关案件检查工作条例实施细则》第11条）。多数情况下，监察建议送达对象是监察对象所在单位（见《监察法》第11条第3项、第45条第1款第5项），如果监察对象是党的工作机关或者纪委，也可以作为送达对象。
制作依据不同	纪检建议的制作依据是党内法规，如《中国共产党纪律检查机关监督执纪工作规则》第19条、《中国共产党纪律检查委员会工作条例》第41条第1款；监察建议的制作依据是《监察法》第11条第3项、第45条第1款第5项等。
效力不同	纪检建议送达后，有关单位如果无故不采纳，如何处理，不明确。如《中国共产党纪律检查机关案件检查工作条例实施细则》第11条第3款规定：“纪检机关对党组织提出建议时，应制作《纪律检查建议书》，送达有关党组织。对纪检机关的建议，有关党组织如无正当理由，应予采纳，并应将办理结果及时报告或告知提出建议的纪检机关。”监察建议送达后，有关单位拒不执行监察机关作出的处理决定，或者无正当理由拒不采纳监察建议的，根据《监察法》第62条规定，由其主管部门、上级机关责令改正，对单位给予通报批评；对负有责任的领导人员和直接责任人员依法给予处理。相对而言，因为有《监察法》第62条规定的保障措施，监察建议的权威性似乎更高。
备注	需要说明的是，就同一事项向同一党组织、单位，既提出纪律检查建议又提出监察建议，可制发纪检监察建议书的，使用“×纪”文号，标题为“关于＊＊（事由）的纪检监察建议”，发文机关署名为“中共××纪律检查委员会”“××监察委员会”并加盖中共××纪律检查委员会、××监察委员会印章。
	法规依据： 《中国共产党纪律检查机关监督执纪工作规则》第19条 《监察法》第45条 《中国共产党纪律检查委员会工作条例》第41条第1款

公务员、事业单位工作人员、国有企业负责人被留置期间工资待遇处理梳理

主体身份	处理方式
公务员被留置	2019年10月，中组部商中央纪委国家监委，就公务员被留置期间工资待遇问题提出答复意见：公务员被留置期间，停发工资待遇，按本人原基本工资的75%计发生活费，不计算工作年限。经调查核实，监察机关撤销案件，且未受处分的，恢复工资待遇，减发的工资予以补发，被采取留置措施期间，计算工作年限。
事业单位工作人员和机关工勤人员被留置	2019年10月，在人力资源和社会保障部事业单位工资福利业务培训班上，明确事业单位工作人员和机关工勤人员被留置期间工资待遇问题参照公务员处理。
国有企业负责人被纪检监察机关或司法机关依法采取留置或刑事拘留、逮捕等强制措施	2020年5月，《人力资源社会保障部办公厅关于国有企业负责人涉嫌违纪违法被调查期间薪酬支付问题有关意见的函》指出，国有企业负责人涉嫌违纪违法，被纪检监察机关或司法机关依法采取留置或刑事拘留、逮捕等强制措施的，企业应停止支付其在此期间薪酬。被错误采取上述措施的，依据有关规定申请国家赔偿，企业不再补发其薪酬。 国有企业负责人涉嫌违纪违法，被纪检监察机关或司法机关调查但未被采取上述措施，对无法正常履职的，企业应暂缓支付其无法正常履职期间的薪酬，按照不超过本人当年基本年薪月发放标准计发生活费。经调查认定不存在违纪违法事实的，企业应补发其应发薪酬。存在违纪违法事实的，企业应根据处理结果按照相关规定扣减其薪酬。

党内法规基础知识梳理

知识点	知识点讲解
党内法规和国家法律的关系	党内法规和国家法律，都是中国特色社会主义法治体系的重要组成部分。党内法规是法治思维和法治方式在党的建设方面的实际运用和具体体现。党内法规由党纪强制力保障实施，重在解决管党治党问题；国家法律依靠国家强制力保障实施，则重在解决治国理政问题，二者互为补充、相辅相成。
党内法规概念	党内法规是党的中央组织，中央纪律检查委员会以及党中央工作机关和省、自治区、直辖市党委制定的体现党的统一意志、规范党的领导和党的建设活动、依靠党的纪律保证实施的专门规章制度。
党内法规制定主体	党的中央组织、中央纪委和党中央工作机关、省级党委这 3 类主体有权制定党内法规。
党内法规名称	党章、准则、条例、规定、办法、规则、细则 7 类专属名称。
党内法规位阶	第一个位阶是党章，对党的性质和宗旨、路线和纲领、指导思想和奋斗目标、组织原则和组织机构、党员义务权利以及党的纪律等作出根本规定，是党的根本大法。 第二个位阶是准则，对全党政治生活、组织生活和全体党员行为等作出基本规定。 第三个位阶是条例，主要是对党的某一领域重要关系或者某一方面重要工作作出全面规定。 第四个位阶是规定、办法、规则、细则，主要是对党的某一方面重要工作的要求和程序等作出具体规定。中央纪委以及党中央工作机关、省级党委制定的党内法规只能使用这 4 类名称，不能使用党章、准则、条例。
党内法规框架	党内法规文本结构一般包括总则、分则、附则等板块（有的包括罚则）。 通常，分则会用编、章、节、条、款、项、目等 7 个逻辑层次表述。
中央党内法规审议主体	准则草案一般由中央委员会全体会议审议批准；条例草案一般由中央政治局会议审议批准；规定、办法、规则、细则草案一般由中央政治局常委会会议审议批准。
党的组织法规	党的组织法规，是调整党的各级各类组织产生、组成、职权职责等的党内法规，为党管党治党、执政治国提供组织制度保障。如： 《中国共产党中央委员会工作条例》 《中国共产党地方委员会工作条例》 《中国共产党党组工作条例》 《中国共产党支部工作条例（试行）》

续表

知识点	知识点讲解
党的领导法规	党的领导法规，是规范和保障党对各方面工作实施领导，明确党与人大、政府、政协、监察机关、审判机关、检察机关、武装力量、人民团体、企事业单位、基层群众性自治组织、社会组织等领导与被领导关系的党内法规，为党发挥总揽全局、协调各方领导核心作用提供制度保障。如： 《中国共产党农村工作条例》 《中国共产党宣传工作条例》 《中国共产党政法工作条例》 《中国共产党统一战线工作条例》
党的自身建设法规	党的自身建设法规，是调整党的政治建设、思想建设、组织建设、作风建设、纪律建设等的党内法规，为提高党的建设质量、永葆党的先进性和纯洁性提供制度保障。如： 《中共中央关于加强党的政治建设的意见》 《党政领导干部选拔任用工作条例》 《中国共产党党员教育管理工作条例》 《干部人事档案工作条例》
党的监督保障法规	党的监督保障法规，是调整党的监督、激励、惩戒、保障等的党内法规，为保证党组织和党员干部履行好党和人民赋予的职责提供制度保障。如： 《中国共产党党内监督条例》 《中国共产党巡视工作条例》 《中国共产党问责条例》 《关于党员领导干部述职述廉的暂行规定》 《关于对党员领导干部进行诫勉谈话和函询的暂行办法》
备注	2021 年 7 月 1 日，习近平总书记在庆祝中国共产党成立 100 周年大会上宣布，我们党已经“形成比较完善的党内法规体系”。截至 2021 年 7 月 1 日，全党现行有效党内法规共 3615 部。其中，党中央制定的中央党内法规 211 部，中央纪律检查委员会以及党中央工作机关制定的部委党内法规 163 部，省、自治区、直辖市党委制定的地方党内法规 3241 部。党内法规使用党章、准则、条例、规定、办法、规则、细则 7 类名称，现行有效党内法规中，党章 1 部，准则 3 部，条例 43 部，规定 850 部，办法 2034 部，规则 75 部，细则 609 部。
	2021 年 12 月，习近平总书记作出重要指示强调，我们党历来重视党内法规制度建设，注重运用党内法规管党治党、提高党的执政能力和领导水平。党的十八大以来，党中央坚持全面从严治党、依规治党，严格执行党章，形成比较完善的党内法规体系，制度权威性和执行力不断增强，党内法规制度建设取得显著成绩，积累了新的重要经验。要增强依规治党的自觉性和坚定性，把牢政治方向，提高政治站位，扛起政治责任，紧紧围绕党和国家工作大局继续推进党内法规制度建设。要发挥好党内法规在维护党中央集中统一领导、保障党长期执政和国家长治久安方面的重大作用，在推进新时代党的建设新的伟大工程、落实全面从严治党方面的重大作用，确保党在坚持和发展中国特色社会主义的历史进程中始终成为坚强领导核心，为全面建设社会主义现代化国家、实现中华民族伟大复兴的中国梦提供坚强政治保证。

《刑法修正案(十一)》与监察有关的条文修正前后条文对照

修改前表述	修改后表述	知识点提醒
第一百六十三条第一款 【非国家工作人员受贿罪】公司、企业或者其他单位的工作人员利用职务上的便利,索取他人财物或者非法收受他人财物,为他人谋取利益,数额较大的,处五年以下有期徒刑或者拘役;数额巨大的,处五年以上有期徒刑,可以并处没收财产。	第一百六十三条第一款 【非国家工作人员受贿罪】公司、企业或者其他单位的工作人员,利用职务上的便利,索取他人财物或者非法收受他人财物,为他人谋取利益,数额较大的,处三年以下有期徒刑或者拘役,并处罚金;数额巨大或者有其他严重情节的,处三年以上十年以下有期徒刑,并处罚金;数额特别巨大或者有其他特别严重情节的,处十年以上有期徒刑或者无期徒刑,并处罚金。	本款的法定刑进一步细化:数额较大、数额巨大或者有其他严重情节、数额特别巨大或者有其他特别严重情节,法定最高刑提高至无期徒刑。
第一百九十一条 【洗钱罪】明知是毒品犯罪、黑社会性质的组织犯罪、恐怖活动犯罪、走私犯罪、贪污贿赂犯罪、破坏金融管理秩序犯罪、金融诈骗犯罪的所得及其产生的收益,为掩饰、隐瞒其来源和性质,有下列行为之一的,没收实施以上犯罪的所得及其产生的收益,处五年以下有期徒刑或者拘役,并处或者单处洗钱数额百分之五以上百分之二十以下罚金;情节严重的,处五年以上十年以下有期徒刑,并处洗钱数额百分之五以上百分之二十以下罚金: (一)提供资金帐户的; (二)协助将财产转换为现金、金融票据、有价证券的; (三)通过转帐或者其他结算方式协助资金转移的; (四)协助将资金汇往境外的; (五)以其他方法掩饰、隐瞒犯罪所得及其收益的来源和性质的。 单位犯前款罪的,对单位判处罚金,并对其直接负责的主管人员和其他直接责任人员,处五年以下有期徒刑或者拘役;情节严重的,处五年以上十年以下有期徒刑。	第一百九十一条 【洗钱罪】为掩饰、隐瞒毒品犯罪、黑社会性质的组织犯罪、恐怖活动犯罪、走私犯罪、贪污贿赂犯罪、破坏金融管理秩序犯罪、金融诈骗犯罪的所得及其产生的收益的来源和性质,有下列行为之一的,没收实施以上犯罪的所得及其产生的收益,处五年以下有期徒刑或者拘役,并处或者单处罚金;情节严重的,处五年以上十年以下有期徒刑,并处罚金: (一)提供资金帐户的; (二)将财产转换为现金、金融票据、有价证券的; (三)通过转帐或者其他支付结算方式转移资金的; (四)跨境转移资产的; (五)以其他方法掩饰、隐瞒犯罪所得及其收益的来源和性质的。 单位犯前款罪的,对单位判处罚金,并对其直接负责的主管人员和其他直接责任人员,依照前款的规定处罚。	将"并处或者单处洗钱数额百分之五以上百分之二十以下罚金""并处洗钱数额百分之五以上百分之二十以下罚金"改为"并处或者单处罚金";将"通过转帐或者其他结算方式协助资金转移的"改为"通过转帐或者其他支付结算方式转移资金的",多"支付"二字表述。

续表

修改前表述	修改后表述	知识点提醒
第二百七十一条第一款　【职务侵占罪】公司、企业或者其他单位的人员，利用职务上的便利，将本单位财物非法占为己有，数额较大的，处五年以下有期徒刑或者拘役；数额巨大的，处五年以上有期徒刑，可以并处没收财产。	第二百七十一条第一款　【职务侵占罪】公司、企业或者其他单位的工作人员，利用职务上的便利，将本单位财物非法占为己有，数额较大的，处三年以下有期徒刑或者拘役，并处罚金；数额巨大的，处三年以上十年以下有期徒刑，并处罚金；数额特别巨大的，处十年以上有期徒刑或者无期徒刑，并处罚金。	刑法第二百七十一条第一款，法定刑进一步细化：数额较大、数额巨大、数额特别巨大，法定最高刑提高至无期徒刑，将“可以并处没收财产”改为“并处罚金”。
第二百七十二条　【挪用资金罪】公司、企业或者其他单位的工作人员，利用职务上的便利，挪用本单位资金归个人使用或者借贷给他人，数额较大、超过三个月未还的，或者虽未超过三个月，但数额较大、进行营利活动的，或者进行非法活动的，处三年以下有期徒刑或者拘役；挪用本单位资金数额巨大的，或者数额较大不退还的，处三年以上十年以下有期徒刑。 【挪用公款罪】国有公司、企业或者其他国有单位中从事公务的人员和国有公司、企业或者其他国有单位委派到非国有公司、企业以及其他单位从事公务的人员有前款行为的，依照本法第三百八十四条的规定定罪处罚。	第二百七十二条　【挪用资金罪】公司、企业或者其他单位的工作人员，利用职务上的便利，挪用本单位资金归个人使用或者借贷给他人，数额较大、超过三个月未还的，或者虽未超过三个月，但数额较大、进行营利活动的，或者进行非法活动的，处三年以下有期徒刑或者拘役；挪用本单位资金数额巨大的，处三年以上七年以下有期徒刑；数额特别巨大的，处七年以上有期徒刑。 【挪用公款罪】国有公司、企业或者其他国有单位中从事公务的人员和国有公司、企业或者其他国有单位委派到非国有公司、企业以及其他单位从事公务的人员有前款行为的，依照本法第三百八十四条的规定定罪处罚。 有第一款行为，在提起公诉前将挪用的资金退还的，可以从轻或者减轻处罚。其中，犯罪较轻的，可以减轻或者免除处罚。	将“挪用本单位资金数额巨大的，或者数额较大不退还的，处三年以上十年以下有期徒刑”调整为“数额特别巨大的，处七年以上有期徒刑”，此处删除了“数额较大不退还”的表述，提高法定最高刑。 规定从轻、减轻量刑情节：在提起公诉前将挪用的资金退还的，可以从轻或者减轻处罚。其中，犯罪较轻的，可以减轻或者免除处罚。

续表

修改前表述	修改后表述	知识点提醒
第四百零八条之一 【食品监管渎职罪】负有食品安全监督管理职责的国家机关工作人员，滥用职权或者玩忽职守，导致发生重大食品安全事故或者造成其他严重后果的，处五年以下有期徒刑或者拘役；造成特别严重后果的，处五年以上十年以下有期徒刑。 徇私舞弊犯前款罪的，从重处罚。	第四百零八条之一 【食品、药品监管渎职罪】负有食品药品安全监督管理职责的国家机关工作人员，滥用职权或者玩忽职守，有下列情形之一，造成严重后果或者有其他严重情节的，处五年以下有期徒刑或者拘役；造成特别严重后果或者有其他特别严重情节的，处五年以上十年以下有期徒刑： （一）瞒报、谎报食品安全事故、药品安全事件的； （二）对发现的严重食品药品安全违法行为未按规定查处的； （三）在药品和特殊食品审批审评过程中，对不符合条件的申请准予许可的； （四）依法应当移交司法机关追究刑事责任不移交的； （五）有其他滥用职权或者玩忽职守行为的。 徇私舞弊犯前款罪的，从重处罚。	负有食品药品安全监督管理职责的国家机关工作人员滥用职权或者玩忽职守的具体行为表现予以细化（列举）。

监察机关管辖的101个罪名梳理

类罪名称	罪名及对应的刑法条文
贪污贿赂犯罪(《监察法实施条例》第26条)	包括贪污罪(第183条第2款、第271条第2款、第382条、第383条、第394条),挪用公款罪(第185条第2款、第272条第2款、第384条),受贿罪(第163条第3款、第184条第2款、第385条、第386条),单位受贿罪(第387条),利用影响力受贿罪(第388条之一),行贿罪(第389条、第390条),对有影响力的人行贿罪(第390条之一),对单位行贿罪(第391条),介绍贿赂罪(第392条),单位行贿罪(第393条),巨额财产来源不明罪(第395条第1款),隐瞒境外存款罪(第395条第2款),私分国有资产罪(第396条第1款),私分罚没财物罪(第396条第2款),以及公职人员在行使公权力过程中实施的职务侵占罪(第183条第1款、第271条第1款),挪用资金罪(第185条第1款、第272条第1款),对外国公职人员、国际公共组织官员行贿罪(第164条第2款),非国家工作人员受贿罪(第163条第1款、第2款,第184条第1款)和相关联的对非国家工作人员行贿罪(第164条第1款)。
公职人员涉嫌滥用职权犯罪(《监察法实施条例》第27条)	包括滥用职权罪(第397条),国有公司、企业、事业单位人员滥用职权罪(第168条第1款、第2款),滥用管理公司、证券职权罪(第403条),食品、药品监管渎职罪(第408条之一),故意泄露国家秘密罪(第308条之一第2款、第398条),报复陷害罪(第254条),阻碍解救被拐卖、绑架妇女、儿童罪(第416条),帮助犯罪分子逃避处罚罪(第417条),违法发放林木采伐许可证罪(第407条),办理偷越国(边)境人员出入境证件罪(第415条),放行偷越国(边)境人员罪(第415条),挪用特定款物罪(第273条),非法剥夺公民宗教信仰自由罪(第251条),侵犯少数民族风俗习惯罪(第251条),打击报复会计、统计人员罪(第255条),以及司法工作人员以外的公职人员利用职权实施的非法拘禁罪(第238条)、虐待被监管人罪(第248条)、非法搜查罪(第245条)。
公职人员涉嫌玩忽职守犯罪(《监察法实施条例》第28条)	包括玩忽职守罪(第397条),国有公司、企业、事业单位人员失职罪(第168条),签订、履行合同失职被骗罪(第167条),国家机关工作人员签订、履行合同失职被骗罪(第406条),环境监管失职罪(第408条),传染病防治失职罪(第409条),商检失职罪(第412条第2款),动植物检疫失职罪(第413条第2款),不解救被拐卖、绑架妇女、儿童罪(第416条第1款),失职造成珍贵文物损毁、流失罪(第419条),过失泄露国家秘密罪(第398条)。
公职人员涉嫌徇私舞弊犯罪(《监察法实施条例》第29条)	包括徇私舞弊低价折股、出售国有资产罪(第169条),非法批准征收、征用、占用土地罪(第410条),非法低价出让国有土地使用权罪(第410条),非法经营同类营业罪(第165条),为亲友非法牟利罪(第166条),枉法仲裁罪(第399条之一),徇私舞弊发售发票、抵扣税款、出口退税罪(第405条第1款),商检徇私舞弊罪(第412条第1款),动植物检疫徇私舞弊罪(第413条第1款),放纵走私罪(第411条),放纵制售伪劣商品犯罪行为罪(第414条),招收公务员、学生徇私舞弊罪(第418条),徇私舞弊不移交刑事案件罪(第402条),违法提供出口退税凭证罪(第405条第2款),徇私舞弊不征、少征税款罪(第404条)。

续表

类罪名称	罪名及对应的刑法条文
公职人员在行使公权力过程中涉及的重大责任事故犯罪(《监察法实施条例》第30条)	包括重大责任事故罪(第134条第1款),教育设施重大安全事故罪(第138条),消防责任事故罪(第139条),重大劳动安全事故罪(第135条),强令、组织他人违章冒险作业罪(第134条第2款),危险作业罪(第134条之一),不报、谎报安全事故罪(第139条之一),铁路运营安全事故罪(第132条),重大飞行事故罪(第131条),大型群众性活动重大安全事故罪(第135条之一),危险物品肇事罪(第136条),工程重大安全事故罪(第137条)。
公职人员在行使公权力过程中涉及的其他犯罪(《监察法实施条例》第31条)	包括破坏选举罪(第256条),背信损害上市公司利益罪(第169条之一),金融工作人员购买假币、以假币换取货币罪(第171条第2款),利用未公开信息交易罪(第180条第4款),诱骗投资者买卖证券、期货合约罪(第181条第2款),背信运用受托财产罪(第185条之一),违法运用资金罪(第185条之一),违法发放贷款罪(第186条),吸收客户资金不入账罪(第187条),违规出具金融票证罪(第188条),对违法票据承兑、付款、保证罪(第189条),非法转让、倒卖土地使用权罪(第228条),私自开拆、隐匿、毁弃邮件、电报罪(第253条),故意延误投递邮件罪(第304条),泄露不应公开的案件信息罪(第308条之一第1款),披露、报道不应公开的案件信息罪(第308条之一第3款),接送不合格兵员罪(第374条)。
备注	公职人员实施的危险作业罪是监察机关新增管辖罪名。
	检察机关直接进行立案侦查的14个罪名:1.非法拘禁罪;2.非法搜查罪;3.刑讯逼供罪;4.暴力取证罪;5.虐待被监管人罪;6.滥用职权罪;7.玩忽职守罪;8.徇私枉法罪;9.民事、行政枉法裁判罪;10.执行判决、裁定失职罪;11.执行判决、裁定滥用职权罪;12.私放在押人员罪;13.失职致使在押人员逃脱罪;14.徇私舞弊减刑、假释、暂予监外执行罪。
	有些罪名,监察机关可以管辖,公安机关也可以管辖,区分的要点看犯罪行为主体,若系行使公权力的公职人员实施的,就属于监察机关管辖。
	《监察法实施条例》第26—31条是对《监察法》第11条第2项"对涉嫌贪污贿赂、滥用职权、玩忽职守、权力寻租、利益输送、徇私舞弊以及浪费国家资财等职务违法和职务犯罪进行调查"的细化。
	斡旋受贿罪(《刑法》第388条),虽未明确列入《监察法实施条例》第26条,但刑法明确规定以受贿论处。故该罪也属于监察机关管辖范围。